La Sagrada Biblia Nuevamente Traducida De La Vulgata Latina Al Español: Aclarado El Sentido De Algunos Lugares Con La Luz Que Dan Los Textos Originales Hebreo Y Griego, É Ilustrada Con Varias Notas Sacadas De Los Santos Padres Y Expositores Sagrados, Volu

Anonymous

LA
SAGRADA BIBLIA

NUEVAMENTE TRADUCIDA

DE LA VULGATA LATINA

AL ESPAÑOL,

ACLARADO EL SENTIDO DE ALGUNOS LUGARES CON LA LUZ QUE DAN LOS
TEXTOS ORIGINALES HEBREO Y GRIEGO, É ILUSTRADA CON VARIAS NOTAS
SACADAS DE LOS SANTOS PADRES Y EXPOSITORES SAGRADOS,

POR EL ILUSTRÍSIMO SEÑOR

DON FELIX TORRES AMAT,

Obispo de Astorga, del Consejo de S. M., &c.

DE ORDEN DE S. M. LA REINA GOBERNADORA.

Tomo IV del Antiguo Testamento, *que contiene la* PROFECÍA
de JEREMÍAS *con los* THRENOS, *la de* BARUCH, *la de* EZE-
CHÍEL, *la de* DANIEL, *las de los doce* PROFETAS MENORES,
y los dos libros de los MACHABEOS.

SEGUNDA EDICION.

MADRID: 1834.
IMPRENTA DE D. MIGUEL DE BURGOS.

ADVERTENCIA
SOBRE LA PROFECÍA DE JEREMÍAS.

JEREMÍAS, el segundo de los Profetas llamados mayores, fué de estirpe sacerdotal, hijo del sacerdote Helcías, natural de Anatoth, cerca de Jerusalem. Comenzó á profetizar desde que tenia unos veinte años, y continuó por espacio de cuarenta y cinco; desde el año 13 del reinado de Josías, hasta el quinto despues de la ruina de Jerusalem, esto es, desde el 3375 del mundo y 629 antes de Jesu-Christo, segun la chrónica de Userio. Sus profecías se dirigieron no solamente contra los judíos, sino tambien contra el Egypto, la Iduméa, los philistéos, los ammonitas, los moabitas, babylonios, etc.; pero su objeto principal fué exhortar á su pueblo á la penitencia, anunciándole los castigos que le enviaria el Señor. Despues del breve reinado de Jechónías, trasportada cautiva á Babylonia la mayor parte del pueblo con su Rey, no cesó JEREMÍAS, reinando Sedecías el último Rey, de exhortar á penitencia á los restos del pueblo judáico que habian quedado en el pais, intimándoles la destruccion de la ciudad, y asimismo del templo, en el cual fundaban sus necias y vanas esperanzas los judíos carnales. Tomada finalmente la ciudad por Nabuchôdonosor, fué puesto JEREMÍAS en libertad; pero quiso quedarse en Jerusalem para consolar á los pocos judíos que quedaban alli. A poco tiempo Ismael, príncipe de la sangre Real, hizo matar á Godolías, á quien los châldéos habian dejado por gobernador de la Judea. Entonces los judíos, temerosos de la venganza de los châldéos, quisieron ir á buscar un asilo en Egypto, no obstante que JEREMÍAS les disuadia de ello, prometiéndoles en nombre de Dios la seguridad, y la paz si se quedaban en Judea. A pesar de eso, obstinados, se huyeron á Egypto, llevándose consigo á JEREMÍAS y á su fiel discipulo Baruch. Alli no cesó JEREMÍAS de vaticinar las terribles calamidades con que Dios iba á castigar á los egypcios, y en las cuales quedarian envueltos los judíos, pues que sus costumbres aun iban de mal en peor. Segun la constante tradicion de la Synagoga, seguida por S. Gerónimo, Tertuliano, y generalmente por los Expositores sagrados, murió JEREMÍAS en Taphnis, ciudad principal de Egypto, apedreado por los mismos judíos.

Es comun sentir entre los Padres de la Iglesia que JEREMÍAS vivió y murió vírgen; lo que parece denotarse en el cap. XVI. v. 2.; ejemplo muy singular en aquellos tiempos. Pero la principal divisa de este gran Profeta es una tiernísima caridad para con sus prójimos; caridad llena de compasion por sus males no solamente espirituales, sino tambien temporales: caridad que no le permitia ningun reposo: y así es que en medio del tumulto de la guerra, en medio del des-

A 2

concierto del reino, el cual se iba arruinando, y en el sitio de Jerusalem, durante la misma mortandad del pueblo, trabajó siempre con mucho ardor en la salud de sus conciudadanos: por cuya razon se le dió el hermoso renombre de Amante de sus hermanos y del pueblo de Israel [1].

El libro de las Lamentaciones, que llamamos tambien Threnos como los griegos, es un insigne poema sagrado, lleno de los mas tiernos afectos con que llora el Profeta la destruccion de la santa ciudad, la ruina del templo del verdadero Dios, templo que era la maravilla del mundo; y lamenta la extrema miseria del pueblo del Señor y su esclavitud. Siempre que leo estas Lamentaciones, decia S. Gregorio Nacianceno, se me añuda la lengua, se me saltan las lágrimas, y se me representa delante de los ojos aquella ruina; y al llanto del Profeta, lloro yo tambien. Los dolores y gemidos de JEREMÍAS figuraban los de nuestro Señor Jesu-Christo; el cual, en medio de sus acerbísimos dolores é ignominias, exhortaba al pueblo de Jerusalem á llorar la última ruina de la ciudad y del templo. Pueden tambien en otro sentido considerarse los Threnos como el gemido de la paloma, esto es, de la Iglesia esposa de JESU-CHRISTO, oprimida no tanto de los enemigos externos, como de las depravadas costumbres y escándalos de sus propios hijos; y asi es que el autor del libro De Planctu Ecclesiæ, se vale de los Threnos para llorar los pecados de los fieles, y del clero secular y regular. Escribió JEREMÍAS en hebréo estas Lamentaciones; y de tal modo que comenzó el primer verso con una palabra, cuya primera letra es la primera del alfabeto; el segundo verso con la segunda letra, y asi los siguientes, hasta concluir el abecedario hebréo: pero en el cap. III. comienza los tres primeros versos con la primera letra, y sigue asi el número ternario hasta concluir las letras. De aqui provino el haber comenzado alguno á poner en las Biblias latinas, al principio de cada verso, todo el nombre de la letra hebréa con que comienza el verso en el original hebréo.

Uno de los incrédulos del siglo pasado hace burla de JEREMÍAS porque se puso encima un yugo, y se ató á sí mismo con cadenas, para expresar á los judios el cautiverio á que serian llevados en castigo de sus pecados [2]. Si esta manera de expresar con viveza los conceptos es una señal de locura, es menester que aquel necio y delirante incrédulo condene como insensatas á todas las naciones orientales, las cuales siempre han acostumbrado pintar con acciones aquellos objetos con que quieren mover fuertemente la imaginacion de sus oyentes.

Asimismo, si en JEREMÍAS se hallan repetidas unas mismas cosas, repeticion que ofende la delicadeza de algunos inconsiderados lectores, sepan estos que proviene de la dureza inflexible del pueblo hebréo, y del admirable zelo y paciencia del Profeta.

---

1 II. Mach. XV. v. 14.   2 Jerem. XXVII. v. 2.

LA PROFECIA DE JEREMIAS.

CAPÍTULO PRIMERO.

Declara Jeremías como fué llamado al ministerio de profeta. En dos visiones le manifiesta el Señor que el objeto principal de sus profecías será anunciar la destruccion de Jerusalem por los cháldeos [1].

1 *Verba Jeremiæ filii Helciæ, de sacerdotibus qui fuerunt in Anathoth in terra Benjamin.*

2 *Quod factum est verbum Domini ad eum in diebus Josiæ filii Ammon regis Juda, in tertiodecimo anno regni ejus.*

3 *Et factum est in diebus Joakim filii Josiæ regis Juda, usque ad consummationem undecimi anni Sedeciæ filii Josiæ regis Juda, usque ad transmigrationem Jerusalem, in mense quinto.*

4 *Et factum est verbum Domini ad me dicens:*

5 *Priusquam te formarem in utero, novi te; et antequam exires de vulva, sanctificavi te, et prophetam in gentibus dedi te.*

6 *Et dixi: A, a, a, Domine Deus: ecce nescio loqui, quia puer ego sum.*

7 *Et dixit Dominus ad me: Noli dicere: Puer sum: quoniam ad omnia, quæ mittam te, ibis; et universa quæcumque mandavero tibi, loquéris.*

8 *Ne timeas à facie eorum: quia te-*

1 Palabras ó *profecías* de Jeremías hijo de Helcías, uno de los sacerdotes que habitaban en Anathoth, ciudad de la tierra ó *tribu* de Benjamin.

2 El Señor *pues* le dirigió á él su palabra en los dias de *el Rey* Josías hijo de Ammon, Rey de Judá, el año décimotercero de su reinado.

3 Y se la dirigió tambien en los dias de *el Rey* Joakim, hijo de Josías, Rey de Judá, hasta acabado el año undécimo de Sedecías, hijo de Josías, Rey de Judá; *esto es,* hasta la trasportacion de *los judíos desde Jerusalem á Babylonia* en el mes quinto [2].

4 Y el Señor me habló, diciendo:

5 Antes que yo te formára en el seno materno te conocí [3]; y antes que tú nacieras te santifiqué ó *segregué* [4], y te destiné para profeta entre las naciones.

6 Á lo que dije yo: ¡Ah! ¡ah! Señor Dios! ¡Ah! bien veis vos que yo *casi* no sé hablar, porque soy *todavía un* jovencito.

7 Y me replicó el Señor: No digas, soy un jovencito: porque con mi *auxilio* tú ejecutarás todas las cosas para las cuales te comisione, y todo cuanto yo te encomiende que digas, lo dirás.

8 No temas la presencia de aquellos

---

1 Desde el año 3375 DEL MUNDO; 629 antes DE JESU CRISTO: hasta el de 3416, en que fué la ruina de Jerusalem. Pero aun despues profetizó en Egypto, donde murió. C. *XLIV.* y *LI. v.* 12.

2 Del año 3416 del mundo.

3 Véase *Conocer.*

4 Véase *Santo. Santificar.* San Agustin y otros Padres creen que Jeremías fué purificado del pecado original antes de nacer, como despues lo fué el Bautista. *Lib. IV. Op. imp. contra Julian., cap. XXXIV.*

A

eum ego sum, ut eruam te, dicit Dominus.

9 Et misit Dominus manum suam, et tetigit os meum; et dixit Dominus ad me: Ecce dedi verba mea in ore tuo:

10 ecce constitui te hodie super gentes, et super regna, ut evellas, et destruas, et disperdas, et dissipes, et ædifices, et plantes.

11 Et factum est verbum Domini ad me, dicens: Quid tu vides, Jeremia? Et dixi: Virgam vigilantem ego video.

12 Et dixit Dominus ad me: Bene, vidisti, quia vigilabo ego super verbo meo ut faciam illud.

13 Et factum est verbum Domini secundò ad me, dicens: Quid tu vides? Et dixi: Ollam succensam ego video, et faciem ejus, à facie Aquilonis.

14 Et dixit Dominus ad me: Ab Aquilone pandetur malum super omnes habitatores terræ.

15 Quia ecce ego convocabo omnes cognationes regnorum Aquilonis, ait Dominus: et venient et ponent unusquisque solium suum in introitu portarum Jerusalem, et super omnes muros ejus in circuitu, et super universas urbes Juda.

16 Et loquar judicia mea cum eis super omnem malitiam eorum qui dereliquerunt me, et libaverunt diis alienis, et adoraverunt opus manuum suarum.

17 Tu ergo accinge lumbos tuos, et surge, et loquere ad eos omnia quæ ego præcipio tibi. Ne formides à facie eo-

---

d quienes te enviaré: porque contigo estoy yo para sacarte de cualquier embarazo, dice el Señor.

9 Despues alargó el Señor su mano, y tocó mis labios; y añadióme el Señor: Mira, Yo pongo mis palabras en tu boca:

10 he aquí que hoy te doy autoridad sobre las naciones y sobre los reinos para intimarles que los voy á desarraigar, y destruir, y arrasar, y disipar, y á edificar y plantar otros.

11 Luego me habló el Señor, y dijo: ¿Qué es eso que ves tú, Jeremías? Yo estoy viendo, respondí, la vara de uno que está vigilante [1].

12 Y díjome el Señor: Asi es como tú has visto [2]: pues yo seré vigilante en cumplir mi palabra.

13 Y hablóme de nuevo el Señor, diciendo: ¿Qué es eso que tú ves? Veo, respondí, una olla ó caldera [3] hirviendo, y viene de la parte del Norte.

14 Entonces me dijo el Señor: Eso te indica que del Norte [4] se difundirán los males sobre todos los habitantes de la tierra esta.

15 Porque he aquí que yo convocaré todos los pueblos de los reinos del Norte, dice el Señor; y vendrán, y cada uno de ellos pondrá su pabellon á la entrada de las puertas de Jerusalem, y al rededor de todos sus muros, y en todas las ciudades de Judá.

16 Y yo trataré con ellos de castigar toda la malicia de aquellos que me abandonaron á mí, y ofrecieron libaciones á dioses extrangeros, y adoraron á los ídolos obra de sus manos [5].

17 Ahora pues ponte haldas en cinta [6], y anda luego, y predícales todas las cosas que yo te mando: no te detengas

---

1 El hebreo dice שָׁקֵד מַקֵּל Una vara de almendro (sin hojas, ni flores), esto es, un eminente castigo.

2 Esa vara es la de mi justicia.

3 Ezech. XI. v. 3. Metáfora tomada de las calderas en que los judios veian cocerse en el atrio del Templo las carnes de las víctimas ofrecidas á Dios: carnes que servian despues para los sacerdotes y para los convites religiosos que celebraban los judios ante el Templo en la presencia del Señor.

4 Esto es, de la Chàldea. Despues cap. IV. v. 6.—Deut. XII. v. 14.

5 Cap. XXXIX. v. 3. Por medio de los chàldeos castigaré á mi pueblo, que me ha abandonado. Segun refiere Josepho (Lib. X. c. 10. Antiquit) despues que Nabuchôdonosor tomó á Jerusalem, dijo á su rey Sedecias estas palabras: El gran Dios, al cual hollaba tu malicia, te ha sujetado á mi imperio.

6 Veáse Vestido.

rum: nec enim timere te faciam vultum eorum.

18 Ego quippe dedi te hodie in civitatem munitam, et in columnam ferream, et in murum æreum, super omnem terram, regibus Juda, principibus ejus, et sacerdotibus, et populo terræ.

19 Et bellabunt adversum te, et non prævalebunt: quia ego tecum sum, ait Dominus, ut liberem te.

por temor de ellos; porque yo haré que no temas su presencia.

18 Puesto que en este día te constituyo como una ciudad fuerte, y como una columna de hierro, y un muro de bronce contra toda la tierra esta; contra los Reyes de Judá, y sus Príncipes, y Sacerdotes, y la gente del país [1]:

19 los cuales te harán guerra; mas no prevalecerán: pues contigo estoy yo, dice el Señor, para librarte.

CAPÍTULO II.

Quéjase el Señor amargamente de los judíos, y especialmente de los pastores y profetas falsos: y por Jeremías les intima su próxima ruina en castigo de sus maldades.

1 Et factum est verbum Domini ad me, dicens:

2 Vade, et clama in auribus Jerusalem, dicens: Hæc dicit Dominus: Recordatus sum tui, miserans adolescentiam tuam, et charitatem desponsationis tuæ, quando secuta es me in deserto, in terra quæ non seminatur.

3 Sanctus Israel Domino, primitiæ frugum ejus: omnes qui devorant eum, delinquunt: mala venient super eos, dicit Dominus.

4 Audite verbum Domini domus Jacob, et omnes cognationes domus Israel:

5 hæc dicit Dominus: Quid invenerunt patres vestri in me iniquitatis, quia elongaverunt à me, et ambulaverunt post vanitatem, et vani facti sunt?

6 Et non dixerunt: Ubi est Dominus, qui ascendere nos fecit de terra Ægypti: qui traduxit nos per desertum, per terram inhabitabilem et inviam, per terram sitis, et imaginem mortis, per terram, in qua non ambulavit vir, neque habitavit homo?

1 Y hablóme el Señor, y me dijo:

2 Anda y predica á toda Jerusalem, diciendo: Esto dice el Señor: Compadecido de tu mocedad me he acordado de ti, y del amor que te tuve, cuando [2] me desposé contigo, y cuando después me seguiste en el Desierto, en aquella tierra que no se siembra.

3 Israel está consagrado al Señor: y es como las primicias de sus frutos: todos los que le devoran se hacen reos de pecado, y todos los desastres caerán sobre ellos, dice el Señor.

4 Ahora pues oid la palabra del Señor vosotros los de la casa de Jacob, y vosotras todas las familias del linage de Israel.

5 Esto dice el Señor: ¿Qué tacha hallaron en mí vuestros padres, cuando se alejaron de mí, y se fueron tras de la vanidad de los ídolos [3], haciéndose también ellos vanos [4]?

6 Ni siquiera dijeron: ¿En dónde está el Señor que nos sacó de la tierra y esclavitud de Egypto: que nos condujo [5] por el Desierto, por una tierra inhabitable, y sin senda alguna, por un país árido, é imágen de la muerte, por una tierra que no pisó nunca ningun mortal, ni habitó humano viviente?

---

1 Cap. VI. v. 27.
2 Separándote del resto de las naciones. Ez. XVI. v. 8.
3 Mich. VI. v. 3.

4 Ó insensatos, como los mismos simulacros que adoraron? Ps. CXIII. v. 8.
5 Milagrosamente.

7 Et induxi vos in terram Carmeli, ut comederetis fructum ejus, et optima illius; et ingressi contaminastis terram meam, et hæreditatem meam posuistis in abominationem.

8 Sacerdotes non dixerunt: Ubi est Dominus? et tenentes legem nescierunt me: et pastores prævaricati sunt in me; et prophetæ prophetaverunt in Baal, et idola secuti sunt.

9 Propterea adhuc judicio contendam vobiscum, ait Dominus, et cum filiis vestris disceptabo.

10 Transite ad insulas Cethim, et videte; et in Cedar mittite, et considerate vehementer; et videte si factum est hujuscemodi.

11 Si mutavit gens deos suos, et certè ipsi non sunt dii: populus verò meus mutavit gloriam suam in idolum.

12 Obstupescite cœli super hoc, et portæ ejus desolamini vehementer, dicit Dominus.

13 Duo enim mala fecit populus meus: me dereliquerunt fontem aquæ vivæ, et foderunt sibi cisternas, cisternas dissipatas, quæ continere non valent aquas.

14 Nunquid servus est Israel, aut vernaculus? quare ergo factus est in prædam?

15 Super eum rugierunt leones, et dederunt vocem suam, posuerunt terram ejus in solitudinem: civitates ejus exustæ sunt, et non est qui habitet in eis.

16 Filii quoque Mempheos et Taphnes constupraverunt te usque ad verticem.

7 Yo os introduje *despues* en un pais fertilísimo [1], para que comiéseis sus frutos, y gozáseis de sus delicias; y vosotros así que hubisteis entrado, profanásteis mi tierra [2]; é hicisteis de mi heredad un objeto de abominacion.

8 Los sacerdotes [3] no dijeron *tampoco*: ¿En dónde está el Señor? Los depositarios de la Ley me desconocieron, y prevaricaron contra mis *preceptos* los *mismos* pastores *ó cabezas de mi pueblo*; y los profetas profetizaron invocando el nombre de Baal [4], y se fueron en pos de los ídolos.

9 Por tanto yo entraré en juicio contra vosotros, dice el Señor, y sostendré *la justicia* de mi causa contra vuestros hijos.

10 Navegad á las islas de Cethim [5], é informaos: enviad á Cedar [6] y examinad con toda atencion *lo que allí pasa*, y notad si ha sucedido cosa semejante.

11 *Ved* si alguna de aquellas naciones cambió sus dioses; aunque verdaderamente ellos no son dioses [7]: pero mi pueblo ha trocado la gloria suya [8], por un ídolo *infame*.

12 Pasmaos, cielos, á vista de esto; y vosotras, oh puertas celestiales, horrorizaos en extremo sobre este hecho, dice el Señor.

13 Porque dos maldades ha cometido mi pueblo: me han abandonado á mí, que soy fuente de agua viva, y han ido á fabricarse aljibes, aljibes rotos, que no pueden retener las aguas.

14 ¿Es acaso Israel algun esclavo, ó hijo de esclava? ¿Pues por qué ha sido entregado en presa *de los enemigos?*

15 Rugieron contra él los leones, y dieron bramidos: su pais le redujeron á un páramo: quemadas han sido sus ciudades, y no hay una *sola* persona que habite en ellas.

16 Los hijos de Memphis y de Taphnis te han cubierto de oprobio é infamia hasta la coronilla de tu cabeza.

---

1 Ó tambien: *En una tierra que toda ella era un Carmelo.* Véase *Carmelo.*
2 Con vuestras idolatrías.
3 Olvidándose de su ministerio, callaron.
4 Tenia el ídolo Baal gran número de falsos profetas. Véase *Baal. III. Reg. XVIII. v.*

22. *IV. Reg. XXI. v.* 3.
5 Ó regiones de ultramar.
6 Ó paises de Oriente.
7 Esto es, los simulacros que adoran.
8 Que era el Señor. Véase *Ezech. c. V. v.* 7. — *Rom. c. II. v.* 11. 14.

17 *Nunquid non istud factum est tibi, quia dereliquisti Dominum Deum tuum eo tempore, quo ducebat te per viam?*

18 *Et nunc quid tibi vis in via Ægypti, ut bibas aquam turbidam? et quid tibi cum via Assyriorum, ut bibas aquam fluminis?*

19 *Arguet te malitia tua, et aversio tua increpabit te. Scito, et vide, quia malum et amarum est reliquisse te Dominum Deum tuum, et non esse timorem mei apud te, dicit Dominus Deus exercituum.*

20 *A sæculo confregisti jugum meum, rupisti vincula mea, et dixisti: Non serviam. In omni enim colle sublimi, et sub omni ligno frondoso tu prosternebaris meretrix.*

21 *Ego autem plantavi te vineam electam, omne semen verum: quomodo ergo conversa es mihi in pravum vinea aliena?*

22 *Si laveris te nitro, et multiplicaveris tibi herbam borith, maculata es in iniquitate tua coram me, dicit Dominus Deus.*

23 *Quomodo dicis: Non sum polluta, post Baalim non ambulavi? vide vias tuas in convalle, scito quid feceris: cursor levis explicans vias suas.*

24 *Onager assuetus in solitudine, in desiderio animæ suæ attraxit ventum amoris sui: nullus avertet eam: omnes qui quærunt eam, non deficient: in*

---

17 ¿Y por ventura no te ha acaecido todo esto, porque abandonaste al Señor Dios tuyo, al tiempo que te guiaba en tu peregrinacion?

18 Y ahora ¿qué es lo que pretendes tú con andar hácia Egypto, y con ir á beber el agua turbia *del Nilo* [1]? ¿Ó qué tienes tú que ver con el camino de Asyria, ni para qué ir á beber el agua de su rio *Euphrates*?

19 Tu malicia, *oh pueblo ingrato*, te condenará, y gritará contra ti tu apostasía. Reconoce *pues* y advierte *ahora* cuan mala y amarga cosa es el haber tú abandonado al Señor Dios tuyo, y el no haberme temido á mí, dice el Señor Dios de los ejércitos.

20 Ya desde tiempo antiguo quebraste mi yugo, rompiste mis coyundas, y dijiste: No quiero servir *al Señor*. En efecto, en todo collado alto, y debajo de todo árbol frondoso te has prostituido cual muger disoluta [2].

21 Yo *en verdad* te planté cual viña escogida, de sarmientos de buena calidad [3], ¿pues cómo has degenerado, convirtiéndote en viña bastarda?

22 Por mas que te laves con nitro, y hagas continuo uso de la yerba borith [4], á mis ojos quedarás *siempre* sórdida por causa de tu iniquidad, dice el Señor Dios.

23 ¿Y con qué cara dices tú: Yo no estoy contaminada; no he ido en pos de los Baales ó *ídolos*? Mira tu conducta allá en aquel valle [5]; reconoce lo que has hecho, dromedaria desatinada [6] que vas girando por los caminos:

24 cual asna silvestre, acostumbrada al desierto, que en el ardor de su apetito va buscando con su olfato aquello que desea [7]; nadie podrá detenerla; to-

---

1 Muchas veces los hebreos, cuando permitia Dios que fuesen afligidos por los egypcios, en lugar de pedir perdon á Dios, imploraban el auxilio de los assyrios; y cuando estos eran sus opresores acudian á pedir socorro á los egypcios: de lo cual se quejaba Dios muy frecuentemente por los Profetas. *Is. XXX. v. 2.*

2 Adorando á los dioses de las naciones. Despues cap. *III. v.* 6.

3 *Is. V. v.* 1.—*Matth. XXI. v.* 33.

4 Yerba jabonera, que no solamente servia para limpiar las manchas de la ropa, sino que la usaban las mugeres de aquel pais para lavarse y dar lustre á la piel. Algunos creen que es la *sosa ó barrilla*.

5 De Ennon, donde está el idolo Moloch.

6 Compara la nacion judáica prostituida al culto de los ídolos, y llena de vicios, á los animales cuando estan como furiosos.

7 Ó va en pos del huelgo del objeto que ama.

mensiruis ejus invenient eam.

dos los que andan buscándola, no tienen que cansarse: la encontrarán con las señales de su inmundicia [1].

25 *Prohibe pedem tuum à nuditate, et guttur tuum à siti. Et dixisti: Desperavi, nequaquam faciam: adamavi quippe alienos, et post eós ambulabo.*

25 Guarda tu pie de la desnudez, y tu garganta de la sed [2]. Mas tú has dicho: Desesperada estoy; por ningun caso lo haré: porque amé los *dioses* extraños, y tras ellos andaré.

26 *Quomodo confunditur fur quando deprehenditur, sic confusi sunt domus Israel, ipsi et reges eorum, principes, et sacerdotes, et prophetæ eorum,*

—26 Como queda confuso un ladron cuando es cogido en el hurto; así quedarán confusos los hijos de Israel, ellos, y sus reyes, los príncipes y sacerdotes, y sus profetas:

27 *dicentes ligno: Pater meus es tu; et lapidi: Tu me genuisti: verterunt ad me tergum, et non faciem, et in tempore afflictionis suæ dicent: Surge, et libera nos.*

27 los cuales dicen á un leño: Tú eres mi padre; y á una piedra: Tú me has dado el ser. Volviéronme las espaldas, y no el rostro: y al tiempo de su angustia, *entonces* dirán: Ven luego, *Señor*, y sálvanos [3].

28 *Ubi sunt dii tui, quos fecisti tibi? surgant et liberent te in tempore afflictionis tuæ: secundùm numerum quippe civitatum tuarum erant dii tui, Juda.*

28 ¿Dónde están, *les responderé yo,* aquellos dioses tuyos que tú te hiciste? acudan ellos y líbrente en el tiempo de tu afliccion: ya que eran tantos tus dioses, oh Judá, como tus ciudades [4].

29 *Quid vultis mecum judicio contendere? omnes dereliquistis me: dicit Dominus.*

29 ¿Para qué quereis entrar conmigo en juicio, *á fin de excusaros?* Todos vosotros me habeis abandonado, dice el Señor.

30 *Frustrà percussi filios vestros, disciplinam non receperunt: devoravit gladius vester prophetas vestros, quasi leo vastator.*

30 En vano castigué á vuestros hijos [5]; ellos no hicieron caso de la correccion; *antes bien* vuestra espada acabó con vuestros profetas: como leon destrozador,

31 *generatio vestra. Videte verbum Domini: Nunquid solitudo factus sum Israeli, aut terra serotina? quare ergo dixit populus meus: Recessimus, non veniemus ultrà ad te?*

31 así es vuestra raza perversa. Mirad lo que dice el Señor: ¿Por ventura he sido yo para Israel algun desierto, ó tierra *sombría* que tarda en fructificar? ¿Pues por qué motivo *me* ha dicho mi pueblo: Nosotros nos retiramos [6]; no volverémos jamás á tí?

32 *Nunquid obliviscetur virgo ornamenti sui, aut sponsa fasciæ pectoralis suæ? populus verò meus oblitus est mei diebus innumeris.*

32 ¿Podrá acaso una doncella olvidarse de sus atavíos, ó una novia de la faja que adorna su pecho? Pues ello es que el pueblo mio se ha olvidado de mí innumerables dias.

33 *Quid niteris bonam ostendere viam*

33 ¿Cómo intentas tu demostrar [7]

---

1 *En sus meses de preñado, cuando ande* *pesada, y pueda andar poco.*
2 No te abandones, corriendo tras de las abominaciones de los ídolos. Véase la significacion de *agua Eccl. XXVI. v.* 15.
3 *Cap. XXXII. v.* 33.

4 *Cap. XI. v.* 13.
5 Ó de vuestro pueblo.
6 Abandonados ya de tí.
7 Ó tambien: *Como te empeñas en hacer ver que, etc.*

tuam ad quærendam dilectionem, quæ insuper et malitias tuas docuisti vias tuas,

34 et in alis tuis inventus est sanguis animarum pauperum et innocentum? non in fossis inveni eos, sed in omnibus quæ suprà memoravi.

35 Et dixisti: Absque peccato et innocens ego sum; et propterea avertatur furor tuus à me. Ecce ego judicio contendam tecum, eò quòd dixeris: Non peccavi.

36 Quàm vilis facta es nimis, iterans vias tuas! Et ab Ægypto confundéris, sicut confusa es ab Assur.

37 Nam et ab ista egredieris, et manus tuæ erunt super caput tuum: quoniam obtrivit Dominus confidentiam tuam, et nihil habebis prosperum in ea.

ser recto tu proceder para ganarte mi amistad, cuando aun has enseñado á otros tus malos pasos,

34 y en las faldas de tu vestido ¹ se ha hallado todavía, la sangre de los pobrecitos é inocentes ² ? No los hallé muertos dentro de escondrijos, sino en todos los lugares y parages que acabo de decir.

35 Sin embargo dijiste con descaro: Sin culpa estoy yo é inocente: y por tanto aléjese de mí tu indignacion. Pues mira, yo he de entrar contigo en juicio, perque has dicho: No he pecado.

36 ¡Oh, y cómo te has envilecido hasta lo sumo volviendo á tus malos pasos! Tú serás burlada del Egyto ³, como lo fuiste ya de Assur.

37 Sí, volverás tambien de Egypto avergonzada, con tus manos sobre la cabeza ⁴; por cuanto el Señor ha frustrado enteramente la confianza tuya, y no tendrás allá prosperidad ninguna ⁵.

CAPÍTULO III.

El Señor con suma bondad llama otra vez á sí á su pueblo. Gloria de Jerusalem con la reunion de los dos reinos de Judá y de Israel, y la agregacion de todas las naciones.

1 Vulgò dicitur: Si dimiserit vir uxorem suam, et recedens ab eo, duxerit virum alterum: nunquid revertetur ad eam ultrà? nunquid non polluta et contaminata erit mulier illa? tu autem fornicata es cum amatoribus multis: tamen revertere ad me, dicit Dominus, et ego suscipiam te.

2 Leva oculos tuos in directum, et vide ubi non prostrata sis: in viis sedebas, expectans eos quasi latro in solitudine; et polluisti terram in fornicationibus tuis, et in malitiis tuis.

1 Comunmente se dice: Si un marido repudia á su muger, y ella separada de éste toma otro marido, ¿acaso volverá jamás á recibirla ⁶? ¿No quedará la tal muger inmunda y contaminada? Tú, es cierto, que has pecado con muchos amantes: esto no obstante vuélvete á mí, dice el Señor, que yo te recibiré.

2 Alza tus ojos á los collados, y mira si hay lugar donde no te hayas prostituido: te sentabas en medio de los caminos, aguardando á los pasageros para entregarte á ellos, como para robar se pone el ladron en sitio solitario: y contaminaste la tierra con tus fornicaciones y tus maldades.

---

1 En tus mismas manos. Asi traducen los Setenta.
2 Que has sacrificado.
3 Cuyo auxilio imploras. Te sucederá lo mismo que cuando imploraste el auxilio de los

assyrios. *IV. Reg. XVI. ver. 7.—II. Par. XXVIII. v. 16.*
4 *IV. Reg. XXIII. v. 29.*
5 Nada te saldrá alli prósperamente.
6 *Deut. XXIV. v. 4.*

3 *Quam ob rem prohibitæ sunt stillæ pluviarum, et serotinus imber non fuit: frons mulieris meretricis facta est tibi, noluisti erubescere.*

4. *Ergo saltem amodò voca me: Pater meus, dux virginitatis meæ tu es:*

5 *nunquid irasceris in perpetuum, aut perseverabis in finem? Ecce locuta es, et fecisti mala, et potuisti.*

6 *Et dixit Dominus ad me in diebus Josiæ regis: Nunquid vidisti quæ fecerit aversatrix Israel? abiit sibimet super omnem montem excelsum, et sub omni ligno frondoso, et fornicata est ibi.*

7 *Et dixi, cùm fecisset hæc omnia: Ad me revertere; et non est reversa. Et vidit prævaricatrix soror ejus Juda,*

8 *quia pro eo, quòd mæchata esset aversatrix Israel, dimisissem eam, et dedissem ei libellum repudii; et non timuit prævaricatrix Juda soror ejus, sed abiit, et fornicata est etiam ipsa.*

9 *Et facilitate fornicationis suæ contaminavit terram, et mæchata est cum lapide et ligno.*

10 *Et in omnibus his non est reversa ad me prævaricatrix soror ejus Juda in toto corde suo, sed in mendacio, ait Dominus.*

11 *Et dixit Dominus ad me: Justificavit animam suam aversatrix Israel, comparatione prævaricatricis Judæ.*

12 *Vade, et clama sermones istos contra Aquilonem, et dices: Revertere aversatrix Israel, ait Dominus, et non avertam faciem meam à vobis: quia sanctus ego sum, dicit Dominus, et non*

3 Por cuya causa cesaron las lluvias abundantes, y faltó la lluvia de primavera [1]. Tú empero, *en vez de arrepentirte*, presentas el semblante [2] de una muger prostituta, ó *descarada*: no has querido tener rubor ninguno.

4 Pues á lo menos desde ahora *arrepiéntete*, y dime: Tú eres mi padre, tú el que velabas sobre mi virginidad [3]:

5 ¿acaso has de estar siempre enojado, ó mantendrás hasta el fin tu indignacion? Pero [4] he aquí que tú has hablado asi, y has ejecutado toda suerte de crímenes, hasta no poder mas.

— 6 Díjome tambien el Señor en tiempo del rey Josías: ¿No has visto tú las cosas que ha hecho la rebelde Israel [5]? Fuese *á adorar* sobre todo monte alto, y debajo de todo árbol frondoso, y allí se ha prostituido.

7 Y despues que hizo ella todas estas cosas, le dije yo· Vuélvete á mí, y no quiso volverse. Y su hermana Judá la prevaricadora vió

8 que por haber sido adúltera la rebelde Israel yo la habia desechado, y dado libelo de repudio: y no *por eso* se amedrentó su hermana la prevaricadora Judá, sino que se fué é idolatró tambien ella.

9 Y con la frecuencia de sus adulterios ó *idolatrías* contaminó *toda* la tierra, idolatrando con las piedras y con los leños [6].

10 Y despues de todas estas cosas no se convirtió á mí, dice el Señor, su hermana la prevaricadora Judá con todo su corazon, sino fingidamente.

11 Y asi díjome el Señor: La rebelde Israel viene á ser una santa, en comparacion de Judá la prevaricadora.

12 Anda y repite en alta voz estas palabras [7] hácia el Septentrion, y dí: Conviértete, oh tú rebelde Israel, dice el Señor; que no torceré yo mi rostro para no mirarte; pues yo soy santo y

---

1 La del Otoño suele llamarse en latin *temporánea*, en castellano *temprana*.
2 La *facha* ó el *descaro*.
3 *Guia*: ó *custodio* de la virginidad, es una perífrasis, que equivale á *esposo. Prov. II.*

vr. 17.
4 Mas á pesar de decir esto.
5 Ó el reino de las diez tribus?
6 Que veneraba como dioses.
7 A las diez tribus que están allí cautivas.

irascar in perpetuum.

13 *Verumtamen scito iniquitatem tuam, quia in Dominum Deum tuum prævaricata es; et dispersisti vias tuas alienis sub omni ligno frondoso, et vocem meam non audisti, ait Dominus.*

14 *Convertimini, filii revertentes, dicit Dominus: quia ego vir vester; et assumam vos unum de civitate, et duos de cognatione, et introducam vos in Sion.*

15 *Et dabo vobis pastores juxta cor meum, et pascent vos scientiâ et doctrinâ.*

16 *Cumque multiplicati fueritis, et creveritis in terra in diebus illis, ait Dominus; non dicent ultrà: Arca testamenti Domini: neque ascendet super cor, neque recordabuntur illius: nec visitabitur, nec fiet ultrà.*

17 *In tempore illo vocabunt Jerusalem, solium Domini; et congregabuntur ad eam omnes gentes in nomine Domini in Jerusalem, et non ambulabunt post pravitatem cordis sui pessimi.*

18 *In diebus illis ibit domus Juda ad domum Israel, et venient simul de terra Aquilonis, ad terram quam dedi patribus vestris.*

19 *Ego autem dixi: Quomodo ponam te in filios, et tribuam tibi terram desiderabilem, hæreditatem præclaram exercituum gentium? Et dixi: Patrem vocabis me, et post me ingredi non cessabis.*

20 *Sed quomodo si contemnat mulier amatorem suum, sic contempsit me domus*

benigno [1], dice el Señor; y no conservaré siempre mi enojo.

13 Reconoce empero tu infidelidad; pues has prevaricado contra el Señor Dios tuyo, y te prostituiste á los *dioses* extraños [2] debajo de todo árbol frondoso, y no escuchaste mi voz, dice el Señor.

14 Convertíos á mí, oh hijos rebeldes, dice el Señor: porque yo soy vuestro esposo, y escogeré de vosotros uno de cada ciudad, y dos de cada familia [3], y os introduciré en Sion.

15 Y os daré pastores segun mi corazon, que os apacentarán con la ciencia y con la doctrina [4].

16 Y cuando os habreis multiplicado y crecido sobre la tierra, en aquellos dias, dice el Señor, no se hablará ya de la Arca del Testamento del Señor; ni se pensará en ella, ni habrá de ella memoria, ni será visitada, ni se hará ya nada de esto [5].

17 En aquel tiempo Jerusalem será llamada Trono del Señor: y se agregarán á ella las naciones todas, en el nombre del Señor, en Jerusalem, y no seguirán la perversidad de su pésimo corazon.

18 En aquel tiempo la familia ó *reino* de Judá se reunirá con la familia de Israel, y vendrán juntas de la tierra del Septentrion [6] á la tierra que dí á vuestros padres.

19 Entonces dije yo: ¡Oh cuántos hijos te daré á tí! Yo te daré la tierra deliciosa; una herencia esclarecida de ejércitos de gentes. Y añadí: Tú me llamarás padre, y no cesarás de caminar en pos de mí.

20 Pero como una muger que desprecia al que la ama, así me ha desdeñado

---

1 Segun el texto hebreo, y los *Setenta* debe traducirse *benigno ó misericordioso.*

2 Segun los *Setenta* puede traducirse : *dirigiste tus pasos á buscar por acá y acullá dioses extraños para adorarlos. Ezech. XVI. ver.* 25.

3 Esto es, á algunos, no á todos los del pueblo de Israel. Puede aludir á los judios que abrazaron luego el Evangelio.

4 No solamente deben ser virtuosos los ministros de la Religion, sino tambien sabios ó

instruidos en la palabra Divina, como dice el Apóstol, *ad Tit. cap. I. v.* 9.

5 Porque el nuevo pueblo tendrá á Jesu-Christo, que residirá personalmente en medio de su Iglesia; y cesarán las figuras y ceremonias de la antigua Ley, que le representaban.

6 El *Norte ó Septentrion*, como region mas apartada de la luz, suele significar en la Escritura una cosa mala, ú origen de males; al contrario del *Oriente*. Véase S. Gerónimo.

mus Israel, dicit Dominus.

21 *Vox in viis audita est, ploratus et ululatus filiorum Israel: quoniam iniquam fecerunt viam suam, obliti sunt Domini Dei sui.*

22 *Convertimini, filii revertentes, et sanabo aversiones vestras. Ecce nos venimus ad te: tu enim es Dominus Deus noster.*

23 *Verè mendaces erant colles, et multitudo montium: verè in Domino Deo nostro salus Israel.*

24 *Confusio comedit laborem·patrum nostrorum ab adolescentia nostra, greges eorum, et armenta eorum, filios eorum et filias eorum.*

25 *Dormiemus in confusione nostra, et operiet nos ignominia nostra: quoniam Domino Deo nostro peccavimus nos, et patres nostri, ab adolescentia nostra usque ad diem hanc; et non audivimus vocem Domini Dei nostri.*

á mi la familia de Israel, dice el Señor.

21 Clamores se han oido en los caminos, llantos, alaridos de los hijos de Israel, por haber procedido infielmente, olvidados del Señor su Dios.

22 Convertíos á mí, hijos rebeldes, que yo os perdonaré vuestras apostasías. He aquí, oh *Señor*, que ya volvemos á ti; porque tú eres el Señor Dios nuestro.

23 Verdaderamente no eran mas que embuste *todos los idolos de* los collades y *de* tantos montes: verdaderamente que en el Señor Dios nuestro está la salud de Israel.

24 Aquel *culto* afrentoso consumió desde nuestra mocedad los sudores de nuestros padres, sus rebaños, y sus vacadas, sus hijos y sus hijas.

25 Morirémos en nuestra afrenta, y quedarémos cubiertos de nuestra ignominia: porque contra nuestro Dios hemos pecado nosotros, y nuestros padres, desde nuestra mocedad hasta el dia de hoy; y no hemos escuchado la voz del Señor Dios nuestro.

CAPÍTULO IV.

Exhorta Dios por Jeremias á los judíos á la verdadera penitencia; y les anuncia, si no la hacen, la irrupcion de los cháldeos.

1 *Si reverteris, Israel, ait Dominus, ad me convertere: si abstuleris offendicula tua à facie mea, non commoveberis.*

2 *Et jurabis: Vivit Dominus, in veritate, et in judicio, et in justitia: et benedicent eum gentes, ipsumque laudabunt.*

3 *Hæc enim dicit Dominus viro Juda et Jerusalem: Novate vobis novale, et nolite serere super spinas:*

4 *circumcidimini Domino, et auferte præputia cordium vestrorum, viri Juda et habitatores Jerusalem: ne fortè*

1 Oh Israel, si te has de convertir de tus extravíos, conviértete á mí *de corazon*, dice el Señor [1]. Si quitas tus escándalos ó *ídolos* de mi presencia, no serás removido de tu tierra.

2 Y sea tu juramento (hecho con verdad, en juicio, y con justicia): Viva el Señor [2]: y bendicirán y alabarán al Señor las naciones *todas*.

3 Porque esto dice el Señor á los varones de Judá y de Jerusalem: Preparad vuestro barbecho [3], y no sembreis sobre espinas [4].

4 Circuncidaos por amor del Señor, y separad de vuestro corazon las inmundicias [5], oh vosotros varones de Judá,

---

1 Puede traducirse: Oh Israel, si te convirtieres de tus extravíos, volverás á mi gracia.

2 Es pues lícito el juramento cuando se hace con las condiciones necesarias. Otros traducen: con juicio, ó con discrecion. Véase Ju-

ramento en el *Índice alfabético.*

3 *Oseæ X. v.* 12.

4 No hagais que vuestra religion ó culto sea solo aparente ó inútil.

5 *Rom. II. v.* 28.

egrediatur ut ignis indignatio mea, et suscendatur, et non sit qui extinguat, propter malitiam cogitationum vestrarum.

5 Annuntiate in Juda, et in Jerusalem audilum facite: loquimini, et canile tuba in terra: clamate fortiter, et dicite: Congregamini, et ingrediamur civitales munitas,

6 levate signum in Sion. Confortamini, nolite stare: quia malum ego adduco ab Aquilone, et contritionem magnam.

7 Ascendit leo de cubili suo, et prædo gentium se levavit: egressus est de loco suo, ut ponat terram tuam in solitudinem: civitates tuæ vastabuntur, remanentes absque habitatore.

8 Super hoc accingite vos ciliciis, plangite et ululate: quia non est aversa ira furoris Domini à nobis.

9 Et erit in die illa, dicit Dominus: Peribit cor regis, et cor principum; et obstupescent sacerdotes, et prophetæ consternabuntur.

10 Et dixi: Heu, heu, heu, Domine Deus: ergone decepisti populum istum et Jerusalem, dicens: Pax erit vobis; et ecce pervenit gladius usque ad animam?

11 In tempore illo dicetur populo huic et Jerusalem: Ventus urens in viis quæ sunt in deserto viæ filiæ populi mei, non ad ventilandum et ad purgandum.

12 Spiritus plenus ex his veniet mihi; et nunc ego loquar judicia mea cum eis.

13 Ecce quasi nubes ascendet, et quasi

y moradores de Jerusalem: no sea que se manifieste cual fuego abrasador mi enojo, y suceda un incendio, y no haya quien pueda apagarle por causa de la malicia de vuestros designios.

5 Anunciad *pues* á Judá *todo esto*, é intimadlo á Jerusalem: echad la voz, y tocad la trompeta por *todo* el pais: gritad fuerte y decid: Juntaos y encerrémonos en las ciudades fortificadas:

6 alzad en Sion el estandarte [1]: fortificaos, y no os detengais; porque yo hago venir del Septentrion el azote, y una gran desolacion.

7 Ha salido el leon de su guarida, y se ha alzado el destrozador ó conquistador [2] de las gentes: se ha puesto en camino para asolar tu tierra: arruinadas serán tus ciudades, sin que quede un solo morador.

8 Por tanto vestios de cilicio, prorumpid en llanto, y en alaridos: pues que la tremenda indignacion del Señor no se ha apartado de nosotros.

9 En aquel dia, dice el Señor, desfallecerá el corazon del Rey, y el corazon de los príncipes, estarán atónitos los sacerdotes, y consternados los profetas.

10 Y yo dije *al oir eso*: ¡Ay, ay, Señor Dios mio! ¡ay! ¿y es posible que hayas permitido que *los falsos profetas* alucinasen á este pueblo *tuyo*, y á Jerusalem, diciendo: Paz tendréis vosotros: cuando he aquí que la espada *del enemigo* ha penetrado hasta el corazon?

11 En aquel tiempo se dirá á este pueblo y á Jerusalem: Un viento abrasador sopla de la parte del Desierto, en el camino que viene *de Babylonia* á la hija de mi pueblo [3], y no es viento para aventar y limpiar *el grano* [4].

12 Un viento mas impetuoso me vendrá de aquel lado [5], y entonces yo les haré conocer *la severidad* de mis juicios.

13 He aquí que *el ejército enemigo*

---

1 Para que acudan todos á defenderla.
2 Esto es, Nabuchódonosor.
3 Ó á Jerusalem.
4 Sino para abrasar y consumir las plantas.
5 Para ser instrumento de mi justicia: y entonces, etc. Aquí el *nunc* de la Vulgata equi-

vale á *tunc*; porque se considera el castigo ya presente y realmente lo era para el que hablaba, que es Dios. Pero para quitar toda ambigüedad, he traducido *entonces*, como hace Martini y otros.

tempestas currus ejus, velociores aqui-
lis equi illius: væ nobis quoniam vasta-
ti sumus.

14 *Lava à malitia cor tuum Jerusa-*
lem, ut salva fias: usquequò morabun-
tur in te cogitationes noxiæ?

15 *Vox enim annuntiantis à Dan,*
et notum facientis idolum de monte
Ephraim.

16 *Dicite gentibus: Ecce auditum est*
in Jerusalem custodes venire de terra
longinqua, et dare super civitates Ju-
da vocem suam.

17 *Quasi custodes agrorum facti sunt*
super eam in gyro: quia me ad iracun-
diam provocavit, dicit Dominus.

18 *Viæ tuæ, et cogitationes tuæ fece-*
runt hæc tibi: ista malitia tua, quia
amara, quia tetigit cor tuum.

19 *Ventrem meum, ventrem meum*
doleo, sensus cordis mei turbati sunt
in me: non tacebo, quoniam vocem buc-
cinæ audivit anima mea, clamorem
prælii.

20 *Contritio super contritionem vocata*
est, et vastata est omnis terra: repen-
tè vastata sunt tabernacula mea, su-
bitò pelles meæ.

21 *Usquequò videbo fugientem, au-*
diam vocem buccinæ?

22 *Quia stultus populus meus me non*
cognovit: filii insipientes sunt, et ve-
cordes: sapientes sunt ut faciant mala,
bene autem facere nescierunt.

23 *Aspexi terram, et ecce vacua erat,*
et nihili; et cœlos, et non erat lux in
eis.

vendrá como una *espesa* nube, y sus
carros de guerra como un torbellino:
mas veloces que águilas son sus caballos. ¡Ay desdichados de nosotros! *di-*
rán entonces: somos perdidos.

14 Lava *pues,* oh Jerusalem, tu corazon de toda malicia, si quieres salvarte. ¿Hasta cuando tendrán acogida
en ti los pensamientos nocivos, *ó per-*
versos?

15 *Mira* que ya se oye la voz *de uno*
que llega de Dan, y anuncia y hace saber que el ídolo [1] está viniendo por el
monte de Ephraim.

16 Decid *pues* á las gentes: Sabed
que se ha oido en Jerusalem que vienen
las milicias ó *tropas enemigas* de lejanas tierras, y han alzado ya el grito
contra las ciudades de Judá.

17 Se estarán *dia y noche* al rededor
de ella, como los guardas en las heredades: porque me ha provocado á ira,
dice el Señor.

18 Tus procederes y tus pensamientos
te han ocasionado, oh *Jerusalem,* estas
cosas [2]: esa malicia tuya es la causa de
la amargura que ha traspasado tu corazon.

19 ¡Ah! mis entrañas, las entrañas
mias se han conmovido de dolor *y con-*
goja: todos los interiores afectos de mi
corazon estan en desórden: no puedo
callar cuando ha oido *ya* mi alma el
sonido de la trompeta, el grito de la
batalla.

20 Ha venido desastre sobre desastre,
y ha quedado asolada toda la tierra: de
repente, en un momento fueron derribadas mis tiendas y pabellones.

21 ¿Hasta cuando he de ver fugitivos
á los de mi pueblo, y he de oir el sonido de la trompeta *enemiga?*

22 El necio pueblo mio, *dice el Se-*
ñor, no me conoció: hijos insensatos
son y mentecatos: para hacer el mal son
sabios: mas el bien no saben hacerle.

23 Eché una mirada á la tierra, y la
ví vacía y sin nada; y á los cielos, y
no habia luz en ellos:

---

1 El ídolo del Fuego, á quien llevaban al
frente de sus escuadrones los chàldeos. Ó bien

el estandarte de Baal.
2 *Sap. I. v.* 3., 5.

24 *Vidi montes, et ecce movebantur; et omnes colles conturbati sunt.*

25 *Intuitus sum, et non erat homo; et omne volatile cœli recessit.*

26 *Aspexi, et ecce Carmelus desertus; et omnes urbes ejus destructæ sunt à facie Domini, et à facie iræ furoris ejus.*

27 *Hæc enim dicit Dominus: Deserta erit omnis terra, sed tamen consummationem non faciam.*

28 *Lugebit terra, et mœrebunt cœli desuper: eò quòd locutus sum, cogitavi, et non pœnituit me, nec aversus sum ab eo.*

29 *A voce equitis et mittentis sagittam, fugit omnis civitas: ingressi sunt ardua, et ascenderunt rupes: universæ urbes derelictæ sunt, et non habitat in eis homo.*

30 *Tu autem vastata quid facies? cùm vestieris te coccino, cùm ornata fueris monili aureo, et pinxeris stibio oculos tuos, frustrà componeris; contempserunt te amatores tui, animam tuam quærent.*

31 *Vocem enim quasi parturientis audivi, angustias ut puerperæ: vox filiæ Sion intermorientis, expandentisque manus suas: væ mihi, quia defecit anima mea propter interfectos.*

24 miré los montes, y reparé que temblaban, y que todos los collados se estremecian.

25 Estuve observando *la Judea*, y no se veia un hombre *siquiera*; y se habian retirado *del pais* todas las aves del cielo.

26 Miré y ví convertidas en un desierto sus fértiles campiñas: todas sus ciudades han quedado destruidas á la presencia del Señor, á la presencia de su tremenda indignacion.

27 Pero he aquí lo que dice el Señor: Toda la tierra de *Judá* quedará desierta; mas no acabaré de arruinarla del todo.

28 Llorará la tierra, y se enlutarán arriba los cielos, por razon de lo que decreté; resolvílo y no me arrepentí, ni ahora mudo de parecer.

29 Al ruido de la caballería y de los flecheros echó á huir toda la ciudad: corrieron á esconderse entre los riscos, subiéronse á los peñascos: fueron desamparadas todas las ciudades, sin que quedase en ellas un solo habitante.

30 ¿Y qué harás ahora, oh desolada *hija de Sion?* ¿qué harás? Por mas que te vistas de grana, aunque te adornes con joyeles de oro, y pintes con antimonio tus ojos [1], en vano te engalanarás: tus amantes te han desdeñado, quieren acabar contigo.

31 Porque he oido gritos como de muger que está de parto, *ánsias y congojas* como de primeriza [2]; la voz de la hija de Sion moribunda que extiende sus manos, *y dice:* ¡Ay de mí! que me abandona mi alma al ver la mortandad de mis hijos.

CAPÍTULO V.

El Señor, en vista de haber llegado á lo sumo las maldades de su pueblo, le anuncia que va á castigarle por medio de un pueblo extrangero.

1 *Circuite vias Jerusalem, et aspici-*

1 Recorred las calles de Jerusalem,

1 *IV. Reg. IX. v.* 30. En lugar de *tus ojos* puede entenderse *tu rostro*, suponiendo aqui la figura *sinécdoque* en que se toma la parte por el todo.

2 La voz hebrea מבכירה *mabqirim*, y la griega πρωτοτοκους *prototocouses*, significa la muger que pare por primera vez, cuyo parto es mas dificil y doloroso.

te, et considerate, et quærite in plateis ejus, an inveniatis virum facientem judicium, et quærentem fidem; et propitius ero ei.

2 Quòd si etiam: Vivit Dominus, dixerint; et hoc falsò jurabunt.

3 Domine, oculi tui respiciunt fidem: percussisti eos, et non doluerunt: attrivisti eos, et renuerunt accipere disciplinam: induraverunt facies suas supra petram, et noluerunt reverti.

4 Ego autem dixi: Forsitan pauperes et stulti, ignorantes viam Domini, judicium Dei sui.

5 Ibo igitur ad optimates et loquar eis: ipsi enim cognoverunt viam Domini, judicium Dei sui; et ecce magis hi simul confregerunt jugum, ruperunt vincula.

6 Idcirco percussit eos leo de silva, lupus ad vesperam vastavit eos, pardus vigilans super civitates eorum: omnis qui egressus fuerit ex eis, capietur: quia multiplicatæ sunt prævaricationes eorum, confortatæ sunt aversiones eorum.

7 Super quo propitius tibi esse potero? filii tui dereliquerunt me, et jurant in his qui non sunt dii: saturavi eos, et mœchati sunt, et in domo meretricis luxuriabantur.

8 Equi amatores et emissarii facti sunt: unusquisque ad uxorem proximi sui hinniebat.

9 Nunquid super his non visitabo,

ved, y observad; y buscad en sus plazas si encontrais un hombre que obre lo que es justo, y que procure ser fiel [1]; y si le hallais, yo usaré con ella de misericordia.

2 Pues aun cuando [2] dicen todavía: Vive el Señor, Dios verdadero; aun entonces juran con mentira.

3 Señor, tus ojos están mirando siempre la fidelidad ó verdad: azotaste á estos perversos, y no les dolió: molistelos á golpes, y no han hecho caso de la correccion: endurecieron sus frentes mas que un peñasco, y no han querido convertirse á tí.

4 Entonces dije yo: Tal vez estos son los pobres é idiotas, que ignoran el camino del Señor, los juicios de su Dios.

5 Iré pues á los principales del pueblo y hablaré á ellos: que sin duda esos saben el camino del Señor, los juicios de su Dios. Pero hallé que estos aun mas que los otros, todos á una quebrantaron el yugo del Señor, rompieron sus coyundas.

6 Pero el leon del bosque [3] los ha desgarrado: el lobo al anochecer los ha exterminado: el leopardo está acechando en torno de sus ciudades: todos cuantos salgan de ellas, caerán en sus garras; porque se han multiplicado sus prevaricaciones, y se han obstinado en sus apostasías.

7 ¿Por qué título [4] podré yo inclinarme á serte propicio á tí, oh pueblo rebelde? Tus hijos me han abandonado, y juran por el nombre de aquellos que no son dioses: yo los colmé de bienes, y ellos se han entregado al adulterio, y han desahogado su lujuria en casa de la muger prostituta.

8 Han llegado á ser como caballos padres desenfrenados, y en estado de calor: con tanto ardor persigue cada cual la muger de su prójimo [5].

9 Pues qué, ¿no he de castigar yo es-

---

1 Ó que quiera seguir la verdad. Es una hipérbole para significar cuan pocos eran los justos en Jerusalem.
2 Para asegurar, ó dar fe de alguna cosa.
3 Nabuchódonosor es llamado leon por su po-

der, lobo por su voracidad y avaricia, y leopardo por la celeridad en sus empresas.
4 Ó con qué motivo.
5 Ezech. XXII. v. 11.

dicit Dominus? et in gente tali non ulciscetur anima mea?

10 *Ascendite muros ejus, et dissipate, consummationem autem nolite facere; auferte propagines ejus, quia non sunt Domini.*

11 *Prævaricatione enim prævaricata est in me Domus Israel, et domus Juda, ait Dominus.*

12 *Negaverunt Dominum, et dixerunt; Non est ipse: neque veniet super nos malum: gladium et famem non videbimus.*

13 *Prophetæ fuerunt in ventum locuti, et responsum non fuit in eis: hæc ergo evenient illis.*

14 *Hæc dicit Dominus Deus exercituum: Quia locuti estis verbum istud: ecce ego do verba mea in ore tuo in ignem, et populum istum in ligna, et vorabit eos.*

15 *Ecce ego adducam super vos gentem de longinquo, domus Israel, ait Dominus: gentem robustam, gentem antiquam, gentem, cujus ignorabis linguam, nec intelliges quid loquatur.*

16 *Pharetra ejus quasi sepulchrum patens, universi fortes.*

17 *Et comedet segetes tuas, et panem tuum: devorabit filios tuos, et filias tuas: comedet gregem tuum, et armenta tua: comedet vineam tuam, et ficum tuam: et conteret urbes munitas tuas, in quibus tu habes fiduciam, gladio.*

18 *Verumtamen in diebus illis, ait Dominus, non faciam vos in consummationem.*

19 *Quòd si dixeritis: Quare fecit nobis Dominus Deus noster hæc omnia? dices ad eos: Sicut dereliquistis me, et servistis deo alieno in terra vestra, sic*

---

tas cosas, dice el Señor, y no se vengará mi alma de una tal gente?

10 Escalad, *oh pueblos de Cháldea*, sus muros, y derribadlos: mas no acabeis del todo con ella: quitadle los sarmientos [1]; porque no son del Señor.

11 Puesto que la casa de Israel y la casa de Judá han pecado enormemente contra mí, dice el Señor.

12 Ellas renegaron del Señor, y dijeron: No es él *el Dios verdadero*: no nos sobrevendrá ningun desastre: no verémos la espada, ni la hambre [2].

13 Sus profetas hablaban al aire; y no tuvieron *jamás* respuesta de Dios. Tales cosas pues á ellos les sobrevendrán, *no á nosotros*.

— 14 Esto *me* dice el Señor Dios de los ejércitos: Porque habeis proferido vosotros tales palabras, he aquí *oh Jeremías*, que yo desde ahora pongo en tu boca mis palabras cual fuego *devorador*, y le doy ese pueblo por leña, para que sea de él consumido.

15 Yo voy á traer sobre vosotros, oh familia de Israel, dice el Señor, una nacion lejana, nacion robusta, nacion antigua [3], nacion cuya lengua tú no sabrás, ni entenderás lo que habla.

16 Su aljaba es como un sepulcro abierto [4]; todos ellos son valerosos soldados.

17 Esta nacion *conquistadora* se comerá tus cosechas y tu pan: se tragará tus hijos y tus hijas [5]; comerá tus rebaños y tus vacadas: acabará con tus viñas y tus higuerales; y asolará con la espada tus fuertes ciudades, en que tú tienes puesta la confianza.

18 Con todo eso, en aquellos dias no acabaré del todo con vosotros, dice el Señor.

19 Que si dijeron: ¿Por qué ha hecho el Señor Dios nuestro contra nosotros todas estas cosas [6]? tú les responderás: Asi como vosotros me habeis

---

1 Llevaos cautivos sus hijos.

2 Como han vaticinado los Profetas.

3 Los *cháldeos* traian su origen de *Nembrod*, fundador del imperio de Babylonia. *Gen. X. v. 10. Deut. XXVIII. v. 49.—Baruch. IV. v. 16.*

4 Cuantas saetas salen de ella, otras tantas muertes causan.

5 En castellano suele decirse para ponderar el terror que causa alguno: *se come viva la gente.*

6 *Cap. XVI. v. 10.*

servietis alienis in terra non vestra.

20 *Annuntiate hoc domui Jacob, et auditum facite in Juda, dicentes:*

21 *Audi, populo stulte, qui non habes cor: qui habentes oculos, non videtis; et aures, et non auditis.*

22 *Me ergo non timebitis, ait Dominus; et à facie mea non dolebitis? Qui posui arenam terminum mari, præceptum sempiternum, quod non præteribit; et commovebuntur, et non poterunt; et intumescent fluctus ejus, et non transibunt illud:*

23 *populo autem huic factum est cor incredulum et exasperans, recesserunt et abierunt.*

24 *Et non dixerunt in corde suo: Metuamus Dominum Deum nostrum, qui dat nobis pluviam temporaneam et serotinam in tempore suo; plenitudinem annuæ messis custodientem nobis.*

25 *Iniquitates vestræ declinaverunt hæc; et peccata vestra prohibuerunt bonum à vobis:*

26 *quia inventi sunt in populo meo impii insidiantes quasi aucupes, laqueos ponentes et pedicas ad capiendos viros.*

27 *Sicut decipula plena avibus, sic domus eorum plenæ dolo: ideo magnificati sunt et ditati.*

28 *Incrassati sunt et impinguati; et præterierunt sermones meos pessimè. Causam viduæ non judicaverunt, causam pupilli non direxerunt, et judicium pauperum non judicaverunt.*

29 *Nunquid super his non visitabo, dicit Dominus? aut super gentem hujuscemodi non ulciscetur anima mea?*

30 *Stupor et mirabilia facta sunt in terra:*

31 *prophetæ prophetabant mendacium, et sacerdotes applaudebant manibus*

abandonado á mí, *dice el Señor*, y habeis servido á los dioses extraños en vuestra tierra, asi les serviréis *ahora* en tierra extrangera.

20 Anunciad esto á la casa de Jacob, y pregonadlo en Judá, diciendo:

21 Escucha, oh pueblo insensato, y sin cordura; vosotros que teniendo ojos no veis, y teniendo orejas no ois.

22 ¿Conque á mí no me temeréis, dice el Señor, ni os arrepentiréis delante de mí? Yo soy el que al mar le puse por término la arena, ley perdurable que no quebrantará: levantarse han sus olas, y no traspasarán sus límites; y se encresparán, pero no pasarán mas adelante.

23 Pero este pueblo se ha formado un corazon incrédulo y rebelde: se han retirado de mí, y se han ido *en pos de los ídolos*;

24 En vez de decir en su corazon: Temamos al Señor Dios nuestro, que nos da á su tiempo la lluvia temprana y la tardía, y que nos da todos los años una abundante cosecha.

25 Vuestras maldades han hecho desaparecer estas cosas; y vuestros pecados han retraido de vosotros el bienestar:

26 por cuanto se hallan impíos en mi pueblo, acechando como cazadores, poniendo lazos y pihuelas para cazar hombres.

27 Como jaula ó red de cazadores llena de aves, asi están sus casas llenas de fraudes; con ellos se han engrandecido y se han hecho ricos.

28 Engrosáronse y engordaron; y han violado pésimamente mis preceptos. No han administrado justicia á la viuda, ni han defendido la causa del huérfano, y no hicieron justicia al pobre [1].

29 ¿Cómo no he de castigar yo estas cosas, dice el Señor? ¿ó cómo puede mi alma dejar de tomar venganza de una tal gente?

30 Cosa asombrosa, cosa muy extraña es la que ha sucedido en esta tierra:

31 los profetas profetizaban mentiras, y los sacerdotes *los* aplaudian con

---

1 Ó no patrocinaron su causa. Is. I. ver. 23.—Zach. VII. v. 10.

tuis; et populus meus dilexit talia: quid igitur fiet in novissimo ejus?

palmateo; y mi pueblo gustó de tales cosas: ¿qué será pues de él al llegar su fin?

CAPÍTULO VI.

Viendo el Señor que á pesar de la predicacion de Jeremías el pueblo no se convierte, pronuncia contra éste la sentencia final, y confirma á Jeremías en su ministerio.

1 *Confortamini, filii Benjamin in medio Jerusalem; et in Thecua clangite buccina, et super Bethacarem levate vexillum: quia malum visum est ab Aquilone, et contritio magna.*

1 Esforzaos, oh hijos de Benjamin, en medio de Jerusalem, y tocad el clarin *de guerra* en Thecua [1], y alzad una bandera [2] sobre Bethacarem: porque hácia el Septentrion se deja ver un azote y una calamidad grande.

2 *Speciosæ et delicatæ assimilavi filiam Sion.*

2 Yo he comparado la hija de Sion á una hermosa y delicada doncella [3].

3 *Ad eam venient pastores, et greges eorum: fixerunt in ea tentoria in circuitu: pascet unusquisque eos, qui sub manu sua sunt.*

3 Á ella, *ó sitiarla*, acudirán los pastores ó *capitanes* con sus rebaños: plantarán al rededor sus pabellones: cada uno cuidará de los que estan bajo sus órdenes.

4 *Sanctificate super eam bellum: consurgite, et ascendamus in meridie: væ nobis, quia declinavit dies, quia longiores factæ sunt umbræ vesperi.*

4 Declaradle solemnemente la guerra [4]: Vamos [5] y escalémosla en medio del dia. Mas ¡ay de nosotros! el dia va ya declinando; se han extendido mucho las sombras de la tarde.

5 *Surgite, et ascendamus in nocte, et dissipemus domos ejus.*

5 Ea pues, asaltémosla de noche, y arruinemos sus casas.

6 *Quia hæc dicit Dominus exercituum: Cædite lignum ejus, et fundite circa Jerusalem aggerem: hæc est civitas visitationis, omnis calumnia in medio ejus:*

6 Pues esto dice el Señor de los ejércitos: Cortad sus árboles, abrid trincheras en torno de Jerusalem. Esta es la ciudad que voy á castigar: en ella se abriga toda especie de calumnia é injusticia.

7 *Sicut frigidam fecit cisterna aquam suam, sic frigidam fecit malitiam suam: iniquitas et vastitas audietur in ea, coram me semper infirmitas et plaga.*

7 Como la cisterna conserva fresca su agua, asi conserva Jerusalem fresca y *reciente* la malicia suya. No se oye hablar en ella sino de desafueros y robos: yo veo siempre gente afligida y maltratada.

8 *Erudire Jerusalem, ne forte rece-*

8 Enmiéndate, oh Jerusalem; á fin

---

1 Roboam habia hecho en Thecua una ciudad. *II. Paral. XI. v.* 6. 11. 12. El profeta habla aquí irónicamente.

2 El hebreo אשׂם *maset*, una hoguera. בֵּית הַכֶּרֶם *Bethacarem* era un pueblo entre Jerusalem y Thecua. En hebreo significa *casa de la viña*; por la abundancia y excelencia de los viñedos que allí habia.

3 Así se mostrará pusilánime, asustada y poseida de miedo, como si fuera una doncella delicada y criada con mucho regalo.

4 Ó tambien, *Preparaos á hacerle una guerra santa.* Martini: *dedicaos á hacerle guerra.* Véase *Santo.*

5 Demos el asalto sin perder momento.

dat anima mea à te, ne fortè ponam te desertam, terram inhabitabilem.

9 *Hæc dicit Dominus exercituum: Usque ad racemum colligent quasi in vinea reliquias Israel : converte manum tuam quasi vindemiator ad cartallum.*

10 *Cui loquar? et quem contestabor ut audiat? ecce incircumcisæ aures eorum, et audire non possunt: ecce verbum Domini factum est eis in opprobrium, et non suscipient illud.*

11 *Idcircò furore Domini plenus sum, laboravi sustinens: effunde super parvulum foris, et super consilium juvenum simul: vir enim cum muliere capietur, senex cum pleno dierum.*

12 *Et transibunt domus eorum ad alteros, agri, et uxores pariter; quia extendam manum meam super habitantes terram, dicit Dominus.*

13 *A minore quippe usque ad majorem omnes avaritiæ student; et à propheta usque ad sacerdotem cuncti faciunt dolum.*

14 *Et curabant contritionem filiæ populi mei cum ignominia, dicentes: Pax, pax; et non erat pax.*

15 *Confusi sunt quia abominationem fecerunt: quin potius confusione non sunt confusi, et erubescere nescierunt; quam ob rem cadent inter ruentes, in tempore visitationis suæ corruent, dicit Dominus.*

16 *Hæc dicit Dominus: State super vias, et videte, et interrogate de semitis antiquis, quæ sit via bona, et ambulate in ea: et invenietis refrigerium animæ*

de que no se aleje de tí mi alma : no sea que te reduzca á un desierto inhabitable.

9 Esto dice el Señor de los ejércitos : Los restos *del pueblo* de Israel seráu cogidos como un *pequeño* racimo en una viña *ya* vendimiada [1] : Vuelve, *oh cháldeo*, tú mano, como el vendimiador para meter en el cuébano *el rebusco*.

10 Mas ¿á quién dirigiré yo la palabra? ¿Y á quién conjuraré para que me escuche? despues que tienen tapadas [2] sus orejas, y no pueden oir. Lo peor es que la palabra del Señor les sirve de escarnio, y no la recibirán.

11 Por lo cual estoy lleno del furor del Señor: canséme de sufrir [3] : Derrámale fuera [4], me dijo *á mí mismo*, sobre los niños, y tambien en las reuniones de los jóvenes : porque preso será el marido con la muger, el anciano con el decrépito.

12 Y sus casas pasarán á ser de otros, y tambien las heredades y las mugeres: porque yo extenderé mi mano contra los moradores del pais, dice el Señor.

13 Ya que desde el mas pequeño hasta el mas grande se han dado todos á la avaricia, y todos urden engaños desde el profeta ó *cantor* al sacerdote [5].

14 Y curan las llagas de la hija de mi pueblo, con burlarse de ella, diciendo: Paz, paz; y tal paz no existe.

15 ¿Se han avergonzado acaso por las cosas abominables que han hecho [6]? antes bien no han tenido ni pizca de confusion, ni sabido *siquiera* qué cosa es tener vergüenza. Por cuyo motivo caerán entre los que perecen y serán precipitados, dice el Señor, cuándo llegue el tiempo de tomarles residencia.

16 Esto decia *tambien* el Señor: Paraos en los caminos, ved y preguntad cuales son las sendas antiguas: cual es el buen camino, y seguidle [7]: y halla-

---

1 Nabuchôdonosor sitió varias veces á Jerusalem *IV. Reg. XXIV. v. 1—11. v. 11.— XXV. v. 1.*

2 Véase *Circuncision. Lev. XXVI. v.* 41.— *Act. VII. v.* 51.

3 No puedo contener mi ira.

4 Esto es, intima la cólera del Señor, etc.

5 *Is. LVI. v.* 11. *Despues cap. VIII. v.* 10.

6 S. Gerónimo y otros Padres tradujeron es-

ta palabras con interrogacion.

7 *Matth. XI. v.* 29. Preguntad el camino que siguieron los Patriarcas, y seguid sus pasos. Admirable documento para que le mediten los christianos de cualquier grado ó condicion. Para areglar su conducta, estudien, ó pregunten lo que hacian los Apóstoles y primeros christianos; los cuales miraban cerca

mabos vestris. Et dixerunt: Non ambulabimus.

17 Et constitui super vos speculatores. Audite vocem tubæ. Et dixerunt: Non audiemus.

18 Ideo audite gentes, et cognosce congregatio, quanta ego faciam eis.

19 Audi terra: Ecce ego adducam mala super populum istum, fructum cogitationum ejus: quia verba mea non audierunt, et legem meam projecerunt.

20 Ut quid mihi thus de Saba affertis, et calamum suave olentem de terra longinqua? holocautomata vestra non sunt accepta, et victimæ vestræ non placuerunt mihi.

21 Propterea hæc dicit Dominus: Ecce ego dabo in populum istum ruinas, et ruent in eis patres et filii simul, vicinus et proximus peribunt.

22 Hæc dicit Dominus: Ecce populus venit de terra Aquilonis, et gens magna consurget à finibus terræ.

23 Sagittam et scutum arripiet: crudelis est, et non miserebitur: vox ejus quasi mare sonabit; et super equos ascendent, præparati quasi vir ad prælium, adversum te filia Sion.

24 Audivimus famam ejus, dissolutæ sunt manus nostræ: tribulatio apprehendit nos, dolores ut parturientem.

25 Nolite exire ad agros, et in via ne ambuletis: quoniam gladius inimici, pavor in circuitu.

26 Filia populi mei accingere cilicio, et conspergere cinere; luctum unigeniti fac tibi, planctum amarum, quia re-

réis refrigerio para vuestras almas. Mas ellos dijeron: No le seguirémos.

17 Yo destiné para vosotros centinelas (les dijo aun): estad atentos al sonido de su trompeta; y respondieron: No le queremos oir.

18 Por tanto escuchad, oh naciones, gentes todas entended cuan terribles castigos les enviaré.

19 Oye, oh tierra, mira, yo acarrearé sobre ese pueblo desastres, fruto de sus depravados designios; puesto que no escucharon mis palabras, y desecharon mi Ley.

20 ¿Para qué me ofreceis vosotros el incienso de Sabá, y la caña olorosa de lejanas tierras? Vuestros holocaustos no me son agradables, ni me placen vuestras víctimas [1].

21 Por tanto asi dice el Señor: He aqui que yo lloveré desgracias sobre ese pueblo: caerán á una los padres con los hijos, y el vecino perecerá juntamente con su vecino.

22 Esto dice el Señor: Mirad que viene un pueblo del Septentrion, y una nacion grande saldrá de los extremos de la tierra.

23 Echará mano de las saetas, y del escudo: es cruel y no se apiadará de nadie: el ruido de sus tropas es como el ruido del mar, y montarán sobre caballos, dispuestos á combatir como valientes contra tí, oh hija de Sion.

24 Oido hemos su fama, dicen los judíos, y se nos han caido los brazos: nos ha sorprendido la tribulacion, y dolores como de muger que está de parto.

25 ¡Ah! No salgais por los campos, ni andeis por los caminos; pues la espada del enemigo, y su terror os cercan por todos lados.

26 Oh Jerusalem hija del pueblo mio, vístete de cilicio, cúbrete de ceniza; llora con amargo llanto, como se llora

---

de si la norma de nuestra fe y costumbres, que es Jesu-Christo: y téngase siempre presente que Jesu-Christo y su Evangelio no se mudaron con la succesion de los siglos. Ayer y hoy, y para siempre serán lo mismo, como dice el Apóstol. Y no son las opiniones de los hombres las que nos han de salvar, sino la

verdad, como ya dijo el Redentor. Todas las heregias y males de la Iglesia han venido de apartarse algunos de los caminos antiguos que nos mostraron los Apostoles y sus successores, y que confirmaron ellos con su doctrina y con su ejemplo, y sellaron con su sangre.

1 Is. I. v. 11.

pœnè veniet vastator super nos.

en la muerte de un hijo único; porque el exterminador caerá súbitamente sobre nosotros.

27 *Probatorem dedi te in populo meo robustum; et scies, et probabis viam corum.*

27 Á tí, *Jeremías*, te he constituido cual robusto ensayador en medio de mi pueblo; y tú examinarás, y harás prueba de sus procederes [1].

28 *Omnes isti principes declinantes, ambulantes fraudulenter, œs et ferrum: universi corrupti sunt.*

28 Todos esos magnates *del pueblo* andan descarriados, proceden fraudulentamente; *no son mas que* cobre y hierro; toda es gente corrompida.

29 *Defecit sufflatorium, in igne consumptum est plumbum, frustrà conflavit conflator: malitiœ enim eorum non sunt consumptœ.*

29 Faltó el fuelle [2], el plomo se ha consumido en el fuego, inútilmente derritió los metales en el crisol el fundidor: pues que no han sido *separadas* ó consumidas las maldades de aquellos.

30 *Argentum reprobum vocate eos, quia Dominus projecit illos.*

30 Llamadlos plata espúrea; porque el Señor *ya* los ha reprobado.

CAPÍTULO VII.

Sermon que Jeremías hace, por órden del Señor, al pueblo incorregible y obstinado.

1 *Verbum, quod factum est ad Jeremiam à Domino, dicens:*

1 Palabras que habló el Señor á Jeremías, diciendo:

2 *Sta in porta domús Domini, et prœdica ibi verbum istud, et dic: Audite verbum Domini omnis Juda, qui ingredimini per portas has, ut adoretis Dominum.*

2 Ponte á la puerta del templo del Señor, y predica allí este sermon, hablando en los términos siguientes: Oid la palabra del Señor todos vosotros, oh hijos de Judá, que entrais por estas puertas para adorar al Señor.

3 *Hœc dicit Dominus exercituum Deus Israel: Bonas facite vias vestras, et studia vestra; et habitabo vobiscum in loco isto.*

3 Esto dice el Señor de los ejércitos, Dios de Israel: Enmendad vuestra conducta, y vuestras aficiones; y yo habitaré con vosotros en este lugar [3].

4 *Nolite confidere in verbis mendacii, dicentes: Templum Domini, templum Domini, templum Domini est.*

4 No pongais vuestra confianza en aquellas *vanas y* falaces expresiones, diciendo: Este es el templo del Señor, el templo del Señor, el templo del Señor [4].

5 *Quoniam si bene direxeritis vias vestras, et studia vestra: si feceritis judicium inter virum et proximum ejus,*

5 Porque si enderezáreis al bien vuestras acciones, y vuestros deseos, si administráreis justicia entre hombre y hombre,

---

1 Se dice varias veces que los Profetas *hacen* aquello que predicen que hará Dios, ó que debe suceder. Véase *Hebraismos.*

2 Acabose la predicacion de Jeremias.

3 *Cap. XXVI. v.* 13. Véase aqui denotado el *libre albedrío* del hombre.

4 Es, y será siempre nuestra salvaguardia. No escogió Dios al pueblo por el Templo, sino al Templo por amor del pueblo. *II. Mach. V. v.* 19. Hechas las oraciones sin devocion, nada sirve que se hagan aqui ó acullá: Pero al contrario son mas eficaces hechas en la casa del Señor, cuando se puede acudir á orar en ella, sin faltar á la obligacion. Véase *III. Reg. VIII.—II. Paral. VI.*

§ adversu, et pupillo, et viduæ, non, færitis calumniam, nec sanguinem innoxium effuderitis in loco hoc, et post deos alienos non ambulaveritis in malum vobismetipsis.

7 habitabo vobiscum in loco isto: in terra quam dedi patribus vestris à sæculo et usque in sæculum.

8 Ecce vos confiditis vobis, in sermonibus mendacii qui non proderunt vobis;

9 furari, occidere, adulterari, jurare mendaciter, libare Baalim, et ire post deos alienos, quos ignoratis.

10 Et venistis, et stetistis coram me in domo hac, in qua invocatum est nomen meum, et dixistis: Liberati sumus, eò quòd fecerimus omnes abominationes istas.

11 Nunquid ergo spelunca latronum facta est domus ista, in qua invocatum est nomen meum in oculis vestris? ego, ego sum: ego vidi, dicit Dominus.

12 Ite ad locum meum in Silo, ubi habitavit nomen meum à principio; et videte quæ fecerim ei propter malitiam populi mei Israel:

13 et nunc, quia fecistis omnia opera hæc, dicit Dominus; et locutus sum ad vos manè consurgens, et loquens, et non audistis; et vocavi vos, et non respondistis:

14 faciam domui huic, in qua invocatum est nomen meum, et in qua vos habetis fiduciam; et loco, quem dedi vobis et patribus vestris, sicut feci Silo.

15 Et projiciam vos à facie mea, sicut projeci omnes fratres vestros, uni-

6 si no hiciéreis agravio al forastero, y al huérfano, y á la viuda, ni derramáreis la sangre inocente en este lugar, y no anduviéreis en pos de dioses agenos para vuestra misma ruina;

7 yo habitaré con vosotros en este lugar, en esta tierra que dí á vuestros padres, por siglos y siglos.

8 Pero vosotros estais *muy confiados* en palabras mentirosas ó *vanas*, que de nada os aprovecharán:

9 vosotros hurtais, matais, cometeis adulterios: vosotros jurais en falso, haceis libaciones á Baal, y os vais en pos de dioses agenos que no conociais.

10 Y despues de esto venis aun, y os presentais delante de mí en este templo en que es invocado mi Nombre [1], y decis *vanamente confiados:* Ya estamos á cubierto *de todos los males,* aunque hayamos cometido todas esas abominaciones.

11 Pues qué ¿este templo mio en que se invoca mi Nombre, ha venido á ser para vosotros una guarida de ladrones[2]? Yo, yo soy, yo *mismo soy* el que he visto *vuestras abominaciones,* dice el Señor.

12 Y si no id á Silo [3], lugar de mi morada, donde al principio estuvo *la gloria de* mi Nombre [4], y considerad lo que hice con él, por causa de la malicia de mi pueblo de Israel.

13 Ahora bien, por cuanto habeis hecho todas estas fechorías, dice el Señor; y en vista de que yo os he predicado, y os he avisado con tiempo y exhortado, y vosotros no me habeis escuchado [5], y que os he llamado, y no me habeis respondido:

14 yo haré con esta Casa, en que se ha invocado mi Nombre, y en la cual vosotros teneis vuestra confianza, y con este lugar que os señalé á vosotros y á vuestros padres, haré, digo, lo mismo que hice con Silo [6].

15 Y os arrojaré de mi presencia, como arrojé á todos vuestros hermanos

---

1 Despues c. *XLIV. v.* 18. — *I. Mach. I. v.* 12.

2 *Matth. XXI. ver.* 13.—*Marc. XI. ver.* 17.—*Luc. XIX. v.* 46.

3 *I. Reg. II. v.* 22. *Ps. LXXVII. v.* 60.

Véase *Arca.*

4 Ó estableci el *Tabernáculo.*

5 *Prov. I. v.* 24.—*Is. LXV. v.* 12.

6 *I. Reg. IV, v.* 2., 10.

versum semen Ephraim.

16 Tu ergo noli orare pro populo hóc, nec assumas pro eis laudem et orationem, et non obsistas mihi: quia non exaudiam te.

17 Nonne vides quid isti faciunt in civitatibus Juda, et in plateis Jerusalem?

18 Filii colligunt ligna, et patres succendunt ignem, et mulieres conspergunt adipem, ut faciant placentas reginæ cæli, et libent diis alienis, et me ad iracundiam provocent.

19 Nunquid me ad iracundiam provocant, dicit Dominus? nonne semetipsos in confusionem vultus sui?

20 Ideo hæc dicit Dominus Deus: Ecce furor meus, et indignatio mea conflatur super locum istum, super viros, et super jumenta, et super lignum regionis, et super fruges terræ, et succendetur, et non extinguetur.

21 Hæc dicit Dominus exercituum Deus Israel: Holocautomata vestra addite victimis vestris, et comedite carnes.

22 Quia non sum locutus cum patribus vestris, et non præcepi eis, in die qua eduxi eos de terra Ægypti, de verbo holocautomatum, et victimarum:

23 Sed hoc verbum præcepi eis, dicens: Audite vocem meam, et ero vobis Deus, et vos eritis mihi populus;

de las diez tribus, á toda la raza de Ephraim.

16 Así pues no tienes tú, Jeremías, que interceder por este pueblo: ni te empeñes por ellos en cantar mis alabanzas, y rogarme: ni te me opongas: porque no he de escucharte.

17 ¿Por ventura no estás viendo tú mismo lo que hacen esos hombres en las ciudades de Judá, y en las plazas públicas de Jerusalem?

18 Los hijos recogen la leña, encienden el fuego los padres, y las mugeres amasan la pasta con manteca, para hacer tortas, y presentarlas á la que adorán por Reina del cielo [1], y ofrecer libaciones á los dioses agenos, y provocarme á ira.

19 ¿Pero es acaso á mí, dice el Señor, á quien irritan ellos, y perjudican? ¿No es mas bien á sí mismos á quien hacen daño, cubriéndose así de ignominia?

20 Por tanto, esto dice el Señor Dios: Ya mi furor y mi indignacion está para descargar contra ese lugar que han profanado, contra los hombres y las bestias, contra los árboles de la campiña, y contra los frutos de la tierra, y todo arderá, y no se apagará.

21 Esto dice el Señor de los ejércitos, el Dios de Israel: Añadid cuanto querais vuestros holocaustos á vuestras víctimas, y comed sus carnes [2]:

22 puesto que cuando yo saqué de la tierra de Egypto á vuestros padres, no les hablé ni mandé cosa alguna en materia de holocaustos y de víctimas [4].

23 Ved aquí el mandamiento que entonces les dí: Escuchad mi voz les dije, y yo seré vuestro Dios, y vosotros se-

---

1 Modo figurado de hablar, que indica que el Señor solamente (por decirlo así) castiga cuando ya no puede sufrir mas. Ex. XXX. v. 10.—Ezech. XXII. v. 30. Jeremias aqui y despues c. XI. v. 14.—XIV. v 11.—XV v. 1. muestra que á veces llega la obstinacion del pueblo á tal estado que Dios no quiere oir ya intercesores. Véase Ezech. XIV. v. 14. y siguientes.　.Joann. V. 16.

2 A la luna, ó sea Astarte, ó Diana, ó Venus. Véase Astros. Despues cap. XLIV. v.

18., 25.

3 Creyendo santificaros: comed aun la parte que segun la Ley debe quemarse toda en honor mio: de nada os servirá eso.

4 Lo que hice fué darles el Decálogo. Y si despues les ordené sacrificios, fué para apartarlos luego de la perversa inclinacion que mostraron á la idolatría cuando adoraron al becerro, y de imitar los sacrificios que ofrecian los egypcios. Véase Sacrificio. Leyes ceremoniales, etc. Is. I. v. 13.—Amós V.

et ambulate in omni via, quam mandavi vobis, ut bene sit vobis.

24 Et non audierunt, nec inclinaverunt aurem suam: sed abierunt in voluntatibus, et in pravitate cordis sui mali: factique sunt retrorsum et non in ante,

25 à die qua egressi sunt patres eorum de terra Ægypti, usque ad diem hanc. Et misi ad vos omnes servos meos prophetas per diem consurgens diluculo, et mittens,

26 et non audierunt me, nec inclinaverunt aurem suam: sed induraverunt cervicem suam; et pejus operati sunt quàm patres eorum.

27 Et loquéris ad eos omnia verba hæc, et non audient te; et vocabis eos, et non respondebunt tibi.

28 Et dices ad eos: Hæc est gens, quæ non audivit vocem Domini Dei sui, nec recepit disciplinam: periit fides, et ablata est de ore eorum.

29 Tonde capillum tuum, et projice, et sume in directum planctum: quia projecit Dominus, et reliquit generationem furoris sui,

30 quia fecerunt filii Judà malum in oculis meis, dicit Dominus. Posuerunt offendicula sua in domo, in qua invocatum est nomen meum, ut polluerent eam;

31 et ædificaverunt excelsa Topheth, quæ est in valle filii Ennom: ut incenderent filios suos, et filias suas igni: quæ non præcepi, nec cogitavi in corde meo.

32 Ideo ecce dies venient, dicit Dominus, et non dicetur amplius, Topheth, et Vallis filii Ennom; sed Vallis interfectionis: et sepelient in Topheth, eo quòd non sit locus.

33 Et erit morticinum populi hujus in cibos volucribus cœli, et bestiis ter-

réis el pueblo mio; y seguid constantemente el camino que os he señalado, á fin de que seais felices.

24 Empero ellos no me escucharon, ni hicieron caso de eso, sino que se abandonaron á sus apetitos, y á la depravacion de su maleado corazon; y en lugar de ir hácia adelante, fueron hácia atrás

25 desde el dia mismo en que salieron sus padres de la tierra de Egypto, hasta el dia de hoy. Y yo os enviá á vosotros todos mis siervos los profetas: cada dia me daba prisa á enviarlos:

26 mas los hijos de mi pueblo no me escucharon, sino que se hicieron sordos y endurecieron su cerviz, y se portaron peor que sus padres [1].

27 Tú, pues, les dirás todas estas palabras, mas no te escucharán: los llamarás, mas no te responderán.

28 Y así les dirás: Esta es aquella nacion que no ha escuchado la voz del Señor Dios suyo, ni ha admitido sus instrucciones. Muerta está su fe, ó fidelidad; desterrada está de su boca.

29 Corta tu cabello [2], y arrójale, y ponte á plañir en alta voz: porque el Señor ha desechado y abandonado esta generacion, digna de su cólera.

30 Pues los hijos de Judá han obrado el mal ante mis ojos, dice el Señor: pusieron sus escándalos [3] ó ídolos en el templo en que se invoca mi Nombre, á fin de contaminarle;

31 y edificaron altares ó lugares altos en Topheth [4], situada en el valle del hijo de Ennom, para consumir en el fuego á sus hijos é hijas: cosa que yo no mandé, ni me pasó por el pensamiento.

32 Por tanto, ya viene el tiempo, dice el Señor, y no se llamará mas Topheth, ni Valle del hijo de Ennom; sino el Valle de la mortandad: y enterrarán en Topheth, por falta de otro sitio.

33 Y los cadáveres de este pueblo serán pasto de las aves del cielo, y de las

---

1 Cap. XVI. v. 12.
2 En señal de luto. Lev. XIX. v. 27.—Is. VII. v. 20.—Jer. XVI. v. 6.—Deut. XIV. v. 1.

3 Ezech. XXI. v. 3.
4 Deut. XVIII. v. 10.—IV. Reg. XXIII. v. 10. Véase Infierno. Altar.

ræ, et non erit qui abigat.

bestias de la tierra; ni habrá nadie que las ahuyente.

34 Et quiescere faciam de urbibus Judæ, et de plateis Jerusalem, vocem gaudii et vocem lætitiæ, vocem sponsi, et vocem sponsæ; in desolationem enim erit terra.

34 Y haré que no se oiga en las ciudades de Judá, ni en las plazas de Jerusalem voz de regocijo[1], y de alegría, voz de esposo y de esposa: porque toda la tierra quedará desolada.

CAPÍTULO VIII.

Extrema desolacion de Jerusalem, en la cual serán todos castigados, reyes, sacerdotes, profetas, y el pueblo todo, porque todos se han obstinado en sus maldades.

1 In illo tempore, ait Dominus: Ejicient ossa regum Juda, et ossa principum ejus; et ossa sacerdotum, et ossa prophetarum; et ossa eorum qui habitaverunt Jerusalem, de sepulchris suis:

1 En aquel tiempo, dice el Señor, arrojarán *los chaldeos* fuera de los sepulcros los huesos de los Reyes de Judá, y los huesos de sus príncipes, y los huesos de los sacerdotes, y los huesos de los profetas, y los huesos de los que habitaron en Jerusalem[2];

2 et expandent ea ad solem, et lunam, et omnem militiam cœli, quæ dilexerunt, et quibus servierunt, et post quæ ambulaverunt, et quæ quæsierunt, et adoraverunt: non colligentur, et non sepelientur: in sterquilinium super faciem terræ erunt.

2 y los dejarán expuestos al sol, y á la luna, y á toda la milicia ó estrellas del cielo; que son las cosas que ellos han amado, y á las cuales han servido, y tras de las cuales han ido, y á las que han consultado, y han adorado *como á dioses*. Los huesos de los cadáveres no habrá quien los recoja ni entierre: quedarán como el estiércol sobre la superficie de la tierra.

3 Et eligent magis mortem quàm vitam omnes, qui residui fuerint de cognatione hac pessima in universis locis, quæ derelicta sunt, ad quæ ejeci eos, dicit Dominus exercituum.

3 Y todos aquellos que restaren de esta perversa raza, en todos los lugares ó sitios abandonados á donde yo los arroje, dice el Señor de los ejércitos, preferirán mas el morir que el vivir *en tantos trabajos*.

4 Et dices ad eos: Hæc dicit Dominus: Nunquid qui cadit, non resurget? et qui aversus est, non revertetur?

4 Tú empero les dirás: Esto dice el Señor: ¿Acaso aquel que cae, no cuida de levantarse luego? ¿Y no procura volver á la senda el que se ha descarriado de ella?

5 Quare ergo aversus est populus iste in Jerusalem aversione contentiosa? Apprehenderunt mendacium, et noluerunt reverti.

5 ¿Pues por qué este pueblo de Jerusalem se ha rebelado con tan pertinaz obstinacion? Ellos han abrazado la mentira, y no han querido convertirse.

6 Attendi, et auscultavi: nemo quod bonum est loquitur, nullus est qui agat pænitentiam super peccato suo, dicens:

6 Yo estuve atento, y los escuché: nadie habla cosa buena; ninguno hay que haga penitencia de su pecado, di-

---

1 Despues c. XVI. v. 9.—Ezech. XXVI. v. 13.

2 Despues de robadas las riquezas que bus-

caban en los sepulcros de los Reyes, etc. dejarán esparcidos fuera los huesos. *Baruch II. v. 24. Josepho, lib. XIII. Antiq. c. XV.*

Quid fecit omnes conversi sunt ad cursum suum, quasi equus impetu vadens ad prælium.

7 Milvus in cælo cognovit tempus suum; turtur, et hirundo, et ciconia, custodierunt tempus adventus sui: populus autem meus non cognovit judicium Domini.

8 Quomodo dicitis: Sapientes nos sumus, et lex Domini nobiscum est? verè mendacium operatus est stylus mendax scribarum.

9 Confusi sunt sapientes, perterriti et capti sunt: verbum enim Domini projecerunt, et sapientia nulla est in eis.

10 Propterea dabo mulieres eorum exteris, agros eorum hæredibus: quia à minimo usque ad maximum omnes avaritiam sequuntur: à propheta usque ad sacerdotem cuncti faciunt mendacium.

11 Et sanabant contritionem filiæ populi mei ad ignominiam, dicentes: Pax, pax: cùm non esset pax.

12 Confusi sunt, quia abominationem fecerunt: quinimò confusione non sunt confusi, et erubescere nescierunt, idcirco cadent inter corruentes, in tempore visitationis suæ corruent, dicit Dominus.

13 Congregans congregabo eos, ait Dominus: non est uva in vitibus, et non sunt ficus in ficulnea, folium defluxit; et dedi eis quæ prætergressa sunt.

14 Quare sedemus? convenite, et in-

ciendo: ¡Ay! ¿Qué es lo que yo he hecho? Al contrario, todos han vuelto à tomar la impetuosa carrera de sus vicios, como caballo que à rienda suelta corre à la batalla.

7 El milano conoce por la variacion de la atmósfera su tiempo[1]: la tórtola, y la golondrina, y la cigüeña saben discernir constantemente la estacion ó tiempo de su trasmigracion; pero mi pueblo no ha conocido el tiempo del juicio del Señor.

8 ¿Cómo decís: Nosotros somos sabios, y somos los depositarios de la Ley del Señor? Os engañais: la pluma[2] de los doctores de la Ley[3], verdaderamente es pluma de error, y no ha escrito sino mentiras.

9 Confundidos estan vuestros sabios, aterrados y presos: porque desecharon la palabra del Señor, y ni rastro hay ya en ellos de sabiduría.

10 Por cuyo motivo yo entregaré sus mugéres à los extraños, sus tierras à otros herederos; porque desde el mas pequeño hasta el mas grande todos se dejan llevar de la avaricia desde el profeta ó cantor hasta el sacerdote, todos se ocupan en la mentira[4].

11 Y curan las llagas de la hija del pueblo mio con burlarse de ella, diciendo: Paz, paz; siendo asi que no hay tal paz.

12 ¿Y estan acaso corridos de haber hecho cosas abominables? Ni aun ligeramente han llegado à avergonzarse; ni saben qué cosa es tener vergüenza: por tanto serán envueltos en la ruina de los demas; y precipitados en el tiempo de la venganza, dice el Señor.

13 Pues yo los reuniré todos juntos para perderlos, dice el Señor: las viñas esten sin uvas, y sin higos las higueras, hasta las hojas han caido; y las cosas que yo les diera, se les han escapado de las manos.

14 ¿Por qué nos estamos aquí quietos?

---

1 O el de mudar de region.

2 Antiguamente se llamaba stylus, estilo: era entonces la pluma de escribir un hierrecito, à manera de punzon, con el cual formaban los caractéres en tablas enceradas.

3 Que existen en ese pueblo, y os prometen la paz y felicidad solo con que observeis las ceremonias exteriores de la Ley; no haciendo caso de la santidad de ella, ni de la pureza de corazon que exige.

4 Antes VI. v. 13.—Is. LVI. v. 11.

grediamur civitatem munitam, et sileamus ibi: quia Dominus Deus noster silere nos fecit, et potum dedit nobis aquam fellis: peccavimus enim Domino.

15 Expectavimus pacem, et non erat bonum: tempus medelæ, et ecce formido.

16 A Dan auditus est fremitus equorum ejus; à voce hinnituum pugnatorum ejus commota est omnis terra: et venerunt, et devoraverunt terram, et plenitudinem ejus; urbem et habitatores ejus.

17 Quia ecce ego mittam vobis serpentes regulos, quibus non est incantatio; et mordebunt vos, ait Dominus.

18 Dolor meus super dolorem, in me cor meum mœrens.

19 Ecce vox clamoris filiæ populi mei de terra longinqua: Nunquid Dominus non est in Sion, aut rex ejus non est in ea? Quare ergo me ad iracundiam concitaverunt in sculptilibus suis, et in vanitatibus alienis?

20 Transiit messis, finita est æstas, et nos salvati non sumus.

21 Super contritione filiæ populi mei contritus sum et contristatus, stupor obtinuit me.

22 Nunquid resina non est in Galaad? aut medicus non est ibi? quare igitur non est obducta cicatrix filiæ populi mei?

(dirán ellos [1]) juntémonos, y entremos en la ciudad fuerte, y estémonos allí callando [2]; puesto que el Señor Dios nuestro nos ha condenado al silencio, y nos ha dado á beber agua de hiel [3] por haber pecado contra el Señor.

15 Aguardando estamos la paz, y este bien no viene; que llegue el tiempo de nuestro remedio, [4] y solo vemos terror y espanto [5].

16 Desde Dan se ha oido el relinchar de los caballos del enemigo; y al estrepitoso ruido de sus combatientes se ha conmovido toda la tierra: han llegado y han consumido el pais, y todas sus riquezas; las ciudades, y sus moradores.

17 Porque he aquí que yo enviaré contra vosotros á los cháldeos, como serpientes y basiliscos, contra los cuales no sirve ningun encantamiento [6]; y os morderán, dice el Señor.

18 Mi dolor [7] es sobre todo dolor: lleno de angustias está mi corazon.

19 Oigo la voz de Jerusalem, de la hija de mi pueblo que clama desde tierras remotas [8]: ¿Pues qué no está ya el Señor en Sion? ¿ó no está dentro de ella su Rey? Mas, ¿y por que sus moradores (responde el Señor) me provocaron á ira con sus simulacros, y con sus vanas deidades extrangeras?

20 Pasóse la siega, dicen ellos: el verano se acabó; y nosotros no somos libertados.

21 Traspasado estoy de dolor y lleno de tristeza por la afliccion de la hija de mi pueblo: el espanto se ha apoderado de mí.

22 ¿Por ventura no hay resina, ó bálsamo en Galaad? ¿ó no hay allí ningun médico? ¿Por qué pues no se ha cerrado la herida de la hija del pueblo mio?

---

1 Dirán los judios de los pueblos.

2 Esto es, muramos. Este sentido tiene el callar: segun se lee tambien en el c. XXV. ver. 37. XLIX. v. 26., etc. 8. Gerónimo lo entiende como una expresion de ánimo ya desesperado del auxilio de Dios.

3 Despues cap. IX. v. 15.

4 Vaticinado ó prometido por los profetas.

5 Despues c. XIV. v. 19.

6 Véase Salm. LVII. v. 5. Nota.

7 Aquí habla el Profeta.

8 Puede tambien tener este sentido: Me parece que ya oigo los lamentos de mi pueblo que, al ver venir los ejércitos enemigos, exclama, etc.

9 La resina de Galaad era famosa desde los mas antiguos tiempos, por su gran virtud salutífera. Gen. XXXVII. v. 25. La resina del alma, en sentido espiritual, (que es el literal de este texto) es la oracion, el ayuno, la penitencia y los sacramentos.

CAPÍTULO IX.

Jeremías llora inconsolable los males espirituales y corporales de su pue-
blo: le convida en nombre de Dios al arrepentimiento; y habla del castigo
del Señor contra todos los pecadores.

1 Quis dabit capiti meo aquam, et oculis meis fontem lacrymarum? et plorabo die ac nocte interfectos filiæ populi mei.

2 Quis dabit me in solitudine diversorium viatorum, et derelinquam populum meum, et recedam ab eis, quia omnes adulteri sunt, cœtus prævaricatorum.

3 Et extenderunt linguam suam quasi arcum mendacii et non veritatis: confortati sunt in terra, quia de malo ad malum egressi sunt, et me non cognoverunt, dicit Dominus.

4 Unusquisque se à proximo suo custodiat, et in omni fratre suo non habeat fiduciam: quia omnis frater supplantans supplantabit, et omnis amicus fraudulenter incedet.

5 Et vir fratrem suum deridebit, et veritatem non loquentur: docuerunt enim linguam suam loqui mendacium: ut iniquè agerent, laboraverunt.

6 Habitatio tua in medio doli: in dolo renuerunt scire me, dicit Dominus.

7 Propterea hæc dicit Dominus exercituum: Ecce ego conflabo, et probabo eos: quid enim aliud faciam à facie filiæ populi mei?

8 Sagitta vulnerans lingua eorum, dolum locuta est: in ore suo pacem cum amico suo loquitur, et occultè ponit ei insidias.

9 Nunquid super his non visitabo,

1 ¿Quién dará agua á mi cabeza, y hará de mis ojos dos fuentes de lágrimas para llorar dia y noche la muerte que se ha dado á *tantos* moradores de la hija de mi pueblo, ó *de Jerusalem* [1]?

2 ¿Quién me dará en la soledad una *triste* choza de pasageros, para abandonar á los de mi pueblo, y apartarme de ellos? Pues todos son adúlteros ó apóstatas *de Dios*, una gavilla de prevaricadores.

3 Sírvense de su lengua, como de un arco, para disparar mentiras, y no verdades: se han hecho poderosos en la tierra con pasar de un crímen á otro crímen; y á mí me han desconocido, *y despreciado*, dice el Señor.

4 Guárdese cada uno, *entre ellos*, de su prójimo, y nadie se fie de sus hermanos: porque todo hermano hará el oficio de traidor, y todo amigo procederá con fraudulencia.

5 Y cada cual se burlará de su propio hermano; ni hablarán jamás verdad, porque tienen avezada su lengua á la mentira: se afanaron en hacer mal.

6 Tú, *oh Jeremías*, vives rodeado de engañadores: porque aman el dolo, rehusan el conocerme á mí, dice el Señor.

7 Por tanto, esto dice el Señor de los ejércitos: Sábete que yo los fundiré, y ensayaré al fuego. Porque, ¿qué otra cosa puedo hacer para *convertir* á los de la hija de mi pueblo?

8 Su lengua es como una penetrante flecha: hablan *siempre* para engañar: con los labios anuncian la paz á su amigo, y en secreto le arman asechanzas [2].

9 Pues qué, ¿no he de tomarles yo

---

1 Véase *Hija.*

2 *Salm.* XXVII. v. 3.

dicit Dominus? aut in gente hujusmodi non ulciscetur anima mea?

10 Super montes assumam fletum ac lamentum, et super speciosa deserti planctum: quoniam incensa sunt, eo quod non sit vir pertrahsiens: et non audierunt vocem possidentis: à volucre cœli usque ad pecora transmigraverunt et recesserunt.

11 Et dabo Jerusalem in acervos arenæ, et cubilia draconum: et civitates Juda dabo in desolationem, eò quòd non sit habitator.

12 Quis est vir sapiens, qui intelligat hoc, et ad quem verbum oris Domini fiat ut annuntiet istud, quare perierit terra, et exusta sit quasi desertum, eò quòd non sit qui pertranseat?

13 Et dixit Dominus: Quia dereliquerunt legem meam, quam dedi eis, et non audierunt vocem meam, et non ambulaverunt in ea:

14 et abierunt post pravitatem cordis sui, et post Baalim: quod didicerunt à patribus suis.

15 Idcircò hæc dicit Dominus exercituum Deus Israel: Ecce ego cibabo populum istum absinthio, et potum dabo eis aquam fellis.

16 Et dispergam eos in Gentibus, quas non noverunt ipsi et patres eorum: et mittam post eos gladium, donec consumantur.

17 Hæc dicit Dominus exercituum Deus Israel: Contemplamini, et vocate lamentatrices, et veniant: et ad eas quæ sapientes sunt, mittite, et properent:

residencia sobre estas cosas, dice el Señor? ¿Ó dejaré de tomar venganza de un pueblo como ese?

10 La tomará el Señor; y yo me pondré á llorar y á lamentar á vista de los montes [1], y gemiré al ver hechas un páramo las amenas campiñas: porque todo ha sido abrasado: de manera que no transita por allí nadie, ni se oye ya la voz de sus dueños [2]: desde las aves del cielo hasta las bestias todo se ha ido de allí, y se ha retirado.

11 En fin, yo reduciré á Jerusalem (dice el Señor) á un monton de escombros, y á ser guarida de dragones, y á las ciudades de Judá las convertiré en despoblados, sin que en ellas quede un solo morador.

12 ¿Cuál es el varon sabio que entienda esto, y á quien el Señor comunique de su boca la palabra, á fin de que declare á los otros el por qué ha sido asolada esta tierra, y está seca y quemada como un árido desierto, sin haber persona que transite por ella?

13 La causa es, dice el Señor, porque abandonaron mi Ley que yo les habia dado, y no han escuchado mi voz; ni la han seguido;

14 sino que se han dejado llevar de su depravado corazon, y han ido en pos de los ídolos; como lo aprendieron de sus padres [3].

15 Por tanto, esto dice el Señor de los ejércitos, el Dios de Israel: He aquí que yo á este pueblo le daré para comida agenjos [4], y para bebida agua de hiel.

16 Y los desparramaré por entre naciones, que no conocieron ellos ni sus padres; y enviaré tras de ellos la espada, hasta tanto que sean consumidos.

17 Esto dice el Señor de los ejércitos, el Dios de Israel: Id en busca de plañideras [5], y llamadlas que vengan luego, y enviad á buscar á las que son mas diestras en hacer el duelo, y decidles que se den priesa,

---

1 Antes tan frondosos.
2 El hebreo: מקנה micneh, del ganado.
3 De donde se infiere que nada vale la autoridad de los padres ó mayores, para que hayamos de abrazar un error, ó para apoyarle. La tradicion de los Padres de la Iglesia nunca es contra el dogma ó doctrina; sino que es siempre conforme á las Santas Escrituras, y por eso la veneramos tanto los católicos. Eph. IV. v. 11., 14.
4 Cap. XXIII. v. 15.
5 Véase Sepulcro.

18 *festinent; et assumant super nos lamentum: deducant oculi nostri lacrymas, et palpebræ nostræ defluant aquis.*

19 *Quia vox lamentationis audita est de Sion: Quomodo vastati sumus et confusi vehementer? quia dereliquimus terram: quoniam dejecta sunt tabernacula nostra.*

20 *Audite ergo mulieres verbum Domini: et assumant aures vestræ sermonem oris ejus: et docete filias vestras lamentum, et unaquæque proximam suam planctum;*

21 *quia ascendit mors per fenestras nostras, ingressa est domos nostras, disperdere parvulos de foris, juvenes de plateis.*

22 *Loquere: Hæc dicit Dominus: Et cadet morticinum hominis, quasi stercus super faciem regionis, et quasi fœnum post tergum metentis, et non est qui colligat.*

23 *Hæc dicit Dominus: Non glorietur sapiens in sapientia sua, et non glorietur fortis in fortitudine sua, et non glorietur dives in divitiis suis:*

24 *sed in hoc glorietur, qui gloriatur, scire et nosse me, quia ego sum Dominus, qui facio misericordiam et judicium, et justitiam in terra: hæc enim placent mihi, ait Dominus.*

25 *Ecce dies veniunt, dicit Dominus: et visitabo super omnem, qui circumcisum habet præputium,*

26 *super Ægyptum, et super Judam, et super Edom, et super filios Ammon, et super Moab, et super omnes qui at-*

18 y comiencen luego los lamentos sobre nosotros: derramen lágrimas nuestros ojos, y deshágan se en agua nuestros párpados;

19 porque ya se oye una voz lamentable desde Sion, *que dice,* ¡Oh! ¡y á qué desolacion hemos sido reducidos! ¡y en qué extrema confusion nos vemos! Abandonamos nuestra tierra *nativa,* porque nuestras habitaciones han sido arruinadas.

20 Escuchad pues, oh mugeres *de mi pais,* la palabra del Señor, y perciban bien vuestros oidos lo que os anuncian sus labios; y enseñad á vuestras hijas, y cada cual á su vecina endechas, y canciones lúgubres:

21 pues la muerte ha subido por nuestras ventanas [1], se ha entrado en nuestras casas, y ha hecho tal estrago, que ya no se verán niños ni jóvenes por las calles y plazas.

22 Dile pues tú *Jeremías:* Así habla el Señor: los cadáveres humanos quedarán tendidos por el suelo, como el estiercol sobre un campo, y como el heno que tira detras de sí el segador, sin que haya quien le recoja.

23 Esto dice el Señor: No se glorie el sabio en su saber; ni se glorie el valeroso en su valentía; ni el rico se glorie en sus riquezas [2]:

24 mas el que quiera gloriarse, gloríese en conocerme y saber que yo soy el Señor, el autor de la misericordia, y del juicio, y de la justicia en la tierra; pues estas son las cosas que me son gratas, dice el Señor [3].

25 He aquí que vienen dias, dice el Señor, en que yo residenciaré á todos los que estan circuncidados, *y á los que no lo estan;*

26 al Egipto, á Judá, á la Idumea, y á los hijos de Ammon, y á los de Moab [4], y á todos aquellos que llevan

---

1 Alude á los cháldeos cuando escalaron los muros, y despues las casas de Jerusalem, saqueando, y llevándolo todo á sangre y fuego. En sentido moral se entiende la muerte del alma, que entra por los sentidos, etc. Orig. serm. III. in Cantica.

2 *I. Cor. I. v.* 31.—*II. Cor. X. v.* 17.—*Is. XXIX. v.* 14.

3 La fe pues, y el conocimiento de Dios han

de ir acompañados de las obras que le agradan, como de la misericordia, etc. Sin ellas la fe es como *muerta.*

4 S. Gerónimo y otros Expositores, explicando este texto, opinan que en las naciones vecinas y oriundas de Abraham, como los Idumeos, etc., habia tambien muchos que se circuncidaban, aunque no por razon de la Ley de Moysés. Ni esto era general, como se ve en

tonsi sunt in comam, habitantes in de-
serto: quia omnes gentes habent præpu-
tium, omnis autem domus Israel in-
circumcisi sunt corde.

cortado el cabello, habitantes del Desierto [1]: que si todas las naciones son
incircuncisas segun la carne, los hijos
de Israel son incircuncisos en el corazon [2].

CAPÍTULO X.

Vanidad del culto de los astros y de los ídolos. Solo Dios es Criador y Go-
bernador del universo: él castigará á los pecadores; por estos ruega á
Dios el Profeta.

1 *Audite verbum, quod locutus est*
Dominus super vos, domus Israel.

2 *Hæc dicit Dominus: Juxta vias*
Gentium nolite discere: et à signis cœli
nolite metuere, quæ timent Gentes:

3 *quia leges populorum vanæ sunt:*
quia lignum de saltu præcidit opus ma-
nus artificis in ascia.

4 *Argento et auro decoravit illud, cla-*
vis et malleis compegit, ut non dissol-
vatur.

5 *In similitudinem palmæ fabricata*
sunt, et non loquentur: portata tollen-
tur, quia incedere non valent: nolite
ergo timere ea, quia nec malè possunt
facere nec benè.

6 *Non est similis tui, Domine: ma-*
gnus es tu, et magnum nomen tuum
in fortitudine.

7 *Quis non timebit te, ò rex gentium?*
tuum est enim decus: inter cunctos sa-
pientes gentium, et in universis regnis
eorum nullus est similis tui.

8 *Pariter insipientes et fatui proba-*
buntur: doctrina vanitatis eorum li-
gnum est.

1 Oid los de la casa de Israel las palabras que ha hablado el Señor acerca
de vosotros.

2 Esto dice el Señor: No imiteis las
malas costumbres de las naciones; ni
temais las señales del cielo, que temen
los gentiles:

3 porque las leyes de los pueblos vanas son *y erróneas*; visto que un escul-
tor corta con la segur un árbol del bosque, y le labra con su mano:

4 le adorna con plata y oro: le aco-
pla y afianza con clavos, á golpe de
martillo, para que no se desuna [3]:

5 esta *estatua* ha salido recta é *inmo-*
ble, como *el tronco* de una palmera;
pero no habla: y la toman y la llevan
donde quieren; porque ella de por sí
no puede moverse. No temais pues tales cosas ó *ídolos*, pues que no pueden
hacer ni mal ni bien.

6 ¡Oh Señor, no hay nadie semejante
á ti! Grande eres tú, y grande es el
poder de tu Nombre [4].

7 ¿Quién no te temerá á tí, oh Rey
de las naciones? porque tuya es la gloria: entre todos los sabios de las naciones, y en todos los reinos no hay ninguno semejante á tí [5].

8 De necios é insensatos quedarán
convencidos todos ellos: el leño, *que*
adoran, es la prueba de su vanidad ó
insensatez.

Achior. Judith. XIV. v. 6. Véase *Circunci-*
sion.
1 A modo de cerquillo, esto es, á los árabes. *Lev. XIX. v.* 27. Véase *Cabello.*
2 *Rom. II. v.* 25.
3 No temais, etc. Ó tambien: *no adorris.*
Véase *Adorar.* Se condenan aqui tácitamente

los errores y delirios de los *Genethliacos, y*
otros, que por los astros quieren pronosticar
si las acciones humanas serán buenas ó malas,
etc. *Sap. XIII. v.* 11.—*XIV. ver.* 8.—*Is.*
XLI. v. 7., 24.
4 *Mich. VII. v.* 18.
5 *Apoc. XV. v.* 4.

9 *Argentum involutum de Tharsis affertur, et aurum de Ophaz: opus artificis, et manus ærarii: hyacinthus et purpura indumentum eorum; opus artificum universa hæc.*

10 *Dominus autem Deus verus est: ipse Deus vivens, et rex sempiternus, ab indignatione ejus commovebitur terra; et non sustinebunt gentes comminationem ejus.*

11 *Sic ergo dicetis eis: Dii, qui cœlos et terram non fecerunt, pereant de terra, et de his quæ sub cœlo sunt.*

12 *Qui facit terram in fortitudine sua, præparat orbem in sapientia sua, et prudentia sua extendit cœlos.*

13 *Ad vocem suam dat multitudinem aquarum in cœlo, et elevat nebulas ab extremitatibus terræ: fulgura in pluviam facit, et educit ventum de thesauris suis.*

14 *Stultus factus est omnis homo à scientia, confusus est artifex omnis in sculptili: quoniam falsum est quod conflavit, et non est spiritus in eis.*

15 *Vana sunt, et opus risu dignum: in tempore visitationis suæ peribunt.*

16 *Non est his similia pars Jacob: qui enim formavit omnia, ipse est; et Israel virga hereditatis ejus: Dominus exercituum nomen illi.*

17 *Congrega de terra confusionem tuam, quæ habitas in obsidione:*

18 *quia hæc dicit Dominus: Ecce ego*

9 Tráese de Tharsis la plata en planchas arrolladas, y el oro de Ophaz [1]: le trabaja la mano del artífice y del platero: es vestida *luego la estatua* de jacinto y de púrpura: obra de artífice es todo eso.

10 Mas el Señor es el Dios verdadero: él es el Dios vivo y el Rey sempiterno. Á su indignacion se estremecerá la tierra, y no podrán las naciones soportar su ceño.

11 Así, pues [2], les hablaréis: Los dioses que no han hecho los cielos y la tierra perezcan de sobre la faz de la tierra, y del número de las cosas que están debajo del cielo.

12 El *Señor es el* que con su poder hizo la tierra: con su sabiduría ordenó el mundo, y extendió los cielos con su inteligencia [3].

13 Con una *sola* voz reune en el cielo una gran copia de aguas, y levanta de la extremidad de la tierra las nubes [4]; resuelve en lluvia los *rayos* y relámpagos, y saca el viento de los repuestos suyos [5].

14 Necio se hizo [6] todo hombre con su ciencia *de los ídolos*, la misma estatua *del ídolo* es la confusion de todo artífice: pues no es mas que falsedad lo que ha formado, un cuerpo sin alma:

15 cosas ilusorias son, y obras dignas de risa: todas ellas perecerán al tiempo de la visita [7].

16 No, no es como estas *estatuas* aquel *Señor*, que es la suerte que cupo á Jacob: pues él es el autor de todo lo criado, y es Israel la porcion de su herencia: su nombre es, Señor de los ejércitos.

17 Oh tú *Jerusalem* que te hallarás *luego* sitiada, bien puedes ya reunir de toda la tierra *tus ídolos*, el oprobio [8] tuyo:

18 pues mira lo que dice el Señor: Sá-

1 Esto es, de *Ophir*. Segun Calmet y otros Expositores es el mismo oro del rio *Phison*. *Gen. II. v.* 11.—*II. Par. IX. v* 21. y *VIII. ver.* 18.

2 Esto direis á los chàldeos, que os inciten á adorar sus ídolos.

3 *Cap. LI. v.* 15.

4 *Ibid. ver.* 16.—*Ps. CXXXIV. ver.* 7.

5 *Job XXXVIII. v.* 22.

6 Segun el hebreo: *dió muestras de ser un bruto ó irracional.*

7 Ó castigo que hará Dios en Babilonia.

8 *Oprobio, confusion, ignominia, abominacion,* son todos sinónimos de *ídolo*. Véase *Abominacion*.

longè projiciam habitatores terræ in hac vice; et tribulabo eos ita ut inveniantur.

19 *Væ mihi super contritione mea, pessima plaga mea. Ego autem dixi: Planè hæc infirmitas mea est, et portabo illam.*

20 *Tabernaculum meum vastatum est, omnes funiculi mei dirupti sunt, filii mei exierunt à me, et non subsistunt: non est qui extendat ultrà tentorium meum, et erigat pelles meas.*

21 *Quia stultè egerunt pastores, et Dominum non quæsierunt: proptereà non intellexerunt, et omnis grex eorum dispersus est.*

22 *Vox auditionis ecce venit, et commotio magna de terra Aquilonis: ut ponat civitates Juda solitudinem, et habitaculum draconum.*

23 *Scio, Domine, quia non est hominis via ejus: nec viri est ut ambulet, et dirigat gressus suos.*

24 *Corripe me, Domine, verumtamen in judicio: et non in furore tuo, ne fortè ad nihilum redigas me.*

25 *Effunde indignationem tuam super gentes, quæ non cognoverunt te; et super provincias, quæ nomen tuum non invocaverunt: quia comederunt Jacob, et devoraverunt eum, et consumpserunt illum, et decus ejus dissipaverunt.*

bete que yo esta vez arrojaré lejos los moradores de esta tierra, y los atribularé de tal manera que nadie escapará.

19 *Entonces exclamarás:* ¡ Ay de mí infeliz en mi quebranto! atrocísima es la llaga ó *calamidad* mia. Pero esta desdicha, me digo luego á mí misma, yo me la he procurado, y justo es que la padezca.

20 Asolado ha sido mi pabellon ; rotas todas las cuerdas *que le afiamaban:* mis hijos, *hechos cautivos,* se han separado de mí, y desaparecieron: no queda ya nadie para levantar otra vez mi pabellon, y que alce mis tiendas.

21 Porque todos los pastores [1] se han portado como insensatos, y no han ido en pos del Señor: por eso les faltó inteligencia ó *tino,* y ha sido, ó *va á ser* dispersada toda su grey;

22 *porque* he aquí que ya se percibe una voz, y un grande alboroto que viene de la parte del Septentrion, para convertir en desiertos y en manida de dragones las ciudades de Judá.

23 Conozco bien, oh Señor, que no está en el *solo* querer del hombre el dirigir su camino [2]; ni es del hombre el andar, ni el enderezar sus pasos.

24 Castígame, oh Señor, pero sea segun tu *benigno* juicio; y no segun *el motivo de* tu furor, á fin de que no me reduzcas á la nada [3].

25 Derrama *mas bien* tu indignacion sobre las naciones que te desconocen [4], y sobre las provincias que no invocan tu *santo* Nombre; ya que ellas se han encarnizado contra Jacob, y le han devorado, y han acabado con él, y disipado toda su gloria.

---

1 Que debian guiarme. Esto es, los *Príncipes* y *Sacerdotes.*
2 Véase *Gracia.*

3 *Ps. VI. v.* 1.—*XXXVII. v.* 1.
4 *Ps. LXXVIII. v.* 6., 7.

CAPÍTULO XI.

*Recuerda Jeremías al pueblo la alianza con el Señor, y las maldiciones
contra sus transgresores; á quienes intima, vista su dureza, los irrevoca-
bles castigos de Dios. Jeremías, perseguido de muerte, es imágen de
Jesu-Christo.*

1 *Verbum, quod factum est à Domino ad Jeremiam, dicens:*

2 *Audite verba pacti hujus, et loquí-
mini ad viros Juda, et habitatores Jerusalem,*

3 *et dices ad eos: Hæc dicit Dominus
Deus Israel: Maledictus vir, qui non
audierit verba pacti hujus,*

4 *quod præcepi patribus vestris, in
die qua eduxi eos de terra Ægypti, de
fornace ferrea, dicens: Audite vocem
meam, et facite omnia, quæ præcipio
vobis, et eritis mihi in populum, et ego
ero vobis in Deum:*

5 *ut suscitem juramentum, quod juravi patribus vestris, daturum me eis
terram fluentem lacte et melle, sicut
est dies hæc. Et respondi, et dixi:
Amen, Domine.*

6 *Et dixit Dominus ad me: Vocife-
rare omnia verba hæc in civitatibus
Juda, et foris Jerusalem dicens: Audite verba pacti hujus, et facite illa:*

7 *quia contestans contestatus sum patres vestros in die qua eduxi eos de
terra Ægypti, usque ad diem hanc;
mane consurgens contestatus sum, et
dixi: Audite vocem meam:*

8 *et non audierunt, nec inclinaverunt
aurem suam; sed abierunt unusquisque
in pravitate cordis sui mali: et induxi
super eos omnia verba pacti hujus,*

1 Palabras que dirigió el Señor á Jeremías [1], diciendo:

2 Oid las palabras de este pacto [2], y
referidlas á los varones de Judá y á los
habitantes de Jerusalem;

3 y tú, oh Jeremías, les dirás: Esto
dice el Señor Dios de Israel: Maldito
será el hombre que no escuchare [3] las
palabras de este pacto;

4 pacto que yo establecí con vuestros
padres cuando los saqué de la tierra de
Egypto, de aquel horno de hierro *encendido* [4], y les dije: Escuchad mi voz
y haced todo lo que os mando, y así
vosotros seréis el pueblo mio, y yo seré
vuestro Dios;

5 á fin de renovar *y cumplir* el juramento que hice á vuestros padres de
darles una tierra que manase leche y
miel, como se ve *cumplido* hoy dia. Á lo
cual respondí yo *Jeremías*, y dije: ¡Asi
sea, oh Señor [5]!

6 Entonces me dijo el Señor: Predica
en alta voz todas estas palabras en las
ciudades de Judá y en las plazas de Jerusalem, diciendo: Oid las palabras de
este pacto, y observadlas [6];

7 porque yo he estado conjurando fuertemente á vuestros padres desde el dia
en que los saqué de Egypto hasta el
presente [7], amonestándolos y diciéndoles
continuamente: Escuchad mi voz.

8 Pero no la escucharon, ni prestaron
oidos á mi palabra: sino que cada uno
siguió los depravados apetitos de su ma-
ligno corazon; y descargué sobre ellos

---

1 Y demas Profetas, entre los cuales seria
Jeremías por su virtud como el principal, y el
que llevaria la palabra.

2 Que hice con vuestro pueblo, el cual le ha
violado y roto con haber adorado á los idolos,
y que ahora quiero renovar, compadecido de
sus miserias.

3 Que no obedeciere. Véase *Escuchar.*

4 Esto es, de aquella durísima esclavitud.

5 La palabra hebrea אָמֵן tiene tambien este
sentido: *Asi se lo diré*, ó *asi lo ejecutaré*,
oh Señor.

6 Mejor que vuestros padres.

7 *Deut. IV. v. 26.—XXXII. v. 1.—Josue
VIII. v. 32.*

quod præcepi ut facerent, et non fecerunt.

9 *Et dixit Dominus ad me: Inventa est conjuratio in viris Juda, et in habitatoribus Jerusalem.*

10 *Reversi sunt ad iniquitates patrum suorum priores, qui noluerunt audire verba mea: et hi ergo abierunt post deos alienos, ut servirent eis: irritum fecerunt domus Israel et domus Juda pactum meum, quod pepigi cum patribus eorum.*

11 *Quam ob rem hæc dicit Dominus: Ecce ego inducam super eos mala, de quibus exire non poterunt: et clamabunt ad me, et non exaudiam eos.*

12 *Et ibunt civitates Juda, et habitatores Jerusalem, et clamabunt ad deos, quibus libant, et non salvabunt eos in tempore afflictionis eorum.*

13 *Secundùm numerum enim civitatum tuarum, erant dii tui Juda, et secundùm numerum viarum Jerusalem, posuisti aras confusionis, aras ad libandum Baalim.*

14 *Tu ergo noli orare pro populo hoc, et ne assumas pro eis laudem et orationem: quia non exaudiam in tempore clamoris eorum ad me, in tempore afflictionis eorum.*

15 *Quid est quod dilectus meus in domo mea fecit scelera multa? nunquid carnes sanctæ auferent à te malitias tuas, in quibus gloriata es?*

16 *Olivam uberem, pulchram, fructiferam, speciosam, vocavit Dominus nomen tuum: ad vocem loquelæ, grandis exarsit ignis in ea, et combusta sunt fruteta ejus.*

todo el castigo que estaba escrito en aquel pacto que les mandé guardar [1], y no guardaron.

9 Dijome en seguida el Señor: En los varones de Judá y en los habitantes de Jerusalem se ha descubierto una conjuracion [2].

10 Ellos han vuelto á las antiguas maldades de sus padres; los cuales no quisieron obedecer mis palabras: tambien estos han ido como aquellos en pos de los dioses agenos para adorarlos; y la casa de Israel y la casa de Judá quebrantaron mi alianza, la *alianza* que contrage yo con sus padres.

11 Por lo cual esto dice el Señor: He aquí que yo descargaré sobre ellos calamidades, de que no podrán librarse; y clamarán á mí, mas yo no los escucharé.

12 Con eso las ciudades de Judá y los habitantes de Jerusalem irán y clamarán *entonces* á los dioses á quienes ofrecen libaciones, y estos no los salvarán en el tiempo de la afliccion.

13 Porque *sabido es que* tus dioses, oh Judá, eran tantos como tus ciudades [3], y que tú, oh Jerusalem, erigiste en todas tus calles altares de ignominia [4], altares para ofrecer sacrificios á los ídolos.

14 Ahora pues no tienes tú que rogar por este pueblo, ni te empeñes en dirigirme oraciones y súplicas á favor de ellos: porque yo no he de escucharlos cuando clamen á mí en el trance de su afliccion [5].

15 ¿Cómo es que ese *pueblo, que era* mi *pueblo* querido, ha cometido tantas maldades ó *sacrilegios* en mi *misma* casa? ¿Acaso las carnes sacrificadas *de las víctimas*, oh *pueblo insensato*, te han de purificar de tus maldades, de las cuales has hecho alarde?

16 El Señor te dió el nombre de olivo fértil, bello, fructífero, ameno; *mas despues* á la voz de una palabra suya prendió en el olivo un gran fuego, y quédaron abrasadas todas sus ramas.

---

1 *Deut. XXVIII.*

2 Esto es, un abandono de la Ley del Señor, premeditado; no efecto de fragilidad, sino de aversion voluntaria de Dios.

3 Antes *cap. II. v. 28.*

4 Antes *cap. X. v. 17.—III. v. 24.*

5 Antes *cap. VII. v. 16.—XIV. v. 11.*

17 *Et Dominus exercituum qui plantavit te, locutus est super te malum pro malis, domus Israel et domus Juda, quæ fecerunt sibi ad irritandum me, libantes Baalim.*

18 *Tu autem, Domine, demonstrasti mihi, et cognovi: tunc ostendisti mihi studia eorum.*

19 *Et ego quasi agnus mansuetus, qui portatur ad victimam; et non cognovi quia cogitaverunt super me consilia, dicentes: Mittamus lignum in panem ejus, et eradamus eum de terra viventium, et nomen ejus non memoretur amplius.*

20 *Tu autem, Domine Sabaoth, qui judicas juste, et probas renes et corda, videam ultionem tuam ex eis: tibi enim revelavi causam meam.*

21 *Propterea hæc dicit Dominus ad viros Anathoth, qui quærunt animam tuam, et dicunt: Non prophetabis in nomine Domini, et non morieris in manibus nostris.*

22 *Propterea hæc dicit Dominus exercituum: Ecce ego visitabo super eos: juvenes morientur in gladio, filii eorum et filiæ eorum morientur in fame.*

23 *Et reliquiæ non erunt ex eis: inducam enim malum super viros Anathoth, annum visitationis eorum.*

17 Y el Señor de los ejércitos que te plantó, decretó calamidades contra tí, á causa de las maldades que la casa de Israel y la casa de Judá ó *Jacob* cometieron para irritarme, sacrificando á los ídolos.

18 Mas tú, oh Señor, me lo hiciste ver, y lo conocí: tú me mostraste entonces sus *depravados* designios.

19 Y yo *era* como un manso cordero, que es llevado al sacrificio [1]; y no habia advertido que ellos habian maquinado contra mí, diciendo: Ea, démosle el leño en lugar de pan [2], y exterminémosle de la tierra de los vivientes; y no quede ya mas memoria de su nombre.

20 Pero tú, oh Señor de los ejércitos, que juzgas con justicia, y escudriñas los corazones y los afectos, *tú* harás que yo te vea tomar venganza de ellos; puesto que en tus manos puse mi causa.

21 Por tanto asi habla el Señor á los habitantes de Anathoth, que atentan contra tu vida, y te dicen: No profetices en el nombre del Señor, si no quieres morir á nuestras manos.

22 He aquí, pues, lo que dice el Señor de los ejércitos: Sábete que yo los castigaré: al filo de la espada morirán sus jóvenes, y sus hijos é hijas perecerán de hambre;

23 sin que quede reliquia alguna de ellos: porque yo descargaré desdichas sobre los habitantes de Anathoth, cuando llegue el tiempo de que sean residenciados.

---

1 Los Padres de la Iglesia han creido siempre que Jeremías, asemejado á un manso, ó, inocente *cordero*, como traducen los *Setenta*, era figura del *Cordero de Dios*: de aquel Cordero inmaculado, representado por el Cordero Pascual, y por el que se ofrecia mañana y tarde en el Templo. *Sigamos la regla,* dice S. Gerónimo, *de que todos los Profetas, en la mayor parte de las cosas que hacian, eran figura de Jesu-Christo. Is, LIII. v. 7.*

2 Quizá esta expresion está tomada del uso antiguo de llevar un pan grande el que pere-

grinaba. Solian hacer en medio un agujero y pasar un baston por él, para llevarle asi en el hombro: ceremonia que se hacia al desterrar á alguno. Otros traducen: *Echémosle el leño del veneno en su pan.* Ó, *démosle el leño, esto es, el patíbulo, en lugar de pan.* La frase hebrea נשחיתה עץ בלחמו *naschjitha jets belajemo,* puede traducirse: *démosle en comida, ó á comer, el leño de la corrupcion, ó de la muerte; ó el leño que corrompe, ó mata.* Los *Setenta* al traducir *emballómen (mittamus),* leyeron quizá, *naschicha.*

CAPÍTULO XII.

Se lamenta Jeremías, viendo que prosperaban los impíos y los hipócritas: le manifiesta el Señor el desgraciado fin que tendrán, como también las aflicciones que le esperan á él y á Jerusalem: el restablecimiento de esta ciudad, y la ruina total de otros pueblos.

1 Justus quidem tu es, Domine, si disputem tecum: verumtamen justa loquar ad te: Quare via impiorum prosperatur: bene est omnibus qui prævaricantur et iniquè agunt?

2 Plantasti eos, et radicem miserunt: proficiunt, et faciunt fructum: prope es tu ori eorum, et longè à renibus eorum.

3 Et tu, Domine, nosti me, vidisti me, et probasti cor meum tecum: congrega eos quasi gregem ad victimam, et sanctifica eos in die occisionis.

4 Usquequò lugebit terra, et herba omnis regionis siccabitur, propter malitiam habitantium in ea? consumptum est animal et volucre, quoniam dixerunt: Non videbit novissima nostra.

5 Si cum peditibus currens laborasti, quomodo contendere poteris cum equis? cum autem in terra pacis securus fueris, quid facies in superbia Jordanis?

6 Nam et fratres tui, et domus patris tui etiam ipsi pugnaverunt adver-

1 Verdaderamente, Señor, conozco que tú eres justo, aunque yo ose pedirte la razon de algunas cosas [1]. Á pesar de eso yo te diré una queja mia *al parecer* justa [2]. ¿Por qué motivo á los impios todo les sale prósperamente, y lo pasan bien todos los que prevarican y obran mal?

2 Tú los plantaste en el mundo, y ellos echaron *hondas* raices: van medrando y fructifican. Te tienen mucho en sus labios, pero muy lejos de su corazon.

3 En cuanto á mí, oh Señor, tú me conoces bien; me has visto, y has experimentado qué tal es mi corazon para contigo. Reúnelos como rebaño para el sacrificio, y destínalos á parte para el dia de la mortandad.

4 ¿Hasta cuando ha de llorar la tierra, y secarse la yerba en toda la region por la malicia de sus habitantes [4]? Han perecido *para ellos* las bestias y las aves [5], porque dijeron: No verá el Señor nuestro fin.

5 Si tú, (*responde el Señor*) corriendo con gente de á pie, te fatigaste, ¿cómo podrás apostarlas con los que van á caballo? Y si *no* has estado sin miedo en una tierra de paz, ¿qué harás en medio de la soberbia *de los moradores* del Jordan [6]?

6 Y pues tus mismos hermanos y la casa de tu padre te han hecho guerra,

---

1 O proponerte mis dificultades.

2 Semejante modo de pedir á Dios la inteligencia de algunas cosas, se ve en David y en otros Profetas. *Ps. LXXII. v. 3.—Job XXI. v. 7.—Habac. I. v. 13.*

3 *Matth. XV. v. 8.*

4 De esta esterilidad y hambre se habla en el cap. *VIII. v. 13. y XIV. v. 4.*

5 Alimento de los hombres.

6 Frases para denotar que el que no puede

hacer lo menos, no puede lo mas. No da el Señor respuesta á las razones que habia alegado Jeremías; sino que, considerándolas por de ninguna importancia, viene á decirle: Si ya «no puedes sobrellevar los agravios é insultos «de tus conciudadanos de Anathoth, ¿cómo «harás frente á los Reyes y Principes de Jeru- «salem, que se levantarán contra ti por cau- «sa de tus profecias?» Tal es el sentido que dan á este texto casi todos los Expositores.

eum te, et clamaverunt post te plena voce: ne credas eis cùm locuti fuerint sibi bona.

7 Reliqui domum meam, dimisi hæreditatem meam: dedi dilectam animam meam in manu inimicorum ejus.

8 Facta est mihi hæreditas mea quasi leo in silva: dedit contra me vocem, ideò odivi eam.

9 Nunquid avis discolor hæreditas mea mihi? nunquid avis tincta per totum? venite, congregamini omnes bestiæ terræ, properate ad devorandum.

10 Pastores multi demoliti sunt vineam meam, conculcaverunt partem meam: dederunt portionem meam desiderabilem in desertum solitudinis.

11 Posuerunt eam in dissipationem, luxitque super me: desolatione desolata est omnis terra, quia nullus est qui recogitet corde.

12 Super omnes vias deserti venerunt vastatores, quia gladius Domini devorabit ab extremo terræ usque ad extremum ejus: non est pax universæ carni.

13 Seminaverunt triticum, et spinas messuerunt: hæreditatem acceperunt, et non eis proderit: confundemini à fructibus vestris, propter iram furoris Domini.

14 Hæc dicit Dominus adversùm omnes vicinos meos pessimos, qui tangunt hæreditatem, quam distribui populo meo Israel: Ecce ego evellam eos de terra sua, et domum Juda evellam de medio eorum.

15 Et cùm evulsero eos, convertar, et miserebor eorum; et reducam eos, vi-

y gritado altamente contra tí, no te fíes de ellos, aun cuando te hablen con amor.

7 Para castigarlos, dice el Señor, he desamparado mi casa ó templo, he abandonado mi heredad: he entregado la que era las delicias de mi alma en manos de sus enemigos.

8 Mi heredad, mi pueblo escogido, se ha vuelto para mí como un leon entre breñas: ha levantado la voz blasfemando contra mí: por eso la he aborrecido.

9 ¿Es acaso para mí la heredad mia alguna cosa exquisita, como ave de varios colores? ¿es ella como el ave toda matizada de colores[1]? Ea, venid bestias todas de la tierra, corred á devorarla.

10 Muchos pastores han talado mi viña, han hollado mi heredad, han convertido mi deliciosa posesion en un puro desierto.

11 Asoláronla, y ella vuelve hácia mí sus llorosos ojos: está horrorosamente desolada toda la tierra de Judá; porque no hay nadie que reflexione en su corazon.

12 Por todos los caminos del desierto han venido los salteadores: porque la espada del Señor ha de atravesar destrozando de un cabo á otro de la tierra: no habrá paz para ningun viviente.

13 Sembraron trigo, y segaron espinas: han adquirido una heredad, mas no les traerá provecho alguno: confundidos quedaréis, frustrada la esperanza de vuestros frutos por la tremenda ira del Señor.

14 Mas esto dice el Señor contra todos mis pésimos vecinos ó naciones enemigas que se entremeten y usurpan la heredad que yo distribuí á mi pueblo de Israel: Sabed que yo los arrancaré á ellos de su tierra, y sacaré de en medio de ellos la casa de Judá[2].

15 Mas despues que los habré extirpado, me aplacaré y tendré misericordia de

---

1 Quizá alude al pavo real, ú á otras aves hermosas, que entre varias cosas preciosas habian traido de Ophir ó Tarsis á Judea las naves enviadas por Salomon. *II. Par. IX. v. 11.*
2 Los ammonitas, moabitas, y los idumeos, pocos años despues de la ruina de Jerusalem, fueron vencidos por Nabuchôdonosor, y llevados cautivos á la otra parte del Euphrates. Véase *c. XXVII. v. 3. al 8.—XLIX. v. 6.*

rum ad haereditatem suam, et virum in terram suam.

16 *Et erit: si eruditi didicerint vias populi mei, ut jurent in nomine meo: Vivit Dominus, sicut docuerunt populum meum jurare in Baal, aedificabuntur in medio populi mei.*

17 *Quòd si non audierint, evellam gentem illam evulsione et perditione, ait Dominus.*

ellos, y los restableceré á cada cual en su heredad, á cada uno en su tierra [1].

16 Y si ellos, escarmentados, aprendieren la Ley del pueblo mio, de manera que sus juramentos los hagan en mi nombre, diciendo: Vive el Señor; asi como enseñaron ellos á mi pueblo á jurar por Baal; *entonces* yo los estableceré en medio de mi pueblo.

17 Pero si fueren indóciles, arrancaré de raiz aquella gente, y la exterminaré, dice el Señor.

CAPÍTULO XIII.

El cíngulo ó faja de Jeremías, es una figura con que el Señor representa á Jerusalem abandonada de Dios: la exhorta á la penitencia, y la amenaza con la total ruina.

1 *Haec dicit Dominus ad me: Vade, et posside tibi lumbare lineum, et pones illud super lumbos tuos, et in aquam non inferes illud.*

2 *Et possedi lumbare juxta verbum Domini, et posui circa lumbos meos.*

3 *Et factus est sermo Domini ad me, secundò, dicens:*

4 *Tolle lumbare, quod possedisti, quod est circa lumbos tuos, et surgens vade ad Euphratem, et absconde ibi illud in foramine petrae.*

5 *Et abii, et abscondi illud in Euphrate, sicut praeceperat mihi Dominus.*

6 *Et factum est post dies plurimos, dixit Dominus ad me: Surge, vade ad Euphratem; et tolle inde lumbare, quod praecepi tibi ut absconderes illud ibi.*

7 *Et abii ad Euphratem, et fodi, et tuli lumbare de loco, ubi absconderam illud; et ecce computruerat lumbare, ita ut nulli usui aptum esset.*

1 El Señor me habló de esta manera: Vé y cómprate una faja de lino, y cíñete con ella, y no dejes que toque el agua [2].

2 Compré pues la faja, segun la órden del Señor, y me la ceñí al cuerpo por la cintura.

3 Y hablóme de nuevo el Señor, diciendo:

4 Quítate la faja que compraste y tienes ceñida sobre los lomos, y marcha, y ve al Euphrates, y escóndela allí en el agujero de una peña.

5 Marché pues, y la escondí junto al Euphrates, como el Señor me lo habia ordenado.

6 Pasados muchos dias, díjome el Señor: Anda y vé al Euphrates, y toma la faja que yo te mandé que escondieras allí.

7 Fuí pues al Euphrates, y abrí el agujero, y saqué la faja del lugar en que la habia escondido, y hallé que estaba ya podrida, de suerte que no era útil para uso alguno.

---

1 Tambien se anuncia aqui la vocacion ó reunion de los gentiles en la Iglesia de Jesu-Christo.

2 Propiamente no era faja ó ceñidor, sino como una especie de faldetas ó faldillas: que por eso dice S. Gerónimo *(In Oseae proem.)* que era vestido mugeril, el cual se ceñia en la cintura. En esta ropa de poco precio figuró el Profeta al pueblo de Israel. Véase *Profeta.* Los *Setenta* traducen περίζωμα *perizóma.* El lienzo habia de ser sin blanquear ó lavar, esto es, crudo, rústico y grosero; como figura del pueblo de Israel, cuando el Señor le escogió para pueblo predilecto.

8 *Et factum est verbum Domini ad me, dicens:*

9 *Hæc dicit Dominus: Sic putrescere faciam superbiam Juda, et superbiam Jerusalem multam:*

10 *populum istum pessimum, qui nolunt audire verba mea, et ambulant in pravitate cordis sui: abieruntque post deos alienos ut servirent eis, et adorarent eos; et erunt sicut lumbare istud, quod nulli usui aptum est.*

11 *Sicut enim adhæret lumbare ad lumbos viri, sic agglutinavi mihi omnem domum Israel, et omnem domum Juda, dicit Dominus: ut essent mihi in populum, et in nomen, et in laudem, et in gloriam; et non audierunt.*

12 *Dices ergo ad eos sermonem istum: Hæc dicit Dominus Deus Israel: Omnis laguncula implebitur vino. Et dicent ad te: Nunquid ignoramus quia omnis laguncula implebitur vino?*

13 *Et dices ad eos: Hæc dicit Dominus: Ecce ego implebo omnes habitatores terræ hujus, et reges qui sedent de stirpe David super thronum ejus, et sacerdotes, et prophetas, et omnes habitatores Jerusalem ebrietate;*

14 *et dispergam eos virum à fratre suo, et patres et filios pariter, ait Dominus: non parcam, et non concedam: neque miserebor ut non disperdam eos.*

15 *Audite, et auribus percipite. Nolite elevari, quia Dominus locutus est.*

16 *Date Domino Deo vestro gloriam antequam contenebrescat, et antequam offendant pedes vestri ad montes caliginosos: expectabitis lucem, et ponet eam in umbram mortis, et in caliginem.*

8 Entonces me habló el Señor, diciendo:

9 Esto dice el Señor: Asi haré yo que se pudra la soberbia de Judá, y el grande orgullo de Jerusalem.

10 Esta pésima gente, que no quiere oir mis palabras, y prosigue con su depravado corazon, y se ha ido en pos de los dioses agenos para servirles y adorarlos, vendrá á ser como esa faja, que para nada es buena.

11 Y eso que al modo que una faja se aprieta á la cintura del hombre; asi habia yo unido estrechamente conmigo, dice el Señor, á toda la casa de Israel y á toda la casa de Judá, para que fuesen el pueblo mio, y para ser yo allí conocido, y alabado, y glorificado; y ellos, á pesar de eso, no quisieron escucharme.

12 Por tanto les dirás estas palabras: Esto dice el Señor Dios de Israel: Todas las vasijas serán llenadas de vino: Y ellos te responderán: ¿Acaso no sabemos que *en años abundantes* se llenan de vino todas las vasos?

13 Y tú *entonces* les dirás: Asi habla el Señor: Pues mirad, yo llenaré de embriaguez [1] á todos los habitantes de esta tierra, y á los reyes de la estirpe de David, que están sentados sobre su solio, y á los sacerdotes y profetas, y á todos los moradores de Jerusalem:

14 y los desparramaré *entre las naciones,* dice el Señor, separando el hermano de su hermano, y los padres de sus hijos: no perdonaré ni me aplacaré, ni me moveré á compasion para dejar de destruirlos.

15 Oid, *pues,* y escuchad con atencion: no querais ensoberbeceros *confiando en vuestras fuerzas,* porque el Señor *es quien* ha hablado.

16 *Al contrario* dad gloria al Señor Dios vuestro, *arrepentíos* antes que vengan las tinieblas *de la tribulacion,* y antes que tropiecen vuestros pies en montes cubiertos de espesas nieblas [2]: *entonces* esperaréis la luz, y la trocará el *Señor* en sombra de muerte, y en oscuridad.

---

1 Con el vino de mi cólera. *Is. XIX. v. 14.* Véase *Embriagar.*

2 En los montes nebulosos y sombríos de la Chaldea.

17 *Quòd si hoc non audieritis, in abscondito plorabit anima mea à facie
superbiæ: plorans plorabit, et deducet
oculus meus lacrymam, quia captus
est grex Domini.*

18 *Dic regi, et dominatrici: Humi-
liamini, sedete: quoniam descendit de
capite vestro corona gloriæ vestræ.*

19 *Civitates Austri clausæ sunt, et
non est qui aperiat: translata est omnis
Juda transmigratione perfecta.*

20 *Levate oculos vestros, et videte qui
venitis ab Aquilone: ubi est grex qui
datus est tibi, pecus inclytum tuum?*

21 *Quid dices cùm visitaverit te? tu
enim docuisti eos adversum te; et eru-
disti in caput tuum: nunquid non dolores apprehendent te, quasi mulierem
parturientem?*

22 *Quòd si dixeris in corde tuo: Quare venerunt mihi hæc? Propter multitudinem iniquitatis tuæ revelata sunt
verecundiora tua, pollutæ sunt plantæ
tuæ.*

23 *Si mutare potest æthiops pellem
suam, aut pardus varietates suas; et
vos poteritis benefacere, cùm didiceritis
malum.*

24 *Et disseminabo eos quasi stipulam,
quæ vento raptatur in deserto.*

25 *Hæc sors tua, parsque mensuræ
tuæ à me, dicit Dominus, quia oblita
es mei, et confisa es in mendacio.*

17 Que si no obedeciéreis en esto,
llorará mi alma en secreto, al ver vuestra soberbia: llorará amargamente, y
mis ojos derramarán arroyos de lágrimas, por haber sido cautivada la grey
del Señor [1].

18 Dí al Rey y á la Reina [2]: Humi-
llaos, sentaos en el suelo, *poneos de luto:* porque se os cae ya de la cabeza la
corona de vuestra gloria.

19 Las ciudades del Mediodia estan
cerradas, sin que haya un habitante
que las abra: toda la tribu de Judá ha
sido conducida fuera *de su tierra* y ha
sido general la trasmigracion [3].

20 Levantad los ojos y mirad, oh vosotros que venís del lado del Septentrion [4]:
¿En dónde está (*diréis á Jerusalem*)
aquella grey que se te encomendó,
aquel tu esclarecido rebaño?

21 ¿Qué dirás cuando *Dios* te llamará á ser residenciada? puesto que tú
amaestraste contra tí á los enemigos, y
los instruiste para tu perdicion. ¡Cómo
no te han de asaltar dolores, semejantes
á los de una muger que está de parto!

22 Que si dijeres en tu corazon: ¿Por-
qué me han acontecido á mí tales cosas?
Sábete que por la muchedumbre de tus
vicios han quedado descubiertas tus vergüenzas, y manchadas tus plantas.

23 Si el *negro* ethiope puede mudar
su piel, ó el leopardo sus varias manchas, podréis tambien vosotros obrar
bien, despues de avezados al mal [5].

24 Y por eso (*dice el Señor*): Yo los
desparramaré [6], como paja menuda que
el viento arrebata al Desierto.

25 Tal es la suerte que te espera,
oh *Jerusalem,* y la porcion ó *paga* que
de mí recibirás, dice el Señor, por ha-
berte olvidado de mí, y apoyádote en
la mentira:

---

1 *Thren. I. v. 2.*

2 *IV. Reg. XXIV. v. 8., 15.*

3 Al pais de la Chàldea.

4 Muchos traducen, apoyados en S. Gerónimo: *Mirad á los que vienen del Mediodia,* esto es, á los chàldeos. Pero puede tambien entenderse de los judios que habitaban hácia el
Mediodia. El hebreo: *ved los que vienen.*

5 Se necesita entonces un milagro de la gra-

cia de Dios. Porque la costumbre de pecar se
hace ya como una naturaleza. *De la voluntad
perversa viene la inclinacion, de la inclinacion
la costumbre, y de la costumbre, no reprimi-
da, viene la necesidad.* S. August. Confes.
VIII. cap. 5. Véase lo que dijo Jesu-Christo
Matth. XIX. v. 26.

6 Esto es, á los de mi pueblo.

26 *Unde et ego nudavi femora tua contra faciem tuam, et apparuit ignominia tua,*

27 *adulteria tua, et hinnitus tuus, scelus fornicationis tuæ: super colles in agro vidi abominationes tuas. Væ tibi Jerusalem, non mundaberis post me: usquequò adhuc?*

26 por lo cual yo mismo manifesté tus deshonestidades delante de tu cara [1]; y se hizo patente tu ignominia,

27 tus adulterios, y tu furiosa concupiscencia, en fin, la impía fornicacion ó idolatría tuya. En el campo y sobre las colinas, ví yo tus abominaciones [2]. ¡Desdichada Jerusalem! ¿Y aun no querrás purificarte siguiéndome á mí *invariablemente*? ¿Hasta cuando aguardas á hacerlo?

CAPÍTULO XIV.

Jeremías predice al pueblo una gran sequedad y carestía: no escucha el Señor los ruegos del Profeta, ni los sacrificios del pueblo. Con todo eso, Jeremías no cesa de implorar la Divina misericordia.

1 *Quod factum est verbum Domini ad Jeremiam de sermonibus siccitatis.*

2 *Luxit Judæa, et portæ ejus corruerunt, et obscuratæ sunt in terra, et clamor Jerusalem ascendit.*

3 *Majores miserunt minores suos ad aquam: venerunt ad hauriendum, non invenerunt aquam, reportaverunt vasa sua vacua: confusi sunt et afflicti, et operuerunt capita sua.*

4 *Propter terræ vastitatem, quia non venit pluvia in terram, confusi sunt agricolæ, operuerunt capita sua.*

5 *Nam et cerva in agro peperit, et reliquit, quia non erat herba.*

6 *Et onagri steterunt in rupibus; traxerunt ventum quasi dracones, defecerunt oculi eorum, quia non erat herba.*

7 *Si iniquitates nostræ responderint nobis, Domine, fac propter nomen*

1 Palabras que habló el Señor á Jemías sobre el suceso de la sequedad [3].

2 La Judeá está cubierta de luto; y sus puertas destruidas y derribadas por el suelo [4], y Jerusalem alza el grito hasta *el cielo.*

3 Los amos envian á sus criados por agua: van estos á sacarla, y no la encuentran, y se vuelven con sus vasijas vacías, confusos y afligidos, y cubiertas sus cabezas *en señal de dolor.*

4 Á causa de la esterilidad de la tierra por haberle faltado la lluvia, los labradores, abatidos, cubren sus cabezas:

5 pues hasta la cierva, despues de haber parido en el campo [5], abandona la cria por falta de yerba;

6 y los asnos bravíos se ponen encima de los riscos, átraen á sí *la frescura* del aire [6], como *hacen* los dragones; y ha desfallecido la luz de sus ojos [7], por no haber yerba *con que alimentarse.*

7 Aunque nuestras maldades dan testimonio contra nosotros, tú, oh Señor,

1 Dejándote desnuda, cual vil esclava. Téngase presente que los repetidos pecados de idolatría en que caia el pueblo, se significan en la Escritura con los nombres de *fornicacion, adulterio, estupro, amor torpe,* etc. *Ezech. XVI.,* etc. Véase *Fornicacion.*

2 Ó altares de los ídolos.

3 Creen algunos que esta sequía sucedió en tiempo de Sedecías: otros opinan que fué en tiempo del sitio de Jerusalem.

4 Esto es, los tribunales ó asambleas. Segun el hebreo: *se despoblaron.* Los *Setenta* tradujeron: Ἐκενώθησαν ekenóthesan, quedaron vacías.

5 A pesar del mucho amor á sus hijos.

6 Abriendo y ensanchando sus narices, para templar la sed.

7 Efecto de la hambre y de la sed. *I. Reg. XIV. v.* 27. El asno montés tiene la vista muy vigorosa.

tuum; quoniam multæ sunt aversiones nostræ, tibi peccavimus.

8 Expectatio Israel, salvator ejus in tempore tribulationis: quare quasi colonus futurus es in terra, et quasi viator declinans ad manendum?

9 Quare futurus es velut vir vagus, ut fortis qui non potest salvare? tu autem in nobis es, Domine, et nomen tuum invocatum est super nos, ne derelinquas nos.

10 Hæc dicit Dominus populo huic, qui dilexit movere pedes suos, et non quievit, et Domino non placuit: Nunc recordabitur iniquitatum eorum, et visitabit peccata eorum.

11 Et dixit Dominus ad me: Noli orare pro populo isto in bonum.

12 Cum jejunaverint, non exaudiam preces eorum; et si obtulerint holocautomata, et victimas, non suscipiam ea: quoniam gladio, et fame et peste consumam eos.

13 Et dixi: A, a, a, Domine, Deus: prophetæ dicunt eis: Non videbitis gladium, et fames non erit in vobis, sed pacem veram dabit vobis in loco isto.

14 Et dixit Dominus ad me: Falsò prophetæ vaticinantur in nomine meo: non misi eos, et non præcepi eis, neque locutus sum ad eos: visionem mendacem, et divinationem, et fraudulentiam, et seductionem cordis sui prophetant vobis.

míranos con piedad por amor de tu santo Nombre: pues nuestras rebeldías son muchas, y hemos pecado *gravísimamente* contra tí.

8 Oh esperanza de Israel, *y Salvador* suyo en tiempo de tribulacion, ¿por qué has de estar en esta tierra *tuya* como un extrangero, y como un caminante que solo se detiene para pasar la noche?

9 ¿Por qué has de ser *para tu pueblo* como un hombre que va divagando, ó como un campeon sin fuerzas para salvar? Ello es, oh Señor, que tú habitas entre nosotros [1], y nosotros llevamos el nombre *de pueblo* tuyo: no nos abandones *pues*.

10 Esto dice el Señor á ese pueblo que *tanto* gusta tener *siempre* en movimiento los pies [2], y no sosiega, y ha desagradado á Dios: Ahora se acordará *el Señor* de sus maldades, y tomará residencia de sus pecados.

11 Y díjome el Señor: No tienes que rogar que haga bien á ese pueblo [3].

12 Cuando ayunaren, no atenderé á sus oraciones, y si ofrecieren holocaustos y víctimas, no los aceptaré; sino que los he de consumir con la espada, con la hambre, y con la peste.

13 Entonces dije yo: ¡Ah! ¡ah! Señor Dios mio ¡Ah [4]! que los profetas les dicen: *No temais*; no veréis vosotros la espada *enemiga*; ni habrá hambre entre vosotros: antes bien os concederá *el Señor* una paz verdadera en este lugar.

14 Y díjome el Señor: Falsamente vaticinan en mi nombre *esos* profetas [5]: yo no los he enviado, ni dado órden alguna, ni les he hablado: os venden por profecías visiones falsas, y adivinaciones, é imposturas, y las ilusiones de su corazon.

---

1 Palabras son estas que la Iglesia aplica con mucha propiedad á la presencia de Jesu-Christo en nuestros templos.

2 Para ir de un idolo á otro.

3 Antes cap. *VII. v.* 16. — *XI. v.* 14. El Apóstol S. Juan dice: *Hay un pecado de muerte: No hablo yo de tal pecador, cuando ahora digo que intercedais. I. Joann. V. ver.* 16.

Este pecado, dice S. Gerónimo, es la impenitencia final. *Es una necedad creer que permaneciendo en nuestros pecados, podamos redimirnos con votos, ó sacrificios: si pensamos así, hacemos á Dios injusto.*

4 ¡Ah! ellos están alucinados.

5 *Cap. V. v.* 12. — *XXIII. v.* 17. *XXIX. ver.* 9.

15 *Idcircò hæc dicit Dominus de prophetis, qui prophetant in nomine meo, quos ego non misi, dicentes: Gladius et fames non erit in terra hæc: in gladio et fame consumentur prophetæ illi.*

16 *Et populi, quibus prophetant, erunt projecti in viis Jerusalem præ fame et gladio, et non erit qui sepeliat eos: ipsi et uxores eorum, filii et filiæ eorum; et effundam super eos malum suum.*

17 *Et dices ad eos verbum istud: Deducant oculi mei lacrymam per noctem et diem, et non taceant: quoniam contritione magna contrita est virgo filia populi mei, plaga pessima vehementer.*

18 *Si egressus fuero ad agros, ecce occisi gladio; et si introiero in civitatem, ecce attenuati fame. Propheta quoque et sacerdos abierunt in terram, quam ignorabant.*

19 *Nunquid projiciens abjecisti Judam? aut Sion abominata est anima tua? quare ergo percussisti nos, ita ut nulla sit sanitas? expectavimus pacem, et non est bonum; et tempus curationis, et ecce turbatio.*

20 *Cognovimus, Domine, impietates nostras, iniquitates patrum nostrorum, quia peccavimus tibi.*

21 *Ne des nos in opprobrium propter nomen tuum, neque facias nobis contumeliam solii gloriæ tuæ: recordare, ne irritum facias fœdus tuum nobiscum.*

22 *Nunquid sunt in sculptilibus gentium qui pluant? aut cœli possunt dare imbres? nonne tu es, Domine, Deus noster, quem expectavimus? tu enim fecisti omnia hæc.*

15 Por tanto, esto dice el Señor: En órden á los profetas que profetizan en mi nombre, sin ser enviados por mí, diciendo: No vendrá espada ni hambre sobre esta tierra: Al filo de la espada y por hambre perecerán los tales profetas.

16 Y los *moradores de los* pueblos, á los cuales estos profetizaban, serán arrojados por las calles de Jerusalem, muertos de hambre, y al filo de la espada ellos y sus mugeres, y sus hijos é hijas, sin que haya nadie que les dé sepultura: y sobre ellos derramaré *el castigo de* su maldad.

17 Y tú les dirás *entretanto* estas palabras: Derramen mis ojos sin cesar lágrimas noche y dia [1]: porque *Jerusalem*, la virgen hija del pueblo mio se halla quebrantada de una extrema afliccion, con una llaga sumamente maligna.

18 Si salgo al campo, yo no veo sino cadáveres de gente pasada á cuchillo: si entro en la ciudad, he aquí la poblacion transida de hambre. Hasta los profetas y los sacerdotes son conducidos *cautivos* á un pais desconocido.

19 ¿Por ventura, *Señor*, has desechado del todo á Judá? ¿Ó es Sion abominada de tu alma? ¿Por qué pues nos has azotado con tanto rigor, que no nos queda parte sana? Esperamos la paz ó *felicidad*, y no tenemos ningun bien; y el tiempo de restablecernos, y he aquí que estamos todos llenos de confusion [2].

20 Oh Señor, reconocemos nuestras impiedades, y las maldades de nuestros padres: pecado hemos contra tí.

21 No nos dejes caer en el oprobio, oh Señor, por amor de tu Nombre: Ni nos castigues con ver ultrajado *el templo*, solio de tu gloria: acuérdate de mantener tu *antigua* alianza con nosotros.

22 Pues qué ¿hay por ventura entre los simulacros ó *ídolos* de las gentes quien dé la lluvia? ¿Ó pueden *ellos* desde los cielos enviarnos agua? ¿No eres tú el que la envias, Señor Dios nuestro, en quien nosotros esperamos? *Sí:* porque tú eres el que has hecho todas estas cosas.

---

1 *Thren. I. v.* 16.—*II. v.* 18.   2 *Cap. VIII. v.* 15.

CAPÍTULO XV.

*Confirma el Señor la sentencia dada contra su pueblo, en vista de su obs-
tinacion. Jeremías representa al Señor los disgustos y contradicciones que
sufre en su ministerio, y es confortado por Dios.*

1 *Et dixit Dominus ad me: Si steterit Moyses et Samuel coram me, non
est anima mea ad populum istum: ejice illos à facie mea, et egrediantur.*

2 *Quòd si dixerint ad te: Quò egre-
diemur? dices ad eos: Hæc dicit Dominus: Qui ad mortem, ad mortem;
et qui ad gladium, ad gladium; et qui
ad famem, ad famem; et qui ad captivitatem, ad captivitatem.*

3 *Et visitabo super eos quatuor species, dicit Dominus: Gladium ad occisionem, et canes ad lacerandum, et
volatilia cœli et bestias terræ ad devorandum et dissipandum;*

4 *et dabo eos in fervorem universis
regnis terræ: propter Manassem filium
Ezechiæ regis Juda, super omnibus
quæ fecit in Jerusalem.*

5 *Quis enim miserebitur tui, Jerusalem? aut quis contristabitur pro te?
aut quis ibit ad rogandum pro pace tua?*

6 *Tu reliquisti me, dicit Dominus,
retrorsum abiisti; et extendam manum
meam super te, et interficiam te: laboravi rogans.*

7 *Et dispergam eos ventilabro in portis terræ: interfeci et disperdidi populum meum, et tamen à viis suis non
sunt reversi.*

1 Entonces me dijo el Señor: Aun
cuando Moysés y Samuel se me pusiesen delante, no se doblaria mi alma á
favor de este pueblo: arrójalos de mi
presencia, y vayan fuera [1].

2 Que si te dicen: ¿Á dónde irémos?
les responderás: Esto dice el Señor: El
que *está destinado á morir de peste,*
vaya á morir [2]; el que *á perecer* al filo
de la espada, á la espada; el que de hambre,
muera de hambre; el que *está destinado á ser esclavo, vaya* al cautiverio.

3 Y emplearé contra ellos cuatro especies de castigo [3], dice el Señor: el
cuchillo que los mate, los perros que
los despedacen, y las aves del cielo, y
las bestias de la tierra que los devoren
y consuman.

4 Y haré que sean *cruelmente* perse-
guidos [4] en todos los reinos de la tierra; por causa de Manassés, hijo de Esechías, Rey de Judá, por todas las cosas que hizo en Jerusalem [5].

5 Porque ¿quién se apiadará de tí, oh
Jerusalem? ¿Ó quién se contristará por
tu amor? ¿Ó quién irá á rogar por tu
paz ó felicidad?

6 Tú me abandonaste, dice el Señor,
y me volviste las espaldas: y yo extenderé mi mano sobre tí, y te exterminar-
ré: cansado estoy de rogarte [6].

7 Y asi, *á tus hijos, oh Jerusalem,*
yo los desparramaré [7] con el bieldo
hasta las puertas ó extremidades de la
tierra: hice muertes y estragos en mi
pueblo; y ni aun con todo eso han re-
trocedido de sus *malos* caminos.

---

1 Expresiones que denotan la gravedad de
los pecados de los israelitas, obstinados é im-
penitentes.
2 *Zach. XI. v. 9.*
3 *Ezech. XIV. 21.*
4 La palabra hebrea זעוה *zauenjah,* que
la Vulgata traduce *fervorem,* significa *conmocion, terror, enardecimiento de terror, con-*

mocion de susto, de espanto, etc.
5 *IV. Reg. XXI. v. 7., 12.*
6 Segun el original hebreo בלאיתי הנחם
nilhethi hinajem, puede traducirse: *cansado
estoy de arrepentirme,* ó de dar largas al castigo, esperando que te conviertas.
7 Como á las pajas, ó tamo de la era.

8 Multiplicatæ sunt mihi viduæ ejus super arenam maris: induxi eis super matrem adolescentis vastatorem meridie: misi super civitates repentè terrorem.

9 Infirmata est quæ peperit septem, defecit anima ejus: occidit ei sol, cùm adhuc esset dies: confusa est, et erubuit: et residuos ejus in gladium dabo in conspectu inimicorum eorum, ait Dominus.

10 Væ mihi mater mea: quare genuisti me, virum rixæ, virum discordiæ in universa terra? non fœneravi, nec fœneravit mihi quisquam: omnes maledicunt mihi.

11 Dicit Dominus: Si non reliquiæ tuæ in bonum, si non occurri tibi in tempore afflictionis, et in tempore tribulationis adversus inimicum.

12 Nunquid fœderabitur ferrum ferro ab Aquilone, et æs?

13 Divitias tuas et thesauros tuos in direptionem dabo gratis, in omnibus peccatis tuis, et in omnibus terminis tuis.

14 Et adducam inimicos tuos de terra, quam nescis: quia ignis succensus est in furore meo, super vos ardebit.

15 Tu scis, Domine; recordare mei, et visita me, et tuere me ab his qui persequuntur me, noli in patientia tua suscipere me: scito quoniam sustinui propter te opprobrium.

16 Inventi sunt sermones tui, et comedi eos, et factum est mihi verbum

---

8 Yo he hecho mas viudas entre ellos que arenas tiene el mar [1]: he enviado contra ellos quien en el mismo medio dia les mate á las madres sus hijos: he esparcido sobre las ciudades un repentino terror.

9 Debilitóse la madre que habia parido siete ó muchísimos hijos [2]: desmayó su alma: escondiósele el sol cuando aun era de dia: quedó confusa y llena de rubor: y á los hijos que quedaron de ella, yo los entregaré á ser pasados á cuchillo á vista ó por medio de sus enemigos, dice el Señor.

10 ¡Ay madre mia, cuan infeliz soy yo! ¿Por qué me diste á luz para ser, como soy, un hombre de contradiccion, un hombre de discordia en toda esta tierra? Yo no he dado dinero á interés, ni nadie me lo ha dado á mí, y no obstante todos me maldicen.

11 Entonces el Señor me respondió: Yo juro que serás feliz el resto de tu vida, que yo te sostendré al tiempo de la afliccion, y en tiempo de tribulacion te defenderé contra tus enemigos [3].

12 ¿Por ventura el hierro comun hará liga con el hierro del Norte? ¿y el bronce comun con aquel bronce [4]?

13 ¡Oh Jerusalem! Yo entregaré, y de balde, al saqueo tus riquezas y tus tesoros, por causa de todos los pecados que has hecho, y de todos los idolos que tienes en tus términos [5];

14 Y traeré tus enemigos de una tierra que te es desconocida; porque se ha encendido el fuego de mi indignacion, que os abrasará con sus llamas.

— 15 Tú, oh Señor, que sabes mi inocencia, acuérdate de mí, y ampárame, y defiéndeme de los que me persiguen; no difieras el socorrerme, por razon de tu paciencia con los enemigos: bien sabes que por amor tuyo he sufrido mil oprobios.

16 Yo hallé tu divina palabra, y alimentéme con ella, y en tu palabra ha-

---

1 Expresion hiperbólica.

2 Esto es, la populosa Jerusalem perdió su fecundidad. Véase Sixto. En el libro I de los Reyes cap. II. v. 5., donde el hebreo dice, parió siete hijos, en la Vulgata se traduce: parió un gran número de hijos.

3 Capt. XXXIX. y XL.

4 Esto es, los judios con los chaldeos?

5 Cap. XI. v. 13.

tuum in gaudium et in lætitiam cordis mei: quoniam invocatum est nomen tuum super me, Domine Deus exercituum.

17 *Non sedi in concilio ludentium, et gloriatus sum à facie manus tuæ: solus sedebam, quoniam comminatione replesti me.*

18 *Quare factus est dolor meus perpetuus, et plaga mea desperabilis renuit curari? facta est mihi quasi mendacium aquarum infidelium.*

19 *Propter hoc hæc dicit Dominus: Si conberteris, convertam te, et ante faciem meam stabis; et si separaveris pretiosum à vili, quasi os meum eris: convertentur ipsi ad te, et tu non converteris ad eos.*

20 *Et dabo te populo huic in murum æreum, fortem; et bellabunt adversum te, et non prævalebunt: quia ego tecum sum ut salvem te, et eruam te, dicit Dominus.*

21 *Et liberabo te de manu pessimorum, et redimam te de manu fortium.*

lié el gozo mio, y la alegría de mi corazon: porque yo llevo el nombre *de profeta* tuyo, oh Señor Dios de los ejércitos.

17 No me he sentado en los conciliábulos de los escarnecedores ó *impíos*; ni me engreí de lo que obró *el poder* de tu mano: solo me estaba, *y retirado* [1], pues tú me llenaste de *vaticinios ó* palabras amenazadoras [2].

18 ¿Por qué se ha hecho continuo mi dolor, y no admite remedio mi llaga desahuciada? Ella se ha hecho para mí como unas aguas engañosas, en *cuyo vado* no hay que fiarse.

19 Por esto, asi habla el Señor: Si te vuelves á mí [3], yo te mudaré; y estarás *firme y animoso* ante mi presencia; y si sabes separar lo precioso de lo vil [4], tú serás *entonces* como *otra* boca mia [5]. *Entonces* ellos se volverán hácia tí *con ruegos*, y tú no te volverás hácia ellos [6].

20 Antes bien haré yo que seas con respecto á ese pueblo un muro de bronce inexpugnable: ellos combatirán contra tí, y no podrán prevalecer; porque yo estoy contigo para salvarte y librarte, dice el Señor.

21 Yo te libraré pues de las manos de los malvados, y te salvaré del poder de los fuertes.

CAPÍTULO XVI.

Calamidades que enviará Dios sobre el pueblo de Israel: despues de las cuales le enviará predicadores que le conviertan al buen camino, y hará brillar en él su infinita misericordia.

1 *Et factum est verbum Domini ad me, dicens:*

2 *Non accipies uxorem, et non erunt tibi filii et filiæ in loco isto.*

3 *Quia hæc dicit Dominus super filios et filias, qui generantur in loco*

1 Hablóme despues el Señor diciéndome:

2 No tomarás muger, y no tendrás hijos ni hijas en este lugar ó *pais de Judea* [7].

3 Porque esto dice el Señor acerca de los hijos é hijas que nacerán en este lu-

---

1 *Ps. I. v. 1.—XXV. v. 4.*
2 De amenazas contra mi pueblo.
3 Si te conviertes á mí, y dejas esa desconfianza en que estás.
4 Esto es, mis promesas de las amenazas y desprecios de los hombres.

5 Por la firmeza con que hablarás.
6 Para condescender con sus antojos.
7 S. Gerónimo no duda que Jeremias se conservó virgen hasta la muerte. *S. Hier. cap. XXIII.* Véase la *Advertencia.*

isto, et super matres eorum, quæ genuerunt eos; et super patres eorum, de quorum stirpe sunt nati in terra hæc:

4 mortibus ægrotationum morientur: non plangentur, et non sepelientur, in sterquilinium super faciem terræ erunt; et gladio et fame consumentur; et erit cadaver eorum in escam volatilibus cæli, et bestiis terræ.

5 Hæc enim dicit Dominus: Ne ingrediaris domum convivii, neque vadas ad plangendum, neque consoleris eos: quia abstuli pacem meam à populo isto, dicit Dominus, misericordiam et miserationes.

6 Et morientur grandes et parvi in terra ista: non sepelientur neque plangentur, et non se incident, neque calvitium fiet pro eis.

7 Et non frangent inter eos lugenti panem ad consolandum super mortuo; et non dabunt eis potum calicis ad consolandum super patre suo et matre.

8 Et domum convivii non ingrediaris, ut sedeas cum eis, et comedas et bibas:

9 quia hæc dicit Dominus exercituum Deus Israel: Ecce ego auferam de loco isto in oculis vestris, et in diebus vestris, vocem gaudii et vocem lætitiæ, vocem sponsi et vocem sponsæ.

10 Et cùm annuntiaveris populo huic omnia verba hæc, et dixerint tibi: Quare locutus est Dominus super nos omne malum grande istud? quæ iniquitas nostra? et quod peccatum nostrum, quod peccavimus Domino Deo nostro?

11 dices ad eos: Quia dereliquerunt me patres vestri, ait Dominus, et abierunt post deos alienos; et servierunt eis, et adoraverunt eos; et me dereli-

---

ger, y acerca de las madres que los parirán, y acerca de los padres que los engendrarán en este país:

4 morirán de varias enfermedades, y no serán plañidos ni enterrados, yacerán como estiercol sobre la superficie de la tierra, y serán consumidos con la espada y la hambre, y sus cadáveres serán pasto de las aves del cielo y de las bestias de la tierra.

5 Porque esto dice el Señor: No entrarás tú en la casa del convite mortuorio, ni vayas á dar el pésame, ni á consolar; porque yo, dice el Señor, he desterrado de este pueblo mi paz, mi misericordia y mis piedades.

6 Y morirán los grandes y los chicos en este país, y no serán enterrados ni plañidos : ni habrá quien en señal de luto se haga sajaduras en su cuerpo [1], ni se corte á raiz el cabello.

7 Ni entre ellos habrá nadie que parta el pan, para consolar al que está llorando por su difunto [2]; ni á los que lloran la pérdida de su padre y de su madre les darán alguna bebida para su consuelo.

8 Tampoco entrarás en casa en que hay banquete [3], para sentarte con ellos á comer y beber;

9 porque esto dice el Señor de los ejércitos, el Dios de Israel: Sábete que Yo á vuestros ojos, y en vuestros dias, desterraré de este lugar la voz del gozo y la voz de alegría, la voz del esposo y la voz ó cantares de la esposa [4].

10 Y cuando hayas anunciado á ese pueblo todas estas cosas, y ellos te digan: ¿Por qué ha pronunciado el Señor contra nosotros todos estos grandes males ó calamidades [5]? ¿Cuál es nuestra maldad? ¿Y qué pecado es el que nosotros hemos cometido contra el Señor Dios nuestro?

11 Tú le responderás: Porque vuestros padres me abandonaron, dice el Señor, y se fueron en pos de los dioses extraños, y les sirvieron y los ado-

---

1 Lev. XIX. v. 27. 28.—Deut. XIV. v. 1.
2 Y animarle á comer.
3 Con motivo de boda, etc.
4 Esto es, los cantares de alegría; como

eran los epithalamios y los hymeneos entre los gentiles. Cap. XXV. v. 10.
5 Cap. V. v. 19.

quærunt, et legem meam non custodierunt.

12 Sed et vos pejus operati estis, quàm
patres vestri : ecce enim ambulat unusquisque post pravitatem cordis sui mali, ut me non audiat.

13 Et ejiciam vos de terra hac in
terram, quam ignoratis vos, et patres
vestri ; et servietis ibi diis alienis die
ac nocte, qui non dabunt vobis requiem.

14 Propterea ecce dies veniunt, dicit
Dominus, et non dicetur ultrà : Vivit
Dominus, qui eduxit filios Israël de
terra AEgypti ;

15 sed : Vivit Dominus, qui eduxit
filios Israël de terra Aquilonis, et de
universis terris, ad quas ejeci eos ; et
reducam eos in terram suam, quam
dedi patribus eorum.

16 Ecce ego mittam piscatores multos, dicit Dominus, et piscabuntur eos;
et post hæc mittam eis multos venatores, et venabuntur eos de omni monte,
et de omni colle, et de cavernis petrarum.

17 Quia oculi mei super omnes vias
eorum : non sunt absconditæ à facie
mea, et non fuit occultata iniquitas eorum ab oculis meis.

18 Et reddam primùm duplices iniquitates, et peccata eorum quia contaminaverunt terram meam in morti-
cinis idolorum suorum, et abominationibus suis impleverunt hæreditatem
meam.

19 Domine, fortitudo mea, et robur
meum, et refugium meum in die tribulationis : ad te gentes venient ab extremis terræ, et dicent : Verè mendacium
possederunt patres nostri, vanitatem,
quæ eis non profuit.

raron, y me abandonaron á mí, y no
guardaron mi Ley.

12 Y todavía vosotros lo habeis hecho
peor que vuestros padres; pues está visto que cada uno sigue la corrupcion de
su corazon depravado, por no obedecerme á mí.

13 Y así yo os arrojaré de esta tierra
á otra desconocida de vosotros y de vuestros padres; donde dia y noche servi-
reis á dioses agenos, que nunca os dejarán en reposo [1].

14 He aquí que vendrá tiempo, dice
el Señor, en que no se dirá mas [2]: Vive el Señor, que sacó á los hijos de Israel de la tierra de Egypto;

15 sino : Vive el Señor, que sacó á los
hijos de Israel de la tierra del Septentrion, y de todos los paises por donde
los habia esparcido. Y yo los volveré á
traer á esta su tierra, que dí á sus
padres.

16 He aquí que yo enviaré á muchos
pescadores, dice el Señor [3], los cuales
los pescarán; y enviaré despues muchos cazadores que los cazarán por todos los montes, y por todos los collados,
y por las cuevas de los peñascos.

17 Porque mis ojos estan observando
todos sus pasos : no se oculta ninguno
á mis miradas; como no hubo maldad
suya oculta á mi vista.

18 Pero primeramente les pagaré al
doble lo que merecen sus iniquidades y
pecados; porque han contaminado mi
tierra con las carnes mortecinas sacrificadas á sus ídolos, y llenado mi heredad de sus abominaciones [4].

19 Oh Señor, fortaleza mia, y el sos-
ten mio, y mi refugio en el tiempo de
la tribulacion : á ti vendrán las gentes
desde las extremidades de la tierra [5],
y dirán : Verdaderamente que nuestros
padres [6] poseyeron la mentira y la vanidad, la cual para nada les aprovechó.

---

1 Mas finalmente yo os volveré á esta tierra.
2 Como se acostumbra ahora.
3 Metafóricamente llama pescadores á Zorobabel, Esdras, Nehemias, etc. Hermosa alusion á los doce Apóstoles. Véase lo que decia
Jesu-Christo á San Pedro y San Andres : Yo
haré que vengais á ser pescadores de hom-

bres. Marc. I. v. 17.
4 Despues de eso los volveré á esta su
tierra.
5 El Profeta vaticina, lleno de gozo, la conversion de las naciones á la Iglesia.
6 Venerando por dioses á los astros.

20 *Nunquid faciet sibi homo deos, et ipsi non sunt dii?*

21 *Idcirco ecce ego ostendam eis per vicem hanc, ostendam eis manum meam, et virtutem meam; et scient quia nomen mihi Dominus.*

20 ¿Acaso un hombre podrá hacerse sus dioses? *No:* esos no son dioses.

21 Por lo cual he aquí que yo de esta vez los he de convencer: les mostraré mi poder y mi fortaleza, y conocerán que mi nombre es EL SEÑOR [1].

CAPÍTULO XVII.

Obstinacion de los judíos, causa de su castigo. Debemos poner la confianza en Dios, no en los hombres. Jeremías ruega á Dios que le dé fuerzas para resistir á sus enemigos. Santificacion del sábado.

1 *Peccatum Juda scriptum est stylo ferreo in ungue adamantino, exaratum super latitudinem cordis eorum, et in cornibus ararum eorum.*

2 *Cùm recordati fuerint filii eorum ararum suarum, et lucorum suorum, lignorumque frondentium, in montibus excelsis,*

3 *sacrificantes in agro; fortitudinem tuam, et omnes thesauros tuos in direptionem dabo, excelsa tua propter peccata in universis finibus tuis.*

4 *Et reliquéris sola ab hœreditate tua, quam dedi tibi: et servire te faciam inimicis tuis in terra quam ignoras: quoniam ignem succendisti in furore meo, usque in æternum ardebit.*

5 *Hæc dicit Dominus: Maledictus homo, qui confidit in homine, et ponit carnem brachium suum, et à Domino recedit cor ejus.*

6 *Erit enim quasi myricæ in deserto, et non videbit cùm venerit bonum: sed habitabit in siccitate in deserto, in ter-*

1 El pecado de Judá está escrito con punzon de hierro, y grabado con punta de diamante sobre la tabla de su corazon, y en los lados de sus *sacrílegos* altares [2].

2 Ya que sus hijos se han acordado de sus altares *dedicados á los ídolos,* y de sus bosques, y de los árboles frondosos que hay en los altos montes,

3 y ofrecen sacrificios en los campos; yo entregaré al saqueo tu hacienda, y todos tus tesoros y tus lugares excelsos *en que adoras á los ídolos,* por causa de los pecados cometidos por tí, *oh Judá,* en todas tus tierras.

4 Y quedarás despojada de la herencia que te habia yo dado; y te haré esclava de tus enemigos en una tierra desconocida de tí: porque tú has encendido el fuego de mi indignacion, que arderá eternamente.

5 Esto dice el Señor: Maldito sea el hombre que confia en *otro hombre,* y no en Dios, y se apoya en un brazo de carne *miserable,* y aparta del Señor su corazon [3].

6 Porque será semejante á los tamariscos ó *retama* del *árido* desierto [4]; y no se aprovechará del bien [5] cuando

---

1 Ó que Yo soy *Jehovah:* ó *El que es.* Véase *Jehovah.*

2 Es grande su obstinacion. Véase *Act. XVIII. v. 12.* En los lados ó cornijales del altar solian grabar los gentiles algun simbolo ó la imágen del ídolo á quien ofrecian sacrificios.

3 Aluden estas palabras al rey Sedecias y á los Príncipes de los judíos, que imploraban el auxilio de los egypcios en vez de acudir al de

Dios. Ya Isaias les decia: *El Egypto es hombre y no Dios.* Despues *Cap. XLVIII. v. 7.— Is. XXX. v. 2.—XXXI. v. 1., 3.*

4 Siempre infructuosos. Se habla de una planta que nace en tierra arenisca; y así sus raices no sienten el beneficio de las lluvias; y por eso vive poco, y no produce ningun fruto.

5 Ó de los beneficios que Dios concederá á sus siervos.

ra salsuginis et inhabitabili.

venga, sino que permanecerá en la sequedad del desierto, en un terreno salobre é inhabitable.

7 *Benedictus vir, qui confidit in Domino, et erit Dominus fiducia ejus.*

7 *Al contrario* bienaventurado el varon que tiene puesta en el Señor su confianza, y cuya esperanza es el Señor.

8 *Et erit quasi lignum quod transplantatur super aquas, quod ad humorem mittit radices suas; et non timebit eùm venerit æstus. Et erit folium ejus viride, et in tempore siccitatis non erit sollicitum, nec aliquando desinet facere fructum.*

8 Porque será como el árbol trasplantado junto á las corrientes de las aguas [1], el cual extiende hácia la humedad sus raices, y *así* no temerá *la sequedad* cuando venga el estío. Y estarán *siempre* verdes sus hojas, ni le hará mella la sequía, ni jamás dejará de producir fruto.

9 *Pravum est cor omnium, et inscrutabile: quis cognoscet illud?*

9 Pero ¡ah! perverso *y falaz* es el corazon de todos *los hombres*, é impenetrable: ¿quién podrá conocerle?

10 *Ego Dominus scrutans cor, et probans renes: qui do unicuique juxta viam suam, et juxta fructum adinventionum suarum.*

10 Yo el Señor soy el que escudriño los corazones, y el que examino los afectos *de ellos*, y doy á cada uno la paga segun su proceder, y conforme al mérito de sus obras [2].

11 *Perdix fovit quæ non peperit: fecit divitias, et non in judicio: in dimidio dierum suorum derelinquet eas, et in novissimo suo erit insipiens.*

11 Como la perdiz que empolla los huevos que ella no puso [3]; asi es el que junta riquezas por medios injustos: á la mitad de sus dias tendrá que dejarlas, y al fin de ellos se verá su insensatez.

12 *Solium gloriæ altitudinis à principio, locus sanctificationis nostræ.*

12 ¡Oh trono de gloria del Altísimo desde el principio [4], lugar de nuestra santificacion!

13 *Expectatio Israel, Domine: omnes, qui te dereliquunt, confundentur: recedentes à te, in terra scribentur: quoniam dereliquerunt venam aquarum viventium Dominum.*

13 ¡Oh Señor, esperanza de Israel! todos los que te abandonan quedarán confundidos; los que de tí se alejan, en *el polvo de* la tierra serán escritos [5]: porque han abandonado al Señor, vena de aguas vivas.

14 *Sana me, Domine, et sanabor: salvum me fac, et salvus ero: quoniam laus mea tu es.*

14 Sáname, Señor, y quedaré sano: sálvame y seré salvo; pues que *toda* mi gloria eres tú.

15 *Ecce ipsi dicunt ad me: Ubi est verbum Domini? veniat.*

15 He aquí que ellos me estan diciendo: ¿Dónde está la palabra del Señor? Que se cumpla [6].

16 *Et ego non sum turbatus, te pastorem sequens; et diem hominis non desideravi; tu scis. Quod egressum est*

16 Mas yo no *por eso* me he turbado siguiendo tus huellas, oh Pastor *mio*; pues nunca apetecí dia ó *favor de* hom-

---

1 *Ps. I. v. 3.*
2 *I. Reg. XVI. v. 7.—Ps. VII. v. 10.—Apoc. II. v. 23.*
3 Pero al modo que despues los pollitos no la reconocen por madre y la abandonan; asi las riquezas mal adquiridas parece que huyen,

y no reconocen por dueño á su injusto posesor.
4 Asi llama al cielo, de donde nos viene toda santidad.
5 Para denotar que una promesa era vana, los latinos solian decir: *está escrita en el agua.*
6 Nada la tememos.

de labiis meis, rectum in conspectu tuo fuit.

17 *Non sis tu mihi formidini, spes mea tu in die afflictionis.*

18 *Confundantur qui me persequuntur, et non confundar ego: paveant illi, et non paveam ego: induc super eos diem afflictionis, et duplici contritione contere eos.*

19 *Hæc dicit Dominus ad me: Vade, et sta in porta filiorum populi, per quam ingrediuntur reges Juda, et egrediuntur, et in cunctis portis Jerusalem:*

20 *et dices ad eos: Audite verbum Domini reges Juda, et omnis Juda, cunctique habitatores Jerusalem, qui ingredimini per portas istas.*

21 *Hæc dicit Dominus: Custodite animas vestras, et nolite portare pondera in die sabbati, nec inferatis per portas Jerusalem.*

22 *Et nolite ejicere onera de domibus vestris in die sabbati; et omne opus non facietis: sanctificate diem sabbati, sicut præcepi patribus vestris.*

23 *Et non audierunt, nec inclinaverunt aurem suam: sed induraverunt cervicem suam, ne audierent me, et ne acciperent disciplinam.*

24 *Et erit: Si audieritis me, dicit Dominus, ut non inferatis onera per portas civitatis hujus in die sabbati; et si sanctificaveritis diem sabbati, ne faciatis in eo omne opus:*

25 *ingredientur per portas civitatis hujus reges et principes, sedentes super solium David, et ascendentes in curribus et equis, ipsi et principes eorum, viri Juda, et habitatores Jerusalem; et habitabitur civitas hæc in sempiternum.*

26 *Et venient de civitatibus Juda, et de circuitu Jerusalem, et de terra Ben-*

bre *alguno:* tú lo sabes. Lo que anuncié [1] con mis labios fué *siempre* recto en tu presencia.

17 No *seas pues* para mí motivo de temor, tú, *oh Señor*, esperanza mia en el tiempo de afliccion.

18 Confundidos queden los que me persiguen, no quede confundido yo: teman ellos, y no tema yo: envia sobre ellos el dia de la afliccion, y castígalos con doble azote.

— 19 Esto me dice el Señor: Vé, y ponte á la puerta *mas concurrida* de los hijos del pueblo, por la cual entran y salen los Reyes de Judá [2]; y en todas las puertas de Jerusalem,

20 y les dirás *á todos:* Oid la palabra del Señor, oh Reyes de Judá: y tú pueblo todo de Judá, y todos vosotros ciudadanos de Jerusalem que entrais por estas puertas,

21 mirad lo que dice el Señor: Cuidad de vuestras almas; y no lleveis cargas en dia de sábado, ni las hagais entrar por las puertas de Jerusalem.

22 Ni hagais en dia de sábado sacar cargas de vuestras casas, ni hagais labor alguna; santificad dicho dia, como lo mandé á vuestros padres.

23 Mas ellos no quisieron escuchar ni prestar oidos *á mis palabras:* al contrario endurecieron su cerviz por no oirme, ni recibir mis documentos.

24 Con todo, si vosotros me escuchareis, dice el Señor, de suerte que no introduzcais cargas por las puertas de esta ciudad en dia de sábado, y santificáreis el dia de sábado, no haciendo en él labor ninguna:

25 seguirán entrando por las puertas de esta ciudad los Reyes y principes, sentándose en el trono de David, y montando en carrozas y caballos, así ellos como sus príncipes *ó cortesanos,* los varones de Judá y los ciudadanos de Jerusalem, y estará esta ciudad para siempre poblada.

26 Y vendrán de las otras ciudades de Judá, y de la comarca de Jerusalem, y

---

1 El hebreo: *presente tiene cuanto pronunciaron, &c.*

2 Puede entenderse la puerta occidental del Templo, por la cual entraban en él desde palacio el Rey y toda su comitiva.

jamin, et de campestribus, et de montuosis, et ab Austra, portantes holocaustum, et victimam, et sacrificium, et thus, et inferent oblationem in domum Domini.

27 Si autem non audieritis me ut sanctificetis diem sabbati, et ne portetis onus, et ne inferatis per portas Jerusalem in die sabbati: succendam ignem in portis ejus; et devorabit domos Jerusalem, et non extinguetur.

de tierra de Benjamin, y de las campiñas, y de las montañas, y de hácia el Mediodia á traer holocaustos, y víctimas, y sacrificios, é incienso, y lo ofrecerán en el templo del Señor.

27 Pero si no me obedeciéreis en santificar el dia del sábado, y en no acarrear cargas, ni meterlas por las puertas de Jerusalem en dia de sábado, yo pegaré fuego á estas puertas [1], fuego que devorará las casas de Jerusalem, y que nadie apagará.

CAPÍTULO XVIII.

Con la semejanza del barro y del alfarero demuestra el Señor que está en su mano el hacer beneficios, ó enviar castigos al pueblo de Israel. Manda al Profeta que le exhorte á penitencia. Conjuracion del pueblo contra Jeremías: figura de la que formaron despues contra Jesus.

1 *Verbum quod factum est ad Jeremiam à Domino, dicens:*

2 *Surge, et descende in domum figuli, et ibi audies verba mea.*

3 *Et descendi in domum figuli, et ecce ipse faciebat opus super rotam.*

4 *Et dissipatum est vas, quod ipse faciebat è luto manibus suis, conversusque fecit illud vas alterum, sicut placuerat in oculis ejus ut faceret.*

5 *Et factum est verbum Domini ad me, dicens:*

6 *Nunquid sicut figulus iste, non potero vobis facere, domus Israel, ait Dominus? ecce sicut lutum in manu figuli, sic vos in manu mea, domus Israel.*

7 *Repentè loquar adversum gentem et adversum regnum, ut eradicem, et destruam, et disperdam illud.*

8 *Si pœnitentiam egerit gens illa à malo suo, quod locutus sum adversus eam: agam et ego pœnitentiam super malo, quod cogitavi ut facerem ei.*

1 Orden dada á Jeremías por el Señor, diciendo:

2 Anda y baja á casa de un alfarero, y allí oirás mis palabras.

3 Bajé, pues, á casa de un alfarero, y hallé que estaba trabajando sobre la rueda.

4 Y la vasija de barro que estaba haciendo se deshizo entre sus manos; y al instante volvió á formar del mismo barro otra vasija de la forma que le plugo.

5 Entonces me habló el Señor, y dije:

6 ¿Por ventura no podré hacer yo con vosotros, oh casa de Israel, como ha hecho este alfarero con su barro, dice el Señor [2]? Sabed que lo que es barro en manos del alfarero, eso sois vosotros en mi mano, oh casa de Israel.

7 Yo pronunciaré de repente mi sentencia contra una nacion, y contra un reino para arrancarle, destruirle, y aniquilarle.

8 Pero si la tal nacion hiciere penitencia de sus pecados, por los cuales pronuncié el decreto contra ella, me arrepentiré yo tambien del mal que pensé hacer contra ella [3].

---

1 Valiéndome de los châldeos.

2 Jeremías no habla aqui de la bondad ó malicia de las acciones humanas: sino de que Dios envia á los hombres bienes ó males, según su infinita sabiduria. *Is. XLV. ver. 9.— Rom. IX. v. 20.*

3 Habla Dios segun el modo de explicarse los hombres. Véase *Dios.* Aunque del hombre

9 *El subitò loquar de gente et de regno, ut ædificem et plantem illud.*

10 *Si fecerit malum in oculis meis, ut non audiat vocem meam, pœnitentiam agam super bono, quod locutus sum ut facerem ei.*

11 *Nunc ergo dic viro Juda, et habitatoribus Jerusalem, dicens: Hæc dicit Dominus: Ecce ego fingo contra vos malum, et cogito contra vos cogitationem: revertatur unusquisque à via sua mala, et dirigite vias vestras et studia vestra.*

12 *Qui dixerunt: Desperavimus: post cogitationes enim nostras ibimus, et unusquisque pravitatem cordis sui mali faciemus.*

13 *Ideo hæc dicit Dominus: Interrogate gentes: Quis audivit talia horribilia, quæ fecit nimis virgo Israel?*

14 *Nunquid deficiet de petra agri nix Libani? aut evelli possunt aquæ erumpentes frigidæ, et defluentes?*

15 *Quia oblitus est mei populus meus, frustrà libantes, et impingentes in viis suis, in semitis sæculi, ut ambularent per eas in itinere non trito:*

16 *ut fieret terra eorum in desolationem, et in sibilum sempiternum: omnis qui præterierit per eam obstupescet, et movebit caput suum.*

9 Asimismo trataré yo de repente de fundar y establecer una nacion, y un reino.

10 Pero si este obrare mal ante mis ojos, de suerte que no atienda á mi voz, yo me arrepentiré del bien que dije que le haria.

11 Tú, pues, ahora dí á los varones de Judá, y á los habitantes de Jerusalem: Esto dice el Señor: Mirad que yo estoy amasando estragos contra vosotros, y trazando designios en daño vuestro: conviértase cada uno de vosotros de su mala vida, y enmendad vuestras costumbres é inclinaciones [1].

12 Á esto dijeron ellos: *Ya no hay remedio*; hemos desesperado: y así seguirémos nuestras ideas, y cada cual hará lo que le sugiera la perversidad de su maleado corazon.

13 Por tanto, esto dice el Señor: Preguntad á las *demas* naciones: ¿Quién ha jamás oido tales y tan horrendas cosas, como las que no se hartaba de hacer la vírgen de Israel [2]?

14 ¿Acaso puede faltar nieve en los peñascos de las espaciosas sierras del Libano? ¿Ó pueden agotarse los manantiales, cuyas frescas aguas corren *sobre la tierra?*

15 Pues *he aquí que* mi pueblo se ha olvidado de mí, ofreciendo sacrificios á la vanidad *de los ídolos*, y tropezando *de continuo* en sus caminos, en los antiguos caminos [3], por seguir un carril no trillado [4]:

16 reduciendo así su tierra á desolacion [5], y á ser para siempre objeto de mofa y de asombro para todo pasagero, que al verla, *admirándose* [6] meneará su cabeza.

---

que hace penitencia, suele decirse que *desarma ó contiene la indignacion de Dios*; no se sigue de aqui que pueda convertirse á Dios, ó hacer penitencia sin el socorro de la gracia. *La reconciliacion ó justificacion del hombre, no tanto es obra de éste, como de la gracia de Dios*: pero lo es de modo que, salvada la libertad del hombre, que tambien obra, la principal parte se atribuya á la gracia de Dios. S. Gerónimo. Véase *Gracia*. 1 *Si quereis evitarlos. Cap. XXV. ver. 5.— XXXV. v. 15.—IV. Reg. XVII. ver. 13.—*

Jonæ III. v. 9.
2 Al pueblo judáico, á quien llamó en el ver. 6. *casa de Israel*, aqui le llama *virgen de Israel*. Véase *Hebraismos*. Quizá indica la gravedad de los pecados de la nacion, que de vírgen esposa de Dios, se habia hecho una prostituta con el culto de los idolos.
3 En los de sus idólatras y rebeldes padres.
4 Por mis fieles servidores.
5 *Cap. L. v.* 13.
6 Ó *mofándose*. Véase *Cabeza*.

17 *Sicut ventus urens dispergam eos coram inimico: dorsum, et non faciem ostendam eis in die perditionis eorum.*

18 *Et dixerunt: Venite, et cogitemus contra Jeremiam cogitationes: non enim peribit lex à sacerdote, neque consilium à sapiente: nec sermo à propheta: venite, et percutiamus eum linguâ; et non attendamus ad universos sermones ejus.*

19 *Attende, Domine, ad me, et audi vocem adversariorum meorum.*

20 *Nunquid redditur pro bono malum, quia foderunt foveam animæ meæ? Recordare quòd steterim in conspectu tuo, ut loquerer pro eis bonum; et averterem indignationem tuam ab eis.*

21 *Propterà da filios eorum in famem, et deduc eos in manus gladii: fiant uxores eorum absque liberis, et viduæ; et viri earum interficiantur morte: juvenes eorum confodiantur gladio in prælio.*

22 *Audiatur clamor de domibus eorum: adduces enim super eos latronem repentè: quia foderunt foveam ut caperent me, et laqueos absconderunt pedibus meis.*

23 *Tu autem, Domine, scis omne consilium eorum adversum me in mortem: ne propitieris iniquitati eorum, et peccatum eorum à facie tua non deleatur: fiant corruentes in conspectu tuo, in tempore furoris tui abutere eis.*

17 Porque como viento abrasador los dispersaré delante de sus enemigos : les volveré las espaldas , y no mi *benigno* rostro , en el dia de su perdicion.

18 Mas ellos dijeron *entonces:* Venid y tratemos seriamente de obrar contra Jeremias : porque *á pesar de lo que él predice,* no *nos* faltará la *explicacion de* la Ley de boca del sacerdote, ni el consejo del sabio, ni la palabra del profeta. Venid *pues,* atravesémosle con *los dardos de* nuestra lengua [1], y no hagamos caso de ninguna de sus palabras.

19 Oh Señor, mira por mí, y para tu atencion en lo que dicen mis adversarios.

20 ¿Conque así se vuelve mal por bien? ¿y así ellos *que tanto me deben,* han cavado una hoya para hacerme perder la vida? Acuérdate, oh *Señor,* de cuando me presentaba yo en tu acatamiento, para hablarte á su favor, y para desviar de ellos tu enojo.

21 Por tanto [2], abandona sus hijos á la hambre, y entrégalos al filo de la espada: viudas y sin hijos queden sus mugeres, y mueran de una muerte infeliz sus maridos, y véanse en el combate sus jóvenes atravesados con la espada.

22 Oíganse alaridos en sus casas. Porque tú has de conducir contra ellos súbitamente al salteador [3], contra ellos que cavaron la hoya para cogerme, y tendieron lazos ocultos para mis pies.

23 Mas tú, oh Señor, conoces bien todos sus designios de muerte contra mí. No les perdones su maldad; ni se borre de tu presencia su pecado: derribados sean delante de tí: acaba [4] con ellos en el tiempo de tu furor [5].

---

1 Esto es, con la calumnia.
2 Ya que tu justicia lo exige. Véase *Profeta.*
3 A Nabuchôdonosor, ladron que se apodera de las naciones.
4 Esta es la significacion de la voz *abutere,* que usa la Vulgata, en cuyo sentido la usan varios autores latinos. *Abuti* es lo mismo

que *consumere, consumir.* Asi se ve en Caton, Plauto, Terencio y otros, que cita *Alapide.*
5 Hágase así Señor , ya que así lo tiene decretado tu Justicia en vista de la obstinacion de ese pueblo ingrato. Véase *Profeta. Hebraismos.* Parece que se habla del *Deicidio* cometido por los judios en la muerte de Jesus.

CAPITULO XIX.

Jeremias, quebrando delante de todos una vasija de barro, anuncia de orden de Dios, con esta figura, la total ruina de Jerusalem.

1 Hæc dicit Dominus: *Vade, et accipe lagunculam figuli testeam à senioribus populi, et à senioribus sacerdotum;*

2 *et egredere ad vallem filii Ennom, quæ est juxta introitum portæ fictilis; et prædicabis ibi verba, quæ ego loquar ad te.*

3 *Et dices: Audite verbum Domini reges Juda, et habitatores Jerusalem; hæc dicit Dominus exercituum Deus Israel: Ecce ego inducam afflictionem super locum istum, ita ut omnis qui audierit illam, tinniant aures ejus:*

4 *eò quòd dereliquerint me, et alienum fecerint locum istum; et libaverunt in eo diis alienis, quos nescierunt ipsi, et patres eorum, et reges Juda; et repleverunt locum istum sanguine innocentum.*

5 *Et ædificaverunt excelsa Baalim, ad comburendos filios suos igni in holocaustum Baalim: quæ non præcepi, nec locutus sum, nec ascenderunt in cor meum.*

6 *Proptereà ecce dies veniunt, dicit Dominus; et non vocabitur ampliùs locus iste, Topheth, et Vallis filii Ennom, sed Vallis occisionis.*

7 *Et dissipabo consilium Juda et Jerusalem in loco isto; et subvertam eos gladio in conspectu inimicorum suorum, et in manu quærentium animas eorum: et dabo cadavera eorum escam volatilibus cæli, et bestiis terræ.*

1 Me dijo *tambien* el Señor: Anda y lleva contigo una vasija de barro, obra de alfarero, y algunos de los ancianos[1] del pueblo y de los ancianos de los sacerdotes;

2 y vete al valle del hijo de Ennom[2], que está *al Oriente* cerca de la entrada de la alfarería; y allí publicarás las palabras que voy á decirte.

3 Escuchad, les dirás, la palabra del Señor, oh Reyes de Judá y ciudadanos de Jerusalem: Esto dice el Señor de los ejércitos, el Dios de Israel: Sabed que yo descargaré sobre este lugar tales castigos, que á cualquiera que los oyere contar le retiñirán las orejas.

4 Y por cuanto ellos me han abandonado, y han profanado este lugar, y sacrificado en él á dioses agenos, que ni ellos conocen, ni han conocido sus padres, ni los Reyes de Judá, llenando este sitio de sangre de inocentes[3],

5 y han erigido altares á Baal, para abrasar en el fuego á sus hijos, en holocausto al mismo Baal; cosas que ni mandé, ni dije, ni me pasaron por el pensamiento[4]:

6 por tanto, he aquí, dice el Señor, que llega el tiempo en que ya no se ha de llamar mas este sitio *Valle de Topheth*[5], ni Valle del hijo de Ennom, sino el Valle de la mortandad.

7 Y en este sitio disiparé yo los designios de *los habitantes* de Judá y de Jerusalem: y exterminaré á estos con la espada, á la vista de sus enemigos, y por mano de aquellos que buscan su perdicion, y daré sus cadáveres en pasto á las aves del cielo y á las bestias de la tierra.

---

1 Este es el sentido de las expresiones hebreas: וּמִזִּקְנֵי הָעָם וּמִזִּקְנֵי הַכֹּהֲנִים que la Vulgata traduce *et à senioribus.* Vid. v. 10. sequent.

2 *Cap. VII. v.* 31. Véase *Infierno.*

3 Sacrificados á Moloch.

4 Es un modo de hablar figurado. Quitando la figura *liptote*, diriamos: *cosa que jamás me pasó por el entendimiento el mandarla; antes bien la tengo desde el principio prohibida* expresamente.

5 הַתֹּפֶת *Topheth* significa tambien *ameno ó delicioso*, y quizá el Profeta alude á esta significacion.

8 *Et ponam civitatem hanc in stupo-rem, et in sibilum: omnis qui præter-ierit per eam, obstupescet, et sibilabit super universa plaga ejus.*

9 *Et cibabo eos carnibus filiorum suo-rum, et carnibus filiarum suarum: et unusquisque carnem amici sui comedet in obsidione, et in angustia, in qua concludent eos inimici eorum, et qui quærunt animas eorum.*

10 *Et conteres lagunculam in oculis virorum, qui ibunt tecum.*

11 *Et dices ad eos: Hæc dicit Domi-nus exercituum: Sic conteram populum istum, et civitatem istam, sicut conte-ritur vas figuli, quod non potest ultrà instaurari: et in Topheth sepelientur, eò quòd non sit alius locus ad sepeliendum.*

12 *Sic faciam loco huic, ait Domi-nus, et habitatoribus ejus: et ponam civitatem istam sicut Topheth.*

13 *Et erunt domus Jerusalem, et do-mus regum Juda, sicut locus Topheth, immundæ; omnes domus, in quarum domatibus sacrificaverunt omni militiæ cœli, et libaverunt libamina diis alienis.*

14 *Venit autem Jeremias de Topheth, quò miserat eum Dominus ad prophe-tandum, et stetit in atrio domus Do-mini, et dixit ad omnem populum:*

15 *Hæc dicit Dominus exercituum Deus Israel: Ecce ego inducam super civitatem hanc, et super omnes urbes ejus, universa mala quæ locutus sum adversum eam: quoniam induraverunt cervicem suam, ut non audirent ser-mones meos.*

8 Y á esta ciudad la haré objeto de pasmo y de escarnio: todos los que pa-saren por ella quedarán atónitos, y la insultarán por razon de todas sus des-dichas [1].

9 Y les daré á comer *á los padres* las carnes de sus hijos y las carnes de sus hijas, y al amigo la carne de su amigo, durante el asedio y apuros á que los reducirán sus enemigos, que quieren acabar con ellos.

10 Y *despues* [2] romperás la vasija, á vista de los varones que te habrán acompañado.

11 Y les dirás *entonces:* Esto dice el Señor de los ejércitos: Así haré yo pe-dazos á este pueblo y á esta ciudad, co-mo se hace añicos una vasija de barro cocido, la cual ya no puede restaurarse: y serán sepultados en el *inmundo valle de* Topheth, porque no habrá otro sitio para enterrarlos [3].

12 De esta manera trataré yo á esta poblacion y á sus habitantes, dice el Señor, y haré que esta ciudad sea *un lugar de abominacion,* así como To-pheth.

13 Y las casas de Jerusalem y las ca-sas de los Reyes de Judá quedarán in-mundas como el sitio de Topheth. To-das estas casas, *digo,* en cuyos terra-dos se ofrecian sacrificios á toda la mi-licia ó *estrellas* del cielo, y libaciones á los dioses agenos.

— 14 En seguida volvió Jeremías de Topheth, á donde le habia enviado el Señor á profetizar [4], y paróse en el atrio del Templo del Señor, y dijo á todo el pueblo:

15 Esto dice el Señor de los ejércitos, el Dios de Israel: Mirad, yo voy á traer sobre esta ciudad y sobre todas las ciu-dades que dependen de ella, todos los males con que yo la he amenazado; ya que han endurecido su cerviz para no atender á mis palabras.

---

1 Antes *cap. XVIII. v.* 16.—Despues *cap. XLIX. v.* 13.—*L. v.* 13.

2 De decirles todo esto.

3 Tan grande será el número de los muertos.

4 Delante de los principales de Judá.

CAPÍTULO XX.

Jeremías, maltratado y encarcelado por Phassur, profetiza contra éste y contra toda la Judea. Se lamenta á Dios de que permita que padezca por anunciar su palabra. Y pone en él su confianza.

1 *Et audivit Phassur filius Emmer, sacerdos, qui constitutus erat princeps in domo Domini, Jeremiam prophetantem sermones istos.*

2 *Et percussit Phassur Jeremiam prophetam, et misit eum in nervum, quod erat in porta Benjamin superiori, in domo Domini.*

3 *Cumque illuxisset in crastinum, eduxit Phassur Jeremiam de nervo; et dixit ad eum Jeremias: Non Phassur vocavit Dominus nomen tuum, sed pavorem undique.*

4 *Quia hæc dicit Dominus: Ecce ego dabo te in pavorem, te et omnes amicos tuos: et corruent gladio inimicorum suorum, et oculi tui videbunt: et omnem Judam dabo in manum regis Babylonis: et traducet eos in Babylonem, et percutiet eos in gladio.*

5 *Et dabo universam substantiam civitatis hujus, et omnem laborem ejus, omneque pretium, et cunctos thesauros regum Juda dabo in manu inimicorum eorum; et diripient eos, et tollent, et ducent in Babylonem.*

6 *Tu autem Phassur, et omnes habitatores domus tuæ, ibitis in captivitatem; et in Babylonem venies, et ibi morieris, ibique sepelieris tu et omnes amici tui, quibus prophetasti mendacium.*

7 *Seduxisti me, Domine, et seductus*

1 Y Phassur, hijo *ó descendiente* del sacerdote Emmer [1], y que era uno de los prefectos de la Casa del Señor, oyó á Jeremías que profetizaba tales cosas.

2 É irritado Phassur hirió al profeta Jeremías, y le puso en el cepo [2], que estaba en la puerta superior de Benjamin [3], en la Casa del Señor.

3 Al amanecer del siguiente dia, sacó Phassur del cepo á Jeremías: el cual le dijo: El Señor no te llama *ya* Phassur [4]; sino el Espantado por todas partes [5].

4 Porque esto dice el Señor: Sábete que yo te llenaré de espanto á tí y á todos tus amigos: los cuales perecerán al filo de la espada de sus enemigos, y es cosa que la verás con tus ojos; y entregaré á todo Judá en poder del Rey de Babylonia; quien trasladará sus habitantes á Babylonia, y *á muchos* los pasará á cuchillo.

5 Y todas las riquezas de esta ciudad, y todas sus labores, y cuanto haya de precioso, y los tesoros todos de los Reyes de Judá los entregaré en manos de sus enemigos; los cuales los robarán, y cargarán con ellos, y los conducirán á Babylonia.

6 Mas tú, oh Phassur, y todos los moradores de tu casa ireis cautivos; y tú irás á Babylonia, y allí morirás, y allí serás enterrado tú, y todos tus amigos á quienes profetizaste mentiras.

7 ¡Oh Señor [6]! tú me deslumbraste,

---

1 *Cap. XXI. v.* 1.—*I. Paral. IX. v.* 12.—*XXIV. v.* 14. Véase c. *XXIX. ver.* 25.

2 Ó calabozo. Asi la traduccion de *Ferrara.*

3 Puerta de la ciudad contigua al Templo. *Cap. XXXVII. v.* 12.

4 Esto es פשחור *el que espanta con su vista.*

5 Te llama מגור מסביב *Magur-missabib;* que S. Gerónimo traduce: El que está lleno

de un *espanto universal.*

6 Asi exclamó Jeremías á impulsos de la debilidad de su naturaleza. *Job X.*—*II. Cor. I. v.* 8. Dios habia prometido á Jeremías que sus enemigos *no le vencerian.* (Cap. I. v. 19.) ó que no le harian desistir de su ministerio ó predicacion; pero no le prometió que no tendria que sufrir de ellos.

sum: fortior me fuisti, et invaluisti: factus sum in derisum tota die, omnes subsannant me.

8 *Quia jam olim loquor, vociferans iniquitatem, et vastitatem clamito: et factus est mihi sermo Domini in opprobrium, et in derisum tota die.*

9 *Et dixi: Non recordabor ejus, neque loquar ultrà in nomine illius; et factus est in corde meo quasi ignis exæstuans, claususque in ossibus meis: et defeci, ferre non sustinens.*

10 *Audivi enim contumelias multorum, et terrorem in circuitu: Persequimini, et persequamur eum: ab omnibus viris, qui erant pacifici mei, et custodientes latus meum: si quomodo decipiatur, et prævaleamus adversus eum, et consequamur ultionem ex eo.*

11 *Dominus autem mecum est quasi bellator fortis: idcirco qui persequuntur me, cadent, et infirmi erunt: confundentur vehementer, quia non intellexerunt, opprobrium sempiternum, quod numquam delebitur.*

12 *Et tu, Domine exercituum, probator justi, qui vides renes et cor: videam, quæso, ultionem tuam ex eis: tibi enim revelavi causam meam.*

13 *Cantate Domino, laudate Dominum; quia liberavit animam pauperis de manu malorum.*

al encargarme este penoso ministerio; y yo quedé deslumbrado: *yo ya me resistia; pero tú fuiste mas fuerte que yo, y te saliste con la tuya*: yo soy todo el dia objeto de irrision, todos hacen mofa de mí;

8 porque ya tiempo hace que estoy clamando contra la iniquidad, y anunciando á voz en grito la devastacion: y la palabra del Señor no me acarrea mas que continuos oprobios y escarnios. [1].

9 Y asi dije *para conmigo*: No volveré mas á hacer mencion de ella, y no hablaré mas en nombre del Señor. Pero luego sentí en mi corazon como un fuego abrasador, encerrado dentro de mis huesos, y desfallecí, no teniendo fuerzas para aguantarle.

10 El hecho es que oí las maldiciones de muchos, y el terror se apoderó de mi por todos lados: Perseguidle, y persigámosle, *oí que decian* todos aquellos *mismos* que vivian en paz conmigo, y estaban á mi lado: observemos si comete alguna falta; que en tal caso prevalecerémos contra él, y tomarémos de él venganza.

11 Pero el Señor, cual esforzado campeon, está conmigo: por eso caerán y quedarán sin fuerzas aquellos que me persiguen; quedarán sumamente avergonzados por no haber logrado su intento, con un oprobio sempiterno, que jamas se borrará.

12 Y tú, oh Señor de los ejércitos, que haces prueba del justo, tú que disciernes los afectos interiores del corazon, haz que yo te vea tomar de ellos una *justa* venganza [2]; porque á ti tengo encomendada mi causa.

13 Cantad himnos al Señor, alabad al Señor: porque él *es el* que ha librado el alma del pobre de las garras de los malvados; *del pobre, que, como fuera de sí, decia*:

---

1 Para los que aman á Dios es gran pena tener que ver ó saber la mala vida de los pecadores; y si esta no les causa pena, es señal de muy poca ó ninguna caridad. Porque cuanto mas se aleja el justo del pecado, tanto mayor tormento le causa el del prójimo; y cuanto mas procura adquirir la virtud ó piedad, y seguir el Evangelio, tanto mayor será la persecucion que le moverán los mundanos, especialmente los que aparentan zelo de la Religion: como hacian los phariseos con Jesu-Christo: ó aquellos de quienes decia este Señor, que mirarian como un obsequio á Dios el matar á sus Apóstoles. *Joann. XVI. ver.* 2.

2 Antes *cap. XI. v.* 20. *XVII. v.* 10. Véase *Profeta.*

14 *Maledicta dies, in qua natus sum: dies in qua peperit me mater mea, non sit benedicta.*

15 *Maledictus vir, qui annuntiavit patri meo, dicens: Natus est tibi puer masculus; et quasi gaudio lætificavit eum.*

16 *Sit homo ille ut sunt civitates, quas subvertit Dominus, et non pœnituit eum: audiat clamorem manè, et ululatum in tempore meridiano:*

17 *qui non me interfecit à vulva, ut fieret mihi mater mea sepulchrum, et vulva ejus conceptus æternus.*

18 *Quare de vulva egressus sum, ut viderem laborem et dolorem, et consumerentur in confusione dies mei?*

14 Maldito el dia en que nací [1]: no sea bendito el dia en que mi madre me parió.

15 Maldito aquel hombre que dió la nueva á mi padre, diciéndole: Te ha nacido un hijo varon; como quien pensó colmarle de gozo.

16 Sea el tal hombre como están las ciudades que asoló el Señor sin tener de ellas compasion: oiga gritos por la mañana y aullidos al mediodia.

17 ¡Que no me hiciera morir *Dios* en el seno materno [2], de modo que la madre mia fuese mi sepulcro, y fuese eterna su preñez!

18 ¿Para qué salí del seno materno á padecer trabajos y dolores, y á que se consumiesen mis dias en *continua* afrenta?

CAPÍTULO XXI.

Respuesta de Jeremías á la pregunta de Sedecías sobre la suerte de Jerusalem sitiada. Solamente se salvarán aquellos que se sujeten á los enemigos.

1 *Verbum, quod factum est ad Jeremiam à Domino, quando misit ad eum rex Sedecias Phassur filium Melchiæ, et Sophoniam filium Maasiæ sacerdotem, dicens:*

2 *Interroga pro nobis Dominum, quia Nabuchodonosor rex Babylonis prœliatur adversum nos: si fortè faciat Dominus nobiscum secundùm omnia mirabilia sua, et recedat à nobis.*

3 *Et dixit Jeremias ad eos: Sic dicetis Sedeciæ:*

4 *Hæc dicit Dominus Deus Israel: Ecce ego convertam vasa belli, quæ in*

1 He aquí lo que respondió el Señor á Jeremías cuando el rey Sedecías [3] le envió á decir por Phassur, hijo de Melchías, y por el sacerdote Sophonías, hijo de Maasías, *lo siguiente:*

2 Consulta por nosotros al Señor [4]; pues Nabuchôdonosor Rey de Babylonia nos ataca con su ejército: *y sepas* si el Señor por ventura está en obrar á favor nuestro alguno de sus muchos prodigios; que obligue á aquel á retirarse de nosotros.

3 Y Jeremías [5] les respondió: Así direis á Sedecías:

4 Esto dice el Señor, el Dios de Israel: Sabed que yo haré volver *en da-*

---

1 *Job III. v. 3.*

2 El *qui* de la Vulgata está en lugar de *quia*, y asi traducen los *Setenta.* Véase *Job X. v. 18.* Todo este discurso del Profeta es una hipérbole para expresar la grandeza de su dolor.

3 Al juntar en un volúmen estas profecías no parece que se siguió siempre el órden chronológico. Lo que se refiere en este capítulo pertenece al segundo año del sitio de Jerusalem,

reinando Sedecías; y así su propio lugar es despues del capítulo XXXVII. Sophonías tenia el segundo lugar entre los sacerdotes despues del Pontífice. *IV. Reg. XXV. v. 18.*

4 Antes *cap. XV. v. 19.* En este lance se vió cumplido lo que el Señor habia prometido á Jeremías, esto es, que la necesidad los obligaria á pedir é implorar su favor.

5 Despues de haber consultado al Señor.

manibus vestris sunt, et quibus vos pugnatis adversum regem Babylonis, et Chaldæos, qui obsident vos in circuitu murorum; et congregabo ea in medio civitatis hujus.

5 Et debellabo ego vos in manu extenta, et in brachio forti, et in furore, et in indignatione, et in ira grandi.

6 Et percutiam habitatores civitatis hujus, homines et bestiæ pestillentiâ magnâ morientur.

7 Et post hæc, ait Dominus, dabo Sedeciam regem Juda, et servos ejus, et populum ejus, et qui derelicti sunt in civitate hac à peste, et gladio, et fame, in manu Nabuchodonosor regis Babylonis, et in manu inimicorum eorum, et in manu quærentium animam eorum, et percutiet eos in ore gladii, et non flectetur, neque parcet, nec miserebitur.

8 Et ad populum hunc dices: Hæc dicit Dominus: Ecce ego do coram vobis viam vitæ, et viam mortis.

9 Qui habitaverit in urbe hac, morietur gladio, et fame, et peste; qui autem egressus fuerit, et transfugerit ad Chaldæos, qui obsident vos, vivet, et erit ei anima sua, quasi spolium.

10 Posui enim faciem meam super civitatem hanc in malum, et non in bonum, ait Dominus; in manu regis Babylonis dabitur, et exuret eam igni.

11 Et domui regis Juda; Audite verbum Domini,

12 domus David, hæc dicit Dominus: Judicate manè judicium, et eruite vi oppressum de manu calumniantis: ne

ño vuestro las armas que teneis en vuestras manos, y con que peleais contra el Rey de Babylonia y los châldeos que os tienen sitiados rodeando vuestros muros, y las amontonaré *todas* en medio de la ciudad.

5 Y yo mismo pelearé contra vosotros y os derrotaré extendiendo mi mano, y el fuerte brazo mio, con furor é indignacion y enojo grande [1].

6 Porque descargaré el azote sobre los vecinos de esta ciudad: hombres y bestias morirán de horrible pestilencia.

7 Y tras esto, dice el Señor, yo entregaré á Sedecias, Rey de Judá, y á sus servidores, y á su pueblo, y á los que habrán quedado en la ciudad salvos de la peste, y de la espada, y de la hambre, los entregaré, digo, en poder del Rey de Babylonia Nabuchôdonosor, y en poder de sus enemigos, y en poder de los que buscan como matarlos, y serán pasados á cuchillo, y no se aplacará, ni perdonará, ni tendrá compasion.

8 Tambien dirás á ese pueblo: Esto dice el Señor: He aquí que yo os pongo delante el camino de la vida, y el camino de la muerte.

9 El que se quede en esta ciudad, perecerá al filo de la espada, ó de hambre, ó de peste [2]; mas aquel que salga y se entregue á los châldeos, que os tienen sitiados, salvará la vida, y reputará esto por una ganancia.

10 Por cuanto yo tengo fijados los ojos sobre esta ciudad, dice el Señor, no para hacerle bien sino mal: Yo la entregaré en poder del Rey de Babylonia, el cual la entregará á las llamas.

11 Dirás tambien á la casa del Rey de Judá: Oid la palabra del Señor,

12 oh vosotros de la casa de David [3]; esto dice el Señor: Administrad presto la justicia, y á los oprimidos por la

---

1 No es resistir á la voluntad divina el usar de todos los medios licitos para precavernos de las calamidades que Dios envia, y con las cuales, al paso que purifica mas á los justos, castiga nuestros pecados. Pero si nos constase ser voluntad de Dios, y decreto suyo el que nos entregáramos en manos de los enemigos, como aquí lo declaró Jeremias al Rey, seria

temeridad el resistir. Asi nuestro Divino Maestro Jesu-Christo se entregó en manos de los suyos, sabiendo que esta era la voluntad de su Eterno Padre. S. *Atanasio en la apologia de su huida.*

2 Despues *cap.* XXXVIII. v. 2.

3 Despues *cap.* XXII. v. 3.

forté egrediatur ut ignis indignatio mea, et succendatur, et non sit qui extinguat propter malitiam studiorum vestrorum.

13 *Ecce ego ad te habitatricem vallis solidæ atque campestris, ait Dominus, qui dicitis: Quis percutiet nos? Et quis ingredietur domos nostras?*

14 *Et visitabo super vos juxta fructum studiorum vestrorum, dicit Dominus: et succendam ignem in saltu ejus; et devorabit omnia in circuitu ejus.*

prepotencia libradlos del poder del opresor: no sea que prenda en vosotros como fuego mi enojo, y encendido que sea ; no haya quien pueda apagarle, por causa de la malignidad de vuestras inclinaciones ó *mala conducta vuestra.*

13 Heme aquí, *oh Jerusalem:* contra tí vengo, oh habitadora del valle fortalecido y campestre [1], dice el Señor; *contra vosotros* que decís: ¿Quién sera capaz de asaltarnos y de apoderarse de nuestras casas?

14 Yo os castigaré por el fruto que han dado vuestras *perversas* inclinaciones, dice el Señor: y yo pegaré fuego á sus *profanos* bosques [2] el cual devorará todos sus alrededores.

CAPÍTULO XXII.

Terrible profecia de Jeremias contra el Rey de Judá y su familia.

1 *Hæc dicit Dominus: Descende in domum regis Juda, et loquèris ibi verbum hoc,*

2 *et dices: Audi verbum Domini rex Juda, qui sedes super solium David; tu et servi tui, et populus tuus, qui ingredimini per portas istas.*

3 *Hæc dicit Dominus: Facite judicium et justitiam, et liberate vi oppressum de manu calumniatoris; et advenam, et pupillum, et viduam nolite contristare, neque opprimatis iniquè; et sanguinem innocentem ne effundatis in loco isto.*

4 *Si enim facientes feceritis verbum istud : ingredientur per portas domus hujus, reges sedentes de genere David super thronum ejus, et ascendentes currus et equos, ipsi, et servi, et populus eorum.*

5 *Quòd si non audieritis verba hæc: in memetipso juravi, dicit Dominus, quia in solitudinem erit domus hæc.*

1 Esto dice el Señor: Anda, ve á la casa del Rey de Judá, y le hablarás allí en estos términos:

2 y dirás: Escucha, oh Rey de Judá, la palabra del Señor, tú que te sientas sobre el trono de David, tú y los de tu servidumbre, y tu pueblo que entrais por estas puertas.

3 Esto dice el Señor: Juzgad con rectitud y justicia [3], y librad de las manos del calumniador á los oprimidos por la violencia, y no afligiais ni oprimais inicuamente al forastero, ni al huérfano, ni á la viuda, y no derrameis sangre inocente en este lugar.

4 Porque si realmente os portáreis así como os digo, seguirán ocupando el solio de David los Reyes sus descendientes, y montados en carrozas y caballos, entrarán *y saldrán* por las puertas de esta casa con sus servidores ó *cortesanos,* y su pueblo.

5 Pero si vosotros desobedeciéreis estas palabras, juro por mí mismo, dice el Señor, que esta casa ó *palacio* quedará reducido á una soledad.

---

1 Jerusalem estaba situada en un monte, dividido en varias colinas; y por eso la ciudad se hallaba en una posicion muy buena para defenderse. Véase *Jerusalem.*

2 Tal vez alude á las casas de Jerusalem, muchas de las cuales eran de madera del Líbano.
3 Antes *cap. XXI. v.* 12.

6 *Quia hæc dicit Dominus super domum regis Juda: Galaad tu mihi caput Libani: si non posuero te solitudinem, urbes inhabitabiles.*

7 *Et sanctificabo super te interficientem virum, et arma ejus; et succident electas cedros tuas, et præcipitabunt in ignem.*

8 *Et pertransibunt gentes multæ per civitatem hanc; et dicet unusquisque proximo suo: Quare fecit Dominus sic civitati huic grandi?*

9 *Et respondebunt: Eò quòd dereliquerint pactum Domini Dei sui, et adoraverint deos alienos, et servierint eis.*

10 *Nolite flere mortuum, neque lugeatis super eum fletu; plangite eum qui egreditur, quia non revertetur ultrà, nec videbit terram nativitatis suæ.*

11 *Quia hæc dicit Dominus ad Sellum filium Josiæ regem Juda, qui regnavit pro Josia patre suo, qui egressus est de loco isto: Non revertetur huc ampliùs;*

12 *sed in loco, ad quem transtuli eum, ibi morietur, et terram istam non videbit ampliùs.*

13 *Væ qui ædificat domum suam in injustitia, et cænacula sua non in judicio: amicum suum opprimet frustrà, et mercedem ejus non reddet ei.*

14 *Qui dicit: Ædificabo mihi domum latam, et cænacula spatiosa: qui aperit sibi fenestras, et facit laquearia cedrina, pingitque sinopide.*

6 Porque he aquí lo que dice el Señor contra la casa del Rey de Judá: Oh casa ilustre y rica, como Galaad [1], tú que eres para mí *como* la cumbre del Líbano [2], júrote que te reduciré á una soledad, como las ciudades inhabitables de *Pentápolis*;

7 y destinaré [3] contra tí al matador de hombres [4], y á sus armas ó *tropas*: y cortarán tus cedros escogidos, y los arrojarán al fuego.

8 Y atravesará mucha gente por esta ciudad, y dirá cada uno á su compañero [5]: ¿Por qué motivo trató así el Señor á esta gran ciudad?

9 Y se le responderá: Porque abandonaron la alianza del Señor Dios suyo, y adoraron y sirvieron á los dioses agenos.

10 ¡Ah! no lloreis al difunto *rey Josías*, ni hagais por él el duelo: llorad sí por el que se vá, *por Joachâz*; que no volverá ya *del cautiverio*, ni verá mas la tierra de su nacimiento [6]:

11 por lo cual esto dice el Señor acerca de Sellum (ó *Joachâz*) hijo de Josías, Rey de Judá, que succedió en el reino á su padre Josías, y salió de este lugar: No ha de volver mas acá,

12 sino que morirá en el lugar á donde le trasladé, ni verá ya mas esta tierra.

13 ¡Ay de aquel que fabrica su casa sobre la injusticia, y sus salones sobre la iniquidad, forzando á su prójimo *á que trabaje de balde* [7], y no le paga su jornal!

14 Aquel que va diciendo: Yo me edificaré un suntuoso palacio, y espaciosos salones: que ensancha sus ventanas y hace artesonados de cedro, pintándolos de bermellon.

---

1 Segun S. Gerónimo quiere decir: Oh casa Real de Judá, que por tu grandeza y situacion elevada eres la cabeza de Jerusalem, como Galaad es lo mas delicioso y grande del monte Líbano. El país de Galaad era muy abundante y fértil, y el *Líbano* á veces se pone para significar por antonomasia un país delicioso y fértil. *Ps. LXXI. v.* 16.—*Cantic. IV. v.* 14.—*Gen. XXXVII. v.* 25.

2 Ó la que descuella sobre todo.

3 Esta es la significacion de *santificar* aquí

y en otros parages de la Escritura. Véase *Santo. Nabuchôdonosor y su ejército se llaman santos, porque ejecutan la sentencia de Dios,* dice San Gerónimo.

4 Esto es, á Nabuchôdonosor.

5 *Deut. XXIX. ver.* 24. — *III. Reg. IX. ver.* 8.

6 *IV. Reg. XXIII. v.* 33. 34. — *I. Paral. III. ver.* 16.

7 *Lev. XIX. v.* 13.

15 Nunquid regnabis, quoniam confers te cedro? pater tuus nunquid non comedit et bibit, et fecit judicium et justitiam, tunc cùm bene erat ei?

16 Judicavit causam pauperis et egeni in bonum suum: nunquid non ideo quia cognovit me, dicit Dominus?

17 Tui verò oculi et cor ad avaritiam, et ad sanguinem innocentem fundendum, et ad calumniam, et ad cursum mali operis.

18 Proptereà hæc dicit Dominus ad Joakim filium Josiæ regem Juda: Non plangent eum: Væ frater, et væ soror: non concrepabunt ei: Væ Domine, et væ inclyte.

19 Sepulturâ asini sepelietur, putrefactus et projectus extra portas Jerusalem.

20 Ascende Libanum, et clama: et in Basan da vocem tuam, et clama ad transeuntes, quia contriti sunt omnes amatores tui.

21 Locutus sum ad te in abundantia tua; et dixisti: Non audiam: hæc est via tua ab adolescentia tua, quia non audisti vocem meam.

22 Omnes pastores tuos pascet ventus, et amatores tui in captivitatem ibunt; et tunc confunderis, et erubesces ab omni malitia tua.

23 Quæ sedes in Libano, et nidificas in cedris, quomodo congemuisti, cùm venissent tibi dolores, quasi dolores parturientis?

24 Vivo ego, dicit Dominus: quia si

15 ¿Piensas tú, oh rey Joakim, que reinarás mucho tiempo, pues que te comparas con el cedro? ¿Por ventura tu padre, el piadoso Josías, no comió y bebió, y fué feliz gobernando con rectitud y justicia?

16 Defendia la causa del pobre y del desvalido, y así trabajaba para su propio bien, ¿y la razon de esto no fué porque siempre me reconoció á mí, dice el Señor?

17 Pero tus ojos y tu corazon no buscan sino la avaricia y el derramar sangre inocente, y el columniar y correr tras de la maldad.

18 Por tanto esto dice el Señor de Joakim hijo de Josías y Rey de Judá: No le endecharán los de su casa con aquellos lamentos: ¡Ay hermano mio! ¡ay hermana mia! ni los extraños gritarán: ¡Ah Señor! ¡ah ínclito Rey!

19 Sepultado será como lo es el asno, esto es, será arrojado fuera de las puertas de Jerusalem para que allí se pudra [1].

20 Ya puedes subir tú, obstinado pueblo [2], sube al Líbano y da gritos, y desde el monte Basan levanta tu voz, y clama por socorro á los que pasen; porque todos tus amigos han sido anonadados.

21 Yo te prediqué en medio de tu prosperidad, y tú dijiste: No quiero escuchar: esta es tu conducta desde tu mocedad, el hacerte sordo á mis palabras.

22 Del viento [3] se alimentarán todos tus pastores [4], y cautivos serán llevados todos tus amigos ó favorecedores. Confuso quedarás entonces, oh pueblo orgulloso, y tú mismo te avergonzarás de todos tus vicios.

23 Oh tú que [5] pones tu asiento sobre el Líbano, y anidas en sus altos cedros; ¡cuáles serán tus ayes cuando te acometan dolores semejantes á los de muger que está de parto!

24 Juro yo, dice el Señor, que aun-

---

1 Véase cap. XXXVI. v. 3o. Aunque Nabuchôdonosor le mandó llevar cargado de cadenas á Babylonia (II. Paral. XXXVI. v. 6.); pero despues le mandó matar, porque Joakim faltó á lo que habia jurado, y su cadáver fué arrojado al campo.

2 Por el verbo hebreo que aquí tiene la terminacion femenina, se ve claramente que habla á Jerusalem, ó á la nacion judáica, con una especie de ironia ó sarcasmo.

3 Ó de vanas esperanzas.

4 Esto es, tus príncipes y sacerdotes.

5 Cual águila que se remonta.

fuerit Jechonias filius Joakim regis Juda, annulus in manu dextera mea, inde evellam eum.

25 Et dabo te in manu quærentium animam tuam, et in manu quorum tu formidas faciem, et in manu Nabuchodonosor regis Babylonis, et in manu Chaldæorum.

26 Et mittam te, et matrem tuam quæ genuit te, in terram alienam, in qua nati non estis, ibique moriemini:

27 et in terram, ad quam ipsi levant animam suam ut revertantur illuc, non revertentur.

28 Nunquid vas fictile atque contritum vir iste Jechonias? nunquid vas absque omni voluptate? quare abjecti sunt ipse et semen ejus, et projecti in terram, quam ignoraverunt?

29 Terra, terra, terra, audi sermonem Domini.

30 Hæc dicit Dominus: Scribe virum istum sterilem, virum qui in diebus suis non prosperabitur: nec enim erit de semine ejus vir qui sedeat super solium David, et potestatem habeat ultrà in Juda.

que Jechonías, hijo de Joakim, Rey de Judá, fuese tan interesante para mí como el sello ó anillo de mi mano derecha, me le arrancaría del dedo [1].

25 Yo te entregaré, oh príncipe impío, en poder de los que buscan como matarte, y de aquellos cuyo rostro te hace temblar; en poder de Nabuchôdonosor Rey de Babylonia, y en poder de los chaldeos.

26 Y á tí y á tu madre que te parió [2] os enviaré á un pais extraño, en que no nacisteis, y allí morireis.

27 Y á la Judea, esta tierra á la cual su alma anhela volver, no volverán jamás.

28 ¡Oh Señor! ¿es quizá ese hombre Jechonías alguna vasija de barro quebrada? ¿Es algun mueble inútil que nadie lo quiere? ¿Por qué motivo han sido abatidos él y su linage, y arrojados á un pais desconocido de ellos [3]?

29 ¡Tierra, tierra! oye, oh tierra, la palabra del Señor, y escarmienta.

30 He aquí lo que me dice el Señor: Escribe que ese hombre [4] será estéril en sus cosas [5]; que nada le saldrá bien de lo que emprenda durante su vida: pues que no quedará de su linage varon alguno que se siente sobre el trono de David, y que tenga jamás en adelante poder ninguno en Judá.

CAPÍTULO XXIII.

Predice Jeremías que en lugar de los malos pastores del pueblo de Israel, enviará el Señor al BUEN PASTOR, quien con sus mayorales formará un nuevo y dichosísimo rebaño; y anuncia la ignominia eterna con que serán castigados los falsos profetas.

1 Væ pastoribus, qui disperdunt et dilacerant gregem pascuæ meæ, dicit Dominus.

2 Ideo hæc dicit Dominus Deus Is-

1 ¡Ay de los pastores que arruinan y despedazan el rebaño de mi dehesa! dice el Señor.

2 Por tanto he aquí lo que dice el Se-

---

1 Por causa de su impiedad. Véase Anillo.

2 Llamábase Nohesta. IV. Reg. XXIV. ver. 8. 15.

3 ¡Ah! su impiedad ha sido la causa de su ruina.

4 Ese impío Jechonías.

5 Jechonías tuvo varios hijos; y de él descen-

dia Salathiel, padre de Zorobabel. I. Paral. III. v. 17.—Matth. I. v. 12.; pero ninguno fué Rey, ó se sentó en el trono de David. Los Setenta en lugar de estéril, dicen que no creció: y Teodocion, que fué un hombre desechado de Dios.

rael *ad pastores, qui pascunt populum meum: Vos dispersistis gregem meum, et ejecistis eos, et non visitastis eos: ecce ego visitabo super vos malitiam studiorum vestrorum, ait Dominus.*

3 *Et ego congregabo reliquias gregis mei de omnibus terris, ad quas ejecero eos illuc; et convertam eos ad rura sua; et crescent et multiplicabuntur.*

4 *Et suscitabo super eos pastores, et pascent eos: non formidabunt ultrà, et non pavebunt, et nullus quæretur ex numero, dicit Dominus.*

5 *Ecce dies veniunt, dicit Dominus; et suscitabo David germen justum; et regnabit rex, et sapiens erit; et faciet judicium et justitiam in terra.*

6 *In diebus illis salvabitur Juda, et Israel habitabit confidenter; et hoc est nomen, quod vocabunt eum, Dominus justus noster.*

7 *Propter hoc ecce dies veniunt, dicit Dominus; et non dicent ultrà: Vivit Dominus, qui eduxit filios Israel de terra Ægypti;*

8 *sed: Vivit Dominus, qui eduxit et adduxit semen domus Israel de terra Aquilonis, et de cunctis terris ad quas ejeceram eos illuc; et habitabunt in terra sua.*

9 *Ad prophetas: Contritum est cor meum in medio mei, contremuerunt*

ñor Dios de Israel á los pastores que apacientan mi pueblo [1]: Vosotros habeis desparramado mi grey, y la habeis arrojado fuera, y no la habeis visitado: pues he aquí que yo vendré á castigaros á vosotros por causa de la malignidad de vuestras inclinaciones, dice el Señor.

3 Y yo reuniré las ovejas, que quedaron de mi rebaño, de todas las tierras á donde las hubiere echado, y las volveré á sus propias tierras; y crecerán; y se multiplicarán.

4 Y crearé para ellas unos pastores que las apacentarán con pastos saludables: no tendrán ya miedo ni pavor alguno, y no faltará ninguna de ellas en el redil, dice el Señor [2].

5 Mirad que viene el tiempo, dice el Señor, en que yo haré nacer de David un vástago, *un Descendiente* justo, el cual reinará como Rey [3], y será sabio, y gobernará la tierra con rectitud y justicia.

6 En aquellos dias suyos, Judá será salvo, é Israel vivirá tranquilamente; y el nombre con que será llamado aquel *Rey*, es el de *Justo Señor ó Dios* nuestro [4].

7 Por eso vendrá tiempo, dice el Señor, en que ya no dirán: Vive el Señor, que sacó á los hijos de Israel de la tierra de Egypto [5];

8 sino: Vive el Señor que ha sacado y traido el linage de la casa de Israel del pais del Norte, y de todas las regiones á donde los había yo arrojado; y habitarán en su propia tierra [6].

9 En órden á los *falsos* profetas, mi corazon, *dijo Jeremías*, se despedaza

---

1 Parece que habla aquí el Profeta de los sacerdotes. Destruyen el rebaño de Christo los pastores que le enseñan el error y el vicio: le despedazan los que siembran en él la division ó el cisma: le ahuyentan los que injustamente le separan de la Iglesia; y no le visitan los que por atender á los negocios del siglo se descuidan de apacentarle con la doctrina y el buen ejemplo. *Chrys.*

2 Hermosa profecía de Jesu-Christo, Supremo Pastor de las almas; y de los Apóstoles y sus sucesores. Véase *Joann. XVIII. v.* 9.

3 Despues *cap. XXXIII.* 15. — *Is. IV.*

ver. 2. *XL. ver.* 11. *XLV. v.* 8. — *Ezech. XXXIV. v.* 23. — *Dan. XXIV. v.* 24. — *Joann. I. ver.* 45.

4 Ó tambien: *El Señor es nuestro Justo*, ó *Justificador.* Israel vivirá en suma paz bajo el dominio de este Rey que se llamará el *Príncipe de la Paz. Is. IX. v.* 6. Las palabras *Dominus justus noster* que Martini y otros traducen *justo Dios nuestro*, pueden traducirse justo Señor ó Dios nuestro, pues en el hebreo se lee la palabra יְהוָֹה *Jehová.*

5 *Deut. XXXIII. v.* 28.

6 Antes *cap. XVI. ver.* 14., 15.

omnia ossa mea: factus sum quasi vir ebrius, et quasi homo madidus à vino, à facie Domini, et à facie verborum sanctorum ejus.

10 *Quia adulteris repleta est terra, quia à facie maledictionis luxit terra, arefacta sunt arva deserti: factus est cursus eorum malus, et fortitudo eorum dissimilis.*

11 *Propheta namque et sacerdos polluti sunt; et in domo mea invèni malum eorum, ait Dominus.*

12 *Idcirco via eorum erit quasi lubricum in tenebris: impellentur enim, et corruent in ea: afferam enim super eos mala, annum visitationis eorum, ait Dominus.*

13 *Et in prophetis Samariæ vidi fatuitatem: prophetabant in Baal, et decipiebant populum meum Israel.*

14 *Et in prophetis Jerusalem vidi similitudinem adulterantium, et iter mendacii; et confortaverunt manus pessimorum, ut non converteretur unusquisque à malitia sua: facti sunt mihi omnes ut Sodoma, et habitatores ejus quasi Gomorrha.*

15 *Proptereà hæc dicit Dominus exercituum ad prophetas: Ecce ego cibabo eos absinthio, et potabo eos felle: à prophetis enim Jerusalem egressa est pollutio super omnem terram.*

16 *Hæc dicit Dominus exercituum: Nolite audire verba prophetarum, qui prophetant vobis, et decipiunt vos: visionem cordis sui loquuntur, non de ore Domini.*

en medio de mi pecho: desencajados tengo todos mis huesos; me hallo como un ébrio, como un hombre tomado del vino, al considerar el *enojo del Señor*, y á vista de sus santas palabras [1].

10 Porque la tierra está llena de adúlteros [2], y llorando á causa de las blasfemias; secáronse las campiñas del desierto: su carrera de ellos se dirige siempre al mal, y su valentía es para cometer injusticias:

11 porque así el profeta como el sacerdote se han hecho inmundos [3], y dentro de mi casa ó *templo, allí* he encontrado su malicia [4], dice el Señor.

12 Por eso el camino de ellos será como un *continuo* resbaladero entre tinieblas: en él serán rempujados, y caerán; pues yo descargaré desastres sobre ellos en el tiempo en que sean residenciados, dice el Señor.

13 Así como en los profetas de Samaria ví la insensatez *de que* profetizaban en nombre de Baal, y embaucaban á mi pueblo de Israel;

14 así á los profetas de Jerusalem los ví imitar á los adúlteros [5], é ir en pos de la mentira, y que infundian orgullo á la turba de los malvados, para que cada uno de ellos dejase de convertirse de su maldad: todos han venido á ser *abominables* á mis ojos como Sodoma; como los de Gomorrba, tales *son* sus habitantes.

15 Por tanto esto dice el Señor de los ejércitos á los profetas: He aquí que yo les daré á comer agenjos, y hiel para beber [6]: ya que de los profetas de Jerusalem se ha difundido la corrupcion *é hipocresía* por toda la tierra.

16 *Moradores de Jerusalem*, he aquí lo que *os* dice el Señor de los ejércitos: No querais escuchar las palabras de los profetas que os profetizan *cosas lisonjeras*, y os embaucan [7]: ellos os cuentan las visiones ó *sueños* de su corazon, no lo que ha dicho el Señor.

---

1 Tan despreciadas de su pueblo.
2 Ó idólatras. Véase *Fornicacion*.
3 Ó hypócritas. En hebreo חנפו *janaphu*, hypócritas.
4 *Cap. VII. v.* 30. *XI. v.* 15. — *IV. Reg. XXIII. v.* 4. *sig.*

5 Ó idólatras de Samaria.
6 *Cap. IX. v.* 15.
7 Anunciándoos felicidades en medio de vuestros vicios. *Cap. XXVII. ver.* 9. *XXIX. ver.* 8.

17 *Dicunt his qui blasphemant me:
Locutus est Dominus: Pax erit vobis;
et omni qui ambulat in pravitate cordis sui, dixerunt: Non veniet super
vos malum.*

18 *Quis enim affuit in consilio Domini, et vidit et audivit sermonem ejus?
quis consideravit verbum illius et audivit?*

19 *Ecce turbo Dominicæ indignationis egredietur, et tempestas erumpens
super caput impiorum veniet.*

20 *Non revertetur furor Domini u-
sque dum faciat, et usque dum compleat cogitationem cordis sui: in novissimis diebus intelligetis consilium ejus.*

21 *Non mittebam prophetas, et ipsi
currebant: non loquebar ad eos, et ipsi
prophetabant.*

22 *Si stetissent in consilio meo, et
nota fecissent verba mea populo meo,
avertissem utique eos à via sua mala,
et à cogitationibus suis pessimis.*

23 *Putasne Deus è vicino ego sum,
dicit Dominus? et non Deus de longe?*

24 *Si occultabitur vir in absconditis,
et ego non videbo eum, dicit Dominus?
nunquid non cælum et terram ego im-
pleo, dicit Dominus?*

25 *Audivi quæ dixerunt prophetæ,
prophetantes in nomine meo mendacium, atque dicentes: Somniavi, somniavi.*

26 *Usquequò istud est in corde prophetarum vaticinantium mendacium, et
prophetantium seductiones cordis sui?*

27 *Qui volunt facere ut obliviscatur
populus meus nominis mei propter somnia eorum, quæ narrat unusquisque
ad proximum suum, sicut obliti sunt
patres eorum nominis mei propter Baal.*

28 *Propheta qui habet somnium, nar-*

17 Dicen á aquellos que blasfeman de
mí: El Señor lo ha dicho: Tendreis paz.
Y á todos los que siguen la perversidad
de su corazon les han dicho: No vendrá
sobre vosotros ningun desastre.

18 Pero ¿quién *de ellos* asistió al consejo del Señor, y vió y oyó lo que dijo
ó *decretó?* ¿quién penetró su resolucion
y la comprendió?

19 He aquí que se levantará el torbellino de la indignacion Divina, y la
tempestad, rompiendo la nube, descargará sobre la cabeza de los impíos.

20 No cesará la saña del Señor, hasta tanto que se haya ejecutado y cumplido el decreto de su voluntad: en los
últimos dias es cuando conoceréis su
designio *sobre vosotros.*

21 Yo no enviaba esos profetas *falsos;*
ellos de suyo corrian *por todas partes:*
no hablaba yo con ellos; sino que ellos
profetizaban *lo que querian.*

22 Si hubiesen asistido á mi consejo,
y anunciado mis palabras al pueblo
mio, yo ciertamente los hubiera desviado de su mala vida, y de sus pésimas inclinaciones.

23 ¿Acaso piensas tú, dice el Señor,
que yo soy Dios *solo* de cerca, y no soy
Dios desde lejos[1]?

24 ¿Si se ocultará acaso un hombre
en algun escondrijo sin que yo le vea,
dice el Señor? ¿Por ventura no lleno
yo, dice el Señor, el cielo y la tierra?

25 He oido lo que andan diciendo a-
quellos profetas que en mi nombre profetizan la mentira: He soñado, dicen,
he tenido un sueño *profético.*

26 ¿Y hasta cuando ha de durar esta *imaginacion* en el corazon de los
profetas que vaticinan la falsedad, y
anuncian las ilusiones de su corazon?

27 Los cuales quieren hacer que el
pueblo mio se olvide de mi Nombre,
por los sueños que cada uno cuenta á
su vecino, al modo que de mi Nombre
se olvidaron sus padres por amor de
Baal.

28 Que cuente su sueño aquel profe-

---

1 *Ó que solo cuido de las cosas que están
cerca de mí, ó en el cielo; y no de las que estan lejos, á os parecen tales á vosotros? Otros*
traducen: *¿Piensas que de poco tiempo acá
soy Dios, y no lo soy mucho há, ó ab æterno?*

ret somnium: et qui habet sermonem
meum, loquatur sermonem meum verè:
quid paleis ad triticum, dicit Dominus?

29 Nunquid non verba mea sunt quasi
ignis, dicit Dominus, et quasi malleus
conterens petram?

30 Proptereà ecce ego ad prophetas,
ait Dominus, qui furantur verba mea
unusquisque à proximo suo.

31 Ecce ego ad prophetas, ait Dominus, qui assumunt linguas suas, et
ajunt: Dicit Dominus.

32 Ecce ego ad prophetas somniantes
mendacium, ait Dominus, qui narraverunt ea, et seduxerunt populum
meum mendacio suo, et in miraculis
suis: cùm ego non misissem eos, nec
mandassem eis, qui nihil profuerunt
populo huic, dicit Dominus.

33 Si igitur interrogaverit te populus
iste, vel propheta, aut sacerdos, dicens: Quod est onus Domini? dices ad
eos: Vos estis onus: projiciam quippe
vos, dicit Dominus.

34 Et propheta, et sacerdos, et populus qui dicit: Onus Domini: visitabo
super virum illum, et super domum
ejus.

35 Hæc dicetis unusquisque ad proximum, et ad fratrem suum: Quid
respondit Dominus? et quid locutus est
Dominus?

36 Et onus Domini ultrà non memo-
rabitur: quia onus erit unicuique sermo suus: et pervertistis verba Dei viventis, Domini exercituum Dei nostri.

37 Hæc dices ad prophetam: Quid re-

ta que así sueña; y predique mi palabra con toda verdad aquel que recibe
mi palabra, y se verá la diferencia.
¿Qué tiene que ver la paja con el trigo, dice el Señor?

29 ¿No es así que mis palabras son
como fuego, dice el Señor, y como
martillo que quebranta las peñas?

30 Por tanto, vedme aqui, dice el
Señor, contra aquellos profetas que roban mis palabras, cada cual á su mas
cercano profeta.

31 Vedme aqui, dice el Señor, contra aquellos profetas, que toman en sus
lenguas estas palabras: Dice el Señor[1].

32 Vedme aquí contra aquellos profetas, ó visionarios que sueñan mentiras,
dice el Señor, y las cuentan, y traen
embaucado á mi pueblo con sus falsedades y prestigios[2]; siendo asi que yo
no los he enviado, ni dado comision
alguna á tales hombres que ningun
bien han hecho á este pueblo, dice el
Señor.

33 Si te preguntare pues este pueblo,
ó un profeta, ó un sacerdote, burlándose de tí, y te dijere: Vaya, ¿cuál es
la carga ó duro vaticinio que nos anuncias de parte del Señor? les responderás: La carga sois vosotros; y yo, dice
el Señor, os arrojaré lejos de mí.

34 Que si el profeta ó el sacerdote,
ó alguno del pueblo dice: ¿Cuál es la
carga del Señor? yo castigaré severamente al tal hombre y á su casa.

35 Lo que habeis de decir cada uno
á su vecino y á su hermano[3] es: ¿Qué
ha respondido el Señor? ó ¿Qué es lo
que el Señor ha hablado?

36 Y no se ha de nombrar mas por
irrision la carga del Señor, que de lo
contrario la carga de cada uno será su
modo de hablar, ya que habeis perver-
tido las palabras del Dios vivo, del Señor de los ejércitos, nuestro Dios.

37 Le preguntarás pues al profeta:

---

1 No habiéndoles el Señor hablado nada.
2 Nótanse tres especies de falsos profetas:
1.º aquellos que tomando en boca algunas palabras ó sentencias de un verdadero Profeta,
los adulteran, mezclándolas con sus falsas in-
terpretaciones: 2.º los que de suyo forjan pa-

labras ó sentencias, y se atreven á proponer-
las como dichas por Dios: y 3.º aquellos otros
que engañan al pueblo ignorante con supuestos
sueños y visiones, y con falsos milagros.
3 Cuando querais saber la voluntad del Señor,

spondit tibi Dominus? et quid locutus est Dominus?

38 Si autem onus Domini dixeritis: propter hoc hæc dicit Dominus: Quia dixistis sermonem istum: Onus Domini: et misi ad vos, dicens: Nolite dicere: Onus Domini:

39 proptereà ecce ego tollam vos portans, et derelinquam vos, et civitatem quam dedi vobis et patribus vestris, à facie mea.

40 Et dabo vos in opprobrium sempiternum, et in ignominiam æternam, quæ nunquam oblivione delebitur.

¿Qué te ha respondido el Señor? ó ¿Qué es lo que el Señor ha dicho?

38 Mas si todavia dijéreis, mofándoos: La carga del Señor ¿cuál es? en tal caso, esto dice el Señor: Porque dijísteis esa expresion irrisoria, La carga del Señor; siendo así que yo os envié á decir: No pronuncieis mas por mofa esa expresion, La carga del Señor:

39 por tanto, tened entendido que yo os tomaré, y os trasportaré y os abandonaré[1], desechándoos de mi presencia á vosotros, y á la ciudad que os dí á vosotros y á vuestros padres.

40 Y haré de vosotros un padron de oprobio sempiterno, y de ignominía perdurable, cuya memoria jamás se borrará.

CAPÍTULO XXIV.

Con la figura de dos canastillos de higos declara el Señor la piedad con que tratará á los judios que se convirtieren en Babylonia, y el rigor con que tratará á los que se quedaren en el pais.

1 Ostendit mihi Dominus: et ecce duo calathi pleni ficis, positi ante templum Domini, postquam transtulit Nabuchodonosor rex Babylonis Jechoniam filium Joakim regem Juda, et principes ejus, et fabrum, et inclusorem de Jerusalem, et adduxit eos in Babylonem.

2 Calathus unus ficus bonas habebat nimis, ut solent ficus esse primi temporis: et calathus unus ficus habebat malas nimis, quæ comedi non poterant, eo quod essent malæ.

3 Et dixit Dominus ad me: Quid tu vides, Jeremia? Et dixi: Ficus, ficus bonas, bonas valdè; et malas, malas valdè, quæ comedi non possunt, eò quòd sint malæ.

4 Et factum est verbum Domini ad me, dicens:

1 Mostróme el Señor una vision, y ví dos canastillos llenos de higos puestos en el atrio delante del templo del Señor[2]; despues que Nabuchôdonosor Rey de Babylonia habia trasportado de Jerusalem á Babylonia á Jechônias, hijo de Joakim, Rey de Judá, y á sus cortesanos, y á los artífices, y á los joyeros[3].

2 El un canastillo tenia higos muy buenos, como suelen ser los higos de la primera estacion; y el otro canastillo tenia higos muy malos, que no se podian comer de puro malos.

3 Y díjome el Señor: ¿Qué es lo que ves, Jeremías? Yo respondí: higos, higos buenos, y tan buenos que no pueden ser mejores; y otros malos, muy malos, que no se pueden comer de puro malos.

4 Entónces hablóme el Señor diciendo:

---

1 Como una carga pesada.
2 En el atrio se vendian varias cosas para hacer ofrendas al Señor.
3 Tal es en este verso la significacion de la

voz *inclusorem*, segun S. Gerónimo. Otros traducen la palabra רהמסגר *hatmasagar*, maquinista, ingeniero, cerragero, etc.: tal es su significacion.

5 *Hæc dicit Dominus Deus Israel: Sicut ficus hæ bonæ, sic cognoscam transmigrationem Juda, quam emisi de loco isto in terram Chaldæorum, in bonum.*

6 *Et ponam oculos meos super eos ad placandum, et reducam eos in terram hanc: et ædificabo eos, et non destruam: et plantabo eos, et non evellam.*

7 *Et dabo eis cor ut sciant me, quia ego sum Dominus: et erunt mihi in populum, et ego ero eis in Deum: quia revertentur ad me in toto corde suo.*

8 *Et sicut ficus pessimæ, quæ comedi non possunt, eò quòd sint malæ: hæc dicit Dominus, sic dabo Sedeciam regem Juda, et principes ejus, et reliquos de Jerusalem, qui remanserunt in urbe hac, et qui habitant in terra Ægypti,*

9 *Et dabo eos in vexationem, afflictionemque omnibus regnis terræ: et in opprobrium, et in parabolam, et in proverbium, et in maledictionem in universis locis, ad quæ ejeci eos.*

10 *Et mittam in eis gladium, et famem, et pestem; donec consumantur de terra quam dedi eis, et patribus eorum.*

5 Esto dice el Señor Dios de Israel: Asi como esos higos son buenos, asi haré yo bien á los desterrados de Judá, que yo he echado de este lugar á la region de los cháldéos;

6 y yo volveré hácia ellos mis ojos propicios, y los restituiré á esta tierra, y léjos de exterminarlos, los estableceré sólidamente, y los plantaré, y no los extirparé.

7 Y les daré un corazon *dócil*, para que reconozcan que yo soy el Señor *su Dios*[1], y ellos serán mi pueblo, y yo seré su Dios[a]; pues que se convertirán á mí de todo corazon.

8 Y asi como los *otros* higos son tan malos que no se pueden comer de puro malos; asi yo, dice el Señor, trataré á Sedecías Rey de Judá, y á sus grandes, y á todos los demas que quedaren en esta ciudad de Jerusalem, y á los que habitan en tierra de Egipto.

9 Y haré que sean vejados y maltratados en todos los reinos de la tierra, y vendrán á ser el oprobio, la fábula, el escarmiento, y la execracion de todos los pueblos á donde los habré arrojado.

10 Y los perseguiré con la espada, con la hambre, y con la peste: hasta que sean exterminados de la tierra que yo les dí á ellos, y á sus padres.

CAPÍTULO XXV.

Mostrándose los Judios rebeldes á las amonestaciones de Jeremías y demas profetas, les intima éste la destruccion de Jerusalem por los cháldeos, y que serán llevados cautivos; hasta que pasados setenta años beban sus enemigos el cáliz de la indignacion del Señor.

1 *Verbum, quod factum est ad Jeremiam de omni populo Juda, in anno quarto Joakim filii Josiæ regis Juda,*

1 Profecía que se reveló á Jeremías[2], acerca de todo el pueblo de Judá, en el año cuarto de Joakim, hijo de Jo-

1 *Cap. VII. v. 23.*
2 ¿Cómo se concilia esta Profecía con el estado actual del pueblo judáico? Las palabras que siguen lo dan á entender; pues el Profeta anuncia que los judios se *convertirán á Dios de todo corazon:* lo que en parte se verificó en la nueva Iglesia de Jerusalem; y acabará de

cumplirse en la conversion de todos los judios á la fe de Christo. Pero aun estando al rigoroso sentido literal puede entenderse de cuando los judios, volviendo de la cautividad de Babylonia á Jerusalem, no volvieron mas á dejar de vivir en dicha ciudad hasta que fué destruida.
3 Año del mundo 3398.

(ipse est annus primus Nabuchodonosor regis Babylonis).

2 *Quod locutus est Jeremias propheta ad omnem populum Juda, et ad universos habitatores Jerusalem, dicens:*

3 *A tertio decimo anno Josiæ filii Ammon regis Juda usque ad diem hanc; iste tertius et vigesimus annus; factum est verbum Domini ad me, et locutus sum ad vos de nocte consurgens, et loquens, et non audistis.*

4 *Et misit Dominus ad vos omnes servos suos prophetas, consurgens diluculo, mittensque: et non audistis, neque inclinastis aures vestras, ut audiretis,*

5 *cum diceret: Revertimini unusquisque à via sua mala, et à pessimis cogitationibus vestris: et habitabitis in terra, quam dedit Dominus vobis, et patribus vestris; à sæculo et usque in sæculum.*

6 *Et nolite ire post deos alienos, ut serviatis eis, adoretisque eos: neque me ad iracundiam provocetis in operibus manuum vestrarum, et non affligam vos.*

7 *Et non audistis me, dicit Dominus, ut me ad iracundiam provocaretis in operibus manuum vestrarum, in malum vestrum.*

8 *Propterea hæc dicit Dominus exercituum: Pro eò quòd non audistis verba mea:*

9 *ecce ego mittam, et assumam universas cognationes Aquilonis, ait Dominus, et Nabuchodonosor regem Babylonis servum meum: et adducam eos super terram istam, et super habitatores ejus, et super omnes nationes, quæ in circuitu illius sunt: et interficiam*

sías, Rey de Judá; que es el año primero de Nabuchôdonosor Rey de Babylonia[1]:

2 á la cual predicó Jeremías profeta á todo el pueblo de Judá y á todos los habitantes de Jerusalem, diciendo:

3 Desde el año décimotercio de Josías, hijo de Ammon, Rey de Judá, hasta el dia de hoy, en que han pasado veinte y tres años, el Señor me ha hecho oir su palabra, y yo os la he estado anunciando, levantándome ántes de amanecer para predicaros, y vosotros no me habeis escuchado.

4 Asimismo el Señor os ha enviado muy á tiempo todos sus siervos los profetas[2]; sin que vosotros, mientras los iba enviando, los escucháseis, ni aplicáseis vuestros oidos para atender

5 cuando él os decia: Convertios cada uno de vosotros de vuestra malvada conducta y de vuestras pésimas inclinaciones, y con eso moraréis por todos los siglos en la tierra que el Señor os dió á vostros y á vuestros padres[3];

6 y no querais ir en pos de dioses agenos para adorarlos y servirlos; ni me provoqueis á ira con las obras de vuestras manos, y yo no os enviaré aflicciones.

7 Pero vosotros, dice el Señor, no me habeis escuchado; ántes me habeis irritado con vuestras fechorías para vuestro propio daño.

8 Por lo cual esto dice el Señor de los ejércitos: Por cuanto no habeis atendido á mis palabras,

9 sabed que yo reuniré, y enviaré, dice el Señor, todas las familias ó pueblos del Norte con Nabuchôdonosor, Rey de Babylonia, ministro ó instrumento mio, y los conduciré contra esta tierra y contra sus habitantes, y contra todas las naciones circunveci-

---

1 Este año primero de Nabuchôdonosor es aquel en que este Rey fué asociado al imperio de su padre Nabopolasar, que era el año *IV* de Joakim, Rey de Judá. En este año tomó Nabuchôdonosor á Jerusalem, y se llevó gran número de cautivos, entre ellos muchos de las principales familias, y aun de la casa Real: de los cuales fueron *Daniel, Ananias, Misael y Azarias.* El vencedor dejó en el trono á Joa-

kim, pero con condiciones muy duras. Y al principio del reinado de Nabuchôdonosor fué cuando recibió Jeremías órden de Dios para anunciar los males que dicho Rey habia de causar á Jerusalem.

2 A Joel, Habacuc, Sophonias, Holda y otros.

3 Antes *XVIII. ver.* 11. Despues *XXXV. ver.* 15.—*IV. Reg. XVII. v.* 13.

ros, et ponam eos in stuporem et in sibilum, et in solitudines sempiternas.

10 *Perdamque ex eis vocem gaudii, et vocem lætitiæ, vocem sponsi, et vocem sponsæ, vocem molæ, et lumen lucernæ.*

11 *Et erit universa terra hæc in solitudinem, et in stuporem: et servient omnes gentes istæ regi Babylonis septuaginta annis.*

12 *Cùmque impleti fuerint septuaginta anni, visitabo super regem Babylonis, et super gentem illam dicit Dominus, iniquitatem eorum, et super terram Chaldæorum: et ponam illam in solitudines sempiternas.*

13 *Et adducam super terram illam, omnia verba mea, quæ locutus sum contra eam, omne quod scriptum est in libro isto, quæcumque prophetavit Jeremias adversum omnes gentes;*

14 *quia servierunt eis, cùm essent gentes multæ, et reges magni: et reddam eis secundùm opera eorum, et secundùm facta manuum suarum.*

15 *Quia sic dicit Dominus exercituum Deus Israel: Sume calicem vini furoris hujus de manu mea; et propinabis de illo cunctis gentibus, ad quas ego mittam te.*

16 *Et bibent, et turbabuntur, et insanient à facie gladii, quem ego mittam inter eos.*

17 *Et accepi calicem de manu Domini, et propinavi cunctis gentibus, ad quas misit me Dominus:*

18 *Jerusalem, et civitatibus Juda, et regibus ejus, et principibus ejus: ut darem eos in solitudinem, et in stuporem,*

nas, y daré cabo de ellos, y los reduciré á ser el pasmo y el escarnio de todos, y á una soledad perdurable *todas sus ciudades.*

10 Y desterraré de entre ellos las voces de gozo, y las voces de alegria, la voz ó *cantares* del esposo y de la esposa[1], el ruido de la tahona[2], y las luces que alumbran *las casas.*

11 Y toda esta tierra quedará hecha una soledad espantosa; y todas estas gentes servirán al Rey de Babylonia por espacio de setenta años.

12 Y cumplidos que sean los setenta años, yo tomaré residencia al Rey de Babylonia y á aquella nacion, dice el Señor, *castigando* sus iniquidades, y á *todo* el pais de los cháldéos, reduciéndole á un eterno páramo.

13 Yo verificaré sobre aquella tierra todas las palabras, que he pronunciado contra ella: todo lo que está escrito en este libro, todas cuantas cosas ha profetizado Jeremias contra todas las naciones[3]:

14 pues que á ellos[4] sirvieron, sin embargo de ser naciones numerosas, y Reyes poderosos: y yo les daré el pago merecido, y segun las fechorias que han cometido.

15 Porque esto dice el Señor de los ejércitos, el Dios de Israel: Toma de mi mano esa copa del vino de mi furor[5], y darás á beber de él á todas las gentes á quienes yo te envio;

16 y beberán de él, y se turbarán y perderán el juicio, á vista de la espada que yo desenvainaré contra ellas.

17 Tomé pues la copa de la mano del Señor, y[6] dí á beber de ella á todas las naciones, á que el Señor me envió:

18 á Jerusalem y á las ciudades de Judá, y á sus Reyes, y á sus principes, para convertir su tierra en una espantosa

---

1 Antes cap. *VII. v.* 34.—*XVI. v.* 9.
2 De suerte que faltará el pan, ó la harina. *Martini* traduce: *le canzoni intorno alle macine.* Véase *Matth. XXIV. v.* 41. Se hacia la harina con molinos que movian los esclavos, y especialmente era la ocupacion de las esclavas, que solian distraer su afliccion, cantando como hacen los jornaleros, los presos, etc. En

esto se funda esta última version; pero me parece mas natural la primera por lo que despues se sigue.
3 Coligadas con los cháldéos.
4 Á los cháldéos.
5 Véase Cdliz.
6 Continuando la misma vision.

et in zibilum, et in maledictionem, sicut est dies ista:

19 Pharaoni regi AEgypti, et servis ejus, et principibus ejus, et omni populo ejus,

20 et universis generaliter: cunctis regibus terræ Ausitidis, et cunctis regibus terræ Philisthiim, et Ascaloni, et Gazæ, et Accaron, et reliquiis Azoti,

21 et Idumæa, et Moab, et filiis Ammon:

22 et cunctis regibus Tyri, et universis regibus Sidonis: et regibus terræ insularum, qui sunt trans mare:

23 et Dedan, et Thema, et Buz, et universis qui attonsi sunt in comam:

24 et cunctis regibus Arabiæ, et cunctis regibus Occidentis, qui habitant in deserta:

25 et cunctis regibus Zambri, et cunctis regibus Elam, et cunctis regibus Medorum:

26 cunctis quoque regibus Aquilonis de propè et de longè, unicuique contra fratrem suum: et omnibus regnis terræ, quæ super faciem ejus sunt: et rex Sesach bibet post eos.

27 Et dices ad eos: Hæc dicit Dominus exercituum Deus Israel: Bibite et inebriamini, et vomite: et cadite, neque surgatis à facie gladii, quem ego mit-

soledad, y en objeto de escarnio y de execracion, como ya lo estamos viendo[1]:

19 á Pharaon Rey de Egypto[2], y á sus ministros, y á sus grandes y á todo su pueblo;

20 y generalmente á todos[3]: á todos los Reyes de la tierra de Hus, y á todos los Reyes del pais de los philistéos, y á Ascalon, y á Gaza, y á Accaron, y á los pocos que han quedado en Azoto[4],

21 y á la Iduméa, y á Moab, y á los hijos de Ammon,

22 y á todos los Reyes de Tyro, y á todos los Reyes de Sidon: y á los Reyes de las islas que estan al otro lado del mar Mediterraneo,

23 y á las provincias de Dedan y de Thema y de Buz, y á todos aquellos[5] que llevan cortado el cabello á modo de corona[6],

24 y á todos los Reyes de la Arabia, y á todos los Reyes del Occidente, que habitan en el Desierto;

25 y á todos los Reyes de Zambrí, y á todos los Reyes de Elam, y á todos los Reyes de los medos;

26 y asimismo á todos los Reyes del Norte, los de cerca y los de léjos. Á cada uno de estos pueblos le dí á beber del cáliz de la ira para irritarle contra su hermano, y á todos cuantos reinos hay en la superficie de la tierra; y el Rey de Sesach, ó Babylonia[7], le beberá despues de ellos.

27 Y tú, oh Jeremías, les dirás: Esto dice el Señor de los ejércitos, el Dios de Israel: Bebed y embriagaos hasta vomitar, y echaos por el suelo, y no

---

1 IV. Reg. XXIV. ver. 1.—II. Paral. XXXVI. v. 6.

2 Ezech. XXIX. v. 12.

3 Estas palabras pueden mirarse como unidas al verso anterior, y denotar que las amenazas se dirigen tambien á los hebreos que, contra la voluntad de Dios, fueron á refugiarse en Egypto. Cap. XXIV. v. 8.

4 Is. XX. v. 1.—IV. Reg. XXIII. v. 29.

5 De lejanos paises.

6 Antes cap. IX. ver. 26.—Lev. XIX. ver. 27.

7 S. Gerónimo y los antiguos Rabinos afirman que el nombre de Babel está aquí ocul-

tado por el Profeta, bajo de una especie de cifra que usó prudentemente para no exasperar á los chaldeos, los cuales eran entonces dueños de Jerusalem. Esta cifra consiste en mudar con órden retrógado las primeras letras del alfabeto por las últimas: así el ב (Beth) b, segunda letra del abecedario, está mudada en en ש sc (Scin) que es la penúltima, ó segunda, comenzando el abecedario por la última letra ת Thau, la letra ל (Lamech) l, en que acaba Babel, la mudó en כ (Caph) c por ser esta la undécima letra comenzando por el ת Thau, como lo es aquella comenzando por el א Aleph, etc.

tam inter vos.

os levanteis á la vista de la espada que yo voy á enviar contra vosotros.

28 *Cumque noluerint accipere calicem de manu tua ut bibant, dices ad eos: Hæc dicit Dominus exercituum: Bibentes bibetis:*

28 Y cuando no quisieren recibir de tu mano la copa *de mi ira* para beber de ella, les dirás: Ved lo que dice el Señor de los ejércitos: La beberéis sin recurso.

29 *quia ecce in civitate, in qua invocatum est nomen meum, ego incipiam affligere, et vos quasi innocentes et immunes eritis? non eritis immunes: gladium enim ego voco super omnes habitatores terræ, dicit Dominus exercituum.*

29 ¿Es bueno que yo he de comenzar el castigo por *Jerusalem*, la ciudad en que ha sido invocado mi Nombre; y vosotros, como si fueseis inocentes, habiais de quedar impunes[1]? No quedaréis, no, exentos de castigo: pues yo desenvaino mi espada contra todos los moradores de la tierra, dice el Señor de los ejércitos.

30 *Et tu prophetabis ad eos omnia verba hæc, et dices ad illos: Dominus de excelso rugiet, et de habitaculo sancto suo dabit vocem suam: rugiens rugiet super decorem suum: celeuma quasi calcantium concinetur adversus omnes habitatores terræ.*

30 Todas estas cosas les profetizarás, y les dirás: El Señor rugirá *como leon* desde lo alto, y desde su santa morada hará resonar su voz[2]: rugirá fuertemente contra *Jerusalem* lugar de su gloria: se oirá *un grito* de triunfo contra todos los habitantes de *esta* tierra, una algazara semejante á la de aquellos que pisan la vendimia[3].

31 *Pervenit sonitus usque ad extrema terræ, quia judicium Domino cum gentibus: judicatur ipse cum omni carne. Impios tradidi gladio, dicit Dominus.*

31 Hasta el cabo del mundo llegó el estrépito *de las armas de los cháldéos*: porque el Señor entra en juicio con las naciones, *y* disputa su causa contra todos los mortales[4]. Yo he entregado los impios, dice el Señor, al filo de la espada.

32 *Hæc dicit Dominus exercituum: Ecce afflictio egredietur de gente in gentem: et turbo magnus egredietur á summitatibus terræ.*

32 Esto dice *tambien* el Señor de los ejércitos: Sabed que la tribulacion pasará de un pueblo á otro pueblo, y de la extremidad de la tierra se alzará una espantosa tempestad.

33 *Et erunt interfecti Domini in die illa á summo terræ usque ad summum ejus: non plangentur, et non colligentur, neque sepelientur: in sterquilinium super faciem terræ jacebunt.*

33 Y aquellos á quienes el Señor habrá entregado á la muerte en este dia, quedarán tendidos por el suelo desde un cabo de la tierra hasta el otro: no serán plañidos, nadie los recogerá, ni les dará sepultura: yacerán sobre la tierra como estiércol.

34 *Ululate pastores, et clamate: et*

34 Prorumpid en alaridos vosotros, oh

---

1 *I. Pet. IV. v.* 17.
2 *Joel III. v.* 16.—*Amós I. v.* 2.
3 Es frecuente en la Escritura el hablar de la venganza ó castigos de Dios con la metáfora de la vendimia. *Ps. LXXIX. ver.* 13. — *Apoc. XIV. v.* 18. El grito ó algazara de los cháldéos cuando recogen el botin, se compara al canto

de los que pisan la vendimia, alegres por tener ya en casa el vino de la cosecha. El canto llamado *Celeuma*, en griego Κέλευσμα *Keleusma*, es propiamente aquel con que los marineros se esfuerzan á remar. Véase *Vendimiar.*
4 *Is. I. v.* 18. *XLIII. v.* 26. Véase *Dios.*

aspergite vos cinere, optimates gregis: quia completi sunt dies vestri, ut interficiamini: et dissipationes vestræ, et cadetis quasi vasa pretiosa.

35 Et peribit fuga à pastoribus, et salvatio ab optimatibus gregis.

36 Vox clamoris pastorum, et ululatus optimatum gregis: quia vastavit Dominus pascua eorum.

37 Et conticuerunt arva pacis à facie iræ furoris Domini.

38 Dereliquit quasi leo umbraculum suum, quia facta est terra eorum in desolationem à facie iræ columbæ, et à facie iræ furoris Domini.

pastores, y alzad el grito, y cubríos de ceniza, ob mayorales de la grey [1]: porque se han acabado vuestros días, y vais á ser despedazados, y siendo vasos preciosos caeréis por tierra y os haréis pedazos.

35 Y no podrán escapar los pastores, ni ponerse en salvo los mayorales de la grey.

36 Oiránse las voces y la gritería de los pastores, y los alaridos de los mayorales de la grey: porque el Señor ha talado sus pastos,

37 y en las amenas campiñas reinará un triste silencio [2], á la vista de la tremenda ira del Señor.

38 El cual, como leon [3], ha abandonado el lugar santo donde moraba, y luego ha quedado reducida toda la tierra de ellos á un páramo por la ira de la Paloma [4], y por la terrible indignacion del Señor.

CAPÍTULO XXVI.

Jeremías preso y en peligro de perder la vida, por haber predicado lo que Dios le mandaba.

1 In principio regni Joakim filii Josiæ regis Juda, factum est verbum istud à Domino, dicens:

2 Hæc dicit Dominus: Sta in atrio domus Domini, et loquèris ad omnes civitates Juda, de quibus veniunt ut adorent in domo Domini, universos sermones, quos ego mandavi tibi ut loquaris ad eos: noli subtrahere verbum,

3 si fortè audiant et convertantur unusquisque à via sua mala: et pæniteat me mali, quod cogito facere eis propter malitiam studiorum eorum.

4 Et dices ad eos: Hæc dicit Domi-

1 En el principio del reinado de Joakim, hijo de Josías, Rey de Judá, me habló el Señor en estos términos:

2 Esto dice el Señor: Ponte en el atrio de la Casa del Señor; y á todas las ciudades de Judá, cuyos moradores vienen á adorar en el templo del Señor, les anunciarás todo aquello que te he mandado decirles: no omitas ni una sola palabra:

3 á ver si acaso te escuchan, y se convierten de su mala vida; por lo cual me arrepienta yo ó desista del castigo que medito enviarles por la malicia de sus procederes [5].

4 Tú pues les dirás: Esto dice el Se-

---

1 Habla á los Príncipes y Sacerdotes, y á todos los que tenian mando, y les anuncia su fin.
2 Las campiñas de Jerusalem, antes tan pobladas de cultivadores, quedarán hechas un páramo.
3 Que defendia su guarida.
4 Cree S. Gerónimo que por *Paloma* se entiende aqui el mismo Nabuchódonosor; ya sea

porque fuese la insignia militar de sus ejércitos, como lo era el *águila* entre los persas y romanos: ó ya sea por otra razon. La voz hebrea יונה *Hionah*, que la Vulgata traduce *columba* significa tambien *oppresio*, *depopulatio*.
5 Habla Dios á la manera de los hombres. Véase *Dios. Dios muda las obras; no muda sus designios*, dice S. Agustin.

nus: Si non audieritis me, ut ambuletis in lege mea, quam dedi vobis,

5 ut audiatis sermones servorum meorum Prophetarum, quos ego misi ad vos de nocte consurgens, et dirigens, et non audistis:

6 dabo domum istam sicut Silo, et urbem hanc dabo in maledictionem cunctis gentibus terræ.

7 Et audierunt sacerdotes, et prophetæ, et omnis populus, Jeremiam loquentem verba hæc in domo Domini.

8 Cùmque complesset Jeremias, loquens omnia quæ præceperat ei Dominus ut loqueretur ad universum populum, apprehenderunt eum sacerdotes, et prophetæ, et omnis populus, dicens: Morte moriatur.

9 Quare prophetavit in nomine Domini, dicens: Sicut Silo erit domus hæc, et urbs ista desolabitur, eò quòd non sit habitator? Et congregatus est omnis populus adversus Jeremiam in domo Domini.

10 Et audierunt principes Juda verba hæc: et ascenderunt de domo regis in domum Domini, et sederunt in introitu portæ domus Domini novæ.

11 Et locuti sunt sacerdotes et prophetæ ad principes, et ad omnem populum, dicentes: Judicium mortis est viro huic, quia prophetavit adversus civitatem istam, sicut audistis auribus vestris.

12 Et ait Jeremias ad omnes principes, et ad universum populum, dicens: Dominus misit me, ut propheterem ad domum istam, et ad civitatem hanc, omnia verba quæ audistis.

13 Nunc ergo bonas facite vias vestras, et studia vestra, et audite vocem Domini Dei vestri: et pænitebit Domi-

ñor: Si vosotros no me escucháreis, si no siguiéreis la Ley mia que yo os dí,

5 y no creyéreis en las palabras de mis siervos los profetas que yo con tanta solicitud os envié, y dirigí á vostros, y á quienes no habeis dado crédito:

6 Yo haré con esta casa ó *templo*, lo que hice con Silo, y á esta ciudad la haré la execracion de todas las naciones de la tierra [1].

— 7 Oyeron los sacerdotes y los profetas, y el pueblo todo como Jeremías anunciaba tales cosas en la Casa del Señor.

8 Y así que hubo concluido Jeremías de hablar cuanto le habia mandado el Señor que hiciese saber á todo el pueblo, prendiéronle los sacerdotes y los *falsos* profetas, y el pueblo todo, diciendo: Muera sin remedio [2].

9 ¿Cómo ha *osado* profetizar en el nombre del Señor, diciendo: Este templo será destruido como Silo, y esta ciudad quedará de tal manera asolada que no habrá quien la habite [3]? Y todo el pueblo se amotinó contra Jeremías en la Casa del Señor.

10 Llegó esto á noticia de los príncipes de Judá, y pasaron desde el palacio del Rey á la Casa del Señor, y sentáronse *en el tribunal que está* á la entrada de la puerta nueva de la Casa del Señor.

11 Entonces los sacerdotes y los profetas hablaron á los príncipes y á toda la gente, diciendo: Este hombre es reo de muerte; porque ha profetizado contra esta ciudad, conforme vosotros mismos habeis oido.

12 Pero Jeremías habló en estos términos á todos los príncipes y al pueblo todo: El Señor me ha enviado [4] para que profetizara contra esta Casa y contra esta ciudad todas las palabras que habeis oido.

13 Ahora pues enmendad vuestra vida, y *purificad* vuestras inclinaciones, y escuchad la voz del Señor Dios vues-

---

1 *1. Reg. IV. ver.* 2., 10. Antes *cap. VII. ver.* 12.

2 Así gritaron los sacerdotes y el pueblo contra Jesu-Christo.

3 Como si Dios pudiese abandonar su herencia.

4 Antes *cap. XXV. v.* 13.

num mali , quod locutus est adversum vos.

14 *Ego autem ecce in manibus vestris sum: facite mihi quod bonum et rectum est in oculis vestris :*

15 *verumtamen scitote et cognoscite, quod si occideritis me , sanguinem innocentem tradetis contra vosmetipsos, et contra civitatem istam , et habitatores ejus; in veritate enim misit me Dominus ad vos, ut loquerer in auribus vestris omnia verba hæc.*

16 *Et dixerunt principes, et omnis populus , ad sacerdotes , et ad prophetas: Non est viro huic judicium mortis, quia in nomine Domini Dei nostri locutus est ad nos.*

17 *Surrexerunt ergo viri de senioribus terræ : et dixerunt ad omnem cœtum populi , loquentes:*

18 *Michœas de Morasthi fuit propheta in diebus Ezechiæ regis Juda , et ait ad omnem populum Juda , dicens: Hæc dicit Dominus exercituum : Sion quasi ager arabitur: et Jerusalem in acervum lapidum erit : et mons domus in excelsa silvarum.*

19 *Nunquid morte condemnavit eum Ezechias rex Juda, et omnis Juda? nunquid non timuerunt Dominum, et deprecati sunt faciem Domini : et pœnituit Dominum mali, quod locutus fuerat adversum eos? Itaque nos facimus malum grande contra animas nostras.*

20 *Fuit quoque vir prophetans in nomine Domini, Urias filius Semei de Cariathiarim : et prophetavit adversus civitatem istam , et adversus terram hanc, juxta omnia verba Jeremiæ.*

21 *Et audivit rex Joakim, et omnes potentes , et principes ejus, verba hæc:*

tro, y *no dudeis que* el Señor se arrepentirá ó *desistirá* del castigo con que os ha amenazado [1].

· 14 En cuanto á mí, en vuestras manos estoy: haced de mí lo que mejor os parezca y sea de vuestro agrado.

15 Sabed no obstante y tened por cierto que si me quitais la vida , derramaréis la sangre inocente, y la haréis recaer sobre vosotros mismos, sobre esta ciudad y sobre sus habitantes, porque verdaderamente es el Señor el que me ha enviado á intimar á vuestros oidos todas las dichas palabras.

16 Entonces los príncipes y todo el pueblo dijeron á los sacerdotes y á los profetas: No es este hombre reo de muerte; puesto que él nos ha predicado en nombre del Señor Dios nuestro.

17 Levantáronse luego algunos de los ancianos del pais, y hablaron al pueblo de esta manera:

18 Michèas, *natural* de Morasthi, fué profeta en tiempo de Ezechîas, Rey de Judá , y predicó á todo el pueblo, diciendo: Esto dice el Señor de los ejércitos: Sion será arada como un barbecho, y Jerusalem parará en un monton de piedras, y el monte *Moria,* en que está situado el templo, será un espeso bosque [2].

19 ¿Fué por ventura *Michèas* condenado á muerte por *Ezechîas* Rey de Judá, y todo su pueblo? *Al contrario* ¿no temieron ellos al Señor é imploraron su clemencia, y el Señor se arrepintió ó *desistió* de enviarles el castigo con que les habia amenazado? Luego nosotros cometeríamos un gran pecado en daño de nuestras almas.

20 Hubo tambien un varon llamado Urías, hijo de Semei, *natural* de Cariathiarim, que profetizaba en el nombre del Señor, y profetizó contra esta ciudad y contra este pais todo lo que ha dicho Jeremías [3].

21 Y habiendo oido el rey Joakim, y todos sus magnates y cortesanos lo que

---

1 *Cap. VII. v.* 3. Casi del mismo modo hablaron los Apóstoles cuando fueron llevados al *synedrio,* ó tribunal. *Act. IV.* Véase Dios.
2 *Mich. III. v.* 12.

3 Parece que esto que sigue lo refiere el que reunió en un volúmen sus Profecías, como un ejemplo que alegaban los enemigos de Jeremías.

et quæsivit rex interficere eum. Et audivit Urias, et timuit, fugitque et ingressus est Ægyptum.

22 Et misit rex Joakim viros in Ægyptum, Elnathan filium Achobor, et viros cum eo in Ægyptum.

23 Et eduxerunt Uriam de Ægypto: et adduxerunt eum ad regem Joakim, et percussit eum gladio: et projecit cadaver ejus in sepulchris vulgi ignobilis.

24 Igitur manus Ahicam filii Saphan fuit cum Jeremia, ut non traderetur in manus populi, et interficerent eum.

profetizaba, intentó el Rey quitarle la vida. Súpolo Urías, y temió, y se escapó, y refugióse en Egypto.

22 Y el rey Joakim envió á Egypto, *para prenderle*, á Elnathan hijo de Achóbor, acompañado de otros hombres,

23 quienes sacaron á Urías de Egypto, y le condujeron al rey Joakim; el cual le mandó degollar, y arrojar el cadáver en la sepultura de la ínfima plebe [1].

24 El auxilio pues de Ahicam [2], hijo de Saphan [3], protegió á Jeremías para que no fuese entregado en manos del pueblo y le matasen.

CAPÍTULO XXVII.

Manda el Señor á Jeremías que con cierta señal declare la próxima sujecion de la Judea y provincias vecinas á los cháldeos: exhorta á todos á que se sometan espontáneamente, sin hacer caso de los vanos pronósticos de los falsos profetas.

1 *In principio regni Joakim filii Josiæ regis Juda, factum est verbum istud ad Jeremiam à Domino, dicens:*

2 *Hæc dicit Dominus ad me: Fac tibi vincula, et catenas: et pones eas in collo tuo.*

3 *Et mittes eas ad regem Edom, et ad regem Moab, et ad regem filiorum Ammon, et ad regem Tyri, et ad regem Sidonis, in manu nuntiorum, qui venerunt Jerusalem ad Sedeciam regem Juda.*

4 *Et præcipies eis ut ad dominos suos loquantur: Hæc dicit Dominus*

1 Al principio del reinado de Joakim, hijo de Josías, Rey de Judá, el Señor habló á Jeremías de esta manera:

2 Esto me dice el Señor: Hazte unas ataduras *á modo de coyundas*, y unas cadenas *como colleras*, y póntelas al cuello.

3 Y las enviarás [4] al Rey de Edom, y al Rey de Moab, y al Rey de los hijos de Ammon, y al Rey de Tyro, y al Rey de Sidon, por medio de los embajadores que han venido á Jerusalem, á tratar con Sedecías, Rey de Judá;

4 á los cuales encargarás que digan á sus amos: Esto dice el Señor de los

---

1 Pero vosotros sabeis las calamidades que sobrevinieron.

2 Despues *XXXIX. v.* 14.—*XL. ver.* 6.—*IV. Reg. XXV. v.* 22.

3 Que arengó del modo dicho al pueblo.

4 Cuando yo te lo diré. Al principio del reinado de Joakim mandó Dios á Jeremías que se proveyese de unas ataduras y cadenas; de las cuales usase para llamar mas la atencion del pueblo. Véase *Profeta*. Pero la órden de enviarlas á los Reyes vecinos de Edom, Moab, etc. se la dió despues reinando Sedecías, cuando se hallaban en Jerusalem los embajadores de aquellos Reyes para tratar de la de-

fensa contra el comun enemigo Nabuchôdonosor. Las *ataduras* son las cuerdas con que se ataba el yugo á la cerviz de los bueyes: las *cadenas* que servian como de argollas y esposas, eran de la hechura de un *horcajo* ú *horcate*, ó de la figura de una Λ consonante, vuelta al reves, cuya base se cerraba con una cuerda ó cadena, ó con un palo, de suerte que formaba un triángulo: le metian en el cuello de los esclavos, atando despues sus manos en los dos ángulos de la base del triángulo. De este modo profetizaba Jeremías que Nabuchôdonosor haria esclavos á los judios y naciones vecinas.

exercituum Deus Israel: Hæc dicetis ad dominos vestros:

5 *Ego feci terram, et homines, et jumenta, quæ sunt super faciem terræ, in fortitudine mea magna, et in brachio meo extento: et dedi eam ei, qui placuit in oculis meis.*

6 *Et nunc itaque ego dedi omnes terras istas in manu Nabuchodonosor regis Babylonis servi mei: insuper et bestias agri dedi ei ut serviant illi.*

7 *Et servient ei omnes gentes, et filio ejus, et filio filii ejus: donec veniat tempus terræ ejus et ipsius: et servient ei gentes multæ, et reges magni.*

8 *Gens autem et regnum, quod non servierit Nabuchodonosor regi Babylonis, et quicumque non curvaverit collum suum sub jugo regis Babylonis: in gladio, et in fame, et in peste visitabo super gentem illam, ait Dominus, donec consumam eos in manu ejus.*

9 *Vos ergo nolite audire prophetas vestros, et divinos, et somniatores, et augures, et maleficos, qui dicunt vobis: Non servietis regi Babylonis:*

10 *quia mendacium prophetant vobis, ut longè vos faciant de terra vestra, et ejiciant vos, et pereatis.*

11 *Porro gens, quæ subjecerit cervicem suam sub jugo regis Babylonis, et servierit ei, dimittam eam in terra sua, dicit Dominus: et colet eam, et habitabit in ea.*

12 *Et ad Sedeciam regem Juda locutus sum secundùm omnia verba hæc, dicens: Subjicite colla vestra sub jugo regis Babylonis, et servite ei, et populo ejus, et vivetis.*

13 *Quare moriemini tu et populus tuus gladio, et fame, et peste, sicut locutus est Dominus ad Gentem, quæ*

ejércitos, el Dios de Israel, y esto direis á vuestros amos:

5 Yo crié la tierra, y los hombres, y las bestias que estáu sobre la tierra, con mi gran poder y mi excelso brazo, y he dado su dominio á quien me plugo.

6 Al presente, pues, he puesto todos estos paises en poder de Nabuchôdonosor, Rey de Babylonia, ministro mio; y le he dado tambien las bestias del campo [1] para que le sirvan.

7 Y todos estos pueblos serán esclavos suyos, y de su hijo, y del hijo de su hijo; hasta que llegue el plazo de *la ruina de* él mismo y de su tierra, ó reino: entre tanto le servirán muchas naciones y grandes Reyes.

8 Mas á la nacion y al reino que no quiera someterse á Nabuchôdonosor Rey de Babylonia, y á cualquiera que no doblare su cerviz al yugo del Rey de Babylonia, yo los castigaré, dice el Señor, con la espada, con hambre, y con peste, hasta que por medio de Nabuchôdonosor acabe con ellos.

9 Vosotros, pues, no escucheis á vuestros profetas, y adivinos [2], ni á los intérpretes de sueños, ni á los agoreros, ni á los hechiceros, los cuales os dicen: No seréis vosotros sojuzgados por el Rey de Babylonia.

10 Porque lo que os profetizan son mentiras, para *acarrearos el* que seais arrojados *por los chaldeos* lejos de vuestra tierra, y desterrados, y destruidos.

11 Al contrario, la nacion que doblare su cerviz al yugo del Rey de Babylonia y le sirviere, yo la dejaré en su tierra, dice el Señor, y seguirá cultivándola, y habitando en ella.

12 Tambien le anuncié á Sedecías, Rey de Judá, todas estas mismas cosas, diciendo: Doblad vuestra cerviz al yugo del Rey de Babylonia, y servidle á él y á su pueblo, y *así* salvaréis la vida.

13 ¿Para qué quereis morir tú y el pueblo tuyo á cuchillo, y de hambre, y de peste, como tiene Dios predicho á

---

1 8. Gerónimo cree que por bestias del campo se entienden las naciones mas bárbaras.

2 *Cap. XXIII. v.* 16. *XXIX. v.* 8.

servire noluerit regi Babylonis?

14 Nolite audire verba prophetarum dicentium vobis: Non servietis regi Babylonia: quia mendacium ipsi loquuntur vobis.

15 Quia non misi eos, ait Dominus: et ipsi prophetant in nomine meo mendaciter: ut ejiciant vos, et pereatis tam vos, quam prophetæ, qui vaticinantur vobis.

16 Et ad sacerdotes, et ad populum istum locutus sum, dicens: Hæc dicit Dominus: Nolite audire verba prophetarum vestrorum, qui prophetant vobis, dicentes: Ecce vasa Domini revertentur de Babylone nunc cito: mendacium enim prophetant vobis.

17 Nolite ergo audire eos, sed servite regi Babylonis, ut vivatis; quare datur hæc civitas in solitudinem?

18 Et si prophetæ sunt, et est verbum Domini in eis, occurrant Domino exercituum, ut non veniant vasa, quæ derelicta fuerant in domo Domini, et in domo regis Juda, et in Jerusalem, in Babylonem.

19 Quia hæc dicit Dominus exercituum ad columnas, et ad mare, et ad bases, et ad reliqua vasorum, quæ remanserunt in civitate hac:

20 quæ non tulit Nabuchodonosor rex Babylonis, cùm transferret Jechoniam filium Joakim regem Juda de Jerusalem in Babylonem, et omnes optimates Juda et Jerusalem.

21 Quia hæc dicit Dominus exercituum Deus Israel ad vasa, quæ derelicta sunt in domo Domini, et in domo regis Juda et Jerusalem:

la nacion que no quisiere someterse al Rey de Babylonia?

14 No deis oidos á las palabras de aquellos profetas que os dicen: No seréis vosotros siervos del Rey de Babylonia. Porque los tales os hablan mentira:

15 pues no son ellos enviados mios, dice el Señor, sino que profetizan falsamente en mi nombre, para *acarrearos el* que seais desterrados y perezcais [1], tanto vosotros como los profetas que *falsamente* os anuncian lo futuro.

16 Y á los sacerdotes y á este pueblo les dije asimismo lo siguiente: Esto dice el Señor: No hagais caso de las palabras de vuestros profetas, que os anuncian lo futuro, diciendo: Sabed que los vasos *sagrados del templo* del Señor serán muy luego restituidos acá desde Babylonia [2]; pues lo que os profetizan es una mentira.

17 No querais pues escucharlos; antes bien sujetaos al Rey de Babylonia, si quereis salvar vuestra vida. ¿Por qué se ha de ver esta ciudad reducida *por culpa vuestra* á un desierto?

18 Que si los tales son verdaderamente profetas, y está en ellos la palabra del Señor, intercedan con el Señor de los ejércitos para que los vasos que han quedado en el templo del Señor, y en el palacio del Rey de Judá y en Jerusalem, no vayan tambien á Babylonia.

19 Porque esto dice el Señor de los ejércitos acerca de las columnas, y del mar ó *concha de bronce*, y de las basas, y de los otros vasos ó *muebles* que han quedado en esta ciudad [3];

20 los cuales no se llevó Nabuchôdonosor Rey de Babylonía, cuando trasportó á esta ciudad desde la de Jerusalem á Jechônías hijo de Joakim, Rey de Judá, y á todos los magnates de Judá y de Jerusalem.

21 Dice pues asi el Señor de los ejércitos, el Dios de Israel, acerca de los vasos que quedaron en el templo del Señor, y en el palacio del Rey de Judá y en Jerusalem:

---

1 *Cap. XIV. ver.* 14.—*XXIII. ver.* 21.—*XXIX. v.* 9.
2 A donde fueron trasportados con el Rey

Joakim. *IV. Reg. XXIV. v.* 13.
3 *IV. Reg. XXV. v.* 13.

22 _In Babylonem transferentur, et ibi erunt usque ad diem visitationis suæ, dicit Dominus, et afferri faciam ea, et restitui in loco isto._

22 Á Babylonia serán trasladados, y allí estarán hasta el dia en que _esta_ será visitada _ó castigada_ por mí, dice el Señor; que yo _entonces_ los haré traer y restituir á este lugar [1].

CAPÍTULO XXVIII.

Hananías profeta falso es redargüido por Jeremías; quien confirma nuevamente lo que habia profetizado, y vaticina la próxima muerte de Hananías.

1 _Et factum est in anno illo, in principio regni Sedeciæ regis Juda, in anno quarto, in mense quinto, dixit ad me Hananias filius Azur propheta de Gabaon, in domo Domini, coram sacerdotibus et omni populo, dicens:_

2 _Hæc dicit Dominus exercituum Deus Israel: Contrivi jugum regis Babylonis._

3 _Adhuc duo anni dierum, et ego referri faciam ad locum istum omnia vasa domus Domini, quæ tulit Nabuchodonosor rex Babylonis de loco isto, et transtulit ea in Babylonem._

4 _Et Jechoniam filium Joakim regem Juda, et omnem transmigrationem Juda, qui ingressi sunt in Babylonem, ego convertam ad locum istum, ait Dominus: conteram enim jugum regis Babylonis._

5 _Et dixit Jeremias propheta ad Hananiam prophetam, in oculis sacerdotum, et in oculis omnis populi, qui stabat in domo Domini:_

6 _Et ait Jeremias propheta: Amen, sic faciat Dominus: suscitet Dominus verba tua, quæ prophetasti: ut referantur vasa in domum Domini, et omnis transmigratio de Babylone ad locum istum._

7 _Verumtamen audi verbum hoc, quod_

1 En aquel mismo año, al principio del reinado de Sedecías Rey de Judá, en el quinto mes del año cuarto [2], Hananías, hijo de Azur, profeta _falso_ de Gabaon, me dijo en el templo del Señor en presencia de los sacerdotes y de todo el pueblo:

2 Esto dice el Señor de los ejércitos, el Dios de Israel: Yo he roto el yugo del Rey de Babylonia [3].

3 Dentro de dos años cumplidos yo haré restituir á este lugar todos los vasos del templo del Señor, que quitó de acá Nabuchodonosor, Rey de Babylonia, á cuya ciudad los trasportó.

4 Y yo haré volver á este lugar á Jechônías hijo de Joakim Rey de Judá, y á todos los de Judá que han sido llevados cautivos á Babylonia, dice el Señor: porque yo quebrantaré el yugo y todo el poder del Rey de Babylonia.

5 En seguida el profeta Jeremías respondió al _falso_ profeta Hananías, en presencia de los sacerdotes y de todo el pueblo que se hallaba en la Casa del Señor;

6 y díjole: Amen; ojalá que así lo haga el Señor: _ojalá_ que se verifiquen esas palabras con que tú has profetizado, de suerte que se restituyan los vasos _sagrados_ desde Babylonia á la Casa del Señor, y que todos los _judíos_ que fueron llevados cautivos á Babylonia vuelvan á este lugar [4].

7 Pero con todo, escucha esto que voy

---

1 Sirviéndose de Cyro y de Darío. _I. Esd._ _VI. v._ 5.

2 De haber pasado el año sabático, año que coincide con el primero del reinado de Sede-

cías. Véase _Año. Sábado._

3 He decretado vuestra libertad.

4 Como tú lo has asegurado.

ego loquor in auribus tuis, et in auribus universi populi.

8. Prophetæ, qui fuerunt ante me et ante te ab initio, et prophetaverunt super terras multas, et super regna magna, de prælio, et de afflictione, et de fame.

9 Propheta qui vaticinatus est pacem: cum venerit verbum ejus, scietur propheta, quem misit Dominus in veritate.

10 Et tulit Hananias propheta catenam de collo Jeremiæ prophetæ, et confregit cum.

11 Et ait Hananias in conspectu omnis populi, dicens: Hæc dicit Dominus: Sic confringam jugum Nabuchodonosor regis Babylonis post duos annos dierum de collo omnium gentium.

12 Et abiit Jeremias propheta in viam suam. Et factum est verbum Domini ad Jeremiam, postquam confregit Hananias propheta catenam de collo Jeremiæ prophetæ, dicens:

13 Vade, et dices Hananiæ: Hæc dicit Dominus: Catenas ligneas contrivisti, et facies pro eis catenas ferreas.

14 Quia hæc dicit Dominus exercituum Deus Israel: Jugum ferreum posui super collum cunctarum Gentium istarum, ut serviant Nabuchodonosor regi Babylonis, et servient ei: insuper et bestias terræ dedi ei.

15 Et dixit Jeremias propheta ad Hananiam prophetam: Audi Hanania: Non misit te Dominus, et tu confidere fecisti populum istum in mendacio.

16 Idcirco hæc dicit Dominus: Ecce ego mittam te à facie terræ: hoc anno morieris: adversum enim Dominum locutus es.

17 Et mortuus est Hananias propheta in anno illo mense septimo.

yo á decir para que lo oigas tú y el pueblo todo.

8 Los profetas del Señor que ha habido desde el principio, anteriores á mí, y á tí, profetizaron tambien ellos á muchos paises y á grandes reinos guerras, tribulaciones, y hambre.

9 El profeta que predice ahora la paz ó felicidad, verificado que se haya su profecía, entonces se sabrá que es profeta verdaderamente enviado del Señor.

10 Entonces el falso profeta Hananías [1] quitó del cuello del profeta Jeremías la cadena ó atadura, y la hizo pedazos.

11 Y hecho esto, dijo Hananías delante de todo el pueblo: Esto dice el Señor: Asi romperé yo de aqui á dos años el yugo que Nabuchôdonosor, Rey de Babylonia, ha echado sobre la cerviz de todas las naciones.

12 Y fuese Jeremías profeta por su camino. Y el Señor, despues que Hananías profeta hubo roto la atadura ó cadena, que llevaba al cuello el profeta Jeremías, habló á éste diciendo:

13 Vé y di á Hananías: Esto dice el Señor: Tú quebraste las ataduras ó coyundas de madera; y yo digo á Jeremías: Tú en lugar de ellas hazte otras de hierro.

14 Porque esto dice el Señor de los ejércitos, el Dios de Israel: Yo voy á poner un yugo de hierro sobre el cuello de todas estas naciones, para que sirvan á Nabuchôdonosor, Rey de Babylonia, y en efecto á él estarán sujetas: hasta las bestias de la tierra he puesto á su disposicion.

15 Y añadió Jeremías profeta al falso profeta Hananías: Oyes tú, Hananías: Á ti el Señor no te ha enviado, y sin embargo, tomando su Nombre, has hecho que este pueblo confiase en la mentira.

16 Por tanto esto dice el Señor: Sábete que yo te arrancaré de este mundo: tú morirás en este mismo año, ya que has hablado contra el Señor.

17 En efecto, murió el falso profeta Hananías aquel año, en el séptimo mes [2].

---

1 Para ratificar su vaticinio.

2 Ó á los dos meses de esta prediccion. Es-

CAPÍTULO XXIX.

Carta de Jeremías á los cautivos de Babylonia, exhortándolos á la paciencia. Les anuncia la libertad para despues de los setenta años prefijados por el Señor: confirma la total ruina de los que quedarán en la Judéa, y amenaza á los falsos profetas Acháb y Sedecías, y á Semeías.

1 *Et hæc sunt verba libri, quem misit Jeremias propheta de Jerusalem ad reliquias seniorum transmigrationis, et ad sacerdotes, et ad prophetas, et ad omnem populum, quem traduxerat Nabuchodonosor de Jerusalem in Babylonem:*

2 *postquam egressus est Jechonias rex, et domina, et eunuchi, et principes Juda et Jerusalem, et faber et inclusor de Jerusalem:*

3 *in manu Elasa filii Saphan, et Gamariæ filii Helciæ, quos misit Sedecias rex Juda ad Nabuchodonosor regem Babylonis in Babylonem, dicens:*

4 *Hæc dicit Dominus exercituum Deus Israel omni transmigrationi, quam transtuli de Jerusalem in Babylonem:*

5 *Ædificate domos, et habitate: et plantate hortos, et comedite fructum eorum.*

6 *Accipite uxores, et generate filios et filias: et date filiis vestris uxores, et filias vestras date viris, et pariant filios et filias: et multiplicamini ibi, et nolite esse pauci numero.*

7 *Et quærite pacem civitatis, ad quam transmigrare vos feci: et orate pro ea ad Dominum: quia in pace illius erit pax vobis.*

8 *Hæc enim dicit Dominus exercituum*

1 Estas son las palabras de la carta que el profeta Jeremías envió desde Jerusalem á los Ancianos que quedaban entre los cautivos trasportados á *Babylonia*, y á los sacerdotes, y á los profetas[1], y á todo el pueblo trasportado por Nabuchôdonosor desde Jerusalem á Babylonia.

2 Despues que salieron de Jerusalem el rey Jechônías y la reina *madre*, y los eunucos ó *cortesanos*[2] y los príncipes de Judá y de Jerusalem, y los artífices y los joyeros,

3 *Jeremías* envió esta carta por mano de Elasa hijo de Saphân, y de Gamarias hijo de Elcías, despachados á Babylonia por Sedecías Rey de Judá á Nabuchôdonosor Rey de Babylonia: el contenido de la carta era:

4 Esto dice el Señor de los ejércitos, el Dios de Israel, á todos los que yo he enviado cautivos desde Jerusalem á Babylonia:

5 Edificad casas, y habitadlas, y plantad huertos, y comed de sus frutros[3].

6 Contraed matrimonios, y procread hijos é hijas, casad á vuestros hijos, y dad maridos á vuestras hijas, con lo cual nazcan hijos é hijas; y multiplicaos ahí, y no quedeis reducidos á corto número.

7 Y procurad la paz de la ciudad á donde os traslade, y rogad por ella al Señor: porque en la paz de ella tendreis vosotros paz[4].

8 Porque esto dice el Señor de los

---

una señal de ser *falso profeta* el halagar las pasiones y deseos del pueblo, ó el seguir su corriente, pronosticándole felices sucesos, en lugar de llamarle á la penitencia, reprender sus vicios etc. Algunas veces permite el Señor que se verifique alguno de los sucesos felices que anuncian los hypócritas, ó falsos profetas,

para probar si su pueblo le ama de veras. *Deut. XIII. v. 3.*

1 Daniel, Exechiel y otros que habian sido llevados á Babylonia.

2 Véase *Eunuco*.

3 Pues habeis de estár ahí muchos años.

4 Ó está comprendida vuestra paz.

Deus Israel: Non vos seducant prophetæ vestri, qui sunt in medio vestrum, et divini vestri: et ne attendatis ad somnia vestra, quæ vos somniatis:

9 quia falsò ipsi prophetant vobis in nomine meo: et non misi eos, dicit Dominus.

10 Quia hæc dicit Dominus: Cùm cœperint impleri in Babylone septuaginta anni, visitabo vos: et suscitabo super vos verbum meum bonum, ut reducam vos ad locum istum.

11 Ego enim scio cogitationes, quas ego cogito super vos, ait Dominus, cogitationes pacis, et non afflictionis, ut dem vobis finem et patientiam.

12 Et invocabitis me, et ibitis: et orabitis me, et ego exaudiam vos.

13 Quæretis me, et invenietis: cùm quæsieritis me in toto corde vestro.

14 Et inveniar à vobis, ait Dominus: et reducam captivitatem vestram, et congregabo vos de universis gentibus, et de cunctis locis, ad quæ expuli vos, dicit Dominus: et reverti vos faciam de loco, ad quem transmigrare vos feci.

15 Quia dixistis: Suscitavit nobis Dominus Prophetas in Babylone.

16 Quia hæc dicit Dominus ad regem, qui sedet super solium David, et ad omnem populum habitatorem urbis hujus, ad fratres vestros, qui non sunt egressi vobiscum in transmigrationem.

17 Hæc dicit Dominus exercituum: Ecce mittam in eos gladium, et famem, et pestem: et ponam eos quasi ficus malas, quæ comedi non possunt, eò quòd pessimæ sint.

ejércitos, el Dios de Israel: No os engañen vuestros falsos profetas que están en medio de vosotros, ni vuestros adivinos; y no hagais caso de vuestros sueños:

9 porque falsamente os profetizan aquellos en mi nombre[1]; y yo no los envié, dice el Señor.

10 Lo que dice el Señor es esto: Cuando estén para cumplirse los setenta años *de vuestra estancia* en Babylonia, yo os visitaré, y daré cumplimiento á mi agradable promesa de restituiros á este lugar[2].

11 Porque yo sé los designios que tengo sobre vosotros, dice el Señor, designios de paz, y no de afliccion, para daros *la libertad que es* el objeto de vuestra espectacion.

12 Entonces me invocareis, y partireis *á vuestra patria:* me suplicareis, y yo os escucharé benignamente.

13 Me buscareis, y me hallareis, cuando me buscáreis de todo vuestro corazon:

14 entonces seré yo hallado de vosotros, dice el Señor; y yo os haré volver de la esclavitud, y os congregaré de todas las regiones, y de todos los lugares á donde os habia desterrado, dice el Señor, y os haré volver del lugar al cual os habia hecho trasmigrar.

15 Pero vosotros habeis dicho: El Señor nos ha enviado profetas *aquí* en Babylonia[3].

16 Pues he aqui lo que dice el Señor acerca del Rey *Sedecías* que está sentado en el solio de David, y de todo el pueblo que habita esta ciudad, *esto es,* de vuestros hermanos que no han trasmigrado con vosotros:

17 esto es lo que dice el Señor de los ejércitos: Sabed que yo enviaré contra ellos la espada, la hambre, y la peste, y los trataré como á higos malos[4], que *se arrojan porque no se pueden comer de puro malos.*

---

1 Antes *XIV. ver.* 14.—*XXIII. ver.* 16.— *XXVII. v.* 15.

2 *Cap. XXV. v.* 12.—*II. Paral. XXXVI. v.* 21.—*I. Esd. I. v.* 1.—*Dan. IX. v.* 2.

3 Que nos hacen esperar lo contrario. Y por eso envidiamos la suerte de nuestros hermanos que se han quedado en Jerusalem con el rey Sedecías.

4 Antes *XXIV. v.* 1., 8., 9., 10.

18 *El persequar eos in gladio, et in fame, et in pestilentia: et dabo eos in vexationem universis regnis terræ, in maledictionem, et in stuporem, et in sibilum, et in opprobrium cunctis Gentibus, ad quas ego ejeci eos:*

19 *eò quòd non audierint verba mea, dicit Dominus: quæ misi ad eos per servos meos prophetas, de nocte consurgens, et mittens: et non audistis: dicit Dominus.*

20 *Vos ergo audite verbum Domini, omnis transmigratio, quam emisi de Jerusalem in Babylonem.*

21 *Hæc dicit Dominus exercituum Deus Israel ad Achab filium Coliæ, et ad Sedeciam filium Maasiæ, qui prophetant vobis in nomine meo mendaciter: Ecce ego tradam eos in manus Nabuchodonosor regis Babylonis: et percutiet eos in oculis vestris.*

22 *Et assumetur ex eis maledictio omni transmigrationi Juda, quæ est in Babylone, dicentium: Ponat te Dominus sicut Sedeciam, et sicut Achab, quos frixit rex Babylonis in igne:*

23 *pro eò quòd fecerint stultitiam in Israel, et mœchati sunt in uxores amicorum suorum, et locuti sunt verbum in nomine meo mendaciter, quod non mandavi eis: ego sum judex et testis, dicit Dominus:*

24 *et ad Semeian Nehelamiten dices:*

25 *Hæc dicit Dominus exercituum, Deus Israel: Pro eò quòd misisti in nomine tuo libros ad omnem populum, qui est in Jerusalem, et ad Sophoniam filium Maasiæ sacerdotem, et ad universos sacerdotes, dicens:*

26 *Dominus dedit te sacerdotem pro Joiade sacerdote, ut sis dux in domo*

---

18 Los perseguiré á cuchillo, y con hambre, y con peste, y los entregaré á la tiranía de todos los reinos de la tierra: y serán la maldicion, el pasmo, la mofa, y el oprobio de todas las naciones á donde los hubiere arrojado:

19 por cuanto (dice el Señor) no quisieron dar oidos á mis palabras, que les he hecho anunciar por la boca de mis siervos los profetas, enviándoselos oportunamente, y con anticipacion. Mas vosotros no quisisteis obedecer, dice el Señor.

20 Entretanto, vosotros todos, á quienes hice yo pasar desde Jerusalem á Babylonia, oid la palabra del Señor:

21 Esto es lo que dice el Señor de los ejércitos, el Dios de Israel, acerca de Achâb hijo de Colias, y de Sedecías hijo de Maasías, que falsamente os profetizan en mi nombre: Sabed que yo los entregaré en manos de Nabuchôdonosor, Rey de Babylonia, que los hará morir delante de vuestros ojos.

22 De suerte que todos los que han sido trasladados de Judá á Babylonia los tomarán por frase de maldicion, diciendo: Póngate el Señor como á Sedecías y á Achâb; á quienes asó ó *frió* á fuego *lento* [1] el Rey de Babylonia:

23 por haber hecho ellos necedades *abominables* en Israel, y cometido adulterios con las mugeres de sus amigos, y hablado mentirosamente en nombre mio, sin haberles yo dado ninguna comision: Yo *mismo soy* el juez y el testigo *de todo eso,* dice el Señor.

24 Asimismo dirás á Semeías, Nehelamita, ó soñador [2] :

25 Esto dice el Señor de los ejércitos, el Dios de Israel: Por cuanto enviaste cartas en tu nombre [3] á todo el pueblo que se halla en Jerusalem, y á Sophonías hijo de Maasías, sacerdote, y á todos los sacerdotes, diciendo *á Sophonías:*

26 El Señor te há constituido *sumo* sacerdote en lugar del sacerdote Jojada,

---

1 Este suplicio consistia en meter poco á poco el cuerpo del paciente en una caldera de aceite hirviendo. Tal fué el martirio de los santos hermanos *Machábeos,* y despues el de *san Juan Evangelista,* etc.

2 *Nehelam* en hebreo נֶחֱלָם significa *Soñador:* viene de la raiz חָלַם *halam.*

3 Ó por tu propio capricho. El sentido de esto se ve en el verso 32. Véase *Libro.*

*Domini super omnem virum arrepti-
tium et prophetantem, ut mittas eum
in nervum et in carcerem:*

27 *et nunc quare non increpasti Jeremiam Anathothitem, qui prophetat
vobis?*

28 *Quia super hoc misit in Babylonem ad nos, dicens: Longum est: ædificate domos, et habitate: et plantate
hortos, et comedite fructus eorum.*

29 *Legit ergo Sophonias sacerdos librum istum in auribus Jeremiæ prophetæ.*

30 *Et factum est verbum Domini ad
Jeremiam, dicens:*

31 *Mitte ad omnem transmigrationem, dicens: Hæc dicit Dominus ad
Semeiam Nehelamiten: Pro eò quòd
prophetavit vobis Semeias, et ego non
misi eum, et fecit vos confidere in
mendacio:*

32 *idcircò hæc dicit Dominus: Ecce
ego visitabo super Semeiam Nehelamiten, et super semen ejus: non erit ei
vir sedens in medio populi hujus: et
non videbit bonum, quod ego faciam
populo meo, ait Dominus: quia prævaricationem locutus est adversus Dominum.*

á fin de que tú tengas autoridad en la
casa del Señor, para reprimir á todo fa-
nático que se finge profeta, y meterle
en el cepo y en la cárcel:

27 ¿como es pues que no has castigado
á Jeremías *natural* de Anathoth que hace del profeta entre vosotros?

28 siendo asi que ademas de eso nos
ha enviado á decir acá en Babylonia: No
volvereis en mucho tiempo: edificaos casas y morad en ellas: haced plantios en
las huertas y comed sus frutos.

29 Leyó pues el sacerdote Sophonías
esta carta *de Semeías* delante del profeta Jeremías.

30 Y el Señor habló entonces á Jeremías en estos términos:

31 Envia á decir lo siguiente á todos
los que han sido trasladados cautivos *á
Babylonia:* Esto dice el Señor acerca de
Semeías, Nehelamita: Por cuanto Semeías se ha metido á profetizaros *lo futuro,* sin tener ninguna mision mia, y
os ha hecho confiar en la mentira;

32 por tanto, esto dice el Señor: He
aquí que yo castigaré á Semeías, Nehelamita, y á su raza; no tendrá jamás un
descendiente que se siente *ó viva* en medio de este pueblo: ni verá el bien *ó la
libertad* que yo he de conceder al pueblo
mio, dice el Señor: porque ha hablado
como prevaricador contra *los oráculos*
del Señor.

CAPÍTULO XXX.

*Predice Jeremías el fin de la cautividad de Babylonia; y que en seguida
las dos casas de Judá é Israel servirán al Señor reunidas bajo un Rey
del linage de David.*

1 *Hoc verbum, quod factum est ad
Jeremiam à Domino, dicens:*

2 *Hæc dicit Dominus Deus Israel,
dicens: Scribe tibi omnia verba, quæ
locutus sum ad te, in libro.*

3 *Ecce enim dies veniunt, dicit Dominus: et convertam conversionem populi mei Israel et Juda, ait Dominus;
et convertam eos ad terram, quam de-*

1 Habló el Señor á Jeremías, diciendo:

2 Esto manda el Señor Dios de Israel:
Escribe en un libro todas las palabras
que yo te he hablado [1].

3 Porque he aquí que llegará tiempo,
dice el Señor, en que yo haré volver los
cautivos de mi pueblo de Israel y de Judá, y harélos regresar, dice el Señor, á

.1 Esto es: Publica y haz que todos sepan la
siguiente profecia; porque es de grande impor-

tancia. Créese que fué hecha reinando Sedecias.

di patribus eorum: et possidebunt eam.

4 Et hæc verba, quæ locutus est Dominus ad Israel et ad Judam:

5 quoniam hæc dicit Dominus: Vocem terroris audivimus: formido, et non est pax.

6 Interrogate, et videte si generat masculus: quare ergo vidi omnis viri manum super lumbum suum, quasi parturientis, et conversæ sunt universæ facies in auruginem?

7 Væ, quia magna dies illa, nec est similis ejus: tempusque tribulationis est Jacob, et ex ipso salvabitur.

8 Et erit in die illa, ait Dominus exercituum: conteram jugum ejus de collo tuo, et vincula ejus dirumpam, et non dominabuntur ei ampliùs alieni.

9 Sed servient Domino Deo suo, et David regi suo, quem suscitabo eis.

10 Tu ergo ne timeas, serve meus Jacob, ait Dominus, neque paveas Israel: quia ecce ego salvabo te de terra longinqua, et semen tuum de terra captivitatis eorum: et revertetur Jacob, et quiescet, et cunctis affluet bonis, et non erit quem formidet:

11 quoniam tecum ego sum, ait Dominus, ut salvem te: faciam enim consummationem in cunctis Gentibus, in quibus dispersi te: te autem non fa-

la tierra que dí á sus padres, y la poseerán [1].

4 He aqui las palabras que dirigió el Señor á Israel y á Judá:

5 Asi habla el Señor: Algun dia direis: Oido hemos voces de terror, y espanto; y no de paz.

6 Preguntad y sabed si son por ventura los varones los que han de parir. Porque ¿cómo es que estoy viendo en ansiedad á todos los hombres y con las manos sobre sus lomos, como la muger que está de parto, y cubiertos sus rostros de amarillez [2]?

7 ¡Ay! que aquel dia es grande y terrible, ni hay otro que se le parezca; tiempo de tribulacion para Jacob, de la cual será al fin librado [3].

8 Y sucederá en aquel dia, dice el Señor de los ejércitos, que yo haré pedazos el yugo que Nabuchôdonosor puso sobre tu cuello, y romperé sus ataduras, y no te dominarán mas los extrangeros:

9 sino que los hijos de Israel servirán al Señor su Dios, y á el hijo de David su Rey, que yo suscitaré para ellos [4].

10 No temas pues tú, oh siervo mio Jacob, dice el Señor, ni tengas miedo, oh Israel: que yo te sacaré de ese pais remoto en que estás, y á tus descendientes de la region en que se hallan cautivos: y Jacob volverá [5], y vivirá en reposo, y en abundancia de bienes, sin que tenga que temer á nadie:

11 pues que estoy yo contigo, dice el Señor, para salvarte. Porque yo exterminaré todas las naciones, entre las cuales te dispersé: á tí empero no te destruiré

---

1 Pero antes castigaré sus delitos. El Profeta parece que habla principalmente de la libertad completa en que será puesto el pueblo de Israel cuando todo entero reconocerá al Mesias, y entrará en su Iglesia por la fe; porque tan sola una pequeña parte de la nacion fué la que se convirtió en tiempo del Mesias. Tal vez por esto se añade en el v. 24. que las cosas que aqui se dicen serán entendidas al fin de los tiempos. Es de notarse con san Gerónimo, que profetizaban las mismas cosas Jeremias en Jerusalem, y Ezechiel en Babylonia. Véase Ezech. XXXVII. ver. 24.

2 Enérgica figura con que explica la acerbidad del dolor. La amarillez es el color de los que padecen la ictericia, ó el color de oro,

como trasladan los Setenta.

3 Apoc. cap. XIII. — Joel II. ver. 11. — Amós V. v. 18. — Soph. I. v. 15.

4 Luc. I. ver. 70. — Is. XLIII. ver. 1. — XLIV. v. 2. Aqui el Mesias es llamado David, como tambien en Ezech. cap. XXXVII. ver. 25.; por ser descendiente de David, segun la carne. Asi lo entendieron tambien los antiguos Rabinos, y aun muchos de los modernos; y lo denota el texto cháldeo. Al convertirse toda la nacion judáica á la fe, entonces se verificará la reunion de todas las tribus en el reino de Jesu-Christo. Véanse las Reglas para la inteligencia de la Escritura.

5 A la tierra que yo le di.

ciam in consummationem : sed castigabo te in judicio, ut non videaris tibi innoxius.

12 Quia hæc dicit Dominus: Insanabilis fractura tua, pessima plaga tua.

13 Non est qui judicet judicium tuum ad alligandum: curationum utilitas non est tibi.

14 Omnes amatores tui obliti sunt tui, teque non quærent : plaga enim inimici percussi te castigatione crudeli: propter multitudinem iniquitatis tuæ dura facta sunt peccata tua.

15 Quid clamas super contritione tua? insanabilis est dolor tuus: propter multitudinem iniquitatis tuæ, et propter dura peccata tua feci hæc tibi.

16 Proptereà omnes qui comedunt te, devorabuntur : et universi hostes tui in captivitatem ducentur: et qui te vastant, vastabuntur; cunctosque prædatores tuos dabo in prædam.

17 Obducam enim cicatricem tibi, et à vulneribus tuis sanabo te, dicit Dominus. Quia ejectam vocaverunt te Sion: Hæc est, quæ non habebat requirentem.

18 Hæc dicit Dominus: Ecce ego convertam conversionem tabernaculorum Jacob, et tectis ejus miserebor, et ædificabitur civitas in excelso suo, et templum juxta ordinem suum fundabitur.

19 Et egredietur de eis laus, voxque ludentium: et multiplicabo eos, et non minuentur : et glorificabo eos, et non attenuabuntur.

20 Et erunt filii ejus sicut à principio, et cœtus ejus coram me permanebit: et visitabo adversum omnes qui tribulant eum.

21 Et erit dux ejus ex eo: et princeps de medio ejus producetur : et applicabo

---

del todo, sino que te castigaré segun mis juicios, á fin de que no te tengas por inocente[1].

12 Así pues esto dice el Señor: Incurable es tu fractura; es muy maligna tu llaga.

13 No hay quien forme un cabal juicio de tu mal para curarle: no hay remedios que te aprovechen [2].

14 Olvidado se han de tí todos tus amadores, y no se curarán ya de tí para ser amigos tuyos: en vista de que te he hecho una llaga como de mano hostil, y con un terrible azote [3]: porque estás endurecida en tus pecados, á causa de la abundancia de tu iniquidad.

15 ¿Por qué alzas el grito en tus penas? Tu dolor es incurable: por la muchedumbre de tus maldades, y por la obstinacion en tus pecados hice contigo esas cosas.

16 Mas todos aquellos que te muerden serán devorados, y todos tus enemigos serán llevados cautivos, y aquellos que te asuelan serán asolados, y entregados al saqueo tus saqueadores.

17 Porque yo cicatrizaré tu llaga, y curaré tus heridas, dice el Señor. Ellos, oh Sion, te han llamado la Repudiada : Esta es, dicen, la que no tiene quien la busque ó pretenda.

18 Pero esto dice el Señor: Yo haré que vuelvan los cautivos que habitan en las tiendas ó tabernáculos de Jacob [4], y tendré piedad de sus casas, y será reedificada la ciudad en su altura, y fundado el templo segun su anterior estado.

19 Y saldrán de sus labios alabanzas y voces de júbilo: y yo los multiplicaré, y no se disminuirá su número: los llenaré de gloria, y no volverán á ser envilecidos.

20 Y serán sus hijos feles como al principio, y su congregacion permanecerá estable en mi presencia: y castigaré á todos los que la atribulan.

21 Y de él, esto es, de Jacob, nacerá su caudillo ó Mesías, y de en medio de

---

1 Y sirvas de testimonio á mis palabras.

2 Esto es, la ceguedad y dureza del pueblo judáico en no querer reconocer al Mesías, es de suyo incurable: se necesita un milagro de

la gracia, el cual obrará Dios á su tiempo. Rom. 11.

3 Cap. XXIII. v. 19.

4 Aquellos que están en la Cháldea.

eum, et accedet ad me: quis enim iste est, qui applicet cor suum ut appropinquet mihi, ait Dominus?

él saldrá á luz el Príncipe : el cual me le allegaré á mí, y él se estrechará conmigo [1]. Porque ¿quién es [2] aquel que de tal modo se acerque á mí con su corazon, dice el Señor?

22 Et eritis mihi in populum, et ego ero vobis in Deum.

22 Vosotros sereis entonces mi pueblo fiel, y yo seré vuestro Dios siempre benigno.

23 Ecce turbo Domini, furor egrediens, procella ruens, in capite impiorum conquiescet.

23 Pero he aquí que el torbellino del Señor, el furor que está respirando [3], la inminente tempestad, todo descargará sobre la cabeza de los impíos.

24 Non avertet iram indignationis Dominus, donec faciat et compleat cogitationem cordis sui: in novissime dierum intelligetis ea.

24 No apaciguará el Señor el furor de su indignacion, hasta tanto que haya ejecutado y cumplido los designios de su corazon: al fin de los tiempos entendereis estas cosas.

CAPÍTULO XXXI.

Jeremias profetiza la libertad del pueblo de Israel; el cual, reunido todo, servirá al Señor y será colmado de bienes. Nacimiento del Mesías, y formacion de la nueva Ley.

1 In tempore illo, dicit Dominus: Ero Deus universis cognationibus Israel, et ipsi erunt mihi in populum.

1 En aquel tiempo, dice el Señor, yo seré el Dios de todas las tribus de Israel, y ellas serán mi pueblo.

2 Hæc dicit Dominus: Invenit gratiam in deserto populus, qui remanserat á gladio: vadet ad requiem suam Israel.

2 Esto dice el Señor: En el Desierto el resto del pueblo, que quedó libre del castigo, halló gracia delante de mí: tambien Israel llegará á la tierra de su descanso.

3 Longè Dominus apparuit mihi. Et in charitate perpetua dilexi te: ideò attraxi te, miserans.

3 Es verdad que me visitó el Señor, responde Israel, mas hace ya mucho tiempo. Te engañas, dice Dios, porque yo te he amado con perpetuo y no interrumpido amor: por eso misericordioso te atraje á mí.

4 Rursumque ædificabo te, et ædificaberis, virgo Israel; adhuc ornaberis tympanis tuis, et egredieris in choro ludentium.

4 Y otra vez te renovaré y te daré nuevo ser, oh virgen [4] de Israel: todavía saldrás acompañada del sonido de tus panderos, y caminarás rodeada de coros de música:

5 Adhuc plantabis vineas in montibus Samariæ: plantabunt plantantes, et

5 todavía plantarás viñas en los montes de Samaria: y aquellos que las plan-

---

1 Todos los Expositores antiguos y modernos ven aquí una clara profecia de Christo. Is. XLVI. v. 11.

2 Eso que se me arrime sin arrimarle yo? Tal parece á varios intérpretes el sentido de la Vulgata applicabo eum en la segunda parte de la antítesis. La expresion de la primera parte de la antítesis se entiende del pueblo de Jacob no del Principe.

3 Scio: El furor impetuoso.

4 Esto es, oh pueblo de Israel. Véase Virgen.

donec tempus veniat, non vindemiabunt:

6 quia erit dies, in qua clamabunt custodes in monte Ephraim: Surgite, et ascendamus in Sion ad Dominum Deum nostrum.

7 Quia hæc dicit Dominus: Exultate in lætitia Jacob, et hinnite contra caput Gentium: personate, et canite, et dicite: Salva, Domine, populum tuum, reliquias Israel.

8 Ecce ego adducam eos de terra Aquilonis, et congregabo eos ab extremis terræ: inter quos erunt cæcus et claudus, prægnans et pariens simul, cœtus magnus revertentium huc.

9 In fletu venient; et in misericordia reducam eos: et adducam eos per torrentes aquarum in via recta, et non impingent in ea: quia factus sum Israeli pater, et Ephraim primogenitus meus est.

10 Audite verbum Domini, Gentes, et annuntiate in insulis quæ procul sunt, et dicite: Qui dispersit Israel congregabit eum: et custodiet eum sicut pastor gregem suum.

11 Redemit enim Dominus Jacob, et liberavit eum de manu potentioris.

12 Et venient, et laudabunt in monte Sion: et confluent ad bona Domini, super frumento, et vino, et oleo, et fœtu pecorum et armentorum: eritque anima eorum quasi hortus irriguus; et ultra non esurient.

13 Tunc lætabitur virgo in choro, juvenes et senes simul, et convertam luctum eorum in gaudium, et consolabor eos, et lætificabo à dolore suo.

tarán, no recogerán su fruto hasta el tiempo prescrito [1].

6 Porque tiempo vendrá en que las centinelas *ó gefes de mi pueblo* clamarán sobre el monte de Ephraim: Vamos *todos*, y subamos á Sion, al *templo del Señor* Dios nuestro [2].

7 Porque esto dice el Señor: Regocijaos y haced fiestas por amor de Jacob, y prorumpid en gritos de júbilo al frente de las naciones: resuenen vuestros cánticos, y decid: Salva, Señor, al pueblo tuyo, *salva* las reliquias de Israel.

8 Sabed, *dice el Señor*, que yo los conduciré *á todos* de las tierras del Norte, y los recogeré de los extremos de la tierra: entre ellos vendrán juntamente el ciego y el cojo, la preñada y la parida, grande será la muchedumbre de los que volverán acá.

9 Vendrán llorando *de gozo*, y yo compadecido *de ellos* los conduciré á la vuelta por en medio de arroyos de *frescas* aguas, via recta y sin ningun tropiezo [3]: porque padre soy yo de Israel; y Ephraim es mi primogénito [4].

10 Escuchad, oh naciones, la palabra del Señor, y anunciadla á las islas *mas* remotas, y decid: Aquel *mismo* que dispersó á Israel, le reunirá, y le guardará como guarda el pastor á su rebaño.

11 Pues el Señor ha redimido á Jacob, y le ha librado de las manos del prepotente.

12 Y así vendrán, y cantarán himnos *á Dios* en el monte Sion, y correrán en tropa á gozar de los bienes del Señor, del trigo, del vino, del aceite, y de las crias de ovejas y de vacas; y estará su alma cual *hermoso* jardin abundante de aguas, y no padecerán *ya* mas necesidades.

13 Entonces se regocijarán las vírgenes [5] al sonido de músicos instrumentos, y *tambien* los jóvenes á una con los ancianos. Yo cambiaré su llanto en gozo, y los consolaré, y los llenaré de alegría en cambio de su pasado dolor.

---

1 *Lev. XIX. v.* 25.
2 *Is. II. v.* 3.—*Mich. IV. v.* 2.
3 *Is. XXXV. v.* 7.—*XLI. v.* 18.—*XLIX.* ver. 10.

4 Alude á la preferencia que le dió Jacob. *Gen. XLVIII. v.* 13. *y sig.* Ephraim denota las diez tribus.
5 *Apoc. XIV. v.* 4.

14 *Et inebriabo animam sacerdotum pinguedine: et populus meus bonis meis adimplebitur, ait Dominus.*

15 *Hæc dicit Dominus: Vox in excelso audita est lamentationis, luctus, et fletus Rachel plorantis filios suos, et nolentis consolari super eis, quia non sunt.*

16 *Hæc dicit Dominus: Quiescat vox tua à ploratu, et oculi tui à lacrymis: quia est merces operi tuo, ait Dominus: et revertentur de terra inimici.*

17 *Et est spes novissimis tuis, ait Dominus: et revertentur filii ad terminos suos.*

18 *Audiens audivi Ephraim transmigrantem: Castigasti me, et eruditus sum, quasi juvenculus indomitus: converte me, et convertar: quia tu Dominus Deus meus.*

19 *Postquam enim convertisti me, egi pœnitentiam: et postquam ostendisti mihi, percussi femur meum. Confusus sum, et erubui, quoniam sustinui opprobrium adolescentiæ meæ.*

20 *Si filius honorabilis mihi Ephraim, si puer delicatus: quia ex quo locutus sum de eo, adhuc recordabor ejus. Idcircò conturbata sunt viscera mea super eum: miserans miserebor ejus, ait Dominus.*

21 *Statue tibi speculam, pone tibi amaritudines: dirige cor tuum in viam rectam, in qua ambulasti: revertere, virgo Israel, revertere ad civitates tuas istas.*

14 Y saciaré el alma de los sacerdotes con *otras* pingüísimas carnes [1], y el pueblo mio será colmado de mis bienes, dice el Señor [2].

15 *Porque* esto dice el Señor: Se han oido allá en lo alto [3] voces de lamentos, de luto, y de gemidos, y son de Rachêl, que llora sus hijos, ni quiere admitir consuelo en órden á la muerte de ellos, visto que ya no existen [4].

16 El Señor dice asi: Cesen tus labios de prorumpir en voces de llanto, y tus ojos de derramar lágrimas; pues por tu pena recibirás galardon, dice el Señor: y ellos volverán de la tierra enemiga [5].

17 Y para tus últimos dias te queda la *segura* esperanza, dice el Señor, de que tus hijos volverán á sus hogares.

18 He escuchado con atencion á Ephraim [6] *que* en su cautiverio *dice:* Tú me has castigado, oh *Señor,* yo cual indómito novillo he sido corregido. Conviérteme á tí [7], y yo me convertiré; pues que tú, oh Señor, eres mi Dios.

19 Porque *estoy viendo ahora* que despues que tú me convertiste, yo he hecho penitencia: despues que me iluminaste, he herido mi muslo [8]; y he quedado confuso y avergonzado, porque he sufrido el oprobio de mi mocedad.

20 ¿No es Ephraim para mí el hijo querido, el niño que yo he criado con ternura? Desde que yo le he hablado [9], le traigo siempre en la memoria: por eso se han conmovido por amor suyo mis entrañas. Y tendré para con él entrañas de misericordia, dice el Señor.

21 Seas *pues,* oh *Ephraim, á manera de* un centinela [10]: entrégate á las amarguras *de la penitencia:* convierte tu corazon hácia el recto camino, por donde anduviste: vuelve, oh vírgen de Israel, *vuelve, oh pueblo mio,* vuelve á tus ciudades.

---

1 De víctimas mas preciosas. *Act. II. v.* 28.
2 Pero antes sufrirá la pena de sus delitos.
3 En Ramá, pequeña ciudad de la tierra de Benjamin.
4 *Matth. II. v.* 18.
5 En que están cautivos.
6 Ó al pueblo mio.
7 Esto es, aumenta en mí siempre mas y mas el conocimiento y el dolor de mis pecados, á fin de que sea mas grande tambien y mas fervorosa y sólida mi conversion, que ha principiado á obrar la luz de tu gracia. Véase *Gracia.*
8 En señal de mi dolor.
9 Desde que he movido su corazon, y se ha convertido á mí.
10 Vela sobre ti.

22 *Usquequò deliciis dissolvéris filia vaga? quia creavit Dominus novum super terram: FŒMINA CIRCUMDABIT VIRUM.*

23 *Hæc dicit Dominus exercituum Deus Israel: Adhuc dicent verbum istud in terra Juda, et in urbibus ejus, cùm convertero captivitatem eorum: Benedicat tibi Dominus, pulchritudo justitiæ, mons sanctus:*

24 *et habitabunt in eo Judas, et omnes civitates ejus simul, agricolæ et minantes greges.*

25 *Quia inebriavi animam lassam, et omnem animam esurientem saturavi.*

26 *Ideò quasi de somno suscitatus sum: et vidi, et somnus meus dulcis mihi.*

27 *Ecce dies veniunt, dicit Dominus: et seminabo domum Israel et domum Juda semine hominum, et semine jumentorum.*

28 *Et sicut vigilavi super eos ut evellerem, et demolirer, et dissiparem, et disperderem, et affligerem: sic vigilabo super eos ut ædificem, et plantem, ait Dominus.*

29 *In diebus illis non dicent ultrà: Patres comederunt uvam acerbam, et dentes filiorum obstupuerunt.*

30 *Sed unusquisque in iniquitate sua morietur: omnis homo qui comederit uvam acerbam, obstupescent dentes ejus.*

31 *Ecce dies venient, dicit Dominus: et feriam domui Israel et domui Juda fœdus novum.*

32 *Non secundùm pactum, quod pepigi cum patribus eorum, in die qua*

22 ¿Hasta cuándo estarás estragándote en medio de los deleites, oh hija perdida? Pues *mira*, el Señor ha hecho una cosa nueva, ó *milagrosa*, sobre la tierra: UNA MUGER *oírgen* ENCERRARÁ DENTRO DE SÍ AL HOMBRE *Dios* [1].

23 Esto dice el Señor de los ejércitos, el Dios de Israel: Todavía se oirán estas palabras en la tierra de Judá y en sus ciudades, cuando yo hubiere redimido sus cautivos: Bendígate el Señor, oh mansion hermosa de la justicia, oh monte santo *de Sion.*

24 Y habitará allí Judá, y juntamente todas sus ciudades; así aquellos que labran la tierra, como los que apacientan los ganados;

25 porque yo embriagaré *en Sion* á toda alma sedienta, y hartaré á todo hambriento [2].

26 Por esto desperté yo como de un sueño, y abrí los ojos, y me saboreé con mi sueño *profético.*

27 He aquí que viene el tiempo, dice el Señor, en que yo sembraré la casa de Israel, y la casa de Judá de simiente de hombres, y de simiente de jumentos.

28 Y al modo que puse mi atencion en extirparlos, y abatirlos, y disiparlos, y desparramarlos, y afligirlos *de mil maneras*; así no perderé tiempo *ahora* para restaurarlos, y plantarlos, dice el Señor.

29 En aquellos dias no se oirá mas aquel dicho: Los padres comieron uvas agraces, y los hijos padecieron la dentera [3]:

30 sino que cada uno morirá por su propio pecado: el hombre que comiere la uva agraz, ese sufrirá la dentera.

31 He aquí que viene el tiempo, dice el Señor, en que yo haré una nueva alianza con la casa de Israel, y con la casa de Judá [4]:

32 alianza, no como aquella que contraje con sus padres el dia que los cogí

---

[1] Concebirá en su seno por obra del Espíritu Santo al *varon fuerte*, al Señor ó *Caudillo.* Todo eso significa la voz גֶּבֶר *Gabber*, que la Vulgata traduce *virum.*

[2] *Matth. V. v.* 6.

[3] *Ezech. XVIII. v.* 2. Los judios solian

siempre atribuir á los pecados de sus padres mas que á los suyos los castigos que el Señor les enviaba. Pero mas humildes los nuevos fieles ó servidores del Señor no lo dirán así, sino que pedirán perdon á Dios.

[4] *Hebr. VIII. v.* 8.

apprehendi manum eorum, ut educerem eos de terra Ægypti, pactum, quod irritum fecerunt, et ego dominatus sum eorum, dicit Dominus.

33 Sed hoc erit pactum, quod feriam cum domo Israel post dies illos, dicit Dominus: Dabo legem meam in visceribus eorum, et in corde eorum scribam eam: et ero eis in Deum, et ipsi erunt mihi in populum.

34 Et non docebit ultrà vir proximum suum, et vir fratrem suum, dicens: Cognosce Dominum: omnes enim cognoscent me à mínimo eorum usque ad maximum, ait Dominus: quia propitiabor iniquitati eorum, et peccati eorum non memorabor ampliùs.

35 Hæc dicit Dominus, qui dat solem in lumine diei, ordinem lunæ et stellarum in lumine noctis: qui turbat mare, et sonant fluctus ejus, Dominus exercituum nomen illi.

36 Si defecerint leges istæ coram me, dicit Dominus: tunc et semen Israel deficiet, ut non sit gens coram me cunctis diebus.

37 Hæc dicit Dominus: Si mensurari potuerint cœli sursum, et investigari fundamenta terræ deorsum: et ego abjiciam universum semen Israel propter omnia quæ fecerunt, dicit Dominus.

38 Ecce dies veniunt, dicit Dominus: et ædificabitur civitas Domino, à turre Hananeel usque ad portam anguli.

39 Et exibit ultrà norma mensuræ in conspectu ejus super collem Gareb: et circuibit Goatha,

40 et omnem vallem cadaverum, et

por la mano para sacarlos de la tierra de Egipto; alianza que ellos invalidaron [1], y por tanto ejercí sobre ellos mi soberano dominio, dice el Señor.

33 Mas esta será la nueva alianza que yo haré, dice el Señor, con la casa de Israel, despues que llegue aquel tiempo: Imprimiré mi Ley en sus entrañas, y la grabaré en sus corazones; y yo seré su Dios, y ellos serán el pueblo mio [2].

34 Y no tendrá ya el hombre que hacer de maestro de su prójimo, ni el hermano de su hermano, diciendo: Conoce al Señor [3]. Pues todos me conocerán, desde el mas pequeño hasta el mas grande, dice el Señor: porque yo perdonaré su iniquidad, y no me acordaré mas de su pecado [4].

35 Esto dice el Señor, aquel Señor que envia el sol para dar luz al dia, y ordena el curso de la luna y de los astros para esclarecer la noche; el que alborota el mar, y al instante braman sus olas; el que se llama Señor de los ejércitos.

36 Cuando estas leyes, dice el Señor, establecidas por mi Providencia vinieren á faltar, entonces podrá faltar tambien el linage de Israel, y dejar de ser nacion perdurable á mi presencia.

37 Esto dice todavía el Señor: Cuando alguno pudiere medir allá arriba los cielos, y escudriñar allá bajo los cimientos de la tierra, entonces podré yo reprobar á todo el linage de Israel por sus fechorías, dice el Señor.

38 Sabed que llega el tiempo, añade el Señor, en que será edificada por el Señor la ciudad desde la torre de Hananeel hasta la puerta llamada del Rincon.

39 Y la línea de la demarcacion se tirará mas adelante en frente de esa puerta sobre el collado de Gareb, y seguirá dando vuelta por el de Goatha [5],

40 y por todo el Valle de los cadáve-

---

1 Con sus rebeldías.

2 Hebr. X. v. 16. En la Ley de gracia los preceptos de Dios quedan íntimamente grabados en el corazon del hombre por la caridad que el Espíritu Santo derrama en él.

3 Abusan de este lugar los que creen que cada uno puede por medio de su espíritu privado entender la Sagrada Escritura: error que S. Pedro condenó expresamente. II. Pet. I. v. 20.

4 Act. X. v. 43.

5 Ó Golgotha.

cineris, et universam regionem mortis, usque ad torrentem Cedron, et usque ad angulum portæ equorum orientalis, Sanctum Domini non evelletur, et non destruetur ultrà in perpetuum.

res y de la ceniza [2], y por todo el sitio de los ajusticiados, hasta el torrente de Cedron, y hasta la esquina de la puerta de los caballos que está al Oriente. El Santuario del Señor [a] nunca jamás será arrancado, ni destruido.

CAPÍTULO XXXII.

Jeremias, durante el sitio de Jerusalem por Nabuchôdonosor, compra por órden del Señor un campo, y hace escritura de compra, no obstante que aquel pais iba á ser asolado, y cautivado el pueblo, para manifestar con esa señal que los judíos volverian libres á su antiguo pais, donde el Señor haria con ellos una nueva alianza.

1 *Verbum, quod factum est ad Jeremiam à Domino, in anno decimo Sedeciæ regis Juda: ipse est annus decimus octavus Nabuchôdonosor.*

2 *Tunc exercitus regis Babylonis obsidebat Jerusalem: et Jeremias propheta erat clausus in atrio carceris, qui erat in domo regis Juda.*

3 *Clauserat enim eum Sedecias rex Juda, dicens: Quare vaticinaris, dicens: Hæc dicit Dominus: Ecce ego dabo civitatem istam in manus regis Babylonis, et capiet eam?*

4 *Et Sedecias rex Juda non effugiet de manu Chaldæorum: sed tradetur in manus regis Babylonis: et loquetur os ejus cum ore illius, et oculi ejus oculos illius videbunt.*

5 *Et in Babylonem ducet Sedeciam: et ibi erit donec visitem eum, ait Dominus. Si autem dimicaveritis adversum Chaldæos, nihil prosperum habebitis.*

6 *Et dixit Jeremias: Factum est verbum Domini ad me, dicens:*

7 *Ecce Hanameel filius Sellum patruelis tuus veniet ad te, dicens: Eme tibi agrum meum, qui est in Anathoth: tibi enim competit ex propinquitate ut emas.*

1 Palabras que el Señor habló á Jeremías el año décimo de Sedecías Rey de Judá, que corresponde al año décimo octavo de Nabuchôdonosor.

2 (Á la sazon el ejército del Rey de Babylonia tenia sitiada á Jerusalem [3]; y el profeta Jeremías estaba preso en el patio de la cárcel que habia en el palacio del Rey de Judá.

3 Porque Sedecías, Rey de Judá, le habia hecho poner preso, diciendo: ¿Cómo es que andas vaticinando y diciendo: Esto dice el Señor: Sabed que yo entregaré esta ciudad en poder del Rey de Babylonia, el cual se apoderará de ella;

4 y Sedecías Rey de Judá no escapará de las manos de los châldeos, sino que caerá en poder del Rey de Babylonia, y hablará con él boca á boca, y le verá con sus mismos ojos;

5 y será conducido por él á Babylonia, donde estará hasta tanto que yo le visite, dice el Señor? Que si peleáreis contra los châldeos, añades, no tendreis buen suceso).

6 Jeremías pues, estando preso, dijo: El Señor me ha hablado, diciendo:

7 Mira que tu primo hermano por parte de padre, Hanameel, hijo de Sellum, ha de venir á decirte que le compres un campo que tiene en Anathoth; pues que á tí te compete la compra [4] por ser el pariente mas cercano.

---

1 El valle de *Ennon.* Véase *Infierno.*

a Despues de la nueva Ley ó alianza.

3 *IV. Reg. XXV v. 1.*

4 Los Sacerdotes y Levitas podian poseer tierras ó campos en el espacio de mil pasos de sus ciudades leviticas, para huertos, viñas, ó pastos de ganados; y no los podian vender ó enagenar sino á los parientes de la misma tribu.

8 *Et venit ad me Hanameel filius patrui mei secundùm verbum Domini ad vestibulum carceris, et ait ad me: Posside agrum meum, qui est in Anathoth in terra Benjamin: quia tibi competit hæreditas, et tu propinquus es ut possideas. Intellexi autem quod verbum Domini esset.*

9 *Et emi agrum ab Hanameel filio patrui mei, qui est in Anathoth: et appendi ei argentum septem stateres, et decem argenteos.*

10 *Et scripsi in libro, et signavi, et adhibui testes: et appendi argentum in statera.*

11 *Et accepi librum possessionis signatum, et stipulationes, et rata, et signa forinsecus.*

12 *Et dedi librum possessionis Baruch filio Neri, filii Maasiæ, in oculis Hanameel patruelis mei, in oculis testium, qui scripti erant in libro emptionis, et in oculis omnium Judæorum, qui sedebant in atrio carceris.*

13 *Et præcepi Baruch coram eis, dicens:*

14 *Hæc dicit Dominus exercituum Deus Israel: Sume libros istos, librum emptionis hunc signatum, et librum hunc qui apertus est: et pone illos in vase fictili, ut permanere possint diebus multis.*

15 *Hæc enim dicit Dominus exercituum Deus Israel: Adhuc possidebuntur domus, et agri, et vineæ in terra ista.*

16 *Et oravi ad Dominum, postquam tradidi librum possessionis Baruch filio Neri, dicens:*

17 *Heu, heu, heu, Domine Deus: ecce tu fecisti cœlum et terram in fortitudine tua magna, et in brachio tuo extento: non erit tibi difficile omne verbum:*

18 *qui facis misericordiam in millibus, et reddis iniquitatem patrum in sinum filiorum eorum post eos: Fortissime, magne et potens, Dominus exer-*

8 En efecto, segun la palabra del Señor, Hanameel, hijo de mi tio paterno, vino á encontrarme en el patio de la cárcel, y me dijo: Cómprame el campo que tengo en Anathoth, tierra de Benjamin; pues que á tí te toca por derecho de herencia el poseerle, por ser tú el pariente mas cercano. Conocí que aquello venia del Señor;

9 y compré á Hanameel, hijo de mi tio paterno, aquel campo situado en Anathoth, y le pesé la cantidad de dinero de diez y siete siclos de plata [1]:

10 é hice una escritura de contrato, y la sellé ó *firmé* en presencia de testigos, y pesé la plata en la balanza.

11 Y tomé la escritura de compra firmada con sus estipulaciones y ratificaciónes, y con los sellos por defuera.

12 Y dí esta escritura de compra á Baruch, hijo de Neri, hijo de Maasías, en presencia de Hanameel mi primo hermano, delante de los testigos citados en la escritura de compra, y á vista de todos los judíos que estaban en el patio de la cárcel.

13 Y en presencia de ellos dí órden á Baruch, y le dije:

14 Esto dice el Señor de los ejércitos, el Dios de Israel: Toma estas escrituras, esta escritura de compra sellada, y esta otra escritura abierta [2], y mételas en una vasija de barro para que puedan conservarse mucho tiempo.

15 Porque esto dice el Señor de los ejércitos, el Dios de Israel: Todavía se han de poseer en esta tierra casas, y campos, y viñas.

16 Asi que hube entregado á Baruch, hijo de Neri, la escritura de venta, púseme luego en oracion, y dije:

17 ¡Ah! ¡ah! Señor Dios *mio*, ¡ah! bien veo que tú criaste el cielo y la tierra con tu gran poder, y con tu brazo fuerte: ninguna cosa será *jamás* difícil para tí:

18 tú eres el que usas de misericordia en *la serie de* mil generaciones, y la iniquidad de los padres la castigas despues de ellos en sus hijos [3]: tú eres el For-

---

1 *Véase Siclo.* Es estilo hebreo anteponer el número pequeño.

2 Ó simple traslado.

3 *Exod. XX. v. 5.—Deut. V. v. 9., 10.*

cituum nomen tibi.

19 *Magnus consilio, et incomprehensibilis cogitatu: cujus oculi aperti sunt super omnes vias filiorum Adam, ut reddas unicuique secundùm vias suas, et secundùm fructum ad inventionum ejus.*

20 *Qui posuisti signa et portenta in terra Ægypti usque ad diem hanc, et in Israel, et in hominibus, et fecisti tibi nomen sicut est dies hæc.*

21 *Et eduxisti populum tuum Israel de terra Ægypti, in signis, et in portentis, et in manu robusta, et in brachio extento, et in terrore magno.*

22 *Et dedisti eis terram hanc, quam jurasti patribus eorum ut dares eis terram fluentem lacte et melle.*

23 *Et ingressi sunt, et possederunt eam, et non obedierunt voci tuæ, et in lege tua non ambulaverunt: omnia quæ mandasti eis ut facerent, non fecerunt: et evenerunt eis omnia mala hæc.*

24 *Ecce munitiones extructæ sunt adversum civitatem ut capiatur: et urbs data est in manus Chaldæorum, qui præliantur adversus eam, à facie gladii, et famis, et pestilentiæ: et quæcumque locutus es acciderunt, ut tu ipse cernis.*

25 *Et tu dicis mihi, Domine Deus: Eme agrum argento, et adhibe testes: eùm urbs data sit in manus Chaldæorum.*

26 *Et factum est verbum Domini ad Jeremiam dicens:*

27 *Ecce ego Dominus Deus universæ carnis: nunquid mihi difficile erit omne verbum?*

28 *Proptereà hæc dicit Dominus: Ecce ego tradam civitatem istam in manus Chaldæorum, et in manus Regis Babylonis, et capient eam.*

29 *Et venient Chaldæi præliantes adversum urbem hanc, et succendent eam igni, et combûrent eam, et domos, in quarum domatibus sacrificabant Baal,*

tísimo, el Grande, el Poderoso: Señor de los ejércitos es tu nombre.

19 Grandioso eres en tus consejos, é incomprehensible en tus designios: contemplando están tus ojos todas las acciones de los hijos de Adan, para retribuir á cada uno segun sus obras y segun el mérito de su conducta.

20 Tú obraste milagros y prodigios *celebrados* hasta hoy dia en la tierra de Egypto, y en Israel, y entre todos los hombres, é hiciste tan grande tu Nombre, como se ve que es en el dia de hoy:

21 tú sacaste á tu pueblo de Israel de la tierra de Egypto por medio de milagros y portentos, con mano poderosa, y brazo fuerte, y grande espanto;

22 y les diste esta tierra, conforme lo habias prometido con juramento á sus padres, tierra que mana leche y miel.

23 Entraron en efecto en ella, y la han poseido: mas no obedecieron tu voz, ni siguieron tu *santa* Ley, nada hicieron de cuanto les mandaste, y por eso les han sobrevenido todos estos desastres.

24 He aquí ya levantadas las máquinas de guerra contra la ciudad para batirla; y como está para caer en poder de los cháldeos, que la combaten á fuerza de armas, y de la hambre, y de la peste; y cuantas cosas hablaste, *oh Dios mio,* todas se han cumplido, como tú mismo lo estás viendo.

25 ¡Y tú, oh Señor Dios, *no obstante* me dices á mí: Compra un campo á dinero contante, en presencia de testigos; siendo asi que la ciudad va á ser entregada en poder de los cháldeos!

26 Entonces respondió el Señor á Jeremías, diciendo:

27 Mira, yo soy el Señor Dios de todos los mortales: ¿habrá por ventura cosa ninguna difícil para mí?

28 Por tanto, esto dice el Señor: Sábete que yo voy á entregar esta ciudad en manos de los cháldeos, y en poder del Rey de Babylonia, y la rendirán:

29 y entrarán los cháldeos con espada en mano en esta ciudad, y la pegarán fuego, y la quemarán junto con las casas en cuyos terrados se ofrecian sacri-

et libabant diis alienis libamina ad irritandum me.

30 *Erant enim filii Israel, et filii Juda, jugiter facientes malum in oculis meis ab adolescentia sua: filii Israel qui usque nunc exacerbant me in opere manuum suarum, dicit Dominus.*

31 *Quia in furore et in indignatione mea facta est mihi civitas hæc, à die qua ædificaverunt eam, usque ad diem istam, qua auferetur de conspectu meo.*

32 *Propter malitiam filiorum Israel et filiorum Juda, quam fecerunt ad iracundiam me provocantes, ipsi et reges eorum, principes eorum, et sacerdotes eorum, et prophetæ eorum, viri Juda, et habitatores Jerusalem.*

33 *Et verterunt ad me terga et non facies: cùm docerem eos diluculo, et erudirem, et nollent audire ut acciperent disciplinam.*

34 *Et posuerunt idola sua in domo, in qua invocatum est nomen meum, ut polluerent eam.*

35 *Et ædificaverunt excelsa Baal, quæ sunt in valle filii Ennom, ut initiarent filios suos et filias suas Moloch: quod non mandavi eis, nec ascendit in cor meum ut facerent abominationem hanc, et in peccatum deducerent Judam.*

36 *Et nunc propter ista, hæc dicit Dominus Deus Israel ad civitatem hanc, de qua vos dicitis quod tradetur in manus regis Babylonis in gladio, et in fame, et in peste:*

37 *Ecce ego congregabo eos de universis terris, ad quas ejeci eos in furore meo, et in ira mea, et in indignatione grandi: et reducam eos ad locum istum, et habitare eos faciam confidenter.*

38 *Et erunt mihi in populum, et ego ero eis in Deum.*

ficios á Baal, y libaciones á dioses agenos para irritarme:

30 porque ya desde su mocedad los hijos de Israel, y los hijos de Judá están continuamente obrando mal delante de mis ojos; los hijos de Israel, *digo*, que hasta el presente no hacen sino exasperarme con las obras de sus manos, dice el Señor:

31 De suerte que esta ciudad se ha hecho para mí objeto de furor, y de la indignacion mia, desde el dia en que fué edificada [1], hasta el dia presente, en que será borrada de delante de mis ojos:

32 por la maldad de los hijos de Israel y de los hijos de Judá, cometida cuando me provocaron á ira ellos, y sus reyes, y sus príncipes, y sus sacerdotes, y sus profetas, los varones de Judá y los habitantes de Jerusalem.

33 Y volvieron hácia mí sus espaldas y no su cara, cuando yo desde la mañana los instruia y los avisaba; no queriendo ellos escuchar ni recibir la correccion.

34 Y antes bien colocaron sus ídolos en la casa en que se invoca mi *santo* Nombre [2], á fin de profanarla;

35 y erigieron altares á Baal en el valle del hijo de Ennom para consagrar ó *sacrificar* sus hijos y sus hijas á *el ídolo* Moloch: cosa que yo jamas les mandé *para mí* [3], ni me pasó por el pensamiento que ellos hicieran tal abominacion, é indujesen á Judá á *tan abominable* pecado.

36 Ahora bien en medio de estas cosas, asi habla el Señor, el Dios de Israel á esta ciudad, de la cual decís vosotros que caerá en poder del Rey de Babylonia, á fuerza de armas, de hambre, y de peste:

37 Sabed que yo *despues* los reuniré de todas las regiones, por donde los habré desparramado en la efusion de mi furor, de mi cólera, y de mi grande indignacion, y los restituiré á este lugar donde los haré morar tranquilamente.

38 Y ellos serán mi pueblo, y yo seré su Dios.

---

1 Ó engrandecida y adornada por Salomon y otros Reyes. Véase *Edificar*.

2 *IV. Reg. XXI. v. 4.*

3 Véase *cap. VII. v. 31.—XIX. v. 5.*

39 Et dabo eis cor unum, et viam unam, ut timeant me universis diebus: et benè sit eis, et filiis eorum post eos.

40 Et feriam eis pactum sempiternum, et non desinam eis benè facere: et timorem meum dabo in corde eorum ut non recedant à me.

41 Et lætabor super eis, cum benè eis fecero: et plantabo eos in terra ista in veritate, in toto corde meo et in tota anima mea.

42 Quia hæc dicit Dominus: Sicut adduxi super populum istum omne malum hoc grande: sic adducam super eos omne bonum, quod ego loquor ad eos.

43 Et possidebuntur agri in terra ista: de qua vos dicitis quòd deserta sit, eò quòd non remanserit homo et jumentum, et data sit in manus Chaldæorum.

44 Agri ementur pecuniâ, et scribentur in libro, et imprimetur signum, et testis adhibebitur: in terra Benjamin, et in circuitu Jerusalem, in civitatibus Juda, et in civitatibus montanis, et in civitatibus campestribus, et in civitatibus quæ ad Austrum sunt: quia convertam captivitatem eorum, ait Dominus.

39 Y les daré un mismo corazon y un solo culto; para que me teman todos los dias de su vida, y sean felices ellos, y despues de ellos sus hijos.

40 Y sentaré con ellos una eterna alianza, ni cesaré jamás de hacerles bien; é infundiré mi temor en su corazon, para que no se aparten de mí.

41 Y mi gozo será el hacerles beneficios, y los estableceré en esta tierra, de veras, y con todo mi corazon, y con toda mi alma.

42 Porque esto dice el Señor: Asi como he descargado yo sobre este pueblo todos estos grandes males; del mismo modo los colmaré á ellos de todos los bienes que les prometo.

43 Y de nuevo serán poseidos por sus dueños los campos en esta tierra; de la cual decís vosotros que está desierta, por no haber quedado en ella ni hombre ni bestia; porque fué abandonada al poder de los cháldeos.

44 Compraránse por su dinero los campos, formaránse escrituras de contrata, se imprimirá en ellas el sello, y asistirán los testigos, en la tierra de Benjamin, y en el territorio de Jerusalem, y en las ciudades de Judá, y en las ciudades de las montañas, y en las ciudades de las llanuras, y en las ciudades que están al Mediodia; puesto que yo pondré fin á su cautiverio, dice el Señor.

CAPÍTULO XXXIII.

El Señor promete nuevamente el feliz restablecimiento de Jerusalem: anuncia otra vez la venida del Mesias y su reino eterno. Incredulidad de los judios.

1 Et factum est verbum Domini ad Jeremiam secundò, cùm adhuc clausus esset in atrio carceris, dicens:

2 Hæc dicit Dominus qui facturus est, et formaturus illud, et paraturus, Dominus nomen ejus.

3 Clama ad me, et exaudiam te: et annuntiabo tibi grandia, et firma quæ nescis.

4 Quia hæc dicit Dominus Deus Is-

1 Segunda vez el Señor habló á Jeremías, estando este todavía preso en el patio de la cárcel, y le dijo:

2 Esto dice el Señor, el cual hará y efectuará y dispondrá de antemano aquello que dice: aquel cuyo nombre es Jehovah ó EL SEÑOR.

3 Invócame, y yo te oiré benigno, y te declararé cosas grandes y ciertas que tú ignoras.

4 Porque esto dice el Señor, el Dios

rael ad domos urbis hujus, et ad domos regis Judæ, quæ destructæ sunt, et ad munitiones, et ad gladium

5 venientium ut dimicent cum Chaldæis, et impleant eas cadaveribus hominum, quos percussi in furore meo, et in indignatione mea, abscondens faciem meam à civitate hac., propter omnem malitiam eorum.

6 Ecce ego obducam eis cicatricem et sanitatem, et curabo eos: et revelabo illis deprecationem pacis et veritatis.

7 Et convertam conversionem Judæ, et conversionem Jerusalem: et ædificabo eos sicut à principio.

8 Et emundabo illos ab omni iniquitate sua, in qua peccaverunt mihi: et propitius ero cunctis iniquitatibus eorum, in quibus deliquerunt mihi, et spreverunt me.

9 Et erit mihi in nomen, et in gaudium, et in laudem, et in exultationem cunctis gentibus terræ, quæ audierint omnia bona, quæ ego facturus sum eis: et pavebunt, et turbabuntur in universis bonis, et in omni pace, quam ego faciam eis.

10 Hæc dicit Dominus: Adhúc audietur in loco isto (quem vos dicitis esse desertum, eò quòd non sit homo nec jumentum: in civitatibus Judæ, et foris Jerusalem, quæ desolatæ sunt absque homine, et absque habitatore, et absque pecore)

11 vox gaudii et vox lætitiæ, vox sponsi et vox sponsæ, vox dicentium: Confitemini Domino exercituum, quoniam bonus Dominus, quoniam in æternum misericordia ejus: et portantium vota in domum Domini: reducam enim conversionem terræ sicut à principio, dicit Dominus.

de Israel, acerca de las casas de esta ciudad, y acerca de las del Rey de Judá, que han sido destruidas [1], y en órden á las fortificaciones, y á las espadas

5 de aquellos que van á pelear contra los cháldeos, y que llenarán sus casas de cadáveres de hombres [2], á los cuales yo herí en mi furor é indignacion, habiendo apartado mi rostro de esa ciudad por causa de todas sus maldades:

6 He aquí, que yo cerraré sus llagas, y les volveré la salud, y remediaré sus males, y les haré gozar de la paz, y de la verdad de mis promesas, conforme ellos han pedido.

7 Y haré que vuelvan los cautivos de Judá y los cautivos de Jerusalem, y los restituiré á su primitivo estado.

8 Y los purificaré de todas las iniquidades con que pecaron contra mí; y les perdonaré todos los pecados con que me ofendieron y despreciaron.

9 Lo cual haré que las naciones todas de la tierra, á cuya noticia lleguen todos los beneficios que les habré hecho, celebrarán con gozo mi santo Nombre, y me alabarán con voces de júbilo: y quedarán llenas de asombro, y de un saludable temor, á vista de tantos bienes y de la suma paz que yo les concederé.

10 Esto dice el Señor: En este lugar (que vosotros llamais un desierto, porque no hay en él hombre ni bestia) en las ciudades de Judá, y en los contornos de Jerusalem, que estan asolados y sin hombre alguno, sin habitantes, ni ganados, se han de oir todavía

11 voces de gozo y de alegría, voces ó cantares de esposo y de esposa, voces de gentes que dirán [3]: Tributad alabanzas al Señor de los ejércitos, por ser tan bueno el Señor, porque hace brillar eternamente su misericordia; y voces tambien de aquellos que vendrán á presentar sus ofrendas en la Casa del Señor. Porque yo he de restituir á su primer estado, dice el Señor, á los que fueron llevados de esta tierra cautivos á Babylónia.

---

1 Para hacer varias obras de defensa.
2 De nada aprovecharán los prepàrativos de defensa. Cap. XXVII.
3 I. Esd. III. v. 11.-Ps. CXVII., CXXXV.

12 Hæc dicit Dominus exercituum: Adhuc erit in loco isto deserto absque homine, et absque jumento, et in cunctis civitatibus ejus, habitaculum pastorum accubantium gregum.

13 In civitatibus montuosis, et in civitatibus campestribus, et in civitatibus quæ ad Austrum sunt, et in terra Benjamin, et in circuitu Jerusalem, et in civitatibus Juda, adhuc transibunt greges ad manum numerantis, ait Dominus.

14 Ecce dies veniunt, dicit Dominus: et suscitabo verbum bonum, quod locutus sum ad domum Israel et ad domum Juda.

15 In diebus illis, et in tempore illo, germinare faciam David germen justitiæ, et faciet judicium et justitiam in terra.

16 In diebus illis salvabitur Juda, et Jerusalem habitabit confidenter: et hoc est nomen quod vocabunt eum, Dominus justus noster.

17 Quia hæc dicit Dominus: Non interibit de David vir, qui sedeat super thronum domus Israel.

18 Et de Sacerdotibus et de Levitis non interibit vir à facie mea, qui offerat holocautomata, et incendat sacrificium, et cædat victimas omnibus diebus.

19 Et factum est verbum Domini ad Jeremiam, dicens:

20 Hæc dicit Dominus: Si irritum potest fieri pactum meum cum die, et pactum meum cum nocte, ut non sit dies et nox in tempore suo:

21 et pactum meum irritum esse poterit cum David servo meo, ut non sit ex eo filius qui regnet in throno ejus, et Levitæ et Sacerdotes ministri mei.

12 Dice asimismo el Señor de los ejércitos: En este lugar despoblado, donde no se ve hombre ni bestia, y en todas sus ciudades, aun se verán otra vez cabañas de pastores que recogerán los rebaños en sus apriscos.

13 En las ciudades de las montañas, y en las ciudades de las llanuras, y en las ciudades meridionales, y en la tierra de Benjamin, y en los contornos de Jerusalem, y en las ciudades de Judá todavía se verán pasar las reses, dice el Señor, debajo de la mano de su pastor que las irá contando [1].

14 Vienen ya los dias, dice el Señor, en que yo llevaré á efecto la palabra ó promesa buena, que dí á la casa de Israel, y á la casa de Judá [2].

15 En aquellos dias, y en aquel tiempo yo haré brotar de la estirpe de David un pimpollo de Justicia, el Mesías, el cual gobernará con rectitud, y establecerá la justicia en la tierra.

16 En aquellos dias Judá conseguirá su salvacion [3], y vivirá Jerusalem en plena paz: y el nombre con que le llamarán será este: El Señor nuestro Justo [4].

17 Porque esto dice el Señor: No faltará jamás un varon de la estirpe de David, que se asiente sobre el trono de la casa de Israel [5].

18 Y no faltará de la estirpe de los sacerdotes y levitas un varon que me ofrezca holocaustos, y encienda el fuego para el sacrificio, é inmole víctimas en todos tiempos.

— 19 Habló el Señor todavía á Jeremías, diciendo:

20 Esto dice el Señor: Si puede faltar el órden que tengo establecido para el dia, y el órden que tengo establecido para la noche, de modo que no venga el dia ni la noche á su debido tiempo;

21 podrá tambien ser nula la alianza mia con David, mi siervo, de suerte que no nazca de él un hijo que reine en su trono, y no haya levitas y sacerdotes ministros mios.

---

1 Asi que entran en el redil.
2 Cap. XXIII. v. 5.
3 Por este hijo de David.
4 Cap. XXIII. v. 6.—Is. IX. v. 6.
5 Gen. XLIX. v. 10.

22 *Sicuti enumerari non possunt stellæ cæli, et metiri arena maris: sic multiplicabo semen David servi mei, et Levitas ministros meos.*

23 *Et factum est verbum Domini ad Jeremiam, dicens:*

24 *Nunquid non vidisti quid populus hic locutus sit, dicens: Duæ cognationes, quas elegerat Dominus, abjectæ sunt? et populum meum despexerunt, eò quòd non sit ultrà gens coram eis.*

25 *Hæc dicit Dominus: Si pactum meum inter diem et noctem, et leges cælo et terræ non posui:*

26 *equidem et semen Jacob et David servi mei projiciam, ut non assumam de semine ejus principes seminis Abraham, Isaac et Jacob: reducam enim conversionem eorum, et miserebor eis.*

22 Así como no pueden contarse las estrellas del cielo, ni numerarse las arenas del mar; así yo multiplicaré sin cuento los descendientes de mi siervo David, y los levitas mis ministros.

23 Habló el Señor *aun* á Jeremías, diciendo:

24 ¿No has tú hecho alto en lo que habla este pueblo, que dice: Las dos familias que el Señor habia escogido estan desechadas [1]? De tal manera desprecian ellos á mi pueblo, que á sus ojos ya no es nacion.

25 Esto dice el Señor: Si yo no establecí ese órden *invariable* entre el dia y la noche, ni dí leyes al cielo y á la tierra;

26 podrá en tal caso suceder que yo deseche el linage de Jacob y de David, siervo mio, de modo que yo deje de elegir de su descendencia príncipes de la estirpe de Abraham, de Isaac, y de Jacob. Mas yo [2] haré volver los que fueron llevados cautivos, y tendré de ellos misericordia.

CAPÍTULO XXXIV.

El Señor entregará al Rey Sedecías y á Jerusalem en poder del Rey de Babylonia. Reprende á los judíos por no haber cumplido la promesa de dar libertad á los esclavos hebreos.

1 *Verbum quod factum est ad Jeremiam à Domino, quando Nabuchodonosor rex Babylonis, et omnis exercitus ejus, universaque regna terræ, quæ erant sub potestate manus ejus, et omnes populi bellabant contra Jerusalem, et contra omnes urbes ejus, dicens:*

2 *Hæc dicit Dominus Deus Israel: Vade, et loquere ad Sedeciam regem Juda: et dices ad eum: Hæc dicit Dominus: Ecce ego tradam civitatem hanc in manus regis Babylonis, et succendet eam igni.*

3 *Et tu non effugies de manu ejus: sed comprehensione capieris, et in manu ejus traderis: et oculi tui oculos re-*

1 Palabras dichas por el Señor á Jeremías, cuando Nabuchôdonosor Rey de Babylonia, y todo su ejército, y todos los reinos de la tierra y pueblos que estaban bajo su dominio, hacian guerra contra Jerusalem y contra todas sus ciudades.

2 Esto dice el Señor, el Dios de Israel: Vé y habla á Sedecías Rey de Judá, y le dirás: Estas cosas dice el Señor: Mira que yo entregaré esta ciudad en poder del Rey de Babylonia, el cual la abrasará.

3 Y tú no escaparás de sus manos, sino que infaliblemente serás cogido y entregado en ellas, y tus ojos verán los

---

1 Así se quejaban los judios incrédulos cuando veian que iba á ser desolada la Judea y destruida Jerusalem. La familia de Judá pier-

de la corona, la de Levi el templo. Otros ponen dichas palabras en boca de los châldeos.

2 Yo cumpliré sin falta mis promesas.

gis Babylonis videbunt, et os ejus cum ore tuo loquetur, et Babylonem introibis.

4 *Attamen audi verbum Domini, Sedecia rex Juda: Hæc dicit Dominus ad te: Non morieris in gladio,*

5 *sed in pace morieris, et secundùm combustiones patrum tuorum regum priorum qui fuerunt ante te, sic comburent te: et oœ, Domine, plangent te: quia verbum ego locutus sum, dicit Dominus.*

6 *Et locutus est Jeremias propheta ad Sedeciam regem Juda universa verba hæc in Jerusalem.*

7 *Et exercitus regis Babylonis pugnabat contra Jerusalem, et contra omnes civitates Juda, quæ reliquæ erant, contra Lachis, et contra Azecha: hæ enim supererant de civitatibus Juda, urbes munitæ.*

8 *Verbum, quod factum est ad Jeremiam à Domino, postquam percussit rex Sedecias fœdus cum omni populo in Jerusalem, prædicans:*

9 *ut dimitteret unusquisque servum suum, et unusquisque ancillam suam, Hebræum et Hebræam, liberos: et nequaquam dominarentur eis, id est, in Judæo et fratre suo.*

10 *Audierunt ergo omnes principes et universus populus, qui inierant pactum ut dimitteret unusquisque servum suum, et unusquisque ancillam suam liberos, et ultrà non dominarentur eis: audierunt igitur, et dimiserunt.*

11 *Et conversi sunt deinceps: et retraxerunt servos et ancillas suas, quos dimiserant liberos, et subjugaverunt in famulos et famulas.*

12 *Et factum est verbum Domini ad Jeremiam à Domino, dicens:*

13 *Hæc dicit Dominus Deus Israel: Ego percussi fœdus cum patribus vestris, in die qua eduxi eos de terra Ægypti, de domo servitutis, dicens:*

ojos del Rey de Babylonia, y hablarás con él cara á cara, y entrarás en Babylonia.

4 Esto no obstante, escucha lo que dice el Señor, oh Sedecías Rey de Judá: Esto dice el Señor: Tú no morirás á cuchillo,

5 sino que morirás de muerte natural; y al modo que fueron quemados *los restos de* tus padres los Reyes pasados, tus predecesores [1], asi quemarán tu cadáver, y te plañirán, exclamando: ¡Ay Señor! ¡ay! Porque asi lo he decretado yo, dice el Señor.

6 Todas estas cosas dijo el profeta Jeremías en Jerusalem á Sedecías Rey de Judá.

7 Entretanto el ejército del Rey de Babylonia estrechaba á Jerusalem, y á todas las ciudades de Judá, que habian quedado *por conquistar,* á Lachis, y á Azechâ; pues que de las ciudades fortificadas de Judá estas dos solas no se habian aun rendido.

— 8 Palabras que dijo el Señor á Jeremías, despues que el rey Sedecías hizo un pacto con todo el pueblo en Jerusalem, publicando

9 que todos debian dar libertad á sus esclavos hebreos, y á sus esclavas hebreas, y que nadie tuviese dominio sobre ellos, siendo como eran judíos y hermanos suyos.

10 Con efecto, todos los príncipes, y el pueblo todo que habian hecho el pacto de dar libertad cada uno á su esclavo, y á su esclava, y de no tratarlos mas como á esclavos, obedecieron, y los dieron por libres.

11 Pero arrepintiéronse despues, y se llevaron por fuerza los esclavos y esclavas que habian dejado en libertad, y los sujetaron *otra vez* al yugo de la servidumbre.

12 Entonces habló el Señor á Jeremías, diciendo:

13 Esto dice el Señor, el Dios de Israel: Yo hice un pacto con vuestros padres el dia que los saqué de tierra de Egypto, de la casa de la esclavitud, y dije:

---

1 *I. Reg. XXXI. v.* 12.—*II. Paral. XVI. ver.* 14.

14 *Cùm completi fuerint septem anni, dimittat unusquisque fratrem suum Hebræum, qui venditus est ei, et serviet tibi sex annis; et dimittes eum à te liberum: et non audierunt patres vestri me, nec inclinaverunt aurem suam.*

15 *Et conversi estis vos hodie, et fecistis quod rectum est in oculis meis, ut prædicaretis libertatem unusquisque ad amicum suum: et inistis pactum in conspectu meo, in domo in qua invocatum est nomen meum super eam.*

16 *Et reversi estis, et commaculastis nomen meum: et reduxistis unusquisque servum suum, et unusquisque ancillam suam, quos dimiseratis ut essent liberi et suæ potestatis: et subjugastis eos ut sint vobis servi et ancillæ.*

17 *Proptereà hæc dicit Dominus: Vos non audistis me, ut prædicaretis libertatem unusquisque fratri suo, et unusquisque amico suo: ecce ego prædico vobis libertatem, ait Dominus, ad gladium, ad pestem, et ad famem: et dabo vos in commotionem cunctis regnis terræ.*

18 *Et dabo viros, qui prævaricantur fœdus meum, et non observaverunt verba fœderis, quibus assensi sunt in conspectu meo, vitulum quem conciderunt in duas partes, et transierunt inter divisiones ejus:*

19 *principes Judæ et principes Jerusalem, eunuchi et sacerdotes, et omnis populus terræ, qui transierunt inter divisiones vituli:*

20 *et dabo eos in manus inimicorum suorum, et in manus quærentium animam eorum: et erit morticinum eorum in escam volatilibus cæli, et bestiis terræ:*

14 Cuando se cumplieren siete años, dé cada uno libertad á su hermano hebreo, que le fué vendido [1]: él te servirá por espacio de seis años, y despues le dejarás ir libre. Mas vuestros padres no me escucharon, ni fueron dóciles á mis palabras.

15 Pero hoy dia vosotros os habeis convertido á mí, y habeis hecho aquello que es agradable á mis ojos, publicando que cada uno dé la libertad á su prójimo, y confirmásteis esta resolucion en mi presencia, en la Casa donde es invocado mi Nombre.

16 Mas despues os habeis vuelto atrás, y habeis hecho un insulto á mi Nombre, y vuelto á recobrar cada uno su esclavo y su esclava, que habíais dejado ir para que fuesen libres y dueños de sí: y les habeis puesto otra vez el yugo, haciéndolos *nuevamente* esclavos y esclavas vuestras.

17 Por lo cual esto dice el Señor: Vosotros no me habeis querido escuchar, asegurando cada uno la libertad á su hermano y á su prójimo: pues he aquí que yo promulgo para vosotros la libertad, dice el Señor, *para separaros de mí*, y quedar á merced de la espada, de la peste, y de la hambre, y os enviaré desparramados por todos los reinos de la tierra.

18 Y entregaré á los que han violado mi alianza, y no han guardado las palabras del pacto que acordaron en mi presencia, degollando y dividiendo en dos partes el becerro, y pasando despues por medio de ellas [2]

19 los príncipes de Judá, y de Jerusalem, y los eunuchôs, *ó palaciegos* [3], y los sacerdotes, y todo el pueblo del pais, los cuales pasaron por en medio de los trozos del becerro:

20 los entregaré, *digo*, en poder de sus enemigos, y en manos de los que ansían quitarles la vida; y sus cadáveres servirán de pasto á las aves del cielo, y á las bestias de la tierra.

---

1 *Exod. XXI. ver. 2.—Deut. XV. ver. 12.* Esto es, cuando se comenzarán á cumplir, ó al principiar el año séptimo. Modismo hebreo, igual al que se usa en otros lugares. *Luc. II.*

v. 21., etc.

2 *Gen. XV. v. 10.—Exod. XXIV. ver. 6.* Véase *Alianza.*

3 Véase *Eunuchô. IV. Reg. XXV. v. 19.*

La profecia de Jeremias.

21 *et Sedeciam regem Juda, et principes ejus, dabo in manus inimicorum suorum, et in manus quærentium animas eorum, et in manus exercituum regis Babylonis, qui recesserunt à vobis.*

22 *Ecce ego præcipio, dicit Dominus, et reducam eos in civitatem hanc, et præliabuntur adversus eam, et capient eam, et incendent igni: et civitates Juda dabo in solitudinem, eò quòd non sit habitator.*

21 Y á Sedecías Rey de Judá, y á sus príncipes ó cortesanos los pondré en manos de sus enemigos, en manos de los que maquinan su muerte, y en manos de los ejércitos del Rey de Babylonia que se han retirado de vosotros [1].

22 Pues he aquí que yo voy á dar mis órdenes, dice el Señor, y los volveré á traer contra esta ciudad, y la batirán, y se apoderarán de ella, y la incendiarán: y á las ciudades de Judá convertirlas he en un desierto, de tal suerte que no quede en ellas ningun habitante.

CAPÍTULO XXXV.

Obediencia de los Rechábitas á las reglas de sus mayores, y desobediencia de los judios: intima á estos el castigo, y promete la bendicion á aquellos.

1 *Verbum, quod factum est ad Jeremiam à Domino, in diebus Joakim filii Josiæ regis Juda, dicens:*

2 *Vade ad domum Rechabitarum, et loquere eis, et introduces eos in domum Domini, in unam exedram thesaurorum, et dabis eis bibere vinum.*

3 *Et assumpsi Jezoniam filium Jeremiæ filii Habsaniæ, et fratres ejus, et omnes filios ejus, et universam domum Rechabitarum:*

4 *et introduxi eos in domum Domini ad gazophylacium filiorum Hanan, filii Jegedeliæ hominis Dei, quod erat juxta gazophylacium principum, super thesaurum Maasiæ filii Sellum, qui erat custos vestibuli.*

5 *Et posui coram filiis domus Rechabitarum scyphos plenos vino, et calices; et dixi ad eos: Bibite vinum.*

6 *Qui responderunt: Non bibemus vinum: quia Jonadab filius Rechab, pater noster, præcepit nobis, dicens: Non bibetis vinum vos, et filii vestri usque in sempiternum:*

7 *et domum non ædificabitis, et se-*

1 Palabras que el Señor dirigió á Jeremías en tiempo de Joakim, hijo de Josías Rey de Judá, diciéndole:

2 Anda, vé á la familia de los Rechábitas [2], y habla con ellos, y condúcelos á la casa ó templo del Señor, á uno de los aposentos de los tesoros ó repuestos [3], y preséntales vino para que beban.

3 Llevé pues conmigo á Jezonías hijo de Jeremías, hijo de Habsanías, y á sus hermanos, y á todos sus hijos, y á la familia toda de los Rechábitas:

4 y los introduje en la Casa del Señor, en el aposento llamado de los tesoros, donde estaban los hijos de Hanan, hijo de Jegedelías, varon de Dios: aposento que estaba junto al tesoro de los príncipes, sobre la tesorería de Maasías, hijo de Sellum, el cual era el guarda del atrio del templo.

5 Y presenté á los hijos de la casa de los Rechábitas tazas y copas llenas de vino, y díjeles: Bebed vino.

6 Mas ellos respondieron: No le beberémos; porque nuestro padre Jonadab, hijo de Rechâb, nos dejó este precepto: Nunca jamás bebereis vino, ni vosotros, ni vuestros hijos.

7 No edificareis casa, ni sembrareis

---

1 Por un poco de tiempo. Véase *el capítulo* XXXVII. ver. 4.
2 I. Paral. II. v. 55.

3 II. Esd. XIII. vers. 5. La voz hebrea לשכה *licsef* significa *aposento, cámara, almacen, tesoro*, etc.

mentem non seretis, et vineas non plantabitis, nec habebitis: sed in tabernaculis habitabitis cunctis diebus vestris, ut vivatis diebus multis super faciem terræ, in qua vos peregrinamini.

8 *Obedivimus ergo voci Jonadab filii Rechab, patris nostri, in omnibus quæ præcepit nobis: ita ut non biberemus vinum cunctis diebus nostris nos, et mulieres nostræ, filii, et filiæ nostræ:*

9 *et non ædificaremus domos ad habitandum: et vineam, et agrum, et sementem non habuimus:*

10 *sed habitavimus in tabernaculis, et obedientes fuimus, juxta omnia, quæ præcepit nobis Jonadab pater noster.*

11 *Cùm autem ascendisset Nabuchodonosor rex Babylonis ad terram nostram, diximus: Venite, et ingrediamur Jerusalem à facie exercitus Chaldæorum, et à facie exercitus Syriæ: et mansimus in Jerusalem.*

12 *Et factum est verbum Domini ad Jeremiam, dicens:*

13 *Hæc dicit Dominus exercituum Deus Israel: Vade, et dic viris Juda, et habitatoribus Jerusalem: Nunquid non recipietis disciplinam ut obediatis verbis meis, dicit Dominus?*

14 *Prævaluerunt sermones Jonadab filii Rechab, quos præcepit filiis suis ut non biberent vinum: et non biberunt usque ad diem hanc: quia obedierunt præcepto patris sui: ego autem locutus sum ad vos, de mane consurgens et loquens, et non obedistis mihi.*

15 *Misique ad vos omnes servos meos prophetas, consurgens diluculo, mittensque et dicens: Convertimini unusquisque à via sua pessima, et bona facite studia vestra: et nolite sequi deos alie-*

granos, ni plantareis viñas, ni las poseereis: sino que habitareis en tiendas todos los dias de vuestra vida, á fin de que vivais mucho tiempo sobre la tierra de *Israel*, en la cual sois vosotros peregrinos [1].

8 Hemos pues obedecido á la voz de nuestro padre Jonadab, hijo de Rechâb, en todo cuanto nos dejó mandado, y por eso no bebemos vino en toda nuestra vida nosotros, ni nuestras mugeres, ni los hijos, ni las hijas;

9 ni fabricamos casas para nuestra habitacion, ni tenemos viñas, ni campos, ni sementeras;

10 sino que habitamos en tiendas de campaña, y hemos sido obedientes á todos los preceptos que nos dejó Jonadab nuestro padre.

11 Pero habiendo entrado Nabuchôdonosor Rey de Babylonia en nuestra tierra [2], hemos dicho: Vámonos y retirémonos á Jerusalem, para huir del ejército de los châldeos y del ejército de la Syria; y por eso nos estamos en Jerusalem.

12 Entonces el Señor habló á Jeremías, diciendo:

13 Esto dice el Señor de los ejércitos, el Dios de Israel: anda y dí al pueblo de Judá, y á los habitantes de Jerusalem: ¿Es posible que no habeis de tomar ejemplo para obedecer á mis palabras, dice el Señor?

14 Las palabras con que Jonadab hijo de Rechâb intimó á sus hijos que no bebieran vino, han sido tan fielmente observadas que no le han bebido hasta el dia de hoy, obedeciendo el precepto de su padre: mas yo os he hablado á vosotros de continuo y á todas horas, y no me habeis obedecido.

15 Pues os he enviado todos mis siervos los profetas, de antemano, y con mucha solicitud; y os envié á decir por su *boca*: Conviértase cada uno de vosotros de su pésima vida, y rectificad

---

1 Admirable documento de perfeccion evangélica, y de la viva persuasion en que estaban de que, á imitacion de los santos Patriarcas, debian vivir como peregrinos en el mundo. *Heb. XI. v. 9.* Rechâb fué un varon célebre, del linage de *Jethro*, suegro de Moysés. *Exod. XVIII.* Los *Rechâbitas* ó *Cinéos* fueron muy estimados entre los judios por su piedad y austeridad de vida. *I. Judic. I. v.* 16.—*I. Paral. II. v.* 55. 2 Ó en el distrito en que vivimos.

nos, neque colatis eos: et habitabitis in terra, quam dedi vobis, et patribus vestris: et non inclinastis aurem vestram, neque audistis me.

16 *Firmaverunt igitur filii Jonadab filii Rechab præceptum patris sui, quod præceperat eis: populus autem iste non obedivit mihi.*

17 *Idcircò hæc dicit Dominus exercituum, Deus Israel: Ecce ego adducam super Juda, et super omnes habitatores Jerusalem, universam afflictionem, quam locutus sum adversum illos; eò quòd locutus sum ad illos, et non audierunt: vocavi illos, et non responderunt mihi.*

18 *Domui autem Rechabitarum dixit Jeremias: Hæc dicit Dominus exercituum Deus Israel: Pro eò quòd obedistis præcepto Jonadab patris vestri, et custodistis omnia mandata ejus, et fesistis universa, quæ præcepit vobis:*

19 *proptereà hæc dicit Dominus exercituum Deus Israel: Non deficiet vir de stirpe Jonadab filii Rechab, stans in conspectu meo cunctis diebus.*

vuestros afectos, y no andeis tras los dioses agenos, ni les deis culto; y *así* habitareis en la tierra que yo os dí á vosotros y á vuestros padres [1]; pero vosotros no habeis querido obedecerme, ni escucharme.

16 Así pues los hijos de Jonadab, hijo de Rechâb, han observado constantemente el precepto que les dejó su padre; mas ese pueblo no me ha obedecido á mí.

17 Por tanto, esto dice el Señor de los ejércitos, el Dios de Israel: Yo voy á descargar sobre Judá y sobre todos los habitantes de Jerusalem todas las tribulaciones con que les he amenazado; puesto que yo les he hablado, y no han querido escucharme, los he llamado, y no han querido responderme.

18 Pero á la familia de los Rechâbitas díjole Jeremías: Esto dice el Señor de los ejércitos, el Dios de Israel: Por cuanto vosotros habeis obedecido el mandamiento de vuestro padre Jonadab, y habeis observado todas sus órdenes, y cumplido todo cuanto os prescribió;

19 por tanto, esto dice el Señor de los ejércitos, el Dios de Israel: No faltará varon de la estirpe de Jonadab, hijo de Rechâb, que asista en mi presencia todos los dias [2].

CAPÍTULO XXXVI.

Jeremías hace leer á todo el pueblo por medio de Baruch el volúmen de sus profecías, ó amenazas de Dios; pero el Rey Joakim quema el libro, y dá órden de prender á Jeremías y á Baruch: el Señor los salva, y manda á Jeremías que dicte otro volúmen á Baruch, é intime á Joakim su ruina y la de Jerusalem.

1 *Et factum est in anno quarto Joakim filii Josiæ regis Juda: factum est verbum hoc ad Jeremiam à Domino, dicens:*

2 *Tolle volumen libri, et scribes in eo omnia verba, quæ locutus sum tibi adversum Israel et Judam, et adversum omnes gentes; à die qua locutus sum ad te, ex diebus Josiæ usque ad diem hanc:*

1 Corriendo el año cuarto de Joakim, hijo de Josías, Rey de Judá, el Señor habló á Jeremías, y le dijo:

2 Toma un cuaderno [3], y escribirás en él todas las palabras que yo te he hablado contra Israel y contra Judá, y contra todos los pueblos, desde el tiempo del reinado de Josías, en que yo te hablé, hasta el dia de hoy:

---

1 *Cap. XVIII. v. 11.—XXV. v. 5.*
2 Véase *I. Paral. II. v.* 55. y la *nota.*

3 Ó un rollo de pergamino. Véase *Libro.*

3 *si forté audiente domo Juda universa mala, quæ ego cogito facere eis, revertatur unusquisque à via sua pessima: et propitius ero iniquitati, et peccato eorum.*

4 *Vocavit ergo Jeremias Baruch filium Neriæ: et scripsit Baruch ex ore Jeremiæ, omnes sermones Domini quos loculus est ad eum, in volumine libri:*

5 *et præcepit Jeremias Baruch, dicens: Ego clausus sum, nec valeo ingredi domum Domini.*

6 *Ingredere ergo tu, et lege de volumine, in quo scripsisti ex ore meo verba Domini, audiente populo in domo Domini, in die jejunii: insuper et audiente universo Juda, qui veniunt de civitatibus suis, leges eis:*

7 *si forté cadat oratio eorum in conspectu Domini, et revertatur unusquisque à via sua pessima: quoniam magnus furor et indignatio est, quam locutus est Dominus adversus populum hunc.*

8 *Et fecit Baruch filius Neriæ, juxta omnia quæ præceperat ei Jeremias propheta, legens ex volumine sermones Domini in domo Domini.*

9 *Factum est autem in anno quinto Joakim filii Josiæ regis Juda, in mense nono: prædicaverunt jejunium in conspectu Domini omni populo in Jerusalem, et universæ multitudini, quæ confluxerat de civitatibus Juda in Jerusalem.*

10 *Legitque Baruch ex volumine sermones Jeremiæ in domo Domini, in gazophylacio Gamariæ filii Saphan scribæ, in vestibulo superiori, in introitu portæ novæ domus Domini, audiente omni populo.*

11 *Cùmque audisset Michæas filius Gamariæ filii Saphan omnes sermones Domini ex libro,*

12 *descendit in domum regis ad ga-*

---

3 por si tal vez *los hijos de* la casa de Judá, oyendo todos los males que yo pienso enviarles, se convierte cada uno de su pésimo proceder, de suerte que pueda yo perdonarles sus maldades y pecados.

4 Llamó pues Jeremías á Baruch hijo de Nerías, y dictándole Jeremías, escribió Baruch en aquel volúmen todas las palabras que el Señor le dijo:

5 y dióle Jeremías á Baruch esta órden, diciendo: Yo estoy encerrado, y no puedo ir á la Casa del Señor.

6 Ve pues tú, y lee las palabras del Señor que yo te he dictado, y tú has escrito en ese libro, de modo que las oiga el pueblo, en la Casa del Señor, el dia del ayuno [1]; y asimismo las leerás de manera que las oigan todos los de Judá que vienen de sus ciudades:

7 por si tal vez se humillan orando en el acatamiento del Señor, y se convierte cada uno de su perverso proceder. Porque es *muy* grande el furor y la indignacion que ha manifestado el Señor contra este pueblo.

8 Ejecutó Baruch hijo de Nerías puntualmente todo cuanto le ordenó Jeremías profeta, y puesto en la Casa del Señor leyó en el libro las palabras del Señor.

9 Pues *es de saber que* el año quinto del reinado de Joakim, hijo de Josías, Rey de Judá, en el nono mes, fué intimado un ayuno en la presencia del Señor á todo el pueblo de Jerusalem, y á todo el gentío que habia concurrido á Jerusalem de las ciudades de Judá.

10 Y *entonces* leyó Baruch por el libro las palabras de Jeremías en la Casa del Señor, desde el gazophylacio, que está á cargo de Gamarías hijo de Saphan, doctor de la Ley, sobre el atrio de arriba; á la entrada de la puerta nueva del Templo del Señor, oyéndolo todo el pueblo.

11 Y Michèas, hijo de Gamarías, hijo de Saphan, oido que hubo todas las palabras del Señor, leídas en el *dicho* libro,

12 pasó al palacio del Rey, al despa-

---

1 El dia del ayuno universal. Despues ver. 9.

zophylacium scribæ: et ecce ibi omnes principes sedebant: Elisama scriba, et Dalaias filius Semeiæ, et Elnathan filius Achobor, et Gamarias filius Saphan, et Sedecias filius Hananiæ, et universi principes.

13 Et nuntiavit eis Michæas omnia verba, quæ audivit legente Baruch ex volumine in auribus populi.

14 Miserunt itaque omnes principes ad Baruch, Judi filium Nathaniæ filii Selemiæ, filii Chusi, dicentes: Volumen, ex quo legisti audiente populo, sume in manu tua, et veni. Tulit ergo Baruch filius Neriæ volumen in manu sua, et venit ad eos.

15 Et dixerunt ad eum: Sede, et lege hæc in auribus nostris. Et legit Baruch in auribus eorum.

16 Igitur cùm audissent omnia verba, obstupuerunt unusquisque ad proximum suum, et dixerunt ad Baruch: Nuntiare debemus regi omnes sermones istos.

17. Et interrogaverunt eum, dicentes: Indica nobis quomodo scripsisti omnes sermones istos ex ore ejus.

18 Dixit autem eis Baruch: Ex ore suo loquebatur quasi legens ad me omnes sermones istos: et ego scribebam in volumine atramento.

19 Et dixerunt principes ad Baruch: Vade, et abscondere tu et Jeremias, et nemo sciat ubi sitis.

20 Et ingressi sunt ad regem in atrium: porrò volumen commendaverunt in gazophylacio Elisamæ scribæ: et nuntiaverunt audiente rege omnes sermones.

21 Misitque rex Judi ut sumeret volumen: qui tollens illud de gazophylacio Elisamæ scribæ, legit audiente rege, et universis principibus qui stabant circa regem.

22 Rex autem sedebat in domo hiemali in mense nono: et posita erat arula coram eo plena prunis.

cho del secretario, donde se hallaban sentados todos los príncipes ó magnates, á saber: Elisama, secretario, y Dalaías hijo de Semeías, y Elnathan hijo de Achóbor, y Gamarías hijo de Saphan, y Sedecías hijo de Hananías, y en suma todos los príncipes ó gefes.

13 Y les refirió Michéas todo aquello que habia oido leer á Baruch en el libro, y que habia escuchado el pueblo.

14 Con esto todos aquellos señores enviaron á decir á Baruch, por medio de Judí hijo de Nathanías, hijo de Selemías, hijo de Chûsí: Toma en tu mano ese libro que tú has leido delante del pueblo, y vente acá. Tomó pues Baruch, hijo de Nerías, en su mano el libro, y fué á donde ellos estaban.

15 Los cuales le dijeron: Siéntate y léenos esas cosas para que las oigamos. Y leyólas Baruch en su presencia.

16 Asi que oyeron todas aquellas palabras, quedaron atónitos, mirándose unos á otros; y dijeron á Baruch: Es preciso que demos parte al Rey de todo esto.

17 Y le interrogaron, diciendo: Cuéntanos cómo recogiste tú de su boca todas estas cosas.

18 Y respondióles Baruch: Dictábame él todas estas palabras, como si fuera leyéndolas en un libro; y yo las iba escribiendo con tinta en este volúmen.

19 Entonces los príncipes dijeron á Baruch: Vé y escóndete tú y Jeremías, y nadie sepa en donde estais.

20 Y ellos fueron á encontrar al Rey en el atrio: pero el libro le depositaron en el gazophylacio ó aposento de Elisama, secretario ó canciller, y dieron parte al Rey en su audiencia de todo lo ocurrido.

21 Envió luego el Rey á Judí para que tragese aquel libro; el cual sacándole del gazophylacio ó gabinete del secretario Elisama, le leyó á presencia del Rey y de todos los príncipes que estaban al rededor del Rey.

22 Estaba el Rey en la habitacion de invierno, siendo el nono mes ó el noviembre; y habia delante de él un brasero lleno de ascuas muy encendidas.

23 *Cumque legisset Judi tres pagellas vel quatuor, scidit illud scalpello scribæ, projecit in ignem, qui erat super arulam, donec consumeretur omne volumen igni, qui erat in arula.*

24 *Et non timuerunt, neque sciderunt vestimenta sua, rex et omnes servi ejus, qui audierunt universos sermones istos.*

25 *Verumtamen Elnathan, et Dalaias, et Gamarias contradixerunt regi ne combureret librum: et non audivit eos.*

26 *Et præcepit rex Jeremiel filio Amelech, et Saraiæ filio Ezriel, et Selemiæ filio Abdeel, ut comprehenderent Baruch scribam, et Jeremiam prophetam: abscondit autem eos Dominus.*

27 *Et factum est verbum Domini ad Jeremiam prophetam, postquam combusserat rex volumen, et sermones quos scripserat Baruch ex ore Jeremiæ, dicens:*

28 *Rursum tolle volumen aliud, et scribe in eo omnes sermones priores, qui erant in primo volumine, quod combussit Joakim rex Juda.*

29 *Et ad Joakim regem Juda dices: Hæc dicit Dominus: Tu combussisti volumen illud, dicens: Quare scripsisti in eo annuntians: Festinus veniet rex Babylonis, et vastabit terram hanc, et cessare faciet ex illa hominem, et jumentum?*

30 *Proptereà hæc dicit Dominus contra Joakim regem Juda: Non erit ex eo qui sedeat super solium David: et cadaver ejus projicietur ad æstum per diem, et ad gelu per noctem.*

31 *Et visitabo contra eum, et contra semen ejus, et contra servos ejus, iniquitates suas; et adducam super eos, et super habitatores Jerusalem, et super viros Juda, omne malum, quod locutus sum ad eos, et non audierunt.*

23 Y así que Judí hubo leído tres ó cuatro páginas, el Rey hizo pedazos el libro con el cortaplumas del secretario, y arrojóle en el fuego del brasero, en el cual le hizo consumir todo.

24 Y así ni el Rey, ni ninguno de sus cortesanos que oyeron todas estas palabras ó amenazas, no temieron por esto, ni rasgaron sus vestidos *en señal de dolor.*

25 Si bien Elnathan, y Dalaías, y Gamarías, no aprobaron la voluntad del Rey en quemar el libro: mas el Rey no hizo caso de ellos.

26 Antes bien mandó á Jeremiel hijo de Amelech, y á Saraías hijo de Ezriel, y á Selemías hijo de Abdeel, que prendiesen á Baruch, el amanuense ó secretario, y al profeta Jeremías: pero el Señor los ocultó.

27 Despues que el Rey quemó el libro, y las palabras que dictando Jeremías habia escrito Baruch, habló el Señor á Jeremías, profeta, diciéndole:

28 Toma de nuevo otro cuaderno, y escribe en él todas las palabras que habia ya en el primer volúmen, quemado por Joakim, Rey de Judá.

29 Y le dirás á Joakim Rey de Judá: Esto dice el Señor: Tú has quemado aquel cuaderno, diciendo *á Jeremías:* ¿Por qué has puesto tú por escrito en él ese vaticinio, amenazando con decir que vendrá con presteza el Rey de Babylonia, y asolará esta tierra sin dejar en ella hombre ni bestia?

30 Por tanto, esto dice el Señor contra Joakim, Rey de Judá: No se verá ningun descendiente suyo que se siente en el solio de David, y su cadáver será arrojado, y expuesto al calor del dia, y al hielo de la noche [1].

31 Y vendré á tomar residencia de sus maldades, y de las de su linage, y de las de sus servidores; y descargaré sobre ellos, y sobre los habitantes de Jerusalem, y sobre el pueblo de Judá todos los males que les tengo anunciados, ya que no han querido escucharme.

---

1 Véase cap. XXII. vers. 19. — IV. Reg. XXIV. v. 8. Jechónías, hijo de Joakim, solo tuvo por tres meses una sombra de trono.

32 Jeremias autem tulit volumen aliud, et dedit illud Baruch filio Neriæ scribæ: qui scripsit in eo ex ore Jeremiæ omnes sermones libri quem combusserat Joakim rex Juda igni: et insuper additi sunt sermones multò plures, quàm antea fuerant.

32 Tomó, pues, Jeremías otro cuaderno, y diósele á Baruch, hijo de Nerías, su secretario; el cual, dictándole Jeremías, escribió en él todas las palabras del libro quemado por Joakim, Rey de Judá; y aun fueron añadidas muchas mas cosas sobre las que antes habia.

CAPÍTULO XXXVII

El nuevo Rey Sedecías se encomienda á las oraciones del Profeta. Retírase Nabuchôdonosor, y Jeremías predice que volverá, y que la ciudad será entregada á las llamas. Preso Jeremías vaticina á Sedecías su cautiverio; y no obstante manda el Rey que le trasladen al patio de la cárcel, y que le den de comer.

1 Et regnavit rex Sedecias filius Josiæ pro Jechonia filio Joakim: quem constituit regem Nabuchodonosor rex Babylonis in terra Juda.

2 Et non obedivit ipse, et servi ejus, et populus terræ, verbis Domini, quæ locutus est in manu Jeremiæ prophetæ.

3 Et misit rex Sedecias Juchal filium Selemiæ, et Sophoniam filium Maasiæ sacerdotem, ad Jeremiam prophetam, dicens: Ora pro nobis Dominum Deum nostrum.

4 Jeremias autem liberè ambulabat in medio populi: non enim miserant eum in custodiam carceris. Igitur exercitus Pharaonis egressus est de Ægypto: et audientes Chaldæi, qui obsidebant Jerusalem, hujuscemodi nuntium, recesserunt ab Jerusalem.

5 Et factum est verbum Domini ad Jeremiam prophetam, dicens:

6 Hæc dicit Dominus Deus Israël: Sic dicetis regi Juda, qui misit vos ad me interrogandum: Ecce exercitus Pharaonis, qui egressus est vobis in auxilium, revertetur in terram suam in Ægyptum;

7 et redient Chaldæi, et bellabunt contra civitatem hanc: et capient eam, et succendent eam igni.

1 Entró á reinar Sedecías hijo de Josías en lugar de Jechônías hijo de Joakim [1], habiendo sido establecido Rey de Judá por Nabuchôdonosor Rey de Babylonia.

2 Y ni él, ni sus servidores, ni la gente de la tierra obedecieron á las palabras que el Señor dijo por boca del profeta Jeremías.

3 Y envió el rey Sedecías á Juchál hijo de Selemías, y á Sophonías hijo de Maasías sacerdote, á decir al profeta Jeremías: Ruega por nosotros al Señor Dios nuestro.

4 Andaba entonces Jeremías libremente por entre el pueblo, pues no le habían aun puesto en la cárcel. Entre tanto el ejército de Pharaon salió de Egypto: oido lo cual por los châldeos, que tenian cercada á Jerusalem, levantaron el sitio.

5 Entonces el Señor habló al profeta Jeremías, del modo siguiente:

6 Esto dice el Señor Dios de Israel: Direis al Rey de Judá, que os ha enviado á consultarme: Mira que el ejército de Pharaon que venia á socorreros, se volverá á su tierra, á Egypto [2];

7 y volverán los châldeos, y combatirán contra esta ciudad, y se apoderarán de ella, y la entregarán á las llamas.

1 Cap. LII. vers. 1. — IV. Reg. XXIV. v. 17.—II. Paral. XXXVI. v. 10.

2 Cap. XLVI. vers. 15. — Ezech. XVII. v. 15—XXX. v. 21.

8 *Hæc dicit Dominus: Nolite decipere animas vestras, dicentes: Euntes abibunt, et recedent à nobis Chaldæi; quia non abibunt.*

9 *Sed et si percusseritis omnem exercitum Chaldæorum, qui præliantur adversum vos, et derelicti fuerint ex eis aliqui vulnerati: singuli de tentorio suo consurgent, et incendent civitatem hanc igni.*

10 *Ergo cùm recessisset exercitus Chaldæorum ab Jerusalem propter exercitum Pharaonis,*

11 *egressus est Jeremias de Jerusalem ut iret in terram Benjamin, et divideret ibi possessionem in conspectu civium.*

12 *Cùmque pervenisset ad portam Benjamin, erat ibi custos portæ per vices, nomine Jerias, filius Selemiæ filii Hananiæ, et apprehendit Jeremiam prophetam, dicens: Ad Chaldæos profugis.*

13 *Et respondit Jeremias: Falsum est, non fugio ad Chaldæos. Et non audivit eum: sed comprehendit Jerias Jeremiam, et adduxit eum ad principes.*

14 *Quam ob rem irati principes contra Jeremiam, cæsum eum miserunt in carcerem, qui erat in domo Jonathan scribæ: ipse enim præpositus erat super carcerem.*

15 *Itaque ingressus est Jeremias in domum laci et in ergastulum: et sedit ibi Jeremias diebus multis.*

16 *Mittens autem Sedecias rex tulit eum; et interrogavit eum in domo sua abscondite, et dixit: Putasne est sermo à Domino? Et dixit Jeremias: Est. Et ait: In manus regis Babylonis traderis.*

17 *Et dixit Jeremias ad regem Sedeciam: Quid peccavi tibi, et servis tuis,*

1 *Cap. XXVIII. v.* 16.
2 La voz *ergastulum*, que usa la Vulgata, parece que propiamente significa el lugar en

8 Esto dice el Señor: No querais engañaros á vosotros mismos, diciendo: Iránse los cháldeos para no volver, y nos dejarán en paz: porque *entendéd* que no se irán.

9 Pero aun cuando vosotros derrotáreis todo el ejército de los cháldeos, que os hace la guerra, y solamente quedaren de él algunos pocos heridos, saldrian estos solos de sus tiendas, y entregarian esta ciudad á las llamas.

10 Habiéndose pues retirado de Jerusalem el ejército de los cháldeos por causa del ejército de Pharaon,

11 partió Jeremías de Jerusalem para irse á la tierra de Benjamin, y para repartir allí cierta posesion en presencia de aquellos ciudadanos.

12 Y asi que llegó á la puerta *llamada* de Benjamin, el que estaba por turno haciendo la guardia de la puerta, el cual se llamaba Jerías, hijo de Selemías, hijo de Hananías [1], asió al profeta Jeremías, diciendo: Tú te huyes á los cháldeos.

13 Es falso, respondió Jeremías: yo no me huyo á los cháldeos. Pero Jerías no le escuchó; sino que prendió á Jeremías, y le presentó á los príncipes.

14 Irritados con eso los príncipes contra Jeremías, despues de haberle hecho azotar, le metieron en la cárcel que habia en la casa de Jonathan secretario ó *escriba*, por tener este á su cargo la cárcel.

15 Entró pues Jeremías en un hondo calabozo, y en una mazmorra [2], donde permaneció muchos dias.

16 Despues el rey Sedecías envió á sacarle de allí, y le interrogó secretamente, en su palacio, diciéndole: ¿Crees tú que hay efectivamente alguna revelacion de parte del Señor? Sí la hay, respondió Jeremías; y añadió: Tú serás entregado en manos del Rey de Babylonia.

17 ¿Y en qué he pecado contra tí, añadió Jeremías al Rey Sedecías, ni

que encerraban de noche á los esclavos, atados con una cadena.

et populo tuo, quia misisti me in domum carceris?

contra tus servidores, ni contra tu pueblo para que me hayas mandado poner en la cárcel?

18 *Ubi sunt prophetæ vestri, qui prophetabant vobis, et dicebant: Non veniet rex Babylonis super vos, et super terram hanc?*

18 ¿Dónde están aquellos profetas vuestros que os profetizaban, y decian: No vendrá contra vosotros, ni contra esta tierra el Rey de Babylonia?

19 *Nunc ergo audi, obsecro, domine mi rex: Valeat deprecatio mea in conspectu tuo: et ne me remittas in domum Jonathan scribæ, ne moriar ibi.*

19 Ahora, pues, escúchame, te ruego, oh Rey mi Señor: recibe favorablemente la súplica que te hago, y no me vuelvas *otra vez* á la casa ó *cárcel* de Jonathan, secretario, para que no me muera yo allí.

20 *Præcepit ergo rex Sedecias ut traderetur Jeremias in vestibulo carceris: et daretur ei torta panis quotidie, excepto pulmento, donec consumerentur omnes panes de civitate, et mansit Jeremias in vestibulo carceris.*

20 Mandó pues el rey Sedecías que pusiesen á Jeremías en el patio de la cárcel, y que cada dia le diesen una torta de pan, ademas de la vianda, mientras hubiese pan en la ciudad: con eso se mantuvo Jeremías en el patio de la cárcel.

CAPÍTULO XXXVIII.

Jeremias es entregado por el Rey en manos de los príncipes, quienes le encierran en un calabozo lleno de cieno: de allí le saca Abdemelech por órden del Rey, al cual exhorta el Profeta á que se rinda á los cháldeos. El Rey manda á Jeremias que no diga á nadie lo que ha hablado con él.

1 *Audivit autem Saphatias filius Mathan, et Gedelias filius Phassur, et Juchal filius Selemiæ, et Phassur, filius Melchiæ, sermones, quos Jeremias loquebatur ad omnem populum, dicens:*

1 Pero Saphatías hijo de Mathan, y Gedelías hijo de Phassur, y Juchál hijo de Selemías, y Phassur hijo de Melchías, habian oido las palabras que Jeremías predicaba á todo el pueblo, diciendo:

2 *hæc dicit Dominus: Quicumque manserit in civitate hac, morietur gladio, et fame, et peste: qui autem profugerit ad Chaldæos, vivet, et erit anima ejus sospes et vivens.*

2 Asi habla el Señor [1]: Cualquiera que se quedare en esta ciudad, morirá á cuchillo, ó de hambre, ó de peste; pero el que se refugiare á los cháldeos, vivirá, y pondrá en salvo su vida.

3 *Hæc dicit Dominus: Tradendo tradetur civitas hæc in manu exercitus regis Babylonis, et capiet eam.*

3 Esto dice el Señor: Sin falta será entregada esta ciudad en poder del ejército del Rey de Babylonia, el cual se apoderará de ella.

4 *Et dixerunt principes regi: Rogamus ut occidatur homo iste: de industria enim dissolvit manus virorum bellantium, qui remanserunt in civitate hac, et manus universi populi, loquens ad eos juxta verba hæc: siquidem ho-*

4 Entonces dijeron los príncipes al Rey: Pedímoste que sea condenado á muerte ese hombre; porque él procura de intento que desmayen los brazos de los valientes, y el esfuerzo de los guerreros que han quedado en esta ciu-

---

1 *Cap. XXI. v. 9.* Jeremias en el patio de la cárcel continuaba anunciando con santa libertad á los que iban á verle las mismas cosas que antes predicaba por órden de Dios.

mo iste non quærit pacem populo huic,
sed malum.

5 Et dixit rex Sedecias: Ecce ipse in
manibus vestris est: nec enim fas est
regem vobis quidquam negare.

6 Tulerunt ergo Jeremiam et projecerunt eum in lacum Melchiæ filii Amelech, qui erat in vestibulo carceris: et
submiserunt Jeremiam funibus in lacum, in quo non erat aqua, sed lutum:
descendit itaque Jeremias in cœnum.

7 Audivit autem Abdemelech Æthiops
vir eunuchus, qui erat in domo regis,
quòd misissent Jeremiam in lacum:
porrò rex sedebat in porta Benjamin.

8 Egressus est Abdemelech de domo regis, et locutus est ad regem,
dicens:

9 Domine mi rex, malefecerunt viri
isti omnia quæcumque perpetrarunt
contra Jeremiam prophetam mittentes
eum in lacum, ut moriatur ibi fame
non sunt enim panes ultra in civitate.

10 Præcepit itaque rex Abdemelech
Æthiopi, dicens: Tolle tecum hinc
triginta viros, et leva Jeremiam prophetam de lacu antequam moriatur.

11 Assumptis ergo Abdemelech secum
viris, ingressus est domum regis, quæ
erat sub cellario: et tulit inde veteres
pannos, et antiqua quæ computruerant,
et submisit ea ad Jeremiam in lacum
per funiculos.

12 Dixitque Abdemelech Æthiops ad
Jeremiam: Pone veteres pannos, et hæc
scissa et putrida, sub cubito manuum
tuarum, et super funes; fecit ergo Jeremias sic.

13 Et extraxerunt Jeremiam funibus,
et eduxerunt eum de lacu: mansit au-

dad, y de todo el pueblo, con aquellas palabras que dice. Pues está visto
que ese hombre no procura el bien sino
al mal de este pueblo.

5 A lo que contestó el rey Sedecías:
Ahí le teneis á vuestra disposicion; que
no es posible que el Rey os niegue cosa
alguna.

6 Cogieron pues á Jeremías, y le metieron en la cisterna de Melchías hijo
de Amelech, situada en el atrio de la
cárcel; y por medio de sogas descolga-
ron á Jeremías en la cisterna, donde
no habia agua, sino lodo: asi pues Jeremías quedó hundido en el cieno.

7 Y Abdemelech, ennucho [1], ethiope,
que estaba en el palacio del Rey, supo
que habian echado á Jeremías en la cisterna. Hallábase el Rey á la sazon sentado en la puerta de Benjamin.

8 Salió pues Abdemelech de palacio,
y fué á hablar al Rey, diciendo:

9 Oh Rey y Señor mio, muy mal han
obrado estos hombres en todo lo que
han atentado contra el profeta Jeremías,
echándole en la cisterna para que allí
muera de hambre [2], pues ya no hay
pan en la ciudad [3].

10 Entonces el Rey le dió esta órden
á Abdemelech, ethiope: Llévate de aquí
contigo treinta hombres, y saca de la
cisterna al profeta Jeremías antes que
muera.

11 Tomando pues consigo Abdemelech los hombres, entró en el palacio
del Rey en una pieza subterránea que
estaba debajo de la tesorería, y cogió
de allí unas ropas viejas y trozos de pa-
ño medio consumidos, y los echó á Jeremías en la cisterna por medio de
cordeles.

12 Y dijo el ethíope Abdemelech á
Jeremías: Pon esos trapos viejos y re-
tazos medio consumidos debajo de tus
sobacos, y sobre ó al rededor de las
cuerdas: hízolo asi Jeremías;

13 Y [4] tiraron de él con las cuerdas,
y sacáronle de la cisterna; y quedó Je-

---

1 Véase Eunucho.
2 Como sucederá infaliblemente.
3 Segun el hebreo puede traducirse: Igual

hubiera sido matarle de hambre.
4 Preparado de esta manera para que no se
lastimase con los cordeles.

tem Jeremias in vestibulo carceris.

14 *Et misit rex Sedecias, et tulit ad se Jeremiam prophetam ad ostium tertium, quod erat in domo Domini: et dixit rex ad Jeremiam: Interrogo ego te sermonem, ne abscondas à me aliquid.*

15 *Dixit autem Jeremias ad Sedeciam: Si annuntiavero tibi, nunquid non interficies me? et si consilium dedero tibi, non me audies.*

16 *Juravit ergo rex Sedecias Jeremiæ clàm, dicens: Vivit Dominus, qui fecit nobis animam hanc, si occidero te, et si tradidero te in manus virorum istorum, qui quærunt animam tuam.*

17 *Et dixit Jeremias ad Sedeciam: Hæc dicit Dominus exercituum Deus Israel: Si profectus exieris ad principes regis Babylonis, vivet anima tua, et civitas hæc non succendetur igni: et salvus eris tu, et domus tua.*

18 *Si autem non exieris ad principes regis Babylonis, tradetur civitas hæc in manus Chaldæorum, et succendent eam igni, et tu non effugies de manu eorum.*

19 *Et dixit rex Sedecias ad Jeremiam: Sollicitus sum propter Judæos, qui transfugerunt ad Chaldæos: ne fortè tradar in manus eorum, et illudant mihi.*

20 *Respondit autem Jeremias: Non te tradent. Audi quæso vocem Domini, quam ego loquor ad te, et benè tibi erit, et vivet anima tua.*

21 *Quod si nolueris egredi, iste est sermo, quem ostendit mihi Dominus:*

22 *Ecce omnes mulieres, quæ remanserunt in domo regis Juda, educentur ad principes regis Babylonis: et ipsæ dicent: Seduxerunt te, et prævaluerunt adversum te viri pacifici tui, demerserunt in cœno et in lubrico pedes tuos, et recesserunt à te.*

remías en el atrio de la cárcel [1].

14 Envió despues el Rey Sedecías á buscar al profeta Jeremías, y se le hizo traer á la tercera puerta del templo del Señor; y dijo el Rey á Jeremías: Una cosa te voy á preguntar: no me ocultes nada.

15 Y Jeremías contestó á Sedecías: Si yo te la declaro, ¿no es asi que tú me quitarás la vida? y si yo te diere un consejo, tú no me has de escuchar.

16 Entonces el Rey Sedecías juró secretamente á Jeremías, diciendo: Júrote por el Señor que ha criado en nosotros esta alma, que no te quitaré la vida, ni te entregaré en manos de esos hombres que desean matarte.

17 Dijo pues Jeremías á Sedecías: Esto dice el Señor de los ejércitos, el Dios de Israel: Si te sales de Jerusalem, y te pones en manos de los príncipes ó generales del Rey de Babylonia, salvarás tu vida, y esta ciudad no será entregada á las llamas, y te pondrás en salvo tú y tu familia.

18 Pero si no vas á encontrar á los príncipes del Rey de Babylonia, será entregada la ciudad en poder de los cháldeos, los cuales la abrasarán, y tú no escaparás de sus manos.

19 Y dijo el Rey Sedecías á Jeremías: Témome de aquellos judios que se han desertado á los cháldeos: no sea que estos me entreguen en sus manos, y me insulten y maltraten.

20 Pero Jeremías le respondió: No te abandonarán en sus manos. Ruégote que escuches las palabras del Señor, que yo te hablo, y te irá bien, y salvarás tu vida.

21 Que si no quisieres salir, he aquí lo que me ha revelado el Señor:

22 Sábete que todas las mugeres que han quedado en el palacio del Rey de Judá, serán conducidas para los príncipes del Rey de Babylonia: y estas mismas te dirán entonces: ¡Oh como te han engañado, y prevalecido para daño tuyo los que te lisonjeaban con la paz! dirigieron tus pasos á un resbaladero, y te han metido en un atolladero, y en seguida te han abandonado.

---

1 Pero con cadenas en las manos. *Cap. XL. ver.* 4.

23 *Et omnes uxores tuæ, et filii tui educentur ad Chaldæos: et non effugies manus eorum, sed in manu regis Babylonis capieris: et civitatem hanc comburet igni.*

24 *Dixit ergo Sedecias ad Jeremiam: Nullus sciat verba hæc, et non morieris.*

25 *Si autem audierint principes quia locutus sum tecum, et venerint ad te, et dixerint tibi: Indica nobis quid locutus sis cum rege, ne celes nos, et non te interficiemus: et quid locutus est tecum rex ;*

26 *dices ad eos: Prostravi ego preces meas coram rege, ne me reduci juberet in domum Jonathan, et ibi morerer.*

27 *Venerunt ergo omnes principes ad Jeremiam, et interrogaverunt eum : et locutus est eis, juxta omnia verba quæ præceperat ei rex, et cessaverunt ab eo; nihil enim fuerat auditum.*

28 *Mansit verò Jeremias in vestibulo carceris usque ad diem, quo capta est Jerusalem: et factum est ut caperetur Jerusalem.*

23 Y todas tus mugeres y tus hijos serán llevados á los cháldeos, y tú no escaparás de sus manos, sino que caerás prisionero del Rey de Babylonia, el cual incendiará esta ciudad.

24 Sedecías dijo entonces á Jeremías: Nadie sepa estas cosas, y de este modo tú no morirás.

25 Y si los príncipes supieren que yo he hablado contigo, y fueren á tí, y te dijeren: Manifiéstanos lo que has dicho al Rey, y qué es lo que el Rey ha hablado contigo, no nos lo encubras, y no te matarémos;

26 les has de responder: Postrado á los pies del Rey le supliqué que no me hiciese conducir otra vez á la casa ó cárcel de Jonathan, para no morirme yo allí.

27 En efecto vinieron luego todos los príncipes á Jeremías, y se lo preguntaron, y él les respondió palabra por palabra todo lo que le había prevenido el Rey; y no le molestaron mas, pues nada se había traslucido.

28 Y Jeremías permaneció en el zaguan de la cárcel: hasta el dia en que fué tomada Jerusalem: porque al fin Jerusalem fué rendida.

CAPÍTULO XXXIX.

Conquista de Jerusalem: Sedecías es hecho prisionero: matan á sus hijos delante de él, y despues le sacan los ojos. Incendio de la ciudad y del templo. El resto del pueblo es llevado cautivo á Babylonia junto con Secedías. Jeremías es puesto en libertad.

1 *Anno nono Sedeciæ regis Juda, mense decimo, venit Nabuchodonosor rex Babylonis, et omnis exercitus ejus ad Jerusalem, et obsidebant eam.*

2 *Undecimo autem anno Sedeciæ, mense quarto, quinta mensis aperta est civitas.*

3 *Et ingressi sunt omnes principes*

1 En el año nono de Sedecías, Rey de Judá, en el décimo mes, vino Nabuchôdonosor, Rey de Babylonia, con todo su ejército á Jerusalem, y le puso sitio [1].

2 Y el año undécimo de Sedecías, en el dia cinco [2] del cuarto mes, fué asaltada por la brecha la ciudad.

3 Y entraron todos los príncipes del

---

1 *Cap. LII. v. 4.—IV. Reg. XXV. v. 1.*
2 En el hebreo y en los Setenta se lee el dia 9; y *novem* tienen varios códices manuscritos de la Vulgata aquí y despues cap. LII. v. 6. y en el cap. XXV. v. 3. del lib. IV. de los Reyes.

Algunos opinan que, sin necesidad de suponer aquí errata de número, puede ser que el dia 5 se abrió la brecha, y el 9 se tomó la ciudad.

regis Babylonis, et sederunt in porta media: Neregel, Sereser, Semegarna-bu, Sarsachim, Rabsares, Neregel, Se-reser, Rebmag et omnes reliqui principes regis Babylonis.

4 Cùmque vidisset eos Sedecias rex Juda, et omnes viri bellatores, fuge-runt: et egressi sunt nocte de civitate per viam horti regis, et per portam, quæ erat inter duos muros, et egressi sunt ad viam deserti.

5 Persecutus est autem eos exercitus Chaldæorum: et comprehenderunt Sedeciam in campo solitudinis Jerichon-tinæ, et captum adduxerunt ad Nabuchodonosor regem Babylonis in Reblatha, quæ est in terra Emath, et locutus est ad eum judicia.

6 Et occidit rex Babylonis filios Sedeciæ in Reblatha, in oculis ejus, et omnes nobiles Juda occidit rex Babylonis.

7 Oculos quoque Sedeciæ eruit: et vinxit eum compedibus ut duceretur in Babylonem.

8 Domum quoque regis, et domum vulgi succenderunt Chaldæi igni, et murum Jerusalem subverterunt.

9 Et reliquias populi, qui remanserant in civitate, et perfugas, qui transfugerant ad eum, et superfluos vulgi, qui remanserant, transtulit Nabuzardan magister militum in Babylonem.

10 Et de plebe pauperum, qui nihil penitus habebant, dimisit Nabuzardan magister militum in terra Juda: et dedit eis vineas et cisternas in die illa.

11 Præceperat autem Nabuchodonosor rex Babylonis de Jeremia Nabuzar-

Rey de Babylonia, é hicieron alto en la puerta del medio [1]: Neregel, Sereser, Semegarnabu, Sarsachîm, Rabsares, Neregel, Sereser, Rebmag [2], y todos los demas príncipes ó capitanes, del Rey de Babylonia.

4 Así que los vieron Sedecías, Rey de Judá, y todos sus guerreros, echaron á huir; y salieron de noche de la ciudad, por el camino del jardin del Rey, y por la puerta que está entre las dos murallas, y tomaron el camino del Desierto [3].

5 Pero fuéles á los alcances el ejército de los châldeos, y prendieron á Sedecías en el campo desierto de Jerichô, y le llevaron preso á Nabuchôdonosor, Rey de Babylonia, que estaba en Reblatha, situada en el territorio de Emath, donde le juzgó.

6 É hizo matar el Rey de Babylonia, en Reblatha, á los hijos de Sedecías, delante de los ojos de éste: á todos los nobles de Judá los hizo morir el Rey de Babylonia.

7 Ademas hizo sacar los ojos á Sedecías [4], y le aprisionó con grillos, para que fuese conducido á Babylonia.

8 Entretanto los châldeos, que estaban en Jerusalem, abrasaron el palacio del Rey, y la casa ó las habitaciones del pueblo, y derribaron las murallas de Jerusalem.

9 Y á los restos del vecindario que habian quedado en la ciudad, y á los desertores que se habian refugiado á él, y á lo restante de la plebe, los condujo á Babylonia Nabuzardan, general del ejército.

10 Mas á la turba de los pobres, que no tenian absolutamente nada, Nabuzardan, general del ejército, los dejó libres en la tierra de Judá, y dióles entonces viñas y tierras, con depósitos de agua para regar.

11 Es de saber que Nabuchôdonosor Rey de Babylonia, habia dado sus órde-

---

1 Ó en la segunda puerta. Soph. I. v. 10.
2 Algunos opinan que Rebmag y Sereser son nombres de oficio ó empleo. No se sabe por qué están puestos dos veces. Neregel era nombre de un dios de los assyrios. IV. Reg.

XVII. v. 30. Las voces rab y ser significan cabeza ó gefe, etc.
3 IV. Reg. XXV. v. 4.
4 Ezech. XII. v. 13.

dan magistro militum, dicens:

12 *Tolle illum, et pone super eum oculos tuos, nihilque ei mali facias: sed ut voluerit sic facias ei.*

13 *Misit ergo Nabuzardan princeps militiæ, et Nabusezban, et Rabsares, et Neregel, et Sereser, et Rebmag, et omnes optimates regis Babylonis,*

14 *miserunt et tulerunt Jeremiam de vestibulo carceris, et tradiderunt eum Godoliæ filio Ahicam filii Sophan, ut intraret in domum, et habitaret in po- pulo.*

15 *Ad Jeremiam autem factus fuerat sermo Domini, cùm clausus esset in vestibulo carceris, dicens:*

16 *Vade, et dic Abdemelech Æthio- pi, dicens: Hæc dicit Dominus exerci- tuum Deus Israel: Ecce ego inducam sermones meos super civitatem hanc in malum, et non in bonum: et erunt in conspectu tuo in die illa.*

17 *Et liberabo te in die illa, ait Do- minus: et non traderis in manus viro- rum, quos tu formidas:*

18 *sed eruens liberabo te, et gladio non cades: sed erit tibi anima tua in salutem quia in me habuisti fiduciam, ait Dominus.*

12 Encárgate de ese hombre, trátale con distincion, y no le hagas ningun daño, antes bien concédele cuanto quiera.

13 Por cuyo motivo Nabuzardan, ge- neral del ejército, y Nabusezban, y Rabsares, y Neregel, y Sereser, y Reb- mag, y todos los magnates del Rey de Babylonia,

14 enviaron á sacar del zaguan de la cárcel á Jeremías, y le recomendaron á Godolías hijo de Ahicam, hijo de Sa- phan [1], para que le volviese á su casa, y viviese *con libertad* en medio del pueblo.

15 Habia el Señor prevenido *de ante- mano* á Jeremías, estando aun encer- rado en el atrio de la cárcel, diciéu- dole [2]:

16 Anda, y dí á Abdemelech ethiope: Esto dice el Señor de los ejércitos, el Dios de Israel: Mira, yo voy á ejecutar todo lo que he anunciado para daño ó castigo, no para bien de esa ciudad, y tú verás en aquel dia el cumplimiento de esto.

17 En cuyo dia yo te libraré dice el Señor: y no serás entregado en poder de los hombres, de quienes tiemblas *tanto*,

18 sino que te libraré de todo trance; ni morirás á cuchillo, antes bien con- servarás segura tu vida, porque tuviste confianza en mí, dice el Señor.

CAPÍTULO XL.

Jeremías, puesto en plena libertad, va á verse con Godolías prefecto de Judéa. No cree éste á Johanan que le avisa una traicion que se urdia.

1 *Sermo, qui factus est ad Jeremiam à Domino, postquam dimissus est à Nabuzardan magistro militiæ de Ra- ma, quando tulit eum vinctum catenis in medio omnium, qui migrabant de Jerusalem et Juda, et ducebantur in Babylonem.*

1 Palabra ó *profecía* que el Señor manifestó á Jeremías, despues que Na- buzardan general del ejército le envió libre desde Rama, cuando le llevaba atado á la cadena, *confundido* en medio de los demas que trasmigraban de Je- rusalem y de Judá, y eran conducidos cautivos á Babylonia.

---

1 Nombrado gobernador de los judios. *Cap.* XL. v. 4., 5.—*IV. Reg. XXV. v.* 22.

2 *Cap. XXXVIII. v.* 7.

2 *Tollens .... princeps militiæ Jere-....., dixit ad eum: Dominus Deus tuus locutus est malum hoc super locum istum,*

3 *et adduxit: et fecit Dominus sicut locutus est, quia peccastis Domino, et non audistis vocem ejus, et factus est vobis sermo hic.*

4 *Nunc ergo ecce solvi te hodie de catenis, quæ sunt in manibus tuis: si placet tibi ut venias mecum in Babylonem, veni; et ponam oculos meos super te; si autem displicet tibi venire mecum in Babylonem, reside: ecce omnis terra in conspectu tuo est: quod elegeris, et quò placuerit tibi ut vadas, illuc perge.*

5 *Et mecum noli venire: sed habita apud Godoliam filium Ahicam filii Saphan, quem præposuit rex Babylonis civitatibus Juda: habita ergo cum eo in medio populi: vel quocumque placuerit tibi ut vadas, vade. Dedit quoque ei magister militiæ cibaria, et munuscula, et dimisit eum.*

6 *Venit autem Jeremias ad Godoliam filium Ahicam in Masphath, et habitavit cum eo in medio populi, qui relictus fuerat in terra.*

7 *Cùmque audissent omnes principes exercitus, qui dispersi fuerant per regiones, ipsi et socii eorum, quòd præfecisset rex Babylonis Godoliam filium Ahicam terræ, et quòd commendasset ei viros, et mulieres, et parvulos, et de pauperibus terræ, qui non fuerant translati in Babylonem;*

8 *venerunt ad Godoliam in Masphath: et Ismahel filius Nathaniæ, et Johanan, et Jonathan filii Caree, et Sareas filius Thanehumeth, et filii Ophi, qui erant de Netophathi, et Jezonias filius Maachathi, ipsi et viri eorum.*

9 *Et juravit eis Godolias filius Ahi-*

2 *Es de advertir que* [1] *el general del ejército, tomando á Jeremías, luego que le conoció, le dijo:* El Señor Dios tuyo habia predicho estas calamidades sobre este pais;

3 y el Señor las ha puesto en ejecucion, y ha cumplido lo que habia dicho: porque vosotros pecásteis contra el Señor, y no escuchásteis su voz; por lo cual os ha sucedido eso.

4 Ahora bien, yo te he quitado hoy las cadenas que tenias en tus manos: si te place venir conmigo á Babylonia, vente; que yo miraré por tí: mas si no quieres venirte conmigo á Babylonia, quédate aquí; ahí tienes á tu vista todo el pais; á donde escogieres, y mas te agradare, allí puedes irte.

5 No vengas pues conmigo, *si no quieres:* quédate en compañía de Godolías, hijo de Ahicam, hijo de Saphan, á quien el Rey de Babylonia ha puesto por gobernador de las ciudades de Judá: habita pues con él en medio de tu pueblo, ó vete donde mejor te parezca. Dióle tambien el general del ejército comestibles y *algunos* regalitos, y le despidió.

6 En consecuencia Jeremías se fué á casa de Godolías, hijo de Ahicam en Masphath, y habitó con él en medio del pueblo que habia quedado en el pais.

7 Y habiendo sabido todos los capitanes del ejército *de los judíos* (desperramados por varias partes ellos, y sus camaradas) que el Rey de Babylonia habia nombrado gobernador del pais á Godolías, hijo de Ahicam, y que le habia recomendado los hombres y las mugeres, y los niños, y los pobres del pais, que no habian sido trasportados á Babylonia;

8 fueron á encontrar á Godolías en Masphath, es á saber: Ismahel, hijo de Nathanías, y Johanan y Jonathan, hijos de Carée, y Sareas, hijo de Thanehumeth, y los hijos de Ophi, naturales de Netophathi, y Jezonías hijo de Maachathi, ellos y sus gentes.

9 Y Godolías, hijo de Ahicam, hijo

---

1 Esto que sigue es como un paréntesis para referir la manera con que Jeremías fué puesto en libertad.

cam filii Saphan, et comitibus eorum, dicens: Nolite timere servire Chaldæis, habitate in terra, et servite regi Babylonis, et bene erit vobis.

10 Ecce ego habito in Masphath, ut respondeam præcepto Chaldæorum, qui mittuntur ad nos: vos autem colligite vindemiam, et messem, et oleum, et condite in vasis vestris, et manete in urbibus vestris, quas tenetis.

11 Sed et omnes Judæi, qui erant in Moab, et in filiis Ammon, et in Idumæa, et in universis regionibus, audito quòd dedisset rex Babylonis reliquias in Judæa, et quòd præposuisset super eos Godoliam filium Ahicam filii Saphan:

12 reversi sunt, inquam, omnes Judæi de universis locis, ad quæ profugerant, et venerunt in terram Juda ad Godoliam in Masphath: et collegerunt vinum, et messem multam nimis.

13 Johanan autem filius Caree, et omnes principes exercitus, qui dispersi fuerant in regionibus, venerunt ad Godoliam in Masphath.

14 Et dixerunt ei: Scito quòd Baalis rex filiorum Ammon misit Ismahel filium Nathaniæ percutere animam tuam. Et non credidit eis Godolias filius Ahicam.

15 Johanan autem filius Caree dixit ad Godoliam seorsum in Masphath, loquens: Ibo, et percutiam Ismahel filium Nathaniæ nullo sciente, ne interficiat animam tuam, et dissipentur omnes Judæi, qui congregati sunt ad te, et peribunt reliquiæ Juda.

16 Et ait Godolias filius Ahicam ad Johanan filium Caree: Noli facere verbum hoc: falsum enim tu loqueris de Ismahel.

de Saphan, les aseguró con juramento á ellos y á sus compañeros, diciendo: No temais obedecer á los cháldeos: habitad en el pais, y servid al Rey de Babylonia, y lo pasaréis bien [1].

10 Ya veis, yo habito en Masphath para ejecutar las órdenes que nos vienen de los cháldeos. Y así vosotros recoged la vendimia, las mieses, y el aceite, y metedle en vuestras tinajas, y permaneced en las ciudades vuestras que habeis ocupado.

11 Asimismo todos los judíos que estaban en Moab, y entre los hijos de Ammon, y en la Idumea, y en los demas paises, que oyeron que el Rey de Babylonia habia dejado alguna parte del pueblo en la Judea, y nombrado gobernador del pais á Godolías, hijo de Abicam, hijo de Saphan;

12 todos aquellos judíos, digo, regresaron de los paises donde se habian refugiado, y vinieron á la tierra de Judá á encontrar á Godolías en Masphath, y recogieron la vendimia, y una cosecha grandísima de otros frutos.

13 Por este tiempo Johanan, hijo de Carée, y todos los capitanes del ejército que habian estado esparcidos en varias tierras, fueron á encontrar á Godolías en Masphath,

14 y le dijeron: Has de saber que Baalis, Rey de los ammonitas, ha despachado á Ismahel, hijo de Nathanías, para que te quite la vida. Mas Godolías, hijo de Abicam, no les dió crédito.

15 Entonces Johanan, hijo de Carée, hablando á parte á Godolías, en Masphat, le dijo: Yo iré y mataré á Ismahel, hijo de Nathanías, sin que nadie lo sepa, para que no te mate á tí, y no sean desparramados todos los judíos que se han acogido á tí, y venga á perecer el resto del pueblo de Judá.

16 Pero Godolías, hijo de Abicam, contestó á Johanan, hijo de Carée: No hagas tal cosa; porque lo que tú dices de Ismahel es una falsedad.

_____

1 IV. Reg. XXV. ver. 24.

CAPÍTULO XLI.

Bárbara crueldad con que Ismahel mata á Godolías y á sus soldados. Persigue Johanan á Ismahel, el cual huye con ocho personas. El resto de la gente determina huir á Egypto.

1 Et factum est in mense septimo, venit Ismahel filius Nathaniæ, filii Elisama de semine regali, et optimates regis, et decem viri cum eo ad Godoliam filium Ahicam in Masphath: et comederunt ibi panes simul in Masphath.

2 Surrexit autem Ismahel filius Nathaniæ, et decem viri qui cum eo erant, et percusserunt Godoliam filium Ahicam filium Saphan gladio, et interfecerunt eum, quem præfecerat rex Babylonis terræ.

3 Omnes quoque Judæos, qui erant cum Godolia in Masphath, et Chaldæos, qui reperti sunt ibi, et viros bellatores percussit Ismahel.

4 Secundo autem die postquam occiderat Godoliam, nullo adhuc sciente,

5 venerunt viri de Sichem, et de Silo, et de Samaria octoginta viri, rasi barbá, et scissis vestibus, et squallentes, et munera et thus habebant in manu, ut offerrent in domo Domini.

6 Egressus ergo Ismahel filius Nathaniæ in occursum eorum de Masphath, incedens et plorans ibat: cùm autem occurrisset eis, dixit ad eos: Venite ad Godoliam filium Ahicam.

7 Qui cùm venissent ad medium civitatis, interfecit eos Ismahel filius Nathaniæ circa medium laci; ipse et viri qui erant cum eo.

8 Decem autem viri reperti sunt inter eos, qui dixerunt ad Ismahel: Noli occidere nos; quia habemus thesauros in agro, frumenti, et hordei, et olei, et mellis. Et cessavit, et non interfecit

1 Mas sucedió, que al séptimo mes vino Ismahel, hijo de Nathanías, hijo de Elisama, que era de estirpe real, y los grandes del Rey, con diez hombres *atrevidos y valientes*, á encontrar á Godolías hijo de Ahicam en Masphath, y comieron allí con él.

2 Y levantóse Ismahel, hijo de Nathanías, y los diez hombres que le acompañaban; y asesinaron á Godolías, hijo de Ahicam, hijo de Saphan, quitando la vida al que el Rey de Babylonia habia puesto por gobernador del pais.

3 Mató tambien Ismahel á todos [1] los judíos que estaban en Masphath con Godolías, y á los cháldeos que allí se hallaban, y á todos los guerreros.

4 Y al dia siguiente despues que mató á Godolías, y antes de saberse el suceso,

5 llegaron de Sichêm, y de Silo, y de Samaria, ochenta hombres, raida la barba, y rasgados los vestidos, y desaliñados, ó *desfigurados*, trayendo consigo incienso y dones para ofrecerlos en la casa del Señor [2].

6 Ismahel, pues, hijo de Nathanías, saliendo de Masphath al encuentro de esta gente, caminaba despacio y llorando [3]; y así que los encontró, les dijo: Venid á Godolías, hijo de Ahicam.

7 Pero asi que llegaron al medio de la ciudad, Ismahel, hijo de Nathanías, los mató *á todos* con la ayuda de aquellos hombres que tenia consigo, y los echó en medio de la cisterna ó *foso*.

8 Mas entre los dichos se hallaron diez hombres que dijeron á Ismahel: No nos mates; porque tenemos en el campo repuestos ó *silos* de trigos, y de cebada, de aceite y de miel. Contúvose

---

1 *Á todos, esto es, á muchos*; pues en el verso 16. se ve que quedaron vivos algunos.
2 *I. Reg. VII. v. 5., 6. — X. v. 17.—Ju-
dic. XX. v. 1.—I. Mach. III. v. 46.*
3 Lamentando, como toda la gente, la calamidad de la patria.

eos cum fratribus suis.

9 Lacus autem, in quem projecerat Ismahel omnia cadavera virorum, quos percussit propter Godoliam, ipse est quem fecit rex Asa propter Baasa regem Israel; ipsum replevit Ismahel filius Nathaniæ occisis.

10 Et captivas duxit Ismahel omnes reliquias populi, qui erant in Masphath; filias regis, et universum populum, qui remanserat in Masphath: quos commendaverat Nabuzardan princeps militiæ Godoliæ filio Ahicam. Et cepit eos Ismahel filius Nathaniæ, et abiit ut transiret ad filios Ammon.

11 Audivit autem Johanan filius Caree, et omnes principes bellatorum qui erant cum eo, omne malum quod fecerat Ismahel filius Nathaniæ.

12 Et assumptis universis viris, profecti sunt ut bellarent adversum Ismahel filium Nathaniæ, et invenerunt eum ad aquas multas, quæ sunt in Gabaon.

13 Cumque vidisset omnis populus qui erat cum Ismahel, Johanan filium Caree, et universos principes bellatorum qui erant cum eo, lætati sunt.

14 Et reversus est omnis populus, quem ceperat Ismahel, in Masphath: reversusque abiit ad Johanam filium Caree.

15 Ismahel autem filius Nathaniæ fugit cum octo viris à facie Johanan, et abiit ad filios Ammon.

16 Tulit ergo Johanam filius Caree, et omnes principes bellatorum, qui erant cum eo, universas reliquias vulgi, quas reduxerat ab Ismahel filio Nathaniæ de Masphath, postquam percussit Godoliam filium Ahicam; fortes viros ad prælium, et mulieres, et pueros, et eunuchos, quos reduxerat de Gabaon.

con esto, y no les quitó la vida como á los otros compañeros suyos.

9 La cisterna ó foso en que Ismahel arrojó todos los cadáveres de aquella gente que asesinó por causa ó envidia de Godolías, es aquella misma que hizo el rey Asá con motivo de Baasa, Rey de Israel; la cual llenó Ismahel, hijo de Nathanías, de los cuerpos de aquellos que habia muerto [1].

10 Y se llevó Ismahel cautivos todos los restos del pueblo que habia en Masphath, con las hijas del Rey, y todos cuantos se hallaron en Masphath, los cuales Nabuzardan, general del ejército, habia dejado encargados á Godolías hijo de Ahicam. Y cogiéndolos Ismahel, hijo de Nathanías, se fué para pasarse á los ammonitas.

11 Entretanto Johanan hijo de Carée, y todos los gefes de la milicia que estaban con él, recibieron aviso de todo el estrago hecho por Ismahel hijo de Nathanías.

12 Y reunida toda su gente, partieron para combatir contra Ismahel, hijo de Nathanías, y alcanzáronle cerca de la grande piscina ó estanque de Gabaon [2].

13 Y cuando todo el pueblo, que iba con Ismahel, vió á Johanan, hijo de Carée, y á todos los capitanes del ejército que le acompañaban, se llenó de alegría.

14 Con esto toda aquella gente que Ismahel habia hecho prisionera regresó á Masphath, y se fué con Johanan hijo de Carée.

15 Ismahel, empero, hijo de Nathanías, huyó de Johanan con ocho hombres, y se pasó á los ammonitas.

16 Johanan, pues, hijo de Carée, con todos los oficiales de guerra que tenia consigo, se encargó en Masphath de todos los residuos de la plebe que habia él recobrado de Ismahel, hijo de Nathanías, despues que éste asesinó á Godolías, hijo de Ahicam: y cogió todos los hombres aptos para la guerra, y las mugeres, y los niños, y los eunuchôs, que habia hecho volver de Gabaon;

1 III. Reg. XV. v. 20.　　2 II. Reg. II. v. 13.

17 *Et abierunt, et sederunt peregrinantes in Chamaam, quæ est juxta Bethlehem, ut pergerent, et introirent Ægyptum,*

18 *à facie Chaldæorum: timebant enim eos, quia percusserat Ismahel filius Nathaniæ Godoliam filium Ahicam, quem præposuerat rex Babylonia in terra Juda.*

17 y fuéronse, y estuvieron como peregrinos en Châmaam, que está cerca de Bethlehem, para pasar despues adelante y entrar en Egipto,

18 buyendo de los châldeos: porque los temian á causa de haber Ismahel, hijo de Nathanías, muerto á Godolías, hijo de Ahicam, al cual el Rey de Babylonia habia dejado por gobernador de la tierra de Judá.

CAPÍTULO XLII.

Jeremías, despues de haber rogado y consultado al Señor, responde que los judios vivirán seguros si se quedan en Judéa; pero que si pasan á Egipto perecerán al filo de la espada, de hambre y de peste.

1 *Et accesserunt omnes príncipes bellatorum, et Johanan filius Caree, et Jezonias filius Osaiæ, et reliquum vulgus à parvo usque ad magnum:*

2 *dixeruntque ad Jeremiam prophetam: Cadat oratio nostra in conspectu tuo: et ora pro nobis ad Dominum Deum tuum, pro universis reliquiis istis: quia derelicti sumus pauci de pluribus, sicut oculi tui nos intuentur,*

3 *Et annuntiet nobis Dominus Deus tuus viam per quam pergamus, et verbum quod faciamus.*

4 *Dixit autem ad eos Jeremias propheta: Audivi: ecce ego oro ad Dominum Deum vestrum secundùm verba vestra; omne verbum, quodcumque responderit mihi, indicabo vobis; nec celabo vos quidquam.*

5 *Et illi dixerunt ad Jeremiam: Sit Dominus inter nos testis veritatis et fidei, si non juxta omne verbum, in quo miserit te Dominus Deus tuus ad nos, sic faciemus.*

6 *Sive bonum est, sive malum, voci Domini Dei nostri, ad quem mittimus te, obediemus: ut benè sit nobis cùm audierimus vocem Domini Dei nostri.*

7 *Cùm autem completi essent decem dies, factum est verbum Domini ad Jeremiam.*

1 Y vinieron todos los oficiales de la milicia, y Johanan, hijo de Carée, y Jezonías, hijo de Osaías, y el resto del pueblo, chicos y grandes,

2 y dijeron al profeta Jeremías: Condesciende á nuestra súplica, y haz oracion al Señor tu Dios por nosotros, y por todos estos restos del pueblo, pues pocos hemos quedado de muchos que éramos, conforme estás viendo tú con tus ojos,

3 y háganos conocer el Señor Dios tuyo el camino que debemos seguir, y aquello que hemos de hacer.

4 Respondióles el profeta Jeremías: Bien está, he aquí que voy á hacer oracion al Señor Dios vuestro, conforme me lo habeis pedido: cualquiera cosa que me responda el Señor, yo os la manifestaré sin ocultaros nada.

5 Y dijeron ellos á Jeremías: Sea el Señor entre nosotros testigo de la verdad, y sinceridad nuestra, y castíguenos, si no cumpliéremos fielmente todo cuanto nos mandare decir por tu boca el Señor Dios tuyo.

6 Ya sea cosa favorable, ya sea adversa, obedecerémos á la voz del Señor Dios nuestro, á quien te enviamos; para que, obedeciendo á la voz del Señor Dios nuestro, nos vaya prósperamente.

7 Pasados pues diez dias, habló el Señor á Jeremías;

8 *Vocavitque Johanan filium Careé, et omnes principes bellatorum qui erant cum eo, et universum populum à minimo usque ad magnum.*

9 *Et dixit ad eos: Hæc dicit Dominus Deus Israel, ad quem misistis me, ut prosternerem preces vestras in conspectu ejus:*

10 *Si quiescentes manseritis in terra hac, ædificabo vos, et non destruam: plantabo, et non evellam: jam enim placatus sum super malo quod feci vobis:*

11 *Nolite timere à facie regis Babylonis, quem vos pavidi formidatis; nolite metuere eum, dicit Dominus: quia vobiscum sum ego, ut salvos vos faciam, et eruam de manu ejus.*

12 *Et dabo vobis misericordias, et miserebor vestri, et habitare vos faciam in terra vestra.*

13 *Si autem dixeritis vos: Non habitabimus in terra ista, nec audiemus vocem Domini Dei nostri,*

14 *dicentes: Nequaquam, sed ad terram Ægypti pergemus: ubi non videbimus bellum, et clangorem tubæ non audiemus, et famem non sustinebimus, et ibi habitabimus.*

15 *Propter hoc nunc audite verbum Domini, reliquiæ Judæ: Hæc dicit Dominus exercituum, Deus Israel: Si posueritis faciem vestram ut ingrediamini Ægyptum, et intraveritis ut ibi habitetis,*

16 *gladius, quem vos formidatis, ibi comprehendet vos in terra Ægypti: et fames, pro qua estis solliciti, adhærebit vobis in Ægypto, et ibi moriemini.*

17 *Omnesque viri, qui posuerunt faciem suam ut ingrediantur Ægyptum, ut habitent ibi, morientur gladio, et fame, et peste: nullus de eis remanebit, nec effugiet à facie mali, quod ego afferam super eos.*

18 *Quia hæc dicit Dominus exercituum, Deus Israel: Sicut conflatus est furor meus, et indignatio mea super habitatores Jerusalem: sic conflabitur indignatio mea super vos, cùm ingressi fueritis Ægyptum, et eritis in jusju-*

8 el cual llamó á Johanan, hijo de Careé, y á todos los oficiales de guerra que con él estaban, y á todo el pueblo, chicos y grandes,

9 y les dijo: Esto dice el Señor Dios de Israel á quien me habeis enviado, para que expusiese humildemente vuestros ruegos ante su acatamiento:

10 Si permaneciéreis quietos en esta tierra, yo os restauraré, y no os destruiré: os plantaré, y no os arrancaré; porque yo estoy aplacado con el castigo que os he enviado.

11 No temais al Rey de Babylonia, del cual teneis tanto miedo: no le temais, dice el Señor, porque yo soy con vosotros para salvaros, y libraros de sus manos.

12 Y usaré con vosotros de misericordia, y me apiadaré de vosotros, y haré que habiteis en vuestra tierra.

13 Mas si vosotros dijéreis: No queremos permanecer en esta tierra, ni escuchar lo que dice el Señor Dios nuestro;

14 y continuais diciendo: No, no; sino que nos vamos á la tierra de Egypto, en donde no verémos guerra, ni oirémos sonido de trompetas, ni padecerémos hambre; y allí permanecerémos:

15 en este caso oid ahora, oh restos de Judá, lo que dice el Señor: Esto dice el Señor de los ejércitos, el Dios de Israel: Si vosotros os obstinais en querer ir á Egypto, y fuéreis á habitar allí,

16 allí en la tierra de Egypto os alcanzará la espada que vosotros temeis: y la hambre de que recelais vosotros, allí en Egypto se os echará encima, y allí hallaréis la muerte.

17 Y todos cuantos se habrán obstinado en querer ir á Egypto para habitar allí, perecerán al filo de la espada, y de hambre, y de peste: no quedará ninguno de ellos con vida, ni escapará del castigo que yo descargaré sobre ellos.

18 Porque esto dice el Señor de los ejércitos, el Dios de Israel: Al modo que se encendió mi furor y mi indignacion contra los moradores de Jerusalem; del mismo modo se encenderá contra vosotros la indignacion mia, cuando

randum, et in stuporem, et in maledictum, et in opprobrium: et nequaquam ultra videbitis locum istum.

19 Verbum Domini super vos reliquiæ Juda: Nolite intrare Ægyptum: scientes scietis quia obtestatus sum vos hodie,

20 quia decepistis animas vestras: vos enim misistis me ad Dominum Deum nostrum, dicentes: Ora pro nobis ad Dominum Deum nostrum, et juxta omnia quæcumque dixerit tibi Dominus Deus noster, sic annuntia nobis, et faciemus.

21 Et annuntiavi vobis hodie, et non audistis vocem Domini Dei vestri, super universis pro quibus misit me ad vos.

22 Nunc ergo scientes scietis quia gladio, et fame, et peste moriemini in loco, ad quem voluistis intrare ut habitaretis ibi.

habreis entrado en Egypto; y seréis objeto de execracion, y de pasmo, y de maldicion, y de oprobio, y nunca jamás volveréis á ver este lugar.

19 Oh restos de Judá, el Señor es el que os dice: No vayais á Egypto: tened bien presente que yo os he protestado en este dia

20 que os habeis engañado á vosotros mismos, pues me habeis enviado á hablar al Señor Dios nuestro, diciendo: Ruega por nosotros al Señor Dios nuestro; y todo aquello que te dirá el Señor Dios nuestro, anúncianoslo del mismo modo, y lo practicarémos.

21 Y hoy os lo he referido, y vosotros no habeis querido obedecer lo que dice el Señor Dios vuestro, acerca de todas aquellas cosas sobre las cuales me ha mandado hablaros.

22 Ahora bien, tened entendido de cierto que moriréis al filo de la espada, y de hambre, y de peste, allí donde habeis querido ir á habitar.

CAPÍTULO XLIII.

Azarías, Johanan, y el resto de los judíos inobedientes al precepto del Señor se van á Egypto, llevándose consigo á Jeremías y á Baruch. Allí predice Jeremías la ruina de Egypto y de sus ídolos por Nabuchódonosor.

1 Factum est autem, cùm complesset Jeremias loquens ad populum universos sermones Domini Dei eorum, pró quibus miserat eum Dominus Deus eorum ad illos, omnia verba hæc:
2 dixit Azarias filius Osaiæ, et Johanan filius Caree, et omnes viri superbi, dicentes ad Jeremiam: Mendacium tu loqueris: non misit te Dominus Deus noster, dicens: Ne ingrediamini Ægyptum ut habitetis illic.
3 Sed Baruch filius Neriæ incitat te adversum nos, ut tradat nos in manus Chaldæorum, ut interficiat nos, et traduci faciat in Babylonem.

4 Et non audivit Johanan filius Caree, et omnes principes bellatorum, et universus populus, vocem Domini, ut manerent in terra Juda.

1 Y asi que Jeremías hubo concluido de hablar al pueblo todas las palabras del Señor Dios de ellos, palabras todas que el Señor Dios suyo le habia enviado á decirles,
2 respondieron Azarías hijo de Osaías, y Johanan hijo de Carée, y todos aquellos hombres soberbios, y dijeron á Jeremías: Mientes en lo que dices. No te ha enviado el Señor Dios nuestro á decirnos: No vayais á habitar en Egypto.
3 Sino que Baruch hijo de Nerías te instiga contra nosotros, para entregarnos en manos de los cháldeos, y hacernos morir, y llevarnos á los demas á Babylonia.
4 No obedecieron pues Johanan hijo de Carée, y todos los oficiales de guerra, y todo el pueblo á la voz del Señor de permanecer en la tierra de Judá;

5 Sed tollens Johanan filius Caree, et universi principes bellatorum, universos reliquiarum Juda, qui reversi fuerant de cunctis Gentibus, ad quas fuerant ante dispersi, ut habitarent in terra Juda;

6 viros, et mulieres, et parvulos, et filias regis, et omnem animam, quam reliquerat Nabuzardan princeps militiæ cum Godolia filfo Ahicam filii Saphan, et Jeremiam prophetam, et Baruch filium Neriæ.

7 Et ingressi sunt terram Ægypti, quia non obedierunt voci Domini: et venerunt usque ad Taphnis.

8 Et factus est sermo Domini ad Jeremiam in Taphnis, dicens:

9 Sume lapides grandes in manu tua, et abscondes eos in crypta, quæ est sub muro laterieio in porta domus Pharaonis in Taphnis, cernentibus viris Judæis:

10 et dices ad eos: Hæc dicit Dominus exercituum Deus Israel: Ecce ego mittam, et assumam Nabuchodonosor regem Babylonis servum meum: et ponam thronum ejus super lapides istos, quos abscondi, et statuet solium suum super eos.

11 Veniensque percutiet terram Ægypti; quos in mortem, in mortem: et quos in captivitatem, in captivitatem; et quos in gladium, in gladium;

12 et succendet ignem in delubris deorum Ægypti, et comburet ea, et captivos ducet illos: et amicietur terra Ægypti, sicut amicitur pastor pallio suo: et egredietur inde in pace.

13 Et conteret statuas domus Solis quæ sunt in terra Ægypti: et delubra deorum Ægypti comburet igni.

5 sino que Johanan, hijo de Carée, y todos los oficiales de guerra, cogieron todos los restos de Judá que habian vuelto á habitar en la tierra de Judá, de todas las regiones por las cuales habian antes sido dispersos;

6 á hombres, y mugeres, y niños, y á las hijas del Rey, y á todas las personas que habia dejado Nabuzardan general del ejército con Godolías hijo de Ahicam, hijo de Saphan, y al profeta Jeremías, y á Baruch hijo de Nerías,

7 y entraron en tierra de Egipto; pues no obedecieron á la voz del Señor: y llegaron hasta Taphnis su capital.

8 Y habló el Señor á Jeremías en Taphnis, diciendo:

9 Toma en tu mano unas piedras grandes, y escóndelas en la bóveda que hay debajo de la pared de ladrillos, á la puerta del palacio de Pharaon, en Taphnis, á presencia de algunos judíos.

10 Y les dirás á estos: Asi habla el Señor de los ejércitos, el Dios de Israel: He aquí que enviaré á llamar á Nabuchôdonosor Rey de Babilonia, mi siervo, y colocaré su trono sobre estas piedras que he escondido, y asentará su solio sobre ellas.

11 Y vendrá y azotará la tierra de Egipto: aquellos que he destinado á la muerte, morirán: irán al cautiverio aquellos que al cautiverio son destinados; y los que lo son á morir al filo de la espada, al filo de la espada morirán.

12 Y pegará fuego á los templos de los dioses de Egipto, y los abrasará, y se llevará cautivos sus ídolos; y se vestirá de los despojos de Egipto, como el pastor se cubre con su capa, y se irá de allí en paz.

13 Y hará pedazos las estatuas de la casa ó templo del Sol, que hay en tierra de Egipto, é incendiará los templos de los dioses de Egipto.

CAPÍTULO XLIV.

Los judíos en Egypto, reprendidos por Jeremías á causa de sus idolatrías, responden descaradamente, hombres y mugeres, que continuarán haciendo lo que hacen. Les predice su ruina, dándoles por señal cierta de ella la derrota y muerte de Pharaon.

1 *Verbum, quod factum est per Jeremiam ad omnes Judæos, qui habitabant in terra Ægypti, habitantes in Magdalo, et in Taphnis, et in Memphis, et in terra Phatures, dicens:*

2 *Hæc dicit Dominus exercituum Deus Israel: Vos vidistis omne malum istud, quod adduxi super Jerusalem, et super omnes urbes Juda: et ecce desertæ sunt hodie, et non est in eis habitator:*

3 *propter malitiam, quam fecerunt ut me ad iracundiam provocarent, et irent ut sacrificarent, et colerent deos alienos, quos nesciebant, et illi, et vos, et patres vestri.*

4 *Et misi ad vos omnes servos meos prophetas, de nocte consurgens, mittensque et dicens: Nolite facere verbum abominationis hujuscemodi, quam odivi.*

5 *Et non audierunt, nec inclinaverunt aurem suam, ut converterentur á malis suis, et non sacrificarent diis alienis.*

6 *Et conflata est indignatio mea et furor meus, et succensa est in civitatibus Juda, et in plateis Jerusalem: et versæ sunt in solitudinem et vastitatem secundùm diem hanc.*

7 *Et nunc hæc dicit Dominus exercituum Deus Israel: Quare vos facitis malum grande hoc contra animas vestras, ut intereat ex vobis vir et mulier, parvulus et lactens de medio Judæ, nec relinquatur vobis quidquam residuum;*

8 *provocantes me in operibus manuum vestrarum, sacrificando diis alienis in terra Ægypti, in quam ingressi estis, ut habitetis ibi, et dispereatis, et sitis in maledictionem, et in opprobrium*

1 Palabra de *Dios* anunciada á todos los judíos que habitaban en tierra de Egypto, en Mágdalo, y en Taphnis, y Memphis, y en la tierra de Phatures, por boca del profeta Jeremías, el cual decia:

2 Asi habla el Señor de los ejércitos, el Dios de Israel: Vosotros habeis visto todos los castigos que yo he enviado sobre Jerusalem, y sobre todas las ciudades de Judá; y he aqui que ellas están en el dia de hoy desiertas y despobladas,

3 por causa de la maldad que ellos cometieron para provocar mi indignacion, yéndose á ofrecer sacrificios, y á adorar á dioses agenos, desconocidos de ellos, de vosotros, y de vuestros padres.

4 Yo muy solícito os envié mis siervos los profetas; los envié para deciros: No hagais cosas tan abominables, y que tanto aborrece mi alma.

5 Mas no quisieron escuchar, ni dar oidos á eso para convertirse de sus maldades, y abstenerse de ofrecer sacrificios á los dioses extraños.

6 Y encendióse mi indignacion, y el furor mio, y estalló en las ciudades de Judá, y en las plazas de Jerusalem, y quedaron convertidas en un desierto, y desolacion, como se ve hoy dia.

7 Ahora, pues, esto dice el Señor de los ejércitos, el Dios de Israel: ¿Por qué motivo haceis tan grande mal contra vosotros mismos, acarreando la muerte á hombres, y á mugeres, y á los párvulos, y á los niños de pecho que hay en Judá, de tal suerte que no quede nadie de vosotros;

8 provocándome con los *ídolos* obra de vuestras manos, sacrificando á los dioses agenos en tierra de Egypto, á donde habeis venido á habitar, para perecer infelizmente, y ser la maldi-

cunctis gentibus terræ?

9 *Nunquid obliti estis mala patrum vestrorum, et mala regum Juda, et mala uxorum ejus, et mala vestra, et mala uxorum vestrarum, quæ fecerunt in terra Juda, et in regionibus Jerusalem?*

10 *Non sunt mundati usque ad diem hanc: et non timuerunt, et non ambulaverunt in lege Domini, et in præceptis meis, quæ dedi coram vobis et coram patribus vestris.*

11 *Ideo hæc dicit Dominus exercituum Deus Israel: Ecce ego ponam faciem meam in vobis in malum: et disperdam omnem Judam.*

12 *Et assumam reliquias Judæ, qui posuerunt facies suas ut ingrederentur terram Ægypti, et habitarent ibi: et consumentur omnes in terra Ægypti: cadent in gladio et in fame: et consumentur à minimo usque ad maximum, in gladio et in fame morientur: et erunt in jusjurandum, et in miraculum, et in maledictionem, et in opprobrium.*

13 *Et visitabo super habitatores terræ Ægypti, sicut visitavi super Jerusalem, in gladio, et fame, et peste.*

14 *Et non erit qui effugiat, et sit residuus de reliquiis Judæorum, qui vadunt ut peregrinentur in terra Ægypti: et revertantur in terram Juda, ad quam ipsi elevant animas suas ut revertantur, et habitent ibi: non revertentur nisi qui fugerint.*

15 *Responderunt autem Jeremiæ omnes viri, scientes quod sacrificarent uxores eorum diis alienis, et universa mulieres, quarum stabat multitudo grandis, et omnis populus habitantium in terra Ægypti in Phatures, dicentes:*

16 *Sermonem, quem locutus es ad*

cion, y el oprobio de todas las gentes en la tierra [1]?

9 ¿Acaso os habeis ya olvidado de los pecados de vuestros padres, y de los pecados de los Reyes de Judá, y de los pecados de sus mugeres, y de los pecados vuestros, y de los de vuestras mugeres, cometidos en tierra de Judá, y en los barrios de Jerusalem?

10 Hasta ahora no se han limpiado todavía de ellos, ni han tenido respeto ninguno, ni han observado la Ley del Señor, ni los mandamientos que os intimé á vosotros y á vuestros padres.

11 Por tanto, esto dice el Señor de los ejércitos, el Dios de Israel: He aquí que os miraré con rostro airado, y destruiré á toda Judá.

12 Y me dirigiré *despues* contra los restos de Judá, que se obstinaron en meterse en tierra de Egypto para morar allí; y allí en tierra de Egypto serán consumidos, pereciendo al filo de la espada, y de hambre: y desde el mas chico hasta el mas grande serán consumidos, muriendo pasados á cuchillo, ó de hambre, y serán objeto de execracion, de terror, de maldicion, y de oprobio.

13 Y castigaré á los *judios* que habitan en Egypto, como he castigado á los de Jerusalem, con la espada, con la hambre, y con la peste:

14 no habrá nadie que se escape: y del resto de los judíos que viven peregrinando en la tierra de Egypto, no habrá ninguno que vuelva á la tierra de Judá, á la cual tanto suspiran ellos volver para habitarla: no volverán á ella sino aquellos que huirán de *Egypto.*

15 Entónces respondieron á Jeremías todos los hombres (los cuales sabian que sus mugeres ofrecian sacrificios á los dioses extraños), y todas las mugeres, de que habia allí gran muchedumbre, y todo el pueblo *de Israel* que habitaba en tierra de Egypto en Phatures, y le dijeron:

16 Acerca de lo que tú nos has hablado; pero se cubre de ignominia y oprobio. *Prov. XVIII. v.* 3.

1 De nada hace ya caso el impío (dice Salomon) cuando ha caido en el abismo de los pe-

nos in nomine Domini, non audiemus ex te:

17 Sed facientes faciemus omne verbum quod egredietur de ore nostro, ut sacrificemus reginæ cæli, et libemus ei libamina, sicut fecimus nos et patres nostri, reges nostri, et principes nostri, in urbibus Juda, et in plateis Jerusalem: et saturati sumus panibus, et benè nobis erat, malumque non vidimus.

18 Ex eo autem tempore, quo cessavimùs sacrificare reginæ cæli, et libare ei libamina, indigemus omnibus, et gladio et fame consumpti sumus.

19 Quod si nos sacrificamus reginæ cæli, et libamus ei libamina: nunquid sine viris nostris fecimus ei placentas, ad colendum eam, et libandum ei libamina?

20 Et dixit Jeremias ad omnem populum, adversum viros, et adversum mulieres, et adversum universam plebem, qui responderant ei verbum, dicens:

21 Nunquid non sacrificium, quod sacrificastis in civitatibus Juda, et in plateis Jerusalem, vos et patres vestri, reges vestri et principes vestri, et populus terræ, horum recordatus est Dominus, et ascendit super cor ejus?

22 Et non poterat Dominus ultrà portare propter malitiam studiorum vestrorum, et propter abominationes quas fecistis: et facta est terra vestra in desolationem, et in stuporem, et in maledictum, eò quòd non sit habitator, sicut est dies hæc.

23 Propterea quòd sacrificaveritis idolis, et peccaveritis Domino, et non audieritis vocem Domini, et in lege, et in præceptis, et in testimoniis ejus non ambulaveritis: idcircò evenerunt vobis mala hæc, sicut est dies hæc.

24 Dixit autem Jeremias ad omnem populum, et ad universas mulieres:

blado en nombre del Señor, no queremos obedecerte;

17 sino que absolutamente harémos todo cuanto nos pareciere bien; y ofrecerémos sacrificios y libaciones á Diana la Reina del cielo, conforme lo hemos practicado nosotros, y nuestros padres, y nuestros Reyes, y nuestros príncipes en las ciudades de Judá, y en las plazas de Jerusalem: con lo cual tuvimos abundancia de pan, y fuimos felices, y no vimos ninguna afliccion.

18 Desde aquel tiempo, empero, en que dejamos de ofrecer sacrificios y libaciones á la Reina del cielo, estamos faltos de todo, y nos vemos consumidos por la espada y por la hambre.

19 Que si nosotras[1] ofrecemos sacrificios y libaciones á la Reina del cielo, ¿por ventura le hemos hecho la ofrenda de las tortas[2], para tributarla culto, y ofrecerla libaciones, sin consentimiento de nuestros maridos?

20 Entónces Jeremías habló á todo el pueblo contra los hombres, y contra las mugeres, y contra la plebe toda, que tal respuesta le habian dado, y les dijo:

21 ¿Acaso el Señor no tuvo presentes, y no se irritó su corazon con aquellos sacsificios infames que ofreciais en las ciudades de Judá y en las plazas de Jerusalem vosotros y vuestros padres, vuestros Reyes, y vuestros príncipes, y el pueblo de aquella tierra?

22 Ya el Señor no podia soportaros mas, por causa de vuestras perversas inclinaciones, y por las abominaciones que cometísteis; y asi ha sido asolado vuestro pais, y hecho un objeto de espanto y de maldicion, y sin habitante ninguno como se halla en el dia.

23 Porque sacrificásteis á los ídolos, y pecásteis contra el Señor: porque no quisísteis escuchar la voz del Señor, ni observar su Ley, ni sus mandamientos, é instrucciones; por eso os han sobrevenido estas desgracias que se ven hoy dia.

24 Y dijo Jeremías á todo el pueblo, y á las mugeres todas: Escuchad la pa-

---

1 Aquí hablan las mugeres.
2 De la voz hebrea se deduce qué estas tor-
tas tenian impresa la figura de la Luna. Véase cap. VII. vers. 18. Véase Astros.

Audite verbum Domini omnis Juda, qui estis in terra AEgypti.

25 Hæc inquit Dominus exercituum Deus Israel, dicens: Vos et uxores vestræ locuti estis ore vestro, et manibus vestris implestis, dicentes: Faciamus vota nostra quæ vovimus, ut sacrificemus reginæ cœli, et libemus ei libamina; implestis vota vestra, et opere perpetrastis ea.

26 Ideò audite verbum Domini omnis Juda, qui habitatis in terra AEgypti: Ecce ego juravi in nomine meo magno, ait Dominus: quia nequaquam ultrà vocabitur nomen meum ex ore omnis viri Judæi, dicentis: Vivit Dominus Deus in omni terra AEgypti.

27 Ecce ego vigilabo super eos in malum, et non in bonum: et consumentur omnes viri Juda, qui sunt in terra AEgypti, gladio et fame, donec penitus consumantur.

28 Et qui fugerint gladium, revertentur de terra AEgypti in terram Juda viri pauci, et scient omnes reliquiæ Juda ingredientium terram AEgypti, ut habitent ibi, cujus sermo compleatur, meus, an illorum.

29 Et hoc vobis signum, ait Dominus, quòd visitem ego super vos in loco isto: ut sciatis quia verè complebuntur sermones mei contra vos in malum.

30 Hæc dicit Dominus: Ecce ego tradam Pharaonem Ephree regem AEgypti in manu inimicorum ejus; et in manu quærentium animam illius: sicut tradidi Sedeciam regem Juda in manu Nabuchodonosor regis Babylonis inimici sui, et quærentis animam ejus.

labra del Señor, vosotros todos los del pueblo de Judá que estais en tierra de Egipto:

25 Esto dice el Señor de los ejércitos, el Dios de Israel: Vosotros y vuestras mugeres habeis pronunciado con vuestra boca, y habeis ejecutado con vuestras manos aquello que decíais: Cumplamos los votos que hicimos de ofrecer sacrificios y libaciones á la Reina del cielo. En efecto vosotros cumplisteis vuestros votos, y los pusisteis por obra.

26 Por tanto, oid la palabra del Señor todos los de Judá que vivís en tierra de Egipto: He aquí que yo he jurado por mi grande Nombre, dice al Señor, que de ningun modo será pronunciado mas en toda la tierra de Egipto el Nombre mio, por la boca de judío alguno, diciendo: Vive el Señor Dios [1].

27 Mirad: yo estaré velando sobre ellos para su daño, y no para su bien; y todos cuantos hombres de Judá se hallan en Egipto, perecerán al filo de la espada, y de hambre, hasta que del todo sean exterminados.

28 Mas aquellos pocos que se librarán de la espada saliendo de Egipto, estos volverán á la tierra de Judá; y todos los residuos del pueblo de Judá que han entrado en Egipto para vivir allí, conocerán si se verificará mi palabra ó la de ellos.

29 Y ved aquí una señal, dice el Señor, de que yo he de castigaros en este lugar; para que conozcáis que verdaderamente se cumplirán mis palabras contra vosotros para vuestro castigo.

30 Esto dice el Señor: He aquí que yo entregaré á Pharaon Ephree, ó Vaphres [2], Rey de Egipto, en poder de sus enemigos, en manos de aquellos que buscan su perdicion; así como entregué á Sedecías, Rey de Judá, en manos de Nabuchodonosor, Rey de Babylonia, enemigo suyo, que buscaba cómo perderle [3].

---

1 Pues acabaré con todos ellos. Se ve que estos impíos judíos querian continuar en reconocer al Señor por su Dios, y seguir adorando al mismo tiempo los ídolos.

2 Vaphres le llamaron los Setenta. Fué el último de los Pharaones.

3 Esta guerra la describe Ezechiel muy patéticamente cap. XXIX., XXX., XXXI. y XXXII. Véase Josepho, lib. X contra App.; y Antiq. lib. X, cap. 11.

CAPÍTULO XLV.

Dios por medio de Jeremias reprende á Baruch, el cual se lamentaba de no tener reposo alguno; y despues le consuela.

1 Verbum, quod locutus est Jeremías propheta ad Baruch filium Neríæ, cùm scripsisset verba hæc in libro ex ore Jeremíæ anno quarto Joakim filii Josiæ regis Juda, dicens:

2 Hæc dicit Dominus Deus Israel ad té Baruch:

3 Dixisti: Væ misero mihi, quoniam addidit Dominus dolorem dolori meo: laboravi in gemitu meo, et requiem non inveni.

4 Hæc dicit Dominus: Sic dices ad eum: Ecce quos ædificavi, ego destruo: et quos plantavi, ego evello, et universam terram hanc.

5 Et tu quæris tibi grandia? noli quærere: quia ecce ego adducam malum super omnem carnem, ait Dominus: et dabo tibi animam tuam in salutem in omnibus locis, ad quæcumque perrexeris.

1 Palabras que dijo el profeta Jeremías á Baruch, hijo de Nerías, cuando este escribió en el libro aquellas cosas que le dictó Jeremías, en el año cuarto de Joakim hijo de Josías Rey de Judá [1]. Dijo Jeremías:

2 Esto te dice á tí, oh Baruch, el Señor, el Dios de Israel:

3 Tú has exclamado: ¡Ay infeliz de mí! porque el Señor ha añadido dolor á mi dolor: cansado estoy de gemir, y no he hallado reposo alguno.

4 Esto dice el Señor: Tú le dirás: He aquí que yo destruyo aquellos que habia ensalzado, y arranco los que habia plantado, y á toda esta tierra ó nacion entera;

5 ¿y tú pides para tí portentos ó cosas grandes? No tienes que pedirlas; porque he aquí que yo enviaré desastres sobre todos los hombres, dice el Señor; pero á tí te salvaré la vida en cualquier lugar á donde vayas.

CAPÍTULO XLVI.

Jeremías profetiza la derrota de Pharaon Nechâo, y la desolacion de Egypto por Nabuchôdonosor: vaticina á los judios su libertad, y su vuelta á Jerusalem.

1 Quod factum est verbum Domini ad Jeremiam prophetam contra Gentes.

2 Ad Ægyptum, adversum exercitum Pharaonis Nechâo regis Ægypti, qui erat juxta fluvium Euphraten in Chareamis, quem percussit Nabuchodonosor rex Babylonis, in quarto anno Joakim filii Josiæ regis Juda.

1 Palabra que dijo el Señor á Jeremías profeta, contra las naciones [2].

2 Contra el Egypto, contra el ejército de Pharaon Nechâo, Rey de Egyto, que estaba junto al rio Euphrates, en Chârcamis, y que fué desbaratado por Nabuchôdonosor, Rey de Babylonia, el año cuarto de Joakim, hijo de Josías, Rey de Judá, dijo:

---

1 Véase cap. XXXVI. Despues que vió Baruch, como el rey Joakim habia rasgado y quemado el primer escrito ó profecia de Jeremías, se llenó de temor y recelo que le tratarian ó encarcelarian por causa de haber escrito esta otra profecia de Jeremías, aun mas fuerte y dura contra los judios que la anterior.

2 En este y los cinco capitulos siguientes profetiza Jeremías contra las naciones extrangeras. Véase cap. I. v. 5.

3 *Præparate scutum, et clypeum; et procedite ad bellum.*

4 *Jungite equos, et ascendite equites: state in galeis, polite lanceas, induite vos loricis.*

5 *Quid igitur? vidi ipsos pavidos, et terga vertentes, fortes eorum cæsos: fugerunt conciti, nec respexerunt: terror undique, ait Dominus.*

6 *Non fugiat velox, nec salvari se putet fortis: ad Aquilonem juxta flumen Euphraten victi sunt, et ruerunt.*

7 *Quis est iste, qui quasi flumen ascendit: et veluti fluviorum, intumescunt gurgites ejus?*

8 *Ægyptus, fluminis instar ascendit, et velut flumina movebuntur fluctus ejus, et dicet: Ascendens operiam terram: perdam civitatem, et habitatores ejus.*

9 *Ascendite equos, et exultate in curribus, et procedant fortes, Æthiopia et Lybies tenentes scutum, et Lydii arripientes et jacientes sagittas.*

10 *Dies autem ille Domini Dei exercituum, dies ultionis, ut sumat vindictam de inimicis suis: devorabit gladius, et saturabitur, et inebriabitur sanguine eorum: victima enim Domini Dei exercituum in terra Aquilonis juxta flumen Euphraten.*

11 *Ascende in Galaad, et tolle resinam, virgo filia Ægypti: frustra multiplicas medicamina, sanitas non erit tibi.*

12 *Audierunt gentes ignominiam tuam, et ululatus tuus replevit terram: quia fortis impegit in fortem, et ambo pariter conciderunt.*

13 *Verbum quod locutus est Dominus ad Jeremiam prophetam, super eo quod venturus esset Nabuchodonosor rex Ba-*

3 Preparad en hora buena los escudos, y las rodelas, y salid al combate.

4 Uncid los caballos á los carros de guerra: soldados de á caballo montad, poneos los morriones, acicalad las lanzas, revestíos de las corazas.

5 ¿Pero qué sucederá? Los ví despavoridos, y que volvían las espaldas, muertos sus valientes: huian azorados sin volverse á mirar atrás: el terror se esparce por todas partes, dice el Señor.

6 No hay que pensar en que pueda escaparse el ligero, ni salvarse el valiente: á la parte del Norte, junto al rio Euphrates, han sido derrotados y postrados por el suelo.

7 ¿Quién es ese *ejército* que se hincha á manera de una riada, y cuyos remolinos se encrespan como los de los rios?

8 El Egypto, que se hincha cual torrente, cuyas olas se conmueven como rios, y ha dicho: Yo me avanzaré, inundaré la tierra: destruiré la ciudad y sus habitantes.

9 Montad á caballo, y corred locamente en los carros, y avancen los valientes de la Ethiopia, y los de la Lybia con el escudo en la mano [1], y los lydios echando mano de las saetas y arrojándolas.

10 Mas aquel dia será el dia del Señor Dios de los ejércitos, dia de venganza en que hará pagar la pena á sus enemigos: la espada devorará, y se hartará de matar, y se embriagará con la sangre de ellos; porque he aquí que la víctima del Señor Dios de los ejércitos estará en la tierra septentrional de junto al rio Euphrates.

11 Sube á Galaad y toma bálsamo, oh virgen hija de Egypto: en vano multiplicas tú las medicinas; no hay ya remedio para tí.

12 Divulgado se ha entre las gentes tu afrenta, y llena está la tierra de tus alaridos: porque el valiente chocó con el valiente, y juntos cayeron en tierra.

— 13 Palabra que habló el Señor á Jeremías profeta, sobre el futuro arribo de Nabuchôdonosor, Rey de Babylonia,

---

1 Scio: armados de escudos.

bylonis, et percussurus terram Ægypti.

14 Annuntiate Ægypto, et auditum facite in Magdalo, et resonet in Memphis, et in Taphnis: dicite: Sta, et præpara te: quia devorabit gladius ea, quæ per circuitum tuum sunt.

15 Quare computruit fortis tuus? non stetit: quoniam Dominus subvertit eum.

16 Multiplicavit ruentes, ceciditque vir ad proximum suum, et dicent: Surge, et revertamur ad populum nostrum, et ad terram nativitatis nostræ, à facie gladii columbæ.

17 Vocate nomen Pharaonis regis Ægypti, tumultum adduxit tempus.

18 Vivo ego (inquit rex, Dominus exercituum nomen ejus) quoniam sicut Thabor in montibus, et sicut Carmelus in mari, veniet.

19 Vasa transmigrationis fac tibi habitatrix filia Ægypti: quia Memphis in solitudinem erit, et deseretur, et inhabitabilis erit.

20 Vitula elegans atque formosa Ægyptus: stimulator ab Aquilone veniet ei.

21 Mercenarii quoque ejus, qui versabantur in medio ejus, quasi vituli saginati versi sunt, et fugerunt simul, nec stare potuerunt: quia dies interfectionis eorum venit super eos, tempus visitationis eorum.

22 Vox ejus quasi æris sonabit: quoniam cum exercitu properabunt, et cum securibus venient ei, quasi cædentes ligna.

23 Succiderunt saltum ejus, ait Dominus, qui supputari non potest: mul-

---

à devastar la tierra de Egipto.

14 Llevad esta nueva á Egipto, anunciadla en Mágdalo, y haced que resuene en Memphis y en Taphnis, y decid: Ponte en pie y prevente; porque la espada devorará todo cuanto hay en tus comarcas.

15 ¿Cómo ha caido y se pudre en el suelo tu campeon [1]? No se ha mantenido firme: porque el Señor le ha derribado.

16 Derribado ha un grande número de ellos: han caído unos sobre otros, y han dicho: Levantémonos, volvámonos á nuestro pueblo, y al pais donde nacimos, sustrayéndonos á la espada de la paloma [2].

17 Á Pharaon Rey de Egipto ponedle este nombre: Tumulto; pues él ha hecho venir el tiempo del trastorno.

18 Juro Yo por vida mia, dice aquel Rey que tiene por nombre Señor de los ejércitos, que asi como el Thabor descuella entre los montes, y el Carmelo sobre el mar, asi vendrá él.

19 Prepárate lo necesario para trasmigrar á otro pais, ob tú hija y moradora del Egypto: porque Memphis será convertida en una soledad, será desamparada, sin que quede un habitante.

20 Becerra lozana y hermosa es el Egypto: del Norte vendrá quien la dome.

21 Támbien sus soldados mercenarios, que vivian en medio de ella como becerros cebados, volvieron las espaldas y echaron á huir: y no pudieron hacer frente al enemigo, porque llegó para ellos el dia de su ruina, el dia de su castigo.

22 Resonarán como bronce sus clamores: porque los châldeos avanzarán rápidamente con el ejército, y vendrán contra Egypto armados de segures, como quien va á cortar leña.

23 Talarán, dice el Señor, sus bosques ó poblacion, cuyos árboles son sin

---

¶ Los Setenta tradujeron: ¿Cómo ha huido el Apis, y no se ha mantenido firme tu escogido becerro? Adoraban los egypcios un becerro vivo con el nombre de Apis, y cuando moria, escogian otro con grande esmero, y

mucha solemnidad. Y asi Jeremias dice con ironia al Egypto: ¿A dónde ha ido aquel Dios tuyo tan fuerte?

2 Insignia de los babylonios. Cap. XXV. v. 38. Véase Paloma.

uplisati sunt super locustas, et non est eis numerus.

24 *Confusa est filia Ægypti, et tradita in manus populi Aquilonis.*

25 *Dixit Dominus exercituum Deus Israel: Ecce ego visitabo super tumultum Alexandriæ, et super Pharaonem, et super Ægyptum, et super deos ejus, et super reges ejus, et super Pharaonem, et super eos qui confidunt in eo.*

26 *Et dabo eos in manus quærentium animam eorum, et in manus Nabuchodonosor regis Babylonis, et in manus servorum ejus: et post hæc habitabitur sicut diebus pristinis, ait Dominus.*

27 *Et tu ne timeas, serve meus Jacob, et ne paveas, Israel: quia ecce ego salvum te faciam de longinquo, et semen tuum de terra captivitatis tuæ: et revertetur Jacob, et requiescet, et prosperabitur; et non erit qui exterreat eum.*

28 *Et tu noli timere, serve meus Jacob, ait Dominus: quia tecum ego sum, quia ego consumam cunctas gentes ad quas ejeci te: te verò non consumam, sed castigabo te in judicio, nec quasi innocenti parcam tibi.*

cuento: multiplicáronse mas que langostas; son innumerables.

24 Abatida está la hija de Egipto, y entregada en poder del pueblo del Norte.

25 El Señor de los ejércitos, el Dios de Israel ha dicho: He aqui que yo castigaré la multitud tumultuosa de Alejandría [1], y á Pharaon, y al Egypto, y á sus dioses, y á sus Reyes, á Pharaon, y á los que en él confian.

26 Y los entregaré en manos de los que buscan como exterminarlos, esto es, en poder de Nabuchôdonosor Rey de Babylonia, y de sus siervos; y despues de todo esto volverá el Egypto á ser poblado como en lo antiguo, dice el Señor [2].

27 Mas tú, siervo mio Jacob, no temas, no te asustes, oh Israel: porque yo te libraré en aquellos remotos paises, y sacaré tus descendientes de la tierra donde están cautivos, y se volverá Jacob, y descansará, y será feliz, sin que haya nadie que le atemorice.

28 No temas, pues, oh Jacob siervo mio, dice el Señor, porque contigo estoy; pues yo consumiré todas las gentes entre las cuales te he dispersado: mas á tí no te consumiré, sino que te castigaré con medida; pero no te dejaré impune porque no te creas inocente.

CAPÍTULO XLVII.

Jeremias profetiza la destruccion de los philistheos; de Tyro, de Sion, de Gaza, y de Ascalon.

1 *Quod factum est verbum Domini ad Jeremiam prophetam contra Palæstinos, antequam percuteret Pharao Gazam.*

2 *Hæc dicit Dominus: Ecce aquæ ascendunt ab Aquilone, et erunt quasi torrens inundans, et operient terram et*

1 Palabra que el Señor dijo á Jeremías profeta contra los philisteos, antes que Pharaon se apoderase de Gaza.

2 Esto dice el Señor Dios: He aqui que vienen aguas ó tropas [3] del Norte, á manera de un torrente que todo lo

---

1 La voz hebrea אָמוֹן נֹא ammon-No, que significa la turba, el pueblo, ó la muchedumbre de No, la traduce S. Gerónimo: tumultum Alexandriæ, para dar la idea de una region muy poblada; y porque, segun él cree, fué despues fundada en el sitio de ammon-No la populosa ciudad de Alejandría, que antes

sería una pequeña poblacion. Comunmente se cree que la ciudad de ammon-No era la que los griegos llamaban Διὸσπολις Diospolis, ó ciudad de Júpiter, sobre cuyas ruinas edificó Alejandro la ciudad á que dió su nombre.

2 Véase Ezech. XXIX. v. 14.

3 Véase Aguas.

plenitúdinem ejus; urbem et habitatores ejus: clamabunt homines, et ululabunt omnes habitatores terræ,

3 à strepitu pompæ armorum, et bellatorum ejus, à commotione quadrigarum ejus, et multitudine rotarum illius: non respexerunt patres filios manibus dissolutis.

4 Pro adventu diei, in quo vastabuntur omnes Philisthiim, et dissipabitur Tyrus, et Sidon cùm omnibus reliquiis auxiliis suis; depopulatus est enim Dominus Palæstinos, reliquias insulæ Cappadociæ.

5 Venit calvitium super Gazam: conticuit Ascalon, et reliquiæ vallis earum: usquequò concidèris?

6 O mucro Domini, usquequò non quiesces? Ingredere in vaginam tuam, refrigerare, et sile.

7 Quómodo quiescet, cùm Dominus præceperit ei adversus Ascalonem, et adversus maritimas ejus regiones, ibique condixerit illi?

inunda, y cubrirán la tierra, y cuanto hay en ella, la ciudad y los habitantes: los hombres darán gritos, y aullarán todos los moradores de la tierra,

3 al oír el estruendo pomposo de las armas, y de los combatientes, y del movimiento de sus carros armados, y de la multitud de sus carruages: los padres, perdido todo el aliento, no cuidaban ya de mirar por sus hijos.

4 Porque ha llegado el dia en que serán exterminados todos los philisteos, y serán arruinadas Tyro y Sidon, con todos sus auxiliares que le quedaban: pues el Señor ha entregado al saqueo los philisteos, restos de la isla ó provincia marítima de Cappadoria[1].

5 Gaza lleva rapada su cabeza[2], Ascalon no se atreve á desplegar sus labios, y lo mismo el resto de sus valles. ¿Hasta cuándo te sajarás ó rasgarás tus carnes[3]?

6 Oh espada del Señor, ¿no descansarás tú nunca? Éntrate otra vez en tu vaina, mitiga ese ardor, y estate queda.

7 Mas ¿cómo estará ella quieta cuando el Señor le ha dado sus órdenes contra Ascalon, y contra sus regiones marítimas; y le ha mandado que obre contra ellas?

CAPÍTULO XLVIII.

Profetiza Jeremías la ruina del reino y nacion de los moabitas por su soberbia, por haber perseguido al pueblo de Dios, y por sus idolatrias; pero despues les promete que finalmente saldrán del cautiverio.

1 Ad Moab hæc dicit Dominus exercituum Deus Israel: Væ super Nabo, quoniam vastata est, et confusa: capta est Cariathaim: confusa est fortis, et tremuit.

2 Non est ultrà exultatio in Moab contra Hesebon: cogitaverunt malum. Venite, et disperdamus eam de gente; ergo silens conticesces, sequeturque te gladius.

1 Esto dice contra Moab el Señor de los ejércitos, el Dios de Israel: ¡desdichada Nabo! devastada ha sido y abatida. Tomada ha sido Cariathaim: la ciudad fuerte, avergonzada está y temblando.

2 No hay ya alegría en Moab: han formado malignos proyectos contra Hesebon: venid, exterminémosla de en medio de la nacion. Y tú, oh Madmen, ciudad silenciosa, no chistarás; y la espada te irá siguiendo[4].

1 Deut. II. v. 23. Véase Philistéos.
2 En señal de gran calamidad. Despues cap. XLVIII. v. 37.

3 Cap. XLI. v. 5.—Lev. XIX. v. 28.—Deut. XIV. v. 1.—III. Reg. XVIII. v. 28.
4 En el texto cháldeo y en varias traduccio-

3 *Vox clamoris de Oronaim: vastitas, et contritio magna.*

4 *Contrita est Moab: annuntiate clamorem parvulis ejus.*

5 *Per ascensum enim Luith plorens ascendet in fletu: quoniam in descensu Oronaim hostes ululatum contritionis audierunt;*

6 *Fugite, salvate animas vestras: et eritis quasi myricæ in deserto.*

7 *Pro eo enim quòd habuisti fiduciam in munitionibus tuis, et in thesauris tuis, tu quoque capieris: et ibit Chamos in transmigrationem, sacerdotes ejus, et principes ejus simul.*

8 *Et veniet prædo ad omnem urbem, et urbs nulla salvabitur: et peribunt valles, et dissipabuntur campestria: quoniam dixit Dominus:*

9 *Date florem Moab, quia florens egredietur: et civitates ejus desertæ erunt, et inhabitabiles.*

10 *Maledictus, qui facit opus Domini fraudulenter: et maledictus, qui prohibet gladium suum à sanguine.*

11 *Fertilis fuit Moab ab adolescentia sua, et requievit in fæcibus suis: nec transfusus est de vase in vas, et in transmigrationem non abiit: idcircò permansit gustus ejus in eo, et odor ejus non est immutatus.*

12 *Proptereà ecce dies veniunt, dicit Dominus: et mittam ei ordinatores, et stratores lagunculorum, et sternent eum, et vasa ejus exhaurient, et lagunculas eorum collident.*

13 *Et confundetur Moab à Chamos, sicut confusa est domus Israel à Bethel,*

3 Estruendo y gritos de Oronaim: devastacion, y estrago grande.

4 Moab ha sido abatida: anunciad á sus parvulitos que tendrán mucho que clamar.

5 Ella subirá el collado de Luith llorando sin cesar: ya han oido los enemigos los alaridos de los miserables en la bajada de Oronaim:

6 Huid, salvad vuestras vidas; sed como tamariscos en el Desierto.

7 Porque por haber puesto tú, oh Moab, la confianza en tus fortalezas, y en tus tesoros, por lo mismo serás tú tambien presa: é irán cautivos á otro pais el dios Chámos [1], y sus sacerdotes y príncipes juntamente.

8 Y el ladron Nabuchódonosor se echará sobre todas las ciudades de Moab, sin que ninguna se libre: y serán asolados los valles, y taladas las campiñas: porque el Señor lo ha dicho.

9 Coronad de flores á Moab; pero aunque coronada, saldrá para el cautiverio, y quedarán desiertas é inhabitables sus ciudades.

10 Maldito aquel que ejecuta de mala fe y con negligencia la obra que el Señor le manda; y maldito el que por lo mismo veda á su espada el verter sangre [2].

11 Fértil viña fué Moab desde su mocedad; y como un vino que permaneció en sus heces, ni fué trasegado de una tinaja á otra, ni mudado á otro pais; por eso ha conservado el mismo sabor suyo, ni se ha mudado ó mejorado su olor.

12 Pero he aquí que llega el tiempo, dice el Señor, en que yo le enviaré hombres prácticos en disponer las tinajas y en trasegar el vino, y harán el trasiego: y vaciarán despues las tinajas, y las harán pedazos [3].

13 Y Moab se verá avergonzada por causa de Chámos; al modo que fué afren-

---

nes modernas se toma como nombre de ciudad la palabra hebrea מַדְמֵן madmen que en la Vulgata se traduce *silens*. Casi con las mismas palabras profetizó Isaías la ruina de Moab en los capítulos XV. y XVI.; ruina que tambien anunciaron Ezechiel en el capít. XXV. ver. 8., y Sophonias cap. II. v. 8.

1 *Num. XXI. v. 9. — Judic. XI. v. 24. — IV. Reg. XI. v. 7.*

2 Cuando el Señor Dios la manda verter.

3 Así el pueblo de Moab será trasportado á la Cháldea, y todos sus pueblos y ciudades figurados por las cubas ó tinajas. Véase *III. Reg. XII. v. 29.*

in qua habebat fiduciam.

14 *Quomodo dicitis: Fortes sumus, et viri robusti ad prœliandum?*

15 *Vastata est Moab, et civitates illius succiderunt : et electi juvenes descenderunt in occisionem, ait rex, Dominus exercituum nomen ejus.*

16 *Propè est interitus Moab ut veniat: et malum ejus velociter accurret nimis.*

17 *Consolamini eum omnes, qui estis in circuitu ejus; et universi, qui scitis nomen ejus, dicite: Quomodo confracta est virga fortis, baculus gloriosus?*

18 *Descende de gloria, et sede in siti, habitatio filiæ Dibon : quoniam vastator Moab ascendit ad te, dissipabit munitiones tuas.*

19 *In via sta, et prospice habitatio Aroer: interroga fugientem: et ei qui evasit, dic: Quid accidit?*

20 *Confusus est Moab, quoniam victus est: ululate, et clamate, annuntiate in Arnon, quoniam vastata est Moab.*

21 *Et judicium venit ad terram campestrem ; super Helon, et super Jasa, et super Mephaath,*

22 *et super Dibon, et super Nabo, et super domum Deblathaim,*

23 *et super Cariathaim, et super Bethgamul, et super Bethmaon,*

24 *et super Carioth, et super Bosra; et super omnes civitates terræ Moab, quæ longè, et quæ propè sunt.*

25 *Abscissum est cornu Moab, et brachium ejus contritum est, ait Dominus.*

tada la casa de Israel por causa de los ídolos de Bethel, en que tenia puesta su confianza.

14 ¿Cómo decís vosotros: Esforzados somos y robustos para pelear?

15 Devastado ha sido el pais de Moab, y taladas sus ciudades, ha sido degollada toda su escogida juventud, dice aquel Rey, cuyo Nombre es Señor de los ejércitos.

16 La ruina de Moab es inminente; y van á comenzar muy presto sus desastres.

17 Tenedla compasion todos los que estais á su rededor; y vosotros cuantos habeis oido hablar de su nombradía, decid: ¿Cómo ha sido hecho pedazos el fuerte cetro *de Moab*, el baston de gloria *que empuñaba?*

18 Desciende de la gloria, y siéntate en un árido lugar, oh hija moradora de Dibon [1] ; porque *Nabuchódonosor*, el exterminador de Moab, viene contra tí, y destruirá tus fortalezas.

19 Estáte en medio del camino, y mira á lo lejos, oh tú habitadora de Aroer; pregunta á los que huyen y á los que se han escapado, y díles: ¿Qué es lo que ha acontecido?

20 Confundido queda Moab, *responderán*, porque ha sido vencido : dad alaridos, alzad el grito, anunciad por todo *el pais de* Arnon que Moab ha sido devastada.

21 Y el castigo ha venido sobre la tierra llana ; sobre Helon, y sobre Jasa, y sobre Mephaath,

22 y sobre Dibon, y sobre Nabo, y sobre la casa de Deblathaim,

23 y sobre Cariathaim, y sobre Bethgamul, y sobre Bethmaon,

24 y sobre Carioth, y sobre Bosra [2], y sobre las ciudades todas del pais de Moab, asi las que están lejos como las que están cerca.

25 Aniquilado ha sido el poderío de Moab, y quebrantado su brazo, dice el Señor.

---

1 La ciudad de *Dibon* era célebre por la abundancia y buena calidad de sus aguas. *Is. XV. v.* 9.

2 Se habla aqui de Bosra como de una ciudad perteneciente á los Moabitas; y en *Is. LXIII. ver.* 1. como que es de la Iduméa. Véase *Calmet en su Diccionario.*

26 *Inebriate eum, quoniam contra Dominum erectus est: et allidet manum Moab in vomitu suo, et erit in derisum etiam ipse.*

27 *Fuit enim in derisum tibi Israel, quasi inter fures reperisses eum: propter verba ergo tua quæ adversum illum locutus es, captivus ducéris.*

28 *Relinquite civitates, et habitate in petra, habitatores Moab: et estote quasi columba nidificans in summo ore foraminis.*

29 *Audivimus superbiam Moab, superbus est valdè; sublimitatem ejus, et arrogantiam, et superbiam, et altitudinem cordis ejus.*

30 *Ego scio, ait Dominus, jactantiam ejus: et quòd non sit juxta eam virtus ejus, nec juxta quod poterat conata sit facere.*

31 *Ideò super Moab ejulabo, et ad Moab universam clamabo, ad viros muri fictilis lamentantes.*

32 *De planctu Jazer plorabo tibi vinea Sabama: propagines tuæ transierunt mare, usque ad mare Jazer pervenerunt: super messem tuam, et vindemiam tuam, prædo irruit.*

33 *Ablata est lætitia et exultatio de Carmelo, et de terra Moab, et vinum de torcularibus sustuli: nequaquam calcator uvæ solitum celeuma cantabit.*

34 *De clamore Hesebon usque Eleale, et Jasa, dederunt vocem suam; à Segor usque ad Oronaim vitula conternante: aquæ quoque Nemrim pessimæ erunt.*

26 Embriagadla con el cáliz *de la ira de Dios, oh cháldeos;* pues que se levantó contra el Señor: y vomite ella, y bata sus manos *como desesperada,* y sea tambien objeto de mofa.

27 Porque tú, oh *Moab,* insultaste á Israel, como si le hubieses sorprendido en compañía de ladrones: por las palabras pues que contra él has dicho, serás llevada cautiva.

28 Desamparad las ciudades, oh habitantes de Moab, idos á vivir entre las breñas, é imitad á la paloma que hace su nido en la hendidura mas alta de la peña.

29 Hemos oido hablar de la sóberbia de Moab, soberbia que es muy grande; de su orgullo, y de su arrogancia, y de su hinchazon, y de la altivez de su corazon [1].

30 Yo conozco, dice el Señor, su jactancia, á la cual no corresponde su valor, y que sus tentativas no tenian proporcion con sus fuerzas.

31 Por tanto, yo prorumpiré en endechas sobre Moab, y á toda Moab haré sentir mis voces, á los hombres *de la ciudad* del Muro de ladrillos [2], los cuales están lamentándose.

32 Del modo que lloré por Jazer, asi lloraré por ti, oh viña de Sabama: tus sarmientos pasaron á la otra parte del mar, llegaron hasta el mar de Jazer: el ladron, *el exterminador* se arrojó sobre tu mies, y sobre tu vendimia.

33 Al pais *fértil y delicioso como el* Carmelo, y á la tierra de Moab se les ha quitado la alegría y el regocijo: se acabó el vino para sus lagares, no cantará sus canciones acostumbradas el pisador de la uva.

34 Desde Hesebon hasta Eleale y Jasa se oirán los clamores *de los moabitas:* desde Segor, que es como una novilla de tres años, hasta Oronaim [3]: aun las aguas mismas de Nemrim serán malísimas [4].

---

1 *Is. XVI. v.* 6.

2 La ciudad de *Ar.* Véase *IV. Reg. III. ver- so 25 — Is. XVI. ver.* 7. Llámase קיר־חרשת *Kir-Jéresh* por tener sus muros de ladrillo, y estar situada en pais de mucha piedra. Los *Setenta* conservaron el nombre de *Kqiraras,* como propio de la ciudad. El autor de la Vul-

gata tradujo la significacion material de la voz. Véase *Vulgata.*

3 *Is. XV. v.* 4, 5.

4 Porque arruinada la poblacion ya no habrá cisternas, y habrán de beber de las aguas que tienen comunicacion con el mar Muerto.

35 Et cuferam de Moab, ait Dominus, offerentem in excelsis, et sacrificantem diis ejus.

36 Propterea cor meum ad Moab quasi tibiæ resonabit: et cor meum ad viros muri fictilis dabit sonitum tibiarum: quia plus fecit quàm potuit, idcircò perierunt.

37 Omne enim caput calvitium, et omnis barba rasa erit: in cunctis manibus colligatio, et super omne dorsum cilicium.

38 Super omnia tecta Moab, et in plateis ejus, omnis planctus: quoniam contrivi Moab sicut vas inutile, ait Dominus.

39 Quomodo victa est, et ululaverunt? quomodo dejecit cervicem Moab, et confusus est? Eritque Moab in derisum, et in exemplum omnibus in circuitu suo.

40 Hæc dicit Dominus: Ecce quasi aquila volabit, et extendet alas suas ad Moab.

41 Capta est Carioth, et munitiones comprehensæ sunt: et erit cor fortium Moab in die illa, sicut cor mulieris parturientis.

42 Et cessabit Moab esse populus: quoniam contra Dominum gloriatus est.

43 Pavor, et fovea, et laqueus super te, ò habitator Moab, dicit Dominus.

44 Qui fugerit à facie pavoris, cadet in foveam: et qui conscenderit de fovea, capietur laqueo: adducam enim super Moab annum visitationis eorum, ait Dominus.

45 In umbra Hesebon steterunt de laqueo fugientes: quia ignis egressus est de Hesebon, et flamma de medio Sehon, et devorabit partem Moab, et

35 Y yo exterminaré de Moab, dice el Señor, al que presenta ofrendas en las alturas, y sacrifica á los dioses de ellas.

36 Por todo esto, mi corazon se desahogará por amor de Moab en voces tristes, como de flauta, en los entierros; é imitando el triste sonido de flauta, se esplayará por amor de aquellos que habitan en la ciudad de el Muro de ladrillos: los cualès perecieron por haber emprendido mas de lo que podian.

37 Porque toda cabeza quedará rapada, y raida será toda barba en señal de tristeza, atadas ó sajadas se verán todas las manos [1], y toda espalda se cubrirá de saco ó cilicio.

38 En todos los terrados y plazas de Moab se oirán plañidos: porque yo hice pedazos de Moab como de un vaso inútil, dice el Señor.

39 ¡Cómo ha sido ella derrotada, y ha levantado el grito! ¡Cómo ha bajado Moab su altiva cerviz, y ha quedado avergonzada! De escarnio servirá Moab, y de escarmiento á todos los de su comarca.

40 Esto dice el Señor: He aquí que el chaldéo como águila extenderá sus alas para venir volando sobre Moab.

41 Carioth ha sido tomada, y ganadas sus fortificaciones: y el corazon de los valientes de Moab será en aquella ocasion como corazon de muger que está de parto.

42 Y Moab dejará de ser una nacion, por haberse ensoberbecido contra el Señor.

43 El espanto, la fosa, y el lazo se emplearán contra tí, ob habitador de Moab, dice el Señor.

44 El que huyere del espanto caerá en la fosa, y quien saliere de la fosa quedará preso en el lazo: porque yo haré que llegue sobre Moab el tiempo de su castigo, dice el Señor.

45 Á la sombra de Hesebon hicieron alto aquellos que escaparon del lazo: pero salió fuego de Hesebon: llamas salieron de en medio de Sebon [2], las

---

1 Véase Cabello, Cabeza, Cilicio.

2 Sehon es lo mismo que Hesebon. El Profeta cita un adagio ó dicho antiguo que se cantaba; y de que se habla Num. XXI. v. 27., 28.

vertkem filiorum tumultus.

46 *Væ tibi Moab, periisti, popule Chamos: quia comprehensi sunt filii tui, et filiæ tuæ in captivitatem.*

47 *Et convertam captivitatem Moab in novissimis diebus, ait Dominus. Hucusque judicia Moab.*

cuales devorarán una parte de Moab y los principales de los hijos del tumulto[1].

46 ¡Ay de ti, oh Moab! ¡perecido has, oh pueblo de *dios* Chamos! porque al cautiverio han sido llevados tus hijos y tus hijas.

47 Mas yo, dice el Señor, haré que vuelvan del cautiverio en los últimos dias los hijos de Moab. Hasta aquí los juicios *del Señor* contra Moab.

CAPÍTULO XLIX.

Jeremías profetiza la ruina de los ammonitas, de los iduméos, de los de Damasco, y de Cedar, y de los reinos de Asor, y de Elam.

1 *Ad filios Ammon. Hæc dicit Dominus: Nunquid non filii sunt Israel: aut hæres non est ei? Cur igitur hæreditate possedit Melchom, Gad: et populus ejus in urbibus ejus habitavit?*

2 *Ideo ecce dies veniunt, dicit Dominus: et auditum faciam super Rabbath filiorum Ammon fremitum prælii, et erit in tumulum dissipata, filiæque ejus igni succendentur, et possidebit Israel possessores suos, ait Dominus.*

3 *Ulula Hesebon, quoniam vastata est Hai: clamate filii Rabbath, accingite vos ciliciis: plangite et circuite per sepes: quoniam Melchom in transmigrationem ducetur, sacerdotes ejus et principes ejus simul.*

4 *Quid gloriaris in vallibus? defluxit vallis tua, filia delicata, quæ confidebas in thesauris tuis, et dicebas: Quis veniet ad me?*

5 *Ecce ego inducam super te terrorem, ait Dominus Deus exercituum, ab omnibus qui sunt in circuitu tuo: et dispergemini singuli à conspectu vestro, nec erit qui congreget fugientes.*

1 Profecía contra los hijos de Ammon. Esto dice el Señor: Pues qué ¿no tiene hijos Israel, ó está acaso sin heredero? ¿Por qué pues Melchôm[2] se ha hecho dueño de Gad, su pueblo, y está habitando en las ciudades de esta tribu?

2 Por tanto he aquí que viene el tiempo, dice el Señor, en que yo haré oír en Rabbath de los hijos de Ammon el estruendo de la guerra: y quedará reducida á un monton de ruinas, y sus hijas, ó *pueblos*, serán abrasadas, é Israel se hará señor de aquellos que lo habian sido de él.

3 Oh Hesebon, prorumpe en alaridos, al ver que ha sido asolada Haï *tu vecina:* alzad el grito, oh hijos de Rabbath, ceñíos de cilicios, plañid, y dad vueltas por los vallados: porque Melchôm será llevado *cautivo* á otro país, y juntamente con él sus sacerdotes y sus príncipes.

4 ¿Por qué te glorías de tus *améno*s valles? Arruinados han sido tus valles, oh hija criada entre delicias, que, confiada en tus tesoros, decias: ¿Quién vendrá contra mí?

5 He aquí que yo, dice el Señor de los ejércitos, haré que te llenen de terror todos los *pueblos* comarcanos tuyos y quedaréis dispersos el uno lejos del otro, sin que haya nadie que reuna á los fugitivos.

---

1 Ó la soberbia de los turbulentos moabitas. Por los principales hijos del tumulto se significa la soberbia.

2 Véase *Moloch.*

6 Et post hæc revertì faciam captivos filiorum Ammon, ait Dominus.

7 Ad Idumæam. Hæc dicit Dominus exercituum: Nunquid non ultrà est sapientia in Theman? Periit consilium à filiis, inutilis facta est sapientia eorum.

8 Fugite et terga vertite, descendite in voraginem, habitatores Dedan: quoniam perditionem Esau adduxi super eum, tempus visitationis ejus.

9 Si vindemiatores venissent super te, non reliquissent racemum: si fures in nocte, rapuissent quod sufficeret sibi.

10 Ego verò discooperui Esau, revelavi abscondita ejus, et celari non poterit: vastatum est semen ejus, et fratres ejus, et vicini ejus, et non erit.

11 Relinque pupillos tuos: ego faciam eos vivere: et viduæ tuæ in me sperabunt.

12 Quia hæc dicit Dominus: Ecce quibus non erat judicium ut biberent calicem, bibentes bibent: et tu quasi innocens relinquèris? non eris innocens, sed bibens bibes.

13 Quia per memetipsum juravi, dicit Dominus, quòd in solitudinem, et in opprobrium, et in desertum, et in maledictionem erit Bosra: et omnes civitates ejus erunt in solitudines sempiternas.

14 Auditum audivi à Domino, et legatus ad Gentes missus est: Congregamini, et venite contra eam, et consurgamus in prælium:

15 ecce enim parvulum dedi te in

6 Y despues de esto, haré que regresen á su país los hijos de Ammon, dice el Señor.

— 7 Contra la Idumea [1]: Esto dice el Señor de los ejércitos: Pues qué, ¿no hay mas sabiduría que esa en Theman [2]? No; ya no hay consejo en sus hijos: de nada sirve su sabiduría.

8 Huid, no os volvais á mirar atrás: bajaos á las mas profundas simas, oh habitantes de Dedan; porque yo he enviado sobre Esaú su ruina, el tiempo de su castigo.

9 Si hubiesen venido á tí vendimiadores, no hubieran dejado racimos, pero sí algun rebusco: si hubiesen venido ladrones, habrian robado cuanto les bastase, sin destruir lo demas.

10 Mas yo he descubierto á Esaú [3], he manifestado aquello que él habia escondido, y no podrá ya ocultarlo: queda destruido su linage, y sus hermanos y vecinos; y él no existirá mas.

11 Deja no obstante tus huérfanes: yo los haré vivir; y en mí pondrán su esperanza tus viudas.

12 Porque esto dice el Señor: He aquí que aquellos que no estaban sentenciados á beber el cáliz de la ira del Señor, tambien le beberán sin falta; ¿y tú querrás ser dejada á parte como inocente? No, tú no serás tratada como inocente; y le beberás sin remedio.

13 Pues por mí mismo he jurado, dice el Señor, que Bosra será devastada, y llenada de oprobio, y objeto de maldicion: y una eterna soledad es lo que vendrán á ser todas sus ciudades.

14 Estas cosas oí yo del Señor; y luego Nabuchódonosor ha enviado mensageros á las gentes suyas, diciendo: Reuníos, y venid contra Bosra, y vamos á combatirla;

15 porque pequeño haré yo que seas,

---

1 El profeta Abdías describe la crueldad y odio extremado de los Idumeos contra los israelitas. Abd. v. 5.

2 Se llamaba así un nieto de Esaú que seria su fundador. Gen. XXXVI. v. 2. Era como la Academia ó pueblo mas instruido de la Idumea, en el cual residian los hombres mas instruidos, y á donde irian muchos jóvenes para instruirse. La expresion en boca de Dios es una especie de sarcasmo.

3 He dejado desnudo á Edom, ó á los idumeos.

Gentibus, contemptibilem inter homines.

16 *Arrogantia tua decepit te, et superbia cordis tui: qui habitas in cavernis petræ, et apprehendere niteris altitudinem collis; cùm exaltaveris quasi aquila nidum tuum, inde detraham te, dicit Dominus.*

17 *Et erit Idumæa deserta: omnis qui transibit per eam, stupebit, et sibilabit super omnes plagas ejus.*

18 *Sicut subversa est Sodoma, et Gomorrha, et vicinæ ejus, ait Dominus; non habitabit ibi vir, et non incolet eam filius hominis.*

19 *Ecce quasi leo ascendet de superbia Jordanis ad pulchritudinem robustam: quia subitò currere faciam eum ad illam: et quis erit electus, quem præponam ei? quis enim similis mei? et quis sustinebit me? et quis est iste pastor, qui resistat vultui meo?*

20 *Proptereà audite consilium Domini, quod iniit de Edom: et cogitationes ejus, quas cogitavit de habitatoribus Theman: Si non dejecerint eos parvuli gregis, nisi dissipaverint cum eis habitaculum eorum.*

21 *A voce ruinæ eorum commota est terra: clamor in mari rubro auditus est vocis ejus.*

22 *Ecce quasi aquila ascendet, et evolabit: et expandet alas suas super Bosran: et erit cor fortium Idumææ in die illa, quasi cor mulieris parturientis.*

23 *Ad Damascum. Confusa est Emath et Arphad: quia auditum pessimum audierunt, turbati sunt in mari: præ sollicitudine quiescere non potuit.*

24 *Dissoluta est Damascus, versa est in fugam, tremor apprehendit eam,*

oh Iduméa, entre las naciones, y despreciable entre los hombres [1].

16 La arrogancia tuya y la soberbia de tu corazon te engañaron: tú que habitas en las cavernas de las peñas, y te esfuerzas á levantarte hasta la cima del monte; aunque hicieses tu nido mas alto que el águila, de allí te arrojaré, dice el Señor.

17 Y la Iduméa quedará desierta: todo el que pasare por ella se pasmará, y hará mofa de sus desgracias.

18 Así como fueron arrasadas Sodoma y Gomorrha, y sus vecinas, dice el Señor; tambien ella quedará sin hombre que la habite, no morará allí ni una persona.

19 He aquí que *Nabuchôdonosor,* como leon, vendrá desde el hinchado Jordan á caer sobre la bella y robusta Iduméa: porque yo le haré correr súbitamente hácia ella, ¿y quién *sino Nabuchôdonosor* será el *varon* escogido, al cual yo encargué que se apodere de ella? Porque ¿quién hay semejante á mí? ¿quién habrá que se me oponga [2]? ¿ni cuál es el pastor ó *capitan* que se pondrá delante de mí?

20 Oid pues el designio que ha formado el Señor acerca de Edom; y lo que ha resuelto sobre los moradores de Theman: Juro yo, dice, que los pequeñuelos del rebaño [3] derribarán por tierra, y destruirán á los idumeos y á sus habitaciones ó *ciudades.*

21 Al rumor de su ruina se conmovió la tierra: hasta el mar Rojo llegaron sus voces y clamores.

22 He aquí que vendrá, y extendidas sus alas levantará el vuelo como águila, y se echará sobre Bosra; y el corazon de los valientes de la Iduméa será en aquel dia como corazon de muger que está de parto.

— 23 Contra Damasco. Confundidas han sido Emath y Arphad: porque han oido una malísima nueva, se han turbado los *de las islas* del mar: su inquietud no la deja sosegar.

24 Damasco está azorada: ha echado á huir: ella está temblando toda: opri-

1 En castigo de tu soberbia.
2 *Job XLI. v. 1.*
3 Ó los mas débiles soldados de Nabuchôdonosor.

angustia et dolores tenuerunt eam quasi parturientem.

25 *Quomodo dereliquerunt civitatem
laudabilem, urbem lætitiæ!*

26 *Ideò cadent juvenes ejus in platea
ejus: et omnes viri prælii conticescent
in die illa, ait Dominus exercituum.*

27 *Et succendam ignem in muro Damasci, et devorabit mœnia Benadad.*

28 *Ad Cedar, et ad regna Asor, quæ
percussit Nabuchodonosor rex Babylonis. Hæc dicit Dominus: Surgite, et
ascendite ad Cedar, et vastate filios
Orientis.*

29 *Tabernacula eorum, et greges eorum capient: pelles eorum, et omnia
vasa eorum, et camelos eorum tollent
sibi: et vocabunt super eos formidinem
in circuitu.*

30 *Fugite, abite vehementer, in vora-
ginibus sedete, qui habitatis Asor, ait
Dominus: iniit enim contra vos Nabuchodonosor rex Babylonis consilium, et
cogitavit adversum vos cogitationes.*

31 *Consurgite, et ascendite ad gentem quietam, et habitantem confidenter,
ait Dominus: non ostia, nec vectes eis,
soli habitant.*

32 *Et erunt cameli eorum in direptionem, et multitudo jumentorum in prædam: et dispergam eos in omnem ventum, qui sunt attonsi in comam: et ex
omni confinio eorum adducam interitum
super eos, ait Dominus.*

33 *Et erit Asor in habitaculum draconum, deserta usque in æternum: non
manebit ibi vir, nec incolet eam filius
hominis.*

mida se halla de congojas y dolores, como la muger que está de parto.

25 ¡Cómo han abandonado ellos la
ciudad famosa, la ciudad de delicias!

26 Serán degollados sus jóvenes por
las calles; y quedarán exánimes en aquel
dia todos sus guerreros, dice el Señor
de los ejércitos.

27 Y aplicaré fuego al muro de Damasco, el cual consumirá las murallas
de *el rey* Benadad.

— 28 Contra Cedar [1], y contra los
reinos ó *posesiones* de Asor, destruidos
por Nabuchôdonosor Rey de Babylonia:
Esto dice el Señor: Levantaos, marchad contra Cedar, y exterminad los
hijos de Oriente.

29 Se apoderarán de sus tiendas y de
sus ganados: robarán sus pieles, y todos sus muebles, y sus camellos; y
acarrearán de todas partes el terror sobre ellos.

30 Huíd, escapad lejos á toda priesa,
dice el Señor: reposad en las cavernas,
vosotros que habitais en Asor; porque
contra vosotros ha formado designios, y
ha maquinado males el Rey de Babylonia Nabuchôdonosor.

31 Levantaos, dice el Señor á los
châldeos, marchad á invadir una nacion tranquila, que vive sin temor alguno: no tienen puertas ni cerrojos: habitan solitarios.

32 Vosotros les arrebataréis sus camellos, y serán presa vuestra sus muchísimos jumentos. Yo dispersaré á todos
vientos á estos que se cortan sus cabellos *en forma de corona* [2]; y de todos
sus confines haré venir contra ellos la
muerte, dice el Señor.

33 Y Asor parará en ser guarida de
dragones, y eternamente desierta: no
quedará allí hombre alguno, ni la habitará persona humana.

---

1 Cedar denota los cedarenos; descendientes del hijo de Ismael llamado Cedar (*Gen.
XXV. v.* 13.) pueblo de la Arabia desierta sito
al oriente de la Judéa. Los reinos de Asor no
son, segun Teodoreto, sino las diferentes ciudades ó poblaciones de esta nacion, ó como
unas tribus errantes que van mudando de lo-
cal, segun lo exige el pasto para sus ganados.

Pero el Profeta habla de Asor como de una
ciudad murada, que seria á manera de metrópoli de aquel vasto desierto. S. Gerónimo sobre
el *cap. XXI. de Isaías.—Jud. IV. v.* 2.—
Gen. XXV. v. 13.

2 *Cap. IX. v.* 26.—*XXV. v.* 23. Véase
Cabello.

34 Quod factum est verbum Domini ad Jeremiam prophetam adversus AElam, in principio regni Sedeciae regis Juda, dicens:

35 Haec dicit Dominus exercituum: Ecce ego confringam arcum AElam, et summam fortitudinem eorum.

36 Et inducam super AElam quatuor ventos à quatuor plagis caeli: et ventilabo eos in omnes ventos istos: et non erit gens, ad quam non perveniant profugi AElam.

37 Et pavere faciam AElam coram inimicis suis, et in conspectu quaerentium animam eorum: et adducam super eos malum, iram furoris mei, dicit Dominus: et mittam post eos gladium donec consumam eos.

38 Et ponam solium meum in AElam, et perdam inde reges et principes, ait Dominus.

39 In novissimis autem diebus reverti faciam captivos AElam, dicit Dominus.

34 Palabras que el Señor dijo á Jeremías profeta, contra Elam [1], al principio del reinado de Sedecías Rey de Judá.

35 Esto dice el Señor de los ejércitos: He aquí que yo haré pedazos el arco de Elam [2], que es el cimiento de su pujanza.

36 Y soltaré contra Elam los cuatro vientos de los cuatro puntos del cielo, y dispersaré á sus moradores hácia todos estos vientos; sin que haya nacion alguna á donde no lleguen fugitivos de Elam.

37 Y haré que tiemble Elam delante de sus enemigos, y á la vista de aquellos que intentan su ruina. Enviaré calamidades sobre ellos, la furibunda indignacion mia, dice el Señor; y enviaré tras de ellos la espada que los persiga hasta acabarlos.

38 Y pondré mi trono en Elam, y arrojaré de allí á los Reyes y á los príncipes, dice el Señor.

39 Mas en los últimos dias yo haré que vuelvan á su patria los cautivos de Elam [3], dice el Señor.

CAPÍTULO L.

Profecia de la ruina de Babylonia por los medos y persas: y de la libertad que logrará el pueblo de Dios; al cual exhorta que se aproveche de tan gran beneficio del Señor.

1 Verbum, quod locutus est Dominus de Babylone, et de terra Chaldaeorum, in manu Jeremiae Prophetae.

2 Annuntiate in Gentibus, et auditum facite: levate signum, praedicate, et nolite celare: dicite: Capta est Babylon, confusus est Bel, victus est Merodach, confusa sunt sculptilia ejus, superata sunt idola eorum.

3 Quoniam ascendit contra eam gens

1 Palabra que habló el Señor acerca de Babylonia, y del pais de los chaldeos, por boca del profeta Jeremías.

2 Llevad la noticia á las naciones, y haced que corra la voz: alzad señales en las alturas [4], publicadlo, y no lo encubrais: decid: Tomada ha sido Babylonia, corrido ha quedado Bel, y abatido Merodach; cubiertos quedan de ignominia sus simulacros, aterrados han sido sus idolos.

3 Porque vendrá contra ella del Nor-

---

1 Provincia de Persia, cuya capital era Susa. Se llamaba Elam el primogénito de Sem. 2 Is. XXII. v. 6. 7.
3 Se verificó en tiempo de Cyro, y mas perfectamente en tiempo de Christo. Véase

Act. II. v. 7. 8. 9.
4 Ir. V. v. 26. — XI. v. 12. etc. Isaías habla de esta ruina de Babylonia cap. XLV., XLVI., XLVII.

ab Aquilone; quæ ponet terram ejus in solitudinem, et non erit qui habitet in ea ab homine usque ad pecus: et moti sunt, et abierunt.

4 In diebus illis, et in tempore illo, ait Dominus: venient filii Israel, ipsi et filii Juda simul: ambulantes et flentes properabunt, et Dominum Deum suum quærent.

5 In Sion interrogabunt viam, huc facies eorum. Venient, et apponentur ad Dominum fœdere sempiterno, quod nulla oblivione delebitur.

6 Grex perditus factus est populus meus: pastores eorum seduxerunt eos, feceruntque vagari in montibus: de monte in collem transierunt, obliti sunt cubilis sui.

7 Omnes qui invenerunt, comederunt eos, et hostes eorum dixerunt: Non peccavimus: pro eò quòd peccaverunt Domino decori justitiæ, et expectationi patrum eorum Domino.

8 Recedite de medio Babylonis, et de terra Chaldæorum egredimini, et estote quasi hædi ante gregem.

9 Quoniam ecce ego suscito, et adducam in Babylonem congregationem Gentium magnarum de terra Aquilonis: et præparabuntur adversus eam, et inde capietur: sagitta ejus, quasi viri fortis interfectoris, non revertetur vacua.

10 Et erit Chaldæa in prædam: omnes vastantes eam replebuntur, ait Dominus.

11 Quoniam exsultatis, et magna loquimini, diripientes hæreditatem meam: quoniam effusi estis sicut vituli super herbam, et mugistis sicut tauri.

12 Confusa est mater vestra nimis, et adæquata pulveri, quæ genuit vos:

te [1] una nacion, la cual asolará su pais, sin que quede quien le habite: desde el hombre hasta la bestia, todos se pusieron en movimiento y se marcharon.

4 En aquellos dias, y en aquel tiempo se reunirán, dice el Señor, los hijos de Israel, y juntamente con ellos los hijos de Judá para volver á Jerusalem: y llorando de alegría se darán priesa, y buscarán al Señor su Dios.

5 Preguntarán cual es el camino que va á Sion; á ella dirigirán sus ojos. Volverán del cautiverio, y se unirán al Señor con una alianza eterna [2], cuya memoria no se borrará jamás.

6 Rebaño perdido fué el pueblo mio: sus pastores le extraviaron, y le hicieron ir vagando por las montañas: anduvo por montes y collados, y se olvidó del lugar de su reposo.

7 Todos cuantos encontraban á los de mi pueblo, los devoraban; y sus enemigos decian: En esto no hacemos nada malo; porque estos han pecado contra el Señor, esplendor de justicia ó santidad; contra el Señor, esperanza de sus padres.

8 Huid de en medio de Babylonia, y salid del pais de los cháldeos; y sed como los maruecos delante del rebaño [3].

9 Porque he aquí que yo pondré en movimiento, y traeré reunidos contra Babylonia los ejércitos de naciones grandes de la tierra del Norte, los cuales se dispondrán para asaltarla, y en seguida será tomada: sus saetas, como de fuertes y mortíferos guerreros, no serán disparadas en vano.

10 Y la Cháldea será entregada al saqueo: quedarán atestados de riquezas todos sus saqueadores, dice el Señor.

11 Ya que saltais de contento, y hablais con arrogancia por haber devastado la heredad mia; ya que retozais como novillos sobre la yerba, y mugís como toros:

12 Babylonia vuestra madre ha quedado profundamente abatida; y asolada

---

1 Is. XLI. v. 25.—XLVI. v. 11.
2 II. Esd. XI. v. 18. — XI. v. 2. Aquí se habla tambien de la alianza entre Dios y todos los hombres hijos de Abraham, segun la fe, de que fué mediador Jesu-Christo.
3 Is. X. v. 13.—XIV. v. 9.

ecce novissima erit in Gentibus, deserta, invia, et arens.

13 *Ab ira Domini non habitabitur, sed redigetur tota in solitudinem: omnis qui transibit per Babylonem, stupebit, et sibilabit super universis plagis ejus.*

14 *Praeparamini contra Babylonem per circuitum omnes qui tenditis arcum; debellate eam, non parcatis jaculis: quia Domino peccavit.*

15 *Clamate adversus eam, ubique dedit manum, ceciderunt fundamenta ejus, destructi sunt muri ejus, quoniam ultio Domini est: ultionem accipite de ea; sicut fecit, facite ei.*

16 *Disperdite satorem de Babylone, et tenentem falcem in tempore messis: à facie gladii columbae unusquisque ad populum suum convertetur, et singuli ad terram suam fugient.*

17 *Grex dispersus Israel, leones ejecerunt eum: primus comedit eum rex Assur: iste novissimus exossavit eum Nabuchodonosor rex Babylonis.*

18 *Proptereà haec dicit Dominus exercituum Deus Israel: Ecce ego visitabo regem Babylonis, et terram ejus, sicut visitavi regem Assur:*

19 *et reducam Israel ad habitaculum suum: et pascetur Carmelum et Basan, et in monte Ephraim et Galaad saturabitur anima ejus.*

20 *In diebus illis, et in tempore illo, ait Dominus, quaeretur iniquitas Israel, et non erit; et peccatum Juda, et non invenietur: quoniam propitius ero eis, quos reliquero.*

ha sido la que os engendró: he aquí que será la mas despreciable entre las naciones, desierta quedará, intransitable, y árida.

13 La indignacion del Señor la dejará inhabitada, y reducida á una soledad: todo el que pasare por Babylonia quedará lleno de pasmo, y hará rechifla de todas las desgracias de ella.

14 Oh vosotros, todos cuantos estais diestros en manejar el arco, apercibíos de todas partes contra Babylonia, embestidla, no escaseeis las saetas; porque ha pecado contra el Señor.

15 Levantad contra ella el grito; ya tiende sus manos por todos lados, dándose por vencida: conmuévense sus fundamentos, destruidos quedan sus muros; porque es el tiempo de la venganza del Señor: tomad venganza de ella, tratadla como ella trató á los demas.

16 Acabad en Babylonia *con todo viviente;* ni perdoneis á aquel que siembra, ni al que maneja la hoz en tiempo de la siega: al relumbrar la espada de la Paloma [1] volverán todos á sus pueblos, y cada cual huirá al propio pais.

17 Israel es una grey descarriada: los leones [2] la dispersaron. El primero á devorarla fué el Rey de Assur: el último ha sido Nabuchôdonosor Rey de Babylonia, que ha acabado hasta con sus huesos[3].

18 Por tanto, esto dice el Señor de los ejércitos, el Dios de Israel: He aquí que yo castigaré al Rey de Babylonia y á su pais, al modo que castigué al Rey de Assur [4].

19 Y conduciré otra vez á Israel á su antigua morada, y gozará de los pastos del Carmelo; y en Basan, y en los collados de Ephraim y de Galaad se saciarán sus deseos.

20 En aquellos dias, dice el Señor, y en aquel tiempo se andará en busca de la iniquidad ó *idolatría* de Israel, mas esta no existirá ya; y del pecado de Judá, y tampoco se hallará: porque yo seré propicio á los restos *de dicho pueblo* que me habré reservado.

1 Véase antes cap. XXV. v. 38., y XLVI. v. 16.
2 Los Reyes assyrios.
3 IV. Reg. XXV. v. 9., etc.
4 Ezech. XXX. v. 1.

21 Super terram dominantium ascende, et super habitatores ejus visita, dissipa, et interfice quæ post eos sunt, ait Dominus: et fac juxta omnia quæ præcepi tibi.

22 Vox belli in terra, et contritio magna.

23 Quomodo confractus est, et contritus malleus universæ terræ? quomodo versa est in desertum Babylon in Gentibus?

24 Illaqueavi te, et capta es Babylon, et nesciebas: inventa es, et apprehensa: quoniam Dominum provocasti.

25 Aperuit Dominus thesaurum suum, et protulit vasa iræ suæ: quoniam opus est Domino Deo exercituum in terra Chaldæorum.

26 Venite ad eam ab extremis finibus, aperite ut exeant qui conculcent eam: tollite de via lapides, et redigite in acervos, et interficite eam: nec sit quidquam reliquum.

27 Dissipate universos fortes ejus, descendant in occisionem: væ eis, quia venit dies eorum, tempus, visitationis eorum.

28 Vox fugientium, et eorum qui evaserunt de terra Babylonis, ut annuntient in Sion ultionem Domini Dei nostri, ultionem templi ejus.

29 Annuntiate in Babylonem plurimis, omnibus qui tendunt arcum: consistite adversus eam per gyrum, et nullus evadat: reddite ei secundum opus suum: juxta omnia quæ fecit, fa-

---

21 Oh Cyro, marcha tú contra la Cháldea, tierra de los dominadores, y castiga á sus habitantes, devasta, y mata á aquellos que les siguen detrás; á todos, dice el Señor: y obra segun las órdenes que te tengo dadas [1].

22 Estruendo de batalla se oye sobre la tierra, y de grande exterminio.

23 ¿Cómo ha sido hecho pedazos y desmenuzado el Rey de Babylonia, el que era el martillo de toda la tierra? ¿cómo está Babylonia hecha un desierto entre las gentes?

24 Yo te cogí en el lazo, y sin pensarlo te has visto presa, oh Babylonia: has sido hallada y cogida, porque hiciste guerra al Señor.

25 Abrió el Señor su tesoro, y ha sacado de él los instrumentos de su indignacion; pues va á ejecutar el Señor Dios de los ejércitos su obra contra la tierra de los cháldeos [2].

26 Venid contra ella desde las mas remotas regiones, dad lugar para que salgan los que la han de hollar: quitad las piedras del camino, y ponedlas en montones: haced en ella una carnicería, hasta que no quede viviente alguno.

27 Exterminad á todos sus guerreros, sean conducidos al matadero: ¡ay de ellos! porque ha llegado ya su dia, el dia de su castigo.

28 Voz de los fugitivos, y de aquellos que escaparon de la tierra de Babylonia, para llevar á Sion la noticia de la venganza del Señor Dios nuestro, de la venganza de su santo templo [3].

29 Á toda la multitud de los que en Babylonia entesan el arco, decidles: Asentad los reales contra ella por todo el alrededor, á fin de que ninguno escape: dadle el pago de sus fechorías:

---

1 Admirable documento que nos enseña que todo cuanto sucede en las revoluciones de los imperios, todo viene dispuesto por la sabia y altísima Providencia de Dios; el cual ordena, ó permite, y da los medios, y prospera las acciones ó empresas de aquellos que él elige para que sean instrumentos de su justa indignacion, ó de su misericordia. Cyro fué instrumento de Dios para castigar á los cháldeos, y para dar libertad á Israel. Véase lo que dice el Sr. Bossuet en su admirable obra: Discursos

sobre la Historia universal.

2 Véase Job XXXVIII. v. 22.

3 Cuando Cyro entró en Babylonia, algunos de los judios que estaban allí, acordándose de las predicciones de Isaias y Jeremias sobre Cyro, se escaparon, en medio de la confusion de aquellos dias, y se fueron á Jerusalem, y dieron esta gran nueva á los que todavia permanecian ó se habian quedado en aquella ciudad.

eile illi: quia contra Dominum erecta est, adversum sanctum Israel.

30 Idcircò cadent juvenes ejus in plateis ejus: et omnes viri bellatores ejus conticescent in die illa, ait Dominus.

31 Ecce ego ad te, superbe, dicit Dominus Deus exercituum: quia venit dies tuus, tempus visitationis tuæ.

32 Et cadet superbus, et corruet, et non erit qui suscitet eum: et succendam ignem in urbibus ejus, et devorabit omnia in circuitu ejus.

33 Hæc dicit Dominus exercituum: Calumniam sustinent filii Israel, et filii Judæ simul: omnes, qui ceperunt eos, tenent, nolunt dimittere eos.

34 Redemptor eorum fortis, Dominus exercituum nomen ejus, judicio defendet causam eorum, ut exterreat terram, et commoveat habitatores Babylonis.

35 Gladius ad Chaldæos, ait Dominus, et ad habitatores Babylonis, et ad principes, et ad sapientes ejus.

36 Gladius ad divinos ejus, qui stulti erunt: gladius ad fortes illius, qui timebunt.

37 Gladius ad equos ejus, et ad currus ejus, et ad omne vulgus, quod est in medio ejus: et erunt quasi mulieres: gladius ad thesauros ejus, qui diripientur.

38 Siccitas super aquas ejus erit, et arescent: quia terra sculptilium est, et in portentis gloriantur.

39 Proptereà habitabunt dracones cum faunis ficariis: et habitabunt in ea struthiones: et non inhabitabitur ultrà usque in sempiternum, nec extruetur usque ad generationem et generationem.

40 Sicut subvertit Dominus Sodomam et Gomorrham, et vicinas ejus, ait Dominus: non habitabit ibi vir, et non

portaos con ella conforme ella se ha portado; pues se levantó contra el Señor, contra el Santo de Israel.

30 Por tanto caerán muertos en sus plazas sus jóvenes, y quedarán sin aliento en aquel dia todos sus guerreros, dice el Señor.

31 Aquí estoy yo contra tí, oh soberbio Balthasar, dice el Señor Dios de los ejércitos; porque ha llegado tu dia, el dia de tu castigo.

32 Y caerá el soberbio, y dará en tierra, sin que haya quien le levante; y pegaré fuego á sus ciudades, el cual devorará todos sus alrededores.

33 Esto dice el Señor de los ejércitos: Los hijos de Israel, juntamente con los de Judá, se ven oprimidos: todos aquellos que los cautivaron, los retienen, no quieren soltarlos.

34 Pero el fuerte Redentor suyo, aquel que tiene por nombre Señor de los ejércitos, defenderá en juicio la causa de ellos, y llenará de espanto la tierra, y hará que se estremezcan los habitantes de Babylonia.

35 Espada ó guerra contra los châldeos, dice el Señor, y contra los habitantes de Babylonia, y contra sus Príncipes, y contra sus sabios.

36 Espada contra sus adivinos, y quedarán entontecidos: espada contra sus valientes, y quedarán llenos de terror.

37 Espada contra sus caballos, y contra sus carros de guerra, y contra todo el gentío que ella contiene, y serán tímidos como mugeres: espada contra los tesoros, los cuales serán saqueados.

38 Se secarán, y agotarán sus aguas: porque tierra es esa de vanos simulacros, y que se gloría en sus monstruos.

39 Por tanto vendrá á ser guarida de los dragones y de los faunos [1] que se alimentan de higos silvestres, y morada de avestruces; quedando inhabitada para siempre, sin que nunca jamas vuelva á ser reedificada.

40 Vendrá á ser ella, dice el Señor, como las ciudades de Sodoma y Gomorrha y sus vecinas, que el Señor destru-

---

1 Is. cap. XXXIV. v. 14. nota.

incolet eam filius hominis.

yó: no quedará hombre alguno que la habite, ni persona humana que allí more [1].

41 *Ecce populus venit ab Aquilone, et gens magna: et reges multi consurgent à finibus terræ.*

41 He aquí que viene del Norte un pueblo y una nacion grande; y se levantarán muchos Reyes de los extremos de la tierra [2].

42 *Arcum et scutum apprehendent: crudeles sunt et immisericordes: vox eorum quasi mare sonabit: et super equos ascendent, sicut vir paratus ad prælium contra te, filia Babylon.*

42 Asirán del arco y del escudo: son crueles y sin misericordia : sus voces serán como un mar que brama, y montarán sobre sus caballos, como un guerrero apercibido para combatir contra tí, oh hija de Babylonia.

43 *Audivit rex Babylonis famam eorum, et dissolutæ sunt manus ejus: angustia apprehendit eum, dolor quasi parturientem.*

43 Oyó el Rey de Babylonia la fama de ellos, y quedó sin aliento, y oprimido de angustia y de dolor como muger que está de parto.

44 *Ecce quasi leo ascendet de superbia Jordanis ad pulchritudinem robustam: quia subitò currere faciam eum ad illam: et quis erit electus, quem præponam ei? quis est enim similis mei? et quis sustinebit me? et quis est iste pastor, qui resistat vultui meo?*

44 He aquí que *un Rey* vendrá como un leon, desde el hinchado Jordan á caer sobre la bella y fuerte *Babylonia;* porque yo le haré correr súbitamente hácia ella: ¿y quién *sino Cyro,* será el escogido, á quien yo le encargue que se apodere de ella? ¿pues quién hay semejante á mí? ¿quién habrá que se me oponga? ¿ni cuál es el pastor ó *capitan* que pueda ponérseme delante [3]?

45 *Proptereà audite consilium Domini, quod mente concepit adversum Babylonem: et cogitationes ejus, quas cogitavit super terram Chaldæorum: nisi detraxerint eos parvuli gregum, nisi dissipatum fuerit cum ipsis habitaculum eorum.*

45 Por tanto, oid el designio que tiene formado *allá* en su mente el Señor, contra Babylonia; y sus decretos en órden al país de los cháldeos: Juro, *dice el Señor,* que los zagales pequeñuelos del rebaño, ó *los mas débiles soldados,* darán en tierra con ellos : juro que serán destruidos ellos, y las ciudades en que habitan.

46 *A voce captivitatis Babylonis commota est terra, et clamor inter Gentes auditus est.*

46 Á la noticia de la conquista de Babylonia se ha estremecido la tierra, y sus gritos se han oido entre las naciones.

---

1 La *Babylonia* de que hablan los viageros modernos no está donde la antigua; ni puede llamarse la misma.

2 *Estos reyes son Cyro y Darío. Xenophonte, lib. V. Cyrop.* refiere tambien los nombres de muchos príncipes que eran tributarios de

Cyro, y le acompañaban en la expedicion á Babylonia.

3 Se sirve hablando de Cyro de la misma semejanza que usó hablando de Nabuchódonosor *cap. XLIX. v.* 19.

CAPÍTULO LI.

Continúa Jeremías describiendo la ruina de Babylonia: á cuya ciudad envia estas profecías para que sean leídas, y confirmadas con una señal visible.

1 *Hæc dicit Dominus: Ecce ego suscitabo super Babylonem et super habitatores ejus, qui cor suum levaverunt contra me, quasi ventum pestilentem.*

2 *Et mittam in Babylonem ventilatores, et ventilabunt eam, et demolientur terram ejus: quoniam venerunt super eam undique in die afflictionis ejus.*

3 *Non tendat qui tendit arcum suum, et non ascendat loricatus, nolite parcere juvenibus ejus, interficite omnem militiam ejus.*

4 *Et cadent interfecti in terra Chaldæorum, et vulnerati in regionibus ejus.*

5 *Quoniam non fuit viduatus Israel et Juda à Deo suo Domino exercituum: terra autem eorum repleta est delicto à sancto Israel.*

6 *Fugite de medio Babylonis, et salvet unusquisque animam suam: nolite tacere super iniquitatem ejus: quoniam tempus ultionis est à Domino, vicissitudinem ipse retribuet ei.*

7 *Calix aureus Babylon in manu Domini, inebrians omnem terram: de vino ejus biberunt Gentes, et ideò commotæ sunt.*

8 *Subitò cecidit Babylon, et contrita est: ululate super eam, tollite resinam ad dolorem ejus, si fortè sanetur.*

9 *Curavimus Babylonem, et non est sanata: derelinquamus eam, et eamus unusquisque in terram suam: quoniam pervenit usque ad cælos judicium ejus,*

Tom. IV.

1 Esto dice el Señor: He aquí que yo levantaré un viento pestífero ó destructor contra Babylonia y sus moradores, los cuales se han levantado contra mí.

2 Y enviaré contra Babylonia aventadores, que la aventarán, y asolarán su país; porque en el día de su tribulacion acudirán de todas partes contra ella.

3 El que entesa el arco, *poco importa* que no le entese, ni que vaya sin coraza; *porque la victoria es segura.* No temeis que perdonar á sus jóvenes: matad á todos sus soldados.

4 Y muertos caerán en tierra de los cháldeos, y heridos serán en sus regiones.

5 Porque no han quedado Israel y Judá abandonados de su Dios, el Señor de los ejércitos; y porque la tierra *de los cháldeos* está llena de pecados contra el Santo de Israel.

6 Huid, *oh judíos,* de en medio de Babylonia, y ponga cada cual en salvo su propia vida: no seais indolentes en órden á su iniquidad; porque llegado ha el tiempo de la venganza del Señor, el cual le dará su merecido.

7 Babylonia ha sido *hasta ahora* en la mano del Señor, como un cáliz de oro para embriagar ó *hacer beber su ira* á toda la tierra. Todas las naciones bebieron de su vino, y quedaron como fuera de sí.

8 Babylonia ha caido repentinamente, y se ha hecho pedazos: prorumpid en alaridos sobre ella: tomad triaca para sus heridas, por si tal vez puede curarse.

9 Hemos medicinado á Babylonia, y no ha curado, *dicen sus amigos:* abandonémosla pues, y volvámonos cada cual á su tierra; pues sus delitos subie-

K 3

et elevatum est usque ad nubes.

10 *Protulit Dominus justitias nostras: venite, et narremus in Sion opus Domini Dei nostri.*

11 *Acuite sagittas, implete pharetras: suscitavit Dominus spiritum regum Medorum: et contra Babylonem mens ejus est, ut perdat eam, quoniam ultio Domini est, ultio templi sui.*

12 *Super muros Babylonis levate signum, augete custodiam: levate custodes, praeparate insidias: quia cogitavit Dominus, et fecit quaecumque locutus est contra habitatores Babylonis.*

13 *Quae habitas super aquas multas, locuples in thesauris, venit finis tuus, pedalis praecisionis tuae.*

14 *Juravit Dominus exercituum per animam suam: Quoniam replebo te hominibus quasi brucho, et super te celeuma cantabitur.*

15 *Qui fecit terram in fortitudine sua, praeparavit orbem in sapientia sua, et prudentia sua extendit coelos.*

16 *Dante eo vocem, multiplicantur aquae in coelo: qui levat nubes ab extremo terrae, fulgura in pluviam fecit: et produxit ventum de thesauris suis.*

17 *Stultus factus est omnis homo à scientia: confusus est omnis conflator in sculptili: quia mendax est conflatio eorum, nec est spiritus in eis.*

18 *Vana sunt opera, et risu digna, in tempore visitationis suae peribunt.*

19 *Non sicut haec, pars Jacob: quia qui fecit omnia ipse est, et Israel sceptrum haereditatis ejus: Dominus exercituum nomen ejus.*

ron mas allá de las nubes, llegaron hasta el cielo.

10 El Señor ha hecho aparecer nuestra justicia: venid, y publiquemos en Sion la obra del Señor Dios nuestro.

11 Aguzad, *oh babylonios*, vuestras saetas [1], llenad de ellas vuestras aljabas. El Señor ha suscitado el espíritu de los Reyes de la Media, y ha tomado *ya* su resolucion de arruinar á Babylonia; porque el Señor debe ser vengado, debe ser vengado su templo.

12 Levantad *en hora buena* las banderas sobre los muros de Babylonia, aumentad la guarnicion, poned centinelas, disponed emboscadas: pero el Señor ha decretado, y ejecutará todo cuanto predijo contra los habitantes de Babylonia.

13 Oh tú que tienes tu asiento entre abundancia de aguas, colmada de riquezas, tu fin ha llegado, ha llegado el punto fijo de tu destruccion [2].

14 El Señor de los ejércitos ha jurado por sí mismo, *diciendo:* Yo te inundaré de una turba de hombres *asoladores* como langostas; y se cantará contra tí la cancion de la vendimia ó *del castigo* [3].

15 Él es el que con su poderío hizo la tierra, y el que con su sabiduría dispuso el mundo, y extendió los cielos con su inteligencia.

16 Á una voz suya se congregan las aguas en el cielo: él hace venir del cabo del mundo las nubes: deshace en lluvia los relámpagos, y saca de sus tesoros el viento.

17 En necio paró todo hombre con su saber. La estatua misma *del ídolo* es la confusion de todo artífice: porque cosa mentirosa es la obra que él ha hecho; no hay en ella espíritu *de vida.*

18 Obras vanas son esas y dignas de risa ó *desprecio:* ellas perecerán en el tiempo del castigo.

19 No es como las tales obras aquel que es la porcion ó *la herencia* de Jacob; pues él es quien ha formado todas las cosas: é Israel es su reino hereditario. Señor de los ejércitos es el nombre suyo.

---

1 Habla el Profeta irónicamente. 2 El hebreo: *el fin de tus ganancias.* 3 Véase *Vendimia.*

20 *Collidis tu mihi vasa belli, et ego collidam in te Gentes: et disperdam in te regna:*

21 *et collidam in te equum, et equitem ejus: et collidam in te currum et ascensorem ejus:*

22 *et collidam in te virum et mulierem: et collidam in te senem et puerum: et collidam in te juvenem et virginem:*

23 *et collidam in te pastorem et gregem ejus: et collidam in te agricolam et jugales ejus: et collidam in te duces et magistratus.*

24 *Et reddam Babyloni, et cunctis habitatoribus Chaldææ, omne malum suum, quod fecerunt in Sion, in oculis vestris, ait Dominus.*

25 *Ecce ego ad te mons pestifer, ait Dominus, qui corrumpis universam terram: et extendam manum meam super te, et evolvam te de petris, et dabo te in montem combustionis.*

26 *Et non tollent de te lapidem in angulum, et lapidem in fundamenta, sed perditus in æternum eris, ait Dominus.*

27 *Levate signum in terra: clangite buccinâ in Gentibus, sanctificate super eam gentes: annuntiate contra illam regibus Ararat, Menni, et Ascenez: numerate contra eam Taphsar, adducite equum quasi bruchum aculeatum.*

28 *Sanctificate contra eam gentes, reges Mediæ, duces ejus, et universos magistratus ejus, cunctamque terram potestatis ejus.*

29 *Et commovebitur terra, et conturbabitur: quia evigilabit contra Babylonem cogitatio Domini, ut ponat terram Babylonis desertam et inhabitabilem.*

30 *Cessaverunt fortes Babylonis à*

20 Tú, oh Babylonia, has sido para mí el martillo con que he destrozado las gentes belicosas[1]; y por medio de tí yo arruinaré naciones, y asolaré reinos;

21 y por tu medio acabaré con los caballos y caballeros, y con los carros armados y los que los montan:

22 por medio de tí acabaré con hombres y mugeres: por medio de tí acabaré con viejos y niños; y acabaré por tu medio con los jóvenes y doncellas.

23 Por tu medio acabaré con el pastor y con su grey, y por tu medio acabaré con el labrador y con sus yuntas, y acabaré por tu medio con los caudillos y los magistrados.

24 Y despues, ante vuestros ojos, yo pagaré á Babylonia, y á todos los moradores de la Châldea todo el mal que hicieron contra Sion, dice el Señor.

25 Aquí estoy yo contra tí, dice el Señor, oh monte pestífero[2] que inficionas toda la tierra; y extenderé contra tí mi mano, y te precipitaré de entre tus peñas, y te haré semejante á un monte consumido por las llamas.

26 No se sacará de tí ni piedra útil para una esquina, ni piedra para cimientos; sino que quedarás destruido para siempre, dice el Señor.

27 Alzad bandera en la tierra, haced resonar la trompeta entre las naciones: preparad los pueblos á una guerra sagrada contra Babylonia: llamad contra ella á los Reyes de Ararat, de Menni, y de Ascenez: alistad contra ella los soldados de Taphsar: poned en campaña caballos como un ejército de langostas armadas de aguijones.

28 Preparad á la guerra sagrada contra ella á los pueblos, y á los Reyes de la Media, y á sus capitanes, y á todos sus magnates, y á todas las provincias que le están sujetas.

29 En seguida será conmovida y conturbada la tierra, porque pronto se cumplirá el decreto del Señor, por el cual el país de Babylonia quedará desierto é inhabitable.

30 Han abandonado el combate los va-

---

1 Véase cap. L. v. 23.
2 Llama *monte* á Babylonia por razon de su soberbia y orgullo, ó tal vez por la gran elevacion de sus murallas y torres.

prælio, habitaverunt in præsidiis: devoratum est robur eorum, et facti sunt quasi mulieres: incensa sunt tabernacula ejus, contriti sunt vectes ejus.

31 Currens obviam currenti veniet: et nuntius obvius nuntianti: ut annuntiet regi Babylonis, quia capta est civitas ejus à summo usque ad summum:

32 et vada præoccupata sunt, et paludes incensæ sunt igni, et viri bellatores conturbati sunt.

33 Quia hæc dicit Dominus exercituum, Deus Israel: Filia Babylonis quasi area, tempus trituræ ejus: adhuc modicum, et veniet tempus messionis ejus.

34 Comedit me, devoravit me Nabuchodonosor rex Babylonis: reddidit me quasi vas inane, absorbuit me quasi draco, replevit ventrem suum teneritudine mea, et ejecit me.

35 Iniquitas adversùm me, et caro mea super Babylonem, dicit habitatio Sion: et sanguis meus super habitatores Chaldææ, dicit Jerusalem.

36 Propterea hæc dicit Dominus: Ecce ego judicabo causam tuam, et ulciscar ultionem tuam, et desertum faciam mare ejus, et siccabo venam ejus.

37 Et erit Babylon in tumulos, habitatio draconum: stupor et sibilus, eò quòd non sit habitator.

38 Simul ut leones rugient, excutient comas veluti catuli leonum.

39 In calore eorum ponam potus eorum, et inebriabo eos ut sopiantur, et dormiant somnum sempiternum, et non consurgant, dicit Dominus.

lientes de Babylonia, se han metido en las fortalezas, se acabó su valor, son ya como mugeres: incendiadas han sido sus casas, y hechos pedazos los cerrojos de sus puertas.

31 Un correo alcanzará á otro correo, un mensagero á otro mensagero: van á noticiar al Rey de Babylonia que su ciudad ha sido tomada desde un cabo al otro;

32 y que están tomados los vados *del río*, y que han incendiado *los cañaverales de junto á las lagunas*, y que están llenos de turbacion todos los guerreros.

33 Porque esto dice el Señor de los ejércitos, el Dios de Israel: La hija de Babylonia será *hollada* como la mies en la era: ha llegado el tiempo de ser trillada; dentro de poco comenzará la siéga.

34 Nabuchôdonosor Rey de Babylonia me ha consumido, me ha devorado: me ha dejado como una vasija vacia *de todo*: cual dragon me ha tragado: ha llenado su vientre de todo lo que tenia yo mas precioso, y me ha echado fuera *y dispersado*.

35 Las injusticias cometidas contra mí, dice la hija de Sion, y la carnicería que ha hecho en mis hijos, está *clamando* contra Babylonia; y la sangre mia, dice Jerusalem, grita contra los habitantes de la Châldea.

36 Por tanto esto dice el Señor: He aquí que yo tomaré por mi cuenta tu causa, y el vengarte de los agravios; yo dejaré sin agua á su mar [1], y secaré sus manantiales.

37 Y quedará Babylonia reducida á un monton de escombros, guarida de dragones, objeto de pasmo y de escarnio; pues permanece inhabitada.

38 Rugirán *los châldeos* todos á una como leones: sacudirán sus melenas como *vigorosos* leoncitos.

39 Los dejaré que se calienten en sus banquetes, y que se embriaguen; para que, aletargados, duerman un sueño perdurable, del cual no despierten ya, dice el Señor.

---

1 Ó el caudaloso Eupbrates. Ó tal vez por *mar* entiende la inmensa poblacion de Babylonia.

40 Deducam eos quasi agnos ad victimam et quasi arietes cum hœdis.

41 Quomodo capta est Sesach, et comprehensa est inclyta universæ terræ? quomodo facta est in stuporem Babylon inter Gentes?

42 Ascendit super Babylonem mare, multitudine fluctuum ejus operta est.

43 Factæ sunt civitates ejus in stuporem, terra inhabitabilis et deserta, terra in qua nullus habitet, nec transeat per eam filius hominis.

44 Et visitabo super Bel in Babylone, et ejiciam quod absorbuerat de ore ejus, et non confluent ad eum ultrà gentes, siquidem et murus Babylonis corruet.

45 Egredimini de medio ejus populus meus: ut salvet unusquisque animam suam ab ira furoris Domini.

46 Et ne fortè mollescat cor vestrum, et timeatis auditum, qui audietur in terra: et veniet in anno auditio, et post hunc annum auditio; et iniquitas in terra, et dominator super dominatorem.

47 Proptereà ecce dies veniunt, et visitabo super sculptilia Babylonis: et omnis terra ejus confundetur, et universi interfecti ejus cadent in medio ejus.

48 Et laudabunt super Babylonem cœli et terra, et omnia quæ in eis sunt: quia ab Aquilone venient ei prædones, ait Dominus.

49 Et quomodo fecit Babylon ut caderent occisi in Israel: sic de Babylone cadent occisi in universa terra.

50 Qui fugistis gladium, venite, nolite stare: recordamini procul Domini, et Jerusalem ascendat super cor vestrum.

51 Confusi sumus, quoniam audivimus opprobrium: operuit ignominia fa-

40 Los conduciré como corderos al matadero, y como carneros y cabritos.

41 ¡Cómo ha sido tomada Sesach [1], y vencida la mas esclarecida entre las ciudades de la tierra! ¡cómo ha venido á ser aquella gran Babylonia el asombro de todos los pueblos!

42 Un mar ha inundado á Babylonia [2], y la muchedumbre de sus olas la ha abogado.

43 Sus ciudades se han hecho un objeto de terror, un terreno inhabitable y desierto, en el cual no viva nadie, ni transite por él persona humana.

44 Y castigaré á Bel en Babylonia [3], y le haré vomitar lo que ha engullido: y de allí en adelante no concurrirán á él las naciones; pues hasta los muros de Babylonia serán arrasados.

45 Salte de ella, oh pueblo mio; salve cada cual su vida de la terrible ira del Señor.

46 Y procurad que no desmaye vuestro corazon, y no os amedrenten las nuevas que correrán por el pais: un año vendrá una noticia, y despues de este año otra noticia, y se verá la maldad ú opresion en la tierra, y á un dominador seguirse otro dominador.

47 Pues entonces llegará el tiempo en que yo destruiré los ídolos de Babylonia, y quedará llena de confusion toda su tierra, en medio de la cual caerán muertos todos sus ciudadanos.

48 Los cielos y la tierra, y cuanto hay en ellos cantarán alabanzas al Señor por lo sucedido á Babylonia: porque del Norte le vendrán sus destructores, dice el Señor.

49 Y al modo que Babylonia hizo morir á tantos en Israel; asi los de Babylonia se verán caer muertos por todo el pais.

50 Vosotros que huísteis de la espada, venid, no os pareis: desde lejos acordaos del Señor, y ocupe otra vez Jerusalem todo vuestro corazon.

51 Avergonzados estamos, oh Señor, de los oprobios que hemos oido: cubrié-

---

1 Algunos opinan que Sesach era una diosa de Babylonia, la luna, ó sea Diana. Capitulo XXV. v. 26.

2 Is. VIII. v. 8.

3 Dan. V. v. 30.—XIV. v. 2.

cies nostras: quia venerunt alieni super sanctificationem domus Domini.

52 Propterea ecce dies veniunt, ait Dominus: et visitabo super sculptilia ejus, et in omni terra ejus mugiet vulneratus.

53 Si ascenderit Babylon in cœlum, et firmaverit in excelso robur suum, à me venient vastatores ejus, ait Dominus.

54 Vox clamoris de Babylone, et contritio magna de terra Chaldæorum:

55 quoniam vastavit Dominus Babylonem, et perdidit ex ea vocem magnam: et sonabunt fluctus eorum quasi aquæ multæ: dedit sonitum vox eorum:

56 quia venit super eam, id est super Babylonem, prædo, et apprehensi sunt fortes ejus, et emarcuit arcus eorum, quia fortis ultor Dominus reddens retribuet.

57 Et inebriabo principes ejus, et sapientes ejus, et duces ejus, et magistratus ejus, et fortes ejus: et dormient somnum sempiternum, et non expergiscentur, ait rex, Dominus exercituum nomen ejus.

58 Hæc dicit Dominus exercituum: Murus Babylonis ille latissimus suffossione suffodietur, et portæ ejus excelsæ igni comburentur, et labores populorum ad nihilum; et gentium in ignem erunt, et disperibunt.

59 Verbum, quod præcepit Jeremias propheta, Saraiæ filio Neriæ filii Maasiæ, cum pergeret cum Sedecia rege in Babylonem, in anno quarto regni ejus: Saraias autem erat princeps prophetiæ.

60 Et scripsit Jeremias omne malum quod venturum erat super Babylonem, in libro uno: omnia verba hæc, quæ

ronse de confusion nuestros rostros: porque los extrangeros entraron en el Santuario del templo del Señor.

52 Por eso, dice el Señor, he aquí que llega el tiempo en que yo destruiré sus simulacros, y en todo su territorio se oirán los aullidos de sus heridos.

53 Aun cuando Babylonia se levantare hasta el cielo, y afianzare en lo alto su fuerza, Yo enviaré, dice el Señor, gentes que la destruirán.

54 Grandes gritos se oirán de Babylonia: y un grande estruendo de tierra de los cháldeos;

55 porque ha asolado el Señor á Babylonia, y ha hecho cesar su orgulloso tono: y será el ruido de sus oleadas, semejante al de una grande mole de aguas; tal será el sonido de sus gritos.

56 Porque ha venido el ladron sobre ella, esto es, sobre Babylonia, y han sido cogidos sus valientes, cuyo arco se quedó sin fuerza; porque vengador poderoso es el Señor, el cual les dará la paga merecida.

57 Y embriagaré con el cáliz de mi ira á sus príncipes, y á sus sabios, y á sus capitanes, y á sus magistrados, y á sus campeones; y haré que duerman un sueño perdurable, del cual jamás despertarán, dice el Señor, cuyo nombre es: Señor de los ejércitos.

58 Esto dice el Señor de los ejércitos: Aquel anchísimo muro de Babylonia [1] será arruinado de arriba abajo, y seran abrasadas sus altísimas puertas: y reducido á la nada el trabajo de los pueblos, y á ser pasto de las llamas la faena de las naciones.

— 59 Órden que dió Jeremias profeta á Saraías hijo de Nerías, hijo de Maasías, cuando iba con el rey [2] Sedecías á Babylonia, en el cuarto año de su reinado. Saraías era el gefe de la embajada [3].

60 Escribió Jeremias en un volúmen todas las calamidades que habian de venir contra Babylonia, es á saber, todo

---

1 Ya se sabe que comunmente se cuentan las murallas de Babylonia por una de las maravillas del mundo. Véanse sus dimensiones en *Erodoto*, *Plinio*, *Estrabon*, etc.

2 Segun los Setenta y el Chàldeo debe traducirse *de parte del Rey*. Jeremias vaticinaba la destruccion de Babylonia seis años antes que los Babylonios arruinasen á Jerusalem.

3 Véase *Profeta*.

scripta sunt contra Babylonem.

61 Et dixit Jeremias ad Saraiam: cùm veneris in Babylonem, et videris, et legeris omnia verba hæc,

62 dices: Domine, tu locutus es contra locum istum ut disperderes eum: ne sit qui in eo habitet ab homine usque ad pecus, et ut sit perpetua solitudo.

63 Cùmque compleveris legere librum istum, ligabis ad eum lapidem, et projicies illum in medium Euphraten:

64 et dices: Sic submergetur Babylon, et non consurget à facie afflictionis, quam ego adduco super eam, et dissolvetur. Hucusque verba Jeremiæ.

esto que queda escrito contra ella.

61 Y díjole Jeremías á Saraías: Cuando habrás llegado á Babylonia, y habrás visto y leido todas estas palabras,

62 dirás: Oh Señor, tú has dicho que destruirás este lugar de modo que no quede quien le habite, ni hombre ni bestia, y sea una eterna soledad.

63 Y así que habrás concluido la lectura de este libro, atarás á él una piedra, y le arrojarás en medio del Euphrates;

64 y dirás: De esta manera será sumergida Babylonia, y no se recobrará del completo estrago que voy á descargar contra ella, y quedará para siempre destruida. Hasta aquí las palabras de Jeremías [1].

CAPÍTULO LII.

Nabuchódonosor se apodera de Jerusalem: incendio de la ciudad, y del templo: hace sacar los ojos al Rey Sedecías; y se le lleva cautivo á Babylonia con el resto del pueblo. Exaltacion de Joakim despues de treinta y siete años de estar preso.

1 Filius viginti et unius anni erat Sedecias cùm regnare cœpisset: et undecim annis regnavit in Jerusalem, et nomen matris ejus Amital, filia Jeremiæ de Lobna.

2 Et fecit malum in oculis Domini, juxta omnia quæ fecerat Joakin.

3 Quoniam furor Domini erat in Jerusalem et in Juda, usquequò projiceret eos à facie sua: et recessit Sedecias à rege Babylonis.

4 Factum est autem in anno nono regni ejus, in mense decimo, decima mensis: venit Nabuchodonosor rex Babylonis, ipse et omnis exercitus ejus, adversus Jerusalem, et obsederunt eam, et ædificaverunt contra eam munitiones in circuitu.

5 Et fuit civitas obsessa usque ad undecimum annum regis Sedeciæ.

1 Veinte y un años tenia Sedecías cuando comenzó á reinar, y reinó once años en Jerusalem. Su madre se llamaba Amital, hija de Jeremías de Lobna [2].

2 Y pecó Sedecías en la presencia del Señor, obrando en todo y por todo como habia obrado Joakim.

3 Estaba el Señor tan altamente irritado contra Jerusalem, y contra Judá, que llegó á arrojarlos de delante de sí: y Sedecías se rebeló contra el Rey de Babylonia.

4 Y en el año nono de su reinado, el dia diez del mes décimo, vino Nabuchódonosor, Rey de Babylonia, él mismo con todo su ejército, contra Jerusalem; pusiéronla sitio, y levantaron baterías al rededor de ella.

5 Y estuvo la ciudad sitiada hasta el año undécimo del rey Sedecías.

---

1 Téngase presente que al ordenar Esdras, ú otro, estas profecías de Jeremías en un volúmen, no siempre siguió el órden chronológico.

2 IV. Reg. XXIV. v. 1. y sig.—II. Paral. ult. Opinan algunos que lo que aquí se refiere lo añadió Baruc, tomándolo del libro IV. de los Reyes.

6 *Mense autem quarto, nona mensis, obtinuit fames civitatem: et non erant alimenta populo terræ.*

7 *Et dirupta est civitas, et omnes viri bellatores ejus fugerunt, exieruntque de civitate nocte, per viam portæ quæ est inter duos muros, et ducit ad hortum regis (Chaldæis obsidentibus urbem in gyro) et abierunt per viam quæ ducit in eremum.*

8 *Persecutus est autem Chaldæorum exercitus regem: et apprehenderunt Sedeciam in deserto, quod est juxta Jericho, et omnis comitatus ejus diffugit ab eo.*

9 *Cùmque comprehendissent regem, adduxerunt eum ad regem Babylonis in Reblatha, quæ est in terra Emath: et locutus est ad eum judicia.*

10 *Et jugulavit rex Babylonis filios Sedeciæ in oculis ejus: sed et omnes principes Juda occidit in Reblatha.*

11 *Et oculos Sedeciæ eruit, et vinxit eum compedibus, et adduxit eum rex Babylonis in Babylonem, et posuit eum in domo carceris usque ad diem mortis ejus.*

12 *In mense autem quinto, decima mensis, ipse est annus nonus decimus Nabuchodonosor regis Babylonis: venit Nabuzardan princeps militiæ, qui stabat coram rege Babylonis, in Jerusalem.*

13 *Et incendit domum Domini, et domum regis, et omnes domos Jerusalem; et omnem domum magnam igni combussit.*

14 *Et totum murum Jerusalem per circuitum destruxit cunctus exercitus Chaldæorum, qui erat cum magistro militiæ.*

15 *De pauperibus autem populi, et de reliquo vulgo, quod remanserat in civitate, et de perfugis, qui transfugerant ad regem Babylonis, et ceteros de multitudine, transtulit Nabuzardan princeps militiæ.*

16 *De pauperibus verò terræ reliquit Nabuzardan princeps militiæ vinitores et agricolas.*

6 Mas en el mes cuarto, á nueve del mes, se apoderó el hambre de la ciudad, y la gente del pueblo no tenia con que alimentarse.

7 Y se abrió brecha en la ciudad, y huyeron todos sus guerreros, saliéndose de noche por la puerta que hay entre los dos muros, y va á la huerta del Rey (mientras que los cháldeos tenian cercada la ciudad) y tomaron el camino que conduce al desierto.

8 Pero el ejército de los cháldeos fué en persecucion de Sedecías, y se apoderó de él en el desierto que está cerca de Jerichô, y le abandonó toda su comitiva.

9 Y luego que le cogieron, le condujeron ante el Rey de Babylonia, á Reblatha, sita en el pais de Emath; el cual pronunció sentencia contra él.

10 Y el Rey de Babylonia hizo degollar á los hijos de Sedecías en presencia de éste: é hizo matar tambien en Reblatha á todos los príncipes de Judá.

11 Á Sedecías le hizo sacar los ojos, y púsole grillos; y el Rey de Babylonia se le llevó á esta ciudad, y le condenó á prision perpetua.

12 En el mes quinto, á los diez del mes, esto es, el año décimonono *del reinado* de Nabuchôdonosor, Rey de Babylonia, llegó á Jerusalem Nabuzardan, general del ejército, y uno de los *primeros* palaciegos del Rey de Babylonia,

13 y abrasó el templo del Señor, y el palacio del Rey, y todas las casas de Jerusalem, y todos los grandes edificios quedaron incendiados.

14 Y todo el ejercito de los cháldeos, que estaba allí con su general, arrasó todo el muro que circuia á Jerusalem.

15 Y á los pobres del pueblo, y á los restos de la plebe que habia quedado en la ciudad, y á los fugitivos que se habian pasado al Rey de Babylonia, y al resto de la multitud, los trasportó Nabuzardan, general del ejército, *á Babylonia.*

16 Dejó empero Nabuzardan, general del ejército, algunos pobres del pais para cultivar las viñas, y para las demas labores de la tierra.

17 Columnas quoque æreas, quæ erant in domo Domini, et bases, et mare æneum, quod erat in domo Domini, confregerunt Chaldæi, et tulerunt omne æs eorum in Babylonem.

18 Et lebetes, et creagras, et psalteria, et phialas, et mortariola, et omnia vasa ærea, quæ in ministerio fuerant, tulerunt:

19 et hydrias, et thymiamateria, et urceos, et pelves, et candelabra, et mortaria, et cyathos, quotquot aurea, aurea; et quotquot argentea, argentea, tulit magister militiæ:

20 et columnas duas, et mare unum, et vitulos duodecim æreos, qui erant sub basibus, quas fecerat rex Salomon in domo Domini: non erat pondus æris omnium horum vasorum.

21 De columnis autem, decem et octo cubiti altitudinis erant in columna una, et funiculus duodecim cubitorum circuibat eam: porrò grossitudo ejus quatuor digitorum, et intrinsecus cava erat.

22 Et capitella super utramque ærea: altitudo capitelli unius quinque cubitorum: et retiacula, et malogranata super coronam in circuitu, omnia ærea. Similiter columnæ secundæ, et malogranata.

23 Et fuerunt malogranata nonaginta sex dependentia: et omnia malogranata centum, retiaculis circumdabantur.

24 Et tulit magister militiæ Saraiam sacerdotem primum, et Sophoniam sacerdotem secundum, et tres custodes vestibuli.

25 Et de civitate tulit eunuchum unum, qui erat præpositus super viros bellatores: et septem viros de his qui videbant faciem regis, qui inventi sunt in civitate: et scribam principem militum, qui probabat tyrones: et sexaginta viros de populo terræ, qui inventi sunt in medio civitatis.

17 Los cháldeos hicieron tambien pedazos las columnas de bronce que estaban en el templo del Señor, y los pedestales, y el mar ó concha de bronce que habia en el templo del Señor; y se llevaron á Babylonia todo su cobre.

18 Y se llevaron las calderas, y los garfios, y los salterios, y las tenazas, y los morterillos, y todos los muebles de cobre del uso del templo;

19 y los cántaros, y los braserillos de los perfumes, y los jarros, y las bacias, y los candeleros, y los morteros, y las copas, y todo cuanto habia de oro y de plata se lo llevó el general del ejército:

20 y las dos columnas, y el mar de bronce, y los doce becerros de bronce que estaban debajo de las basas, que habia mandado hacer Salomon en el templo del Señor. Inmenso era el peso del metal de todos estos muebles.

21 En cuanto á las columnas, cada una de ellas tenia diez y ocho codos de alto [1], y se necesitaba una cuerda de doce codos para medir su circunferencia: y tenia cuatro dedos de grueso, siendo hueca por dentro.

22 Y eran de bronce los capiteles de una y otra columna: cada capitel tenia cinco codos de alto; y las redes, y las granadas que habia por encima al rededor, eran todas de bronce. Lo mismo la otra columna y sus granadas.

23 Y las granadas que estaban pendientes y se veian eran noventa y seis; pero el total de las granadas eran ciento, rodeadas de redes.

24 Y el general del ejército se llevó tambien á Saraías, que era el primer sacerdote, y á Sophonías que era el segundo, y á tres guardas del atrio.

25 Y ademas se llevó de la ciudad un eunucho, que era el comandante de las tropas, y á siete personas de las principales de la córte del Rey, que fueron halladas en la ciudad; y al secretario, gefe ó inspector de la milicia (el cual instruia á los soldados bisoños), y á sesenta hombres del vulgo del pais, que se hallaron en la ciudad.

---

1 Véase II. Paral. III. v. 15.

26 *Tulit autem eos Nabuzardan magister militiæ, et duxit eos ad regem Babylonis in Reblatha.*

27 *Et percussit eos rex Babylonis, et interfecit eos in Reblatha in terra Emath: et translatus est Juda de terra sua.*

28 *Iste est populus, quem transtulit Nabuchodonosor: In anno septimo, Judæos tria millia et viginti tres:*

29 *in anno octavo decimo Nabuchodonosor, de Jerusalem animas octingentas triginta duas:*

30 *in anno vigesimo tertio Nabuchodonosor, transtulit Nabuzardan magister militiæ animas Judæorum septingentas quadraginta quinque; omnes ergo animæ, quatuor millia sexcentæ.*

31 *Et factum est in trigesimo septimo anno transmigrationis Joachin regis Juda, duodecimo mense, vigesima quinta mensis, elevavit Evilmerodach rex Babylonis, ipso anno regni sui, caput Joachin regis Juda, et eduxit eum de domo carceris.*

32 *Et locutus est cum eo bona, et posuit thronum ejus super thronos regum, qui erant post se in Babylone.*

33 *Et mutavit vestimenta carceris ejus, et comedebat panem coram eo semper cunctis diebus vitæ suæ.*

34 *Et cibaria ejus, cibaria perpetua dabantur ei à rege Babylonis, statuta per singulos dies, usque ad diem mortis suæ, cunctis diebus vitæ ejus.*

26 Cogiólos pues Nabuzardan, general del ejército, y los condujo á Reblatha al Rey de Babylonia.

27 Y el Rey de Babylonia los hizo matar á todos en Reblatha, pais de Emath. Y el *resto* de Judá fué conducido fuera de su tierra *á la Chaldea.*

28 Este es el pueblo que trasladó Nabuchôdonosor: En el año séptimo, tres mil veinte y tres judíos:

29 en el año décimo octavo se llevó Nabuchôdonosor, de Jerusalem, ochocientas treinta y dos almas:

30 en el año vigésimo tercero de Nabuchôdonosor, trasportó Nabuzardan, general del ejército, setecientos y cuarenta y cinco judíos: con esto fueron en todos [1] cuatro mil y seiscientas personas.

31 En el año trigésimo séptimo de haber sido trasportado Joachîn Rey de Judá, el mes décimo, á veinte y cinco del mes, Evilmerodach Rey de Babylonia, el primer año de su reinado hizo levantar cabeza á Joachîn Rey de Judá, y le sacó del encierro.

32 Y le consoló con palabras amistosas; y le puso en asiento superior á los demas Reyes vencidos, que tenia en su corte de Babylonia.

33 Y le hizo quitar los vestidos que llevaba en la cárcel, y le admitió á comer en su mesa todo el tiempo que vivió:

34 y le señaló un tanto diario para su manutencion perpetuamente por todos los dias de su vida.

---

1 Sin contar los de otras tribus. Véase *IV. Reg. XXIV. v. 12. y sig.*

FIN DE LA PROFECIA DE JEREMIAS.

THRENOS ó LAMENTACIONES

DE JEREMÍAS PROFETA[1].

CAPÍTULO PRIMERO.

Jeremías llora amargamente la ruina de Jerusalem por los cháldéos: recuerda la pasada prosperidad y grandeza; y últimamente insinúa el castigo que dará el Señor á los enemigos de la ciudad santa.

Et factum est, postquam in captivitatem redactus est Israel, et Jerusalem deserta est, sedit Jeremias Propheta, flens, et planxit lamentatione hac in Jerusalem; et amaro animo suspirans, et ejulans dixit:

Despues que Israel fué llevado cautivo, y quedó Jerusalem desierta, se estaba sentado el profeta Jeremías llorando, y endechó sobre Jerusalem con la siguiente lamentacion, y suspirando con amargura de ánimo, y dando alaridos, dijo[2]:

ALEPH. 1 *Quomodo sedet sola civitas plena populo: facta est quasi vidua domina Gentium: princeps provinciarum facta est sub tributo.*

ALEPH. 1 ¡Cómo ha quedado solitaria[3] la ciudad *antes* tan populosa! La señora de las naciones ha quedado como viuda desamparada[4]: la soberana de las provincias es ahora tributaria.

BETH. 2 *Plorans ploravit in nocte, et lacrymæ ejus in maxillis ejus: non est qui consoletur eam ex omnibus charis ejus: omnes amici ejus spreverunt eam, et facti sunt ei inimici.*

BETH. 2 Inconsolable llora ella *toda* la noche, é hilo á hilo corren las lágrimas por sus mejillas: entre todos sus amantes no hay quien la consuele: todos sus amigos la han despreciado, y se han vuelto enemigos suyos.

GHIMEL. 3 *Migravit Judas propter afflictionem, et multitudinem servitutis: habitavit inter gentes, nec invenit requiem: omnes persecutores ejus apprehenderunt eam inter angustias.*

GHIMEL. 3 Emigró *y dispersóse* Judá, por verse oprimida con muchas maneras de esclavitud: fijó su habitacion entre las naciones; mas no halló reposo: estrecháronla por todas partes todos sus perseguidores.

DALETH. 4 *Viæ Sion lugent, eò quòd non sint qui veniant ad solemnitatem: omnes portæ ejus destructæ: sacerdotes ejus gementes: virgines ejus squalidæ,*

DALETH. 4 Enlutados están los caminos de Sion[5]; porque ya no hay quien vaya á sus solemnidades[6]: destruidas están todas sus puertas, gimiendo sus

---

[1] Véase la *Advertencia*.

[2] Este pequeño prólogo no se halla en el hebreo sino en los *Setenta*; menos las últimas palabras *y suspirando*, etc., que las añade la *Vulgata*.

[3] Ó caida por el suelo y desamparada de todos.

[4] Sin rey, sin templo, sin pontífice, sin magistrados, y sufriendo el yugo de los cháldéos. Ó tambien: ha quedado sin Dios, que es el *verdadero esposo del alma*, dice San Agustin *in Ps. LV.*

[5] Se dice que están tristes ó de luto los caminos, cuando no hay quien transite por ellos: pues entonces les falta su principal adorno que es la multitud de caminantes.

[6] Véase *Fiesta.*

et ipsa oppressa amaritudine.

HE. 5 *Facti sunt hostes ejus in capite, inimici ejus locupletati sunt: quia Dominus locutus est super eam propter multitudinem iniquitatum ejus: parvuli ejus ducti sunt in captivitatem ante faciem tribulantis.*

VAU. 6 *Et egressus est à filia Sion omnis decor ejus: facti sunt principes ejus velut arietes non invenientes pascua: et abierunt absque fortitudine ante faciem subsequentis.*

ZAIN. 7 *Recordata est Jerusalem dierum afflictionis suæ, et prævaricationis omnium desiderabilium suorum, quæ habuerat à diebus antiquis, cùm caderet populus ejus in manu hostili, et non esset auxiliator: viderunt eam hostes, et deriserunt sabbata ejus.*

HETH. 8 *Peccatum peccavit Jerusalem, propterea instabilis facta est: omnes qui glorificabant eam, spreverunt illam, quia viderunt ignominiam ejus: ipsa autem gemens conversa est retrorsum.*

TETH. 9 *Sordes ejus in pedibus ejus, nec recordata est finis sui, deposita est vehementer, non habens consolatorem: vide, Domine, afflictionem meam, quoniam erectus est inimicus.*

JOD. 10 *Manum suam misit hostis ad omnia desiderabilia ejus: quia vidit Gentes ingressas sanctuarium suum, de quibus præceperas ne intrarent in ecclesiam tuam.*

CAPH. 11 *Omnis populus ejus gemens, et quærens panem: dederunt pretiosa quæque pro cibo ad refocillandam animam.*

sacerdotes, llenas de tristeza las vírgenes, y ella oprimida de amargura.

HE. 5 Sus enemigos se han enseñoreado de ella: los que la odiaban se han enriquecido con *sus despojos*; porque el Señor falló contra ella á causa de la muchedumbre de sus maldades: sus pequeñuelos llevados han sido al cautiverio, arreándolos el opresor.

VAU. 6 Perdido ha la hija de Sion toda su hermosura: sus Príncipes han venido á ser como carneros *descarriados* que no hallan pastos, y han marchado desfallecidos delante del *perseguidor* que los conduce.

ZAIN. 7 Jerusalem trae á su memoria aquellos dias de su afliccion, y sus prevaricaciones, y todos aquellos bienes [1] de que gozó desde los antiguos tiempos: acordóse de todo eso al tiempo que caia ó perecia su pueblo por mano enemiga, sin que acudiese nadie á socorrerle: viéronla sus enemigos, y mofáronse de sus solemnidades.

HETH. 8 Enorme pecado fué el de Jerusalem [2]: por eso ha quedado ella divagando sin estabilidad: todos aquellos que la elogiaban, la han despreciado, por haber visto sus inmundicias: y ella misma, sollozando, volvió su rostro hácia atrás *llena de vergüenza.*

TETH. 9 Hasta sus pies llegan sus inmundicias: ella no se acordó de su fin: está profundamente abatida, sin haber quien la consuele. Mira Señor, *mira mi aflicción*; porque el enemigo se ha engreido.

JOD. 10 El enemigo echó su mano á todas las cosas que *Jerusalem* tenia mas apreciables; y ella ha visto entrar en su Santuario los gentiles, de los cuales habias tú mandado que no entrasen en tú iglesia [3].

CAPH. 11 Todo su pueblo está gimiendo, y anda en busca de pan: todo cuanto tenian de precioso lo han dado

---

1 El genitivo *desiderabilium* de la *Vulgata* se refiere ó es regido del pretérito *recordata est*, y no de *prævaricationis*, y parece que falta una coma ó un *et* antes de *desiderabilium*. Así lo cree tambien *Martini*.

2 En sentido profético ó espiritual se habla

del pecado máximo y horrendo de la muerte que dieron los judios al Hijo de Dios.

3 Esto es, que no se incorporasen en el pueblo de Dios; ó no entrasen en el censo ó empadronamiento de él. Véase *Iglesia*.

mam; oide, Domine, et considera, quoniam facta sum vilis.

LAMED. 12 *O vos omnes, qui transitis per viam, attendite, et videte si est dolor sicut dolor meus: quoniam vindemiavit me, ut locutus est, Dominus in die iræ furoris sui.*

MEM. 13 *De excelso misit ignem in ossibus meis, et erudivit me; expandit rete pedibus meis, convertit me retrorsum: posuit me desolatam, tota die mœrore confectam.*

NUN. 14 *Vigilavit jugum iniquitatum mearum: in manu ejus convolutæ sunt, et impositæ collo meo: infirmata est virtus mea: dedit me Dominus in manu, de qua non potero surgere.*

SAMECH. 15 *Abstulit omnes magnificos meos Dominus de medio mei: vocavit adversum me tempus, ut contereret electos meos: torcular calcavit Dominus virgini filiæ Juda.*

AIN. 16 *Idcirco ego plorans, et oculus meus deducens aquas: quia longè factus est à me consolator, convertens animam meam: facti sunt filii mei perditi, quoniam invaluit inimicus.*

PHE. 17 *Expandit Sion manus suas, non est qui consoletur eam: mandavit Dominus adversum Jacob in circuitu ejus hostes ejus: facta est Jerusalem quasi polluta menstruis inter vos.*

SADE. 18 *Justus est Dominus, quia os ejus ad iracundiam provocavi; audite, obsecro, universi populi, et videte dolorem meum: virgines meæ, et juvenes mei abierunt in captivitatem.*

COPH. 19 *Vocavi amicos meos, et ipsi*

para adquirir un bocado, con que conservar su vida. Míralo, Señor, y considera como estoy envilecida [1].

LAMED. 12 Oh vosotros cuantos pasais por este camino, atended, y considerad si hay dolor como el dolor mio; porque el Señor, segun él lo predijo, me ha vendimiado ó *despojado de todo* en el dia de su furibunda ira.

MEM. 13 Desde lo alto metió fuego dentro de mis huesos [2], y me ha escarmentado: tendió una red á mis pies, me volcó hácia atrás. Me ha dejado desolada, todo el dia consumida de tristeza.

NUN. 14 El yugo ó *castigo* de mis maldades se dió priesa á venir sobre mí: él mismo, *Señor*, con sus manos las arrolló *como un fardo*, y las puso sobre mi cuello: faltáronme las fuerzas: el Señor me ha entregado en manos de que no podré librarme.

SAMECH. 15 Arrebatado ha el Señor de en medio de mí todos mis príncipes, y campeones: ha aplazado contra mí el tiempo *de la ruina*, en el cual destruyese á mis jóvenes escogidos. El Señor mismo *los* ha pisado como en un lagar, para *castigar á* la vírgen, hija de Judá.

AIN. 16 Por eso estoy yo llorando, y son mis ojos fuentes de agua; porque está lejos de mí el consolador, que haga revivir el alma mia. Perecido han mis hijos: pues el enemigo ha triunfado.

PHE. 17 Sion extiende sus manos; pero no hay quien la consuele. El Señor ha convocado los enemigos de Jacob, para que le circunvalasen, cual muger manchada en sus periodos ó *impureza legal* [3], asi es Jerusalem en medio de ellos.

SADE. 18 Justo es el Señor; pues que yo, rebelde contra sus órdenes le irrité. Pueblos todos, oid os ruego, y considerad mi dolor: mis doncellas y mis jóvenes han sido llevados al cautiverio.

COPH. 19 Recurrí á los amigos mios [4],

---

1 Soy como una vil esclava, de la cual abusan todos para la liviandad. Asi lo explica la *Version arábiga*.

2 Por *huesos* pueden entenderse las torres, el templo, etc. en que consistia el vigor y fuerza de la ciudad. Dice que quedó *escarmentada*; y en efecto no se lee que despues

del cautiverio de Babylonia recayesen los judios en la idolatria.

3 *Levit. XV. v.* 19.

4 Esto es, á los egypcios, con los cuales estaban aliados los judios, contra la órden de Dios. *Jerem. II. v.* 18.

deceperunt me: sacerdotes mei, et senes mei in urbe consumpti sunt: quia quæsierunt cibum sibi ut refocillarent animam suam.

RES. 20 *Vide, Domine, quoniam tribulor, conturbatus est venter meus: subversum est cor meum in memetipsa, quoniam amaritudine plena sum: foris interficit gladius, et domi mors similis est.*

SIN. 21 *Audierunt quia ingemisco ego, et non est qui consoletur me: omnes inimici mei audierunt malum meum, lætati sunt, quoniam tu fecisti: adduxisti diem consolationis, et fient similes mei.*

THAU. 22 *Ingrediatur omne malum eorum coram te: et vindemia eos, sicut vindemiasti me propter omnes iniquitates meas: multi enim gemitus mei, et cor meum mœrens.*

y me engañaron. Mis sacerdotes y mis ancianos han perecido dentro de la ciudad; habiendo buscado en vano alimento para sustentar su vida.

RES. 20 Mira, oh Señor, como estoy atribulada: conmovidas están mis entrañas: se ha trastornado todo mi corazon: llena estoy de amargura. Por afuera da la muerte la espada, y dentro de casa está la *hambre*, que *es* otro género de muerte.

SIN. 21 Han oido mis gemidos; y no hay nadie que me consuele: todos mis enemigos han sabido mis desastres; y se han regocijado de que tú los hayas causado. Tú me enviarás el dia de la consolacion; y *entonces* ellos se hallarán en el estado en que yo me hallo[1].

THAU. 22 Pon á tu vista toda su malicia, y trátalos como me has tratado á mí por todas mis maldades: porque continuos son mis gemidos, y mi corazon desfallece.

CAPÍTULO II.

El Profeta sigue con sus lamentos por la desolacion de la ciudad, del templo, y de todo el pais: y exhorta á Sion á llorar.

ALEPH. 1 *Quomodo obtexit caligine in furore suo Dominus filiam Sion: projecit de cœlo in terram inclytam Israel, et non est recordatus scabelli pedum suorum in die furoris sui?*

BETH. 2 *Præcipitavit Dominus, nec pepercit, omnia speciosa Jacob: destruxit in furore suo munitiones virginis Juda, et dejecit in terram: polluit regnum, et principes ejus.*

GHIMEL. 3 *Confregit in ira furoris sui omne cornu Israel, avertit retrorsum dexteram suam à facie inimici: et succendit in Jacob quasi ignem flammæ devorantis in gyro.*

ALEPH. 1 ¡Cómo cubrió el Señor de oscuridad en medio de su cólera á la hija de Sion! Él ha arrojado del cielo á la tierra á la ínclita Israel; ni se ha acordado de la peana de sus pies *ó de su Santuario*, en el dia de su furor.

BETH. 2 El Señor ha destruido, sin excepcion, todo cuanto habia de hermoso en Jacob: ha desmantelado en medio de su furor los baluartes de la vírgen de Judá, y los ha arrasado: ha tratado al reino, y á sus príncipes [a] como cosa profana ó inmunda.

GHIMEL. 3 En medio del ardor de su ira ha reducido á polvo todo el poderío de Israel: retiró atrás su derecha auxiliadora así que vino el enemigo; y encendió en Jacob un fuego, que con su llama devora cuanto hay en contorno.

---

1 Asi sucedió al cabo de setenta años, cuando los chaldeos fueron destruidos por los persas y medos, habiendo asesinado á Balthasar, último Rey de Babylonia, en la misma noche de su espléndido banquete. *Dan. V. v.* 30.

a A Joakim, Jechónias y Sedecias.

DALETH. 4 *Tetendit arcum suum quasi inimicus, firmavit dexteram suam quasi hostis: et occidit omne quod pulchrum erat visu in tabernaculo filiæ Sion, effudit quasi ignem indignationem suam.*

HE. 5 *Factus est Dominus velut inimicus: præcipitavit Israel, præcipitavit omnia mœnia ejus: dissipavit munitiones ejus, et replevit in filia Juda humiliatum et humiliatam.*

VAU. 6 *Et dissipavit quasi hortum tentorium suum, demolitus est tabernaculum suum: oblivioni tradidit Dominus in Sion festivitatem, et sabbatum; et in opprobrium, et in indignationem furoris sui, regem, et sacerdotem.*

ZAIN. 7 *Repulit Dominus altare suum, maledixit santificationi suæ: tradidit in manu inimici muros turrium ejus: vocem dederunt in domo Domini, sicut in die solemni.*

HETH. 8 *Cogitavit Dominus dissipare murum filiæ Sion: tetendit funiculum suum, et non avertit manum suam à perditione: luxitque antemurale, et murus pariter dissipatus est.*

TETH. 9 *Defixæ sunt in terra portæ ejus: perdidit et contrivit vectes ejus; regem ejus et principes ejus in Gentibus: non est lex, et prophetæ ejus non invenerunt visionem à Domino.*

JOD. 10 *Sederunt in terra, conticuerunt senes filiæ Sion: consperserunt cinere capita sua, accincti sunt ciliciis, abjecerunt in terram capita sua virgines Jerusalem.*

CAPH. 11 *Defecerunt præ lacrymis oculi mei, conturbata sunt viscera mea: effusum est in terra jecur meum super contritione filiæ populi mei, cùm defi-*

DALETH. 4 Entesó su arco como hace un enemigo, y cual adversario afirmó su mano derecha *para disparar*; y mató todo cuanto habia de bello aspecto en el pabellon de la hija de Sion [1]: lanzó cual fuego la indignacion suya.

HE. 5 El Señor se ha hecho como enemigo *de Jerusalem:* ha precipitado á Israel: ha destruido todos sus muros, arrasó sus baluartes, y ha llevado de abatimiento á hombres y mugeres de la hija de Judá.

VAU. 6 Y ha destruido su pabellon como la choza de un huerto: ha demolido su Tabernáculo: el Señor ha entregado al olvido en Sion las solemnidades y los sábados; y ha abandonado al oprobio y á la indignacion de su furor al Rey y al sacerdote [2].

ZAIN. 7 El Señor ha desechado su altar, ha maldecido á su Santuario: ha entregado sus murallas y torres en poder de los enemigos; los cuales han dado voces *de júbilo,* como en una solemne fiesta.

HETH. 8 Determinó el Señor destruir los muros de la hija de Sion, tiró su cordel [3], y no retiró su mano hasta que la demolió: se resintió el antemural, y quedó luego arrasada la muralla.

TETH. 9 Sepultadas quedan sus puertas entre las ruinas: el *Señor* destruyó é hizo pedazos sus cerrojos: *desterró* á su Rey y á sus magnates entre las naciones: ya no hay Ley; y sus profetas ya no tienen visiones del Señor.

JOD. 10 Sentados están en tierra, y en profundo silencio los ancianos de la hija de Sion: tienen cubiertas de ceniza sus cabezas, vistiéronse de cilicio, abatida hasta la tierra tienen su cabeza las vírgenes de Jerusalem.

CAPH. 11 Cegáronse mis ojos de tanto llorar: estremeciéronse mis entrañas, derramóse en tierra mi corazon [4] al ver el quebranto de la hija del pueblo mio,

---

1 Á los gallardos y robustos jóvenes, á las tiernas doncellas, á los sacerdotes, etc.

2 *IV. Reg. XXV. ver. 21. — Jerem. LII. ver. 10.*

3 Como hacen los arquitectos cuando quie-

ren allanar la superficie de un sitio, ó ponerla á nivel. Véase *IV. Reg. XXI. v. 14.*

4 Es una *hyperbole* para denotar la suma grandeza del dolor.

caret parvulus et lactens in plateis oppidi.

cuando los pequeñuelos y niños da teta desfallecian *de hambre* en las plazas de la ciudad.

LAMED. 12 *Matribus suis dixerunt: Ubi est triticum et vinum? cùm deficerent quasi vulnerati in plateis civitatis: cùm exhalarent animas suas in sinu matrum suarum.*

LAMED. 12 Ellos decian á sus madres: ¿Dónde está el pan [1] y vino? cuando, á manera de heridos, iban muriéndose por las calles de la ciudad, cuando exhalaban su alma en el regazo de sus madres.

MEM. 13 *Cui comparabo te? vel cui assimilabo te, filia Jerusalem? cui exæquabo te, et consolabor te, virgo filia Sion? magna est enim velut mare contritio tua: quis medebitur tui?*

MEM. 13 ¿Con quién te compararé, ó á qué cosa te asemejaré, oh hija de Jerusalem? ¿Á quién te igualaré, á fin de consolarte, oh vírgen hija de Sion? Porque grande es como el mar tu tribulacion. ¿Quién podrá remediarte?

NUN. 14 *Prophetæ tui viderunt tibi falsa, et stulta, nec aperiebant iniquitatem tuam, ut te ad pœnitentiam provocarent: viderunt autem tibi assumptiones falsas, et ejectiones.*

NUN. 14 Tus profetas te vaticinaron cosas falsas y necias: y no te manifestaban tus maldades para moverte á penitencia; sino que te profetizaban falsamente sucesos [2] *contra tus enemigos*, y su expulsion [3].

SAMECH. 15 *Plauserunt super te manibus omnes transeuntes per viam: sibilaverunt, et moverunt caput suum super filiam Jerusalem: Hæccine est urbs, dicentes, perfecti decoris, gaudium universæ terræ?*

SAMECH. 15 Todos cuantos pasaban por el camino *te insultaban* dando palmadas; te silbaban, y meneaban su cabeza contra la hija de Jerusalem, diciendo: ¿ Es esta la ciudad de extremada belleza, el gozo de todo el mundo?

PHE. 16 *Aperuerunt super te os suum omnes inimici tui: sibilaverunt, et fremuerunt dentibus, et dixerunt: Devorabimus: en ista est dies, quam expectabamus: invenimus, vidimus.*

PHE. 16 Abrieron contra tí su boca todos tus enemigos: daban silbidos, y rechinaban sus dientes, y decian: Nosotros nos la tragarémos: ya llegó el dia que estábamos aguardando; ya vino, ya le tenemos delante.

AIN. 17 *Fecit Dominus quæ cogitavit, complevit sermonem suum, quem præceperat à diebus antiquis: destruxit, et non pepercit, et lætificavit super te inimicum, et exaltavit cornu hostium tuorum.*

AIN [4]. 17 El Señor ha hecho lo que tenia resuelto: cumplió lo que habia anunciado desde los tiempos antiguos [5]: te ha destruido sin remision, y te ha hecho un objeto de gozo para tus enemigos; y ha ensalzado la pujanza de los que te odiaban.

SADE. 18 *Clamavit cor eorum ad Dominum super muros filiæ Sion: Deduc quasi torrentem lacrymas, per diem et*

SADE. 18 El corazon de los *sitiados* levantó el grito al Señor desde sobre las murallas de la hija de Sion: derra-

---

1 Los *Setenta* usan de la voz Σιτος *sitos*, la cual no solo significa *trigo ó pan*, sino tambien *alimento* en general: al modo que, en castellano, *tener pan* denota muchas veces *tener que comer.*

2 Contra tus enemigos los chàldeos. La voz *assumptio*, de que usa la Vulgata, significa lo mismo (dice S. Gerónimo) que la palabra *onus*, esto es, *profecia pesada ó terrible, anuncio duro,* etc. En el hebreo se lee משארות *massoth,* que quiere decir *cargas.*

3 Ó que los arrojarian de tu tierra

4 La letra *Ain* está en el abecedario hebreo antes de la *Phe.* No se sabe la causa de esta inversion que aqui se observa. La letra *Phe* significa *boca*; y tal vez por eso puso dicha letra, como en continuacion de lo que se decia en el verso anterior. Lo mismo se nota en el cap. *III. v.* 48., 49.

5 *Deut. XXVIII. ver.* 15.—*Lev. XXVI. ver.* 16.

noctem: non des requiem tibi, neque taceat pupilla oculi tui.

CONS. 19 *Consurge, lauda in nocte, in principio vigiliarum: effunde sicut aquam cor tuum ante conspectum Domini: leva ad eum manus tuas pro anima parvulorum tuorum, qui defecerunt in fame in capite omnium compitorum.*

RES. 20 *Vide, Domine, et considera quem vindemiaveris ita: ergone comedent mulieres fructum suum, parvulos ad mensuram palmœ? si occiditur in sanctuario Domini sacerdos et propheta?*

SIN. 21 *Jacuerunt in terra foris puer et senex: virgines meœ, et juvenes mei ceciderunt in gladio: interfecisti in die furoris tui: percussisti, nec misertus es.*

THAU. 22 *Vocasti quasi ad diem solemnem, qui terrerent me de circuitu, et non fuit in die furoris Domini qui effugeret, et relinqueretur: quos educavi, et enutrivi, inimicus meus consumpsit eos.*

ma, oh *Jerusalem*, dia y noche, haz correr á manera de torrente las lágrimas; no reposes, ni cesen de llorar tus ojos [1].

CONS. 19 Levántate, clama de noche al *Señor*, desde el principio de las vigilias [2]: derrama como agua tu corazon ante su presencia: levanta hácia él tus manos, haciéndole presente la vida de tus parvulitos que se están muriendo de hambre en todas las esquinas y encrucijadas de las calles.

RES. 20 Oh Señor, mira y considera á quien has tú desolado de esta manera. ¿Y será verdad que las mugeres se coman sus propios hijos, niños del tamaño de la palma de la mano [3]? ¿Y será asesinado dentro del Santuario del Señor el sacerdote y el profeta?

SIN. 21 Muertos yacen por fuera el mozo y el anciano; mis vírgenes y mis jóvenes han sido pasados á cuchillo: los has hecho perecer en el dia de tu furor; los has herido de muerte sin compasion ninguna.

THAU. 22 Tú, *Señor*, has convidado como á una gran fiesta á esa nacion *enemiga*, para que me aterrase por todos lados; y en aquel dia de tu furor no hubo nadie que pudiese escapar y salvarse: á aquellos que yo crié y alimenté [4], los hizo perecer el enemigo mio.

CAPÍTULO III.

Prosigue Jeremías lamentándose, primero de sus propios trabajos, y despues de los comunes á toda la ciudad. Alegóricamente habla en la mayor parte del capítulo de los trabajos de nuestro Señor Jesu-Christo en su Pasion, del cual fué Jeremías un bosquejo en muchos sucesos de su vida.

ALEPH. 1 *Ego vir videns paupertatem meam in virga indignationis ejus.*

ALEPH. 2 *Me minavit, et adduxit in tenebras, et non in lucem.*

ALEPH. 1 Hombre soy yo que estoy viendo la miseria mia ó *aflicion* en la vara de la indignacion de el *Señor.*

ALEPH. 2 Entre tinieblas ó *aflicciones* me ha hecho andar, y no en el resplandor de la luz.

---

1 *Jerem. XIV. ver.* 16.
2 Véase *Vigilia.*
3 El hebreo נַּפֻּחִים *thipujim, palmares,* hijitos tiernos y pequeñuelos; puede traducirse *niños que criaba yo.*
4 En el hebreo se lee אשר־טפחתי *thipajti,* á quienes crié.

ALEPH. 3 *Tantùm in me vertit, et convertit manum suam tota die.*

BETH. 4 *Vetustam fecit pellem meam, et carnem meam, contrivit ossa mea.*

BETH. 5 *Ædificavit in gyro meo, et circumdedit me felle, et labore.*

BETH. 6 *In tenebrosis collocavit me, quasi mortuos sempiternos.*

GHIMEL. 7 *Circumædificavit adversùm me, ut non egrediar: aggravavit compedem meum.*

GHIMEL. 8 *Sed et cùm clamavero, et rogavero, exclusit orationem meam.*

GHIMEL. 9 *Conclusit vias meas lapidibus quadris, semitas meas subvertit.*

DALETH. 10 *Ursus insidians factus est mihi, leo in absconditis.*

DALETH. 11 *Semitas meas subvertit, et confregit me, posuit me desolatam.*

DALETH. 12 *Tetendit arcum suum, et posuit me quasi signum ad sagittam.*

HE. 13 *Misit in renibus meis filias pharetræ suæ.*

HE. 14 *Factus sum in derisum omni populo meo, canticum eorum tota die.*

HE. 15 *Replevit me amaritudinibus, inebriavit me absynthio.*

VAU. 16 *Et fregit ad numerum dentes meos, cibavit me cinere.*

VAU. 17 *Et repulsa est à pace anima mea, oblitus sum bonorum.*

VAU. 18 *Et dixi: Periit finis meus, et spes mea à Domino.*

ZAIN. 19 *Recordare paupertatis, et*

ALEPH. 3 No ha cesado dia y noche de descargar sobre mí su mano.

BETH. 4 Ha hecho envejecer mi piel y mi carne, y ha quebrantado mis huesos [1].

BETH. 5 Ha levantado una pared al rededor mio [2]; y me ha cercado de amarguras y de congojas.

BETH. 6 Colocado me ha en lugar tenebroso, como á aquellos que ya han muerto para siempre.

GHIMEL. 7 Me circunvaló por todos lados para que no escapase: púsome pesados grillos.

GHIMEL. 8 Y aunque yo clame y ruegue, no hace caso de mis plegarias [3].

GHIMEL. 9 Cerró mis caminos como con piedras de sillería: desbarató todos mis senderos ó *designios.*

DALETH. 10 Ha venido á ser para mí como un oso en acecho, como un leon en lugar oculto.

DALETH. 11 Él ha trastornado mis senderos, y me ha destrozado; abandonado me ha á la desolacion [4].

DALETH. 12 Entesó su arco, y me puso por blanco de sus saetas.

HE. 13 Ha clavado en mis lomos las flechas de su aljaba [5]:

HE. 14 He venido á ser el escarnio de todo mi pueblo, y su cantinela diaria.

HE. 15 Llenado me ha de amargura, me ha embriagado de ajenjo.

VAU. 16 Ha quebrado todos mis dientes, dándome *pan lleno de arena* [6]: ceniza me ha dado á comer.

VAU. 17 Desterrada está de mi alma la paz, ó *abundancia;* no sé ya lo que es felicidad.

VAU. 18 Y dije yo: Ha desaparecido para mí todo término *de mis males,* y toda la esperanza que tenia en el Señor [7].

ZAIN. 19 Acuérdate, *Señor,* de mi

---

1 A fuerza de tantos golpes.

2 Para hacer una cárcel, acomodándola á mi cuerpo.

3 Ó *las desechará.* Véase *Jerem. XIV.* verso 11.—*VII.* ver. 16.—*IX. v.* 14.

4 Aunque en la Vulgata se use el femenino *desolatam,* en el hebreo se lee el masculino. Y así en la Vulgata se debe suplir para el buen sentido *animam meam.*

5 Las *flechas* se llaman en estilo oriental *hijas de la aljaba,* porque salen de ella, donde están encerradas como en el vientre de su madre. Véase *Hijo.*

6 Ó de *chinitas,* ó granitos de arena. *Prov. XX. v.* 17.—*Ps. CI. v.* 10. Véase *Ceniza.*

7 Estas expresiones son hyperbólicas, y solo se dicen para denotar el exceso de dolor. Véase *Job cap. XXX. v.* 14.

transgressionis meæ, absynthii, et fellis.

ZAIN. 20 *Memoria memor ero, et tabescet in me anima mea.*

ZAIN. 21 *Hæc recolens in corde meo, ideo sperabo.*

HETH. 22 *Misericordiæ Domini quia non sumus consumpti: quia non defecerunt miserationes ejus.*

HETH. 23 *Novi diluculo, multa est fides tua.*

HETH. 24 *Pars mea Dominus, dixit anima mea: propterea expectabo eum.*

TETH. 25 *Bonus est Dominus sperantibus in eum, animæ quærenti illum.*

TETH. 26 *Bonum est præstolari cum silentio salutare Dei.*

TETH. 27 *Bonum est viro, cùm portaverit jugum ab adolescentia sua.*

JOD. 28 *Sedebit solitarius, et tacebit: quia levavit super se.*

JOD. 29 *Ponet in pulvere os suum, si fortè sit spes.*

JOD. 30 *Dabit percutienti se maxillam, saturabitur opprobriis.*

CAPH. 31 *Quia non repellet in sempiternum Dominus.*

CAPH. 32 *Quia si abjecit, et miserebitur secundùm multitudinem misericordiarum suarum.*

CAPH. 33 *Non enim humiliavit ex corde suo, et abjecit filios hominum,*

LAMED. 34 *ut contereret sub pedibus*

miseria y persecucion [1], y del ajenjo y de la hiel *que me hacen beber.*

ZAIN. 20 De continuo tengo en la memoria estas cosas, y se repudre dentro de mí el alma mia.

ZAIN. 21 *Con todo,* considerando estas cosas dentro de mi corazon, hallaré mi esperanza *en el Señor.*

HETH. 22 Es una misericordia del Señor el que nosotros no hayamos sido consumidos *del todo,* porque jamás han faltado sus piedades.

HETH. 23 Cada dia las hay nuevas [2] desde muy de mañana: grande es, oh Señor, tu fidelidad.

HETH. 24 Mi herencia, dice el alma mia, es el Señor: por tanto pondré en él mi confianza.

TETH. 25 Bueno es el Señor para los que esperan en él, para las almas que le buscan.

TETH. 26 Bueno es aguardar en silencio la salud *que viene* de Dios.

TETH. 27 Bueno es para el hombre el haber llevado el yugo ya desde su mocedad [3].

JOD. 28 Se estará quieto y callado: porque ha tomado sobre sí el yugo [4].

JOD. 29 Su boca la pegará al suelo, para ver si *orando* consigue lo que espera.

JOD. 30 Presentará su mejilla al que le hiere: le hartarán de oprobios.

CAPH. 31 Pero no para siempre *le* desechará de sí el Señor [5].

CAPH. 32 Pues si él *nos* ha desechado, aun se apiadará *de nosotros,* segun la abundancia de sus misericordias.

CAPH. 33 Puesto que no de buena gana abate él, ni desecha á los hijos de los hombres,.

LAMED. 34 ni huella debajo de sus

---

1 *Pobreza* significa tambien *desgracia, tribulacion,* etc. Véase *Pobre.*

2 La palabra *novi* de la Vulgata no es verbo, sino adjetivo masculino, correspondiente al del texto hebreo. Pero en latin el substantivo *miserationes,* á quien se refiere, es femenino, y así la terminacion del adjetivo debió ser *nova;* como se lee en algunos códices de la Vulgata. Lo mismo sucedió en el *Salm. XXVI. ver.* 4. al traducir *unam petii,* etc. en vez de

unum, y en algunos otros lugares. Véase *Vulgata.*

3 No solamente el yugo de la Ley del Señor sino tambien el de los trabajos y aflicciones qu, le envia Dios para su bien, y con que le corrige y castiga como *padre.*

4 Y en este suave yugo del Señor ha hallado él su reposo y consuelo. *Matth. XI. v.* 29.

5 *Ps. LXXVI. ver.* 10. — *Deut. XXXII. ver.* 39.

suis omnes vinctos terræ,

LAMED. 35 *ut declinaret judicium viri in conspectu vultus Altissimi.*

LAMED. 36 *Ut perverteret hominem in judicio suo, Dominus ignoravit.*

MEM. 37 *Quis est iste, qui dixit ut fieret, Domino non jubente?*

MEM. 38 *Ex ore Altissimi non egredientur nec mala, nec bona?*

MEM. 39 *Quid murmuravit homo vivens, vir pro peccatis suis?*

NUN. 40 *Scrutemur vias nostras, et quæramus et revertamur ad Dominum.*

NUN. 41 *Levemus corda nostra cum manibus ad Dominum in cœlos.*

NUN. 42 *Nos iniquè egimus, et ad iracundiam provocavimus : idcirco tu inexorabilis es.*

SAMECH. 43 *Operuisti in furore, et percussisti nos: occidisti, nec pepercisti.*

SAMECH. 44 *Opposuisti nubem tibi, ne transeat oratio.*

SAMECH. 45 *Eradicationem, et abjectionem posuisti me in medio populorum.*

PHE. 46 *Aperuerunt super nos os suum omnes inimici.*

PHE. 47 *Formido et laqueus facta est nobis vaticinatio, et contritio.*

PHE. 48 *Divisiones aquarum deduxit oculus meus, in contritione filiæ populi mei.*

AIN. 49 *Oculus meus afflictus est, nec tacuit, eò quòd non esset requies.*

pies, como un *tirano,* todos los cautivos de la tierra,

LAMED. 35 ni pesa con infiel balanza, ante su presencia, la causa del hombre,

LAMED. 36 ni daña con injusta sentencia á hombre ninguno: eso no sabe el Señor hacerlo.

MEM. 37 ¿Quién es aquel que ha dicho que se hace alguna cosa sin que el Señor lo ordene?

MEM. 38 ¿No vienen acaso de órden del Señor los males y los bienes?

MEM. 39 Pues ¿por qué se ha de quejar nunca hombre viviente del castigo de sus pecados [1]?

NUN. 40 Examinemos, y escudriñemos nuestros pasos, y convirtámonos al Señor.

NUN. 41 Levantemos al cielo, hácia el Señor, junto con las manos, nuestros corazones.

NUN. 42 Nosotros *empero* nos portamos inicuamente, y provocamos, oh *Señor,* tu enojo : por eso te muestras tú inexorable.

SAMECH. 43 Te cubriste de furor [2] y nos castigaste, mataste sin perdonar á nadie.

SAMECH. 44 Pusiste una nube delante de tí, para que no pudiesen llegar á tu presencia nuestras plegarias [3].

SAMECH. 45 Tú nos has arrancado de cuajo y arrojado como basura en medio de los pueblos.

PHE. 46 Han abierto todos los enemigos su boca contra nosotros:

PHE. 47 Convirtióse la profecía en terror nuestro, y en lazo, y en ruina nuestra [4].

PHE. 48 Rios de agua salen de mis ojos en vista del quebranto de la hija del pueblo mio.

AIN. 49 Deshácense mis ojos en continuo llanto [5]: porque no hay reposo alguno,

---

1 Dios siempre nos castiga en esta vida menos de lo que merecemos por nuestros pecados: mas en el infierno ejercerá su justicia rigorosa. Véase *Pecado.*

2 Se representa aquí á Dios, como á un amo irritado y lleno de cólera, que sale hecho un leon contra todos, sean domésticos ó extra-

ños: lo cual denota la gravedad de los pecados, y la pena ó castigo que dará á los obstinados pecadores.

3 *Is. LIX. v. 2.*

4 Los oráculos de los Profetas.

5 Parece que se me saltan los ojos de tanto llorar.

AIN. 50 *Donec respiceret et videret Dominus de cælis.*

AIN. 51 *Oculus meus deprædatus est animam meam in cunctis filiabus urbis meæ.*

SADE. 52 *Venatione ceperunt me quasi avem inimici mei gratis.*

SADE. 53 *Lapsa est in lacum vita meo, et posuerunt lapidem super me.*

SADE. 54 *Inundaverunt aquæ super caput meum: dixi: Perii.*

COPH. 55 *Invocavi nomen tuum, Domine, de lacu novissimo.*

COPH. 56 *Vocem meam audisti: ne avertas aurem tuam à singultu meo, et clamoribus.*

COPH. 57 *Appropinquasti in die, quando invocavi te: dixisti: Ne timeas.*

RES. 58 *Judicasti, Domine, causam animæ meæ, redemptor vitæ meæ.*

RES. 59 *Vidisti, Domine, iniquitatem illorum adversum me: judica judicium meum.*

RES. 60 *Vidisti omnem furorem, universas cogitationes eorum adversum me.*

SIN. 61 *Audisti opprobrium eorum, Domine, omnes cogitationes eorum adversum me:*

SIN. 62 *labia insurgentium mihi, et meditationes eorum adversum me tota die.*

SIN. 63 *Sessionem eorum, et resurrectionem eorum vide, ego sum psalmus eorum.*

THAU. 64 *Reddes eis vicem, Domine, juxta opera manuum suarum.*

THAU. 65 *Dabis eis scutum cordis laborem tuum.*

AIN. 50 hasta tanto que el Señor vuelva desde el cielo su vista, y se ponga á mirar.

AIN. 51 Las muchas lágrimas que he derramado por los *desastres de* todas las hijas ó *pueblos* de mi patria [1], han consumido en mí todo el jugo ó *espíritu* vital.

SADE. 52 Como de ave en el cazadero, se apoderaron de mí mis enemigos sin que yo les diese motivo.

SADE. 53 Cayó en el lago ó *fosa* [2] el alma mia: han puesto la losa sobre mí.

SADE. 54 Las aguas *de la tribulacion* descargaron como un dilúvio sobre mi cabeza. Yo dije entonces: Perdido estoy.

COPH. 55 Invoqué, oh Señor, tu santo Nombre desde lo mas profundo de la fosa,

COPH. 56 y tú escuchaste mi voz: no cierres, pues, tus oidos á mis sollozos y clamores.

COPH. 57 Te me acercaste en el dia que te invoqué; y me dijiste: No temas.

RES. 58 Tú fallaste á favor del alma mia, oh Señor, oh Redentor de mi vida [3].

RES. 59 Viste, oh Señor, las iniquidades de ellos contra mí: hazme justicia.

RES. 60 Viste todo su furor, todas sus maquinaciones contra mí.

SIN. 61 Tú oiste, oh Señor, sus oprobios, y todos sus proyectos contra mí,

SIN. 62 y las palabras *malignas* de los que me hacen la guerra, y todo cuanto traman continuamente contra mí.

SIN. 63 Repara, *Señor*, todas sus idas y vueltas; yo soy siempre el objeto de sus canciones *burlescas*.

THAU. 64 Tú les darás, oh Señor, lo que merecen las obras de sus manos.

THAU. 65 Pondrás sobre su corazon, en vez de escudo, las aflicciones que les enviarás [4].

---

1 Dependientes de Jerusalem, que es la metrópoli, ó madre de todos.

2 El pozo ó cárcel llena de cieno, en que metieron á Jeremías los malvados de Jerusalem. *Jerem. XXXVIII. v.* 6. En sentido alegórico significa el sepulcro de Jesu-Christo, y la losa con que le taparon.

3 Alude á que el Señor le libró de la prision, y le salvó la vida por medio de Abdemelech. *Jerem. XXXVIII. v.* 13.

4 En la version de Ferrara se traduce: *Ldarás d'ellos ansia*, ó congojas de corazon; *tu maldicion d'ellos*: O imprecacion tuya para ellos, como traduce *Arias Montano*.

THAU. 66 *Persequéris in furore, et conteres eos sub cœlis, Domine.*

THAU. 66 Oh Señor, tú los perseguirás con saña, y los exterminarás de debajo de los cielos.

CAPÍTULO IV.

El Profeta sigue llorando las miserias que padeció su pueblo en el sitio de Jerusalem por los châldéos, en castigo de los pecados de los falsos profetas y malos sacerdotes. Profetiza á los iduméos las mismas calamidades; y anuncia á Jerusalem el fin de las suyas.

ALEPH. 1 *Quomodo obscuratum est aurum, mutatus est color optimus, dispersi sunt lapides sanctuarii in capite omnium platearum?*

ALEPH. 1 ¡Cómo se ha oscurecido el oro *del Templo,* y mudado su color bellisimo [1]! ¡Dispersas, ¡ay! dispersas están las piedras del Santuario por los ángulos de todas las plazas!

BETH. 2 *Filii Sion inclyti, et amicti auro primo: quomodo reputati sunt in vasa testea, opus manuum figuli?*

BETH. 2 ¡Los ínclitos hijos de Sion, que vestian *de tisú* de oro [2] finísimo, como son ya mirados cual si fuesen vasos de barro, obra de manos de alfarero!

GHIMEL. 3 *Sed et lamiæ nudaverunt mammam, lactaverunt catulos suos: filia populi mei crudelis, quasi struthio in deserto.*

GHIMEL. 3 Aun las mismas lamias [3] descubren sus pechos, y dan de mamar á sus cachorrillos: pero cruel la hija de mi pueblo imita al avestruz del Desierto [4], y los abandona.

DALETH. 4 *Adhæsit lingua lactentis ad palatum ejus in siti: parvuli petierunt panem, et non erat qui frangeret eis.*

DALETH. 4 Al niño de pecho se le pegaba la lengua al paladar, por causa de la sed: pedian pan los parvulitos, y no habia quien se le repartiese.

HE. 5 *Qui vescebantur voluptuosè, interierunt in viis: qui nutriebantur in croceis, amplexati sunt stercora.*

HE. 5 Aquellos que comian con mas regalo han perecido *de hambre* en medio de las calles: cubiertos se ven de basura ó *andrajos* aquellos que se criaban entre púrpura *y ropas preciosas.*

VAU. 6 *Et major effecta est iniquitas filiæ populi mei peccato Sodomorum, quæ subversa est in momento, et non ceperunt in ea manus.*

VAU. 6 Y ha sido mayor *el castigo de* las maldades [5] de la hija de mi pueblo, que el *del* pecado de Sodoma; la cual fué destruida en un momento, sin que tuviese parte mano de hombre.

ZAIN. 7 *Candidiores Nazaræi ejus nive, nitidiores lacte, rubicundiores ebore antiquo, saphiro pulchriores.*

ZAIN. 7 Sus Nazaréos [6] eran mas blancos que la nieve, mas lustrosos que la leche, mas rubicundos que el marfil antiguo [7], mas bellos que el zafiro.

HETH. 8 *Denigrata est super carbones*

HETH. 8 *Pero ahora* mas denegrido

---

1 *II. Paral. III.* Con el incendio del Templo quedaron ahumadas y denegridas todas las paredes, que antes parecian una ascua de oro, de cuyo metal estaban cubiertas, y el cual se llevarian los châldeos.

2 En el hebreo: *estimados como finísimo oro.*

3 Ó bestias feroces. Véase *Is. XXXIV. v. 22. nota.* Aqui parece que denota el perro

marino, pez sumamente voraz y carnívoro.

4 *Job XXXIX. v. 14.*

5 Véase *Pecado.*

6 Véase *Núm. VI. v. 18.—Jud. XIII. v. 5.*

7 Teñido de color de púrpura. Asi solian usarle los antiguos. Hom. *Iliad. IV.* Virg. *Eneida XII.*

facies eorum, et non sunt cogniti in plateis: adhæsit cutis eorum ossibus: aruit, et facta est quasi lignum.

TETH. 9 Melius fuit occisis gladio, quàm interfectis fame; quoniam isti extabuerunt consumpti à sterilitate terræ.

JOD. 10 Manus mulierum misericordium coxerunt filios suos: facti sunt cibus earum, in contritione filiæ populi mei.

CAPH. 11 Complevit Dominus furorem suum, effudit iram indignationis suæ: et succendit ignem in Sion, et devoravit fundamenta ejus.

LAMED. 12 Non crediderunt reges terræ, et universi habitatores orbis, quoniam ingrederetur hostis et inimicus per portas Jerusalem.

MEM. 13 Propter peccata prophetarum ejus, et iniquitates sacerdotum ejus, qui effuderunt in medio ejus sanguinem justorum.

NUN. 14 Erraverunt cæci in plateis, polluti sunt in sanguine: cùmque non possent, tenuerunt lacinias suas.

SAMECH. 15 Recedite polluti, clamaverunt eis: recedite, abite, nolite tangere: jurgati quippe sunt, et commoti dixerunt inter Gentes: Non addet ultrà, ut habitet in eis.

PHE. 16 Facies Domini divisit eos, non addet ut respiciat eos: facies sacerdotum non erubuerunt, neque senum miserti sunt.

AIN. 17 Cùm adhuc subsisteremus, defecerunt oculi nostri ad auxilium nostrum vanum, cùm respiceremus attenti ad gentem, quæ salvare non poterat.

SADE. 18 Lubricaverunt vestigia no-

1 Jerem. XXX. v. 17.

que el carbon está su rostro, ni son conocidos por las calles: pegada tienen su piel á los huesos, árida y seca como un palo.

TETH. 9 Menos mala fué la suerte de los que perecieron al filo de la espada, que la de aquellos que murieron de hambre: pues estos se fueron aniquilando, consumidos por la carestía de la tierra.

JOD. 10 Las mugeres, de suyo compasivas, pusieron á cocer con sus manos á sus propios hijos: estos fueron su vianda en tiempo de la calamidad de la hija del pueblo mio.

CAPH. 11 El Señor ha desahogado su furor, ha derramado la ira de su indignacion, ha encendido en Sion un fuego que ha consumido hasta sus cimientos.

LAMED. 12 No creian los Reyes de la tierra, ni los habitantes todos del mundo que el enemigo y adversario entrase por las puertas de Jerusalem:

MEM. 13 pero entró por causa de los pecados de sus profetas, y las maldades de sus sacerdotes, que en medio de ella derramaron la sangre de los justos.

NUN. 14 Andaban errantes como ciegos por las calles, amancillándose con la sangre; y no podian evitarlo, aunque se alzaban la extremidad de sus vestidos para no mancharse.

SAMECH. 15 Apartaos inmundos, decian gritando á los otros; retiraos, marchad fuera, no nos toqueis: porque de resultas de eso tuvieron pendencias entre sí; y los que fueron dispersos entre las naciones, dijeron [1]: No volverá el Señor ya á habitar entre ellos:

PHE. 16 el rostro airado del Señor los ha dispersado: ya no volverá él á mirarlos: no han respetado la persona de los sacerdotes, ni se han compadecido de los ancianos.

AIN. 17 Cuando aún subsistíamos, desfallecian nuestros ojos esperando en vano nuestro socorro [2], poniendo nuestra atencion en una nacion que no habia de salvarnos.

SADE. 18 Al andar por nuestras calles

2 Hácia el Egypto, el cual fué asolado por los cháldeos.

stra in itinere platearum nostrarum, appropinquavit finis noster, completi sunt dies nostri, quia venit finis noster.

COPH. 19 *Velociores fuerunt persecutores nostri aquilis cœli: super montes persecuti sunt nos, in deserto insidiati sunt nobis.*

RES. 20 *Spiritus oris nostri Christus Dominus captus est in peccatis nostris, cui diximus: In umbra tua vivemus in gentibus.*

SIN. 21 *Gaude, et lætare, filia Edom, quæ habitas in terra Hus: ad te quoque perveniet calix, inebriaberis, atque nudaberis.*

THAU. 22 *Completa est iniquitas tua, filia Sion, non addet ultrà ut transmigret te: visitavit iniquitatem tuam filia Edom, discooperuit peccata tua.*

hallaban tropiezos nuestros pies: acercóse nuestro fin: completáronse nuestros dias, pues ha llegado nuestro término.

COPH. 19 Mas veloces que las águilas del cielo han sido nuestros enemigos: nos han perseguido por los montes, nos han armado emboscadas en el desierto [1].

RES. 20 El Christo [2] del Señor, resuello de nuestra boca, ha sido preso por causa de nuestros pecados: aquel á quien habíamos dicho: A tu sombra vivirémos entre las naciones [3].

SIN. 21 Gózate y regocíjate, oh hija de Edom [4] que habitas en la tierra de Hus: tambien te llegará á tí el cáliz *de la tribulacion;* embriagada serás y despojada *de todos los bienes.*

THAU. 22 Oh hija de Sion, tiene su término el castigo de tu maldad: el Señor nunca mas te hará pasar á otro país [5]. *Mas* él castigará, oh hija de Edom, tu iniquidad, él descubrirá tus maldades.

---

1 Alude al Rey *Sedecias* cuando huia perseguido de los chàldeos. *IV. Reg. XXV.* verso 4.—*Jerem. XXXIX. v.* 5.—*LII. v.* 8.

2 La expresion de la Vulgata *Christus Dominus* parece que no se puede entender sino de Jesu-Christo. Algunos la entienden literalmente del rey Sedecias. Por el *resuello* se entiende la respiracion, el aliento, ó la *vida,* la cual pende de él.

3 Segun S. Agustin se indica aqui que la verdadera Iglesia se establecerá entre los gentiles

convertidos á la fe, entre los cuales serán comprendidos los judios que crean en Christo.

4 Es una ironia contra los idumeos, aliados entonces de los chàldeos contra Jerusalem; pero destruidos por estos, pasados unos cinco años.

5 En efecto nunca mas fueron llevados cautivos á otro país. Porque en la última ruina de Jerusalem, en tiempo de los romanos, ellos mismos se dispersaron por toda la tierra, como lo están hoy dia.

ORACION

DE JEREMÍAS PROFETA.

━━━◆◆◎◦◦◦◆━━━

CAPÍTULO V.

Recopila el Profeta lo que ha dicho en los capítulos antecedentes. No se conoce el lugar y tiempo en que compuso esta oracion.

1 *Recordare, Domine, quid acciderit nobis: intuere, et respice opprobrium nostrum.*

2 *Hæreditas nostra versa est ad alienos, domus nostræ ad extraneos.*

3 *Pupilli facti sumus absque patre, matres nostræ quasi viduæ.*

4 *Aquam nostram pecunia bibimus: ligna nostra pretio comparavimus.*

5 *Cervicibus nostris minabamur, lassis non dabatur requies.*

6 *Ægypto dedimus manum, et Assyriis ut saturaremur pane.*

7 *Patres nostri peccaverunt, et non sunt: et nos iniquitates eorum portavimus.*

8 *Servi dominati sunt nostri: non fuit qui redimeret de manu eorum.*

9 *In animabus nostris afferebamus panem nobis, à facie gladii in deserto.*

10 *Pellis nostra, quasi clibanus exusta est à facie tempestatum famis.*

11 *Mulieres in Sion humiliaverunt, et virgines in civitatibus Juda.*

1 Acuérdate, oh Señor, de lo que nos ha sucedido: mira y considera nuestra ignominia.

2 Nuestra heredad ha pasado á manos de extrangeros, en poder de extraños se hallan nuestras casas.

3 Nos hemos quedado *como* huérfanos, privados de su padre: están como viudas nuestras madres.

4 Á precio de dinero bebemos nuestra agua, y con dinero compramos nuestra leña.

5 Atados del cuello nos conducen como á bestias, no se da descanso á los fatigados.

6 Alargamos nuestras manos á los egypcios y á los assyrios, para saciarnos de pan.

7 Pecaron nuestros padres, y ya no existen; y el castigo de sus iniquidades le llevamos nosotros [1].

8 Nuestros esclavos se han enseñoreado de nosotros [2]; no hubo quien nos libertase de sus manos.

9 Con peligro de nuestras vidas vamos á lugares desiertos en busca de pan, temiendo siempre la espada.

10 Quemada *y* denegrida como un horno, ha puesto nuestra piel la hambre atroz.

11 Deshonraban á las mugeres en Sion, *violaban* á las vírgenes en las ciudades de Judá.

---

1 No somos nosotros inocentes (verso 16); pero mas culpables son nuestros padres: fueron ellos los autores de los desórdenes del dia, y murieron sin experimentar estos males.

2 Eran los cháldeos descendientes de *Châm*, el cual fué condenado por su padre *Noé* á servir á *Sem. Gen. IX. v.* 27.

12 *Príncipes manu suspensi sunt: facies senum non erubuerunt.*

12 Colgados de la mano *en un madero* han sido los príncipes [1]; no han tenido respeto alguno á las personas de los ancianos.

13 *Adolescentibus impudicè abusi sunt: et pueri in ligno corruerunt.*

13 Abusaron deshonestamente de los jóvenes; y los muchachos caian al peso de la leña [2].

14 *Senes defecerunt de portis, juvenes de choro psallentium.*

14 Faltan *ya* en las puertas los ancianos, ni se ven los jóvenes en el coro de los músicos que tañen.

15 *Defecit gaudium cordis nostri, versus est in luctum chorus noster.*

15 Extinguióse la alegría en nuestro corazon: convertido se han en luto nuestras danzas.

16 *Cecidit corona capitis nostri: væ nobis, quia peccavimus.*

16 Han caido de nuestras cabezas las coronas ó *guirnaldas* [3]: ¡ Ay de nosotros que hemos pecado!

17 *Proptereà mœstum factum est cor nostrum, ideo contenebrati sunt oculi nostri.*

17 Por esto ha quedado melancólico nuestro corazon: por esto perdieron la luz nuestros ojos.

18 *Propter montem Sion, quia disperiit, vulpes ambulaverunt in eo.*

18 Porque desolado está el monte *santo* de Sion: las raposas *y demas fieras* se pasean por él.

19 *Tu autem, Domine, in æternum permanebis, solium tuum in generationem et generationem.*

19 Empero tú, oh Señor, permanecerás eternamente: tu solio subsistirá en todas las generaciones venideras.

20 *Quare in perpetuum obliviscéris nostri? derelinques nos in longitudine dierum ?*

20 ¿Por qué para siempre te has de olvidar tú de nosotros? ¿Nos has de tener abandonados por largos años?

21 *Converte nos, Domine, ad te, et convertemur: innova dies nostros, sicut à principio.*

21 Conviértenos, oh Señor, á tí; y nos convertirémos [4]: renueva tú nuestros dias *felices*, como desde el principio.

22 *Sed projiciens repulisti nos, iratus es contra nos vehementer.*

22 Mas tú, *Señor*, nos has desechado como para siempre: te has irritado terriblemente contra nosotros.

---

1 Solian cortar la cabeza á los reos de muerte, y colgarlos despues de una mano en un madero.

2 Otros traducen : *murieron en el patíbulo.*

Otros: *apaleados.*

3. Véase *Corona.*

4 Sin tí, ó sin tu gracia, no podemos nosotros convertirnos á ti. Véase *Gracia.*

FIN DE LAS LAMENTACIONES DE JEREMÍAS.

ADVERTENCIA

SOBRE LA PROFECIA DE BARUCH.

De Baruch se hace mencion muchas veces en el libro de Jeremías, de cuyo Profeta fué amantísimo discípulo, y compañero inseparable. Nació de una familia muy principal entre los judíos, y vemos que á su hermano Saraías se le llama Príncipe[1]. Dictando Jeremías, escribió Baruch en un libro todas las profecías de dicho Profeta, las cuales leyó despues delante del pueblo, y del mismo Rey. Siguió á Jeremías su maestro á Egypto; y despues pasó á Babylonia para manifestar á sus hermanos cautivos las profecías de Jeremías.

El libro de Baruch no se halla ya en hebréo; pero la version griega es antiquísima, y conserva aun todas las señales de que el original es hebréo. Fué siempre respetado como libro canónico; y si algunos Padres no hicieron expresa mencion de él en el catálogo de los Libros Sagrados, es porque muchas veces se ha contado como parte de las profecías de Jeremías, bajo cuyo nombre solian citarse antiguamente los textos de Baruch, como observó ya S. Agustin[2]. Pudo contribuir á que se confundiese con el libro de Jeremías su maestro el haber sido amanuense de este Profeta, y el que teniendo solamente seis capítulos, el sexto es una carta de Jeremías. Finalmente en el concilio de Florencia, y por último en el de Trento, fué conservado el libro de Baruch en el cánon de las Escrituras Divinas, contra lo que temerariamente pretendian algunos hereges.

---

1 Jerem. cap. LI. v. 61.   2 De Civit. Dei, lib. XVIII. cap. 33.

LA PROFECIA DE BARUCH.

CAPÍTULO PRIMERO.

Los judíos de Babylonia envian á los de Jerusalem el libro de Baruch,
juntamente con algun dinero recogido para que ofreciesen holocaustos y
rogasen á Dios por ellos, por Nabuchónodosor, y por su hijo Balthasar;
y hacen una solemne confesion de sus pecados.

1 *Et hæc verba libri, quæ scripsit Baruch filius Neriæ, filii Maasiæ, filii Sedeciæ, filii Sedei, filii Helciæ, in Babylonia,*

2 *in anno quinto, in septimo die mensis, in tempore quo ceperunt Chaldæi Jerusalem, et succenderunt eam igni.*

3 *Et legit Baruch verba libri hujus ad aures Jechoniæ filii Joakim regis Juda, et ad aures universi populi venientis ad librum,*

4 *et ad aures potentium filiorum regum, et ad aures presbyterorum, et ad aures populi, à minimo usque ad maximum eorum omnium habitantium in Babylonia, ad flumen Sodi.*

5 *Qui audientes plorabant, et jejunabant, et orabant in conspectu Domini.*

6 *Et collegerunt pecuniam, secundùm quod potuit uniuscujusque manus.*

7 *Et miserunt in Jerusalem ad Joakim filium Helciæ filii Salom Sacerdotem, et ad Sacerdotes, et ad omnem populum, qui inventi sunt cum eo in Jerusalem:*

8 *cùm acciperet vasa templi Domini, quæ ablata fuerant de templo, revocare in terram Juda decima die mensis Sivan, vasa argentea, quæ fecit Sedecias filius Josiæ rex Juda,*

1 Y estas son las palabras del libro que escribió Baruch hijo de Nerías, hijo de Maasias, hijo de Sedecías, hijo de Sedei, hijo de Helcías, en Babylonia,

2 el año quinto, á siete del mes, desde que los cháldeos se apoderaron de Jerusalem y la incendiaron.

3 Y leyó Baruch las palabras de este libro en presencia de Jechónías, hijo de Joakim, Rey de Judá, y delante de todo el pueblo que acudia á oirlas,

4 y delante de todos los magnates de la estirpe real, y delante de los ancianos, y delante del pueblo desde el mas pequeño hasta el mas grande de todos cuantos habitan en Babylonia, junto al rio Sodi [1];

5 los cuales lloraban oyendo á Baruch; y ayunaban, y oraban en la presencia del Señor.

6 É hicieron una colecta de dinero, conforme la posibilidad de cada uno;

7 y le remitieron á Jerusalem, á Joakim hijo de Helcías, hijo de Salom sacerdote, y á los sacerdotes, y á todo el pueblo que se hallaba con él en Jerusalem:

8 despues que Baruch hubo recibido los vasos del Templo del Señor, que habian sido robados del Templo, para volverlos otra vez á tierra de Judá, á diez del mes de Sivan; vasos de plata que habia hecho Sedecías, hijo de Josías, Rey de Judá,

---

1 *Sodi* en hebreo significa *soberbia.* Se cree que Baruch llamó asi al rio Euphrates; al cual Ezechiel dió el nombre de *Sobar,* esto es, *Gran rio.* Cap. I. v. 1.

9 *posteaquàm cepisset Nabuchodono-sor rex Babylonis Jechoniam, et prin-cipes, et cunctos potentes, et populum terræ, ab Jerusalem, et duxit eos vinc-tos in Babylonem.*

10 *Et dixerunt: Ecce misimus ad vos pecunias, de quibus emite holocautoma-ta, et thus, et facite manna, et offerte pro peccato ad aram Domini Dei nostri:*

11 *et orate pro vita Nabuchodonosor regis Babylonis, et pro vita Balthasar filii ejus, ut sint dies eorum sicut dies cæli super terram:*

12 *et ut det Dominus virtutem no-bis, et illuminet oculos nostros, ut vi-vamus sub umbra Nabuchodonosor re-gis Babylonis, et sub umbra Balthasar filii ejus, et serviamus eis multis die-bus, et inveniamus gratiam in conspe-ctu eorum.*

13 *Et pro nobis ipsis orate ad Domi-num Deum nostrum: quia peccavimus Domino Deo nostro, et non est aversus furor ejus à nobis usque in hunc diem.*

14 *Et legite librum istum, quem mi-simus ad vos recitari in templo Domi-ni, in die solemni, et in die opportuno:*

15 *et dicetis: Domino Deo nostro ju-stitia, nobis autem confusio faciei no-stræ: sicut est dies hæc omni Juda, et habitantibus in Jerusalem,*

16 *Regibus nostris, et principibus no-stris, et sacerdotibus nostris, et pro-phetis nostris, et patribus nostris.*

17 *Peccavimus ante Dominum Deum*

9 así que Nabuchôdonosor, Rey de Babylonia, hubo aprisionado á Jechô-nías, y á los príncipes, á todos los mag-nates, y al pueblo de la tierra, y lle-vádoselos presos desde Jerusalem á Ba-bylonia.

10 Y dijéronles *en una carta lo que si-gue:* He aquí que os enviamos dinero, con el cual compraréis *víctimas para* los holocaustos, é incienso, y haced ofrendas[1], é inmolad víctimas por el pe-cado en el altar del Señor Dios nuestro[2].

11 Y rogaréis por la vida de Nabuchô-donosor, Rey de Babylonia, y por la vi-da de Balthasar su hijo, á fin de que los dias de ellos sobre la tierra sean co-mo los del cielo[3];.

12 y para que el Señor nos concéda á nosotros fortaleza, y nos haga ver la luz *de la prosperidad*[4], para vivir *fe-lizmente* bajo el amparo de Nabuchôdo-nosor, Rey de Babylonia, y bajo el am-paro de su hijo Balthasar, y les sirva-mos á ellos[5] por largo tiempo, y seamos gratos á sus ojos.

13 Rogad tambien por nosotros mis-mos al Señor Dios nuestro: porque he-mos pecado contra el Señor Dios nues-tro, y no se ha apartado su ira de sobre nosotros hasta el dia presente.

14 Y leed este libro ó *escrito*, el cual os hemos enviado para que se haga la lectura de él en *donde estaba* el Templo del Señor, en dia solemne y tiempo oportuno.

15 Diréis, pues: Del Señor Dios nues-tro es la justicia, ó *santidad*; mas de nosotros la confusion de nuestros ros-tros: como está sucediendo en este dia á todo Judá, y á los moradores *todos* de Jerusalem,

16 á nuestros Reyes, y á nuestros Prín-cipes, y á nuestros Sacerdotes, y á nues-tros Profetas, y á nuestros padres.

17 Pecado hemos contra el Señor Dios

---

1 La expresion *facite manna*, que en el griego dice κσιησετε μαννα *poiésate manna*, denota las ofrendas de pan, de harina y de vino. Los *Setenta* usan de la voz *manna* en vez de la hebrea מנחה *minjah* que significa *ofrenda*, *libacion*, etc. *Lev. II. v. 1. Jerem. XVII. v. 26.*

2 La ara que los pocos judíos que quedaron erigieron en Jerusalem, despues que se reti-raron los châldeos.

3 *Psalm. LXXXVIII. v.* 30.

4 Véase *Luz.*.

5 Mas bien que á otros amos.

nostrum, et non credidimus, diffidentes in eum:

18 et non fuimus subjectibiles illi, et non audivimus vocem Domini Dei nostri ut ambularemus in mandatis ejus, quæ dedit nobis.

19 A die qua eduxit patres nostros de terra Ægypti usque ad diem hanc, eramus incredibiles ad Dominum Deum nostrum: et dissipati recessimus, ne audiremus vocem ipsius.

20 Et adhæserunt nobis multa mala, et maledictiones, quæ constituit Dominus Moysi servo suo: qui eduxit patres nostros de terra Ægypti, dare nobis terram fluentem lac et mel, sicut hodiernâ die.

21 Et non audivimus vocem Domini Dei nostri secundùm omnia verba prophetarum, quos misit ad nos:

22 et abivimus unusquisque in sensum cordis nostri maligni, operari diis alienis, facientes mala ante oculos Domini Dei nostri.

nuestro, y no le creimos, faltos de confianza en él;

18 y no le estuvimos sumisos, ni quisimos escuchar la voz del Señor Dios nuestro para proceder conforme á los mandamientos que él nos habia dado.

19 Desde aquel dia en que sacó de tierra de Egypto á nuestros padres hasta el presente, hemos sido rebeldes al Señor Dios nuestro; y disipados ó entregados á nuestros vicios, nos apartamos de él por no oir su voz.

20 Por lo cual se nos han apegado muchos desastres, y las maldiciones intimadas por el Señor á su siervo Moysés[1]; por el Señor que sacó de la tierra de Egypto á nuestros padres para darnos una tierra que mana leche y miel; maldiciones que estamos experimentando en el dia de hoy.

21 Nosotros empero no quisimos escuchar la voz del Señor Dios nuestro, segun lo que decian los profetas, que él nos tenia enviados;

22 y cada uno de nosotros nos fuimos tras las inclinaciones de nuestro perverso corazon, á servir como esclavos á dioses agenos, obrando la maldad delante de los ojos del Señor Dios nuestro.

CAPÍTULO II.

Los judios de Babylonia confiesan sus pecados, y que justamente los castiga el Señor. Imploran la misericordia que tiene prometida á los que se arrepienten.

1 Propter quod statuit Dominus Deus noster verbum suum, quod locutus est ad nos, et ad judices nostros, qui judicaverunt Israel, et ad reges nostros, et ad principes nostros, et ad omnem Israel, et Judâ:

2 ut adduceret Dominus super nos mala magna, quæ non sunt facta sub cælo, quemadmodum facta sunt in Jerusalem, secundùm quæ scripta sunt in lege Moysi,

3 ut manducaret homo carnes filii sui, et carnes filiæ suæ.

1 Por cuyo motivo el Señor Dios nuestro cumplió su palabra, que nos habia ya intimado á nosotros, y á nuestros Jueces gobernadores de Israel, y á nuestros Reyes, y á nuestros príncipes, y á todo Israel y Judá;

2 de que traeria el Señor sobre nosotros grandes males, tales que jamás se habian visto debajo del cielo como los que han sucedido en Jerusalem, conforme á lo que se halla escrito en la Ley de Moysés;

3 y que el hombre comeria la carne de su propio hijo[2], y la carne de su hija.

---

1 Lev. XXVI.-Deut. XXVII.-XXVIII.   2 Deut. XXVIII. vers. 53.—Thren. II. v. 20.

4 *Et dedit eos sub manu regum omnium, qui sunt in circuitu nostro, in improperium, et in desolationem in omnibus populis, in quibus nos dispersit Dominus.*

5 *Et facti sumus subtus, et non suprà: quia peccavimus Domino Deo nostro, non obaudiendo voci ipsius.*

6 *Domino Deo nostro justitia: nobis autem, et patribus nostris confusio faciei, sicut est dies hæc.*

7 *Quia locutus est Dominus super nos omnia mala hæc: quæ venerunt super nos:*

8 *et non sumus deprecati faciem Domini Dei nostri, ut reverteremur unusquisque nostrûm à viis nostris pessimis.*

9 *Et vigilavit Dominus in malis, et adduxit ea super nos: quia justus est Dominus in omnibus operibus suis, quæ mandavit nobis:*

10 *et non audivimus vocem ipsius ut iremus in præceptis Domini, quæ dedit ante faciem nostram.*

11 *Et nunc, Domine Deus Israel, qui eduxisti populum tuum de terra Ægypti in manu valida, et in signis, et in prodigiis, et in virtute tua magna, et in brachio excelso, et fecisti tibi nomen sicut est dies iste:*

12 *peccavimus, impiè egimus, iniquè gessimus, Domine Deus noster, in omnibus justitiis tuis.*

13 *Avertatur ira tua à nobis: quia derelicti sumus pauci inter gentes, ubi dispersisti nos.*

14 *Exaudi, Domine, preces nostras, et orationes nostras, et educ nos propter te: et da nobis invenire gratiam ante faciem eorum, qui nos abduxerunt:*

15 *ut sciat omnis terra quia tu es Dominus Deus noster, et quia nomen tuum invocatum est super Israel, et super genus ipsius.*

16 *Respice, Domine, de domo sancta tua in nos, et inclina aurem tuam et*

4 Y entrególos el Señor en poder de todos los Reyes comarcanos nuestros, para escarnio y ejemplar de desolacion en todas las naciones, por entre las cuales nos dispersó el Señor.

5 Esclavos hemos venido á ser, y no amos; por haber pecado contra el Señor Dios nuestro, no obedeciendo á su voz.

6 Del Señor Dios nuestro es la justicia: de nosotros empero, y de nuestros padres la confusion de nuestros rostros, como se está viendo hoy dia.

7 Porque el Señor todos estos castigos que padecemos nos los habia ya amenazado:

8 mas nosotros ni *por eso* acudimos al Señor Dios nuetro para rogarle, y para convertirnos cada cual de su depravada vida.

9 Con esto echó luego el Señor mano del castigo, y le descargó sobre nosotros; porque justo es el Señor en todas sus obras, y en cuanto nos ha mandado:

10 y *con todo*, nosotros no quisimos obedecer á su voz para que caminásemos segun los preceptos que el Señor nos habia puesto delante de los ojos.

11 Ahora pues, oh Señor Dios de Israel, que sacaste á tu pueblo de tierra de Egypto con máno fuerte y por medio de portentos y prodigios, y con tu gran poderío y robusto braso, y te adquiriste la nombradía que hoy tienes:

12 hemos pecado, *Señor*, hemos obrado impiamente: inicuamente nos hemos portado, oh Señor Dios nuestro, contra todos tus mandamientos.

13 Aléjese de nosotros la indignacion tuya: porque somos pocos los que quedamos ya entre las naciones en que nos dispersaste.

14 Escucha, Señor, nuestros ruegos, y nuestras oraciones, y líbranos por amor de tí mismo, y haz que hallemos gracia á los ojos de aquellos que nos han sacado de nuestra patria;

15 á fin de que *con eso* conosca todo el mundo que tú eres el Señor Dios nuestro, y que Israel y toda su estirpe lleva tu Nombre.

16 Vuelve, oh Señor, tus ojos hácia nosotros desde tu santa Casa, é inclina

exaudi nos.

17 *Aperi oculos tuos, et vide: quia non mortui, qui sunt in inferno, quorum spiritus acceptus est à visceribus suis, dabunt honorem et justificationem Domino:*

18 *sed anima, quæ tristis est super magnitudine mali, et incedit curva, et infirma, et oculi deficientes, et anima esuriens dat tibi gloriam et justitiam Domino.*

19 *Quia non secundùm justitias patrum nostrorum nos fundimus preces, et petimus misericordiam ante conspectum tuum, Domine Deus noster:*

20 *sed quia misisti iram tuam, et furorem tuum super nos, sicut locutus es in manu puerorum tuorum prophetarum, dicens:*

21 *Sic dicit Dominus: Inclinate humerum vestrum, et cervicem vestram, et opera facite regi Babylonis; et sedebitis in terra, quam dedi patribus vestris.*

22 *Quòd si non audieritis vocem Domini Dei vestri operari regi Babyloniæ: defectionem vestram faciam de civitatibus Juda, et à foris Jerusalem.*

23 *Et auferam à vobis vocem jucunditatis, et vocem gaudii, et vocem sponsi, et vocem sponsæ, et erit omnis terra sine vestigio ab inhabitantibus eam.*

24 *Et non audierunt vocem tuam, ut operarentur regi Babylonis: et statuisti verba tua, quæ locutus es in manibus puerorum tuorum prophetarum, ut transferrentur ossa regum nostrorum, et ossa patrum nostrorum de loco suo:*

25 *et ecce projecta sunt in calore solis, et in gelu noctis; et mortui sunt in doloribus pessimis, in fame et in gladio, et in emissione.*

tus oidos y escúchanos.

17 Abre tus ojos y míranos [1]; porque no son los muertos que están en el sepulcro, cuyo espíritu se separó de sus entrañas, los que tributarán honra á la justicia del Señor [2];

18 sino el alma que está afligida por causa de la grandeza de los males que ha cometido, y anda encorvada y macilenta, y con los ojos caidos; el alma hambrienta ó *mortificada*, esa es la que te tributa gloria, oh Señor, á tí y á tu justicia.

19 Puesto que, no apoyados en la justicia [3] de nuestros padres derramamos nuestras plegarias, é imploramos misericordia ante tu acatamiento, oh Señor Dios nuestro,

20 sino porque tú has descargado tu indignacion y tu furor sobre nosotros, segun anunciaste por medio de tus siervos los profetas, diciendo:

21 Esto dice el Señor: Inclinad vuestro hombro y vuestra cerviz, y servid al Rey de Babylonia [4], y asi viviréis tranquilos, y no seréis echados de la tierra que yo dí á vuestros padres:

22 mas si no obedeciéreis la órden del Señor Dios vuestro de servir al Rey de Babylonia, yo haré que seais arrojados de las ciudades de Judá, y echados de Jerusalem;

23 y quitaré de entre vosotros las voces de alegría, y de gozo, y los *alegres* cantares de los esposos y de las esposas [5], y quedará todo el pais sin vestigio de persona que le habite.

24 Ellos empero no quisieron obedecer la órden tuya de servir al Rey de Babylonia; y tú cumpliste tus palabras que anunciaron tus siervos los profetas, cuando dijeron que serian trasladados de su lugar *por los enemigos* los huesos de nuestros Reyes, y los huesos de nuestros padres [6];

25 y he aqui que han sido arrojados al calor del sol, y á la escarcha de la noche; y murieron entre crueles dolores, causados por el hambre, por la espada, y por un *penoso* destierro [7].

---

1 *Is. XXXVII. v.* 17.—*LXIV. v.* 9.
2 *Psal. CXIII. v.* 17.-*Is. XXXVIII. v.* 18.
3 Véase *Justicia.*
4 *Jer. c. XXVII. v.* 12.

5 *Jer. VII. v.* 34.—*Ezech. XXVI. v.* 13.
6 *Jer. VIII. v.* 1.
7 *Martini* traduce *peste.* Véase *Jer. XXXII. v.* 36. En el texto griego de los *Setenta* se usa

26 *Et posuisti templum, in quo invocatum est nomen tuum in ipso, sicut hæc dies, propter iniquitatem domus Israel, et domus Juda.*

27 *Et fecisti in nobis, Domine Deus noster, secundùm omnem bonitatem tuam, et secundùm omnem miserationem tuam illam magnam:*

28 *sicut locutus es in manu pueri tui Moysi, in die qua præcepisti ei scribere legem tuam coram filiis Israel,*

29 *dicens: Si non audieritis vocem meam, multitudo hæc magna convertetur in minimam inter Gentes, quò ego eos dispergam:*

30 *quia scio quòd me non audiet populus: populus est enim durâ cervice, et convertetur ad cor suum in terra captivitatis suæ.*

31 *Et scient quia ego sum Dominus Deus eorum, et dabo eis cor, et intelligent; aures, et audient.*

32 *Et laudabunt me in terra captivitatis suæ, et memores erunt nominis mei.*

33 *Et avertent se à dorso suo duro, et à malignitatibus suis: quia reminiscentur viam patrum suorum qui peccaverunt in me.*

34 *Et revocabo illos in terram, quam juravi patribus eorum, Abraham, Isaac, et Jacob, et dominabuntur eis: et multiplicabo eos, et non minorabuntur.*

35 *Et statuam illis testamentum alterum sempiternum: ut sim illis in Deum, et ipsi erunt mihi in populum: et non movebo amplius populum meum, filios Israel, à terra quam dedi illis.*

26 Y el templo en que se invocaba tu *santo* Nombre, le redujiste al estado en que se halla hoy dia, por causa de las maldades de la casa de Israel, y de la casa de Judá.

27 Y te has portado con nosotros, oh Señor Dios nuestro, con toda tu bondad, y con toda aquella tu grande misericordia;

28 conforme lo habias predicho por Moysés, siervo tuyo, en el dia que le mandaste escribir tu Ley á vista de los hijos de Israel,

29 diciendo: Si vosotros no obedeciéreis á mi voz, esta grande muchedumbre de gente será reducida á un pequeño número en las naciones, entre las cuales la dispersaré:

30 porque yo sé que el pueblo *ese* no me escuchará, pues es un pueblo de dura cerviz; pero él volverá en sí, cuando esté en la tierra de su esclavitud;

31 y conocerán que yo soy el Dios suyo. Y les daré un *nuevo* corazon, y entenderán; y oidos, y oirán;

32 y me tributarán alabanza en la tierra de su cautiverio, y se acordarán de mi *santo* Nombre.

33 Y dejarán la dureza de su cerviz, y la malignidad suya; pues se acordarán de lo que sucedió á sus padres por haber pecado contra mí.

34 Y los conduciré otra vez á la tierra que prometí con juramento á sus padres Abraham, Isaac, y Jacob; y serán señores de ella, y los multiplicaré, y no irán en diminucion.

35 Y asentaré con ellos otra alianza, que será sempiterna, por la cual yo sea su Dios, asi como ellos sean el pueblo mio; y no removeré jamás á mi pueblo, á los hijos de Israel, de la tierra que les dí.

---

la voz ἀποστολή *apostolé*, que la Vulgata traduce literalmente *emissions.* Véase *Jer. Thren. cap. II. v.* 14.

CAPÍTULO III.

Continúa el Profeta implorando la misericordia del Señor. Israel abandonó la senda de la sabiduría, y por eso fué llevado cautivo; esta senda, desconocida de los soberbios, la mostró el Señor á su pueblo. Profecía de la Encarnacion del Hijo de Dios.

1 *Et nunc, Domine omnipotens, Deus Israel, anima in angustiis, et spiritus anxius clamat ad te.*

2 *Audi Domine, et miserere, quia Deus es misericors; et miserere nostri, quia peccavimus ante te.*

3 *Quia tu sedes in sempiternum, et nos peribimus in ævum?*

4 *Domine omnipotens, Deus Israel, audi nunc orationem mortuorum Israel, et filiorum ipsorum qui peccaverunt ante te, et non audierunt vocem Domini Dei sui, et agglutinata sunt nobis mala.*

5 *Noli meminisse iniquitatum patrum nostrorum, sed memento manus tuæ, et nominis tui in tempore isto:*

6 *quia tu es Dominus Deus noster et laudabimus te, Domine,*

7 *quia propter hoc dedisti timorem tuum in cordibus nostris, et ut invocemus nomen tuum, et laudemus te in captivitate nostra, quia convertimur ab iniquitate patrum nostrorum, qui peccaverunt ante te.*

8 *Et ecce nos in captivitate nostra sumus hodie, qua nos dispersisti in improperium, et in maledictum, et in peccatum, secundùm omnes iniquitates patrum nostrorum, qui recesserunt à te, Domine Deus noster.*

1 Y ahora, oh Señor Todopoderoso, Dios de Israel, á tí dirige sus clamores el alma mia angustiada, y mi espíritu acongojado.

2 Atiende, oh Señor, y ten piedad, pues tú eres un Dios de misericordia, y apiádate de nosotros, porque hemos pecado en tu presencia.

3 Pues tú, *oh Señor*, permaneces eternamente; y nosotros *tus hijos* ¿habrémos de perecer para siempre [1]?

4 Oh Señor Todopoderoso, Dios de Israel, escucha ahora la oracion de los muertos de Israel [2], *de los israelitas atribulados*, y de los hijos de aquellos; los cuales pecaron delante de tí, y no quisieron escuchar la voz del Señor Dios suyo, por cuyo motivo se han apegado á nosotros *todos* los males.

5 No quieras acordarte de las maldades de nuestros padres; acuérdate, sí, en esta ocasion de tu poder y de tu *santo* Nombre:

6 porque tú eres el Señor Dios nuestro; y nosotros, oh Señor, te tributarémos la alabanza:

7 pues por eso has llenado de temor nuestros corazones, á fin de que invoquemos tu *santo* Nombre, y te alabemos en nuestra cautividad: puesto que detestamos *ya* la iniquidad de nuestros padres que pecaron en tu presencia.

8 Y he aquí que permanecemos nosotros en nuestro cautiverio, en donde nos tienes tú dispersos, para que seamos el escarnio, la maldicion y la hez de los pecadores, en pena de todas las maldades de nuestros padres, los cuales se alejaron de tí, oh Señor Dios nuestro.

---

1 De un modo semejante movian al Señor á que se apiadase de ellos. *Job cap. XIII. v.* 25. — *XIV. v.* 1., y David *Psalm. CII. v.* 9, 13.

2 *Vers.* 11.

9 *Audi Israel mandata vitæ: auribus percipe, ut scias prudentiam.*

10 *Quid est Israel quòd in terra inimicorum es?*

11 *Inveterasti in terra aliena, coinquinatus es cum mortuis: deputatus es cum descendentibus in infernum.*

12 *Dereliquisti fontem sapientiæ:*

13 *nam si in via Dei ambulasses, habitasses utique in pace sempiterna.*

14 *Disce ubi sit prudentia, ubi sit virtus, ubi sit intellectus: ut scias simul ubi sit longiturnitas vitæ et victus, ubi sit lumen oculorum, et pax.*

15 *Quis invenit locum ejus, et quis intravit in thesauros ejus?*

16 *Ubi sunt principes Gentium, et qui dominantur super bestias, quæ sunt super terram?*

17 *qui in avibus cæli ludunt,*

18 *qui argentum thesaurizant, et aurum, in quo confidunt homines, et non est finis acquisitionis eorum? qui argentum fabricant et solliciti sunt, nec est inventio operum illorum?*

19 *Exterminati sunt, et ad inferos descenderunt, et alii loco eorum surrexerunt.*

20 *Juvenes viderunt lumen, et habitaverunt super terram: viam autem disciplinæ ignoraverunt,*

21 *neque intellexerunt semitas ejus, neque filii eorum susceperunt eam, à facie ipsorum longè facta est.*

22 *Non est audita in terra Chanaan, neque visa est in Theman.*

9 Escucha, oh Israel, los mandamientos de vida: aplica tus oidos para aprender la prudencia.

10 ¿Cuál es el motivo, oh Israel, de que estés tú en tierra de enemigos?

11 ¿y de que hayas envejecido en pais extranjero, te hayas contaminado entre los muertos, y de que ya se te cuente en el número de los que descienden al sepulcro?

12 ¡Ah! es por haber tú abandonado la fuente de la sabiduría:

13 porque si hubieses andado por la senda de Dios, hubieras vivido ciertamente en una paz ó *felicidad* perdurable [1].

14 Aprende *pues* donde está la sabiduría, donde está la fortaleza, donde está la inteligencia, para que sepas asi tambien donde está la longura de la vida, y el sustento, y donde está la luz de los ojos *del alma*, y la paz ó *felicidad verdadera.*

15 ¿Quién halló el lugar en que ella habita? ¿Ni quién penetró en sus tesoros?

16 ¿Dónde están los príncipes de las naciones, y aquellos que dominaban sobre las bestias de la tierra?

17 ¿aquellos que jugaban *ó se enseñoreaban* de la aves del cielo;

18 aquellos que atesoraban plata y oro, en que ponen los hombres su confianza, y en cuya adquisicion jamás acaban de saciarse; aquellos que hacian labrar *muebles de* plata, y andaban afanados, sin poner término á sus empresas?

19 Exterminados fueron y descendieron á los infiernos; y su puesto le ocuparon otros.

20 Estos jóvenes vieron la luz, y habitaron sobre la tierra *como sus padres*; pero desconocieron *tambien* el camino de la sabiduría;

21 ni comprendieron sus veredas, ni sus hijos la abrazaron: se alejó de la presencia de ellos.

22 No se oyó palabra de ella en la tierra de Chánaan, ni fué vista en Theman [2].

---

1 *Sap. cap. VI.*

2 En la tierra de *Chánaan* habitaban los *phe-*

23 *Filii quoque Agar, qui exquirunt prudentiam quæ de terra est, negotiatores Merrhæ, et Theman, et fabulatores, et exquisitores prudentiæ et intelligentiæ: viam autem sapientiæ nescierunt, neque commemorati sunt semitas ejus.*

24 *O Israel, quàm magna est domus Dei, et ingens locus possessionis ejus!*

25 *Magnus est, et non habet finem; excelsus et inmensus.*

26 *Ibi fuerunt gigantes nominati illi, qui ab initio fuerunt, staturâ magnâ, scientes bellum.*

27 *Non hos elegit Dominus, neque viam disciplinæ invenerunt: proptereà perierunt.*

28 *Et quoniam non habuerunt sapientiam, interierunt propter suam insipientiam.*

29 *Quis ascendit in cœlum, et accepit eam, et eduxit eam de nubibus?*

30 *Quis transfretavit mare, et invenit illam? et attulit illam super aurum electum?*

31 *Non est qui possit scire vias ejus, neque qui exquirat semitas ejus:*

32 *sed qui scit universa, novit eam, et adinvenit eam prudentiâ suâ: qui præparavit terram in æterno tempore, et replevit eam pecudibus et quadrupedibus:*

33 *qui emittit lumen, et vadit, et vocavit illud, et obedit illi in tremore.*

34 *Stellæ autem dederunt lumen in custodiis suis, et lætatæ sunt:*

35 *vocatæ sunt, et dixerunt: Adsu-*

23 Asimismo los hijos de Agar, que van en busca de la prudencia ó *sabiduría* que procede de la tierra, y los negociantes de Merrha y de Theman [1] y los autores de fábulas *instructivas*, y los investigadores de la sabiduría é inteligencia, desconocieron igualmente el camino de la *verdadera* sabiduría, ni hicieron mencion de sus veredas.

24 ¡Oh Israel, cuán grande es la Casa de Dios, y cuán espacioso el lugar de su dominio!

25 Grandísimo es y no tiene término, excelso es é inmenso.

26 Allí vivieron aquellos famosos gigantes, que hubo al principio *del mundo* de grande estatura, diestros en la guerra.

27 No fueron estos escogidos por el Señor, no hallaron estos la senda de la doctrina: por lo tanto perecieron,

28 porque no tuvieron sabiduría: perecieron por su necedad.

29 ¿Quién subió al cielo, y la tomó, y la trajo de encima de las nubes?

30 ¿Quién atravesó los mares y pudo hallarla, y la trajo con preferencia al oro purísimo [2]?

31 No hay nadie que pueda conocer los caminos de ella, ni investigar las veredas por donde anda.

32 Mas aquel *Señor que* sabe todas las cosas, la conoce, y la manifiesta con su prudencia: aquel que fundó la tierra para que subsista eternamente, y la llenó de ganados y de cuadrúpedos;

33 aquel que despide la luz, y ella marcha *al instante*; y la llama, y ella obedece *luego*, temblando de respeto [3].

34 Las estrellas difundieron su luz en sus estaciones [4], y se llenaron de alegría:

35 fueron llamadas, y *al instante* res-

---

nicios, pueblo astuto y célebre por la invención de las letras, ó del arte de escribir, etc. Los *thamanitas* eran reputados por un pueblo sabio ó mas instruido que los otros. Véase *Jerem. XLIX. v.* 20.

1 Se cree que esta es la ciudad de *Manra* de los sidonios *(Josue XIII. v.* 4.), los cuales eran muy entendidos, como generalmente

todos los phenicios. Theman en la Idumea era un pueblo diferente del otro de la Arabia, pais de los ismaelitas; y unos y otros habitantes tenian fama de instruidos. *Jerem. XLIX. vers.* 7.

2 *Job XXVIII. v.* 15.
3 *Jos. X. v.* 12.—*IV. Reg. XX. v.* 9.
4 *Is. XXIV. v.* 21.—*Jud. V. v.* 20.

mus: et luxerunt ei cum jucunditate, qui fecit illas.

36 *Hic est Deus noster, et non æstimabitur alius adversus eum.*

37 *Hic adinvenit omnem viam disciplinæ, et tradidit illam Jacob puero suo, et Israel dilecto suo.*

38 *Post hæc in terris visus est, et cum hominibus conversatus est.*

pondieron: Aquí estamos; y resplandecieron, gozosas de servir al *Señor* que las crió.

36 Este es nuestro Dios, y ningun otro será reputado por tal en su presencia.

37 Este fué el que dispuso todos los caminos de la doctrina *ó sabiduría*, y el que la dió á su siervo Jacob, y á Israel su amado.

38 Despues de tales cosas, él se ha dejado ver sobre la tierra, y ha conversado con los hombres [1].

CAPÍTULO IV.

Prerogativas del pueblo de Israel. El Señor castigó sus pecados con un largo cautiverio; pero le dará la libertad, y castigará á sus enemigos.

1 *Hic liber mandatorum Dei, et lex, quæ est in æternum: omnes qui tenent eam, pervenient ad vitam; qui autem dereliquerunt eam, in mortem.*

2 *Convertere, Jacob, et apprehende eam, ambula per viam ad splendorem ejus contra lumen ejus.*

3 *Ne tradas alteri gloriam tuam, et dignitatem tuam genti alienæ.*

4 *Beati sumus, Israel: quia quæ Deo placent, manifesta sunt nobis.*

5 *Animæquior esto populus Dei, memorabilis Israel.*

6 *Venundati estis gentibus non in perditionem: sed propter quòd in ira ad iracundiam provocastis Deum, traditi estis adversariis.*

7 *Exacerbastis enim eum qui fecit vos, Deum æternum, immolantes dæmoniis, et non Deo.*

8 *Obliti enim estis Deum, qui nutrivit vos, et contristastis nutricem vestram Jerusalem.*

1 *La Sabiduría*, este es el Libro de los mandamientos de Dios, y la Ley que subsiste eternamente : todos los que la abrazan, llegarán á la vida *verdadera*; mas aquellos que la abandonan, van á parar en la muerte.

2 Conviértete, oh Jacob, y tenla asida: anda á la luz de ella por el camino que te señala con su resplandor.

3 No des tu gloria á otro *pueblo*: ni tu dignidad á una nacion extraña.

4 Dichosos somos nosotros, oh Israel; porque sabemos las cosas que son del agrado de Dios [2].

5 Ten buen ánimo, oh pueblo de Dios, tú que conservas el nombre de Israel.

6 Vendidos habeis sido vosotros á las naciones, *pero no para que seais aniquilados; sino que por haber provocado la indignacion de Dios, por eso fuísteis entregados á los enemigos.

7 Pues exasperásteis á aquel *Señor* que os crió, al Dios eterno, ofreciendo sacrificios á los demonios en lugar de Dios.

8 Porque echásteis en olvido al Dios que os crió, y llenásteis de afliccion á Jerusalem vuestra nodriza.

---

1 Véase una magnífica profecía de la Encarnacion del Hijo de Dios Todos los Santos Padres lo exponen del mismo modo, refiriéndose á lo que se lee en el *cap. I.* del *Evangelio de S. Juan*, y en la *Epístola I á Timotheo cap. III. v.* 16.

2 *Ps. CXLVII. v.* 19.—*Deut. IV. v.* 8.

9 *Vidit enim iracundiam à Deo venientem vobis, et dixit: Audite confines Sion; adduxit enim mihi Deus luctum magnum:*

10 *vidi enim captivitatem populi mei, filiorum meorum, et filiarum, quam superduxit illis æternus.*

11 *Nutrivi enim illos cum jucunditate: dimisi autem illos cum fletu et luctu.*

12 *Nemo gaudeat super me viduam, et desolatam: à multis derelicta sum propter peccata filiorum meorum, quia declinaverunt à lege Dei.*

13 *Justitias autem ipsius nescierunt, nec ambulaverunt per vias mandatorum Dei, neque per semitas veritatis ejus cum justitia ingressi sunt.*

14 *Veniant confines Sion, et memorentur captivitatem filiorum et filiarum mearum, quam superduxit illis æternus.*

15 *Adduxit enim super illos gentem de longinquo, gentem improbam, et alterius linguæ:*

16 *qui non sunt reveriti senem, neque puerorum miserti sunt: et abduxerunt dilectos viduæ, et à filiis unicam desolaverunt.*

17 *Ego autem quid possum adjuvare vos?*

18 *Qui enim adduxit super vos mala, ipse vos eripiet de manibus inimicorum vestrorum.*

19 *Ambulate filii, ambulate: ego enim derelicta sum sola.*

20 *Exui me stolâ pacis: indui autem me sacco obsecrationis, et clamabo ad Altissimum in diebus meis.*

21 *Animæquiores estote filii, clamate ad Dominum, et eripiet vos de manu principum inimicorum.*

22 *Ego enim speravi in æternum salutem vestram: et venit mihi gaudium à Sancto super misericordia, quæ veniet vobis ab æterno salutari nostro.*

23 *Emisi enim vos cum luctu et ploratu: reducet autem vos mihi Dominus cum gaudio et jucunditate in sempiternum.*

9 Porque ella vió venir sobre vosotros la ira de Dios, y dijo: Escuchad, oh ciudades vecinas de Sion; Dios me ha enviado una afliccion grande:

10 pues yo he visto la esclavitud del pueblo mio, de mis hijos é hijas, á la cual el Eterno los ha conducido:

11 porque yo los crié con gozo; pero con llanto y con dolor los he dejado.

12 Ninguno se alegre al verme viuda y desolada: desamparada he sido de muchos, por causa de los pecados de mis hijos; los cuales se desviaron de la ley de Dios,

13 y desconocieron sus preceptos, y no anduvieron por el camino de los mandamientos de Dios, ni con la justicia siguieron por las sendas de su verdad.

14 Vengan *las ciudades* vecinas de Sion, y consideren *y lamenten* conmigo la esclavitud á que el Eterno ha reducido á mis hijos é hijas;

15 porque el *Señor* hizo venir contra ellos una nacion remota, nacion perversa, y de lengua desconocida:

16 la cual no ha respetado al anciano, ni ha tenido piedad de los niños, y le ha arrancado á la viuda sus queridos *hijos*, dejándola sin ellos desolada.

17 Y ahora ¿en qué puedo yo ayudaros?

18 Pero aquel *Señor* que envió sobre vosotros los males, él mismo os librará de las manos de vuestros enemigos.

19 Audad, oh hijos *mios*, id *al cautiverio*; y yo me quedo solitaria.

20 Me desnudé del manto ó *vestido* de paz *y regocijo*, y me vestí del saco de rogativa, y clamaré al Altísimo todos los dias de mi vida.

21 Tened buen ánimo, oh hijos *mios*, clamad al Señor, y él os libertará del poder de los príncipes enemigos.

22 Porque yo he puesto la esperanza mia en el Eterno, *que es* nuestra salud; y el Santo me ha consolado con la *promesa de la* misericordia que tendrá de vosotros el Eterno, nuestro Salvador.

23 Pues con lágrimas y sollozos os dejé ir; mas el Señor os volverá otra vez á mí con gozo y alegría duradera.

24 *Sicut enim viderunt vicinæ Sion captivitatem vestram à Deo, sic videbunt et in celeritate salutem vestram à Deo, quæ superveniet vobis cum honore magno, et splendore æterno.*

25 *Filii patienter sustinete iram, quæ supervenit vobis: persecutus est enim te inimicus tuus: sed citò videbis perditionem ipsius, et super cervices ipsius ascendes.*

26 *Delicati mei ambulaverunt vias asperas: ducti sunt enim ut grex direptus ab inimicis.*

27 *Animæquiores estote filii, et proclamate ad Dominum, erit enim memoria vestra ab eo qui duxit vos.*

28 *Sicut enim fuit sensus vester ut erraretis à Deo: decies tantum iterum convertentes requiretis eum.*

29 *Qui enim induxit vobis mala, ipse rursum adducet vobis sempiternam jucunditatem cum salute vestra.*

30 *Animæquior esto Jerusalem, exhortatur enim te, qui te nominavit.*

31 *Nocentes peribunt, qui te vexaverunt: et qui gratulati sunt in tua ruina, punientur.*

32 *Civitates, quibus servierunt filii tui, punientur; et quæ accepit filios tuos.*

33 *Sicut enim gavisa est in tua ruina, et lætata est in casu tuo, sic contristabitur in sua desolatione.*

34 *Et amputabitur exultatio multitudinis ejus, et gaudimonium ejus erit in luctum.*

35 *Ignis enim superveniet ei ab Æterno in longiturnis diebus, et habitabitur à dæmoniis in multitudine temporis.*

36 *Circumspice Jerusalem ad Orientem, et vide jucunditatem à Deo tibi venientem.*

24 Y al modo que las *ciudades* vecinas de Sion vieron que venia de Dios vuestra esclavitud; asi verán muy presto que os vendrá de Dios la salud con grande honra y resplandor eterno.

25 Hijos, soportad con paciencia el castigo que ha descargado sobre vosotros. Porque, oh *Israel*, tu enemigo te ha perseguido; pero en breve verás tú la perdicion suya, y pondrás tu pie sobre su cuello [1].

26 Mis delicados hijos han andado por caminos ásperos; porque han sido llevados como un rebaño robado por enemigos.

27 Hijos, tened buen ánimo, y clamad al Señor; pues aquel *mismo* que os ha trasportado *ahí*, se acordará de vosotros.

28 Porque si vuestra voluntad os movió á descarriaros de Dios, *tambien* le buscaréis con una voluntad diez veces mayor, luego que os háyais convertido.

29 Porque aquel que os envió estos males, él mismo traerá un gozo sempiterno con la salud que os dará.

30 Buen ánimo, oh Jerusalem, pues te consuela aquel *Dios* que te dió el nombre *de ciudad suya.*

31 Los malos que te destrozaron perecerán, y castigados serán aquellos que se alegraron en la ruina tuya.

32 Las ciudades á las cuales han servido tus hijos, serán castigadas; y será castigada aquella que se apoderó de ellos.

33 Asi como se gozó ella en tu ruina, y se alegró de tu caida, así se verá angustiada en su desolacion.

34 Y cesará la alegre algazara de su muchedumbre, y su regocijo se convertirá en llanto.

35 Porque el Eterno enviará fuego [2] sobre ella por largos dias, y será habitada de demonios durante mucho tiempo [3].

36 Mira, oh Jerusalem, hácia el Oriente, y repara la alegría que Dios te envia;

---

1 En parte se verificó esto cuando Esther y Mardochéo en Susa, y Daniel en Babylonia tuvieron tan gran poder en el imperio de los cháldeos. Pero su principal cumplimiento fue cuando despues se sujetaron las naciones á la Iglesia.

2 Esto es, el fuego de la Divina venganza por medio de los persas. *Is. XIII. v. 19.—Jer. L. v. 29.*

3 *Is. XXXIV. v. 14.—Jer. L. v. 39.*

37 *Ecce enim veniunt filii tui quos dimisisti dispersos, veniunt collecti ab Oriente usque ad Occidentem, in verbo Sancti gaudentes in honorem Dei.*

37 porque he aquí que vuelven tus hijos que tu enviaste dispersos: ellos vienen congregados desde Oriente á Occidente, segun la promesa del Santo, alabando á Dios con alegría.

CAPÍTULO V.

Convida á Jerusalem á que deponga sus vestidos de luto; porque sus hijos llevados con ignominia al cautiverio, volverán de él llenos de gozo y de honra.

1 *Exue te Jerusalem stolâ luctûs, et vexationis tuæ: et indue te decore, et honore ejus, quæ à Deo tibi est, sempiternæ gloriæ.*

1 Desnúdate, oh Jerusalem, del vestido de luto, correspondiente á tu afliccion, y vístete del esplendor y de la magnificencia de aquella gloria perdurable que te viene de Dios.

2 *Circumdabit te Deus diploide justitiæ, et imponet mitram capiti honoris æterni.*

2 Te revestirá el Señor de un doble manto de justicia ó *santidad*, y pondrá sobre tu cabeza una diadema de honra sempiterna [1].

3 *Deus enim ostendet splendorem suum in te, omni qui sub cælo est.*

3 Pues en tí dará á conocer Dios su magnificencia á todos los hombres que existen debajo del cielo.

4 *Nominabitur enim tibi nomen tuum à Deo in sempiternum: Pax justitiæ, et honor pietatis.*

4 Porque tu nombre, el nombre que te impondrá Dios para siempre será este: La paz ó *felicidad* de la justicia y la gloria de la piedad [2].

5 *Exurge Jerusalem, et sta in excelso: et circumspice ad Orientem, et vide collectos filios tuos ab Oriente sole, usque ad Occidentem, in verbo sancti gaudentes Dei memoriâ.*

5 Levántate, oh Jerusalem, y ponte en la altura, y dirige tu vista hácia Oriente, y mira como se congregan tus hijos desde el Oriente hasta el Occidente en virtud de la palabra del Santo, gozándose en la memoria de *su* Dios;

6 *Exierant enim abs te pedibus ducti ab inimicis: adducet autem illos Dominus ad te portatos in honore sicut filios regni.*

6 porque se partieron de tí á pie llevados por los enemigos: el Señor empero, te los volverá á traer conducidos con el decoro ó *magnificencia* de hijos ó *príncipes* del reino [3].

7 *Constituit enim Deus humiliare omnem montem excelsum, et rupes perennes, et convalles replere in æqualitatem terræ: ut ambulet Israel diligenter in honorem Dei.*

7 Porque Dios ha decretado abatir todo monte empinado, y todo peñasco eterno, y terraplenar los valles al igual de la tierra; para que Israel camine sin demora para gloria de Dios.

8 *Obumbraverunt autem et silvæ, et omne lignum suavitatis, Israel ex mandato Dei.*

8 Aun las selvas y todos los árboles aromáticos harán sombra á Israel, por mandamiento de Dios.

---

1 Por la voz griega Διπλόιδα *diploide* se entiende un vestido ó manto para muger, forrado de pieles preciosas; y por *mitra* ó diadema el adorno de la cabeza. Era el vestido de gala, opuesto al de luto, que se llamaba *saco* ó cilicio. Véase *Mitra.*

2 Véase *Nombre. Vulgata.*

3 *Josepho lib. XI. Antiq. c.* 4.

·9 *Adducet enim Deus Israel cum jucunditate in lumine majestatis suæ, cum misericordia et justitia, quæ est ex ipso.*

9 Porque Dios guiará alegremente á Israel con el esplendor de su magestad, mediante la misericordia, y la justicia que de él vienen.

CAPÍTULO VI.

Carta de Jeremías á los cautivos de Babylonia, en que les predice que lograrán la libertad pasadas siete generaciones: y los exhorta á huir de la idolatría.

Exemplar epistolæ, quam misit Jeremías ad abducendos captivos in Babyloniam à rege Babyloniorum, ut annuntiaret illis secundùm quod præceptum est illi à Deo.

Copia de la carta que envió Jeremías á los *judíos* cuando habian de salir para Babylonia, á donde los hacia conducir cautivos el Rey de los babylonios, en que les hace saber lo que Dios le habia mandado.

1 *Propter peccata quæ peccastis ante Deum, abducemini in Babyloniam captivi à Nabuchodonosor rege Babyloniorum.*

1 Por los pecados que habeis cometido en la presencia de Dios, seréis llevados cautivos á Babylonia por Nabuchôdonosor Rey de los babylonios.

2 *Ingressi itaque in Babylonem, eritis ibi annis plurimis, et temporibus longis, usque ad generationes septem: post hoc autem educam vos inde cum pace.*

2 Llegados pues á Babylonia, estaréis allí muchísimos años, y por muy largo tiempo, hasta siete generaciones [1]; despues de lo cual os sacaré de allí en paz.

·3 *Nunc autem videbitis in Babylonia deos aureos, et argenteos, et lapideos, et ligneos in humeris portari, ostentantes metum gentibus.*

3 Ahora bien, vosotros veréis en Babylonia dioses de oro, y de plata, y de piedra, y de madera, llevados en hombros, que causan un temor *respetuoso* á las gentes [2].

4 *Videte ergo ne et vos similes efficiamini factis alienis, et metuatis, et metus vos capiat in ipsis.*

4 Guardaos, pues, vosotros de imitar lo que hacen los extrangeros, de modo que vengais á temerlos ó respetarlos, y á concebir temor de tales dioses.

5 *Visa itaque turba de retro, et ab ante adorantes, dicite in cordibus vestris: Te oportet adorari, Domine.*

5 Cuando veais, pues, detrás y delante de ellos la turba que los adora, decid allá en vuestro corazon: Oh Señor, *solo* á tí se debe adorar.

6 *Angelus enim meus vobiscum est: ipse autem exquiram animas vestras.*

6 Porque mi ángel [3] con vosotros está; y yo mismo tendré cuidado de vuestras almas.

7 *Nam lingua ipsorum polita à fabro, ipsa etiam inaurata et inargentata, falsa sunt, et non possunt loqui.*

7 Puesto que la lengua de los ídolos limada fué por el artífice, *y muda se queda;* y aunque están ellos dorados y plateados, son un mero engaño, é incapaces de poder hablar.

8 *Et sicut virgini amanti ornamenta; ita accepto auro fabricati sunt.*

8 Y al modo que se hace con una doncella amiga de engalanarse, asi echando mano del oro los adornan con esmero.

9 *Coronas certè aureas habent super*

9 Á la verdad los dioses de ellos tie-

---

1 Cuenta el Profeta diez años por cada generacion.

2 *Is. XLIV. v.* 10.
3 *Dan. X. v.* 13. 21.—*XII. v.* 1.

capita sua dii illorum: unde subtra-
hunt sacerdotes ab eis aurum et argen-
tum, et erogant illud in semetipsos.

10 *Dant autem et ex ipso prostitutis,*
et meretrices ornant: et iterum cùm re-
ceperint illud à meretricibus, ornant
deos suos.

11 *Hi autem non liberantur ab æru-*
gine et tinea.

12 *Opertis autem illis veste purpurea,*
extergunt faciem ipsorum propter pul-
verem domus, qui est plurimus inter
eos.

13 *Sceptrum autem habet ut homo,*
sicut judex regionis, qui in se peccan-
tem non interficit.

14 *Habet etiam in manu gladium,*
et securim; se autem de bello, et à la-
tronibus non liberat. Unde vobis notum
sit quia non sunt dii.

15 *Non ergo timueritis eos. Sicut*
enim vas hominis confractum inutile
efficitur, tales sunt et dii illorum.

16 *Constitutis illis in domo, oculi*
eorum pleni sunt pulvere à pedibus in-
troeuntium.

17 *Et sicut alicui qui regem offendit,*
circumseptæ sunt januæ; aut sicut ad
sepulchrum adductum mortuum, ita
tutantur sacerdotes ostia clausuris et
seris, ne à latronibus expolientur.

18 *Lucernas accendunt illis, et qui-*
dem multas, ex quibus nullam videre
possunt: sunt autem sicut trabes in
domo.

19 *Corda verò eorum dicunt elingere*
serpentes qui de terra sunt, dum co-
medunt eos, et vestimentum ipsorum,
et non sentiunt.

20 *Nigræ fiunt facies eorum à fumo*
qui in domo fit.

21 *Supra corpus eorum, et supra ca-*

nen puestas sobre la cabeza coronas de
oro; oro que despues juntamente con
la plata les quitan los sacerdotes, á fin
de gastarle ellos para sí mismos.

10 Y aun le hacen servir para engala-
nar á las barraganas, y á las rameras;
y á veces recobrándole de ellas, adornan con él á sus dioses.

11 Sin embargo que estos dioses no
saben librarse del orin ni de la polilla.

12 Y despues que los han revestido de
púrpura, les limpian el rostro, con motivo del muchísimo polvo que hay en
sus templos.

13 Tiene tambien el ídolo un cetro en
su mano, como le tiene aquel que es
juez ó gobernador de un pais; mas él
no puede quitar la vida, ni dañar al
que le ofende.

14 Tiene igualmente en su mano la
espada, y la segur; mas no se puede librar á sí mismo de la guerra, ni de los
ladrones: por todo lo cual podeis echar
de ver que no son dioses.

15 Y asi no teneis que temerlos: porque los tales dioses son como una vasija
hecha pedazos, que para nada sirve.

16 Colocados que se hallan en una casa ó templo, sus ojos se cubren *luego* del
polvo que levantan los pies de los que
entran.

17 Y al modo que al que ofendió al
Rey, se le encierra dentro de muchas
puertas; y como se practica con un
muerto que se lleva al sepulcro: asi
aseguran los sacerdotes las puertas con
cerraduras, y cerrojos, para que los ladrones no despojen á los dioses.

18 Enciéndenles tambien delante muchas lámparas; mas no pueden ver
ninguna de ellas: son los tales *dioses*
como las vigas de una casa.

19 Dicen que unas sierpes [1], que salen de la tierra, les lamen el interior [2],
cuando se les comen á ellos y á sus vestiduras sin que ellos lo perciban.

20 Negras se vuelven sus caras del
humo que hay en su casa.

21 Sobre su cuerpo y sobre su cabeza

---

1 Por *sierpes* se entiende aquí toda suerte
de *gusanos*. Los idolos eran regularmente de
madera, aunque adornados con plata, oro y

vestidos preciosos etc. Todo lo consumia la
polilla.

2 Como para halagarlos ú obsequiarlos.

pui eorum volant noctuæ et hirundines, et aves etiam similiter et catiæ.

vuelan las lechusas, y las golondrinas, y otras aves, y tambien los gatos andan sobre ellos.

22 *Unde sciatis quia non sunt dii. Ne ergo timueritis eos.*

22 Por donde podeis conocer que los tales no son dioses; y por lo mismo no los temais.

23 *Aurum etiam quod habent, ad speciem est. Nisi aliquis exterserit æruginem, non fulgebunt: neque enim dum conflarentur, sentiebant.*

23 Ademas de esto el oro que tienen es para bien parecer [1] : si alguno no los limpia del orin, ya no relucirán. Ni aun cuando los estaban fundiendo *en el crisol*, sintieron nada.

24 *Ex omni pretio empta sunt, in quibus spiritus non inest ipsis.*

24 Y á pesar de que no hay en ellos espíritu alguno, fueron comprados á sumo precio.

25 *Sine pedibus in humeris portantur, ostentantes ignobilitatem suam hominibus. Confundantur etiam qui colunt ea.*

25 Llevados son en hombros, como que no tienen pies; demostrando asi á los hombres su vergonzosa impotencia. Avergonzados sean tambien aquellos que los adoran.

26 *Proptereà si ceciderint in terram, à semetipsis non consurgunt: neque si quis eum statuerit rectum, per semetipsum stabit, sed sicut mortuis munera eorum illis apponentur.*

26 Por eso si caen en tierra, no se levantan por sí mismos; ni por sí mismos se mantendrán, si alguno los pone en pie: y les han de poner delante las ofrendas, como á los muertos [2].

27 *Hostias illorum vendunt sacerdotes ipsorum, et abutuntur: similiter et mulieres eorum decerpentes, neque infirmo, neque mendicanti aliquid impertiunt;*

27 Estas ofrendas las venden y malgastan sus sacerdotes, y tambien sus mugeres roban para sí: no dan nada de ello al enfermo ni al mendigo.

28 *de sacrificiis eorum fœtæ et menstruatæ contingunt. Scientes itaque ex his quia non sunt dii, ne timeatis eos.*

28 Tocan los sacrificios de ellos las mugeres paridas y las menstruosas [3]. Conociendo pues por todas estas cosas que los tales no son dioses, no teneis que temerlos.

29 *Unde enim vocantur dii? Quia mulieres apponunt diis argenteis, et aureis, et ligneis.*

29 Mas ¿cómo es que los llaman dioses? Es porque las mugeres [4] presentan dones á estos dioses de plata, y de oro, y de madera;

30 *Et in domibus eorum sacerdotes sedent habentes tunicas scissas, et capita, et barbam rasam, quorum capita nuda sunt.*

30 y los sacerdotes se están en las casas ó *templos* de ellos, llevando rasgadas sus túnicas, y raido el cabello y la barba, y con la cabeza descubierta [5].

31 *Rugiunt autem clamantes contra deos suos, sicut in cœna mortui.*

31 Y rugen dando gritos en la presencia de sus dioses, como se practica en la cena ó *convite* de un muerto.

---

1 *Martini* traduce : *é per mostra* ; y los sacerdotes se lo quitan cuando quieren.

2 En varias ediciones de la Vulgata se lee *humeri* en vez de *munera*: y asi Martini traduce: *si reggeranno su gli omeri*, etc. Véase Dan. XIV.

3 *Lev. XII. v.* 4.—*XV. v.* 19.

4 Ignorantes que son muchas de ellas y superticiosas, y los hombres débiles y superticiosos, presentan, etc.

5 Parece que alude esto al culto que daban los gentiles á Adonis cuando lamentaban su muerte. De este luto ó duelo habla Luciano: *De dea Syria.* Este aparato luctuoso estaba prohibido á los Sacerdotes hebreos. *Levit. X. v.* 6.—*XXI.* 5. 10.

32 *Vestimenta eorum auferunt sacerdotes, et vestiunt uxores suas, et filios suos.*

33 *Neque si quid mali patiuntur ab aliquo, neque si quid boni, poterunt retribuere: neque regem constituere possunt, neque auferre.*

34 *Similiter neque dare divitias possunt, neque malum retribuere. Si quis illis votum voverit, et non reddiderit; neque hoc requirunt.*

35 *Hominem à morte non liberant, neque infirmum à potentiori eripiunt.*

36 *Hominem cæcum ad visum non restituunt, de necessitate hominem non liberabunt.*

37 *Viduæ non miserebuntur, neque orphanis benefacient.*

38 *Lapidibus de monte similes sunt dii illorum, lignei, et lapidei, et aurei, et argentei. Qui autem colunt ea, confundentur.*

39 *Quomodo ergo æstimandum est, aut dicendum illos esse deos?*

40 *Adhuc enim ipsis Chaldæis non honorantibus ea: qui cùm audierint mutum non posse loqui, offerunt illud ad Bel, postulantes ab eo loqui:*

41 *quasi possint sentire qui non habent motum, et ipsi cùm intellexerint, relinquent ea: sensum enim non habent ipsi dii illorum.*

42 *Mulieres autem circumdatæ funibus in viis sedent, succendentes ossa olivarum.*

43 *Cùm autem aliqua ex ipsis attracta ab aliquo transeunte dormierit cum eo, proximæ suæ exprobrat quòd ea non sit digna habita, sicut ipsa, neque funis ejus diruptus sit.*

---

32 Los sacerdotes les quitan á los ídolos sus vestidos, y los hacen servir para vestir á sus mugeres y á sus hijos.

33 Y aunque *á los ídolos* se les hiciere algun mal ó algun bien, no pueden volver la paga correspondiente. Ni pueden poner un Rey, ni pueden quitarle:

34 y asimismo ni pueden dar riquezas, ni tomar venganza de nadie. Si alguno les hace un voto, y no le cumple, ni de esto se quejan.

35 No pueden librar á un hombre de la muerte, ni amparar al débil contra el poderoso.

36 No restituyen la vista á ningun ciego, ni sacarán de la miseria á nadie.

37 No se compadecerán de la viuda, ni serán bienhechores de los huérfanos.

38 Semejantes son á las piedras del monte esos sus dioses de madera, de piedra, de oro, de plata. Confundidos serán sus adoradores.

39 ¿Cómo pues puede juzgarse ni decirse que los tales son dioses,

40 cuando aun los mismos cháldeos los desprecian? Asi que oyen que uno no puede hablar porque es mudo, le presentan á Bel, rogándole que le haga hablar:

41 como si tuviesen sentido aquellos que no tienen movimiento alguno; y ellos mismos, cuando lleguen á desengañarse, los abandonarán: pues ningun sentido tienen sus dioses.

42 Las mugeres empero[1], ceñidas de cordones[2], se sientan en los caminos, quemando el terron ó *el desecho* de la aceituna[3].

43 Y asi que alguna de ellas, atraida por algun pasagero, ha dormido con él: zahiere á su compañera de que no ha sido escogida como ella, y no ha sido roto su cordon ó *cinta*.

---

1 Para honrar á Venus.

2 Los *Setenta* usaron de la voz χοινία *schoinia*, que significa *funiculi è junco plexi*. Alude esto á la infame superstición que movia á las mugeres, aun de clase distinguida, á prostituirse á lo menos una vez en la vida en honor de *Mylitta*, que es *Venus*. Cada una de ellas llevaba al rededor de su cabeza un cor-

don ó cinta, el cual rompia el hombre en señal de que escogia aquella muger.

3 Era una necia y supersticiosa opinion del vulgo, el cual creia que aquel humo era apto para atraerse el amor de otro. Véase *S. Agust. lib. IV. de Civit. Dei. cap.* 10.—*S. Athan. Or. contra idol.* La voz griega πίτυρα *pityra* significa *salvado*.

44 *Omnia autem quæ illis fiunt, falsa sunt. Quomodo æstimandum aut dicendum est, illos esse deos?*

45 *A fabris autem et ab aurificibus facta sunt. Nihil aliud erunt, nisi id quod volunt esse sacerdotes.*

46 *Artifices etiam ipsi, qui ea faciunt, non sunt multi temporis. Nunquid ergo possunt ea quæ fabricata sunt ab ipsis esse dii?*

47 *Reliquerunt autem falsa et opprobrium posteà futuris.*

48 *Nam cùm supervenerit illis prælium, et mala, cogitant sacerdotes apud se, ubi se abscondant cum illis.*

49 *Quomodo ergo sentiri debeant quoniam dii sunt, qui nec de bello se liberant, neque de malis se eripiunt?*

50 *Nam cùm sint lignea, inaurata, et inargentata, scietur posteà quia falsa sunt, ab universis gentibus et regibus: quæ manifesta sunt quia non sunt dii, sed opera manuum hominum, et nullum Dei opus cum illis.*

51 *Unde ergo notum est, quia non sunt dii, sed opera manuum hominum, et nullum Dei opus in ipsis est?*

52 *Regem regioni non suscitant, neque pluviam hominibus dabunt:*

53 *judicium quoque non discernent; neque regiones liberabunt ab injuria, quia nihil possunt, sicut corniculæ inter medium cæli et terræ.*

54 *Etenim cùm inciderit ignis in domum deorum ligneorum, argenteorum, et aureorum, sacerdotes quidem ipsorum fugient, et liberabuntur: ipsi verò sicut trabes in medio comburentur.*

44 Y todas cuantas cosas se hacen *en* honor de los ídolos, están llenas de engaño é infamia. ¿Cómo pues podrá nunca juzgarse ó decirse que los tales sean dioses?

45 Han sido fabricados por carpinteros, y por plateros. No serán otra cosa que aquello que quieran los sacerdotes.

46 Los artífices mismos de los ídolos duran poco tiempo. ¿Podrán pues ser dioses aquellas cosas que ellos mismos fabrican?

47 Mentira y oprobio es lo que dejan á los que han de nacer.

48 Porque si sobreviene alguna guerra ó desastre, los sacerdotes andan discurriendo donde guarecerse con aquellos sus dioses.

49 ¿Cómo pues pueden merecer jamás el concepto de dioses, aquellos que ni pueden librarse de la guerra, ni sustraerse de las calamidades?

50 Porque siendo como son cosa de madera, dorados y plateados, conocerán despues al fin todas las naciones y Reyes que son un engaño, viendo claramente como no son dioses, sino obras de las manos de los hombres, y que nada hacen ellos en prueba de ser dioses.

51 Pero ¿y de dónde se conoce que no son ellos dioses, sino obras de las manos de los hombres, y que nada hacen en prueba de que son dioses?

52 En que ellos no ponen Rey en ningun pais, ni pueden dar la lluvia á los hombres.

53 No decidirán ciertamente las contiendas, ni librarán de la opresion á las provincias; porque nada pueden: son como las cornejitas [1], las cuales ni vienen á ser *aves* del cielo, ni *animales* de la tierra.

54 Porque si se prendiere fuego en el templo de los dioses *esos* de madera, de plata y de oro, á buen seguro que echarán á huir sus sacerdotes, y se pondrán en salvo: pero ellos se abrasarán dentro, lo mismo que las vigas.

---

1 Es el volátil menos volador, y se alza muy poco del suelo; de suerte que casi no pertenece ni á los volátiles, ni á los terrestres. Así el ídolo no es cosa del cielo, como cree el que le adora: y segun él, no es cosa de la tierra. Realmente ni es cosa del cielo, ni de la tierra; el *ídolo es nada*. Véase *Ídolo*.

55 *Regi autem, et bello non resistent. Quomodo ergo æstimandum est, aut recipiendum quia dii sunt?*

56 *Non à furibus, neque à latronibus se liberabunt dii lignei, et lapidei, et inaurati, et inargentati: quibus iniqui fortiores sunt,*

57 *aurum, et argentum, et vestimentum quo operti sunt, auferent illis, et abibunt, nec sibi auxilium ferent.*

58 *Itaque melius est esse regem ostentantem virtutem suam; aut vas in domo utile, in quo gloriabitur qui possidet illud: vel ostium in domo, quod custodit quæ in ipsa sunt, quàm falsi dii.*

59 *Sol quidem, et luna, ac sidera cùm sint splendida, et emissa ad utilitates, obaudiunt.*

60 *Similiter et fulgur cùm apparuerit, perspicuum est: idipsum autem et spiritus in omni regione spirat.*

61 *Et nubes, quibus cùm imperatum fuerit à Deo perambulare universum orbem, perficiunt quod imperatum est eis.*

62 *Ignis etiam missus desuper ut consumat montes et silvas, facit quod præceptum est ei. Hæc autem neque speciebus, neque virtutibus uni eorum similia sunt.*

63 *Unde neque existimandum est, neque dicendum illos esse deos, quando non possunt, neque judicium judicare, neque quidquam facere hominibus.*

64 *Scientes itaque quia non sunt dii, ne ergo timueritis eos.*

65 *Neque enim regibus maledicent, neque benedicent.*

66 *Signa etiam in cœlo gentibus non ostendunt, neque ut sol lucebunt, neque illuminabunt ut luna.*

67 *Bestiæ meliores sunt illis, quæ possunt fugere sub tectum, ac prodesse sibi.*

68 *Nullo itaque modo nobis est manifestum quia sunt dii: propter quod ne timeatis eos.*

55 Ni harán resistencia á un Rey en tiempo de guerra. ¿Cómo pues puede creerse, ni admitirse que sean ellos dioses?

56 No se librarán de ladrones, ni de salteadores, unos dioses que son de madera y de piedra, dorados y plateados; porque aquellos pueden mas que ellos;

57 y les quitarán el oro y la plata, y el vestido de que están cubiertos, y se marcharán; sin que los ídolos puedan valerse á sí mismos.

58 Por manera que vale mas un Rey que muestra su poder, ó cualquiera mueble útil en una casa, del cual se precia el dueño; ó la puerta de la casa, que guarda lo que hay dentro de ella, que no los falsos dioses.

59 El sol ciertamente, y la luna y las estrellas, que están puestas para alumbrarnos y sernos provechosas, obedecen puntualmente al Criador.

60 Asimismo el relámpago se hace percibir cuando aparece: y el viento sopla por todas las regiones.

61 Igualmente las nubes, cuando Dios les manda recorrer todo el mundo, ejecutan lo que se les ha mandado.

62 El fuego tambien enviado de arriba para abrasar los montes y los bosques, cumple lo que se le ha ordenado. Mas estos ídolos, ni en la belleza, ni en la virtud se parecen á ninguna de esas cosas.

63 Y asi no debe pensarse, ni decirse que los tales sean dioses, cuando no pueden ni hacer justicia, ni servir en cosa alguna á los hombres.

64 Sabiendo pues que ellos no son dioses, no teneis que temerlos:

65 pues ni enviarán maldicion, ni bendicion á los Reyes;

66 ni muestran tampoco á los pueblos las estaciones de los tiempos, ni lucen como el sol, ni alumbran como la luna.

67 Mas que ellos valen las bestias; las cuales pueden huir á refugiarse bajo cubierto, y valerse á sí mismas.

68 De ningua manera son dioses, como es evidente: por tanto pues, no teneis que temerlos.

69 *Nam sicut in cucumerario formido nihil custodit : ita sunt dii illorum lignei , et argentei , et inaurati.*

70 *Eodem modo et in horto spina alba , supra quam omnis avis sedet. Similiter et mortuo projecto in tenebris, similes sunt dii illorum lignei, et inaurati, et inargentati.*

71 *A purpura quoque et murice, quæ supra illos tineant, scietis itaque quia non sunt dii. Ipsi etiam postremò comeduntur, et erunt opprobrium in regione.*

72 *Melior est homo justus, qui non habet simulachra: nam erit longè ab opprobriis.*

69 Porque asi como no es buen guarda en el melonar un espantajo: asi son sus dioses de madera, de plata y de oro.

70 Son como la espina blanca en un huerto, sobre la cual vienen á posar toda suerte de pájaros. Aseméjanse tambien estos dioses suyos de madera, dorados y plateados, á un muerto que yace éntre las tinieblas *del sepulcro.*

71 Por la púrpura y escarlata, las cuales veis que se apolillan sobre ellos, conoceréis claramente que no son dioses: ellos mismos son al fin pasto de la polilla, y servirán de oprobio al pais.

72 Mejor *que todo* es el varon justo, el cual no conoce los ídolos: porque estará bien lejos de la ignominia [1].

---

1 De la ignominia que acarrea el adorar como á dioses á los leños y piedras en forma de ídolos. De este y demas versículos del capítulo se infiere claramente contra Calvino que los gentiles no adoraban sus ídolos como imágenes del Dios verdadero, como hacemos los christianos, sino que realmente creian que residia en ellos la Divinidad.

FIN DE LA PROFECIA DE BARUCH.

ADVERTENCIA

SOBRE LA PROFECIA DE EZECHIEL.

Ezechiel es el tercero de los cuatro Profetas llamados mayores. Fué de la estirpe sacerdotal, hijo de Buzi. Nabuchôdonosor le llevó cautivo á Babylonia con el rey Jechônias el año 3405 del mundo, y 599 antes de Jesu-Christo. Le concedió el Señor el don de profecía para consolar á sus hermanos, en cuyo ministerio continuo por espacio de veinte años, al mismo tiempo que Jeremías profetizaba en Jerusalem: y tuvo la gloria de morir mártir de la justicia; como se lee en el Martyrologio romano, á 10 de abril, con estas palabras: Memoria de Ezechiel profeta, el cual cerca de Babylonia fué muerto por el Príncipe de su pueblo, porque le reprendía por causa del culto que tributaba á los simulacros (de los ídolos). Fué sepultado en el monumento de Sem y de Arphaxad, progenitores de Abraham, á donde solian concurrir muchos á orar.

Sus profecías son muy oscuras, mayormente al principio y al fin del libro. Despues de haber insinuado su vocacion, describe la toma de Jerusalem por los chaldéos con todas las horrorosas circunstancias que la acompañaron, la cautividad de las diez tribus, la de la tribu de Judá, y todos los rigores de la Divina venganza contra su pueblo infiel. En seguida le presenta á éste objetos de consuelo, prometiéndole que Dios le sacaria de la cautividad, y restableceria á Jerusalem y su templo, y el reino de los judios, figura del reino del Mesías: y predice la vocacion de los gentiles, y el establecimiento de la Iglesia, y el reino del supremo Pastor Jesu-Christo, de cuyo bautismo y resurreccion habla de un modo misterioso; por cuyo motivo es llamado por S. Gregorio Nasianceno, el máximo y sublimísimo entre los Profetas; y por S. Gerónimo, el Océano de las Escrituras, y el laberinto de los misterios de Dios, por la suma dificultad de las figuras, símbolos y enigmas con que se explica. A este fin se ha de tener presente la regla que nos dió S. Agustin. Véanse las Máximas para leer con fruto las Santas Escrituras, puestas al fin del Nuevo Testamento. "No siendo el fin y el cumplimiento de las Escrituras, sino la doble cari»dad (amor á Dios y al prójimo), cualquiera que crea haber entendido las »Divinas Escrituras ó alguna parte de ellas; pero que las entiende de tal »suerte que con esa inteligencia que tiene no edifica aquella doble caridad; »todavía no las ha entendido bien: al contrario, aquel que saca de ellas ta-»les sentimientos que son útiles para nutrir y fortalecer dicha caridad, aun-»que acaso no haya comprendido el verdadero sentido que tuvo en su mente »en aquel texto el Escritor Sagrado, ni se engaña para daño suyo, ni cae »absolutamente en mentira[1]"

Los incrédulos suelen ridiculizar este libro por varias expresiones de que usa Ezechiel, que serian impropias en las lenguas y costumbres de Europa; pero no lo son entre los orientales, mayormente de aquellos tiempos. En los capítulos XVI y XXIII pinta la idolatría de Jerusalem bajo la alegoría de

[1] De Doctr. Christ. lib. I. cap. 35, 36.

dos mugeres prostitutas, cuya lubricidad está expresada de un modo que ahora les parece á algunos, á primera vista, demasiado chocante. Pero no se ha de juzgar de las costumbres de los antiguos por las que reinan entre nosotros. En los pueblos de costumbres sencillas y puras, el modo de hablar es tambien mas sencillo y menos culto que en las poblaciones mas viciosas; en las cuales, por lo mismo que hay mas corrupcion de costumbres, suele ser mas comedido y disimulado el lenguage de las pasiones, ó mas puro y honesto en la apariencia. Los niños y las personas mas sencillas é inocentes hablan sin rubor de muchas cosas, de que solamente las personas de malas costumbres sacan perversas y obscenas ideas. El deseo culpable de hacer entender alguna cosa obscena, sin chocar demasiado, es lo que mueve al hombre corrompido á explicarse con ciertos rodeos. En el lenguage del tiempo de los Patriarcas se nota mucho esta sencillez en el hablar. Y solamente, por causa de la corrupcion de costumbres, tomaron despues de muchos siglos los judíos algunas precauciones para que no se detuviesen los jóvenes en la lectura de Ezechiel, y de los Cantares; de la cual, hecha por mera curiosidad, y en medio del ardor de las pasiones, podrian abusar en daño de sus almas. Mas no he podido hallar ningun documento en prueba de la vulgar opinion de que la Synagoga prohibia á los judíos hasta la edad de cuarenta años la lectura de dichos libros sagrados. Unicamente S. Gerónimo en el prefacio de sus Comentarios sobre este Profeta supone que, segun la tradicion de los judíos, se requeria la edad de 30 años para leer los primeros capítulos del Génesis, el Cantar de cantares, y el principio y fin de Ezechiel.

Tambien por una refinada malignidad y mintiendo con descaro, han dicho y ridiculisado algunos incrédulos que Dios[1] mandó á Ezechiel que comiera el escremento humano: lo cual es una grosera impostura; pues solamente para representar la terrible miseria á que se verian reducidos los judíos, mandó Dios al Profeta que cociera el pan con el dicho escremento, cosa que chocaba con la limpieza legal que observaban los judíos. ¿Y quién ignora que en muchísimas regoines de Oriente, y aun en muchas ciudades nuestras, donde escasea el combustible, se cuece el pan en las tahonas con estiércol de los animales secado al sol? En varios pueblos de Oriente los pobres se ven muchas veces precisados á cocer sus viandas con semejante estiércol, por carecer de otro combustible; lo cual suele ocasionar mal olor en lo que se cuece. Y que en el largo y horroroso sitio que sufrió Jerusalem, durante el cual el hambre obligó á comer la carne de los caballos, se valiesen despues del escremento humano ya seco y deshecho en polvo á falta de otro combustible, ¿que tiene esto de inverosímil? Mas no es nada extraño que la impiedad, enmascarada con el nombre respetable de Filosofía, se haya valido desde los primeros siglos, y se valga aun ahora, á falta de razones sólidas, de tan necios y frívolos argumentos, propuestos siempre con el venenoso gracejo y mordacidad de la sátira, para impugnar la divinidad de las Escrituras Sagradas. Ezechiel comenzó á profetizar por los años 3410 hasta el de 3433 del Mundo.

---

1 *Ezech. cap. IV. v.* 12., 15.

LA PROFECÍA DE EZECHIEL.

CAPÍTULO PRIMERO.

Ezechiel declara el lugar y tiempo en que tuvo las visiones divinas de los cuatro animales, de las ruedas, y del trono, y del personage sentado sobre él, y rodeado de fuego.

1 *Et factum est in trigesimo anno, in quarto, in quinta mensis, cùm essem in medio captivorum juxta fluvium Chobar, aperti sunt cœli, et vidi visiones Dei.*

2 *In quinta mensis, ipse est annus quintus transmigrationis regis Joachin,*

3 *factum est verbum Domini ad Ezechielem filium Buzi sacerdotem in terra Chaldæorum secus flumen Chobar: et facta est super eum ibi manus Domini.*

4 *Et vidi, et ecce ventus turbinis veniebat ab Aquilone; et nubes magna, et ignis involvens, et splendor in circuitu ejus: et de medio ejus quasi species electri, id est de medio ignis:*

5 *et in medio ejus similitudo quatuor animalium: et hic aspectus eorum, similitudo hominis in eis.*

6 *Quatuor facies uni, et quatuor pennæ uni.*

7 *Pedes eorum pedes recti, et planta*

1 En el año trigésimo, en el mes cuarto, á cinco del mes, sucedió que estando yo en medio de los cautivos junto al rio Chôbar, se *me* abrieron los cielos [1], y tuve visiones divinas ó *extraordinarias.*

2 Á cinco del mes, en el quinto año despues de haber sido trasladado *á Babylonia* el Rey Joachîn, ó *Jechónías* [2],

3 dirigió el Señor su palabra á Ezechîel sacerdote, hijo de Buzi, en la tierra de los châldéos, junto al rio Chôbar; y allí se hizo sentir sobre él la mano ó *virtud de Dios* [3].

4 Y miré, y he aqui que venía del Norte un torbellino de viento, y una gran nube, y un fuego que se revolvia dentro *de la nube*, y un resplandor al rededor de ella; y en su centro, esto es, en medio del fuego, una imágen *de un personage, tan brillante* como de ámbar [4]:

5 y en medio de aquel fuego se veia una semejanza de cuatro animales [5]; la apariencia de los cuales era la siguiente: habia en ellos algo que se parecia al hombre:

6 cada uno tenía cuatro caras, y cuatro alas:

7 sus pies eran derechos *como los de*

---

1 Esto es, fue iluminado mi entendimiento para ver cosas celestiales.

2 *I. Paral. III. v.* 16.

3 *III. Reg. XVIII. v.* 46.—*IV. Reg. III. v.* 15.

4 La voz hebrea denota, segun S. Gerónimo, una especie de metal muy precioso, sumamente brillante, y mas estimado que el

oro. Otros traducen *electro.*

5 Dice una *semejanza*, porque no eran realmente animales, sino cuatro nobilísimos espíritus; y solamente para denotar algunas de sus cualidades se comparan en cierta manera con algunos animales muy conocidos por su fuerza, ligereza, etc., aunque no tuviesen la misma figura de dichos animales.

pedis eorum quasi planta pedis vituli, et scintillæ quasi aspectus æris candentis.

8 Et manus hominis sub pennis eorum in quatuor partibus: et facies et pennas per quatuor partes habebant.

9 Junctæque erant pennæ eorum alterius ad alterum; non revertebantur cùm incederent: sed unumquodque ante faciem suam gradiebatur.

10 Similitudo autem vultus eorum: facies hominis, et facies leonis à dextris ipsorum quatuor: facies autem bovis à sinistris ipsorum quatuor, et facies aquilæ desuper ipsorum quatuor.

11 Facies eorum, et pennæ eorum extentæ desuper: duæ pennæ singulorum jungebantur, et duæ tegebant corpora eorum:

12 et unumquodque eorum coram facie sua ambulabat: ubi erat impetus spiritus, illuc gradiebantur: nec revertebantur cùm ambularent.

13 Et similitudo animalium, aspectus eorum quasi carbonum ignis ardentium, et quasi aspectus lampadarum. Hæc erat visio discurrens in medio animalium, splendor ignis, et de igne fulgur egrediens.

14 Et animalia ibant et revertebantur, in similitudinem fulguris coruscantis.

15 Cùmque aspicerem animalia, apparuit rota una super terram juxta animalia, habens quatuor facies.

16 Et aspectus rotarum, et opus earum, quasi visio maris: et una similitudo ipsarum quatuor: et aspectus earum et opera, quasi sit rota in medio rotæ.

17 Per quatuor partes earum euntes ibant, et non revertebantur cùm ambularent.

un hombre, y la planta de sus pies, como la planta del pie de un becerro, y despedian centellas, como se ve en un acero muy encendido.

8 Debajo de sus alas, á los cuatro lados, habia manos de hombre: y tenian caras y alas por los cuatro lados.

9 Y juntábanse las alas del uno con las del otro. No se volvian cuando andaban, sino que cada uno caminaba adelante segun la direccion de su rostro.

10 Por lo que hace á su rostro, todos cuatro le tenian de hombre, y todos cuatro tenian una cara de leon á su lado derecho; al lado izquierdo tenian todos cuatro una cara de buey; y en la parte de arriba tenian todos cuatro una cara de águila.

11 Sus caras y sus alas miraban y extendíanse hácia lo alto: juntábanse por la punta[1] dos alas de cada uno, y con las otras dos cubrian sus cuerpos.

12 Y andaba cada cual de ellos segun la direccion de su rostro: á donde los llevaba el ímpetu del espíritu, allá iban; ni se volvian para caminar.

13 Y estos animales á la vista parecian como ascuas de ardiente fuego, y como hachas encendidas. Veíase discurrir por en medio de los animales un resplandor de fuego, y salir del fuego relámpagos.

14 Y los animales iban y volvian á manera de resplandecientes relámpagos.

15 Y mientras estaba yo mirando los animales, apareció una rueda[2] sobre la tierra, junto á cada uno de los animales; la cual tenia cuatro caras ó frentes[3];

16 y las ruedas y la materia de ellas era á la vista como del color del mar; y todas cuatro eran semejantes, y su forma y su estructura eran como de una rueda que está en medio de otra rueda[4].

17 Caminaban constantemente por sus cuatro lados, y no se volvian cuando andaban.

---

[1] Martini traduce: dos alas de cada uno de ellos estaban igualmente extendidas, ó como las alas de una ave cuando vuela.

[2] Como de una carroza.

[3] Segun S. Gerónimo parece que las cuatro ruedas tenian impresas las cuatro imáge-

nes ó caras de los querubines, esto es, la cara de un hombre, la de un leon, etc.

[4] Estas cuatro ruedas formaban por medio de un eje comun, como una carroza. Véase el cap. XLIX. v. 10. del Ecclesiástico.

18 *Statura quoque erat rotis, et altitudo, et horribilis aspectus: et totum corpus oculis plenum in circuitu ipsarum quatuor.*

19 *Cùmque ambularent animalia, ambulabant pariter et rotæ juxta ea: et cùm elevarentur animalia de terra elevabantur simul et rotæ.*

20 *Quocumque ibat spiritus, illuc euntie spiritu, et rotæ pariter elevabantur, sequentes eum. Spiritus enim vitæ erat in rotis.*

21 *Cum euntibus ibant, et cum stantibus stabant: et cum elevatis à terra, pariter elevabantur et rotæ, sequentes ea: quia spiritus vitæ erat in rotis.*

22 *Et similitudo super capita animalium firmamenti, quasi aspectus crystalli horribilis, et extenti super capita eorum desuper.*

23 *Sub firmamento autem pennæ eorum rectæ alterius ad alterum: unumquodque duabus alis velabat corpûs suum, et alterum similiter velabatur.*

24 *Et audiebam sonum alarum, quasi sonum aquarum multarum, quasi sonum sublimis Dei: cùm ambularent quasi sonus erat multitudinis ut sonus castrorum; cùmque starent, demittebantur pennæ eorum.*

25 *Nam cùm fieret vox super firmamentum, quod erat super caput eorum, stabant, et submittebant alas suas.*

26 *Et super firmamentum, quod erat imminens capiti eorum, quasi aspectus lapidis saphiri similitudo throni: et super similitudinem throni, similitudo quasi aspectus hominis desuper.*

27 *Et vidi quasi speciem electri, velut aspectum ignis, intrinsecus ejus per*

18 Asimismo las ruedas tenian tal circunferencia y altura, que causaba espanto el verlas; y toda la circunferencia de todas cuatro estaba llena de ojos por todas partes [1].

19 Y caminando los animales, andaban igualmente tambien las ruedas junto ó detrás de ellos; y cuando los animales se levantaban de la tierra, se levantaban tambien del mismo modo las ruedas con ellos.

20 Á cualquiera parte donde iba el espíritu, allá se dirigian tambien en pos de él las ruedas: porque habia en las ruedas espíritu de vida [2].

21 Andaban las ruedas si los *animales* andaban; parábanse si ellos se paraban: y levantándose ellos de la tierra, se levantaban tambien las ruedas en pos de ellos: porque habia en las ruedas espíritu de vida.

22 Y sobre las cabezas de los animales habia una semejanza de firmamento, que parecia á la vista un cristal estupendo [3]; el cual estaba extendido arriba por encima de sus cabezas.

23 Debajo empero del firmamento *se veian* las alas de ellos extendidas, tocando la ala del uno á la del otro, y cubriendo cada cual su cuerpo con las *otras* dos alas: cubríase cada uno del mismo modo.

24 Y oia yo el ruido de las alas como ruido de muchas aguas, como trueno del excelso Dios; así que caminaban, el ruido era semejante al de un gran gentío, ó como ruido de un ejército, y así que paraban, bajaban sus alas:

25 porque cuando salia una voz de sobre el firmamento que estaba encima de sus cabezas, ellos se paraban y bajaban sus alas.

26 Y habia sobre el firmamento que estaba encima de sus cabezas, como un trono de piedra de zafiro, y sobre aquella especie de trono habia la figura como de un personage.

27 Y yo ví *su aspecto* como una especie de electro *resplandeciente*, y á ma-

---

1 Del cielo empireo decia un poeta, que tenia tantos ojos como estrellas.

2 Movianse los animales, ó los querubines al impulso del Espíritu Divino: y por el mismo impulso los ruedas, como si fuesen animadas.

3 Ó que deslumbraba los ojos por su asombrosa brillantez y claridad.

circuitum: à lumbis ejus et desuper, et à lumbis ejus usque deorsum, vidi quasi speciem ignis splendentis in circuitu.

28 *Velut aspectum arcus cùm fuerit in nube in die pluvia: hic erat aspectus splendoris per gyrum.*

nera de fuego dentro de él, y al rededor de su cintura hasta arriba; y desde la cintura abajo ví como un fuego ardiente que resplandecia al rededor.

28 Cual aparece el arco iris cuando se halla en una nube en dia lluvioso, tal era el aspecto del resplandor que se veia al rededor *del trono* [1].

CAPÍTULO II.

Ezechiel cuenta como Dios le envió á los hijos de Israel para condenar su rebeldía, y excitarlos á la enmienda. Le manda el Señor devorar un volumen escrito por dentro y por fuera, figura de la comision que le dá.

1 *Hæc visio similitudinis gloriæ Domini: et vidi, et cecidi in faciem meam, et audivi vocem loquentis. Et dixit ad me: Fili hominis, sta super pedes tuos, et loquar tecum.*

2 *Et ingressus est in me spiritus postquam locutus est mihi, et statuit me supra pedes meos, et audivi loquentem ad me,*

3 *et dicentem: Fili hominis, mitto ego te ad filios Israel, ad gentes apostatrices, quæ recesserunt à me: ipsi et patres eorum prævaricati sunt pactum meum usque ad diem hanc.*

4 *Et filii dura facie, et indomabili corde sunt, ad quos ego mitto te; et dices ad eos: Hæc dicit Dominus Deus:*

5 *Si fortè vel ipsi audiant, et si fortè quiescant, quoniam domus exasperans est: et scient quia propheta fuerit in medio eorum.*

6 *Tu ergo, fili hominis, ne timeas eos, neque sermones eorum metuas: quoniam increduli et subversores sunt tecum, et cum scorpionibus habitas; verba eorum ne timeas, et vultus eorum ne formides, quia domus exasperans est.*

7 *Loquèris ergo verba mea ad eos, si fortè audiant, et quiescant: quoniam irritatores sunt.*

8 *Tu autem, fili hominis, audi quæ-*

1 Esta vision era una semejanza de la gloria de Dios. Yo la tuve, y postréme *atónito* sobre mi rostro, y oí la voz de un *personage* que hablaba, y me dijo á mí: Hijo de hombre, ponte en pie, y hablaré contigo.

2 Y despues que él hubo hablado, entró en mí el espíritu, y me puso sobre mis pies; y escuché al *personage* que me hablaba,

3 y decia: Hijo de hombre, yo te envio á los hijos de Israel, á esos gentiles y apóstatas que se han apartado de mí: ellos y sus padres han violado hasta el dia de hoy el pacto que tenian conmigo.

4 Son hijos de rostro duro, y de corazon indomable esos á quienes yo te envio. Y les dirás: Esto y esto dice el Señor Dios:

5 Por si acaso ellos escuchan, y por si cesan *de pecar*: porque es esa una familia contumaz. Y á lo menos sabrán que tienen un profeta en medio de ellos.

6 Tú pues, hijo de hombre, no los temas, ni te amedrenten sus palabras; pues tú tienes que haberlas con incrédulos y pervertidores, y habitas con escorpiones; no temas sus palabras, ni te amedrenten sus rostros; pues ella es una familia rebelde.

7 Tú, pues, les repetirás mis palabras, por si acaso escuchan, y cesen *de pecar*, porque es gente á propósito para irritar.

8 Empero tú, oh hijo de hombre, es-

---

1 El arco iris al rededor del trono de Dios puede considerarse como un hermoso simbolo de la Divina misericordia, la cual ordena siempre aun los mismos castigos y adversidades que envia á los hombres al mayor bien de estos, ó á la salvacion de sus escogidos.

cumque loquor ad te; et noli esse exasperans, sicut domus exasperatrix est: aperi os tuum, et comede quæcumque ego do tibi.

9 Et vidi, et ecce manus missa ad me, in qua erat involutus liber: et expandit illum coram me, qui erat scriptus intus et foris: et scriptæ erant in eo lamentationes, et carmen, et væ.

cucha todo aquello que te digo; y no seas rebelde, como lo es esta familia: abre tu boca, y come todo lo que yo te doy.

9 Y miré, y he aquí una mano extendida hácia mí, la cual tenia un volúmen ó libro arrollado, y le abrió delante de mí, y estaba escrito por dentro y por fuera: y lamentaciones y canciones lúgubres y ayes ó maldiciones, era lo que se hallaba escrito en él.

CAPÍTULO III.

Ezechiel come el libro que le dió el Señor, y queda lleno de valor para reprender á Israel, del cual se ve constituido centinela. Se le aparece nuevamente la gloria del Señor; el cual le manda que se encierre en casa, y no hable hasta segunda órden.

1 Et dixit ad me: Fili hominis, quodcumque inveneris comede: comede volumen istud, et vadens loquere ad filios Israel.

2 Et aperui os meum, et cibavit me volumine illo:

3 et dixit ad me: Fili hominis, venter tuus comedet, et viscera tua complebuntur volumine isto, quod ego do tibi. Et comedi illud: et factum est in ore meo sicut mel dulce.

4 Et dixit ad me: Fili hominis, vade ad domum Israel, et loquéris verba mea ad eos.

5 Non enim ad populum profundi sermonis et ignotæ linguæ tu mitteris, ad domum Israel:

6 neque ad populos multos profundi sermonis, et ignotæ linguæ, quorum non possis audire sermones: et si ad illos mittereris, ipsi audirent te.

7 Domus autem Israel nolunt audire te: quia nolunt audire me: omnis quippe domus Israel attrita fronte est, et duro corde.

1 Y díjome el Señor: Hijo de hombre, come cuanto hallares; come ese volúmen, y ve á hablar á los hijos de Israel [1].

2 Entonces abrí mi boca, y dióme á comer aquel volúmen,

3 y díjome: Hijo de hombre, con este volúmen que yo te doy, tu vientre se alimentará, y llenaránse tus entrañas. Comíle, pues, y hallóle mi paladar dulce como la miel [2].

4 Y díjome él: Hijo de hombre, anda y anuncia á la familia de Israel mis palabras:

5 porque no eres enviado tú á un pueblo de extraño lenguage, y de idioma desconocido, sino á la casa de Israel:

6 ni á varias naciones, cuyo hablar te sea desconocido y extraña su lengua, cuyas palabras no puedas entender; que si á estos fueses tú enviado, ellos te escucharian.

7 Mas los de la casa de Israel no quieren escucharte, porque ni á mí mismo quieren oirme: pues la casa toda de Israel es de frente descarada, y de corazon endurecido.

---

1 Se ve bien claramente que es esta una locucion metafórica para decir que abriese su corazon, y depositase en él la palabra de Dios, y que con la continua meditacion la convirtiese en sustancia de su alma, ó se penetrase bien de ella para poder anunciarla con mas fruto al pueblo. Importante documento para los sacerdotes, dice S. Gerónimo, á fin de que estudien y mediten las Escrituras Sagradas, para poder instruir á los demas. Este suceso, y otros que se leen en los Profetas, fueron una mera vision espiritual.

2 *Apoc.* X. v. 9. 10.

8 *Ecce dedi faciem tuam valentiorem faciebus eorum, et frontem tuam duriorem frontibus eorum.*

9 *Ut adamantem, et ut silicem dedi faciem tuam: ne timeas eos, neque metuas à facie eorum: quia domus exasperans est.*

10 *Et dixit ad me: Fili hominis, omnes sermones meos, quos ego loquor ad te, assume in corde tuo, et auribus tuis audi:*

11 *et vade, ingredere ad transmigrationem, ad filios populi tui, et loqueris ad eos, et dices eis: Hæc dicit Dominus Deus: si forte audiant, et quiescant.*

12 *Et assumpsit me spiritus, et audivi post me vocem commotionis magnæ: Benedicta gloria Domini de loco suo;*

13 *et vocem alarum animalium percutientium alterum ad alterum, et vocem rotarum sequentium animalia, et vocem commotionis magnæ.*

14 *Spiritus quoque levavit me, et assumpsit me: et abii amarus in indignatione spiritus mei: manus enim Domini erat mecum, confortans me.*

15 *Et veni ad transmigrationem, ad acervum novarum frugum, ad eos qui habitabant juxta flumen Chobar, et sedi ubi sedebant: et mansi ibi septem diebus mœrens in medio eorum.*

16 *Cùm autem pertransissent septem dies, factum est verbum Domini ad me, dicens:*

17 *Fili hominis: speculatorem dedi te domui Israel: et audies de ore meo verbum, et annuntiabis eis ex me.*

18 *Si dicente me ad impium: Morte morieris; non annuntiaveris ei, neque*

---

8 He aquí que yo te daré á tí un rostro mas firme que el rostro de ellos, y una frente mas dura que la frente suya.

9 Te daré un rostro *tan firme* como el diamante y el pedernal: no tienes que temer, ni turbarte delante de ellos; porque ella es una familia contumaz.

10 Y díjome: Hijo de hombre, recibe en tu corazon, y escucha bien todas las palabras que yo te hablo;

11 y anda, preséntate á los hijos de tu pueblo [1], que fueron traidos al cautiverio, y les hablarás de esta manera: He aquí lo que dice el Señor Dios; por si atienden y cesan *de pecar*.

12 Y arrebatóme el espíritu, y oí detrás de mí una voz muy estrepitosa, que decia: Bendita sea la gloria del Señor *que se va de su lugar*:

13 y oí el ruido de las alas de los animales, de las cuales la una batia con la otra, y el ruido de las ruedas que seguian á los animales, y el ruido de un grande estruendo.

14 Y me reanimó el espíritu, y me tomó; é iba yo lleno de amargura é indignacion de ánimo [2]; pero estaba conmigo la mano del Señor que me confortaba.

15 Llegué, pues, á los *cautivos* trasportados al *lugar llamado* Monton de las nuevas mieses, donde estaban aquellos que habitaban junto al rio Chôbar; y detúveme donde estaban ellos, y allí permanecí melancólico siete dias en medio de ellos.

16 Y al cabo de los siete dias, hablóme el Señor, diciendo:

17 Hijo de hombre, yo te he puesto por centinela en la casa de Israel, y de mi boca oirás mis palabras, y se las anunciarás á ellos de mi parte.

18 Si diciendo yo al impío: Morirás sin remedio; tú no se lo intimas, ni

---

1 Ya no los llama *pueblo suyo*; pues se habian hecho indignos de serlo.

2 Dulce cosa es al varon zeloso de la gloria de Dios y del bien de las almas el llamar á los pecadores á la penitencia, amenazándolos con los castigos del cielo, etc. Pero

despues, al considerar Ezechiel cuan indóciles y protervos eran los judios, y las vejaciones y malos tratamientos que le acarrearia á él tan dura profecia, padeció amarguras su corazon. Véase *Apoc.* X. *v.* 9.

loculus fueris ut avertatur à via sua impia, et vivat: ipse impius in iniquitate sua morietur, sanguinem autem ejus de manu tua requiram.

19 Si autem tu annuntiaveris impio, et ille non fuerit conversus ab impietate sua, et à via sua impia: ipse quidem in iniquitate sua morietur, tu autem animam tuam liberasti.

20 Sed et si conversus justus à justitia sua fuerit, et fecerit iniquitatem; ponam offendiculum coram eo, ipse morietur, quia non annuntiasti ei: in peccato suo morietur, et non erunt in memoria justitiæ ejus, quas fecit: sanguinem verò ejus de manu tua requiram.

21 Si autem tu annuntiaveris justo ut non peccet justus, et ille non peccaverit: vivens vivet, quia annuntiasti ei, et tu animam tuam liberasti.

22 Et facta est super me manus Domini, et dixit ad me: Surgens egredere in campum: et ibi loquar tecum.

23 Et surgens egressus sum in campum: et ecce ibi gloria Domini stabat, quasi gloria quam vidi juxta fluvium Chobar: et cecidi in faciem meam.

24 Et ingressus est in me spiritus, et statuit me super pedes meos: et locutus est mihi, et dixit ad me: Ingredere, et includere in medio domus tuæ.

25 Et tu, fili hominis, ecce data sunt super te vincula, et ligabunt te in eis; et non egredieris de medio eorum.

26 Et linguam tuam adhærere faciam palato tuo, et eris mutus, nec quasi vir objurgans: quia domus exasperans est.

27 Cùm autem locutus fuero tibi, aperiam os tuum, et dices ad eos: Hæc dicit Dominus Deus: Qui audit, audiat: et qui quiescit, quiescat: quia domus exasperans est.

le hablas, á fin de que se retraiga de su impío proceder y viva, aquel impío morirá en su pecado; pero yo te pediré á tí cuenta de su sangre ó *perdicion* [1].

19 Pero si tú has apercibido al impío y él no se ha convertido de su impiedad, ni de su impío proceder, él ciertamente morirá en su maldad; mas tú has salvado tu alma.

20 De la misma manera, si el justo abandonare la virtud, é hiciere obras malas, yo le pondré delante tropiezos: él morirá, porque tú no le has amonestado: morirá en su pecado, y no se hará cuenta ninguna de las obras justas que hizo, pero yo te pediré á tí cuenta de su sangre.

21 Mas si hubieres apercibido al justo á fin de que no peque, y él no pecare; en verdad que tendrá él verdadera vida, porque le apercibiste, y tú has librado tu alma.

22 É hízose sentir sobre mí la mano ó virtud del Señor; y díjome: Levántate y sal al campo, y allí hablaré contigo.

23 Y poniéndome en camino, salí al campo: y he aquí que la gloria del Señor que estaba allí, era al modo de aquella que ví junto al rio Chôbar: y postréme sobre mi rostro.

24 Y entró en mí el espíritu, y me puso sobre mis pies; y me habló, y me dijo: Vé, y enciérrate dentro de tu casa.

25 Y tú, oh hijo de hombre, mira que han dispuesto para tí ataduras, y te atarán, y tú no podrás salir de en medio de ellos.

26 Y yo haré que tu lengua se pegue á tu paladar, de suerte que estés mudo, y no seas ya un hombre que reprende: porque ella es una familia contumaz.

27 Mas así que yo te habré hablado, abriré tu boca, y tú les dirás á ellos: Esto dice el Señor Dios: El que oye, oiga: y quien duerme, duerma: porque es esta una familia contumaz.

---

1 *Porque*, como dice S. Gregorio, *el pastor mató á la oveja, cuando con su silencio* la abandonó á la muerte. Véase San Agustin Hom. 28. entre las 50.

CAPÍTULO IV.

Manda el Señor á Ezechiel que represente el sitio de Jerusalem y sus calamidades venideras, por medio de ciertas señales.

1 *Et tu, fili hominis, sume tibi laterem, et pones eum coram te: et describes in eo civitatem Jerusalem.*

2 *Et ordinabis adversus eam obsidionem, et ædificabis munitiones, et comportabis aggerem, et dabis contra eam castra, et pones arietes in gyro.*

3 *Et tu sume tibi sartaginem ferream, et pones eam in murum ferreum inter te, et inter civitatem: et obfirmabis faciem tuam ad eam, et erit in obsidionem, et circumdabis eam: signum est domui Israel.*

4 *Et tu dormies super latus tuum sinistrum, et pones iniquitates domus Israel super eo, numero dierum quibus dormies super illud, et assumes iniquitatem eorum.*

5 *Ego autem dedi tibi annos iniquitatis eorum, numero dierum trecentos et nonaginta dies: et portabis iniquitatem domus Israel.*

6 *Et cùm compleveris hæc, dormies super latus tuum dexterum secundò: et assumes iniquitatem domus Juda quadraginta diebus; diem pro anno, diem, inquam, pro anno dedi tibi.*

7 *Et ad obsidionem Jerusalem convertes faciem tuam, et brachium tuum erit extentum: et prophetabis adversus eam.*

8 *Ecce circumdedi te vinculis: et non*

1 Y tú, hijo de hombre, toma un ladrillo [1] y póntele delante; y dibujarás en él la ciudad de Jerusalem,

2 y delinearás con órden un asedio contra ella, y levantarás fortificaciones y harás trincheras, y sentarás un campamento contra ella, y colocarás arietes al rededor de sus muros.

3 Coge luego una sarten ó *plancha* [2] de hierro, y la pondrás cual si fuera una muralla de hierro, entre ti y la ciudad *delineada;* y á esta la mirarás con un rostro severo, y ella quedará sitiada, pues tú le pondrás cerco. *Todo* lo dicho es una señal ó *vaticinio* contra la casa de Israel.

4 Asimismo tú dormirás sobre tu lado izquierdo, y pondrás sobre él las maldades de Israel, durante el número de dias en los cuales dormirás sobre dicho lado, y llevarás *la pena de* su maldad.

5 Ahora bien, yo te he dado el número de trescientos y noventa dias, por otros tantos años de la maldad de ellos, y tú llevarás la *pena de* la iniquidad de la casa de Israel.

6 Concluidos empero estos dias, dormirás otra vez, *y dormirás* sobre tu lado derecho, y llevarás *la pena de* la iniquidad de la casa de Judá por cuarenta dias, dia por año, pues que por cada año te he señalado un dia.

7 Y volverás tu rostro *airado* contra la sitiada Jerusalem, y extendiendo tu brazo profetizarás contra ella.

8 Mira que yo te he rodeado dé cade-

---

1 Grande, como se usaban antiguamente.

2 La voz hebrea מחבת *mjbat* significa aquella plancha de hierro que puesta al fuego servia para cocer un pan grande, semejante al que llamamos *hogaza:* como se usa aun hoy dia en varios paises orientales. Alguna tendria cierto borde al rededor como la *sar-*

ten. Tambien puede entenderse por esa plancha de hierro puesta entre Dios y los israelitas, los atroces delitos de estos y su obstinacion é impenitencia, que eran como un muro de bronce que impedian que Dios usase con ellos de misericordia. *Is.* LIX. *v.* 2. Véase *Hebraismos.*

te converteris à latere tuo in latus aliud, donec compleas dies obsidionis tuæ.

9 Et tu sume tibi frumentum, et hordeum, et fabam, et lentem, et milium, et viciam: et mittes ea in vas unum, et facies tibi panes numero dierum quibus dormies super latus tuum, trecentis et nonaginta diebus comedes illud.

10 Cibus autem tuus quo vescéris, erit in pondere viginti stateres in die: à tempore usque ad tempus comedes illud.

11 Et aquam in mensura bibes, sextam partem hin: à tempore usque ad tempus bibes illud.

12 Et quasi subcinericium hordeaceum comedes illud: et stercore, quod egreditur de homine, operies illud in oculis eorum.

13 Et dixit Dominus: Sic comedent filii Israel panem suum pollutum inter gentes, ad quas ejiciam eos.

14 Et dixi: A, a, a, Domine Deus, ecce anima mea non est polluta; et morticinum, et laceratum à bestiis non comedi ab infantia mea usque nunc, et non est ingressa in os meum omnis caro immunda.

15 Et dixit ad me: Ecce dedi tibi fimum boum pro stercoribus humanis: et facies panem tuum in eo.

16 Et dixit ad me: Fili hominis: Ecce ego conteram baculum panis in Jerusalem: et comedent panem in pondere, et in sollicitudine; et aquam in mensura, et in angustia bibent:

17 ut deficientibus pane et aqua, corruat unusquisque ad fratrem suum: et contabescant in iniquitatibus suis.

nas, y no te podrás volver del un lado al otro, hasta que hayas cumplido los dias del sitio 1.

9 Tú pues haz prevencion de trigo, y cebada, y habas, y lentejas, y mijo, y alverja; y ponlo todo en una vasija, y te harás de ello panes, segun el número de los dias en los cuales dormirás sobre tu costado: trescientos y noventa dias comerás de ellos.

10 Y lo que comerás para tu sustento será veinte siclos 2 de peso cada dia: lo comerás una sola vez al dia.

11 Beberás tambien el agua con medida, esto es, la sexta parte de un hin 3: la beberás una sola vez al dia.

12 Y el pan le comerás cocido bajo la ceniza ó rescoldo, como una torta de cebada; debajo de la ceniza de escremento humano le cocerás, á vista de ellos 4.

13 Y dijo el Señor: De este modo los hijos de Israel comerán su pan inmundo entre los gentiles, á donde yo los arrojaré 5.

14 Entonces dije yo: ¡Ah, ah, Señor Dios! ¡Ah! mira que mi alma no está contaminada, y desde mi infancia hasta ahora no he comido cosa mortecina, ni despedazada de fieras 6, ni jamás ha entrado en mi boca especie ninguna de carne inmunda.

15 Y respondióme el Señor: He aquí que en lugar de escremento humano, te daré á tí estiercol de bueyes, con el cual cocerás tu pan.

16 Y añadióme: He aquí, oh hijo de hombre, que yo quitaré á Jerusalem el sustento del pan: y comerán el pan por onzas, y aun con sobresalto, y beberán agua muy tasada, y llenos de congoja:

17 y faltándoles al cabo el pan y el agua, vendrán á caer muertos unos sobre otros, y quedarán consumidos por sus maldades.

---

1 Que tú significas recostado.

2 Cerca de ocho onzas castellanas, ó de diez onzas romanas. Véase Onza, Siclo.

3 Ó cerca de once onzas. Véase Hin.

4 Por falta de otro combustible. Véase Pan. Algunos opinan que todo lo dicho fue una mera vision profética, con la cual quiso el Señor anunciar los sucesos futuros, conforme al estilo de hablar de los pueblos orientales. Véase Profeta, Hebraismos, y la Advertencia que precede á este libro. En el hebreo תעגנה tejugueneh: le cocerás.

5 Denotábase con esto el extremo de miseria á que llegarian los judios durante el sitio, en castigo de sus crimenes; pues se verian precisados á valerse de lo mas inmundo para disponer su comida.

6 Levit. XI. v. 11. 24.—XVII. v. 15.

CAPÍTULO V.

El Señor manda á Ezechiel que con ciertas señales y palabras intime á los hebreos su entera destruccion.

1 *Et tu, fili hominis, sume tibi gladium acutum, radentem pilos: et assumes eum, et duces per caput tuum, et per barbam tuam: et assumes tibi stateram ponderis, et divides eos.*

2 *Tertiam partem igni combures in medio civitatis, juxta completionem dierum obsidionis: et assumes tertiam partem, et concides gladio in circuitu ejus: tertiam verò aliam disperges in ventum, et gladium nudabo post eos.*

3 *Et sumes inde parvum numerum: et ligabis eos in summitate pallii tui.*

4 *Et ex eis rursum tolles., et projicies eos in medio ignis, et combures eos igni: et ex eo egredietur ignis in omnem domum Israel.*

5 *Hæc dicit Dominus Deus: Ista est Jerusalem; in medio gentium posui eam, et in circuitu ejus terras.*

6 *Et contempsit judicia mea, ut plus esset impia quàm gentes; et præcepta mea ultrà quàm terræ, quæ in circuitu ejus sunt; judicia enim mea projecerunt, et in præceptis meis non ambulaverunt.*

7 *Idcircò hæc dicit Dominus Deus: Quia superastis gentes, quæ in circuitu vestro sunt, et in præceptis meis non ambulastis, et judicia mea non fecistis, et juxta judicia gentium, quæ in circuitu vestro sunt, non estis operati,*

8 *ideò hæc dicit Dominus Deus: Ecce ego ad te, et ipse ego faciam in medio tui judicia in oculis gentium.*

1 Y tú, oh hijo de hombre, toma una navaja de barbero afilada, y afeitarás con ella tu cabeza y tu barba: y coge *despues* una balanza, y harás la division del pelo;

2 una tercera parte la quemarás al fuego en medio de la ciudad [1], concluidos que estén los dias [2] del sitio; y cogiendo otra tercera parte la cortarás con cuchillo [3] al rededor de la ciudad; y la otra tercera parte la esparcirás al viento: y en seguida desenvainaré yo la espada en seguimiento de ellos.

3 Y de esta *tercera parte de los cabellos* cogerás un pequeño número, y los atarás en la extremidad de tu capa.

4 Y tomarás tambien algunos, y los echarás en medio del fuego, y los quemarás, y de allí saldrá fuego contra toda la casa de Israel.

5 Pues he aquí lo que dice el Señor Dios: Esta es aquella Jerusalem que yo fundé en medio de los gentiles, habiendo puesto las regiones de estos al rededor de ella [4].

6 Pero *Jerusalem* despreció mis juicios ó leyes, y se ha hecho mas impía que las naciones, y ha violado mis mandamientos mas que las naciones que la rodean: pues *los hijos de Israel* despreciaron mis leyes, y no han procedido segun mis preceptos.

7 Por tanto, esto dice el Señor Dios: Pues que vosotros habeis excedido *en la maldad* á las naciones que teneis al rededor, y no habeis procedido segun mis preceptos, ni observado mis leyes, ni obrado *siquiera* conforme á las leyes de las gentes que viven al rededor vuestro;

8 por eso, así habla el Señor Dios: Heme aquí, oh *Jerusalem* contra tí, y yo mismo ejecutaré mis castigos en medio de tí, á la vista de las naciones.

---

1 Delineada en el ladrillo.

2 En que representarás el sitio.

3 Ó tijeras. La voz hebrea חרב *jereb* es muy genérica.

4 Para que imitasen su religion. Véase capítulo XXXVIII. v. 12.

9 *Et faciam in te quod non feci, et quibus similia ultra non faciam, propter omnes abominationes tuas.*

10 *Ideo patres comedent filios in medio tui, et filii comedent patres suos, et faciam in te judicia, et ventilabo universas reliquias tuas in omnem ventum.*

11 *Idcirco vivo ego, dicit Dominus Deus: nisi pro eò quòd sanctum meum violasti in omnibus offensionibus tuis, et in cunctis abominationibus tuis: ego quoque confringam, et non parcet oculus meus, et non miserebor.*

12 *Tertia pars tui peste morietur, et fame consumetur in medio tui: et tertia pars tui in gladio cadet in circuitu tuo: tertiam verò partem tuam in omnem ventum dispergam, et gladium evaginabo post eos.*

13 *Et complebo furorem meum, et requiescere faciam indignationem meam in eis, et consolabor: et scient quia ego Dominus locutus sum in zelo meo, cùm implevero indignationem meam in eis.*

14 *Et dabo te in desertum et in opprobrium gentibus, quæ in circuitu tuo sunt, in conspectu omnis prætereuntis.*

15 *Et eris opprobrium, et blasphemia, exemplum, et stupor in gentibus quæ in circuitu tuo sunt, cùm fecero in te judicia in furore, et in indignatione, et in increpationibus iræ.*

16 *Ego Dominus locutus sum: Quando misero sagittas famis pessimas in eos; quæ erunt mortiferæ, et quas mittam ut disperdam vos; et famem congregabo super vos, et conteram in vobis baculum panis.*

9 Y haré contra tí, á causa de todas tus abominaciones, aquello que nunca he hecho; y tales cosas, que jamás las haré semejantes.

10 Por eso se verá en tí que los padres comerán á sus hijos, y los hijos comerán á sus padres, y cumpliré mis castigos en medio de tí, y aventaré ó *dispersaré* á todo viento todos cuantos de tí quedaren.

11 Por tanto juro Yo, dice el Señor Dios, que así como tú has profanado mi Santuario con todos tus escándalos y con todas tus abominaciones [1]; yo tambien te exterminaré, y no te miraré con ojos benignos, ni tendré *de tí* misericordia.

12 Una tercera parte de los tuyos morirá de peste, y será consumida de hambre en medio de tí; otra tercera parte perecerá al filo de la espada al rededor tuyo; y á la otra tercera parte *de tus hijos* la esparciré á todo viento, y *aun* desenvainaré la espada en pos de ellos.

13 Y desahogaré mi furor, y haré que pose sobre ellos la indignacion mia, y quedaré satisfecho: y cuando yo hubiere desahogado sobre ellos mi indignacion, entonces conocerán que Yo el Señor he hablado *lleno de zelo por mi gloria.*

14 Yo te reduciré, *oh Jerusalem,* á un desierto, y á ser el escarnio de las naciones circunvecinas, y de cuantos transitando por tí te echen una mirada.

15 Y tú serás el oprobio y la maldicion, y el escarmiento y asombro de las naciones circunvecinas, luego que yo haya ejecutado en tí mis castigos con furor é indignacion, y con mi vengadora ira.

16 *Y conocerán que* Yo el Señor he hablado, cuando yo arrojaré contra ellos las funestas saetas de la hambre [2]: las cuales llevarán *consigo* la muerte: que para mataros las despediré yo, y amontonaré sobre vosotros el hambre, y os quitaré el sustento del pan.

---

1 Esto es, con los ídolos.
2 Llama *saetas de la hambre* á las tempestades, la sequía, los insectos nocivos, como la langosta, etc.

17 *Et immittam in vos famem, et bestias pessimas usque ad internecionem: et pestilentia, et sanguis transibunt per te, et gladium inducam super te. Ego Dominus locutus sum.*

17 Despacharé pues contra vosotros el hambre y las bestias fieras hasta destruiros enteramente; y se pasearán por en medio de tí, *oh pueblo infiel*, la peste y la mortandad, y haré que la espada descargue sobre tí. Yo el Señor lo he dicho.

CAPÍTULO VI.

Vaticinio de la ruina de la tierra de Israel por causa de la idolatría: los pocos que no perezcan por la peste, la hambre, ó la espada, serán llevados cautivos, y allí oprimidos de calamidades se convertirán al Señor.

1 *Et factus est sermo Domini ad me, dicens:*

2 *Fili hominis, pone faciem tuam ad montes Israel, et prophetabis ad eos,*

3 *et dices: Montes Israel, audite verbum Domini Dei: Hæc dicit Dominus Deus montibus, et collibus, rupibus, et vallibus: Ecce ego inducam super vos gladium, et disperdam excelsa vestra:*

4 *et demoliar aras vestras, et confringentur simulachra vestra: et dejiciam interfectos vestros ante idola vestra.*

5 *Et dabo cadavera filiorum Israel ante faciem simulachrorum vestrorum et dispergam ossa vestra circum aras vestras,*

6 *in omnibus habitationibus vestris. Urbes desertæ erunt, et excelsa demolientur, et dissipabuntur: et interibunt aræ vestræ, et confringentur: et cessabunt idola vestra, et conterentur delubra vestra, et delebuntur opera vestra.*

7 *Et cadet interfectus in medio vestri: et scietis quia ego sum Dominus.*

8 *Et relinquam in vobis eos, qui fugerint gladium in gentibus, cùm dispersero vos in terris.*

1 Y hablóme el Señor diciendo:

2 Hijo de hombre, vuelve tu cara hácia los montes de Israel, y profetizarás contra ellos,

3 y dirás: Montes de Israel, escuchad la palabra del Señor Dios: Esto dice el Señor Dios á los montes y á los collados, á los peñascos y á los valles: Mirad, Yo haré que descargue sobre vosotros la espada, y destruiré vuestros lugares excelsos [1];

4 y arrasaré vuestros altares, y vuestros simulacros serán hechos pedazos, y á vuestros moradores los arrojaré muertos delante de vuestros ídolos:

5 en presencia de vuestros simulacros pondré los cadáveres de los hijos de Israel, y esparciré vuestros huesos al rededor de vuestros altares,

6 en todos los lugares donde morais: despobladas quedarán las ciudades, y serán demolidos y arrasados los altos lugares *en que sacrificais*, y arruinados vuestros altares, y hechos pedazos; y se acabarán vuestros ídolos, y serán derribados vuestros templos, y deshechas vuestras obras.

7 Y se hará una gran mortandad entre vosotros, y conoceréis que Yo soy el Señor.

8 Y á algunos de vosotros, que habrán escapado de la espada, los conservaré entre las naciones, cuando yo os habré dispersado por varios paises.

1 Véase *Lugares altos.*

9 *Et recordabuntur mei liberati vestri in gentibus, ad quas captivi ducti sunt: quia contrivi cor eorum fornicans et recedens à me: et oculos eorum fornicantes post idola sua: et displicebunt sibimet super malis quæ fecerunt in universis abominationibus suis.*

10 *Et scient, quia ego Dominus non frustrà locutus sum, ut facerem eis malum hoc.*

11 *Hæc dicit Dominus Deus: Percute manum tuam, et allide pedem tuum, et dic: Heu, ad omnes abominationes malorum domus Israel; quia gladio, fame, et peste ruituri sunt.*

12 *Qui longè est, peste morietur: qui autem propè, gladio corruet: et qui relictus fuerit, et obsessus, fame morietur: et complebo indignationem meam in eis.*

13 *Et scietis quia ego Dominus, cùm fuerint interfecti vestri in medio idolorum vestrorum, in circuitu ararum vestrarum, in omni colle excelso, et in cunctis summitatibus montium, et subtus omne lignum nemorosum, et subtus universam quercum frondosam, locum ubi accenderunt thura redolentia universis idolis suis.*

14 *Et extendam manum meam super eos: et faciam terram desolatam et destitutam, à deserto Deblatha, in omnibus habitationibus eorum: et scient quia ego Dominus.*

9 Aquellos pues de vosotros que se habrán librado *de la muerte*, se acordarán de mí entre las naciones á donde serán llevados cautivos: porque yo quebrantaré su corazon adúltero, que se apartó de mí; y humillaré sus ojos, encendidos siempre en el *impuro* amor de sus ídolos; y ellos se disgustarán de sí mismos, al recordar las maldades que cometieron en todas sus abominaciones.

10 Y conocerán que no en balde dije Yo el Señor, que haria en ellos tal escarmiento.

11 Esto dice el Señor Dios: Hiere una mano con otra, y da golpes con tu pie [1], y dí: ¡Ay de la casa de Israel, á causa de sus inicuas abominaciones! porque *todos ellos* han de perecer al filo de la espada, y de hambre, y de peste.

12 El que esté lejos *de Jerusalem* morirá de peste; y el que esté cerca caerá bajo el filo de la espada; y el que se librare y fuere sitiado, morirá de hambre: y yo desahogaré en ellos mi indignacion.

13 Y vosotros conoceréis que yo soy el Señor, cuando vuestros muertos estuvieren en medio de vuestros ídolos, al rededor de vuestros altares; en todos los altos collados, sobre todas las cimas de los montes, y debajo de todo árbol frondoso, y de toda robusta encina; lugares en donde se quemaron olorosos inciensos á todos sus ídolos.

14 Y yo sentaré bien mi mano sobre ellos, y dejaré asolado y abandonado su pais, desde el desierto de Deblatha en todos los lugares en que habitan: y conocerán que Yo soy el Señor.

CAPÍTULO VII.

Ezechiel anuncia á los hebreos, de órden del Señor, la próxima ruina de su pais.

1 *Et factus est sermo Domini ad me, dicens:*

2 *Et tu, fili hominis, hæc dicit Dominus Deus terræ Israel: Finis venit,*

1 Y hablóme el Señor, y dijo:

2 Tú, pues, oh hijo de hombre, atiende: esto dice el Señor Dios á la

---

1 En señal de compasion y de dolor.

venit finis super quatuor plagas terræ.

3 *Nunc finis super te, et immittam furorem meum in te, et judicabo te juxta vias tuas: et ponam contra te omnes abominationes tuas.*

4 *Et non parcet oculus meus super te, et non miserebor: sed vias tuas ponam super te, et abominationes tuæ in medio tui erunt: et scietis quia ego Dominus.*

5 *Hæc dicit Dominus Deus: Afflictio una, afflictio ecce venit.*

6 *Finis venit, venit finis, evigilavit adversum te: ecce venit.*

7 *Venit contritio super te, qui habitas in terra: venit tempus, propè est dies occisionis, et non gloriæ montium.*

8 *Nunc de propinquo effundam iram meam super te, et complebo furorem meum in te: et judicabo te juxta vias tuas, et imponam tibi omnia scelera tua.*

9 *Et non parcet oculus meus, nec miserebor, sed vias tuas imponam tibi, et abominationes tuæ in medio tui erunt: et scietis quia ego sum Dominus percutiens.*

10 *Ecce dies, ecce venit, egressa est contritio, floruit virga, germinavit superbia:*

11 *iniquitas surrexit in virga impietatis: non ex eis, et non ex populo, neque ex sonitu eorum: et non erit requies in eis.*

12 *Venit tempus, appropinquavit dies: qui emit, non lætetur: et qui vendit, non lugeat: quia ira super omnem populum ejus.*

13 *Quia qui vendit; ad id quod vendidit, non revertetur, et adhuc in vi-*

tierra de Israel: El fin llega, ya llega el fin por todos los cuatro lados de este pais.

3 Llega ahora el fin para tí, y yo derramaré sobre tí mi furor, y te juzgaré segun tus procederes, y pondré delante de tí todas tus abominaciones.

4 Y no te miraré con ojos compasivos, ni tendré de tí misericordia; sino que pondré tus obras encima de tí, y en medio de tí tus abominaciones, y conoceréis que yo soy el Señor.

5 Esto dice el Señor Dios: La afliccion única, la afliccion *singularísima*, he aquí que viene.

6 El fin llega, llega *ya* el fin; se ha dispertado contra tí; hele aquí que viene:

7 viene el exterminio sobre tí que habitas esta tierra: llega *ya* el tiempo, cerca está el dia de la mortandad, y no *dia* de alborozo en los montes [1].

8 Yo pues me acerco ya para derramar mi ira sobre tí, y desahogaré en tí el furor mio, y te castigaré segun tus obras, y colocaré sobre tí todas tus maldades.

9 Y no te miraré con ojos benignos, ni me apiadaré de tí, sino que te echaré á cuestas todas tus maldades, y pondré delante de tí tus abominaciones; y conoceréis que Yo soy el Señor que castigo.

10 He aquí el dia, he aquí que *ya* llega: el exterminio viene ya: la vara *del castigo* floreció, la soberbia ú *obstinacion* ha echado sus ramas [2].

11 La maldad produjo la vara *del castigo* de la impiedad: no escapará ninguno de ellos, ninguno del pueblo, ninguno de aquellos que hacen ruido: nunca gozarán de reposo.

12 Llega el tiempo, acércase el dia: no tiene que alegrarse el que compra, ni que llorar el que vende; porque la ira *del Señor* va á descargar sobre todo su pueblo.

13 Pues el que vende, no volverá á adquirir lo vendido, aunque viva to-

---

1 Puede aludir al regocijo de los vendimiadores. *Jerem. XLVIII. v.* 33. Ó tambien á las canciones, con que se celebraban en los montes las fiestas de los idolos, á imita-

cion de lo que hacian los gentiles.
2 Los pecados de los hombres son como la raiz de que brotan los castigos que Dios envia.

ventibus vitæ eorum: visio enim ad omnem multitudinem ejus non regredietur: et vir in iniquitate vitæ suæ non confortabitur.

14 Canite tubâ, præparentur omnes, et non est qui vadat ad prælium: ira enim mea super universum populum ejus.

15 Gladius foris; et pestis et fames intrinsecus: qui in agro est, gladio morietur: et qui in civitate, pestilentiâ et fame devorabuntur.

16 Et salvabuntur qui fugerint ex eis: et erunt in montibus quasi columbæ convallium omnes trepidi, unusquisque in iniquitate sua.

17 Omnes manus dissolventur, et omnia genua fluent aquis.

18 Et accingent se ciliciis, et operiet eos formido, et in omni facie confusio, et in universis capitibus eorum calvitium.

19 Argentum eorum foras projicietur, et aurum eorum in sterquilinium erit. Argentum eorum, et aurum eorum non valebit liberare eos in die furoris Domini. Animam suam non saturabunt, et ventres eorum non implebuntur: quia scandalum iniquitatis eorum factum est.

20 Et ornamentum monilium suorum in superbiam posuerunt, et imagines abominationum suarum et simulachrorum fecerunt ex eo: propter hoc dedi eis illud in immunditiam:

21 et dabo illud in manus alienorum ad diripiendum, et impiis terræ in prædam, et contaminabunt illud.

22 Et avertam faciem meam ab eis, et violabunt arcanum meum: et introibunt in illud emissarii, et contaminabunt illud.

davía [1]: porque la vision que he tenido y comprende toda la muchedumbre de su pueblo, no quedará sin efecto; y ninguno se sostendrá por medio de las maldades de su vida.

14 Tocad enhorabuena la trompeta [2], prepárense todos; mas nadie hay que vaya al combate, porque la indignacion mia descarga sobre todo su pueblo [3].

15 Por afuera espada, y por adentro peste y hambre: el que está en la campiña, perecerá al filo de la espada; y la peste y la hambre devorarán al que esté en la ciudad.

16 Se salvarán de ella aquellos que huyeren: y se irán á los montes como las palomas de los valles, todos temblando de miedo, cada uno por causa de su maldad.

17 Desconyuntados quedarán todos los brazos, y poseidos del miedo [4] se les irán las aguas rodillas abajo.

18 Y se vestirán de cilicio, y quedarán cubiertos de pavor: en todas las caras se verá la confusion, y rapadas aparecerán todas sus cabezas [5].

19 Arrojada será por la calle la plata de ellos, y entre la basura su oro. Pues ni su plata ni su oro podrá salvarlos en aquel dia del furor del Señor, ni saciar su alma, ni llenar sus vientres; pues que les ha servido de tropiezo en su maldad [6].

20 Y las joyas con que se adornaban las convirtieron en pábulo de su soberbia, é hicieron de ellas las imágenes de sus abominaciones y de sus ídolos: por lo mismo haré yo que sean para ellos como inmundicia,

21 y las entregaré en saqueo á los extrangeros, y vendrán á ser presa de los impíos de la tierra, los cuales las contaminarán.

22 Y apartaré de ellos mi rostro, y aquellos impíos violarán mi arcano [7], y entrarán en él los saqueadores, y le profanarán.

---

1 Cuando llegue el año del jubileo. Levit. XXV. v. 10. Porque los cháldeos se llevarán cautivos todos los judios.

2 Is. XXI. v. 5.

3 Deut. XXXII. v. 30.

4 Y darán una contra otra sus rodillas de

puro miedo. Véase despues cap. XXI. v. 7.

5 Is. XV. v. 2.—Jerem. XLVIII. v. 37.

6 Prov. XI. ver. 4.—Eccli. V. ver. 10.—Soph. I. v. 18.

7 Ó el Sancta Sanctorum.

23 *Fac conclusionem: quoniam terra plena est judicio sanguinum, et civitas plena iniquitate.*

24 *Et adducam pessimos de gentibus, et possidebunt domos eorum: et quiescere faciam superbiam potentium, et possidebunt sanctuaria eorum.*

25 *Angustiá superveniente requirent pacem, et non erit.*

26 *Conturbatio super conturbationem veniet, et auditus super auditum: et quærent visionem de propheta, et lex peribit à sacerdote, et consilium à senioribus.*

27 *Rex lugebit, et princeps induetur mœrore, et manus populi terræ conturbabuntur. Secundùm viam eorum faciam eis, et secundùm judicia eorum judicabo eos: et scient quia ego Dominus.*

23 Haz la conclusion [1] *de esta dura profecia:* porque está la tierra llena de delitos sanguinarios, y llena está la ciudad de maldades.

24 Yo conduciré allí los mas perversos de las naciones, y ellos poseerán sus casas, y reprimiré *así* el orgullo de los poderosos, y haré que otros se apoderen de sus santuarios ó cosas santas.

25 Llegado que haya el dia del exterminio [2], buscarán la paz, y no habrá paz:

26 sino que habrá disturbio sobre disturbio, y las *malas* nuevas se alcanzarán unas á otras: y preguntarán al Profeta qué es lo que ha visto *en sus visiones;* mas ya no se hallará en los sacerdotes *el conocimiento de* la Ley de *Dios;* ni en los Ancianos ningun consejo *atinado.*

27 Sumergido quedará el Rey en la afliccion, y cubiertos de tristeza los príncipes ó *magnates,* y temblando de miedo las manos del pueblo. Los trataré yo como merecen, y los juzgaré segun sus obras; y conocerán que Yo soy el Señor.

CAPÍTULO VIII.

Ezechiel, conducido en espíritu á Jerusalem, ve en el templo mismo las idolatrías de los judíos; por cuyo motivo declara Dios que no los perdonará ni oirá sus ruegos.

1 *Et factum est in anno sexto, in sexto mense, in quinta mensis: ego sedebam in domo mea, et senes Juda sedebant coram me, et cecidit ibi super me manus Domini Dei.*

2 *Et vidi, et ecce similitudo quasi aspectus ignis, ab aspectu lumborum ejus, et deorsum, ignis: et à lumbis ejus, et sursum, quasi aspectus splendoris, ut visio electri.*

1 Y sucedió en el año sexto [3], el sexto mes, el dia cinco, que estando yo sentado en mi casa, y estándolo al rededor mio los Ancianos de Judá, súbito se hizo sentir sobre mí la virtud del Señor Dios.

2 Y miré, y he aquí la imágen *de un hombre* que parecia de fuego: desde la cintura á los pies era *todo* fuego, y desde la cintura arriba era como una luz resplandeciente, como electro [4] que brilla.

1 Segun el hebreo: *hazte una cadena en* señal de su cautiverio.

2 Ó en sobreviniéndoles la angustia.

3 De la cautividad de Jechónías. Año 3410 del Mundo.

4 *Cap. I. v.* 27. Todo esto fue una vision; pues realmente el Profeta sin salir de su casa, donde estaba con algunos Ancianos, oyó todo lo que refiere en los dos capítulos siguientes.

3 Et emissa similitudo manus apprehendit me in cincinno capitis mei: et elevavit me spiritus inter terram et cœlum: et adduxit me in Jerusalem in visione Dei, juxta ostium interius, quod respiciebat ad Aquilonem, ubi erat statutum idolum zeli ad provocandam æmulationem.

4 Et ecce ibi gloria Dei Israel, secundum visionem quam videram in campo.

5 Et dixit ad me: Fili hominis, leva oculos tuos ad viam Aquilonis. Et levavi oculos meos ad viam Aquilonis: et ecce ab Aquilone portæ altaris, idolum zeli in ipso introitu.

6 Et dixit ad me: Fili hominis, putasne, vides tu quid isti faciunt, abominationes magnas, quas domus Israel facit hic, ut procul recedam à sanctuario meo? et adhuc conversus videbis abominationes majores.

7 Et introduxit me ad ostium atrii: et vidi, et ecce foramen unum in pariete.

8 Et dixit ad me: Fili hominis, fode parietem. Et cùm fodissem parietem, apparuit ostium unum.

9 Et dixit ad me: Ingredere, et vide abominationes pessimas, quas isti faciunt hic.

10 Et ingressus vidi, et ecce omnis similitudo reptilium et animalium, abominatio, et universa idola domus Israel depicta erant in pariete in circuitu per totum.

11 Et septuaginta viri de senioribus domus Israel, et Jezonias filius Saphan stabat in medio eorum, stantium ante picturas: et unusquisque habebat thuri-

3 Y ví la figura de una mano extendida que me cogió de una guedeja de mi cabeza, y levantóme en espiritu entre cielo y tierra, y llevóme á Jerusalem en una vision maravillosa de Dios, junto á la puerta de adentro del Templo, que miraba al Norte, en donde estaba colocado el idolo de los zelos ó zelotipia [1], para provocar los zelos del Señor.

4 Y ví allí la gloria del Dios de Israel del modo que yo la habia visto en la vision tenida en el campo [2].

5 Y dijome él: Hijo de hombre, levanta tus ojos hácia la parte del Norte: y alzando mis ojos hácia la banda del Norte, he aquí al Norte de la puerta del Altar, en la entrada misma, el ídolo del zelo.

6 Y dijome: Hijo de hombre, ¿piensas acaso que ves tú lo que estos hacen, las grandes abominaciones que comete aquí la casa de Israel para que yo me retire lejos de mi Santuario? Pues si vuelves otra vez á mirar, verás abominaciones mayores.

7 Y me llevó á una salida del atrio, y miré, y habia un agujero en la pared.

8 Y dijome: Hijo de hombre, borada la pared, y boradado que hube la pared, apareció una puerta.

9 Dijome entonces: Entra y observa las pésimas abominaciones que cometen estos aquí.

10 Y habiendo entrado, miré; y he aquí figuras de toda especie de réptiles y de animales; y la abominacion de la familia de Israel, y todos sus ídolos, estaban pintados por todo el alrededor de la pared [3].

11 Y setenta hombres de los ancianos de la familia de Israel estaban en pie delante de las pinturas, y en medio de ellos Jezonías, hijo de Saphán, tenién-

---

1 Algunos creen que era el ídolo de Adonis, llamado idolo de zelot pia: porque, segun la fábula ó mitología, Marte hizo matar á Adonis, á quien amaba Venus, por zelos que tuvo. Observa S. Gerónimo que por este idolo que excita los zelos de Dios, pueden entenderse todos aquellos objetos que ocupan enteramente el corazon del hombre y en el

cual reinan en lugar de Dios; como el oro en el del avaro, el honor en el del ambicioso, el placer sensual ó una belleza en el del lascivo, etc.

2 Cap. III. v. 23.
3 Exod. XX. v. 4.—Lev. XXVI. v. 1.—Num. XXXIII. 52.

bulum in manu sua: et vapor nebulæ
de thure consurgebat.

12 Et dixit ad me: Certè vides, fili
hominis, quæ seniores domus Israel
faciunt in tenebris, unusquisque in abscondito cubiculi sui: dicunt enim: Non
videt Dominus nos, dereliquit Dominus terram.

13 Et dixit ad me: Adhuc conversus
videbis abominationes majores, quas
isti faciunt.

14 Et introduxit me per ostium portæ domus Domini, quod respiciebat ad
Aquilonem, et ecce ibi mulieres sedebant plangentes Adonidem.

15 Et dixit ad me: Certè vidisti, fili
hominis: adhuc conversus videbis abominationes majores his.

16 Et introduxit me in atrium domus Domini interius: et ecce in ostio
templi Domini inter vestibulum et altare, quasi viginti quinque viri, dorsa
habentes contra templum Domini, et
facies ad Orientem: et adorabant ad
ortum Solis.

17 Et dixit ad me: Certè vidisti, fili
hominis: nunquid leve est hoc domui
Juda, ut facerent abominationes istas,
quas fecerunt hic: quia replentes terram iniquitate conversi sunt ad irritandum me? et ecce applicant ramum
ad nares suas.

18 Ergo et ego faciam in furore: non
parcet oculus meus, nec miserebor: et
cùm clamaverint ad aures meas voce
magna, non exaudiam eos.

do cada uno de ellos un incensario en
la mano, y el incienso levantaba tanto
humo que parecia una niebla.

12 Y díjome él: Hijo de hombre, bien
ves tú lo que están haciendo los Ancianos de la casa de Israel, en la oscuridad, cada cual en lo escondido de su aposento; porque dicen ellos: No, no nos
vé el Señor: desamparó el Señor la
tierra.

13 Y añadióme: Aun volviéndote á
otra parte, verás peores abominaciones
que las que estos cometen.

14 Y llevóme á la entrada de la puerta del Templo del Señor, que caia al
Norte, y ví á unas mugeres que estaban
allí sentadas llorando á Adonis [1].

15 Y díjome: Tú ciertamente lo has
visto, oh hijo de hombre; mas si otra
vez vuelves á mirar, verás abominaciones peores que esas.

16 Y me introdujo en el atrio interior del Templo del Señor, y he aquí
que ví en la puerta del Templo del Señor, entre el vestíbulo y el altar, como
unos veinte y cinco hombres que tenian
sus espaldas vueltas al Templo del Señor, y las caras hácia el Oriente, adorando al sol que nacia [2].

17 Y díjome: Ya lo has visto, oh hijo de hombre: Pues qué, ¿es cosa de
poco momento para la casa de Judá, el
cometer esas abominaciones que han hecho aquí; que aun despues de haber llenado de iniquidad la tierra, se han empleado en irritarme? y he aquí que
aplican un ramo á su olfato [3].

18 Ahora, pues, Yo tambien los trataré con rigor: no se enternecerán mis
ojos, ni usaré de misericordia; y por
mas que levantaren el grito para que los
oiga, yo no los escucharé.

---

1 En el texto hebreo en vez de Adonis se
lee תמוז Thammuz, que significa oculto, ó
secreto; aludiendo quizá á que el idolo Adonis estaba cubierto ó envuelto á manera de
los cadáveres cuando los enterraban; ó tal
vez porque este culto iba acompañado de
muchas obscenidades, que procuraban ocul-
tar al público.

2 Los judios ofrecian el incienso y adoraban
á Dios mirando hácia Occidente, para huir de
adorar el sol como los gentiles. Job XXXI.
v. 26. El lugar en que estaban indica que eran
sacerdotes y levitas. Joel II. v. 17.—Matth.
XXIII. v. 35.

3 En señal de adorar al sol. Job XXXI. v.
26. Otros traducen: echan leña al fuego.

CAPÍTULO IX.

Manda Dios que mueran todos los que no se hallan señalados con la letra Thau. Oracion de Ezechiel; á quien dice el Señor que las maldades de su pueblo le fuerzan á castigarle con tanta severidad.

1 *Et clamavit in auribus meis voce magna, dicens: Appropinquaverunt visitationes urbis, et unusquisque vas interfectionis habet in manu sua.*

2 *Et ecce sex viri veniebant de via portæ superioris, quæ respicit ad Aquilonem: et uniuscujusque vas interitus in manu ejus: vir quoque unus in medio eorum vestitus erat lineis, et atramentarium scriptoris ad renes ejus: et ingressi sunt, et steterunt juxta altare æreum:*

3 *et gloria Domini Israel assumpta est de cherub, quæ erat super eum ad limen domus: et vocavit virum, qui indutus erat lineis, et atramentarium scriptoris habebat in lumbis suis.*

4 *Et dixit Dominus ad eum: Transi per mediam civitatem in medio Jerusalem: et signa thau super frontes virorum gementium, et dolentium super cunctis abominationibus, quæ fiunt in medio ejus.*

5 *Et illis dixit, audiente me: Transite per civitatem sequentes eum, et percutite: non parcat oculus vester, neque misereamini.*

6 *Senem, adolescentulum, et virginem, parvulum, et mulieres interficite usque ad internecionem: omnem, autem, super quem videritis thau, ne occidatis: et à sanctuario meo incipite. Cœperunt, ergo à viris senioribus, qui erant ante faciem domus.*

1 Y grité el Señor con grande voz á mis oidos, diciendo: Se acerca la visita ó castigo de la ciudad [1], y cada uno tiene en su mano un instrumento de muerte.

2 Y he aquí seis varones *respetables* [2] que venian por el camino de la puerta superior que mira al Norte, y cada uno de ellos traia en su mano un instrumento de muerte: habia tambien en medio de ellos un varon ó *personage* [3] con vestidura de lino, el cual traia un recado de escribir en la cintura, y entraron, y pusiéronse junto al altar de bronce [4].

3 Entonces la gloria del Señor de Israel se trasladó desde los Chêrubines, sobre los cuales residia, al umbral de la Casa ó *Templo*, y llamó al varon que llevaba la vestidura de lino, y tenia en su cintura el recado de escribir.

4 Y díjole el Señor: Pasa por medio de la ciudad, por medio de Jerusalem, y señala con la *letra* Thau las frentes de los hombres que gimen y se lamentan por todas las abominaciones que se cometen en medio de ella.

5 Á aquellos empero les dijo, oyéndolo yo: Pasad por la ciudad, siguiendo en pos de él, y herid de muerte á *los restantes*: no sean compasivos vuestros ojos, ni tengais piedad.

6 Matad al anciano, al jovencito, y á la doncella, y á los niños, y á las mugeres, hasta que no quede nadie; pero no matéis á ninguno en quien viéreis el Thau [5], y comenzareis por mi Santuario. Comenzaron, pues, por aquellos ancianos que estaban delante del templo [6].

---

1 *Exod. XX. v. 5.—XXXIV. v. 7.*
2 Que eran seis ángeles, los cuales venian á ejecutar los decretos de Dios.
3 Era este el ángel, figura del único Mediador nuestro Jesu-Christo, el que rogaba, é intercedia por los que debian ser salvados del exterminio, á los cuales señalaba con la letra ת *Thau*: letra que, segun la opinion de varios judíos, que siguen Tertuliano, Orígenes,

San Gerónimo, San Agustin, San Ambrosio, etc., tenia la figura de cruz ántes del tiempo de Esdras; al modo del T *Tau* de los griegos: que es la letra equivalente á la ת *Thau* de los hebreos.
4 Ó de los holocaustos.
5 *Exod. XII. v. 7.— Apoc. VII. v. 3.*
6 *Cap. VIII. v. 16.*

7 Et dixit ad eos: Contaminate domum, et implete atria interfectis: egredimini. Et egressi sunt, et percutiebant eos qui erant in civitate.

8 Et cæde completa, remansi ego: ruique super faciem meam, et clamans aio: Heu, heu, heu, Domine Deus: ergone disperdes omnes reliquias Israel, effundens furorem tuum super Jerusalem?

9 Et dixit ad me: Iniquitas domus Israel et Juda, magna est nimis valdè, et repleta est terra sanguinibus, et civitas repleta est aversione: dixerunt enim: Dereliquit Dominus terram, et Dominus non videt.

10 Igitur et meus non parcet oculus, neque miserebor: viam eorum super caput eorum reddam.

11 Et ecce vir, qui erat indutus lineis, qui habebat atramentarium in dorso suo, respondit verbum, dicens: Feci sicut præcepisti mihi.

7 Y díjoles él: Contaminad el templo, llenad sus pórticos de cadáveres: Salid. Y salieron, y mataron á cuantos estaban en la ciudad.

8 Y acabada la mortandad [1], quedé yo allí, y me postré sobre mi rostro, y levantando el grito, dije: ¡Ay, ay, Señor Dios, ay! ¿Por ventura destruirás todos los restos de Israel, derramando tu furor sobre Jerusalem?

9 Y díjome á mí: La iniquidad de la casa de Israel y de Judá es excesivamente grande, y la tierra está cubierta de enormes delitos, y llena de apostasías la ciudad: pues dijeron: Abandonó el Señor la tierra: el Señor no lo ve [2].

10 Ahora, pues, tampoco miraré con compasion, ni usaré de piedad: los trataré como ellos merecen.

11 Y he aquí que el varon que llevaba la vestidura de lino, y tenia en su cintura el recado de escribir, vino á dar parte, diciendo: He hecho lo que me mandaste.

CAPÍTULO X.

Manda Dios al ángel que llevaba la vestidura de lino que simbolice el incendio de Jerusalem, y el abandono en que dejará el Señor á su templo.

1 Et vidi, et ecce in firmamento, quod erat super caput cherubim, quasi lapis sapphirus, quasi species similitudinis solii, apparuit super ea.

2 Et dixit ad virum, qui indutus erat lineis, et ait: Ingredere in medio rotarum, quæ sunt subtus cherubim, et imple manum tuam prunis ignis, quæ sunt inter cherubim, et effunde super civitatem. Ingressusque est in conspectu meo:

3 cherubim autem stabant à dextris domus cùm ingrederetur vir, et nubes implevit atrium interius.

4 Et elevata est gloria Domini desuper cherub ad limen domûs: et repleta

1 Y miré, y ví que en el firmamento ó extension que habia sobre la cabeza de los chérubines apareció sobre ellos como una piedra de zafiro, que figuraba á manera de un trono ó solio.

2 Y el Señor habló al varon aquel que llevaba la vestidura de lino, y le dijo: Métete por entre las ruedas que están bajo los chérubines, y coge con tu mano brasas de fuego de las que están entre los chérubines [3], y arrójalas sobre la ciudad. Y entró aquel á vista mia.

3 Y cuando entró, estaban los chérubines al lado derecho del templo; y la nube llenó el atrio interior.

4 Y trasladóse la gloria del Señor desde encima de los chérubines al umbral

---

1 Ó. mientras se ejecutaba.

2 He aquí el abismo en que al fin caen los obstinados pecadores; los cuales no quisieran que hubiese premios ni castigos despues de esta vida.

3 *Cap. I. v. 4. 13.*

est domus nube, et atrium repletum est splendore gloriæ Domini.

5 Et sonitus alarum cherubim audiebatur usque ad atrium exterius, quasi vox Dei omnipotentis loquentis.

6 Cumque præcepisset viro, qui indutus erat lineis, dicens: Sume ignem de medio rotarum, quæ sunt inter cherubim: ingressus ille stetit juxta rotam.

7 Et extendit cherub manum de medio cherubim, ad ignem, qui erat inter cherubim: et sumpsit, et dedit in manus ejus, qui indutus erat lineis: qui accipiens egressus est.

8 Et apparuit in cherubim similitudo manus hominis subtus pennas eorum.

9 Et vidi, et ecce quatuor rotæ juxta cherubim: rota una juxta cherub unum, et rota alia juxta cherub unum: species autem rotarum erat quasi visio lapidis chrysolithi;

10 et aspectus earum similitudo una quatuor: quasi rota in medio rotæ.

11 Cumque ambularent, in quatuor partes grediebantur: et non revertebantur ambulantes, sed ad locum ad quem ire declinabat quæ prima erat, sequebantur et ceteræ, nec convertebantur.

12 Et omne corpus earum, et colla, et manus, et pennæ, et circuli, plena erant oculis, in circuitu quatuor rotarum.

13 Et rotas istas vocavit volubiles, audiente me.

14 Quatuor enim facies habebat unum: facies una, facies cherub: et facies secunda, facies hominis: et in tertia fa-

del templo y llenóse el templo de una nube tenebrosa: el atrio empero quedó lleno del resplandor de la gloria del Señor.

5 Y el ruido de las alas de los chêrubines se oia hasta del atrio exterior, á manera de la voz del Dios Todopoderoso cuando habla ó truena.

6 Y luego que él hubo mandado y dicho al varon que iba con vestidura de lino: Coge fuego de en medio de las ruedas que están entre los chêrubines; fué aquel, y se puso junto á una rueda.

7 Entonces uno de los chêrubines alargó la mano al fuego que estaba en medio de los chêrubines, y le tomó, y púsole en la mano de aquel varon de la vestidura de lino; quien habiéndole recibido se marchó.

8 Y se vió en los chêrubines uno como brazo de hombre, debajo de sus alas.

9 Y miré, y ví cuatro ruedas junto á los chêrubines, una rueda junto á cada chêrubin; y las ruedas parecian como de piedra de chrysólitho [1];

10 y todos cuatro eran al parecer de una misma forma: como si una rueda estuviese en medio de otra.

11 Y así que andaban, se movian por los cuatro lados; ni se volvian á otra parte mientras andaban, sino que hácia donde se dirigia aquella que estaba delante, seguian tambien las demas, sin mudar de rumbo.

12 Y todo el cuerpo, y el cuello, y las manos, y las alas de los chêrubines [2], y los cercos de las cuatro ruedas estaban en todo su rededor llenos de ojos [3].

13 Y á estas ruedas oí yo que les dió él el nombre de volubles ó ligeras.

14 Cada uno pues de los chêrubines tenia cuatro caras: la primera cara era cara de chêrubin [4]: la segunda cara,

---

1 Ó de color de oro. Cap. I. v. 16. 26.
2 San Gerónimo entiende metafóricamente por cuello los ejes de las ruedas, por manos los rayos de ellas, por alas los cercos de madera, etc.
3 Todo lo cual estaba lleno de ojos. Véase ántes cap. I. v. 18. Es probable, como dice Aldpide, que aqui se habla confusamente de los chêrubines y de las ruedas; porque am-

bas cosas se movian como una sola cosa.
4 Dice S. Gerónimo que la palabra chêrubi's está puesta aqui en lugar de buey. Véase ant s s. I. v. 10: aunque confiesa el mismo Santo que ignora el motivo. Otros expositores suponen aqui una nagrama ó metathesis. Humillemos nuestro entendimiento en esta y otras dificultades que ofrecen las Santas Escrituras. Véase las Maximas para leerlas con fruto.

cies leonis: et in quarto facies aquilæ.

era cara de hombre: la tercera cara, cara de leon: y la cuarta cara, cara de águila.

15 Et elevata sunt cherubim: ipsum est animal, quod videram juxta fluvium Chobar.

15 Y leventáronse en lo alto los chêrubines: ellos son los mismos cuatro animales que yo habia visto junto al rio Chôbar [1].

16 Cumque ambularent cherubim, ibant pariter et rotæ juxta ea: et cùm elevarent cherubim alas suas ut exaltarentur de terra, non residebant rotæ, sed et ipsæ juxta erant.

16 Y mientras andaban los chêrubines, andaban tambien las ruedas junto á ellos; y así que los chêrubines extendian sus alas para remontarse de la tièrra, no se quedaban inmobles las ruedas, sino que tambien seguian júnto á ellos.

17 Stantibus illis, stabant: et cum elevatis elevabantur; spiritus enim vitæ erat in eis.

17 Cuando ellos se paraban, parábanse tambien las ruedas, y alzábanse estas, cuando se alzaban ellos: porque espíritu de vida habia en ellas.

18 Et egressa est gloria Domini à limine templi: et stetit super cherubim.

18 Y la gloria del Señor partió del umbral del templo, y se puso sobre los chêrubines.

19 Et elevantia cherubim alas suas, exaltata sunt à terra coram me: et illis egredientibus, rotæ quoque subsecutæ sunt: et stetit in introitu portæ domus Domini orientalis, et gloria Dei Israel erat super ea.

19 Y extendiendo los chêrubines sus alas, se remontaron del suelo á mi vista; y al marcharse ellos, les siguieron tambien las ruedas; y paráronse á la entrada de la puerta oriental del Templo del Señor; y la gloria del Dios de Israel iba sobre los chêrubines.

20 Ipsum est animal, quod vidi subter Deum Israel juxta flavium Chobar; et intellexi quia cherubim essent.

20 Eran aquellos mismos animales que ví debajo del Dios de Israel, junto al rio Chôbar; y yo comprendi que eran los chêrubines:

21 Quatuor vultus uni, et quatuor alæ uni: et similitudo manus hominis sub alis eorum.

21 cuatro caras tenia cada uno de ellos, y cáda uno cuatro alas, y debajo de estas una semejanza de brazo de hombre.

22 Et similitudo vultuum eorum, ipsi vultus quos videram juxta fluvium Chobar, et intuitus eorum, et impetus singulorum ante faciem suam ingredi.

22 Y era la figura de sus caras, como la de aquellas mismas caras que habia yo visto junto al rio Chôbar; como tambien su mirar, y la accion de moverse bácia delante segun la direccion de su cara.

CAPÍTULO XL

Vaticinio contra los principes y pueblo de Jerusalem, que se burlaban de las profecias. Por este delito cae muerto Pheltias. Promesas en favor de los cautivos.

1 Et elevavit me spiritus, et introduxit me ad portam domus Domini o-

1 Arrebatóme el espíritu, y condújome á la puerta oriental del Templo

---

1 Cap. I. v. 5. 13.

rientalem; quæ respicit ad solis ortum, et ecce in introitu portæ viginti quinque viri; et vidi in medio eorum Jezoniam filium Azur, et Pheltiam filium Banaiæ, principes populi.

2 Dixitque ad me: Fili hominis, hi sunt viri qui cogitant iniquitatem, et tractant consilium pessimum in urbe ista,

3 dicentes: Nonne dudum ædificatæ sunt domus? hæc est lebes, nos autem carnes.

4 Idcirco vaticinare de eis, vaticinare, fili hominis.

5 Et irruit in me spiritus Domini, et dixit ad me: Loquere: Hæc dicit Dominus: Sic locuti estis domus Israel, et cogitationes cordis vestri ego novi.

6 Plurimos occidistis in urbe hac, et implestis vias ejus interfectis.

7 Proptereà hæc dicit Dominus Deus: Interfecti vestri, quos posuistis in medio ejus, hi sunt carnes, et hæc est lebes: et educam vos de medio ejus.

8 Gladium metuistis, et gladium inducam super vos, ait Dominus Deus.

9 Et ejiciam vos de medio ejus, daboque vos in manu hostium, et faciam in vobis judicia.

10 Gladio cadetis: in finibus Israel judicabo vos, et scietis quia ego Dominus.

11 Hæc non erit in vobis in lebetem, et vos non eritis in medio ejus in carnes: in finibus Israel judicabo vos.

12 Et scietis quia ego Dominus; quia in præceptis meis non ambulastis, et judicia mea non fecistis, sed juxta judicia gentium, quæ in circuitu vestro sunt, estis operati.

del Señor que mira hácia el Oriente, y ví que á la entrada de la puerta habia veinte y cinco hombres [1], y ví en medio de ellos á Jesonías hijo de Azur, y á Pheltías hijo de Banaías, príncipes del pueblo.

2 Y díjome el Señor: Hijo de hombre, estos son los varones que meditan la maldad, y forman en esta ciudad pésimos designios,

3 diciendo: ¿No han sido edificadas poco ha varias casas? Esta ciudad es la caldera, y nosotros las carnes [2].

4 Por tanto profetiza contra ellos, profetiza oh hijo de hombre.

5 Y vino sobre mí el espíritu del Señor, y me dijo; Habla: Esto dice el Señor: Vosotros habeis hablado asi, oh familia de Israel, y yo conozco los pensamientos de vuestro corazon.

6 Vosotros habeis muerto á muchísimos en esta ciudad, y llenado sus calles de cadáveres.

7 Por tanto, esto dice el Señor Dios: Aquellos que vosotros habeis muerto, y arrojado en medio de la ciudad [3], esos son las carnes; y ella (la ciudad) es la caldera: mas yo os echaré fuera de ella.

8 Temísteis la espada de los cháldeos: pues la espada enviaré yo sobre vosotros, dice el Señor:

9 y os arrojaré de la ciudad, y os entregaré en poder de los enemigos, y ejercitaré mi justicia sobre vosotros.

10 Al filo de la espada pereceréis: en los confines de Israel os juzgaré á vosotros, y conoceréis que Yo soy el Señor.

11 No será esta ciudad la caldera para vosotros, ni seréis vosotros en medio de ella las carnes: en los confines de Israel haré yo la justicia en vosotros:

12 y conoceréis que yo soy el Señor; por cuanto no habeis vosotros procedido segun mis mandamientos, ni observado mis leyes, sino que habeis seguido los ritos de los gentiles que viven al rededor vuestro.

---

1 Son diferentes de aquellos de quienes se habla en el cap. VIII. v. 16. Estos veinte y cinco varones componian el senado de la ciudad, y eran como los jueces ó alcaldes de los veinte y cuatro cuarteles en que estaba dividida, y que con su presidente se junta-ban en la puerta del templo. Jer. XXVI. v. 10.

2 Jer. I. v. 13.

3 IV. Reg. XXV. v. 21.—Jer. XXXIX. v. 6.—LII. v. 9.

13 Et factum est, cùm prophetarem, Pheltias filius Banaiæ mortuus est; et cecidi in faciem meam clamans voce magna, et dixi: Heu, heu, heu Domine Deus, consummationem tu facis reliquiarum Israel?

14 Et factum est verbum Domini ad me, dicens:

15 Fili hominis, fratres tui, fratres tui, viri propinqui tui, et omnis domus Israel, universi, quibus dixerunt habitatores Jerusalem: Longè recedite à Domino, nobis data est terra in possessionem.

16 Proptereà hæc dicit Dominus Deus, quia longè feci eos in gentibus, et quia dispersi eos in terris; ero eis in sanctificationem modicam in terris, ad quas venerunt.

17 Proptereà loquere: Hæc dicit Dominus Deus: Congregabo vos de populis, et adunabo de terris in quibus dispersi estis, daboque vobis humum Israel.

18 Et ingredientur illuc, et auferent omnes offensiones, cunctasque abominationes ejus de illa.

19 Et dabo eis cor unum, et spiritum novum tribuam in visceribus eorum; et auferam cor lapideum de carne eorum, et dabo eis cor carneum;

20 ut in præceptis meis ambulent, et judicia mea custodiant, faciantque ea; et sint mihi in populum, et ego sim eis in Deum.

21 Quorum cor post offendicula et abominationes suas ambulat, horum viam in capite suo ponam, dicit Dominus Deus.

22 Et elevaverunt cherubim alas suas, et rotæ cum eis; et gloria Dei Israel erat super ea.

23 Et ascendit gloria Domini de me-

— 13 Y acaeció que mientras estaba yo vaticinando, cayó muerto Pheltías hijo de Banaías. Y yo me postré sobre mi rostro, gritando en alta voz, y diciendo: ¡Ay, ay Señor Dios, ay! ¿quieres acabar tú con los restos de Israel?

14 Y hablóme el Señor, diciendo:

15 Hijo de hombre, á tus hermanos, á los hermanos tuyos, y á tus parientes, y á todos los hombres de la casa de Israel les dijeron esos moradores de Jerusalem: Andad lejos del Señor: á nosotros se nos ha dado en posesion esta tierra.

16 Por tanto esto dice el Señor Dios: Si yo los envié lejos entre las naciones, y los dispersé en paises extraños, yo mismo les serviré de Santuario en ese breve tiempo, en el pais á donde fueron [1].

17 Por eso les dirás: Asi dice el Señor Dios: Yo os recogeré de entre las naciones, y os reuniré de los paises por los cuales habeis sido dispersados, y os daré la tierra de Israel.

18 Y volverán á ella los hijos de Israel, y quitarán de allí todos los escándalos y todas las abominaciones.

19 Y yo les daré un corazon unánime, é infundiré un nuevo espíritu en sus entrañas, y les quitaré el corazon que tienen de piedra, y daréles un corazon de carne [2]:

20 para que sigan mis mandamientos, y observen mis leyes y las practiquen, con lo cual sean ellos el pueblo mio, y Yo sea su Dios.

21 Mas en cuanto á aquellos cuyo corazon va en seguimiento de los escándalos y de sus abominaciones, yo los castigaré segun merecen, dice el Señor Dios.

22 Extendieron luego los chêrubines sus alas, y siguiéronlos las ruedas, y la gloria del Dios de Israel iba sobre ellos.

23 Retiróse pues de la ciudad la glo-

---

1 Documento que enseña, dice S. Gerónimo, que no debemos despreciar, ni burlarnos de los pecadores, cuando sufren por sus pecados el castigo, ó los trabajos que Dios les envia; porque muchas veces son ellos entonces mas amados del Señor que otros á quienes deja vivir con tranquilidad y sosiego. Asi se ve en lo que sigue en los versos siguientes.

2 Despues cap. XXXVI. v. 26.—Jerem. XXXI. v. 33.—Rom. V. v. 5.

dio civitatis, stetitque super montem qui est ad Orientem urbis.

24 Et spiritus levavit me, adduxitque in Chaldæam ad transmigrationem, in visione, in spiritu Dei: et sublata est à me visio, quam videram.

25 Et locutus sum ad transmigrationem omnia verba Domini, quæ ostenderat mihi.

ria del Señor, y se paró sobre el monte que está al Oriente de la ciudad [1].

24 Y me cogió el espíritu, y me condujo otra vez en vision, en espíritu de Dios, á la Chaldea, en donde estaban cautivos los judíos: y desapareció de delante de mí la vision que yo habia tenido.

25 Entonces dije á los judíos cautivos todas cuantas cosas me habia el Señor manifestado.

CAPÍTULO XII.

Ezechiel vaticina con diferentes figuras el cautiverio del Rey y del pueblo de Jerusalem despues de las calamidades del sitio: condena la vana seguridad de los judíos, y anuncia el pronto cumplimiento de las terribles predicciones de los Profetas.

1 Et factus est sermo Domini ad me, dicens:

2 Fili hominis, in medio domus exasperantis tu habitas: qui oculos habent ad videndum, et non vident; et aures ad audiendum, et non audiunt: quia domus exasperans est.

3 Tu ergo, fili hominis, fac tibi vasa transmigrationis, et transmigrabis per diem coram eis; transmigrabis autem de loco tuo ad locum alterum, in conspectu eorum, si forte aspiciant: quia domus exasperans est.

4 Et efferes foras vasa tua quasi vasa transmigrantis per diem in conspectu eorum; tu autem egredieris vespere coram eis, sicut egreditur migrans.

5 Ante oculos eorum perfode tibi parietem; et egredieris per eum.

6 In conspectu eorum in humeris portaberis, in caligine efferris; faciem

1 Y hablóme el Señor, diciendo:

2 Hijo de hombre, tú habitas en medio de un pueblo rebelde [2]: que tiene ojos para ver y no mira, y oidos para oir y no escucha; porque es ella una gente contumaz.

3 Tú, pues, oh hijo de hombre, vete preparando los av⬤ necesarios para mudar de pais, y los sacarás fuera, de dia, á la vista de ellos, y partirás del lugar en que habitas á otro lugar, viéndolo ellos, por si tal vez paran en eso su atencion: porque es esa una familia contumaz.

4 De dia, pues, y á vista de ellos sacarás á fuera tu equipage [3], como quien se muda á otro pais; pero tú partirás al caer la tarde, á la vista de ellos, como uno que va á vivir á otra tierra.

5 Harás, viéndolo ellos, una abertura en la pared de tu casa, y saldrás por ella [4].

6 Luego, á la vista de ellos, te harás llevar en hombros de otros [5], y serás

---

1 Esto es, en el monte Olivete ó de los Olivos, segun opina S. Gerónimo, desde donde Jesu-Christo se subió á los cielos despues de acabada la mision que recibió de su Eterno Padre.

2 Ó tambien: que me está provocando á ira.

3 Ótros traducen: tu mochila.

4 No saldrás por la puerta. Asi despues Sedecias y los principales de Jerusalem salieron por una brecha de la muralla. IV. Reg. XXV. v. 4.—Jer. XXXIX. v 4.

5 En hebreo: Llevarás en hombros tu equipage, y saldrás, etc.

tuam velabis, et non videbis terram; quia portentum dedi te domui Israel.

7 *Feci ergo sicut præceperat mihi Dominus: vasa mea protuli quasi vasa transmigrantis per diem: et vesperè perfodi mihi parietem manu: et in caligine egressus sum, in humeris portatus in conspectu eorum.*

8 *Et factus est sermo Domini manè ad me, dicens:*

9 *Fili hominis, nunquid non dixerunt ad te domus Israel, domus exasperans: Quid tu facis?*

10 *Dic ad eos: Hæc dicit Dominus Deus: Super ducem onus istud, qui est in Jerusalem, et super omnem domum Israel, quæ est in medio eorum.*

11 *Dic: Ego portentum vestrum: quomodo feci, sic fiet illis; in transmigrationem, et in captivitatem ibunt.*

12 *Et dux, qui est in medio eorum, in humeris portabitur, in caligine egredietur: parietem perfodient ut educant eum: facies ejus operietur ut non videat oculo terram.*

13 *Et extendam rete meum super eum, et capietur in sagena mea: et adducam eum in Babylonem in terram Chaldæorum: et ipsam non videbit, ibique morietur.*

14 *Et omnes qui circa eum sunt, præsidium ejus, et agmina ejus dispergam in omnem ventum: et gladium evaginabo post eos.*

15 *Et scient quia ego Dominus, quando dispersero illos in gentibus, et disseminavero eos in terris.*

16 *Et relinquam ex eis viros paucos, à gladio, et fame, et pestilentia: ut enarrent omnia scelera eorum in gen-*

conducido fuera siendo ya casi de noche; cubrirás tu rostro, y no verás la tierra: porque yo te he puesto para *anunciar* portentos á la casa de Israel.

7 Hice pues yo lo que el Señor me mandára: saqué fuera mi equipage siendo de dia, como quien va á mudar de pais, y por la tarde boradé yo mismo la pared, y partí siendo ya de noche, llevado en hombros de otros, á la vista de *todos* ellos.

8 Y hablóme el Señor por la mañana, diciéndome:

9 Hijo de hombre, ¿por ventura los de la familia de Israel, familia contumaz, dejarán de preguntarte, qué significa lo que haces?

10 Les dirás *pues*: Asi habla el Señor Dios: Este duro vaticinio descargará sobre el gefe que está en Jerusalem, y sobre toda la familia de Israel que habita en su recinto.

11 Diles: Yo soy para vosotros un portento, ó *señal maravillosa*: como *lo que* yo he hecho, asi se les hará á ellos: serán trasportados á otro pais, y hechos cautivos [1].

12 Y el gefe que está en medio de ellos, llevado será en hombros, saldrá de noche: boradarán la pared para sacarle fuera: su cara será cubierta para que no vea la tierra [2].

13 Y yo extenderé mis redes sobre él, y quedará cogido en ellas: y le llevaré á Babilonia á la tierra de los cháldeos; mas él no la verá [3], y morirá en ella [4].

14 Y á todos los que están al rededor suyo, á su guardia; y á sus tropas los dispersaré por los cuatro ángulos de la tierra, y haré que la espada *del enemigo* los vaya persiguiendo:

15 y conocerán que yo soy el Señor, cuando los habré desparramado por entre las naciones, y diseminado por toda la tierra.

16 Y preservaré de la espada, y del hambre, y de la peste, á algunos pocos de ellos, para que cuenten entre las na-

1 *Jer. XXXVII. v.* 16. — *XXXVIII. v.* 18.
2 *Esth. VII. v.* 8.—*Is. XXII. v.* 17.—

Jer. XXXIX. v. 4.
3 Pues le sacarán los ojos.
4 *Cap. XVII. v.* 20.—*IV. Reg. XXV. v.* 7.

tibus, ad quas ingredientur: et scient quia ego Dominus.

17 Et factus est sermo Domini ad me, dicens:

18 Fili hominis, panem tuum in conturbatione comede: sed et aquam tuam in festinatione et mœrore bibe.

19 Et dices ad populum terræ: Hæc dicit Dominus Deus ad eos, qui habitant in Jerusalem in terra Israel: Panem suum in sollicitudine comedent, et aquam suam in desolatione bibent: ut desoletur terra à multitudine sua, propter iniquitatem omnium qui habitant in ea.

20 Et civitates quæ nunc habitantur, desolatæ erunt, terraque deserta; et scietis quia ego Dominus.

21 Et factus est sermo Domini ad me, dicens:

22 Fili hominis, quod est proverbium istud vobis in terra Israel, dicentium: In longum differentur dies, et peribit omnis visio?

23 Ideo dic ad eos: Hæc dicit Dominus Deus: Quiescere faciam proverbium istud, neque vulgò dicetur ultrà in Israel: et loquere ad eos quòd appropinquaverint dies, et sermo omnis visionis.

24 Non enim erit ultrà omnis visio cassa, neque divinatio ambigua, in medio filiorum Israel.

25 Quia ego Dominus loquar: et quodcumque locutus fuero verbum, fiet, et non prolongabitur amplius: sed in diebus vestris domus exasperans loquar verbum, et faciam illud, dicit Dominus Deus.

26 Et factus est sermo Domini ad me, dicens:

27 Fili hominis, ecce domus Israel dicentium: Visio, quam hic videt, in dies multos: et in tempora longa iste prophetat.

28 Proptereà dic ad eos: Hæc dicit

ciones á donde irán, todas sus maldades, y conocerán que yo soy el Señor.

17 Y hablóme el Señor, y díjome:

18 Hijo de hombre, come tu pan con azoramiento, y bebe el agua con agitacion y con tristeza.

19 Y dirás al pueblo de Israel que está en esta tierra: Asi habla el Señor Dios á aquellos que aun habitan en Jerusalem, en la tierra de Israel: Comerán su pan llenos de sobresalto, y beberán su agua poseidos de congoja; porque quedará el país desolado de su mucha gente, por causa de las maldades de sus habitantes,

20 De suerte que las ciudades hoy dia pobladas quedarán desiertas, y el país hecho un páramo; y conoceréis que yo soy el Señor.

21 Hablóme el Señor otra vez, y díjome:

22 Hijo de hombre, ¿qué refran es ese que teneis vosotros en tierra de Israel, segun el cual dicen: Irán corriendo los dias, y en nada pararán todas las visiones?

23 Por lo mismo diles: Esto dice el Señor Dios: Yó haré que cese ese refran, y que nunca jamás se repita por el vulgo de Israel: y diles que están para llegar los dias en que se cumplirán los sucesos anunciados en todas las visiones.

24 Porque no quedará mas sin efecto ninguna vision, ni habrá prediccion ambigua [1] entre los hijos de Israel;

25 pues Yo que soy el Señor, hablaré, y sucederá cuanto yo dijere, ni se diferirá para mas adelante; sino que en vuestros dias, oh familia contumaz, yo hablaré, y obraré, dice el Señor Dios.

26 Hablóme de nuevo el Señor, y díjome:

27 Hijo de hombre, mira lo que dicen los de la casa de Israel: La vision que éste ha tenido es para de aquí á muchos años, y él vaticina para tiempos lejanos.

28 Por tanto tú les dirás á ellos: Asi

---

1 Segun el texto hebreo puede traducirse adivinacion de lisongero.

Dominus Deus: Non prolongabitur ultrà omnis sermo meus: verbum, quod locutus fuero, complebitur, dicit Dominus Deus.

habla el Señor Dios: Todas mis palabras en lo succesivo no se diferirán mas: lo que yo dijere se ejecutará, dice el Señor Dios.

CAPÍTULO XIII.

Amenazas de Dios contra los falsos profetas que engañan al pueblo vaticinándole felicidades, y contra las falsas profetisas que adulaban á los pecadores.

1 *Et factus est sermo Domini ad me, dicens:*

2 *Fili hominis, vaticinare ad prophetas Israel, qui prophetant: et dices prophetantibus de corde suo: Audite verbum Domini:*

3 *Hæc dicit Dominus Deus: Væ prophetis insipientibus, qui sequuntur spiritum suum, et nihil vident.*

4 *Quasi vulpes in desertis, prophetæ tui Israel erant.*

5 *Non ascendistis ex adverso, neque opposuistis murum pro domo Israel, ut staretis in prælio in die Domini.*

6 *Vident vana, et divinant mendacium, dicentes: Ait Dominus: cùm Dominus non miserit eos: et perseveraverunt confirmare sermonem.*

7 *Nunquid non visionem cassam vidistis, et divinationem mendacem locuti estis? et dicitis: Ait Dominus: cùm ego non sim locutus.*

8 *Proptereà hæc dicit Dominus Deus: Quia locuti estis vana, et vidistis mendacium: ideo ecce ego ad vos, dicit Dominus Deus.*

9 *Et erit manus mea super prophetas, qui vident vana, et divinant mendacium: in consilio populi mei non erunt, et in scriptura domus Israel non scribentur, nec in terram Israel ingredien-*

1 Hablóme de nuevo el Señor, y díjome:

2 Hijo de hombre, vaticina contra los profetas *falsos* de Israel, que se entrometen á profetizar; y á estos tales, que profetizan por su capricho, les dirás: Escuchad lo que dice el Señor:

3 Asi habla el Señor Dios: ¡Ay de los profetas insensatos, que siguen su propio espíritu y no ven nada [1]!

4 Tus profetas, oh Israel, son como raposas en los despoblados.

5 Vosotros no habeis hecho frente, ni os habeis opuesto como muro [2] á favor de la casa de Israel, para sostener la pelea en el dia del Señor.

6 Vanas son las visiones que ellos tienen, y embustes sus adivinaciones, cuando dicen: El Señor ha dicho; siendo asi que no son enviados del Señor, y persisten en asegurar aquello que han anunciado.

7 ¿Acaso dejan de ser vanas vuestras visiones, y mentirosas las adivinaciones que habeis propalado? Vosotros decís: Asi ha hablado el Señor; cuando yo nada os he hablado.

8 Por tanto, esto dice el Señor Dios: Porque habeis publicado cosas vanas, y por ser mentirosas vuestras visiones: por eso vedme aquí contra vosotros, dice el Señor Dios.

9 Y mi mano descargará sobre los profetas *forjadores* de visiones vanas, y de mentirosas adivinaciones: no serán ya admitidos en la reunion de mi pueblo, ni escritos en el censo de la familia de

1 *Cap. XIV. v. 9.—XXXIV. v. 2.— Jer. XXIII. v. 1.*

2 Con vuestras oraciones.

tur: et scietis quia ego Dominus Deus.

10 Eò quòd deceperint populum meum, dicentes: Pax, et non est pax: et ipse ædificabat parietem, illi autem liniebant eum luto absque paleis.

11 Dic ad eos qui liniunt absque temperatura, quòd casurus sit: erit enim imber inundans, et dabo lapides prægrandes desuper irruentes, et ventum procellæ dissipantem.

12 Siquidem ecce cecidit paries: numquid non dicetur vobis: Ubi est litura, quam liniistis?

13 Proptereà hæc dicit Dominus Deus: Et erumpere faciam spiritum tempestatum in indignatione mea, et imber inundans in furore meo erit: et lapides grandes in ira in consumptionem.

14 Et destruam parietem, quem liniistis absque temperamento: et adæquabo eum terræ, et revelabitur fundamentum ejus: et cadet, et consumetur in medio ejus: et scietis quia ego sum Dominus.

15 Et complebo indignationem meam in pariete, et in his qui liniunt eum absque temperamento, dicamque vobis: Non est paries, et non sunt qui liniunt eum.

16 Prophetæ Israel, qui prophetant ad Jerusalem, et vident ei visionem pacis; et non est pax, ait Dominus Deus.

17 Et tu, fili hominis, pone faciem tuam contra filias populi tui, quæ prophetant de corde suo: et vaticinare super eas,

Israel; en cuya tierra no volverán á entrar [1]: y conoceréis que yo soy el Señor Dios:

10 porque han engañado ellos á mi pueblo diciéndole: Paz, siendo así que no hay tal paz: mi pueblo construia una muralla, y ellos la revocaban con légamo suelto sin mezcla de paja [2].

11 Diles pues á esos que revocaban con mal mortero; que la muralla caerá porque vendrán aguaceros é inundaciones, y arrojaré del cielo enormes piedras, y enviaré un viento tempestuoso que todo lo destruirá.

12 Y así que la muralla haya caido, acaso no se os dirá por mofa: ¿Dónde está la encostradura que vosotros hicísteis?

13 Por tanto esto dice el Señor Dios: En medio de mi indignacion haré estallar de repente un viento tempestuoso, y lleno de furor enviaré aguaceros, que todo lo inundarán, y airado arrojaré enormes piedras que todo lo arrasarán:

14 y arruinaré el muro que encostrásteis con barro sin mezcla, y le igualaré con el suelo, y se descubrirán sus cimientos, y caerá; y perecerán con él aquellos falsos profetas; y conoceréis que yo soy el Señor.

15 Y desfogaré mi indignacion en la muralla, y en aquellos que la encostraron sin mezcla, y os diré á vosotros: La muralla ya no existe; ni existen aquellos que la encostraron,

16 es á saber, los profetas de Israel, que profetizaban sobre Jerusalem, y veian para ella visiones lisongeras ó de paz; siendo así que no hay tal paz, dice el Señor Dios.

17 Tú empero, oh hijo de hombre, reprende con rostro firme á las hijas de tu pueblo, que profetizan por su propio capricho, y vaticina acerca de ellas,

---

1 Deut. XIII. v. 5.
2 Alegoria para denotar que los profetas que profetizaron despues, adulaban tambien al pueblo, y confirmaban los embustes de los primeros.
3 Segun S. Gerónimo debe leerse consumetur, en vez de consumetur que se lee en la Vulgata. Realmente así lo exige el texto hebreo, y la version de los Setenta. Es digna de leerse la aplicacion que hace S. Gregorio de este pasage á aquellos ministros de la religion que, aparentando zelo por ella, buscan, no la gloria de Dios y el bien de las almas, sino su propia utilidad y conveniencias.

18 *et dio: Hæc dicit Dominus Deus: Væ quæ consuunt pulvillos sub omni cubito manus: et faciunt cervicalia sub capite universæ ætatis ad capiendas animas: et cùm caperent animas populi mei, vivificabant animas eorum.*

19 *Et violabant me ad populum meum, propter pugillum hordei, et fragmen panis, ut interficerent animas quæ non moriuntur, et vivificarent animas quæ non vivunt, mentientes populo meo credenti mendaciis.*

20 *Propter hoc hæc dicit Dominus Deus: Ecce ego ad pulvillos vestros, quibus vos capitis animas volantes: et dirumpam eos de brachiis vestris: et dimittam animas quas vos capitis, animas ad volandum.*

21 *Et dirumpam cervicalia vestra, et liberabo populum meum de manu vestra, neque erunt ultrà in manibus vestris ad prædandum; et scietis quia ego Dominus.*

22 *Pro eò quòd mœrere fecistis cor justi mendaciter, quem ego non contristavi: et confortastis manus impii, ut non reverteretur à via sua mala, et viveret:*

23 *propterea vana non videbitis, et divinationes non divinabitis amplius, et eruam populum meum de manu vestra: et scietis quia ego Dominus.*

18 Y dí: Así habla el Señor Dios: ¡Ay de aquellas que ponen almohadillas bajo de todos los codos, y hacen cabezales para poner debajo de las cabezas de los de toda edad, á fin de hacer presa de las almas del pueblo mio! y mientras cazaban las almas de mi pueblo, *decian que las vivificaban* [1].

19 Y deshonrábanme delante de mi pueblo por un puñado de cebada, y por un pedazo de pan, matando las almas que no son muertas, y dando por vivas las que no viven, vendiendo mentiras á mi pueblo, el cual da crédito á ellas.

20 Por tanto, asi habla el Señor Dios: Vedme aqui contra vuestras almohadillas ó *lisonjas*, con las cuales cazais las almas como las aves, y yo las destruiré en vuestras *mismas* manos, y haré volar libremente las almas que vosotros cazais.

21 Yo romperé vuestros cabezales, y libraré de vuestro poder á los del pueblo mio, y no dejaré que sean presa de vuestras manos: y sabreis que yo soy el Señor.

22 Porque vosotros con vuestras mentiras habeis contristado el corazon del justo, al cual no habia yo contristado; y habeis fortalecido los brazos del impío, para que no se convirtiese de su mal proceder, y viviese:

23 por tanto no tendreis ya en adelante *esas* falsas visiones vuestras, ni esparcireis vuestras adivinaciones, y yo libraré de vuestras manos al pueblo mio; y conoceréis que yo soy el Señor.

CAPÍTULO XIV.

Amenazas de Dios contra los hipócritas. Ni Noé, ni Daniel, ni Job podrian con sus oraciones librar al pueblo de la ruina. Con todo, los restos de Israel se salvarán.

1 *Et venerunt ad me viri seniorum Israel, et sederunt coram me.*

1 Y vinieron á encontrarme algunos de los Ancianos de Israel, y sentáronse junto á mí.

---

[1] Parece que se habla aqui de mugeres que se habian arrogado el oficio de los Profetas; y por este lugar de Ezechiel se ve cuan corrompido estaba el pueblo de Israel en aquel tiempo. Entre los hereges de los primeros siglos de la Iglesia se vieron tambien las dos montanistas *Prisca* y *Maximila.* La metáfora tomada de las *almohadillas* significa el lenguage de la adulacion, y demas artes para engañar. Segun el hebreo, el *corum* de la Vulgata puede ser *earum.*

.2 *Et factus est, sermo Domini ad me, dicens :*

3 *Fili hominis, viri isti posuerunt immunditias suas in cordibus suis, et scandalum iniquitatis suæ statuerunt contra faciem suam: nunquid interrogatus respondebo eis?*

4 *Propter hoc loquere eis, et dices ad eos: Hæc dicit Dominus Deus: Homo homo de domo Israel, qui posuerit immunditias suas in corde suo, et scandalum iniquitatis suæ statuerit contra faciem suam; et venerit ad prophetam interrogans per eum me: ego Dominus respondebo ei in multitudine immunditiarum suarum:*

5 *ut capiatur domus Israel in corde suo, quo recesserunt à me in cunctis idolis suis.*

6 *Propterea dic ad domum Israel: Hæc dicit Dominus Deus: Convertimini, et recedite ab idolis vestris, et ab universis contaminationibus vestris avertite facies vestras.*

7 *Quia homo homo de domo Israel, et de proselytis quicumque advena fuerit in Israel, si alienatus fuerit à me, et posuerit idola sua in corde suo, et scandalum iniquitatis suæ statuerit contra faciem suam, et venerit ad prophetam ut interroget per eum me: ego Dominus respondebo ei per me.*

8 *Et ponam faciem meam super hominem illum, et faciam eum in exemplum, et in proverbium, et disperdam eum de medio populi mei: et scietis quia ego Dominus.*

9 *Et propheta cùm erraverit, et locutus fuerit verbum: ego Dominus decepi prophetam illum: et extendam manum meam super illum, et delebo eum de medio populi mei Israel.*

10 *Et portabunt iniquitatem suam:*

2 Y hablóme el Señor diciendo:

3 Hijo de hombre, esos varones llevan sus inmundicias ó *ídolos* dentro de sus corazones, y tienen *siempre* delante de sí el escándalo de su maldad: ¿cuando ellos pues me preguntarán, piensas que acaso he de contestarles?

4 Por tanto háblales, y díles: Esto dice el Señor Dios: Cualquiera hombre de la casa de Israel que tenga colocadas en su corazon sus inmundicias ó *ídolos*, y tenga delante de sí el escándalo de su maldad, y viniere á encontrar al profeta para preguntarme por su medio; yo el Señor le respondere segun la muchedumbre de sus inmundicias ó *idolatrías*;

5 para que la casa de Israel halle su ruina en su propio corazon [1], con el cual se alejaron de mí para seguir todos sus ídolos.

6 Por tanto dí á la casa de Israel: Asi habla el Señor Dios: Convertíos, y apartaos de vuestros ídolos, y no volvais vuestras caras para mirar todas vuestras abominaciones.

7 Porque cualquiera hombre de la casa de Israel, y cualquiera extrangero que sea proselito en Israel, si se enagenare de mí, y colocare sus ídolos en su corazon, y estableciere delante de sí el escándalo de su iniquidad, y viniere á encontrar al profeta á fin de preguntarme por medio de éste; yo el Señor le responderé á él por mí ó *segun mi justicia*;

8 y miraré á aquel hombre con rostro airado, y haré que venga á ser el escarmiento, y la fábula de todos, y le exterminaré de en medio de mi pueblo; y sabreis que yo soy el Señor.

9 Y cuando cayere el profeta en error, y hablaré *falso*, yo el Señor he dejado que se engañase aquel profeta [2]: mas yo descargaré mi mano sobre él, y le borraré *del censo* del pueblo mio de Israel.

10 Y ellos llevarán la pena de su ini-

---

1 Asi sucedió á Achâb *III. Reg. XXII. v.* 10. *y siguientes.* Véase *Causa. Gracia.* —

Tom. IV.

Prov. V. v. 22.—*Rom. I. v.* 18. 24.

2 Antes *v.* 5.

P 3

juxta iniquitatem interrogantis, sic iniquitas prophetæ erit:

11 *ut non erret ultrà domus Israel à me, neque polluatur in universis prævaricationibus suis: sed sint mihi in populum, et ego sim eis in Deum, ait Dominus exercituum.*

12 *Et factus est sermo Domini ad me, dicens:*

13 *Fili hominis, terra cùm peccaverit mihi, ut prævaricetur prævaricans, extendam manum meam super eam, et conteram virgam panis ejus: et immittam in eam famem, et interficiam de ea hominem, et jumentum.*

14 *Et si fuerint tres viri isti in medio ejus, Noe, Daniel, et Job: ipsi justitiâ suâ liberabunt animas suas, ait Dominus exercituum.*

15 *Quòd si et bestias pessimas induxero super terram ut vastem eam; et fuerit invia, eò quòd non sit pertransiens propter bestias:*

16 *tres viri isti si fuerint in ea, vivo ego, dicit Dominus Deus, quia nec filios, nec filias liberabunt: sed ipsi soli liberabuntur, terra autem desolabitur.*

17 *Vel si gladium induxero super terram illam, et dixero gladio: Transi per terram: et interfecero de ea hominem, et jumentum:*

18 *et tres viri isti fuerint in medio ejus; vivo ego dicit Dominus Deus, non liberabunt filios, neque filias: sed ipsi soli liberabuntur.*

19 *Si autem et pestilentiam immisero super terram illam, et effudero indignationem meam super eam in sanguine, ut auferam ex ea hominem et jumentum;*

20 *et Noe, et Daniel, et Job fuerint in medio ejus: vivo ego, dicit Dominus Deus, quia filium et filiam non liberabunt: sed ipsi justitiâ suâ liberabunt animas suas.*

---

1 Véase *Pecado.*

quidad: segun sea *el castigo de* la iniquidad del que consulte; asi será *el castigo de* la iniquidad del profeta *que responda* [1]:

11 á fin de que en adelante no se desvie de mí la familia de Israel, ni se contamine con todas sus prevaricaciones; sino que sean ellos el pueblo mio, y yo sea su Dios, dice el Señor de los ejércitos.

12 Hablóme de nuevo el Señor, diciendo:

13 Hijo de hombre, si la tierra *esa* pecare contra mí, prevaricando enormemente; yo descargaré mi mano sobre ella, y le quitaré el sustento del pan, y le enviaré el hambre, y mataré personas y bestias.

14 Y si se hallaren en ella estos tres hombres, Noé, Daniel, y Job; ellos por su justicia librarán sus vidas, dice el Señor de los ejércitos.

15 Que si yo enviare ademas á esa tierra feroces bestias para devastarla, y quedare inhabitable, sin que transite persona alguna por ella, por temor de las fieras;

16 si estos tres varones estuvieren en ella, juro Yo, dice el Señor Dios, que no librarán á sus hijos ni hijas, sino que ellos solos serán librados, y la tierra quedará asolada.

17 Ó si enviare yo contra aquella tierra la espada, y dijere á la espada: Recorre ese pais: y matare yo allí personas y bestias,

18 y se hallaren en medio de aquel pais dichos tres varones, juro Yo, dice el Señor Dios, que no librarán ellos sus hijos ni hijas, sino que ellos solos serán librados.

19 Y si tambien enviare yo pestilencia sobre aquella tierra, y derramare sobre ella mi indignacion causando gran mortandad, y quitando de ella hombres y animales;

20 y Noé, Daniel y Job estuvieren en medio de ella, juro Yo, dice el Señor Dios, que no librarán á sus hijos ni hijas, sino que por su inocencia salvarán ellos *solos* sus almas [2].

---

2 Aqui se hace ver que algunas veces está

21 *Quoniam hæc dicit Dominus Deus: Quòd et si quatuor judicia mea pessima, gladium, et famem, et bestias malas, et pestilentiam immisero in Jerusalem, ut interficiam de ea hominem et pecus:*

22 *tamen relinquetur in ea salvatio educentium filios et filias: ecce ipsi ingredientur ad vos, et videbitis viam eorum et adinventiones eorum, et consolabimini super malo, quod induxi in Jerusalem, in omnibus quæ importavi super eam.*

23 *Et consolabuntur vos, cùm videritis viam eorum, et adinventiones eorum: et cognoscetis quòd non frustrà fecerim omnia quæ feci in ea, ait Dominus Deus.*

21 Porque esto dice el Señor Dios: Si yo enviare contra Jerusalem los cuatro castigos peores, la espada, la hambre, las bestias feroces, y la peste, á fin de acabar con los hombres y ganados;

22 sin embargo se salvarán algunos de ellos, los cuales sacarán fuera *de la tierra* á sus hijos é hijas: y he aquí que estos vendrán á vosotros *aquí á Babylonia*, y veréis su conducta y sus obras, y os consolaréis *entonces* de los desastres que yo he descargado sobre Jerusalem, y de todo el peso con que la he oprimido.

23 Y os servirá de consuelo el ver sus costumbres y sus procederes: y conoceréis que no sin razon hice en ella todo lo que hice, dice el Señor Dios.

CAPÍTULO XV.

Con la semejanza del sarmiento cortado de la vid, que solo sirve para el fuego, se anuncia la destruccion de Jerusalem por causa de su obstinada malicia.

1 *Et factus est sermo Domini ad me, dicens:*

2 *Fili hominis, quid fiet de ligno vitis, ex omnibus lignis nemorum, quæ sunt inter ligna silvarum?*

3 *Nunquid tolletur de ea lignum, ut fiat opus, aut fabricabitur de ea paxillus, ut dependeat in eo quodcumque vas?*

4 *Ecce igni datum est in escam: utramque partem ejus consumpsit ignis, et medietas ejus redacta est in favillam: nunquid utile erit ad opus?*

5 *Etiam cùm esset integrum, non erat aptum ad opus: quantò magis cùm illud ignis devoraverit et combusserit, nihil ex eo fiet operis?*

1 Hablóme de nuevo el Señor, diciendo:

2 Hijo de hombre, ¿qué se hará del tronco de la vid, con preferencia á todos los leños ó *maderas* que se hallan entre los árboles de las selvas y de los bosques?

3 ¿Acaso se echará mano de dicho tronco para hacer de él alguna obra, ó se podrá formar de él *tan solo* una estaca para colgar alguna cosa[1]?

4 He aquí que se arroja al fuego: el fuego consume los dos extremos de él, y lo de en medio queda reducido á pavesas[2]: ¿será acaso útil para alguna obra?

5 Aun cuando estaba entero no era á propósito para obra alguna, ¿cuanto menos podrá hacerse de él ninguna cosa despues que el fuego le ha devorado y consumido?

en el órden de la altisima y justa Providencia de Dios el descargar el castigo sobre alguna nacion ó familia, á pesar de que intercedan por ella los santos y los justos sus amigos. Pero que otras veces sea útil y eficaz la intercesion de los santos, y que Dios quiere que

acudamos á ellos para que rueguen por nosotros, se ve claramente en Job *cap. XLII. v. 8.* y en otros lugares de la Escritura.

1 Véase *Isaías c. XXII. v. 23.*

2 Segun el hebreo: *Queda chamuscado.*

6 *Propterea hæc dicit Dominus Deus: Quomodo lignum vitis inter ligna silvarum, quod dedi igni ad devorandum, sic tradam habitatores Jerusalem.*

7 *Et ponam faciem meam in eos: de igni egredientur, et ignis consumet eos: et scietis quia ego Dominus cùm posuero faciem meam in eos,*

8 *et dedero terram inviam, et desolatam: eò quòd prævaricatores extiterint, dicit Dominus Deus.*

6 Por tanto, esto dice el Señor Dios: Como el árbol ó tronco de la vid entre los árboles de los bosques, el cual entrego yo al fuego para que le devore, asi haré con los moradores de Jerusalem.

7 Yo los miraré con semblante airado: saldrán de un fuego, y otro fuego los consumirá; y conoceréis que Yo soy el Señor; cuando volviere mi rostro contra ellos,

8 y dejaré inhabitable y asolada su tierra: puesto que ellos se hicieron prevaricadores, dice el Señor Dios.

CAPÍTULO XVI.

Jerusalem ensalzada á grande gloria por Dios, se hace mas pérfida y abominable que Samaria y Sodoma. Por esto será asolada, y hecha el escarnio de las naciones. Con todo, promete el Señor establecer con los residuos de ella una alianza eterna.

1 *Et factus est sermo Domini ad me, dicens:*

2 *Fili hominis, notas fac Jerusalem abominationes suas;*

3 *et dices: Hæc dicit Dominus Deus Jerusalem: Radix tua, et generatio tua de terra Chanaan; pater tuus Amorrhæus, et mater tua Cethæa.*

4 *Et quando nata es, in die ortus tui, non est præcisus umbiculus tuus, et aqua non es lota in salutem, nec sale salita, nec involuta pannis.*

5 *Non pepercit super te oculus, ut faceret tibi unum de his, misertus tui; sed projecta es super faciem terræ in abjectione animæ tuæ, in die qua nata es.*

6 *Transiens autem per te, vidi te conculcari in sanguine tuo; et dixi tibi cùm esses in sanguine tuo: Vive. Dixi, inquam, tibi: In sanguine tuo vive.*

7 *Multiplicatam quasi germen agri*

1 Hablóme de nuevo el Señor, diciendo:

2 Hijo de hombre, haz conocer á Jerusalem sus abominaciones,

3 y díle : Esto dice el Señor Dios á Jerusalem: Tu origen y tu raza es de tierra de Chánaan: Amorrhéo era tu padre, y cethéa tu madre [1].

4 Y cuando tú saliste á luz, en el dia de tu nacimiento no te cortaron el ombligo, ni te lavaron con agua saludable, ni usaron contigo la sal [2], ni fuiste envuelta en pañales.

5 Nadie te miró compasivo, ni se apiadó de tí, para hacer contigo alguno de estos oficios: sino que fuiste echada sobre el suelo con desprecio de tu vida, el mismo dia en que naciste.

6 Pasando yo, empero, cerca de tí, te vi enzenaciada aun en tu propia sangre, y te dije, entonces mismo que estabas envuelta en tu sangre: Vive, vive, te dije, oh tú que estás envuelta en tu sangre.

7 Como la yerba del prado te hice

---

1 *Dan. XIII. v. 56.—Gen. XXVII. v. 46.*
2 Sabido es que si al recien nacido no se le cortase el ombligo perderia tanta sangre que moriria luego. Era costumbre entre los orientales el lavar luego al niño, mezclando sal en el agua, por creerlo útil á la robustez del cuerpo.

dedi te: et multiplicata es, et grandis effecta, et ingressa es, et pervenisti ad mundum muliebrem: ubera tua intumuerunt, et pilus tuus germinavit: et eras nuda, et confusione plena.

8 *Et transivi per te, et vidi te: et ecce tempus tuum, tempus amantium: et expandi amictum meum super te, et operui ignominiam tuam. Et juravi tibi, et ingressus sum pactum tecum (ait Dominus Deus) et facta es mihi.*

9 *Et lavi te aquá, et emundavi sanguinem tuum ex te: et unxi te oleo.*

10 *Et vestivi te discoloribus, et calceavi te janthino: et cinxi te bysso, et indui te subtilibus.*

11 *Et ornavi te ornamento, et dedi armillas in manibus tuis, et torquem circa collum tuum.*

12 *Et dedi inaurem super os tuum, et circulos auribus tuis, et coronam decoris in capite tuo.*

13 *Et ornata es auro, et argento, et vestita es bysso, et polymito, et multicoloribus: similam, et mel, et oleum comedisti, et decora facta es vehementer nimis: et profecisti in regnum.*

14 *Et egressum est nomen tuum in gentes propter speciem tuam: quia perfecta eras in decore meo, quem posueram super te, dicit Dominus Deus.*

15 *Et habens fiduciam in pulchritudine tua, fornicata es in nomine tuo: et exposuisti fornicationem tuam omni transeunti, ut ejus fieres.*

16 *Et sumens de vestimentis tuis, fecisti tibi excelsa hinc inde consuta: et fornicata es super eis, sicut non est factum, neque futurum est.*

17 *Et tulisti vasa decoris tui de auro*

crecer; y tú creciste, y te hiciste grande, y llegaste á la edad y tiempo de usar los adornos mugeriles, al tiempo de la pubertad; pero tú estabas desnuda y cubierta de ignominia [1].

8 Y pasé junto á tí, y te ví, y estabas tú ya entonces en la edad de los amores ó en la pubertad, y extendí yo sobre tí *la punta de mi manto* [2] y cubrí tu ignominia, y te hice un juramento, é hice contigo un contrato (dice el Señor Dios), y desde entonces fuiste mia [3].

9 Y te lavé con agua, y te limpié de tu sangre, y te ungí con oleo [4].

10 Y te vestí con ropas de varios colores, y te dí calzado de color de jacinto, y ceñidor de lino fino, y te vestí de un manto finísimo.

11 Y te engalané con ricos adornos, y puse brazaletes en tus manos, y un collar al rededor de tu cuello [5].

12 Y adorné con joyas tu frente, y tus orejas con zarcillos, y tu cabeza con hermosa diadema.

13 Y quedaste ataviada con oro y con plata, y vestida de fino lienzo, y de bordados de varios colores: se te dió para comer la flor de harina, con miel y aceite: veniste en fin á ser extremadamente bella, y llegaste á ser la reina del mundo [6].

14 Y tu hermosura te adquirió nombradía entre las naciones, por causa de los adornos que yo puse en tí, dice el Señor Dios.

15 Envanecida empero con tu hermosura, te prostituiste, como si fueras dueña de tí, y te ofreciste lujuriosa á todo el que pasaba, entregándote á él.

16 Y cogiendo tus vestidos, y cosiendo de aquí y de allí, hiciste de ellos adornos para *los ídolos de* las alturas; en donde tú de tal manera te prostituiste, que nunca jamas se habia visto ni se verá cosa semejante.

17 Y echando mano de los adornos de

---

1 En tierra de Egypto.

2 *Ruth III. v.* 9. en señal de que te tomaba por esposa.

3 *Jer. II. v.* 2.—*Exod. XIX. v.* 5.

4 *Esth. II. v.* 12.—*Ruth III. v.* 3.

5 *Gen. XXIV. v.* 22. 47.—*Is. III. v.* 21.

6 Otros traducen: *y llegaste á formar ya un reino.* Lo que realmente sucedió despues que salieron los hijos de Israel de Egypto y se establecieron en la tierra de Chânaan.

meo, atque argento meo quæ dedi tibi: et fecisti tibi imagines masculinas, et fornicata es in eis.

18 *Et sumpsisti vestimenta multicoloria, et operuisti illas: et oleum meum, et thymiama meum posuisti coram eis.*

19 *Et panem meum, quem dedi tibi, similam et oleum, et mel, quibus enutrivi te, posuisti in conspectu eorum in odorem suavitatis, et factum est, ait Dominus Deus.*

20 *Et tulisti filios tuos et filias tuas, quas generasti mihi, et immolasti eis ad devorandum. Nunquid parva est fornicatio tua?*

21 *Immolasti filios meos, et dedisti illos consecrans eis.*

22 *Et post omnes abominationes tuas et fornicationes, non es recordata dierum adolescentiæ tuæ, quando eras nuda, et confusione plena, conculcata in sanguine tuo.*

23 *Et accidit post omnem malitiam tuam (væ, væ tibi, ait Dominus Deus)*

24 *et ædificasti tibi lupanar, et fecisti tibi prostibulum in cunctis plateis.*

25 *Ad omne caput viæ ædificasti signum prostitutionis tuæ, et abominabilem fecisti decorem tuam: et divisisti pedes tuos omni transeunti, et multiplicasti fornicationes tuas.*

26 *Et fornicata es cum filiis Ægypti vicinis tuis magnarum carnium: et multiplicasti fornicationem tuam ad irritandum me.*

27 *Ecce ego extendam manum meam super te, et auferam justificationem tuam: et dabo te in animas odientium te filiarum Palæstinarum, quæ erubescunt in via tua scelerata.*

tu gloria, hechos con mi oro y con mi plata, los cuales te habia yo dado, hiciste de ellos figuras humanas, y has idolatrado con ellas [1].

18 Y tus vestidos de diversos colores los empleaste en las imágenes *de tus ídolos,* y á ellas ofreciste el oleo mio y mis perfumes [2].

19 Y el pan que yo te dí, y la flor de harina, el oleo y la miel [3] con que yo te alimentaba, lo presentaste ante ellos como ofrenda de suave olor: esto hiciste, dice el Señor Dios.

20 Y tomaste tus hijos ó hijas, que habias engendrado para mí, y se los sacrificaste para que fuesen devorados *del fuego* [4]. ¿Y te parece poca cosa esa tu prostitucion?

21 Tú inmolaste mis hijos, y los diste á los ídolos, á los cuales los consagraste.

22 Y despues de todas tus abominaciones y prostituciones, te has olvidado de los tiempos de tu mocedad: cuando te hallabas desnuda y llena de ignominia, envuelta en tu propia sangre.

23 Y acaeció que despues de tanta malicia tuya (¡ay! ¡ay de tí! dice el Señor Dios),

24 te construiste lupanares [5], y te hiciste ramerías en todas las plazas;

25 en toda encrucijada de camino pusiste tú la señal de prostitucion [6]; y has hecho abominable tu hermosura: y te abandonaste á todo pasagero, y multiplicaste tus fornicaciones *ó idolatrías.*

26 Y pecaste con los hijos de Egypto vecinos tuyos, muy corpulentos, *adorando sus innumerables ídolos,* multiplicando asi las idolatrías para irritarme.

27 He aquí que yo extendí mi mano sobre tí, y te quité tus cosas sagradas, y te abandoné al arbitrio de las hijas ó *ciudades* de los philisteos que te aborrecen, y se avergüenzan de tu malvado proceder.

---

1 Alude á los ídolos que hizo fundir Acház del metal de los vasos sagrados, erigiéndoles altares en las esquinas de Jerusalem, y que fueron destruidos por Ezechias. *II. Paralip. XXVIII. v.* 24. — *XXX. v.* 14.

2 *Exod. XXX. v.* 23.

3 *Lev. II. v.* 11. La miel no se ofrecia á Dios; pero los gentiles la presentaban á los ídolos.

4 Véase *Moloch.*

5 Esto es, altares dedicados á los ídolos. Véase *Fornicacion.*

6 *II. Paral. XXVIII. v.* 24.

28 *Et fornicata es in filiis Assyriorum, eò quòd necdum fueris expleta: et postquam fornicata es, nec sic es satiata.*

29 *Et multiplicasti fornicationem tuam in terra Chanaan cùm Chaldæis: et nec sic satiata es.*

30 *In quo mundabo cor tuum, ait Dominus Deus; cùm facias omnia hæc opera mulieris meretricis, et procacis?*

31 *Quia fabricasti lupanar tuum in capite omnis viæ, et excelsum tuum fecisti in omni platea: nec facta es quasi meretrix fastidio augens pretium;*

32 *sed quasi mulier adultera, quæ super virum suum inducit alienos.*

33 *Omnibus meretricibus dantur mercedes: tu autem dedisti mercedes cunctis amatoribus tuis, et dona donabas eis, ut intrarent ad te undique ad fornicandum tecum.*

34 *Factumque est in te contra consuetudinem mulierum in fornicationibus tuis, et post te non erit fornicatio: in eo enim quòd dedisti mercedes, et mercedes non accepisti, factum est in te contrarium.*

35 *Propterea, meretrix, audi verbum Domini.*

36 *Hæc dicit Dominus Deus: Quia effusum est æs tuum, et revelata est ignominia tua in fornicationibus tuis super amatores tuos, et super idola abominationum tuarum in sanguine filiorum, quos dedisti eis:*

37 *ecce ego congregabo omnes amatores tuos, quibus commista es, et omnes quos dilexisti, cum universis quos oderas: et congregabo eos super te undique, et nudabo ignomiam tuam coram eis, et videbunt omnem turpitudinem tuam.*

38 *Et judicabo te judiciis adulterarum, et effundentium sanguinem, et*

28 Pero tú aun, no estando satiada, has pecado con los hijos de los assyrios, y ni despues de tales idolatrías has quedado satisfecha.

29 Y multiplicaste tus idolatrías en tierra de Chánaan con los cháldeos, y tampoco con esto te saciaste.

30 ¿Con qué podré yo limpiar tu corazon, dice el Señor Dios, haciendo tú todas estas cosas propias de una muger ramera y descarada?

31 Porque en cada encrucijada de camino ó *calle* fabricaste tu burdel, y en toda plaza te hiciste un altar profano: ni fuiste como ramera que con el desden aumenta el precio;

32 sino como una muger adúltera, que en vez del propio marido, convida á los extraños.

33 Á todas las otras rameras se les da paga; mas tú la has dado á todos tus amantes, y les hacias regalos, para que de todas partes viniesen á pecar contigo [1].

34 Y ha sucedido en tí lo contrario de aquello que se acostumbra con las mugeres de mala vida, ni habrá despues de tí fornicacion semejante. Porque en haber tú dado la paga, en lugar de haberla recibido, has hecho todo lo contrario *de lo que se acostumbra*.

35 Por tanto, oh muger pecadora, he aquí lo que dice el Señor:

36 Asi habla el Señor Dios: Pues que has malgastado tu dinero, *prostituyéndote á los ídolos*, y has hecho pública tu ignominia en tus idolatrías con tus amantes, y en la sangre de tus hijos que has ofrecido á los ídolos de tus abominaciones:

37 he aqui que Yo reuniré á tus amantes, con quienes has pecado, y á todos tus queridos, y á todos los que habias aborrecido, y los reuniré contra tí de todas partes, y delante de ellos descubriré tu ignominia, y verán ellos toda tu torpeza;

38 y te castigaré segun las leyes que hay sobre adúlteras, y sobre homicidas,

---

1 Has pecado por solo amor al pecado, y has empleado mis dones para dar culto á los idolos, de los cuales nada puedes recibir, pues que ellos son *nada*. Véase *Idolo*.

dabo te in sanguinem furoris et zeli.

39 *Et dabo te in manus eorum, et destruent lupanar tuum: et demolientur prostibulum tuum: et denudabunt te vestimentis tuis, et auferent vasa decoris tui: et derelinquent te nudam, plenamque ignominiá:*

40 *et adducent super te multitudinem, et lapidabunt te lapidibus, et trucidabunt te gladiis suis.*

41 *Et comburent domos tuas igni, et facient in te judicia in oculis mulierum plurimarum: et desines fornicari, et mercedes ultrà non dabis.*

42 *Et requiescet indignatio mea in te: et auferetur zelus meus à te, et quiescam, nec irascar ampliùs.*

43 *Eò quòd non fueris recordata dierum adolescentiæ tuæ, et provocasti me in omnibus his: quapropter et ego vias tuas in capite tuo dedi, ait Dominus Deus, et non feci juxta scelera tua in omnibus abominationibus tuis.*

44 *Ecce omnis qui dicit vulgò proverbium, in te assumet illud, dicens: Sicut mater, ita et filia ejus.*

45 *Filia matris tuæ es tu, quæ projecit virum suum, et filios suos: et soror sororum tuarum es tu, quæ projecerunt viros suos, et filios suos: mater vestra Cethæa, et pater vester Amorrhæus.*

46 *Et soror tua major, Samaria, ipsa et filiæ ejus, quæ habitant ad sinistram tuam: soror autem tua minor te, quæ habitat à dextris tuis, Sodoma, et filiæ ejus.*

47 *Sed nec in viis earum ambulasti,*

y te quitaré la vida lleno de furor y de zelos.

39 Y te entregaré en poder de ellos, y ellos destruirán tu burdel, y demolerán tu ramería (*la ciudad de Jerusalem*), y te desnudarán de tus vestidos, y robarán aquello que te embellecia, y te dejarán desnuda y llena de ignominia;

40 y reunirán contra tí la muchedumbre, y te apedrearán [1], y te atravesarán con sus espadas,

41 y tus casas las entregarán á las llamas [2], y tomarán justa venganza de tí, á la vista de muchísimas mugeres ó *naciones*; y tú cesarás de pecar, y nunca mas darás pagas.

42 Entonces cesará *también* mi indignacion contra tí, y se acabarán los zelos que me causaste, y quedaré quieto, y no me irritaré mas [3].

43 Por cuanto te olvidaste de los dias de tu mocedad, y me provocaste con todas esas cosas: por lo mismo yo tambien he hecho que recaigan sobre tí los desórdenes de tu vida, dice el Señor Dios; y aun no te castigaré conforme merecen los delitos de todas tus abominaciones.

44 Mira que todo el que profiere aquel proverbio comun, te le aplicará á ti, diciendo: Cual la madre, tal su hija.

45 Verdaderamente que tú eres hija de tu madre, que abandonó á su marido [4], y á sus hijos [5]; y hermana eres tú de tus hermanas, que desecharon á sus maridos y á sus hijos: cethéa es tu madre, y amorrhéo tu padre [6].

46 Tu hermana mayor es Samaria, con sus hijas [7], que habitan á tu izquierda [8]; y Sodoma con sus hijas, que habitan á la derecha, esa es tu hermana menor.

47 Pero tú no solamente no te has

---

1 *Levit.* XX. v. 2.—*Deut.* XXII. v. 10. Véase *Fornicacion.*

2 *IV. Reg.* XXV. v. 9.

3 *Te abandonaré enteramente. Pena gravisima* (dice S. Gerónimo) es el quedar el hombre abandonado á sus maldades y delitos. Origenes dice: *Observa la misericordia, la piedad y la paciencia de nuestro buen Dios: cuando quiere usar con nosotros de piedad, dice que se irrita* (Jer. c. VI) *porque el Se-*

ñor castiga á todo aquel que reconoce por hijo suyo. ¿Quieres oir una voz terrible de Dios? Escucha aquello que dice por Oséas cap. IV.: *No castigaré á vuestras hijas cuando peqúen,* etc.

4 A su Dios y Criador.

5 Ofreciéndolos á los idolos.

6 No sois vosotros hijos de Abraham.

7 Ó ciudades. Véase *Hijo.*

8 Ó al Norte.

neque secundùm scelera earum fecisti pauxillum minus: penè sceleratiora fecisti illis in omnibus viis tuis.

48 *Vivo ego, dicit Dominus Deus, quia non fecit Sodoma soror tua, ipsa et filiæ ejus, sicut fecisti tu, et filiæ tuæ.*

49 *Ecce hæc fuit iniquitas Sodomæ sororis tuæ, superbia, saturitas panis, et abundantia, et otium ipsius, et filiarum ejus: et manum egeno, et pauperi non porrigebant.*

50 *Et elevatæ sunt, et fecerunt abominationes coram me: et abstuli eas sicut vidisti.*

51 *Et Samaria dimidium peccatorum tuorum non peccavit: sed vicisti eas sceleribus tuis, et justificasti sorores tuas in omnibus abominationibus tuis, quas operata es.*

52 *Ergo et tu porta confusionem tuam, quæ vicisti sorores tuas peccatis tuis, sceleratius agens ab eis: justificatæ sunt enim à te: ergo et tu confundere, et porta ignominiam tuam, quæ justificasti sorores tuas.*

53 *Et convertam restituens eas conversione Sodomorum cum filiabus suis, et conversione Samariæ, et filiarum ejus: et convertam reversionem tuam in medio earum,*

54 *ut portes ignominiam tuam, et confundaris in omnibus, quæ fecisti consolans eas.*

55 *Et soror tua Sodoma, et filiæ ejus revertentur ad antiquitatem suam: et Samaria, et filiæ ejus revertentur ad antiquitatem suam: et tu, et filiæ tuæ, revertimini ad antiquitatem vestram.*

56 *Non fuit autem Sodoma soror tua audita in ore tuo, in die superbiæ tuæ,*

quedado atrás en seguir sus caminos, é imitar sus maldades; sino que casi has sido mas perversa que aquellas en todos tus procederes.

48 Juro Yo, dice el Señor Dios, que no hizo Sodoma tu hermana, ella y sus hijas, lo que tú y tus hijas habeis hecho.

49 He aquí cual fué la maldad de Sodoma tu hermana: la soberbia, la hartura ó gula, y la abundancia ó lujo, y la ociosidad de ella y de sus hijas, y el no socorrer al necesitado y al pobre[2].

50 Y engriéronse, y cometieron abominaciones delante de mí, y yo las aniquilé, como tu has visto.

51 Y no cometió Samaria la mitad de los pecados que has cometido tú: sino que la has sobrepujado en tus maldades, y has hecho que pareciesen justas tus hermanas, á fuerza de tantas abominaciones como has tú cometido.

52 Carga pues tú tambien, con la ignominia, ya que en pecar has excedido á tus hermanas, obrando con mayor malicia que ellas; pues parangonadas contigo son ellas justas. Por eso confúndete tú tambien, y lleva sobre tí la ignominia tuya, tú que eres tan perversa que haces parecer buenas á tus hermanas.

53 Mas yo las restableceré, haciendo que Sodoma[3] vuelva del cautiverio junto con sus hijas, y haciendo volver del cautiverio á Samaria y las hijas suyas; y junto con ellas haré tambien volver á tus hijos llevados al cautiverio:

54 para que esto te sirva de ignominia y te llenes de confusion por todo lo que hiciste, y les seas á ellas motivo de consuelo[4].

55 Y tu hermana Sodoma, y sus hijas volverán á su antiguo estado, y volverán al antiguo estado Samaria y sus hijas, y tú tambien y las hijas tuyas volveréis á vuestro primitivo estado.

56 Tú, oh Jerusalem, en el tiempo de tu fausto jamás te dignaste de tomar en boca á tu hermana Sodoma[5];

---

1 Segun el texto hebreo, el *penè* de la Vulgata debe traducirse *en verdad*: como se deduce tambien del ver. 51.

2 Se nota aqui el origen principal de los pecados. *Gen. XIX. v. 24. — Rom. I. v. 25.*

3 *Jerem. XLVIII. v. 47. — XLIX. v. 6.* Los ammonitas y moabitas descienden de los vecinos de Sodoma.

4 Con la vista de tu castigo.

5 El desprecio con que miraban los judíos

57 antequam revelaretur malitia tua: sicut hoc tempore in opprobrium filiarum Syriæ, et cunctarum in circuitu tuo filiarum Palæstinarum, quæ ambiunt te per gyrum.

58 Scelus tuum, et ignominiam tuam tu portasti, ait Dominus Deus.

59 Quia hæc dicit Dominus Deus: Et faciam tibi, sicut despexisti juramentum, ut irritum faceres pactum:

60 et recordabor ego pacti mei tecum in diebus adolescentiæ tuæ: et suscitabo tibi pactum sempiternum.

61 Et recordaberis viarum tuarum, et confunderis: cùm receperis sorores tuas te majores cum minoribus tuis: et dabo eas tibi in filias, sed non ex pacto tuo.

62 Et suscitabo ego pactum meum tecum: et scies quia ego Dominus,

63 ut recorderis, et confundaris, et non sit tibi ultrà aperire os præ confusione tua, cùm placatus tibi fuero in omnibus quæ fecisti, ait Dominus Deus.

57 antes que se descubriese tu malicia, como lo está ahora, y que tú fueses el escarnio de las hijas (ó ciudades) de Syria, y de todas las hijas de los philisteos que tienes al rededor, y te circuyen por todos lados.

58 Tú has llevado el castigo de tu maldad, y quedado cubierta de ignominia, dice el Señor Dios.

59 Porque asi habla el Señor Dios: Yo te trataré á tí de este modo; pues que tú despreciaste el juramento, é hiciste nulo el pacto [1]:

60 con todo, yo me acordaré aun del pacto hecho contigo en los dias de tu mocedad, y haré revivir contigo la alianza sempiterna.

61 Entonces te acordarás tú de tus desórdenes, y te avergonzarás cuando recibirás contigo á tus hermanas mayores que tú juntamente con las menores, y te las daré yo á tí en lugar de hijas: mas no en virtud de la antigua alianza contigo.

62 Y renovaré contigo mi alianza [2], y conocerás que yo soy el Señor:

63 á fin de que te acuerdes de tus crímenes, y te confundas, y no te atrevas á abrir la boca de pura vergüenza, cuando yo me hubiere aplacado contigo despues de todas tus fechorías, dice el Señor Dios.

CAPÍTULO XVII.

Ezechiel por figuras, y despues claramente, predice la rebelion de Sedecias Rey de Judá contra el Rey de Babylonia, acompañada de perjurio contra Dios: de donde se seguiria su cautiverio, y la ruina del reino. Pero promete para despues el restablecimiento del reino de Israel.

1 Et factum est verbum Domini ad me, dicens:

2 Fili hominis, propone ænigma, et

1 Hablóme el Señor, diciendo:

2 Hijo de hombre, propon un enig-

á todas las demas naciones, fue la principal causa de su indignacion contra la doctrina de Jesu-Christo, segun la cual todos los hombres debian reunirse en una sola Iglesia. Rom. II. v. 28.

1 Que habia yo hecho contigo. Deuteronomio XXVII. v. 15.—XXIX. v. 12. Puede tambien traducirse: Conforme al desprecio

que has hecho del juramento, haciendo nulo el pacto.

2 A la alianza hecha en Sinai, y despues de haber castigado tus infracciones, succederá otra alianza sempiterna en la cual formarás una nacion con tus hermanas Samaria y Sodoma; esto es, con todas las demas naciones.

narra parabolam ad domum Israel,

3 *et dicit: Hæc dicit Dominus Deus: Aquila grandis magnarum alarum, longo membrorum ductu, plena plumis, et varietate, venit ad Libanum, et tulit medullam cedri.*

4 *Summitatem frondium ejus avulsit: et transportavit eam in terram Chanaan, in urbe negotiatorum posuit illam.*

5 *Et tulit de semine terræ, et posuit illud in terra pro semine, ut firmaret radicem super aquas multas: in superficie posuit illud.*

6 *Cùmque germinasset, crevit in vineam latiorem humili staturâ, respicientibus ramis ejus ad eam: et radices ejus sub illa erant: facta est ergo vinea, et fructificavit in palmites, et emisit propagines.*

7 *Et facta est aquila altera grandis, magnis alis, multisque plumis: et ecce vinea ista quasi mittens radices suas ad eam, palmites suos extendit ad illam, ut irrigaret eam de areolis germinis sui.*

8 *In terra bona super aquas multas plantata est: ut faciat frondes, et portet fructum, ut sit in vineam grandem.*

9 *Dic: Hæc dicit Dominus Deus: Ergone prosperabitur? nonne radices ejus evellet, et fructus ejus distringet, et siccabit omnes palmites germinis ejus, et arescet: et non in brachio grandi, neque in populo multo, ut evelleret eam radicitus?*

ma, y cuenta una parábola [1] á la casa de Israel.

3 Diles pues: Asi habla el Señor Dios: Una grande águila [2], de grandes alas, y de miembros muy extendidos, poblada de plumas de varios colores, vino al Líbano ó á la Judea [3], y se llevó lo mejor del cedro.

4 Arrancó de él los renuevos que despuntaban, y los trasportó á la tierra de Chanaan, ó de los traficantes, y púsolos en una ciudad de grande comercio [4].

5 Y tomó de la semilla de aquella tierra [5], y sembróla en un campo para que echase sus raices, junto á una grande abundancia de aguas [6]: sembróla en la superficie.

6 Y cuando hubo brotado, creció é hízose una cepa muy lozana, pero de poca elevacion; cuyos vástagos se dirigian hácia aquella águila, y debajo de cuya sombra estaban sus raices: llegó pues á ser una parra, y echó mugrones, y sarmientos.

7 Y vino otra águila grande [7], de grandes alas, y de muchas plumas; y he aquí que aquella parra, como que volvió sus raices, y extendió sus sarmientos hácia ella, para ser regada con sus fecundos canales.

8 Plantada fue aquella vid en buena tierra, y junto á copiosas aguas, para que se dilate frondosa, y dé fruto, y llegue á ser una parra grande.

9 Les dirás pues: Asi habla el Señor Dios: ¿Qué acaso prosperará? ¿No arrancará sus raices la primera águila, y no destruirá sus frutos, y hará secar todos los sarmientos que habia arrojado de suerte que quede un tronco seco [8]; y eso sin necesidad de gran poder, ni de mucha gente para arrancarla de cuajo?

---

1 Véase *Parábola*. Por el *águila* se entiende Nabuchôdonosor: por el *Libano* la Judea y ciudad de Jerusalem: por el *meollo*, ó lo mejor del *cedro*, el Rey y los príncipes.

2 *Jer. XLVIII. v.* 40.—*XLIX. v.* 22.

3 *IV. Reg. XXIV. v.* 15.

4 En Babylonia.

5 Esto es, de los cedros.

6 Véase *Aguas*.

7 Esta segunda águila es Pharaon, llamado

Vaphres ó Apres, Rey de Egypto muy poderoso, mas no tanto como Nabuchôdonosor. Comenzó aquella viña á implorar la proteccion de aquel Rey, y á ser regada de las fecundas aguas del Nilo, y por eso dirige hácia él sus raices y sarmientos.

8 Sedecias Rey de Juda, pais fértil, no se reveló contra Nabuchôdonosor por miseria ó necesidad, pues iba haciéndose un Rey poderoso. ¿Y acaso, dice Dios, será feliz Sedecias

10 Ecce plantata est: ergone prosperabitur? nonne cùm tetigerit eam ventus urens siccabitur, et in areis germinis sui arescet?

11 Et factum est verbum Domini ad me, dicens:

12 Dic ad domum exasperantem: Nescitis quid ista significent? Dic: Ecce venit rex Babylonis in Jerusalem, et assumet regem, et principes ejus, et adducet eos ad semetipsum in Babylonem.

13 Et tollet de semine regni, ferietque cum eo fœdus: et ab eo accipiet jusjurandum; sed et fortes terræ tollet,

14 ut sit regnum humile, et non elevetur, sed custodiat pactum ejus, et servet illud.

15 Qui recedens ab eo misit nuntios ad Ægyptum, ut daret sibi equos, et populum multum. Nunquid prosperabitur, vel consequetur salutem qui fecit hæc? et qui dissolvit pactum, nunquid effugiet?

16 Vivo ego, dixit Dominus Deus: quoniam in loco regis, qui constituit eum regem, cujus fecit irritum juramentum, et solvit pactum, quod habebat cum eo, in medio Babylonis morietur.

17 Et non in exercitu grandi, neque in populo multo faciet contra eum Pharao prælium; in jactu aggeris, et in extructione vallorum, ut interficiat animas multas.

18 Spreverat enim juramentum ut solveret fœdus, et ecce dedit manum suam: et cùm omnia hæc fecerit, non effugiet.

19 Propterea hæc dicit Dominus Deus: Vivo ego, quoniam juramentum quod sprevit, et fœdus quod prævaricatus est, ponam in caput ejus.

20 Et expandam super eum rete

10 Mira, ella es cierto que está plantada; ¿pero acaso prosperará? ¿No es verdad que luego que el viento abrasador la tocare se secará y quedará árida, á pesar de todos los canales que la fecundan?

11 Y háblome el Señor, diciendo:

11 Di á esa familia provocadora: ¿No sabeis vosotros lo que esto significa? Mirad: el Rey de Babylonia vino á Jerusalem, y se apoderó del Rey y de sus príncipes, y se los llevó á su reino, á Babylonia.

13 Y tomó uno de la estirpe Real, é hizo alianza con él, y recibió de él el juramento de *fidelidad*; y ademas sacó del pais á los valientes,

14 para que el reino quedase abatido, y no pudiese levantarse, sino que observase y mantuviese el pacto.

15 Pero el *nuevo Rey* apartándose de lo pactado, envió mensageros á Egypto para que le ayudara con su caballería y muchísima tropa. ¿Acaso prosperará, ó hallará salvacion quien esto hizo? ¿Y el que ha roto la alianza, podrá ponerse en salvo?

16 Yo juro dice el Señor Dios, que en el pais del Rey que le habia puesto sobre el trono, y cuyo juramento quebrantó, violando el pacto que con él habia hecho; allí en medio de Babylonia morirá.

17 Y Pharaon con su grande ejército y su mucha gente no peleará contra el enemigo [1], cuando éste levantará terraplenes, y formará trincheras para matar mucha gente.

18 Por haber despreciado el Rey el juramento, y violado el pacto, despues de haber contraido alianza; pues que todo esto hizo, no se librará.

19 Por tanto esto dice el Señor Dios: Juro Yo que por causa del juramento que él despreció, y de la alianza que violó, le castigaré en su propia persona.

20 Y extenderé mi red *barredera* [2]

violando la fe jurada á Nabuchôdonosor? ¿Y esta águila grande y poderosa no devorará la Judea, y la dejará una viña árida y seca? Nabuchôdonosor despues de vencido Pharaon se quedó en Reblatha con parte del ejército, y envió el resto á Jerusalem.

1 Contra Nabuchôdonosor.
2 Ó *esparavel*.

meum, et comprehendetur in sagena mea: et adducam eum in Babylonem, et judicabo eum ibi in prævaricatione quâ despexit me.

21 Et omnes profugi ejus cum universo agmine suo, gladio cadent: residui autem in omnem ventum dispergentur: et scietis quia ego Dominus locutus sum.

22 Hæc dicit Dominus Deus: Et sumam ego de medulla cedri sublimis, et ponam : de vertice ramorum ejus tenerum distringam, et plantabo super montem excelsum et eminentem.

23 In monte sublimi Israel plantabo illud, et erumpet in germen, et faciet fructum, et erit in cedrum magnam: et habitabunt sub ea omnes volucres, et universum volatile sub umbra frondium ejus nidificabit.

24 Et scient omnia ligna regionis, quia ego Dominus humiliavi lignum sublime, et exaltavi lignum humile: et siccavi lignum viride, et frondere feci lignum aridum. Ego Dominus locutus sum et feci.

sobre él, y quedará cogido en mis redes, y le conduciré á Babylonia, y allí le juzgaré por la prevaricacion con que me ha despreciado.

21 Y perecerán al filo de la espada todos sus fugitivos, y todos sus escuadrones, y los que quedaren serán esparcidos por toda la tierra, y conoceréis que yo el Señor he hablado.

22 Esto dice el Señor Dios: Yo tomaré de lo mas escogido del cedro empinado, y lo plantaré: desgajaré de lo alto de sus ramas un tierno ramito [1], y le plantaré sobre un monte alto y descollado.

23 Sobre el alto monte de Israel le plantaré, y brotará un pimpollo, y dará fruto, y llegará á ser un grande cedro, debajo del cual hallarán albergue todas las aves, y anidarán á la sombra de sus hojas todas las especies de volátiles.

24 Y conocerán todos los árboles del pais que yo el Señor humillé al árbol empinado, y ensalcé la humilde planta; y sequé el árbol verde, é hice reverdecer el árbol seco. Yo el Señor lo dije y lo hice.

CAPÍTULO XVIII.

Declara el Profeta que Dios juzga á todos con justicia: que aflige al que persevera en sus pecados, ó imita los de sus padres, y por el contrario, que perdona á los que se convierten de corazon. Exhorta al pueblo á la penitencia.

1 Et factus est sermo Domini ad me, dicens:

2 Quid est quòd inter vos parabolam vertitis in proverbium istud in terra Israel, dicentes : Patres comederunt uvam acerbam, et dentes filiorum obstupescunt ?

3 Vivo ego, dicit Dominus Deus, si erit ultrà vobis parabola hæc in proverbium in Israel.

4 Ecce omnes animæ meæ sunt: ut anima patris, ita et anima filii mea est : anima, quæ peccaverit, ipsa morietur.

1 Hablóme nuevamente el Señor, diciendo:

2 ¿Cómo es que entre vosotros, en tierra de Israel, habeis convertido en proverbio este dicho: Los padres comieron el agras, y los hijos sufren la dentera [2]?

3 Juro Yo, dice el Señor Dios, que esta parábola no será ya mas para vosotros un proverbio en Israel.

4 Porque todas las almas son mias, como es mia el alma del padre, lo es tambien la del hijo: el alma que pecare, esa morirá.

1 La Paráfrasis chaldaica dice aqui *Tomaré al Rey, el Mesias, y le plantaré*, etc.

2 Jer. XXXI. v. 29.—Exod. XX. v. 5.—II. Reg. XXIV.

5 Et vir si fuerit justus, et fecerit judicium et justitiam:

6 in montibus non comederit, et oculos suos non levaverit ad idola domus Israel: et uxorem proximi sui non violaverit, et ad mulierem menstruatam non accesserit:

7 et hominem non contristaverit: pignus debitori reddiderit, per vim nihil rapuerit: panem suum esurienti dederit, et nudum operuerit vestimento:

8 ad usuram non commodaverit, et ampliùs non acceperit: ab iniquitate averterit manum suam, et judicium verum fecerit inter virum et virum:

9 in præceptis meis ambulaverit, et judicia mea custodierit ut faciat veritatem: hic justus est, vitâ vivet, ait Dominus Deus.

10 Quòd si genuerit filium latronem, effundentem sanguinem, et fecerit unum de istis:

11 et hæc quidem omnia non facientem, sed in montibus comedentem, et uxorem proximi sui polluentem:

12 egenum et pauperem contristantem, rapientem rapinas, pignus non reddentem, et ad idola levantem oculos suos, abominationem facientem:

13 ad usuram dantem, et ampliùs accipientem: nunquid vivet? Non vivet; cùm universa hæc detestanda fecerit, morte .morietur, sanguis ejus in ipso erit.

14 Quod si genuerit filium, qui videns omnia peccata patris sui quæ fecit, timuerit, et non fecerit simile ejus:

15 super montes non comederit, et oculos suos non levaverit ad idola domus Israel, et uxorem proximi sui non violaverit:

16 et virum non contristaverit, pignus non retinuerit, et rapinam non rapuerit, panem suum esurienti dederit, et nudum operuerit vestimento:

5 Y si un hombre fuere justo, y viviere segun derecho y justicia;

6 si no celebrare banquetes en los montes [1], ni levantare sus ojos hácia los ídolos de la casa de Israel; si no violare la muger de su prójimo, ni se acercare á su propia muger en el tiempo de su menstruacion [2],

7 y no ofendiere á nadie: si volviere la prenda al deudor [3], si no tomare nada ageno á la fuerza, si partiere su pan con el hambriento, y vistiere al desnudo [4];

8 si no prestare á usura, ni recibiere mas de lo prestado; si no obrare la maldad, y sentenciare justamente sin acepcion de personas:

9 si arreglare su proceder á mis mandamientos, y observare mis leyes para obrar rectamente ; este tal es varon justo, y tendrá vida verdadera y feliz, dice el Señor Dios.

10 Pero si él tiene un hijo, el cual sea ladron y homicida, ó cometa otras maldades,

11 y que lejos de hacer cosa buena, celebre banquetes en los montes de los ídolos, y viole la muger de su prójimo,

12 ofenda al desvalido y al pobre, robe lo ageno, no devuelva la prenda, levante sus ojos hácia los ídolos, cometa abominaciones,

13 dé á usura y reciba mas de lo prestado, ¿acaso ese vivirá? No vivirá. Habiendo hecho todas esas cosas tan detestables, morirá sin remedio: su sangre caerá sobre él.

14 Y si éste tuviere un hijo, que viendo todos los pecados que su padre ha cometido entrare en temor, y no le imitare en ellos;

15 si no celebrare banquetes en los montes, ni levantare sus ojos hácia los ídolos de la casa de Israel, y no violare la muger de su prójimo;

16 si no ofendiere á nadie, ni retuviere la prenda, ni robare lo ageno, si diere de su pan al hambriento, y vistiere al desnudo;

---

1 Consagrados á los ídolos.
2 Lev. XX. v. 18.
3 Cuando le hace á este suma falta; ó quizá

_ la necesita para ganarse la vida. Ex. XXII. v. 26.
4 Is. LVIII. v. 7.—Matth. XXV. v. 35.

17 à pauperis injuria averterit manum suam, usuram et superabundantiam non acceperit, judicia mea fecerit, in præceptis meis ambulaverit: hic non morietur in iniquitate patris sui, sed vitâ vivet.

18 Pater ejus quia calumniatus est, et vim fecit fratri, et malum operatus est in medio populi sui, ecce mortuus est in iniquitate sua.

19 Et dicitis: Quare non portavit filius iniquitatem patris? Videlicet, quia filius judicium et justitiam operatus est, omnia præcepta mea custodivit, et fecit illa, vivet vitâ.

20 Anima, quæ peccaverit, ipsa morietur: filius non portabit iniquitatem patris, et pater non portabit iniquitatem filii: justitia justi super eum erit: et impietas impii erit super eum:

21 Si autem impius egerit pænitentiam ab omnibus peccatis suis quæ operatus est, et custodierit omnia præcepta mea, et fecerit judicium et justitiam: vitâ vivet, et non morietur.

22 Omnium iniquitatum ejus, quas operatus est, non recordabor: in justitia sua, quam operatus est, vivet.

23 Nunquid voluntatis meæ est mors impii, dicit Dominus Deus, et non ut convertatur à viis suis, et vivat?

24 Si autem averterit se justus à justitia sua, et fecerit iniquitatem secundùm omnes abominationes, quas operari solet impius, nunquid vivet? omnes justitiæ ejus quas fecerat, non recordabuntur: in prævaricatione, quâ prævaricatus est, et in peccato suo, quod peccavit, in ipsis morietur.

---

17 si no hiciere ningun agravio al pobre, ni recibiere usura, ni interés; si observare mis leyes, y anduviere segun mis preceptos; este tal no morirá por causa de la iniquidad de su padre: sino que vivirá felizmente.

18 Su padre, por haber sido un calumniador, y opresor de su prójimo, y por haber obrado la maldad en medio de su pueblo, murió en pena de su iniquidad.

19 Y vosotros decís: ¿Por qué motivo no ha pagado el hijo la pena de la iniquidad de su padre? Por esto, porque el hijo ha obrado segun la Ley, y segun la justicia: él ha observado todos mis mandamientos, y los ha cumplido; y por lo mismo tendrá vida verdadera y feliz.

20 El alma que pecare, esa morirá: no pagará el hijo la pena de la maldad de su padre, ni el padre la de la maldad de su hijo: la justicia del justo sobre él recaerá, y la impiedad del impío caerá [1].

21 Pero si el impío hiciere penitencia de todos sus pecados que ha cometido, y observare todos mis preceptos, y obrare segun derecho y justicia, tendrá vida verdadera, y no morirá.

22 De todas cuantas maldades haya él cometido, yo no me acordaré mas [2]: él hallará vida en la virtud que ha practicado.

23 ¿Acaso quiero yo la muerte del impío, dice el Señor Dios; y no antes bien que se convierta de su mal proceder, y viva?

24 Pero si el justo se desviare de su justicia, y cometiere la maldad segun las abominaciones que suele hacer el impío, ¿por ventura tendrá él vida? todas cuantas obras buenas habia él hecho, se echarán en olvido: por la prevaricacion en que ha caido, y por el pecado que ha cometido, por eso morirá.

---

1 Deut. XXIV. v. 16.— IV Reg. XIV. v. 6.—II. Paral. XXV. v. 4.

2 Esto es, para condenarle por ellas. Cuando dice Dios que si el pecador se arrepiente, si hace penitencia de todos sus pecados, observa todos sus preceptos y obra segun derecho y justicia, no se acordará mas de sus iniquidades, es evidente que no castigará á los hijos del pecador, si son buenos: (1 id. ver. 19 y 20) y si les envia algun castigo temporal que sea efecto de los pecados de los padres, será para su mayor bien espiritual.

25 *Et dixistis: Non est æqua via Domini. Audite ergo domus Israel: Nunquid via mea non est æqua, et non magis viæ vestræ pravæ sunt?*

26 *Cùm enim averterit se justus à justitia sua, et fecerit iniquitatem, morietur in eis: in injustitia, quam operatus est, morietur.*

27 *Et cùm averterit se impius ab impietate sua, quam operatus est, et fecerit judicium et justitiam, ipse animam suam vivificabit.*

28 *Considerans enim, et avertens se ab omnibus iniquitatibus suis, quas operatus est, vitâ vivet, et non morietur.*

29 *Et dicunt filii Israel: Non est æqua via Domini. Nunquid viæ meæ non sunt æquæ, domus Israel, et non magis viæ vestræ pravæ?*

30 *Idcircò unumquemque juxta vias suas judicabo, domus Israel, ait Dominus Deus. Convertimini, et agite pœnitentiam ab omnibus iniquitatibus vestris, et non erit vobis in ruinam iniquitas.*

31 *Projicite à vobis omnes prævaricationes vestras, in quibus prævaricati estis, et facite vobis cor novum, et spiritum novum: et quare moriemini domus Israel?*

32 *Quia nolo mortem morientis, dicit Dominus Deus, revertimini, et vivite.*

25 Y vosotros habeis dicho: La conducta que observa el Señor no es justa. Escuchad pues, oh hijos de Israel: ¿Acaso es el proceder mio el que no es justo, y no son mas bien perversos vuestros procederes?

26 Porque cuando el justo se desviaré de su justicia y pecare, por ello morirá: morirá por la injusticia que obró.

27 Y si el impío se apartare de la impiedad que obró, y procediere con rectitud y justicia, dará él mismo la vida á su alma:

28 porque si él entra otra vez en sí mismo, y se aparta de todas las iniquidades que ha cometido, tendrá verdadera vida y no morirá.

29 Y dicen los hijos de Israel: No es justa la conducta que tiene el Señor. ¿Acaso es la conducta mia la que no es justa, oh casa de Israel, y no son antes bien depravados vuestros procederes?

30 Por tanto yo juzgaré, dice el Señor Dios, oh casa de Israel, á cada cual segun sus obras. Convertíos y haced penitencia [1] de todas vuestras maldades; y no serán estas causa de vuestra perdicion.

31 Arrojad lejos de vosotros todas vuestras prevaricaciones que habeis cometido, y formaos un corazon nuevo, y un nuevo espíritu. ¿Y por qué has de morir, oh casa de Israel [2]?

32 Y pues que yo no deseo la muerte de aquel que muere, dice el Señor Dios, convertios y viviréis [3].

CAPÍTULO XIX.

Con la parábola de la leona y de los leoncillos representa los pecados y castigo de los Reyes de Judá; y bajo el símbolo de una viña llora las calamidades de Jerusalem.

1 *Et tu assume planctum super principes Israel,*

2 *et dices: Quare mater tua leæna inter leones cubavit, in medio leunculo-*

1 Tú, empero, ponte á endechar por los príncipes de Israel,

2 y dirás: ¿Por qué vuestra madre, como una leona [4], habitó entre leo-

---

1 Matth. III. v. 2.—Luc. III. v. 3.
2 Teniendo en tu mano la vida?
3 Despues cap. XXXIII. v. 11.—II. Pet. III. v. 9.

4 La *leona* es símbolo de *Jerusalem*, que se llama madre de cada uno de los Príncipes,

rum enutrivit catulos suos?

3 *Et eduxit unum de leunculis suis, et leo factus est: et didicit capere prædam, hominemque comedere.*

4 *Et audierunt de eo gentes, et non absque vulneribus suis ceperunt eum: et adduxerunt eum in catenis in terram Ægypti.*

5 *Quæ cum vidisset quoniam infirmata est, et periit expectatio ejus: tulit unum de leunculis suis, leonem constituit eum:*

6 *qui incedebat inter leones, et factus est leo: et didicit prædam capere, et homines devorare:*

7 *didicit viduas facere, et civitates eorum in desertum adducere: et desolata est terra, et plenitudo ejus, à voce rugitus illius.*

8 *Et convenerunt adversus eum gentes undique de provinciis, et expanderunt super eum rete suum, in vulneribus earum captus est.*

9 *Et miserunt eum in caveam, in catenis adduxerunt eum ad regem Babylonis: miseruntque eum in carcerem, ne audiretur vox ejus ultrà super montes Israel.*

10 *Mater tua quasi vinea in sanguine tuo super aquam plantata est: fructus ejus, et frondes ejus creverunt ex aquis multis.*

11 *Et factæ sunt ei virgæ solidæ in sceptra dominantium, et exaltata est statura ejus inter frondes: et vidit altitudinem suam in multitudine palmitum suorum.*

12 *Et evulsa est in ira, in terramque projecta, et ventus urens siccavit fructum ejus: marcuerunt, et arefactæ sunt virgæ roboris ejus: ignis comedit eam.*

13 *Et nunc transplantata est in desertum, in terra invia et sitienti.*

14 *Et egressus est ignis de virga ra-*

nes, y crió sus cachorros en medio de los leoncillos?

3 Y ensalzó á uno de sus leoncillos, el cual se hizo leon, y aprendió á arrebatar la presa, y á devorar hombres [1].

4 Y corrió su fama por entre las gentes; y estas, no sin recibir de él muchas heridas, le cogieron y lleváronle encadenado á tierra de Egypto.

5 Mas ella (la leona) viéndose privada de su apoyo, y que habia salido fallida su esperanza, cogió á otro de sus leoncillos, del cual formó un nuevo leon.

6 Andaba éste entre los otros leones, ó hízose leon, y aprendió á arrebatar la presa, y á devorar hombres:

7 aprendió á dejar viudas las mugeres, y á convertir en desierto las ciudades; y al estruendo de sus rugidos quedó desolado todo el pais.

8 Y reuniéronse contra él las gentes de todas las provincias, y le tendieron el lazo, y le cogieron, saliendo ellas heridas.

9 Y le metieron en una jaula, y le condujeron encadenado al Rey de Babylonia; y encerráronle en una cárcel, para que no se oyese mas su voz sobre los montes de Israel.

10 Vuestra madre, como una vid de vuestra sangre ó estirpe, ha sido plantada junto al agua: por la abundancia de agua crecieron sus frutos y sarmientos.

11 Y sus fuertes varas vinieron á ser cetros de soberanos, y elevóse su tronco en medio de las ramas: y vióse ensalzada con la muchedumbre de sus sarmientos.

12 Mas ella fué arrancada con ira, y echada por tierra, y un viento abrasador secó sus frutos: marchitáronse, y secáronse sus robustas varas, y el fuego la devoró.

13 Y ahora ha sido trasplantada á un desierto, en una tierra árida é inaccesible.

14 Y de una vara de sus ramas salió

---

mater tua; pero segun la sintaxis debe traducirse *vuestra madre.* Tal vez alude á lo que se dice de Judá en el *Génesis cap. XLIX. v. 9.*

1 Se habla de Joacház *(llamado tambien Sellum. Jer. XXII. v. 11.)* uno de los hijos del Rey Josias. *IV. Reg. XXIII. ver. 33.*

morum ejus, qui fructum ejus comedit: et non fuit in ea virga fortis; sceptrum dominantium. Planctus est, et erit in planctum.

un fuego que devoró sus frutos; sin qué quedara en ella una vara fuerte para servir de cetro á los soberanos. Cántico lúgubre es este [1], y para llanto servirá.

CAPÍTULO XX.

El Señor echa en cara á los israelitas su infidelidad é ingratitudes desde la salida de Egypto, y les intima el castigo. Pero promete sacarlos despues de la cautividad, y volverlos á su país. Profecía contra Judá, al cual llama bosque del Mediodia.

1 Et factum est in anno septimo, in quinto, in decima mensis: venerunt viri de senioribus Israel, ut interrogarent Dominum, et sederunt coram me:

1 Y sucedió que el año séptimo [2], en el quinto mes, á diez dias del mes, vinieron algunos de los ancianos de Israel á consultar al Señor, y sentáronse en frente de mí.

2 et factus est sermo Domini ad me, dicens:

2 Y hablóme el Señor, diciendo:

3 Fili hominis, loquere senioribus Israel, et dices ad eos: Hæc dicit Dominus Deus: Nunquid ad interrogandum me vos venistis? Vivo ego quia non respondebo vobis, ait Dominus Deus.

3 Hijo de hombre, habla á los ancianos de Israel, y les dirás: Esto dice el Señor Dios: ¿Y vosotros venis á consultarme? Yo os juro que no os daré ninguna respuesta, dice el Señor Dios.

4 Si judicas eos, si judicas, fili hominis, abominationes patrum eorum ostende eis.

4 Júzgalos á estos tales, oh hijo de hombre, júzgalos; muéstrales las abominaciones de sus padres.

5 Et dices ad eos: Hæc dicit Dominus Deus: In die quá elegi Israel, et levavi manum meam pro stirpe domus Jacob, et apparui eis in terra Ægypti, et levavi manum meam pro eis, dicens: Ego Dominus Deus vester:

5 Y les dirás: Asi habla el Señor Dios: El dia en que escogí yo á Israel, y extendí mi mano á favor de los de la casa de Jacob [3], y me manifesté á ellos en la tierra de Egypto [4], y levanté mi mano para protegerlos, diciendo: Yo seré el Señor Dios vuestro:

6 in die illa levavi manum meam pro eis, ut educerem eos de terra Ægypti, in terram, quam provideram eis, fluentem lacte et melle: quæ est egregia inter omnes terras.

6 en aquel dia empleé mi poder para sacarlos de la tierra de Egypto, á una tierra que yo les tenia ya destinada, la cual mana leche y miel, tierra la mas excelente de todas.

7 Et dixi ad eos: Unusquisque offensiones oculorum suorum abjiciat, et in idolis Ægypti nolite pollui: ego Dominus Deus vester.

7 Y díjeles: Arroje fuera cada uno aquello que fascina sus ojos, y no os contamineis con los ídolos del Egypto. Yo soy el Señor Dios vuestro.

8 Et irritaverunt me, nolueruntque me audire: unusquisque abominationes oculorum suorum non projecit, nec idola Ægypti reliquerunt: et dixi ut effunderem indignationem meam super

8 Ellos empero me irritaron, y no quisieron escucharme: ninguno de ellos apartó de sí lo que fascinaba sus ojos, ni abandonó los ídolos de Egypto. Entonces dije yo que derramaria sobre

1 En el hebreo: *Objeto de lamentos es dicha vid*, etc.

2 Segun la chrônologia de *Userio* correspon-

de al año 3411 del mundo.

3 *Deut. VII. v.* 6.

4 *Exod. XIV. v.* 8.

eos, et implerem iram meam in eis, in medio terræ Ægypti.

9 Et feci propter nomen meum, ut non violaretur coram gentibus, in quarum medio erant, et inter quas apparui eis, ut educerem eos de terra Ægypti.

10 Ejeci ergo eos de terra Ægypti, et eduxi eos in desertum.

11 Et dedi eis præcepta mea, et judicia mea ostendi eis, quæ faciens homo vivet in eis.

12 Insuper et sabbata mea dedi eis, ut essent signum inter me et eos: et scirent quia ego Dominus sanctificans eos.

13 Et irritaverunt me domus Israel in deserto, in præceptis meis non ambulaverunt, et judicia mea projecerunt, quæ faciens homo vivet in eis: et sabbata mea violaverunt vehementer: dixi ergo ut effunderem furorem meum super eos in deserto, et consumerem eos.

14 Et feci propter nomen meum, ne violaretur coram gentibus, de quibus ejeci eos in conspectu earum.

15 Ego igitur levavi manum meam super eos in deserto, ne inducerem eos in terram, quam dedi eis, fluentem lacte et melle, præcipuam terrarum omnium.

16 Quia judicia mea projecerunt, et in præceptis meis non ambulaverunt: et sabbata mea violaverunt: post idola enim cor eorum gradiebatur.

17 Et pepercit oculus meus super eos, ut non interficerem eos: nec consumpsi eos in deserto.

18 Dixi autem ad filios eorum in solitudine: In præceptis patrum vestrorum nolite incedere, nec judicia eorum custodiatis, nec in idolis eorum polluamini.

19 Ego Dominus Deus vester; in præ-

ellos mi indignacion, y desahogaria en ellos mi cólera en medio de la tierra de Egypto.

9 Pero *no lo hice*, y antes bien los saqué de la tierra de Egypto para que mi Nombre no se viese vilipendiado entre las naciones, en medio de las cuales vivian, y entre las que les aparecí yo.

10 Los saqué pues de la tierra de Egypto, y los conduje al Desierto.

11 Les dí en seguida mis mandamientos, y les enseñé mis leyes; en cuya observancia el hombre hallará la vida [1].

12 Ademas les instituí mis sábados, ó *solemnidades*, para que fuesen una señal entre mí y ellos, y conociesen que yo soy el Señor que los santifica [2].

13 Pero los hijos de la casa de Israel me provocaron á ira en el Desierto, no se condujeron segun mis mandamientos, y despreciaron mis leyes, que dan vida al que las observa, y violaron sobremanera mis sábados. Resolví pues derramar sobre ellos mi indignacion en el Desierto, y destruirlos.

14 Mas por amor de mi Nombre hice de manera que no fuese vilipendiado entre las naciones, de entre las cuales, y á vista de las mismas los habia sacado de Egypto.

15 Yo tambien alcé mi mano contra ellos en el Desierto, jurándoles que no los introduciria en la tierra que les dí [3], tierra que mana leche y miel, la mas excelente de todas las tierras:

16 porque habian despreciado mis leyes, y no vivieron segun mis mandamientos, y profanaron mis sábados: pues que su corazon se iba tras de los ídolos.

17 Pero los miré con ojos de misericordia, y no les quité la vida, ni acabé con ellos en el Desierto;

18 antes bien dije yo allí á sus hijos: No sigais los ejemplos de vuestros padres, ni imiteis su conducta, ni os contamineis con sus ídolos.

19 Yo soy el Señor Dios vuestro: se-

---

1 *Lev. XVIII. v.* 5.—*Rom. X. v.* 5. Véase Ley.

2 Ó consagra á mi servicio. *Exod. XX. v.*

3. XXXI. *v.* 13.—*Deut. V. verso* 12. Véase Santo.

3 *Ps. XCIV. v.* 11.

ceptis meis ambulate, judicia mea custodite, et facite ea:

20 *et sabbata mea sanctificate, ut sint signum inter me et vos, et sciatis quia ego sum Dominus Deus vester.*

21 *Et exacerbaverunt me filii, in praeceptis meis non ambulaverunt, et judicia mea non custodierunt ut facerent ea, quae cùm fecerit homo, vivet in eis, et sabbata mea violaverunt, et comminatus sum ut effunderem furorem meum super eos, et implerem iram meam in eis in deserto.*

22 *Averti autem manum meam, et feci propter nomen meum, ut non violaretur coram gentibus, de quibus ejeci eos in oculis earum.*

23 *Iterum levavi manum meam in eos in solitudine, ut dispergerem illos in nationes, et ventilarem in terras:*

24 *eò quòd judicia mea non fecissent, et praecepta mea reprobassent, et sabbata mea violassent, et post idola patrum suorum fuissent oculi eorum.*

25 *Ergo et ego dedi eis praecepta non bona, et judicia in quibus non vivent.*

26 *Et pollui eos in muneribus suis, cùm offerrent omne quod aperit vulvam, propter delicta sua: et scient quia ego Dominus.*

27 *Quamobrem loquere ad domum Israel, fili hominis; et dices ad eos: Haec dicit Dominus Deus: Adhuc et in hoc blasphemaverunt me patres vestri, cùm sprevissent me contemnentes:*

28 *et induxissem eos in terram, super quam levavi manum meam ut darem eis: viderunt omnem collem excelsum, et omne lignum nemorosum, et immolaverunt ibi victimas suas: et dederunt ibi irritationem oblationis suae, et posuerunt ibi odorem suavitatis suae, et libaverunt libationes suas.*

29 *Et dixi ad eos: Quid est excelsum, ad quod vos ingredimini? et vocatum est nomen ejus Excelsum usque ad hanc diem.*

guid mis mandamientos, observad mis leyes, y ponedlas en práctica;

20 y santificad mis sábados, para que sean un recuerdo entre mí y vosotros, y sepais que yo soy el Señor Dios vuestro.

21 Pero sus hijos me exasperaron, no anduvieron segun mis preceptos, ni observaron mis leyes, ni practicaron aquellas cosas en que el hombre halla la vida, y violaron mis sábados: por lo que les amenacé que derramaría mi indignacion sobre ellos, y que desfogaria en ellos mi cólera en el Desierto.

22 Pero contuve *otra vez* mi mano, y esto por amor de mi Nombre, para que no fuese profanado delante de las naciones, de entre las cuales, y á la vista de las mismas, los habia yo sacado.

23 Nuevamente los amenacé en el Desierto que los esparciria entre las naciones, y los dispersaria por toda la tierra,

24 por no haber observado mis leyes, y haber despreciado mis mandamientos, y profanado mis sábados, y por haber vuelto á poner sus ojos en los ídolos de sus padres.

25 Por esto, pues, les dí *en castigo* preceptos no buenos, ò *imperfectos* [1], y leyes en las cuales no hallarán la vida.

26 Y los traté como inmundos en sus oblaciones, cuando por sus pecados ofrecian sus primogénitos [2]; con lo que conocerán que yo soy el Señor.

27 Por cuyo motivo, habla tú, oh hijo de hombre, á la casa de Israel, y le dirás: Esto dice el Señor Dios: Aun despues de esto blasfemaron de mí vuestros padres, deshonrándome y vilipendiándome:

28 pues habiéndolos yo llevado á la tierra que con juramento habia prometido darles, pusieron los ojos en todo collado elevado, y en todo árbol frondoso, y se fueron á inmolar allí sus víctimas, y á presentar allí sus ofrendas para irritarme, y allí quemaron suaves perfumes, é hicieron libaciones.

29 Y díjeles yo *entonces*: ¿Qué viene á ser esa altura ó *collado* ádonde vais? Y el nombre de Altura le ha quedado hasta el dia de hoy.

---

1 Véase *Leyes ceremoniales.*   2 A *Moloch v.* 31.

30 *Proptereà die ad domum Israel: Hæc dicit Dominus Deus: Certè in via patrum vestrorum vos polluimini, et post offendicula eorum vos fornicamini:*

31 *et in oblatione donorum vestrorum, cùm traducitis filios vestros per ignem, vos polluimini in omnibus idolis vestris usque hodie: et ego respondebo vobis domus Israel? Vivo ego, dicit Dominus Deus, quia non respondebo vobis.*

32 *Neque cogitatio mentis vestræ fiet, dicentium: Erimus sicut gentes, et sicut cognationes terræ, ut colamus ligna et lapides.*

33 *Vivo ego, dicit Dominus Deus, quoniam in manu forti, et in brachio extento, et in furore effuso regnabo super vos.*

34 *Et educam vos de populis: et congregabo vos de terris, in quibus dispersi estis, in manu valida, et in brachio extento, et in furore effuso regnabo super vos.*

35 *Et adducam vos in desertum populorum, et judicabor vobiscum ibi facie ad faciem.*

36 *Sicut judicio contendi adversum patres vestros in deserto terræ Ægypti, sic judicabo vos, dicit Dominus Deus.*

37 *Et subjiciam vos sceptro meo, et inducam vos in vinculis fœderis.*

38 *Et eligam de vobis transgressores et impios, et de terra incolatus eorum educam eos, et in terram Israel non ingredientur: et scietis quia ego Dominus.*

39 *Et vos domus Israel, hæc dicit Dominus Deus: Singuli post idola vestra ambulate, et servite eis. Quòd si et in hoc non audieritis me, et nomen meum sanctum pollueritis ultrà in muneribus vestris, et in idolis vestris:*

40 *in monte sancto meo, in monte*

30 Por tanto di á la casa de Israel: Esto dice el Señor Dios: Ciertamente que vosotros os contaminais siguiendo la conducta de vuestros padres, y os entregais á la misma fornicacion ó *idolatría* que ellos.

31 Y con la ofrenda de vuestros dones á *Moloch,* cuando haceis pasar por el fuego á vuestros hijos, os contaminais en gracia de todos vuestros ídolos hasta el dia de hoy. Y *despues de esto,* ¿quereis que yo os responda, oh hijos de Israel? Juro Yo, dice el Señor Dios, que no os responderé.

32 Ni se efectuará lo que pensais en vuestro corazon, diciendo: Adorando los leños y las piedras serémos nosotros *felices* como las naciones y pueblos de la tierra [1].

33 Júroos Yo, dice el Señor, que dominaré sobre vosotros con mano pesada, y con brazo extendido, derramando todo mi furor.

34 Y os sacaré de los pueblos [2], y os reuniré de los paises por donde habeis sido dispersados, y dominaré sobre vosotros con mano pesada, y con brazo extendido, derramando todo mi furor.

35 Y os conduciré á un desierto ó *país* despoblado, y allí entraré en juicio con vosotros cara á cara.

36 Como disputé en juicio contra vuestros padres allá en el desierto de la tierra de Egypto; asi entraré en juicio con vosotros, dice el Señor Dios.

37 Y os someteré á mi cetro, y os haré entrar en los lazos de mi alianza.

38 Y entresacaré de en medio de vosotros los trasgresores, y los impíos, y los sacaré de la tierra en que habitan; pero no entrarán en la tierra de Israel: y conoceréis que yo soy el Señor.

39 Á vosotros empero los de la familia de Israel, esto dice el Señor Dios: Váyase cada cual de vosotros en pos de vuestros ídolos, y dedíquese *en hora buena* á su servicio. Que si ni con esto me escuchais, y siguiéreis profanando mi santo Nombre con vuestras ofrendas, y con vuestros ídolos;

40 yo *sé* que sobre mi santo Monte,

1 *Jerem. XLIV. v. 17.*

2 En que os refugiásteis.

excelso Israel, ait Dominus Deus, ibi serviet mihi omnia domus Israel; omnes, inquam, in terra, in qua placebunt mihi, et ibi quæram primitias vestras, et initium decimarum vestrarum in omnibus sanctificationibus vestris.

41 In odorem suavitatis suscipiam vos, cùm eduxero vos de populis, et congregavero vos de terris, in quas dispersi estis, et sanctificabor in vobis in oculis nationum.

42 Et scietis quia ego Dominus, cùm induxero vos ad terram Israel, in terram pro qua levavi manum meam, ut darem eam patribus vestris.

43 Et recordabimini ibi viarum vestrarum, et omnium scelerum vestrorum, quibus polluti estis in eis: et displicebitis vobis in conspectu vestro in omnibus malitiis vestris, quas fecistis.

44 Et scietis quia ego Dominus, cùm benefecero vobis, propter nomen meum, et non secundùm vias vestras malas, neque secundùm scelera vestra pessima domus Israel, ait Dominus Deus.

45 Et factus est sermo Domini ad me, dicens:

46 Fili hominis, pone faciem tuam contra viam Austri, stilla ad Africum, et propheta ad saltum agri meridiani.

47 Et dices saltui meridiano: Audi verbum Domini: hæc dicit Dominus Deus: Ecce ego succendam in te ignem, et comburam in te omne lignum viride, et omne lignum aridum: non extinguetur flamma succensionis: et comburetur in ea omnis facies ab Austro usque ad Aquilonem.

48 Et videbit universa caro, quia ego Dominus succendi eam, nec extinguetur.

sobre el excelso montẽ de Israel (dice el Señor Dios), allí me servirán *algun dia* todos los de la familia de Israel: todos digo, en aquella tierra, en la cual me serán gratos, y donde estimaré yo vuestras primicias, y la ofrenda de vuestros diezmos, con todos *los actos de* vuestro culto sagrado.

41 Como suavísimo timiama, asi me seréis agradables, cuando os habré sacado de entre las naciones, y os habré recogido de todas las regiones, por las cuales estais dispersos; y se hará manifiesta en vosotros mi santidad á los ojos de las naciones.

42 Y conoceréis que yo soy el Señor, cuando os habré llevado á la tierra de Israel, á la tierra que yo juré que daria á vuestros padres.

43 Y allí os acordaréis de vuestros procederes, y de todas vuestras maldades, con las cuales os contaminasteis; y os incomodará la vista de vosotros mismos, por razon de todas las maldades que habeis cometido.

44 Y conoceréis, oh vosotros de la casa de Israel, que yo soy el Señor, cuando os colmaré de bienes por amor de mi Nombre, y no os trataré segun vuestros malos procederes, ni segun vuestras detestables maldades, dice el Señor Dios.

— 45 Y hablóme el Señor, diciendo:

46 Hijo de hombre, vuelve tu rostro hácia el Mediodia, y dirige tu palabra hácia el lado del viento abrego, y vaticina contra el bosque de la campiña del Mediodia [1].

47 Y dirás al bosque del Mediodia: Escucha la palabra del Señor: Esto dice el Señor Dios: Mira, yo pondré en ti fuego y abrasaré todos tus árboles, los verdes y los secos: no se apagará la llama del incendio, y arderá toda su superficie desde el Mediodia hasta el Norte.

48 Y conocerán todos los hombres que yo el Señor he puesto el fuego; y este no se apagará.

___

1 Donde está la Judea.

49 *Et dixi: A, a, a, Domine Deus: ipsi dicunt de me: Nunquid non per parabolas loquitur iste?*

49 Y dije yo: ¡Ah, ah, Señor Dios! ¡Ah! esto dicen ellos de mí: ¿Acaso no son parábolas *oscuras* lo que este profiere?

CAPÍTULO XXI.

Vaticinio de la destruccion de Jerusalem, y lamentos del Profeta. Profecia contra los ammonitas y cháldéos.

1 *Et factus est sermo Domini ad me, dicens:*

2 *Fili hominis, pone faciem tuam ad Jerusalem, et stilla ad sanctuaria, et propheta contra humum Israel:*

3 *et dices terræ Israel: Hæc dicit Dominus Deus: Ecce ego ad te, et ejiciam gladium meum de vagina sua, et occidam in te justum et impium.*

4 *Pro eo autem quòd occidi in te justum et impium, idcircò egredietur gladius meus de vagina sua ad omnem carnem ab Austro usque ad Aquilonem:*

5 *ut sciat omnis caro quia ego Dominus eduxi gladium meum de vagina sua irrevocabilem.*

6 *Et tu, fili hominis, ingemisce in contritione lumborum, et in amaritudinibus ingemisce coram eis.*

7 *Cùmque dixerint ad te: Quare tu gemis? dices: Pro auditu: quia venit, et tabescet omne cor: et dissolventur universæ manus, et infirmabitur omnis spiritus, et per cuncta genua fluent aquæ: ecce venit, et fiet, ait Dominus Deus.*

8 *Et factus est sermo Domini ad me, dicens:*

9 *Fili hominis, propheta, et dices: Hæc dicit Dominus Deus: Loquere: Gladius, gladius exacutus est, et limatus.*

10 *Ut cædat victimas, exacutus est: ut splendeat, limatus est: qui moves*

1 Y hablóme el Señor, diciendo:

2 Hijo de hombre, vuelve tu rostro hácia Jerusalem, y habla contra los santuarios ó *el Templo*, y profetiza contra la tierra de Israel.

3 Y dirás á la tierra de Israel: Esto dice el Señor Dios: Mira que yo vengo contra tí, y desenvainaré mi espada, y mataré en tí al justo y al impío [1].

4 Y por cuanto he de matar en tí al justo y al impío, por eso saldrá mi espada de su vaina contra todo hombre, desde el Mediodia hasta el Septentrion,

5 á fin de que sepan todos que yo el Señor he desenvainado mi irresistible espada.

6 Pero tú, oh hijo de hombre, gime como quien tiene quebrantados sus lomos, y gime en la amargura de tu corazon, á vista de estos [2].

7 Y cuando te preguntaren: ¿Por qué gimes? responderás: Por la nueva que corre: porque viene *el enemigo*, y desmayarán todos los corazones, y desfallecerán todos los brazos, y decaerán los ánimos de todos, y todas las rodillas darán una contra otra de puro miedo [3]: he aquí que llega *tu ruina*, y se efectuará dice el Señor Dios.

8 Y hablóme el Señor, diciendo:

9 Profetiza, oh hijo de hombre, y dí: Esto dice el Señor Dios: Dí: La espada, la espada está aguzada, y bruñida:

10 está aguzada para degollar las víctimas [4], y bruñida á fin de que reluzca:

---

1 Dios envia muchas veces los males *temporales* sin distincion á justos y á pecadores: á los primeros para purificarlos mas, y darles ocasion de merecer; y á los malos para castigarlos, y llamarlos á penitencia.

2 Esto es, de los ancianos de quienes se habla en el cap. XX. v. 1.

3 Puede traducirse: *Se les irán á todos las aguas de puro miedo.* Véase *Aguas.* Pero esta metáfora parece baja en nuestra lengua.

4 Esto es, para acabar con los pecadores, victimas de la Divina Justicia. *Is.* XXXIV. v. 6.—*Jerem.* XLI. v. 10.

sceptrum filii mei, succidisti omne lignum.

11 *Et dedi eum ad levigandum, ut teneatur manu: iste exacutus est gladius: et iste limatus est, ut sit in manu interficientis.*

12 *Clama, et ulula, fili hominis, quia hic factus est in populo meo, hic in cunctis ducibus Israel qui fugerant: gladio traditi sunt cum populo meo, idcircò plaude super femur,*

13 *quia probatus est: et hoc, cùm sceptrum subverterit, et non erit, dicit Dominus Deus.*

14 *Tu ergo, fili hominis, propheta, et percute manu ad manum, et duplicetur gladius interfectorum: hic est gladius occisionis magnæ, qui obstupescere eos facit,*

15 *et corde tabescere, et multiplicat ruinas. In omnibus portis eorum dedi conturbationem gladii acuti, et limati ad fulgendum, amicti ad cædem.*

16 *Exacuere, vade ad dexteram, sive ad sinistram, quocumque faciei tuæ est appetitus.*

17 *Quin et ego plaudam manu ad manum, et implebo indignationem meam, ego Dominus locutus sum.*

18 *Et factus est sermo Domini ad me, dicens:*

19 *Et tu, fili hominis, pone tibi duas vias, ut veniat gladius regis Babylonis: de terra una egredientur ambæ: et manu capiet conjecturam, in capite viæ civitatis conjiciet.*

20 *Viam pones ut veniat gladius ad Rabbath filiorum Ammon, et ad Judam in Jerusalem munitissimam.*

21 *Stetit enim rex Babylonis in bivio, in capite duarum viarum, divina-*

Oh espada, tú que abates el cetro de mi hijo, tú cortarás cualquier otro árbol.

11 Yo la dí á afilar para tenerla á la mano: aguzada ha sido esta espada, acicalada ha sido ella para que la empuñe el matador [1].

12 Grita y aulla, oh hijo de hombre, porque esta *espada* se ha empleado contra el pueblo mio, contra todos los caudillos de Israel, que habian huido: entregados han sido al filo de la espada, junto con mi pueblo: date pues con tu mano golpes en el muslo [2]:

13 porque espada es esta probada ya; y *se verá*, cuando habrá destruido el cetro *de Judá*, el cual no existirá mas, dice el Señor Dios [3].

14 Tú, pues, oh hijo de hombre, vaticina, y bate una mano con otra [4]: y redóblese y triplíquese *el furor de la* espada homicida; esta es la espada de la grande mortandad, que hará quedar atónitos á todos,

15 y desmayar de ánimo, y multiplicará los estragos. Á todas sus puertas he llevado yo el terror de la espada aguda, y bruñida, á fin de que brille, y esté pronta para dar la muerte.

16 Agúzate, *oh espada*, vé á la diestra ó á la siniestra, vé á donde gustes.

17 Lo aplaudiré yo tambien con palmadas, y se saciará mi indignacion. Yo el Señor soy el que he hablado.

— 18 Hablóme de nuevo el Señor, diciendo:

19 Y tú, hijo de hombre, diséñate dos caminos, por los cuales pueda venir la espada del Rey de Babylonia; ambos saldrán de un mismo punto [5]; y al principio del *doble* camino, el Rey con su misma mano sacará por suerte una ciudad.

20 Señalarás *pues* un camino por el cual la espada vaya á Rabbath, *capital* de los ammonitas, y otro por el cual vaya á Judá, á la fortificadísima Jerusalem.

21 Porque el Rey de Babylonia se parará en la encrucijada, al principio de

---

1 El Rey de Babylonia.
2 En señal de sorpresa y admiracion.
3 Tal vez alude esto al tiempo en que los Romanos destruyeron á Jerusalem, y al cum-

plimiento de la profecia de Jacob: *Non auferetur sceptrum*, etc.
4 En señal de dolor.
5 Esto es, de Babylonia.

tionem quærens, commiscens sagittas: interrogavit idola, exta consuluit.

22 Ad dexteram ejus facta est divinatio super Jerusalem, ut ponat arietes, ut aperiat os in cæde, ut elevet vocem in ululatu, ut ponat arietes contra portas, ut comportet aggerem, ut ædificet munitiones.

23 Eritque quasi consulens frustrà oraculum in oculis eorum, et sabbatorum otium imitans: ipse autem recordabitur iniquitatis ad capiendum.

24 Idcircò hæc dicit Dominus Deus: Pro eò quòd recordati estis iniquitatis vestræ, et revelastis prævaricationes vestras, et apparuerunt peccata vestra in omnibus cogitationibus vestris: pro eò, inquam, quòd recordati estis, manu capiemini.

25 Tu autem profane, impie dux Israel, cujus venit dies in tempore iniquitatis præfinita:

26 hæc dicit Dominus Deus: Aufer cidarim, tolle coronam: nonne hæc est, quæ humilem sublevavit, et sublimem humiliavit?

27 Iniquitatem, iniquitatem, iniquitatem ponam eam: et hoc non factum est, donec veniret cujus est judicium, et tradam ei.

28 Et tu, fili hominis, propheta, et dic: Hæc dicit Dominus Deus ad filios Ammon, et ad opprobrium eorum, et dices: Mucro, mucro, evagina te ad occidendum, lima te ut interficias, et fulgeas,

los dos caminos, buscando el adivinar por medio de la mezcla de las saetas[1]; y ademas preguntará á los ídolos, y consultará las entrañas de los animales[2].

22 La adivinacion le conducirá á la derecha contra Jerusalem, á fin de que vaya á batirla con arietes, para que intime la muerte, para que alce la voz con aullidos, para que dirija los arietes contra las puertas, y forme terraplenes, y construya fortines.

23 Y parecerá á la vista de ellos (de los judíos) como si aquel Rey hubiese en vano consultado el oráculo; y como si celebrase el descanso del sábado[3]. Él empero (Nabuchódonosor) tendrá presente la perfidia de los judíos, y tomará la ciudad.

24 Por tanto esto dice el Señor Dios: Porque habeis hecho alarde de vuestra perfidia, y habeis hecho públicas vuestras prevaricaciones, y en todos vuestros designios habeis hecho patentes vuestros pecados: ya que, repito, os habeis jactado de eso, seréis cautivados.

25 Mas tú, oh profano[4] é impío caudillo de Israel, para quien ha llegado el dia señalado del castigo de tu iniquidad;

26 esto dice el Señor Dios: Depon la diadema, quítate la corona: ¿no es esa corona la que á su arbitrio ensalzó al hombre vil, y abatió al varon grande[5]?

27 Yo haré manifiesta la iniquidad, su iniquidad, la iniquidad de él; mas esto no sucederá[6] hasta tanto que venga aquel cuyo es el juicio ó reino[7]; y á él daré yo esa corona.

28 Y tú, oh hijo de hombre, profetiza, y dí: Esto dice el Señor Dios acerca de los hijos de Ammon, y de sus insultos contra Israel; y dirás tú: Espada, espada, sal de la vaina para degollar: afílate para dar la muerte, y relumbrar,

---

1 Dentro de una aljaba.

2 Véase Adivino.

3 Asi se estarán sosegados.

4 Llama profano al rey Sedecías, porque violó el juramento de fidelidad que habia hecho en nombre de Dios á Nabuchódonosor. Véase Profano.

5 Segun el hebreo, ¿ la que debe ensalzar al humilde y abatir al soberbio?

6 San Gerónimo lee fiet, donec veniat donde la Vulgata dice factum est, etc.

7 Ó el reinar sobre todos los hombres. Véase Juicio. Profecía del Mesías semejante á la que hizo Jacob. Gen. XLIX. v. 10.—Joan. V. v. 22.

29 *cùm tibi viderentur vana, et divi-narentur mendacia: ut dareris super colla vulneratorum impiorum, quorum venit dies in tempore iniquitatis præfinita.*

30 *Revertere ad vaginam tuam, in loco in quo creatus es, in terra nativitatis tuæ judicabo te,*

31 *et effundam super te indignationem meam: in igne furoris mei sufflabo in te, daboque te in manus hominum insipientium, et fabricantium interitum.*

32 *Igni eris cibus, sanguis tuus erit in medio terræ, oblivioni traderis: quia ego Dominus locutus sum.*

29 (en la ocasion en que *tus adivinos*, oh *Ammon*, te anuncian cosas vanas, y mentirosas adivinaciones) á fin de que estés pronta, y descargues tus golpes sobre los cuellos de los impíos *ammonitas*, á quienes llegó el plazo señalado para *el castigo de* su maldad.

30 *Y despues* vuélvete á tu vaina [1]. En el lugar donde fuiste formada, en la *Chaldea* tierra de tu nacimiento, *allí* te juzgaré,

31 y derramaré sobre tí la indignacion mia: soplaré contra tí en *la fragua* de mi encendido furor, y te entregaré en manos de hombres insensatos, y fraguadores de desastres:

32 servirás, oh *chaldeo*, de cebo al fuego: *despreciada* se verá por el suelo la sangre tuya, y serás entregado á *perpetuo* olvido; porque yo el Señor he hablado.

CAPÍTULO XXII.

Maldades de Jerusalem. Pecados de los Sacerdotes, de los Príncipes, de los falsos Profetas, y de todo el pueblo. No se ha hallado nadie para calmar la indignacion del Señor.

1 *Et factum est verbum Domini ad me, dicens:*

2 *Et tu, fili hominis, nonne judicas, nonne judicas civitatem sanguinum?*

3 *Et ostendes ei omnes abominationes suas, et dices: Hæc dicit Dominus Deus: Civitas effundens sanguinem in medio sui, ut veniat tempus ejus: et quæ fecit idola contra semetipsam, ut pollueretur.*

4 *In sanguine tuo, qui à te effusus est, deliquisti: et in idolis tuis quæ fecisti, polluta es: et appropinquare fecisti dies tuos, et adduxisti tempus annorum tuorum: propterea dedi te opprobrium gentibus, et irrisionem universis terris.*

5 *Quæ juxta sunt, et quæ procul à*

1 Hablóme el Señor nuevamente, diciendo:

2 Y tú, oh hijo de hombre, ¿por ventura no juzgarás tú, no condenarás á esa ciudad sanguinaria?

3 ¿No le harás ver todas sus abominaciones? Tú le dirás pues: Esto dice el Señor Dios: He aquí la ciudad que á vista de todos derrama la sangre *inocente*, á fin de que llegue el tiempo *de su castigo*; y la que se fabricó ídolos, con que se contaminó para su propia ruina.

4 Tú has pecado derramando la sangre, y te has contaminado con los ídolos que fabricaste, y has acelerado el tiempo de tu *castigo*, y hecho llegar el fin de tus años. Por cuyo motivo te he hecho el oprobio de las naciones, y el escarnio de toda la tierra.

5 De ti triunfarán, *y harán mofa los*

---

1 Vuélvete, oh chaldeo, á tu pais. Alli castigaré yo tus atrocidades; y despues que habrás sido con ellas el instrumento para castigar á otros pueblos, Cyro acabará con tu imperio, y quedarás sujeto á los persas. *Isaia XLVII.—Jerem. L.*

te, triumphabunt de te: sordida, no-bilis, grandis interitu.

6 Ecce principes Israel singuli in bra-chio suo fuerunt in te, ad effundendum sanguinem.

7 Patrem et matrem contumeliis affe-cerunt in te, advenam calumniati sunt in medio tui, pupillum et viduam con-tristaverunt apud te:

8 sanctuaria mea sprevisti, et sabba-ta mea polluisti.

9 Viri detractores fuerunt in te ad effundendum sanguinem, et super mon-tes comederunt in te, scelus operati sunt in medio tui.

10 Verecundiora patris discooperue-runt in te, immunditiam menstruatæ humiliaverunt in te:

11 et unusquisque in uxorem proximi sui operatus est abominationem, et so-cer nurum suam polluit nefarie, frater sororem suam filiam patris sui oppres-sit in te.

12 Munera acceperunt apud te ad ef-fundendum sanguinem: usuram et su-perabundantiam accepisti: et avarè pro-ximos tuos calumniabaris: meique obli-ta es, ait Dominus Deus.

13 Ecce complosi manus meas super avaritiam tuam, quam fecisti; et super sanguinem, qui effusus est in medio tui.

14 Nunquid sustinebit cor tuum, aut prævalebunt manus tuæ, in diebus quos ego faciam tibi? ego Dominus locutus sum, et faciam.

15 Et dispergam te in nationes, et ventilabo te in terras, et deficere faciam immunditiam tuam à te.

16 Et possidebo te in conspectu gen-tium: et scies quia ego Dominus.

17 Et factum est verbum Domini ad me, dicens:

18 Fili hominis, versa est mihi do-mus Israel in scoriam: omnes isti æs,

que están cerca de tí, y los que están lejos, oh ciudad infame, famosa y gran-de por tu desolacion.

6 Mira como los Príncipes de Israel se han ocupado cada uno segun su poder, en derramar sangre en medio de tí.

7 En medio de tí ultrajaron al padre y á la madre, calumniaron en tí al ex-trangero, y en tu recinto han afligido al huérfano y á la viuda.

8 Vosotros despreciásteis mis santua-rios, y violásteis mis sábados.

9 En medio de ti tienes tú hom-bres calumniadores para derramar san-gre, y dentro de tí se celebraron ban-quetes *idolátricos* sobre los montes: en medio de tí han cometido las maldades.

10 Dentro de tí se han cometido in-cestos con la muger del propio padre; y en tí no se ha respetado la muger du-rante su menstruacion.

11 Cada uno de esos hombres hizo en ti cosas abominables con la muger de su prójimo [1], y el suegro violó feamen-te á su nuera, é hizo el hermano vio-lencia á su hermana, á la hija de su propio padre.

12 En tí se recibieron regalos para hacer derramar sangre: tú has sido usurera, y logrera; y por avaricia ca-lumniabas á tus prójimos; y á mí, di-ce el Señor Dios, me echaste en olvido.

13 Por eso batí yo mis manos, *en se-ñal de horror*, al ver tu avaricia y la sangre derramada en medio de tí.

14 ¿Por ventura podrá mantenerse firme tu corazon, ó serán bastante ro-bustos tus brazos en los dias *de quebran-to* que yo te preparo? Yo el Señor lo dije, y lo haré:

15 yo te esparciré entre las naciones, y te desparramaré por todo el mundo, y pondré fin á tus abominaciones.

16 Y *despues* tomaré *otra vez* pose-sion de tí, á la vista de las gentes, y sabrás que yo soy el Señor.

17 Y hablóme el Señor, diciendo:

18 Hijo de hombre, la casa de Israel se me ha convertido en escoria [2]: co-

---

1 Jerem. V. v. 8.

2 Este pueblo, tan ilustre por su origen y por

mi predileccion, ha perdido todo su brillo, por causa de su idolatría y malas costumbres.

et stannum, et ferrum, et plumbum in medio fornacis: scoria argenti facti sunt.

19 Proptereà hæc dicit Dominus Deus: Eò quòd versi estis omnes in scoriam, proptereà ecce ego congregabo vos in medio Jerusalem,

20 congregatione argenti, et æris, et stanni, et ferri, et plumbi in medio fornacis: ut succendam in ea ignem ad conflandum; sic congregabo in furore meo, et in ira mea, et requiescam, et conflabo vos.

21 Et congregabo vos, et succendam vos in igne furoris mei, et conflabimini in medio ejus.

22 Ut conflatur argentum in medio fornacis, sic eritis in medio ejus: et scietis quia ego Dominus, cùm effuderim indignationem meam super vos.

23 Et factum est verbum Domini ad me, dicens:

24 Fili hominis, dic ei: Tu es terra immunda, et non compluta in die furoris.

25 Conjuratio prophetarum in medio ejus, sicut leo rugiens, rapiensque prædam, animas devoraverunt, opes et pretium acceperunt, viduas ejus multiplicaverunt in medio illius.

26 Sacerdotes ejus contempserunt legem meam, et polluerunt sanctuaria mea: inter sanctum et profanum non habuerunt distantiam: et inter pollutum et mundum non intellexerunt: et à sabbatis meis averterunt oculos suos, et coinquinabar in medio eorum.

27 Principes ejus in medio illius, quasi lupi rapientes prædam, ad effundendum sanguinem, et ad perdendas animas, et avarè ad sectanda lucra.

28 Prophetæ autem ejus liniebant eos absque temperamento, videntes vana, et divinantes eis mendacium, dicentes: Hæc dicit Dominus Deus, cùm Dominus non sit locutus.

29 Populi terræ calumniabantur ca-

bre, y estaño, y hierro, y plomo, son todos estos de Israel en medio del crisol; escoria de plata han venido á ser.

19 Por lo cual esto dice el Señor Dios: Por cuanto todos habeis venido á ser no mas que escoria; por eso he aquí que yo os reuniré en medio de Jerusalem,

20 como quien junta plata, y cobre, y estaño, y hierro, y plomo en medio de la fragua, y enciende fuego debajo de ella para fundirlos. Asi yo os recogeré lleno de furor é ira, y allí os dejaré, y os derretiré.

21 Os congregaré, y os abrasaré con el fuego de mi furor; y en medio de él os derretiré.

22 Como se funde la plata en medio del horno, asi vosotros lo seréis en medio de Jerusalem; y conoceréis que yo soy el Señor cuando habré derramado sobre vosotros la indignacion mia.

23 Y hablóme el Señor, diciendo:

24 Hijo de hombre, dile á ella (á Jerusalem): Tú eres una tierra inmunda, y no humedecida con lluvia y rocío del cielo, en el dia de mi ira.

25 En medio de ella hay una conjuracion de falsos profetas: como leon rugiente que arrebata la presa, asi han devorado las almas, han recibido ricas pagas, y han aumentado en ella las viudas.

26 Sus sacerdotes han despreciado mi Ley, han contaminado mis santuarios: no han sabido hacer diferencia entre lo sagrado y lo profano, ni distinguir entre lo inmundo y lo puro, y no hicieron caso de mis sábados, y he sido yo deshonrado en medio de ellos.

27 Sus príncipes están en medio de ella, como lobos para arrebatar la presa, para derramar sangre, y destruir vidas, y buscar usuras para pábulo de su avaricia [1].

28 Y sus profetas revocaban sin la mezcla necesaria [2], adulando al pueblo con falsas visiones, y mentirosos vaticinios, diciendo: Esto dice el Señor Dios; siendo asi que el Señor no habia hablado.

29 Las gentes de esta tierra forjaban

---

1 Mich. III. v. 11.—Soph. III. v. 3.　　2 Cap. XIII. v. 10.

*lumniam, et rapiebant violenter: ege-
num et pauperem affligebant, et advenam opprimebant calumniá absque judicio.*

30 *Et quæsivi de eis virum, qui in-
terponeret sepem, et staret oppositus
contra me pro terra, ne dissiparem
eam: et non inveni.*

31 *Et effudi super eos indignationem
meam, in igne iræ meæ consumpsi eos:
viam eorum in caput eorum reddidi,
ait Dominus Deus.*

calumnias, y robaban con violencia lo
ageno, afligian al necesitado y al pobre,
y oprimian al extrangero con imposta-
ras é injusticias.

30 Y busqué entre ellos un varon justo que se interpusiese *entre mí y el
pueblo* como un vallado, y pugnase
contra mí [1] á favor de la tierra, para
que yo no la destruyese; mas no hallé
ninguno.

31 En vista de todo esto, derramaré
sobre ellos la indignacion mia: los consumiré con el fuego de mi furor; y haré caer *sobre su cabeza el castigo de sus
malas obras*, dice el Señor Dios.

CAPÍTULO XXIII.

*Con la alegoría de dos rameras se describe la torpe idolatría de Je-
rusalem y de Samaria, por la cual serán entregadas en poder de los
gentiles para su total ruina.*

1 *Et factus est sermo Domini ad
me, dicens:*

2 *Fili hominis, duæ mulieres filiæ
matris unius fuerunt,*

3 *et fornicatæ sunt in Ægypto, in
adolescentia sua fornicatæ sunt: ibi subacta sunt ubera earum, et fractæ sunt
mammæ pubertatis earum.*

4 *Nomina autem earum, Oolla major, et Ooliba soror ejus minor: et habui eas, et pepererunt filios et filias.
Porrò earum nomina; Samaria Oolla,
et Jerusalem Ooliba.*

5 *Fornicata est igitur super me Oolla,
et insanivit in amatores suos, in Assyrios propinquantes,*

6 *vestitos hyacintho, principes et magistratus, juvenes cupidinis, universos
equites, ascensores equorum.*

7 *Et dedit fornicationes suas super
eos electos, filios Assyriorum universos: et in omnibus in quos insanivit,*

1 Hablóme el Señor nuevamente,
diciendo:

2 Hijo de hombre, hubo dos mugeres
hijas de una misma madre [2],

3 las cuales se prostituyeron estando
en Egypto [3]; se prostituyeron en su mocedad: allí perdieron su honor, y fueron desfloradas al entrar en la pubertad.

4 Llamábanse, la mayor Oolla, y la
hermana menor Ooliba [4]. Me desposé yo
con ellas, y parieron hijos é hijas. Por
lo que hace á sus nombres, Oolla es Samaria, y Ooliba es Jerusalem.

5 Oolla pues me fué infiel, y perdió
el juicio yéndose tras de sus amantes,
los assyrios sus vecinos,

6 que estaban vestidos de jacinto ó *púrpura* [5], y eran grandes señores, y de altos destinos, jóvenes amables, caballeros
todos que montaban *briosos* caballos.

7 Y se prostituyó *descaradamente* á
todos estos hombres que ella se escogió,
todos assyrios y contaminóse con las

---

1 Con sus oraciones.
2 Los reinos de Judá y de Israel, despues de
la separacion de las diez tribus. Véase *Judd.*
3 *Cap. XX. v. 8.—Act. VII.*
4 אהלה *Oholah* significa en hebreo su ta-

bernáculo: y אהליבה *Oholibah, mi tabernáculo está en ella;* y realmente en ella estaba
el Templo.
5 *Nahum II. v. 3.—Dan. V. v. 7.*

in immunditiis eorum polluta est.

8 *Insuper et fornicationes suas, quas habuerat in Ægypto, non reliquit: nam et illi dormierunt cum ea in adolescentia ejus, et illi confregerunt ubera pubertatis ejus, et effuderunt fornicationem suam super eam.*

9 *Proptereà tradidi eam in manus amatorum suorum, in manus filiorum Assur, super quorum insanivit libidine.*

10 *Ipsi discooperuerunt ignominiam ejus, filios et filias ejus tulerunt, et ipsam occiderunt gladio: et factæ sunt famosæ mulieres, et judicia perpetraverunt in ea.*

11 *Quod cùm vidisset soror ejus Ooliba, plusquam illa insanivit libidine: et fornicationem suam super fornicationem sororis suæ*

12 *ad filios Assyriorum præbuit impudenter, ducibus et magistratibus ad se venientibus, indutis veste varia, equitibus qui vectabantur equis, et adolescentibus formâ cunctis egregiâ.*

13 *Et vidi quòd polluta esset via una ambarum.*

14 *Et auxit fornicationes suas: cùmque vidisset viros depictos in pariete, imagines Chaldæorum expressas coloribus;*

15 *et accinctos balteis renes, et tiaras tinctas in capitibus eorum, formam ducum omnium, similitudinem filiorum Babylonis, terræque Chaldæorum, in qua orti sunt,*

16 *insanivit super eos concupiscentiâ oculorum suorum, et misit nuntios ad eos in Chaldæam.*

17 *Cùmque venissent ad eam filii Babylonis ad cubile mammarum, pollue-*

inmundicias de todos ellos, en el amor de los cuales habia enloquecido.

8 Ademas de lo dicho, no abandonó las malas costumbres que habia tenido en Egipto; porque tambien los egipcios durmieron con ella en su mocedad, y deshonraron su pubertad, y la comunicaron todas sus fornicaciones ó maneras de idolatría [1].

9 Por todo lo cual la entregué en poder de sus amantes, en poder de los asyrios [2], á quienes habia amado con furor.

10 Estos la llenaron de ignominia, le quitaron sus hijos é hijas, y la pasaron á cuchillo: con lo cual *Samaria y sus hijas* se hicieron mugeres famosas por el castigo que se hizo de ellas.

11 Habiendo visto esto su hermana Ooliba, enloqueció de lujuria aun mas que la otra; y se prostituyó con mas furor que su hermana,

12 abandonóse descaradamente á los asyrios, á los capitanes, y á los magistrados, que venian á encontrarla, vestidos de varios colores, á caballeros montados en sus caballos, y á jóvenes, que eran todos de extraordinaria belleza.

13 Y conocí que ambas hermanas tenian las mismas brutales pasiones.

14 Pero Ooliba fué siempre aumentando su prostitucion: y habiendo visto unos hombres pintados en la pared [3], imágenes de chaldeos, hechas con colorido,

15 los cuales tenian los lomos ceñidos con talabartes, y sus cabezas con tiarás ó turbantes de varios colores, que todos parecian capitanes, ó generales, y representados como los hijos de Babylonia, y de la tierra de los chaldeos, de donde eran naturales,

16 esta vista la hizo enloquecer de amor hácia ellos, y les envió mensageros á la Chaldea [4].

17 Y habiendo venido los hijos de Babylonia, y sido admitidos en su tálamo,

---

1 El culto de Baal, del sol y de la luna y estrellas, del becerro de oro, de Adonis, etc. Véase antes *cap. VIII. v.* 10., 14.—*Is. cap. II. v.* 20.; etc.

2 *IV. Reg. cap. XV. v.* 19.—*XVII. v.* 6.—*XVIII. v.* 10.

3 No conocia aun de vista á los chaldeos, de cuyo poder y opulencia tenia muchas noticias.

4 *IV. Reg. XVI. v.* 7.

runt eam stupris suis, et polluta est ab eis, et saturata est anima ejus ab illis.

18 *Denudavit quoque fornicationes suas, et discooperuit ignominiam suam: et recessit anima mea ab ea, sicut recesserat anima mea à sorore ejus.*

19 *Multiplicavit enim fornicationes suas, recordans dies adolescentiæ suæ, quibus fornicata est in terra Ægypti.*

20 *Et insanivit libidine super concubitum eorum, quorum carnes sunt ut carnes asinorum: et sicut fluxus equorum, fluxus eorum.*

21 *Et visitasti scelus adolescentiæ tuæ, quando subacta sunt in Ægypto ubera tua, et confractæ sunt mammæ pubertatis tuæ.*

22 *Propterea Ooliba, hæc dicit Dominus Deus: Ecce ego suscitabo omnes amatores tuos contra te, de quibus satiata est anima tua: et congregabo eos adversum te in circuitu;*

23 *filios Babylonis, et universos Chaldæos, nobiles tyrannosque, et principes, omnes filios Assyriorum, juvenes formâ egregiâ, duces; et magistratus universos, principes principum, et nominatos ascensores equorum.*

24 *Et venient super te instructi curru et rota, multitudo populorum: loricâ, et clypeo, et galeâ armabuntur contra te undique: et dabo coram eis judicium, et judicabunt te judiciis suis.*

25 *Et ponam zelum meum in te, quem exercent tecum in furore: nasum tuum, et aures tuas præcident, et quæ remanserint, gladio concident: ipsi filios tuos et filias tuas capient, et novissimum tuum devorabitur igni.*

26 *Et denudabunt te vestimentis tuis, et tollent vasa gloriæ tuæ.*

27 *Et requiescere faciam scelus tuum de te, et fornicationem tuam de terra Ægypti: nec levabis oculos tuos ad*

la deshonraron con sus deshonestidades, y quedó contaminada, y bien harta de ellos.

18 No se recató Ooliba de sus prostituciones, sino que hizo pública su ignominia: por lo que abominó de ella el alma mia, como habia abominado de su hermana.

19 Pues aumentó sus prostituciones, recordando la memoria del tiempo de su mocedad, cuando ella pecaba en la tierra de Egypto.

20 Y ardió en amor infame hácia aquellos, cuyas carnes son como carnes de asnos, y su furor como el furor de los caballos.

21 Y recordáste las maldades de tu mocedad, cuando perdiste tu honor en Egypto, y fué violada tu pubertad.

22 Por tanto, oh Ooliba, esto dice el Señor Dios: He aquí que yo levantaré contra tí á todos tus amantes, de los cuales está ya harta tu alma, y los reuniré contra tí de todas partes;

23 reuniré, digo, á los hijos de Babylonia, y á todos los chaldeos, los nobles, y señores, y príncipes; á todos los hijos de los assyrios, jóvenes gallardos, á todos los capitanes, y magistrados, y príncipes de príncipes, y famosos ginetes:

24 y vendrá contra tí una muchedumbre de pueblos pertrechados de carros de guerra, y de carrozas: en todas partes se armarán contra tí de corazas, y de escudos, y de morriones, y yo les daré potestad para juzgarte, y te juzgarán segun sus leyes.

25 Con esto tomaré yo venganza en tí de mi amor ofendido; la cual ejecutarán ellos sin misericordia: te cortarán ignominiosamente la nariz y orejas, y el resto lo destrozarán con la espada: te llevarán cautivos tus hijos é hijas; y cuanto quedare de tí lo consumirá el fuego.

26 Y te despojarán de tus vestidos, y te quitarán las galas de tu adorno.

27 Y así haré que cesen tus maldades, y las prostituciones aprendidas en tierra de Egypto; no levantarás tus

eos, et Ægypti non recordaberis amplius.

28 Quia hæc dicit Dominus Deus: Ecce ego tradam te in manus eorum, quos odisti; in manus, de quibus satiata est anima tua.

29 Et agent tecum in odio, et tollent omnes labores tuos, et dimittent te nudam, et ignominiá plenam, et revelabitur ignominia fornicationum tuarum, scelus tuum, et fornicationes tuæ.

30 Fecerunt hæc tibi, quia fornicata es post gentes, inter quas polluta es in idolis earum.

31 In via sororis tuæ ambulasti, et dabo calicem ejus in manu tua.

32 Hæc dicit Dominus Deus: Calicem sororis tuæ bibes profundum et latum: eris in derisum, et in subsannationem, quæ est capacissima.

33 Ebrietate, et dolore repleberis: calice mæroris et tristitiæ, calice sororis tuæ Samariæ.

34 Et bibes illum, et epotabis usque ad fæces, et fragmenta ejus devorabis, et ubera tua lacerabis: quia ego locutus sum, ait Dominus Deus.

35 Proptereà hæc dicit Dominus Deus: Quia oblita es mei, et projecisti me post corpus tuum, tu quoque porta scelus tuum, et fornicationes tuas.

36 Et ait Dominus ad me, dicens: Fili hominis, nunquid judicas Oollam et Oolibam, et annuntias eis scelera earum?

37 Quia adulteratæ sunt, et sanguis in manibus earum, et cum idolis suis fornicatæ sunt; insuper et filios suos, quos genuerunt mihi, obtulerunt eis ad devorandum.

38 Sed et hoc fecerunt mihi: Polluerunt sanctuarium meum in die illa, et sabbata mea profanaverunt.

39 Cumque immolarent filios suos ido-

ojos hácia los ídolos; ni te acordarás mas de Egypto.

28 Porque esto dice el Señor Dios: He aquí que yo te entregaré en poder de aquellos que tú aborreciste, en poder de aquellos de quienes se hartó tu alma.

29 Y te tratarán con odio, y te robarán todos tus sudores, y te dejarán desnuda y llena de ignominia; y se hará patente la infamia de tus prostituciones, tu maldad, y tus adulterios.

30 Así te tratarán, porque imitaste los pecados de las naciones, entre las cuales te contaminaste adorando sus ídolos.

31 Seguiste los pasos de tu hermana, y te castigaré á tí del mismo modo que á ella.

32 Esto dice el Señor Dios: Beberás el cáliz que bebió tu hermana, cáliz profundo y ancho; objeto serás de befa y de escarnio: porque grandísimo[1] es el cáliz.

33 Embriagada quedarás, y llena de dolor al beber el cáliz de aflicción y de amargura, el cáliz que bebió tu hermana Samaria.

34 Y le beberás, y apurarás hasta sus heces, y morderás sus tiestos, y te despedazarás el pecho: porque yo he hablado, dice el Señor Dios.

35 Por tanto, esto dice el Señor Dios: Porque te has olvidado de mí y me has vuelto las espaldas, por lo mismo lleva tú tambien sobre tí la pena de tus maldades, y prostituciones.

36 Y hablóme el Señor, diciendo: Hijo de hombre, qué, ¿no juzgas tú á Oolla y á Ooliba, ni les echas en cara sus delitos?

37 Pues son ellas unas adúlteras, y sanguinarias, y se han contaminado con sus ídolos, y ademas les han ofrecido, para ser devorados por el fuego[2], los hijos que yo había tenido en ellas.

38 Y aun han hecho mas contra mí: profanaron en aquel tiempo mi Santuario, y violaron mis sábados.

39 Pues el día mismo que inmolaban

---

1 En la Vulgata se conservó la terminacion femenina; porque calix en hebreo es femenino. Véase Cáliz.

1. En honor de Moloch.

lis suis, et ingrederentur sanctuarium meum in die illa ut polluerent illud: etiam hæc fecerunt in medio domus meæ.

40 Miserunt ad viros venientes de longè, ad quos nuntium miserant; itaque ecce venerunt: quibus te lavisti, et circumliuisti stibio oculos tuos, et ornata es mundo muliebri.

41 Sedisti in lecto pulcherrimo, et mensa ornata est ante te: thymiama meum, et unguentum meum posuisti super eam.

42 Et vox multitudinis exultantis erat in ea: et in viris, qui de multitudine hominum adducebantur, et veniebant de deserto, posuerunt armillas in manibus eorum, et coronas speciosas in capitibus eorum.

43 Et dixi ei, quæ attrita est in adulteriis: Nunc fornicabitur in fornicatione sua etiam hæc.

44 Et ingressi sunt ad eam quasi ad mulierem meretricem: sic ingrediebantur ad Oollam et Oolibam, mulieres nefarias.

45 Viri ergo justi sunt: hi judicabunt eas judicio adulterarum, et judicio effundentium sanguinem: quia adulteræ sunt, et sanguis in manibus earum.

46 Hæc enim dicit Dominus Deus: Adduc ad eas multitudinem, et trade eas in tumultum, et in rapinam:

47 et lapidentur lapidibus populorum, et confodiantur gladiis eorum: filios et filias earum interficient, et domos earum igne succendent.

48 Et auferam scelus de terra, et discent omnes mulieres ne faciant secundum scelus earum.

sus propios hijos á los ídolos, venian á mi Santuario para profanarle: y cometian estas maldades dentro de mi mismo Templo[1].

40 Ellas enviaron mensageros á buscar gentes que viven lejos: cuando llegaron, te lavaste, oh infiel esposa[2], y pintaste con alcohol tus ojos, y te adornaste con todas tus galas.

41 Te has recostado sobre un hermosísimo lecho ó canapé, y se te puso delante la mesa preparada para el banquete, sobre la cual pusiste mi incienso[3], y mis perfumes;

42 y en cuyo alrededor se oía la algazara de gentes que se alegraban; y á aquellos hombres extrangeros que eran conducidos entre la muchedumbre de gentes, y venian de la parte del desierto, les pusieron ellas sus brazaletes en las manos, y hermosas coronas sobre sus cabezas.

43 Y dije yo, con respecto á aquella que está envejecida en sus adulterios: Todavía continuará esta en sus prostituciones.

44 Porque á ella acudia la gente, como á una pública ramera. De esta suerte iban todos á Oolla y á Ooliba, mugeres nefandas.

45 Justo es, pues, lo que ejecutan estos hombres (los cháldeos): estos las condenarán á la pena debida á las adúlteras[4], y á la pena debida á los sanguinarios; pues ellas adúlteras son, y han ensangrentado sus manos.

46 Porque esto dice el Señor Dios: Conduce contra ellas el ejército, y abandónalas al terror y á la rapiña;

47 y sean apedreadas por los pueblos, y traspasadas con espadas: maten á los hijos é hijas de ellas, y peguen fuego á sus casas.

48 Y yo quitaré de la tierra las maldades, y aprenderán todas las mugeres ó ciudades á no imitar la maldad de aquellas dos.

---

1 Cap. VIII. v. 10.—Jerem. VII. v. 18. XI. v. 15.
2 Has arrebolado, ó enjalbegado, ó dado de alcohol á tus ojos. IV. Reg. IX. v. 30.— Jerem. IV. v. 30.

3 Ex. XXX. v. 23., 34.
4 Alude á las máquinas de guerra con que los cháldeos arrojarian grandes piedras para destruir las ciudades de Jerusalem, etc.

49 *Et dabunt scelus vestrum super eos, et peccata idolorum vestrorum portabitis: et scietis quia ego Dominus Deus.*

49 La pena de vuestras maldades descargará sobre vuestras cabezas, y pagaréis los pecados de vuestras idolatrías: y conoceréis que yo soy el Señor Dios.

CAPÍTULO XXIV.

Ezechiél, bajo la figura de una olla llena de carnes puesta al fuego, declara el sitio é incendio de Jerusalem. Muere la esposa del Profeta, y Dios le prohibe el hacer el duelo.

1 *Et factum est verbum Domini ad me, in anno nono, in mense decimo, decima die mensis, dicens:*

1 Hablóme el Señor en el año nono del cautiverio, en el mes décimo, á diez del mes, diciendo:

2 *Fili hominis, scribe tibi nomen diei hujus, in qua confirmatus est rex Babylonis adversum Jerusalem hodie.*

2 Hijo de hombre: Ten presente este dia; porque hoy el Rey de Babylonia ha sentado sus reales delante de Jerusalem.

3 *Et dices per proverbium ad domum irritatricem parabolam, et loqueris ad eos. Hæc dicit Dominus Deus: Pone ollam; pone, inquam, et mitte in eam aquam.*

3 Y hablarás á esa familia de rebeldes de un modo alegórico, y les propondrás esta parábola. Esto dice el Señor Dios: Toma una olla ó *caldera* [1], tómala, te digo yo, y echa agua en ella.

4 *Congere frusta ejus in eam, omnem partem bonam, femur et armum, electa et ossibus plena.*

4 Mete dentro pedazos de carne, todos escogidos, pierna y espalda, las partes mejores y donde están los huesos:

5 *Pinguissimum pecus assume, compone quoque strues ossium sub ea: efferbuit coctio ejus, et discocta sunt ossa illius in medio ejus.*

5 toma la res mas gorda, y pon ademas un monton de huesos debajo de la olla [2]: haz que hierva á borbollones, y se cuezan tambien los huesos que hay dentro de ella.

6 *Propterea hæc dicit Dominus Deus: Væ civitati sanguinum, ollæ, cujus rubigo in ea est, et rubigo ejus non exivit de ea: per partes et per partes suas ejice eam, non cecidit super eam sors.*

6 Pues esto dice el Señor Dios: ¡Ay de la ciudad sanguinaria! olla que está toda llena de sarro, sin que el sarro se haya quitado de ella: saca fuera *la carne* de porcion en porcion; no se dé lugar á la suerte.

7 *Sanguis enim ejus in medio ejus est, super limpidissimam petram effudit illum: nec effudit illum super terram ut possit operiri pulvere.*

7 Porque en medio de ella está la sangre *inocente* que ha derramado: sobre muy limpias piedras la derramó; no la derramó sobre la tierra, de modo que se pueda cubrir con el polvo [3].

8 *Ut superinducerem indignationem meam, et vindicta ulciscerer, dedi san-*

8 Para hacer yo caer sobre ella la indignacion mia, y tomar venganza de

---

1 Antes cap. *XI. v.* 3d.—*Jerém. I. v.* 13. La *caldera* es Jerusalem, los *huesos* son los Príncipes, y la *carne* el pueblo.

2 Para que encendida la leña que está debajo de estos huesos aumenten estos el calor, y contribuyan á que los huesos que están dentro de la olla se cuezan y deshagan. Sigue la metáfora de la destruccion de Jerusalem: la muerte de los inocentes hecha en ella, simbolizada por los huesos que están sobre la leña, fué una de las causas de su exterminio. Por eso dice en el verso siguiente: ¡*Ay de la ciudad sanguinaria! El sarro* de la olla denota la inveterada malicia é impiedad de los hebreos.

3 *Lev. VII. v.* 26, 27.—*XVIII. v.* 13.—*Deut. XII. v.* 16, 24.

guinem ejus super petram limpidissimam, ne operiretur.

9 Proptereà hæc dicit Dominus Deus:
Væ civitati sanguinum, cujus ego grandem faciam pyram.

10 Congere ossa, quæ igne succendam:
consumentur carnes, et coquetur universa compositio, et ossa tabescent.

11 Pone quoque eam super prunas
vacuam, ut incalescat, ut liquefiat æs
ejus: et confletur in medio ejus inqui-
namentum ejus, et consumatur rubigo
ejus:

12 multo labore sudatum est, et non
exivit de ea nimia rubigo ejus, neque
per ignem.

13 Immunditia tua execrabilis: quia
mundare te volui, et non es mundata
à sordibus tuis: sed nec mundaberis
prius, donec quiescere faciam indignationem meam in te.

14 Ego Dominus locutus sum: Veniet, et faciam: non transeam, nec
parcam, nec placabor: juxta vias tuas,
et juxta adinventiones tuas judicabo
te, dicit Dominus.

15 Et factum est verbum Domini ad
me, dicens:

16 Fili hominis, ecce ego tollo à te
desiderabile oculorum tuorum in plaga:
et non planges, neque plorabis, neque
fluent lacrymæ tuæ.

17 Ingemisce tacens, mortuorum luctum non facies; corona tua circumli-
gata sit tibi, et calceamenta tua erunt
in pedibus tuis, nec amictu ora velabis,
nec cibos lugentium comedes.

18 Locutus sum ergo ad populum manè, et mortua est uxor mea vesperè:
fecique manè sicut præceperat mihi.

19 Et dixit ad me populus: Quare
non indicas nobis, quid ista significent,
quæ tu facis?

20 Et dixi ad eos: Sermo Domini
factus est ad me, dicens:

21 Loquere domui Israel: Hæc dicit
Dominus Deus: Ecce ego polluam sanctuarium meum, superbiam imperii ve-

ella, derramaré tambien su sangre sobre limpísimas piedras, á fin de que
quede manifiesta.

9 Por tanto, esto dice el Señor Dios:
¡Ay de la ciudad sanguinaria, á la cual
convertiré yo en una grande hoguera!

10 Amontona huesos, que yo les daré
fuego: se consumirán las carnes, y se
desharà todo cuanto contiene la olla, y
los huesos se disolverán.

11 Despues de esto pondrás sobre las
brasas la olla vacía, para que se caldee
y se derrita su cobre; con lo cual se
deshaga dentro de ella su inmundicia y
quede consumido su sarro.

12 Se ha trabajado con afan; pero no
se ha podido quitar su mucho sarro, ni
aun á fuerza del fuego.

13 Digna de execracion es tu inmundicia; pues yo te he querido limpiar de
tu porquería, y tú no te has limpiado:
ni te limpiarás hasta tanto que yo haya
desfogado en ti la indignacion mia.

14 Yo el Señor he hablado: vendrá el
tiempo y lo ejecutaré: no volverá atrás
mi palabra, ni perdonaré, ni me aplacaré: segun tus caminos y tus procederes te juzgaré yo, dice el Señor.

15 Hablóme de nuevo el Señor, diciendo:

16 Hijo de hombre: Mira; yo voy á
quitarte de golpe lo que mas agradable
es á tus ojos; pero no te lamentes, ni
llores, ni dejes correr tus lágrimas.

17 Gemirás en secreto: no harás el
duelo que se acostumbra por los muertos; no te quitarás la tiara, ó turbante,
ni el calzado de tus pies: no te cubrirás
el rostro con velo, ni usarás de los manjares propios del tiempo de luto.

18 Esto referia yo al pueblo por la
mañana, y por la tarde murió mi múger;
y á la mañana siguiente me porté
como el Señor me habia mandado.

19 Y díjome el pueblo: ¿Por qué no
nos explicas qué significan esas cosas que
haces?

20 Y respondíles: El Señor me ha hablado, diciendo:

21 Dí á la casa de Israel: Esto dice el
Señor Dios: He aquí que yo profanaré
mi Santuario, que es la gloria de vues-

stri, et desiderabile oculorum vestrorum, et super quo pavet anima vestra:
filii vestri et filiæ vestræ, quas reli-
quistis, gladio cadent.

22 Et facietis sicut feci: Ora amictu
non velabitis, et cibos lugentium non
comedetis,

23 Coronas habebitis in capitibus vestris, et calceamenta in pedibus: non
plangetis, neque flebitis, sed tabescetis
in iniquitatibus vestris, et unusquisque gemet ad fratrem suum.

24 Eritque Ezechiel vobis in portentum: juxta omnia quæ fecit, facietis
cùm venerit istud: et scietis quia ego
Dominus Deus.

25 Et tu, fili hominis, ecce in die qua
tollam ab eis fortitudinem eorum, et
gaudium dignitatis, et desiderium oculorum eorum, super quo requiescunt
animæ eorum, filios et filias eorum:

26 in die illa cùm venerit fugiens ad
te, ut annuntiet tibi:

27 in die, inquam, illa aperietur os
tuum cum eo qui fugit: et loqueris, et
non silebis ultrà: erisque eis in portentum, et scietis quia ego Dominus.

tro reino, y lo mas amable á vuestros
ojos, y que causa mas ansiedad á vuestra
alma: y los hijos y las hijas que habeis
dejado, perecerán al filo de la espada.

22 Y tendréis que hacer lo que yo he
hecho: pues no os cubriréis el rostro
con velo, ni os alimentaréis con las
viandas que usan los que están de luto.

23 Tendreis la corona ó turbante en
vuestra cabeza, y calzados estarán vuestros pies: no endecharéis, ni lloraréis;
sino que os consumiréis en vuestras
maldades, y gemiréis, mirándoos atónitos uno á otro.

24 Y Ezechiel será un modelo para
vosotros: lo mismo que él ha practicado en la muerte de su esposa, practica-
réis vosotros cuando llegaren estos sucesos: y conoceréis entonces que yo soy
el Señor Dios.

25 Y tú, oh hijo de hombre, mira
que en el dia en que yo les quitaré lo
que los hace fuertes, aquello que es su
consolacion y su gloria, que mas aman
sus ojos, y en que su corazon tiene puesta
su confianza, y les quitaré sus hijos é hijas:

26 en aquel dia, cuando el que escapare de Jerusalem, llegará á tí y te dará la noticia de su ruina:

27 en aquel dia, repito, tú hablarás
al que habrá escapado, y hablarás con
toda libertad, y no guardarás mas silencio: y habrás sido una señal ó vaticinio para ellos, y vosotros conoceréis
que yo soy el Señor.

CAPÍTULO XXV.

*Ezechiel profetiza la destruccion de los ammonitas, moabitas, idu-
méos y philisthéos por los ultrages hechos al pueblo de Dios.*

1 Et factus est sermo Domini ad
me, dicens:
2 Fili hominis, pone faciem tuam contra filios Ammon, et prophetabis de eis.

3 Et dices filiis Ammon: Audite verbum Domini Dei: Hæc dicit Dominus
Deus: Pro eò quòd dixisti; Euge, euge
super sanctuarium meum, quia pollutum est; et super terram Israel, quoniam desolata est, et super domum Ju-

1 Hablóme de nuevo el Señor, diciendo:
2 Hijo de hombre, vuelve tu rostro
contra los ammonitas, y vaticinarás
contra ellos.
3 Dirás pues á los hijos de Ammon:
Oid lo que habla el Señor Dios: Esto
dice el Señor Dios: Por cuanto acerca
de mi Santuario que ha sido profanado,
y de la tierra de Israel que ha sido desolada, y de la casa de Judá llevada al

de, quoniam ducti sunt in captivitatem:

4 idcircò ego tradam te filiis orientalibus in hæreditatem, et collocabunt caulas suas in te, et ponent in te tentoria sua: ipsi comedent fruges tuas: et ipsi bibent lac tuum.

5 Daboque Rabbath in habitaculum camelorum, et filios Ammon in cubile pecorum: et scietis quia ego Dominus.

6 Quia hæc dicit Dominus Deus: Pro eò quòd plausisti manu, et percussisti pede, et gavisa es ex toto affectu super terram Israel:

7 idcircò ecce ego extendam manum meam super te, et tradam te in direptionem gentium, et interficiam te de populis, et perdam de terris, et conteram; et scies quia ego Dominus.

8 Hæc dicit Dominus Deus: Pro eò quòd dixerunt Moab et Seir: Ecce sicut omnes gentes, domus Juda:

9 idcircò ecce ego aperiam humerum Moab de civitatibus, de civitatibus, inquam, ejus, et de finibus ejus, inclytas terræ Bethiesimoth, et Beelmeon, et Cariathaim,

10 filiis Orientis, cum filiis Ammon, et dabo eam in hæreditatem: ut non sit ultrà memoria filiorum Ammon in gentibus.

11 Et in Moab faciam judicia: et scient quia ego Dominus.

12 Hæc dicit Dominus Deus: Pro eò quòd fecit Idumæa ultionem ut se vindicaret de filiis Juda, peccavitque delinquens, et vindictam expetivit de eis;

13 idcircò hæc dicit Dominus Deus: Extendam manum meam super Idu-

cautiverio, tú, oh pueblo de Ammon, has dicho por mofa: Bien, bien les está:

4 por eso yo te entregaré como en herencia á los hijos del Oriente [1]; los cuales colocarán en tí sus apriscos, y levantarán en tí sus tiendas: se comerán ellos tus frutos y beberán tu leche.

5 Y haré que tu capital Rabbath venga á ser una cuadra para camellos, y el pais de los hijos de Ammon un redil de ganados: y conoceréis que yo soy el Señor.

6 Porque esto dice el Señor Dios: Pues tú has aplaudido con palmadas, y saltado de gozo, y te has alegrado sobremanera por lo sucedido á la tierra de Israel;

7 he aquí que yo descargaré mi mano contra tí, y te haré presa de las naciones, y te borraré del número de los pueblos, y te exterminaré de la superficie de la tierra, y te reduciré á polvo: y sabrás que yo soy el Señor.

8 Esto dice el Señor Dios: Por cuanto Moab, y Seir ó la Iduméa, han dicho: Mirad la casa de Judá: ella es como todas las otras naciones [2]:

9 por eso he aquí que yo dejaré descubierto el flanco del pais de Moab por la parte de las ciudades, de las ciudades, digo, que están en sus confines, las mas famosas del pais, Bethiesimoth, y Beelmeon, y Cariathaim;

10 á los hijos del Oriente abriré yo el flanco del pais de Moab; como abrí el de los ammonitas, y les daré el dominio de Moab; de tal modo que ni memoria quedará de ellos, como ni de los hijos de Ammon entre las gentes.

11 Y tomaré venganza de Moab: y sabrán que yo soy el Señor.

12 Esto dice el Señor Dios: Por cuanto la Iduméa ejerció siempre su odio inveterado para vengarse de los hijos de Judá [3], y ha pecado desfogando sin medida sus deseos de vengarse;

13 por tanto, esto dice el Señor Dios: Yo descargaré mi mano sobre la Idu-

---

1 Esto es, á los árabes. Job I. v. 3.—Jerm. XLIX. v. 28.

2 Nada tiene de particular.

3 El odio de Esaú contra Jacob pasó á sus descendientes los iduméos. II. Paral. XXVIII. v. 17.—Jerem. XLIX. v. 14.—Abd. I. verso 10.—Amós I. v. 11.

mæam, et auferam de ea hominem et jumentum, et faciam eam desertam ab Austro: et qui sunt in Dedan, gladio cadent.

14 Et dabo ultionem meam super Idumæam per manum populi mei Israel: et facient in Edom juxta iram meam et furorem meum: et scient vindictam meam, dicit Dominus Deus.

15 Hæc dicit Dominus Deus: Pro eo quòd fecerunt Palæstini vindictam, et ulti se sunt toto animo, interficientes, et implentes inimicitias veteres:

16 proptereà hæc dicit Dominus Deus: Ecce ego extendam manum meam super Palæstinos, et interficiam interfectores, et perdam reliquias maritimæ regionis.

17 Faciamque in eis ultiones magnas arguens in furore: et scient quia ego Dominus, cum dedero vindictam meam super eos.

mía, y exterminaré de ella hombres y bestias, y la dejaré hecha un desierto por el lado del Mediodia; y los que se hallan en Dedan ó hácia el Norte, serán pasados á cuchillo.

14 Y tomaré venganza de la Iduméa [1], por medio del pueblo mio de Israel, el cual tratará á Edom segun mi indignacion y furor le prescribirán; y sabrán lo que es la venganza mia, dice el Señor Dios.

15 Esto dice el Señor Dios: Por cuanto los philisteos han tomado venganza, y lo han hecho con el mayor encono, matando y desahogando así sus antiguas enemistades:

16 por tanto, esto dice el Señor Dios: He aquí que yo descargaré mi mano sobre los philisteos, y mataré á los matadores, y exterminaré lo que queda en la costa del mar [2]:

17 y tomaré de ellos una terrible venganza, castigándolos con furor: y conocerán que yo soy el Señor, cuando me habré vengado de ellos.

CAPÍTULO XXVI.

Tyro será tomada y arruinada por Nabuchódonosor de un modo espantoso: porque se regocijaba de las calamidades de Israel.

1 Et factum est in undecimo anno, prima mensis, factus est sermo Domini ad me, dicens:

2 Fili hominis, pro eò quòd dixit Tyrus de Jerusalem: Euge; confractæ sunt portæ populorum, conversa est ad me: implebor; deserta est.

3 Proptereà hæc dicit Dominus Deus: Ecce ego super te Tyre, et ascendere faciam ad te gentes multas, sicut ascendit mare fluctuans.

4 Et dissipabunt muros Tyri, et destruent turres ejus: et radam pulverem ejus de ea, et dabo eam in limpidissimam petram.

1 Y sucedió que en el año undécimo del cautiverio, el primer dia del mes, me habló el Señor, diciendo:

2 Hijo de hombre, pues que Tyro ha dicho de Jerusalem: Bien, bien le está: destruidas quedan ya las puertas ó la concurrencia de las naciones; ella se ha pasado á mí: yo ahora me llenaré de riqueza, pues Jerusalem ha quedado hecha un desierto:

3 por tanto, esto dice el Señor Dios: Oh Tyro, heme aquí contra ti: yo haré subir contra ti muchas gentes, como olas del mar borrascoso.

4 Y arrasarán los muros de Tyro, y derribarán sus torres, y yo raeré hasta el polvo de ella, dejándola como una peña muy lisa [3].

---

1 I. Mach. V. v. 65. II. Mach. X. v. 16. Josepho lib. XIII. Antiq. capitulo XVII.
2 I. Reg. XXX. v. 14, 16.—Soph. II. v. 5.

3 Véase una frase semejante III. Reg. XIV. vers. 10. Segun los Setenta puede traducirse: Arrasaré la ciudad, y esparciré por

5 *Sicculis sagenarum, erit in medio maris, quia ego locutus sum, ait Dominus Deus, et erit in direptionem gentibus.*

6 *Filiæ quoque ejus, quæ sunt in agro, gladio interficientur; et scient quia ego Dominus.*

7 *Quia hæc dicit Dominus Deus: Ecce ego adducam ad Tyrum Nabuchodonosor regem Babylonis ab Aquilone, regem regum, cum equis, et curribus, et equitibus, et cætu, populoque magno.*

8 *Filias tuas, quæ sunt in agro, gladio interficiet: et circumdabit te munitionibus, et comportabit aggerem in gyro: et elevabit contra te clypeum.*

9 *Et vineas, et arietes temperabit in muros tuos, et turres tuas destruet in armatura sua.*

10 *Inundatione equorum ejus operiet te pulvis eorum: à sonitu equitum, et rotarum, et curruum movebuntur muri tui, cùm ingressus fuerit portas tuas quasi per introitum urbis dissipatæ.*

11 *Ungulis equorum suorum conculcabit omnes plateas tuas: populum tuum gladio cædet: et statuæ tuæ nobiles in terram corruent.*

12 *Vastabunt opes tuas, diripient negotiationes tuas: et destruent muros tuos, et domos tuas præclaras subvertent: et lapides tuos, et ligna tua, et pulverem tuum in medio aquarum ponent.*

13 *Et quiescere faciam multitudinem canticorum tuorum, et sonitus cithararum tuarum non audietur amplius.*

14 *Et dabo te in limpidissimam petram, siccatio sagenarum eris, nec*

---

5 Ella, en medio del mar, será como un tendedero para enjugar las redes: porque yo lo he dicho, dice el Señor Dios; será ella hecha presa de las naciones.

6 Sus hijas ó *aldeas* de la campiña perecerán tambien al filo de la espada: y conocerán que yo soy el Señor.

7 Porque esto dice el Señor Dios: He aquí que yo conduciré á Nabucôdonosor, Rey de reyes[2], desde el Norte á Tyro, con caballos y carros *de guerra,* y caballeros, y con gran muchedumbre de tropa.

8 Á tus hijas que están en la campiña, las pasará á cuchillo, y te circunvalará con fortines, y levantará trincheras al rededor tuyo, y embrazará el escudo contra tí.

9 Y dispondrá sus manteletes y arietes contra tus muros, y con sus máquinas de guerra derribará tus torres.

10 Con la llegada de su numerosa caballería quedarás cubierta de polvo: estremecerse han tus muros al estruendo de la caballería, y de los carros y carrozas, cuando él entrará por tus puertas como quien entra en una ciudad destruida.

11 Holladas se verán todas tus plazas por las pezuñas de los caballos, pasará á cuchillo á tu pueblo, y serán derribadas al suelo tus insignes estatuas[3].

12 Saquearán todos tus tesoros, pillarán tus mercaderías, y destruirán tus muros, y derribarán tus magníficos edificios, arrojando al mar tus piedras, tus maderas, y *hasta* tu polvo.

13 Y haré que no se oigan mas en tí tus conciertos de música, ni el sonido de tus harpas[4].

14 Y te dejaré tan arrasada como una limpísima peña, y servirás de tendede-

---

el aire el polvo de ella.

1 La parte nuevamente edificada de la famosa Tyro estaba dentro del mar, en una pequeña isla, unida solo con el resto de la ciudad por medio de una calzada.

2 Título que se apropiaron los reyes de los chaldeos, y despues los de Persia. *IV. Reg. XXV. v.* 28.—*Jerem. XXVII. v.* 6.

3 Las de *Apolo,* de *Hércules,* etc. adorados como dioses, principalmente en Tyro. Quinto Curcio *(Lib. IV.)* cuenta que ataron con cadenas de oro la estatua de Apolo al altar de Hércules, á fin de que aquel Dios no se escapara.

4 *Is. XXIII. v.* 16.—*Jerem. VII. v.* 34.

dificaberis ultrà: quia ego locutus sum, ait Dominus Deus.

15 *Hæc dicit Dominus Deus Tyro: Nunquid non à sonitu ruinæ tuæ, et gemitu interfectorum tuorum, cùm occisi fuerint in medio tui, commovebuntur insulæ?*

16 *Et descendent de sedibus suis omnes principes maris: et auferent exuvias suas, et vestimenta sua varia abjicient, et induentur stupore: in terra sedebunt, et attoniti super repentino casu tuo admirabuntur.*

17 *Et assumentes super te lamentum, dicent tibi: Quomodo periisti, quæ habitas in mari, urbs inclyta, quæ fuisti fortis in mari cum habitatoribus tuis, quos formidabant universi?*

18 *Nunc stupebunt naves in die pavoris tui: et turbabuntur insulæ in mari, eò quòd nullus egrediatur ex te.*

19 *Quia hæc dicit Dominus Deus: cùm dedero te urbem desolatam, sicut civitates quæ non habitantur: et adduxero super te abyssum, et operuerint te aquæ multæ:*

20 *et detraxero te cum his qui descendunt in lacum ad populum sempiternum, et collocavero te in terra novissima sicut solitudines veteres, cum his qui deducuntur in lacum, ut non habiteris: porrò cùm dedero gloriam in terra viventium,*

21 *in nihilum redigam te, et non eris, et requisita non invenieris ultrà in sempiternum, dicit Dominus Deus.*

ro para enjugar las redes; ni volverás á ser reedificada [1]: porque yo lo he decretado, dice el Señor Dios.

15 Esto dice el Señor Dios á Tyro: ¿por ventura no se estremecerán las islas [2] al estruendo de tu ruina, y al gemido de los que morirán en la mortandad que en tí se hará?

16 Y todos los príncipes de la mar descenderán de sus tronos, y se despojarán de sus insignias, y arrojarán sus vestidos bordados, y se cubrirán de espanto: se sentarán en el suelo, y atónitos de tu repentina caida quedarán como fuera de sí.

17 Y deplorando tu desgracia, te dirán: ¿Cómo has perecido, oh habitadora del mar, ciudad esclarecida, que fuiste poderosa en la mar con tus moradores, á quienes temian todos!

18 Los navegantes quedarán atónitos en el dia de tu ruina, y las islas del mar se afligirán al ver que ya nadie sale de tí.

19 Porque esto dice el Señor Dios: Cuando te habré convertido en un desierto, como las ciudades despobladas; y habré enviado sobre tí un diluvio de desastres, y te verás sumergida en un abismo de aguas [3];

20 y cuando yo te habré precipitado allá bajo, á la region de la eternidad, con aquellos que descendieron al sepulcro, y te habré colocado en lo mas profundo de la tierra, con aquellos que bajaron á la fosa, hecha tú semejante á las antiguas soledades, á fin de que nadie te habite; en fin cuando ya habré restituido la gloria á *Jerusalem,* tierra de los vivientes,

21 entonces te dejaré reducida á la nada, y no existirás, y te buscarán, y nunca jamas serás hallada, dice el Señor Dios.

---

1 Esto probablemente se entiende solo de la Tyro antigua, que estaba en tierra firme.

2 Véase *Islas.* Háblase de las tierras de la otra parte del mar, de las cuales se habia hecho dueña Tyro por medio de su comercio: como *Utica, Cartago, Cádiz,* etc.

3 Véase *Aguas.*

CAPÍTULO XXVII.

Cancion lúgubre sobre la ruina de Tyro, ciudad marítima y opulentísima.

1 Et factum est verbum Domini ad me, dicens:

2 Tu ergo fili hominis, assume super Tyrum lamentum:

3 Et dices Tyro, quæ habitat in introitu maris, negotiationi populorum ad insulas multas: Hæc dicit Dominus Deus: O Tyre, tu dixisti: Perfecti decoris ego sum,

4 et in corde maris sita. Finitimi tui, qui te ædificaverunt, impleverunt decorem tuum:

5 abietibus de Sanir extruxerunt te cum omnibus tabulatis maris: cedrum de Libano tulerunt, ut facerent tibi malum.

6 Quercus de Basan dolaverunt in remos tuos: et transtra tua fecerunt tibi ex ebore Indico, et prætoriola de insulis Italiæ.

7 Byssus varia de Ægypto texta est tibi in velum ut poneretur in malo: hyacinthus et purpura de insulis Elisa facta sunt operimentum tuum.

8 Habitatores Sidonis et Aradii fuerunt remiges tui, Tyre, sapientes tui facti sunt gubernatores tui.

9 Senes Giblii et prudentes ejus habuerunt nautas ad ministerium variæ supellectilis tuæ: omnes naves maris, et nautæ earum, fuerunt in populo negotiationis tuæ.

10 Persæ, et Lydii, et Lybies erant in exercitu tuo, viri bellatores tui: clypeum, et galeam suspenderunt in te pro ornatu tuo.

11 Filii Aradii cum exercitu tuo erant super muros tuos in circuitu: sed et Pigmæi, qui erant in turribus tuis,

1 Háblome de nuevo el Señor, diciendo:

2 Ahora pues, oh hijo de hombre, entona una lamentacion sobre Tyro.

3 Dirás pues á Tyro, situada en una entrada ó puerto de mar para fondeadero [1] de los pueblos de muchas regiones: Esto dice el Señor Dios: Oh Tyro, tú dijiste: Yo soy de una belleza extremada,

4 y situada estoy en medio del mar. Tus vecinos que te edificaron, te embellecieron con toda suerte de ornato;

5 construyéronte de abetos del Sanir [2], con todas las crujías á uso del mar: para hacer tu mastil trajeron un cedro del Líbano:

6 labraron encinas de Basan para formar tus remos; y de marfil de India hicieron tus bancos, y tus magníficas cámaras de popa de materiales traidos de las islas de Italia.

7 Para hacer la vela, que pende del mastil, se tejió para ti el rico lino de Egypto, con varios colores: el jacinto y la púrpura de las islas de Elisa formaron tu pabellon.

8 Los habitantes de Sidon y los de Arad fueron tus remeros: tus sabios, oh Tyro, te sirvieron de pilotos.

9 Los ancianos de Gebal [3] y los mas peritos de ella te suministraron gentes para la maestranza, que trabajasen en el servicio de tu marina: las naves todas del mar y sus marineros estaban entre pueblo sirviendo á tu tráfico.

10 Tú tenias en tu ejército guerreros de Persia, y de Lydia, y de Lybia; y en ti colgaron sus escudos y morriones, los cuales te servian de gala.

11 Entre tus huestes se veian coronando tus muros, los hijos de Arad, y ademas los pigméos ó valientes [4], que

---

1 Ó emporio.

2 Deut. III. v. 9. Habla de Tyro con la metáfora de una nave.

3 Ciudad de la Phenicia, por otro nombre Giblos ó Biblos, cuyos carpinteros eran tenidos por muy hábiles. III. Reg. V. v. 18.

4 Véase Pigméos. S. Gerónimo advierte que aqui significa estos hombres guerreros.

pharetras suas suspenderunt in muris tuis per gyrum; ipsi compleverunt pulchritudinem tuam.

12 *Carthaginenses negotiatores tui, à multitudine cunctarum divitiarum, argento, ferro, stanno, plumboque, repleverunt nundinas tuas.*

13 *Græcia, Thubal, et Mosoch, ipsi institores tui: mancipia, et vasa ærea adoexerunt populo tuo.*

14 *De domo Thogorma, equos, et equites, et mulos adduxerunt ad forum tuum:*

15 *Filii Dedan negotiatores tui; insulæ multæ, negotiatio manus tuæ: dentes eburneos et hebeninos commutaverunt in pretio tuo:*

16 *Syrus negotiator tuus propter multitudinem operum tuorum, gemmam, et purpuram, et scutulata, et byssum, et sericum et chodchod proposuerunt in mercatu tuo:*

17 *Juda et terra Israel ipsi institores tui in frumento primo, balsamum, et mel, et oleum, et resinam proposuerunt in nundinis tuis:*

18 *Damascenus negotiator tuus in multitudine operum tuorum, in multitudine diversarum opum, in vino pingui, in lanis coloris optimi.*

19 *Dan, et Græcia, et Mosel, in nundinis tuis proposuerunt ferrum fabrefactum: stacte et calamus in negotiatione tua.*

20 *Dedan institores tui in tapetibus ad sedendum.*

21 *Arabia, et universi principes Cedar, ipsi negotiatores manus tuæ: cum agnis, et arietibus, et hædis venerunt ad te negotiatores tui.*

22 *Venditores Saba, et Reema, ipsi negotiatores tui: cum universis primis aromatibus, et lapide pretioso, et auro, quod proposuerunt in mercatu tuo.*

estaban sobre tus torres colgaban al rededor de tus murallas sus aljabas: ellos ponian el colmo á tu hermosura.

12 Los cartagineses, que comerciaban contigo, henchian tus mercados con gran copia de toda suerte de riquezas, de plata, de hierro, de estaño, y de plomo.

13 La Grecia, Thubal y Mosoch también negociaban contigo, trayendo á tu pueblo esclavos, y artefactos de cobre:

14 de tierra de Thogorma traian á tu mercado caballos y ginetes ó picadores, y mulos.

15 Los hijos de Dedan comerciaban contigo: tú dabas tus géneros á muchas islas ó naciones, y recibias en cambio colmillos de *elefante ó el* marfil, y el ébano.

16 El Syro traficaba contigo, y para proveerse de tus muchas manufacturas presentaba en tus mercados perlas, y púrpura, y telas bordadas, y lino fino, y sedería, y toda especie de géneros preciosos.

17 Judá y la tierra de Israel negociaban contigo, llevando á tus mercados el mas rico trigo, el bálsamo, la miel, el aceite, y la resina:

18 El mercader de Damasco contrataba contigo, y en cambio de tus muchas mercaderías te daba muchas y varias cosas ricas, excelentes vinos, y lanas de extraordinaria blancura.

19 Dan, y la Grecia, y Mosel, llevaban á tu mercado, para comerciar contigo, hierro labrado, myrrha destilada, y caña aromática.

20 Los de Dan te vendian las alfombras para tus estrados.

21 La Arabia y todos los príncipes de Cedar compraban tus mercaderías, dándote en cambio los corderos, y carneros y cabritos que te traían.

22 Los mercaderes de Sabá y de Reema traian á vender en tus plazas toda especie de aromas los mas exquisitos, y piedras preciosas, y oro.

---

1 S. Gerónimo dice que dejó de traducir la palabra כרכם *chodchod* por ser muy oscura. Pero en *Isaías cap.* LIV. v. 11. tradujo *jaspidem.* Buxtorf dice que significa la piedra pseu-
ciosa. (que Plinio llama πυρωπός) *pyropos* ... brillante, compuesta de cobre y oro.

23 Haran, et Chene, et Eden, negotiatores tui: Saba, Assur, et Chelmad, venditores tui.

23 Haran, y Chéne, y Eden contrataban contigo: Saba, Assur y Chélmad, te vendian géneros.

24 Ipsi negotiatores tui multifariam involucris hyacinthi, et polymitorum, gazarumque pretiosarum, quæ obvoluta et astrictæ erant funibus: cedros quoque habebant in negotiationibus tuis.

24 Hacian ellos el comercio contigo de varias cosas, llevándote fardos de ropas de color de jacinto ó carmesí, y de varias estofas y bordados, y diferentes preciosidades, embaladas y liadas con cuerdas [1]: vendiante tambien maderas de cedro.

25 Naves maris, principes tui in negotiatione tua, et repleta es, glorificata nimis in corde maris.

25 Tus naves ocupaban el primer lugar en el comercio marítimo [2]: y fuiste populosa y opulentísima en medio del mar.

26 In aquis multis adduxerunt te remiges tui: ventus auster contrivit te in corde maris.

26 Tus remeros te condujeron por muchos mares [3]: pero el viento de Mediodia [4] acabó contigo en medio de las aguas.

27 Divitiæ tuæ, et thesauri tui, et multiplex instrumentum tuum, nautæ tui, et gubernatores tui, qui tenebant suppellectilem tuam, et populo tuo præerant: viri quoque bellatores tui, qui erant in te, cum universa multitudine tua, quæ est in medio tui: cadent in corde maris in die ruinæ tuæ.

27 Tus riquezas, y tesoros, y tu gran cargamento; tus marineros y tus pilotos que estaban encargados de todas tus preciosidades, y que dirigian tu gente; asimismo todos los guerreros que tenias contigo, y todo el gentío que estaba dentro de tí, todo ha sido precipitado al abismo del mar en el dia de tu ruina.

28 A sonitu clamoris gubernatorum tuorum conturbabuntur classes:

28 Al estruendo de la gritería de tus pilotos quedarán llenas de su terror las demas naves;

29 et descendent de navibus suis omnes qui tenebant remum: nautæ et universi gubernatores maris in terra stabunt:

29 y todos los remeros se saldrán de sus naves, y saltarán á tierra los marineros y todos los pilotos;

30 et ejulabunt super te voce magna, et clamabunt amarè: et superjacient pulverem capitibus suis, et cinere conspergentur:

30 y prorumpirán en grandes alaridos sobre tí, y en gritos de dolor, y esparcirán polvo sobre sus cabezas, y se cubrirán de ceniza,

31 et radent super te calvitium, et accingentur ciliciis: et plorabunt te in amaritudine animæ ploratu amarissimo:

31 y se raparán por tu causa sus cabezas, y se vestirán de cilicio, y te llorarán en la angustia de su corazon con lágrimas amarguísimas.

32 et assument super te carmen lugubre, et plangent te: Quæ est ut Tyrus, quæ obmutuit in medio maris?

32 Y entonarán sobre tí lúgubres cantares, y te plañirán, diciendo: ¿Qué ciudad ha habido como Tyre, que haya sido como ella destruida en medio de la mar?

---

1 Antiguamente cuando varios modos de cerrar un fardo ó paquete no eran conocidos, se hacian unos nudos con tal arte, que no podia atinar á desatarlos sino el que sabia el secreto, ó á lo menos necesitaba mucho tiempo para hacerlo. Fué célebre el nudo gordiano.

2 Puede traducirse segun el texto hebreo: tus naves son las que tienen el principal comer-

cio: pues la voz שרתיך esaroteja es terminacion femenina, y es lo mismo que præcipuæ, que en la Vulgata se tradujo principes.

3 Cual nave fuerte y magestuosa.

4 Nabuchôdonosor se llama viento del Mediodia. Hecho dueño de Jerusalem que está al mediodia de Tyro, se apoderó de esta opulenta ciudad.

33 *Quæ in exitu negotiationum tuarum de mari implesti populos: in multitudine divitiarum tuarum et populorum tuorum ditasti reges terræ.*

33 Tú con tu comercio marítimo enriqueciste á muchas naciones: con la abundancia de las riquezas tuyas y de tu gente biciste ricos á los Reyes de la tierra:

34 *Nunc contrita es á mari, in profundis aquarum opes tuæ, et omnis multitudo tua, quæ erat in medio tui, cecidernt.*

34 ahora, empero, has sido destrozada en medio del mar, tus riquezas han caído al fondo de las aguas, y ha perecido todo el gentío que habia en tí.

35 *Universi habitatores insularum obstupuerunt super te: et reges earum omnes tempestate perculsi mutaverunt vultus.*

35 Pasmáronse con tu ruina todos los habitantes de las islas ó regiones, y demudáronse los semblantes de sus Reyes, atónitos de tal tempestad.

36 *Negotiatores populorum sibilaverunt super te: ad nihilum deductus es, et non eris usque in perpetuum.*

36 Los comerciantes de los pueblos silbaron haciendo mofa de tí: á la nada has sido reducida tú, y nunca jamas volverás á existir.

CAPÍTULO XXVIII.

Ezechiel intima al Rey de Tyro su terrible ruina. Anuncia la desolacion de Sidon, y promete el restablecimiento del reino de Israel.

1 *Et factus est sermo Domini ad me, dicens:*

1 Hablóme nuevamente el Señor, diciendo:

2 *Fili hominis, dic principi Tyri: Hæc dicit Dominus Deus: Eò quòd elevatum est cor tuum, et dixisti: Deus ego sum, et in cathedra Dei sedi in corde maris: cùm sis homo, et non Deus, et dedisti cor tuum quasi cor Dei:*

2 Hijo de hombre, di al Príncipe de Tyro: Esto dice el Señor Dios: Porque se ha engreído tu corazon, y has dicho: Yo soy un Dios, y sentado estoy cual Dios en el trono, en medio de la mar; (siendo tú un hombre y no un Dios) y te has creido dotado de un entendimiento como de Dios:

3 *ecce sapientior es tu Daniele: omne secretum non est absconditum á te:*

3 está visto que te crees mas sabio que Daniel [1], y que no hay nada que no sepas:

4 *in sapientia et prudentia tua fecisti tibi fortitudinem: et acquisisti aurum et argentum in thesauris tuis:*

4 tú te has hecho poderoso con tu saber y con tu prudencia; y has amontonado oro y plata en tus tesoros:

5 *in multitudine sapientiæ tuæ, et in negotiatione tua multiplicasti tibi fortitudinem: et elevatum est cor tuum in robore tuo.*

5 con tu mucho saber y con tu comercio has aumentado tu poderío; y con este motivo se ha engreído tu corazon.

6 *Proptereà hæc dicit Dominus Deus: Eò quòd elevatum est cor tuum quasi cor Dei:*

6 Por tanto, esto dice el Señor Dios: Porque tu corazon se ha ensalzado como si fuera de un Dios:

7 *idcircò ecce ego adducam super te alienos, robustissimos gentium: et nudabunt gladios suos super pulchritudi-*

7 por eso mismo yo haré venir contra tí gentes extrangeras, las mas fuertes de las naciones, y desenvainarán sus espa-

_____

1 Es una picante ironía. Parece que esto lo escribia Ezechiel el año 11 de Sedecias, esto

es, 13 ó 14 años despues que Daniel explicó el amoso sueño á Nabuchôdonosor.

nem sapientiæ tuæ, et polluent decorem tuum.

8 Interficient, et detrahent te: et morieris in interitu occisorum in corde
maris.

9 Nunquid dicens loquéris: Deus ego
sum, coram interficientibus te: cum sis
homo, et non Deus, in manu occiden-
tium te?

10 Morte incircumcisorum morieris in
manu alienorum: quia ego locutus sum,
ait Dominus Deus.

11 Et factus est sermo Domini ad
me, dicens: Fili hominis, leva planctum super regem Tyri,

12 et dices ei: Hæc dicit Dominus
Deus: Tu signaculum similitudinis,
plenus sapientiá, et perfectus decore,

13 in deliciis paradisi Dei fuisti: o-
mnis lapis pretiosus operimentum tuum:
sardius, topazius, et jaspis, chrysolithus, et onyx, et beryllus, sapphirus,
et carbunculus, et smaragdus: aurum
opus decoris tui: et foramina tua in
die, quá conditus es, præparata sunt.

14 Tu cherub extentus, et protegens,
et posui te in monte sancto Dei, in medio lapidum ignitorum ambulasti.

15 Perfectus in viis tuis á die condi-
tionis tuæ, donec inventa est iniquitas
in te.

16 In multitudine negotiationis tuæ
repleta sunt interiora tua iniquitate, et
peccasti: et ejeci te de monte Dei, et
perdidi te, ó cherub protegens, de medio lapidum ignitorum.

17 Et elevatum est cor tuum in decore tuo: perdidisti sapientiam tuam in
decore tuo, in terram projeci te: ante
faciem regum dedi te ut cernerent te.

das contra tu preciado saber, y oscurecerán tu gloria.

8 Te matarán, y te destrozarán, y morirás de la muerte de aquellos que mueren en combate naval.

9 ¿Acaso hablarás tú delante de tus
matadores, diciendo: Yo soy un Dios;
siendo tú un hombre sujeto á los que te
han de matar, y no un Dios?

10 Como mueren los incircuncisos[1],
asi morirás tú á mano de los extrangeros: porque yo lo he dicho, dice el Señor Dios.

11 Háblóme de nuevo el Señor, diciendo: Hijo de hombre, entona una
lamentacion sobre el Rey de Tyro.

12 Y le dirás: Esto dice el Señor Dios:
Tú, creído sello ó imágen de Dios, lleno
de sabiduría y colmado de hermosura,

13 Vivias en medio del paraiso de Dios:
en tus vestiduras brillaban toda suerte
de piedras preciosas: el sardio, el tope-
cio, el jaspe ó diamante, el crysólitho,
el onique, el berilo, el zafiro, el car-
bunclo, la esmeralda, y el oro, que te
daban hermosura, y los instrumentos
músicos estuvieron preparados para tí
en el dia de tu creacion[2].

14 Tú has sido un chêrubin, que extiende las alas y cubre el trono de
Dios; yo te coloqué en el Monte santo
de Dios; tú caminabas en medio de piedras brillantes como el fuego.

15 Perfecto has sido en tus obras,
desde el dia de tu creacion hasta que se
halló en tí la maldad:

16 con la abundancia de tu tráfico se
llenó de iniquidad tu corazon, y pecaste,
y yo te arrojé del Monte de Dios;
y á tí, oh chêrubin que cubrias el trono, te eché de en medio de las piedras
resplandecientes como el fuego.

17 Por haberse engreído tu corazon
por causa de tu hermosura, y corrom-
pídose tu sabiduría por causa de tu brillo, por eso te arrojé[4] yo al suelo, y
te expuse á la vista de los Reyes, para
que te contemplasen.

---

1 Esto es, los que no conocen á Dios, los
impíos; los cuales tienen un fin desastrado, y
mueren sin esperanza de mejor vida. Véase
despues cap. XXXI. v. 18.

2 Asi entienden comunmente los expositores la palabra hebrea.

3 Ó elevacion al trono.

4 Ó te arrojaré: pues aquí, como en otros

18 In multitudine iniquitatum tuarum, et iniquitate negotiationis tua,
polluisti sanctificationem tuam: produ-
cam ergo ignem de medio tui, qui com-
medat te, et dabo te in cinerem super
terram in conspectu omnium viden-
tium te.

19 Omnes, qui viderint te in gentibus,
obstupescent super te: nihili factus es,
et non eris in perpetuum.

20 Et factus est sermo Domini ad
me, dicens:

21 Fili hominis, pone faciem tuam
contra Sidonem: et prophetabis de ea,

22 et dices: Hæc dicit Dominus Deus:
Ecce ego ad te Sidon, et glorificabor
in medio tui: et scient quia ego Dominus, cùm fecero in ea judicia, et sanctificatus fuero in eâ.

23 Et immittam ei pestilentiam, et
sanguinem in plateis ejus, et corruent
interfecti in medio ejus, gladio per circuitum: et scient quia ego Dominus.

24 Et non erit ultra domui Israel
offendiculum amaritudinis, et spina
dolorem inferens undique per circuitum
eorum, qui adversantur eis: et scient
quia ego Dominus Deus.

25 Hæc dicit Dominus Deus: Quando congregavero domum Israel de populis, in quibus dispersi sunt, sanctificabor in eis coram gentibus: et habitabunt in terra sua, quam dedi servo
meo Jacob.

26 Et habitabunt in ea securi: et æ-
dificabunt domos, et plantabunt vineas,
et habitabunt confidenter, cùm fecero
judicia in omnibus qui adversantur eis
per circuitum: et scient quia ego Dominus Deus eorum.

18 Con la muchedumbre de tus maldades, y con tus injustos tráficos contaminaste la santidad de esa porcion de
tierra de Israel que posees: por lo que
haré salir de en medio de tí un fuego
que te devorará, y te convertiré en ceniza sobre la tierra, á la vista de cuantos tienen puestos sobre tí sus ojos.

19 Todos los de las demas naciones
que te vean, quedarán pasmados sobre
tí: reducido serás á la nada, y nunca
jamás volverás á existir.

20 Hablóme el Señor nuevamente,
diciendo:

21 Hijo de hombre, vuelve tu rostro
contra Sidon [1], y profetizarás contra ella,

22 y dirás: Esto dice el Señor Dios:
Heme aquí contra tí, oh ciudad de Sidon, y glorificado seré en medio de tí.
Porque conocerán que yo soy el Señor,
cuando ejerceré mi juicio en ella, y haré resplandecer en ella mi santidad y
justicia.

23 Yo le enviaré la peste: é inundaré en sangre sus calles, y en todas partes se verán morir hombres pasados á
cuchillo: y conocerán que yo soy el
Señor.

24 Ya no será mas ella en adelante
piedra de escándalo y de amargura para
la casa de Israel [2]: ni le serán como espina punzante esos enemigos de que está rodeada por todos lados: y conocerán
que yo soy el Señor Dios.

25 Esto dice el Señor Dios: Cuando
yo habré congregado la familia de Israel de entre las naciones en que fué
dispersada, entonces yo manifestaré en
ella mi santidad á la vista de las naciones, y ella habitará en la tierra que
yo dí á Jacob, siervo mio.

26 Y allí habitará libre de temor, y
construirá casas, y plantará viñas, y
vivirá tranquilamente cuando habré hecho yo justicia en todos los pueblos que
la rodean, y que son sus enemigos: y
conocerán que yo soy el Señor Dios
suyo.

___
lugares, el pretérito se pone por el futuro.
Véase Hebraismos. Se habla del castigo que
dará Dios al Rey de Tyro.

1 Véase Is. XXIII. v. 4.
2 Jezabel, muger del rey Achâb, era hija de
Ethaal, Rey de Sidon. III. Reg. XVI. v. 31.

CAPÍTULO XXIX.

Profecía de la desolacion y ruina del Rey de Egypto y de su reino, por la perfidia usada con el pueblo de Dios. Nabuchôdonosor se hará dueño de dicho reino en premio del sitio de Tyro.

1 In anno decimo, decimo mense, undecima die mensis, factum est verbum Domini ad me, dicens:

2 Fili hominis, pone faciem tuam contra Pharaonem regem Ægypti, et prophetabis de eo, et de Ægypto universâ.

3 Loquere, et dices; Hæc dicit Dominus Deus: Ecce ego ad te Pharao rex Ægypti, draco magne, qui cubas in medio fluminum tuorum, et dicis: Meus est fluvius, et ego feci memetipsum.

4 Et ponam frænum in maxillis tuis: et agglutinabo pisces fluminum tuorum squamis tuis: et extraham te de medio fluminum tuorum, et universi pisces tui squamis tuis adhærebunt.

5 Et projiciam te in desertum, et omnes pisces fluminis tui: super faciem terræ cades, non colligeris, neque congregaberis: bestiis terræ, et volatilibus cœli, dedi te ad devorandum:

6 et scient omnes habitatores Ægypti, quia ego Dominus: pro eò quòd fuisti baculus arundineus domui Israel:

7 quando apprehenderunt te manu, et confractus es, et lacerasti omnem humerum eorum; et innitentibus eis super te, comminutus es, et dissolvisti omnes renes eorum.

8 Proptereà hæc dicit Dominus Deus: Ecce ego adducam super te gladium, et interficiam de te hominem, et jumentum.

9 Et erit terra Ægypti in desertum, et in solitudinem: et scient quia

1 En el año décimo [1], en el décimo mes, á los once dias del mes, me habló el Señor, y dijo:

2 Hijo de hombre, dirige tu rostro contra Pharaon Rey de Egypto, y profetizarás cuanto ha de suceder contra él y contra Egypto.

3 Habla, y di: Esto dice el Señor Dios: Heme aquí contra tí, oh Pharaon Rey de Egypto, dragon ó monstruo grande [2] que yaces en medio de tus rios [3], y dices: Mio es el rio, y á nadie debo el ser.

4 Pero yo pondré un freno en tus quijadas, y haré que los peces de tu rio se peguen á tus escamas; y te sacaré de en medio de tus rios, y todos tus peces estarán pegados á tus escamas.

5 Y á tí y á todos los peces de tus rios os arrojaré al desierto: tú caerás *muerto* sobre la superficie de la tierra, sin que nadie te recoja, ni dé sepultura: á las bestias de la tierra, y á las aves del cielo te entregué para que te devoren.

6 Y conocerán todos los moradores de Egypto que yo soy el Señor: porque tú has sido un báculo de caña para la casa de Israel [4]

7 Cuando te cogieron con la mano, tú te quebraste y lastimaste todas sus espaldas ó *lomos;* y cuando ellos se apoyaron sobre tí, te hiciste pedazos, y los deslomaste enteramente.

8 Por tanto esto dice el Señor Dios: Mira, yo descargaré la espada contra tí, y mataré tus hombres y tus bestias.

9 Y la tierra de Egypto quedará hecha un desierto y una soledad: y cono-

---

1 Del cautiverio de Jechônias.

2 *Dragon* significa aqui y en otros lugares el grande pez llamado *cocodrilo,* símbolo del Egypto, como se vé en muchas monedas antiguas; y al cual adoraban como á Dios los egypcios. Ezechiel da ese nombre al rey Pharaon como título de honor. Bochart dice que entre los egypcios *pharaon* significa *cocodrilo.* Véase Jerem. XCIV. v. 30.—Herodoto lib. I. cap. CLXV.

3 Ó brazos del Nilo.

4 Is. XXXVI. v. 6. — Jerem. XXXVII. v. 6, 7.

ego Dominus, pro eò quòd dixeris: Fluvius meus est, et ego feci eum.

10 *Idcircò ecce ego ad te, et ad flumina tua: daboque terram Ægypti in solitudines, gladio dissipatam, à turre Syenes, usque ad terminos Æthiopiæ.*

11 *Non pertransibit eam pes hominis, neque pes jumenti gradietur in ea: et non habitabitur quadraginta annis.*

12 *Daboque terram Ægypti desertam in medio terrarum desertarum, et civitates ejus in medio urbium subversarum, et erunt desolatæ quadraginta annis: et dispergam Ægyptios in nationes, et ventilabo eos in terras.*

13 *Quia hæc dicit Dominus Deus: Post finem quadraginta annorum congregabo Ægyptum de populis in quibus dispersi fuerant.*

14 *Et reducam captivitatem Ægypti, et collocabo eos in terra Phathures, in terra nativitatis suæ: et erunt ibi in regnum humile:*

15 *inter cetera regna erit humillima, et non elevabitur ultra super nationes, et imminuam eos ne imperent gentibus.*

16 *Neque erunt ultra domui Israel in confidentia, docentes iniquitatem, ut fugiant, et sequantur eos: et scient quia ego Dominus Deus.*

17 *Et factum est in vigesimo et septimo anno, in primo, in una mensis: factum est verbum Domini ad me, dicens:*

18 *Fili hominis, Nabuchodonosor rex Babylonis servire fecit exercitum suum servitute magna adversus Tyrum: omne caput decalvatum, et omnis humerus depilatus est: et merces non est reddita ei, neque exercitui ejus, de Tyro, pro servitute qua servivit mihi adversus eam.*

19 *Propterea hæc dicit Dominus Deus: Ecce ego dabo Nabuchodonosor regem*

---

obrán que yo soy el Señor; pues que tú dijiste: Mio es el rio: yo le hice.

10 Por tanto, heme aquí contra tí y contra tus rios: y yo haré que la tierra de Egypto quede hecha un desierto, despues de haberla asolado con la espada desde la torre de Syene hasta los confines de Ethiopia[1].

11 No transitará por ella pie humano, ni la hollará pezuña de jumento: despoblada quedará por cuarenta años.

12 Y haré que quede yermo el pais de Egypto en medio de otros paises yermos, y destruidas quedarán sus ciudades en medio de otras ciudades destruidas, y permanecerán desoladas por espacio de cuarenta años: y esparciré los egypcios por entre las naciones, y los arrojaré aquí y allá por todo el mundo.

13 Porque esto dice el Señor Dios: Pasado el plazo de los cuarenta años, yo congregaré á los egypcios de entre los pueblos por donde han estado dispersos;

14 y los sacaré del cautiverio, y los pondré en la tierra de Phathures, en el pais de su nacimiento, y formarán allí un reino humilde.

15 Será el mas débil entre los demas reinos, ni en adelante se alzará sobre las otras naciones, y yo los mantendré débiles, á fin de que no dominen sobre ellas.

16 Y no inspirarán ya confianza á los de la casa de Israel, á los cuales enseñaban la iniquidad; ni acudirán ya á ellos, ni los seguirán: sabrán que yo soy el Señor Dios.

17 Y el año vigésimo séptimo, en el primer dia del primer mes, me habló el Señor, diciendo:

18 Hijo de hombre, Nabuchodonosor, Rey de Babylonia, ha fatigado mucho á su ejército en la guerra contra Tyro: han quedado calvas todas las cabezas, y pelados todos los hombros; y no se ha dado recompensa alguna ni á él ni á su ejército, por el servicio que me han hecho contra Tyro.

19 Por tanto esto dice el Señor Dios: He aquí que yo pondré á Nabuchodono-

---

1 Esto es, desde un extremo de Egypto al otro. Syene bajo la línea equinoccial confina con la Ethiopia. *Plinio lib. V. cap. 9.*

Babylonis in terra Ægypti: et accipiet multitudinem ejus, et deprædabitur manubias ejus, et diripiet spolia ejus: et erit merces exercitui illius,

20 *et operi, quo servivit adversus eam dedi ei terram Ægypti, pro eo quod laboraverit mihi, ait Dominus Deus.*

21 *In die illo pullulabit cornu domui Israel, et tibi dabo apertum os in medio eorum: et scient quia ego Dominus.*

nasor Rey de Babylonia, en tierra de Egypto; y hará cautivo á su pueblo, y le saqueará, y repartirá los despojos, con lo cual quedarán sus tropas recompensadas

20 por el servicio prestado contra Tyro: Yo le he dado el país de Egypto, porque él ha trabajado para mí, dice el Señor Dios [1].

21 En aquel dia reflorecerá el poderío de la casa de Israel, y te haré hablar libremente en medio de ellos: y conocerán que yo soy el Señor.

CAPÍTULO XXX.

El Profeta anuncia á los egypcios y á otros pueblos aliados suyos la completa desolacion de su tierra.

1 *Et factum est verbum Domini ad me, dicens:*

2 *Fili hominis, prophela, et dic: Hæc dicit Dominus Deus: Ululate, væ, væ diei:*

3 *quia juxta est dies, et appropinquat dies Domini: dies nubis, tempus gentium erit.*

4 *Et veniet gladius in Ægyptum: et erit pavor in Æthiopia, cum ceciderint vulnerati in Ægypto, et oblata fuerit multitudo illius, et destructa fundamenta ejus.*

5 *Æthiopia, et Lybia, et Lydi, et omne reliquum vulgus, et Chub, et filii terræ fœderis, cum eis gladio cadent.*

6 *Hæc dicit Dominus Deus: Et corruent fulcientes Ægyptum, et destruetur superbia imperii ejus: à turre Syenes gladio cadent in ea, ait Dominus Deus exercituum.*

7 *Et dissipabuntur in medio terrarum desolatarum, et urbes ejus in medio civitatum desertarum erunt.*

1 Hablóme nuevamente el Señor, diciendo:

2 Hijo de hombre, profetiza, y dí: Esto dice el Señor Dios: *Oh egypcios, prorumpid en aullidos, ¡ay, ay de aquel dia!*

3 Porque cercano está el dia, llega ya el dia del Señor; dia de tinieblas, qué será la hora *del castigo* de las naciones.

4 Y la espada *enemiga* descargará contra el Egypto: y la Ethiopia quedará aterrorizada cuando los egypcios caerán heridos *al filo de la espada*, y el pueblo será llevado cautivo, y serán destruidos sus cimientos.

5 La Ethiopia, y la Lybia, y los Lydios, y todos los demas pueblos, y Chûb, y los hijos de la tierra de *mí* alianza, perecerán juntamente con ellos al filo de la espada.

6 Esto dice el Señor Dios: Caerán por tierra los que sostienen al Egypto, y quedará destruido su soberbio imperio: comenzando desde la torre de Syene, pasados serán á cuchillo *los egypcios*, dice el Señor Dios de los ejércitos.

7 Y *aquellas regiones* serán asoladas, quedando como otras tierras desiertas; y sus ciudades serán del número de las ciudades devastadas.

---

1 Téngase presente que Nabuchodonosor es un instrumento de Dios; y que el Señor, como dice S. Agustin, remunera algunas virtudes morales con victorias y dominio temporal etc. *De civ. Dei lib. V. c. 12.*

8 *Et scient quia ego Dominus: cùm dedero ignem in AEgypto, et attriti fuerint omnes auxiliatores ejus.*

9 *In die illa egredientur nuntii à facie mea in trieribus, ad conterendam AEthiopiæ confidentiam; et erit pavor in eis in die AEgypti, quia absque dubio veniet.*

10 *Hæc dicit Dominus Deus: Cessare faciam multitudinem AEgypti in manu Nabuchodonosor regis Babylonis.*

11 *Ipse et populus ejus cum eo, fortissimi gentium, adducentur ad disperdendam terram: et evaginabunt gladios suos super AEgyptum: et implebunt terram interfectis.*

12 *Et faciam alveos fluminum aridos, et tradam terram in manus pessimorum: et dissipabo terram et plenitudinem ejus manu alienorum, ego Dominus locutus sum.*

13 *Hæc dicit Dominus Deus: Et disperdam simulachra, et cessare faciam idola de Memphis: et dux de terra AEgypti non erit amplius: et dabo terrorem in terram AEgypti.*

14 *Et disperdam terram Phathures, et dabo ignem in Taphnis, et faciam judicia in Alexandria.*

15 *Et effundam indignationem meam super Pelusium robur AEgypti, et interficiam multitudinem Alexandriæ,*

16 *et dabo ignem in AEgypto: quasi parturiens dolebit Pelusium, et Alexandria erit dissipata, et in Memphis angustiæ quotidianæ.*

17 *Juvenes Heliopoleos et Bubasti gladio cadent, et ipsæ captivæ ducentur.*

18 *Et in Taphnis nigrescet dies cùm contrivero ibi sceptra AEgypti, et defecerit in ea superbia potentiæ ejus: ipsam nubes operiet, filiæ autem ejus in captivitatem ducentur.*

8 Y conocerán que yo soy el Señor, cuando habré pegado fuego al Egypto, y sean derrotadas todas sus tropas auxiliares.

9 En aquel dia partirán en naves mensageros despachados por mí, para abatir la arrogancia de la Ethiopía; la cual se llenará de terror en el dia *del castigo* del Egypto: dia que llegará sin falta.

10 Esto dice el Señor Dios: Yo destruiré el numeroso gentío de Egypto, por medio de Nabuchôdonosor Rey de Babylonia;

11 el cual y su pueblo, el mas fuerte entre las naciones, serán llevados á asolar la tierra: desenvainarán sus espadas contra el Egypto, y cubrirán la tierra de cadáveres.

12 Y secaré las madres de los rios, y entregaré el pais á hombres feroces, y le aniquilaré por medio de extrangeros: Yo el Señor soy quien lo digo.

13 Esto dice el Señor Dios: Yo destruiré los simulacros, y acabaré con los ídolos de Memphis, y no habrá mas Rey propio en la tierra de Egypto, y enviaré el terror sobre ella.

14 Y asolaré la tierra de los Phathures, y entregaré á Taphnis á las llamas, y castigaré *severamente* á Alejandría [1].

15 Derramaré la indignacion mia sobre Pelusio, baluarte del Egypto, y haré pasar á cuchillo al numeroso pueblo de Alejandría,

16 y entregaré el Egypto á las llamas. Como la muger que está de parto sentirá dolores Pelusio, y Alejandría será asolada, y Memphis estará en continua congoja.

17 Pasados serán á cuchillo los jóvenes de Heliópoli y de Bubasto, y las mugeres serán llevadas cautivas.

18 Y en Taphnis el dia se convertirá en noche, cuando haré yo allí pedazos los cetros de Egypto, y se acabará la arrogancia de su poder: la cubrirá un negro torbellino *de males*, y sus hijas [2] serán llevadas al cautiverio.

---

1 En el hebreo se llama *No.* Véase *Jeremías* cap. *XLVI. v.* 25.

2 Ó *poblaciones subalternas.* Véase *Hijo.*

19 *Et judicia faciam in Ægypto: et scient quia ego Dominus.*

20 *Et factum est in undecimo anno, in primo mense, in septima mensis, factum est verbum Domini ad me, dicens:*

21 *Fili hominis, brachium Pharaonis regis Ægypti confregi: et ecce non est obvolutum ut restitueretur ei sanitas, ut ligaretur pannis, et fasciaretur linteolis, ut recepto robore posset tenere gladium.*

22 *Propterea hæc dicit Dominus Deus: Ecce ego ad Pharaonem regem Ægypti, et comminuam brachium ejus forte, sed confractum: et dejiciam gladium de manu ejus:*

23 *et dispergam Ægyptum in gentibus, et ventilabo eos in terris.*

24 *Et confortabo brachia regis Babylonis, daboque gladium meum in manu ejus: et confringam brachia Pharaonis, et gement gemitibus interfecti coram facie ejus.*

25 *Et confortabo brachia regis Babylonis, et brachia Pharaonis concident: et scient quia ego Dominus, cum dedero gladium meum in manu regis Babylonis, et extenderit eum super terram Ægypti.*

26 *Et dispergam Ægyptum in nationes, et ventilabo eos in terras, et scient quia ego Dominus.*

19 Y ejerceré mi juicio contra el Egypto; y conocerán que yo soy el Señor.

20 Y en el año undécimo, en el mes primero, á los siete dias del mes me habló el Señor, diciendo:

21 Hijo de hombre: Yo he roto el brazo de Pharaon Rey de Egypto, y he aquí que no ha sido vendado para restablecerle en su primer estado, ni envuelto con paños, ni fajado con vendas, á fin de que, recobrado el vigor, pueda manejar la espada.

22 Por tanto esto dice el Señor Dios: Heme aquí contra Pharaon Rey de Egypto, y desmenuzaré su brazo que era robusto; pero está ya quebrado, y haré caer de su mano la espada.

23 y dispersaré los egypcios entre las naciones, y los arrojaré aquí y allá por todo el mundo.

24 Y daré vigor á los brazos del Rey de Babylonia, y pondré en su mano mi espada; y romperé los brazos de Pharaon, y prorumpirán en grandes gemidos los de su pueblo que serán muertos en su presencia.

25 Y esforzaré los brazos del Rey de Babylonia, y quedarán como baldados los de Pharaon: y conocerán que yo soy el Señor, cuando habré puesto mi espada en manos del Rey de Babylonia, y él la habrá desenvainado contra la tierra de Egypto.

26 Y dispersaré á los de Egypto por entre las naciones, y los desparramaré por todo el mundo, y conocerán que yo soy el Señor.

CAPÍTULO XXXI.

La ruina del Rey de los assyrios figura de la de Pharaon.

1 *Et factum est in anno undecimo, tertio mense, una mensis, factum est verbum Domini ad me, dicens:*

2 *Fili hominis, dic Pharaoni regi Ægypti, et populo ejus: Cui similis factus es in magnitudine tua?*

3 *Ecce Assur quasi cedrus in Libano, pulcher ramis, et frondibus nemorosus,*

1 En el año undécimo, en el mes tercero, dia primero del mes, me habló el Señor, y dijo:

2 Hijo de hombre, di á Pharaon, Rey de Egypto, y á su pueblo: ¿A quién te has comparado en tu grandeza?

3 Depon ese orgullo; mira á Assur, que cual cedro sobre el Líbano, de her-

excelsusque altitudine, et inter conden-
sas frondes elevatum est cacumen ejus.

4 Aquæ nutrierunt illum, abyssus
exaltavit illum: flumina ejus mana-
bant in circuitu radicum ejus, et rivos
suos emisit ad universa ligna regionis.

5 Propterea elevata est altitudo ejus
super omnia ligna regionis: et multiplicata sunt arbusta ejus, et elevati
sunt rami ejus præ aquis multis.

6 Cùmque extendisset umbram suam,
in ramis ejus fecerunt nidos omnia volatilia cœli, et sub frondibus ejus genuerunt omnes bestiæ saltuum, et sub
umbraculo illius habitabat cœtus gentium plurimarum.

7 Eratque pulcherrimus in magnitudine sua, et in dilatatione arbustorum
suorum: erat enim radix illius juxta
aquas multas.

8 Cedri non fuerunt altiores illo in
paradiso Dei, abietes non adæquave-
runt summitatem ejus, et platani non
fuerunt æquæ frondibus illius: omne
lignum paradisi Dei non est assimila-
tum illi, et pulchritudini ejus.

9 Quoniam speciosum feci eum, et
multis condensisque frondibus: et æmu-
lata sunt eum omnia ligna voluptatis,
quæ erant in paradiso Dei.

10 Propterea hæc dicit Dominus Deus:
Pro eò quòd sublimatus est in altitudine, et dedit summitatem suam virentem atque condensam, et elevatum est
cor ejus in altitudine sua:

11 tradidi eum in manu fortissimi
gentium, faciens faciet ei: juxta impietatem ejus ejeci eum.

12 Et succident eum alieni, et cru-
delissimi nationum, et projicient eum
super montes, et in cunctis convallibus
corruent rami ejus, et confringentur
arbusta ejus in universis rupibus terræ: et recedent de umbraculo ejus o-
mnes populi terræ, et relinquent eum.

13 In ruina ejus habitaverunt omnia
volatilia cœli, et in ramis ejus fuerunt
universæ bestiæ regionis.

mosos ramos y frondosas hojas, y de sublime altura, elevaba su copa en medio
de sus densas ramas.

4 Nutriéronle las aguas, y un abismo
ó mar inmenso le encumbró; sus rios
corrian al rededor de sus raices, y él
hacia pasar sus arroyos por todos los
árboles de aquella region.

5 Por eso superó en altura todos los
árboles del país, y multiplicáronse sus
arboledas, y se dilataron, merced á la
abundancia de las aguas.

6 Y como él arrojaba una grande sombra, anidaron bajo de sus ramas todas
las aves del cielo, y criaron debajo de
su frondosidad todas las bestias de los
bosques, y á su sombra se acogia un inmenso gentío.

7 Y era un árbol hermosísimo por su
elevacion, y por la extension de sus ramas; porque sus raices se hallaban cerca de abundantes aguas.

8 En el paraiso de Dios no hubo cedros mas empinados que él: no iguala-
ron los abetos á su copa, ni los plátanos
emparejaron con sus ramas: no hubo en
el paraiso de Dios un árbol semejante á
él, ni de tanta hermosura.

9 Y porque yo le hice tan hermoso, y
de tantas y tan frondosas ramas, tuvieron envidia de él todos los árboles deli-
ciosos que habia en el paraiso de Dios.

10 Por lo cual esto dice el Señor Dios:
Porque él se ha encumbrado, y ostentado su verde y frondosa copa, y su corazon se ha ensoberbecido viéndose tan
alto;

11 yo le he entregado en poder del mas
fuerte de entre los pueblos, el cual hará de él lo que querrá: yo le he desechado, segun merecia su impiedad.

12 Y unas gentes extrañas, y de las
mas feroces entre las naciones, le tron-
charán y le arrojarán sobre los montes,
y sus ramas caerán por todos los valles; y
quedarán cortados sus arbustos en todas
las rocas de la tierra; y todos los pueblos de la tierra se retirarán de su sombra, y le abandonarán.

13 Sobre sus ruinas posarán todas las
aves del cielo, y sobre sus ramas estarán las bestias todas del país.

14 *Quam ob rem non elevabuntur in altitudine sua omnia ligna aquarum, nec ponent sublimitatem suam inter nemorosa atque frondosa, nec stabunt in sublimitate sua omnia, quæ irrigantur aquis: quia omnes traditi sunt in mortem ad terram ultimam, in medio filiorum hominum, ad eos qui descendunt in lacum.*

15 *Hæc dicit Dominus Deus: In die quando descendit ad inferos, induxi luctum, operui eum abysso: et prohibui flumina ejus, et coercui aquas multas: contristatus est super eum Libanus, et omnia ligna agri concussa sunt.*

16 *A sonitu ruinæ ejus commovi gentes, cùm deducerem eum ad infernum cùm his qui descendebant in lacum: et consolata sunt in terra infima omnia ligna voluptatis egregia atque præclara in Libano; universa quæ irrigabantur aquis.*

17 *Nam et ipsi cum eo descendent in infernum ad interfectos gladio: et brachium uniuscujusque sedebit sub umbraculo ejus in medio nationum.*

18 *Cui assimilatus es, ò inclyte atque sublimis inter ligna voluptatis? Ecce deductus es cum lignis voluptatis ad terram ultimam: in medio incircumcisorum dormies, cum eis qui interfecti sunt gladio: ipse est Pharao, et omnis multitudo ejus, dicit Dominus Deus.*

14 Por esta causa ninguno de los árboles plantados junto á la corriente de las aguas [1] se engreirá en su grandeza, ni elevará su copa entre las espesas arboledas, ni se fiarán en su grandeza todos estos árboles de regadío; porque todos han sido entregados en poder de la muerte, cayeron en la profunda fosa, como los demas hijos de los hombres que descienden al sepulcro.

15 Esto dice el Señor Dios: En el dia en que él descendió á los infiernos ó al sepulcro, causé yo un duelo grande: le sumergí en el abismo, y vedé á sus rios que le regasen, y detuve las abundantes aguas. El Líbano se contristó por causa de él, y estremeciéronse todos los árboles del campo [2].

16 Con el estruendo de su ruina hice estremecer las naciones, así que yo le vi caer en el infierno con los demas que bajan al sepulcro; y [3] se consolaron allá en lo profundo de la tierra todos los príncipes ó árboles del jardin de delicias, insignes y famosos en el Líbano, todos los que eran regados de las aguas.

17 Porque ellos descendieron tambien con él al infierno [4] con los que perecieron al filo de la espada; los cuales siendo como el brazo del Rey estaban bajo su sombra entre las naciones.

18 ¿Á quién te has hecho semejante, oh Pharaon, oh árbol ilustre y sublime entre los árboles del jardin de delicias? He aquí que con los árboles del jardin de delicias has sido precipitado al profundo de la tierra: en medio de los incircuncisos [5] dormirás tú con aquellos que fueron pasados á cuchillo. Asi sucederá á Pharaon y á toda su gente, dice el Señor Dios.

---

1 Esto es, los sátrapas ó príncipes del imperio de los assyrios: al modo que por *Líbano* se denota todo el imperio.

2 Esto es, todos los pueblos.

3 Al ver arruinado tan soberbio Rey.
4 Véase *Infierno.*
5 Véase antes *cap. XXVIII. v.* 10.

CAPÍTULO XXXII.

Cancion lúgubre sobre la ruina de Pharaon y de su pueblo.

1 *Et factum est, duodecimo anno in mense duodecimo, in una mensis, factum est verbum Domini ad me, dicens:*

2 *Fili hominis, assume lamentum super Pharaonem regem Ægypti, et dices ad eum: Leoni gentium assimilatus es, et draconi qui est in mari: et ventilabas cornu in fluminibus tuis, et conturbabas aquas pedibus tuis, et conculcabas flumina earum.*

3 *Proptereà hæc dicit Dominus Deus: Expandam super te rete meum in multitudine populorum multorum, et extraham te in sagena mea.*

4 *Et projiciam te in terram, super faciem agri abjiciam te: et habitare faciam super te omnia volatilia cœli, et saturabo de te bestias universæ terræ.*

5 *Et dabo carnes tuas super montes, et implebo colles tuos sanie tua.*

6 *Et irrigabo terram fœtore sanguinis tui super montes, et valles implebuntur ex te.*

7 *Et operiam, cùm extinctus fueris, cœlum, et nigrescere faciam stellas ejus: solem nube tegam, et luna non dabit lumen suum.*

8 *Omnia luminaria cœli mœrere faciam super te: et dabo tenebras super terram tuam, dicit Dominus Deus, cùm ceciderint vulnerati tui in medio terræ, ait Dominus Deus.*

9 *Et irritabo cor populorum multorum, cùm induxero contritionem tuam in gentibus super terras quas nescis.*

10 *Et stupescere faciam super te populos multos: et reges eorum horrore nimio formidabunt super te, cùm vola-*

1 En el año undécimo, el dia primero del duodécimo mes, me habló el Señor, diciendo:

2 Hijo de hombre, entona una lamentacion sobre Pharaon, Rey de Egypto, y le dirás *asi:* Á un leon entre las gentes, y al dragon ó *monstruo* que está en el mar *entre los peces,* te hiciste semejante [1]: con tu *gran* poder todo lo revolvias en tus rios, y enturbiabas con tus pies las aguas, y hollabas sus corrientes.

3 Por tanto esto dice el Señor Dios: Con una turba inmensa de pueblos tenderé yo sobre ti mis redes, y con mi anzuelo ó *esperavel* [2] te sacaré fuera.

4 Y te arrojaré en tierra, te dejaré en medio del campo, y haré bajar sobre tí todas las aves del cielo, y que se ceben en ti todas las bestias de la tierra.

5 Pondré tus carnes sobre los montes, y henchiré los collados de tu sangre podrida.

6 Y regaré la tierra de las montañas con tu fétida sangre, y se henchirán de ella los valles.

7 Y cuando te mataren oscureceré el cielo, y ennegreceré sus estrellas; cubriré de nubes el sol, y la luna no despedirá su luz.

8 Haré que todas las lumbreras del cielo se vistan de luto por tí [3], y esparciré tinieblas sobre tu pais, dice el Señor Dios, cuando los tuyos caerán muertos en medio del campo, dice el Señor Dios.

9 Y llenaré de terror el corazon de muchos pueblos, cuando haga llegar la nueva de tu calamidad á las gentes de paises que tú no conoces.

10 Y haré que queden atónitas de tu desgracia muchas naciones; y que sus Reyes tiemblen por causa de tí, poseidos

---

1 Con tus crueldades.

2 Antes *cap. XII. v.* 13. — *XVII. v.* 20. San Gerónimo, siguiendo la version de los *Setenta,* traduce *hamo,* en vez de *sagena.*

Los cocodrilos, lo mismo que las ballenas y otros grandes peces, se sacan á tierra, clavándoles antes un grande anzuelo ó garfio.

3 Es una hipérbole poética.

re cæperit gladius meus super facies eorum: et obstupescent repentè singuli pro anima sua in die ruinæ tuæ.

11 Quia hæc dicit Dominus Deus: Gladius regis Babylonis veniet tibi:

12 in gladiis fortium dejiciam multitudinem tuam: inexpugnabiles omnes gentes hæ: et vastabunt superbiam Ægypti, et dissipabitur multitudo ejus.

13 Et perdam omnia jumenta ejus, quæ erant super aquas plurimas: et non conturbabit eas pes hominis ultrà, neque ungula jumentorum turbabit eas.

14 Tunc purissimas reddam aquas eorum, et flumina eorum quasi oleum adducam, ait Dominus Deus:

15 cùm dedero terram Ægypti desolatam; deseretur autem terra à plenitudine sua, quando percussero omnes habitatores ejus: et scient quia ego Dominus.

16 Planctus est, et plangent eum: filiæ gentium plangent eum: super Ægyptum, et super multitudinem ejus plangent eum, ait Dominus Deus.

17 Et factum est in duodecimo anno, in quintadecima mense, factum est verbum Domini ad me, dicens:

18 Fili hominis, cane carmen lugubre super multitudinem Ægypti: et detrahe eam ipsam, et filias gentium robustarum, ad terram ultimam, cum his qui descendunt in lacum.

19 Quo pulchrior es? descende, et dormi cum incircumcisis.

20 In medio interfectorum gladio cadent: gladius datus est, attraxerunt eam, et omnes populos ejus.

21 Loquentur ei potentissimi robustó-

de sumo espanto, así que mi espada comenzará á relumbrar delante de sus ojos: y todos de repente se pondrán á temblar por su vida en el dia de tu ruina.

11 Porque esto dice el Señor Dios: Vendrá sobre tí la espada del Rey de Babylonia:

12 con las espadas de aquellos valientes[1] abatiré tus numerosos escuadrones: invencibles son todas aquellas gentes, y ellas humillarán la soberbia de Egypto, y sus ejércitos quedarán deshechos.

13 Y haré perecer todas sus bestias, que pacen á la orilla de sus abundantes aguas: no las enturbiará jamás el pie del hombre, ni pezuña de bestia las enlodará.

14 Entonces yo volveré limpísimas sus aguas, y haré que sus rios corran suavemente como aceite, dice el Señor Dios,

15 cuando yo habré asolado la tierra de Egypto. Despojado quedará este pais de cuantos bienes contiene, cuando yo habré herido á todos sus moradores: y conocerán que yo soy el Señor.

16 Esta es la cancion lúgubre con que se lamentarán: la entonarán las hijas de las naciones, la cantarán sobre el Egypto y sobre su pueblo, dice el Señor Dios.

17 Y en el año duodécimo, á los quince dias del mes, me dirigió el Señor su palabra, diciendo:

18 Hijo de hombre, canta una lamentacion sobre el pueblo de Egypto; y, vaticinando, arrójale á él y á las hijas de las naciones poderosas al hondo de la tierra, donde están los que descienden al sepulcro.

19 ¿En qué eres tú oh pueblo de Egypto mas respetable que los demas? Desciende abajo, y yace entre los incircuncisos[2].

20 Perecerán ellos en medio de todos los demas pasados á cuchillo: la espada ha sido entregada por Dios á los châldéos, y han aterrado al Egypto y á todos sus pueblos.

21 Desde en medio del infierno le di-

---

1 De los châldeos y otras naciones. Capitulo XXX. v. 11.—XXXI. v. 11. etc.

2 Antes cap. XXVIII. v. 10.

rum de medio inferni, qui cum auxi-
liatoribus ejus descenderunt, et dormierunt incircumcisi, interfecti gladio.

22 Ibi Assur, et omnis multitudo
ejus: in circuitu illius sepulchra ejus:
omnes interfecti, et qui ceciderunt gladio.

23 Quorum data sunt sepulchra in
novissimis laci: et facta est multitudo
ejus per gyrum sepulchri ejus; universi
interfecti, cadentesque gladio, qui dederant quondam formidinem in terra
viventium.

24 Ibi AElam, et omnis multitudo
ejus per gyrum sepulchri sui; omnes hi
interfecti, ruentesque gladio; qui descenderunt incircumcisi ad terram ultimam:
qui posuerunt terrorem suum in terra
viventium, et portaverunt ignominiam
suam cum his qui descendunt in lacum.

25 In medio interfectorum posuerunt
cubile ejus in universis populis ejus: in
circuitu ejus sepulchrum illius: omnes
hi incircumcisi, interfectique gladio. Dederunt enim terrorem suum in terra
viventium, et portaverunt ignominiam
suam cum his qui descendunt in lacum;
in medio interfectorum positi sunt.

26 Ibi Mosoch, et Thubal, et omnis
multitudo ejus; in circuitu ejus sepulchra illius; omnes hi incircumcisi, interfectique, et cadentes gladio: quia dederunt formidinem suam in terra viventium.

27 Et non dormient cum fortibus, ca-
dentibusque et incircumcisis, qui descenderunt ad infernum cum armis suis,
et posuerunt gladios suos sub capitibus
suis, et fuerunt iniquitates eorum in
ossibus eorum: quia terror fortium facti sunt in terra viventium.

rigirán la palabra los campeones mas
poderosos que descendieron allí con sus
auxiliares [1], y perecieron incircuncisos
al filo de la espada.

22 Allí está Assur y todo su pueblo
sepultado al rededor de él [2]: todos estos
fueron muertos; al filo de la espada perecieron:

23 los cuales fueron sepultados en lo
mas profundo de la fosa; y toda su gente yace al rededor de su sepulcro: murieron todos pasados á cuchillo, estos
que en otro tiempo llenaban de espanto
la tierra de los vivos.

24 Allí está Elam [3] y todo su pueblo
al rededor de su sepulcro; todos estos
murieron pasados á cuchillo, y descendieron incircuncisos á lo mas profundo
de la tierra, estos que antes fueron el
terror de todos en la tierra de los vivos, y llevaron sobre sí su ignominia,
como los que bajen á la fosa.

25 En medio de los que fueron muertos fué colocado el lecho para él y para
todos sus pueblos que están sepultados
al rededor suyo: todos ellos incircuncisos y pasados á cuchillo. Porque pusieron el terror en la tierra de los vivos,
y llevaron su ignominia como los que
descienden á la fosa; por eso fueron colocados en medio de los que fueron
muertos.

26 Allí está Mosoch, y Thubal [4] y toda
su gente, cuyos sepulcros están al rededor de él: todos ellos incircuncisos, y
pasados á cuchillo por haber sido el terror de la tierra de los vivos.

27 Mas no morirán con la muerte gloriosa de los valientes incircuncisos que
perecieron y bajaron al infierno ó sepulcro, adornados con sus armas, y debajo de cuyas cabezas se les pusieron sus
espadas [5], donde yacen con sus huesos
los intrumentos de sus iniquidades, con
que fueron el terror de los fuertes en
la tierra de los vivos.

---

1 h. XIV. v. 9., 10.
2 El sepulcro de los pecadores es el infierno,
tierra de perpetua muerte, ó de eternas tinieblas. Luc. XVI. v. 22.—Apoc. XX. v. 6.
3 Elam es el Rey de los Persas ó Medos, á
los cuales pasó el imperio de los assyrios.

4 Antes cap. XXVII. vers. 13.
5 Alude al uso de poner junto á los cadáveres de los héroes ó campeones las armas de
que se habian servido con tanta gloria: vano
honor que no llegaron á tener los huesos de
Elam, Mosoch, etc.

28 Et tu ergo in medio incircumcisorum conteréris, et dormies cum interfectis gladio.

28 Pues tú también serás hollado en medio de los incircuncisos, y dormirás con aquellos que perecieron al filo de la espada.

29 Ibi Idumæa, et reges ejus, et omnes duces ejus, qui dati sunt cum exercitu suo cum interfectis gladio: et qui cum incircumcisis dormierunt, et cum his qui descendunt in lacum.

29 Allí está la Iduméa y sus Reyes y todos sus caudillos, los cuales juntamente con sus ejércitos han sido puestos entre los que murieron pasados á cuchillo: y duermen entre los incircuncisos y entre los que bajaron á la fosa.

30 Ibi principes Aquilonis omnes, et universi venatores: qui deducti sunt cum interfectis, paventes, et in sua fortitudine confusi: qui dormierunt incircumcisi cum interfectis gladio, et portaverunt confusionem suam cum his qui descendunt in lacum.

30 Allí están los príncipes todos del Septentrion y todos los tiranos, los cuales, junto con los que perecieron al filo de la espada, han sido llevados allí despavoridos y humillados á pesar de toda su valentía; quienes durmieron incircuncisos entre aquellos que fueron pasados á cuchillo, y llevaron su propia ignominia como los que bajaron á la fosa.

31 Vidit eos Pharao, et consolatus est super universa multitudine sua, quæ interfecta est gladio: Pharao, et omnis exercitus ejus, ait Dominus Deus:

31 Vió á todos estos Pharaon, y se consoló de la mucha gente suya pasada á cuchillo; los vió Pharaon y también todo su ejército, dice el Señor Dios:

32 quia dedi terrorem meum in terra viventium, et dormivit in medio incircumcisorum cum interfectis gladio; Pharao, et omnis multitudo ejus, ait Dominus Deus.

32 porque yo derramaré mi terror sobre la tierra de los vivos; y en medio de los incircuncisos, con aquellos que perecieron al filo de la espada, allí fué Pharaon á dormir con todo su pueblo, dice el Señor Dios.

CAPÍTULO XXXIII.

El oficio de los verdaderos profetas y pastores es amonestar á los pecadores para que se libren de los castigos de Dios. Ezechiel profetiza contra la presunción de los judíos que se quedaron en su propio pais, y contra la hipocresía de los que estaban en Babylonia.

1 Et factum est verbum Domini ad me, dicens:

2 Fili hominis, loquere ad filios populi tui, et dices ad eos: Terra, cùm induxero super eam gladium, et tulerit populus terræ virum unum de novissimis suis, et constituerit eum super se speculatorem:

3 et ille viderit gladium venientem super terram, et cecinerit buccinâ, et annuntiaverit populo:

4 audiens autem, quisquis ille est, sonitum buccinæ, et non se observaverit,

1 Hablóme nuevamente el Señor, diciendo:

2 Hijo de hombre, habla á los hijos de tu pueblo, y les dirás: Cuando yo enviare la espada de la guerra sobre algun pais, y el pueblo de aquel país destinare un hombre de entre los ínfimos de sus moradores, y le pusiera por centinela suya;

3 y este centinela, viendo venir la espada enemiga hácia el pais, sonare la bocina, y avisare al pueblo;

4 si aquel, quien quiera que sea, que oye el sonido de la bocina no se pone en

venenitque gladius, et tulerit eum: san-
guis ipsius super caput ejus erit.

5 *Sonum buccinæ audivit, et non se*
observavit, sanguis ejus in ipso erit: si
autem se custodierit, animam suam
salvabit.

6 *Quòd si speculator viderit gladium*
venientem, et non insonuerit buccina,
et populus se non custodierit, venerit-
que gladius, et tulerit de eis animam:
ille quidem in iniquitate sua captus est,
sanguinem autem ejus de manu specu-
latoris requiram.

7 *Et tu, fili hominis, speculatorem*
dedi te domui Israel: audiens ergo ex
ore meo sermonem, annuntiabis eis ex
me.

8 *Si me dicente ad impium: Impie,*
morte morieris: non fueris locutus ut
se custodiat impius à via sua: ipse im-
pius in iniquitate sua morietur; sangui-
nem autem ejus de manu tua requiram.

9 *Si autem annuntiante te ad impium*
ut à viis suis convertatur, non fuerit
conversus à via sua: ipse in iniquitate
sua morietur: porrò tu animam tuam
liberasti.

10 *Tu ergo, fili hominis, dic ad do-*
mum Israel: Sic locuti estis, dicentes:
Iniquitates nostræ et peccata nostra su-
per nos sunt, et in ipsis nos tabescimus:
quomodo ergo vivere poterimus?

11 *Dic ad eos: Vivo ego, dicit Do-*
minus Deus: nolo mortem impii, sed
ut convertatur impius à via sua, et vi-
vat. Convertimini, convertimini à viis
vestris pessimis: et quare moriemini
domus Israel?

12 *Tu itaque, fili hominis, dic ad fi-*
lios populi tui: Justitia justi non libe-
rabit eum in quacumque die peccaverit:
et impietas impii non nocebit ei, in
quacumque die conversus fuerit ab im-
pietate sua: et justus non poterit vivere

---

salvo, y llega la espada y le mata, su
muerte solo se imputará á él mismo.

5 Oyó el sonido de la bocina, y no
se puso en salvo; solamente él tiene la
culpa: pues él salvará su vida si se pone en lugar seguro.

6 Mas si la centinela viere venir la
espada y no sonare la bocina, y el pueblo no se pusiere en salvo, y llegare la
espada, y quitare la vida á alguno de
ellos; este tal verdaderamente por su
pecado padece la muerte, mas yo de-
mandaré la sangre de él al centinela.

7 Ahora bien, hijo de hombre, yo te
he puesto á tí por centinela en la casa
de Israel: las palabras que oyeres de mi
boca se las anunciarás á ellos de mi
parte [1].

8 Si cuando yo digo al impío: Impío,
tú morirás de mala muerte: no habla-
res al impío para que se aparte de su
mala vida, morirá el impío por su iniquidad; pero á tí te pediré cuenta de su
sangre.

9 Mas si amonestando tú al impío
para que se convierta, no dejare él su
mala vida, morirá el impío por su iniquidad; pero tu alma no será responsa-
ble de su muerte.

10 Tú pues, hijo de hombre, dí á la
casa de Israel: Vosotros habeis hablado
y dicho con *razon*: Están ya sobre nosotros *los castigos de* nuestras maldades
y pecados, y por ellas nos vamos consumiendo, ¿cómo pues podrémos *aun*
conservar la vida?

11 Pero díles á esos: Yo juro, dice el
Señor Dios, que no quiero la muerte
del impío, sino que se convierta de su
mal proceder y viva. Convertíos, convertíos de vuestros perversos caminos;
¿y por qué habeis de morir, oh vosotros los de la casa de Israel?

12 Tú pues, oh hijo de hombre, díles á los hijos de tu pueblo: En cualquiera ocasion en que el justo pecare,
no podrá librarle su justicia: y en cualquiera ocasion en que el impío se con-
virtiere de su impiedad, la impiedad no

---

1 Todo este pasage le aplican los Santos Padres con mucha propiedad á los prelados de la
Iglesia: Son dignas de leerse las enérgicas re-
flexiones que sobre él hace Orígenes *Homil.*
VII. in Jos. Véase antes *cap. III. v.* 17.

in justitia sua, in quacumque die pecaverit.

13 Etiam si dixero justo quòd vitâ vivat, et confisus in justitia sua fecerit iniquitatem, omnes justitiæ ejus oblivioni tradentur, et in iniquitate sua, quam operatus est, in ipsa morietur.

14 Si autem dixero impio: Morte morieris: et egerit pœnitentiam à peccato suo, feceritque judicium et justitiam,

15 et pignus restituerit ille impius, rapinamque reddiderit, in mandatis vitæ ambulaverit, nec fecerit quidquam injustum, vitâ vivet, et non morietur.

16 Omnia peccata ejus quæ peccavit, non imputabuntur ei: judicium et justitiam fecit; vitâ vivet.

17 Et dixerunt filii populi tui: Non est æqui ponderis via Domini: et ipsorum via injusta est.

18 Cùm enim recesserit justus à justitia sua, feceritque iniquitates, morietur in eis.

19 Et cùm recesserit impius ab impietate sua, feceritque judicium et justitiam, vivet in eis.

20 Et dicitis: Non est recta via Domini. Unumquemque juxta vias suas judicabo de vobis, domus Israel.

21 Et factum est in duodecimo anno, in decimo mense, in quinta mensis transmigrationis nostræ, venit ad me qui fugerat de Jerusalem, dicens: Vastata est civitas.

22 Manus autem Domini facta fuerat ad me vesperè; antequam veniret qui fugerat: aperuitque os meum donec veniret ad me manè, et aperto ore meo non silui ampliùs.

23 Et factum est verbum Domini ad me, dicens:

24 Fili hominis, qui habitant in ru-

le dañará; y el justo, siempre y cuando pecare, no podrá ya vivir por su justicia.

13 Aun cuando yo haya dicho al justo que gozará vida verdadera, si él, confiado en su justicia, cometiere la maldad, todas sus buenas obras serán puestas en olvido, y morirá en la misma iniquidad que él ha cometido.

14 Mas si yo dijere al impío: Tú morirás de mala muerte; y él hiciere penitencia de sus pecados, y practicare obras buenas y justas,

15 si este impío volviere la prenda al deudor; y restituyere lo que ha robado, si siguiere los mandamientos que dan vida, y no hiciere cosa injusta; él tendrá verdadera vida, y no morirá.

16 Ninguno de los pecados que cometió le será imputado; ha hecho obras de equidad y de justicia; tendrá pues vida verdadera.

17 Mas los hijos de tu pueblo dijeron: No es justo el proceder del Señor; siendo así que es el proceder de ellos el que es injusto.

18 Porque cuando el justo se desviare de la justicia é hiciere obras malas, hallará en estas la muerte.

19 Y asimismo siempre que el impío abandonare su impiedad, é hiciere obras de equidad y de justicia, hallará en ellas la vida.

20 Y vosotros decís: No es justo el proceder del Señor. Oh casa de Israel, á cada uno de vosotros le juzgaré yo segun sus obras.

21 En el año duodécimo de nuestra trasportacion al cautiverio, el dia cinco del décimo mes, vino á mí uno que habia huido de Jerusalem, el cual me dijo: Ha sido asolada la ciudad [1].

22 Y la virtud del Señor se habia hecho sentir sobre mí la tarde antes que llegase el que habia escapado: y el Señor habia abierto mi boca antes que este hombre se me presentase por la mañana; y abierta que tuve mi boca, no guardé ya silencio.

23 Y hablóme el Señor, diciendo:

24 Hijo de hombre, los que habitan

---

1 Antes cap. XXII. vers. 26.

inosis his super humum Israel, loquentes ajunt: Unus erat Abraham, et hæreditate possedit terram: nos autem multi sumus, nobis data est terra in possessionem.

25 Idcircò dices ad eos: Hæc dicit Dominus Deus: Qui in sanguine comeditis, et oculos vestros levatis ad immunditias vestras, et sanguinem funditis: nunquid terram hæreditate possidebitis?

26 Stetistis in gladiis vestris, fecistis abominationes, et unusquisque uxorem proximi sui polluit: et terram hæreditate possidebitis?

27 Hæc dices ad eos: Sic dicit Dominus Deus: Vivo ego, quia qui in ruinosis habitant, gladio cadent: et qui in agro est, bestiis tradetur ad devorandum: qui autem in præsidiis et speluncis sunt, peste morientur.

28 Et dabo terram in solitudinem, et in desertum, et deficiet superba fortitudo ejus: et desolabuntur montes Israel, eò quòd nullus sit qui per eos transeat.

29 Et scient quia ego Dominus, cùm dedero terram eorum desolatam et desertam, propter universas abominationes suas, quas operati sunt.

30 Et tu, fili hominis: filii populi tui, qui loquuntur de te juxta muros, et in ostiis domorum, et dicunt unus ad alterum, vir ad proximum suum loquentes: Venite et audiamus quis sit sermo egrediens à Domino.

31 Et veniunt ad te, quasi si ingrediatur populus, et sedent coram te populus meus: et audiunt sermones tuos, et non faciunt eos: quia in canticum oris sui vertunt illos, et avaritiam suam sequitur cor eorum.

32 Et es eis quasi carmen musicum, quod suavi dulcique sono canitur: et au-

---

entre aquellas ruinas de la tierra de Israel, hablan de esta manera: Un solo hombre era Abraham, y tuvo por herencia esta tierra: mas nosotros somos muchos, y se nos ha dado la posesion de ella.

25 Por tanto les dirás: Esto dice el Señor Dios: Vosotros que comeis carnes con sangre [1], y levantais los ojos hácia vuestros ídolos, y derramais sangre humana, ¿pensais acaso ser herederos y poseedores de esta tierra?

26 Habeis tenido siempre la espada en la mano, habeis cometido mil abominaciones, cada cual de vosotros ha seducido la muger de su prójimo; ¿y seréis herederos y poseedores de la tierra?

27 Les dirás tambien: El Señor Dios dice lo siguiente: Juro Yo, que aquellos que habitan entre las ruinas de Jerusalem, pereceráu al filo de la espada: aquellos que están en la campiña, serán entregados á las fieras para que los devoren; y los que moran en lugares fuertes y en las cavernas, morirán de peste.

28 Y reduciré esta tierra á una soledad y desierto; y fenecerá su altivo poder, y las montañas de Israel quedarán asoladas; de manera que no habrá nadie que pase por ellas.

29 Y conocerán que yo soy el Señor, cuando habré reducido su pais á una soledad y desierto, en castigo de todas las abominaciones que han cometido.

30 Y en cuanto á tí, oh hijo de hombre, los hijos de tu pueblo hablan de tí junto á la muralla, y en las puertas de las casas, y se dicen en tono de mofa el uno al otro, el vecino á su vecino: Ea, vamos á oir qué es lo que dice el Señor por medio del Profeta.

31 Y acuden á tí en gran muchedumbre, se sientan delante de tí los del pueblo mio, y escuchan tus palabras; pero no las ponen en práctica: porque ellos las convierten en asunto de sus canciones, y su corazon corre tras de la avaricia.

32 Y viénes tú á ser para ellos como una cancion puesta en música, cantada

---

1 Lev. cap. XIX. v. 26.

diunt verba tua, et non faciunt ea.

con vos dulce y suave: ellos escuchan tus palabras, mas no las ponen en ejecucion.

33 *Et cùm venerit quod prædictum est, (ecce enim venit) tunc scient quòd prophetes fuerit inter eos.*

33 Pero cuando sucederá lo que ha sido profetizado (y he aquí que llegará luego *la noticia*), entonces conocerán que ha habido un Profeta entre ellos.

CAPÍTULO XXXIV.

Profecía contra aquellos malos pastores que solo buscan su interés, despreciando el de la grey. Promesa de un pastor que saldrá de entre ellos, el cual reunirá sus ovejas, y las conducirá á pastos saludables.

1 *Et factum est verbum Domini ad me, dicens:*

1 Hablóme nuevamente el Señor, diciendo:

2 *Fili hominis, propheta de pastoribus Israel: propheta et dices pastoribus: Hæc dicit Dominus Deus: Væ pastoribus Israel, qui pascebant semetipsos: nonne greges à pastoribus pascuntur?*

2 Hijo de hombre, profetiza acerca de los pastores de Israel; profetiza y dí á los pastores: Esto dice el Señor Dios: ¡Ay de los pastores de Israel [1], que se apscientan á si mismos! ¿Acaso no son los rebaños los que deben ser apacentados por los pastores [2]?

3 *Lac comedebatis, et lanis operiebamini, et quod crassum erat occidebatis: gregem autem meum non pascebatis.*

3 Vosotros os alimentais de su leche, y os vestis de su lana, y matais las reses mas gordas: mas no apacentais mi grey [3].

4 *Quod infirmum fuit non consolidastis, et quod ægrotum non sanastis, quod confractum est non alligastis, et quod abjectum est non reduxistis, et quod perierat non quæsistis: sed cum austeritate imperabatis eis, et cum potentia.*

4 No fortalecísteis las ovejas débiles, no curásteis las enfermas, no bizmásteis las perniquebradas, ni recogísteis las descarriadas, ni fuísteis en busca de las perdidas: sino que domináhais sobre ellas con aspereza, y con prepotencia [4].

5 *Et dispersæ sunt oves meæ, eò quòd non esset pastor: et facta sunt in devorationem omnium bestiarum agri, et dispersæ sunt.*

5 Y mis ovejas se han dispersado, porque estaban sin pastor *que las cuidase;* con lo cual vinieron á ser presa de todas las fieras del campo, descarriadas como habian quedado.

6 *Erraverunt greges mei in cunctis montibus et in universo colle excelso: et super omnem faciem terræ dispersi sunt greges mei, et non erat qui requireret, non erat, inquam, qui requireret.*

6 Perdida anduvo mi grey por todos los montes y por todas las altas colinas: dispersáronse mis rebaños por toda la tierra, ni habia quien fuese en busca de ellos; nadie, repito, hubo que los buscase.

7 *Propterea, pastores, audite verbum Domini:*

7 Por tanto, escuchad, oh pastores, la palabra del Señor:

8 *Vivo ego, dicit Dominus Deus, quia*

8 Juro yo, dice el Señor Dios, que pues

---

1 Con el nombre de *pastores* se entienden no solo los Sacerdotes, sino los Príncipes y Magistrados.

2 Antes cap. *XIII. v.* 3.—Jerem. *XXIII.* ver. 1.

3 Los *pastores*, dice S. Agustin, reciban del

pueblo el alimento necesario; pero la paga de su ministerio espérenla del Señor: porque no le es posible al pueblo dar una digna retribucion á los que le sirven conforme dicta la caridad evangélica, etc.

4 Matth. *XXIII. v.* 4.—I. Pet. *V. v.* 2.

pro eò quòd facti sunt greges mei in rapinam, et oves meæ in devorationem omnium bestiarum agri, eò quòd non esset pastor: neque enim quæsierunt pastores mei gregem meum, sed pascebant pastores semetipsos, et greges meos non pascebant;

9 proptereà, pastores, audite verbum Domini:

10 Hæc dicit Dominus Deus: Ecce ego ipse super pastores requiram gregem meum de manu eorum, et cessare faciam eos ut ultrà non pascant gregem, nec pascant ampliùs pastores semetipsos: et liberabo gregem meum de ore eorum, et non erit ultrà eis in escam.

11 Quia hæc dicit Dominus Deus: Ecce ego ipse requiram oves meas, et visitabo eas.

12 Sicut visitat pastor gregem suum, in die quando fuerit in medio ovium suarum dissipatarum, sic visitabo oves meas, et liberabo eas de omnibus locis, in quibus dispersæ fuerant in die nubis et caliginis.

13 Et educam eas de populis, et congregabo eas de terris, et inducam eas in terram suam: et pascam eas in montibus Israel, in rivis et in cunctis sedibus terræ.

14 In pascuis uberrimis pascam eas, et in montibus excelsis Israel erunt pascua earum: ibi requiescent in herbis virentibus, et in pascuis pinguibus pascentur super montes Israel.

15 Ego pascam oves meas, et ego eas accubare faciam, dicit Dominus Deus.

16 Quod perierat requiram, et quod abjectum erat reducam, et quod confractum fuerat alligabo, et quod infirmum fuerat consolidabo, et quod pingue et forte custodiam: et pascam illas in judicio.

mis rebaños han sido entregados al robo, y mis ovejas á ser devoradas de todas las fieras del campo, por falta de pastor; pues que mis pastores no cuidaban de mi grey, cuidaban, sí, de apacentarse á sí mismos, y no de apacentar mis ovejas:

9 por tanto oid, oh pastores, la palabra del Señor:

10 Esto dice el Señor Dios: He aquí que yo mismo pediré cuenta de mi grey á los pastores, y acabaré con ellos, para que nunca mas sean pastores de mis rebaños, ni se apacienten mas á sí mismos; y libraré mi grey de sus fauces, para que jamás les sirva de vianda.

11 Porque esto dice el Señor Dios: He aquí que yo mismo iré en busca de mis ovejas, y las reconoceré y contaré[1].

12 Al modo que el pastor va revistando su rebaño, en el dia en que se halla en medio de sus ovejas, despues que estuvieron descarriadas; asi revistaré yo las ovejas mias y las recogeré de todos los lugares, por donde fueron dispersadas en el dia del nublado y de las tinieblas.

13 Y yo las sacaré de los pueblos, y las recogeré de varias naciones, y las conduciré á su propio pais, y las apacentaré en las montañas de Israel, junto á los arroyos, y en todos los lugares de esta tierra.

14 En pastos muy fértiles las apacentaré, y estarán sus pastos en los altos montes de Israel: allí sestearán entre la verde yerba, y con los abundantes pastos de los montes de Israel quedarán saciadas.

15 Yo, dice el Señor Dios, yo mismo apacentaré mis ovejas, y las haré sestear.

16 Andaré en busca de aquellas que se habian perdido, y recogeré las que habian sido abandonadas; vendaré las heridas de aquellas que han padecido alguna fractura, y daré vigor á las débiles, y conservaré las que son gordas y gruesas, y á todas las apacentaré con juicio ó sabiduría.

---

1 Es verdad que alude todo esto al regreso del pueblo de la cautividad de Babylonia; pero todos los Padres, y aun muchos Rabinos consideran la libertad del pueblo de Israel como la alegoría ó figura con que señalaban la reunion de todos los pueblos en una sola Iglesia, gobernada por el Supremo Pastor Jesu-Christo. Isaías, Jeremías y otros Profetas usan de la misma alegoría.

17 *Vos autem greges mei, hæc dicit Dominus Deus: Ecce ego judico inter pecus et pecus, arietum et hircorum.*

18 *Nonne satis vobis erat pascua bona depasci? insuper et reliquias pascuarum vestrarum conculcastis pedibus vestris: et cùm purissimam aquam biberetis, reliquam pedibus vestris turbabatis.*

19 *Et oves meæ his quæ conculcata pedibus vestris fuerant, pascebantur: et quæ pedes vestri turbaverant, hæc bibebant.*

20 *Proptereà hæc dicit Dominus Deus ad vos: Ecce ego ipse judico inter pecus pingue et macilentum:*

21 *pro eò quòd lateribus et humeris impingebatis, et cornibus vestris ventilabatis omnia infirma pecora, donec dispergerentur foras:*

22 *salvabo gregem meum, et non erit ultrà in rapinam, et judicabo inter pecus et pecus.*

23 *Et suscitabo super eas pastorem unum, qui pascat eas, servum meum David: ipse pascet eas, et ipse erit eis in pastorem.*

24 *Ego autem Dominus ero eis in Deum: et servus meus David princeps in medio eorum; ego Dominus locutus sum.*

25 *Et faciam cum eis pactum pacis; et cessare faciam bestias pessimas de terra: et qui habitant in deserto, securi dormient in saltibus.*

26 *Et ponam eos in circuitu collis mei benedictionem: et deducam imbrem in tempore suo: pluviæ benedictionis erunt.*

27 *Et dabit lignum agri fructum suum, et terra dabit germen suum, et erunt in terra sua absque timore; et scient quia ego Dominus, cùm contrive-*

17 Á vosotros, empero, oh rebaños mios, esto os dice el Señor Dios: He aquí que yo hago distincion entre ganado y ganado, entre carneros y machos de cabrío [1].

18 Pues qué, ¿ no os bastaba tener buenos pastos? Pero vosotros tambien lo que os sobraba de ellos lo holláisteis con vuestros pies; y habiendo sido abrevados en aguas limpísimas, enturbiásteis con vuestros pies las que sobraban,

19 y *muchas* de mis ovejas tenian que apacentarse de lo que vosotros holláisteis con vuestros pies, y beber del agua que con vuestros pies habíais enturbiado.

20 Por tanto, esto os dice á vosotros el Señor Dios: He aquí que yo haré juicio ó *distincion* entre el ganado gordo y el flaco:

21 pues que vosotros atropellábais con vuestros costados y hombros todas las ovejas flacas, y, *como toros*, las aventábais con vuestras astas para echarlas fuera y dispersarlas:

22 yo salvaré mi grey, y no quedará mas expuesta á la presa, y discerniré entre ganado y ganado.

23 Y estableceré sobre mis ovejas un solo PASTOR que las apaciente, esto es, *el hijo de* David, siervo mio: él mismo las apacentará, y él será su pastor [2].

24 Y yo el Señor seré su Dios; y el siervo mio David será el Príncipe en medio de ellas: yo el Señor lo he dicho.

25 Y haré con ellas alianza de paz [3]; y exterminaré de *la tierra* ó pais las bestias malignas; y aquellos que habitan en los desiertos dormirán sosegadamente en medio de los bosques.

26 Y las colmaré de bendiciones á ellas, y á todos los alrededores de mi *santo* Monte: y enviaré á su tiempo las lluvias, y serán lluvias de bendicion;

27 y los árboles del campo darán sus frutos y la tierra sus esquilmos, y vivirán sin temor ninguno en su pais; y conocerán que yo soy el Señor, cuando

---

1 Matth. XXV. v. 33.
2 Is. XL. v. 11.—Oseæ III. v. 5.—Joann. I. v. 45.—X. v. 11., 14.

3 Jerem. XXXI. vers. 31.—I. Cor. XIV. v. 33.—Mich. V. v. 5.—Rom. X. v. 15.—Ephes. VI. v. 15.

ro catenas jugi eorum, et eruero eos de manu imperantium sibi.

28 Et non erunt ultrà in rapinam in gentibus, neque bestiæ terræ devorabunt eos; sed habitabunt confidenter absque ullo terrore.

29 Et suscitabo eis germen nominatum, et non erunt ultrà imminuti fame in terra, neque portabunt ultrà opprobrium gentium.

30 Et scient quia ego Dominus Deus eorum cum eis, et ipsi populus meus domus Israel, ait Dominus Deus.

31 Vos autem greges mei, greges pascuæ meæ, homines estis; et ego Dominus Deus vester, dicit Dominus Deus.

habré roto las cadenas de su yugo, y las habré librado del poder de aquellos que las dominan;

28 y no quedarán mas expuestas á ser presa de las naciones, ni serán devoradas de las bestias de la tierra; sino que reposarán tranquilamente sin temor alguno.

29 Y yo haré brotar para ellas el tan renombrado pimpollo [1], y no serán mas consumidos en su tierra por la hambre: ni llevarán mas el oprobio de las gentes.

30 Y conocerán que yo el Señor su Dios estaré con ellos; y ellos, los de la casa de Israel, serán el pueblo mio, dice el Señor Dios.

31 Vosotros pues, oh hombres, vosotros sois los rebaños mios, los rebaños que yo apaciento; y yo soy el Señor Dios vuestro, dice el Señor.

CAPÍTULO XXXV.

Ezechiel anuncia á los iduméos su última ruina por haber perseguido al pueblo de Dios.

1 Et factus est sermo Domini ad me, dicens:

2 Fili hominis, pone faciem tuam adversum montem Seir, et prophetabis de eo, et dices illi:

3 Hæc dicit Dominus Deus: Ecce ego ad te mons Seir, et extendam manum meam super te, et dabo te desolatum, atque desertum.

4 Urbes tuas demoliar, et tu desertus eris: et scies quia ego Dominus.

5 Eò quòd fueris inimicus sempiternus, et concluseris filios Israel in manus gladii in tempore afflictionis eorum, in tempore iniquitatis extremæ.

6 Proptereà vivo ego, dicit Dominus Deus: quoniam sanguini tradam te, et sanguis te persequetur: et cùm sangui-

1 Hablóme el Señor nuevamente, diciendo:

2 Hijo de hombre, dirige tu semblante contra la montaña de Seir, y vaticinarás acerca de ella, y le dirás:

3 Esto dice el Señor Dios: Héme aquí contra tí, oh montaña de Seir, y yo descargaré sobre tí mi mano, y te dejaré asolada y desierta.

4 Arrasaré tus ciudades, y quedarás despoblada: y conocerás que yo soy el Señor.

5 Por cuanto has sido enemiga eterna, y has perseguido espada en mano á los hijos de Israel en el tiempo de su aflicción, en el tiempo de su extrema calamidad;

6 por eso juro Yo, dice el Señor Dios, que te abandonaré á tu sangre [2], y la sangre tuya te perseguirá [3]; y por lo

---

1 *Pimpollo de justicia* ó santidad le llaman *Isaias XI. v. 1.—Jer XXIII. v. 5.* Ó pimpollo de paz, segun tradujéron en este lugar los Setenta, y se lee en varias versiones antiguas.

2 En poder de tu hermano Israel, ó de los israelitas.

3 Asi sucedió en tiempo de los Machábéos. *I. Mach. IV. v. 15.—V. v. 3.*

hostis oderis, sanguinem persequaturm tui.

7 *Et dabo montem Seir desolatum atque desertum: et auferam de eo euntem et redeuntem.*

8 *Et implebo montes ejus occisorum suorum: in collibus tuis, et in callibus tuis, atque in torrentibus interfecti gladio cadent.*

9 *In solitudines sempiternas tradam te, et civitates tuæ non habitabuntur: et scietis quia ego Dominus Deus.*

10 *Eò quòd dixeris: Duæ gentes, et duæ terræ meæ erunt, et hæreditate possidebo eas: cùm Dominus esset ibi.*

11 *proptereà vivo ego, dicit Dominus Deus, quia faciam juxta iram tuam, et secundùm zelum tuum, quem fecisti odio habens eos: et notus efficiar per eos cùm te judicavero.*

12 *Et scies quia ego Dominus audivi universa opprobria tua, quæ locutus es de montibus Israel, dicens: Deserti, nobis ad devorandum dati sunt.*

13 *Et insurrexistis super me ore vestro, et derogastis adversum me verba vestra: ego audivi.*

14 *Hæc dicit Dominus Deus: Lætante universa terra, in solitudinem te redigam.*

15 *Sicuti gavisus es super hæreditatem domus Israel, eò quòd fuerit dissipata, sic faciam tibi: dissipatus eris, mons Seir, et Idumæa omnis: et scient quia ego Dominus.*

---

mismo que tú odiaste tu sangre, la sangre tuya te perseguirá.

7 Y dejaré asolada y yerma la montaña de Seir, y haré que no se vea en ella yente ni viniente.

8 Y henchiré sus montes de sus muertos: pasados serán á cuchillo sobre tus collados, y en tus valles, y en tus arroyos.

9 Te reduciré á una soledad eterna, y quedarán desiertas tus ciudades[1]: y conoceréis que yo soy el Señor Dios.

10 Por cuanto tú dijiste: Dos naciones y dos tierras serán mias, y yo las poseeré como herencia; siendo así que el Señor estaba allí:

11 por esto te juro, dice el Señor Dios, que yo te trataré como merece tu ira, y tu envidia, y tu odio contra ellas; y yo seré conocido por medio de ellas, cuando te habré juzgado á tí.

12 Y conocerás que yo el Señor he oido todos los denuestos que has pronunciado contra los montes de Israel, diciendo: Abandonados están: se nos han dado para que los devoremos.

13 Y os levantásteis contra mí con vuestras lenguas *blasfemas*, y lanzásteis contra mí vuestros dicterios: yo los oí.

14 Esto dice el Señor Dios: Con júbilo de toda la tierra te reduciré á una soledad.

15 Así como tú celebraste con júbilo el que fuese destruida la herencia de la casa de Israel, así yo te destruiré á tí. Devastada serás, oh montaña de Seir, y toda tú, oh *tierra* de Iduméa: y conocerán que yo soy el Señor.

CAPÍTULO XXXVI.

Promesa de la vuelta de los hijos de Israel, y restauracion de su pais. El Señor les dará un corazon nuevo, y un espíritu nuevo para conocerle y obedecerle.

1 *Tu autem, fili hominis, propheta super montes Israel, et dices: Montes Israel, audite verbum Domini.*

2 *Hæc dicit Dominus Deus: Eò quòd*

1 Mas tú, oh hijo de hombre, profetiza acerca de los montes de Israel, y dirás: Montes de Israel, escuchad la palabra del Señor.

2 Esto dice el Señor Dios: Porque el

---

1 Malach. I. v. 4.

dixerit inimicus de vobis, Euge; altitudines sempiternæ in hæreditatem datæ sunt nobis:

3 proptereà vaticinare, et dic: Hæc dicit Dominus Deus: Pro eò quòd desolati estis, et conculcati per circuitum, et facti in hæreditatem reliquis gentibus, et ascendistis super labium linguæ, et opprobrium populi:

4 proptereà, montes Israel, audite verbum Domini Dei: Hæc dicit Dominus Deus montibus, et collibus, torrentibus, vallibusque, et desertis, parietinis, et urbibus derelictis, quæ depopulatæ sunt, et subsannatæ à reliquis gentibus per circuitum.

5 Proptereà hæc dicit Dominus Deus: Quoniam in igne zeli mei locutus sum de reliquis gentibus, et de Idumæa universa, quæ dederunt terram meam sibi in hæreditatem cum gaudio, et toto corde, et ex animo: et ejecerunt eam ut vastarent:

6 idcircò vaticinare super humum Israel, et dices montibus et collibus, jugis et vallibus: Hæc dicit Dominus Deus: Ecce ego in zelo meo, et in furore meo locutus sum, eò quòd confusionem gentium sustinueritis.

7 Idcircò hæc dicit Dominus Deus: Ego levavi manum meam, ut gentes quæ in circuitu vestro sunt, ipsæ confusionem suam portent.

8 vos autem montes Israel ramos vestros germinetis, et fructum vestrum afferatis populo meo Israel: propè enim est ut veniat:

9 quia ecce ego ad vos, et convertar ad vos, et arabimini, et accipietis sementem.

10 Et multiplicabo in vobis homines, omnemque domum Israel: et habita-

---

enemigo ha dicho de vosotros: Bueno, bien está: se nos han dado á nosotros como en herencia los eternos montes de Israel:

3 por tanto, profetiza y dí: Esto dice el Señor Dios: Porque vosotros habeis sido asolados y hollados por todas partes, y habeis venido á ser como herencia de otras naciones, y andais en boca de todos, hechos el escarnio de la plebe:

4 por tanto, oid, oh montes de Israel, la palabra del Señor Dios: Esto dice el Señor Dios á los montes, y á los collados, á los arroyos y á los valles, y á los desiertos, y á las murallas derrocadas, y á las ciudades abandonadas que han quedado sin moradores, y son la mofa de todas las demas naciones circunvecinas.

5 He aquí lo que el Señor Dios dice: En medio del ardor de mi zelo he hablado yo contra las otras naciones y contra toda la Idumèa; las cuales llenas de gozo se han apropiado para sí, y con todo su corazon y voluntad, la tierra mia, y han arrojado de ella á sus herederos para saquearla[1]:

6 Por tanto profetiza acerca de la tierra de Israel, y dirás á los montes, y collados, á los cerros y á los valles: Esto dice el Señor Dios: He aquí que yo he hablado en medio de mi zelo y furor, porque vosotros habeis sufrido los insultos de las naciones.

7 Por lo cual, esto dice el Señor Dios: Yo he levantado mi mano[2], jurando que las naciones que están al rededor vuestro, ellas mismas llevarán sobre sí su ignominia.

8 Vosotros empero, oh montes de Israel, brotad vuestros pimpollos, y producid vuestros frutos para el pueblo mio de Israel, porque está ya cercana su vuelta del cautiverio:

9 porque vedme aquí hácia vosotros, á vosotros me vuelvo, y seréis arados y sembrados.

10 Y multiplicaré en vosotros la gente y toda la familia de Israel, y las ciu-

---

1 No solamente los idumèos, sino los moabitas y otras naciones, aliadas antes de Sedecías, se unieron despues con los cháldeos para sitiar y destruir á Jerusalem. Jerem. XII. v. 6.—XXXV. v. 11.

2 Véase Mano.

buntur ædificata, et ruinæ instaurabuntur.

11 Et replebo vos hominibus et jumentis: et multiplicabuntur, et crescent: et habitare vos faciam sicut à principio, bonisque donabo majoribus, quàm habuistis ab initio: et scietis quia ego Dominus.

12 Et adducam super vos homines, populum meum Israel, et hæreditate possidebunt te: et eris eis in hæreditatem, et non addes ultra ut absque eis sis.

13 Hæc dicit Dominus Deus: Pro eò quòd dicunt de vobis: Devoratrix hominum es, et suffocans gentem tuam:

14 propterea homines non comedes ampliùs, et gentem tuam non necabis ultrà, ait Dominus Deus:

15 nec auditam faciam in te ampliùs confusionem gentium, et opprobrium populorum nequaquam portabis, et gentem tuam non amittes ampliùs, ait Dominus Deus.

16 Et factum est verbum Domini ad me, dicens:

17 Fili hominis, domus Israel habitaverunt in humo sua, et polluerunt eam in viis suis, et in studiis suis: juxta immunditiam menstruatæ facta est via eorum coram me.

18 Et effudi indignationem meam super eos pro sanguine quem fuderunt super terram, et in idolis suis polluerunt eam.

19 Et dispersi eos in gentes, et ventilati sunt in terras; juxta vias eorum, et adinventiones eorum judicavi eos.

20 Et ingressi sunt ad gentes ad quas introierunt: et polluerunt nomen sanctum meum, cùm diceretur de eis: Populus Domini iste est, et de terra ejus egressi sunt.

21 Et peperci nomini sancto meo, quod polluerat domus Israel in gentibus, ad

dades serán pobladas, y los lugares arruinados se restaurarán.

11 Y os henchiré de hombres y de bestias, que se multiplicarán y crecerán; y haré que seais poblados como antiguamente, y os daré bienes mas grandes que los que tuvisteis desde el principio: y conoceréis que yo soy el Señor.

12 Y os conduciré hombres, ó sea mi pueblo mio de Israel, y esta es por seréis vosotros seréis su herencia, y nunca mas volverá esta á quedar privada de ellos.

13 Esto dice el Señor Dios: Por cuanto dicen de vosotros que sois una tierra que devora los hombres, y se traga sus gentes:

14 por eso en adelante no podrá decirse que tú, oh tierra de Israel, te comas mas los hombres, ni mates mas tu gente: yo dice el Señor Dios:

15 pues yo haré que no oigas mas los insultos de los naciones, ni tengas que sufrir ya mas oprobios de los pueblos, ni pierdas jamas tus habitantes, dice el Señor Dios.

16 Habióme nuevamente el Señor, diciendo:

17 Hijo de hombre, los de la familia de Israel habitaron en su tierra, y la contaminaron con sus obras y costumbres: era su vida ante mis ojos como la inmundicia de la muger menstruosa.

18 Y yo descargué sobre ellos la indignacion mia, y castigó de la sangre que derramaron sobre la tierra, la cual contaminaron con sus ídolos.

19 Y yo los dispersé entre las naciones, y fueron arrojados aquí y allá á todos vientos: los juzgué segun sus procederes y conducta.

20 Y llegados á las naciones, entre las cuales fueron dispersados, causando la deshonra de mi santo Nombre, diciéndose de ellos: Este es el pueblo del Señor; de la tierra de él han tenido estos que salirse.

21 Os perdoné pues por amor de mi santo Nombre, al cual deshonró la

1 Esto es, no habrá en ti mas inquietudes.   2 Is. III. v. 5.—Rom. II. v. 24.

quas ingressi estis. . . . .

22 Idcirco dices domui Israel: Haec dicit Dominus Deus: Non propter vos ego faciam, domus Israel, sed propter nomen sanctum meum, quod polluistis in gentibus ad quas intrastis.

23 Et sanctificabo nomen meum magnum, quod pollutum est inter gentes, quod polluistis in medio earum: ut sciant gentes quia ego Dominus, ait Dominus exercituum, cùm sanctificatus fuero in vobis coram eis.

24 Tollam quippe vos de gentibus, et congregabo vos de universis terris, et adducam vos in terram vestram.

25 Et effundam super vos aquam mundam, et mundabimini ab omnibus inquinamentis vestris, et ab universis idolis vestris mundabo vos.

26 Et dabo vobis cor novum, et spiritum novum ponam in medio vestri: et auferam cor lapideum de carne vestra, et dabo vobis cor carneum.

27 Et spiritum meum ponam in medio vestri: et faciam ut in praeceptis meis ambuletis, et judicia mea custodiatis et operemini.

28 Et habitabitis in terra quam dedi patribus vestris: et eritis mihi in populum, et ego ero vobis in Deum.

29 Et salvabo vos ex universis inquinamentis vestris: et vocabo frumentum, et multiplicabo illud, et non imponam vobis famem.

30 Et multiplicabo fructum ligni, et genimina agri: ut non portetis ultra opprobrium famis in gentibus.

31 Et recordabimini viarum vestrarum pessimarum, studiorumque non bonorum: et displicebunt vobis iniquitates vestrae, et scelera vestra.

32 Non propter vos ego faciam, ait...

casa de Israel entre las naciones en donde habita.

22 Por tanto dí á la casa de Israel: Esto dice el Señor Dios: No lo haré por vosotros, oh casa de Israel, sino por amor de mi santo Nombre, que vosotros deshonrasteis entre las naciones en que vivís.

23 Yo glorificaré pues mi grande Nombre, que se halla deshonrado entre las naciones, por haberle vosotros deshonrado á los ojos de ellas: para que las naciones sepan que yo soy el Señor, cuando á su vista habré hecho patente en vosotros la santidad mia, dice el Señor de los ejércitos.

24 Porque yo os sacaré de entre las naciones, y os recogeré de todos los paises, y os conduciré á vuestra tierra.

25 Y derramaré sobre vosotros agua pura[1], y quedaréis purificados de todas las inmundicias, y os limpiaré de todas vuestras idolatrías.

26 Y os daré un nuevo corazon, y pondré en medio de vosotros un nuevo espíritu[2], y quitaré de vuestro cuerpo el corazon de piedra, y os daré un corazon de carne.

27 Y pondré el espíritu mio en medio de vosotros, y haré que guardeis mis preceptos, y observeis mis leyes, y las practiqueis[3].

28 Y habitaréis en la tierra que yo dí á vuestros padres: y vosotros seréis el pueblo mio, y yo seré vuestro Dios.

29 Y os purificaré de todas vuestras inmundicias, y haré venir el trigo, y le multiplicaré; nunca os haré padecer hambre.

30 Y multiplicaré los frutos de los árboles, y las cosechas del campo, á fin de que jamas las naciones os echen en cara mi que os moris de hambre.

31 Acordaos entónces tenereis á la memoria vuestras perversas costumbres, y depravados afectos, y miraréis con amargura las maldades é iniquidades vuestras.

32 Mas esto no lo haré yo por amor

_____

1 Agua que hará limpia á vuestra alma. Ad Tit. III. v. 5.

2 Antes cap. XI. v. 19. Rom. V. v. 5.—S. Aug. De doct. Christ. lib. III. c. XXXIX.

3 Algunos opinan que estos versos son una profecía de lo que ha de suceder en la conversion de todos los judíos á la fe de Jesu-Christo, segun predijo S. Pablo. Véase Judíos.

Dominus Deus, y vivere sit: nolite: confundimini, et erubescite super vias vestris, domus Israel.

33 Hæc dixit Dominus Deus: In die qua mundavero vos ex omnibus iniquitatibus vestris, et inhabitari fecero urbes, et instauravero ruinosa,

34 et terra deserta fuerit exculta, quæ quondam erat desolata in oculis omnis viatoris,

35 dicent. Terra illa inculta, facta est ut hortus voluptatis: et civitates desertæ, et destitutæ atque suffossæ, munitæ sederunt.

36 Et scient gentes quæcumque derelictæ fuerint in circuitu vestro, quia ego Dominus ædificavi dissipata, plantacique inculta, ego Dominus locutus sim, et fecerim.

37 Hæc dicit Dominus Deus: Adhuc in hoc invenient me domus Israel, ut faciam eis: Multiplicabo eos sicut gregem hominum,

38 ut gregem sanctum, ut gregem Jerusalem in solemnitatibus ejus: sic erunt civitates desertæ, plenæ gregibus hominum: et scient quia ego Dominus.

de vosotros, dice el Señor Dios: tenedlo así entendido; confundíos y avergonzáos de vuestros procederes, oh vosotros los de la casa de Israel.

33 Esto dice el Señor Dios: En el dia en que yo os purificaré de todas vuestras maldades, y poblaré vuestras ciudades, y repararé lo arruinado,

34 y se verá cultivada la tierra yerma, donde ántes no veia el viagero mas que desolacion,

35 dirán: Aquella tierra inculta está hecha ahora un jardin de delicias, y las ciudades desiertas, abandonadas, y destruidas se hallan ya restauradas y fortificadas.

36 Y todas aquellas naciones, que quedarán al rededor vuestro, conocerán que yo el Señor reedifiqué lo arruinado, y reduje á cultivo lo que estaba inculto: que yo el Señor lo dije, y lo puse por obra.

37 Esto dice el Señor Dios: Tambien logrará de mí la casa de Israel que yo haga esto á favor suyo: Yo los multiplicaré como un rebaño de hombres,

38 como un rebaño santo, como el rebaño que se ve en Jerusalem, en sus festividades [1]; del mismo modo estarán las ciudades ántes desiertas, llenas como de rebaños de hombres: y conocerán que yo soy el Señor.

CAPÍTULO XXXVII.

Restablecimiento de Israel figurado en una multitud de huesos secos que recobran la vida: reunion de Israel y Judá figurada en la union de dos varas. El Santuario del Señor se fijará en medio de su pueblo, bajo un solo Rey y Pastor, por medio de la nueva y eterna alianza.

1 Facta est super me manus Domini, et eduxit me in spiritu Domini, et dimisit me in medio campi, qui erat plenus ossibus:

2 et circumduxit me per ea in gyro: erant autem multa valdè super faciem campi, siccaque vehementer.

1 La virtud del Señor se hizo sentir sobre mí, y me sacó fuera en espíritu del Señor [1]; y me puso en medio de un campo que estaba lleno de huesos,

2 é hízome dar una vuelta al rededor de ellos: estaban en grandísimo número tendidos sobre la superficie del campo, y secos en extremo [3].

---

1 Alude al grandísimo número de judíos que de todas partes acudian á Jerusalem en las tres fiestas solemnes de *Pascua, Pentecostés,*

y de los *Tabernáculos.* Véase *Fiestas.*

2 Ó en vision celestial.

3 Profecía célebre, que dando por cierta y

3 Et dixit ad me: Fili hominis, putasne vivent ossa ista? et dixi: Domine Deus, tu nosti.

4 Et dixit ad me: Vaticinare de ossibus istis: et dices eis: Ossa arida, audite verbum Domini.

5 Haec dicit Dominus Deus ossibus his: Ecce ego intromittam in vos spiritum, et vivetis.

6 Et dabo super vos nervos, et succrescere faciam super vos carnes, et superextendam in vobis cutem: et dabo vobis spiritum, et vivetis, et scietis quia ego Dominus.

7 Et prophetavi sicut praeceperat mihi: factus est autem sonitus, prophetante me, et ecce commotio: et accesserunt ossa ad ossa, unumquodque ad juncturam suam.

8 Et vidi, et ecce super ea nervi et carnes ascenderunt: et extenta est in eis cutis desuper, et spiritum non habebant.

9 Et dixit ad me: Vaticinare ad spiritum, vaticinare, fili hominis, et dices ad spiritum: Haec dicit Dominus Deus: A quatuor ventis veni spiritus, et insuffla super interfectos istos, et revivescant.

10 Et prophetavi sicut praeceperat mihi: et ingressus est in ea spiritus, et vixerunt: steteruntque super pedes suos exercitus grandis nimis valde.

11 Et dixit ad me: Fili hominis, ossa haec universa, domus Israel est: ipsi dicunt: Aruerunt ossa nostra, et periit spes nostra, et abscissi sumus.

12 Propterea vaticinare, et dices ad eos: Haec dicit Dominus Deus: Ecce ego aperiam tumulos vestros, et educam vos de sepulchris vestris, populus meus: et inducam vos in terram Israel.

3 Díjome pues el Señor: Hijo de hombre, ¿crees tú acaso que estos huesos vuelvan á tener vida? Oh Señor Dios, respondí yo, tú lo sabes.

4 Entonces me dijo él: Profetiza acerca de estos huesos, y les dirás: Huesos áridos, oíd las palabras del Señor:

5 Esto dice el Señor Dios á esos huesos: He aquí que yo infundiré en vosotros el espíritu, y viviréis;

6 y pondré sobre vosotros nervios, y haré que crescan carnes sobre vosotros, y las cubriré de piel, y os daré espíritu, y viviréis, y sabréis que yo soy el Señor.

7 Y profeticé como me lo habia mandado: y mientras yo profetizaba oíse un ruido, y he aquí una commocion grande; y uniéronse huesos á huesos, cada uno por su propia coyuntura [1].

8 Y miré, y observé que iban saliendo sobre ellos nervios y carnes, y que por encima se cubrian de piel; mas no tenian espíritu ó vida.

9 Y díjome el Señor: Profetiza al espíritu, profetiza, oh hijo de hombre, y dirás al espíritu: Esto dice el Señor Dios: Ven tú, oh espíritu, de las cuatro partes del mundo, y sopla sobre estos muertos, y resuciten.

10 Profeticé, pues, como me lo habia mandado; y entró el espíritu en los muertos, y resucitaron; y se puso en pie una muchedumbre grandísima de hombres.

11 Y díjome el Señor: Hijo de hombre, todos esos huesos representan la familia de Israel: ellos (los hebréos) dicen: Secáronse nuestros huesos, y pereció nuestra esperanza, y nosotros somos ya ramas cortadas.

12 Por tanto profetiza tú, y les dirás: Esto dice el Señor Dios: Mirad, yo abriré vuestras sepulturas, y os sacaré fuera de ellas, oh pueblo mio, y os conduciré desde vuestro cautiverio á la tierra de Israel.

---

ya conocida de todos la resurreccion de los muertos, simboliza la vida ó libertad que el Señor dará á su pueblo de Israel, y tambien la que obrará despues en los hombres la gracia de Jesu-Christo.

1 Metáfora que presenta una grandiosa idea de la Omnipotencia Divina, la cual hará que los huesos, y aun el polvo de los cuerpos humanos, vaya reuniéndose de unas partes á otras donde se halle esparcido, y forme otra vez un perfecto y robusto cuerpo.

13 Et scietis quia ego Dominus, cùm aperuero sepulchra vestra, et eduxero vos de tumulis vestris, populus meus.

14 Et dedero spiritum meum in vobis, et vixeritis, et requiescere vos faciam super humum vestram: et scietis quia ego Dominus locutus sum, et feci, ait Dominus Deus.

15 Et factus est sermo Domini ad me, dicens:

16 Et tu, fili hominis, sume tibi lignum unum, et scribe super illud: Judæ, et filiis Israel sociis ejus: et tolle lignum alterum, et scribe super illud: Joseph ligno Ephraim, et cunctæ domui Israel, sociorumque ejus.

17 Et adjunge illa, unum ad alterum tibi in lignum unum: et erunt in unionem in manu tua.

18 Cùm autem dixerint ad te filii populi tui loquentes: Nonne indicas nobis quid in his tibi velis?

19 loquéris ad eos: Hæc dicit Dominus Deus: Ecce ego assumam lignum Joseph, quod est in manu Ephraim, et tribus Israel, quæ sunt ei adjunctæ: et dabo eas pariter cum ligno Judâ, et faciam eas in lignum unum: et erunt unum in manu ejus.

20 Erunt autem ligna, super quæ scripseris in manu tua, in oculis eorum.

21 Et dices ad eos: Hæc dicit Dominus Deus: Ecce ego assumam filios Israel de medio nationum, ad quas abierunt: et congregabo eos undique, et adducam eos ad humum suam.

22 Et faciam eos in gentem unam in terra in montibus Israel, et rex unus erit omnibus imperans: et non erunt ultrà duæ gentes, nec dividantur amplius in duo regna.

13 Y conoceréis que yo soy el Señor, cuando yo habré abierto vuestras sepulturas, oh pueblo mio, y os habré sacado de ellas,

14 y habré infundido en vosotros mi espíritu, y tendréis vida, y os dé el que reposeis en vuestra tierra: y conoceréis que yo el Señor hablé, y lo pase por obra, dice el Señor Dios.

15. Háblóme nuevamente el Señor, diciendo:

16 Y tú, oh hijo de hombre, tómate una vara, y escribe sobre ella: A Judá y á los hijos de Israel sus compañeros: y toma otra vara, y escribe sobre ella: A Joseph, vara de Ephraim, y á toda la familia de Israel, y á los que con ella están.

17 Y acerca la una vara á la otra, como para formarte de las dos una sola vara; y ambas se harán en tu mano una sola [1].

18 Entonces cuando los hijos de tu pueblo te pregunten, diciendo: ¿No nos explicarás qué es lo que quieres significar con eso?

19 tú les responderás: Esto dice el Señor Dios: He aquí que yo tomaré la vara de Joseph que está en la mano de Ephraim, y las tribus de Israel que le están unidas; y las juntaré con la vara de Judá, y haré de ellas una sola vara ó un solo cetro, y serán una sola en su mano [2].

20 Y tendrás á vista de ellos en tu mano las varas en que escribiste;

21 y les hablarás así: Esto dice el Señor Dios: He aquí que yo tomaré los hijos de Israel de en medio de las naciones á donde fueron, y los recogeré de todas partes, y los conduciré á su tierra.

22 Y formaré de ellos una sola nacion [3] en la tierra, en los montes de Israel, y habrá solamente un Rey que los mande á todas, y nunca mas formarán ya dos naciones, ni en lo venidero estarán divididos en dos reinos.

---

1 Alude á que despues de la cautividad todas las tribus se llamaron *pueblo de Judâ.* Véase *Judd.* Todo lo cual era figura de la reunion de todas las naciones en la Iglesia de

Jesu-Christo. *Eph. II. v.* 14 — *Colos. III. v.* 11.

2 El hebréo *en mi mano.*

3 *Joann. X. v.* 16.

23 *Neque polluentur ultrà in idolis suis, et abominationibus suis, et cunctis iniquitatibus suis: et salvos eos faciam de universis sedibus in quibus peccaverunt, et mundabo eos: et erunt mihi populus, et ego ero eis Deus.*

24 *Et servus meus David rex super eos, et pastor unus erit omnium eorum: in judiciis meis ambulabunt, et mandata mea custodient, et facient ea.*

25 *Et habitabunt super terram quam dedi servo meo Jacob, in qua habitaverunt patres vestri: et habitabunt super eam ipsi, et filii eorum, et filii filiorum eorum, usque in sempiternum: et David servus meus princeps eorum in perpetuum.*

26 *Et percutiam illis fœdus pacis, pactum sempiternum erit eis: et fundabo eos, et multiplicabo, et dabo sanctificationem meam in medio eorum in perpetuum.*

27 *Et erit tabernaculum meum in eis, et ero eis Deus, et ipsi erunt mihi populus.*

28 *Et scient gentes quia ego Dominus sanctificator Israel, cùm fuerit sanctificatio mea in medio eorum in perpetuum.*

23 No se contaminarán mas con sus ídolos, ni con sus abominaciones, ni con todas sus maldades: y yo los sacaré salvos de todos los lugares donde ellos pecaron, y los purificaré, y serán ellos el pueblo mio, y yo seré su Dios.

24 Y el siervo mio David será el Rey suyo, y uno solo será el Pastor de todos ellos: y observarán mis leyes, y guardarán mis preceptos, y los pondrán por obra [1].

25 Y morarán sobre la tierra que yo dí á mi siervo Jacob, en la cual moraron vuestros padres; y en la misma morarán ellos y sus hijos, y los hijos de sus hijos eternamente; y David mi siervo será perpétuamente su Príncipe.

26 Y haré con ellos una alianza de paz, que será para ellos una alianza sempiterna [2]; y les daré firme estabilidad, y los multiplicaré, y colocaré en medio de ellos mi Santuario para siempre.

27 Y tendré junto á ellos mi tabernáculo, y yo seré su Dios, y ellos serán el pueblo mio.

28 Y conocerán las naciones que yo soy el Señor, el santificador de Israel, cuando estará perpétuamente mi santuario en medio de ellos.

CAPÍTULO XXXVIII.

Profecía contra Gog y Magog, de quienes será infestado Israel en los últimos tiempos; pero el Señor los destruirá.

1 *Et factus est sermo Domini ad me, dicens:*

2 *Fili hominis, pone faciem tuam contra Gog, terram Magog, principem capitis Mosoch et Thubal: et vaticinare de eo,*

3 *et dices ad eum: Hæc dicit Dominus Deus: Ecce ego ad te Gog princi-*

1 Hablóme el Señor, diciendo:

2 Hijo de hombre, dirige tu rostro contra Gog, á la tierra de Magog [3], al Príncipe y cabeza de Mosoch, y de Thubal; y profetiza sobre él,

3 y le dirás: Esto dice el Señor Dios: Heme aquí contra tí, oh Gog, príncipe

---

[1] Is. XL. v. 11.—Jerem. XXIII. v. 5.— Dan. IX. v. 24.—Joann. I. v. 45.

[2] Ps. CIX. v. 4.—CXVI. v. 2.—Joann. XII. v. 34.

[3] Véase *Gog y Magog*. S. Gerónimo cree que *Gog* significa todos los heresiarcas, y *Ma-*

gog sus secuaces. S. Agustin y otros entienden esta profecía de lo que (*Apoc. XX. v. 7*) sucederá á la Iglesia, á la cual siempre hará cruda guerra el Anti-Christo; pero mucho mas terrible en los últimos tiempos. Véase *Anti-Christo.*

pem capitis Mosoch et Thubal,

4 et circumagam te, et ponam frænum in maxillis tuis: et educam te, et omnem exercitum tuum, equos et equites vestitos loricis universos, multitudinem magnam, hastam et clypeum arripientium et gladium.

5 Persæ, Æthiopes, et Lybies cum eis, omnes scutati et galeati.

6 Gomer, et universa agmina ejus, domus Thogorma, latera Aquilonis, et totum robur ejus, populique multi tecum.

7 Præpara, et instrue te, et omnem multitudinem tuam, quæ coacervata est ad te: et esto eis in præceptum.

8 Post dies multos visitaberis: in novissimo annorum venies ad terram, quæ reversa est à gladio, et congregata est de populis multis ad montes Israel, qui fuerunt deserti jugiter: hæc de populis educta est, et habitabunt in ea confidenter universi.

9 Ascendens autem quasi tempestas venies, et quasi nubes, ut operias terram tu, et omnia agmina tua, et populi multi tecum.

10 Hæc dicit Dominus Deus: In die illa ascendent sermones super cor tuum, et cogitabis cogitationem pessimam:

11 Et dices: Ascendam ad terram absque muro: veniam ad quiescentes, habitantesque securè: hi omnes habitant sine muro, vectes et portæ non sunt eis:

12 ut diripias spolia, et invadas prædam, ut inferas manum tuam super eos, qui deserti fuerant, et postea restituti, et super populum, qui est congregatus ex gentibus, qui possidere cœpit, et esse habitator umbilici terræ.

y cabeza de Mosoch y de Thubal:

4 Yo te llevaré por donde quiera, y pondré un freno en tus quijadas, y te sacaré fuera á tí y á todo tu ejército, caballos y ginetes, cubiertos todos de corazas; gentío inmenso, que empuñará lanzas, escudos y espadas.

5 Con ellos estarán los persas, los ethiopes y los de la Lybia, todos con sus escudos y morriones.

6 Gomer y todas sus tropas, la familia de Thogorma, los habitantes del lado del Norte con todas sus fuerzas, y muchos otros pueblos contigo se hallarán.

7 Aparéjate para resistirme, ponte en órden de batalla con toda tu muchedumbre agolpada al rededor tuyo, y dales tus órdenes.

8 Pues al cabo de muchos dias serás tú visitado y castigado: al fin de los años irás tú á una tierra, que fué librada de la espada, y cuya poblacion ha sido recogida de entre muchas naciones en los montes de Israel, que estuvieron por mucho tiempo desiertos: esta gente ha sido sacada de entre las naciones, y morará toda en dicha tierra tranquilamente.

9 Tú irás allá y entrarás como una tempestad, y como un nublado para cubrir la tierra con todas tus escuadrones, y con los muchos pueblos que están contigo.

10 Esto dice el Señor Dios: En aquel dia formarás en tu corazon altivos pensamientos, y maquinarás perversos designios:

11 y dirás: Yo me dirigiré á una tierra indefensa: iré contra una nacion que descansa y vive sin recelo ninguno, y todos ellos habitan en lugares abiertos, sin puertas ni cerrojos,

12 para enriquecerte de esta manera con los despojos y hacerte dueño de la presa, y descargarás la mano sobre aquellos que habian sido dispersados, y fueron despues restablecidos; sobre el pueblo que ha sido recogido de entre las naciones, el cual comenzó á poseer y habitar el pais que se miraba como el centro de las naciones de la tierra [1].

---

[1] En medio de Europa, Asia y África. Véase antes cap. V. v. 5.—Ps. LXXIII. v. 12.

13 *Saba, et Dedan, et negotiatores Tharsis, et omnes leones ejus dicent tibi: Nunquid ad sumenda spolia tu venis? ecce ad diripiendam prædam congregasti multitudinem tuam, ut tollas argentum, et aurum, et auferas supellectilem, atque substantiam, et diripias manubias infinitas.*

14 *Propterea vaticinare, fili hominis, et dices ad Gog: Hæc dicit Dominus Deus: Nunquid non in die illo, cùm habitaverit populus meus Israel confidenter, scies?*

15 *Et venies de loco tuo à lateribus Aquilonis tu, et populi multi tecum, ascensores equorum universi, cœtus magnus, et exercitus vehemens.*

16 *Et ascendes super populum meum Israel quasi nubes, ut operias terram. In novissimis diebus eris, et adducam te super terram meam, ut sciant gentes me, cùm sanctificatus fuero in te in oculis eorum, ò Gog.*

17 *Hæc dicit Dominus Deus: Tu ergo ille es de quo locutus sum in diebus antiquis, in manu servorum meorum prophetarum Israel, qui prophetaverunt in diebus illorum temporum, ut adducerem te super eos.*

18 *Et erit in die illa, in die adventus Gog super terram Israel, ait Dominus Deus, ascendet indignatio mea in furore meo.*

19 *Et in zelo meo, in igne iræ meæ locutus sum. Quia in die illa erit commotio magna super terram Israel:*

20 *et commovebuntur à facie mea pisces maris, et volucres cœli, et bestiæ agri, et omne reptile quod movetur super humum, cunctique homines qui sunt super faciem terræ; et subvertentur montes, et cadent sepes, et omnis murus corruet in terram.*

13 Saba y Dedan y los mercaderes de Tharsis [1], y todos sus leones [2] te dirán: ¿Vienes tú acaso á recoger despojos? He aquí que has reunido tu gente para apoderarte de la presa, para pillar la plata y el oro, y hacer el saqueo de muebles y alhajas, y de riquezas sin cuento.

14 Por tanto profetiza, oh hijo de hombre, y dirás á Gog: Esto dice el Señor Dios: Pues qué, ¿no sabrás tú bien el dia en que mi pueblo vivirá tranquilo y sin recelo ninguno?

15 Tú partirás de tu pais de la parte del Norte, llevando contigo muchas tropas, soldados todos de á caballo, que compondrán una grande muchedumbre, un poderoso ejército.

16 Y te dirigirás contra mi pueblo de Israel, á manera de nublado que cubre la tierra. En los postreros dias vivirás tú, y en ellos yo te conduciré á mi tierra; con el fin de que las naciones me conozcan, asi que yo haré resaltar en tí, oh Gog, la santidad mia á la vista de ellas.

17 Esto dice el Señor Dios: Tú eres pues aquel de quien hablé yo antiguamente por medio de mis siervos los profetas de Israel [3], los cuales en aquellos tiempos profetizaron que yo te traería contra ellos [4].

18 Y en aquel dia, dia en que llegue Gog á la tierra de Israel, dice el Señor Dios, se desahogará mi indignacion y mi furor.

19 Asi lo decreté lleno de zelo, y encendido en cólera. Grande será en aquel dia la conmocion en la tierra de Israel;

20 y á mi presencia se agitarán *y andarán perturbados* los peces del mar, y las aves del cielo, y las bestias del campo, y todos los réptiles, que se mueven sobre la tierra, y cuantos hombres moran en ella: y serán derribados los montes, y caerán los vallados *ó baluartes* [5], é irán por el suelo todas las murallas.

---

1 Ovid mar. I. Mach. III. v. 41.
2 Ó príncipes.
3 En la Carta canónica del apóstol S. Judas se habla de una profecía de Henoch acerca del fin del mundo. Tal vez aluda al Anti-Christo lo que profetizó Jacob Gen. XLIX. v. 17.—

Apoc. VII. v. 4.
4 Dan. VII.—VIII.—IX.
5 En el hebreo se lee מדרגות *madrugot, turres,* que S. Gerónimo traduce *munitiones:* por eso traducimos *baluartes.*

21 *Et convocabo adversus eum in cunctis montibus meis gladium, ait Dominus Deus: gladius uniuscujusque in fratrem suum dirigetur.*

22 *Et judicabo cum peste, et sanguine, et imbre vehementi, et lapidibus immensis: ignem et sulphur pluam super eum, et super exercitum ejus, et super populos multos, qui sunt cum eo.*

23 *Et magnificabor, et sanctificabor: et notus ero in oculis multarum gentium, et scient quia ego Dominus.*

21 Y llamaré contra él en todos mis montes la espada, dice el Señor Dios; cada uno dirigirá la espada contra su propio hermano.

22 Y le castigaré con la peste, y con la espada, y con furiosos aguaceros, y terribles piedras [1]: fuego y azufre lloveré sobre él, y sobre su ejército, y sobre los muchos pueblos que van con él.

23 Con esto haré que se vea mi grandeza y mi santidad, y me haré conocer de muchas naciones, y sabrán que yo soy el Señor.

CAPÍTULO XXXIX.

Profecía del total exterminio de Gog y de Magog, para gloria del Nombre de Dios, y para consuelo y restauracion de Israel, despues del castigo sufrido por sus pecados.

1 *Tu autem, fili hominis, vaticinare adversum Gog, et dices: Hæc dicit Dominus Deus: Ecce ego super te Gog principem capitis Mosoch et Thubal:*

2 *Et circumagam te, et educam te, et ascendere te faciam de lateribus Aquilonis: et adducam te super montes Israel.*

3 *Et percutiam arcum tuum in manu sinistra tua, et sagittas tuas de manu dextera tua dejiciam.*

4 *Super montes Israel cades tu, et omnia agmina tua, et populi tui, qui sunt tecum: feris, avibus, omnique volatili, et bestiis terræ, dedi te ad devorandum.*

5 *Super faciem agri cades: quia ego locutus sum, ait Dominus Deus.*

6 *Et immittam ignem in Magog, et in his qui habitant in insulis confidenter: et scient quia ego Dominus.*

7 *Et nomen sanctum meum notum faciam in medio populi mei Israel, et non polluam nomen sanctum meum*

1 Ahora tú, oh hijo de hombre, profetiza contra Gog, y dirás: Esto dice el Señor Dios: Heme aquí contra tí, oh Gog, príncipe y cabeza de Mosoch y de Thubal:

2 yo te llevaré por donde quiera, y te sacaré fuera, y te haré venir de la parte del Norte, y te conduciré sobre los montes de Israel.

3 Y destrozaré tu arco que tienes en la mano izquierda, y haré caer de tu derecha las saetas.

4 Sobre los montes de Israel [2] caerás muerto tú y todas tus huestes, y los pueblos que van contigo: á las fieras, á las aves y á todos los volátiles y bestias de la tierra te he entregado para que te devoren.

5 Tú perecerás en medio del campo; porque yo lo he decretado, dice el Señor Dios.

6 Y despediré fuego sobre *la tierra de* Magog, y sobre los habitantes de las islos ó *países sujetos á Gog,* los cuales viven sin temor alguno: y conocerán que yo soy el Señor.

7 Y haré que mi santo Nombre sea conocido en medio del pueblo mio de Israel, y no permitiré que sea en ade-

---

1 Véase *Apoc. XVI. v. 21.*

2 *II. Mach. IX.*

amplius: et scient gentes quia ego Dominus sanctus Israel.

8 Ecce venit, et factum est, ait Dominus Deus: hæc est dies, de qua locutus sum.

9 Et egredientur habitatores de civitatibus Israel, et succendent, et comburent arma, clypeum, et hastas, arcum, et sagittas, et baculos manuum, et contos: et succendent ea igni septem annis.

10 Et non portabunt ligna de regionibus, neque succident de saltibus: quoniam arma succendent igni, et deprædabuntur eos, quibus præda fuerant, et diripient vastatores suos, ait Dominus Deus.

11 Et erit in die illa, dabo Gog locum nominatum sepulchrum in Israel: vallem viatorum ad Orientem maris, quæ obstupescere faciet prætereuntes: et sepelient ibi Gog, et omnem multitudinem ejus, et vocabitur vallis multitudinis Gog.

12 Et sepelient eos domus Israel, ut mundent terram septem mensibus.

13 Sepeliet autem eum omnis populus terræ, et erit eis nominata dies, in qua glorificatus sum, ait Dominus Deus.

14 Et viros jugiter constituent lustrantes terram, qui sepeliant et requirant eos qui remanserant super faciem terræ, ut emundent eam: post menses autem septem quærere incipient.

15 Et circuibunt peragrantes terram; cùmque viderint os hominis, statuent juxta illud titulum, donec sepeliant illud pollinctores in valle multitudinis Gog.

lante mi santo Nombre profanado: y conocerán las gentes que yo soy el Señor, el Santo de Israel.

8 He aquí que llega el tiempo, y la cosa es [1] hecha, dice el Señor Dios: este es el dia aquel de que yo hablé.

9 Y saldrán los moradores de las ciudades de Israel, y recogerán para el fuego y quemarán las armas, los escudos, las lanzas, los arcos, las saetas, los bastones ó garrotes, y las picas [2], y serán pábulo para el fuego por siete por muchos años [3].

10 De suerte que no traerán leña de los campos, ni la irán á cortar en los bosques: porque harán lumbre con las armas; y disfrutarán de los despojos de aquellos que los habian á ellos saqueado, y cogerán el botin de los mismos que los habian robado á ellos, dice el Señor Dios.

11 En aquel dia yo señalaré á Gog para sepultura suya un lugar famoso en Israel, el valle que está hácia el oriente del mar de Genezareth, valle que causará espanto á los pasageros: allí enterrarán á Gog y á toda su muchedumbre; y le quedará el nombre de Valle de la muchedumbre, ó de los ejércitos, de Gog [4].

12 Y la familia de Israel los estará enterrando durante siete meses ó muchos dias, á fin de purificar la tierra.

13 Y concurrirá á enterrarlos todo el pueblo del pais: para el cual será célebre aquel dia en que he sido yo glorificado, dice el Señor Dios.

14 Y destinarán hombres que recorran continuamente el pais para enterrar, yendo en busca de los cadáveres que quedaron insepultos sobre la tierra, á fin de purificarla [5], y comenzarán á hacer estas pesquisas despues de los siete meses.

15 Y girarán y recorrerán el pais; y al ver un hueso humano pondrán una señal cerca de él, hasta tanto que los sepultureros le entierren en el Valle de la muchedumbre de Gog.

1 Es tan cierta como si ya estuviese hecha.
2 Que fueron de los enemigos.
3 Hiperbole vivisima para dar á entender el inmenso número de los impios guerreros que serán muertos con su caudillo el Anti-Christo.
4 En hebreo גוג המון hamon Gog, muchedumbre de Gog.
5 Num. XIX. v. 11.

16 *Nomen autem civitatis Amona, et mundabunt terram.*

17 *Tu ergo, fili hominis, hæc dicit Dominus Deus: Dic omni volucri, et universis avibus, cunctisque bestiis agri: Convenite, properate, concurrite undique ad victimam meam, quam ego immolo vobis, victimam grandem super montes Israel: ut comedatis carnem, et bibatis sanguinem.*

18 *Carnes fortium comedetis, et sanguinem principum terræ bibetis: arietum, et agnorum, et hircorum, taurorumque et altilium, et pinguium omnium.*

19 *Et comedetis adipem in saturitatem, et bibetis sanguinem in ebrietatem, de victima, quam ego immolabo vobis:*

20 *et saturabimini super mensam meam de equo, et equite forti, et de universis viris bellatoribus, ait Dominus Deus.*

21 *Et ponam gloriam meam in gentibus: et videbunt omnes gentes judicium meum, quod fecerim; et manum meam, quam posuerim super eos.*

22 *Et scient domus Israel, quia ego Dominus Deus eorum, à die illa, et deinceps.*

23 *Et scient gentes quoniam in iniquitate sua capta sit domus Israel, eò quòd dereliquerint me, et absconderim faciem meam ab eis, et tradiderim eos in manus hostium, et ceciderint in gladio universi.*

24 *Juxta immunditiam eorum et scelus feci eis, et abscondi faciem meam ab illis.*

25 *Proptereà hæc dicit Dominus Deus: Nunc reducam captivitatem Jacob, et miserebor omnis domus Israel: et assumam zelum pro nomine sancto meo.*

16 La ciudad vecina tendrá por nombre Amona[1], y dejarán purificada la tierra.

17 A tí pues, hijo de hombre, esto dice el Señor Dios: Diles á todos los volátiles, y á todas las aves, y á todas las bestias del campo: Reuníos, daos prisa y venid de todas partes á la víctima mia, víctima grande, que yo os presento sobre los montes de Israel: para que comais sus carnes, y bebais su sangre.

18 Comeréis las carnes de los valientes, y beberéis la sangre de los Príncipes de la tierra; sangre de carneros, y de corderos, y de machos de cabrío, y de toros, y de animales cebados, y de toda res gorda;

19 y comeréis, hasta saciaros, de la grosura de la víctima que yo inmolaré para vosotros, y beberéis de su sangre hasta embriagaros,

20 y en la mesa[2] que os pondré, os saciaréis de caballos, y de fuertes caballeros, y de todos los hombres guerreros, dice el Señor Dios.

21 Y haré ostension de mi gloria en medio de las naciones, y todas las gentes verán la venganza que habré tomado, y cómo he descargado sobre ellos mi mano:

22 y desde aquel dia en adelante conocerá la casa de Israel que yo soy el Señor Dios suyo.

23 Y las naciones entenderán que los de la casa de Israel, en castigo de sus maldades fueron llevados cautivos, porque me abandonaron, y yo aparté de ellos mi rostro, y los entregué en poder de los enemigos, con lo cual perecieron todos al filo de la espada.

24 Yo los traté segun merecia su inmundicia y sus maldades, y aparté de ellos mi rostro.

25 Por tanto, esto dice el Señor Dios: Yo ahora volveré á traer los cautivos de Jacob, y me apiadaré de toda la familia de Israel, y me mostraré zeloso de la honra de mi santo Nombre.

---

1 Como quien dice, *Cementerio.* Los Setenta traducen la voz hebrea המונה *amonah,* que significa *muchedumbre de él, πολυάνδριον polyandrion,* esto es, *de muchos*

hombres.

2 Alude al campo de batalla lleno de cadáveres.

26 *Et portabunt confusionem suam, et omnem prævaricationem, qud prævaricati sunt in me, cùm habitaverint in terra sua confidenter neminem formidantes:*

27 *et reduxero eos de populis et congregavero de terris inimicorum suorum, et sanctificatus fuero in eis, in oculis gentium plurimarum.*

28 *Et scient quia ego Dominus Deus eorum, eò quòd transtulerim eos in nationes, et congregaverim eos super terram suam, et non dereliquerim quemquam ex eis ibi.*

29 *Et non abscondam ultrà faciem meam ab eis: eò quòd effuderim spiritum meum super omnem domum Israel, ait Dominus Deus.*

26 Y ellos se penetrarán de una santa confusion, y sentirán todas las prevaricaciones que cometieron contra mí, cuando habitarán tranquilamente en su tierra, sin temer á nadie;

27 y cuando los habré yo sacado de en medio de los pueblos, y los habré reunido de las tierras de sus enemigos, y habré ostentado en ellos mi santidad delante de los ojos de muchísimas gentes.

28 Y conocerán que yo soy el Señor Dios suyo, pues que los trasporté á las naciones, y los volví á su pais, sin dejar allí ni uno de ellos.

29 Ya no les ocultaré mas mi rostro; porque derramado he el espíritu mio sobre toda la casa de Israel, dice el Señor Dios [1].

CAPÍTULO XL.

El Señor muestra en vision al Profeta la forma de los atrios, de las puertas y del pórtico del Templo del Señor, destruido por los cháldéos.

1 *In vigesimo quinto anno transmigrationis nostræ, in exordio anni, decima mensis, quartodecimo anno postquam percussa est civitas: in ipsa hac die facta est super me manus Domini, et adduxit me illuc.*

2 *In visionibus Dei adduxit me in terram Israel, et dimisit me super montem excelsum nimis: super quem erat quasi ædificium civitatis vergentis ad Austrum.*

3 *Et introduxit me illuc: et ecce vir, cujus erat species quasi species æris, et funiculus lineus in manu ejus, et calamus mensuræ in manu ejus: stabat autem in porta.*

4 *Et locutus est ad me idem vir: Fili*

1 El año vigésimo quinto de haber sido llevados al cautiverio [a], al principio del año, á los diez dias del mes, catorce años despues que la ciudad fué arruinada, en aquel mismo dia se hizo sentir sobre mí la virtud del Señor, y condújome allá á *Jerusalem.*

2 Llevóme en una vision Divina á la tierra de Israel, y púsome sobre un monte muy elevado, sobre el cual habia como el edificio de una ciudad [3], que miraba hácia el Mediodia.

3 É introdújome dentro de él, y he aquí un varon cuyo aspecto era como de lucidísimo bronce, y tenia en su mano una cuerda de lino, y una caña ó vara de medir en la otra mano; y estaba parado á la puerta.

4 Y díjome este varon: Hijo de hom-

1 Véase ántes cap. *XXXVI. v.* 27.

2 Esto es, el 3430 del Mundo. Los nueve capítulos restantes de Ezechiel están tan llenos de dificultades y obscuridad, que S. Gerónimo resolvió no decir nada sobre ellas. Y protesta que lo que escribió á instancia de la virgen santa Eustoquio, todo es una simple conjetura.

3 El templo con todos sus edificios anejos ya fue llamado por David *Ciudad del Rey grande. Ps. XLVII. v.* 3. Con respecto á Ezechiel que era conducido desde Babylonia, ó de la parte del Norte, estaba el templo á la parte del Mediodia.

hominis, vide oculis tuis, et auribus tuis audi, et pone cor tuum in omnia, quæ ego ostendam tibi; quia ut ostendantur tibi, adductus es huc: annuntia omnia, quæ tu vides, domui Israel.

bre, mira atentamente con tus ojos, y aplica bien tus oidos para escuchar, y deposita en tu corazon todas las cosas que yo te mostraré: porque para que se te manifiesten has sido tú conducido acá: cuenta á la casa de Israel todo cuanto ves.

5 Et ecce murus forinsecus in circuitu domus undique, et in manu viri calamus mensuræ sex cubitorum, et palmo: et mensus est latitudinem ædificii calamo uno, altitudinem quoque calamo uno.

5 Y ví afuera un muro que circuía la casa, y el varon en cuya mano estaba la caña de medir de seis codos y un palmo [1], midió la anchura del edificio, la cual era de una caña, y de una caña tambien la altura.

6 Et venit ad portam, quæ respiciebat viam Orientalem, et ascendit per gradus ejus: et mensus est limen portæ calamo uno latitudinem, id est, limen unum calamo uno in latitudine:

6 Y fué al portal que miraba al camino de Oriente, y subió sus gradas, y midió el umbral de la puerta, cuya anchura era de una caña; esto es, cada uno de los umbrales tenia una caña de ancho.

7 et thalamum uno calamo in longum, et uno calamo in latum: et inter thalamos, quinque cubitos.

7 Y cada cámara tenia una caña de largo y una de ancho; y entre una cámara y otra habia cinco codos [2].

8 Et limen portæ juxta vestibulum portæ intrinsecus, calamo uno.

8 Y el umbral de la puerta junto al vestíbulo de la puerta interior tenia una caña.

9 Et mensus est vestibulum portæ octo cubitorum, et frontem ejus duobus cubitis: vestibulum autem portæ erat intrinsecus.

9 Y midió el vestíbulo de la puerta que era de ocho codos, y de dos codos su fachada; y el vestíbulo ó *corredor* de la puerta estaba en la parte de adentro *del edificio.*

10 Porrò thalami portæ ad viam Orientalem, tres hinc et tres inde: mensura una trium, et mensura una frontium ex utraque parte.

10 Las cámaras de la puerta de Oriente eran tres á un lado y tres al otro: una misma era la medida de las tres cámaras; é igual medida tenian las fachadas de ambas partes.

11 Et mensus est latitudinem liminis portæ, decem cubitorum: et longitudinem portæ, tredecim cubitorum.

11 Y midió la anchura del umbral de la puerta, que era de diez codos, y de trece codos su longitud.

12 Et marginem ante thalamos cubiti unius: et cubitus unus finis utrinque: thalami autem, sex cubitorum erant hinc et inde.

12 Y la márgen que habia delante de las cámaras era de un codo; y un codo hacia toda su medida, por una y otra parte; y las cámaras de ambos lados tenian seis codos.

13 Et mensus est portam à tecto thalami, usque ad tectum ejus, latitudinem vigintiquinque cubitorum: ostium contra ostium.

13 Y midió *el atrio de* la puerta desde el fondo de una cámara hasta el fondo de la otra, y tenia veinte y cinco codos de anchura: la puerta de una *cá-mara* estaba en frente de la otra.

14 Et fecit frontes per sexaginta cu-

14 É hizo *ó midió* las fachadas de se-

---

1 Estaba dividida la medida en codos y en palmos; y era cada codo de la medida del co-do comun, y un palmo mas. Véase *Medidas.*
2 Que ocupaban las contrapilastras.

bitos: et ad frontem atrium portæ undique per circuitum.

15 Et ante faciem portæ, quæ pertingebat usque ad faciem vestibuli portæ interioris, quinquaginta cubitos.

16 Et fenestras obliquas in thalamis, et in frontibus eorum, quæ erant intra portam undique per circuitum: similiter autem erant et in vestibulis fenestræ per gyrum intrinsecus, et ante frontes pictura palmarum.

17 Et eduxit me ad atrium exterius, et ecce gazophylacia, et pavimentum stratum lapide in atrio per circuitum: triginta gazophylacia in circuitu pavimenti.

18 Et pavimentum in fronte portarum, secundùm longitudinem portarum erat inferius.

19 Et mensus est latitudinem à facie portæ inferioris usque ad frontem atrii interioris extrinsecus, centum cubitos ad Orientem, et ad Aquilonem.

20 Portam quoque, quæ respiciebat viam Aquilonis atrii exterioris, mensus est tam in longitudine, quam in latitudine:

21 et thalamos ejus tres hinc, et tres inde: et frontem ejus, et vestibulum ejus secundùm mensuram portæ prioris, quinquaginta cubitorum longitudinem ejus, et latitudinem vigintiquinque cubitorum.

22 Fenestræ autem ejus, et vestibulum, et sculpturæ secundùm mensuram portæ, quæ respiciebat ad Orientem: et septem graduum erat ascensus ejus, et vestibulum ante eam.

23 Et porta atrii interioris contra portam Aquilonis et Orientalem: et mensus est à porta usque ad portam centum cubitos.

24 Et eduxit me ad viam Australem, et ecce porta, quæ respiciebat ad Austrum: et mensus est frontem ejus, et vestibulum ejus, juxta mensuras superiores.

senta codos; y correspondiente á la fachada hizo el atrio de la puerta por todo al rededor.

15 Y desde la fachada de la puerta hasta la fachada interior de la otra puerta del atrio habia cincuenta codos:

16 y ventanas oblicuas [1], en las cámaras y en las fachadas que estaban de dentro de la puerta por todas partes al rededor: habia tambien en los zaguanes ventanas al rededor, por la parte de dentro; y delante de las fachadas habia figuras de palmas.

17 Y condújome al atrio exterior, y ví allí cámaras, y el pavimento del atrio estaba enlosado de piedra al rededor: treinta cámaras ó estancias habia al rededor del pavimento.

18 Y el pavimento en la fachada de las puertas era mas bajo, segun la longitud de las puertas.

19 Y midió la anchura desde la fachada de la puerta inferior, hasta el principio del atrio interior por la parte de fuera, y tenia cien codos al Oriente, y otros tantos al Norte.

20 Asimismo midió tanta la longitud como la anchura de la puerta del atrio exterior que cae al Norte.

21 Y sus cámaras tres á un lado y tres al otro; y su frontispicio y su vestibulo eran segun la medida de la primera puerta, de cincuenta codos de largo, y veinte y cinco codos de ancho.

22 Y sus ventanas, y el vestíbulo, y las entalladuras eran segun la medida de la puerta que miraba al Oriente: y para subir á ella habia siete gradas, y delante de ella un zaguan.

23 Y la puerta del atrio interior estaba en frente de la puerta del atrio exterior á Norte, y á Oriente; y desde una á otra puerta midió cien codos.

24 Y llevóme á la parte del Mediodia, en donde estaba la puerta que miraba al Mediodia; y midió su fachada y su vestíbulo, que eran de las mismas medidas que las otras.

---

1 Esto es, por dentro anchas, y por fuera angostas. Otros traducen: claraboyas.

25 Et fenestras ejus et vestibula in circuitu, sicut fenestras ceteras: quinquaginta cubitorum longitudine, et latitudine vigintiquinque cubitorum.

26 Et in gradibus septem ascendebatur ad eam: et vestibulum ante fores ejus; et cælatæ palmæ erant, una hinc, et altera inde in fronte ejus.

27 Et porta atrii interioris in via Australi: et mensus est à porta usque ad portam in via Australi, centum cubitos.

28 Et introduxit me in atrium interius ad portam Australem: et mensus est portam juxta mensuras superiores.

29 Thalamum ejus, et frontem ejus, et vestibulum ejus eisdem mensuris: et fenestras ejus, et vestibulum ejus in circuitu, quinquaginta cubitos longitudinis, et latitudinis vigintiquinque cubitos.

30 Et vestibulum per gyrum longitudine vigintiquinque cubitorum, et latitudine quinque cubitorum.

31 Et vestibulum ejus ad atrium exterius, et palmas ejus in fronte: et octo gradus erant, quibus ascendebatur per eam.

32 Et introduxit me in atrium interius per viam Orientalem: et mensus est portam secundùm mensuras superiores.

33 Thalamum ejus, et frontem ejus, et vestibulum ejus, sicut suprà: et fenestras ejus, et vestibula ejus in circuitu, longitudine quinquaginta cubitorum, et latitudine vigintiquinque cubitorum.

34 Et vestibulum ejus, id est atrii exterioris: et palmæ cælatæ in fronte ejus hinc et inde: et in octo gradibus ascensus ejus.

35 Et introduxit me ad portam, quæ respiciebat ad Aquilonem: et mensus est secundùm mensuras superiores.

36 Thalamum ejus, et frontem ejus, et vestibulum ejus, et fenestras ejus per circuitum, longitudine quinquaginta cubitorum, et latitudine vigintiquinque cubitorum.

37 Et vestibulum ejus respiciebat ad atrium exterius: et cælatura palma-

25 Tambien sus ventanas y los zaguanes al rededor eran, como las otras ventanas, de cincuenta codos de largo, y veinte y cinco de ancho.

26 Y subíase á esta puerta por siete gradas; y delante de ella habia un zaguan y palmas entalladas, una de un lado, y otra de otro en su fachada.

27 La puerta del atrio interior caía al Mediodia; y midió de puerta á puerta en la parte meridional cien codos.

28 Y llevóme al atrio interior á la puerta del Mediodia; y midió la puerta, la cual era de las mismas medidas que las otras.

29 Sus cámaras, y fachada, y zaguan, y sus ventanas y su zaguan al rededor, tenian las mismas medidas, cincuenta codos de largo, y veinte y cinco de ancho.

30 Y el vestíbulo que habia al rededor tenia veinte y cinco codos de largo y cinco de ancho.

31 Y su pórtico daba al atrio exterior: habia tambien palmas en la fachada, y ocho gradas para subir á la puerta.

32 É introdújome en el mismo atrio interior por la parte oriental; y midió la puerta, la cual era de las mismas medidas que las otras.

33 Sus cámaras, su fachada y su vestíbulo, así como arriba; y las ventanas y el vestíbulo al rededor tenian de longitud cincuenta codos, y veinte y cinco codos de anchura.

34 Y su pórtico caía al atrio exterior, y habia en su fachada de un lado y de otro palmas entalladas; y subíase á la puerta por ocho gradas.

35 Y llevóme á la puerta que miraba al Norte, y midióla segun las mismas medidas que las otras.

36 Sus cámaras, y su fachada, y su vestíbulo, y sus ventanas al rededor tenian cincuenta codos de largo y veinte y cinco de ancho.

37 Y su vestíbulo caía al atrio exterior, y habia palmas entalladas en su

rum in fronte ejus hinc et inde: et in octo gradibus ascensus ejus.

38 Et per singula gazophylacia ostium in frontibus portarum: ibi lavabant holocaustum.

39 Et in vestibulo portæ, duæ mensæ hinc, et duæ mensæ inde: ut immoletur super eas holocaustum, et pro peccato, et pro delicto.

40 Et ad latus exterius, quod ascendit ad ostium portæ, quæ pergit ad Aquilonem, duæ mensæ: et ad latus alterum ante vestibulum portæ, duæ mensæ.

41 Quatuor mensæ hinc, et quatuor mensæ inde: per latera portæ octo mensæ erant, super quas immolabant.

42 Quatuor autem mensæ ad holocaustum, de lapidibus quadris extructæ; longitudine cubiti unius et dimidii: et latitudine cubiti unius et dimidii: et altitudine cubiti unius: super quas ponant vasa, in quibus immolatur holocaustum, et victima.

43 Et labia eorum palmi unius, reflexa intrinsecus per circuitum: super mensas autem carnes oblationis.

44 Et extra portam interiorem, gazophylacia cantorum in atrio interiori, quod erat in latere portæ respicientis ad Aquilonem: et facies eorum contra viam australem, una ex latere portæ orientalis, quæ respiciebat ad viam Aquilonis.

45 Et dixit ad me: Hoc est gazophylacium, quod respicit viam meridianam: sacerdotum erit, qui excubant in custodiis templi.

46 Porro gazophylacium, quod respicit ad viam Aquilonis, sacerdotum erit, qui excubant ad ministerium altaris: isti sunt filii Sadoc, qui accedunt de filiis Levi ad Dominum ut ministrent ei.

47 Et mensus est atrium longitudine centum cubitorum, et latitudine centum

fachada, de un lado y de otro; y subíase á la puerta por ocho gradas.

38 Y en cada una de las cámaras habia un postigo en frente de las puertas[1], junto á las cuales lavaban el holocausto.

39 Y en el zaguan de la puerta habia dos mesas á un lado y dos al otro, para degollar sobre ellas las víctimas para el holocausto, por el pecado, y por el delito.

40 Y al lado exterior que sube al postigo de la puerta que mira al Norte habia dos mesas, y otras dos al otro lado, delante del zaguan de la puerta.

41 Cuatro mesas de un lado y cuatro de otro. A los lados de la puerta habia ocho mesas, sobre las cuales inmolaban[2] las víctimas.

42 Y las cuatro mesas para el holocausto estaban hechas de piedras cuadradas, de codo y medio de largo, y de codo y medio de ancho, y de un codo de alto, para poner sobre ellas los instrumentos que se usan al inmolar el holocausto y la víctima.

43 Y tenian todas ellas al rededor un borde de un palmo, que se redoblaba hácia dentro, y sobre las mesas poníanse las carnes de la ofrenda.

44 Y fuera de la puerta interior habia las cámaras de los cantores en el atrio interior, que estaba al lado de la puerta que mira al Norte, y sus fachadas miraban al Mediodia; una estaba al lado de la puerta oriental que miraba al Norte.

45 Y dijome el Angel: Esta cámara ó habitacion que mira al Mediodia, será para los sacerdotes que velan en la guardia del Templo.

46 Aquella cámara que da al Norte será para los sacerdotes que velan en el servicio del Altar. Estos son los hijos de Sadoc, los cuales son descendientes de Leví, y se acercan al Señor para emplearse en servirle.

47 Y midió el atrio, que tenia cien codos de largo y cien codos en cuadro

---

1 Dentro del atrio de los sacerdotes, al lado de las dos grandes puertas Meridional y Setentrional. Estaba alli entre columnata y columnata las diez conchas que hizo Salomon para lavar las víctimas que habian de ofrecerse al Señor en holocausto. III. Reg. VII. v. 39.—II. Paral. IV. v. 6.

2 Ó degollaban.

cubitorum per quadrum: et altare ante faciem templi.

48 Et introduxit me in vestibulum templi: et mensus est vestibulum quinque cubitis hinc, et quinque cubitis inde: et latitudinem portæ trium cubitorum hinc, et trium cubitorum inde.

49 Longitudinem autem vestibuli viginti cubitorum, et latitudinem undecim cubitorum, et octo gradibus ascendebatur ad eam. Et columnæ erant in frontibus; una hinc, et altera inde.

de ancho, y el altar que estaba delante de la fachada del Templo.

48 É introdújome en el vestíbulo del Templo; y midió el vestíbulo, que tenia cinco codos de una parte, y cinco codos de otra; y la anchura de la puerta tres codos de un lado y tres de otro.

49 Y la longitud del vestíbulo era de veinte codos, y de once codos de anchura, y se subia á la puerta por ocho gradas. Y en la fachada habia dos columnas, una de un lado y otra de otro [1].

CAPÍTULO XLI.

Descripcion del Templo; esto es, del lugar Santo, del Santísimo ó Santo de los Santos, y de las estancias contiguas al Templo.

1 Et introduxit me in templum, et mensus est frontes, sex cubitos latitudinis hinc, et sex cubitos latitudinis inde, latitudinem tabernaculi.

2 Et latitudo portæ, decem cubitorum erat: et latera portæ, quinque cubitis hinc, et quinque cubitis inde: et mensus est longitudinem ejus quadraginta cubitorum, et latitudinem viginti cubitorum.

3 Et introgressus intrinsecus, mensus est in fronte portæ duos cubitos: et portam, sex cubitorum: et latitudinem portæ, septem cubitorum.

4 Et mensus est longitudinem ejus viginti cubitorum, et latitudinem ejus viginti cubitorum, ante faciem templi: et dixit ad me: Hoc est Sanctum Sanctorum.

5 Et mensus est parietem domus sex cubitorum: et latitudinem lateris quatuor cubitorum undique per circuitum domus.

6 Latera autem, latus ad latus, bis triginta tria: et erant eminentia, quæ ingrederentur per parietem domus, in lateribus per circuitum, ut continerent,

1 E introdújome el Ángel en el Templo, y midió los postes, que tenian seis codos de anchura por un lado y seis codos por otro; la cual era la anchura del Tabernáculo antiguo.

2 La anchura de la puerta era de diez codos; y sus lados tenian cinco codos cada uno. Y midió la longitud del Santo, y tenia cuarenta codos, y su anchura veinte codos.

3 Y habiendo entrado en lo interior [2], midió un poste de la puerta que era de dos codos, y la puerta de seis codos; y ademas de esta abertura, siete codos de ancho desde la puerta á cada rincon.

4 Y midió el fondo del Santuario delante de la fachada del Templo, y halló ser de veinte codos de largo, y otros veinte de ancho; y díjome: Este es el Santo de los Santos.

5 Y midió el grueso de la pared de la casa ó Templo, que era de seis codos; y la anchura de los lados por todo el rededor de la casa era de cuatro codos.

6 Y los lados, unidos el uno al otro, componian dos veces treinta y tres cámaras [3]; y habia modillones que sobresalian; y entraban en la pared de la

1 III. Reg. VII. v. 15.—II. Paralip. III. vers. 15.
2 Ó en el Sancta-Sanctorum.

3 Estas cámaras estaban la una encima de la otra en tres pisos.

et non attingerent parietem templi.

7 *Et platea erat in rotundum, ascendens sursum per cochleam, et in cœnaculum templi deferebat per gyrum: idcircò latius erat templum in superioribus: et sic de inferioribus ascendebatur ad superiora in medium.*

8 *Et vidi in domo altitudinem per circuitum, fundata latera ad mensuram calami sex cubitorum spatio:*

9 *et latitudinem per parietem lateris forinsecus quinque cubitorum: et erat interior domus in lateribus domus.*

10 *Et inter gazophylacia latitudinem viginti cubitorum in circuitu domus undique,*

11 *et ostium lateris ad orationem: ostium unum ad viam Aquilonis, et ostium unum ad viam Australem: et latitudinem loci ad orationem, quinque cubitorum in circuitu.*

12 *Et ædificium, quod erat separatum, versumque ad viam respicientem ad mare, latitudinis septuaginta cubitorum: paries autem ædificii, quinque cubitorum latitudinis per circuitum: et longitudo ejus nonaginta cubitorum.*

13 *Et mensus est domus longitudinem, centum cubitorum: et quod separatum erat ædificium, et parietes ejus longitudinis centum cubitorum.*

14 *Latitudo autem ante faciem domus, et ejus, quod erat separatum contra Orientem, centum cubitorum.*

15 *Et mensus est longitudinem ædificii contra faciem ejus, quod erat separatum ad dorsum: ethecas ex utraque parte centum cubitorum: et templum interius, et vestibula atrii.*

16 *Limina, et fenestras obliquas, et ethecas in circuitu per tres partes, contra uniuscujusque limen, stratumque ligno per gyrum in circuitu: terra au-*

casa por los lados al rededor, á fin de que sostuviesen *las cámaras,* sin que estas tocasen á la pared del Templo.

7 Y habia una pieza redonda, con una escalera de caracol, por donde se subia á lo alto, y dando vueltas conducia á la cámara mas alta del Templo, de suerte que el Templo era mas ancho en lo mas alto [1]: y asi desde el pavimento se subia á la estancia del medio, y de esta á la mas alta.

8 Y observé la altura de la casa al rededor: sus lados tenian de fondo la medida de una caña de seis codos:

9 Y la anchura de la pared del lado de afuera *era* de cinco codos; y la casa ó *Templo* estaba rodeada de estos lados ó edificios.

10 Y entre las cámaras habia un espacio de veinte codos al rededor de la casa, por todos lados.

11 Y las puertas de las cámaras *eran* para ir á la oracion; una puerta al Norte y otra al Mediodia: y el lugar para la oracion tenia de ancho cinco codos por todos lados.

12 Y el edificio [2] que estaba separado, y miraba hácia el mar ú *Occidente,* tenia de ancho setenta codos; y la pared del edificio cinco codos en ancho por todas partes, y noventa de largo.

13 Y midió la longitud de la casa ó *Templo,* y era de cien codos; y cien codos de largo tenia con sus paredes el edificio que estaba separado *del Templo.*

14 Y la plaza que habia delante de la casa, y delante del edificio separado hácia el Oriente, era de cien codos.

15 Y midió la longitud del edificio ó muro que estaba delante de aquel que estaba separado, y sito en la parte de detrás, y las galerías de ambos lados; y era de cien codos: y midió el templo interior, y los vestíbulos del atrio.

16 Midió los umbrales ó *puertas,* y las ventanas oblícuas, y las galerías que estaban al rededor en los tres lados *del Templo,* frente de cada umbral, todo lo

---

1 Porque era menor el grueso de las paredes.

2 De las cámaras ú oratorios.

lem usque ad fenestras, et fenestræ clausæ super ostia.

17 Et usque ad domum interiorem, et forinsecus per omnem parietem in circuitu intrinsecus, et forinsecus, ad mensuram.

18 Et fabrefacta cherubim et palmæ: et palma inter cherub et cherub, duasque facies habebat cherub.

19 Faciem hominis juxta palmam ex hac parte, et faciem leonis juxta palmam ex alia parte, expressam per omnem domum in circuitu.

20 De terra usque ad superiora portæ, cherubim et palmæ cælatæ erant in pariete templi.

21 Limen quadrangulum, et facies sanctuarii, aspectus contra aspectum.

22 Altaris lignei trium cubitorum altitudo, et longitudo ejus duorum cubitorum: et anguli ejus, et longitudo ejus, et parietes ejus lignei. Et locutus est ad me: Hæc est mensa coram Domino.

23 Et duo ostia erant in templo, et in sanctuario.

24 Et in duobus ostiis ex utraque parte bina erant ostiola, quæ in se invicem plicabantur: bina enim ostia erant ex utraque parte ostiorum.

25 Et cælata erant in ipsis ostiis templi cherubim, et sculpturæ palmarum, sicut in parietibus quoque expressa erant: quam ob rem et grossiora erant ligna in vestibuli fronte forinsecus.

26 Super quæ fenestræ obliquæ, et similitudo palmarum hinc atque inde in humerulis vestibuli, secundùm latera domus, latitudinemque parietum.

cual estaba revestido de madera; lo midió todo desde el pavimento hasta las ventanas: y las ventanas de encima de las puertas estaban cerradas con celosías.

17 Y midió hasta la casa ó Templo interior, y por la parte de afuera toda la pared al rededor por dentro y por fuera, segun medida.

18 Y habia entalladuras de chêrubines y de palmas, pues entre chêrubin y chêrubin habia una palma; y cada chêrubin tenia dos caras,

19 la cara de hombre vuelta bácia una palma á un lado, y la cara de leon bácia la otra palma al otro lado, esculpidas de relieve por todo el rededor del Templo [1].

20 Estas esculturas de los chêrubines y palmas estaban en la pared del Templo desde el pavimento hasta la altura de la puerta.

21 La puerta era cuadrangular, y la fachada del Santuario miraba de frente á la del Templo.

22 La altura del altar de madera era de tres codos, y su longitud de dos codos, y sus ángulos, y su superficie y sus lados eran de madera [2]. Y díjome él Angel: He aquí la mesa que está delante del Señor.

23 Y en el Templo y en el Santuario habia dos puertas,

24 y en estas dos puertas habia en una y otra parte otras dos pequeñas puertas [3]; las que se doblaban una sobre otra, pues dos eran las hojas de una y otra parte de las puertas.

25 Y en las dichas puertas del Templo habia entallados chêrubines y palmas; asi como se veian tambien de relieve en las paredes: por cuya razon eran mas gruesas las vigas en la frente del vestíbulo de afuera,

26 sobre las cuales estaban las ventanas oblicuas; y las figuras de las palmas de un lado y de otro en los capiteles de la galería, á lo largo de los costados de la casa, y en la extension de las paredes.

---

1 III. Reg. VI. v. 26.
2 De madera preciosa, y cubierta con planchas de oro. Et. XXX.
3 Dos hojas en una y otra parte.

CAPÍTULO XLII.

De las cámaras ó estancias que habia en el atrio de los sacerdotes,
y de su uso. Dimensiones del atrio exterior.

1 *Et eduxit me in atrium exterius per viam ducentem ad Aquilonem, et introduxit me in gazophylacium, quod erat contra separatum ædificium, et contra ædem vergentem ad Aquilonem.*

2 *In facie longitudinis centum cubitos ostii Aquilonis: et latitudinis quinquaginta cubitos,*

3 *contra viginti cubitos atrii interioris, et contra pavimentum stratum lapide atrii exterioris, ubi erat porticus juncta porticui triplici.*

4 *Et ante gazophylacia deambulatio decem cubitorum latitudinis, ad interiora respiciens viæ cubiti unius. Et ostia eorum ad Aquilonem:*

5 *ubi erant gazophylacia in superioribus humiliora: quia supportabant porticus, quæ ex illis eminebant de inferioribus, et de mediis ædificii.*

6 *Tristega enim erant, et non habebant columnas, sicut erant columnæ atriorum: propterea eminebant de inferioribus, et de mediis à terra cubitis quinquaginta.*

7 *Et peribolus exterior secundum gazophylacia, quæ erant in via atrii exterioris ante gazophylacia: longitudo ejus quinquaginta cubitorum.*

8 *Quia longitudo erat gazophylaciorum atrii exterioris: quinquaginta cubitorum: et longitudo ante faciem templi, centum cubitorum.*

9 *Et erat subter gazophylacia hæc introitus ab Oriente ingredientium in ea de atrio exteriori.*

10 *In latitudine periboli atrii, quod erat contra viam orientalem in faciem ædificii separati, et erant ante ædificium gazophylacia.*

1 Y me sacó *del Templo* al patio de afuera por el camino que va hácia el Norte; y me introdujo en las cámaras que estaban en frente del edificio separado, y delante de la casa ó *Templo* por la parte que miraba al Norte.

2 En la fachada tenia *este edificio* cien codos de largo desde la puerta del Norte, y cincuenta de ancho,

3 en frente del atrio interior de veinte codos, y, en frente al pavimento enlosado del atrio exterior, donde estaba el pórtico que se unia á los tres pórticos de los tres lados.

4 Y delante de las cámaras habia una galería de diez codos de ancho, que miraba á la parte de adentro y tenia delante un borde ó *antepecho* de un codo. Sus puertas estaban al Norte,

5 donde habia las cámaras mas bajas en el plano de arriba; por estar sostenidas de los pórticos, los cuales salian mas afuera en la parte ínfima y media del edificio.

6 Porque habia tres pisos, y aquellas cámaras no tenian columnas, como eran las columnas de los patios: por esto se levantaban de tierra cincuenta codos, comprendidas la estancia ínfima y la del medio.

7 Y el recinto exterior á lo largo de las cámaras, las cuales estaban en el paso del patio de afuera delante de las cámaras, tenia de largo cincuenta codos.

8 Porque la longitud de las cámaras del atrio exterior era de cincuenta codos; y la longitud delante de la fachada del Templo, de cien codos.

9 Y debajo de estas cámaras habia un pasadizo al Oriente para entrar en ellas desde el patio exterior.

10 Á lo ancho del recinto del patio que estaba frente á la parte oriental de la fachada del edificio separado, habia tambien cámaras delante de este edificio.

11 Et via ante faciem eorum, juxta similitudinem gazophylaciorum, quæ erant in via Aquilonis: secundùm longitudinem eorum, sic et latitudo eorum, et omnis introitus eorum, et similitudines, et ostia eorum.

12 Secundùm ostia gazophylaciorum, quæ erant in via respiciente ad Notum: ostium in capite viæ: quæ via erat ante vestibulum separatum per viam orientalem ingredientibus.

13 Et dixit ad me: Gazophylacia Aquilonis, et gazophylacia Austri, quæ sunt ante ædificium separatum: hæc sunt gazophylacia sancta: in quibus vescuntur sacerdotes, qui appropinquant ad Dominum in sancta sanctorum: ibi ponent sancta sanctorum, et oblationem pro peccato, et pro delicto: locus enim sanctus est.

14 Cùm autem ingressi fuerint sacerdotes, non egredientur de sanctis in atrium exterius: et ibi reponent vestimenta sua, in quibus ministrant, quia sancta sunt: vestienturque vestimentis aliis, et sic procedent ad populum.

15 Cumque complesset mensuras domus interioris, eduxit me per viam portæ, quæ respiciebat ad viam orientalem: et mensus est eam undique per circuitum.

16 Mensus est autem contra ventum orientalem calamo mensuræ, quingentos calamos in calamo mensuræ per circuitum.

17 Et mensus est contra ventum Aquilonis quingentos calamos in calamo mensuræ per gyrum.

18 Et ad ventum australem mensus est quingentos calamos in calamo mensuræ per circuitum.

19 Et ad ventum occidentalem mensus est quingentos calamos in calamo mensuræ.

20 Per quatuor ventos mensus est murum ejus undique per circuitum, longitudinem quingentorum cubitorum, et

11 Y el pasadizo de delante de ellas era semejante al de las cámaras que estaban al Norte: la longitud de este pasadizo era como la de aquel, y la misma la anchura del uno que del otro, y así sus entradas, y su figura, y sus puertas:

12 las cuales eran como las puertas de las cámaras que estaban al Mediodia: tenian una puerta en la cabeza del pasadizo, y este pasadizo estaba delante del pórtico separado para quien venia del lado oriental.

13 Y díjome el Angel: Las cámaras del Norte y las cámaras del Mediodia, que están delante del edificio separado, son cámaras santas, en las cuales comerán los sacerdotes que se acercan al Señor en el Santuario: allí meterán las cosas sacrosantas, y la ofrenda por el pecado y por el delito; porque el tal lugar santo es.

14 Y cuando los sacerdotes hubieren entrado, no saldrán del lugar santo al patio de afuera [1], sino que dejarán allí las vestiduras con que ejercen su ministerio, porque son santas: y tomarán otro vestido, y así saldrán á tratar con el pueblo [2].

15 Y cuando el Angel hubo acabado de medir la casa ó templo interior, me sacó fuera por la puerta que miraba al Oriente, y midió la casa por todos lados al rededor.

16 Midió pues por la parte del Oriente con la caña de medir, y hubo la medida de quinientas cañas al rededor.

17 Y por la parte del Norte hubo la medida de quinientas cañas de medir al rededor.

18 Y por la parte del Mediodia hubo quinientas cañas de medir al rededor.

19 Y por la parte de Poniente midió tambien quinientas cañas de medir al rededor.

20 Por los cuatro vientos midió su pared por todas partes al rededor, y hubo quinientos códos ó cañas [3] de lon-

---

1 Con las vestiduras sagradas.
2 Despues XLIV. v 17. — Lev. VI. vers. 11. — Ex. XXVIII. v. 42.

3 Advierte S. Gerónimo que en vez de cubitorum debe leerse cannarum, como se ve en varios manuscritos de nuestra Vulga-

latitudinem quingentorum cubitorum, dividentem inter sanctuarium et vulgi locum.

gitud, y quinientos codos de ancho; la cual *pared* hace la separacion entre el Santuario y el lugar ó *atrio* del pueblo.

CAPÍTULO XLIII.

Entrada del Señor en el Templo. Descripcion del altar de los holocaustos, y de la ceremonia de su consagracion.

1 *Et duxit me ad portam, quæ respiciebat ad viam orientalem.*

2 *Et ecce gloria Dei Israel ingrediebatur per viam orientalem: et vox erat ei quasi vox aquarum multarum, et terra splendebat à majestate ejus.*

3 *Et vidi visionem, secundùm speciem quam videram, quando venit ut disperderet civitatem: et species secundùm aspectum, quem videram juxta fluvium Chobar: et cecidi super faciem meam.*

4 *Et majestas Domini ingressa est templum per viam portæ, quæ respiciebat ad Orientem.*

5 *Et elevavit me spiritus, et introduxit me in atrium interius: et ecce repleta erat gloria Domini domus.*

6 *Et audivi loquentem ad me de domo: et vir qui stabat juxta me,*

7 *dixit ad me: Fili hominis, locus solii mei, et locus vestigiorum pedum meorum, ubi habito in medio filiorum Israel in æternam: et non polluent ultrà domus Israel nomen sanctum meum, ipsi et reges eorum in fornicationibus suis, et in ruinis regum suorum; et in excelsis.*

8 *Qui fabricati sunt limen suum juxta limen meum, et postes suos juxta postes meos: et murus erat inter me et eos: et polluerunt nomen sanctum meum*

1 Y condújome *el Angel* á la puerta del atrio exterior que miraba al Oriente;

2 y he aquí que la gloria del Dios de Israel [1] entraba por la puerta del Oriente, y el estruendo que ella causaba era como el estruendo de una gran mole de aguas, y su magestad hacia relumbrar la tierra.

3 Y tuve una vision semejante á aquella que yo habia tenido cuando *el Señor* vino para destruir la ciudad [2], y su semblante era conforme á la imágen que yo habia visto cerca del rio Chôbar [3], y postréme sobre mi rostro.

4 Y la magestad del Señor entró en el Templo por la puerta que mira al Oriente.

5 Y el espíritu me arrebató, y me llevó al atrio interior, y he aquí que el Templo estaba lleno de la gloria del Señor.

6 Y oí como me hablaba desde la Casa; y aquel varon que estaba cerca de mí,

7 me dijo: Hijo de hombre, he aquí el lugar de mi trono, y el lugar donde asentaré mis pies, y donde tendré mi morada entre los hijos de Israel para siempre. Los de la familia de Israel no profanarán ya mas mi santo Nombre, ni ellos ni sus reyes, con sus fornicaciones ó idolatrías, con los cadáveres de sus Reyes, y con los *oratorios* en los lugares altos [4].

8 Ellos edificaron su puerta junto á la puerta mia ó de mi *Templo*; y sus postes junto á los postes mios, y no habia mas que una pared entre mí y

---

ta. Véase *Caña*. Y el Ilmo. Scio sigue la opinion de que el traductor latino debió poner *calamus* en vez de *cubitus*.

1 Ó la carroza de los chêrubines.

2 Segun representaba la vision de entonces. Antes *cap. IX. vers.* 1.

3 Antes *cap. 1. vers.* 1.

4 *IV. Reg. XVI.*

in abominationibus quas fecerunt: propter quod consumpsi eos in ira mea.

ellos, y profanaron mi santo Nombre con las abominaciones que cometieron: por cuya causa los consumí lleno de indignacion.

9 *Nunc ergo repellant procul fornicationem suam, et ruinas regum suorum à me: et habitabo in medio eorum semper.*

9 Ahora pues arrojen lejos de mí sus idolatrías, y los cadáveres de sus Reyes, y yo moraré para siempre en medio de ellos.

10 *Tu autem, fili hominis, ostende domui Israel templum, et confundantur ab iniquitatibus suis, et metiantur fabricam:*

10 Mas tú, oh hijo de hombre, muestra á los de la casa de Israel el Templo, y confúndanse de sus maldades; y midan la fábrica,

11 *et erubescant ex omnibus quæ fecerunt: Figuram domus, et fabricæ ejus exitus, et introitus, et omnem descriptionem ejus, et universa præcepta ejus, cunctumque ordinem ejus, et omnes leges ejus ostende eis, et scribes in oculis eorum: ut custodiant omnes descriptiones ejus, et præcepta illius, et faciant ea.*

11 y avergüéncense de toda su conducta: muéstrales la figura de la casa ó del Templo, las salidas y entradas del edificio, y todo su diseño, y todas sus ceremonias, y el órden que debe observarse en ella, y todas sus leyes; y lo escribirás todo á vista de ellos, para que observen todo el diseño que se da de ella, y sus ceremonias, y las pongan en práctica.

12 *Ista est lex domus in summitate montis: Omnia finis ejus in circuitu, sanctum sanctorum est: hæc est ergo lex domus.*

12 Esta es la ley ó *norma* de la casa *que se reedificará* sobre la cima del *Monte santo*: todo su recinto al rededor es sacrosanto. Tal es pues la ley ó *arreglo* en órden á esta casa.

13 *Istæ autem mensuræ altaris in cubito verissimo, qui habebat cubitum et palmum: in sinu ejus erat cubitus, et cubitus in latitudine, et definitio ejus usque ad labium ejus, et in circuitu palmus unus; hæc quoque erat fossa altaris.*

13 Estas son empero las medidas del altar hechas por un codo exacto, el cual tenia un codo *vulgar* y un palmo [1]. El seno ó *canal* [2] tenia un codo *de alto*, y un codo de ancho; y el remate ó *cornisa* del mismo seno, que se levantaba por todo el rededor de su borde, era de un palmo: tal era el *foso* del altar.

14 *Et de sinu terræ usque ad crepidinem novissimam duo cubiti, et latitudo cubiti unius: et à crepidine minore usque ad crepidinem majorem quatuor cubiti, et latitudo cubiti unius.*

14 Y desde el *seno* ó *canal* que habia en el pavimento [3] hasta la base inferior del altar dos codos *de alto*, y la anchura de un codo; y desde la base inferior hasta la boca superior habia cuatro codos *de alto* y un codo de ancho.

15 *Ipse autem Ariel quatuor cubitorum: et ab Ariel usque ad sursum, cornua quatuor.*

15 Y el mismo Ariel [4] tenia cuatro codos *de alto*; y desde *el plano del* Ariel se levantaban hácia arriba cuatro pirámides.

16 *Et Ariel duodecim cubitorum in longitudine per duodecim cubitos latitudinis: quadrangulatum æquis lateribus.*

16 Y el Ariel tenia de largo doce codos, y doce codos de ancho: era un cuadrángulo de lados iguales.

17 *Et crepido quatuordecim cubitorum*

17 Y el borde de su base tenia cator-

---

1 Véase *Codo.*
2 Al pie del altar.
3 Por donde la sangre de las víctimas degol-

lladas al pie del altar iba al torrente Cedron. *Cap. XLVII. v.* 5.
4 Ó altar de los holocaustos.

longitudinis, per quatuordecim cubitos latitudinis in quatuor angulis ejus: et corona in circuitu ejus dimidii cubiti, et sinus ejus unius cubiti per circuitum: gradus autem ejus versi ad Orientem.

18 *Et dixit ad me: Fili hominis, hæc dicit Dominus Deus: Hi sunt ritus altaris, in quacumque die fuerit fabricatum: ut offeratur super illud holocaustum, et effundatur sanguis.*

19 *Et dabis Sacerdotibus et Levitis, qui sunt de semine Sadoc, qui accedunt ad me, ait Dominus Deus, ut offerant mihi vitulum de armento pro peccato.*

20 *Et assumens de sanguine ejus, pones super quatuor cornua ejus, et super quatuor angulos crepidinis, et super coronam in circuitu: et mundabis illud, et expiabis.*

21 *Et tolles vitulum, qui oblatus fuerit pro peccato: et combures eum in separato loco domus extra sanctuarium.*

22 *Et in die secunda offeres hircum caprarum immaculatum pro peccato: et expiabunt altare, sicut expiaverunt in vitulo.*

23 *Cumque compleveris expians illud, offeres vitulum de armento immaculatum, et arietem de grege immaculatum.*

24 *Et offeres eos in conspectu Domini: et mittent sacerdotes super eos sal, et offerent eos holocaustum Domino.*

25 *Septem diebus facies hircum pro peccato quotidie: et vitulum de armento; et arietem de pecoribus, immaculatos offerent.*

26 *Septem diebus expiabunt altare, et mundabunt illud: et implebunt manus ejus.*

ce codos de largo, y catorce de ancho en todos sus cuatro ángulos [1]; y al rededor del *altar* habia una cornisa de un codo, y su seno ó *canal* de medio codo al rededor, y sus gradas miraban al Oriente.

18 Y aquel *Angel* me dijo: Hijo de hombre, esto dice el Señor Dios: Estas son las ceremonias pertenecientes al altar para cuando será construido, á fin de que se ofrezca sobre él el holocausto y se derrame la sangre.

19 Y tú las enseñarás á los sacerdotes y á los levitas que son de la estirpe de Sadoc [2], y se acercan á mi presencia, dice el Señor Dios, para ofrecerme un becerro de la vacada por el pecado.

20 Tomarás tú de su sangre y la echarás sobre los cuatro remates del altar, y sobre los cuatro ángulos de la base, y sobre la cornisa al rededor, y *asi* purificarás y expiarás el altar.

21 Y tomarás aquel becerro ofrecido por el pecado, y le quemarás en un lugar separado de la casa ó *Templo*, fuera del Santuario [3].

22 Y en el segundo dia ofrecerás un macho de cabrío, sin defecto por el pecado, y se purificará el altar, como se purificó con el becerro.

23 Y asi que hayas acabado de purificarle ofrecerás un becerro de la vacada sin defecto, y un carnero del rebaño *tambien* sin defecto.

24 Y los ofrecerás en la presencia del Señor: y los sacerdotes echarán sal sobre ellos [4], y los ofrecerán en holocausto al Señor.

25 Por siete dias ofrecerás diariamente un macho de cabrío por el pecado; y un becerro de la vacada, y un carnero del rebaño, *todos* sin defecto.

26 Por siete dias expiarán el altar, y le purificarán, y le consagrarán [5].

---

1 Ó de un ángulo á otro. *Ariel* significa *leon de Dios*, ó *montaña de Dios*: y se daba este nombre al altar de los holocaustos, ó porque se levantaba *en alto* como una *pequeña colina* en medio del atrio de los sacerdotes; ó porque *devoraba las victimas*, las cuales en él se abrasaban y consumian enteramente.

2 En el hebreo se lee: *á los sacerdotes Levitas de la estirpe de Sadoc.* Á esta familia pasó el Sumo Sacerdocio en tiempo de Saul.
3 *Ex.* XXIX. v. 14.—*Lev.* IV. v. 12.
4 *Lev.* II. v. 13.—Véase Sal.
5 *Ex.* XXVIII. v. 41.—XXIX. v. 35.

27 *Expletis autem diebus, in die octava et ultrà facient sacerdotes super altare holocausta vestra, et quæ pro pace offerunt: et placatus ero vobis, ait Dominus Deus.*

27 Cumplidos los dias, en el dia octavo, y en adelante, los sacerdotes inmolarán vuestros holocaustos, y las víctimas pacíficas [1]. Y yo me reconciliaré con vosotros, dice el Señor Dios.

CAPÍTULO XLIV.

Queda cerrada la puerta oriental del Templo. No entrarán en él los incircuncisos en la carne y en el corazon. Exhortacion á la penitencia. Orden de los ministros sagrados, y leyes que deben observar.

1 *Et convertit me ad viam portæ sanctuarii exterioris, quæ respiciebat ad Orientem: et erat clausa.*

2 *Et dixit Dominus ad me: Porta hæc clausa erit: non aperietur, et vir non transibit per eam: quoniam Dominus Deus Israel ingressus est per eam, eritque clausa*

3 *principi. Princeps ipse sedebit in ea, ut comedat panem coram Domino: per viam portæ vestibuli ingredietur, et per viam ejus egredietur.*

4 *Et adduxit me per viam portæ Aquilonis in conspectu domus: et vidi, et ecce implevit gloria Domini domum Domini: et cecidi in faciem meam.*

5 *Et dixit ad me Dominus: Fili hominis, pone cor tuum, et vide oculis tuis, et auribus tuis audi omnia quæ ego loquor ad te de universis ceremoniis domus Domini, et de cunctis legibus ejus et pones cor tuum in viis templi per omnes exitus sanctuarii.*

6 *Et dices ad exasperantem me domum Israel: Hæc dicit Dominus Deus: Sufficiant vobis omnia scelera vestra, domus Israel:*

1 Y el *Angel* me hizo volver hácia la puerta del Santuario exterior, la cual miraba al Oriente, y estaba cerrada.

2 Y díjome el Señor: Esta puerta estará cerrada; y no se abrirá, y no pasará nadie por ella: porque por ella ha entrado el Señor Dios de Israel; y estará cerrada,

3 aun para el Príncipe [2]. El príncipe mismo se quedará [3] en *el umbral de* ella para comer el pan [4] en la presencia del Señor: por la puerta del vestíbulo entrará, y por la misma saldrá.

4 Y llevóme por el camino de la puerta del Norte delante del Templo; y miré, y he aquí que la gloria del Señor habia henchido la casa del Señor: y yo me postré sobre mi rostro.

5 Y díjome el Señor: Hijo de hombre, considera en tu corazon, mira atentamente, y escucha con cuidado todo aquello que yo te digo acerca de todas las ceremonias de la Casa del Señor, y en órden á todas las leyes que á ella pertenecen, y aplicarás tu corazon á observar los ritos ó *usos* del Templo en todas las cosas que se practican en el Santuario [5].

6 Y dirás á la familia de Israel, la cual me provoca á ira: Esto dice el Señor Dios: Baste ya, oh familia de Israel, de todas vuestras maldades;

---

1 Esto es, las que se ofrecen por los beneficios recibidos de Dios.

2 En esta puerta que *se conservará cerrada por haber entrado por ella el Señor,* vieron los Santos Padres una expresiva figura de la Virgen María, en el seno de la cual tomó carne humana el Verbo de Dios, quedando María siempre virgen, ántes del parto, en el parto, y despues del parto. Y fue María Santísima como el trono de aquel que es llamado el *Oriente. Zach. III. v. 8. Véase Oriente.*

3 La voz latina *sedere,* segun la hebrea יָשַׁב *yaseab,* solo significa muchas veces *estar presente.* En el templo nadie estaba sentado.

4 Y carnes sacrificadas.

5 Ó en todos los ejercicios del Santuario.

7 eò quód inducitis filios alienos incircumcisos corde, et incircumcisos carne, ut sint in sanctuario meo, et polluant domum meam; et offertis panes meos, adipem, et sanguinem, et dissolvitis pactum meum in omnibus sceleribus vestris.

8 Et non servastis præcepta sanctuarii mei; et posuistis custodes observationum mearum in sanctuario meo vobismetipsis.

9 Hæc dicit Dominus Deus: Omnis alienigena incircumcisus corde, et incircumcisus carne, non ingredietur sanctuarium meum, omnis filius alienus qui est in medio filiorum Israel.

10 Sed et Levitæ, qui longè recesserunt à me in errore filiorum Israel, et erraverunt à me post idola sua, et portaverunt iniquitatem suam:

11 erunt in sanctuario meo æditui, et janitores portarum domus, et ministri domus: ipsi mactabunt holocausta, et victimas populi, et ipsi stabunt in conspectu eorum ut ministrent eis.

12 Pro eò quòd ministraverunt illis in conspectu idolorum suorum, et facti sunt domui Israel in offendiculum iniquitatis: idircò levavi manum meam super eos, ait Dominus Deus, et portabunt iniquitatem suam:

13 et non appropinquabunt ad me ut sacerdotio fungantur mihi, neque accedent ad omne sanctuarium meum juxta sancta sanctorum: sed portabunt confusionem suam, et scelera sua, quæ fecerunt.

14 Et dabo eos janitores domus in omni ministerio ejus, et in universis quæ fient in ea.

15 Sacerdotes autem et levitæ filii Sadoc, qui custodierunt ceremonias sanctuarii mei, cùm errarent filii Israel à me, ipsi accedent ad me ut ministrent mihi: et stabunt in conspectu meo ut

---

7 porque yo veo que aun introducis gente extrangera no circuncidada en el corazon, ni circuncidada en la carne, para estar en mi Santuario, y profanar mi casa [1], y ofrecerme los panes, y la grosura y la sangre: y de esta manera con todas vuestras maldades rompeis mi alianza.

8 Ni habeis guardado las leyes de mi Santuario, y vosotros mismos os habeis elegido los custodios ó ministros de los ritos que yo prescribí para mi Santuario.

9 Esto dice el Señor Dios: Ningun extrangero no circuncidado de corazon, ni circuncidado en la carne, ni ningun hijo de extrangero que habita entre los hijos de Israel, entrará en mi Santuario.

10 Pero los del linage de Leví, que en la apostasía de los hijos de Israel se apartaron lejos de mí, y de mí se desviaron en pos de sus ídolos y pagaron la pena de su maldad;

11 estos serán en mi Santuario no mas que guardas y porteros de las puertas de la Casa, y sirvientes de ella: ellos degollarán los holocaustos y víctimas del pueblo, y estarán ante el pueblo para servirle;

12 pues que le sirvieron delante de sus ídolos [2], y fueron ellos piedra de escándalo á la familia de Israel, para que cayera en la maldad. Por eso yo alcé mi mano contra ellos, dice el Señor Dios, y juré que llevarán la paga de su maldad.

13 Y no se acercarán á mí para ejercer las funciones de sacerdotes mios, ni se llegarán á nada de mi Santuario cerca del Santo de los Santos; sino que llevarán sobre sí su confusion, y la pena de las maldades que cometieron.

14 Los pondré pues por porteros de la Casa y sirvientes de ella, para todo cuanto se necesite.

15 Pero aquellos sacerdotes y levitas hijos de Sadoc, los cuales observaron las ceremonias de mi Santuario, cuando los hijos de Israel se desviaron de mí, estos se acercarán á mí para servirme,

---

1 Lev. XXII. v. 25.
2 S. Gerónimo cree que el Profeta habla de los sacerdotes que en el reinado de Ma- | nassés y otros Reyes impios promovieron la idolatría.

ferant mihi adipem et sanguinem, ait Dominus Deus.

16 *Ipsi ingredientur sanctuarium meum, et ipsi accedent ad mensam meam ut ministrent mihi, et custodiant ceremonias meas.*

17 *Cùmque ingredientur portas atrii interioris, vestibus lineis induentur: nec ascendet super eos quidquam laneum, quando ministrant in portis atrii interioris et intrinsecus.*

18 *Vittæ lineæ erunt in capitibus eorum, et fœminalia linea erunt in lumbis eorum, et non accingentur in sudore.*

19 *Cùmque egredientur atrium exterius ad populum, exuent se vestimentis suis, in quibus ministraverant, et reponent ea in gazophylacio sanctuarii, et vestient se vestimentis aliis: et non sanctificabunt populum in vestibus suis.*

20 *Caput autem suum non radent, neque comam nutrient: sed tondentes attondent capita sua.*

21 *Et vinum non bibet omnis sacerdos quando ingressurus est atrium interius.*

22 *Et viduam et repudiatam non accipient uxores, sed virgines de semine domus Israel: sed et viduam, quæ fuerit vidua à sacerdote, accipient.*

23 *Et populum meum docebunt quid sit inter sanctum et pollutum, et inter mundum et immundum ostendent eis.*

24 *Et cùm fuerit controversia, stabunt in judiciis meis et judicabunt: leges meas, et præcepta mea in omnibus solemnitatibus meis custodient, et sabbata mea sanctificabunt.*

25 *Et ad mortuum hominem non ingredientur, ne polluantur, nisi ad pa-*

y estarán en la presencia mia para ofrecerme la grosura y la sangre, dice el Señor Dios.

16 Y ellos entrarán en mi Santuario, y se llegarán á mi mesa para servirme y observar mis ceremonias.

17 Y asi que entraren en las puertas del atrio interior, se vestirán de ropas de lino; y no llevarán encima cosa de lana, mientras ejercen su ministerio en las puertas del atrio interior y mas adentro.

18 Fajas ó *turbantes* de lino traerán en sus cabezas [1], y calzoncillos de lino sobre sus lomos; y no se ceñirán *apretadamente* de modo que les excite el sudor.

19 Y cuando saldrán al atrio exterior, donde está el pueblo, se desnudarán de las vestiduras con que hubieren ejercido su ministerio, y las dejarán en las cámaras del Santuario, y se vestirán otras ropas, para no consagrar al pueblo con *el contacto de* aquellas vestiduras suyas [2].

20 Y no raerán su cabeza ni dejarán crecer su cabello, sino que le acortarán cortándole *con tijeras.*

21 Y ningun sacerdote beberá vino, cuando hubiere de entrar en el atrio interior [3].

22 Y no se desposarán con viuda [4], ni con repudiada, sino con una vírgen del linage de la casa de Israel; pero podrán tambien desposarse con viuda, que lo fuere de otro sacerdote.

23 Y enseñarán á mi pueblo á discernir entre lo santo y lo profano [5], entre lo puro y lo impuro.

24 Y cuando sobreviniere alguna controversia, estarán á mis juicios, y *segun ellos* juzgarán: observarán mis leyes y mis preceptos en todas mis solemnidades, y santificarán mis sábados.

25 Y no se acercarán á donde haya un cadáver [6], á fin de no quedar con

---

1 *Ex. XXIX. v. 9.—Lev. VIII. v. 13.*
2 *Ex. XXIX. v. 37. — XXX. v. 29.* El tocar las cosas santas ó sagradas aquellos que no eran dignos de tocarlas, causaba impureza legal. Y asi la voz *santificar* significa aqui lo

contrario, es á saber, *hacer inmundo.*
3 *Lev. X. v. 9.*
4 *Lev. XXI. v. 14.*
5 Véase *Profano.*
6 *Lev. XXI. v. 1.*

trem et matrem, et filium et filiam, et fratrem et sororem, quæ alterum virum non habuerit: in quibus contaminabuntur.

26 *Et postquam fuerit emundatus, septem dies numerabuntur ei.*

27 *Et in die introitus sui in sanctuarium ad atrium interius, ut ministret mihi in sanctuario, offeret pro peccato suo, ait Dominus Deus.*

28 *Non erit autem eis hæreditas, ego hæreditas eorum: et possessionem non dabitis eis in Israel, ego enim possessio eorum.*

29 *Victimam et pro peccato et pro delicto ipsi comedent: et omne votum in Israel ipsorum erit.*

30 *Et primitiva omnium primogenitorum, et omnia libamenta ex omnibus quæ offeruntur, sacerdotum erunt: et primitiva ciborum vestrorum dabitis sacerdoti, ut reponat benedictionem domui tuæ.*

31 *Omne morticinum, et captum à bestia de avibus et de pecoribus non comedent sacerdotes.*

eso contaminados, si no es que sea padre ó madre, hijo ó hija, hermano ó hermana que no haya tenido marido: y aun por estos contraerán *alguna* impureza *legal:*

26 y despues que se hubiere el *sacerdote* purificado, se le contarán siete dias:

27 y en el dia que entrare en el Santuario, en el atrio interior para ejercer mi ministerio en el Santuario, presentará una ofrenda por su pecado, dice el Señor Dios.

28 Y los sacerdotes no tendrán heredad ó tierras; la heredad de ellos soy yo: y así no les daréis á ellos ninguna posesion en Israel; porque yo soy su posesion [1].

29 Ellos comerán *la carne* de la víctima ofrecida por el pecado y por el delito: y todas las ofrendas que haga Israel por voto, serán de ellos.

30 De los sacerdotes serán tambien las primicias [2] *ú ofrenda* de todo lo primerizo, y las libaciones todas de cuanto se ofrece, y á los sacerdotes daréis las primicias de vuestros manjares, para que esto atraiga la bendicion sobre vuestras casas [3].

31 Ninguna cosa de aves, ni de reses que hayan muerto de suyo, ó hayan sido muertas por otra bestia, la comerán los sacerdotes [4].

CAPÍTULO XLV.

El Señor señala la porcion de tierra para el Templo, para los usos de los sacerdotes, y para propiedades de la ciudad y del Príncipe. Equidad en los pesos y medidas. Sacrificios en las fiestas principales.

1 *Cumque cœperitis terram dividere sortitò, separate primitias Domino, sanctificatum de terra, longitudine vigintiquinque millia, et latitudine decem millia; sanctificatum erit in omni termino ejus per circuitum.*

2 *Et erit ex omni parte sanctificatum*

1 Y cuando comenzaréis á repartir la tierra por suerte *entre las familias,* separad como primicia para el Señor una parte de tierra, que se consagre al Señor, de veinte y cinco mil medidas ó codos *de* largo, y de diez mil de ancho: santificado quedará este espacio en toda su extension al rededor:

2 De todo este espacio de tierra sepa-

1 *Deut. XVIII. v.* 1.
2 *Ex. XXII. v.* 29.
3 *Núm. XV. v.* 20.
4 *Lev. XXII. v.* 8.

quingentos per quingentos, quadrifariam
per circuitum : et quinquaginta cubitis
in suburbana ejus per gyrum.

3 Et à mensura ista mensurabis longitudinem vigintiquinque millium, et
latitudinem decem millium, et in ipso
erit templum sanctumque sanctorum.

4 Sanctificatum de terra erit sacerdotibus ministris sanctuarii, qui accedunt
ad ministerium Domini : et erit eis locus in domos, et in sanctuarium san-
ctitatis.

5 Vigintiquinque autem millia longitudinis, et decem millia latitudinis
erunt Levitis, qui ministrant domui :
ipsi possidebunt viginti gazophylacia.

6 Et possessionem civitatis dabitis
quinque millia latitudinis, et longitudinis vigintiquinque millia, secundùm
separationem sanctuarii, omni domui
Israel.

7 Principi quoque hinc et inde in separationem sanctuarii, et in possessionem civitatis, contra faciem separatio-
nis sanctuarii, et contra faciem possessionis urbis : à latere Maris usque ad
Mare, et à latere Orientis usque ad O-
rientem: longitudinis autem juxta unam-
quamque partem à termino Occidentali
usque ad terminum Orientalem.

8 De terra erit ei possessio in Israel:
et non depopulabuntur ultrà principes
populum meum : sed terram dabunt
domui Israel secundùm tribus eorum.

9 Hæc dicit Dominus Deus: Sufficiat
vobis principes Israel : iniquitatem et
rapinas intermittite, et judicium et justitiam facite, separate confinia vestra
à populo meo, ait Dominus Deus.

10 Statera justa, et ephi justum, et
batus justus erit vobis.

réis, para ser consagrado al Señor,
un cuadrado de quinientas medidas por
cada lado, y cincuenta codos de espacio vacío por todo el rededor [1].

3 Y con esta misma medida mediréis
la longitud del espacio de veinte y cinco mil codos, y su anchura de diez mil;
y en este espacio estará el Templo y el
Santo de los Santos.

4 Esta porcion de tierra consagrada á
Dios será para los sacerdotes ministros
del Santuario que se ocupen en el servicio del Señor, y será el lugar para sus
casas, y para el Santuario de santidad.

5 Habrá tambien otros veinte y cinco
mil codos de longitud, y diez mil de
anchura para los levitas que sirven á la
casa ó Templo: los cuales tendrán veinte habitaciones cerca de las de los sacerdotes.

6 Y para posesion de la ciudad, comun á toda la familia de Israel, seña-
laréis cinco mil medidas de ancho, y
veinte y cinco mil de largo, en frente
de la porcion separada para el Santuario y sus ministros.

7 Al Príncipe tambien le daréis su
porcion en un lado y otro, junto á la
porcion separada para el Santuario y
sus ministros, y á la separada para la
ciudad, en frente de la señalada para
el Santuario y de la señalada para la
ciudad, desde un lado del mar ó de
Occidente hasta el otro, y desde el un
lado oriental hasta el otro. La longitud
de las porciones será igual en cada una
de las dos partes desde su término occidental hasta el oriental.

8 El Príncipe tendrá una porcion de
tierra en Israel. Y los Príncipes no despojarán ya mas en lo venidero á mi
pueblo: sino que distribuirán la tierra
á la familia de Israel, tribu por tribu.

9 Esto dice el Señor Dios: Básteos ya
esto, Príncipes de Israel: dejad la iniquidad y las rapiñas: haced justicia y
porteos con rectitud: separad vuestros
términos [2] de los de mi pueblo, dice
el Señor Dios.

10 Sea justa vuestra balanza, y justo
el ephi, y justo el bato [3].

1 Núm. XXXV. v. 2.   2 Ó los límites de vuestras posesiones.   3 Véase Medidas.

11 *Ephi et batus æqualia, et unius mensuræ erunt: ut capiat decimam partem cori batus, et decimam partem cori ephi: juxta mensuram cori erit æqua libratio eorum.*

12 *Siclus autem viginti obolos habet. Porrò viginti sicli, et vigintiquinque sicli, et quindecim sicli, mnam faciunt.*

13 *Et hæ sunt primitiæ, quas tolletis: sextam partem ephi de coro frumenti, et sextam partem ephi de coro hordei.*

14 *Mensura quoque olei, batus olei, decima pars cori est: et decem bati corum faciunt: quia decem bati implent corum.*

15 *Et arietem unum de grege ducentorum, de his quæ nutriunt Israel in sacrificium, et in holocaustum, et in pacifica, ad expiandum pro eis, ait Dominus Deus.*

16 *Omnis populus terræ tenebitur primitiis his principi in Israel.*

17 *Et super principem erunt holocausta, et sacrificium, et libamina in solemnitatibus, et in Calendis, et in Sabbatis, et in universis solemnitatibus domus Israel: ipse faciet pro peccato sacrificium, et holocaustum, et pacifica ad expiandum pro domo Israel.*

18 *Hæc dicit Dominus Deus: In primo mense, una mensis, sumes vitulum de armento immaculatum, et expiabis sanctuarium.*

19 *Et tollet sacerdos de sanguine quod erit pro peccato: et ponet in postibus domus, et in quatuor angulis crepidinis altaris, et in postibus portæ atrii interioris.*

20 *Et sic facies in septima mensis, pro unoquoque, qui ignoravit, et errore*

11 El ephi y el bato serán iguales, y de una misma medida: de manera que el bato sea la décima parte del coro [1], y el ephi la décima parte del coro [2]: su peso será igual comparado con la medida del coro [3].

12 El siclo tiene veinte óbolos [4]; y veinte siclos con veinte y cinco siclos y otros quince siclos hacen una mina.

13 Las primicias pues que ofreceréis vosotros serán las siguientes: De cada coro de trigo la sexta parte de un ephi, y la sexta parte de un ephi de cada coro de cebada.

14 En cuanto á la medida de aceite se dará un bato de aceite; la décima parte de cada coro: diez batos hacen el coro; pues éste con diez batos queda lleno.

15 Y de cada rebaño de doscientas cabezas que se crien en Israel, daréis un carnero para los sacrificios, para los holocaustos, y para las hostias pacíficas, á fin de que os sirvan de expiacion, dice el Señor Dios.

16 Todo el pueblo de la tierra estará obligado á dar estas primicias al Príncipe de Israel.

17 Y á cargo del Príncipe estará proveer para los holocaustos, para los sacrificios, y para las libaciones en los dias solemnes, y en las calendas, y en los sábados, y en todas las festividades de la casa de Israel: él ofrecerá el sacrificio por el pecado, y el holocausto, y las victimas pacíficas para la expiacion de la familia de Israel.

18 Esto dice el Señor Dios: En el mes primero, el dia primero del mes, tomarás de la vacada un becerro sin defecto, y purificarás el Santuario.

19 Y el sacerdote tomará de la sangre de la víctima ofrecida por el pecado, y rociará con ella los postes de la puerta del Templo, y los cuatro ángulos del borde del altar; y los postes de la puerta del atrio interior.

20 Y lo mismo practicarás el dia séptimo del mes por todos aquellos que pe-

---

1 Para los líquidos.
2 Para cosas secas.
3 Puede traducirse: una y otra medida será igual á la décima parte del coro.
4 *Ex. XXX. ver.* 13. — *Levit. XXVII. v.* 25. — *Núm. III. v.* 47. Véase *Siclo.*

deceptus est, et expiabis pro domo.

21 *In primo mense, quartadecima die mensis, erit vobis Paschæ solemnitas: septem diebus azyma comedentur.*

22 *Et faciet princeps in die illa pro se, et pro universo populo terræ, vitulum pro peccato.*

23 *Et in septem dierum solemnitate faciet holocaustum Domino septem vitulos, et septem arietes immaculatos quotidie septem diebus: et pro peccato hircum caprarum quotidie.*

24 *Et sacrificium ephi per vitulum, et ephi per arietem faciet, et olei hin per singula ephi.*

25 *Septimo mense, quintadecima die mensis in solemnitate, faciet sicut suprà dicta sunt per septem dies, tam pro peccato quam pro holocausto, et in sacrificio, et in oleo.*

caron por ignorancia ó por error, y *así* purificarás la Casa *ó el Templo.*

21 En el mes primero, á catorce del mes, celebraréis la solemnidad de la Pascua: comeréis *panes ázymos* durante siete dias [1].

22 Y en aquel dia el Príncipe[a] ofrecerá por sí y por todo el pueblo de la tierra un becerro por el pecado.

23 Y durante la solemnidad de los siete dias ofrecerá al Señor en holocausto siete becerros, y siete carneros sin defecto, cada dia durante los siete dias; y un macho de cabrío por el pecado, cada uno de los dias.

24 Y con el becerro ofrecerá un ephi *de la flor de harina,* y otro ephi con el carnero, y un hin de aceite con cada ephi.

25 En el mes séptimo á los quince dias del mes en que se celebra la solemnidad *de los Tabernáculos* [3], hará durante siete dias lo que arriba se ha dicho, tanto para la expiacion del pecado, como para el holocausto, y para los sacrificios *de las oblaciones* y del aceite [4].

CAPÍTULO XLVI.

La puerta oriental se abrirá en ciertos dias: ofrendas que entónces deberá hacer el Príncipe. Por qué puerta han de entrar él y el pueblo para adorar al Señor, y del lugar en que deben cocerse las carnes de las víctimas.

1 *Hæc dicit Dominus Deus: Porta atrii interioris, quæ respicit ad Orientem, erit clausa sex diebus, in quibus opus fit: die autem Sabbati aperietur, sed et in die Calendarum aperietur.*

2 *Et intrabit princeps per viam vestibuli portæ deforis, et stabit in limine portæ, et facient sacerdotes holocaustum ejus, et pacifica ejus: et adorabit super*

1 Esto dice el Señor Dios: La puerta del atrio interior que mira al Oriente estará cerrada los seis dias que son de trabajo; mas el dia del sábado se abrirá, y se abrirá tambien en el dia de las calendas.

2 Y entrará el Príncipe por el vestíbulo de la puerta de afuera, y se parará en el umbral de la puerta [5], y los sacerdotes ofrecerán por él el holocaus-

---

1 *Ex. XII. v.* 15.
2 Segun algunos, se habla del *Príncipe de* los Sacerdotes.
3 *Lev. XXIII. v.* 39.
4 Ó de las ofrendas de harina y de aceite. *Cap. sig. v.* 14.

5 II. *Paral. XXVI. v.* 16. Desde este lugar, el mas inmediato al atrio de los Sacerdotes veia el Rey las funciones de los Sacerdotes cuando ofrecian los holocaustos, etc. El pueblo no podia llegar al umbral de esta puerta.

límen portæ, et egredietur: porta autem non claudetur usque ad vesperam.

3 Et adorabit populus terræ ad ostium portæ illius in Sabbatis, et in Calendis, coram Domino.

4 Holocaustum autem hoc offeret princeps Domino: in die Sabbati sex agnos immaculatos, et arietem immaculatum.

5 Et sacrificium ephi per arietem: in agnis autem sacrificium quod dederit manus ejus: et olei hin per singula ephi.

6 In die autem Calendarum vitulum de armento immaculatum: et sex agni et arietes immaculati erunt.

7 Et ephi per vitulum, ephi quoque per arietem faciet sacrificium: de agnis autem, sicut invenerit manus ejus: et olei hin per singula ephi.

8 Cùmque ingressurus est princeps, per viam vestibuli portæ ingrediatur, et per eamdem viam exeat.

9 Et cùm intrabit populus terræ in conspectu Domini in solemnitatibus: qui ingreditur per portam Aquilonis, ut adoret, egrediatur per viam portæ meridianæ: porrò qui ingreditur per viam portæ meridianæ, egrediatur per viam portæ Aquilonis: non revertetur per viam portæ, per quam ingressus est, sed è regione illius egredietur.

10 Princeps autem in medio eorum cum ingredientibus ingredietur, et cum egredientibus egredietur.

11 Et in nundinis, et in solemnitatibus erit sacrificium ephi per vitulum, et ephi per arietem: de agnis autem erit sacrificium sicut invenerit manus ejus, et olei hin per singula ephi.

12 Cùm autem fecerit princeps spon-

---

to y las hostias pacíficas; y hará su adoracion desde el umbral de la puerta, y se saldrá: la puerta empero no se cerrará hasta la tarde.

3 Y el pueblo hará su adoracion delante del Señor á la entrada de aquella puerta [1], en los sábados y en las calendas.

4 Y este es el holocausto que el Príncipe ofrecerá al Señor: En el dia del sábado seis corderos sin defecto, y un carnero sin defecto;

5 y la ofrenda de un ephi de harina con el carnero, y lo que él quisiere con los corderos; y ademas un hin de aceite por cada ephi.

6 En el dia empero de las calendas ofrecerá un becerro de la vacada, que no tenga defecto, y seis corderos, y seis carneros igualmente sin defecto;

7 y con cada becerro ofrecerá un ephi de harina, y otro ephi con cada uno de los carneros: mas con los corderos dará la cantidad que quisiere; y ademas un hin de aceite por cada ephi.

8 Cada vez que deba entrar el Príncipe, entre por la parte del vestíbulo de la puerta oriental, y salga por el mismo camino.

9 Y cuando entrará el pueblo de la tierra á la presencia del Señor en las solemnidades, aquel que entrare por la puerta septentrional para adorar, salga por la puerta del Mediodia; y aquel que entrare por la puerta del Mediodia, salga por la puerta septentrional: nadie saldrá por la puerta que ha entrado, sino por la que está en frente de ella.

10 Y el Príncipe en medio de ellos entrará y saldrá por su puerta, como los demas que entran y salen [2].

11 Y en las ferias ó fiestas [3] y solemnidades se ofrecerá un ephi de harina con cada becerro, y un ephi por cada carnero, y por los corderos lo que se quisiere; y ademas un hin de aceite por cada ephi.

12 Y cuando el Príncipe ofreciere al

---

1 Pero estará muy detrás del lugar destinado para el Rey quien se colocaba en el umbral de la puerta interior, por la cual entraban los Sacerdotes en su atrio: dentro de éste no llegaba á entrar el Rey.

2 Por las otras dos puertas.

3 Segun el hebréo debe traducirse: dias festivos.

taneum holocaustum, aut pacifica vo-
luntaria Domino; aperietur ei porta
quæ respicit ad Orientem, et faciet ho-
locaustum suum, et pacifica sua, sicut
fieri solet in die sabbati: et egredietur,
claudeturque porta postquam exierit.

13 *Et agnum ejusdem anni immacu-*
latum faciet holocaustum quotidie Do-
mino: semper mane faciet illud.

14 *Et faciet sacrificium super eo cata*
mane mane sextam partem ephi, et de
oleo tertiam partem hin, ut misceatur
similæ: sacrificium. Domino legitimum,
juge atque perpetuum.

15 *Faciet agnum, et sacrificium, et*
oleum cata mane mane: holocaustum
sempiternum.

16 *Hæc dicit Dominus Deus: Si de-*
derit princeps donum alicui de filiis
suis, hæreditas ejus filiorum suorum
erit, possidebunt eam hæreditariè.

17 *Si autem dederit legatum de hæ-*
reditate sua uni servorum suorum, erit
illius usque ad annum remissionis, et
revertetur ad principem: hæreditas au-
tem ejus, filiis ejus erit.

18 *Et non accipiet princeps de hære-*
ditate populi per violentiam, et de pos-
sessione eorum: sed de possessione sua
hæreditatem dabit filiis suis, ut non
dispergatur populus meus unusquisque
à possessione sua.

19 *Et introduxit me per ingressum*
qui erat ex latere portæ, in gazophy-
lacia sanctuarii ad sacerdotes, quæ re-
spiciebant ad Aquilonem: et erat ibi
locus vergens ad Occidentem.

20 *Et dixit ad me: Iste est locus ubi*
coquent sacerdotes pro peccato, et pro
delicto, ubi coquent sacrificium, ut non
offerant in atrium exterius, et sancti-

Señor un holocausto voluntario, ó un
voluntario sacrificio pacífico, le abrirán la puerta oriental, y ofrecerá su
holocausto, y sus hostias pacíficas, como suele practicarse en el dia de sábado, y se irá, y luego que haya salido
se cerrará la puerta.

13 Ofrecerá él tambien todos los dias
en holocausto al Señor un cordero pri-
mal, sin defecto: le ofrecerá siempre
por la mañana.

14 Y con él ofrecerá tambien cada
mañana [1] la sexta parte de un ephi *de*
harina, y la tercera parte de un hin de
aceite, para mezclarse con la harina:
sacrificio al Señor segun la Ley, perpetuo y diario.

15 Ofrecerá el cordero y el sacrificio
de la harina, y el aceite cada mañana;
holocausto sempiterno.

16 Esto dice el Señor Dios: Si el Príncipe hiciere alguna donacion á uno de
sus hijos, pasará ella en herencia á los
hijos de éste, los cuales la poseerán por
derecho hereditario.

17 Pero si él de su herencia hiciere
un legado á alguno de sus criados, éste
le poseerá hasta el año del jubileo [2]; y
entonces la cosa legada volverá al Príncipe: quedarán pues para sus hijos las
heredades suyas.

18 No tomará el Príncipe por la fuerza cosa alguna de la heredad del pueblo, y de cuanto éste posea; sino que
de sus propios bienes dará una herencia
á sus hijos: para que ninguno de mi
pueblo sea despojado de sus posesiones.

19 Despues *el Angel* por una entrada
que estaba junto á la puerta, me introdujo en las cámaras del Santuario pertenecientes á los sacerdotes, las cuales
estaban al Norte; y habia allí un lugar que caia hácia el Poniente [3].

20 Y díjome *el Angel*: Este es el lugar donde los sacerdotes cocerán las
víctimas ofrecidas por el pecado y por
el delito [4]; donde cocerán aquello que

---

1 En la Vulgata se dejó aqui sin traducir la
preposicion griega χατὰ kata, de la cual
usan los *Setenta* en su version, y que corresponde á la latina *per*.

2 *Lev. XXV. v. 10.*
3 Donde se cocian las carnes de los sacrificios.
4 *Lev. VI. v. 26.—Num. XVIII. v. 9.*

ficetur populus.

21 *Et eduxit me in atrium exterius, et circumduxit me per quatuor angulos atrii: et ecce atriolum erat in angulo atrii, atriola singula per angulos atrii.*

22 *In quatuor angulis atrii atriola disposita, quadraginta cubitorum per longum, et triginta per latum: mensuræ unius quatuor erant.*

23 *Et paries per circuitum ambiens quatuor atriola, et culinæ fabricatæ erant subter porticus per gyrum.*

24 *Et dixit ad me: Hæc est domus culinarum, in qua coquent ministri domus Domini victimas populi.*

se sacrifica, á fin de que no se saque al atrio exterior, y no quede el pueblo consagrado [1].

21 Y me sacó fuera al atrio exterior, y llevóme al rededor por los cuatro lados del patio: y ví que en el ángulo del patio habia un zaguanete; un zaguanete en cada ángulo del patio.

22 Estos zaguanetes *así* dispuestos en los cuatro ángulos, tenian de largo cuarenta codos, y treinta codos de ancho: los cuatro tenian una misma medida.

23 Y habia al rededor una pared que circuía los cuatro zaguanetes, y debajo de los pórticos estaban fabricadas al rededor las cocinas [2].

24 Y díjome *el Angel* [3]: Este es el edificio de las cocinas, en el cual los sirvientes de la Casa del Señor cocerán las víctimas de *que ha de comer* el pueblo.

CAPÍTULO XLVII.

Aguas que salen de debajo de la puerta oriental del Templo, y forman despues un torrente caudaloso, las cuales son muy salutiferas. Límites de la tierra santa, que debe distribuirse entre los hijos de Israel y los extrangeros.

1 *Et convertit me ad portam domus, et ecce aquæ egrediebantur subter limen domus ad Orientem: facies enim domus respiciebat ad Orientem: aquæ autem descendebant in latus templi dextrum ad Meridiem altaris.*

2 *Et eduxit me per viam portæ Aquilonis, et convertit me ad viam foras portam exteriorem, viam quæ respiciebat ad Orientem: et ecce aquæ redundantes à latere dextro.*

3 *Cum egrederetur vir ad Orientem, qui habebat funiculum in manu sua,*

1 Y me hizo volver hácia la puerta de la Casa *del Señor;* y ví que brotaban aguas [4] debajo del umbral de la Casa hácia el Oriente, pues la fachada de la Casa miraba al Oriente, y las aguas descendian hácia el lado derecho del Templo, al Mediodia del altar [5].

2 Y me condujo fuera por la puerta septentrional, é hízome dar la vuelta por fuera hasta la puerta exterior que cae al Oriente; y ví las aguas salir á borbollones por el lado derecho.

3 Aquel personage pues, dirigiéndose hácia el Oriente, y teniendo en su ma-

---

1 Ó, no necesite purificarse. *Cap. XLIV. ver.* 19.
2 Ó filas de hornillos.
3 I. *Paral. XXIII. ver.* 29.—*Lev. VII. v.* 25.—*Deut. XII. v.* 18.
4 *Cap. XXXVI. v.* 25.—*Zach. XIV. v.* 8.—*Apoc. VIII. v.* 10.—*XIX. v.* 6.
5 Estas aguas servian para lavar el altar de la sangre que se derramaba sobre él. De este

passage se vale la Iglesia en la aspersion del agua bendita, antes de la misa solemne, durante el tiempo pascual, diciendo: *Vidi aquam,* etc. Simbolizan estas aguas los siete Sacramentos, los Dones y Frutos del Espíritu-Santo, que descienden de su trono divino por Jesu-Christo representado en el altar. San Juan lo explica tambien de las delicias de los bienaventurados, *Apoc. XXI.*

et mensus est mille cubitos: et traduxit me per aquam usque ad talos.

4 Rursumque mensus est mille, et traduxit me per aquam usque ad genua:

5 et mensus est mille, et traduxit me per aquam usque ad renes. Et mensus est mille, torrentem, quem non potui pertransire: quoniam intumuerant aquæ profundi torrentis, qui non potest transvadari.

6 Et dixit ad me: Certè vidisti, fili hominis. Et eduxit me, et convertit ad ripam torrentis.

7 Cumque me convertissem, ecce in ripa torrentis ligna multa nimis ex utraque parte.

8 Et ait ad me: Aquæ istæ, quæ egrediuntur ad tumulos sabuli orientalis, et descendunt ad plana deserti, intrabunt mare, et exibunt, et sanabuntur aquæ.

9 Et omnis anima vivens, quæ serpit, quocumque venerit torrens, vivet: et erunt pisces multi satis postquam venerint illuc aquæ istæ, et sanabuntur et vivent omnia, ad quæ venerit torrens.

10 Et stabunt super illas piscatores, ab Engaddi usque ad Engallim siccatio sagenarum erit: plurimæ species erunt piscium ejus, sicut pisces maris magni, multitudinis nimiæ:

11 in littoribus autem ejus, et in palustribus non sanabuntur, quia in salinas dabuntur.

12 Et super torrentem orietur in ripis ejus ex utraque parte omne lignum pomiferum: non defluet folium ex eo, et non deficiet fructus ejus: per singulos menses afferet primitiva, quia aquæ ejus de sanctuario egredientur: et erunt

no la cuerda de medir, midió mil codos desde el manantial; y en seguida me hizo vadear el arroyo, y me llegaba el agua á los tobillos.

4 Midió en seguida otros mil codos, y allí hízome vadear el agua, que me llegaba á las rodillas:

5 de nuevo midió otros mil, y allí hízome vadear el agua, la cual me llegaba hasta la cintura; y medidos otros mil, era ya tal el arroyo que no pude yo pasarle, porque habian crecido las aguas de este arroyo profundo, de modo que no podia vadearse.

6 Dijome entonces: Hijo de hombre, bien lo has visto ya; é hízome salir y volvióme á la orilla del arroyo.

7 Y asi que hube salido, he aquí en la orilla del arroyo un grandísimo número de árboles á una y otra parte.

8 Y díjome el Angel: Estas aguas que corren hácia los montones de arena al Oriente, y descienden á la llanura del Desierto, entrarán en el mar y saldrán; y las aguas del mar quedarán salutíferas.

9 Y todo animal viviente de los que andan serpeando por donde pasa el arroyo tendrá vida; y habrá allí gran cantidad de peces despues que llegaren estas aguas: y todos aquellos á quienes tocare este arroyo tendrán salud y vida.

10 Y los pescadores se pararán junto á estas aguas: Desde Engaddi hasta Engallim se pondrán redes á enjugar [1]: serán muchísimas las especies de peces, y en grandísima abundancia, como los peces en el mar grande.

11 Pero fuera de sus riberas, y en sus lagunas ó charcos, no serán salutíferas las aguas; y solo servirán para salinas [2].

12 Y á lo largo del arroyo nacerá en sus riberas de una y otra parte toda especie de árboles fructíferos [3]: no se les caerá la hoja, ni les faltarán jamas frutos: cada mes llevarán frutos nuevos; pues las aguas que los riegan saldrán

1 Estos pescadores eran figura de los Apóstoles del Señor. Matth. IV. v. 19. Engaddi está en un cabo del mar de Sodoma, y Engallim en el otro opuesto: y asi es lo mismo que decir que los Apóstoles y predicadores evangélicos extenderán su predicacion por to-

do el mundo.

2 Por estas lagunas pueden entenderse las Iglesias separadas de la Católica. Véase Sal.

3 Segun los Setenta puede traducirse: toda especie de manjares.

fructus ejus in cibum, et folia ejus ad medicinam.

13 *Hæc dicit Dominus Deus: Hic est terminus, in quo possidebitis terram in duodecim tribubus Israel: quia Joseph duplicem funiculum habet.*

14 *Possidebitis autem eam singuli æque ut frater suus; super quam levavi manum meam ut darem patribus vestris: et cadet terra hæc vobis in possessionem.*

15 *Hic est autem terminus terræ: ad plagam septemtrionalem, à mari magno via Hethalon, venientibus Sedada.*

16 *Emath, Berotha, Sabarim, quæ est inter terminum Damasci et confinium Emath, domus Tichon, quæ est juxta terminum Auran.*

17 *Et erit terminus à Mari usque ad atrium Enon terminus Damasci, et ab Aquilone ad Aquilonem: terminus Emath plaga septemtrionalis.*

18 *Porrò plaga orientalis de medio Auran, et de medio Damasci, et de medio Galaad, et de medio terræ Israel, Jordanis disterminans ad mare orientale, metiemini etiam plagam orientalem.*

19 *Plaga autem australis meridiana, à Thamar usque ad aquas contradictionis Cades: et torrens usque ad mare magnum: et hæc est plaga ad meridiem australis.*

20 *Et plaga maris, mare magnum à confinio per directum, donec venias Emath: hæc est plaga maris.*

21 *Et dividetis terram istam vobis per tribus Israel:*

22 *et mittetis eam in hæreditatem vobis, et advenis: qui accesserint ad vos, qui genuerint filios in medio vestrum: et erunt vobis sicut indigenæ inter filios*

---

del Santuario: y sus frutos servirán de comida, y sus hojas para medicina.

13 Estas cosas dice el Señor Dios: Estos son los términos dentro los cuales tendréis vosotros la posesion de la tierra dividida entre las doce tribus de Israel: pues Joseph tiene doble porcion.

14 Esta tierra prometida por mí con juramento á vuestros padres, la poseeréis todos igualmente, cada uno lo mismo que su hermano: y será esta tierra vuestra herencia.

15 Ved aquí pues los límites de la tierra: Por el lado del Norte, desde el mar grande, viniendo de Hethalon á Sedada ,

16 á Emath, á Berotha, á Sabarim, que está entre los confines de Damasco y los confines de Emath, la casa de Tichôn, que está en los confines de Auran.

17 Y sus confines serán desde el mar hasta el atrio de Enon, término de Damasco, y desde un lado del Norte hasta el otro. Emath será el término por el lado del Norte.

18 Su parte oriental será desde el medio de Auran, y desde el medio de Damasco, y desde el medio de Galaad, y desde el medio de la tierra de Israel. El *río* Jordan será su término hácia el mar oriental. Mediréis tambien vosotros la parte oriental.

19 Y la parte meridional será desde Thamar ó *Palmyra* [1] hasta las Aguas de Contradiccion en Cades [2]; y desde el torrente *de Egypto* [3] hasta el mar grande ó *mediterráneo*: esta es la parte de Mediodia.

20 Y la parte *occidental* ó del mar será el mar grande desde su extremo en línea recta hasta llegar á Emath: éste es el lado *de la parte* del mar.

21 Y esta es la tierra que os repartiréis entre las tribus de Israel;

22 y la sortearéis para herencia vuestra, y de aquellos extrangeros que se unirán á vosotros [4] y procrearán hijos entre vosotros; y á quienes deberéis vos-

---

1 *III. Reg. IX. v.* 18.
2 *Num. XX. v.* 19.
3 *Num. XXXIV. v.* 5.
4 Para adorar á Dios: alude á la Iglesia de

Jesu-Christo, en la cual es igual la condicion de todos los hombres. *Rom. X. v.* 12.—*Gal. VI. v.* 15.

Israel: vobiscum divident possessionem in medio tribuum Israel.

otros mirar como del mismo pueblo de los hijos de Israel: con vosotros entrarán en la parte de las posesiones en medio de las tribus de Israel.

23 In tribu autem quacumque fuerit advena , ibi dabitis possessionem illi, ait Dominus Deus.

23 Y en cualquiera tribu que se halle el extrangero *agregado*, en ella le daréis su heredad ó *porcion de tierra*, dice el Señor Dios [1].

CAPÍTULO XLVIII.

El Señor hace un nuevo repartimiento de la tierra santa entre las doce tribus. Porciones destinadas para el Templo, para la ciudad, para los sacerdotes y levitas, y para el Principe. Nombres de las puertas de la ciudad.

1 *Et hæc nomina tribuum à finibus Aquilonis juxta viam Hethalon pergentibus Emath, atrium Enan terminus Damasci ad Aquilonem juxta viam Emath. Et erit ei plaga orientalis mare, Dan una.*

1 Y he aquí los nombres de las tribus desde la extremidad septentrional, á lo largo del camino de Hethalon para ir á Emath; el atrio de Enan es el término por la parte de Damasco al Norte á lo largo del camino de Emath; y el lado oriental y el mar terminarán la porcion de *la tríbu de* Dan.

2 *Et super terminum Dan, à plaga orientali usque ad plagam maris, Aser una.*

2 Y desde los confines de Dan por la parte de Oriente hasta el mar será la porcion de Aser.

3 *Et super terminum Aser, à plaga orientali usque ad plagam maris, Nephthali una.*

3 Y desde los confines de Aser, de Oriente al mar, la porcion de Nephthali.

4 *Et super terminum Nephthali, à plaga orientali usque ad plagam maris, Manasse una.*

4 Y desde los confines de Nephthalí, de Oriente al mar, la porcion de Manassés.

5 *Et super terminum Manasse, à plaga orientali usque ad plagam maris, Ephraim una.*

5 Y desde los confines de Manassés, del Oriente al mar, la porcion de Ephraim.

6 *Et super terminum Ephraim , à plaga orientali usque ad plagam maris, Ruben una.*

6 Y desde los confines de Ephraim, de Oriente al mar, la porcion de Ruben.

7 *Et super terminum Ruben, à plaga orientali usque ad plagam maris, Juda una.*

7 Y desde los confines de Ruben, de Oriente al mar, la porcion de Judá.

8 *Et super terminum Juda à plaga orientali usque ad plagam maris, erunt primitiæ, quas separabitis, vigintiquinque millibus latitudinis et longitudinis, sicuti singulæ partes à plaga orientali usque ad plagam maris: et erit sanctuarium in medio ejus.*

8 Y desde los confines de Judá, de Oriente al mar, estará la porcion que separaréis á modo de primicias [2], la cual será de veinte y cinco mil medidas ó codos de largo y de ancho [3], conforme tiene cada una de las porciones desde el Oriente hasta el mar: y en medio estará el Santuario.

---

1 Véase *Rom. X. v. 12.*   2 Ó porciones consagradas á Dios.   3 *Cap. XLV. v. 3., 5., 6.*

9 *Primitiæ, quas separabitis Domino: longitudo vigintiquinque millibus, et latitudo decem millibus.*

10 *Hæ autem erunt primitiæ sanctuarii sacerdotum: ad Aquilonem longitudinis vigintiquinque millia, et ad Mare latitudinis decem millia, sed et ad Orientem latitudinis decem millia, et ad Meridiem longitudinis vigintiquinque millia: et erit sanctuarium Domini in medio ejus.*

11 *Sacerdotibus sanctuarium erit de filiis Sadoc, qui custodierunt ceremonias meas, et non erraverunt cùm errarent filii Israel, sicut erraverunt et Levitæ.*

12 *Et erunt eis primitiæ de primitiis terræ sanctum sanctorum, juxta terminum Levitarum.*

13 *Sed et Levitis similiter juxta fines sacerdotum vigintiquinque millia longitudinis, et latitudinis decem millia. Omnis longitudo viginti et quinque millium, et latitudo decem millium.*

14 *Et non venundabunt ex eo, neque mutabunt, neque transferentur primitiæ terræ, quia sanctificatæ sunt Domino.*

15 *Quinque millia autem quæ supersunt in latitudine per vigintiquinque millia, profana erunt urbis in habitaculum, et in suburbana: et erit civitas in medio ejus.*

16 *Et hæ mensuræ ejus: ad plagam septemtrionalem quingenta et quatuor millia: et ad plagam meridianam, quingenta et quatuor millia: et ad plagam orientalem, quingenta et quatuor millia: et ad plagam occidentalem, quingenta et quatuor millia.*

17 *Erunt autem suburbana civitatis ad Aquilonem ducenta quinquaginta, et ad Meridiem ducenta quinquaginta, et ad Orientem ducenta quinquaginta, et ad Mare ducenta quinquaginta.*

9 Las primicias, ó porcion que separaréis para el Señor, serán de veinte y cinco mil medidas de largo y diez mil de ancho.

10 Estas serán las primicias del lugar santo de los sacerdotes: Veinte y cinco mil medidas de largo hácia el Norte: y diez mil de ancho hácia el mar; y hácia el Oriente diez mil *también* de ancho; y veinte y cinco mil de largo hácia el Mediodia: y en medio *de esta* porcion estará el Santuario del Señor.

11 Todo este será lugar santo destinado para los sacerdotes hijos de Sadoc, los cuales observaron mis ceremonias, y no cayeron en el error cuando iban extraviados los hijos de Israel, y se extraviaron tambien los levitas.

12 Y tendrán ellos en medio de las primicias ó *porciones* de la tierra, la primicia santísima al lado del término de los levitas.

13 Mas á los levitas igualmente se les señalará, junto al término de los sacerdotes, veinte y cinco mil medidas de largo, y diez mil de ancho. Toda la longitud *de su porcion* será de veinte y cinco mil medidas, y de diez mil la anchura.

14 Y de esto no podrán hacer venta ni permuta, ni traspasar á otros las primicias ó porcion de tierras, porque están consagradas al Señor.

15 Y las cinco mil medidas que quedan de largo de las veinte y cinco mil, serán un espacio profano[1], ó destinado para edificios de la ciudad y para arrabales: y la ciudad estará en medio[2].

16 Y he aquí sus medidas: A la parte del Norte cuatro mil y quinientas; á la de Mediodia cuatro mil y quinientas; á la de Oriente cuatro mil y quinientas; y cuatro mil y quinientas á la de Occidente.

17 Y los egidos de la ciudad tendrán hácia el Norte doscientas y cincuenta; y hácia el Mediodia doscientas y cincuenta; y á Oriente doscientas y cincuenta; y doscientas y cincuenta al lado del mar ó *de Occidente.*

___

1 Véase *Profano.*   2 De las veinte y cinco mil medidas.

18 *Quod autem reliquum fuerit in longitudine secundùm primitias sanctuarii, decèm millia in Orientem, et decem millia in Occidentem, erunt sicut primitiæ sanctuarii: et erunt fruges ejus in panes his qui serviunt civitati.*

19 *Servientes autem civitati, operabuntur ex omnibus tribubus Israel.*

20 *Omnes primitiæ vigintiquinque millium, per vigintiquinque millia in quadrum, separabuntur in primitias sanctuarii, et in possessionem civitatis.*

21 *Quod autem reliquum fuerit, principis erit ex omni parte primitiarum sanctuarii, et possessionis civitatis è regione vigintiquinque millium primitiarum usque ad terminum orientalem: sed et ad Mare, è regione vigintiquinque millium usque ad terminum Maris, similiter in partibus principis erit: et erunt primitiæ sanctuarii, et sanctuarium templi in medio ejus.*

22 *De possessione autem Levitarum, et de possessione civitatis in medio partium principis: erit inter terminum Juda, et inter terminum Benjamin, et ad principem pertinebit.*

23 *Et reliquis tribubus: à plaga orientali usque ad plagam occidentalem, Benjamin una.*

24 *Et contra terminum Benjamin, à plaga orientali usque ad plagam occidentalem, Simeon una.*

25 *Et super terminum Simeonis, à plaga orientali usque ad plagam occidentalem, Issachar una.*

26 *Et super terminum Issachar, à plaga orientali usque ad plagam occidentalem, Zabulon una.*

27 *Et super terminum Zabulon, à plaga orientali usque ad plagam Maris, Gad una.*

28 *Et super terminum Gad, ad plagam Austri in Meridie: et erit finis de Thamar usque ad aquas contradictionis Cades, hæreditas contra Mare magnum.*

18 Y aquello que quedare de la longitud, junto á las primicias del lugar santo, *esto es*, diez mil medidas al Oriente y diez mil al Occidente, será *como aditamento* á las primicias del lugar santo; y los frutos de aquel terreno servirán para alimentar á aquellos que sirven á la ciudad.

19 Y aquellos que se emplearán en servir á la ciudad serán de todas las tribus de Israel.

20 Todas las primicias de veinte y cinco mil medidas en cuadro serán separadas para primicias del Santuario, y para posesion y *sitio* de la ciudad.

21 Y aquello que sobrare al rededor de todas las primicias del Santuario, y de la porcion señalada á la ciudad en frente de las veinte y cinco mil medidas de las primicias hasta el término oriental, será del Príncipe; y asimismo será de él lo de la parte del mar *ú Occidente* en frente á las veinte y cinco mil medidas hasta el límite del mar: y las primicias del Santuario, y el lugar santo del Templo quedarán en medio.

22 Y el resto de la posesion de los levitas y de la posesion de la ciudad estará en medio de la porcion del Príncipe: pertenecerá al Príncipe aquello que está entre los confines de Judá y los confines de Benjamin.

23 En cuanto á las demas tríbus: Desde Oriente á Occidente la porcion para Benjamin:

24 Desde los confines de Benjamin, de Oriente á Occidente, la porcion de Simeon.

25 Y desde el término de Simeon, de Oriente á Occidente la porcion de Issachâr.

26 Y desde el término de Issachâr, de Oriente á Occidente, la porcion de Zabulon.

27 Y desde el término de Zabulon, de Oriente al mar *ú Occidente*, la porcion de Gad.

28 Y desde el término de Gad hácia la region del Mediodia, serán sus confines desde Thamar hasta las Aguas de Contradiccion en Cades; su herencia en frente del mar grande.

29 Hæc est terra, quam mittetis in sortem tribubus Israel: et hæ partitiones earum, ait Dominus Deus.

30 Et hi egressus civitatis: A plaga septemtrionali quingentos et quatuor millia mensurabis.

31 Et portæ civitatis ex nominibus tribuum Israel, portæ tres à Septemtrione, porta Ruben una, porta Juda una, porta Levi una.

32 Et ad plagam orientalem, quingentos et quatuor millia; et portæ tres, porta Joseph una, porta Benjamin una, porta Dan una.

33 Et ad plagam meridianam quingentos et quatuor millia metieris: et portæ tres, porta Simeonis una, porta Issachar una, porta Zabulon una.

34 Et ad plagam occidentalem, quingentos et quatuor millia: et portæ eorum tres, porta Gad una, porta Aser una, porta Nephthali una.

35 Per circuitum, decem et octo millia: et nomen civitatis ex illa die, Dominus ibidem.

29 Esta es la tierra que repartiréis por suerte á las tribus de Israel, y tales son sus porciones, dice el Señor Dios.

30 Y estas son las salidas de la ciudad; por el lado del Norte medirás cuatro mil y quinientas medidas.

31 Y las puertas de la ciudad tomarán nombre de las tribus de Israel: tres puertas al Norte, una puerta de Ruben, una de Judá, y una de Leví.

32 A Oriente medirás cuatro mil y quinientas medidas; y habrá tres puertas, una puerta de Joseph, una de Benjamin, y una de Dan.

33 Y á Mediodia medirás cuatro mil y quinientas medidas; y habrá tres puertas, una puerta de Simeon, una de Issachar y una de Zabulon.

34 Y al lado del Occidente medirás cuatro mil y quinientas medidas: y habrá tres puertas, una puerta de Gad, otra de Aser, y otra de Nephthalí.

35 Su recinto será de diez y ocho mil medidas. Y el nombre de la ciudad, desde aquel dia, será: Habitacion ó ciudad del Señor [1].

---

1. Apoc. XXI. v. 10. Nombre que es de la misma naturaleza que el de Emmanuel, que significa Dios con nosotros; y así solamente conviene con rigor á la Iglesia de Jesu-Christo, en la cual habitará el Señor hasta el fin del mundo. Matth. XXVIII. v. 20.

FIN DE LA PROFECIA DE EZECHIEL.

PRÓLOGO *que se puso en la primera edicion, en la cual comenzaba aquí el tomo VI.*

Al publicar este tomo con que se completa la nueva version castellana de la Sagrada Biblia, hecha de órden del Rey nuestro Señor, no puedo menos de repetir la sincera y cordial protesta que hice al comenzarla. Desconfiado de mis fuerzas, y temeroso siempre, y á veces casi con exceso, de tropezar en tan árdua y oscura senda, sometí desde entonces esta version al juicio y correccion de nuestra santa madre la Iglesia católica, apostólica, romana[1]. Juzgué no obstante que debia advertir al mismo tiempo, para satisfaccion de los lectores, que habiendo sido examinada antes detenidamente, en virtud de Real órden de 13 de julio de 1815, por muchos y graves varones de singular erudicion y sabiduría, instruidos especialmente en las lenguas hébrea, griega y árabe, y muy versados en el estudio de los Libros Sagrados; y aprobada tambien despues por el difunto Eminentísimo señor Cardenal, Arzobispo de Toledo, prévio el dictamen de personas doctas y pias; me quedaba una moral certeza de que estaba exenta de todo error sustancial. Mas ahora, al dar gracias á Dios por haberme concedido fuerzas para llevarla al cabo, y por la buena acogida que ha hallado en el público, renuevo la protesta que hice; y por tanto estoy pronto á tachar, así de la traduccion como de las notas, la mas mínima equivocacion que por inadvertencia mia y de mis censores haya quedado. Esta natural disposicion de mi ánimo, que debo al Autor de todo bien, avivada con las graves dificultades que he debido superar, y ennoblecida con las máximas de nuestra santa Religion, que inspira á todos la humildad de corazon y la docilidad de entendimiento, y condena solamente á los pertinaces en el error; ha sido la causa de que casi en todos los tomos haya suplicado á los lectores inteligentes que se sirvan avisarme los defectos, aun los mas pequeños, que observen, y tambien aquellas mejoras que hayan podido ocurrirles. Porque debo confesar que, aunque despues de veinte y cinco años de dedicarme enteramente al estudio y meditacion de las Escrituras, se ha disminuido mucho el grande embarazo que hallé al comenzar, se ha aumentado por otra parte el conocimiento de que mi trabajo es capaz de considerables mejoras: mejoras que, como decia un sábio Prelado, es preciso ocurran en una obra tan dificil cual es la version de la Biblia.

Por lo mismo publicaré con el mayor placer y gratitud las observaciones que se me han remitido casi de todas las provincias, sobre varios pasages de mi version, unas de personas instruidas que por modestia me han ocultado su nombre, otras de prelados ilustres por su dignidad y sabiduría; y todas ellas rebosando en aquella humildad propia del verdadero sabio, tímido siempre, y siempre modesto y apacible, y marcadas con el sello divino de la caridad christiana, la cual, como dice el Apostol[2], *no se engrie ni se irrita,* y obra en todo movida del zelo que es *conforme á ciencia:* no de aquel zelo amargo hijo de la negra en-

---

1 Véase el *Prólogo* al Nuevo Testamento, pág. VII.　　2 *I. Cor. XIII.*

...vidia, que suele disfrazarse algunas veces con el sagrado manto de una Religion que toda consiste en *caridad*.

El extraordinario número de suscriptores que acudieron despues de visto el primer tomo, y el piadoso esmero de algunos de ellos, que luego se hicieron cooperadores mios en esta empresa, avisándome hasta los mas pequeños descuidos typográficos; al paso que ha sido para mí el premio mas lisongero que podia recibir en este mundo, me ha confirmado en la idea de que no está ya muy distante el tiempo en que, segun dije en el *Discurso preliminar* al Antiguo Testamento [1], tendrá la nacion española una traduccion de las Santas Escrituras superior á las que tienen otras naciones, por la notoria ventaja de nuestra lengua sobre las demas, en la magestuosa elegancia y singular energía de sus voces y modismos, y en la viveza de sus comparaciones y metáforas. Á la ilustrada piedad y zelo por la Religion que caracterizan á nuestros católicos Monarcas, y singularmente á nuestro actual augusto Soberano, deberá la España este incomparable beneficio y tan singular y distinguida gloria.

Finalmente debo advertir aquí que, habiendo ofrecido dar, junto con los Indices *chronológico* y de *cosas notables*, la *fe de erratas* general de toda la version, y varias *correcciones y mejoras* que en ella podrán hacerse, será necesario retardar algunos meses su publicacion, para dar tiempo á que pueda cómodamente leerse este último tomo.

El que reflexiona sobre la gran dificultad de evitar todas las erratas de imprenta, mayormente en ediciones como esta en que los caractéres y lo demas concerniente no facilitan tanto el corregir con exactitud como en las que se llaman de lujo, no admirará que la *fe de erratas* no sea mas corta. Hubiéralo sido dejando de advertir las que suelen escapar á la vista de casi todos los lectores, y que por lo mismo no se hace caso de ellas; pero me ha parecido mas conforme á la suma veneracion debida á los Libros Sagrados, el salvar cuantos defectos he podido notar yo, ó me han hecho notar otros. Por la misma razon he dejado de seguir el ejemplo del Ilustrísimo Scio y de los demas traductores que reservaron para otra edicion el hacer algunas oportunísimas correcciones y notables mejoras en su trabajo. Yo he creido que seria grato y útil á los lectores el principiar á hacerlas ya desde ahora: pues aunque de esta manera se dan á conocer mas los descuidos que ha tenido el traductor, se añade tambien una prueba del recto y christiano fin que le ha dirigido en el desempeño de su empresa.

---

1 Núm. 22.

ADVERTENCIA

SOBRE LA PROFECIA DE DANIEL.

DANIEL es el cuarto de los Profetas llamados Mayores. Era de la tribu de Judá y de la regia estirpe de David. Nabuchôdonosor se le llevó cautivo á Babylonia, despues de la toma de Jerusalem, 602 años antes de Jesu-Christo. Tenia Daniel poca edad, y fué escogido con otros jovencitos de los principales de los judíos, para entrar al servicio de Nabuchôdonosor, quien los hizo instruir en la lengua y ciencias de los châldéos. El talento y buena conducta de Daniel le grangearon luego grande estimacion para con el Rey.

La primera prueba que hallamos del don de profecia con que Dios ilustró al tierno jóven, fué el modo con que defendió la inocencia de Susana. S. Ignacio Mártyr dice que no tenia entonces mas que doce años de edad. Pero se hizo luego célebre entre los châldéos con la relacion y explicacion del sueño que habia tenido Nabuchôdonosor; siendo asi que no conservaba el Rey casi ninguna idea de lo que habia soñado. Confirióle el Rey el gobierno de todas las provincias de Babylonia, declarándole gefe de sus magos ó sabios, por haber explicado el sentido misterioso de la estatua que representaba las cuatro grandes monarquias de los babylonios, de los medos y persas, de los griegos, y de los romanos. Algun tiempo despues, viéndose Nabuchôdonosor vencedor de tantas naciones, quiso que le tributasen culto, haciendo adorar una estatua suya de oro. Los tres compañeros de Daniel se resistieron; y fueron arrojados á las llamas, de las cuales los sacó el Señor sin lesion ninguna.

Continuó Daniel en el reinado de Baltassar manifestando su sabiduria y espíritu profético, y explicó á este Príncipe las palabras misteriosas que milagrosamente aparecieron escritas en la pared, y eran la sentencia de su condenacion. Muerto Baltassar, Dario le hizo su primer ministro, y envidiosos los cortesanos le armaron lazos, y lograron que fuese echado al lago de los leones, del que le libró el Dios de Israel; y fué segunda vez librado cuando descubrió el engaño y latrocinio de los sacerdotes de Bel, y mató al dragon que adoraban los babylonios.

Murió Daniel siendo de 88 años de edad, al fin del reinado de Cyro, y habiendo conseguido de él un edicto para que los judíos volviesen á Jerusalem, y reedificasen la ciudad y el templo. Los rabinos posteriores al tiempo de Christo no colocan á Daniel entre los profetas: tal vez por lo mismo que anuncia tan claramente la venida del Mesías, en la profecia de las setenta semanas. Pero en la antigua Synagoga era tenido no solo por Profeta, sino por grande Profeta.

TOM. IV.   Y

*Véase lo que se dice de él en los capítulos XIV. vs. 14., 20., y XXVIII. v. 8.
de Ezechiel. Es notable el testimonio de Josepho hebréo, que en el libro X. de las
Antigüedades, cap. últ. dice: "Daniel fué enriquecido con increibles dones, co-
« mo uno de los grandes Profetas..... porque él no solamente predijo las cosas
« futuras, como hicieron los otros Profetas, sino que ademas fijó el tiempo en
« que habian de suceder." Estas últimas palabras seguramente se refieren á la
profecía de la venida del Mesías.*

*Algunos escritores eclesiásticos antiguos manifestaron dudar de la autentici-
dad de tres partes de este libro, las cuales pertenecen á los sucesos históricos que
contiene, ademas de las profecías; es á saber, del Cántico de los tres jóvenes:
de la historia de Susana, y de la del idolo Bel y del Dragon; porque estas tres
partes no se hallaban en el texto hebréo. Apoyados en esta duda algunos hereges,
y prefiriendo al juicio de toda la Iglesia la opinion de los modernos rabinos, no
reconocen por canónicas dichas tres partes del libro de Daniel. No ignora la
Iglesia que no se hallan ahora en los códices hebréos; pero sabe que se hallaban
en aquellos códices que tuvieron delante los Setenta Intérpretes, como tambien
Achila, Theodocion y Simmachô: los cuales, siendo hebréos de nacimiento, y habiendo
traducido al griego los Libros Sagrados, son testigos de lo que creia la Synagoga, no solamente en los tiempos remotos, sino hasta principios del siglo III. de
la Iglesia; pues Simmachô hizo su version hácia el año 200 de Christo. Y Origenes atestigua que la historia de Susana, la de Bel y del Dragon, la Oracion de
Azarías, y el Cántico de los tres jóvenes se leian en todas las iglesias, y lo mismo
denotan S. Ignacio Mártyr, Didimo, S. Cypriano, y generalmente todos los Padres griegos y latinos [1].*

*El evidente cumplimiento de las profecías de Daniel hizo decir al impio filó-
sofo Porfirio, que este libro se habia escrito despues de haber sucedido lo que
refiere. Pero rebatieron y confundieron á Porfirio S. Methodio, Eusebio de Cesa-
réa, Apollinar, y despues S. Gerónimo.*

---

1 Orig. Comm. in Matth. et Epist. ad Afric.
S. Cypr. Ep. IV. et LVI. De Orat. Dom. et
de exhort. ad martyr.—Tertuliano: De Ido-
lat. c. XVI. et de Jejun. c. VII.—S. Iren.
lib. IV. adv. hæres. c. XI. et XLIV.—S. Hi-
lar. in Ps. LII.—Clem. Alex. Strom. c. IV.

LA PROFECÍA DE DANIEL.

CAPÍTULO PRIMERO.

Daniel, Ananías, Misael y Azarías son escogidos para servir en la corte de Nabuchódonosor. Rehusaron los manjares de la Casa Real por no faltar á la Ley de Dios, y por eso el Señor les dá su bendicion, y comunica, señaladamente á Daniel, el don de profecía.

1 *Anno tertio regni Joakim regis Juda, venit Nabuchodonosor rex Babylonis in Jerusalem, et obsedit eam:*

2 *et tradidit Dominus in manu ejus Joakim regem Juda, et partem vasorum domus Dei: et asportavit ea in terram Sennaar in domum Dei sui, et vasa intulit in domum thesauri dei sui.*

3 *Et ait rex Asphenez praeposito eunuchorum, ut introduceret de filiis Israel, et de semine regio et tyrannorum,*

4 *pueros, in quibus nulla esset macula, decoros formá, et eruditos omni sapientiá, cautos scientiá, et doctos discipliná, et qui possent stare in palatio regis, ut doceret eos litteras, et linguam Chaldaeorum.*

5 *Et constituit eis rex annonam per singulos dies de cibis suis, et de vino unde bibebat ipse, ut enutriti tribus annis, postea starent in conspectu regis.*

6 *Fuerunt ergo inter eos de filiis Juda, Daniel, Ananias, Misael, et Azarias.*

7 *Et imposuit eis praepositus eunuchorum nomina: Danieli, Baltassar;*

1 En el año tercero del reinado de Joakim Rey de Judá, vino Nabuchódonosor Rey de Babylonia contra Jerusalem, y la sitió.

2 Y el Señor entregó en sus manos á Joakim Rey de Judá, y una parte de los vasos del Templo de Dios, y los trasladó á tierra de Sennaar [1] á la casa ó *Templo* de su dios, y los metió en la casa del tesoro de su dios [2].

3 Y dijo el Rey á Asphenes, gefe de los ennuchós [3], que de los hijos de Israel, y de la estirpe de sus Reyes y grandes le destinase

4 algunos niños que no tuviesen ningun defecto, de bella presencia, y completamente instruidos, adornados con conocimientos científicos, y bien educados, y dignos *en fin* de estar en el palacio del Rey, y que les enseñase la lengua y las letras ó *ciencias* de los chaldéos.

5 Y dispuso el Rey que todos los dias se les diese de comer de lo mismo que él comia y del vino mismo que él bebia; á fin de que mantenidos asi por espacio de tres años, sirviesen despues en la presencia del Rey.

6 Entre estos, pues, se hallaron de los hijos de Judá, Daniel, Ananías, Misael, y Azarías.

7 Y el prefecto de los ennuchós les puso los nombres siguientes: á Daniel

---

1 Sennaar se llamaba el pais de *Babylonia*. Gen. X. *v.* 10.

2 *Baal ó Bel. Véase Baal.*
3 Ó *mayordomo mayor. Is. XXXIX. v.* 7.

Ananía , Sidrach; Misael, Misach; et Azariæ , Abdenago.

8 *Proposuit autem Daniel in corde suo, ne pollueretur de mensa regis, neque de vino potús ejus: et rogavit eunuchorum præpositum ne contaminaretur.*

9 *Dedit autem Deus Danieli gratiam et misericordiam in conspectu principis eunuchorum.*

10 *Et ait princeps eunuchorum ad Danielem: Timeo ego dominum meum regem, qui constituit vobis cibum et potum: qui si viderit vultus vestros macilentiores præ ceteris adolescentibus coævis vestris , condemnabitis caput meum regi.*

11 *Et dixit Daniel ad Malasar, quem constituerat princeps eunuchorum super Danielem, Ananiam, Misaelem, et Azariam:*

12 *Tentá nos, obsecro, servos tuos diebus decem, et dentur nobis legumina ad vescendum, et aqua ad bibendum:*

13 *et contemplare vultus nostros, et vultus puerorum qui vescuntur cibo regio: et sicut videris, facies cum servis tuis.*

14 *Qui, audito sermone hujuscemodi, tentavit eos diebus decem.*

15 *Post dies autem decem, apparuerunt vultus eorum meliores et corpulentiores præ ómnibus pueris, qui vescebantur cibo regio.*

16 *Porrò Malasar tollebat cibaria, et vinum potús eorum: dabatque eis legumina.*

17 *Pueris autem his dedit Deus scientiam , et disciplinam in omni libro et sapientiâ. Danieli autem intelligentiam omnium visionum et somniorum.*

18 *Completis itaque diebus, post quos dixerat rex ut introducerentur: intro-*

el de Baltassar, á Ananías el de Sidrach, á Misael el de Misach, y á Azarías el de Abdenago.

8 Daniel empero resolvió en su corazon el no contaminarse con comer de la vianda de la mesa del Rey, ni con beber del vino que el Rey bebia; y rogó al prefecto de los eunuchôs *que le permitiese* el no contaminarse[1].

9 Y Dios hizo que Daniel hallase gracia y benevolencia ante el gefe de los eunuchôs.

10 Y dijo el prefecto de los eunuchôs á Daniel: Me temo yo del Rey mi señor, el cual os ha señalado la comida y bebida; que si él llegare á ver vuestras caras mas flacas que las de los otros jóvenes vuestros coëtáneos, seréis causa de que el Rey me condene á muerte.

11 Dijo entonces Daniel á Malasar, al cual el prefecto de los eunuchôs habia encargado el cuidado de Daniel, de Ananías , de Misael, y de Azarías:

12 Suplícote que hagas la prueba con nosotros tus siervos, por espacio de diez dias; y dénsenos legumbres para comer, y agua para beber:

13 y observa nuestras caras y las caras de los jóvenes que comen de la vianda del Rey; y segun vieres, harás con tus siervos.

14 Oida por él semejante propuesta, hizo con ellos la prueba por diez dias.

15 Y al cabo de los diez dias aparecieron de mejor color sus rostros, y mas llenos que los de todos los jóvenes que comian de las viandas del Rey.

16 Malasar pues tomaba para sí las viandas, y el vino que ellos habian de beber; y les daba á comer legumbres.

17 Y dióles Dios á estos jóvenes ciencia y pericia en todos los escritos y conocimientos *de los chaldéos:* á Daniel, empero , la inteligencia de todas las visiones y sueños[2].

18 Cumplido pues el tiempo, despues del cual habia mandado el Rey que le

---

1 Solian los gentiles consagrar á sus dioses las viandas , quemando en honor de ellos un poco de pan y vino. Ademas no podian los judíos comer la carne de cerdo, y otras cosas

prohibidas en la Ley de Moysés.

2 *Núm. XII. , XXII.* —*1. Paral. XXV. ver. 5.*

duxit vos praepositus eunuchorum in conspectu Nabuchodonosor.

19 Cumque eis locutus fuisset rex, non sunt inventi tales de universis, ut Daniel, Ananias, Misael, et Azarias, et steterunt in conspectu regis.

20 Et omne verbum sapientiae et intellectus, quod sciscitatus est ab eis rex, invenit in eis decuplum, super cunctos ariolos et magos, qui erant in universo regno ejus.

21 Fuit autem Daniel usque ad annum primum Cyri regis.

fuesen presentadas los jóvenes, condújolos el prefecto de los eunucôs á la presencia de Nabuchôdonosor.

19 Y habiéndolos el Rey examinado, no se halló entre todos ellos quien igualase á Daniel, á Ananías, á Misael y á Azarías; y se quedaron para el servicio de la Persona Real.

20 Y en cualquiera especie de conocimientos y ciencias sobre que los examinó el Rey, halló que eran diez veces mas sabios que cuantos adivinos y magos[1] habia en todo su reino.

21 Y permaneció Daniel en el servicio del Rey, hasta el año primero del rey Cyro[2].

CAPÍTULO II.

Los sabios ó magos châldéos, no pudiendo adivinar un sueño de Nabuchôdonosor, son condenados á muerte. Revélalo Dios á Daniel, quien explica al Rey lo que significaba la estátua. Ensalza el Rey á Daniel, y confiesa al Dios verdadero.

1 In anno secundo regni Nabuchodonosor, vidit Nabuchodonosor somnium, et conterritus est spiritus ejus, et somnium ejus fugit ab eo.

2 Praecepit autem rex, ut convocarentur arioli, et magi, et malefici, et Chaldaei, ut indicarent regi somnia sua: qui cum venissent, steterunt coram rege.

3 Et dixit ad eos rex: Vidi somnium; et mente confusus ignoro quid viderim.

4 Responderuntque Chaldaei regi syriacè: Rex, in sempiternum vive: dic somnium servis tuis, et interpretationem ejus indicabimus.

5 Et respondens rex, ait Chaldaeis: Sermo recessit à me: nisi indicaveritis mihi somnium, et conjecturam ejus,

1 En el año segundo de su reinado tuvo Nabuchôdonosor un sueño, que dejó consternado su espíritu; y huyósele dicho sueño de la memoria.

2 Y mandó el Rey convocar los adivinos y magos, y los hechiceros[3] y los châldéos ó astrólogos[4], para que mostrasen al Rey los sueños que habia tenido; y llegados que fueron se presentaron delante del Rey.

3 Y díjoles el Rey: He tenido un sueño; y perturbada mi mente, ya no sé lo que he visto.

4 A esto le respondieron los châldéos en su lengua syríaca ó châldáica: ¡Oh Rey, vive para siempre! Refiere el sueño á tus siervos, y nosotros te darémos su interpretacion.

5 Replicó el Rey, y dijo á los châldéos: Olvidóseme lo que era: y si vosotros no me exponeis el sueño, y no me

---

1 Véase *Adivinos*.
2 Respon. cap. *VI. v. 28., X. v. 1.*
3 S. Gerónimo traduce *malefici*; porque cree que se servian de los cadáveres humanos, y de otros medios propios de los hechiceros.

4 *Châldéos*: nombre dado á una secta de filósofos de dicho pais, hombres de grande reputacion, de los cuales hablan *Estrabon, Diodoro de Sicilia, Ciceron*, etc. Véase *Adivinos*.

peribitis vos, et domus vestræ publica-
buntur.

6 *Si autem somnium, et conjecturam*
ejus narraveritis, præmia, et doná,
et honorem multum accipietis á me:
somnium igitur, et interpretationem
ejus indicate mihi.

7 *Responderunt secundó atque dixe-*
runt: Rex somnium dicat servis suis,
et interpretationem illius indicabimus.

8 *Respondit rex, et ait: Certé novi*
quod tempus redimitis, scientes quod
recesserit á me sermo.

9 *Si ergo somnium non indicaveritis*
mihi, una est de vobis sententia, quod
interpretationem quoque fallacem et de-
ceptione plenam composueritis, ut lo-
quamini mihi donec tempus pertranseat.
Somnium itaque dicite mihi, ut sciam
quod interpretationem quoque ejus ve-
ram loquamini.

10 *Respondentes ergo Chaldæi coram*
tege, dixerunt: Non est homo super
terram, qui sermonem tuum, rex, pos-
sit implere: sed neque regum quisquam
magnus et potens verbum hujuscemodi
sciscitatur ab omni ariolo, et mago, et
Chaldæo.

11 *Sermo enim, quem tu quæris, rex,*
gravis est: nec reperietur quisquam,
qui indicet illum in conspectu regis:
exceptis diis, quorum non est cum ho-
minibus conversatio.

12 *Quo audito, rex in furore et in*
ira magna præcepit, ut perirent omnes
sapientes Babylonis.

13 *Et egressá sententiá, sapientes*
interficiebantur: quærebanturque Da-
niel et socii ejus, ut perirent.

14 *Tunc Daniel requisivit de lege at-*
que sententiá ab Arioch principe mili-
tiæ regis, qui egressus fuerat ad inter-
ficiendos sapientes Babylonis.

15 *Et interrogavit eum, qui á rege*

dais su interpretacion, perecéreis vosotros, y serán confiscadas vuestras casas.

6 Mas si expusiéreis el sueño y lo que
significa, recibiréis de mí premios y dones, y grandes honores: exponedme
pues el sueño y su significacion.

7 Respondiéronle otra vez ellos, diciendo: Refiera el Rey su sueño á sus
siervos, y le declararémos su significacion.

8 A esto repuso el Rey, y dijo: Conozco bien que vosotros queréis ganar
tiempo; porque sabeis que se me fué
de la memoria la cosa que soñé.

9 Por lo cual si no me decís aquello
que he soñado, yo no pensaré otra cosa de vosotros, sino que forjaréis tambien una interpretacion falsa y llena
de engaño, para entretenerme con palabras hasta que vaya pasando el tiempo.
Por tanto, decidme el sueño mio, á fin
de que conozca que tambien la interpretacion que de él daréis será verdadera.

10 A esto dijeron los cháldéos, respondiendo al Rey: No hay hombre sobre la tierra, oh Rey, que pueda cumplir tu mandato; ni hay Rey alguno
grande y poderoso que demande tal cosa á ningun adivino, mago, ó cháldéo,

11 porque es cosa muy difícil, oh Rey,
la que pides: ni se hallará nadie que
pueda ilustrar al Rey sobre ella; fuera
de los dioses, los cuales no tienen trato
con los hombres.

12 Al oir esto el Rey, lleno de furor
y grandísimo enojo, mandó que se qui-
tara la vida á todos los sabios de Babylonia.

13 Y publicada que fué esta sentencia, fueron á matar á los sabios, y andaban en busca de Daniel y de sus compañeros para hacerlos morir.

14 Entonces Daniel fué á preguntar á
Arioch, capitan de las trópas del Rey,
el cual tenia la comision de hacer morir á los sabios de Babylonia, qué venia á ser aquella ley, y aquella sentencia.

15 Y al dicho Arioch, que habia re-

potestatem acceperat, quam ob causam tam crudelis sententia à facie regis esset egressa. Cum ergo rem indicasset Arioch Danieli,

16 Daniel ingressus rogavit regem, ut tempus daret sibi ad solutionem indicandam regi.

17 Et ingressus est domum suam, Ananiæque et Misaeli, et Azariæ sociis suis indicavit negotium:

18 ut quærerent misericordiam à facie Dei cœli super sacramento isto, et non perirent Daniel et socii ejus cum cæteris sapientibus Babylonis.

19 Tunc Danieli mysterium per visionem noctis revelatum est: et benedixit Daniel Deum cœli,

20 et locutus ait: Sit nomen Domini benedictum à seculo et usque in seculum: quia sapientia et fortitudo ejus sunt.

21 Et ipse mutat tempora, et ætates: transfert regna, atque constituit: dat sapientiam sapientibus, et scientiam intelligentibus disciplinam:

22 ipse revelat profunda, et abscondita, et novit in tenebris constituta: et lux cum eo est.

23 Tibi Deus patrum nostrorum confiteor, teque laudo: quia sapientiam et fortitudinem dedisti mihi: et nunc ostendisti mihi quæ rogavimus te, quia sermonem regis aperuisti nobis.

24 Post hæc Daniel ingressus ad Arioch, quem constituerat rex ut perderet sapientes Babylonis, sic ei locutus est: Sapientes Babylonis ne perdas: introduc me in conspectu regis, et solutionem regi narrabo.

25 Tunc Arioch festinus introduxit Danielem ad regem, et dixit ei: Inveni hominem de filiis transmigrationis Juda, qui solutionem regi annuntiet.

cibido la comision del Rey, le preguntó por qué causa habia pronunciado el Rey tan cruel sentencia. Y habiendo Arioch declarado á Daniel lo que habia sobre eso,

16 entró Daniel al Rey y le suplicó que le concediese tiempo para dar la solucion.

17 En seguida se fué á su casa, y contó el caso á sus compañeros Ananías, Misael y Azarías;

18 para que implorasen la misericordia del Dios del cielo acerca de un tal arcano: á fin de que no pereciesen Daniel y sus compañeros, junto con los otros sabios de Babylonia.

19 Entonces tuvo Daniel por la noche una vision, en la cual le fué revelado el arcano: y bendijo Daniel al Dios del cielo,

20 y prorumpió en estas palabras: Bendito sea el nombre del Señor ab eterno, y para siempre: porque de él son la sabiduría y la fortaleza:

21 él muda los tiempos y las edades: traslada los reinos, y los afirma: da la sabiduría á los sabios, y la ciencia á los inteligentes:

22 él revela las cosas profundas y recónditas, y conoce las que se hallan en medio de tinieblas, pues la luz está con él.

23 A tí, oh Dios de nuestros padres, te tributo las gracias, y rindo alabanzas, porque me has concedido sabiduría y fortaleza, y me has hecho conocer ahora lo que te hemos pedido; puesto que nos has revelado lo que el Rey pregunta.

24 Despues de esto fuese Daniel á encontrar á Arioch, á quien habia dado el Rey el encargo de hacer morir á los sabios de Babylonia; y le habló de esta manera: No quites la vida á los sabios de Babylonia: acompáñame á la presencia del Rey, y yo le expondré la solucion.

25 Entonces Arioch condujo luego á Daniel á la presencia del Rey, á quien dijo: He hallado un hombre entre los hijos de Judá cautivos, el cual dará al Rey la explicacion que desea.

26 *Respondit rex, et dixit Danieli,* *cujus nomen erat Baltassar: Putasne* *vere potes mihi indicare somnium, quod* *vidi, et interpretationem ejus?*

27 *Et respondens Daniel coram rege,* *ait: Mysterium, quod rex interrogat,* *sapientes, magi, arioli, et aruspices* *nequeunt indicare regi.*

28 *Sed est Deus in cœlo revelans* *mysteria, qui indicavit tibi rex Nabu-* *chodonosor, quæ ventura sunt in no-* *vissimis temporibus. Somnium tuum, et* *visiones capitis tui in cubili tuo huju-* *scemodi sunt:*

29 *Tu rex cogitare cœpisti in strato* *tuo, quid esset futurum post hæc: et* *qui revelat mysteria, ostendit tibi quæ* *ventura sunt.*

30 *Mihi quoque non in sapientia quæ* *est in me plus quam in cunctis viventi-* *bus, sacramentum hoc revelatum est:* *sed ut interpretatio regi manifesta fie-* *ret, et cogitationes mentis tuæ scires.*

31 *Tu rex videbas, et ecce quasi sta-* *tua una grandis: statua illa magna,* *et statura sublimis stabat contra te, et* *intuitus ejus erat terribilis.*

32 *Hujus statuæ caput ex auro opti-* *mo erat, pectus autem et brachia de* *argento, porro venter et femora ex ære:*

33 *tibiæ autem ferreæ, pedum quæ-* *dam pars erat ferrea, quædam autem* *fictilis.*

34 *Videbas ita, donec abscissus est* *lapis de monte sine manibus: et per-* *cussit statuam in pedibus ejus ferreis* *et fictilibus, et comminuit eos.*

35 *Tunc contrita sunt pariter ferrum,* *testa, æs, argentum, et aurum, et re-* *ducta quasi in favillam æstivæ areæ,* *quæ rapta sunt vento: nihilque locus*

26 Respondió el Rey, y dijo á Da-niel, á quien se daba el nombre de Bal-tassar: ¿Crees tú realmente que podrás decirme el sueño que tuve, y darme su interpretacion?

27 A lo que respondió Daniel al Rey, diciendo: El arcano que el Rey desea descubrir, no se lo pueden declarar al Rey los sabios, ni los magos, ni los adi-vinos, ni los aruspices [1].

28 Pero hay un Dios en el cielo, que revela los misterios, y éste te ha mos-trado, oh rey Nabuchódonosor, las co-sas que sucederán en los últimos tiem-pos [2]. Tu sueño y las visiones que ha te-nido tu cabeza en la cama, son las si-guientes:

29 Tú, oh Rey, estando en tu cama, te pusiste á pensar en lo que sucederia en los tiempos venideros; y aquel que revela los misterios te hizo ver lo que ha de venir.

30 Á mí tambien se me ha revelado ese arcano, no por una sabiduria que en mí haya mas que en cualquier otro hombre mortal; sino á fin de que el Rey tuviese una clara interpretacion, y para que reconocieses, oh Rey, los pensamientos de tu espíritu.

31 Tú, oh Rey, tuviste una vision; y te parecia que veias como una grande estatua, y esta estatua grande y de ele-vada altura estaba derecha en frente de tí; y su presencia era espantosa.

32 La cabeza de esta estatua era de oro finisimo: el pecho empero, y los brazos de plata; mas el vientre y los muslos de cobre ó *bronce*;

33 y de hierro las piernas: y la una parte de los pies era de hierro y la otra de barro.

34 Asi la veias tú cuando, sin que mano ninguna la moviese, se desgajó del monte una piedra, la cual hirió la estatua en sus pies de hierro y de bar-ro cocido, y los desmenuzó.

35 Entonces se hicieron pedazos igual-mente el hierro, el barro, el cobre, la plata y el oro, y quedaron reducidos á ser como el tamo de una era en el vera-

---

1 *Ezech.* XXI. v. 21.

2 Segun el griego puede traducirse, *en re-motos tiempos,* ó *dentro de muchos tiempos.*

inventus est eis: lapis autem, qui percusserat statuam, factus est mons magnus, et implevit universam terram.

36 *Hoc est somnium: interpretationem quoque ejus dicemus coram te, rex.*

37 *Tu rex regum es: et Deus coeli, regnum, et fortitudinem, et imperium, et gloriam dedit tibi:*

38 *et omnia in quibus habitant filii hominum, et bestiae agri: volucres quoque coeli dedit in manu tua, et sub ditione tua universa constituit: tu es ergo caput aureum.*

39 *Et post te consurget regnum aliud minus te argenteum: et regnum tertium aliud aereum, quod imperabit universae terrae.*

40 *Et regnum quartum erit velut ferrum, quomodo ferrum comminuit et domat omnia, sic comminuet et conteret omnia haec.*

41 *Porro quia vidisti pedum et digitorum partem testae figuli, et partem ferream: regnum divisum erit, quod tamen de plantario ferri orietur, secundum quod vidisti ferrum mistum testae ex luto.*

42 *Et digitos pedum ex parte ferreos, et ex parte fictiles; ex parte regnum erit solidum, et ex parte contritum.*

43 *Quod autem vidisti ferrum mistum testae ex luto, commiscebuntur quidem humano semine, sed non adhaerebunt sibi, sicuti ferrum misceri non potest testae.*

no, que el viento esparce; y asi no quedó nada de ellos. Pero la piedra que habia herido á la estatua, se hizo una gran montaña, y llenó toda la tierra.

36 Tal es el sueño. Dirémos tambien en tu presencia, oh Rey, su significacion.

37 Tú eres Rey de reyes; y el Dios del cielo te ha dado á tí reino, y fortaleza, é imperio y gloria:

38 y ha sujetado á tu poder los lugares todos en que habitan los hijos de los hombres, como tambien las bestias del campo y las aves del aire; todas las cosas ha puesto bajo tu dominio: tú pues eres la cabeza de oro [1].

39 Y despues de tí se levantará otro reino menor que el tuyo, que será de plata [2]; y *despues* otro tercer reino, que será de cobre ó *bronce*, el cual mandará toda la tierra [3].

40 Y el cuarto reino será como el hierro [4]. Al modo que el hierro desmenuza y doma todas las cosas, asi *este reino* destrozará y desmenuzará á todos los demas.

41 Mas en cuanto á lo que has visto que una parte de los pies y de los dedos era de barro de alfarero, y la otra de hierro; *sépas que* el reino, sin embargo que tendrá orígen de vena de hierro, será dividido, conforme lo que viste del hierro mezclado con el barro cocido.

42 Y *como* los dedos de los pies en parte son de hierro, y en parte de barro cocido; asi el reino en parte será firme y en parte quebradizo.

43 Y al modo que has visto el hierro mezclado con el barro cocido, asi se unirán por medio de parentelas; mas no formarán un cuerpo el uno con el otro, asi como el hierro no puede ligarse con el barro.

---

1 El imperio de los *chaldéos* por su grandeza, gloria, é inmensas riquezas, está muy bien comparado con el mas noble de los metales.

2 El imperio de los persas, de menor extension y duracion que el anterior de los chaldéos. Su fundador fué *Cyro*, y acabó en *Dario*, llamado *Condomano*, que fué vencido por *Alejandro.*

3 El imperio de los griegos, ó sea de *Alejandro Magno*, que, vencido á *Dario*, sujetó á su dominacion casi toda la tierra; esto es, toda el *Asia*, gran parte de la *Africa*, y una buena porcion de la *Europa.*

4 Este fué el imperio de los *romanos*: al modo que el hierro todo lo doma y reduce á polvo, asi los romanos sujetaron todos los reinos de *Asia*, *Africa*, y *Europa*; pero este imperio despues de tantas conquistas, debilitado al fin por los vicios consiguientes al lujo y grandes regalos, vino á ser en tiempo de los tiranos un misto de hierro y barro, y fué destruyéndose por sí mismo. Véase despues c. *VII.*

44 In diebus autem regnorum illorum, suscitabit Deus cœli regnum, quod in æternum non dissipabitur, et regnum ejus alteri populo non tradetur: comminuet autem, et consumet universa regna hæc: et ipsum stabit in æternum.

45 Secundùm quod vidisti, quod de monte abscissus est lapis sine manibus, et comminuit testam, et ferrum, et æs, et argentum, et aurum, Deus magnus ostendit regi quæ ventura sunt posteà. Et verum est somnium, et fidelis interpretatio ejus.

46 Tunc rex Nabuchodonosor cecidit in faciem suam, et Danielem adoravit, et hostias et incensum præcepit ut sacrificarent ei.

47 Loquens ergo rex, ait Danieli: Verè Deus vester Deus deorum est, et Dominus regum, et revelans mysteria: quoniam tu potuisti aperire hoc sacramentum.

48 Tunc rex Danielem in sublime extulit, et munera multa et magna dedit ei: et constituit eum principem super omnes provincias Babylonis, et præfectum magistratuum super cunctos sapientes Babylonis.

49 Daniel autem postulavit à rege: et constituit super opera provinciæ Babylonis, Sidrach, Misach, et Abdenago: ipse autem Daniel erat in foribus regis.

44 Pero en el tiempo de aquellos reinos, el Dios del cielo levantará un reino que nunca jamás será destruido : y este reino no pasará á otra nacion ; sino que quebrantará y aniquilará todos estos reinos: y él subsistirá eternamente;

45 conforme viste tú que la piedra desprendida del monte sin concurso de hombre alguno desmenuzó el barro, y el hierro, y el cobre, y la plata, y el oro; el gran Dios ha mostrado al Rey las cosas futuras. Y el tal sueño es verdadero, y es fiel su interpretacion [1].

46 Entonces el Rey Nabuchòdonosor postróse en tierra sobre su rostro y adoró á Daniel [2], y mandó que se le hiciesen sacrificios de víctimas, y le quemasen incienso.

47 El Rey pues dirigió su palabra á Daniel, y le dijo: Verdaderamente que vuestro Dios es el Dios de los dioses, y el Señor de los reyes, y el que revela los arcanos; pues has podido tú descubrir éste.

48 Entonces el Rey ensalzó á Daniel colmándole de honores, y le hizo muchos y magníficos regalos, y le constituyó Príncipe de todas las provincias de Babylonia; y presidente de los magistrados, y de todos los sabios de Babylonia.

49 É impetró Daniel del Rey se encargasen los negocios de la provincia de Babylonia á Sidrach, Misach, y Abdenago: Daniel empero estaba al lado del Rey.

---

[1] Admirable profecía es esta del Reino eterno de Jesu-Christo, que explican casi todos los Santos Padres de un mismo modo, y en especial S. Justino Mártir, S. Irenéo, S. Gerónimo y S. Agustin. Vino Jesu-Christo á destruir el poder del demonio ; y sujetó á Dios y á su Iglesia las naciones. Vino á combatir contra el *fuerte armado*, valiéndose no de su omnipotencia, sino de la debilidad de nuestra carne frágil y miserable : y cual *piedrecita que*

se desprende del monte, sin que intervenga la mano de ningun hombre; asi Jesu-Christo, concebido como hombre en el seno de la Virgen María, destruirá el imperio de *Satanás,* etc., etc. *I. Cor. I.* v. 25. Tambien varios doctos rabinos vieron aqui profetizado el Mesías. *Bereschib Rabba, ad Gen. XXVII.* ver. 10.

[2] Véase *Adorar. Act. XIV.* v. 10., 17.

CAPÍTULO III.

Ananías, Misaél y Azarías, no queriendo adorar la estátua de Nabuchôdonosor, son echados en un horno encendido, y milagrosamente librados por Dios. Asombrado el Rey, dá gloria á Dios, y manda que sea muerto el que blasfemare su santo Nombre.

1 Nabuchodonosor rex fecit statuam auream, altitudine cubitorum sexaginta, latitudine cubitorum sex, et statuit eam in campo Dura provincia Babylonis.

2 Itaque Nabuchodonosor rex misit ad congregandos satrapas, magistratus, et judices, duces, et tyrannos, et praefectos, omnesque principes regionum, ut convenirent ad dedicationem statuae, quam erexerat Nabuchodonosor rex.

3 Tunc congregati sunt satrapas, magistratus, et judices, duces, et tyranni, et optimates qui erant in potestatibus constituti, et universi principes regionum, ut convenirent ad dedicationem statuae, quam erexerat Nabuchodonosor rex; stabant autem in conspectu statuae, quam posuerat Nabuchodonosor rex:

4 et praeco clamabat valenter: Vobis dicitur populis, tribubus, et linguis:

5 In hora, quâ audieritis sonitum tubae, et fistulae, et citharae, sambucae, et psalterii, et symphoniae, et universi generis musicorum, cadentes adorate statuam auream, quam constituit Nabuchodonosor rex:

6 Si quis autem non prostratus adoraverit, eâdem horâ mittetur in fornacem ignis ardentis.

7 Post haec igitur statim ut audierunt omnes populi sonitum tubae, fistulae, et citharae, sambucae, et psalterii, et symphoniae, et omnis generis musicorum: cadentes omnes populi, tribus, et linguae, adoraverunt statuam auream,

1 Hizo el Rey Nabuchôdonosor una estatua de oro de sesenta codos de altura, y seis de anchura, y púsola en el campo de Dura, en la provincia de Babylonia [1].

2 Mandó pues el Rey Nabuchôdonosor juntar los sátrapas, magistrados y jueces, los capitanes y grandes señores, y los prefectos y los gobernadores todos de las provincias, para que asistiesen á la dedicacion de la estatua que habia levantado el rey Nabuchôdonosor.

3 Reuniéronse pues los sátrapas, los magistrados, y los jueces, y los capitanes, y los grandes señores, y los presidentes de los tribunales, y todos los gobernadores de las provincias, para concurrir á la dedicacion de la estatua que habia levantado el rey Nabuchôdonosor. Y estaban en pie delante de la estatua erigida por el rey Nabuchôdonosor;

4 y gritaba un pregonero en alta voz: Á vosotros, oh pueblos, tribus y lenguas se os manda

5 que en el mismo punto en que oyéreis el sonido de la trompeta, de la flauta, de la harpa, de la zampoña, y del salterio y de la simphonía, y de toda especie de instrumentos músicos, postrándoos, adoreis la estatua de oro erigida por el rey Nabuchôdonosor:

6 que si alguno no se postrare, y no la adorare, en el mismo momento será arrojado en un horno de fuego ardiente.

7 Así, pues, luego que los pueblos todos oyeron el sonido de la trompeta, de la flauta, del harpa, de la zampoña, y del salterio, y de la simphonía, y de toda espécie de instrumentos músicos, postrándose todos los pueblos, tribus y

---

1 No se sabe lo que esta estatua representaba: pero se cree que era la imágen del mismo Nabuchôdonosor.

quam constituerat Nabuchodonosor rex.

8 *Statimque in ipso tempore accedentes viri Chaldæi accusaverunt Judæos:*

9 *dixeruntque Nabuchodonosor regi: Rex, in æternum vive:*

10 *Tu rex posuisti decretum, ut omnis homo qui audierit sonitum tubæ, fistulæ, et citharæ, sambucæ, et psalterii, et symphoniæ, et universi generis musicorum, prosternat se, et adoret statuam auream:*

11 *si quis autem non procidens adoraverit, mittatur in fornacem ignis ardentis.*

12 *Sunt ergo viri Judæi, quos constituisti super opera regionis Babylonis, Sidrach, Misach, et Abdenago: viri isti contempserunt, rex, decretum tuum: deos tuos non colunt, et statuam auream, quam erexisti, non adorant.*

13 *Tunc Nabuchodonosor in furore et in ira præcepit, ut adducerentur Sidrach, Misach, et Abdenago: qui confestim adducti sunt in conspectu regis.*

14 *Pronuntiansque Nabuchodonosor rex, ait eis: Verène Sidrach, Misach, et Abdenago, deos meos non colitis, et statuam auream, quam constitui, non adoratis?*

15 *Nunc ergo si estis parati, quacumque hora audieritis sonitum tubæ, fistulæ, citharæ, sambucæ, et psalterii, et symphoniæ, omnisque generis musicorum, prosternite vos, et adorate statuam quam feci: quòd si non adoraveritis, eâdem horâ mittemini in fornacem ignis ardentis: et quis est deus, qui eripiet vos de manu mea?*

16 *Respondentes Sidrach, Misach, et Abdenago, dixerunt regi Nabuchodonosor: Non oportet nos de hac re respondere tibi.*

17 *Ecce enim Deus noster, quem coli-*

---

lenguas, adoraron la estatua de oro que habia levantado el rey Nabuchôdonosor.

8 Y súbito en el mismo momento fueron algunos châldéos á acusar á los judíos;

9 y dijeron al rey Nabuchôdonosor: ¡Oh Rey, vive eternamente!

10 Tú, oh Rey, has dado un decreto, para que todo hombre que oyere el sonido de la trompeta, de la flauta, y del harpa, de la zampoña, y del salterio, y de la simphonía, y de toda especie de instrumentos músicos, se postre, y adore la estatua de oro:

11 y que cualquiera que no se postrare y no la adorare, sea arrojado en un horno de fuego ardiente.

12 Hay pues tres hombres entre los judíos [1], á los cuales tú constituiste sobre los negocios de la provincia de Babylonia, que son Sidrach, Misach, y Abdenago: estos hombres han despreciado, oh Rey, tu decreto: no dan culto á tus dioses, ni adoran la estatua de oro que has levantado.

13 Entonces Nabuchôdonosor, lleno de furor y saña, mandó que le trajesen á Sidrach, Misach y Abdenago, los cuales al momento fueron conducidos á la presencia del Rey.

14 Y hablóles el rey Nabuchôdonosor, diciendo: ¿Es verdad, oh Sidrach, Misach y Abdenago, que no dais culto á mis dioses, ni adorais la estatua de oro que yo hice levantar?

15 Ahora pues, si estais dispuestos á obedecer, al punto que oigais el sonido de la trompeta, de la flauta, del harpa, de la zampoña, y del salterio, y de la simphonía, y de todo género de instrumentos músicos, postráos, y adorad la estatua que yo he hecho; pero si no la adorais, al instante seréis arrojados en el horno ardiente de fuego. ¿Y cuál es el dios que os librará de mi mano?

16 Respondieron Sidrach, Misach y Abdenago, y dijeron al rey Nabuchôdonosor: No es necesario que nosotros te respondamos sobre esto:

17 porque he aquí que nuestro Dios,

---

1 No se ve aqui que acusasen á Daniel: tal vez estaria ausente, ó quizá por la gran esti-macion que el Rey hacia de él, no se atrevieron.

mus, potest eripere nos de camino ignis ardentis, et de manibus tuis, ó rex, liberare.

18 Quod si noluerit, notum sit tibi, rex, quia deos tuos non colimus, et statuam auream quam erexisti, non adoramus.

19 Tunc Nabuchodonosor repletus est furore: et aspectus faciei illius immutatus est super Sidrach, Misach et Abdenago, et præcepit ut succenderetur fornax septuplum quam succendi consueverat.

20 Et viris fortissimis de exercitu suo jussit, ut ligatis pedibus Sidrach, Misach et Abdenago, mitterent eos in fornacem ignis ardentis.

21 Et confestim viri illi vincti, cum braccis suis, et tiaris, et calceamentis, et vestibus, missi sunt in medium fornacis ignis ardentis.

22 Nam jussio regis urgebat: fornax autem succensa erat nimis. Porrò viros illos, qui miserant Sidrach, Misach et Abdenago, interfecit flamma ignis.

23 Viri autem hi tres, id est, Sidrach, Misach et Abdenago, ceciderunt in medio camino ignis ardentis, colligati.

Quæ sequuntur in hebræis voluminibus non reperi.

24 Et ambulabant in medio flammæ laudantes Deum, et benedicentes Domino.

25 Stans autem Azarias oravit sic, aperiensque os suum, in medio ignis, ait:

26 Benedictus es, Domine Deus patrum nostrorum, et laudabile et gloriosum nomen tuum in sæcula;

27 quia justus es in omnibus quæ fecisti nobis, et universa opera tua ve-

---

á quien adoramos, puede librarnos del horno del fuego ardiente, y sustraernos, oh Rey, de tus manos.

18 Que si él no quisiere, sepas, oh Rey, que nosotros no darémos culto á tus dioses, ni adorarémos la estatua de oro que has levantado[1].

19 Enfurecióse con esto Nabuchôdonosor, y mudó el aspecto de su rostro para con Sidrach, Misach y Abdenago, y mandó que se encendiesse el horno con fuego siete veces mayor de lo acostumbrado.

20 Y dió órden á unos soldados de los mas fuertes de su ejército para que atando de pies y manos á Sidrach, Misach y Abdenago, los arrojasen en el horno de fuego ardiente.

21 Y al punto fueron atados aquellos tres varones, y echados en el horno ardiente de fuego con sus fajas, y tiaras, y calzados, y vestidos.

22 Porque era urgente el mandato del Rey, y el horno estaba extraordinariamente encendido. Pero de repente las llamas del fuego mataron á aquellos hombres que habian echado á Sidrach, á Misach y á Abdenago.

23 Y estos tres varones Sidrach, Misach y Abdenago cayeron atados en medio del horno de ardientes llamas.

Lo que se sigue (dice S. Gerónimo) no lo hallé en los códices hebréos[2].

24 Y andaban por medio de las llamas loando á Dios, y bendiciendo al Señor.

25 Y Azarías, poniéndose en pie, oró de esta manera, y abriendo su boca en medio del fuego, dijo:

26 Bendito eres, oh Señor Dios de nuestros padres, y digno es de alabanza tu Nombre, y glorioso por todos los siglos.

27 Porque justo eres en todo aquello que has hecho con nosotros; y verdade-

---

1 Una respuesta semejante dieron S. Pedro y S. Juan al Synedrio de Jerusalem. Act. IV.

2 Lo que sigue hasta el verso 91 lo tomó S. Gerónimo de la version griega que Theodocion hizo del hebréo: se halla tambien en la version de los Setenta, últimamente impresa en Roma; y la Iglesia ha admitido todos estos versículos como Escritura sagrada y canónica.

ra, et viæ tuæ rectæ, et omnia judicia tua vera.

28 Judicia enim vera fecisti, juxta omnia quæ induxisti super nos, et super civitatem sanctam patrum nostrorum Jerusalem: quia in veritate, et in judicio, induxisti omnia hæc propter peccata nostra.

29 Peccavimus enim, et inique egimus recedentes à te: et deliquimus in omnibus;

30 et præcepta tua non audivimus, nec observavimus: nec fecimus sicut præceperas nobis ut bene nobis esset.

31 Omnia ergo, quæ induxisti super nos, et universa quæ fecisti nobis, in vero judicio fecisti:

32 et tradidisti nos in manibus inimicorum nostrorum iniquorum, et pessimorum, prævaricatorumque, et regi injusto et pessimo ultra omnem terram.

33 Et nunc non possumus aperire os: confusio et opprobrium facti sumus servis tuis, et his qui colunt te.

34 Ne, quæsumus, tradas nos in perpetuum propter nomen tuum, et ne dissipes testamentum tuum:

35 neque auferas misericordiam tuam à nobis, propter Abraham dilectum tuum, et Isaac servum tuum, et Israel sanctum tuum:

36 quibus locutus es pollicens quòd multiplicares semen eorum sicut stellas cœli, et sicut arenam, quæ est in littore maris:

37 quia, Domine, imminuti sumus plus quam omnes gentes, sumusque humiles in universa terra hodie propter peccata nostra.

38 Et non est in tempore hoc princeps, et dux, et propheta, neque holocaustum, neque sacrificium, neque oblatio, neque incensum, neque locus primitiarum coram te,

39 ut possimus invenire misericordiam tuam: sed in animo contrito, et

res ó perfectas son todas las obras tuyas, rectos tus caminos, y justos todos tus juicios.

28 Pues justos fueron los juicios tuyos, segun los cuales hiciste recaer todas estas cosas sobre nosotros y sobre la santa ciudad de nuestros padres, Jerusalem; porque en verdad y en justicia enviaste todas estas cosas por causa de nuestros pecados.

29 Puesto que nosotros hemos pecado y obrado inicuamente, apostatando de tí, y en todo hemos faltado;

30 sin querer atender á tus preceptos, ni observarlos, ni guardarlos, segun tú habias dispuesto para que fuésemos felices.

31 Todo cuanto pues has enviado sobre nosotros, y todo lo que nos has hecho, justísimamente lo has hecho:

32 y nos has entregado en manos de nuestros malvados, perversos y prevaricadores enemigos, y de un Rey injusto, y el peor de toda la tierra.

33 Y en esta sazon no podemos abrir la boca, siendo como somos objeto de confusion y de oprobio para tus siervos y para aquellos que te adoran.

34 Rogámoste, Señor, que por amor de tu nombre, no nos abandones para siempre, ni destruyas tu alianza con Israel:

35 ni apartes de nosotros tu misericordia, por amor de Abraham tu amado, y de Isaac siervo tuyo, y de Israel tu santo:

36 á los cuales hablaste, prometiéndoles que multiplicarias su linage como las estrellas del cielo, y como la arena que está en la playa del mar.

37 Porque nosotros, oh Señor, hemos venido á ser la mas pequeña de todas las naciones, y estamos hoy dia abatidos en todo el mundo por causa de nuestros pecados.

38 Y no tenemos en este tiempo ni príncipe, ni caudillo, ni profeta, ni holocausto, ni sacrificio, ni ofrenda, ni incienso, ni lugar donde presentarte las primicias,

39 á fin de poder alcanzar tu misericordia. Pero recíbenos tú, oh Señor,

spíritu humilitatis suscipiantur.

40 Sicut in holocausto arietum, et taurorum, et sicut in millibus agnorum pinguium: sic fiat sacrificium nostrum in conspectu tuo hodie, ut placeat tibi; quoniam non est confusio confidentibus in te.

41 Et nunc sequimur te in toto corde, et timemus te, et quærimus faciem tuam.

42 Ne confundas nos; sed fac nobiscum juxta mansuetudinem tuam, et secundum multitudinem misericordiæ tuæ.

43 Et erue nos in mirabilibus tuis, et da gloriam nomini tuo, Domine:

44 et confundantur omnes, qui ostendunt servis tuis mala, confundantur in omnipotentia tua, et robur eorum conteratur:

45 et sciant quia tu es Dominus Deus solus, et gloriosus super orbem terrarum.

46 Et non cessabant qui miserant eos ministri regis succendere fornacem naphtha, et stuppa, et pice, et malleolis:

47 et effundebatur flamma super fornacem cubitis quadraginta novem:

48 et erupit, et incendit quos reperit juxta fornacem de Chaldæis.

49 Angelus autem Domini descendit cum Azaria, et sociis ejus, in fornacem, et excussit flammam ignis de fornace:

50 et fecit medium fornacis quasi ventum roris flantem; et non tetigit eos omnino ignis, neque contristavit, nec quidquam molestiæ intulit.

51 Tunc hi tres quasi ex uno ore laudabant, et glorificabant, et benedicebant Deum in fornace, dicentes:

52 Benedictus es, Domine Deus patrum nostrorum: et laudabilis, et gloriosus, et superexaltatus in sæcula: et benedictum nomen gloriæ tuæ sanctum; et laudabile, et superexaltatum in omnibus sæculis.

---

contritos de corazon, y con espíritu humillado.

40 Como recibias el holocausto de los carneros y toros, y los sacrificios de millares de gordos corderos: asi sea hoy agradable nuestro sacrificio en presencia tuya; puesto que jamás quedan confundidos aquellos que en ti confian.

41 Y ahora te seguimos con todo el corazon, y te tememos ó respetamos, y buscamos tu rostro.

42 No quieras pues confundirnos: haz, sí, con nosotros segun la mansedumbre tuya, y segun tu grandísima misericordia.

43 Y libranos con tus prodigios, y glorifica, oh Señor, tu Nombre;

44 y confundidos sean todos cuantos hacen sufrir tribulaciones á tus siervos, confundidos sean por medio de tu infinito poder, y aniquilada quede su fuerza:

45 y sepan que solo tú eres el Señor Dios, y el glorioso en la redondez de la tierra.

46 Entre tanto los ministros del Rey que los habian arrojado, no cesaban de cebar el horno con un cierto betun, estopa, y pez, y con sarmientos.

47 Y alzábase la llama sobre el horno cuarenta y nueve codos:

48 y se extendió, y abrasó á los cháldéos que halló cerca del horno.

49 Y el Angel del Señor habiendo descendido al horno, estaba con Azarías y con sus compañeros; y los preservaba de la llama del fuego del horno.

50 É hizo que en medio del horno soplase como un viento fresco y húmedo que los recreaba: y el fuego no les tocó en parte alguna, ni los afligió, ni causó la menor molestia.

51 Entonces aquellos tres jóvenes, como si no tuviesen los tres sino una sola boca, alababan, y glorificaban, y bendecian á Dios en medio del horno, diciendo:

52 Bendito seas tú, oh Señor Dios de nuestros padres; y digno eres de loor, y de gloria, y de ser ensalzado para siempre: bendito sea tu santo y glorioso Nombre; y digno es de ser alabado, y sobremanera ensalzado en todos los siglos.

53 Benedictus es in templo sancto gloriæ tuæ; et superlaudabilis, et supergloriosus in sæcula.

54 Benedictus es in throno regni tui; et superlaudabilis, et superexaltatus in sæcula.

55 Benedictus es, qui intueris abyssos, et sedes super cherubim: et laudabilis, et superexaltatus in sæcula.

56 Benedictus es in firmamento cæli; et laudabilis et gloriosus in sæcula.

57 Benedicite omnia opera Domini Domino; laudate et superexaltate eum in sæcula.

58 Benedicite Angeli Domini Domino; laudate et superexaltate eum in sæcula.

59 Benedicite cæli Domino; laudate et superexaltate eum in sæcula.

60 Benedicite aquæ omnes, quæ super cælos sunt, Domino; laudate et superexaltate eum in sæcula.

61 Benedicite omnes virtutes, Domini Domino; laudate et superexaltate eum in sæcula.

62 Benedicite sol et luna Domino, laudate et superexaltate eum in sæcula.

63 Benedicite stellæ cæli Domino; laudate et superexaltate eum in sæcula.

64 Benedicite omnis imber et ros Domino; laudate et superexaltate eum in sæcula.

65 Benedicite omnes spiritus Dei Domino; laudate et superexaltate eum in sæcula.

66 Benedicite ignis, et æstus Domino, laudate et superexaltate eum in sæcula.

67 Benedicite frigus et æstus Domino, laudate et superexaltate eum in sæcula.

---

53 Bendito eres tú en el templo santo de tu gloria, y sobre todo loor y sobre toda gloria por todos los siglos de siglos.

54 Bendito eres tú en el trono de tu reino, y sobre todo loor, y sobre toda gloria por todos los siglos.

55 Bendito eres tú que con tu vista penetras los abismos, y estás sentado sobre chêrubines, y eres digno de loor, y de ser ensalzado por todos los siglos.

56 Bendito eres tú en el firmamento del cielo, y digno de loor, y de gloria por todos los siglos.

57 Obras todas del Señor, bendecid al Señor, y loadle y ensalzadle sobre todas las cosas por todos los siglos.

58 Ángeles del Señor, bendecid al Señor: loadle y ensalzadle sobre todas las cosas por todos los siglos.

59 Cielos, bendecid al Señor, alabadle y ensalzadle sobre todas las cosas por todos los siglos.

60 Aguas todas que estais sobre los cielos [1], bendecid al Señor: alabadle, y ensalzadle sobre todas las cosas por todos los siglos.

61 Virtudes todas ó milicias celestiales [2], bendecid vosotras al Señor: loadle y ensalzadle sobre todas las cosas por todos los siglos.

62 Sol y luna, bendecid al Señor: loadle y ensalzadle sobre todas las cosas por todos los siglos.

63 Estrellas del cielo, bendecid al Señor: loadle y ensalzadle sobre todas las cosas por todos los siglos.

64 Lluvias todas y rocíos, bendecid al Señor: alabadle y ensalzadle sobre todas las cosas por todos los siglos.

65 Espíritus ó vientos de Dios, bendecid todos vosotros al Señor: loadle y ensalzadle sobre todas las cosas por todos los siglos.

66 Fuego y calor, bendecid vosotros al Señor: loadle y ensalzadle sobre todas las cosas por todos los siglos.

67 Frio y calor, bendecid al Señor: loadle y ensalzadle sobre todas las cosas por todos los siglos.

---

1 Ps. CXLVIII. v. 4.

2 Véase Virtud.

68 Benedicite rores et pruína Domino; laudate et superexaltate eum in
sæcula.

69 Benedicite gelu et frigus Domino;
laudate et superexaltate eum in sæcula.

70 Benedicite glacies et nives Domino; laudate et superexaltate eum in
sæcula.

71 Benedicite noctes et dies Domino;
laudate et superexaltate eum in sæcula.

72 Benedicite lux et tenebræ Domino; laudate et superexaltate eum in
sæcula.

73 Benedicite fulgura et nubes Domino; laudate et superexaltate eum in
sæcula.

74 Benedicat terra Dominum; lau-
det et superexaltet eum in sæcula.

75 Benedicite montes et colles Domino; laudate et superexaltate eum in
sæcula.

76 Benedicite universa germinantia
in terra Domino; laudate et superexaltate eum in sæcula.

77 Benedicite fontes Domino; laudate et superexaltate eum in sæcula.

78 Benedicite maria et flumina Domino; laudate et superexaltate eum in
sæcula.

79 Benedicite cete, et omnia quæ mo-
ventur in aquis, Domino; laudate et
superexaltate eum in sæcula.

80 Benedicite omnes volucres cæli
Domino; laudate et superexaltate eum
in sæcula.

81 Benedicite omnes bestiæ et pecora
Domino; laudate et superexaltate eum
in sæcula.

82 Benedicite filii hominum Domino;
laudate et superexaltate eum in sæcula.

83 Benedicat Israel Dominum; lau-
det et superexaltet eum in sæcula.

84 Benedicite sacerdotes Domini Domino; laudate et superexaltate eum in
sæcula.

68 Rocíos y escarchas, bendecid al
Señor: loadle y ensalzadle sobre todas
las cosas por todos los siglos.

69 Hielos y frios, bendecid al Señor:
loadle y ensalzadle sobre todas las cosas por todos los siglos.

70 Heladas y nieves, bendecid al Señor: loadle y ensalzadle sobre todas las
cosas por todos los siglos.

71 Noches y dias, bendecid al Señor:
loadle y ensalzadle sobre todas las cosas por todos los siglos.

72 Luz y tinieblas, bendecid al Señor: loadle y ensalzadle sobre todas las
cosas por todos los siglos.

73 Relámpagos y nubes, bendecid al
Señor: loadle y ensalzadle sobre todas
las cosas por todos los siglos.

74 Bendiga al Señor la tierra, alábele y ensálcele sobre todas las cosas por
todos los siglos.

75 Montes y collados, bendecid al
Señor: loadle y ensalzadle sobre todas
las cosas por todos los siglos.

76 Plantas todas que naceis en la tierra, bendecid al Señor: loadle y ensalzadle
sobre todas las cosas por todos los siglos.

77 Fuentes, bendecid al Señor: loadle y ensalzadle sobre todas las cosas
por todos los siglos.

78 Mares y rios, bendecid al Señor:
loadle y ensalzadle sobre todas las cosas
por todos los siglos.

79 Ballenas y peces todos, que girais
por las aguas, bendecid al Señor: loadle y ensalzadle por todos los siglos sobre todas las cosas.

80 Aves todas del cielo, bendecid al
Señor: loadle y ensalzadle por todos los
siglos sobre todas las cosas.

81 Bestias todas y ganados, bendecid
al Señor: loadle y ensalzadle por todos
los siglos sobre todas las cosas.

82 Oh hijos de los hombres, bendecid
al Señor: loadle y ensalzadle por todos
los siglos sobre todas las cosas.

83 Bendiga Israel al Señor: alábele y
ensálcele por todos los siglos sobre todas las cosas.

84 Vosotros sacerdotes del Señor, bendecid al Señor: loadle y ensalzadle por
todos los siglos sobre todas las cosas.

85 *Benedicite servi Domini Domino; laudate et superexaltate eum in sæcula.*

86 *Benedicite spiritus et animæ justorum Domino; laudate et superexaltate eum in sæcula.*

87 *Benedicite sancti et humiles corde Domino; laudate et superexaltate eum in sæcula.*

88 *Benedicite Anania, Azaria, Misael Domino; laudate et superexaltate eum in sæcula. Quia eruit nos de inferno, et salvos fecit de manu mortis, et liberavit nos de medio ardentis flammæ, et de medio ignis eruit nos.*

89 *Confitemini Domino, quoniam bonus; quoniam in sæculum misericordia ejus.*

90 *Benedicite omnes religiosi Domino Deo deorum; laudate et confitemini ei, quia in omnia sæcula misericordia ejus.*

Hucusque in hebræo non habetur: et quæ posuimus, de Theodotionis editione translata sunt.

91 *Tunc Nabuchodonosor rex obstupuit, et surrexit properè, et ait optimatibus suis: Nonne tres viros misimus in medium ignis compeditos? Qui respondentes regi, dixerunt: Verè, rex.*

92 *Respondit, et ait: Ecce ego video quatuor viros solutos, et ambulantes in medio ignis, et nihil corruptionis in eis est, et species quarti similis filio Dei.*

93 *Tunc accessit Nabuchodonosor ad ostium fornacis ignis ardentis, et ait: Sidrach, Misach, et Abdenago, servi Dei excelsi, egredimini, et venite. Statimque egressi sunt Sidrach, Misach, et Abdenago de medio ignis.*

94 *Et congregati satrapæ, et magis-*

85 Siervos del Señor, bendecid vosotros al Señor: loadle y ensalzadle por *todos* los siglos sobre todas las cosas.

86 Espíritus y almas de los justos, bendecid al Señor: loadle y ensalzadle por *todos* los siglos sobre todas las cosas.

87 Vosotros santos, y humildes de corazon, bendecid al Señor: alabadle y ensalzadle por *todos* los siglos sobre todas las cosas.

88 Vosotros, Ananías, Azarías y Misael, bendecid al Señor: loadle y ensalzadle por *todos* los siglos sobre todas las cosas. Porque él nos ha salvado del infierno ó *del sepulcro*, y librado de las manos de la muerte: y nos ha sacado de en medio de las ardientes llamas, y libertado del fuego *del horno*.

89 Tributad las gracias al Señor: porque es *tan* bueno, y por ser eterna su misericordia.

90 Vosotros todos, los que dais culto al Señor, bendecid al Dios de los dioses: loadle y tributadle gracias, porque su misericordia permanece por todos los siglos.

Hasta aqui falta en el hebréo; y lo que hemos puesto es de la traslacion de Theodocion.

91 Entonces el rey Nabuchôdonosor quedó atónito, levantóse apresuradamente, y dijo á sus magnates: ¿No hemos mandado nosotros arrojar tres hombres atados aqui en medio del fuego? Respondieron diciendo: Asi es, oh Rey.

92 Repuso él, y dijo: He aquí que yo veo cuatro hombres sueltos, que se pasean por medio del fuego, sin que hayan padecido ningun daño, y el aspecto del cuarto es semejante á *un* hijo de Dios [1].

93 Acercóse entonces Nabuchôdonosor á la boca del horno de fuego ardiente, y dijo: Sidrach, Misach, y Abdenago, siervos del Dios Altísimo, salid fuera, y venid. Y luego salieron de en medio del fuego Sidrach, Misach y Abdenago.

94 Y agolpándose los sátrapas, y ma-

---

1 Los *Setenta* y *Theodocion* tradujeron *un ángel de Dios.* Los ángeles se llaman *hijos de Dios. Job* XXXVIII. *v.* 7.

tratus, et judices, et potentes regis, contemplabantur viros illos, quoniam nihil potestatis habuisset ignis in corporibus eorum, et capillus capitis eorum non esset adustus, et sarabala eorum non fuissent immutata, et odor ignis non transisset per eos.

95 *Et erumpens Nabuchodonosor, ait: Benedictus Deus eorum, Sidrach videlicet, Misach, et Abdenago, qui misit angelum suum, et eruit servos suos, qui crediderunt in eum: et verbum regis immutaverunt, et tradiderunt corpora sua ne servirent, et ne adorarent omnem deum, excepto Deo suo.*

96 *A me ergo positum est hoc decretum, ut omnis populus, tribus et lingua, quæcumque locuta fuerit blasphemiam contra Deum Sidrach, Misach et Abdenago, dispereat, et domus ejus vastetur: neque enim est alius Deus, qui possit ita salvare.*

97 *Tunc rex promovit Sidrach, Misach, et Abdenago in provincia Babylonis.*

98 *NABUCHODONOSOR rex, omnibus populis, gentibus et linguis qui habitant in universa terra, pax vobis multiplicetur.*

99 *Signa et mirabilia fecit apud me Deus excelsus. Placuit ergo mihi prædicare*

100 *signa ejus, quia magna sunt; et mirabilia ejus, quia fortia: et regnum ejus regnum sempiternum, et potestas ejus in generationem et generationem.*

gistrados, y juéces, y los cortesanos del Rey, contemplaban aquellos varones, en cuyo cuerpo no habia tenido el fuego poder ninguno: y ni un cabello de su cabeza se habia chamuscado, ni sus ropas [1] habian padecido nada, ni habian tan siquiera percibido el olor ó *vecindad* del fuego [2].

95 Entonces Nabuchôdonosor prorumpió en estas palabras: Bendito sea el Dios de ellos, el Dios de Sidrach, Misach y Abdenago, el cual ha enviado su ángel, y ha librado á sus siervos, que creyeron ó *confiaron* en él, y pospusieron el mandato del Rey, y sacrificaron sus cuerpos por no servir ni adorar á otro dios alguno fuera de su Dios.

96 Este pues es el decreto que yo expido: Perezca cualquier pueblo, tribu ó lengua que hable mal del Dios de Sidrach, Misach y Abdenago [3]; y sean derruidas sus casas: porque no hay otro dios que pueda asi salvar.

97 En seguida el Rey ensalzó á Sidrach, Misach y Abdenago en la provincia de Babylonia.

98 [4] El rey Nabuchôdonosor á todos los pueblos, naciones y lenguas que habitan en toda la tierra: Vaya siempre en aumento vuestra paz ó *felicidad*.

99 El Altísimo Dios ha obrado conmigo portentos y maravillas. Por eso pues he querido publicar

100 sus prodigios, pues son *tan* grandes, y sus maravillas que son estupendas: es su reino un reino eterno, y su poderío *permanece* por todos los siglos.

---

1 En châldéo la voz סרבלין que los Setenta traducen Σαραβαλα y otros escriben σαράβαρα, significa un vestido de que usaban los persas; mas no consta á punto fijo su vuelo, contornos, y forma específica. Tal vez de ella viene la de *zaragüelles.*

2 *Luc. XII. v. 7. — XXI. v. 18.*

3 Parece que reconoció por mas grande al Dios de los hebréos, que los demas dioses que se adoraban en su imperio; pero no sabemos si le reconoceria por *solo y único* Dios. Véase *cap. IV. v. 5.*, donde llama *dios* á Baal.

4 Aquí comienza el *cap. IV.* en el texto hebréo, y en varias versiones antiguas.

CAPÍTULO IV.

Sueño de Nabuchôdonosor interpretado por Daniel. El Rey, echado de su reino, vivió siete años con las bestias; hasta que reconociendo la mano de Dios fué restituido al trono.

1 *Ego Nabuchôdonosor quietus eram in domo mea, et florens in palatio meo:*

2 *somnium vidi, quod perterruit me: et cogitationes meæ in strato meo, et visiones capitis mei conturbaverunt me.*

3 *Et per me propositum est decretum ut introducerentur in conspectu meo cuncti sapientes Babylonis, et ut solutionem somnii indicarent mihi:*

4 *Tunc ingrediebantur arioli, magi, Chaldæi et aruspices, et somnium narravi in conspectu eorum: et solutionem ejus non indicaverunt mihi:*

5 *donec collega ingressus est in conspectu meo Daniel, cui nomen Baltassar secundùm nomen Dei mei, qui habet spiritum deorum sanctorum in semetipso: et somnium coram ipso locutus sum.*

6 *Baltassar princeps ariolorum, quoniam ego scio quod spiritum sanctorum deorum habeas in te, et omne sacramentum non est impossibile tibi: visiones somniorum meorum, quas vidi, et solutionem earum narra.*

7 *Visio capitis mei in cubili meo: Videbam, et ecce arbor in medio terræ, et altitudo ejus nimia.*

8 *Magna arbor, et fortis: et proceritas ejus contingens cælum; aspectus illius erat usque ad terminos universæ terræ.*

9 *Folia ejus pulcherrima, et fructus ejus nimius: et esca universorum in ea; subter eam habitabant animalia et bestiæ, et in ramis ejus conversabantur*

1 Yo Nabuchôdonosor vivia tranquilo en mi casa, y lleno de felicidad en mi palacio:

2 y tuve un sueño que me estremeció; y las ideas, y las fantasmas que me pasaron por la cabeza estando en cama, me llenaron de turbacion.

3 É hice publicar un decreto para que viniesen á mi presencia todos los sabios de Babylonia, á fin de que me declarasen la significacion de mi sueño.

4 Entonces fueron introducidos *á mi presencia* los adivinos, los magos, los châldéos y los agoreros, y referí yo el sueño ante ellos; mas no supieron darme la interpretacion de él:

5 hasta tanto que vino á mi presencia el compañero *suyo* Daniel [1] (que se llama Baltassar, del nombre de mi Dios; y el cual tiene dentro de sí el espíritu de los santos dioses), y expuse delante de él mi sueño.

6 Oh Baltassar, príncipe de los adivinos; por cuanto yo sé que tienes dentro de tí el espíritu de los santos dioses, y que no hay para tí arcano alguno impenetrable, exponme las visiones que he tenido en mis sueños, y díme su significacion.

7 He aquí la vision que tenia yo en mi cabeza, estando en mi cama: Me parecia ver un árbol en medio de la tierra, de éxtremada altura:

8 un árbol grande y robusto, cuya copa tocaba al cielo, y se alcanzaba á ver desde los últimos términos de toda la tierra.

9 Eran sus hojas hermosísimas y copiosísimos sus frutos: bastaban para alimentar á todos. Vivian á la sombra de él animales y fieras, y en sus ramas ha-

---

1 Parece que Daniel es llamado *colega, compañero*, con referencia á los otros sabios ó magos que tenia el Rey. Mas algunos creen que le llamó así por la mucha autoridad que le habia dado.

volucres cœli: et ex ea vescebantur omnis caro.

10 Videbam in visione capitis mei super stratum meum, et ecce vigil et sanctus de cœlo descendit.

11 Clamavit fortiter, et sic ait: Succidite arborem, et præcidite ramos ejus: excutite folia ejus, et dispergite fructus ejus: fugiant bestiæ quæ subter eam sunt, et volucres de ramis ejus.

12 Verumtamen germen radicum ejus in terra sinite, et alligetur vinculo ferreo et æreo, in herbis quæ foris sunt, et rore cœli tingatur, et cum feris pars ejus in herba terræ.

13 Cor ejus ab humano commutetur, et cor feræ detur ei: et septem tempora mutentur super eum.

14 In sententia vigilum decretum est, et sermo sanctorum, et petitio: donec cognoscant viventes, quoniam dominatur Excelsus in regno hominum, et cuicumque voluerit, dabit illud, et humillimum hominem constituet super eam.

15 Hoc somnium vidi ego Nabuchodonosor rex: tu ergo, Baltassar, interpretationem narra festinus: quia omnes sapientes regni mei non queunt solutionem edicere mihi: tu autem potes, quia spiritus deorum sanctorum in te est.

16 Tunc Daniel, cujus nomen Bal-

cien nidos las aves del cielo, y de él sacaba su comida todo animal viviente.

10 Esta visión tenia yo en mi cabeza estando en la cama: cuando he aquí que el velador y santo ángel [1] descendió del cielo;

11 y clamó en alta voz, diciendo: Cortad el árbol, y desmochad sus ramas, sacudid sus hojas, y desparramad sus frutos; huyan las bestias que están bajo de él, y las aves que están en sus ramas.

12 Empero dejad en la tierra la cepa de sus raíces; y sea él atado con cadenas de hierro y de bronce, entre las yerbas que están al descubierto; y sea bañado del rocío del cielo, y su vivienda sea con las fieras entre la yerba del campo.

13 Cámbiesele á él el corazón, y désele un corazón de fiera en vez de hombre: y pasen de este modo siete tiempos ó años sobre él [2].

14 Asi queda resuelto por sentencia de los veladores ó ángeles, y es cosa que han pedido los santos ó justos: hasta que conozcan los mortales que el Altísimo tiene dominio sobre el reino de los hombres, y le dará á aquel que bien le pareciere, y pondrá sobre él, si quiere, al mas abatido de los mortales.

15 Esto ví en sueños yo Nabuchodonosor rey. Tú pues, oh Baltassar, díme luego su significacion: porque los sabios todos de mi reino no han sabido decírmela; pero tú puedes, pues reside en tí el espíritu de los santos dioses.

16 Entonces Daniel, que era llamado

---

1 La voz cháldéa ניר njir los Setenta la tradujeron ἄγγελος angelus, y S. Gerónimo vigil: este Santo observa que los gentiles llamaban Iride á la diosa que segun ellos creían estaba encargada de las embajadas de los dioses. La palabra vigil denota el cuidado de los ángeles en cumplir los ministerios que Dios les encarga.

2 Dios, para abatir la soberbia extraordinaria de Nabuchodonosor, cambió de tal modo los humores de este Príncipe, que poseido de una especie de delirio, ó melancolía maníatica, manifestaba inclinaciones de bestia y no de hombre; y como bestia fiera huía de la sociedad; y se iba á vivir en el desierto ó bosques entre las fieras, y en sus acciones

manifestaba haber quedado privado del uso de la razon. Asi vivió todo el tiempo predicho por Daniel, en un total enagenamiento de ideas mentales, hasta que Dios le volvió otra vez el juicio. Semejantes ejemplos se leen en Ricardo Mead. Medicina Sacra. Véase lo que sobre esta trasformacion dicen santo Tomás, san Gerónimo, Theodoreto, etc. De este extraordinario suceso hablan los historiadores gentiles Megástenes, y Abydene, Véase Euseb. Præp. Evang. lib. IX. c. 41. Abydene ó Palafate de Abyde, era discipulo de Aristóteles. Megástenes escribia su historia poco despues de la muerte de Alejandro Magno. Véase Dan. VII. v. 25.

tassar; cœpit intra semetipsum, tacitus cogitare quasi unâ horâ: et cogitationes ejus conturbabant eum. Respondens autem rex, ait: Baltassar, somnium et interpretatio ejus non conturbent te. Respondit Baltassar, et dixit: Domine mi, somnium his qui te oderunt, et interpretatio ejus hostibus tuis sit.

17 Arborem quam vidisti sublimem atque robustam, cujus altitudo pertingit ad cœlum, et aspectus illius in omnem terram;

18 et rami ejus pulcherrimi, et fructus ejus nimius, et esca omnium in eo, subter eam habitantes bestiæ agri, et in ramis ejus commorantes aves cœli:

19 tu es rex; qui magnificatus es, et invaluisti: et magnitudo tua crevit, et pervenit usque ad cœlum, et potestas tua in terminos universæ terræ.

20 Quod autem vidit rex vigilem et sanctum descendere de cœlo, et dicere: Succidite arborem, et dissipate illam, attamen germen radicum ejus in terra dimittite, et vinciatur ferro et ære in herbis foris, et rore cœli conspergatur, et cum feris sit pabulum ejus, donec septem tempora mutentur super eum:

21 Hæc est interpretatio sententiæ Altissimi, quæ pervenit super dominum meum regem:

22 Ejicient te ab hominibus, et cum bestiis ferisque erit habitatio tua, et fœnum ut bos comedes, et rore cœli infundéris: septem quoque tempora mutabuntur super te, donec scias quòd dominetur Excelsus super regnum hominum, et cuicumque voluerit, det illud.

23 Quod autem præcepit ut relinqueretur germen radicum ejus, id est arboris: regnum tuum tibi manebit, postquam cognoveris potestatem esse cœlestem.

Baltasar, quedóse pensativo y en silencio como una hora, y conturbábanle sus pensamientos. Mas el Rey tomó la palabra, y dijo: Baltasar, no te turbes por causa del sueño y de su explicación. Á lo que respondió Baltasar diciendo: Ojalá, señor mio, que el sueño recaiga sobre los que te quieren mal, y sea para tus enemigos lo que él significa.

17 El árbol que has visto elevadísimo y robusto, cuya altura llega hasta el cielo, y se vé de toda la tierra;

18 cuyas ramas son hermosísimas y abundantísimos sus frutos, y que da alimento para todos; y debajo de cuya sombra habitan las bestias del campo, y en cuyas ramas anidan las aves del cielo;

19 ese eres tú, oh Rey, que has sido engrandecido, y te has hecho poderoso, y ha crecido tu grandeza, y elevádose hasta el cielo, y tu poderío hasta los últimos términos de toda la tierra.

20 Y en órden á aquello que ha visto el Rey de bajar del cielo el velador y el santo, que decia: Cortad el árbol y hacedle trozos, pero dejad en la tierra una punta de sus raices, y sea atado él con hierro, y con bronce, y esté al descubierto sobre la yerba, y sea bañado con el rocío del cielo, y su pasto sea comun con las fieras, hasta que pasen así por él siete tiempos ó años:

21 esta es la interpretacion de la sentencia del Altísimo, pronunciada contra el Rey mi señor:

22 Te echarán de entre los hombres, y habitarás con las bestias y fieras, y comerás heno como si fueses buey, y serás bañado con el rocío del cielo: y así pasarán por tí siete tiempos ó años, hasta tanto que conozcas que el Altísimo tiene dominio sobre el reino de los hombres, y le da á quien le parece.

23 Y en cuanto á la órden de dejar la punta de las raices del árbol, significa que tu reino te quedará para tí despues que conozcas que hay una potestad en el cielo.

---

1 Y que viene de allí todo tu poder.

24 Quamobrem rex consilium meum placeat tibi, et peccata tua eleemosynis redime, et iniquitates tuas misericordiis pauperum, forsitan ignoscet delictis tuis.

25 Omnia haec venerunt super Nabuchodonosor regem.

26 Post finem mensium duodecim, in aula Babylonis deambulabat,

27 Responditque rex, et ait: Nonne haec est Babylon magna, quam ego aedificavi in domum regni, in robore fortitudinis meae, et in gloria decoris mei?

28 Cumque sermo adhuc esset in ore regis, vox de caelo ruit: Tibi dicitur, Nabuchodonosor rex: Regnum tuum transibit à te.

29 Et ab hominibus ejicient te, et cum bestiis et feris erit habitatio tua: foenum quasi bos comedes, et septem tempora mutabuntur super te, donec scias quòd dominetur Excelsus in regno hominum, et cuicumque voluerit, det illud.

30 Eadem hora sermo completus est super Nabuchodonosor, et ex hominibus abjectus est, et foenum ut bos comedit, et rore caeli corpus ejus infectum est: donec capilli ejus in similitudinem aquilarum crescerent, et ungues ejus quasi avium.

31 Igitur post finem dierum, ego Nabuchodonosor oculos meos ad caelum levavi, et sensus meus redditus est mihi: et Altissimo benedixi, et viventem in sempiternum laudavi, et glorificavi: quia potestas ejus potestas sempiterna, et regnum ejus in generationem et generationem,

32 et omnes habitatores terrae apud eum in nihilum reputati sunt; juxta voluntatem enim suam facit tam in virtutibus caeli quàm in habitatoribus terrae: et non est qui resistat manui ejus, et dicat ei: Quare fecisti?

33 In ipso tempore sensus meus re-

24 Por tanto toma, oh Rey, mi consejo, y redime con limosnas tus pecados y maldades, ejercitando la misericordia con los pobres; que tal vez perdonará el Señor tus pecados.

25 Todas estas cosas acontecieron al rey Nabuchôdonosor.

26 Al cabo de doce meses se estaba el Rey paseando por el palacio de Babylonia.

27 Y comenzó á hablar de esta manera: ¿No es esta la gran Babylonia que yo he edificado para capital de mi reino con la fuerza de mi poderío y el esplendor de mi gloria [1]?

28 No habia aun acabado el Rey de decir esto, cuando vino súbito una voz del cielo que dijo: Á tí, oh rey Nabuchôdonosor, se te dice: Tu reino te ha sido quitado;

29 y te echarán de entre los hombres, y habitarás con las bestias y fieras: heno comerás como el buey, y pasarán de esta manera por tí siete tiempos ó años, hasta tanto que conozcas que el Altísimo tiene dominio sobre el reino de los hombres, y le da á quien le place.

30 En aquel mismo punto se cumplió en Nabuchôdonosor esta sentencia, y fué separado de la compañía de los hombres, y comió heno como el buey, y su cuerpo recibió el rocío del cielo; de suerte que le crecieron los cabellos como si fuesen alas de una águila, y las uñas como las de las aves de rapiña.

31 Mas cumplidos que fueron aquellos dias, levanté yo, Nabuchôdonosor, mis ojos al cielo, y me fué restituido mi juicio: y bendije al Altísimo, y alabé y glorifiqué al que vive eternamente. Porque su poder es un poder eterno, y su reino dura por todos los siglos;

32 y ante él son reputados como una nonada todos los habitantes de la tierra: porque según él quiere, así dispone, tanto de las potestades del cielo, como de los moradores de la tierra, ni hay quien resista á lo que él hace, y le pueda decir: ¿Por qué has hecho esto?

33 En aquel mismo punto me volvió

1 Habac. I. v. 11.—II. v. 9.

versus est ad mis, et ad honorem regni mei decoremque perveni: et figura mea reversa est ad me: et optimates mei, et magistratus mei requisierunt me, et in regno meo restitutus sum: et magnificentia amplior addita est mihi.

34 Nunc igitur ego Nabuchodonosor laudo, et magnifico, et glorifico regem cæli: quia omnia opera ejus vera, et viæ ejus judicia, et gradientes in superbia potest humiliare.

surí el juicio, y recobré el trono) y la dignidad de mi reino, y volví á tener el mismo aspecto que antes, y los Grandes de mi corte, y mis magistrados vinieron á buscarme, y fui restablecido en mi trono, y aumentóse la magnificencia mia.

34 Ahora, pues, alabo yo Nabuchôdonosor, y ensalzo, y glorifico al Rey del cielo; porque todas sus obras son verdaderas, y justos sus caminos; y puede él abatir á los soberbios [1].

CAPÍTULO V.

Baltassar celebra un banquete, y se sirve en él de los vasos sagrados del templo de Jerusalem. Aparece una mano que escribe en la pared. Interpreta Daniel la escritura; y la terrible sentencia que en ella se contiene, se verifica aquella misma noche.

1 Baltassar rex fecit grande convivium optimatibus suis mille: et unusquisque secundum suam bibebat ætatem.

2 Præcepit ergo jam temulentus, ut afferrentur vasa aurea et argentea, quæ asportaverat Nabuchodonosor pater ejus de templo, quod fuit in Jerusalem, ut biberent in eis rex et optimates ejus, uxoreæque ejus, et concubinæ.

3 Tunc allata sunt vasa aurea et argentea, quæ asportaverat de templo, quod fuerat in Jerusalem: et biberunt in eis rex et optimates ejus, uxores et concubinæ illius.

4 Bibebant vinum, et laudabant deos suos aureos et argenteos, æreos, ferreos, ligneosque et lapideos.

5 In eadem hora apparuerunt digiti, quasi manus hominis scribentis contra candelabrum in superficie parietis aulæ regiæ: et rex aspiciebat articulos manus scribentis.

6 Tunc facies regis commutata est,

1 Dió el rey Baltassar [2] un grande banquete á mil de los Grandes de su corte, y cada uno bebia segun su edad.

2 Estando pues él ya lleno de vino, mandó traer los vasos de oro y plata, que su padre Nabuchôdonosor se habia llevado del templo que hubo en Jerusalem, para que bebiesen en ellos el Rey y sus Grandes, y sus mugeres, y sus concubinas.

3 Trajeron pues los vasos de oro y de plata trasportados del templo que hubo en Jerusalem, y bebieron en ellos el Rey y sus Grandes, y sus mugeres, y sus concubinas.

4 Bebian el vino, y celebraban á sus dioses de oro y de plata, de bronce, de hierro, de madera, y de piedra.

5 En la hora misma aparecieron unos dedos, como de mano de hombre que escribia en frente del candelero, sobre la superficie de la pared de aquel regio salon; y el Rey estaba observando los dedos de la mano que escribia.

6 Mudósele al instante al Rey el co-

---

1 No consta con certeza que Nabuchôdonosor dejase enteramente de adorar á los ídolos, aunque algunos expositores y Padres lo creen así. Véase v. III. v. 98.

2 Algunos opinan que este rey Baltassar fue nieto de Nabuchôdonosor, é hijo de Evilmerodach. Véase IV. Reg. XXV. ver. 27.— Jerem. XXVII. v. 7. En hebréo es comun llamarse hijos los que son nietos.

et cogitationes ejus conturbabant eum:
et compages renum ejus solvebantur, et
genua ejus ad se invicem collidebantur.

7 Exclamavit itaque rex fortiter, ut
introducerent magos, Chaldaeos et aruspices. Et proloquens rex ait sapiénti-
bus Babylonis: Quicumque legerit scripturam hanc, et interpretationem ejus
manifestam mihi fecerit, purpurá ve-
stietur, et torquem auream habebit in
collo, et tertius in regno meo erit.

8 Tunc ingressi omnes sapientes regis
non potuerunt nec scripturam legere,
nec interpretationem indicare regi.

9 Unde rex Baltassar satis conturbatus est, et vultus illius immutatus
est: sed et optimates ejus turbabantur.

10 Regina autem, pro re quæ acciderat regi, et optimatibus ejus, domum
convivii ingressa est: et proloquens ait:
Rex, in æternum vive: non te conturbent cogitationes tuæ, neque facies tua
immutetur.

11 Est vir in regno tuo, qui spiritum
deorum sanctorum habet in se: et in diebus patris tui scientia et sapientia inventæ sunt in eo: nam et rex Nabuchodonosor pater tuus, principem magorum,
incantatorum, Chaldaeorum et aruspi-
cum constituit eum, pater inquam,
tuus, o rex:

12 quia spiritus amplior, et prudentia, intelligentiaque et interpretatio somniorum, et ostensio secretorum, ac so-
lutio ligatorum, inventa sunt in eo,
hoc est in Daniele: cui rex posuit nomen Baltassar; nunc itaque Daniel
vocetur, et interpretationem narrabit.

13 Igitur introductus est Daniel coram rege. Ad quem præfatus rex ait:
Tu es Daniel de filiis captivitatis Ju-

bló del rostro, resultándole de turbacion
los pensamientos que le venian, y se
le desencajaban las junturas de los
riñones, y batíanse una contra otra sus
rodillas.

7 Gritó pues en alta voz el Rey que
hiciesen venir los magos, y los cháldéos,
y los adivinos. Y comenzó el Rey á decir á los sabios de Babylonia: Cualquiera que leyere esta escritura, y me de-
clarare su significacion, será revestido
de púrpura, y llevará collar de oro en
su cuello, y será la tercera persona de
mi reino.

8 Vinieron pues los sabios del reino,
y no pudieron ni leer la escritura, ni
indicar al Rey su significacion.

9 Por lo cual quedó el rey Baltasar
muy conturbado, y mudósele el color
del rostro: y quedaron tambien aterrados sus cortesanos.

10 Mas la Reina[1], con motivo de lo
acaecido al Rey y á sus cortesanos, entró en la sala del convite, y tomando la
palabra, dijo: Vive, oh Rey, eternamente: no te conturben los pensamientos que tienes, ni se altere tu semblante.

11 Hay en tu reino un varon[2] el cual
tiene dentro de sí el espíritu de los santos dioses, y en tiempo de tu padre se
manifestaron en él la ciencia y la sabiduría; por cuya causa el mismo rey Nabuchôdonosor tu padre le constituyó
gefe de los magos, de los encantadores,
chaldéos y agoreros; tu padre, digo,
oh Rey.

12 Porque se conoció en él un espírita
superior, y prudencia, é inteligencia
para interpretar los sueños, para investigar los arcanos, y para la solucion de
cosas intrincadas: hablo de Daniel, á
quien el Rey puso el nombre de Baltasar: ahora pues que se llame á Daniel,
y él dará la interpretacion.

13 Fué en seguida presentado Daniel
ante el Rey; y dirigióle el Rey su palabra diciendo: ¿Eres tú aquel Daniel de

---

1 La madre del rey, ó segun otros la abue-
la. Esta segun Herodoto lib. I. c. XXXVIII.
y CLXXXV, se llamaba Nitocris; y fue una
muger muy sábia.

2 Parece que ya Daniel no tenia entonces
ningun empleo, ó puesto principal. En el
cap. VIII. v. 2. se ve que en el año tercero
del reinado de Baltasar vivia en Susa.

dæ, quem adduxit pater meus : rex de
Judæa?

14 Audivi de te, quoniam spiritum
deorum habeas, et scientia, intelligentiaque ac sapientia ampliores inventæ
sunt in te.

15 Et nunc introgressi sunt in conspectu meo sapientes magi, ut scripturam hanc legerent, et interpretationem
ejus indicarent mihi: et nequiverunt
sensum hujus sermonis edicere.

16 Porrò ego audivi de te, quòd possis obscura interpretari, et ligata dis-
solvere: si ergo vales scripturam legere, et interpretationem ejus indicare
mihi, purpurá vestieris, et torquem auream circa collum tuum habebis, et
tertius in regno meo princeps eris.

17 Ad quæ respondens Daniel, ait
coram rege: Munera tua sint tibi, et
dona domus tuæ alteri da: scripturam
autem legam tibi, rex, et interpretationem ejus ostendam tibi.

18 O rex, Deus altissimus regnum
et magnificentiam, gloriam et honorem
dedit Nabuchodonosor patri tuo:

19 et propter magnificentiam quam
dederat ei, universi populi, tribus et
linguæ, tremebant et metuebant eum:
quos volebat, interficiebat; et quos volebat, percutiebat: et quos volebat, exal-
tabat; et quos volebat, humiliabat.

20 Quando autem elevatum est cor
ejus, et spiritus illius obfirmatus est
ad superbiam, depositus est de solio
regni sui, et gloria ejus ablata est:

21 et à filiis hominum ejectus est,
sed et cor ejus cum bestiis positum est,
et cum onagris erat habitatio ejus: fœnum quoque ut bos comedebat, et rore
cœli corpus ejus infectum est, donec
cognosceret quòd potestatem haberet Altissimus in regno hominum, et quemcumque voluerit, suscitabit super illud.

22 Tu quoque filius ejus Baltassar,
non humiliasti cor tuum, cùm scires
hæc omnia:

23 sed adversùm Dominatorem cœli
elevatus es: et vasa domûs ejus allata

los hijos desterrados de Judá, que trajo
mi padre de la Judéa?

14 He oido decir que tú tienes el espíritu de los dioses, y que se hallan en
tí en grado superior la ciencia, é inteligencia, y la sabiduría.

15 Ahora pues han venido á mi presencia los sabios y los magos para leer
esta escritura, y declararme su significado; mas no han podido decirme el
sentido de estas palabras.

16 Pero yo he oido decir de tí que tú
puedes interpretar las cosas obscuras, y
desatar las cosas intrincadas. Si puedes
pues leer la escritura, y declararme lo
que significa, serás revestido de púrpura, y llevarás collar de oro en tu cuello, y serás la tercera persona en mi
reino.

17 Á lo que respondiendo Daniel, dijo al Rey: Quédate con tus dones, y
dispensa á otro los honores de tu palacio: mas la escritura, oh Rey, yo te la
leeré, y te declararé su significado.

18 El Dios Altísimo, oh Rey, dió á
tu padre Nabuchôdonosor el reino y la
magnificencia, la gloria y los honores;

19 y por la grandeza que le concedió
le respetaban, y temblaban en su presencia todos los pueblos, tribus y lenguas: él hacia morir á aquellos que queria, y castigaba á quien le daba la gana; á los que queria ensalzaba, y á los
que queria abatia.

20 Pero cuando se engrió su corazon,
y se obstinó su espíritu en la soberbia,
fué depuesto del trono de su reino, y
despojado de su gloria;

21 y fué separado del trato de los
hombres; y ademas su corazon se hizo
semejante al de una bestia, y habitó con
los asnos monteses; comió heno como si
fuera un buey, y su cuerpo recibió el
rocío del cielo: hasta tanto que reconoció que el Altísimo tiene el dominio sobre el reino de los hombres, y que ensalza sobre el solio á quien él quiere.

22 Y tú, oh Baltasar, siendo hijo suyo, y sabedor de estas cosas, con todo
no has humillado tu corazon;

23 sino que te has levantado contra
el Dominador del cielo, y has hecho traer

et hi, et optimates tui, et uxores tuae, et concubinas tuas, vinum bibistis in eis: deos quoque argenteos, et aureos, et aereos, ferreos, ligneosque et lapideos, qui non vident, neque audiunt, neque sentiunt, laudasti: porro Deum, qui habet flatum tuum in manu sua, et omnes vias tuas, non glorificasti.

24 Idcirco ab eo missus est articulus manus, quae scripsit hoc quod exaratum est.

25 Haec est autem scriptura, quae digesta est: MANE, THECEL, PHARES.

26 Et haec est interpretatio sermonis. MANE: Numeravit Deus regnum tuum, et complevit illud.

27 THECEL: Appensus es in statera, et inventus es minus habens.

28 PHARES: Divisum est regnum tuum, et datum est Medis et Persis.

29 Tunc jubente rege indutus est Daniel purpura, et circumdata est torques aurea collo ejus: et praedicatum est de eo quod haberet potestatem tertius in regno suo.

30 Eadem nocte interfectus est Baltassar rex Chaldaeus.

31 Et Darius Medus successit in regnum annos natus sexaginta duos.

CAPITULO VI.

Placuit Dario et constituit super regnum satrapas centum viginti, ut essent in toto regno suo.

2 Et super eos principes tres, ex quibus Daniel unus erat: ut satrapae illis...

á tu presencia los vasos sagrados de su santo Templo, y en ellos has bebido el vino tú, y los Grandes de tu corte, y tus mugeres y tus concubinas; has dado tambien culto á dioses de plata, y de oro, y de cobre, y de hierro, y de madera, y de piedra, los cuales no ven, ni oyen, ni sienten; pero á aquel gran Dios, de cuyo arbitrio pende tu respiracion, y cualquiera movimiento tuyo, á ese no le has glorificado.

24 Por lo cual envió él los dedos de aquella mano que ha escrito eso que está señalado.

25 Esto es pues lo que está allí escrito: MANE, THECEL, PHARES [1].

26 Y esta es la interpretacion de aquellas palabras. MANE: Ha numerado Dios los dias de tu reinado, y le ha fijado término.

27 THECEL: Has sido pesado en la balanza, y has sido hallado falto.

28 PHARES: Dividido ha sido tu reino, y se ha dado á los medos y á los persas [2].

29 En seguida por órden del Rey fué Daniel revestido con la púrpura, y se le puso al cuello el collar de oro, y se hizo saber á todos que Daniel tenia el tercer puesto de autoridad en el reino.

30 Aquella noche misma fué muerto Baltasar Rey de los cháldéos.

31 Y le sucedió en el reino Darío el Medo, de edad de sesenta y dos años.

CAPÍTULO VI.

Darío ensalza sobre todos los gobernadores del reino á Daniel; el cual es acusado de haber hecho oracion al Dios del cielo, y echado por eso al lago ó cueva de los leones, de donde sale ileso. Edicto de Darío en favor de la religion de los judíos.

Plugo á Darío establecer para el gobierno del reino ciento y veinte sátrapas ó gobernadores, repartidos por todas las provincias del reino;

2 y sobre ellos tres principales, uno de los cuales era Daniel; á fin de que los...

---

1 מנא תקל ופרסין
2 El verbo cháldéo מנא manah significa numerar: תקל thecel, pesar: y פרס phares,

dividir. Se dividió entre Darío, que tuvo el imperio de los medos, y Cyro, que tuvo el de los persas.

redderent rationem, et res non susti-
neret molestiam.

3 Igitur Daniel superabat omnes principes et satrapas: quia spiritus Dei
amplior erat in illo.

4 Porrò rex cogitabat constituere eum
super omne regnum: unde principes
et satrapæ quærebant occasionem ut
invenirent Danieli ex latere regis: nul-
lamque causam et suspicionem reperire
potuerunt, eò quòd fidelis esset, et o-
mnis culpa et suspicio non inveniretur
in eo.

5 Dixerunt ergo viri illi: Non inveniemus Danieli huic aliquam occasionem, nisi fortè in lege Dei sui.

6 Tunc principes et satrapæ, surri-
puerunt regi, et sic locuti sunt ei:
Dari rex, in æternum vive:

7 Consilium inierunt omnes principes
regni tui, magistratus, et satrapæ,
senatores, et judices, ut decretum im-
peratorium exeat, et edictum: Ut omnis
qui petierit aliquam petitionem à quacumque deo et homine, usque ad triginta dies, nisi à te, rex, mittatur in
lacum leonum.

8 Nunc itaque rex confirma senten-
tiam, et scribe decretum: ut non immutetur quod statutum est à Medis et
Persis, nec prævaricari cuiquam liceat.

9 Porrò rex Darius proposuit edictum, et statuit.

10 Quod cùm Daniel comperisset, id
est, constitutam legem, ingressus est
domum suam: et fenestris apertis in
cœnaculo suo contra Jerusalem tribus
temporibus in die flectebat genua sua,
et adorabat, confitebaturque coram Deo
suo, sicut et antè facere consueverat.

11 Viri ergo illi curiosiùs inquiren-
tes, invenerunt Danielem orantem et
obsecrantem Deum suum.

trapas diesen cuenta á estas tres, y el
Rey no tuviese tanta molestia á...

3 Daniel empero aventajaba á todos
los príncipes y sátrapas; porque abun-
daba mas en él el espíritu de Dios.

4 Pensaba pues el Rey en conferirle
la autoridad sobre todo el reino; por lo
cual los príncipes y sátrapas iban buscando ocasion de indisponer al Rey contra Daniel: pero no pudieron hallar
motivo de ninguna acusacion, ni de sospecha; por cuanto él era fiel, y se hallaba bien lejos de todo delito y de todo
indicio de él.

5 Dijeron pues: Nosotros no hallare-
mos por donde acusar á este Daniel, sino tal vez por lo tocante á la ley de su
Dios.

6 Entonces los príncipes y sátrapas
sorprendieron al Rey, y le hablaron de
esta manera: Oh rey Darío, vive eternamente:

7 Todos los príncipes de tu reino, los
magistrados, y los sátrapas, los senadores y jueces son de parecer que se
promulgue un Real decreto, mandando:
Que todo aquel que pidiere alguna cosa á cualquier dios ó hombre hasta que
pasen treinta dias, sino á tí, oh Rey,
sea arrojado en el lago de los leones.

8 Ahora pues, oh Rey, confirma este
parecer y firma el decreto; para que sea
irrevocable, como establecido por los
medos y persas; ni sea lícito á nadie el
traspasarle.

9 Y el Rey Darío publicó el decreto y
le confirmó.

10 Lo que sabido por Daniel, esto es,
que habia sido establecida dicha ley, se
fué á su casa: y allí abiertas las ventanas de su habitacion, que miraban hácia Jerusalem, hincaba sus rodillas
tres veces al dia, y adoraba y daba gracias á su Dios, como antes habia acostumbrado hacerlo.

11 Aquellos hombres pues, espiándole
con el mayor cuidado, hallaron á Daniel orando y rogando á su Dios.

1 S. Gerónimo, Josepho, y otros dicen que
Dario, despues de tomada Babylonia, se volvió á la Media, llevándose á Daniel; y que
allí sucedió lo que aqui se refiere.

2 Esther I. v. 19.
3 Véase III. Reg. VIII. v. 48.—Ezech.
VIII. v. 16.—Act. II. v. 15.—X. v. 9.

12 *Et accedentes locuti sunt regi super edicto: Rex, numquid non constituisti, ut omnis homo, qui rogaret quemquam de diis et hominibus, usque ad dies triginta, nisi te, rex, mitteretur in lacum leonum? Ad quos respondens rex, ait: Verus est sermo, juxta decretum Medorum atque Persarum, quod prævaricari non licet.*

13 *Tunc respondentes dixerunt coram rege: Daniel de filiis captivitatis Juda, non curavit de lege tua, et de edicto quod constituisti: sed tribus temporibus per diem orat obsecratione sua.*

14 *Quod verbum cùm audisset rex, satis contristatus est: et pro Daniele posuit cor ut liberaret eum, et usque ad occasum solis laborabat ut erueret illum.*

15 *Viri autem illi intelligentes regem, dixerunt ei: Scito rex quia lex Medorum atque Persarum est, ut omne decretum, quod constituerit rex, non liceat immutari.*

16 *Tunc rex præcepit; et adduxerunt Danielem, et miserunt eum in lacum leonum. Dixitque rex Danieli: Deus tuus, quem colis semper, ipse liberabit te.*

17 *Allatusque est lapis unus, et positus est super os laci: quem obsignavit rex annulo suo, et annulo optimatum suorum, ne quid fieret contra Danielem.*

18 *Et abiit rex in domum suam, et dormivit incœnatus, cibique non sunt allati coram eo, insuper et somnus recessit ab eo.*

19 *Tunc rex primo diluculo consurgens, festinus ad lacum leonum perrexit.*

20 *Appropinquansque laci, Danielem voce lacrymabili inclamavit, et affatus est eum: Daniel serve Dei viventis, Deus tuus, cui tu servis semper, putasne valuit te liberare à leonibus?*

21 *Et Daniel regi respondens ait: Rex, in æternum vive.*

12 Y habiendo ído al Rey, le hablaron acerca del edicto, diciendo: Oh Rey, ¿no has mandado que cualquiera persona que hasta pasado el espacio de treinta dias rogase á algun dios ó á algun hombre, sino á tí, oh Rey, fuera echado en el lago de los leones? Á lo que respondió el Rey, diciendo: Verdad es, segun ley de los medos y persas, la cual no es lícito quebrantar.

13 Entonces repusieron, y dijeron al Rey: Daniel, uno de los hijos cautivos de Judá, no ha hecho caso de tu ley ni del edicto que tú pusiste: sino que tres veces al dia hace oracion á su manera.

14 Al oir esto quedó el Rey muy contristado; y resolvió en su corazon salvar á Daniel; y hasta que el sol se puso trabajó por librarle.

15 Mas aquellos hombres, conociendo el ánimo del Rey, le dijeron: Sepas, oh Rey, que es ley de los medos y de los persas, que sea inmutable todo edicto puesto por el Rey.

16 Entonces dió el Rey la órden, y trajeron á Daniel, y le echaron en el lago de los leones. Y dijo el Rey á Daniel: Tu Dios, á quien siempre adoras, él te librará.

17 Y trajeron una piedra, y la pusieron sobre la boca del lago; y la selló el Rey con su anillo, y con el anillo de sus magnates, á fin de que nada pudiese intentarse contra Daniel [1].

18 Volvióse luego el Rey á su palacio, se acostó sin cenar, ni se puso delante de él comida alguna, y ademas no pudo conciliar el sueño.

19 Al otro dia, levantándose el Rey muy de mañana, fué á toda priesa al lago de los leones.

20 Y arrimándose á la fosa, llamó á Daniel con voz llorosa, diciendo: Daniel, siervo de Dios vivo, el Dios tuyo, á quien sirves siempre, ¿ha podido acaso librarte de los leones?

21 Y Daniel respondió al Rey, diciendo: Oh Rey, vive para siempre:

---

1 El rey tendria alguna confianza en que el Dios de Daniel libraria á éste; y por otra parte recelaria de las tramas de los cortesanos.

22 Deus meus misit angelum suum, et conclusit ora leonum, et non nocuerunt mihi: quia coram eo justitia inventa est in me, sed et coram te, rex, delictum non feci.

23 Tunc vehementer rex gavisus est super eo, et Danielem præcepit educi de lacu: eductusque est Daniel de lacu, et nulla læsio inventa est in eo, quia credidit Deo suo.

24 Jubente autem rege, adducti sunt viri illi, qui accusaverant Danielem: et in lacum leonum missi sunt ipsi, et filii, et uxores eorum: et non pervenerunt usque ad pavimentum laci, donec arriperent eos leones, et omnia ossa eorum comminuerunt.

25 Tunc Darius rex scripsit universis populis, tribubus, et linguis habitantibus in universa terra: PAX vobis multiplicetur.

26 A me constitutum est decretum, ut in universo imperio et regno meo, tremiscant et paveant Deum Danielis. Ipse est enim Deus vivens, et æternus in sæcula: et regnum ejus non dissipabitur: et potestas ejus usque in æternum.

27 Ipse liberator, atque salvator, faciens signa et mirabilia in cœlo et in terra: qui liberavit Danielem de lacu leonum.

28 Porrò Daniel perseveravit usque ad regnum Darii, regnumque Cyri Persæ.

22 Mi Dios envió su Angel, el cual cerró las bocas de los leones, y no me han hecho daño ninguno; porque he sido hallado justo delante de él; mas ni tampoco para contigo, oh Rey, he cometido delito alguno.

23 Llenóse entonces el Rey de la mayor alegría por amor á Daniel, y mandó que sacasen á Daniel fuera del lago, y sacado que fué, no se halló en él lesion ninguna, porque tuvo confianza en su Dios.

24 Luego por órden del Rey fueron traidos aquellos que habian acusado á Daniel, y fueron echados en el lago de los leones ellos, y sus hijos, y sus mugeres [1]; y aun no habian llegado al suelo del lago, cuando ya los leones los arrebataron, y desmenuzaron todos sus huesos.

25 Entonces el Rey Darío escribió á todos los pueblos, tribus y lenguas, que habitan sobre la tierra: La paz abunde mas y mas en vosotros:

26 Ha sido decretado por mí que en todo mi imperio y reino se respete y tema al Dios de Daniel: porque él es el Dios viviente y eterno para siempre; y su reino no será destruido, y eterno es su poder.

27 Él es el libertador y el salvador, el que obra prodigios y maravillas en cielo y tierra: él es el que ha librado á Daniel del lago de los leones.

28 Conservóse despues Daniel en grande honor durante el reinado de Darío, y el reinado de Cyro, Rey de los Persas [2].

CAPÍTULO VII.

Daniel vé en una vision cuatro bestias, figura de cuatro monarquias. Potestad eterna del Hijo del hombre, ó de Jesu-Christo en el mundo.

1 Anno primo Baltassar regis Babylonis, Daniel somnium vidit: visio

1 En el año primero de Baltassar [3], Rey de Babylonia, tuvo Daniel una vi-

---

1 Segun las leyes de los persas. Véase Ammiano Marcelino, Lib. XXIII.
2 Antes I. vers. 21. Despues XIII. v. 65. Tanto el verbo, de que usan en este verso los Setenta Κατεύθυνε (dirigió), como el hebréo, cháldéo הצלח (prosperó) manifiestan

este sentido en la frase: "Y Daniel prosperó en el reinado de Darío, Medo, y en el de Cyro, Persa."
3 Aqui comienzan las grandes profecías de Daniel. Véase el cap. II.

autem capitis ejus in cubili suo; et somnium scribens, brevi sermone comprehendit: summatimque perstringens, ait:

2 *Videbam in visione mea nocte, et ecce quatuor venti cœli pugnabant in mari magno.*

3 *Et quatuor bestiæ grandes ascendebant de mari diversæ inter se.*

4 *Prima quasi leæna, et alas habebat aquilæ: aspiciebam donec evulsæ sunt alæ ejus, et sublata est de terra, et super pedes quasi homo stetit, et cor hominis datum est ei.*

5 *Et ecce bestia alia similis urso in parte stetit: et tres ordines erant in ore ejus, et in dentibus ejus, et sic dicebant ei: Surge, comede carnes plurimas.*

6 *Post hæc aspiciebam, et ecce alia quasi pardus, et alas habebat quasi avis, quatuor super se, et quatuor capita erant in bestia, et potestas data est ei.*

7 *Post hæc aspiciebam in visione noctis, et ecce bestia quarta terribilis, atque mirabilis, et fortis nimis, dentes ferreos habebat magnos, comedens atque comminuens, et reliqua pedibus suis conculcans: dissimilis autem erat ceteris bestiis, quas videram ante eam, et habebat cornua decem.*

8 *Considerabam cornua, et ecce cornu aliud parvulum ortum est de medio eorum: et tria de cornibus primis evulsa sunt á facie ejus: et ecce oculi, quasi oculi hominis erant in cornu isto, et os loquens ingentia.*

9 *Aspiciebam donec throni positi sunt, et antiquus dierum sedit: vestimentum*

sion en sueños; y la vision la tuvo su mente estando en su cama: y escribió el sueño, y púsole en pocas palabras, refiriéndole en compendio de esta manera:

2 Tuve yo una noche esta vision: Los cuatro vientos del cielo combatian, ó chocaban entre sí, en el mar grande.

3 Y cuatro grandes bestias, diversas entre sí, salian del mar.

4 La primera era como una leona, y tenia alas de águila: mientras yo la miraba, he aqui que le fueron arrancadas las alas, y se alzó de tierra, y se tuvo sobre sus pies como un hombre, y se le dió un corazon de hombre.

5 Y ví otra bestia semejante á un oso, que se puso á su lado, la cual tenia tres órdenes de dientes, y le decian asi: Levántate, come carnes en abundancia.

6 Despues de esto estaba yo observando, y he aquí otra bestia como un leopardo, y tenia en la parte superior cuatro alas como de ave: y tenia esta bestia cuatro cabezas, y le fué dado á ella el poder.

7 Despues de esto estuve yo contemplando la vision nocturna; cuando he aquí que apareció una cuarta bestia terrible y prodigiosa, y extraordinariamente fuerte: la cual tenia grandes dientes de hierro, comia y despedazaba, y lo que le sobraba lo hollaba con los pies; mas no se parecia á las otras bestias que antes habia yo visto, y tenia diez astas [1].

8 Estaba yo contemplando las astas, cuando he aquí que despuntó por en medio de ellas otra asta mas pequeña, y asi que esta apareció fueron arrancadas tres de las primeras astas: habia en esta asta *pequeña* ojos como de hombre, y una boca que proferia cosas grandes ó jactanciosas [2].

9 Estaba yo observando, hasta tanto que se pusieron unas sillas; y el An-

---

1 Todos los Escritores eclesiásticos, dice S. Gerónimo, opinan que esta profecia de los diez reyes pertenece al fin del mundo; y que despues de los diez se levantará otro, el cual vencerá ó matará á los diez. Este rey será (segun creen los mismos Escritores) el Ant.- Christo, del cual se habla en el v. 25. y en el cap. *VIII. v.* 23.—*XI. v.* 36.—*I. Mach.- I. v.* 46.—*Apoc. XIII. v.* 5.—*II. Thes. II. v.* 4.

2 Despues cap. *VIII. v.* 23.—*XI. v.* 36.— *I. Mach. I. v.* 25, 46 y 47.

ejus candidum quasi nix, et capilli capitis ejus quasi lana munda: thronus ejus flammæ ignis: rotæ ejus ignis accensus.

10 Fluvius igneus, rapidusque egrediebatur à facie ejus: millia millium ministrabant ei, et decies millies centena millia assistebant ei: judicium sedit, et libri aperti sunt.

11 Aspiciebam propter vocem sermonum grandium, quos cornu illud loquebatur: et vidi quoniam interfecta esset bestia, et perisset corpus ejus, et traditum esset ad comburendum igni:

12 aliarum quoque bestiarum ablata esset potestas, et tempora vitæ constituta essent eis usque ad tempus et tempus.

13 Aspiciebam ergo in visione noctis, et ecce cum nubibus cæli quasi filius hominis veniebat, et usque ad antiquum dierum pervenit: et in conspectu ejus obtulerunt eum.

14 Et dedit ei potestatem, et honorem, et regnum: et omnes populi, tribus, et linguæ ipsi servient: potestas ejus, potestas æterna, quæ non auferetur: et regnum ejus, quod non corrumpetur.

15 Horruit spiritus meus, ego Daniel territus sum in his, et visiones capitis mei conturbaverunt me.

16 Accessi ad unum de assistentibus, et veritatem quærebam ab eo de omnibus his. Qui dixit mihi interpretationem sermonum, et docuit me.

17 Hæ quatuor bestiæ magnæ, quatuor sunt regna, quæ consurgent de terra.

18 Suscipient autem regnum sancti Dei Altissimi: et obtinebunt regnum usque in sæculum, et sæculum sæculorum.

19 Post hoc volui diligenter discere

ciano de muchos dias se sentó: eran sus vestiduras blancas como la nieve, y como lana limpia los cabellos de su cabeza: de llamas de fuego era su trono, y fuego encendido las ruedas de éste.

10 Salia de delante de él un impetuoso rio de fuego: eran millares de millares los que le servian, y mil millones, ó innumerables, los que asistian ante su presencia. Sentóse para juzgar, y fueron abiertos los libros ó procesos [1].

11 Estaba yo en espectacion, á causa del ruido de las palabras grandiosas que salian de aquella asta: pero reparé que la bestia habia sido muerta, y que su cuerpo muerto habia sido echado á arder en el fuego;

12 y que á las otras bestias se les habia tambien quitado el poder, y fijado el espacio de su vida, hasta un tiempo, y otro tiempo [2].

13 Yo estaba pues observando durante la vision nocturna, y he aquí que venia entre las nubes del cielo un personage que parecia el Hijo del hombre; quien se adelantó hácia el Anciano de muchos dias, y le presentaron ante él.

14 Y dióle éste la potestad, el honor y el reino; y todos los pueblos, tribus y lenguas le servirán á él: la potestad suya es potestad eterna [3] que no le será quitada, y su reino es indestructible.

15 Apoderóse de mí el terror: yo Daniel quedé atónito con tales cosas; y las visiones que habia tenido llenaron de turbacion mi mente.

16 Lleguéme á uno de los asistentes, y pedile el verdadero significado de aquellas visiones; y me dió la interpretacion de ellas, y me instruyó:

17 Estas cuatro bestias grandes, me dijo, son cuatro reinos que se levantarán en la tierra.

18 Despues recibirán el reino los santos del Dios Altísimo, y reinarán hasta el fin del siglo, y por los siglos de los siglos.

19 Quise en seguida informarme por

---

1 Apoc. XX. v. 11.
2 Hasta el plazo señalado por Dios á cada una de ellas.

3 Antes cap. III. v. 100.— IV. v. 31.— Mich. IV. v. 7.—Luc. I. v. 32.

de bestia quarta, quæ erat dissimilis valde ab omnibus, et terribilis nimis: dentes et ungues ejus ferrei: comedebat, et comminuebat, et reliqua pedibus suis conculcabat:

20 et de cornibus decem, quæ habebat in capite: et de alio quod ortum fuerat, ante quod ceciderant tria cornua: et de cornu illo, quod habebat oculos, et os loquens grandia, et majus erat ceteris.

21 Aspiciebam, et ecce cornu illud faciebat bellum adversus sanctos, et prævalebat eis,

22 donec venit antiquus dierum, et judicium dedit sanctis Excelsi, et tempus advenit, et regnum obtinuerunt sancti.

23 Et sic ait: Bestia quarta, regnum quartum erit in terra, quod majus erit omnibus regnis, et devorabit universam terram, et conculcabit, et comminuet eam.

24 Porrò cornua decem ipsius regni, decem reges erunt: et alius consurget post eos, et ipse potentior erit prioribus, et tres reges humiliabit.

25 Et sermones contra Excelsum loquetur, et sanctos Altissimi conteret: et putabit quòd possit mutare tempora, et leges, et tradentur in manu ejus usque ad tempus, et tempora, et dimidium temporis,

26 Et judicium sedebit, ut auferatur potentia, et conteratur, et dispereat usque in finem.

27 Regnum autem, et potestas, et magnitudo regni, quæ est subter omne cælum, detur populo sanctorum Altissimi: cujus regnum, regnum sempiternum est, et omnes reges servient ei, et obedient.

menor de la cuarta bestia, que era tan diferente de todas las otras, y sobremanera horrorosa; cuyos dientes y uñas eran de hierro, y que comia y desmenuzaba, hollando con sus pies aquello que quedaba:

20 é informarme asimismo acerca de las diez astas que tenia en la cabeza: y y de la otra asta que le habia comenzado á salir, al aparecer la cual habian caido las tres astas; y de como aquella asta tenia ojos y boca que proferia cosas grandiosas, y era mayor que todas las otras.

21 Estaba yo observando, y he aqui que aquella asta hacia guerra contra los santos, y prevalecia sobre ellos,

22 hasta tanto que llegó el Anciano de muchos dias, y sentenció en favor de los santos del Altísimo, y vino el tiempo, y los santos obtuvieron el reino.

23 Y aquel me habló asi: La cuarta bestia será el cuarto reino sobre la tierra, el cual será mayor que todos los reinos, y devorará toda la tierra, y la hollará y desmenuzará.

24 Y las diez astas del dicho reino serán diez Reyes, despues de los cuales se levantará otro, que será mas poderoso que los primeros, y derribará tres Reyes.

25 Y él hablará mal contra el Excelso, y atropellará los santos del Altísimo, y se creerá con facultad de mudar los tiempos de las solemnidades, y las leyes ó ceremonias, y serán dejadas á su arbitrio todas las cosas por un tiempo ó año [1], y dos tiempos, y la mitad de un tiempo.

26 Y despues se celebrará juicio, á fin de que se le quite el poder, y sea destruido, y perezca para siempre.

27 Y para que el reino y la potestad, y la magnificencia del reino, cuanta hay debajo de todo el cielo, sea dada al pueblo de los santos del Altísimo, cuyo reino es reino sempiterno, y á él le servirán y obedecerán los Reyes todos.

---

1 Despues cap. XII. v. 7.—I. Mach. I. v. 30.—Apoc. XII. v. 6.—XIII. v. 5. Las palabras de letra cursiva denotan el sentido que comunmente se dá á este verso: sentido que tal vez hasta ahora no se ha podido averiguar bien.

28 *Hucusque finis verbi. Ego Daniel multum cogitationibus meis conturbabar, et facies mea mutata est in me: verbum autem in corde meo conservavi.*

28 Aquí acabó el razonamiento [1]. Yo Daniel quedé muy conturbado con estos mis pensamientos, y mudóse el color de mi rostro: conservé empero en mi corazon esta vision *admirable.*

CAPÍTULO VIII.

En otra vision se muestra á Daniel un carnero con dos astas, y despues un macho de cabrío, que primero solo tiene una asta, y luego le nacen cuatro, el cual vence al carnero. El primero señala al Rey de los medos y persas, y el segundo al de los griegos. Vaticinio de un Príncipe cruel, cuya impiedad y ruina se muestran al Profeta.

1 *Anno tertio regni Baltassar regis, visio apparuit mihi. Ego Daniel, post id quod videram in principio,*

1 En el año tercero del reinado del rey Baltassar se me presentó una vision á mi Daniel, despues de aquella que tuve al principio ó *el año primero.*

2 *vidi in visione mea, cùm essem in Susis castro, quod est in Ælam regione: vidi autem in visione esse me super portam Ulai.*

2 Esta vision la tuve hallándome en el alcázar de Susa [2], que está en el pais de Elam; y en la vision parecióme que yo estaba sobre la puerta de Ulai.

3 *Et levavi oculos meos, et vidi: et ecce aries unus stabat ante paludem, habens cornua excelsa, et unum excelsius altero atque succrescens. Postea*

3 Y levanté mis ojos, y miré, y he aqui un carnero que estaba delante de una laguna, el cual tenia unas astas altísimas, y la una mas que la otra, y que iba creciendo. Despues

4 *vidi arietem cornibus ventilantem contra Occidentem, et contra Aquilonem, et contra Meridiem, et omnes bestiæ non poterant resistere ei, neque liberari de manu ejus: fecitque secundum voluntatem suam, et magnificatus est.*

4 vi al carnero que acorneaba hácia el Poniente, y hácia el Septentrion, y hácia el Mediodia, y ninguna bestia podia resistirle, ni librarse de su poder: é hizo cuanto quiso, y se engrandeció.

5 *Et ego intelligebam: ecce autem hircus caprarum veniebat ab Occidente super faciem totius terræ, et non tangebat terram: porrò hircus habebat cornu insigne inter oculos suos.*

5 Estaba yo considerando esto, cuando he aqui que un macho cabrío [3] que venia de hácia el Occidente, recorria toda la tierra, y tan rápidamente que no tocaba al suelo. Tenia el macho de cabrío una asta muy notable entre sus ojos.

6 *Et venit usque ad arietem illum cornutum, quem videram stantem ante portam, et cucurrit ad eum in impetu fortitudinis suæ.*

6 Y se dirigió contra aquel carnero bien armado de astas, que yo habia visto que estaba delante de la puerta, y embistió hácia él con todo el ímpetu de su fuerza.

7 *Cùmque appropinquasset prope arietem, efferatus est in eum, et percussit*

7 Y al llegar cerca del carnero, le atacó furiosamente, é hirióle, y le rom-

1 Ó explicacion del ángel.
2 En *Susa* tenian los reyes chaldéos un gran palacio, ó alcázar.

3 Se cree que este macho cabrio simbolizaba á Alejandro Magno.

arietem, et comminuit duo cornua ejus, et non poterat aries resistere ei; cumque eum misisset in terram, conculcavit, et nemo quibat liberare arietem de manu ejus.

8 Hircus autem caprarum magnus factus est nimis: cumque crevisset, fractum est cornu magnum, et orta sunt quatuor cornua subter illud per quatuor ventos cœli.

9 De uno autem ex eis egressum est cornu unum modicum: et factum est grande contra Meridiem, et contra Orientem, et contra fortitudinem.

10 Et magnificatum est usque ad fortitudinem cœli: et dejecit de fortitudine, et de stellis, et conculcavit eas.

11 Et usque ad principem fortitudinis magnificatum est; et ab eo tulit juge sacrificium, et dejecit locum sanctificationis ejus.

12 Robur autem datum est ei contra juge sacrificium propter peccata: et prosternetur veritas in terra, et faciet, et prosperabitur.

13 Et audivi unum de sanctis loquentem: et dixit unus sanctus alteri nescio cui loquenti: Usquequo visio, et juge sacrificium, et peccatum desolationis, quæ facta est: et sanctuarium, et fortitudo conculcabitur?

14 Et dixit ei: Usque ad vesperam et mane, dies duo millia trecenti: et mundabitur sanctuarium.

15 Factum est autem cum viderem ego Daniel visionem, et quærerem intelligentiam, ecce

pió ambas astas, y no podia el carnero resistirle: y despues de haberle echado por tierra, le holló; sin que nadie pudiese librar de su poder al carnero.

8 Este macho de cabrío se hizo en extremo grande; y cuando hubo crecido fué quebrantada la asta grande [1]; en cuyo lugar salieron cuatro astas con direccion á los cuatro vientos del cielo.

9 Y de la una de estas salió una asta pequeña, la cual creció mucho hácia el Mediodia, y hácia el Oriente, y hácia la tierra fuerte ó de Israel.

10 Y se elevó hasta contra la fortaleza del cielo, y derribó al suelo parte de los fuertes y de las estrellas, y las holló [2].

11 Y se engrandeció hasta contra el Príncipe de la fortaleza ó de los fuertes, y quitóle el sacrificio perenne [3], y abatió el lugar de su santificacion [4].

12 Y le fué dado poder contra el sacrificio perpétuo, á causa de los pecados del pueblo; y la verdad [5] será abatida sobre la tierra; y él emprenderá cuanto se le antoje, y saldrá con su empresa.

13 Y oí á uno de los santos que hablaba: y dijo un santo á otro que yo no conocí, y que estaba hablando: ¿Por cuánto tiempo durará lo que se significa en la vision acerca del sacrificio perpétuo, y acerca del pecado, causa de la desolacion, y en órden á ser hollado el Santuario, y la tierra fuerte de Israel?

14 Y le respondió: Por espacio de dos mil y trescientos dias enteros, ó de tarde y mañana [6]: y despues será purificado el Santuario.

15 Y mientras yo Daniel tenia esta vision, y buscaba su inteligencia, he

---

1 Alude á la muerte de Alejandro Magno, cuyo imperio solo duró doce años; y á la division de él entre sus cuatro capitanes, Tolomeo que reinó en Egypto, Antígono en Asia, Seleuco en Babylonia y Syria, y Antípatro en la Grecia.

2 Parece que se denotan aquellos ilustres personages del pueblo judaico que por no sufrir los tormentos, violaron la Ley del Señor, para obedecer al tirano. I. Mach. I. v. 58.—

II. Mach. IV. v. 14.

3 Exod. XXIX. v. 38.

4 Ó en que era adorado. I. Mach. VI. vers. 2.

5 Los Setenta tradujeron justicia. Véase Justicia.

6 I. Mach. I. v. 21.—VI. v. 16. Esto es, seis años y medio lunares, que son seis años solares, y tres meses y diez y ocho dias.

telligentiam: ecce stetit in conspectu meo quasi species viri.

16 *Et audivi vocem viri inter Ulai: et clamavit, et ait: Gabriel, fac intelligere istum visionem.*

17 *Et venit, et stetit juxta ubi ego stabam: cùmque venisset, pavens corrui in faciem meam, et ait ad me: Intellige, fili hominis, quoniam in tempore finis complebitur visio.*

18 *Cùmque loqueretur ad me, collapsus sum pronus in terram: et tetigit me, et statuit me in gradu meo,*

19 *dixitque mihi: Ego ostendam tibi quæ futura sunt in novissimo maledictionis: quoniam habet tempus finem suum.*

20 *Aries, quem vidisti habere cornua, rex Medorum est atque Persarum.*

21 *Porrò hircus caprarum, rex Græcorum est, et cornu grande, quod erat inter oculos ejus, ipse est rex primus.*

22 *Quod autem fracto illo surrexerunt quatuor pro eo: quatuor reges de gente ejus consurgent, sed non in fortitudine ejus.*

23 *Et post regnum eorum, cùm creverint iniquitates, consurget rex impudens facie, et intelligens propositiones.*

24 *Et roborabitur fortitudo ejus, sed non in viribus suis: et suprà quam credi potest, universa vastabit, et prosperabitur, et faciet. Et interficiet robustos, et populum sanctorum*

25 *secundùm voluntatem suam, et dirigetur dolus in manu ejus: et cor suum magnificabit, et in copia rerum omnium occidet plurimos: et contra principem principum consurget, et sine manu conteretur.*

aqui que se presentó delante de mí como una figura de hombre.

16 Y oí la voz de un varon de dentro de la puerta de Ulai, el cual exclamó, diciendo: Gabriel, explícale á éste la vision.

17 Con esto vino, y paróse junto al sitio en que yo estaba; y asi que llegó me postré rostro por tierra, despavorido, y díjome él entonces: Oh hijo de hombre, entiende el modo con que se cumplirá esta vision en el tiempo prefijado.

18 Y mientras él me hablaba, yo caí sobre mi rostro al suelo: mas él me tocó, y me hizo volver á mi anterior estado.

19 Díjome entonces: Yo te mostraré las cosas que han de suceder al fin de la maldicion [1], ó castigo de Israel: porque este tiempo tiene su término.

20 El carnero que viste armado de astas, es el Rey de los medos y de los persas:

21 el macho de cabrío es el Rey de los griegos; y la grande asta que tiene entre sus ojos denota el primer Rey.

22 Las cuatro astas que, quebrada aquella, nacieron en su lugar, significan cuatro Reyes que se alzarán en su nacion; mas no tendrán la fuerza ó poder del primer Rey.

23 Y despues del reinado de estos, creciendo las maldades de los judíos, se levantará un Rey descarado, y entendedor de enigmas ó muy astuto,

24 y se afirmará su poder; mas no por sus fuerzas, sino por su astucia: y no es fácil figurarse cómo lo asolará todo, y hará cuanto se le antoje, y todo le saldrá bien: y quitará la vida á los esforzados israelitas, al pueblo de los santos,

25 segun le pluguiere, y tendrán buen éxito los dolos ó maquinaciones que urdiere, y con esto se hinchará su corazon, y sobrándole todas las cosas, hará perecer á muchísimos, y se alzará contra el Príncipe de los príncipes; pero será aniquilado, y no por obra de hombre [2];

---

1 En el hebréo זעם indignacion, palabra que los Setenta vertieron ἐπ᾽ ἐσχάτων τῆς ὀργῆς á los últimos de la ira, al fin de la indignacion.

2 I. Mach. VI. v. 8.—II. Mach. IX. v. 5.—II. Thes. II. v. 8.

26 Et visio vesperè et manè, quæ dicta est, vera est: tu ergo visionem signa, quia post multos dies erit.

27 Et ego Daniel langui, et ægrotavi per dies: cùmque surrexissem, faciebam opera regis, et stupebam ad visionem, et non erat qui interpretaretur.

26 y es verdadera esta explicacion de la vision, y tendrá cumplimiento entre la tarde y mañana del último dia. Sella, tú, pues, ó guarda la vision, que ella se verificará pasados muchos años.

27 Y yo Daniel perdí las fuerzas, y estuve enfermo por algunos dias: y restablecido, continuaba despachando en los asuntos del Rey; pero estaba pasmado de la vision, sin que hubiese nadie que la interpretase ni conociese.

CAPÍTULO IX.

Oracion de Daniel. Revelacion de las Setenta Semanas hasta la uncion del Santo de los santos, y muerte de Christo; despues de la cual quedaria exterminado el pueblo de Israel, y colocada la abominacion en el Lugar santo.

1 In anno primo Darii filii Assueri de semine Medorum, qui imperavit super regnum Chaldæorum;

2 anno uno regni ejus, ego Daniel intellexi in libris numerum annorum, de quo factus est sermo Domini ad Jeremiam prophetam, ut complerentur desolationis Jerusalem septuaginta anni.

3 Et posui faciem meam ad Dominum Deum meum rogare et deprecari in jejuniis, sacco, et cinere.

4 Et oravi Dominum Deum meum, et confessus sum, et dixi: Obsecro, Domine Deus magne et terribilis, custodiens pactum et misericordiam diligentibus te, et custodientibus mandata tua.

5 Peccavimus, iniquitatem fecimus, impiè egimus, et recessimus: et declinavimus à mandatis tuis, ac judiciis.

6 Non obedivimus servis tuis prophetis, qui locuti sunt in nomine tuo regibus nostris, principibus nostris, patribus nostris, omnique populo terræ.

1 En el año primero de Darío, hijo de Assuero, de la estirpe de los medos, el cual gobernó el reino de los châldéos: 2 en el primer año de su reinado, yo Daniel consideré en los libros *de Jeremías* la cuenta de los años de que habló el Señor al profeta Jeremías, en los cuales debian cumplirse los setenta años de la desolacion de Jerusalem [1].

3 Y volví mi rostro hácia el Señor Dios mio, para dirigirle mis ruegos y súplicas, con ayunos, y vestido de cilicio, y cubierto de ceniza.

4 Haciendo pues oracion al Señor Dios mio, y tributándole mis alabanzas, dije: Dígnate escucharme, oh Señor, Dios grande y terrible, que eres fiel en cumplir tu alianza y misericordia con los que te aman, y observan tus mandamientos.

5 Nosotros hemos pecado, hemos cometido la maldad, hemos vivido impiamente, y hemos apostatado, y nos hemos desviado de tus mandamientos y juicios.

6 No hemos obedecido á tus siervos los profetas, los cuales hablaron en tu nombre á nuestros Reyes, y á nuestros Príncipes, y á nuestros padres, y al pueblo todo de la tierra.

---

1 Despues cap. XXV. vers. 12. — Jerem. XXIX. v. 10.

7 Tibi, Domine, justitia: nobis autem confusio faciei, sicut est hodie viro Juda, et habitatoribus Jerusalem, et omni Israel, his qui propè sunt, et his qui procul in universis terris, ad quas ejecisti eos, propter iniquitates eorum, in quibus peccaverunt in te.

8 Domine, nobis confusio faciei, regibus nostris, principibus nostris, et patribus nostris, qui peccaverunt.

9 Tibi autem Domino Deo nostro misericordia, et propitiatio, quia recessimus à te:

10 et non audivimus vocem Domini Dei nostri, ut ambularemus in lege ejus, quam posuit nobis per servos suos prophetas.

11 Et omnis Israel prævaricati sunt legem tuam, et declinaverunt ne audirent vocem tuam, et stillavit super nos maledictio, et detestatio, quæ scripta est in libro Moysi servi Dei, quia peccavimus ei.

12 Et statuit sermones suos, quos locutus est super nos, et super principes nostros, qui judicaverunt nos, ut superinduceret in nos magnum malum, quale nunquam fuit sub omni cœlo, secundùm quod factum est in Jerusalem.

13 Sicut scriptum est in lege Moysi, omne malum hoc venit super nos: et non rogavimus faciem tuam, Domine Deus noster, ut reverteremur ab iniquitatibus nostris, et cogitaremus veritatem tuam.

14 Et vigilavit Dominus super malitiam, et adduxit eam super nos: justus Dominus Deus noster in omnibus operibus suis, quæ fecit: non enim audivimus vocem ejus.

15 Et nunc, Domine Deus noster, qui eduxisti populum tuum de terra Ægypti in manu forti, et fecisti tibi nomen secundùm diem hanc: peccavi-

7 Tuya es, oh Señor, de tu parte está la justicia: para nosotros empero la confusion de nuestro rostro: como está hoy sucediendo á todo hombre de Judá, y á todo habitante de Jerusalem, á todo Israel, así á aquellos que están cerca, como á los que están lejos, en todos los paises á donde los arrojaste por causa de las maldades con que te ofendieron.

8 Señor, justa es la confusion de nuestro rostro, la de nuestros Reyes, la de nuestros Príncipes, y la de nuestros padres, todos los cuales pecaron.

9 Mas de tí, oh Señor Dios nuestro, es propia la misericordia, y la clemencia para con los pecadores; porque nosotros nos hemos apartado de tí,

10 y no hemos escuchado la voz del Señor Dios nuestro para proceder segun su Ley santa, que nos prescribió por medio de sus siervos los profetas.

11 Todo Israel se hizo prevaricador de tu Ley, y se desvió para no oir la voz tuya; y así llovió sobre nosotros la maldicion, y el anatema que está escrito en el libro de Moysés, siervo de Dios, pues que pecamos contra el Señor[1].

12 Y él ha cumplido la sentencia que pronunció sobre nosotros, y sobre nuestros Príncipes que nos gobernaron, enviando contra nosotros una grande calamidad, cual jamás la hubo debajo del cielo, y cual ha acontecido á Jerusalem.

13 Todo este mal vino sobre nosotros, conforme está escrito en la Ley de Moysés, y no recurrimos á tí, oh Señor Dios nuestro, para convertirnos de nuestras maldades, y meditar la verdad de tus promesas.

14 Y no se descuidó el Señor de enviar el castigo, y descargóle sobre nosotros: justo es el Señor Dios nuestro en todas las obras que él hace; pues nosotros no quisimos escuchar su voz[2].

15 Ahora, pues, oh Señor Dios nuestro, tú que con mano fuerte sacaste de tierra de Egipto á tu pueblo, y te adquiriste un renombre glorioso, cual es

nous, iniquitatem fecimus.

el que ahora gozas; confesamos que hemos pecado, que hemos cometido la maldad [1].

16 *Domine, in omnem justitiam tuam, avertatur obsecro ira tua, et furor tuus à civitate tua Jerusalem, et montes sancto tuo. Propter peccata enim nostra, et iniquitates patrum nostrorum, Jerusalem et populus tuus in opprobrium sunt omnibus per circuitum nostrum.*

16 Señor, por toda tu justicia ó *misericordia*, ruégote que apliques la ira y el furor tuyo contra tu ciudad de Jerusalem, y contra tu santo Monte de Sion: pues por causa de nuestros pecados, y por las maldades de nuestros padres, Jerusalem y el pueblo tuyo son el escarnio de todos los que están al rededor nuestro.

17 *Nunc ergo exaudi, Deus noster, orationem servi tui, et preces ejus: et ostende faciem tuam super sanctuarium tuum, quod desertum est, propter temetipsum.*

17 Ea pues, atiende, oh Dios nuestro, á la oracion de tu siervo y á sus súplicas; y por amor de tí mismo mira benigno á tu Santuario, que está desierto.

18 *Inclina Deus meus aurem tuam, et audi: aperi oculos tuos, et vide desolationem nostram, et civitatem, super quam invocatum est nomen tuum: neque enim in justificationibus nostris prosternimus preces ante faciem tuam, sed in miserationibus tuis multis.*

18 Dígnate escuchar, oh Dios mio, y atiende: abre tus ojos, y mira nuestra desolacion, y la de la ciudad, en la que se invocaba tu santo Nombre: pues postrados delante de tí te presentamos nuestros humildes ruegos; confiando, no en nuestra justicia, sino en tu grandísima misericordia.

19 *Exaudi, Domine, placare, Domine: attende et fac, ne moreris propter temetipsum Deus meus: quia nomen tuum invocatum est super civitatem, et super populum tuum.*

19 Escucha benigno, oh Señor: Señor aplácate, atiende, y ponte á obrar nuestra salvacion: no lo difieras, oh Dios mio, por amor de tí mismo: pues que la ciudad y tu pueblo llevan el Nombre tuyo.

20 *Cumque adhuc loquerer, et orarem, et confiterer peccata mea, et peccata populi mei Israel, et prosternerem preces meas in conspectu Dei mei, pro monte sancto Dei mei:*

20 Y mientras aun yo hablaba y oraba, y confesaba mis pecados, y los pecados de mi pueblo de Israel, y presentaba mis humildes ruegos en la presencia de mi Dios á favor del Monte santo de mi Dios;

21 *adhuc me loquente in oratione, ecce vir Gabriel, quem videram in visione à principio, cito volans tetigit me in tempore sacrificii vespertini.*

21 estando yo todavía profiriendo las palabras de mi oracion, he aquí que Gabriel [2] aquel varon que yo había visto al principio de la vision [3], volando súbitamente me tocó [4] en la hora del sacrificio de la tarde [5];

22 *Et docuit me, et locutus est mihi, dixitque: Daniel, nunc egressus sum ut docerem te, et intelligeres.*

22 y me instruyó, y me habló en los términos siguientes: Daniel, yo he venido ahora á fin de instruirte, y para que conozcas los designios de Dios.

23 *Ab exordio precum tuarum egressus est sermo: ego autem veni ut in-*

23 La órden se me dió desde luego que te pusiste á orar, y yo vengo para

1 Baruch II. v. 12.—Exo. XIV. v. 21.
2 Antes cap. VIII. v. 16.
3 Para que conozcas con anticipacion...
4 Num. XXXVIII...

Aa 4

dicarem tibi, quia vir desideriorum es:
tu ergo animadverte sermonem, et intellige visionem.

24 *Septuaginta hebdomades abbrevia-*
tae sunt super populum tuum, et super
urbem sanctam tuam, ut consummetur
praevaricatio, et finem accipiat pecca-
tum, et deleatur iniquitas, et adduca-
tur justitia sempiterna, et impleatur
visio, et prophetia, et ungatur Sanctus
sanctorum.

25 *Scito ergo, et animadverte: Ab*
exitu sermonis, ut iterum aedificetur
Jerusalem, usque ad Christum ducem,
hebdomades septem, et hebdomades se-
xaginta duae erunt: et rursum aedifica-
bitur platea, et muri in angustia tem-
porum.

26 *Et post hebdomades sexaginta*
duas occidetur Christus: et non erit
ejus populus, qui eum negaturus est.
Et civitatem, et sanctuarium dissipabit
populus cum duce venturo: et finis ejus
vastitas, et post finem belli statuta
desolatio.

27 *Confirmabit autem pactum multis*
hebdomada una: et in dimidio hebdo-
madis deficiet hostia et sacrificium: et
erit in templo abominatio desolationis:
et usque ad consummationem et finem
perseverabit desolatio.

mostrártela [1]; porque tú eres un varon
de *ardientes* deseos [2]. Atiende pues tú
ahora á mis palabras, y entiende la
vision.

24 Se han fijado [3] setenta semanas *de*
años para tu pueblo y para tu santa
ciudad, al fin de las cuales se acabará
la prevaricacion, y tendrá fin el pecado, y la iniquidad quedará borrada, y
vendrá la justicia ó *santidad* perdurable, y se cumplirá la vision y la profecia, y será ungido el Santo de los santos.

25 Sábete pues, y nota atentamente:
Desde que saldrá la órden ó *edicto* para
que sea reedificada Jerusalem, hasta el
Christo Príncipe, pasarán siete semanas, y sesenta y dos semanas; y será
nuevamente edificada la plaza ó *ciudad*,
y los muros en tiempos de angustia [4].

26 Y despues de las sesenta y dos semanas se quitará la vida al Christo: y
no será mas suyo el pueblo, el cual le
negará. Y un pueblo con su caudillo
vendrá, y destruirá la ciudad y el Santuario; y su fin será la devastacion: y
acabada la guerra quedará establecida
allí la desolacion [5].

27 Y el *Christo* afirmará su nueva
alianza en una semana con muchos [6]
fieles convertidos: y á la mitad de esta
semana cesarán las hostias, y los sacrificios: y estará en el Templo la abominacion de la desolacion: y durará la
desolacion hasta la consumacion y el fin
del mundo.

---

1 Á decirte lo decretado por Dios.

2 De la gloria de Dios, y del bien de tus
hermanos. Así lo traducen S. Gerónimo, Teodoreto, etc.

3 Tal es el sentido del verbo hebréo נחתך
nejtac: se han determinado ó fijado. Véase
Isaías X. v. 22.

4 Véase *Matth.* XXIV. v. 15.—*I. Esd. IV.*
v. 24.—*II. Esd. IV.* v. 6. Todos los Expositores antiguos y modernos, y muchos rabinos convienen en que son semanas de años.
Véase *Semana.* El Ángel divide en tres partes
estas setenta semanas, una de siete semanas,
otra de sesenta y dos, y la tercera sólo de
una semana, á la mitad de la cual será muerto el Mesias, ó el Christo. La ciudad será
reedificada durante las siete semanas (ó cuarenta y nueve años) que comenzarán cuando
saldrá el edicto del rey de Persia, en que dará permiso para reedificar á Jerusalem: pasa-

rán despues *sesenta y dos* semanas (ó cuatrocientos treinta y cuatro años), hasta que el
Christo ó *Mesias* será ungido por el Espíritu
de Dios (*Luc.* IV. v. 18). Sin entrar en algunas cuestiones chronológicas, que solo ver-
san sobre fijar el dia en que salió *el edicto*
para reedificar á Jerusalem, diré que parece
lo mas probable que *Artajerjes* expidió el
edicto el año vigésimo de su reinado (*II.*
Esd. II. 2, An. 5. 6.), y que la reedificacion
duró cuarenta y nueve años, como se ve en
los capítulos IV, VI y VII del mismo libro de
Esdras. Siguieron despues las *sesenta y dos*
semanas, que conducen al año *quince* del
imperio de Tiberio, en el cual fue Christo
bautizado; y despues de haber predicado tres
años y medio, fué muerto á la mitad de la
última semana.

5 *Matth.* XXIV. v. 15.

6 Véase *Muchos.*

CAPÍTULO X.

Ayuno de Daniel: el cual tiene despues una vision. Resistencia del Príncipe de los persas al restablecimiento deseado de Jerusalem: únesele el Príncipe de los griegos contra el ángel Gabriel.

1 *Anno tertio Cyri regis Persarum, verbum revelatum est Danieli cognomento Baltassar, et verbum verum, et fortitudo magna: intellexitque sermonem: intelligentiá enim est opus in visione.*

2 *In diebus illis ego Daniel lugebam trium hebdomadarum diebus,*

3 *panem desiderabilem non comedi, et caro et vinum non introierunt in os meum, sed neque unguento unctus sum: donec complerentur trium hebdomadarum dies.*

4 *Die autem vigesima et quarta mensis primi, eram juxta fluvium magnum, qui est Tygris.*

5 *Et levavi oculos meos, et vidi, et ecce vir unus vestitus lineis, et renes ejus accincti auro obrizo:*

6 *et corpus ejus quasi chrysolithus, et facies ejus velut species fulguris, et oculi ejus ut lampas ardens: et brachia ejus, et quæ deorsum sunt usque ad pedes, quasi species æris candentis: et vox sermonum ejus ut vox multitudinis.*

7 *Vidi autem ego Daniel solus visionem: porrò viri, qui erant mecum, non viderunt: sed terror nimius irruit super eos, et fugerunt in absconditum.*

8 *Ego autem relictus solus vidi visionem grandem hanc: et non remansit in me fortitudo, sed et species mea immutata est in me, et emarcui, nec habui quidquam virium.*

9 *Et audivi vocem sermonum ejus:*

1 En el año tercero de Cyro, Rey de los persas, fué revelado á Daniel, por sobrenombre Baltassar, un suceso verdadero, y una fuerza grande ó *ejército celestial*; y él comprendió el suceso; pues necesaria es para esta vision la inteligencia.

2 En aquellos dias estuve yo Daniel llorando por espacio de tres semanas *de dias* [1]:

3 pan delicado ó *sabroso* no le probé; carne ni vino no entraron en mi boca, ni me perfumé con unguento [2]; hasta tanto que fueron cumplidos los dias de estas tres semanas.

4 Mas el dia veinte y cuatro del primer mes estaba yo á la orilla del grande rio Tygris:

5 y levanté mis ojos y miré, y he aqui un varon con vestiduras de lino, y ceñidos sus lomos con una *faja bordada de oro* acendrado [3]:

6 su cuerpo *brillaba* como el chrysólitho, y su rostro como un relámpago, y como *dos* ardientes antorchas así eran sus ojos: sus brazos, y el resto del cuerpo hasta los pies era semejante al bronce reluciente; y el sonido de sus palabras como el ruido de un grande gentío.

7 Y solamente yo Daniel tuve esta vision: mas aquellos hombres que estaban conmigo no la vieron; sino que se apoderó de ellos un extremo terror, y huyeron á esconderse.

8 Y habiendo quedado yo solo, ví esta grande vision, y me quedé sin aliento, y se me demudó el rostro, y caí desmayado, perdidas todas las fuerzas.

9 Y oía yo el sonido de sus palabras;

---

1 El hebréo y los Setenta dicen con la mayor claridad, el primero שָׁבֻעִים יָמִים; y el segundo Ἑϐδομάδας ἡμέρων, semanas de dias, para distinguirlas de las *de años*, de que se ha hablado en el capítulo anterior.

2 *Eccles.* IX. v. 8.—*Matth.* VI. v. 17.

3 *Apoc.* I. v. 13.

et audiens jacebam consternatus super faciem meam, et vultus meus hærebat terræ.

10 *Et ecce manus tetigit me, et erexit me super genua mea et super articulos manuum mearum.*

11 *Et dixit ad me: Daniel, vir desideriorum, intellige verba, quæ ego loquor ad te: et sta in gradu tuo: nunc enim sum missus ad te. Cùmque dixisset mihi sermonem istum, steti tremens.*

12 *Et ait ad me: Noli metuere, Daniel: quia ex die primo, quo posuisti cor tuum ad intelligendum ut te affligeres in conspectu Dei tui, exaudita sunt verba tua: et ego veni propter sermones tuos.*

13 *Princeps autem regni Persarum restitit mihi viginti et uno diebus: et ecce Michael unus de principibus primis venit in adjutorium meum, et ego remansi ibi juxta regem Persarum.*

14 *Veni autem ut docerem te quæ ventura sunt populo tuo in novissimis diebus, quoniam adhuc visio in dies.*

15 *Cùmque loqueretur mihi hujuscemodi verbis, dejeci vultum meum ad terram, et tacui.*

16 *Et ecce quasi similitudo filii hominis tetigit labia mea: et aperiens os meum, locutus sum, et dixi ad eum qui stabat contra me: Domine mi; in visione tua dissolutæ sunt compages meæ, et nihil in me remansit virium.*

17 *Et quomodò poterit servus Domini mei loqui cum Domino meo? nihil enim*

y mientras tanto yacia boca abajo, todo atónito, y mi rostro continuaba pegado al suelo:

10 cuando he aqui que una mano me tocó, é hízome levantar sobre mis rodillas, y sobre los dedos ó *palmas* de mis manos:

11 y díjome él: Daniel, varon de deseos, atiende á las palabras que yo te hablo, y ponte en pie; pues yo vengo ahora enviado á tí. Y asi que él me hubo dicho estas palabras me puse en pie, temblando.

12 Y díjome: No tienes que temer, oh Daniel; porque desde el primer dia en que, á fin de alcanzar *de Dios* la inteligencia, resolviste en tu corazon mortificarte en la presencia de tu Dios, fueron atendidos tus ruegos; y por causa de tus oraciones he venido yo.

13 Pero el Príncipe del reino de los persas se ha opuesto á mí [1] por espacio de veinte y un dias; y he aqui que vino en mi ayuda Miguel, uno de los primeros príncipes, y yo me quedé allí al lado del Rey de los persas.

14 He venido pues *ahora* para explicarte la cosas que han de acontecer á tu pueblo en los últimos dias; porque esta vision se dirige á tiempos remotos.

15 Y al tiempo que me decia él estas palabras, bajé hácia el suelo mi rostro, y me quedé en silencio.

16 Cuando he aqui que aquel que era semejante á un hijo de hombre, tocó mis labios, y abriendo mi boca, hablé y díjele al varon que estaba parado delante de mí: Oh señor mio, asi que te he mirado se han desencajado todas mis coyunturas, y me he quedado sin fuerza alguna.

17 ¿Y cómo podrá el siervo de mi señor dirigir su palabra al señor mio?

---

1 S. Gerónimo, Teodoreto, S. Gregorio etc. convienen en que se habla del *Angel custodio,* á quien Dios tenia encargada, por decirlo asi, la proteccion del reino de Persia. Pero es cierto que los ángeles buenos, y lo mismo los hombres, aunque esten entre sí unidos con *perfecta caridad,* pueden ser de dictamen ó voluntad diferente, y aun contraria, en aquellas cosas en que no vea claramente expresada la voluntad de Dios; deseando el

bien por medios diferentes ú opuestos. Asi pudo el ángel custodio del reino de Persia, desear que quedase allí algun número de judios, para extender mas el conocimiento de Dios; y el ángel S. Gabriel, y el ángel S. Miguel pedir á Dios y desear que todos volviesen á Judéa para reedificar mas prontamente el templo del Señor. Véase S. Tomas I. parte, quæst. CXIII. art. 7 y 8.

in me remansit virium, sed et halitus meus intercluditur.

18 *Rursum ergo tetigit me quasi visio hominis, et confortavit me,*

19 *et dixit: Noli timere vir desideriorum: pax tibi: confortare, et esto robustus. Cùmque loqueretur mecum, convalui, et dixi: Loquere, Domine mi, quia confortasti me.*

20 *Et ait: Numquid scis quare venerim ad te? et nunc revertar ut prælier adversum principem Persarum. Cùm ego egrederer, apparuit princeps Græcorum veniens.*

21 *Verumtamen annuntiabo tibi quod expressum est in scriptura veritatis: et nemo est adjutor meus in omnibus his, nisi Michael princeps vester.*

Pues no ha quedado en mí vigor ninguno, y hasta la respiracion me falta.

18 Tocóme luego nuevamente aquel *personage* que yo veia en figura de hombre, y me confortó,

19 y díjome: No temas, oh varon de deseos; paz sea contigo: aliéntate, y ten buen ánimo. Y mientras me estaba hablando, yo adquiria valor, y dije: Habla, oh señor mio, porque tú me has confortado.

20 Y dijo él: ¿Sabes tú el por qué he venido yo á tí? Y ahora yo me vuelvo á combatir contra el Príncipe de los persas. Cuando yo salia se dejaba ver el Príncipe de los griegos que venia.

21 Sin embargo yo te anunciaré á tí lo que está declarado en la escritura ó decreto de verdad: nadie me ayuda en todas estas cosas, sino Miguel que es vuestro Príncipe [1].

CAPÍTULO XI.

El ángel declara al Profeta la destruccion del imperio de los persas por el Rey de los griegos. Guerras entre los Reyes del Mediodia y del Norte. Vendrá un Rey impio: sus expediciones, y su fin desastrado.

1 *Ego autem ab anno primo Darii Medi stabam ut confortaretur, et roboraretur.*

2 *Et nunc veritatem annuntiabo tibi. Ecce adhuc tres reges stabunt in Perside, et quartus ditabitur opibus nimiis super omnes: et cùm invaluerit divitiis suis, concitabit omnes adversum regnum Græciæ.*

3 *Surget verò rex fortis, et dominabitur potestate multa, et faciet quod placuerit ei.*

4 *Et cùm steterit, conteretur regnum ejus, et dividetur in quatuor ventos cæli: sed non in posteros ejus, neque secundùm potentiam illius, quâ dominatus est; lacerabitur enim regnum ejus,*

1 Yo pues *Gabriel*, desde el primer año *del reinado* de Darío el Medo, la asistia para que se fortificase y corroborase.

2 Y ahora te comunicaré yo la verdad. He aqui que aun habrá tres Reyes en Persia, y el cuarto sobrepujará á todos los otros por sus inmensas riquezas; y cuando se habrá enriquecido sobre todos, incitará á todas las gentes contra el reino de la Grecia.

3 Pero se levantará un Rey poderoso, que extenderá muchísimo sus dominios, y hará cuanto quiera [2].

4 Y así que él estará en su auge, será deshecho su reino, y repartido hácia los cuatro vientos del cielo: mas no entre sus descendientes, ni con el poder con que él dominó; porque á mas de los

1 *Apoc.* XII. v. 7.
2 *Cap.* VII. v. 6.—VIII. v. 5. Alejandro Magno; cuyo imperio quedó dividido en cuatro monarquías; y poco despues á solas dos principales, la de Egypto que ocupó Tolomeo, llamado Rey del Mediodia; y la de Babylonia y Asia, que obtuvo Seleuco Nicanor, llamado Rey del Septentrion.

etiam in externos, exceptis his.

5 _Et confortabitur rex Austri: et de principibus ejus prævalebit super eum, et dominabitur ditione: multa enim dominatio ejus._

6 _Et post finem annorum fœderabuntur: filiaque regis Austri veniet ad regem Aquilonis facere amicitiam, et non obtinebit fortitudinem brachii, nec stabit semen ejus: et tradetur ipsa, et qui adduxerunt eam, adolescentes ejus, et qui confortabant eam in temporibus._

7 _Et stabit de germine radicum ejus plantatio: et veniet cum exercitu, et ingredietur provinciam regis Aquilonis: et abutetur eis, et obtinebit._

8 _Insuper et deos eorum, et sculptilia, vasa quoque pretiosa argenti et auri, captiva ducet in Ægyptum: ipse prævalebit adversus regem Aquilonis._

9 _Et intrabit in regnum rex Austri, et revertetur ad terram suam._

10 _Filii autem ejus provocabuntur, et congregabunt multitudinem exercituum plurimorum: et veniet properans, et inundans: et revertetur, et concitabitur, et congredietur cum robore ejus._

11 _Et provocatus rex Austri egredietur, et pugnabit adversus regem Aquilonis, et præparabit multitudinem nimiam, et dabitur multitudo in manus ejus._

12 _Et capiet multitudinem, et exaltabitur cor ejus, et dejiciet multa millia, sed non prævalebit._

13 _Convertetur enim rex Aquilonis: et præparabit multitudinem multò majorem quàm prius: et in fine temporum annorumque veniet properans cum exercitu magno, et opibus nimiis._

cuatro dichos _reinos_, todavía será dividido entre otros príncipes extraños.

5 Y el Rey del Mediodia se hará poderoso: mas uno de los príncipes ó capitanes de aquel _Rey poderoso_[1] podrá mas que él, y será señor de muchas naciones, pues extenderá mucho su dominio.

6 Y al cabo de _muchos años_ se confederarán; y la hija del Rey[2] del Mediodia pasará á _ser esposa_ del Rey del Norte para hacer las paces: empero ella no podrá detener la fuerza del brazo _de su marido_, ni subsistirá su estirpe; y será entregada _á la muerte_ ella, y los jóvenes que la habian acompañado, y sostenido en aquel tiempo.

7 Sin embargo se conservará un renuevo de su misma estirpe, el cual vendrá con un ejército, y entrará en los estados del Rey del Norte, y los destruirá, y se hará dueño de ellos.

8 Ademas se llevará prisioneros á Egypto sus dioses y simulacros, y los vasos preciosos de plata y oro. Él triunfará del Rey del Norte.

9 Y el Rey del Mediodia entrará á poseer el reino, y se volverá á su tierra.

10 Sin embargo, irritados los hijos de aquel reunirán grandes ejércitos, y vendrá rápidamente uno de ellos, á modo de una inundacion; y volverá al _año siguiente_, y lleno de ardor entrará en combate contra las fuerzas de Egypto.

11 Y el Rey del Mediodia provocado, saldrá y peleará contra el Rey del Norte, y pondrá en campaña un ejército sumamente formidable, y caerá mucha gente en su poder.

12 Y hará gran número de prisioneros, y se engreirá su corazon, y hará perecer á muchos millares, y con todo no prevalecerá,

13 porque el Rey del Norte volverá á levantar un ejército mucho mayor que el primero: y al cabo de cierto número de años[3], vendrá precipitadamente con un numeroso ejército y poder grande.

---

1 Esto es, de Alejandro Magno.
2 Se habla de los dos reyes del Egypto y de la Syria, _Toloméo Philadelpho_, y _Antiochó_; cuya guerra terminó con casarse Antiochó con _Berenice_, hermana de Toloméo.—Véase S. _Gerónimo_, y _Justino lib. VII. c. I._ _Valer. Max. lib. IX. cap._ 10. etc.
3 En el plazo señalado por Dios.

14 *Et in temporibus illis multi consurgent adversus regem Austri: filii quoque prævaricatorum populi tui extollentur ut impleant visionem, et corruent.*

15 *Et veniet rex Aquilonis, et comportabit aggerem, et capiet urbes munitissimas: et brachia Austri non sustinebunt, et consurgent electi ejus ad resistendum, et non erit fortitudo.*

16 *Et faciet veniens super eum juxta placitum suum, et non erit qui stet contra faciem ejus: et stabit in terra inclyta, et consumetur in manu ejus.*

17 *Et ponet faciem suam ut veniat ad tenendum universum regnum ejus, et recta faciet cum eo: et filiam feminarum dabit ei ut evertat illud: et non stabit, nec illius erit.*

18 *Et convertet faciem suam ad insulas, et capiet multas: et cessare faciet principem opprobrii sui, et opprobrium ejus convertetur in eum.*

19 *Et convertet faciem suam ad imperium terræ suæ, et impinget, et corruet, et non invenietur.*

20 *Et stabit in loco ejus vilissimus, et indignus decore regio: et in paucis diebus conteretur, non in furore, nec in prælio.*

21 *Et stabit in loco ejus despectus, et non tribuetur ei honor regius: et veniet clam, et obtinebit regnum in fraudulentia.*

22 *Et brachia pugnantis expugnabuntur à facie ejus, et conterentur: insuper et dux fœderis.*

23 *Et post amicitias, cum eo faciet dolum, et ascendet, et superabit in modico populo.*

14 Y en aquellos tiempos se levantarán muchos contra el Rey del Mediodia: y tambien los hijos de los prevaricadores de tu pueblo se alzarán de manera que se cumpla la vision [1], y perecerán.

15 Y vendrá el Rey del Norte, y formará terraplenes, y se apoderará de las ciudades mas fortificadas, sin que puedan resistirle las fuerzas del *Rey del Mediodia*; y saldrán á oponérsele sus campeones, pero se hallarán sin fuerzas.

16 Y viniendo aquel sobre el Rey del Mediodia, hará cuanto querrá, sin que haya quien pueda resistirle, y entrará en la tierra ilustre *de la Judéa*, la cual será por él asolada.

17 Y dirigirá sus miras á venir á ocupar todo el reino de aquel, y tratará con él como de buena fe, y le dará su hija [2], la mas hermosa de las mugeres, para arruinarle; pero no le saldrá bien, ni ella estará á favor suyo.

18 Y se dirigirá hácia las islas [3], y se apoderará de muchas de ellas; y hará parar [4] al autor de su oprobio [5]: mas al fin quedará él cubierto de confusion.

19 Y se volverá al imperio de su pais, y *allí* hallará un tropiezo, y perecerá, sin que parezca mas.

20 Y tendrá por succesor un hombre vilísimo, é indigno del honor de Rey [6]; pero en pocos dias acabará su vida, y no en contienda ni en batalla.

21 En seguida ocupará su lugar un príncipe despreciable [7], y no se le tributará el honor debido á un Rey; el cual vendrá secretamente, y con dolo se apoderará del reino.

22 Y quedarán deshechas y destruidas las fuerzas del que peleará contra él; y ademas el caudillo de la confederacion.

23 Y despues de hacer amistad con él, usando de dolo, subirá *á Egypto* y triunfará de él con un pequeño ejército.

---

1 *Is. XIX. v.* 16.

2 Esta era Cleopatra hija de Antiochô el Grande, la cual despues se declaró contra el padre á favor de su marido Toloméo Epiphanes. *Cap. II. v.* 43.

3 Ó regiones ultramarinas.

4 Ó detendrá por algun tiempo.

5 Al Cónsul Scipion. Véase Tito Livio *libro XXXVII.*

6 El ángel S. Gabriel, en todo lo que sigue, habla de *Antiochô Epiphanes*, y de la persecucion que padeció la Synagoga, figura de las persecuciones de la Iglesia, especialmente en tiempo del Anti-Christo. Asi lo explican S. *Gerónimo*, *Theodoreto*, S. *Hypólito Mártir*, y muchos otros Padres.

7 Habla de Antiochô, llamado Epiphanes.

24 Et abundantes et uberes urbes ingredietur: et faciet quæ non fecerunt patres ejus, et patres patrum ejus; rapinas, et prædam, et divitias eorum dissipabit, et contra firmissimas cogitationes inibit: et hoc usque ad tempus.

25 Et concitabitur fortitudo ejus, et cor ejus adversum regem Austri in exercitu magno: et rex Austri provocabitur ad bellum multis auxiliis, et fortibus nimis: et non stabunt, quia inibunt adversus eum consilia.

26 Et comedentes panem cum eo, conterent illum, exercitusque ejus opprimetur: et cadent interfecti plurimi.

27 Duorum quoque regum cor erit ut malefaciant, et ad mensam unam mendacium loquentur, et non proficient: quia adhuc finis in aliud tempus.

28 Et revertetur in terram suam cum opibus multis: et cor ejus adversum testamentum sanctum, et faciet, et revertetur in terram suam.

29 Statuto tempore revertetur, et veniet ad Austrum: et non erit priori simile novissimum.

30 Et venient super eum trieres et Romani; et percutietur, et revertetur, et indignabitur contra testamentum sanctuarii, et faciet: reverteturque, et cogitabit adversum eos qui dereliquerunt testamentum sanctuarii.

31 Et brachia ex eo stabunt, et polluent sanctuarium fortitudinis, et auferent juge sacrificium; et dabunt abominationem in desolationem.

32 Et impii in testamentum simulabunt fraudulenter: populus autem sciens Deum suum, obtinebit, et faciet.

24 Y se apoderará de las ciudades abundantes, y llenas de riquezas; cosa que no pudieron hacer nunca todos sus antepasados: saqueará, y arrebatará, y disipará sus riquezas, é irá trazando sus designios contra las mas fuertes: y esto hasta cierto tiempo [1].

25 Y se verá instigado de su mismo poder y corage á salir contra el Rey del Mediodia con un grande ejército: y el Rey del Mediodia se animará á la guerra, mediante las muchas y fuertes tropas auxiliares; mas no le valdrán, porque tramarán designios contra él.

26 Y aquellos mismos que comian en su mesa serán la ruina suya, y quedará derrotado su ejército, siendo muchísimos los muertos [2].

27 Los mismos dos Reyes no pensarán en otra cosa que en hacerse daño; y comiendo en una misma mesa, se hablarán con dolo: mas ninguno llegará á conseguir sus intentos, porque el plazo [3] es para otro tiempo.

28 Aquel empero [4] regresará á su tierra con muchas riquezas, y su corazon estará siempre contra el Testamento santo de Dios, y obrará contra Jerusalem, y se volverá á su tierra.

29 Al tiempo prefijado volverá y vendrá al Mediodia; mas esta última expedicion no saldrá como la primera.

30 Porque vendrán sobre él las naves, y los romanos; y quedará consternado, y se volverá, y encenderáse su saña contra el Testamento santo, y la explayará: y se irá, y pondrá su pensamiento en aquellos que abandonaron el Testamento santo.

31 Y los brazos de los prevaricadores estarán de su parte, y contaminarán el santuario de la Fortaleza [5], y quitarán el sacrificio perenne, y sustituirán la abominacion de la desolacion.

32 Y los prevaricadores del Testamento usarán de fraudulento disimulo [6]: mas el pueblo, el cual reconoce á su Dios, se mantendrá firme, y obrará segun la Ley.

---

1 En que se echará sobre ellas.
2 I. Mach. I. v. 17. y sig.
3 Señalado por Dios.
4 Esto es, Antiochô.
5 Ó de Jerusalem.
6 II. Mach. VI. v. 21 y sig.

33 *Et docti in populo docebunt plu-*
rimos: et ruent in gladio, et in flam-
ma, et in captivitate, et in rapina
dierum.

34 *Cùmque corruerint, sublevabuntur*
auxilio parvulo: et applicabuntur eis
plurimi fraudulenter.

35 *Et de eruditis ruent, ut conflen-*
tur, et eligantur, et dealbentur usque
ad tempus præfinitum: quia adhuc
aliud tempus erit.

36 *Et faciet juxta voluntatem suam*
rex, et elevabitur, et magnificabitur
adversus omnem deum: et adversus
Deum deorum loquetur magnifica, et
dirigetur, donec compleatur iracundia:
perpetrata quippe est definitio.

37 *Et Deum patrum suorum non re-*
putabit: et erit in concupiscentiis femi-
narum, nec quemquam deorum cura-
bit: quia adversum universa consurget.

38 *Deum autem Maozim in loco suo*
venerabitur: et Deum, quem ignora-
verunt patres ejus, colet auro, et ar-
gento, et lapide pretioso, rebusque
pretiosis.

39 *Et faciet ut muniat Maozim cum*
Deo alieno, quem cognovit, et multipli-
cabit gloriam, et dabit eis potestatem
in multis, et terram dividet gratuitò.

40 *Et in tempore præfinito præliabi-*
tur adversus eum rex Austri, et quasi
tempestas veniet contra illum rex A-
quilonis, in curribus, et in equitibus,
et in classe magna, et ingredietur ter-
ras, et conteret et pertransiet.

41 *Et introibit in terram gloriosam,*
et multæ corruent: hæ autem solæ sal-
vabuntur de manu ejus, Edom, et
Moab, et principium filiorum Ammon.

33 Y los sabios del pueblo iluminarán
á mucha gente, haciéndose víctimas de
la espada, del fuego, del cautiverio, y
de la rapiña ó saqueo que durará muchos dias;

34 y en medio de su opresion tendrán
un pequeño socorro, y muchos se agregarán á ellos fraudulentamente.

35 Y perecerán varios de los sabios,
para que sean acrisolados, y purificados, y blanqueados hasta el tiempo señalado: porque aun quedará otro plazo.

36 Y hará el Rey cuanto querrá, y se
levantará soberbio é insolente contra
todos los dioses; y hablará con arrogancia contra el Dios de los dioses, y todo
le saldrá bien, hasta tanto que se des-
plegue la cólera de Dios: porque asi está decretado.

37 Y no tendrá respeto al Dios de sus
padres, y será dominado de la lascivia [1],
y no hará caso alguno de los dioses,
pues se creerá superior á todo.

38 Mas tributará culto al dios Maozim [2] en el lugar de su residencia; y á
este dios desconocido de sus padres le
honrará con presentes de oro, de plata,
de piedras preciosas, y con alhajas de
gran valor.

39 Y pondrá por tutelar de las fortalezas [3] á un dios extrangero: y á los
que á este le reconozcan por su dios, él
los colmará de honores, y les dará autoridad sobre muchos, y les repartirá
gratuitamente la tierra [4].

40 Y en el tiempo prefijado le hará la
guerra el Rey del Mediodia; y el Rey
del Norte, á manera de una tempestad,
se dejará caer sobre él con carros armados, y tropas de caballería, y con una
grande armada, y entrará en sus provincias, y las talará y pasará adelante.

41 Y entrará en la tierra gloriosa ó
en la Judéa, y serán destruidas muchas gentes: y solamente se librarán de
sus manos Edom y Moab, y las fronteras de los hijos de Ammon.

---

1 Véase lo que refieren de los excesos de
Antiochô San Gerónimo, Josepho hebréo y
otros.

2 Maozim, fortaleza. Este era el Dios Már-
te. Segun otros era Júpiter Olimpio cuya ima-
gen ó estatua fue puesta en el templo de Je-

rusalem (II. Mach. VI. vers. 2). Segun el
texto griego puede traducirse: en lugar de
aquel que sus padres no conocieron.

3 Ó alcázar de Jerusalem.

4 I. Mac. II. v. 18.—II. Mac. VII. v. 24.

42 *Et mittet manum suam in terras: et terra Ægypti non effugiet.*

43 *Et dominabitur thesaurorum auri et argenti, et in omnibus pretiosis Ægypti: per Lybiam quoque et Æthiopiam transibit.*

44 *Et fama turbabit eum ab Oriente et ab Aquilone: et veniet in multitudine magna ut conterat et interficiat plurimos.*

45 *Et figet tabernaculum suum Apadno inter maria, super montem inclytum et sanctum: et veniet usque ad summitatem ejus, et nemo auxiliabitur ei.*

42 Y se apropiará las provincias, y no escapará de sus manos el pais de Egipto.

43 Asimismo se hará dueño de los tesoros de oro, y de plata, y de todas las preciosidades de Egipto, y pasará tambien por la Lybia y la Ethiopía.

44 Y le conturbarán unos rumores que vendrán del Oriente y del Norte, y partirá con un numeroso ejército para asolar, y hacer una horrorosa carnicería.

45 Y sentará su Real pabellon [1] entre los mares [2], sobre el ínclito y santo Monte, y subirá hasta su cumbre; pero despues perecerá, y nadie le dará socorro.

CAPÍTULO XII.

Despues de una grande tribulacion serán salvadas las reliquias del pueblo judáico. Resucitarán los muertos, unos para gloria, otros para ignominia eterna. Los Doctores evangélicos resplandecerán como las estrellas en el firmamento. Explicacion de una vision.

1 *In tempore autem illo consurget Michael princeps magnus, qui stat pro filiis populi tui: et veniet tempus quale non fuit ab eo ex quo gentes esse cœperunt usque ad tempus illud. Et in tempore illo salvabitur populus tuus, omnis qui inventus fuerit scriptus in libro.*

2 *Et multi de his qui dormiunt in terræ pulvere, evigilabunt: alii in vitam æternam, et alii in opprobrium ut videant semper.*

3 *Qui autem docti fuerint, fulgebunt quasi splendor firmamenti: et qui ad justitiam erudiunt multos, quasi stellæ in perpetuas æternitates.*

4 *Tu autem Daniel, claude sermones, et signa librum usque ad tempus statutum: plurimi pertransibunt, et multiplex erit scientia.*

1 Y en aquel tiempo se levantará Miguel, príncipe grande [3], que es el defensor de los hijos de tu pueblo; porque vendrá un tiempo tal, cual nunca se ha visto desde que comenzaron á existir las naciones hasta aquel dia. Y en aquel tiempo tu pueblo será salvado; lo será todo aquel que se hallare escrito en el libro [4].

2 Y la muchedumbre [5] de aquellos que duermen ó descansan en el polvo de la tierra, despertará: unos para la vida eterna; y otros para la ignominia, la cual tendrán siempre delante de sí.

3 Mas los que hubieren sido sabios brillarán como la luz del firmamento: y como estrellas por toda la eternidad aquellos que hubieren enseñado á muchos la justicia ó la virtud.

4 Pero tú, oh Daniel, ten guardadas estas palabras, y sella el libro hasta el tiempo determinado: muchos le recorrerán, y sacarán de él mucha doctrina.

---

1 Asi traduce San Gerónimo la voz hebréa אפדנו *apadno*.
2 El mar *Muerto*, y el *Mediterráneo*.
3 Sigue hablando el ángel S. Gabriel.

4 *Ex. XXXII. v.* 32.—*Luc. X. v.* 20.—*Apoc. III. v.* 5.—*XIII. v.* 8.
5 *Rom. V. v.* 19. Véase *Muchos*.

5 *Et vidi ego Daniel, et ecce quasi duo alii stabant: unus hinc super ripam fluminis, et alius inde ex altera ripa fluminis.*

6 *Et dixi viro, qui erat indutus lineis, qui stabat super aquas fluminis: Usquequò finis horum mirabilium?*

7 *Et audivi virum qui indutus erat lineis, qui stabat super aquas fluminis, cùm elevasset dexteram et sinistram suam in cælum, et jurasset per viventem in æternum, quia in tempus, et tempora, et dimidium temporis. Et cùm completa fuerit dispersio manus populi sancti, complebuntur universa hæc.*

8 *Et ego audivi, et non intellexi. Et dixi: Domine mi, quid erit post hæc?*

9 *Et ait: Vade, Daniel, quia clausi sunt, signatique sermones, usque ad præfinitum tempus.*

10 *Eligentur, et dealbabuntur, et quasi ignis probabuntur multi: et impiè agent impii, neque intelligent omnes impii, porrò docti intelligent.*

11 *Et à tempore cùm ablatum fuerit juge sacrificium, et posita fuerit abominatio in desolationem, dies mille ducenti nonaginta.*

12 *Beatus qui expectat, et pervenit usque ad dies mille trecentos triginta quinque.*

13 *Tu autem vade ad præfinitum; et requiesces, et stabis in sorte tua in finem dierum.*

Hucusque Danielem in Hebræo volumine legimus. Quæ sequuntur usque ad finem libri, de Theodotionis editione translata sunt.

5 Y yo Daniel observé, y ví como otros dos *ángeles* que estaban en pie, uno de esta parte de la orilla del rio, y el otro de la otra parte.

6 Entonces dije á aquel varon que estaba con las vestiduras de lino, y en pie sobre las aguas del rio: ¿Cuándo se cumplirán estos portentos?

7 Y oí á aquel varon de las vestiduras de lino, que estaba en pie sobre las aguas del rio, el cual, habiendo alzado su diestra y su izquierda hácia el cielo, juró por aquel *Señor* que siempre vive, y dijo: En un tiempo y en *dos* tiempos, y en la mitad de un tiempo. Y cuando se habrá cumplido la dispersion de la muchedumbre del pueblo santo, entonces tendrán efecto todas estas cosas.

8 Yo oí esto, mas no lo comprendí. Y dije: Oh Señor mio, ¿qué es lo que sucederá despues de estas cosas?

9 Mas él me dijo: Anda, Daniel, que estas son cosas recónditas y selladas hasta el tiempo determinado.

10 Muchos serán escogidos, y blanqueados, y purificados como por fuego. Los impíos obrarán impiamente: ninguno de los impíos lo entenderá; mas los sabios ó *prudentes* lo comprenderán.

11 Y desde el tiempo en que será quitado el sacrificio perpetuo [1], y será entronizada *en el Templo* la abominacion de la desolacion, pasarán mil doscientos y noventa dias.

12 Bienaventurado el que espere y llegue á mil trescientos treinta y cinco dias [2].

13 Mas tú, *Daniel*, anda hasta el término señalado: y *despues* reposarás, y te levantarás y gozarás de tu suerte al fin de los dias.

Lo que hasta aqui hemos puesto de Daniel (dice *S. Gerónimo*), se lee en el texto hebréo. Lo demas que sigue hasta el fin del libro, se ha trasladado de la edicion de *Theodocion* [3].

1 Esto es, el de la *Euchâristia*. Asi S. Gerónimo, Teodoreto, S. Irenéo, S. Hypólito, etc. *II. Thes. II. v. 4. — Apoc. XI. vers. 2.*

2 *Bienaventurado aquel*, dice S. Gerónimo, que despues de la muerte del *Anti-Christo* aguarda con paciencia, á mas del número arriba dicho, cuarenta y cinco dias mas, dentro de los cuales vendrá con magestad el Señor y Salvador.

13 Véase lo que dijimos en la *Advertencia* que precede á esta Profecía.

CAPÍTULO XIII.

Susanna, acusada de adulterio, y condenada injustamente, es librada por medio de Daniel; y sus acusadores mueren apedreados [1].

1 Et erat vir habitans in Babylone, et nomen ejus Joakim:

2 et accepit uxorem nomine Susannam, filiam Helciæ, pulchram nimis, et timentem Deum:

3 parentes enim illius, cùm essent justi, erudierunt filiam suam secundùm legem Moysi.

4 Erat autem Joakim dives valde, et erat ei pomarium vicinum domui suæ: et ad ipsum confluebant Judæi, eò quòd esset honorabilior omnium.

5 Et constituti sunt de populo duo senes judices in illo anno: de quibus locutus est Dominus: Quia egressa est iniquitas de Babylone à senioribus judicibus qui videbantur regere populum.

6 Isti frequentabant domum Joakim, et veniebant ad eos omnes qui habebant judicia.

7 Cùm autem populus revertisset per meridiem, ingrediebatur Susanna, et deambulabat in pomario viri sui.

8 Et videbant eam senes quotidie ingredientem, et deambulantem: et exarserunt in concupiscentiam ejus:

9 et everterunt sensum suum, et declinaverunt oculos suos ut non viderent cælum, neque recordarentur judiciorum justorum.

10 Erant ergo ambo vulnerati amore ejus, nec indicaverunt sibi vicissim dolorem suum:

11 erubescebant enim indicare sibi concupiscentiam suam, volentes concumbere cum ea:

12 et observabant quotidie sollicitiùs

1 Había un varon, que habitaba en Babylonia llamado Joakim;

2 el cual casó con una muger llamada Susanna, hija de Helcías, hermosa en extremo, y temerosa de Dios:

3 porque sus padres, que eran virtuosos, instruyeron á su hija segun la ley de Moysés.

4 Era Joakim un hombre muy rico, y tenia un jardin junto á su casa, al cual concurrian muchos judios, por ser Joakim el mas respetable de todos ellos.

5 Y en aquel año fueron elegidos Jueces del pueblo *de los judíos* [2] dos ancianos de aquellos de quienes dijo el Señor que la iniquidad habia salido en Babylonia de los ancianos que eran Jueces, los cuáles parecia que gobernaban al pueblo.

6 Frecuentaban estos la casa de Joakim, donde acudian á ellos todos cuantos tenian algun pleito.

7 Y cuando al mediodia se iba la gente, entraba Susanna á pasearse en el jardin de su marido.

8 Veíanla los viejos cada dia como entraba á pasearse: é inflamáronse en malos deseos hácia ella;

9 y perdieron el juicio, y desviaron sus ojos para no mirar al cielo, y para no acordarse de sus justos juicios.

10 Quedaron pues ambos ciegos por ella, pero no se comunicaron el uno al otro su pasion;

11 pues se avergonzaban de descubrir su concupiscencia y deseos de pecar con ella.

12 Y buscaban cada dia con mayor

---

1 En los códices griegos, en la *Synopsi* atribuida á S. Athanasio, y en la version *arábiga*, está puesta esta historia delante de la Profecía de Daniel: y es casi cierto que el suceso que aquí se describe pertenece á uno de los tres primeros años de la cautividad.

2 Nabuchódonosor permitió á los judios que continuasen con su culto religioso, y sus leyes ó costumbres peculiares, aun estando entre los cháldéos. Y así siguieron eligiéndose Jueces, ó Magistrados.

videre eam. Dixitque alter ad alterum:

13 *Eamus domum, quia hora prandii est. Et egressi recesserunt à se.*

14 *Cùmque revertissent, venerunt in unum, et sciscitantes ab invicem causam, confessi sunt concupiscentiam suam: et tunc in communi statuerûnt tempus, quando eam possent invenire solam.*

15 *Factum est autem, cùm observarent diem aptum, ingressa est aliquando sicut heri et nudiustertius, cum duabus solis puellis, voluitque lavari in pomario: æstus quippe erat:*

16 *et non erat ibi quisquam, præter duos senes absconditos, et contemplantes eam.*

17 *Dixit ergo puellis: Afferte mihi oleum, et smigmata, et ostia pomarii claudite, ut laver.*

18 *Et fecerunt sicut præceperat: clauseruntque ostia pomarii, et egressæ sunt per posticum, ut afferrent quæ jusserat: nesciebantque senes intus esse absconditos.*

19 *Cùm autem egressæ essent puellæ, surrexerunt duo senes, et accurrerunt ad eam; et dixerunt:*

20 *Ecce ostia pomarii clausa sunt, et nemo nos videt, et nos in concupiscentia tui sumus: quam ob rem assentire nobis, et commiscere nobiscum.*

21 *Quòd si nolueris, dicemus contra te testimonium, quod fuerit tecum juvenis, et ob hanc causam emiseris puellas à te.*

22 *Ingemuit Susanna, et ait: Angustiæ sunt mihi undique: si enim hoc egero, mors mihi est: si autem non egero, non effugiam manus vestras.*

23 *Sed melius est mihi absque opere*

solicitud el poderla ver. Y una vez dijo el uno al otro:

13 Vámonos á casa, que ya es hora de comer; y salieron, y se separaron el uno del otro.

14 Mas volviendo cada cual otra vez, se encontraron en un mismo puesto; y preguntándose mútuamente el motivo, confesaron su pasion, y entonces acordaron el tiempo en que podrian hallarla sola.

15 Y mientras estaban aguardando una ocasion oportuna, entró ella en el jardin como solia todos los dias, acompañada solamente de dos doncellas, y quiso bañarse en el jardin; pues hacia mucho calor.

16 Y no habia en él nadie sino los dos viejos, que se habian escondido, y la estaban acechando.

17 Dijo pues ella á sus doncellas: Traedme la confeccion aromática, y los perfumes[1], y cerrad las puertas del jardin; pues quiero bañarme.

18 Hiciéronlo como lo mandaba, y cerraron las puertas del jardin; y salieron por una puerta excusada para traer lo que habia pedido; sin saber ellas que los viejos estaban dentro escondidos.

19 Asi que se hubieron ido las criadas, salieron los dos viejos, y corriendo bácia ella, le dijeron:

20 Mira, las puertas del jardin están cerradas, nadie nos ve, y nosotros estamos enamorados de tí: condesciende pues con nosotros, y cede á nuestros deseos.

21 Porque si te resistieres á ello, testificarémos contra tí, diciendo que estaba contigo un jóven, y que por eso despachaste tus doncellas.

22 Prorumpió Susanna en gemidos, y dijo: Estrechada me hallo por todos lados: porque si yo hiciere eso que quereis, seria una muerte para mí; y si no lo hago, no me libraré de vuestras manos[2].

23 Pero mejor es para mí el caer en

1 Ó el jabon. σμῆγμα smigma (que significa una composicion hecha para limpiar) es una voz griega que viene de σμήχω smejo, que significá limpiar. Véase Uncion.

2 Y me condenaréis á morir.

_incidere in manus vestras; quàm pec-
care in conspectu Domini._

24 _Et exclamavit voce magna Susanna: exclamaverunt autem et senes
adversus eam._

25 _Et cucurrit unus ad ostia pomarii, et aperuit._

26 _Cùm ergo audissent clamorem familiæ domûs in pomario, irruerunt per
posticum, ut viderent quidnam esset._

27 _Postquam autem senes locuti sunt,
erubuerunt servi vehementer: quia nunquam dictus fuerat sermo hujuscemodi
de Susanna. Et facta est dies crastina._

28 _Cùmque venisset populus ad Joakim virum ejus, venerunt et duo presbyteri pleni iniquâ cogitatione adversus
Susannam, ut interficerent eam._

29 _Et dixerunt coram populo: Mittite ad Susannam filiam Helciæ uxorem
Joakim. Et statim miserunt._

30 _Et venit cum parentibus, et filiis,
et universis cognatis suis._

31 _Porrò Susanna erat delicata nimis, et pulchrâ specie._

32 _At iniqui illi jusserunt ut disco-
periretur (erat enim cooperta) ut vel sic
satiarentur decore ejus._

33 _Flebant igitur sui, et omnes qui
noverant eam._

34 _Consurgentes autem duo presbyteri in medio populi, posuerunt manus
suas super caput ejus._

35 _Quæ flens suspexit ad cælum: erat
enim cor ejus fiduciam habens in Do-
mino._

36 _Et dixerunt presbyteri: Cùm de-
ambularemus in pomario soli, ingressa est hæc cum duabus puellis: et clau-
sit ostia pomarii, et dimisit à se puellas._

37 _Venitque ad eam adolescens, qui
erat absconditus, et concubuit cum ea._

38 _Porrò nos cùm essemus in angu-_

vuestras manos sin haber hecho tal cosa, que el pecar en la presencia del
Señor.

24 Y dió Susanna un fuerte grito; y
gritaron entonces los viejos contra ella.

25 Y corrió uno de ellos á las puertas del jardin, y abriólas.

26 Y así que los criados de la casa
oyeron ruido en el jardin, corrieron
allá por la puerta excusada para ver lo
que era.

27 Y despues de haber oido los criados lo que decian los Jueces, quedaron
sumamente avergonzados; porque nunca tal cosa se habia dicho de Susanna.
Llegó pues el dia siguiente,

28 y habiendo acudido el pueblo á la
casa de Joakim su marido, vinieron tambien los dos viejos, armados de falsedades contra Susanna, para condenarla á
muerte.

29 Dijeron pues en presencia del
pueblo: Envíese á llamar á Susanna,
hija de Helcías, muger de Joakim. Y
enviaron luego por ella.

30 La cual vino acompañada de sus
padres é hijos, y de todos sus parientes.

31 Era Susanna sumamente fina, y
de extraordinaria belleza.

32 Y aquellos malvados la mandaron
descubrir (pues estaba ella con su velo
puesto) para saciarse por lo menos viendo su hermosura.

33 Entre tanto lloraban los suyos y
cuantos la conocian.

34 Y levantándose los dos viejos en
medio del pueblo, pusieron sus manos
sobre la cabeza de Susanna [1].

35 Ella, empero, deshaciéndose en lágrimas, levantó sus ojos al cielo; porque su corazon estaba lleno de confianza en el Señor.

36 Y dijeron los viejos: Estándonos
paseando solos en el jardin, entró esta
con dos criadas; y cerró las puertas del
jardin enviando fuera las criadas.

37 Entonces se le acercó un jóven que
estaba escondido, y pecó con ella.

38 Y nosotros que estábamos en un

1 _Lev. I. v._ 4.—_IV. v._ 24.—_XVI. v._ 21.

lo pomarii, videntes iniquitatem, excurrimus ad eos, et vidimus eos pariter commisisse.

39 Et illum quidem non quivimus comprehendere, quia fortior nobis erat, et apertis ostiis exilivit:

40 hanc autem cùm apprehendissemus, interrogavimus, quisnam esset adolescens, et noluit indicare nobis: hujus rei testes sumus.

41 Credidit eis multitudo, quasi senibus et judicibus populi, et condemnaverunt eam ad mortem.

42 Exclamavit autem voce magna Susanna, et dixit: Deus æterne, qui absconditorum es cognitor, qui nosti omnia antequam fiant,

43 tu scis quoniam falsum testimonium tulerunt contra me, et ecce morior, cùm nihil horum fecerim, quæ isti malitiosè composuerunt adversum me.

44 Exaudivit autem Dominus vocem ejus.

45 Cùmque duceretur ad mortem, suscitavit Dominus spiritum sanctum pueri junioris, cujus nomen Daniel;

46 et exclamavit voce magna: Mundus ego sum à sanguine hujus.

47 Et conversus omnis populus ad eum dixit: Quis est iste sermo, quem tu locutus es?

48 Qui cùm staret in medio eorum, ait: Sic fatui filii Israel, non judicantes, neque quod verum est cognoscentes, condemnastis filiam Israel?

49 Revertimini ad judicium, quia falsum testimonium locuti sunt adversus eam.

50 Reversus est ergo populus cum festinatione, et dixerunt ei senes: Veni, et sede in medio nostrum, et indica nobis: quia tibi Deus dedit honorem senectutis.

51 Et dixit ad eos Daniel: Separate

lado del jardin, viendo el atentado saímos corriendo á donde estaban, y los hallamos en el mismo acto.

39 Mas al jóven no pudimos prenderle, porque era mas robusto que nosotros, y abriendo la puerta se escapó corriendo.

40 Pero habiendo cogido á esta, le preguntamos quién era el jóven, y no nos lo quiso declarar: de este suceso somos nosotros testigos.

41 Dióles crédito la asamblea, como á ancianos que eran, y Jueces del pueblo; y la condenaron á muerte [1].

42 Susanna, empero, exclamó en alta voz y dijo: Oh Dios eterno, que conoces las cosas ocultas, que sabes todas las cosas aun antes que sucedan,

43 tú sabes que estos han levantado contra mí un falso testimonio; y he aqui que yo muero sin haber hecho nada de lo que han inventado maliciosamente contra mí.

44 Y oyó el Señor su oracion.

45 Y cuando la conducian al suplicio, el Señor manifestó el santo espíritu de profecía en un tierno jovencito llamado Daniel:

46 el cual, á grandes voces, comenzó á gritar: Inocente seré yo de la sangre de esta.

47 Y volviéndose hácia él toda la gente, le dijeron: ¿Qué es eso que tú dices?

48 Mas él, puesto en pie en medio de todos, dijo: ¿Tan insensatos sois, oh hijos de Israel, que sin forma de juicio, y sin conocer la verdad del hecho, habeis condenado á una hija de Israel?

49 Volved al tribunal, porque estos han dicho falso testimonio contra ella.

50 Retrocedió pues á toda priesa el pueblo; y los ancianos le dijeron á Daniel [2]: Vén, y siéntate en medio de nosotros é instrúyenos; ya que te ha concedido Dios la honra y dignidad de anciano.

51 Y dijo Daniel al pueblo: Separad

---

1 Lev. XX. v. 10.

2 Como burlándose, y haciendo desprecio del jóven Daniel.

illos ad invicem procul, et judicabo eos.

52 *Cùm ergo divisi essent alter ab altero, vocavit unum de eis, et dixit ad eum: Inveterate dierum malorum, nunc venerunt peccata tua, quæ operabaris prius;*

53 *judicans judicia injusta, innocentes opprimens, et dimittens noxios, dicente Domino: Innocentem et justum non interficies.*

54 *Nunc ergo si vidisti eam, dic sub qua arbore videris eos colloquentes sibi. Qui ait: Sub schino.*

55 *Dixit autem Daniel: Rectè mentitus es in caput tuum. Ecce enim Angelus Dei accepta sententiâ ab eo, scindet te medium.*

56 *Et, amoto eo, jussit venire alium, et dixit ei: Semen Chanaan, et non Juda, species decepit te, et concupiscentia subvertit cor tuum:*

57 *sic faciebatis filiabus Israel, et illæ timentes loquebantur vobis: sed filia Juda non sustinuit iniquitatem vestram.*

58 *Nunc ergo dic mihi, sub qua arbore comprehenderis eos loquentes sibi. Qui ait: Sub prino.*

59 *Dixit autem ei Daniel: Rectè mentitus es et tu in caput tuum: manet enim Angelus Domini, gladium habens, ut secet te medium, et interficiat vos.*

60 *Exclamavit itaque omnis cœtus voce magna, et benedixerunt Deum, qui salvat sperantes in se.*

61 *Et consurrexerunt adversus duos presbyteros (convicerat enim eos Da-*

á estos *dos* lejos el uno del otro, y yo los examinaré.

52 Y así que estuvieron separados el uno del otro, llamando á uno de ellos, le dijo: Envejecido en la mala vida, ahora llevarán su merecido los pecados[1] que has cometido hasta aquí,

53 pronunciando injustas sentencias, oprimiendo á los inocentes y librando á los malvados, á pesar de que el Señor tiene dicho: No harás morir al inocente ni al justo.

54 Ahora bien, si la viste *pecar*, dí: ¿Bajo qué árbol los viste confabular entre sí? Respondió él: Debajo de un lentisco.

55 Á lo que replicó Daniel: Ciertamente que á costa de tu cabeza has mentido; pues he aquí que el Ángel del Señor, por sentencia que ha recibido de él, te partirá por medio[2].

56 Y habiendo hecho retirar á éste, hizo venir al otro, y le dijo: Raza de Chanaan, y no de Judá[3], la hermosura te fascinó, y la pasion pervirtió tu corazon:

57 así os portábais con las hijas de Israel, las cuales de miedo condecendian con vuestros deseos; pero esta hija de Judá no ha sufrido vuestra maldad.

58 Ahora bien, dime: ¿Bajo de qué árbol los sorprendiste tratando entre sí? Él respondió: Debajo de una encina.

59 Á lo que repuso Daniel: Ciertamente que tambien tú mientes en daño tuyo: pues el Ángel del Señor te está esperando con la espada en la mano, para partirte por medio[4] y matarte.

60 Entonces toda la asamblea ó muchedumbre exclamó en alta voz, bendiciendo á Dios que salva á los que ponen en él su esperanza.

61 Y se levantaron contra los dos viejos, á los cuales convenció Daniel por

---

1 Vénse *Pecado.*

2 En el texto griego se hace alusion entre la voz σχίνος, *schinos*, que significa *lentisco*, y el verbo σχίζω, *schidso*, que significa *partir*, ó *dividir*. Como no existe ya el texto hebréo no sabemos la alusion que los nombres hebréos de los árboles harian con las expresiones de Daniel. S. Gerónimo observa que

facilmente podria hacerse una alusion semejante en las palabras latinas.

3 Oséas XII. v. 7.

4 Tambien hay aquí alusion entre la palabra griega πρῖνος, *prinos*, que significa *encina*, y el verbo πρίζω, ó, πρίω, *pridso*, que significa rajar ó serrar.

niel ea ore sub falsum dixisse testimonium) feceruntque eis sicut malè egerant adversus proximum,

62 ut facerent secundùm legem Moysi: et interfecerunt eos, et salvatus est sanguis innoxius in die illa.

63 Helcias autem et uxor ejus laudaverunt Deum pro filia sua Susanna, cum Joakim marito ejus, et cognatis omnibus, quia non esset inventa in ea res turpis.

64 Daniel autem factus est magnus in conspectu populi, à die illa, et deinceps.

65 Et rex Astyages appositus est ad patres suos, et suscepit Cyrus Perses regnum ejus.

---

la misma boca de ellos de haber proferido un falso testimonio, é biciéronles el mal que ellos habian intentado contra su prójimo;

62 y poniendo en ejecucion la ley de Moysés, los mataron; con lo que fué salvada en aquel dia la sangre inocente.

63 Entonces Helcías y su esposa alabaron á Dios por haber salvado á su hija Susanna; y lo mismo hizo Joakim su marido con todos los parientes; porque nada se halló en ella de menos honesto.

64 Daniel empero desde aquel dia en adelante fué tenido en gran concepto por todo el pueblo.

65 Y el rey Astyages fué á reunirse con sus padres; entrando á succederle en el trono Cyro de Persia [1].

CAPÍTULO XIV.

Astucias de los sacerdotes de Bel descubiertas por Daniel, el cual hace morir á un dragon que adoraban los babylonios. Echado por segunda vez en el lago de los leones, donde el Señor le alimenta por medio de Habacuc, es librado por Dios.

1 Erat autem Daniel conviva regis, et honoratus super omnes amicos ejus.

2 Erat quoque idolum apud Babylonios nomine Bel: et impendebantur in eo per dies singulos similae artabae duodecim, et oves quadraginta, vinique amphorae sex.

3 Rex quoque colebat eum, et ibat per singulos dies adorare eum: porrò Daniel adorabat Deum suum. Dixitque ei rex: Quare non adoras Bel?

4 Qui respondens ait ei: Quia non colo idola manufacta, sed viventem Deum, qui creavit coelum et terram, et habet potestatem omnis carnis.

5 Et dixit rex ad eum: Non videtur tibi esse Bel vivens Deus? An non vi-

---

1 Era Daniel uno de aquellos que comian á la mesa del Rey, quien le distinguia entre todos sus amigos ó cortesanos.

2 Habia á la sazon en Babylonia un ídolo llamado Bel [2]: y se consumian para él cada dia doce artabas ó fanegas [3] de flor de harina, y cuarenta ovejas, y seis cántaros [4] de vino.

3 Tributábale culto tambien el Rey, é iba todos los dias á adorarle. Daniel empero adoraba á su Dios. Y dijole el Rey: ¿Por qué no adoras tú á Bel?

4 A lo que respondió, diciendo: Porque yo no adoro á los ídolos hechos de mano de hombres, sino al Dios vivo, que crió el cielo y la tierra, y es Señor de todo viviente.

5 Replicóle el Rey: Pues qué, ¿crees tú que Bel no es un Dios vivo? ¿No ves

---

1 Este último verso parece que pertenece ya al siguiente capítulo. En efecto, con él comienza el capítulo XIV según los códices griegos.

2 Véase Babilonia.

3 Véase Monedas y medidas. Mas de doce fanegas, ó mas mil ochenta libras.

4 Véase Amphora.

des quanta comedat et bibat quotidie?

6 Et ait Daniel arridens: No erres rex. Iste enim intrinsecus luteus est, et forinsecus æreus, neque comedit aliquando.

7 Et iratus rex vocavit sacerdotes ejus, et ait eis: Nisi dixeritis mihi, quis est qui comedat impensas has, moriemini.

8 Si autem ostenderitis, quoniam Bel comedat hæc, morietur Daniel, quia blasphemavit in Bel. Et dixit Daniel regi: Fiat juxta verbum tuum.

9 Erant autem sacerdotes Bel septuaginta, exceptis uxoribus, et parvulis, et filiis. Et venit rex cum Daniele in templum Bel.

10 Et dixerunt sacerdotes Bel: Ecce nos egredimur foras: et tu, rex, pone escas, et vinum misce, et claude ostium, et signa annulo tuo:

11 et cùm ingressus fueris manè, nisi inveneris omnia comesta à Bel, morte moriemur, vel Daniel qui mentitus est adversum nos.

12 Contemnebant autem, quia fecerant sub mensa absconditum introitum, et per illam ingrediebantur semper, et devorabant ea.

13 Factum est igitur postquam egressi sunt illi, rex posuit cibos ante Bel: præcepit Daniel pueris suis, et attulerunt cinerem, et cribravit per totum templum coram rege: et egressi clauserunt ostium: et signantes annulo regie abierunt.

14 Sacerdotes autem ingressi sunt nocte juxta consuetudinem suam, et uxores, et filii eorum: et comederunt omnia, et biberunt.

15 Surrexit autem rex primâ dilúculo, et Daniel cum eo.

16 Et ait rex: Salvane sunt signacula, Daniel? Qui respondit: Salva, rex.

17 Statimque cùm apparuisset ostium, intuitus rex mensam; exclamavit voce magna: Magnus es, Bel, et non est

cuánto come, y bebe cada dia?

6 A esto contestó Daniel, sonriéndose: No vivas engañado, oh Rey: porque él por dentro es de barro, y por defuera de bronce, y nunca come.

7 Montó el Rey en cólera, y llamando á los sacerdotes del ídolo, les dijo: Si no me decís quien come todo eso que se gasta, moriréis.

8 Pero si me hacéis ver que todo eso lo come Bel, morirá Daniel por haber blasfemado contra Bel. Y dijo Daniel al Rey: Así sea como lo has dicho.

9 Eran los sacerdotes de Bel setenta, sin contar las mugeres y los párvulos y los muchachos. Y fué el Rey con Daniel al templo de Bel.

10 Dijeron pues los sacerdotes de Bel: He aquí que nosotros nos salimos fuera; y tú, oh Rey, has poner las viandas y servir el vino, y cierra la puerta, y séllala con tu anillo:

11 y si mañana temprano no hallares, al entrar, que todo se lo ha comido Bel, morirémos nosotros sin recurso; de lo contrario morirá Daniel, que ha mentido contra nosotros.

12 Burlábanse ellos en su interior; pues habían hecho debajo de la mesa una comunicacion secreta, y siempre entraban por allí, y se comían aquella vianda.

13 Luego pues que se hubieron ellos salido, hizo el Rey poner las viandas delante de Bel. Daniel empero mandó á sus criados traer ceniza, y la hizo esparcir con una criba por todo el templo en presencia del Rey; saliéronse, cerraron la puerta, la sellaron con el anillo del Rey; y se fueron.

14 Mas los sacerdotes entraron de noche, segun su costumbre, con sus mugeres é hijos, y se lo comieron y bebiéron todo.

15 Levantóse el Rey muy de mañana, y del mismo modo Daniel;

16 y preguntó el Rey: ¿Están intactos los sellos, oh Daniel? Y respondió este; Oh Rey, intactos están.

17 Y abriendo, luego la puerta, así que dirigió el Rey sus ojos hácia la mesa ó altar, exclamó en altas voces: Gran-

apud te dolus quisquam.

18 *Et risit Daniel: et tenuit regem ne ingrederetur intrò: et dixit: Ecce pavimentum, animadverte cujus vestigia sint hæc.*

19 *Et dixit rex: Video vestigia virorum, et mulierum, et infantium. Et iratus est rex.*

20 *Tunc apprehendit sacerdotes, et uxores, et filios eorum: et ostenderunt ei abscondita ostiola, per quæ ingrediebantur, et consumebant quæ erant super mensam.*

21 *Occidit ergo illos rex, et tradidit Bel in potestatem Danielis: qui subvertit eum, et templum ejus.*

22 *Et erat draco magnus in loco illo, et colebant eum Babylonii.*

23 *Et dixit rex Danieli: Ecce nunc non potes dicere quia iste non sit Deus vivens: adora ergo eum.*

24 *Dixitque Daniel: Dominum Deum meum adoro, quia ipse est Deus vivens: iste autem non est Deus vivens.*

25 *Tu autem, rex, da mihi potestatem, et interficiam draconem absque gladio et fuste. Et ait rex: Do tibi.*

26 *Tulit ergo Daniel picem, et adipem, et pilos, et coxit pariter: fecitque massas, et dedit in os draconis, et diruptus est draco. Et dixit: Ecce quem colebatis.*

27 *Quod cùm audissent Babylonii, indignati sunt vehementer: et congregati adversum regem, dixerunt: Judæus factus est rex: Bel destruxit, draconem interfecit, et sacerdotes occidit.*

28 *Et dixerunt cùm venissent ad regem: Trade nobis Danielem; alioquin interficiemus te, et domum tuam.*

29 *Vidit ergo rex quod irruerent in eum vehementer: et necessitate compulsus tradidit eis Danielem.*

de eres, oh Bel, y no hay engaño alguno en tu templo.

18 Sonrióse Daniel, y detuvo al Rey para que no entrase dentro; y dijo: Mira el pavimento, y reflexiona de quien serán estas pisadas.

19 Veo, dijo el Rey, pisadas de hombres y de mugeres, y de niños. Con esto irritóse el Rey,

20 é hizo luego prender á los sacerdotes, y á sus mugeres, é hijos: quienes le descubrieron el postigo secreto por donde entraban allí á comer cuanto habia sobre la mesa.

21 Por lo que hízolos morir el Rey, y entregó á Bel en poder de Daniel: quien le destruyó juntamente con el templo.

— 22 Habia en aquel lugar un dragon grande, al cual adoraban los babylonios [1].

23 Y dijo el Rey á Daniel: Mira; no puedes tú decir ya que no sea éste un Dios vivo: adórale pues tú tambien.

24 Á lo que respondió Daniel: Yo adoro al Señor mi Dios, porque él es el Dios vivo; mas ese no es el Dios vivo.

25 Y asi dame, oh Rey, licencia, y mataré al dragon sin espada ni palo. Y le dijo el Rey: Yo te la doy.

26 Tomó pues Daniel pez, y sebo, y pelos, y cocióle todo junto, é hizo de ello unas pellas, las que arrojó á la boca del dragon, el cual rebentó. Entonces dijo Daniel: Ved aqui al que adorabais.

27 Así que supieron esto, los babylonios, se irritaron en extremo: y levantándose contra el Rey, dijeron: El Rey se ha vuelto judío: destruyó á Bel, ha muerto al dragon, y quitado la vida á los sacerdotes.

28 Y habiendo ido á encontrar al Rey, le dijeron: Entréganos á Daniel; de lo contrario te matamos á tí y á tu familia.

29 Viéndose pues el Rey tremendamente acometido, obligado de la necesidad les entregó á Daniel.

---

1 Tenian los gentiles mucho respeto á las serpientes grandes, y las creian inmortales. Véase Eliano, *Historia de los animales* XI.

ev. 2. 16.—XII. 30.

2 El texto griego dice: *Iudæus vivens*, ó Βασιλεύς; esto es, el rey se ha hecho judio.

30 Qui miserant eum in lacum leonum, et erat ibi diebus sex.

31 Porrò in lacu erant leones septem, et dabantur eis duo corpora quotidiè, et duæ oves: et tunc non data sunt eis, ut devorarent Danielem.

32 Erat autem Habacuc propheta in Judæa, et ipse coxerat pulmentum, et intriverat panes in alveolo: et ibat in campum ut ferret messoribus.

33 Dixitque Angelus Domini ad Habacuc: Fer prandium, quod habes, in Babylonem Danieli, qui est in lacu leonum.

34 Et dixit Habacuc: Domine, Babylonem non vidi, et lacum nescio.

35 Et apprehendit eum Angelus Domini in vertice ejus, et portavit eum capillo capitis sui, posuitque eum in Babylone supra lacum in impetu spiritus sui.

36 Et clamavit Habacuc, dicens: Daniel serve Dei, tolle prandium, quod misit tibi Deus.

37 Et ait Daniel: Recordatus es mei Deus, et non dereliquisti diligentes te.

38 Surgensque Daniel comedit. Porrò Angelus Domini restituit Habacuc confestim in loco suo.

39 Venit ergo rex die septimo ut lugeret Danielem; et venit ad lacum, et introspexit, et ecce Daniel sedens in medio leonum.

40 Et exclamavit voce magna, dicens: Magnus es, Domine Deus Danielis. Et extraxit eum de lacu leonum.

41 Porro illos, qui perditionis ejus causa fuerant, intromisit in lacum, et devorati sunt in momento coram eo.

42 Tunc rex ait: Paveant habitantes in universa terra Deum Danielis: quia ipse est salvator, faciens signa et mirabilia in terra: qui liberavit Danielem de lacu leonum.

---

30 Metiéronle ellos en el lago ó cueva de los leones, donde estuvo seis dias[1].

31 Habia en el lago siete leones, y les daban cada dia dos cadáveres, y dos ovejas; y nada les dieron entonces, á fin de que devorasen á Daniel.

32 Estaba el profeta Habacuc en la Judéa, y habia cocido un potage, y desmenuzado unos panes[2] en una vasija, é íbase al campo á llevarlo á los segadores.

33 Y dijo el Ángel del Señor á Habacuc: Esa comida que tienes llévala á Babylonia, á Daniel que está en el lago de los leones.

34 Y respondió Habacuc: Señor, yo no he visto á Babylonia, ni tengo noticia del lago.

35 Entonces el Angel del Señor le cogió por la coronilla de la cabeza, y asiéndole por los cabellos le llevó con la celeridad de su espíritu á Babylonia sobre el lago.[3]

36 Y Habacuc levantó la voz, y dijo: Daniel, siervo de Dios, toma la comida que Dios te envia.

37 Daniel entonces dijo: Tú, oh Señor, te has acordado de mí, y no has desamparado á los que te aman.

38 Y levantóse Daniel y comió. Y el Ángel del Señor volvió luego á Habacuc á su lugar.

39 Vino pues el Rey el dia séptimo para hacer el duelo por Daniel; y llegando al lago, miró hácia dentro, y vió á Daniel sentado en medio de los leones.

40 Entonces exclamó el Rey en alta voz diciendo: Grande eres, oh Señor Dios de Daniel. Y le hizo sacar del lago de los leones.

41 Y á aquellos empero que habian maquinado perderle, los hizo echar dentro del lago, y fueron al punto devorados en su presencia.

42 Entonces dijo el Rey: Teman al Dios de Daniel todos los moradores del orbe; porque él es el Salvador; el que obra prodigios y maravillas sobre la tierra, y ha librado á Daniel del lago de los leones.

---

1 Ya otra vez fue arrojado en ella; mas entonces solamente estuvo una noche. Antes cap. VI. v. 16.

2 Habia hecho un gazpacho para los segadores.

3 Ezech. VIII. v. 3.

ADVERTENCIA GENERAL

SOBRE LOS DOCE PROFETAS MENORES.

LLÁMANSE Menores estos doce Profetas, no por otra razon sino porque son breves los escritos que nos dejáron. Su coleccion en un volúmen se atribuye comunmente á Esdras. El Espíritu Santo hizo un elogio de ellos, por boca del autor del libro del Ecclesiástico, diciendo: Re-
verdezcan tambien, en el lugar donde reposan, los huesos de los doce
PROFETAS; pues que restauraron á Jacob, y se salvaron á sí mismos con
la virtud de su fe [1].

El órden con que estos doce Profetas se hallan colocados en la
version Vulgata está tomado de las Biblias hebréas: órden que es muy
diferente en la version griega de los Setenta Intérpretes, y en la misma
version Vulgata, latina anterior á S. Gerónimo. Examinado con cuidado el órden chronológico de todos los Profetas, así Mayores como Menores, parece que, segun él, deberian colocarse en la forma siguiente:

1.° Jonás, el cual comenzó á profetizar en el reinado de Joás, y en
el de Jeroboam su hijo, por los años 3179 del mundo..

2.° Oséas, que profetizó en tiempo de Jeroboam II. Rey de Israel,
y de Ozías Rey de Judá, á cuyos dos reinos se dirige su profecía: lo
cual fué hácia los años 3194 hasta el de 3283 del mundo, y 810 antes
de Jesu-Christo.

3.° Amós, que profetizó hácia el año 25 de Ozías Rey de Judá,
por los años de 3216 del mundo. Su profecía se dirige á ambos reinos.

4.° Isaías, que comenzó á profetizar en el año de la muerte del mismo Rey Ozías, y continuó en los reinados de Joathan, Acház y Ezechías: esto es, por los años 3220 del mundo, ó 784 antes de Jesu-
Christo.

5.° Michéas, que profetizó en tiempo de éstos tres últimos Reyes,
y así despues del año 3246 del mundo hasta el de 3276: y sus vaticinios miran principalmente á los dos reinos de Israel y de Judá.

6.° Nahúm, que profetizó en tiempo de Manassés, ó de Ezechías
segun otros, y tuvo por objeto á Nínive: esto es, por los años 3283
del mundo.

7.° Sophonías, que profetizó en tiempo de Josías Rey de Judá, á
cuyo reino dirige su profecía: esto es, hácia el año 3363 del mundo, ó
3375 segun otros.

8.° Jeremías, que empezó á profetizar el año 13 de Josías, y continuó hasta despues de la ruina de Jerusalem por Nabuchódonosor: esto

[1] Eccli. XLIX. v. 12.

es , desde el año 3375 del mundo hasta el 3420. Su profecia mira particularmente al reino de Judá.

9.º Joel , que publicó su profecía al principio del reinado de Joakim; y se dirige al reino de Judá. Según esto, viviria hácia el año 3384.

10. Habacuc , que pertenece al mismo reinado, y su profecía se dirige á los hijos de Judá y á los cháldéos , y parece que puede fijarse la época de este Profeta hácia el año 3396 del mundo.

11. Daniel , que profetizó desde los primeros años de la cautividad hasta Cyro : esto es , por espacio de 80 años, desde el de 3398 hasta el de 3470. Su profecía contiene la succesion de las cuatro grandes monarquías, y el establecimiento del reino eterno de Jesu-Christo.

12. Ezechiel , que empezó á profetizar el año 5.º despues de haber sido llevado cautivo Jechónías á Babylonia , y continuó hasta el año 20: esto es , desde el año 3410 del mundo hasta el de 3423. Su profecía se dirige á los hijos de Judá.

13. Abdías , que profetizó despues que Nabuchódonosor destruyó á Jerusalem : esto es , por los años en que profetizaba Ezechiel. Su objeto fué la Iduméa.

14. Baruc , que profetizó el año 5.º de la ruina de Jerusalem , poco despues que Jeremías. Se dirigió á los reinos de Judá é Israel.

15. Aggéo , que empezó á profetizar el año 2.º de Darío , hijo de Hystaspes : esto es , el 3484 del mundo , según dice Josepho. Dirigió su profecía á los dos reinos de Judá é Israel.

16. Zacharías , que comenzó pocos meses despues ; y tambien dirigió su profecía á los dos reinos.

17. Malachias , que es del tiempo de Nehemías , ó, segun otros, de hácia el año 3582 del mundo ; y dirigió igualmente su profecía á los dos reinos de Israel y de Judá.

ADVERTENCIA

SOBRE LA PROFECIA DE OSÉAS.

Oseas, hijo de Beeri, comenzó á profetizar hácia el año 810 antes de Jesu-Christo, y vivió por espacio de mas de setenta años, en los reinados de Ozías, de Joathan, de Acház y de Ezechias, Reyes de Judá; siendo contemporáneo de Amós y de Isaías. Fué elegido por Dios para anunciar sus castigos á las diez tribus de Israel. A este fin no solamente se valió de palabras, sino tambien de acciones, segun el genio de las lenguas orientales, para expresar mas vivamente los designios del Señor. Para lo cual mandóle Dios que tomara por esposa á una muger que habia sido prostituta, de la cual tuvo tres hijos, que aunque legítimos, son llamados hijos de prostitucion por razon de su madre; y á los cuales les puso unos nombres que significaban lo que habia de suceder al reino de Israel. Como la idolatría se llama en la Escritura fornicacion, adulterio, etc. creen algunos intérpretes que muger prostituta significa en esta Profecía lo mismo que muger idólatra; como si Dios le hubiera dicho: Toma por muger á una idólatra de Samaria. Pero aun cuando se tratara de una verdadera prostituta, no seria un delito el tomarla por esposa, con el fin de que no volviese á su mala vida; y mucho menos, si ya ella se hubiese antes enmendado, y solamente le quedase el nombre de prostituta, por cuya sola razon fuesen sus hijos llamados hijos de prostitucion ó de la prostituta. Las groseras obscenidades que con este motivo han vomitado contra la Escritura algunos incrédulos, no prueban otra cosa que la suma corrupcion de costumbre de los tales. En el cap. III. v. 1. vemos que Dios manda á Oséas que ame á manifieste afecto á una muger adúltera. Aun cuando adúltera no quisiese decir aqui idólatra, debe notarse que no le manda ni tomarla por esposa, ni tener trato con ella. Al contrario el Profeta le dice, suponiéndola repudiada: Tendrás que esperarme por muchos dias: entretanto no tendrás trato con ningun hombre..... y yo tambien te esperaré. Porque mucho tiempo estarán los hijos de Israel sin Rey, sin caudillo, sin sacrificios, etc. No hay pues delito ni indecencia alguna en todo lo que hizo el Profeta.

En cuanto á las maldiciones que se leen en el cap. XIV., ya se sabe que son predicciones de los castigos que habia de enviar Dios [1].

El estilo de Oséas es patético, sentencioso y muy elocuente en varios pasages; aunque alguna vez es oscuro, porque ignoramos los sucesos á que se refiere. Al paso que pinta con energía el castigo que el Señor enviaria á los dos reinos de Judá y de Israel ó Samaria, anuncia tambien la libertad que habian de lograr, y la felicidad de los hijos de Israel, reunidos con todas las naciones del mundo en el reino de Jesu-Christo.

[1] Véase Profeta.

LA PROFECÍA DE OSÉAS.

CAPÍTULO PRIMERO.

El Señor manda á Oséas que se case con cierta muger que habia sido de mala vida; y que á dos hijos y una hija que tendrá de ella les ponga nombres que declaren lo que el Señor quiere hacer con su pueblo de Israel. Conversion de los gentiles, y reunion de los dos pueblos de Judá y de Israel.

1 *Verbum Domini, quod factum est ad Osee filium Beeri, in diebus Oziæ, Joathan, Achaz, Ezechiæ, regum Juda, et in diebus Jeroboam filii Joas regis Israel.*

2 *Principium loquendi Domino in Osee: et dixit Dominus ad Osee: Vade, sume tibi uxorem fornicationum, et fac tibi filios fornicationum: quia fornicans fornicabitur terra à Domino.*

3 *Et abiit, et accepit Gomer filiam Debelaim: et concepit, et peperit ei filium.*

1 Palabras del Señor dichas á Oséas hijo de Beeri, en el tiempo de Ozias, de Joathan, de Acház, de Ezechias, Reyes de Judá, y en los dias de Jeroboam, hijo de Joas, Rey de Israel [1].

2 El Señor comenzó á hablar á Oséas, y le dijo: Anda, cásate con una muger ramera, y ten hijos de ramera [2]; porque la tierra *de Israel* no ha de cesar de fornicar ó *idolatrar* contra el Señor.

3 Fué pues, y se casó con Gomer, hija de Debelaim, la cual concibió y le parió un hijo.

---

1 AÑO 810 ANTES DE JESU-CRISTO.

2 Que llamarán *hijos de ramera*, porque lo fue ántes de casarse con el Profeta. Las palabras correspondientes á las dos latinas *fac tibi* no se hallan en el texto hebréo ni en la version de los Setenta: mas se entienden por *seugma* del inciso precedente, y expresan aquí la relacion mútua entre padre é hijos, y allí la de marido y esposa. Téngase presente que los Profetas casi siempre usaban de los nombres de *fornicacion, adulterio, etc.* para denotar la *idolatría.* Véase *Fornicacion. Profeta.* Como en estilo oriental se habla casi mas con *acciones* que con palabras, cuando se quiere expresar alguna cosa muy importante, habia de causar en el pueblo una grandísima admiracion el ver que *Oséas*, jóven virtuoso, para anunciar á Israel lo que Dios le mandaba, adoptaba por órden del Señor una señal tan extraordinaria, cual era la de tomar por esposa una muger *idólatra*, ó la cual (segun el sentido literal) era, ó habia sido una muger pública. Al paso que el Señor probó la obediencia y humildad de *Oséas*, sacó á la muger de su mal estado, y presentó al pueblo de Israel una imágen vivísima del adul-

terio espiritual ó prostitucion al culto de los ídolos. Algunos entienden la expresion hebréa אשת זנונים וילדי זנונים *eschet zenunim veialdé zenunim, uxorem fornicationum, et filios fornicationum*, de modo que haga este sentido: *una muger de la tierra de las fornicaciones* ó idolatrias, esto es, de Samaria, é *hijos nacidos* en la tierra de *las fornicaciones* ó idolatrias. Es sabido que el reino de Israel, ó de las diez tribus, cuya capital era Samaria, se habia entregado á la mas monstruosa idolatría. El Señor se sirvió de *Oséas* para intimarle sus castigos; y así es que al segundo hijo le mandó llamar: *No mas misericordia*; al otro: *Tú no eres ya mi pueblo.* Todo este suceso fue misterioso y simbólico. No es cierto, pues, que la muger que tomó *Oséas* fuese una *prostituta*. Mas aun cuando lo hubiese sido, nada ilícito hizo el Profeta en tomarla por esposa, para convertirla y sacarla de su mal estado. Y como los hijos eran de *Oséas*, ya no eran hijos de fornicacion, pues lo eran de legítimo matrimonio aun cuando su muger hubiese sido una prostituta. Véase la *Advertencia* sobre este libro.

4 *Et dixit Dominus ad eum: Voca nomen ejus Jezrahel: quoniam adhuc modicum, et visitabo sanguinem Jezrahel super domum Jehu, et quiescere faciam regnum domus Israel.*

5 *Et in illa die conteram arcum Israel in valle Jezrahel.*

6 *Et concepit adhuc, et peperit filiam. Et dixit ei: Voca nomen ejus Absque misericordia: quia non addam ultrà misereri domui Israel, sed oblivione obliviscar eorum.*

7 *Et domui Juda miserebor, et salvabo eos in Domino Deo suo: et non salvabo eos in arcu, et gladio, et in bello, et in equis, et in equitibus.*

8 *Et ablactavit eam, quæ erat Absque misericordia. Et concepit, et peperit filium.*

9 *Et dixit: Voca nomen ejus Non populus meus: quia vos non populus meus, et ego non ero vester.*

10 *Et erit numerus filiorum Israel quasi arena maris, quæ sine mensura est, et non numerabitur. Et erit in loco ubi dicetur eis: Non populus meus vos: dicetur eis: Filii Dei viventis.*

11 *Et congregabuntur filii Juda, et filii Israel pariter: et ponent sibimet caput unum, et ascendent de terra:*

4 Y dijo el Señor á Oséas: Ponle por nombre Jezrahel [1]; porque dentro de poco yo tomaré venganza de la casa Real de Jehú por la sangre *que ha derramado en la ciudad* de Jezrahel, y acabaré con el trono de la casa de Israel.

5 Y en aquel dia yo baré trozos el arco ó *regio poder* de Israel en el valle de Jezrahel [2].

6 Concibió de nuevo *Gomer* y parió una hija. Y díjole el Señor á Oséas: Ponle por nombre No mas misericordia [3]; porque yo no usaré ya en adelante de misericordia alguna con los de la casa de Israel; sino que *á todos* los echaré en un profundo olvido [4].

7 Pero me apiadaré de la casa ó *reino* de Judá; y la salvaré por medio del Señor su Dios, *por mí mismo*, y no por medio de arcos ni espadas, ni por medio de combates, ó de caballos, ni caballeros [5].

8 Y destetó *Gomer á su hija* llamada No mas misericordia; y *otra vez* concibió y parió un hijo.

9 Y dijo el Señor *á Oséas:* Ponle por nombre [6] No mi pueblo: porque vosotros no seréis *ya* mi pueblo, ni yo seré vuestro *Dios.*

10 Mas *algun dia* el número de los hijos del *verdadero* Israel será como el de las arenas del mar, que no tienen medida ni guarismo. Y sucederá que donde se les habrá dicho á ellos: Vosotros no sois mi pueblo; se les dirá: Vosotros sois hijos del Dios vivo.

11 Y se congregarán en uno [7] los hijos de Judá y los hijos de Israel; y se elegirán un *solo* caudillo ó *cabeza*, y

---

1 *Jezrahel* era entonces la ciudad en que residia el Rey; y junto á ella levantó el estandarte de la rebelion Jehú; el cual mató al Rey de Israel, que era Joram, y al Rey de Judá Ochózias. *IV. Reg. IX. v.* 15. El nombre del primogénito de *Oséas* era un recuerdo de la maldad de la casa de Jehú, y un anuncio del castigo que le esperaba.

2 *IV. Reg. VIII. v.* 29.—*Josué XVII. v.* 16.—*Judic. VI. v.* 33.

3 El nombre en hebréo es לֹא רֻחָמָה *Loruchamah*, esto es, *La no compadecida.*

4 Por el culto cismático que *Jeroboam* habia establecido en Bethel, á la cual llama בֵּיה אָוֶן *Bethaven* (c. *IV. v.* 15.) esto es, *casa de iniquidad.*

5 *IV. Reg. XIX. v.* 35.—*Zach. IV. v.* 6.

6 לֹא עַמִּי *Lo Ammi*, que significa *No eres mi pueblo*; con lo que se vaticinaba que Dios abandonaria á su pueblo en poder de los enemigos. Pasa despues el Profeta á hablar de la Iglesia de Jesu-Christo, ó del nuevo pueblo que el Señor se habia de formar, compuesto de gentes de todas las naciones.

7 *I. Pet. II. v.* 10.—*Rom. IX. v.* 26.

quia magnus dies Jezrahel.

saldrán de la tierra *de su cautiverio.* Porque grande será aquel dia de *la reunion* de Jezrahel [1].

CAPÍTULO II.

Amenaza Dios á Israel que le repudiará como á una adúltera si no se convierte: habla de la reunion de Israel y Judá, y del restablecimiento de Israel.

1 *Dicite fratribus vestris, Populus meus; et sorori vestræ, Misericordiam consecuta.*

2 *Judicate matrem vestram, judicate: quoniam ipsa non uxor mea, et ego non vir ejus; auferat fornicationes suas à facie sua, et adulteria sua de medio uberum suorum.*

3 *Ne forte expoliem eam nudam, et statuam eam secundum diem nativitatis suæ: et ponam eam quasi solitudinem, et statuam eam velut terram inviam, et interficiam eam siti.*

4 *Et filiorum illius non miserebor: quoniam filii fornicationum sunt.*

5 *Quia fornicata est mater eorum, confusa est quæ concepit eos: quia dixit: Vadam post amatores meos, qui dant panes mihi, et aquas meas, lanam meam, et linum meum, oleum meum, et potum meum.*

6 *Propter hoc ecce ego sepiam viam tuam spinis, et sepiam eam maceriâ, et semitas suas non inveniet.*

7 *Et sequetur amatores suos, et non apprehendet eos: et quæret eos, et non inveniet, et dicet: Vadam, et revertar ad virum meum priorem: quia bene mihi erat tunc magis quàm nunc.*

8 *Et hæc nescivit quia ego dedi eis frumentum, et vinum, et oleum, et argentum multiplicavi ei, et aurum, quæ fecerunt Baal.*

1 Llamad á vuestros hermanos Pueblo mio; y á vuestra hermana La que ha alcanzado misericordia.

2 Redargüid á vuestra madre, redargüidla [2]; porque ya no es mi esposa, ni yo soy su esposo. Aparte de sí sus prostituciones ó *idolatrías,* y arroje de su seno los adulterios:

3 no sea que yo la despoje y desnude, y la ponga tal como en el dia que nació, y la deje hecha una soledad, y como una tierra inhabitable [3], y la reduzca á morir de sed.

4 No tendré compasion de sus hijos: porque son hijos de fornicacion [4];

5 puesto que la madre de ellos, *la nacion,* es una adúltera, ha quedado deshonrada la que los parió. Pues ella dijo: Iré en pos de mis amantes, *los ídolos,* que son los que me dan mi pan y mi agua, mi lana, mi lino, mi aceite, y mi bebida [5].

6 (Por lo cual he aquí que yo le cerraré la salida con un seto de espinos, la cerraré con una pared, y ella no hallará paso.

7 É irá en pos de sus amantes, y no los encontrará, los buscará y no los hallará; y dirá: Iré, y volveré á mi primer esposo, pues mejor me iba entonces que ahora).

8 Y no sabia ella que fuí yo, *y no los ídolos,* quien le dió el trigo, y el vino, y el aceite, y el que le dió la abundancia de plata y de oro que ofrecieron á Baal.

---

1 יזרעאל *Jezrahel* es una expresion hebréa que significa *estirpe* ó *semilla de Dios.*
2 Condenad los excesos de vuestra nacion.
3 *Ezech. XVI. v.* 4. 39.—XXII. *v.* 24.— XXIII. *v.* 26.—*Jer. II. v.* 15.—*Amós VIII.*

v. 11.
4 Ó imitan la idolatria de su madre, adorando los simulacros de los dioses de los gentiles.
5 *Jer. XLIV. v.* 17.

9 Idcircò convertar, et sumam frumentum meum in tempore suo, et vinum meum in tempore suo, et liberabo lanam meam et linum meum, quæ operiebant ignominiam ejus.

10 Et nunc revelabo stultitiam ejus in oculis amatorum ejus: et vir non eruet eam de manu mea:

11 et cessare faciam omne gaudium ejus, solemnitatem ejus, neomeniam ejus, sabbatum ejus, et omnia festa tempora ejus.

12 Et corrumpam vineam ejus, et ficum ejus, de quibus dixit: Mercedes hæ, meæ sunt, quas dederunt mihi amatores mei: et ponam eam in saltum, et comedet eam bestia agri.

13 Et visitabo super eam dies Baalim, quibus accendebat incensum, et ornabatur inaure suâ, et monili suo, et ibat post amatores suos, et mei obliviscebatur, dicit Dominus.

14 Propter hoc, ecce ego lactabo eam, et ducam eam in solitudinem: et loquar ad cor ejus.

15 Et dabo ei vinitores ejus ex eodem loco, et vallem Achor ad aperiendam spem: et canet ibi juxta dies juventutis suæ, et juxta dies ascensionis suæ de terra Ægypti.

16 Et erit in die illa, ait Dominus: vocabit me, Vir meus: et non vocabit me ultrà, Baali.

17 Et auferam nomina Baalim de ore ejus, et non recordabitur ultrà nominis eorum.

18 Et percutiam cum eis fœdus in die illa, cum bestia agri, et cum volucre cœli, et cum reptili terræ: et arcum, et gladium, et bellum conteram de ter-

9 Por esto yo me portaré de otro modo, y á su tiempo recogeré mi trigo, y mi vino, y quitaré de sus manos mis lanas y mis linos, que cubren sus vergüenzas [1].

10 Y ahora manifestaré su necedad á los ojos de sus mismos amadores, y nadie la librará de mis manos:

11 y haré cesar todos sus regocijos, sus solemnidades, sus Neomenias, sus Sábados, y todos sus dias festivos.

12 Y destruiré sus viñas y sus higueras, de las cuales dijo ella: Estos son los galardones que me dieron mis amantes: y yo la convertiré en un matorral, y la devorarán las fieras del campo.

13 Y ejerceré en ella mi venganza por los dias que sirvió á Baalim [2], en los cuales le ofrecia incienso, y se ataviaba con sus zarcillos y con sus galas, é iba en pos de sus amantes, y se olvidaba de mí, dice el Señor [3].

14 Pero con todo despues yo la acariciaré, y la llevaré á la soledad, y la hablaré al corazon [3]

15 daréle viñadores, de su mismo lugar [4], y el valle de Achôr [5], para que entre en esperanza: y allí cantará himnos á su Dios como en los dias de su juventud, como en los dias en que salió de la tierra de Egypto.

16 Y aquel será el dia, dice el Señor, en que ella me llamará esposo suyo; y no me llamará mas Baali [6].

17 Y quitaré de su boca los nombres de Baalim, ni volverá á acordarse mas de los nombres de los idolos.

18 Y en aquel dia pondré yo paz entre ellos, y las bestias del campo, y las aves del cielo, y los réptiles de la tierra [7]; y quebrantaré en el pais los ar-

---

1 Rom. VIII. v. 20. Dignos son de experimentar la miseria aquellos que en la abundancia se olvidan del Autor de todo bien, ó del Señor.

2 Ó á los idolos. Véase Baal.

3 Observa Martini que ántes del verso 14 deberian ponerse el 6 y 7; y entonces el sentido es claro.

4 Para que la cultiven.

5 Josué VII. v. 25.

6 Como á sus idolos. Me llamará אישי ischi, esposo mio. בעלי Baali en hebréo significa señor mio, ó marido mio; pues las mugeres llamaban así á sus maridos: pero este nombre quedó despues profanado, porque se aplicó á las falsas deidades. Véase Baal.

7 Act. X. v. 11 y 12.

ra: et dormire eos faciam fiducialiter.

19 Et sponsabo te mihi in sempiternum: et sponsabo te mihi in justitia, et judicio, et in misericordia, et in miserationibus.

20 Et sponsabo te mihi in fide: et scies quia ego Dominus.

21 Et erit in die illa: Exaudiam, dicit Dominus, exaudiam cælos, et illi exaudient terram.

22 Et terra exaudiet triticum, et vinum, et oleum, et hæc exaudient Jezrahel.

23 Et seminabo eam mihi in terra, et miserebor ejus, quæ fuit Absque misericordia.

24 Et dicam Non populo meo: Populus meus es tu: et ipse dicet: Deus meus es tu.

cos y las espadas [1], y haré cesar las guerras, y que ellos duerman con toda seguridad.

19 Y te desposaré conmigo para siempre; y te desposaré conmigo mediante la justicia ó santidad y el juicio, y mediante la misericordia y la clemencia [2].

20 Y te desposaré conmigo mediante la fe [3]: y conocerás que yo soy el Señor.

21 Entonces será, dice el Señor, cuando yo escucharé benigno á los cielos, y estos escucharán á la tierra,

22 y la tierra atenderá á dar el grano, y el vino, y el aceite, y estas cosas atenderán ó consolarán á Jezrahel [4].

23 Y la sembraré yo para mí, como preciosa simiente sobre la tierra [5], porque apiadarme he de aquella nacion que fué llamada No MAS MISERICORDIA.

24 Y al que dije que no era mi pueblo, le diré: Pueblo mio eres tú, y él dirá: Tú eres mi Dios [6].

CAPÍTULO III.

El Señor ordena al profeta que tome otra muger que habia sido adúltera, y que ántes de casarse la haga esperar durante muchos dias; para significar con esto que los hijos de Israel, despues de estar mucho tiempo sin Rey y sin sacrificios, por último se convertirán al Señor.

1 Et dixit Dominus ad me: Adhuc vade, et dilige mulierem dilectam amico, et adulteram, sicut diligit Dominus filios Israel, et ipsi respiciunt ad

1 Díjome el Señor: Vé aun, y ama á una muger que ha sido amada de su amigo, y adúltera [7]: así como el Señor ama á los hijos de Israel, y ellos vuelven sus

1 Is. XI. v. 6. 7.
2 Zach. VIII. v. 9.—Rom. III. v. 3. 7.—Tit. III. v. 5.
3 Ó fidelidad de mis promesas.
4 Esto es, á la nueva semilla de los hijos de Dios.
5 Jer. XXXI. v. 27.—Zach. X. vers. 9. cap. I. v. 11.
6 Rom. IX. v. 25.—I. Pet. II. v. 10.
7 Otros traducen amancebada y adúltera. Manda Dios á Oséas que tome ó compre una muger amada de otro, y de mala vida; el Profeta, aunque no se diga que la tomó como á esclava, sino como á esposa, de todos modos la apartó del vicio. Por esta muger se significa el reino de Judá, amado de Dios, y no obstante adúltero. Dios es el esposo de Judá. Nabuchôdonosor que le conquista, está figurado en el Profeta que toma la muger. Aun-

que la paráfrasis chaldéa omite el sentido literal en este lugar como le omitió en el versículo 2 del capítulo I, merece la atencion el modo particular con que explica la infinita misericordia y ternura del amor de Dios para con los pecadores, diciendo de esta suerte: *Y el Señor me dijo: Anda, profetiza á la casa de Israel y dile que es semejante á una muger muy querida de su esposo, tanto que, aun cuando le haya hecho traicion á ciencia cierta, él la ama de tal suerte que no quiere repudiarla. A este modo los hijos de Israel ellos se van en pos de los ídolos de los pueblos; mas con todo, como ellos se conviertan al Señor, el Señor los perdonará y serán reputados en su presencia como un hombre que pecó por ignorancia y habló mal con el calor del vino.*

deos alienos, et diligunt vinacia uvarum.

2 Et fodi eam mihi quindecim argenteis, et coro hordei, et dimidio coro hordei.

3 Et dixi ad eam: Dies multos expectabis me: non fornicaberis, et non eris viro: sed et ego expectabo te.

4 Quia dies multos sedebunt filii Israel sine rege, et sine principe, et sine sacrificio, et sine altari, et sine ephod, et sine theraphim.

5 Et post hæc revertentur filii Israel, et quærent Dominum Deum suum, et David regem suum; et pavebunt ad Dominum, et ad bonum ejus in novissimo dierum.

---

ojos hácia los dioses agenos, y aman el hollejo[1] de las uvas.

2 Yo me la adquirí[2] por quince siclos de plata, y un coro y medio de cebada.

3 Y le dije: Tendrás que esperar muchos dias[3]: entre tanto no cometerás adulterio, ni tendrás trato con ningun hombre; y yo tambien te aguardaré á tí.

4 Porque los hijos de Israel mucho tiempo estarán sin Rey, sin caudillo, sin sacrificios, sin altar, sin Ephod, y sin Theraphines[4] ú ordeulos,

5 y despues de esto volverán los hijos de Israel en busca del Señor Dios suyo; y del descendiente de David, su Rey y Salvador: y buscarán con santo temor y respeto al Señor y á sus bienes en el fin de los tiempos[5].

CAPÍTULO IV.

Reprende el profeta á Israel por sus grandes pecados, y le intima los terribles castigos de Dios. Exhorta á Judá á que no imite los pecados de las otras diez tribus.

1 Audite verbum Domini, filii Israel, quia judicium Domino cum habitatoribus terræ: non est enim veritas, et non est misericordia, et non est scientia Dei in terra.

2 Maledictum, et mendacium, et homicidium, et furtum, et adulterium inundaverunt; et sanguis sanguinem tetigit.

3 Propter hoc lugebit terra, et infirmabitur omnis qui habitat in ea, in bestia agri, et in volucre cœli: sed et pisces maris congregabuntur.

---

1 Escuchad la palabra del Señor, oh vosotros hijos de Israel, pues el Señor viene á juzgar á los moradores de esta tierra: porque no hay verdad, ni hay misericordia, no hay conocimiento de Dios en el pais.

2 La maldicion ó blasfemia y la mentira, y el homicidio, y el robo, y el adulterio lo han inundado todo, y una maldad alcanza á otra.

3 Por cuya causa se cubrirá de luto ó desolacion la tierra, y desfallecerán todos sus moradores, y aun las bestias del campo, y las aves del cielo, y hasta los peces del mar perecerán.

---

1 Ó el vino malo. La idolatría nace á veces de la disolucion de la vida: v. gr. de la embriaguez, etc. *Exodi XXXII. v. 26.—I. Cor. X. v. 7.—II. Reg. III.* En el hebréo se lee עֲנַבֵי haxiei hanobim, los frascos ó botellas de vino.

2 Y saqué de la mala vida. Puede traducirse yo la compré. Era costumbre entonces que el marido daba el dote al padre de la muger. *II. Reg. III.—Gen. XXXIV. v. 48.*

3 Antes de ser mi esposa: ó veré si tu con-

versacion es verdadera, para reconciliarte con tu legitimo esposo. *S. Gerónimo.*

4 *Gen. XXXI. v. 19.—Judic. XVII. v. 5.* Véase *Idolo.* No obstante S. Gerónimo cree que en este lugar *Theraphim* es lo mismo que *Cherubin:* aludiendo á los Cherubines que formaban como el trono de Dios sobre el propiciatorio. Véase *Arca. Cherubin.*

5 *Ezech. XX.—Num. XIV. v. 25.—Jerem. XXX. v. 9.—Ezech. XXXIV. v. 23.*

4 Verumtamen unusquisque non judicet: et non arguatur vir: populus enim tuus, sicut hi qui contradicunt sacerdoti.

5 Et corrues hodie, et corruet etiam propheta tecum: nocte tacere feci matrem tuam.

6 Conticuit populus meus, eò, quòd non habuerit scientiam; quia tu scientiam repulisti, repellam te, ne sacerdotio fungaris mihi: et oblita es legis Dei tui, obliviscar filiorum tuorum et ego.

7 Secundùm multitudinem eorum sic peccaverunt mihi: gloriam eorum in ignominiam commutabo.

8 Peccata populi mei comedent, et ad iniquitatem eorum sublevabunt animas eorum.

9 Et erit sicut populus, sic sacerdos: et visitabo super eum vias ejus, et cogitationes ejus reddam ei.

10 Et comedent, et non saturabuntur: fornicati sunt, et non cessaverunt: quoniam Dominum dereliquerunt in non custodiendo.

11 Fornicatio, et vinum, et ebrietas auferunt cor.

12 Populus meus in ligno suo interrogavit, et baculus ejus annuntiavit ei: spiritus enim fornicationum decepit eos, et fornicati sunt à Deo suo.

13 Super capita montium sacrificabant; et super colles ascendebant thymiama; subtus quercum, et populum, et terebinthum, quia bona erat umbra ejus: ideò fornicabuntur filiæ vestræ

4 Sin embargo ninguno se ponga á reprender ni corregir á nadie: porque tu pueblo es como aquellos que se las apuestan[1] al sacerdote[2].

5 Mas tú, oh Israel, hoy, luego perecerás, y perecerán contigo tus falsos profetas: en aquella noche reduciré á un fúnebre silencio á tu madre[3].

6 Quedó sin habla el pueblo mio[4], porque se hallaba falto de la ciencia de la salud. Por haber tú desechado la ciencia[5], yo te desecharé á tí, para que no ejerzas mi sacerdocio: y pues olvidaste la Ley de tu Dios, yo tambien me olvidaré de tus hijos.

7 Á la par que ellos se han multiplicado con mi proteccion, se han multiplicado tambien sus pecados contra mí. Yo trocaré su gloria en ignominia.

8 Comen las víctimas de los pecados de mi pueblo[6]; y mientras éste peca, le dan ánimo[7].

9 Por lo cual será tratado el sacerdote como el pueblo; y yo castigaré su mal proceder, y le daré la paga de sus designios.

10 Y comerán, y no se saciarán: han prevaricado incesantemente: han abandonado al Señor, desobedeciendo su santa Ley.

11 La deshonestidad, y el vino y embriaguez quitan el buen sentido.

12 Por eso el pueblo mio ha consultado con un pedazo de leño[8], y las varas suyas ó de los agoreros le han dado las respuestas acerca de lo futuro; porque el espíritu de fornicacion ó idolatría los ha fascinado, y han vuelto la espalda á su Dios.

13 Han ofrecido sacrificios sobre las cimas de los montes[9], y sobre los collados quemaban el timiama ó incienso, y debajo de la encina, y del álamo, y del terebintho, por serles grata su som-

---

1 Osan contradecir. Deut. XVII. v. 2.

2 Que les habló en nombre de Dios. Aquí el sicut que usa la Vulgata es un adverbio de semejanza, y sirve de afirmacion ó de la verdad de la cosa, como el quasi Joan. I. v. 14, y así puede traducirse: Tu pueblo es aquel que contradice á Aharon, etc. LXX.

3 La nacion Judáica.

4 Como si fuera ya muerto.

5 Deut. XXXIII. vers. 10.—Malach. II. v. 7.—III. Reg. XII. v. 31.

6 II. Cor. V. v. 21.

7 Así le ayudan.

8 Ex. VII. v. 10.—Ezech. XXI. v. 21.

9 Consagrados á los ídolos.

et sponsæ vestræ adulteræ erunt.

bra: por esto vuestras hijas darán al traste con su honor, y serán adúlteras vuestras esposas.

14 *Non visitabo super filias vestras cùm fuerint fornicatæ, et super sponsas vestras cùm adulteraverint: quoniam ipsi cum meretricibus conversabantur, et cum effeminatis sacrificabant, et populus non intelligens vapulabit.*

14 Yo *les daré rienda suelta*; no castigaré á vuestras hijas cuando habrán pecado, ni á vuestras esposas cuando se hayan hecho adúlteras; pues que los mismos *padres y esposos* tienen trato con las rameras, y van á ofrecer sacrificios con los hombres afeminados *y corrompidos.* Por cuya causa será azotado este pueblo *insensato* que no quiere darse por entendido.

15 *Si fornicaris tu Israel, non delinquat saltem Juda, et nolite ingredi in Galgala, et ne ascenderitis in Bethaven, neque juraveritis: Vivit Dominus.*

15 Si tú, oh Israel, te has entregado á la fornicacion ó *idolatría*, á lo menos tú, oh Judá, no peques; y no querais ir á Gálgala, ni subais á Bethaven [1], *para idolatrar*, ni jureis diciendo: Vive el Señor [2].

16 *Quoniam sicut vacca lasciviens declinavit Israel: nunc pascet eos Dominus, quasi agnum in latitudinem.*

16 Porque Israel se ha descarriado, cual vaca indómita *y lozana*: mas luego el Señor los conducirá [3] á pacer como *tímidos* corderos en campiñas espaciosas.

17 *Particeps idolorum Ephraim, dimitte eum.*

17 Ephraim [4] ha hecho alianza con los ídolos: apártate de él tú, *oh Judá.*

18 *Separatum est convivium eorum, fornicatione fornicati sunt: dilexerunt afferre ignominiam protectores ejus.*

18 Él celebra á parte sus *convites idolátricos*, y ha caido en la mas desenfrenada fornicacion ó *idolatría*: sus protectores se complacen en cubrirle de ignominia [5].

19 *Ligavit eum spiritus in alis suis, et confundentur à sacrificiis suis.*

19 Á Israel le llevará atado á sus alas el viento *de la indignacion Divina*; y *sus hijos* quedarán cubiertos de ignominia por sus sacrificios.

CAPÍTULO V.

Dios castigará á Israel por sus maldades: amenaza tambien á Judá. Cuando los hombres tienen al Señor por enemigo, les es inútil todo socorro humano hasta que se convierten á él.

1 *Audite hoc sacerdotes, et attendite domus Israel, et domus regis auS-*

1 Escuchad esto, oh sacerdotes [6]; tú oh casa de Israel, oye con atencion

---

1 *Galgal* era un lugar respetado de los judios, por haber estado alli el Arca del Testamento. בית און *Bethaven* significa *casa de iniquidad*; así llama á בית אל *Bethel*, donde estaban los becerros ó ídolos que hizo Jeroboam. Despues *c. IX. v. 15.—XII. v. 11.—Amós IV. v. 4.—V. v. 5.* En *Bethel* habló Dios á Jacob. *Gen. XXVIII. v. 13.*

2 Siendo vosotros, como sois, unos idólatras.
3 Por medio de los assyrios.
4 Ó *Israel.*
5 Promoviendo sus desórdenes.
6 Habla á los falsos sacerdotes que creó Jeroboam.

dultate, quia vobis judicium est, quoniam laqueus facti estis speculationi, et rete expansum super Thabor.

2 *Et victimas declinastis in profundum: et ego eruditor omnium eorum.*

3 *Ego scio Ephraim, et Israel non est absconditus à me: quia nunc fornicatus est Ephraim, contaminatus est Israel.*

4 *Non dabunt cogitationes suas ut revertantur ad Deum suum: quia spiritus fornicationum in medio eorum, et Dominum non cognoverunt.*

5 *Et respondebit arrogantia Israel in facie ejus: et Israel et Ephraim ruent in iniquitate sua, ruet etiam Judas cum eis.*

6 *In gregibus suis, et in armentis suis vadent ad quærendum Dominum, et non invenient: ablatus est ab eis.*

7 *In Dominum prævaricati sunt, quia filios alienos genuerunt: nunc devorabit eos mensis cum partibus suis.*

8 *Clangite buccinâ in Gabaa, tubâ in Rama: ululate in Bethaven, post tergum tuum Benjamin.*

9 *Ephraim in desolatione erit in die correptionis: in tribubus Israel ostendi fidem.*

10 *Facti sunt principes Juda quasi assumentes terminum: super eos effundam quasi aquam iram meam.*

11 *Calumniam patiens est Ephraim, fractus judicio: quoniam cœpit abire post sordes.*

12 *Et ego quasi tinea Ephraim: et*

atiende bien tú, oh casa Real: porque á vosotros se os va á juzgar. Pues debiendo ser unas centinelas *del pueblo,* le habeis armado lazos, y sido para él como una red tendida *por los cazadores* sobre el monte Thabor.

2 Y habeis hecho caer la víctima en el abismo [1]. Yo empero os he instruido á todos [2].

3 Conozco *bien* á Ephraim [3], no me es desconocido Israel [4]: sé que Ephraim es ahora idólatra, sé que está contaminado Israel.

4 No dedicarán ellos su pensamiento á convertirse á su Dios, porque están dominados del espíritu de fornicacion ó *idolatría* [5], y desconocieron al Señor.

5 Y se descubrirá la arrogancia ó *impudencia* de Israel en su *descarado rostro* [6]; é Israel y Ephraim perecerán por causa de su maldad: tambien Judá perecerá con ellos.

6 Irán á buscar al Señor con *la ofrenda de sus rebaños y vacadas,* y no le hallarán: se retiró de ellos.

7 Han sido infieles al Señor; pues que han engendrado hijos bastardos: ahora en un mes [7] serán consumidos con todo cuanto poseen.

8 Tocad la bocina en Gabaa, *tocad* la trompeta en Ramá: levántese el aullido en Bethaven [8], tras de tus espaldas, oh Benjamin.

9 En el dia del castigo será asolado Ephraim. Verax me he mostrado en las *profecías tocantes á las* tribus de Israel.

10 Los Príncipes de Judá son como aquellos que mudan los mojones [9]: como un diluvio derramaré sobre ellos mi indignacion.

11 Ephraim se vé tiranizado *por sus príncipes* [10], y es oprimido en juicio: porque se fué á buscar las inmundicias *de los ídolos.*

12 Y yo seré para Ephraim como po-

---

1 *O* hoyo que le habiais abierto.
2 Por medio de mis profetas.
3 Y á las demas tribus.
4 *Ephraim* era la principal tribu de las diez que formaban el reino de Israel.
5 *II. Par. XXX y XXXI.—IV. Reg. XVII. v. 2.*

6 *Is. III. v.* 9.
7 Esto es, en pocos dias, ó en breve tiempo.
8 *Jos. VII. v. 2.—XVIII. v.* 12.
9 Y roban la tierra del vecino. *Deut. XIX. v.* 14.—*XXVII. v.* 17.—*Job XXIV. v.* 2.
10 *Is. XVII. v.* 3.—*LII. v.* 4.

quasi putredo domui Juda.

13 *Et vidit Ephraim languorem suum, et Juda vinculum suum: et abiit Ephraim ad Assur, et misit ad regem ultorem: et ipse non poterit sanare vos, nec solvere poterit à vobis vinculum.*

14 *Quoniam ego quasi leæna Ephraim, et quasi catulus leonis domui Juda: ego, ego capiam, et vadam: tollam, et non est qui eruat.*

15 *Vadens revertar ad locum meum, donec deficiatis, et quæratis faciem meam.*

lllla ¹: como una carcoma seré yo para la casa de Judá.

13 Sintió Ephraim su falta de fuerzas, y Judá sus cadenas: y Ephraim recurrió al assyrio, y *Judá* llamó á un Rey en su defensa ²: mas éste no podrá daros la salud, ni podrá libraros de las cadenas.

14 Porque yo soy para Ephraim como una leona, y como un jóven ó *vigoroso* leon para la casa de Judá: Yo, yo haré mi presa y me iré con ella: yo la tomaré, y no habrá quien me la quite.

15 Me marcharé y me volveré á mi habitacion: hasta tanto que os halleis *bien* desfallecidos, y vengais en busca de mí.

CAPÍTULO VI.

Israel y Judá conviértense al Señor por medio de las tribulaciones. Quejas y amenazas de Dios contra ellos.

1 *In tribulatione sua manè consurgent ad me: Venite, et revertamur ad Dominum:*

2 *quia ipse cepit, et sanabit nos: percutiet, et curabit nos.*

3 *Vivificabit nos post duos dies: in die tertia suscitabit nos, et vivemus in conspectu ejus. Sciemus, sequemurque ut cognoscamus Dominum: quasi diluculum præparatus est egressus ejus, et veniet quasi imber nobis temporaneus, et serotinus terræ.*

4 *Quid faciam tibi, Ephraim? quid faciam tibi, Juda? misericordia vestra quasi nubes matutina, et quasi ros manè pertransiens.*

1 En medio de sus tribulaciones se levantarán con presteza para convertirse á mí. Venid, *dirán,* volvámonos al Señor:

2 porque él nos ha cautivado, pero él mismo nos pondrá en salvo: él nos ha herido, y él mismo nos curará.

3 Él mismo nos volverá la vida despues de dos dias; al tercero dia nos resucitará ³, y vivirémos en la presencia suya. Conocerémos al Señor, y le seguirémos para conocerle ⁴. Preparado está su advenimiento como la aurora ⁵; y el Señor vendrá á nosotros, como la lluvia de otoño y de primavera sobre la tierra.

4 ¿Qué es lo que podré yo hacer contigo, oh Ephraim? ¿Qué haré contigo, oh Judá ⁶? La piedad vuestra es como una nube ó *niebla* de la mañana, y cual roeío de la madrugada, que *luego* desaparece.

---

1 Que todo lo destruye.
2 *IV. Reg. XV. v.* 19.—*XVI. v.* 17. Aquí se añade la voz *Judá,* como hize ya S. Gerónimo y otros.
3 Por *dos dias* se entiende un *breve tiempo. Núm. IX. v.* 22.—*XI. v.* 19.—*Isaías XVII. v.* 6. La cautividad de Babylonia se representa como *una muerte. Dan. XXII.*

v. 1.—*Ezech. XXXVII. v.* 11. Pero esta libertad ó vida que Cyro dará al pueblo hebréo, era símbolo de la verdadera vida que nos dió Jesu-Christo, resucitándonos junto con él. *Ephes. II. v.* 5.
4 Despues allá en la gloria.
5 La cual nos trae la luz.
6 *Is. V. v.* 4.

5 *Propter hos dolavi in prophetis, occidi eos in verbis oris mei: et judicia tua quasi lux egredientur.*

5 Por esto por medio de mis Profetas os acepillé [1], ó castigué [2], con las palabras *amenazadoras* salidas de mi boca, con las cuales les he acarreado la muerte [3]. Asi tu condenacion aparecerá *clara* como la luz.

6 *Quia misericordiam volui, et non sacrificium; et scientiam Dei, plusquam holocausta.*

6 Porque la misericordia [4] es la que yo quiero, y no *lo exterior* del sacrificio; y el conocimiento *práctico ó temor* de Dios, mas que los holocaustos [5].

7 *Ipsi autem sicut Adam transgressi sunt pactum, ibi prævaricati sunt in me.*

7 Mas ellos han violado mi alianza, á imitacion de Adan [6]: alli prevaricaron contra mí.

8 *Galaad civitas operantium idolum, supplantata sanguine.*

8 Galaad *es ahora* una ciudad de fabricadores de ídolos, inundada de sangre *inocente*.

9 *Et quasi fauces virorum latronum, particeps sacerdotum, in via interficientium pergentes de Sichem: quia scelus operati sunt.*

9 Su garganta es como la de los ladrones [7]: se ha unido con los sacerdotes *impíos* que matan en el camino á las gentes que van de Sichêm [8]: verdaderamente que son horrendas las cosas que han ejecutado.

10 *In domo Israel vidi horrendum: ibi fornicationes Ephraim: contaminatus est Israel.*

10 Horrible cosa es la que he visto en la casa ó *pueblo* de Israel: he visto en ella las idolatrías de Ephraim [9]: Israel se contaminó.

11 *Sed et Juda pone messem tibi, cùm convertero captivitatem populi mei.*

11 Y tú tambien, oh Judá, prepárate para la siega [10]; hasta que *por fin* haga volver del cautiverio al pueblo mio.

CAPÍTULO VII.

Reprende Dios la obstinacion de su pueblo, y su confianza en las naciones gentiles, la cual será su ruina.

1 *Cùm sanare vellem Israel, revelata est iniquitas Ephraim, et malitia Samariæ, quia operati sunt mendacium: et fur ingressus est spolians, latrunculus foris.*

1 Cuando yo queria curar *los males* de Israel, se descubrió la *interior* malicia de Ephraim, y la iniquidad de Samaria; porque *entonces mismo* se han dedicado á la mentira [11]; y asi entraré *en su casa* el ladron á despojarlos, y por fuera lo hará el salteador.

2 *Et ne forte dicant in cordibus suis,*

2 Y porque no digan acaso en sus co-

---

1 Como si fuéseis un tronco torcido y lleno de nudos.
2 Como para enderezaros.
3 Que les habeis dado. Permití que los hayais afligido y condenado á muerte; no obstante que no hacian mas que intimaros mis amenazas ó castigos. *III. Reg. XIX. v.* 17.—*Jerem. I. v.* 10. 11.—*Cor. X. v.* 5. 6.
4 Esto es, vuestra bondad ó buenas obras.

5 *I. Reg. XV. v.* 22.—*Ecles. IV. vers.* 17.—*Matth. IX. v.* 13.—*XII. v.* 7.
6 *Is. XLIII. v.* 27.
7 Ó asesinos sedientos siempre de sangre.
8 Á adorar á Dios en Jerusalem.
9 Los becerros de oro hechos por Jeroboam.
10 Que hará de ti el enemigo.
11 Ó culto de los ídolos.

omnem malitiam eorum me recordatum: nunc circumdederunt eos adinventiones suæ, coram facie mea factæ sunt.

3 In malitia sua lætificaverunt regem: et in mendaciis suis principes.

4 Omnes adulterantes, quasi clibanus succensus à coquente: quievit paululum civitas à commistione fermenti, donec fermentaretur totum.

5 Dies regis nostri: cæperunt principes furere à vino: extendit manum suam cum illusoribus.

6 Quia applicuerunt quasi clibanum cor suum, cùm insidiaretur eis: tota nocte dormivit coquens eos, manè ipse succensus quasi ignis flammæ.

7 Omnes calefacti sunt quasi clibanus, et devoraverunt judices suos: omnes reges eorum ceciderunt: non est qui clamet in eis ad me.

8 Ephraim in populis ipse commiscebatur: Ephraim factus est subcinericius panis, qui non reversatur.

9 Comederunt alieni robur ejus, et ipse nescivit: sed et cani effusi sunt in eo, et ipse ignoravit.

10 Et humiliabitur superbia Israel in facie ejus: nec reversi sunt ad Dominum Deum suum, et non quæsierunt eum in omnibus his.

11 Et factus est Ephraim quasi columba seducta non habens cor: AEgyptum invocabant, ad Assyrios abierunt.

razones, que yo vuelvo á acordarme de todas sus maldades; actualmente están ellos rodeados de sus impiedades: las están cometiendo delante de mis ojos.

3 Con su perversidad dieron gusto al Rey: dieron gusto á los Príncipes con sus mentiras ó idolatrías.

4 Son adúlteros todos los de mi pueblo: son como horno encendido por el hornero[1]: calmó la ciudad por un poco de tiempo, como despues de mezclada la levadura, hasta que todo estuvo fermentado[2].

5 Es el dia del cumpleaños de nuestro Rey, dicen los israelitas: los Príncipes, ó cortesanos, tomados del vino, comenzaron á loquear, y el Rey daba la mano á aquellos bufones ó libertinos.

6 Aplicaron su corazon á la idolatría, encendido como un horno, mientras él los acechaba: se echó á dormir toda la noche, mientras que ellos se cocian[3]: á la mañana él mismo[4] se encendió en la idolatría, cual llama ardiente.

7 Todos se encendieron en la impiedad como un horno, é incendiaron con ella á sus jueces, ó gobernadores: cayeron en ella todos sus Reyes: no hay entre ellos quien levante su voz hácia mí.

8 Mezclábase Ephraim con las naciones idólatras: vino á ser Ephraim como un pan que se cuece al rescoldo, y al cual no se le da la vuelta[5].

9 Devorarán sus riquezas los extrangeros, y él no ha caido aun en la cuenta: asi se ha visto luego cubierto con canas, y no por eso entra en conocimiento.

10 É Israel mirará con sus propios ojos humillada la soberbia suya: y con todo eso no se convertirán al Señor Dios suyo, ni despues de todas estas cosas irán en busca de él.

11 Se ha vuelto Ephraim como una imbécil paloma, falta de entendimiento[6]. Á los egypcios fueron á llamar, recurrieron á los assyrios:

---

1 Asi es su pasion por los ídolos.
2 Ó corrompida la masa del pueblo.
3 En el horno de la idolatría.
4 Esto es, el mismo pueblo de Israel. Aquí hay mutacion de número plural en singular.

5 Y sale quemado.
6 Ó prevision para defenderse. Es la paloma una de las aves que menos se defienden y precaven. Soph. III. v. 8.

12 Et cùm profecti fuerint, expandam super eos rete meum: quasi volucrem cæli detraham eos, cædam eos secundùm auditionem cœtus eorum.

13 Væ eis, quoniam recesserunt à me: vastabuntur, quia prævaricati sunt in me: et ego redemi eos: et ipsi locuti sunt contra me mendacia.

14 Et non clamaverunt ad me in corde suo, sed ululabant in cubilibus suis: super triticum et vinum ruminabant, recesserunt à me.

15 Et ego erudivi eos, et confortavi brachia eorum: et in me cogitaverunt malitiam.

16 Reversi sunt ut essent absque jugo: facti sunt quasi arcus dolosus: cadent in gladio principes eorum, à furore linguæ suæ. Ista subsannatio eorum in terra Ægypti.

12 y cuando hubieren ido, extenderé yo mi red sobre ellos, y los haré caer como una ave del cielo: haré de ellos un destrozo, segun se les ha dicho en sus asambleas [1].

13 ¡Ay de ellos porque se apartaron de mí! destruidos serán, pues se rebelaron contra mí; y habiendo yo sido muchas veces su redentor, ellos profirieron contra mí mentiras [2]:

14 no han clamado á mí de corazon; sino que aullaban angustiados en sus lechos [3]: sobre el trigo y sobre el vino era sobre lo que únicamente rumiaban: alejáronse de mí.

15 Y yo los instruí, y yo dí vigor á sus brazos: mas ellos solo discurrieron como obrar el mal contra mí.

16 Quisieron volver á vivir sin el yugo de mi Ley: asemejáronse á un arco falso [4]. Perecerán sus príncipes al filo de la espada en castigo de su furiosa é impía lengua. Tal fué ya el escarnio que de mí hicieron en tierra de Egypto [5]:

CAPÍTULO VIIL

Manda Dios al profeta que intime al pueblo de Israel su próxima ruina por haberse rebelado contra su Señor, y despreciado su Ley; y que asimismo amenace á Judá que será entregada á las llamas.

1 In gutture tuo sit tuba, quasi aquila super domum Domini: pro eò quòd transgressi sunt fœdus meum, et legem meam prævaricati sunt.

2 Me invocabunt: Deus meus cognovimus te Israel.

3 Projecit Israel bonum, inimicus persequetur eum.

4 Ipsi regnaverunt, et non ex me: principes extiterunt, et non cognovi: argentum suum et aurum suum fecerunt sibi idola, ut interirent:

1 Sea tu garganta como una trompeta, y pregona que el enemigo se dejará caer como águila sobre la Casa del Señor; porque estos pueblos mios han quebrantado mi alianza, han violado mi Ley.

2 Me invocarán, diciendo: Oh Dios nuestro, nosotros los de Israel te hemos reconocido [6].

3 Mas Israel (dice Dios) ha desechado el bien obrar; y por eso le destrozará su enemigo.

4 Ellos reinaron [7], pero no por mí; fueron príncipes, mas yo no los reconocí. De su plata y de su oro se forjaron ídolos para su perdicion.

---

1 Deut. XXVII. vers. 26.—XXVIII.—IV. Reg. XVII. v. 13.
2 Ex. XXXII.
3 Como hacen los gentiles.
4 Que se vuelve contra el que lo maneja.
5 Adorando á los ídolos.
6 Siempre por nuestro Dios.
7 En el hebréo: se eligieron Reyes.

5 *projectus est vitulus tuus Samaria, iratus est furor meus in eos: usquequò non poterunt emundari?*

6 *Quia ex Israel et ipse est: artifex fecit illum, et non est Deus: quoniam in aranearum telas erit vitulus Samariæ.*

7 *Quia ventum seminabunt, et turbinem metent: culmus stans non est in eo, germen non faciet farinam: quod et si fecerit, alieni comedent eam.*

8 *Devoratus est Israel: nunc factus est in nationibus quasi vas immundum.*

9 *Quia ipsi ascenderunt ad Assur, onager solitarius sibi: Ephraim munera dederunt amatoribus.*

10 *Sed et cùm mercede conduxerint nationes, nunc congregabo eos: et quiescent paulisper ab onere regis, et principum.*

11 *Quia multiplicavit Ephraim altaria ad peccandum: factæ sunt ei aræ in delictum:*

12 *scribam ei multiplices leges meas, quæ velut aliena computatæ sunt.*

13 *Hostias offerent, immolabunt carnes, et comedent, et Dominus non suscipiet eas: nunc recordabitur iniquitatis eorum, et visitabit peccata eorum: ipsi in Ægyptum convertentur.*

14 *Et oblitus est Israel factoris sui, et ædificavit delubra: et Juda multiplicavit urbes munitas: et mittam ignem in civitates ejus, et devorabit ædes illius.*

5 Derribado por el suelo ha sido tu becerro, oh Samaria [1]. Encendido se ha contra ellos mi indignacion. ¿Hasta cuándo será imposible el curarlos *de su idolatría?*

6 Porque obra fué ciertamente de Israel aquel *becerro:* fabricóle un artifice, y no es Dios: como telas de araña, asi será el becerro de Samaria.

7 Sembrarán viento, y recogerán torbellinos *para su ruina:* no habrá allí espiga que se mantenga en pie, y sus granos no darán harina; y si la dieren, se la comerán los extraños.

8 Devorado ha sido Israel: ha venido él á ser entre las naciones como un vaso inmundo.

9 Recurrió á *el Rey de* los assyrios, asno silvestre que anda solo: los hijos de Ephraim han ofrecido dones á sus amigos *los assyrios* [2].

10 Pero despues que se habrán procurado á *caro* precio el socorro de las naciones, yo entonces los reuniré *en Assyria, y siendo cautivos,* quedarán por algun tiempo exentos del tributo que pagan al Rey y á los Principes [3].

11 Por haber Ephraim multiplicado sus altares para pecar *idolatrando,* y haber sido sus altares el origen de sus delitos;

12 yo *tambien* multiplicaré contra él mis leyes *penales* [4]; las cuales han mirado como si no fuesen para ellos.

13 Ofrecerán hostias, inmolarán víctimas para el sacrificio, de las cuales comerán: mas el Señor no las aceptará, antes bien se acordará ahora de las maldades de ellos, y castigará sus pecados: *entonces* se acogerán á Egypto [5].

14 Olvidóse Israel de su Hacedor, y erigió templos á los ídolos; Judá se ha construido muchas plazas fuertes: mas yo aplicaré fuego á sus ciudades *fortificadas;* el cual devorará *todos* sus edificios [6].

---

1 *Amós III. v.* 14.
2 *Antes cap. V. v.* 13.
3 Es una amarga ironia.

4 *Deut. XXVII. v.* 9.
5 *Despues cap. IX. v.* 6.
6 *IV. Reg. XXV.*

CAPÍTULO IX.

Intima Dios á los israelitas la hambre y el cautiverio, y que por su obstinacion serán dispersados en las naciones, enteramente desamparados de Dios.

1 *Noli lætari, Israel, noli exultare sicut populi: quia fornicatus es à Deo tuo, dilexisti mercedem super omnes areas tritici.*

2 *Area et torcular non pascet eos, et vinum mentietur eis.*

3 *Non habitabunt in terra Domini: reversus est Ephraim in Ægyptum, et in Assyriis pollutum comedit.*

4 *Non libabunt Domino vinum, et non placebunt ei: sacrificia eorum, quasi panis lugentium: omnes qui comedent eum, contaminabuntur: quia panis eorum animæ ipsorum, non intrabit in domum Domini.*

5 *Quid facietis in die solemni, in die festivitatis Domini?*

6 *Ecce enim profecti sunt à vastitate: Ægyptus congregabit eos, Memphis sepeliet eos: desiderabile argentum eorum urtica hæreditabit, lappa in tabernaculis eorum.*

7 *Venerunt dies visitationis, venerunt dies retributionis: scitote Israel stultum prophetam, insanum virum spiritualem, propter multitudinem iniquitatis tuæ, et multitudinem amentiæ.*

8 *Speculator Ephraim cum Deo meo: propheta laqueus ruinæ factus est super omnes vias ejus, insania in domo Dei ejus.*

1 No tienes que regocijarte *tanto*, oh Israel, no te ocupes en danzas, como hacen los gentiles; porque tú has abandonado á tu Dios: has codiciado como recompensa *de tu idolatría* las eras llenas de trigo.

2 Pero ni la era ni el lagar les darán[1] con que sustentarse; y la viña dejará burladas sus esperanzas.

3 No morarán en la tierra del Señor. Ephraim se acogerá á Egypto, y comerá entre los assyrios manjares impuros.

4 No ofrecerán libaciones de vino al Señor[2], ni le serán gratas sus ofrendas: sus sacrificios serán como los convites de los funerales: cualquiera que en ellos comiere, quedará contaminado[3]. Guárdense para sí su *inmundo* pan[4]; no entre en el Templo del Señor *hostia impura*.

5 ¿Qué es lo que *entonces* haréis en el dia de la solemnidad, en el dia de la fiesta del Señor?

6 Yo los veo escapar ya del asolado pais. El Egypto los recogerá; *el pais de* Memphis les dará sepultura. Sobre sus codiciadas riquezas[5] crecerá la ortiga, y[6] se verán nacer abrojos en sus habitaciones.

7 Vendrán los dias de la visita *del Señor*, los dias del castigo llegarán *luego.* Sepas, oh Israel, que tus profetas son unos fátuos: esos que *se creen* varones espirituales son unos insensatos; *permitiéndolo Dios* en pena de tus muchas iniquidades, y de la suma necedad tuya.

8 El *sacerdote*[7], la centinela de Ephraim para con mi Dios, el profeta se ha hecho un lazo tendido en todos los caminos para ruina *del pueblo:* es objeto de odio en el templo de su Dios.

---

1 A esos prevaricadores.
2 En los sacrificios.
3 *Num. XIX. v.* 11. 14 y 15.
4 Esto es, las viandas, ó las victimas de los sacrificios.
5 Tan guardadas en sus palacios.
6 Y otras plantas silvestres.
7 Atalaya que debia ser.

9 *Profundè peccaverunt, sicut in diebus Gabaa: recordabitur iniquitatis eorum, et visitabit peccata eorum.*

10 *Quasi uvas in deserto, inveni Israel, quasi prima poma ficulneæ in cacumine ejus, vidi patres eorum: ipsi autem intraverunt ad Beelphegor, et abalienati sunt in confusionem, et facti sunt abominabiles, sicut ea quæ dilexerunt.*

11 *Ephraim quasi avis avolavit, gloria eorum à partu, et ab utero, et à conceptu.*

12 *Quòd et si enutrierint filios suos, absque liberis eos faciam in hominibus: sed et væ eis cùm recessero ab eis.*

13 *Ephraim, ut vidi, Tyrus erat fundata in pulchritudine: et Ephraim educet ad interfectorem filios suos.*

14 *Da eis, Domine. Quid dabis eis? Da eis vulvam sine liberis, et ubera arentia.*

15 *Omnes nequitiæ eorum in Galgal, quia ibi exosos habui eos, propter malitiam adinventionum eorum, de domo mea ejiciam eos: non addam ut diligam eos, omnes principes eorum recedentes.*

16 *Percussus est Ephraim, radix eorum exsiccata est: fructum nequaquam facient. Quod et si genuerint, interficiam amantissima uteri eorum.*

17 *Abjiciet eos Deus meus, quia non audierunt eum: et erunt vagi in nationibus.*

9 Han pecado enormemente, como en los dias *aquellos* pecaron los gabaonitas[1]. Acordarse ha el Señor de la perversidad de ellos, y castigará sus maldades.

10 Como uvas en *árido* desierto, con tanto gusto tomé yo á Israel: como los primeros frutos de las altas ramas de la higuera, asi miré á sus padres. Mas ellos se fueron al templo de Beelphegor[2], y se enagenaron de mí, para ignominia suya, haciéndose execrables como las cosas que amaron.

11 Desapareció la gloria de Ephraim como un pájaro que ha tomado el vuelo: *perecerán* sus hijos apenas hayan nacido; desde el seno materno, ó desde su misma concepcion.

12 Y *aun* cuando llegaren á criar sus hijos, yo haré que queden sin ellos en este mundo. ¡Ay empero de ellos cuando yo llegare á abandonarles *enteramente!*

13 Ephraim, cual yo la ví, se parecia á la *rica* Tyro, situada en hermosísimo pais[3]: mas Ephraim entregará sus propios hijos en manos del mortífero conquistador.

14 Dales, oh Señor::: pero ¿y qué les darás? Dales vientres estériles, y pechos sin leche[4].

15 El colmo de su maldad fué *allá* en Galgal[5]: allí les tomé yo aversion: echarlos he yo de mi casa por causa de sus perversas obras: nunca mas los amaré: todos sus Príncipes son unos apóstatas.

16 Ephraim ha sido herido *de muerte*: seca está su raiz: no producirán ellos mas fruto; y si tuviesen hijos, yo haré morir los mas amados de sus entrañas.

17 Los desechará mi Dios; porque no le han escuchado; y andarán prófugos entre las naciones.

---

1 *Judic. XIX. v.* 25.
2 Idolo de la impureza. *Num. XXV. v.* 1. y sig.
3 *Ezech. XXVI. XXVII. XXVIII.*
4 Que aun será menos mal.
5 *I. Reg. XI. v.* 14.—*Judic. III. v.* 7. Antes *cap. IV. v.* 15.

CAPÍTULO X.

Israel, por causa de su idolatría, es entregado á los assyrios; y quedarán destruidos los dos reinos de Israel y de Judá por no haberse convertido al Señor.

1 *Vitis frondosa Israel, fructus adæquatus est ei; secundùm multitudinem fructus sui multiplicavit altaria, juxta ubertatem terræ suæ exuberavit simulachris.*

2 *Divisum est cor eorum, nunc interibunt: ipse confringet simulachra eorum, depopulabitur aras eorum.*

3 *Quia nunc dicent: Non est rex nobis: non enim timemus Dominum: et rex quid faciet nobis?*

4 *Loquimini verba visionis inutilis, et ferietis fœdus: et germinabit quasi amaritudo judicium super sulcos agri.*

5 *Vaccas Bethaven coluerunt habitatores Samariæ: quia luxit super eum populus ejus, et æditui ejus super eum exultaverunt in gloria ejus, quia migravit ab eo.*

6 *Siquidem et ipse in Assur delatus est, munus regi ultori: confusio Ephraim capiet, et confundetur Israel in voluntate sua.*

7 *Transire fecit Samaria regem suum quasi spumam super faciem aquæ.*

8 *Et disperdentur excelsa idoli, peccatum Israel: lappa et tribulus ascendet super aras eorum: et dicent montibus: Operite nos; et collibus: Cadite super nos.*

1 Era Israel una frondosa viña, que llevó los frutos correspondientes: cuanto mas abundó en bienes, tanto mayor número tuvo de altares á los ídolos; y cuanto mas fecunda fué su tierra, mayor número tuvo de vanos simulacros.

2 Está dividido su corazon, y perecerán luego. Les hará el Señor pedazos sus simulacros, y derrocará sus altares.

3 Porque ellos dirán luego [1]: Nos hallamos sin Rey [2]: porque no tememos al Señor; y el Rey ¿qué es lo que haria por nosotros [3]?

4 Repetid ahora las palabras de la falsa vision de vuestros profetas: ajustad la alianza con el assyrio; que á pesar de eso la venganza de Dios brotará como yerba nociva sobre los surcos de un campo sembrado.

5 Adoraron los habitantes de Samaria las vacas [4] de Bethaven; y aquel pueblo y sus sacerdotes, que celebraban ya fiesta en honor de aquel becerro, derraman lágrimas porque queda desvanecida su gloria.

6 Pues el becerro fué trasportado á Assyria, y sirvió de donativo, ó presente, al Rey que habian tomado por defensor [5]: cubierto de ignominia quedará Ephraim; Israel será afrentado por sus antojos.

7 Samaria con sus pecados ha hecho desaparecer su Rey, como la ampollita de aire que se eleva sobre la superficie del agua.

8 Destruidos serán los lugares altos consagrados al ídolo, que es el pecado de Israel: espinas y abrojos crecerán sobre sus altares. Entonces los hijos de Israel dirán á los montes: Sepultadnos; y á los collados: Caed sobre nosotros [6].

---

1 Que se vean cercados del enemigo.
2 Que pueda salvarnos.
3 Siendo Dios nuestro enemigo.
4 Ó becerros de oro. Les da por mofa el nombre de *vacas.*
5 Antes *cap. V. v.* 13.
6 *Is. II. v.* 19.—*Luc. XXIII. v.* 30.—*Apoc. VI. v.* 16.—*Jud. XX. v.* 13.

9 *Ex diebus Gabaa, peccavit Israel, ibi steterunt: non comprehendet eos in Gabaa prælium super filios iniquitatis.*

10 *Juxta desiderium meum corripiam eos: congregabuntur super eos populi, cùm corripientur propter duas iniquitates suas.*

11 *Ephraim vitula docta diligere trituram, et ego transivi super pulchritudinem colli ejus: ascendam super Ephraim, arabit Judas, confringet sibi sulcos Jacob.*

12 *Seminate vobis in justitia, et metite in ore misericordiæ, innovate vobis novale: tempus autem requirendi Dominum, cùm venerit qui docebit vos justitiam.*

13 *Arastis impietatem, iniquitatem messuistis, comedistis frugem mendacii: quia confisus es in viis tuis, in multitudine fortium tuorum.*

14 *Consurget tumultus in populo tuo: et omnes munitiones tuæ vastabuntur, sicut vastatus est Salmana à domo ejus, qui judicavit Baal in die prælii, matre super filios allisâ.*

15 *Sic fecit vobis Bethel, à facie malitiæ nequitiarum vestrarum.*

9 Desde el tiempo *de los sucesos de* Gabaa está Israel pecando *con los ídolos*: en el pecado han perseverado: sufrirán una guerra peor que aquella que se hizo á los facinerosos de Gabaa [1].

10 A medida de mi deseo los castigaré yo: las naciones se reunirán contra ellos, entonces que serán castigados por su doble maldad.

11 Ephraim, novilla avezada á trillar con gusto las mieses: yo pasaré [2] sobre su lozana cerviz: subiré sobre Ephraim y la dominaré. Judá echará mano al arado, Jacob abrirá los surcos [3].

12 Sembrad para vosotros semilla *ú obras de virtud,* y segaréis abundancia de misericordia: romped vuestra tierra inculta; porque tiempo es de buscar al Señor, hasta tanto que venga el que os ha de enseñar la justicia *ó santidad* [4].

13 Arásteis *para sembrar* impiedad [5]; y habeis segado iniquidad, y comido un fruto mentiroso [6]. Pusísteis vuestra confianza en vuestros planes, y en la muchedumbre de vuestros valientes.

14 Se levantarán alborotos en vuestro pueblo, y serán destruidas todas vuestras fortalezas: como fué destruido Salmana en el dia de la batalla [7] por el ejército de Gedeon, que tomó venganza de Baal; habiendo quedado estrellada la madre junto con sus hijos [8].

15 He aquí lo que debeis á Bethel: tal es el resultado de vuestras perversas maldades.

CAPÍTULO XI.

El Señor demuestra como habiendo siempre amado á los hijos de Israel, los ha entregado á los assyrios por sus maldades; pero que acordándose de su misericordia, los volverá algun dia á restablecer en su propia tierra, á fin de que le adoren á una con las naciones convertidas.

1 *Sicut manè transiit, pertransiit*

1 Como pasa el crepúsculo de la ma-

---

1 *Judic. XIX.* א. 22 *y sig.—XVII. v.* 1.
2 Y estaré un yugo pesado. Alude á que la novilla que está acostumbrada á no llevar bozal ninguno, y á comer y hartarse de las mieses que trilla, siente mucho el yugo y bozal que despues le ponen. *Deut. XXV. v.* 4. Yo extenderé mi mano sobre su soberbia cerviz, pondré el yugo sobre Ephraim.

3 Todos servirán á Dios: asi fue en tiempo del rey Ezechias.
4 *Jerem. IV. v.* 3.
5 Adorando idolos.
6 O incapaz de saciaros.
7 *Judic. VIII. v.* 15.—*VI. v.* 32.
8 *Gen. XXXII.*

rex Israel. Quia puer Israel; et dilexi cum: et ex Ægypto vocavi filium meum.

2 Vocaverunt eos, sic abierunt à facie eorum: Baalim immolabant, et simulachris sacrificabant.

3 Et ego quasi nutritius Ephraim, portabam eos in brachiis meis, et nescierunt quod curarem eos.

4 In funiculis Adam traham eos, in vinculis charitatis: et ero eis quasi exaltans jugum super maxillas eorum: et declinavi ad eum ut vesceretur.

5 Non revertetur in terram Ægypti, et Assur ipse rex ejus: quoniam noluerunt converti.

6 Cœpit gladius in civitatibus ejus, et consumet electos ejus, et comedet capita eorum.

7 Et populus meus pendebit ad reditum meum: jugum autem imponetur eis simul, quod non auferetur.

8 Quomodò dabo te Ephraim, protegam te Israel? quomodò dabo te sicut Adama, ponam te ut Seboim? Conversum est in me cor meum, pariter conturbata est pœnitudo mea.

9 Non faciam furorem iræ meæ: non convertar ut disperdam Ephraim: quoniam Deus ego et non homo: in medio tui sanctus, et non ingrediar civitatem.

10 Post Dominum ambulabunt: quasi leo rugiet: quia ipse rugiet, et formidabunt filii maris.

11 Et avolabunt quasi avis ex Ægypto, et quasi columba de terra As-

ñana, asi pasó el Rey de Israel. Al principio era la casa de Israel un niño: yo le amé; y yo llamé é hice venir de Egypto á mi hijo [1].

2 Mis profetas amonestaron á los hijos de Israel; pero estos se alejaron tanto mas de ellos: ofrecian víctimas á Baal, y sacrificios á los ídolos.

3 Yo me hice como ayo de Ephraim, le traje en mis brazos: y los hijos de Ephraim desconocieron que yo soy el que cuida de su salud:

4 yo los atraje hácia mí con vínculos propios de hombres, con los vínculos de la caridad; yo fui para ellos como quien les aliviaba el yugo que apretaba sus quijadas, y les presenté que comer.

5 No volverán ya todos ellos á la tierra de Egypto [2]; sino que el assyrio será su Rey: por cuanto no han querido convertirse.

6 La espada ha comenzado á recorrer sus ciudades, y consumirá la flor de sus habitantes, y devorará sus caudillos.

7 Entretanto estará mi pueblo como en un hilo, esperando con ansia que yo vuelva [3]: mas á todos se les pondrá un yugo perpétuo [4].

8 ¿Qué haré yo de tí, oh Ephraim? ¿Seré yo tu protector, oh Israel? Pues qué ¿podré yo tratarte como á Adama, ni ponerte como puse á Seboim [5]? ¡Ah! mis entrañas se conmueven dentro de mí: yo me siento como arrepentido [6].

9 No dejaré obrar el furor de mi indignacion ni me resolveré á destruir á Ephraim; porque yo soy Dios y no un hombre. El Santo [7] ha habitado en medio de tí; y así no entraré en la ciudad para destruirla.

10 Ellos seguirán al Señor, cuando él rugirá como leon: rugirá el Señor, y causará asombro á los hijos del mar [8].

11 Y volarán desde Egypto como una ave ligera, y como veloz paloma á su

---

1 Matth. II. v. 15. Israel, pueblo llamado hijo primogénito de Dios (Ex. IV. v. 22.), fue al salir de Egypto símbolo del niño Jesus, cuando, muerto Herodes, volvió á su patria, llamado por el Angel.
2 Antes cap. IX.
3 En su socorro.

4 Por su impenitencia.
5 Gen. X. v. 19. — XIX. v. 24. — Deut. XXIX. v. 23.
6 De la sentencia pronunciada contra tí.
7 Por esencia.
8 A los pueblos idólatras.

syriorum: et collocabo eos in domibus suis, dicit Dominus.

12 *Circumdedit me in negatione Ephraim, et in dolo domus Israel: Judas autem testis descendit cum Deo, et cum sanctis fidelis.*

...nido vendrán de tierra de Assyria: y yo los restableceré en sus moradas, dice el Señor.

12 ¹Ephraim me ha estrechado el paso con renegar de mí, y con sus fraudes la casa de Israel: Judá empero ha venido á dar testimonio á Dios *de su amor*, y sigue fielmente el camino de los santos ².

CAPÍTULO XII.

Israel en vano espera la proteccion del Egypto. El Señor castigará toda la casa de Jacob por sus infidelidades é ingratitudes: con todo eso, aun les ofrece la paz. Idolos de Galaad y de Galgal.

1 *Ephraim pascit ventum, et sequitur aestum: tota die mendacium et vastitatem multiplicat: et foedus cum Assyriis iniit, et oleum in AEgyptum ferebat.*

2 *Judicium ergo Domini cum Juda, et visitatio super Jacob: juxta vias ejus, et juxta adinventiones ejus reddet ei.*

3 *In utero supplantavit fratrem suum: et in fortitudine sua directus est cum angelo.*

4 *Et invaluit ad angelum, et confortatus est: flevit, et rogavit eum: in Bethel invenit eum, et ibi locutus est nobiscum.*

5 *Et Dominus Deus exercituum, Dominus memoriale ejus.*

6 *Et tu ad Deum tuum converteris, misericordiam et judicium custodi, et spera in Deo tuo semper.*

7 *Chanaan, in manu ejus statera dolosa, calumniam dilexit.*

1 *Ephraim* se apacienta del viento, y confiando en Egypto respira el aire ardiente ³. Todo el dia está aumentando sus falsedades, y las causas de su perdicion: se ha confederado con los assyrios, y ha llevado sus *excelentes* aceites á Egypto ⁴.

2 Vendrá pues el Señor á residenciar la conducta de Judá, y á castigar á Jacob: y le dará el pago que merecen sus obras, y sus *vanos* caprichos.

3 Jacob en el seno materno cogió por el calcañar á su hermano; y con su fortaleza luchó con el ángel,

4 y prevaleció sobre él, y le venció ⁵; y ⁶ con lágrimas se encomendó á dicho ángel *del Señor*. En Bethel fué donde tuvo este feliz encuentro ⁷, y allí habló *el Señor* con nosotros.

5 Y al Señor, que es el Dios de los ejércitos; al Señor tuvo siempre presente Jacob en su memoria.

6 Ea pues, conviértete tú al Dios tuyo: observa la misericordia y la justicia; y confia siempre en tu Dios.

7 Mas este chánanéo ⁸ tiene en sus manos una balanza engañosa: él se complace en estafar al prójimo.

---

1 Este verso 12 en el texto hebréo es el principio del capítulo siguiente.
2 *IV. Reg. XVIII.*
3 El aire nocivo que viene de allí. Apetece el viento solano.
4 *IV. Reg. XV. v. 19.—XVII. v. 4.* Para ganarse la amistad del Rey.

5 *Gen. XXV. v. 25.—XXXII. v. 24.*
6 Acabada aquella misteriosa pelea.
7 *Gen. XXXV. v. 8.*
8 Que este nombre merece el pueblo de Israel. *Esech. XVI. v. 3.* En hebréo נעכ *chánanéo*, quiere decir *mercader*. Mas ahora, como un chánanéo tiene eto.

8 Et dixit Ephraim: Verumtamen dives effectus sum, inveni idolum mihi: omnes labores mei non invenient mihi iniquitatem, quàm peccavi.

9 Et ego Dominus Deus tuus ex terra AEgypti, adhuc sedere te faciam in tabernaculis, sicut in diebus festivitatis.

10 Et locutus sum super prophetas, et ego visionem multiplicavi, et in manu prophetarum assimilatus sum.

11 Si Galaad idolum, ergo frustrà erant in Galgal bobus immolantes: nam et altaria eorum quasi acervi super sulcos agri.

12 Fugit Jacob in regionem Syriæ, et servivit Israel in uxorem, et in uxorem servavit.

13 In propheta autem eduxit Dominus Israel de AEgypto: et in propheta servatus est.

14 Ad iracundiam me provocavit Ephraim in amaritudinibus suis, et sanguis ejus super eum veniet, et opprobrium ejus restituet ei Dominus suus.

8 Ephraim está diciendo: Ello es que yo me he hecho rico: he adquirido para mí el ídolo de las riquezas: en todos mis afanes no se hallará que yo haya cometido injusticia alguna.

9 Pero no obstante [1], yo me acuerdo que soy el Señor Dios tuyo desde que te saqué de la tierra de Egipto; aun te dejaré reposar en tus moradas como en los dias de aquella solemnidad de los Tabernáculos [2].

10 Yo soy el que te hablé por los Profetas, haciéndoles ver muchas cosas venideras; y por medio de los Profetas me descubrí á vosotros [3].

11 Si aquello de Galaad es un ídolo [4], luego en vano se inmolaban bueyes en Galgal; y en efecto ya sus altares son como los montones de piedras cerca de los surcos del campo [5].

12 Huyóse Jacob á tierra de Syria, Israel sirvió á Laban por adquirir una esposa, y por adquirir otra sirvió de pastor [6].

13 Despues el Señor por medio de un Profeta sacó á Israel de Egipto, y por medio de otro Profeta le salvó [7].

14 Ephraim no obstante eso, con acerbos disgustos ha provocado mi enojo: sobre él hará recaer su Señor la sangre derramada, y le dará la paga de los insultos que le ha hecho.

CAPÍTULO XIII.

Ingratitud del pueblo de Israel: por ella fué castigado en tiempos pasados, y lo será aun mas en los venideros. No obstante promete Dios librarle de la muerte por medio del Mesías, vencedor de la muerte misma y del infierno.

1 Loquente Ephraim, horror invasit Israel, et deliquit in Baal, et mortuus est.

2 Et nunc addiderunt ad peccandum: feceruntque sibi conflatile de argento suo quasi similitudinem idolorum, factura artificum totum est: his ipsi di-

1 A las palabras que pronunció Jeroboam Rey de Ephraim, intimidóse Israel, y pecó adorando á Baal, con lo cual quedó como un muerto.

2 Y ahora han añadido pecados á pecados, y han fundido su plata, y formádose de ella figuras de ídolos; todo es obra de artífices. A tales adoradores

---

1 No obstante esa tu obstinacion, oh Ephraim.
2 Levit. XXIII. v. 39.
3 Hebr. I. v. 1.
4 Ó una cosa vana. Véase Idolo.

5 IV. Reg. XVI. v. 29.
6 Gen. XXVIII. v. 5.—XXXI. v. 46.
7 Ex. XIV. v. 21. 22.—Jos. X.

uni: *Immolate homines vitulos ado-* | les. dicen estos: Vosotros que adorais
rantes. | por dioses los becerros, inmoladles víc-
| timas humanas[1].

3 *Idcircò erunt quasi nubes matuti-* | 3 Por esto[2] serán ellos como una nu-
na, et sicut ros matutinus præteriens, | be al rayar el dia, y como el rocío de
sicut pulvis turbine raptus ex area, et | la mañana que al instante se desvane-
sicut fumus de fumario. | ce, y como el polvo que arrebata de la
| era un torbellino, y como el humo que
| sale de una chimenea.

4 *Ego autem Dominus Deus tuus ex* | 4 Mas yo soy el Señor Dios tuyo des-
terra Ægypti; et Deum absque me | de que saliste de la tierra de Egypto;
nescies, et salvator non est præter me. | ni has de reconocer á otro Dios fuera de
| mí; ni hay otro Salvador sino yo[3].

5 *Ego cognovi te in deserto, in terra* | 5 Yo te reconocí *por hijo* en el desier-
solitudinis. | to, en una tierra estéril.
6 *Juxta pascua sua adimpleti sunt,* | 6 Cercanos *los israelitas* al delicioso
et saturati sunt: et levaverunt cor | pais que les dí para vivir, se rellenaron
suum, et obliti sunt mei. | y hartaron *de bienes*; y engreido su co-
| razon, me echaron á mí en olvido[4].

7 *Et ego ero eis quasi leæna, sicut* | 7 Mas yo seré para ellos lo que una
pardus in via Assyriorum. | leona ó un leopardo en el camino que
| va á Assyria:
8 *Occurram eis quasi ursa raptis ca-* | 8 saldré á embestirlos, como osa á
tulis, et dirumpam interiora jecoris | quien han robado sus cachorros; y des-
eorum: et consumam eos ibi quasi leo, | pedazaré sus entrañas hasta lo mas ín-
bestia agri scindet eos. | timo del corazon; y allí los devoraré,
| como *lo ejecuta* un leon: las fieras los
| destrozarán.

9 *Perditio tua Israel: tantummodò* | 9 Tu perdicion, oh Israel, viene de
in me auxilium tuum. | tí mismo: y solo de mí tu socorro[5].
10 *Ubi est rex tuus? maximè nunc* | 10 ¿Dónde está tu Rey? ¿dónde tus
salvet te in omnibus urbibus tuis; et | Jueces? Ahora es la ocasion de que te
judices tui, de quibus dixisti: Da mihi | salven á tí y á tus ciudades; puesto que
regem et principes. | me dijiste tú: Déme un Rey y Princi-
| pes que me gobiernen[7].

11 *Dabo tibi regem in furore meo, et* | 11 En medio de mi indignacion te
auferam in indignatione mea. | concedí un Rey; y en medio de mi eno-
| jo te le quitaré.

12 *Colligata est iniquitas Ephraim,* | 12 He ido reuniendo las iniquidades
absconditum peccatum ejus. | de Ephraim: depositados tengo sus
| pecados.

13 *Dolores parturientis venient ei:* | 13 Le asaltarán agudos dolores como
ipse filius non sapiens: nunc enim non | de una muger que está de parto. Es ese
stabit in contritione filiorum. | pueblo un hijo insensato: y no podrá
| subsistir ahora en medio del destrozo de
| sus hijos[8].

14 *De manu mortis liberabo eos, de* | 14 No obstante yo los libraré del po-

---

1 Como hacen las naciones gentiles. | forzarme á echar mano del azote. Véase
2 Antes cap. *VI. v.* 4. | *Gracia.*
3 *Is. XLIII. v.* 10. | 6 *I. Reg. VIII. v.* 20.
4 *Deut. VIII. v.* 2.—*XXXII. v.* 15. | 7 Como tienen otros pueblos.
5 Tú solo pudiste con tu criminal ingratitud | 8 Que hará el enemigo.

morte redimam vos: ero mors tua, ó mors; morsus tuus ero, inferne: consolatio abscondita est ab oculis meis.

der de la muerte; dé las garras de la misma muerte los redimiré. ¡Oh muerte! yo he de ser la muerte tuya: seré tu destruccion, ¡oh infierno [1]! No veo cosa que pueda consolarme.

15 *Quia ipse inter fratres dividet: adducet urentem ventum Dominus de deserto ascendentem: et siccabit venas ejus, et desolabit fontem ejus, et ipse diripiet thesaurum omnis vasis desiderabilis.*

15 Porque el *infierno ó sepulcro* [2] dividirá unos hermanos de otros. El Señor enviará un viento abrasador [3] que se levantará del desierto, el cual agotará sus manantiales y secará sus fuentes. El rey *Salmanasar* arrebatará del *pais* todos los mas preciosos tesoros.

CAPÍTULO XIV.

Ruina de Samaria y de todo el reino de Israel: el Señor exhortá aun á su pueblo á que se convierta, y le promete grandes bienes.

1 *Pereat Samaria, quoniam ad amaritudinem concitavit Deum suum: in gladio pereant, parvuli eorum elidantur, et fœta ejus discindantur.*

1 ¡Oh! mal haya Samaria [4] por haber exasperado á su Dios: perezcan todos al filo de la espada: sean estrellados contra el suelo sus niños, y abiertos los vientres de sus mugeres preñadas.

2 *Convertere Israel ad Dominum Deum tuum: quoniam corruisti in iniquitate tua.*

2 Oh Israel, conviértete al Señor Dios tuyo; porque por tus maldades te has precipitado.

3 *Tollite vobiscum verba, et convertimini ad Dominum: et dicite ei: Omnem aufer iniquitatem, accipe bonum: et reddemus vitulos labiorum nostrorum.*

3 Pensad en lo que diréis al Señor [5]: convertíos á él, y decidle *contritos*: Quita de nosotros toda iniquidad, acepta este bien, ó *buen deseo nuestro*: y te presentarémos la ofrenda de nuestras alabanzas.

4 *Assur non salvabit nos, super equum non ascendemus, nec dicemus ultra: Dii nostri opera manuum nostrarum: quia ejus, qui in te est, misereberis pupilli.*

4 No confiarémos ya en que el assyrio nos salve: no montarémos *confiados* en los caballos *de los egypcios*: no llamarémos en adelante dioses nuestros á las obras de nuestras manos: porque tú, oh Señor, te apiadarás de este *pueblo*, como de *un* huérfano que se pone en tus manos.

5 *Sanabo contritiones eorum, diligam eos spontanee: quia aversus est furor meus ab eis.*

5 Yo curaré sus llagas (*responde el Señor*), los amaré por pura gracia; por cuanto se ha aplacado mi indignacion contra ellos.

6 *Ero quasi ros, Israel germinabit*

6 Seré como el rocío para Israel; el

---

1 Todo esto conviene literalmente á Jesu-Christó en su triunfante resurreccion; y este triunfo se completará al fin del mundo. I. Cor. XV. v. 54.—Heb. II. v. 14.—Apoc. XX. v. 13. S. Pablo citó este texto con las palabras que usaron los *Setenta* en su version griega. Véase el *Discurso preliminar al Antiguo Testamento*, núm. 17.

2 Ó Ephraim con el cisma.

3 Ezech. XIX. v. 12.

4 Corte de los reyes de Israel.

5 Para pedirle perdon.

sicut lilium, et erumpet radix ejus ut Libani.

7 *Ibunt rami ejus, et erit quasi oliva gloria ejus, et odor ejus ut Libani.*

8 *Convertentur sedentes in umbra ejus, vivent tritico, et germinabunt quasi vinea: memoriale ejus sicut vinum Libani.*

9 *Ephraim, quid mihi ultra idola? ego exaudiam, et dirigam eum ego ut abietem virentem: ex me fructus tuus inventus est.*

10 *Quis sapiens, et intelliget ista? intelligens, et sciet hæc? quia rectæ viæ Domini, et justi ambulabunt in eis: prævaricatores verò corruent in eis.*

---

cual brotará como el lirio, y echará raices como un árbol del Líbano.

7 Se extenderán sus ramas; será bello y fecundo como el olivo, y odorífero como el *árbol del* incienso.

8 Se conservarán al Señor, y reposarán bajo su sombra; se alimentarán del trigo [1]: se propagarán como la vid: la fragancia de su nombre será como la del vino del Líbano [2].

9 Ephraim *dirá entonces:* ¿Qué tengo yo ya que ver con los ídolos? Y yo le escucharé benignamente: yo le haré crecer como un *alto* y verde abeto: de mí tendrán origen tus frutos, oh *Israel.*

10 ¿Quién es el sabio que estas cosas comprenda [3]? ¿Quién tiene talento para penetrarlas? Porque los caminos del Señor son rectos, y por ellos andarán los justos: mas los prevaricadores hallarán en ellos su ruina [4].

---

1 Aquí se simboliza el misterio de la Eucharistía, Joann. VI. v. 50.

2 Líbanos en hebréo y en griego significa tambien el incienso. Otros traducen: *como la de los árboles aromáticos del Líbano.*

3 Profundísimos son estos misterios; y solamente la luz de la gracia les hace inteligibles á los hijos de Dios: ninguna idea pueden formar de ellos los hombres carnales, para quienes son objeto de irrision, y ocasion de ruina.

4 *Prov.* X. v. 29.—*Luc.* II. v. 34.—II. *Cor.* II. v. 16.—I. *Petr.* II. v. 7.

FIN DE LA PROFECIA DE OSÉAS.

ADVERTENCIA
SOBRE LA PROFECIA DE JOEL.

Joel parece que profetizó en el reino de Judá, despues de la ruina del de Israel, y de haber sido llevadas cautivas á Babylonia sus diez tribus: esto es, por los años 3394 del mundo, y 619 antes de Jesu-Christo. Anunció la destruccion del reino de Judá, y la libertad que Dios concedería á su pueblo despues del cautiverio. Profetizó la venida del Espíritu Santo sobre los Apóstoles, y el juicio final. Tiene un estilo vehemente, expresivo y figurado. Los Expositores sagrados hallan en varias expresiones de Joel muchos sentidos proféticos.

Act. XI. v. 16.

LA PROFECIA DE JOEL.

CAPITULO PRIMERO.

Joel con varias parábolas anuncia los castigos con que Dios desolará toda la Judéa; y exhorta á todos, pero especialmente á los sacerdotes, á la penitencia.

1 *Verbum Domini, quod factum est ad Joel filium Phatuel.*

2 *Audite hoc, senes, et auribus percipite, omnes habitatores terræ, si factum est istud in diebus vestris, aut in diebus patrum vestrorum?*

3 *Super hoc filiis vestris narrate, et filii vestri filiis suis, et filii eorum generationi alteræ.*

4 *Residuum erucæ comedit locusta, et residuum locustæ comedit bruchus, et residuum bruchi comedit rubigo.*

1 Palabra de Dios, revelada á Joel hijo de Phatuel.

2 Escuchad, oh ancianos; y atended tambien vosotros moradores todos de la tierra de Judá. ¿Ha sucedido una cosa como esta en vuestros dias ó en tiempo de vuestros padres?

3 De ella hablaréis á vuestros hijos, y vuestros hijos á los hijos suyos, y los hijos de estos á los que vayan viniendo.

4 Lo que dejó la oruga se lo comió la langosta, y lo que dejó la langosta se lo comió el pulgon, y lo que dejó el pulgon lo consumió el añublo [1].

---

1 Ó tambien: la *roya*, ó la *royuela*. Segun S. Gerónimo, Teodoreto, y muchos otros Expositores, *Joel* habla proféticamente de los cuatro castigos que envió Dios á los judios en varias épocas, por medio de los *cháldéos*, de los *persas*, de *Antiochó Epiphanes* y demas succesores de Alejandro Magno, y finalmente por los *romanos*. Todas estas calamidades eran figura de la última del juicio final; á la cual parece que alude en el v. 15, y despues en el 2 del cap. II.

5 Expergiscimini ebrii, et flete, et ululate omnes, qui bibitis vinum in dulcedine: quoniam periit ab ore vestro.

6 Gens enim ascendit super terram meam, fortis et innumerabilis: dentes ejus ut dentes leonis: et molares ejus ut catuli leonis.

7 Posuit vineam meam in desertum, et ficum meam decorticavit: nudans spoliavit eam, et projecit: albi facti sunt rami ejus.

8 Plange quasi virgo accincta sacco super virum pubertatis suae.

9 Periit sacrificium et libatio de domo Domini: luxerunt sacerdotes ministri Domini.

10 Depopulata est regio, luxit humus: quoniam devastatum est triticum, confusum est vinum, elanguit oleum.

11 Confusi sunt agricolae, ululaverunt vinitores super frumento et hordeo, quia periit messis agri.

12 Vinea confusa est, et ficus elanguit: malogranatum, et palma, et malum, et omnia ligna agri aruerunt: quia confusum est gaudium à filiis hominum.

13 Accingite vos, et plangite sacerdotes, ululate ministri altaris: ingredimini, cubate in sacco ministri Dei mei: quoniam interiit de domo Dei vestri sacrificium et libatio.

14 Sanctificate jejunium, vocate coetum, congregate senes, omnes habitatores terrae in domum Dei vestri et clamate ad Dominum.

5 Despertaos, oh ebrios, y llorad: alzad el grito todos los que estais bebiendo alegremente el vino: porque se os quitará de vuestra boca.

6 Pues que va viniendo hácia mi tierra una gente fuerte é innumerable: como de leon así son sus dientes; son sus muelas como de un jóven y robusto leon [2].

7 Ella ha convertido en un desierto mi viña: ha descortesado mis higueras; las ha dejado desnudas y todas despojadas, y derribadas al suelo. Sus ramas, roidas y secas, se vuelven blancas.

8 Laméntate, oh Jerusalem, cual jóven esposa, que vestida de cilicio llora al esposo que tomó en su edad florida.

9 Faltaron los sacrificios y las libaciones en la Casa del Señor [3]: los sacerdotes ministros del Señor están llorando.

10 El pais está asolado, los campos lloran; por cuanto han sido destruidos los sembrados, quedan perdidas las viñas, y secos los olivos.

11 Andan cabisbajos los labradores, los viñadores prorumpen en tristes acentos; por haber faltado la cosecha del campo, el trigo y la cebada.

12 Las viñas causan lástima: secáronse los higuerales, y secos han quedado el granado, la palma, y el manzano, y todos los árboles de la campiña: la alegría se ha ido lejos de los hijos de los hombres [4].

13 Ceñios de cilicio y llorad vosotros, oh sacerdotes: prorumpid en tristes clamores, oh ministros del altar: venid á postraros sobre el cilicio, oh ministros de mi Dios: porque han desaparecido de la Casa de vuestro Dios el sacrificio y la libacion.

14 Intimad el santo ayuno, convocad al pueblo, congregad los ancianos, y á todos los moradores del pais en la Casa de vuestro Dios, y levantad al Señor vuestros clamores.

---

1 Por esta voz, cual es el hebréo es אריה que significa una multitud innumerable de langostas.

2 Literalmente se habla de la langosta; alegóricamente de los chāldéos. Plinio lib. II.

c. 29. habla de una especie de langostas de tres pies de largo, de terribles dientes etc. Véase Apoc. IX. v. 8.

3 Ex. XXIX. v. 38 y sig.

4 Is. XVI. v. 10.—Jer. XLVIII, v. 3.

15 *A, a, a, diei! quia propè est dies Domini: et quasi vastitas à potente veniet.*

15 ¡Ay, ay! qué dia tan terrible es ese dia que llega. ¡Ay! cercano está el dia del Señor, y vendrá como una espantosa borrasca enviada del Todo-Poderoso [1].

16 *Nunquid non coram oculis vestris alimenta perierunt de domo Dei nostri, lætitia et exultatio?*

16 Pues qué ¿no habeis visto ya con vuestros ojos [2] como han faltado de la Casa de Dios todos los alimentos, y la alegría, y el regocijo?

17 *Computruerunt jumenta in stercore suo, demolita sunt horrea, dissipata sunt apothecæ: quoniam confusum est triticum.*

17 Las bestias perecen de hambre en sus establos, los graneros han quedado exhaustos, vacías las despensas; porque faltaron los granos.

18 *Quid ingemuit animal, mugierunt greges armenti? Quia non est pascua eis: sed et greges pecorum disperierunt.*

18 ¿Cómo es que gimen las bestias, y mugen las vacas del hato? Porque no tienen pasto, y hasta los rebaños de las ovejas están pereciendo.

19 *Ad te, Domine, clamabo: quia ignis comedit speciosa deserti, et flamma succendit omnia ligna regionis.*

19 Á tí, oh Señor, levantaré mis clamores: porque el fuego [3] ha devorado todas las hermosas praderías del desierto, y las llamas han abrasado todos los árboles del pais.

20 *Sed et bestiæ agri, quasi area sitiens imbrem, suspexerunt ad te: quoniam exsiccati sunt fontes aquarum, et ignis devoravit speciosa deserti.*

20 Y aun las mismas bestias del campo levantan los ojos hácia tí [4], como la tierra sedienta de agua: porque se secaron los manantiales de las aguas, y el fuego ha devorado todas las hermosas praderías del desierto.

CAPITULO II.

Descripcion de la calamidad que amenaza al pueblo. Exhortacion á la penitencia: prosperidad prometida por Dios á los que se conviertan. El espiritu del Señor se difundirá sobre todos los hombres. Prodigios que anunciarán el dia terrible del Señor. Cualquiera que le invocare será salvo.

1 *Canite tubâ in Sion, ululate in monte sancto meo, conturbentur omnes habitatores terræ: quia venit dies Domini, quia propè est.*

1 Sonad la trompeta en Sion, prorumpid en alaridos desde mi santo monte, estreméscanse todos los moradores de la tierra; porque se acerca el dia del Señor, porque está ya para llegar.

2 *Dies tenebrarum et caliginis, dies nubis et turbinis: quasi mane expansum super montes populus multus et fortis: similis ei non fuit à principio, et post eum non erit usque in annos generationis et generationis.*

2 Dia de tinieblas y de oscuridad, dia de nublados y de torbellinos: un pueblo numeroso y fuerte se derrama por todos los montes de la Judéa, como se extiende la luz por la mañana: no le ha habido semejante desde el principio, ni le habrá en muchas generaciones.

---

1 *Is.* XIII. *v.* 6.
2 Esto es, *no veréis.* El pretérito por el futuro: Véase *Profeta.*

3 De esta tribulacion.
4 Con sus balidos las ovejas, los bueyes con sus mugidos etc.

3 *Ante faciem ejus ignis vorans, et post eum exurens flamma: quasi hortus voluptatis terra coram eo, et post eum solitudo deserti, neque est qui effugiat eum.*

4 *Quasi aspectus equorum, aspectus eorum: et quasi equites sic current.*

5 *Sicut sonitus quadrigarum super capita montium exilient, sicut sonitus flammæ ignis devorantis stipulam, velut populus fortis præparatus ad prælium.*

6 *A facie ejus cruciabuntur populi: omnes vultus redigentur in ollam.*

7 *Sicut fortes current: quasi viri bellatores ascendent murum: viri in viis suis gradientur, et non declinabunt à semitis suis.*

8 *Unusquisque fratrem suum non coarctabit, singuli in calle suo ambulabunt: sed et per fenestras cadent, et non demolientur.*

9 *Urbem ingredientur, in muro current: domos conscendent, per fenestras intrabunt quasi fur.*

10 *A facie ejus contremuit terra, moti sunt cæli: sol et luna obtenebrati sunt, et stellæ retraxerunt splendorem suum.*

11 *Et Dominus dedit vocem suam ante faciem exercitus sui: quia multa sunt nimis castra ejus, quia fortia et facientia verbum ejus: magnus enim dies Domini, et terribilis valdè: et quis sustinebit eum?*

12 *Nunc ergo dicit Dominus: Convertimini ad me in toto corde vestro, in jejunio, et in fletu, et in planctu.*

13 *Et scindite corda vestra, et non vestimenta vestra, et convertimini ad Dominum Deum vestrum: quia benignus et misericors est, patiens et mul-*

3 Delante de él va un fuego devorador, y lleva en pos de sí una abrasadora llama: la tierra que antes de su llegada era un paraiso de delicias, la deja hecha un asolado desierto, sin que nadie pueda librarse de él.

4 El aspecto de esa multitud *de langostas* es como de caballos [1]: y como caballería *ligera*, asi correrán.

5 Saltarán sobre las cordilleras de los montes con un ruido semejante al de los carros, como el ruido que hacen las llamas cuando abrasan los pajares, como una muchedumbre de gente armada cuando se ordena en batalla [2].

6 Á su arribo quedarán yertos de terror los pueblos, y todas las caras se pondrán del color *denegrido* de una olla [3].

7 Correrán como campeones: como fuertes guerreros, asi escalarán el muro: nadie se saldrá de sus filas, ni se desviará de su camino.

8 No se embarazarán los unos á los otros: cada uno tirará línea recta por su senda, y aun cayendo, ó *saltando* desde las ventanas, no se harán daño.

9 Asaltarán una ciudad, correrán por las murallas, subirán por las casas, entrarán por las ventanas como ladrones.

10 Á su llegada se estremecerá la tierra, los cielos se conmoverán, se oscurecerán el sol y la luna, y las estrellas retirarán su resplandor [4].

11 Porque el Señor ha hecho oir su voz al arribo de sus ejércitos: pues son innumerables sus batallones, los cuales son fuertes, y ejecutan sus órdenes. Porque es grande y muy terrible el dia del Señor. ¿Y quién podrá soportarle [5]?

12 Ahora pues convertíos á mí, dice el Señor, de todo vuestro corazon, con ayuno, con lágrimas, y con gemidos.

13 Y rasgad vuestros corazones, y no vuestros vestidos: y [6] convertíos al Señor Dios vuestro: puesto que el Señor es benigno, y misericordioso, y pacien-

---

1 Entrando en batalla. *Apoc.* IX. *v.* 7.

2 Véase *Plinio lib. II. cap.* 29.

3 *Is. III. v.* 8.—*Nahum II. v.* 10.

4 *Is. XIII. vers.* 10. — *Ezech. XXXII. v.* 7.—*Matth. XXIV. v.* 29. - *Marc. XIII.*

v. 24.—*Luc. XXI. v.* 25.

5 Véase despues *cap. III. v.* 15. — *Jerem. XXX. v.* 7.—*Amós V. v.* 18.—*Soph. I. v.* 15.

6 Contritos en vuestro interior.

ta misericordia, et præstabilis super malitid.

14 Quis scit si convertatur, et ignoscat, et relinquat post se benedictionem, sacrificium et libamen Domino Deo vestro?

15 Canite tubâ in Sion, sanctificate jejunium; vocate cœtum:

16 Congregate populum, sanctificate ecclesiam, coadunate senes, congregate parvulos, et sugentes ubera: egrediatur sponsus de cubili suo, et sponsa de thalamo suo.

17 Inter vestibulum et altare plorabunt sacerdotes ministri Domini, et dicent: Parce, Domine, parce populo tuo: et ne des hæreditatem tuam in opprobrium, ut dominentur eis nationes; quare dicunt in populis: Ubi est Deus eorum?

18 Zelatus est Dominus terram suam, et pepercit populo suo.

19 Et respondit Dominus, et dixit populo suo: Ecce ego mittam vobis frumentum, et vinum, et oleum, et replebimini eis: et non dabo vos ultrà opprobrium in gentibus.

20 Et eum, qui ab Aquilone est, procul faciam à vobis: et expellam eum in terram inviam et desertam: faciem ejus contra mare Orientale, et extremum ejus ad mare novissimum: et ascendet fœtor ejus, et ascendet putredo ejus, quia superbè egit.

21 Noli timere terra, exulta et lætare: quoniam magnificavit Dominus ut faceret.

22 Nolite timere animalia regionis: quia germinaverunt speciosa deserti, quia lignum attulit fructum suum, ficus et vinea dederunt virtutem suam.

23 Et filii Sion exultate, et lætamini

14 ¿Quién sabe si se inclinará á piedad, y os perdonará, y os dejará gozar de la bendicion, y el poder ofrecer sacrificios y libaciones al Señor Dios vuestro?

15 Sonad la trompeta en Sion [3], intimad un santo ayuno, convocad á junta;

16 congregad el pueblo, purificad toda la gente, reunid los ancianos, haced venir los párvulos, y los niños de pecho: salga del lecho nupcial el esposo, y de su tálamo la esposa.

17 Lloren entre el vestíbulo y el altar los sacerdotes [4], ministros del Señor, y digan: Perdona, Señor, perdona á tu pueblo, y no abandones al oprobio la herencia tuya, entregándola al dominio de las naciones. Porque tendrán pretexto las gentes para decir: El Dios de ellos ¿dónde está [5]?

18 El Señor mira con ardiente amor á su tierra, y ha perdonado á su pueblo.

19 Y ha hablado el Señor, y ha dicho á su pueblo: Yo os enviaré trigo, y vino, y aceite, y seréis abastecidos de ello, y nunca mas permitiré que seais el escarnio de las naciones.

20 Y arrojaré lejos de vosotros á aquel enemigo que vino del Septentrion, y le echaré á un país despoblado y yermo [6]: su vanguardia hácia el mar de Oriente, y la retaguardia hácia el mar mas distante; y allí se pudrirá y despedirá fétido olor por haber obrado con tanta soberbia.

21 No tienes ya que temer, oh tierra de Judá, gózate y alégrate: porque el Señor ha obrado grandes maravillas á favor tuyo.

22 Vosotros, oh animales del campo, no temais ya; porque las campiñas del desierto van á cubrirse de yerba, darán su fruto los árboles, los higuerales y las viñas han brotado con todo vigor.

23 Y vosotros, oh hijos de Sion, go-

---

1 Ps. LXXXV. v. 5.—Jonas IV. v. 2.
2 Véase Dios.
3 Num. X. v. 7.
4 Ezech. VIII. v. 16. Entre el vestíbulo de la parte del templo llamada Santo, y el altar de los holocaustos, el cual estaba en el átrio de los Sacerdotes.
5 Ps. CXIII. v. 2.
6 Jerem. I. v. 14.—X. v. 22.

in Domino Deo vestro: quia dedit vobis doctorem justitiæ, et descendere faciet ad vos imbrem matutinum et serotinum, sicut in principio.

24 Et implebuntur areæ frumento, et redundabunt torcularia vino et oleo.

25 Et reddam vobis annos, quos comedit locusta, bruchus, et rubigo, et eruca: fortitudo mea magna, quam misi in vos.

26 Et comedetis vescentes, et saturabimini: et laudabitis nomen Domini Dei vestri, qui fecit mirabilia vobiscum: et non confundetur populus meus in sempiternum.

27 Et scietis quia in medio Israel ego sum: et ego Dominus Deus vester, et non est amplius: et non confundetur populus meus in æternum.

28 Et erit post hæc: Effundam spiritum meum super omnem carnem: et prophetabunt filii vestri, et filiæ vestræ: senes vestri somnia somniabunt, et juvenes vestri visiones videbunt.

29 Sed et super servos meos et ancillas in diebus illis effundam spiritum meum.

30 Et dabo prodigia in cælo et in terra, sanguinem, et ignem, et vaporem fumi.

31 Sol convertetur in tenebras, et luna in sanguinem: antequam veniat dies Domini magnus, et horribilis.

32 Et erit: omnis qui invocaverit nomen Domini, salvus erit: quia in monte Sion, et in Jerusalem erit salvatio, sicut dixit Dominus, et in residuis,

---

záos y alegráos en el Señor Dios vuestro, porque os ha dado que nazca de vosotros el Maestro de la justicia ó santidad, y os enviará las lluvias de otoño y de primavera como antiguamente.

24 Y se llenarán de trigo las eras, y los lagares ó prensas rebosarán de vino y de aceite.

25 Y os compensaré los años estériles que ocasionó la langosta, el pulgon, y la roya, y la oruga, terribles ejércitos que envié contra vosotros.

26 Y comeréis abundantemente hasta saciaros del todo, y bendeciréis el nombre del Señor Dios vuestro, que ha hecho á favor de vosotros cosas tan admirables; y nunca jamás será confundido mi pueblo [1].

27 Y conoceréis que yo resido en medio de Israel, y que yo soy el Señor Dios vuestro, y que no hay otro sino yo; y jamás por jamás volverá á ser confundido el pueblo mio.

28 Y despues de esto sucederá que derramaré yo mi espíritu Divino sobre toda clase de hombres [2]; y profetizarán vuestros hijos y vuestras hijas; vuestros ancianos tendrán sueños misteriosos, y tendrán visiones vuestros jóvenes.

29 Y aun tambien sobre mis siervos y siervas [3] derramaré en aquellos dias mi espíritu.

30 Y haré aparecer prodigios en el cielo y sobre la tierra, sangre, y fuego, y torbellinos de humo.

31 El sol se convertirá en tinieblas, y la luna en sangre, antes de la llegada de aquel grande y espantoso dia del Señor [4].

32 Y sucederá que cualquiera que invocare el Nombre del Señor, será salvo [5]; porque en el monte Sion y en Jerusalem [6] hallarán la salvacion, como

---

1 Promesa de la duracion perpétua de la Iglesia de Jesu-Christo.

2 Véase la aplicacion que hizo S. Pedro de esta bellisima profecia, Act. II. v. 17.—II. Cor. XIV.—Isai. XLIV. vers. 3. Téngase presente que en los Evangelios, y en todo el Nuevo Testamento se habla muchas veces de la primera venida de Jesu-Christo, y luego se pasa á hablar de la segunda; proponiéndosenos tan pronto á Jesu-Christo como Redentor amoroso para alentar nuestra esperanza, como Juez de vivos y muertos para movernos á la penitencia.

3 Sobre los hijos de las naciones gentiles.
4 Antes v. 10.
5 Rom. X. v. 13.
6 Esto es, en la Iglesia de Jesu-Christo.

quos Dominus vocaverit.

ha dicho el Señor, los restos del pueblo de Judá; los cuales serán llamados por el Señor á su Iglesia [1].

CAPÍTULO III.

Amenazas del Señor contra las naciones que afligen á su pueblo. Fuente de salud, que manará de la Casa del Señor. La Judéa será habitada para siempre.

1 *Quia ecce in diebus illis, et in tempore illo, cùm convertero captivitatem Juda et Jerusalem,*

2 *congregabo omnes gentes, et deducam eas in vallem Josaphat: et disceptabo cum eis ibi super populo meo, et hæreditate mea Israel, quos disperserunt in nationibus, et terram meam diviserunt.*

3 *Et super populum meum miserunt sortem: et posuerunt puerum in prostibulo, et puellam vendiderunt pro vino ut biberent.*

4 *Verùm quid mihi et vobis Tyrus et Sidon, et omnis terminus Palæsthinorum? nunquid ultionem vos reddetis mihi? et si ulciscimini vos contra me, citò velociter reddam vicissitudinem vobis super caput vestrum.*

5 *Argentum enim meum et aurum tulistis: et desiderabilia mea et pulcherrima intulistis in delubra vestra.*

6 *Et filios Juda, et filios Jerusalem vendidistis filiis Græcorum; ut longè faceretis eos de finibus suis.*

7 *Ecce ego suscitabo eos de loco, in quo vendidistis eos: et convertam retributionem vestram in caput vestrum.*

8 *Et vendam filios vestros, et filias vestras in manibus filiorum Juda, et venumdabunt eos Sabæis, genti longinquæ: quia Dominus locutus est.*

1 Porque en aquellos días y en aquel tiempo, cuando yo habré libertado á Judá y á Jerusalem del cautiverio;

2 he aquí que reuniré todas las gentes y las conduciré al valle de Josaphat [2], y allí disputaré con ellas á favor de mi pueblo, y á favor de Israel heredad mia, que ellas dispersaron por estas, y las otras regiones, habiéndose repartido entre sí mi tierra.

3 Y dividiéronse por suertes el pueblo mio, y pusieron á los muchachos en el lugar de la prostitucion, y vendieron las doncellas por una porcion de vino para beber.

4 Pero ¿qué es lo que yo he de hacer con vosotros, oh tyrios, y sidonios, y philisthéos de todos los confines? ¿Por ventura queréis vengaros de mí [3]? Y si os vengais de mí, luego muy en breve yo haré recaer la paga ó castigo sobre vuestras cabezas.

5 Porque vosotros habeis robado mi plata y mi oro; y habeis trasportado á vuestros templos mis cosas mas bellas y apreciables.

6 Y habeis vendido á los griegos ó gentiles los hijos de Judá y de Jerusalem, para tenerlos distantes de su patria.

7 Sabed que yo los sacaré del país en que los vendisteis; y haré que recaiga la paga sobre vuestra cabeza.

8 Y entregaré vuestros hijos y vuestras hijas en poder de los hijos de Judá, quienes los venderán á los sabéos, nacion remota [4]: porque así lo ha dicho el Señor.

---

1 Rom. XI. v. 26.

2 8. Gerónimo, en el cap. XXXI. v. 38. de Jeremías, dice que este valle estaba entre Jerusalem y el monte de los Olivos, y que en él estaba el huerto donde Judas fue á pren-

der á Jesus. Véase *Josaphat.*

3 Destruyendo mi pueblo.

4 De los *sabéos* se hace mencion en el libro de *Job* c. I. v. 15, como de unos ladrones.

9 *Clamate hoc in gentibus, sanctificate bellum, suscitate robustos; accedant, ascendant omnes viri bellatores.*

10 *Concidite aratra vestra in gladios, et ligones vestros in lanceas. Infirmus dicat: Quia fortis ego sum.*

11 *Erumpite, et venite omnes gentes de circuitu, et congregamini: ibi occumbere faciet Dominus robustos tuos.*

12 *Consurgant, et ascendant gentes in vallem Josaphat; quia ibi sedebo ut judicem omnes gentes in circuitu.*

13 *Mittite falces, quoniam maturavit messis; venite, et descendite, quia plenum est torcular; exuberant torcularia, quia multiplicata est malitia eorum.*

14 *Populi populi in valle concisionis; quia juxta est dies Domini in valle concisionis.*

15 *Sol et luna obtenebrati sunt, et stellæ retraxerunt splendorem suum.*

16 *Et Dominus de Sion rugiet, et de Jerusalem dabit vocem suam: et movebuntur cæli, et terra: et Dominus spes populi sui, et fortitudo filiorum Israel.*

17 *Et scietis quia ego Dominus Deus vester, habitans in Sion monte sancto meo: et erit Jerusalem sancta, et alieni non transibunt per eam amplius.*

18 *Et erit in die illa: Stillabunt montes dulcedinem, et colles fluent lacte: et per omnes rivos Juda ibunt aquæ: et fons de domo Domini egredietur, et irrigabit torrentem spinarum.*

9 Bien podeis pregonar en alta voz entre las naciones [1]: Aparejáos para la guerra, animad á los valientes: vengan, pónganse en marcha los guerreros todos:

10 trasformad vuestros arados en espadas, y en lanzas vuestros azadones: diga aun el débil: Fuerza tengo yo.

11 Salid fuera y venid, y congregáos, oh naciones todas cuantas seais: allí derribará el Señor por el suelo á todos vuestros campeones.

12 Levántense las gentes y vengan al valle de Josaphat; porque allí me sentaré yo á juzgar á todas las naciones puestas á la redonda.

13 Echad la hoz, porque están ya maduras las mieses [2]: venid y bajad, porque el lagar está lleno: rebosan los lagares: es decir, ha llegado ya á su colmo la malicia de ellos.

14 Pueblos, pueblos innumerables, compareced en el valle de la mortandad, porque cercano está el dia del Señor, venid al valle de la matanza.

15 Oscurecerse han el sol y la luna, y las estrellas retirarán su resplandor [3].

16 Y el Señor rugirá [4] desde Sion, y hará oir su voz desde Jerusalem, y se estremecerán los cielos y la tierra. Mas el Señor es la esperanza de su pueblo, y la fortaleza de los hijos de Israel.

17 Y conoceréis que yo soy el Señor Dios vuestro, que habito en mi monte santo de Sion; y Jerusalem será entonces santa [5], y no pondrán mas el pie dentro de ella los extraños ó profanos.

18 En aquel dia sucederá que los montes destilarán miel [6], y manarán leche los collados, y correrán llenos de aguas saludables todos los arroyos de Judá; y del Templo del Señor brotará una fuente maravillosa que regará el valle de las espinas [7].

---

1 Todo esto lo dice por *ironía* contra los que pensasen oponerse al Hijo de Dios.

2 Jesu-Christo explicó este lugar *Matth. XIII. v. 39 y 41.* Véase *Apoc. XIV. v. 15.*

3 Antes c. *II. v. 10 y 31.—Matth. XXIV. v. 29.*

4 Como leon de Judá. *Apoc. V. v. 5.—Jerem. XXV. v. 30.—Amós I. v. 2.*

5 *Hebr. XII. v. 22.—Apoc. XXII. vers.*

15. *—XXI. v. 3 y 27.*

6 *Amós IX. v. 13.*

7 En el texto hebréo se lee en el valle de *Setim*, que puede ser nombre propio de una llanura del territorio de Moab á la otra parte del Jordan, y con ella pudo el Profeta simbolizar la region de los bienaventurados. *Num. XXV. v. 1.—Josue II. v. 1.—Mich. VI. v. 5.* Otros lo entienden de los rios de

19 *AEgyptus in desolationem erit, et Idumæa in desertum perditionis: pro eò quòd iniquè egerint in filios Juda, et effuderint sanguinem innocentem in terra sua.*

20 *Et Judæa in æternum habitabitur, et Jerusalem in generationem, et generationem.*

21 *Et mundabo sanguinem eorum, quem non mundaverant: et Dominus commorabitur in Sion.*

19 El Egypto será abandonado á la desolacion, y la Iduméa será convertida en un hórrido desierto: porque trataron inicuamente á los hijos de Judá, y derramaron en sus regiones la sangre inocente.

20 Empero la Judéa será habitada eternamente: para siempre será poblada Jerusalem.

21 Y vengaré la sangre de aquellos justos, de la cual no habia yo tomado venganza: y el Señor habitará en Sion con ellos *eternamente* [1].

---

paz y de bienes que saldrán de la casa de Dios ó de su trono, *Apoc. XXI. v.* 45. y llenan de gozo á los míseros habitantes de este mundo que es *un valle de espinas* ó de miserias. *Jerusalem* y *Judéa* significan aquí la mansion de los hijos de Dios. *Apoc. XXI.*

v. 4 *y* 5. — *XXII. v.* 1.

1 Lo que S. Juan escribió en su *Apocalypsi* parece una explicacion ó amplificacion de esta última profecia de *Joel*; cuya aplicacion no ha querido aun Dios declararnos enteramente.

FIN DE LA PROFECIA DE JOEL.

ADVERTENCIA

SOBRE LA PROFECÍA DE AMÓS.

Amós era pastor en Thecué, pueblo cercano á Bethlehem; y profetizó en Bethel, en donde Jeroboam rey de Israel adoraba los ídolos. Algunos fijan el principio de sus profecías en el año 23 del reinado de Ozías: esto es, en el de 3216 del mundo. Le predijo á Jeroboam que si no desistia de su maldad, serian él y toda su familia llevados cautivos. Amasías, sacerdote de Bethel, le acusó de rebelde al Rey; pero no se sabe ni el tiempo ni el género de su muerte. La Iglesia celebra su memoria, como de mártir, el dia 31 de marzo.

Sus profecías estan escritas con grande sencillez, y llenas de comparaciones análogas al oficio de pastor: no se halla en ellas aquella viveza de imágenes y fuerza de expresion que en otros Profetas; pero resplandece y sobresale la Divina Sabiduría, que quiso hablar por la boca de un sencillo pastor [1]. Algunos ven vaticinada en el capítulo IX la segunda vénida de Jesu-Christo al mundo en gloria y majestad.

1 S. Agustin. De doct. christ. lib. IV. c. 7.

LA PROFECÍA DE AMÓS.

CAPÍTULO PRIMERO.

Amós intima los castigos del Señor á los assyrios, philisthéos, tyrios, iduméos, y ammonitas, principalmente por las extorsiones cometidas contra su pueblo.

1 Verba Amos, qui fuit in pastoribus de Thecue, quæ vidit super Israel in diebus Oziæ regis Juda, et in diebus Jeroboam filii Joas regis Israel, ante duos annos terræ motus.

2 Et dixit: Dominus de Sion rugiet, et de Jerusalem dabit vocem suam: et

1 Palabras de Amós, que fué un pastor de Thecué [1], y contienen la revelacion que tuvo en órden á Israel, en tiempo de Ozías, Rey de Judá, y en tiempo de Jeroboam, bijo de Joas, Rey de Israel, dos años antes del terremoto [2].

2 Dijo pues: El Señor rugirá desde Sion, y hará oir su voz desde Jerusa-

1 Ciudad de Judá. Hácia el año 787, ántes de Jesu-Christo.

2 Zach. XIV. v. 5. — Josepho lib. IX. Antiq. c. 11.

luxerunt speciosa pastorum, et exsic-
catus est vertex Carmeli.

3 *Hæc dicit Dominus: Super tribus
sceleribus Damasci, et super quatuor
non convertam eum: eò quòd tritura-
verint in plaustris ferreis Galaad.*

4 *Et mittam ignem in domum Azael,
et devorabit domos Benadad.*

5 *Et conteram vectem Damasci: et
disperdam habitatorem de campo idoli,
et tenentem sceptrum de domo voluptatis: et transferetur populus Syriæ Cyrenen, dicit Dominus.*

6 *Hæc dicit Dominus: Super tribus
sceleribus Gazæ, et super quatuor non
convertam eum: eò quòd transtulerint
captivitatem perfectam, ut concluderent
eam in Idumæa.*

7 *Et mittam ignem in murum Gazæ, et devorabit ædes ejus.*

8 *Et disperdam habitatorem de Azoto, et tenentem sceptrum de Ascalone:
et convertam manum meam super Accaron, et peribunt reliqui Philisthinorum, dicit Dominus Deus.*

9 *Hæc dicit Dominus: Super tribus
sceleribus Tyri, et super quatuor non
convertam eum: eò quòd concluserint
captivitatem perfectam in Idumæa, et
non sint recordati fœderis fratrum.*

10 *Et mittam ignem in murum Tyri, et devorabit ædes ejus.*

11 *Hæc dicit Dominus: Super tribus*

lem, y se marchitarán los mas hermosos pastos, ó *praderías*, y se agostarán
las cimas del Carmelo [1].

3 Esto dice el Señor: Despues de tres,
cuatro *y mas* maldades que ha cometido Damasco, *ya no la convertiré* [2];
pues ella con carros de trillar ha des-
pedazado á los *israelitas* de Galaad [3].

4 Yo entregaré pues á las llamas la
casa [4] de Azael, y serán abrasados los
palacios de Benadad.

5 Y destruiré todo el poder de Damasco [5], y exterminaré los habitantes de las
campiñas del ídolo [6], y al que empuña
el cetro *le arrojaré* de la casa de las
delicias [7]; y el pueblo de Syria será
trasportado á Cyrene, dice el Señor.

6 Esto dice el Señor: Despues de tres,
cuatro *y mas* maldades que ha cometido Gaza, *ya no la convertiré* [8]; pues
ella se ha llevado cautiva toda la gente
de Israel para encerrarla en Iduméa [9].

7 Yo enviaré fuego contra los muros
de Gaza, el cual reducirá á ceniza sus
edificios.

8 Y exterminaré á los moradores de
Azoto, y al que empuña el cetro de Ascalon: y descargaré mi mano sobre Accaron: y aniquilaré los restos de los
philistéos, dice el Señor Dios.

9 Esto dice el Señor: Despues de tres,
cuatro *y mas* maldades de Tyro, *ya no
la convertiré* [10]; pues ha encerrado en
cautiverio, en la Iduméa, toda la gente
de mi pueblo, sin haberse acordado de
la antigua fraternal alianza [11].

10 Yo enviaré fuego contra los muros de Tyro, el cual reducirá á cenizas
sus edificios.

11 Esto dice el Señor: Despues de tres,

---

1 *Is. XVI. v. 10.—XXIX. v. 17.* Véase
Carmelo.
2 No revocaré mi sentencia.
3 *IV. Reg. VIII. v. 12.*
4 Ó familia real. *III. Reg. XV. v. 15.*
5 *IV. Reg. XVI. v. 9.*
6 En el hebréo se lee בקעת־און *Bicajst
Aven,* esto es, *valle de iniquidad ó de in-
utilidad,* con cuyo nombre se llama el *ídolo.*
Véase Ídolo.
7 En hebréo ביתעדן *Betheden, casa de delicias,* nombre propio de alguna ciudad, segun se cree.
8 La castigaré sin remedio.
9 *Jerem. XXV. XLVII.* En tiempo de
Sennacherib los philistéos entregaron varios
judios que se habian refugiado entre ellos á
los iduméos; los cuales les dieron una muerte cruel.
10 La castigaré sin falta.
11 *II. Reg. V. v. 11.—III. Reg. V. v. 1.
y 9.—IX. v. 13.* Véase *Jerem. XXVII. v.
3.—XLVII. vers. 4.* y *Ezech. cap. XXVI,
XXVII, XXVIII y XXIX.*

sceleribus Edom, et super quatuor non convertam eum: eò quòd persecutus sit in gladio fratrem suum, et violaverit misericordiam ejus, et tenuerit ultrà furorem suum, et indignationem suam servaverit usque in finem.

12 Mittam ignem in Theman, et devorabit ædes Bosræ.

13 Hæc dicit Dominus: Super tribus sceleribus filiorum Ammon, et super quatuor non convertam eum: eò quòd dissecuerit prægnantes Galaad ad dilatandum terminum suum.

14 Et succendam ignem in muro Rabba: et devorabit ædes ejus in ululatu in die belli, et in turbine in die commotionis.

15 Et ibit Melchom in captivitatem, ipse, et principes ejus simul, dicit Dominus.

cuatro y mas maldades de Edom, ya no la convertiré, ó perdonaré; porque ha perseguido espada en mano á su hermano Israel[1], y le ha negado la compasion que le debia tener, conservando contra él hasta el fin su odio reconcentrado, y su indignacion.

12 Yo enviaré fuego contra Theman, que reducirá á pavesas los edificios de Bosra[2].

13 Esto dice el Señor: Despues de tres, cuatro y mas maldades de los ammonitas, ya no los convertiré ó perdonaré; porque ellos para extender sus dominios abrieron los vientres de las preñadas de Galaad[3].

14 Yo enviaré el fuego á los muros de Rabba, el cual abrasará sus edificios[4], en medio de los alaridos del tiempo de la batalla, y del tumulto en el dia de la destruccion.

15 Y el ídolo Melchôm[5] irá al cautiverio, juntamente con sus Príncipes, dice el Señor.

CAPÍTULO II.

Dios castigará á Moab, y tambien á Judá y á Israel, como ingratos á sus beneficios, y rebeldes á su santa Ley.

1 Hæc dicit Dominus: Super tribus sceleribus Moab, et super quatuor, non convertam eum: eò quòd incenderit ossa regis Idumææ usque ad cinerem.

2 Et mittam ignem in Moab, et devorabit ædes Carioth, et morietur in sonitu Moab, in clangore tubæ.

3 Et disperdam judicem de medio ejus, et omnes principes ejus interficiam cum eo, dicit Dominus.

4 Hæc dicit Dominus: Super tribus sceleribus Juda, et super quatuor, non convertam eum: eò quòd abjecerit legem

1 Esto dice el Señor: Despues de tres, cuatro y mas maldades de Moab, ya no la convertiré[6]: porque vengativo quemó los huesos del Rey de Iduméa[7], reduciéndolos á cenizas.

2 Yo enviaré pues fuego contra Moab, que devorará los edificios de Carioth: y Moab perecerá en medio del estruendo y del sonido de las trompetas de guerra.

3 Y quitaré de en medio á su Juez[8] ó Monarca, y junto con él mataré á todos sus Príncipes, dice el Señor.

4 Esto dice el Señor: Despues de tres, cuatro y mas maldades de Judá, ya no la convertiré: por cuanto ha desechado

---

1 Gen. XVII. v. 41.—Deut. XXIII. v. 7.
2 Num. XX. v. 18.
3 I. Reg. XI.
4 Judic. XI. v. 12.—Jer. XLIX.
5 Véase Moloch.—Jer. XLIX. v. 3. 17.

6 No mudaré mi sentencia. Véase Dios.—Soph. II. v. 8.
7 IV. Reg. III. v. 27.
8 IV. Reg. I. vers. 1.—Isaías XV.—Jerem. XLVIII.

Domini, et mandata ejus non custodierit: deceperunt enim eos idola sua, post quæ abierunt patres eorum.

5 Et mittam ignem in Judá, et devorabit ædes Jerusalem.

6 Hæc dicit Dominus: Super tribus sceleribus Israel, et super quatuor non convertam eum: pro eo quòd vendidérit pro argento justum, et pauperem pro calceamentis.

7 Qui conterunt super pulverem terræ capita pauperum, et viam humilium declinant: et filius ac pater ejus ierunt ad puellam, ut violarent nomen sanctum meum.

8 Et super vestimentis pignoratis decubuerunt juxta omne altare: et vinum damnatorum bibebant in domo Dei sui.

9 Ego autem exterminavi Amorrhæum à facie eorum: cujus altitudo, cedrorum altitudo ejus, et fortis ipse quasi quercus: et contrivi fructum ejus desuper, et radices ejus subter.

10 Ego sum, qui ascendere vos feci de terra Ægypti, et duxi vos in deserto quadraginta annis ut possideretis terram Amorrhæi.

11 Et suscitavi de filiis vestris in prophetas, et de juvenibus vestris nazaraeos: numquid non ita est filii Israel, dicit Dominus?

12 Et propinabitis nazaraeis vinum: et prophetis mandabitis, dicentes: Ne prophetetis.

13 Ecce ego stridebo subter vos, sicut stridet plaustrum onustum fæno.

14 Et peribit fuga à veloce, et fortis non obtinebit virtutem suam: et robustus non salvabit animam suam:

15 et tenens arcum non stabit, et ve...

la Ley del Señor, y no ha observado sus mandamientos; pues que le han seducido sus ídolos, en pos de los cuales anduvieron sus padres.

5 Yo enviaré fuego contra Judá, que devorará los edificios de Jerusalem.

6 Esto dice el Señor: Despues de tres, cuatro y mas maldades de Israel, ya no le convertiré; por cuanto ha vendido por dinero al justo, y por un par de sandalias al pobre.

7 Abaten hasta el suelo las cabezas de los pobres, y se esquivan del trato con los humildes [1]. El hijo y el padre durmieron con la misma jóven, deshonrando mi santo Nombre.

8 Y recostábanse sobre las ropas y vestidos tomados en prenda al pobre [2], celebrando convites junto á cualquier altar; y en la Casa de su Dios bebian el vino de aquellos que habian condenado.

9 Empero yo fuí el que exterminé delante de ellos á los amorrhéos, los cuales eran altos como los cedros, y fuertes como la encina [3]: Yo destruí sus frutos que salen sobre la tierra, y hasta las raices que están debajo de ella [4].

10 Yo soy aquel que os saqué de la tierra de Egypto, y os conduje por el Desierto cuarenta años, para poneros en posesion de la tierra de los amorrhéos [5].

11 É hice salir profetas de entre vuestros hijos, y nazaréos [6] de entre vuestros jóvenes. ¿No es esto asi, oh hijos de Israel, dice el Señor?

12 Y vosótros hicisteis que los nazaréos bebiesen vino; y á los profetas les intimásteis y dijísteis: No teneis que profetizar [7].

13 Y he aquí que os haré crugir, como hace un carro muy cargado de gavillas [8] en todo lugar por donde pasa.

14 Ni el hombre mas ligero podrá escapar, y en vano hará esfuerzos el fuerte, y no podrá el valiente salvarse.

15 No podrá resistir el que dispara el...

---

1 Asi lo entiende S. Gerónimo.
2 Ex. XXII. v. 26.—Deut. XXIV. v. 13.
3 Num. XIII. v. 34.
4 Num. XXI. v. 24.—Deut. II. v. 24.
5 Ex. XIV. v. 21.—Deut. VIII. v. 2.
6 Véase Nazaréo.
7 Ó alabar á Dios. Véase Profeta.
8 Expresion figurada y llena de energía.

...pedibus suis non salvabitur, et as-
censor equi non salvabit animam suam:
16 et robustus corde inter fortes nu-
dus fugiet in illa die, dicit Dominus.

arco; no se salvará el ligero de pies, ni
podrá al de á caballo ponerse en salvo,
16 El de corazon mas valiente entre
los campeones huirá desnudo en aquel
dia, dice el Señor.

CAPITULO III.

Echa el Señor en cara á los israelitas sus grandes maldades, habiendo
sido un pueblo tan amado de él y favorecido; y le intima que serán po-
cos los que se salvarán en las calamidades que han de sucederles.

1 *Audite verbum, quod locutus est*
Dominus super vos, filii Israel; super
omnem cognationem, quam eduxit de
terra Ægypti, dicens:

2 *Tantummodò vos cognovi ex omni-*
bus cognationibus terræ: idcircò visita-
bo super vos omnes iniquitates vestras.

3 *Numquid ambulabunt duo pariter,*
nisi convenerit eis?

4 *Numquid rugiet leo in saltu, nisi*
habuerit prædam? numquid dabit ca-
tulus leonis vocem de cubili suo, nisi
aliquid apprehenderit?

5 *Numquid cadet avis in laqueum*
terræ absque aucupe? numquid aufere-
tur laqueus de terra antequam quid
ceperit?

6 *Si clanget tuba in civitate, et popu-*
lus non expavescet? si erit malum in
civitate, quod Dominus non fecerit?

7 *Quia non facit Dominus Deus ver-*
bum, nisi revelaverit secretum suum
ad servos suos prophetas.

8 *Leo rugiet, quis non timebit? Do-*
minus Deus locutus est, quis non pro-
phetabit?

9 *Auditum facite in ædibus Azoti, et*
in ædibus terræ Ægypti, et dicite:
Congregamini super montes Samariæ,

1 Escuchad, oh hijos de Israel, la
palabra que ha pronunciado el Señor
acerca de vosotros, acerca de toda aquella nacion que sacó él de la tierra de E-
gypto, diciendo:

2 De entre todos los linages de la tierra sois vosotros los únicos á quienes he
reconocido [1]: por lo mismo os he de castigar mas por todas vuestras maldades.

3 ¿Pueden acaso dos caminar juntos,
si no van acordes entre sí [2]?

4 ¿Por ventura rugirá el leon en el
bosque, si no vé la presa? ¿Acaso el jóven leon alzará su rugido dentro de su
cueva, sin que haya apresado algo?.

5 ¿Caerá por ventura el pájaro en el
lazo tendido sobre la tierra, si no hay
quien le arme? ¿Y el lazo le quitarán
acaso del suelo, antes de haber cogido algo?

6 ¿Sonará la trompeta de guerra en
una ciudad, sin que la poblacion se
conmueva? ¿Descargará alguna calamidad sobre la ciudad, que no sea por
disposicion del Señor?

7 Mas el Señor Dios no hace estas cosas sin revelar sus secretos á los profetas siervos suyos.

8 Ruge el leon *de Judá:* ¿quién no
temerá? El Señor Dios ha hablado:
¿quién se retraerá de profetizar [3]?

9 Hacedlo saber á las familias de los
philistheos de Azoto, y á las del pais de
Egypto, y decid: Reunios sobre los

1 Como pueblo mio.
2 ¿Cómo he de continuar yo con vosotros?
Como si dijese: En otro tiempo yo estaba
acorde con Israel, porque seguia mis consejos: ahora me ha vuelto la espalda, y se ha

ido tras de los idolos; y por eso estoy contra él.
3 ¿Lo que él revela? No querian los judios
que Amós profetizase. *Cap. VII. v. 10.*
Joel II. v. 16.

et vidit tumultus multos in medio ejus, et calumniam patientes in penetralibus ejus.

10 Et nescierunt facere rectum, dicit Dominus, thesaurizantes iniquitatem, et rapinas in ædibus suis.

11 Propterea hæc dicit Dominus Deus: Tribulabitur, et circuietur terra: et detrahetur ex te fortitudo tua, et diripientur ædes tuæ.

12 Hæc dicit Dominus: Quomodo si eruat pastor de ore leonis duo crura, aut extremum auriculæ: sic eruentur filii Israel, qui habitant in Samaria in plaga lectuli, et in Damasci grabato.

13 Audite, et contestamini in domo Jacob, dicit Dominus Deus exercituum:

14 Quia in die cum visitare cœpero prævaricationes Israel, super eum visitabo, et super altaria Bethel: et amputabuntur cornua altaris, et cadent in terram.

15 Et percutiam domum hiemalem cum domo æstiva: et peribunt domus eburneæ, et dissipabuntur ædes multæ, dicit Dominus.

montes de Samaria; y observad los muchos desórdenes que reinan en ella, y las violencias que se cometen en su interior.

10 No han sabido lo que es hacer justicia, dice el Señor: han amontonado en sus casas tesoros de iniquidad y de rapiña.

11 Por tanto, esto dice el Señor Dios: Atribulada será la tierra esta por todas partes; y se te quitará, oh Samaria, toda tu fuerza, y saqueadas serán tus casas.

12 Esto dice el Señor: Como si un pastor salvase de la boca del leon solamente las dos patas y la ternilla de una oreja de la res que devora, así se librarán de los asyrios aquellos hijos de Israel que habitan en Samaria descansando en un ángulo de cama, ó en el lecho de Damasco[1].

13 Oid y protestad estas cosas á la casa de Jacob, dice el Señor Dios de los ejércitos:

14 decidle, que llegado que sea el dia del castigo de las prevaricaciones de Israel, le castigaré tambien á él, y destruiré los altares de Bethel[2], y serán cortados y echados por tierra los ángulos del altar[3].

15 Y arrasaré las habitaciones ó palacios de invierno junto con las de verano, y quedarán arruinadas las habitaciones de marfil[4], y serán en gran número los edificios derribados, dice el Señor.

CAPÍTULO IV.

Amenazas contra Samaria. Los israelitas que despues de tantos castigos no se han enmendado, sufrirán otros mayores. Exhortacion á la penitencia.

1 Audite verbum hoc, vaccæ pingues, quæ estis in monte Samariæ: quæ

1 Escuchad estas palabras vosotros, vacas gordas[5] del monte de Samaria,

---

1 Puede traducirse: Que viven en Samaria en las delicias, y regalados descansan en los mullidos y lujosos lechos de Damasco.
2 Ose. c. VIII. v. 5.
3 Exod. XXVII. v. 2.
4 III. Reg. XXII. v. 39.
5 Esto es, ricos y potentados. San Gerónimo cree que el Profeta con el nombre de vacas gordas significa los príncipes ó magnates del reino de Israel, entregados á los vicios. Ose. VII. En Hebréo se lee פרות הבשן pharot habasan, vacas de Basán, por ser el pais de Basán abundantísimo en pastos.

columniam facitis egenis, et confringitis pauperes: quæ dicitis dominis vestris: Afferte, et bibemus.

2 Juravit Dominus Deus in sancto suo: Quia ecce dies venient super vos, et levabunt vos in contis, et reliquias vestras in ollis ferventibus.

3 Et per aperturas exibitis altera contra alteram, et projiciemini in Armon, dicit Dominus.

4 Venite ad Bethel, et impiè agite: ad Galgalam, et multiplicate prævaricationem, et afferte manè victimas vestras, tribus diebus decimas vestras.

5 Et sacrificate de fermentato laudem, et vocate voluntarias oblationes, et annuntiate: sic enim voluistis filii Israel, dicit Dominus Deus.

6 Unde et ego dedi vobis stuporem dentium in cunctis urbibus vestris, et indigentiam panum in omnibus locis vestris: et non estis reversi ad me, dicit Dominus.

7 Ego quoque prohibui à vobis imbrem, cum adhuc tres menses superessent usque ad messem: et plui super unam civitatem, et super alteram civitatem non plui: pars una compluta est; et pars, super quam non plui, aruit.

8 Et venerunt duæ et tres civitates ad unam civitatem ut biberent aquam, et non sunt satiatæ: et non redistis ad me, dicit Dominus.

9 Percussi vos in vento urente, et in aurugine: multitudinem hortorum vestrorum, et vinearum vestrarum, et oliveta vestra, et ficeta vestra comedit eruca: et non redistis ad me, dicit Dominus.

vosotros que oprimís á los menesterosos, y holláis á los pobres; vosotros, que decís á vuestros amos: Traed, y beberémos [1].

2 Juró el Señor Dios por su santo Nombre, que van á venir dias para vosotros en que os ensartarán en picas, y pondrán á hervir en ollas los restos de vuestro cuerpo.

3 Y [2] saldréis por las brechas abiertas por una y otra parte, y seréis arrojados á Armon [3], dice el Señor.

4 Id en hora buena á Bethel á continuar vuestras impiedades, id á Gálgala á aumentar las prevaricaciones, y lleváos allí por la mañana [4] vuestras víctimas para los ídolos, y vuestros diezmos en los tres dias solemnes.

5 Y ofreced á los ídolos el sacrificio de alabanza, con pan fermentado [5], y pregonad y haced saber las ofrendas voluntarias [6]; pues que así os place á vosotros, oh hijos de Israel, dice el Señor Dios.

6 Por cuyo motivo he hecho yo que esteis con los dientes afilados en todas vuestras ciudades, por falta de pan en todo vuestro pais; y con todo vosotros no os habeis convertido á mí, dice el Señor.

7 Asimismo yo impedí que os viniese lluvia, cuando aun faltaban tres meses hasta la cosecha, é hice que lloviese en una ciudad, y que no lloviese en otra: á un parage le dí lluvia, y otro se secó por no habérsela dado.

8 Y acudieron dos, tres y mas ciudades á otra ciudad á buscar agua para beber, y no pudieron saciarse; y no por eso os convertísteis á mí, dice el Señor.

9 Yo os aflígí con viento abrasador [7], y con añublo: la oruga devoró la multitud de vuestras huertas, y de vuestras viñas, y de vuestros olivares, y de vuestros higuerales; y á pesar de eso no os convertísteis á mí, dice el Señor.

---

1 Y lo saquearémos todo.
2 Destruida la ciudad.
3 Tal vez Armon es la Armenia llamada así de Aram, hijo de Sem. Gen. X. v. 22.
4 Otros traducen: llevdos allí con tiempo. Véase Mañana. Pero puede tambien aludir al sacrificio de la mañana. Ex. XXIII. v. 14.

XXIX. v. 39.—Deut. XIV. v. 22.
5 Debia ser azymo. Lev. II. v. 11.—VII. v. 11. Véase Azymo.
6 Se alude á lo que se practicaba en el templo del Señor con las ofrendas voluntarias. Num. X. v. 10.—Lev. XX. v. 18.
7 Agge. II. v. 18.

10 *Misi in vos mortem in via Ægypti: percussi in gladio juvenes vestros, usque ad captivitatem equorum vestrorum: et ascendere feci putredinem castrorum vestrorum in nares vestras: et non redistis ad me, dicit Dominus.*

11 *Subverti vos, sicut subvertit Deus Sodomam et Gomorrham, et facti estis quasi torris raptus ab incendio: et non redistis ad me, dicit Dominus.*

12 *Quapropter hæc faciam tibi Israel: postquam autem hæc fecero tibi, præparare in occursum Dei tui Israel.*

13 *Quia ecce formans montes, et creans ventum, et annuntians homini eloquium suum, faciens matutinam nebulam, et gradiens super excelsa terræ: Dominus Deus exercituum nomen ejus.*

10 Envié la mortandad contra vosotros en la jornada de Egypto [1] : á vuestra juventud la hice morir al filo de la espada, y fueron cogidos hasta vuestros mismos caballos: el hetor de los cadáveres de vuestro campamento le hice llegar á vuestras narices, y no *por eso os* convertísteis á mí, dice el Señor.

11 Yo os arrasé, como arrasó Dios á Sódoma y á Gomorrha [2], y quedásteis como un tizon que se arrebata de en medio de un incendio, y *con todo no* os convertísteis á mí, dice el Señor.

12 Estas cosas [3] ejecutaré yo contra tí, oh Israel: mas despues que así me habré portado contigo, prepárate, oh Israel, para salir al encuentro á tu Dios [4].

13 Pues he aquí *que viene* aquel que forma los montes y cria los vientos, el cual anuncia á los hombres su Palabra ó *Verbo eterno* [5], aquel que produce la niebla de la mañana, y el que pisa con sus pies las alturas de la tierra [6], aquel que tiene por nombre Señor Dios de los ejércitos.

CAPÍTULO V.

El profeta llora las calamidades que vendrán sobre Israel, y le exhorta á la penitencia para poder librarse de ellas. Declara el Señor que aborrece las solemnidades y sacrificios que el pueblo le ofrece.

1 *Audite verbum istud, quod ego levo super vos planctum: Domus Israel cecidit, et non adjiciet ut resurgat.*

2 *Virgo Israel projecta est in terram suam, non est qui suscitet eam.*

3 *Quia hæc dicit Dominus Deus: Urbs de qua egrediebantur mille, relinquentur in eu centum: et de qua egrediebantur centum, relinquentur in ea decem in domo Israel.*

1 Escuchad estas palabras con que voy á formar una lamentacion [7] sobre vosotros : la casa de Israel cayó, y no volverá mas á levantarse.

2 La vírgen (*el florido reino*) de Israel ha sido arrojada por tierra, y no hay quien la levante.

3 Porque esto dice el Señor Dios: La ciudad de Israel de la cual salian mil hombres, quedará reducida á ciento, y aquella de la cual salian ciento quedará reducida á diez: esto sucederá en la familia de Israel.

---

1 *Ose. VII. v. 11 y 12.—IV. Reg. XIII. v. 7.*

2 *Gen. XIX. v. 24.*

3 Que he predicho.

4 La Iglesia usa de estas palabras en el oficio del dia de la *Purificacion de la Vírgen.*

5 Los *Setenta* tradujeron: *Tú que anuncias tu Christo á los hombres.*

6 *Mich. I. v. 3.*

7 Véanse semejantes cantares de duelo sobre calamidades venideras en *Isaias, capítulo XIV.—Ezech. XXVI. v. 27.*

4 Quia hæc dicit Dominus domui Israel: Quærite me, et vivetis.

5 Et nolite quærere Bethel, et in Galgalam nolite intrare, et in Bersabee non transibitis; quia Galgala captiva ducetur, et Bethel erit inutilis.

6 Quærite Dominum, et vivite: ne forte comburatur ut ignis domus Joseph, et devorabit, et non erit qui extinguat Bethel.

7 Qui convertitis in absinthium judicium, et justitiam in terra relinquitis.

8 Facientem Arcturum et Orionem, et convertentem in mane tenebras, et diem in noctem mutantem: qui vocat aquas maris, et effundit eas super faciem terræ: Dominus nomen est ejus.

9 Qui subridet vastitatem super robustum, et depopulationem super potentem affert.

10 Odio habuerunt corripientem in porta: et loquentem perfecte abominati sunt.

11 Idcirco, pro eo quod diripiebatis pauperem, et prædam electam tollebatis ab eo; domos quadro lapide ædificabitis, et non habitabitis in eis; vineas plantabitis amantissimas, et non bibetis vinum earum.

12 Quia cognovi multa scelera vestra, et fortia peccata vestra; hostes justi accipientes munus, et pauperes deprimentes in porta.

13 Ideo prudens in tempore illo tacebit, quia tempus malum est.

14 Quærite bonum, et non malum, ut vivatis: et erit Dominus Deus exercituum vobiscum, sicut dixistis.

15 Odite malum, et diligite bonum, et constituite in porta judicium; si for-

4 Pero el Señor dice á la casa de Israel: Buscadme y viviréis.

5 Y no os cuideis de Betbel, ni vayais á Gálgala, ni paseis por Bersabée: porque Gálgala será llevada al cautiverío, y Betbel quedará vacía [1].

6 Buscad al Señor, y tendréis vida: no sea que por desgracia arda como el fuego la casa de Joseph ó Ephraim, y devore á Bethel sin que haya quien le apague.

7 Oh vosotros, que convertís el juicio en amargura de ajenjo, y echais á rodar la justicia.

8 buscad al que crió el Arcturo [2] y el Orion, al que cambia las tinieblas en la luz de la mañana, y muda el dia en noche; al que llama las aguas del mar hácia lo alto, y las derrama despues sobre la tierra, y cuyo nombre es: El Señor:

9 á aquel que como por juguete derriba al suelo los valientes, y hace que sean entregados al saqueo los poderosos.

10 Aborrecieron los de la casa de Israel al que los amonestaba en los concursos públicos, y han abominado del que les hablaba en mi nombre la verdad.

11 Por tanto, ya que vosotros despojábais al pobre, le quitábais lo mejor que tenia, edificaréis casas de piedra de sillería, mas no las habitaréis [3]; y plantaréis viñas excelentes, pero no llegaréis á beber su vino.

12 Porque tengo sabidas vuestras muchas maldades, y vuestros escandalosos delitos: enemigos sois de la justicia, codiciosos de recibir dones, opresores de los pobres en los tribunales.

13 Por cuyo motivo el prudente callará en aquel tiempo, porque es tiempo aciago.

14 Buscad el bien y no el mal, á fin de que tengais vida: y asi estará con vosotros el Señor Dios de los ejércitos, como decís que está.

15 Aborreced el mal, y amad el bien [4], y restableced la justicia en el foro; y

---

1 Antes cap. IV. v. 4.—VIII. v. 14. Bethel será Beth-aven, casa vana, ó inútil.
2 Ó las siete estrellas.

3 Soph. I. v. 13.
4 Psalm. XCVI. v. 10.—Rom. XII. v. 9.

Ee 4

tè misereatur Dominus Deus exercituum reliquiis Joseph.

16 *Proptereà hæc dicit Dominus Deus exercituum dominator: In omnibus plateis planctus; et in cunctis, quæ forìs sunt, dicetur væ væ: et vocabunt agricolam ad luctum, et ad planctum eos qui sciunt plangere.*

17 *Et in omnibus vineis erit planctus: quia pertransibo in medio tui, dicit Dominus.*

18 *Væ desiderantibus diem Domini! ad quid eam vobis? dies Domini ista, tenebræ, et non lux.*

19 *Quomodò si fugiat vir à facie leonis, et occurrat ei ursus: et ingrediatur domum, et innitatur manu sua super parietem, et mordeat eum coluber.*

20 *Numquid non tenebræ dies Domini, et non lux: et caligo, et non splendor in ea?*

21 *Odi, et projeci festivitates vestras: et non capiam odorem cœtuum vestrorum.*

22 *Quòd si obtuleritis mihi holocautomata, et munera vestra, non suscipiam: et vota pinguium vestrorum non respiciam.*

23 *Aufer à me tumultum carminum tuorum: et cantica lyræ tuæ non audiam.*

24 *Et revelabitur quasi aqua judicium, et justitia quasi torrens fortis.*

25 *Numquid hostias et sacrificium obtulistis mihi in deserto quadraginta annis, domus Israel?*

el Señor Dios de los ejércitos tendrá tal vez[1] misericordia de los restos *del linage* de Joseph.

16 Por tanto, esto dice el Señor Dios de los ejércitos, el Dominador *del mundo*: En todas las plazas habrá lamentos, y en todos los lugares de fuera *de la ciudad* se oirán ayes; y serán convidados los labradores á llorar, y á hacer el duelo los que saben plañir[2].

17 Y en todas las viñas se oirán lamentos[3], porque Yo pasaré por medio de vosotros[4], dice el Señor.

18 ¡Ay de aquellos que *por mofa* desean el dia del Señor! ¿Por qué le deseais? Dia de tinieblas será aquel para vosotros[5], y no de luz.

19 Os sucederá lo que á un hombre que huyendo de la vista de un leon diere con un oso; ó entrando en su casa, al apoyarse con su mano en la pared, fuese mordido de una culebra[6].

20 ¿Por ventura aquel dia del Señor no será dia de tinieblas, y no de luz; y no reinará en él una suma oscuridad, sin *rastro de* resplandor?

21 Yo aborrezco y desecho vuestras festividades, ni me es agradable el olor de *los sacrificios en* vuestras reuniones[7].

22 Y cuando vosotros me presentaréis vuestros holocaustos y dones, yo no las aceptaré: ni volveré mi vista hácia las gordas víctimas que me ofreceréis en voto.

23 Lejos de mí vuestros tumultuosos ó estrepitosos himnos; yo no escucharé las canciones al son de vuestra lira.

24 Sino que la venganza *mia* se derramará como agua, y la justicia cual torrente impetuoso.

25 ¿Por ventura, oh casa de Israel, me ofrecísteis vosotros, durante los cuarenta años en el Desierto, *gran multitud de* hostias ni sacrificios[8]?

---

1 *Tal vez* significa aqui *seguramente*, como en el Salmo LXXX. Pero téngase presente que Dios usa de misericordia aun cuando aflige á los justos en esta vida: pues los aflige, porque asi conviene á la eterna felicidad de los mismos.

2 *Jer. IX. v.* 17.

3 En lugar de alegres canciones.

4 Como un terrible rayo.

5 *Jer. XXX. v.* 7. — *Joel II. v.* 11. — *Soph. I. vers.* 15. — *Is. XIII. v.* 6. 9. — *Jerem. XVII. v.* 15.

6 Asi serán inevitables los castigos de Dios.

7 *Is. I. v.* 11. — *Jer. VI. v.* 20. — *Malach. I. v.* 10.

8 Únicamente se lee que se ofrecieron en Sinaì al formarse la alianza. *Exod. XXIV.* Despues en la ereccion del Tabernáculo. *Nu-*

26 Et portastis tabernaculum Moloch vestro, et imaginem idolorum vestrorum, sidus Dei vestri, quæ fecistis vobis.

27 Et migrare vos faciam trans Damascum, dicit Dominus; Deus exercituum nomen ejus.

26 Vosotros empero llevábais el tabernáculo de vuestro *dios* Moloch, y los simulacros de vuestros ídolos, la estrella de vuestro dios *Saturno*, hechuras de vuestras manos[1].

27 Yo haré pues que seais trasportados mas allá de Damasco *á la Assyria*[2], dice el Señor, *el Señor* cuyo nombre es: Dios de los ejércitos.

CAPÍTULO VI.

Ayes terribles contra los soberbios y los que viven en delicias, y contra el pueblo de Israel lleno de arrogancia.

1 *Væ qui opulenti estis in Sion, et confiditis in monte Samariæ: optimates capita populorum, ingredientes pompaticè domum Israel.*

2 *Transite in Chalane, et videte, et ite inde in Emath magnam: et descendite in Geth Palæsthinorum, et ad optima quæque regna horum: si latior terminus eorum termino vestro est?*

3 *Qui separati estis in diem malum: et appropinquatis solio iniquitatis.*

4 *Qui dormitis in lectis eburneis, et lascivitis in stratis vestris; qui comeditis agnum de grege, et vitulos de medio armenti.*

5 *Qui canitis ad vocem psalterii: si-*

1 ¡Ay de vosotros los que nadais en la abundancia[3] en medio de Sion, y los que vivís sin ningun recelo en el monte de Samaria; de vosotros, oh magnates principales de los pueblos, que entrais con fausto en las juntas de Israel!

2 Pasad á *la ciudad de* Châlane, y considerad, y desde allí id á Emath la grande, y bajad á Geth de los palestinos, y á los mejores reinos ó *provincias* dependientes de estos. ¿Tienen ellos mas espacioso terreno que vosotros?

3 Empero vosotros estais reservados para el día calamitoso, y os vais acercando al solio ó *imperio* de la iniquidad.

4 Vosotros los que dormis en camas de marfil, y os solazais en vuestros *mullidos* lechos: los que comeis los mejores corderos de la grey, y los mas escogidos becerros de la vacada:

5 los que cantais[4] al son del salterio:

---

mer. VII. v. 13; y por la consagracion de los sacerdotes. Lev. XVI. v. 1.—XVIII. v. 21.-I. Par. XXII. v. 1 -Act. VII. v. 42.

1 Puede traducirse: "Oh casa de Israel, ¿no me has ofrecido tus sacrificios y oblaciones en el Desierto, durante cuarenta años? A pesar de eso tú has llevado allí el tabernáculo de tu dios Moloch, la imágen de tus ídolos, y la estrella de tu dios (Saturno), que no eran mas que hechuras de tus manos." *Nonne hostias et sacrificium obtulisti mihi in Deserto, quadraginta annis domus Israel? Veruntamen portasti tabernaculum Moloch vestri.* Porque la partícula hebréa interrogativa ה *he* antepuesta á la palabra הנשאתם *zebahim,* significa algunas veces *nonne,* como vemos *Gen. XXVII. v. 38. An-non bene-*

dictio una. Num. XX. vers. 10. — II. Reg. XXIII. v. 17.—Ezech. XX. v. 30. — Jerem. XXXI. v. 20. Los *Setenta* le dan el mismo sentido: Μὴ σφάγια, και θυσίας. *Ma sfagia kai thusias.* No hay pues contradiccion alguna entre Moysés y Amós: pues cuando aquel dice (*Deut. XXXII. v.* 16 y 17.) que los hebréos *sacrificaron á los demonios,* es evidente que alude al culto del becerro, y de otros ídolos en que cayó varias veces el pueblo de Israel, venerando los ídolos de los pueblos contiguos á él.

2 IV. Reg. XVII. v. 6 y 23.

3 Luc. VI. v. 24.

4 Ó mas bien, *gorgeais* para alimentar vuestras lascivas pasiones.

cui David putaverunt se habere vasa cantici.

6 *Bibentes vinum in phialis, et optimo unguento delibuti: et nihil patiebantur super contritione Joseph.*

7 *Quapropter nunc migrabunt in capite transmigrantium: et auferetur factio lascivientium.*

8 *Juravit Dominus Deus in anima sua, dicit Dominus Deus exercituum: Detestor ego superbiam Jacob, et domos ejus odi: et tradam civitatem cum habitatoribus suis.*

9 *Quòd si reliqui fuerint decem viri in domo una, et ipsi morientur.*

10 *Et tollet eum propinquus suus, et comburet eum, ut efferat ossa de domo: et dicet ei, qui in penetralibus domus est: Numquid adhuc est penes te?*

11 *Et respondebit: Finis est. Et dicet ei: Tace, et non recorderis nominis Domini.*

12 *Quia ecce Dominus mandabit, et percutiet domum majorem ruinis, et domum minorem scissionibus.*

13 *Numquid currere queunt in petris equi, aut arari potest in bubalis, quoniam convertistis in amaritudinem judicium, et fructum justitiæ in absinthium?*

14 *Qui lætamini in nihilo: qui dicitis: Numquid non in fortitudine nostra assumpsimus nobis cornua?*

15 *Ecce enim suscitabo super vos domus Israel, dicit Dominus Deus exercituum, gentem: et conteret vos ab introitu Emath, usque ad torrentem deserti.*

y creeis imitar á David usando instrumentos músicos *para vuestro deleite:*

6 los que bebeis vino en *anchas* copas, despidiendo preciosos olores, sin compadeceros de la afliccion de Joseph [1].

7 Por lo mismo irán estos los primeros á la cautividad, y será dispersada la gavilla de los lascivos.

8 El Señor Dios ha jurado por su vida; ha dicho el Señor Dios de los ejércitos: Yo detesto la soberbia de Jacob, y aborrezco sus palacios, y entregaré al dominio de otros la ciudad [2] con sus habitantes.

9 Que si diez hombres quedaren *refugiados* en una casa, perecerán ellos tambien [3].

10 Y algun pariente suyo los tomará uno despues de otro, y los quemará, y sacará los huesos fuera de la casa *para enterrarlos,* y dirá *despues* al que está en el fondo de la casa: ¿Tienes todavía aquí dentro algun otro *cadáver?*

11 Y responderá *el de adentro:* No hay mas. Y aquel *pariente* le dirá: Pues calla, y no tienes *ya* que hacer mencion del Nombre del Señor [4].

12 Porque he aquí que el Señor lo ha decretado, y él castigará la casa grande [5] con la *total* ruina, y la casa menor [6] con grandes calamidades.

13 ¿Acaso pueden correr los caballos entre peñas [7], ó se puede arar con *indómitos* búfalos? Vosotros habeis trocado en opresion el *justo* juicio, y en ajenjo el fruto de la justicia.

14 Vosotros fundais sobre la nada [8] vuestra alegría, y decís: Pues que ¿no nos ha hecho poderosos nuestra fortaleza?

15 Mas he aquí, oh casa de Israel, que yo levantaré contra vosotros una nacion, dice el Señor Dios de los ejércitos, la cual acabará con vosotros desde la entrada de Emath hasta el torrente del Desierto [9].

---

1 Ó de los demas israelitas. Ó tambien: *Ungiéndoos con preciosos aromas, nada os dóleis de la angustia etc.*

2 De *Samaria*, capital del reino de Israel.

3 De peste ó hambre.

4 Por que de nada te servirá.

5 Ó reino de las diez tribus.

6 Ó reino de Judá.

7 Ó *en lugares pedregosos.* En aquellos tiempos no iban errados los caballos, y así no podian correr en lugares pedregosos sin estropearse.

8 En los *idolos* que son un puro nada. I. Cor. *VIII. v.* 4.

9 Esto es, de un cabo á otro del reino de Israel, desde el Norte al Mediodia. *Numer.*

CAPÍTULO VII.

Refiere Amós tres visiones que tuvo sobre los castigos de Dios, y sobre su sentencia final contra Israel. Implora la misericordia del Señor á favor de su pueblo. Amasías, sacerdote, acusa ante el Rey á Amós, y éste le anuncia los juicios de Dios contra Israel y contra el mismo Amasías.

1 Hæc ostendit mihi Dominus Deus; et ecce fictor locustæ in principio germinantium serotini imbris, et ecce serotinus post tonsionem regis.

2 Et factum est: cùm consummasset comedere herbam terræ, dixi: Domine Deus, propitius esto, obsecro: quis suscitabit Jacob, quia parvulus est?

3 Misertus est Dominus super hoc: Non erit, dixit Dominus.

4 Hæc ostendit mihi Dominus Deus: et ecce vocabat judicium ad ignem Dominus Deus: et devoravit abyssum multam, et comedit simul partem.

5 Et dixi: Domine Deus, quiesce, obsecro: quis suscitabit Jacob, quia parvulus est?

6 Misertus est Dominus super hoc: Sed et istud non erit, dixit Dominus Deus.

7 Hæc ostendit mihi Dominus: et ecce Dominus stans super murum litum, et in manu ejus trulla cæmentarii.

8 Et dixit Dominus ad me: Quid tu vides, Amos? Et dixi: Trullam cæmentarii. Et dixit Dominus: Ecce ego ponam trullam in medio populi mei Israel: non adjiciam ultrà superinducere eum.

9 Et demolientur excelsa idoli, et

1 Estas son las visiones que me ha enviado el Señor Dios: He aquí que criaba el Señor un ejército de langostas al principio cuando la lluvia tardía [1] hace crecer la yerba, y esta es la lluvia tardía que la hace brotar despues de haber sido segada para el Rey.

2 Y sucedió que al haber acabado la langosta de comerse esta yerba de los campos, dije yo: Ruégote Señor Dios, que tengas misericordia: ¿quién restaurará á Jacob tan extenuado como está?

3 Apiadóse con esto el Señor, y dijo: No sucederá lo que temes.

4 Hízome el Señor Dios vér aun lo siguiente: Veia al Señor Dios que llamaba al fuego para qué fuese *instrumento de su justicia,* el cual secó un grande abismo, *ó copia de aguas* [2], y consumia al mismo tiempo una parte *del pueblo.*

5 Y dije yo: Ruégote Señor Dios que te apláques: ¿quién restaurará á Jacob, que está tan extenuado?

6 Apiadóse con esto el Señor Dios, y dijo: Ni tampoco será esta vez *su ruina.*

7 Envióme el Señor esta *tercera* vision: Veia al Señor que estaba sobre un muro embarrado, y que tenia en su mano una llana de albañil.

8 Y díjome el Señor: ¿Qué es lo que ves, Amós? Y respondí yo: Una llana de albañil. *Pues* he aqui, dijo el Señor, que yo vóy á arrojar la llana en medio de mi pueblo de Israel; ni jamás volveré á embarrar sus muros.

9 Serán demolidos los lugares excelsos

XXXIV.—IV. Reg. XIV. v. 25.—Jos. XV. vers. 4.
1 Algunos Expositores creen que la lluvia llamada en la Vulgata *serotina* sea la de otoño; pero de este lugar se infiere que es la de *primavera,* pues se dice que es *in principio*

germinantium.
2 El fuego fue la guerra que hizo Theglathphalasar: Las *aguas* son símbolo del mucho gentío, ó pueblo que se llevó cautivo Theglathphalasar. IV. Reg. XV. Véase *Agua.*

sanctificationes Israel desolabuntur: et consurgam super domum Jeroboam in gladio.

10 Et misit Amasias sacerdos Bethel ad Jeroboam regem Israel, dicens: Rebellavit contra te Amos in medio domus Israel: non poterit terra sustinere universos sermones ejus.

11 Hæc enim dicit Amos: In gladio morietur Jeroboam, et Israel captivus migrabit de terra sua:

12 et dixit Amasias ad Amos: Qui vides, gradere, fuge in terram Juda: et comede ibi panem, et prophetabis ibi.

13 Et in Bethel non adjicies ultrò ut prophetes: quia sanctificatio regis est, et domus regni est.

14 Responditque Amos, et dixit ad Amasiam: Non sum propheta, et non sum filius prophetæ: sed armentarius ego sum vellicans sycomoros.

15 Et tulit me Dominus cùm sequerer gregem; et dixit Dominus ad me: Vade propheta ad populum meum Israel,

16 Et nunc audi verbum Domini: Tu dicis: Non prophetabis super Israel, et non stillabis super domum idoli.

17 Propter hoc hæc dicit Dominus: Uxor tua in civitate fornicabitur: et filii tui et filiæ tuæ in gladio cadent, et humus tua funiculo metietur: et tu in terra polluta morieris, et Israel captivus migrabit de terra sua.

del ídolo, y arrasados los santuarios de Israel, y echaré mano de la espada contra la casa de Jeroboam [1].

10 Con esto Amasías, sacerdote de los ídolos de Betbel, envió á decir á Jeroboam, Rey de Israel, lo siguiente: Amós levanta una rebelion contra tí en medio del pueblo de Israel: la gente no puede sufrir todas las cosas que dice.

11 Porque de esta manera habla Amós: Jeroboam morirá al filo de la espada; é Israel será llevado cautivo fuera de su pais [2].

12 Y Amasías dijo á Amós: Oh tú que tienes visiones [3], vete, huye al pais de Judá, y come allí tu pan, y allí podrás profetizar:

13 mas no vuelvas á profetizar en Betbel; porque éste es el Santuario del Rey, y la corte del reino.

14 A esto respondió Amós á Amasías: Yo no soy Profeta [4] ni hijo de Profeta, sino que guardo unas vacas, y voy buscando sicómoros [5].

15 Pero el Señor me tomó mientras yo iba tras del ganado; y díjome el Señor: Vé á profetizar á mi pueblo de Israel.

16 Y ahora tú, oh Amasías, escucha la palabra del Señor: Tú me dices á mí: No profetices contra Israel, y no profieras oráculos [6] contra la casa del ídolo.

17 Por tanto esto dice el Señor: Tu esposa será deshonrada en la ciudad [7], y serán pasados á cuchillo tus hijos é hijas, y tu pais será repartido con una cuerda de medir [8]; y tú morirás en una tierra profana, ó idólatra, é Israel saldrá cautivo fuera de su pais.

---

1 III. Reg. XIV. v. 10.—XV. v. 29.

2 Es falso lo que dijo Amasías. La predicion de Amós no se refería á Jeroboam, sino á su hijo.

3 Y te nos vendes como Profeta.

4 No soy Profeta de mi primera profesion.

5 Así segun el hebréo. Otros traducen: picando ó repelando cabrahigos.. El fruto del

sicómoro no madura bien si no se punza con una uña de hierro, como dice Plinio lib. XIII. c. 7. Quizá Amós recogia la hoja del sicómoro para alimento de sus vacas.

6 Ezech. XX. v. 46.—XXI. v. 2.—Mich. II. v. 6.

7 Por los enemigos.

8 Entre los vencedores.

CAPÍTULO VIII.

Muestra el Señor á Amós en una vision la final y terrible ruina de Israel, el cual quedaria privado de toda luz y del consuelo de la palabra del Señor.

1 *Hæc ostendit mihi Dominus Deus: et ecce uncinus pomorum.*

2 *Et dixit: Quid tu vides, Amos? Et dixi: Uncinum pomorum. Et dixit Dominus ad me: Venit finis super populum meum Israel: non adjiciam ultrà ut pertrahseam eum.*

3 *Et stridebunt cardines templi in die illa, dicit Dominus Deus; multi morientur: in omni loco projicietur silentium.*

4 *Audite hoc qui conteritis pauperem, et deficere facitis egenos terræ,*

5 *dicentes: Quando transibit mensis, et venundabimus merces; et sabbatum, et aperiemus frumentum: ut imminuamus mensuram, et augeamus siclum, et supponamus stateras dolosas,*

6 *ut possideamus in argento egenos et pauperes pro calceamentis, et quisquilias frumenti vendamus?*

7 *Juravit Dominus in superbiam Jacob: Si oblitus fuero usque ad finem omnia opera eorum.*

8 *Numquid super isto non commovebitur terra, et lugebit omnis habitator ejus: et ascendet quasi fluvius universus, et ejicietur, et defluet quasi rivus Ægypti?*

9 *Et erit in die illa, dicit Dominus Deus: occidet sol in meridie, et tenebrescere faciam terram in die luminis:*

1 Envióme el Señor Dios esta vision: Ví un gancho de coger fruta.

2 Y me dijo: ¿Qué es lo que ves, ó Amós? Un gancho, respondí yo, de coger fruta. Y díjome el Señor: Ha llegado el fin de mi pueblo de Israel: ho le dejaré ya impune por mas tiempo.

3 Y en aquel dia darán un estallido los quicios del Templo, dice el Señor Dios: serán muchos los que perecerán; y reinará por todas partes el silencio *de la muerte.*

4 Escuchad esto vosotros los que oprimís al pobre, y estrujais á los menesterosos del país,

5 y decís: ¿Cuándo pasará el mes [1], y venderémos los géneros; y pasará el sábado, y sacarémos fuera los granos; achicarémos la medida, y aumentarémos el peso del siclo, sustituyendo balanzas falsas,

6 para hacernos con el dinero dueños de los miserables, y con un par de sandalias comprar por esclavo al pobre, y vender á buen precio hasta las rechaduras del trigo?

7 Este juramento ha hecho el Señor contra la soberbia de *los hijos de Jacob:* Yo juro que no me olvidaré jamás de todo lo que han hecho.

8 Y despues de tales cosas ¿no se estremecerá la tierra; y no prorumpirán en llanto todos sus moradores? La inundará toda un rio *de calamidades;* y quedará asolada; y desaparecerá como las aguas del rio de Egipto *al llegar al mar.*

9 y sucederá en aquel dia, dice el Señor Dios, que el sol se pondrá al mediodia, y haré que la tierra se cubra de tinieblas en la *mayor* luz del dia [2].

---

1 Ó la fiesta de la Neomenia. *I. Reg.* XX. *v.* 5.—*Ose. II. v.* 11.

2 *Véase Jerem.* XV. *v.* 9.—*Joel III. v.* 15. Algunos Padres entienden esto del eclipse sucedido en la muerte de Christo.

10 et convertam festivitates vestras in luctum, et omnia cantica vestra in planctum, et inducam super omne dorsum vestrum saccum, et super omne caput calvitium: et ponam eam quasi luctum unigeniti, et novissima ejus quasi diem amarum.

11 Ecce dies veniunt, dicit Dominus: et mittam famem in terram: non famem panis, neque sitim aquæ, sed audiendi verbum Domini.

12 Et commovebuntur à mari usque ad mare, et, ab Aquilone usque ad Orientem; circuibunt quærentes verbum Domini, et non invenient.

13 In die illa deficient virgines pulchræ, et adolescentes in siti.

14 Qui jurant in delicto Samariæ, et dicunt: Vivit Deus tuus Dan, et vivit via Bersabee: et cadent, et non resurgent ultrà.

10 Y convertiré en llanto vuestras fiestas; y en lamentos todos vuestros cantares [1], y á todos vosotros os echaré el saco de cilicio sobre las espaldas, y os haré raer la cabeza; y á la hija de Israel la pondré de duelo, cual suele ponerse la que ha perdido un hijo único, y haré que su fin sea un dia de amargura.

11 He aquí que viene el tiempo, dice el Señor, en que yo enviaré hambre sobre la tierra; no hambre de pan ni sed de agua, sino de oir la palabra del Señor.

12 Y quedarán todos trastornados, desde un mar al otro, y desde el Norte hasta el Oriente. Discurrirán de una á otra parte deseosos de oir una palabra del Señor, y no lo conseguirán.

13 En aquel dia desfallecerán de sed las hermosas doncellas, y los gallardos jóvenes;

14 aquellos que juran por el pecado ó ídolos de Samaria, y dicen: Viva, oh Dan, el Dios tuyo [2]; y viva la peregrinacion [3] á Bersabée: y caerán por tierra, y no volverán jamás á levantarse.

CAPÍTULO IX.

Ruina y dispersion del pueblo de Israel: Restablecimiento de la casa de David. Los israelitas serán libertados, y vivirán felices.

1 Vidi Dominum stantem super altare, et dixit: Percute cardinem, et commoveantur superliminaria: avaritia enim in capite omnium, et novissimum eorum in gladio interficiam: non erit fuga eis. Fugient, et non salvabitur ex eis qui fugerit.

2 Si descenderint usque ad infernum, inde manus mea educet eos: et si ascenderint usque in cœlum, inde detraham eos.

3 Et si absconditi fuerint in vertice Carmeli, inde scrutans auferam eos:

1 Yo ví al Señor que estaba sobre el altar, y dijo: Hiere el quicio ó umbral, y se conmoverán los dinteles. Porque no hay nadie que no esté dominado de la avaricia; y yo haré morir al filo de la espada hasta el último de ellos, sin que haya quien pueda escapar: huirán, y ninguno de los que huyeren se salvará.

2 Cuando bajaren ellos hasta lo mas hondo de el infierno, de allí los sacaré yo con mi mano [4]: y si se subieren hasta el cielo, de allí los arrancaré.

3 Y si se escondieren en las cimas del Carmelo, allí iré á buscarlos, y de allí

1 Tob. II. v. 6.—I. Mach. I. v. 41.
2 El ídolo ó becerro de oro que se venera en Dan.
3 Otros traducen; la via, el culto ó religion.

Antes c. V. v. 5.—Act. IX. v. 2.—XVIII. v. 26.
4 Ps. CXXXVIII. v. 8.

et si celaverint se ab oculis meis in profundo maris, ibi mandabo serpenti, et mordebit eos.

4 Et si abierint in captivitatem coram inimicis suis, ibi mandabo gladio, et occidet eos: et ponam oculos meos super eos in malum, et non in bonum.

5 Et Dominus Deus exercituum, qui tangit terram, et tabescet: et lugebunt omnes habitantes in ea: et ascendet sicut rivus omnis, et defluet sicut fluvius Ægypti.

6 Qui ædificat in cælo ascensionem suam, et fasciculum suum super terram fundavit: qui vocat aquas maris, et effundit eas super faciem terræ, Dominus nomen ejus.

7 Numquid non ut filii Æthiopum vos estis mihi, filii Israel, ait Dominus? numquid non Israel ascendere feci de terra Ægypti: et Palæsthinos de Cappadocia, et Syros de Cyrene?

8 Ecce oculi Domini Dei super regnum peccans, et conteram illud à facie terræ: verumtamen conterens non conteram domum Jacob, dicit Dominus.

9 Ecce enim mandabo ego, et concutiam in omnibus gentibus domum Israel, sicut concutitur triticum in cribro: et non cadet lapillus super terram.

10 In gladio morientur omnes peccatores populi mei, qui dicunt: Non appropinquabit, et non veniet super nos malum.

11 In die illa suscitabo tabernaculum David, quod cecidit: et reædificabo

los sacaré; y si se escondieren de mis ojos en lo mas profundo del mar, allí por órden mia los morderá el dragon marino [1].

4 Y cuando serán llevados al cautiverio delante de sus enemigos, allí á mi órden los matará la espada [2]; y fijaré mis ojos sobre ellos; pero para daño suyo, y no para su bien.

5 Y el Señor es el Dios de los ejércitos, aquel que con tocar la tierra la hace estremecer: prorumpirán en llanto todos los moradores de ella [3]: la sumergirá á modo de un caudaloso rio, y ella desaparecerá como el rio de Egipto al llegar al mar.

6 Él se ha construido su solio en el cielo, y ha establecido sobre la tierra el conjunto [4] de tantas criaturas [5]. Él llama á sí las aguas del mar, y las derrama sobre la superficie de la tierra: el Señor, éste es el nombre suyo.

7 Pues vosotros, oh hijos de Israel, dice el Señor, ¿no sois lo mismo para conmigo que los hijos de los etíopes? ¿No hice yo salir á Israel de la tierra de Egipto, al modo que trasporté de la Cappadocia á los palestinos, y de Cyrene á los syros?

8 Mas los ojos del Señor Dios están mirando á ese reino pecador; y yo le quitaré de sobre la haz de la tierra: pero no obstante no destruiré del todo, dice el Señor, la casa ó reino de Jacob.

9 Pues he aquí que por órden mia será agitada en medio de todas las naciones la casa de Israel, como se zarandea el trigo en un harnero, y no caerá por tierra un solo granito.

10 Pasados á cuchillo serán todos los pecadores de mi pueblo, los cuales están diciendo: No se acercará, ni vendrá mal ninguno sobre nosotros.

— 11 En aquel tiempo restauraré el tabernáculo ó reino de David [6], que está

1 Los hebréos contaban á los peces en el número de los reptiles, y de serpientes: y por eso la Vulgata puso serpentem, que, siguiendo á los Setenta, hemos traducido dragon.
2 Jer. XLIV. v. 12.
3 Antes cap. VIII. v. 8.
4 La voz hebréa אֲגֻדָּתוֹ agudató, que la Vulgata traduce fasciculus, se halla con la misma significacion de conjunto ó agregado II. Reg. II. v. 25.
5 De los elementos en órden.
6 Act. XV. v. 16.—Luc. I. v. 32.

apertura murorum ejus, et ea quæ
corruerant instaurabo: et reædificabo
illud, sicut in diebus antiquis.

12 Ut possideant reliquias Idumææ,
et omnes nationes, eò quòd invocatum
sit nomen meum super eos: dicit Dominus faciens hæc.

13 Ecce dies veniunt, dicit Dominus:
et comprehendet arator messorem, et
calcator uvæ mittentem semen: et stillabunt montes dulcedinem, et omnes
colles culti erunt.

14 Et convertam captivitatem populi
mei Israel: et ædificabunt civitates desertas, et inhabitabunt: et plantabunt
vineas, et bibent vinum earum: et facient hortos, et comedent fructus eorum.

15 Et plantabo eos super humum
suam: et non evellam eos ultrà de terra sua, quam dedi eis, dicit Dominus
Deus tuus.

por tierra, y reparé los portillos de
sus muros, y reedificaré lo destruido,
y lo volveré á poner en el pie en que
estaba en los tiempos antiguos:

12 Á fin de que sean dueños de los
restos de la Iduméa, y de todas las demas naciones; pues que en ellos será invocado mi Nombre [1], dice el Señor hacedor de tales maravillas.

13 He aquí que vienen los tiempos,
dice el Señor, en los cuales el que está
aun arando verá ya detrás de sí al que
siega [2]; y aquel que pisa las uvas, verá
tras de sí al que siembra [3]. Los montes
destilarán delicias [4], y serán cultiva-
dos todos los collados.

14 Y sacaré de la esclavitud al pueblo mio de Israel, y edificarán las ciudades abandonadas y las habitarán, y
plantarán viñas y beberán el vino de
ellas, y formarán huertas, y comerán
su fruta.

15 Y yo los estableceré en su pais, y
nunca jamás volveré á arrancarlos de
la tierra que yo les dí, dice el Señor
Dios tuyo [5].

---

1 Alude á que todas las naciones del mundo serán algun dia pueblo del Señor, formando una sola Iglesia. *Act. XV. v.* 17.

2 Hipérbole vivísima para expresar la abundancia de frutos.

3 *Levit. XXVI. v.* 5.

4 *Joel III. v.* 18.

5 *Dan. IX. ult.* Esta profecía alude al estado de los hijos de Israel despues de su total
conversion á la fe; y á la tierra de los verdaderos hijos de Dios que es la Iglesia triunfante. Y así no se opone á lo que se dice en
otras partes.

FIN DE LA PROFECÍA DE AMÓS.

ADVERTENCIA

SOBRE LA PROFECÍA DE ABDIAS.

Aunque algunos creen que ABDIAS *fue contemporáneo de los tres precedentes Oséas, Joel y Amós, parece mas probable que vivió en tiempo de Ezechiel, y que profetizó despues que Nabuchódonosor destruyó á Jerusalem, esto es, por los años de 3420. Aunque se observa bastante semejanza entre lo que dice* ABDIAS, *y lo que se lee en Jeremías capítulo XLIX y en Ezechiel capítulo XXV, no se sigue de esto que* ABDIAS *haya tomado de aquellos su profecía. Dirigió esta principalmente á los iduméos, á los cuales intima los castigos que les enviará Dios por el modo inhumano con que habian tratado al pueblo de Judá, ó de Jacob, hermano suyo. Profetiza la ruina de la idolatría, y el establecimiento del Reino de Jesu-Christo. Algunos entienden tambien anunciada en esta profecía la segunda venida de Jesu-Christo en gloria y majestad. Se hace mencion de otro Abdias III. Reg. XVIII.*

LA PROFECÍA DE ABDIAS.

CAPÍTULO ÚNICO.

Predice la ruina de los iduméos por su crueldad contra los hijos de Israel Libertados estos del cautiverio, dominarán sobre sus opresores, y se restablecerá el reino del Señor.

1 Visio Abdiæ. Hæc dicit Dominus Deus ad Edom: *Auditum audivimus à Domino, et legatum ad gentes misit: Surgite, et consurgamus adversùs eum in prælium.*

2 *Ecce parvulum dedi te in gentibus: contemptibilis tu es valdè.*

1 Vision *profética que tuvo Abdias. Esto dice el Señor Dios á Edom: (Nosotros oimos ya del Señor que él envió su embajador ó profeta, á decir á las gentes: Venid y vamos á hacerle la guerra)*[1]:

2 Tú ves, *dice Dios á Edom,* que yo te he hecho pequeñuelo entre las naciones, y que tú eres sumamente despreciable.

---

1 Jer. XLIX. vers. 14. — XXV. v. 27. — Ezech. XXV y XXXV.

3 *Superbia cordis tui extulit te, habitantem in scissuris petrarum, exaltantem solium tuum: qui dicis in corde tuo: Quis detrahet me in terram?*

4 *Si exaltatus fueris ut aquila, et si inter sidera posueris nidum tuum: inde detraham te, dicit Dominus.*

5 *Si fures introissent ad te, si latrones per noctem, quomodo conticuisses? nonne furati essent sufficientia sibi? si vindemiatores introissent ad te, numquid saltem racemum reliquissent tibi.*

6 *Quomodò scrutati sunt Esau, investigaverunt abscondita ejus?*

7 *Usque ad terminum emiserunt te: omnes viri fœderis tui illuserunt tibi: invaluerunt adversum te viri pacis tuæ: qui comedunt tecum, ponent insidias subter te: non est prudentia in eo.*

8 *Numquid non in die illa, dicit Dominus, perdam sapientes de Idumæa, et prudentiam de monte Esau?*

9 *Et timebunt fortes tui à meridie, ut intereat vir de monte Esau.*

10 *Propter interfectionem, et propter iniquitatem in fratrem tuum Jacob, operiet te confusio, et peribis in æternum.*

11 *In die cùm stares adversus eum, quando capiebant alieni exercitum ejus, et extranei ingrediebantur portas ejus, et super Jerusalem mittebant sor-*

3 La soberbia de tu corazon te ha engreido[1], porque habitas en peñascos escarpados y sitios elevados[2]; y dices en tu corazon: ¿Quién será el que me derribe en tierra?

4 Cuando tú cual águila te remontáres[3], y cuando pusieres tu nido ó habitacion entre las estrellas, de allí, dice el Señor, te arrancaré yo.

5 Si los ladrones y asesinos hubiesen entrado de noche en tu casa, ¿no habrias tú callado *de miedo*? ¿No te habrian robado á su satisfaccion[4]? Y si hubiesen entrado en tu viña para vendimiarla, ¿no te habrian dejado á lo menos algun racimo ó *rebusco*?

6 Pero ¡de qué manera han *tratado* estos y escudriñado la casa de Esaú, y han ido registrando los parages mas escondidos!

7 Te han arrojado fuera de tu pais: todos tus aliados se han burlado de tí, se han alzado contra tí los amigos tuyos, aquellos mismos que comian en tu mesa te han armado asechanzas. No hay en Edom cordura.

8 Qué ¿acaso en aquel dia no le quitaré yo, dice el Señor, los sabios á Iduméa, y los prudentes[5] al monte ó *pais* de Esaú?

9 Quedarán amedrentados *esos* tus campeones que tienes á la parte del Mediodia, sin que quede un solo varon fuerte en el monte de Esaú.

10 Cubierto quedarás de confusion, y perecerás para siempre en castigo de la mortandad y de las injusticias cometidas contra tu hermano *el pueblo de Jacob*[6].

11 Pues en aquel dia en que tomaste las armas contra él, cuando los extrangeros ó *chaldéos*[7] hacian prisionero su ejército, y entraban en sus ciudades, y

---

1 Y te crees invencible.

2 La *Iduméa* es pais montuoso; y S. Gerónimo dice que su parte meridional estaba llena de cavernas, en donde solia habitar mucha gente en tiempo del mayor calor.

3 Véase *Jerem. XLIX. v.* 16.

4 También puede traducirse: ¿no se habrian contentado con lo que les convinisse ó acomodase.

5 Esto es, los hombres de prevision y consejo. *Is. XXIX. v.* 14.—*Jerem. XLIX. v.* 7.—*I. Cor. I. v.* 19.

6 *Gen. XXVII. v.* 42.—*II. Par. XXVIII. v.* 17. Véase *v.* 18 y *Ezech. XXV. v.* 12.

7 *Jer. XXXIX. v.* 4. Llámanse *extrangeros* en comparacion de los *iduméos* hijos de Esaú hermano de *Jacob.*

tem: tu quoque eras quasi unus ex eis.

echaban suertes sobre *los despojos de* Jerusalem, tú tambien eras como uno de ellos.

12 *Et non despicies in die fratris tui, in die peregrinationis ejus: et non lœtaberis super filios Juda in die perditionis eorum: et non magnificabis os tuum in die angustiœ.*

12 Mas no te burlarás *en adelante* de tu hermano en el dia *de su afliccion* cuando será llevado cautivo, ni te regocijarás *de la desgracia* de los hijos de Judá en el dia de su perdicion, ni los insultarás con descaro en el dia de su angustia:

13 *Neque ingredieris portam populi mei in die ruinœ eorum: neque despicies et tu in malis ejus in die vastitatis illius: et non emittéris adversus exercitum ejus in die vastitatis illius.*

13 ni entrarás en las puertas ó *ciudades* de mi pueblo *para coger despojos* en el dia de su ruina, ni te burlarás tú tampoco de sus desastres en el dia de su desolacion, ni serás enviado á perseguir su ejército en el dia de su derrota;

14 *Neque stabis in exitibus ut interficias eos qui fugerint: et non concludes reliquos ejus in die tribulationis.*

14 ni estarás apostado en las salidas para matar á los fugitivos *hebréos,* y no cortarás el paso á los restos de sus tropas en aquel dia de tribulacion.

15 *Quoniam juxtà est dies Domini super omnes gentes: sicut fecisti, fiet tibi: retributionem tuam convertet in caput tuum.*

15 Porque se acerca ya el dia *del castigo* del Señor para todas las gentes[1]: aquello que tú hiciste *contra mi pueblo,* eso se hará contigo: sobre tu propia cabeza hará Dios recaer tu castigo.

16 *Quomodò enim bibistis super montem sanctum meum, bibent omnes gentes jugiter: et bibent et absorbebunt, et erunt quasi non sint.*

16 Porque al modo que vosotros *que morais* en mi santo Monte bebísteis *el cáliz de mi ira;* asi *le* beberán de contínuo todas las gentes *idólatras: le* beberán, y *le* apurarán, y quedarán *enteramente* aniquiladas.

17 *Et in monte Sion erit salvatio, et erit sanctus: et possidebit domus Jacob eos qui se possederant.*

17 Mas sobre el Monte *santo* de Sion allí habrá *despues* salvacion, y allí habitará el Santo *de los santos*[2]; y la casa de Jacob será señora de los que antes la habian dominado[3].

18 *Et erit domus Jacob ignis, et domus Joseph flamma, et domus Esau stipula: et succendentur in eis, et devorabunt eos: et non erunt reliquiæ domus Esau, quia Dominus locutus est.*

18 Será la casa de Jacob un fuego *devorador;* será una llama la casa de Joseph, y será paja seca la casa de Esaú, la cual será abrasada y devorada de aquella sin que quede resto alguno de la casa de Esaú: porque así lo ha dicho el Señor.

19 *Et hæreditabunt hi qui ad Austrum sunt, montem Esau, et qui in campestribus Philisthiim: et possidebunt regionem Ephraim, et regionem*

19 Y los que moran hácia el Mediodia se harán dueños del monte ó *pais* de Esaú, y los de la llanura se harán dueños de los philisthéos; y poseerán el

1 *Jer. XXV., XXVII., XLIX. v. 12.*
2 Alude al templo, que será reedificado en Jerusalem. Pero toda esta profecía conviene tambien á la Iglesia de Jesu-Christo.
3 *II. Machab. X.* Véase *Josepho lib. XIII. Antiq. cap. 17. De Bello Jud. lib. IV. cap. 6.*

Samaria: et Benjamin possidebit Galaad.

20 *Et transmigratio exercitus hujus filiorum Israel, omnia loca Chananæorum usque ad Sareptam: et transmigratio Jerusalem , quæ in Bosphoro est , possidebit civitates Austri.*

21 *Et ascendent salvatores in montem Sion judicare montem Esau: et erit Domino regnum.*

territorio de Ephraim , y el de Samaria: y Benjamin será dueño de Galaad.

20 Y el ejército de los hijos de Israel (ó *las diez tribus*) que fué llevado al cautiverio, poseerá todos los lugares de los chánanéos , hasta Sarepta *de Sidon;* y los *hijos* de Jerusalem ó *reino de Judá*, que fueron conducidos cautivos al Bósphoro [1], poseerán las ciudades del Mediodia.

21 Y subirán salvadores al monte de Sion, los cuales juzgarán *y gobernarán* el monte ó *país* de Esaú [2]; y reinará el Señor [3].

---

1 En el hebréo en vez de *Bósphoro* se lee ספרד *Sefarat;* voz que, segun algunos Rabinos, denota las regiones de España y Francia; y con el nombre de *Sefarat* llaman aun á la España los judios hasta el dia de hoy.

2 *I. Mac. V. v.* 3.— *I. Tim. IV. v.* 16. Por estos salvadores se entienden tambien los predicadores evangélicos. *I. Timot. IV. v.* 16.
3 *Ps. CXLV. v.* 10.

FIN DE LA PROFECIA DE ABDIAS.

ADVERTENCIA

SOBRE LA PROFECIA DE JONÁS.

Esta Profecia parece una mera historia: pero ademas del sentido literal que se saca de las palabras, Jesu-Christo mismo nos enseñó á sacar el sentido profético, ó místico, que denotan los hechos ó cosas referidas, cuando propuso á los judíos el ejemplo de penitencia de los ninivitas, y al hablar de su propia resurreccion[1]. Vivió Jonás en los tiempos de Joas, y de Jeroboam II, Reyes de Israel, y de Ozías ó Azarias Rey de Judá; esto es, algo mas de 810 años ántes de Jesu-Christo: de suerte que se mira como el mas antiguo de los Profetas mayores y menores. Tanto los judíos como los christianos siempre han venerado el libro de Jonás como canónico. En Tobías parece que se hace alusion á él en el capítulo XIV. v. 6. aunque puede aludir tambien á la Profecía de Nahum.

Los incrédulos suelen ridiculizar el milagro de haber estado Jonás tres dias en el vientre de una ballena, ó de un monstruo marino; ya los gentiles hacian lo mismo[2]: pero al Dios que crió el cielo y la tierra, le fue muy fácil lo que á los incrédulos les parece tan difícil[3].

1 Matth. XII. v. 40.
2 S. Aug. Ep. 102. quaest. VI. n. 39.
3 Véase la nota al verso 1. del cap. II.

LA PROFECIA DE JONÁS.

CAPÍTULO PRIMERO.

Jonás enviado por Dios á predicar á Nínive, huye por mar á Tharsis; y levantando el Señor una tempestad, es arrojado Jonás al mar como causa de ella, con lo que cesa la tormenta.

1 Et factum est verbum Domini ad Jonam filium Amathi, dicens:

2 Surge, et vade in Niniven civitatem grandem, et praedica in ea: quia ascendit malitia ejus coram me.

3 Et surrexit Jonas, ut fugeret in Tharsis á facie Domini, et descendit

1 El Señor habló á Jonás, hijo de Amathi, y dijo:

2 Anda y vé luego á Nínive, ciudad grande[1], y predica en ella: porque el clamor de sus maldades ha subido hasta mi presencia.

3 Jonás, empero, tomó el camino de Tharsis, huyendo del servicio del Se-

1 Fundada por Nemrod (Gen. X. vers. 11.) pero engrandecida por Nino. Véase Tob. I. v. 11.—Nah. III. v. 8.—Soph. II. v. 13.

in Joppen, et invenit nacem euntem in Tharsis: et dedit naulum ejus, et descendit in eam ut iret cum eis in Tharsis à facie Domini.

4 Dominus autem misit ventum magnum in mare: et facta est tempestas magna in mari, et navis periclitabatur conteri.

5 Et timuerunt nautæ; et clamaverunt viri ad deum suum: et miserunt vasa, quæ erant in navi, in mare, ut alleviaretur ab eis: et Jonas descendit ad interiora navis, et dormiebat sopore gravi.

6 Et accessit ad eum gubernator, et dixit ei: Quid tu sopore deprimeris? surge, invoca Deum tuum, si forte recogitet Deus de nobis, et non pereamus.

7 Et dixit vir ad collegam suum. Venite, et mittamus sortes, et sciemus quare hoc malum sit nobis. Et miserunt sortes: et cecidit sors super Jonam.

8 Et dixerunt ad eum: Indica nobis cujus causa malum istud sit nobis: quod est opus tuum? quæ terra tua, et quò vadis? vel ex quo populo es tu?

9 Et dixit ad eos: Hebræus ego sum: et Dominum Deum cœli ego timeo, qui fecit mare et aridam.

10 Et timuerunt viri timore magno, et dixerunt ad eum: Quid hoc fecisti? (cognoverunt enim viri quòd à facie Domini fugeret, quia indicaverat eis).

11 Et dixerunt ad eum: Quid faciemus tibi, et cessabit mare à nobis? quia mare ibat, et intumescebat.

12 Et dixit ad eos: Tollite me, et mittite in mare, et cessabit mare à vobis: scio enim ego quoniam propter me

---

for; y así que llegó á Joppe halló una nave que se hacia á la vela para Tharsis; pagó su flete, y entró en ella con los demas para aportar á Tharsis, huyendo *del servicio* del Señor [1].

4 Mas el Señor envió un viento recio sobre la mar, con lo que se movió en ella una gran borrasca; de suerte que se hallaba la nave á riesgo de estrellarse.

5 Y temieron los marineros, y cada uno clamó á su dios, y arrojaron al mar el cargamento de la nave, á fin de aligerarla. Jonás empero dormia profundamente en lo mas hondo de la nave, á donde se habia bajado [2].

6 Y llegóse á él el piloto, y le dijo: ¿Cómo te estás asi durmiendo? Levántate, é invoca á tu Dios, por si quiere acordarse de nosotros, y nos libra de la muerte.

7 En seguida dijéronse unos á otros: Venid, y echemos suertes [3] para averiguar de donde nos viene este infortunio. Y echaron suertes, y cayó la suerte sobre Jonás.

8 Dijéronle pues: Declárannos los motivos de este desastre que nos sucede. ¿Qué oficio es el tuyo? ¿de dónde eres, y á dónde vás? ¿de qué nacion eres tú?

9 Respondióles Jonás: Yo soy hebréo, y temo ó *adoro* al Señor Dios del cielo, que hizo el mar y la tierra.

10 Y quedaron sumamente atemorizadas aquellas gentes, y dijéronle: ¿Cómo es que has hecho tú eso? (Es de saber que de la relacion que les hizo Jonás comprendieron que huia desobedeciendo á Dios).

11 Entonces le dijeron: ¿Qué harémos de tí, á fin de que la mar se nos apacigüe? Pues la mar iba embraveciéndose cada vez mas.

12 Y respondióles Jonás: Cogedme y arrojadme al mar, y la mar se os aquietará; puesto que yo sé bien que por mi

---

1 El motivo por que huia se ve en el capitulo IV. v. 2.

2 Sueño que naceria del abatimiento ó tristeza de ánimo, como el de los Apóstoles en el huerto de Gethsemaní, *Matth.* XXVI. v. 40.

3 Véase *Suertes*.

tempestas hæc grandis venit super vos.

13 *Et remigabant viri ut reverterentur ad aridam, et non valebant: quia mare ibat, et intumescebat super eos.*

14 *Et clamaverunt ad Dominum, et dixerunt: Quæsumus, Domine, ne pereamus in anima viri istius, et ne des super nos sanguinem innocentem: quia tu, Domine, sicut voluisti fecisti.*

15 *Et tulerunt Jonam, et miserunt in mare: et stetit mare à fervore suo.*

16 *Et timuerunt viri timore magno Dominum, et immolaverunt hostias Domino, et voverunt vota.*

causa os ha sobrevenido esta gran borrasca[1].

13 Entre tanto remaban los marineros para ver si podrian ganar tierra y salvarse[2]; mas no podian, porque iban levantándose mas sobre ellos las olas del mar.

14 Y clamaron al Señor, diciendo: Rogámoste; oh Señor, que no nos hagas morir por haber dado la muerte á este hombre, y no hagas recaer sobre nosotros la sangre inocente; pues que tú, oh Señor, has hecho *caer la suerte* asi como has querido.

15 En seguida cogieron á Jonás, y le echaron al mar, y al punto cesó el furor de las aguas.

16 Con lo cual concibieron aquellas gentes un grande temor y respeto al Señor, y ofreciéronle víctimas, y le hicieron votos.

CAPÍTULO II.

Un pez enorme se traga á Jonás, el cual dentro del vientre del pez recurre al Señor, quien al cabo de tres dias le salva milagrosamente.

1 *Et præparavit Dominus piscem grandem ut deglutiret Jonam: et erat Jonas in ventre piscis tribus diebus, et tribus noctibus.*

2 *Et oravit Jonas ad Dominum Deum suum de ventre piscis.*

3 *Et dixit: Clamavi de tribulatione mea ad Dominum, et exaudivit me: de*

1 Y habia el Señor preparado un grande pez, para que se tragara á Jonás; el cual estuvo tres dias y tres noches en el vientre del pez[3].

2 É hizo Jonás oracion al Señor Dios suyo desde el vientre del pez;

3 y *despues* dijo: Invocado he al Señor en medio de mi tribulacion, y me

---

1 Ejemplo de admirable penitencia y de magnánima caridad. Es de creer que Jonás obraria asi por inspiracion de Dios, como Judith y tantos otros justos del Antiguo y Nuevo Testamento.

2 No querian arrojar á Jonás al mar, sino dejarle en la orilla; y cuando vieron que esto era imposible, y le arrojaron, pedian á Dios que no les imputase aquella muerte.

3 En el hebréo se lee דג גדול *dag gaddol*, grande pez. Los *Setenta* tradujeron Κήτει μεγάλῳ *kétei megalo*, y asi esta voz griega, como la de *cetus* que usa la Vulgata *Matt. XII. v. 40*, son tan genéricas ó indeterminadas como la expresion hebréa; y solamente denotan uno de los mas grandes peces ó monstruos marinos. No parece verosimil que fuese la ballena

á los sábios naturalistas; y los mas creen que seria la *lamia ó perro marino*, del cual se sabe que sale á veces á la orilla, y se traga á los hombres. Véase *Aldrovandi: De piscibus*, lib. *III. cap.* 32. donde habla de su asombrosa boca, y de qué algunas veces se han encontrado dentro de su estómago grandes cuerpos, y aun el de un hombre. Pero ¿cómo pudo vivir Jonás tres dias, ó un dia y parte de dos, dentro del pez? Del mismo modo, dice S. Gerónimo, que pudieron vivir los tres jóvenes en medio del horno de fuego allá en Babylonia. Quiso Dios con este milagro dar desde entonces esta figura de la resurreccion de Jesu-Christo, con documentos de admirable doctrina.

ventre inferi clamavi, et exaudisti vocem meam.

4 *Et projecisti me in profundum in corde maris, et flumen circumdedit me: omnes gurgites tui, et fluctus tui super me transierunt.*

5 *Et ego dixi: Abjectus sum á conspectu oculorum tuorum: verumtamen rursus videbo templum sanctum tuum.*

6 *Circumdederunt me aquæ usque ad animam: abyssus vallavit me, pelagus operuit caput meum.*

7 *Ad extrema montium descendi: terræ vectes concluserunt me in æternum: et sublevabis de corruptione vitam meam, Domine Deus meus.*

8 *Cùm angustiaretur in me anima mea, Domini recordatus sum: ut veniat ad te oratio mea, ad templum sanctum tuum.*

9 *Qui custodiunt vanitates frustrá, misericordiam suam derelinquunt.*

10 *Ego autem in voce laudis immolabo tibi: quæcumque vovi, reddam pro salute Domino.*

11 *Et dixit Dominus pisci, et evomuit Jonam in aridam.*

ha escuchado benigno: he clamado desde el seno del sepulcro, y tú, *oh Señor,* has atendido mi voz [1].

4 Y arrojásteme á lo mas profundo del mar, y me circundaron las aguas: sobre mí han pasado todos tus remolinos y todas tus olas.

5 Y dije: Arrojado he sido lejos de la *misericordiosa* vista de tus ojos: pero *no;* aun veré nuevamente tu santo Templo.

6 Cercáronme las aguas [2] hasta el punto de quitarme la vida; encerrado me he visto en el abismo: el *inmenso* piélago ha cubierto mi cabeza.

7 He descendido hasta las raíces de los montes; los cerrojos ó *barreras* de la tierra me encerraron allí dentro para siempre: mas tú, oh Señor Dios mio, sacarás mi vida ó *alma* del lugar de la corrupcion [3].

8 En medio de las angustias que padecia mi alma, he recurrido á *tí,* oh Señor; dirigiéndote mi oracion al Templo santo *de tu gloria.*

9 Aquellos que *tan* inútilmente se entregan á la vanidad *de los ídolos,* abandonan su misericordia [4].

10 Mas yo te ofreceré en sacrificio cánticos de alabanza: cumpliré al Señor todos los votos que le he hecho por mi salud.

11 El Señor *en fin* dió la órden al pez, y éste vomitó á Jonás en la ribera.

CAPÍTULO III.

El Señor manda de nuevo á Jonás que vaya á Ninive, é intime allí la ruina de la ciudad. Conviértense á la predicacion de Jonás los ninivitas, hacen penitencia, y revoca el Señor la sentencia.

1 *Et factum est verbum Domini ad Jonam secundò, dicens:*

2 *Surge, et vade in Niniven civitatem magnam: et prædica in ea prædicationem quam ego loquor ad te.*

3 *Et surrexit Jonas, et abiit in Niniven juxta verbum Domini: et Nini-*

1 Y habló el Señor por segunda vez á Jonás, diciéndole:

2 Anda y vé *luego* á Ninive, ciudad grande, y predica en ella aquello que yo te digo.

3 Marchó pues Jonás, y se dirigió á Ninive, segun la órden del Señor. Era

1 *Ps. CXIX. v. 1.—I. Cor. XV. v. 4.*
2 *Ps. LXVIII. v. 2.*
3 *Ps. XV. v. 10.*
4 Abandonan á Dios que es por esencia la

misma misericordia. *Ps. CXLIV. ult.* Tambien puede significar que son crueles para consigo mismos y con el prójimo.

ve erat civitas magna itinere trium dierum.

4 Et capit Jonas introire in civitatem itinere diei unius: et clamavit, et dixit: Adhuc quadraginta dies, et Ninive subvertetur.

5 Et crediderunt viri Ninivitæ in Deum: et prædicaverunt jejunium, et vestiti sunt saccis à majore usque ad minorem.

6 Et pervenit verbum ad regem Ninive: et surrexit de sólio suo, et abjecit vestimentum suum à se, et indutus est sacco, et sedit in cinere.

7 Et clamavit, et dixit in Ninive ex ore regis et principum ejus, dicens: Homines, et jumenta, et boves, et pecora non gustent quidquam: nec pascantur, et aquam non bibant.

8 Et operiantur saccis homines, et jumenta, et clament ad Dominum in fortitudine, et convertatur vir à via sua mala, et ab iniquitate, quæ est in manibus eorum.

9 Quis scit si convertatur et ignoscat Deus, et revertatur à furore iræ suæ, et non peribimus?

10 Et vidit Deus opera eorum, quia conversi sunt de via sua mala: et misertus est Deus super malitiam, quam locutus fuerat ut faceret eis, et non fecit.

Nínive una ciudad grandísima, que tenia tres dias de camino en circuito [1].

4 Y comenzó Jonás á recorrer la ciudad, y anduvo por ella un dia clamando y diciendo: De aqui á cuarenta dias Nínive será destruida.

5 Y creyeron los ninivitas en la palabra de Dios, y publicaron el ayuno, y vistiéronse todos chicos y grandes de sacos [2] ó cilicios.

6 Y llegó la noticia al Rey [3] de Nínive, y se levantó del trono, y despojándose de sus regias vestiduras, vistióse de saco, y sentóse sobre la ceniza.

7 En seguida se publicó en Nínive una órden del Rey y de sus principales magnates que decia [4]: Ni hombres ni bestias nada coman: no salgan á pacer ni á beber los bueyes y ganados:

8 hombres y bestias cúbranse con sacos y arreos de luto; y clamen aquellos con todo ahinco al Señor, convirtiéndose cada uno de su mala vida é inicuo proceder.

9 ¿Quién sabe si asi mudará el Señor su designio, y nos perdonará; y si se aplacará el furor de su ira, de suerte que no perezcamos?

10 Viendo pues Dios las obras de penitencia que hacian, y cómo se habian convertido de su mala vida, movióse á misericordia, y no les envió los males que habia decretado.

---

1 Segun dice el historiador gentil Herodoto (Lib. I.) los assyrios dominaron en el Asia superior por espacio de quinientos veinte años, ántes de levantarse el imperio de los medos; y añade que aun despues de eso continuó Nínive, capital de la Assyria, en un estado de grande esplendor, hasta que se apoderó de ella Cyaxar: lo que fue, segun Josepho (lib. X. Ant. c. 6.), en tiempo de Josías, rey de Judá. Tanto Herodoto, como Ctesias, Diodoro de Sicilia, y demas historiadores gentiles, convienen en que Nínive era una ciudad opulentísima y populosa, en la época en que Jonás vivia, y muchos siglos ántes. Cuando se dice que Nínive tenia tres dias de largo ó de circuito, debe entenderse que se necesitaban para rodearla, con todos los arrabales y lugares dependientes de ella; y que antiguamente las grandes poblaciones solian dilatarse á lo largo, ó en las orillas de caudalosos rios ó valles, teniendo cada familia una porcion de tierra para cultivo y pasto de los ganados.

Y asi escribe Aristóteles (Polit. lib. III. c. 2.) que cuando Babylonia fue tomada por Alejandro, al tercero dia de haber entrado el enemigo, aun no lo sabia una parte de la ciudad. Tácito (Ann. lib. XI. v. 19.) dice que la ciudad de Thebas en Egypto tenia setecientos mil hombres en estado de tomar las armas, lo que supone tres millones y medio de habitantes. Pekin, segun el P. Du Halde, y segun Voltaire (Essai sur l'hist. tomo I. pag. 13.) tiene cerca de cuatro millones de habitantes. ¿Cómo, pues, le parece increible á un filósofo impio que Nínive tuviese de largo ó de circuito tres dias de camino?

2 Matth. XII. v. 41.—Luc. XI. v. 32.

3 Seria Phul, de quien se habla IV. Reg. XV. v. 19.—I. Par. V. v. 26.

4 Los reyes de Oriente no resolvian los negocios graves sin el consejo de los magnates del reino. Esther I. v. 13. 21.—VIII. v. 8.—Dan. VI. v. 8.

CAPÍTULO IV.

Jonás, afligido al ver que no se habia verificado su profecía, se desea la muerte; pero el Señor le reprende, y le instruye y saca de su error.

1 Et afflictus est Jonas afflictione magná, et iratus est:

2 et oravit ad Dominum, et dixit: Obsecro, Domine, numquid non hoc est verbum meum, cùm adhuc essem in terra mea? propter hoc praeoccupavi ut fugerem in Tharsis; scio enim quia tu Deus clemens et misericors es, patiens et multae miserationis, et ignoscens super malitiá.

3 Et nunc, Domine, tolle quaeso animam meam à me: quia melior est mihi mors quàm vita.

4 Et dixit Dominus: Putasne benè irasceris tu?

5 Et egressus est Jonas de civitate, et sedit contra Orientem civitatis: et fecit sibimet umbraculum ibi, et sedebat subter illud in umbra, donec videret quid accideret civitati.

6 Et praeparavit Dominus Deus hederam, et ascendit super caput Jonae, ut esset umbra super caput ejus, et protegeret eum (laboraverat enim): et laetatus est Jonas super hederá, laetitiá magná.

7 Et paravit Deus vermem ascensu diluculi in crastinum: et percussit hederam, et exaruit.

8 Et cùm ortus fuisset sól, praecepit Dominus vento calido et urenti: et percussit sol super caput Jonae, et aestuabat: et petivit animae suae ut morere-

1 Empero Jonás se afligió mucho, y se incomodó [1].

2 É hizo oracion al Señor, diciendo: Ruégote que me digas, oh Señor, ¿no es esto lo mismo que yo me recelaba, cuando aun estaba en mi pais? No por otra razon me cautelaba, huyendo á Tharsis. Porque yo sé bien que tú eres un Dios clemente y misericordioso, sufrido y piadosísimo, y perdonador de los pecados [2].

3 Ahora bien, Señor, ruégote que me quites la vida, por que para mí es ya mejor morir que vivir.

4 Y respondió al Señor: ¿Y te parece á tí que tienes razon para enojarte?

5 Y salióse Jonás de Nínive, é hizo alto al Oriente de la ciudad; y formándose allí una cabaña, vivia dentro de ella, esperando á ver lo que aconteceria á la ciudad.

6 Habia el Señor preparado una yedra [3], la cual creció hasta cubrir la cabeza de Jonás para hacerle sombra, y defenderle del calor. Estaba Jonás muy fatigado, y recibió grandísimo placer de aquella yedra.

7 Y al otro dia al rayar el alba envió Dios un gusanillo que royó la raíz de la yedra, la cual se secó.

8 Y nacido que hubo el sol, dispuso el Señor que soplase un viento solano que quemaba: heria el sol en la cabeza de Jonás, quien se abrasaba y se deseaba

1 Creyendo fallida su profecia. Pero S. Gerónimo cree que Jonás se entristeció porque se persuadió que habia ya llegado el tiempo de la amenaza que hizo Dios de abandonar á su pueblo de Israel. *Dent. XXXII. v.* 21.— *Rom. X. v.* 19. Por semejante motivo lloró Jesu-Christo en su entrada triunfante en Jerusalem; y S. Pablo deseaba ser *anathema* por sus hermanos los judios. *Luc. XIX. v.* 41.— *Rom. IX. v.* 3.

2 *Ps. LXXXV. v.* 5.—*Joel II. v.* 13.

3 S. Gerónimo tradujo *hedera* la voz he-

bréa קִיקָיוֹן *kikaion*, y Κολοκύνθη *kolokynthe* los *Setenta*, por no hallar voz propia para denotar una planta, ó arbusto, que no se conocia entre los griegos ni latinos. Léase lo que dice S. Agustin sobre esta palabra, y la voz *succa*, *calabazera*, de que hacen mencion. Creen muchos que el arbusto de que habla *Jonás* es el que se conoce en Levante con el nombre de *palma christi*, ó *riccino*. *Riccinum* traduce Arias Montano. *Cucurbitam* Santes-Pagnino.

tur, et dixit: Melius est mihi mori, quàm vivere.

9 *Et dixit Dominus ad Jonam: Putasne benè irasceris tu super hederâ? Et dixit: Benè irascor ego usque ad mortem.*

10 *Et dixit Dominus: Tu doles super hederam, in qua non laborasti, neque fecisti ut cresceret; quæ sub una nocte nata est, et sub una nocte periit.*

11 *Et ego non parcam Ninive civitati magnæ, in qua sunt plus quàm centum viginti millia hominum, qui nesciunt quid sit inter dexteram et sinistram suam, et jumenta multa?*

la muerte, diciendo: Mejor me es morir que vivir.

9 Pero el Señor dijo á Jonás: ¿Crees tú razonable el enojarte por causa de la yedra? Y respondió él: Razon tengo para encolerizarme, hasta desear mi muerte [1].

10 Y dijo el Señor: Tú tienes pesar por la pérdida de una yedra, que ningun trabajo te ha costado, ni tú la has hecho crecer; pues ha crecido en una noche, y en una noche ha perecido.

11 ¿Y yo no tendré compasion de Nínive, ciudad tan grande, y en la cual hay mas de ciento veinte mil personas, que no saben aun discernir la mano diestra de la izquierda, y un gran número de animales?

---

1 Esta expresion, que parece algo fuerte hablando con Dios, es semejante á muchas de las que usaron el santo Job, el apóstol S. Pablo, etc. Véase *Vulgata.*

FIN DE LA PROFECIA DE JONAS.

ADVERTENCIA

SOBRE LA PROFECIA DE MICHEAS.

Nació Micheas *en Morasthí, ó Maresa, pueblo cerca de Hebron, en la tribu de Judá. Profetizó en los reinados de Joathan, de Acház, y de Ezechías, esto es, despues del año 3246 hasta cerca del 3276 del mundo, y fue contemporáneo de Isaías, Oséas, Joel y Amós. No debe confundirse con otro Profeta del mismo nombre que vivió en tiempo de Achâb y de Josaphat, cerca de ciento y cincuenta años ántes de éste* [1].*

Nada se sabe de su muerte; sino que la Iglesia le venera como mártir el dia 15 de enero. San Gerónimo, en el epitafio de santa Paula, dice que en su tiempo se veia en Morasthi el sepulcro de Michèas.

Su estilo, aunque es figurado y elevado, es no obstante fácil de entender. Predijo la ruina y cautividad de las diez tribus, ó reino de Israel, por los assyrios; y la de las dos, ó reino de Judá, por los chàldéos, y también la libertad que Cyro habia de dar á todas. Anunció en seguida el establecimiento de la Iglesia; señalando claramente el lugar en que nacería el Mesías, y la extension de su reino por todo el mundo. Era esta profecía muy conocida y creida entre los judíos cuando vino al mundo Jesu-Christo, como se ve en la respuesta que los rabinos ó doctores de la Ley dieron á Herodes [2].*

Jeremías citó á Michèas en apoyo de sus profecías. Véase Jeremías XXVI. v. 18. El estilo de Micheas *es bastante parecido al de Isaías; y convienen en varias expresiones, como se vé en el cap. I. v. 1, 2 y 3, muy semejantes á los versos 2, 3 y 4 del cap. II de Isaías.*

1 *III. Reg. XXII. v. 8.*   2 *Matth. cap. II. v. 5.*

LA PROFECIA DE MICHEAS.

CAPÍTULO PRIMERO.

Predice Michéas la irrupcion de los assyrios, los cuales destruirian el reino de las diez tribus y el de Judá, llegando hasta Jerusalem.

1 *Verbum Domini, quod factum est ad Michæam Morasthiten, in diebus Joathan, Achaz et Ezechiæ, regum Juda: quod vidit super Samariam, et Jerusalem.*

2 *Audite populi omnes, et attendat terra, et plenitudo ejus: et sit Dominus Deus vobis in testem, Dominus de templo sancto suo.*

3 *Quia ecce Dominus egredietur de loco suo: et descendet, et calcabit super excelsa terræ.*

4 *Et consumentur montes subtus eum: et valles scindentur sicut cera à facie ignis, et sicut aquæ, quæ decurrunt in præceps.*

5 *In scelere Jacob omne istud, et in peccatis domus Israel. Quod scelus Jacob? nonne Samaria? et quæ excelsa Juda? nonne Jerusalem?*

6 *Et ponam Samariam quasi acervum lapidum in agro cùm plantatur vinea: et detraham in vallem lapides ejus, et fundamenta ejus revelabo.*

7 *Et omnia sculptilia ejus concidentur, et omnes mercedes ejus comburentur igne, et omnia idola ejus ponam*

1 Palabra del Señor en órden á Samaria y á Jerusalem, revelada á Michéas Morasthite en los tiempos de Joathan, de Achás, y de Esechías, Reyes de Judá [1].

2 Pueblos todos escuchad, y esté atenta la tierra, y cuanto en ella hay; y el Señor Dios sea testigo contra vosotros: séalo el Señor [2] desde su santo Templo.

3 Porque he aquí que el Señor va á salir de su morada [3], y descendiendo de su trono, hollará las grandezas de la tierra.

4 Y los montes se consumirán debajo de él, y los valles se derretirán como la cera delante del fuego, y *fluirán* como las aguas que corren por un despeñadero.

5 Todo esto por causa de la maldad de Jacob, y por los pecados de la casa de Israel. ¿Y cuál es la maldad de Jacob [4], sino *las idolatrías de* Samaria? ¿Y cuáles los lugares excelsos de Judá, sino los de Jerusalem [5]?

6 Por tanto pondré á Samaria como un monton de piedras en el campo cuando se planta una viña; y arrojaré sus piedras en el valle, y descubriré hasta sus cimientos [6].

7 Y serán destrozados todos sus simulacros, y arrojadas al fuego todas sus riquezas [7], y yo destruiré todos sus ído-

---

1 Hácia el año 750 ántes de Jesu-Christo.

2 El Señor os convenza de vuestras maldades.

3 Expresion metafórica para denotar que el Señor va á obrar alguna extraordinaria maravilla. Is. XXVI. v. 21.—Amós IV. v. 13.

4 Por *Jacob* se entiende el reino de Israel, ó las diez tribus.

5 Al rededor de Jerusalem quedaron algunos *lugares altos*, en que se adoraba al verdadero Dios, aunque contra la Ley; y algunos Reyes toleraron este abuso. Véase *Lugares altos.*

6 IV. Reg. XVII. v. 6.

7 Fruto ó recompensa de sus fornicaciones ó idolatrías.

in perditionem: quia de mercedibus meretricis congregata sunt, et usque ad mercedem meretricis revertentur.

8 Super hoc plangam, et ululabo: vadam spoliatus, et nudus: faciam planctum velut draconum, et luctum quasi struthionum.

9 Quia desperata est plaga ejus, quia venit usque ad Judam, tetigit portam populi mei usque ad Jerusalem.

10 In Geth nolite annuntiare, lacrymis ne ploretis, in domo Pulveris pulvere vos conspergite.

11 Et transite vobis habitatio Pulchra, confusa ignominia: non est egressa quæ habitat in exitu: planctum Domus vicina accipiet ex vobis, quæ stetit sibimet.

12 Quia infirmata est in bonum, quæ habitat in amaritudinibus: quia descendit malum à Domino in portam Jerusalem.

13 Tumultus quadrigæ stuporis habitanti Lachis: principium peccati est filiæ Sion, quia in te inventa sunt scelera Israel.

14 Propterea dabit emissarios super hæreditatem Geth: domus mendacii in deceptionem regibus Israel.

15 Adhuc hæredem adducam tibi quæ habitas in Móresa: usque ad Odollam veniet gloria Israel.

16 Decalvare, et tondere super filios deliciarum tuarum: dilata calvitium tuum sicut aquila, quoniam captivi ducti sunt ex te.

los: porque todos sus bienes los ha juntado Samaria con el precio de la prostitucion [1], y precio de meretriz volverán á ser.

8 Por cuyo motivo yo suspiraré, y prorumpiré en alaridos: andaré despojado y desnudo, y aullaré como los dragones, y daré gritos lastimeros como los avestruces.

9 Porque la llaga *de la idolatría* de Samaria está desahuciada: se ha extendido hasta Judá: ha penetrado hasta las puertas del pueblo mio, hasta Jerusalem.

10 Procurad que no se sepa esto en Geth [2]: no lloréis tanto: echáos encima polvo ó *ceniza* en la Casa del Polvo [3].

11 Oh tú que habitas en el pais hermoso, vete cubierta de oprobio: no ha partido la que habita en los confines: la casa vecina que se sostuvo por sí misma, hará duelo por vosotros.

12 Porque ha perdido las fuerzas para hacer bien la que habita en la amargura: puesto que el Señor ha enviado el azote hasta las puertas ó *ciudad* de Jerusalem.

13 Al estruendo de los carros de guerra [4], quedará lleno de pavor el morador de Lachîs: esta fué el origen de pecado para la hija de Sion; pues en ella se hallaron *imitadas* las maldades de Israel.

14 Por lo que enviará ella mensageros á la casa de Geth [5], casa de mentira, para engaño de los Reyes de Israel.

15 Aun te llevaré yo un nuevo amo, oh casa de Maresa: hasta Odollam llegará la gloria [6] de Israel.

16 Mésate tus cabellos y ráete la cabeza por [7] causa de tus queridos hijos: pélate toda la cabeza, como águila *que está de muda* [8]; porque los *habitantes* tuyos son llevados al cautiverio.

---

1 De la idólatra nacion hebréa.

2 O entre los philisthéos. *II. Reg. I. v.* 20.

3 En hebréo בבית לעפרה en la *Casa-hafra. Judic. VI. v* 11. עפר *jafar* significa polvo. Esto es, si varos en unas ciudades que pronto serán reducidas á polvo.

4 *IV. Reg. XVIII. v.* 14.

5 O á los philisthéos.

6 *Josué XV. v.* 35. 44. S. Gerónimo cree

que la voz *gloria* indica aqui lo contrario, esto es, la *infamia* ó *ignominia.* Así sucede á veces con la voz *benedicere.* Véase *Bendicion.* Realmente la palabra hebréa כבוד *cabod* significa tambien *peso, gravedad,* etc.

7 Por su cautiverio ó muerte.

8 El águila cuando muda está muy débil y tímida; y con facilidad es presa de los cazadores.

CAPÍTULO II.

Anuncia el Profeta la maldicion de Dios y una extrema desolacion á los israelitas; cuyos restos serán al fin reunidos y salvados.

1 *Væ qui cogitatis inutile, et operamini malum in cubilibus vestris: in luce matutina faciunt illud, quoniam contra Deum est manus eorum.*

2 *Et concupierunt agros, et violenter tulerunt, et rapuerunt domos: et calumniabantur virum, et domum ejus; virum, et hæreditatem ejus.*

3 *Idcircò hæc dicit Dominus: Ecce ego cogito super familiam istam malum: unde non auferetis colla vestra, et non ambulabitis superbi, quoniam tempus pessimum est.*

4 *In die illa sumetur super vos parabola, et cantabitur canticum cum suavitate, dicentium: Depopulatione vastati sumus: pars populi mei commutata est: quomodò recedet à me, cùm revertatur, qui regiones nostras dividat?*

5 *Propter hoc non erit tibi mittens funiculum sortis in cœtu Domini.*

6 *Ne loquamini loquentes: Non stillabit super istos; non comprehendet confusio.*

7 *Dicit domus Jacob: Numquid abreviatus est spiritus Domini, aut tales sunt cogitationes ejus? Nonne verba mea bona sunt cum eo, qui rectè graditur?*

1 ¡Ay de vosotros que no pensais sino en cosas vanas[1], y maquinais *allá* en vuestros lechos perversos designios! Ejecútanlos[2] al llegar la luz de la mañana; porque ellos se han declarado contra Dios.

2 Y codiciaron las heredades, y las usurparon con violencia, é invadieron las casas; y calumniaron á éste para apoderarse de su casa; y á aquel otro para alzarse con su hacienda.

3 Por tanto, esto dice el Señor: He aquí que yo estoy pensando en enviar calamidades sobre esta familia, de las cuales no podréis vosotros libraros; y no andaréis ya erguidos, porque será tiempo en extremo calamitoso.

4 En aquel dia se compondrá sobre vosotros una parábola ó *lamentacion*, y se os cantará con tono lastimero esta cancion: Nosotros hemos sido enteramente asolados: cambiado ha *de dueño* la herencia de mi pueblo[3]: ¿cómo se retirará de mí el *castigo*, puesto que vuelve el *assyrio*, el cual se ha de repartir nuestros campos?

5 Por esto ya no tendrás tú, oh *Israel*, quien reparta con la medida de cuerda las porciones *de tierra* en la congregacion del Señor.

6 No gasteis, oh *Profetas*, tantas palabras *con este pueblo*; porque no las recibirán estos[4]; ni les causarán confusion alguna.

7 Pues la casa de Jacob va diciendo: Qué ¿por ventura se ha disminuido el espíritu *misericordioso* del Señor, ó pueden ser tales sus designios? Pero, ¿acaso no hablo yo (*responde Dios*) con benignidad á aquellos que andan por el recto camino?

---

1 *Vano*, segun el genio de la lengua *hebréa*, quiere decir aquí *perverso*.
2 Para dar cierta energia, se pasa aqui desde la segunda á la tercera persona. Véase

Hebraismos.
3 *IV. Reg. XVII. v. 24.*
4 Cual lluvia saludable.

8 *Et è contrariò populus meus in adversarium consurrexit: desuper tunicâ palium sustulistis: et eos, qui transibant simpliciter, convertistis in bellum.*

9 *Mulieres populi mei ejecistis de domo deliciarum suarum; à parvulis earum tulistis laudem meam in perpetuum.*

10 *Surgite, et ite, quia non habetis hic requiem: propter immunditiam ejus corrumpetur putredine pessimâ.*

11 *Utinam non essem vir habens spiritum, et mendacium potiùs loquerer: stillabo tibi in vinum, et in ebrietatem: et erit super quem stillatur populus iste.*

12 *Congregatione congregabo Jacob totum te: in unum conducam reliquias Israel, pariter ponam illum quasi gregem in ovili, quasi pecus in medio caularum, tumultuabuntur à multitudine hominum.*

13 *Ascendet enim pandens iter ante eos: divident, et transibunt portam, et ingredientur per eam: et transibit rex eorum coram eis, et Dominus in capite eorum.*

8 Mas el pueblo mio, por el contrário, ha alzado bandera contra mí: vosotros, *oh israelitas*, despues de la túnica habeis robado la capa, y á aquellos que pasaban *ó vivian* quietamente, les habeis hecho la guerra [1].

9 Arrojásteis de sus casas las mugeres de mi pueblo, que vivian en ellas con sosiego; y á sus niños les cerrásteis la boca para que jamás me alabasem.

10 Levantáos, y marchad, porque no habeis ya de tener aquí descanso; pues esta tierra *de promision* se ha hecho inmunda, y por eso está inficionada de una corrupcion horrorosa.

11 ¡Ojalá fuera yo un hombre que no tuviese el espíritu *profético*, sino que fuera falso lo que digo! Yo derramaré sobre tí, *dice el Señor*, el vino y la embriaguez *del cáliz de mi indignacion*; y este vino sobre este pueblo se derramará.

12 *Pero al fin*, yo te reuniré todo junto, oh Jacob [2], y yo recogeré en uno los restos de Israel, los pondré todos juntos como rebaño en un aprisco, como las ovejas en la majada: grande será el ruido que haga la muchedumbre de sus gentes [3]:

13 É irá delante de ellas aquel *buen Pastor* que les abrirá el camino; forzarán la puerta, pasarán por ella, y entrarán dentro: y su Rey irá delante de ellas, y estará á su frente el Señor.

CAPÍTULO III.

Por los pecados de los Príncipes, Jueces, falsos Profetas y Sacerdotes castigará Dios terriblemente á Israel, y destruirá á Jerusalem.

1 *Et dixi: Audite principes Jacob, et duces domus Israel: Numquid non vestrum est scire judicium,*

2 *qui odio habetis bonum, et diligitis*

1 Y dije yo: Escuchad, oh vosotros príncipes de Jacob, y caudillos de la casa de Israel: ¿Acaso no os toca á vosotros el saber aquello que es justo [4]?

2 Y no obstante eso, vosotros abor-

---

1 Para poder asi oprimirlos.

2 No puede entenderse esta profecia de los solos hijos de Israel segun la carne, que volvieron de Babylonia, porque fueron pocos los de las diez tribus que volvieron con Zorobabel. Habla pues el Profeta de la union de todos en la Iglesia. Véase *Jer. XXXI. v.* 10.—*Ezech. XXXVII. v.* 21. — *Rom. XI. v.* 25.

3 Que entrarán en el místico rebaño de Jesu-Christo. *Ps. LXXIX. v.* 2.

4 *Jer. V. v.* 4.

modum: qui violenter tollitis pelles eo-
rum desuper eis, et carnem eorum de-
super ossibus eorum?

3 *Qui comederunt carnem populi mei,*
et pellem eorum desuper excoriaverunt:
et ossa eorum confregerunt, et concide-
runt sicut in lebete, et quasi carnem
in medio ollæ.

4 *Tunc clamabunt ad Dominum, et*
non exaudiet eos: et abscondet faciem
suam ab eis in tempore illo, sicut ne-
quiter egerunt in adinventionibus suis.

5 *Hæc dicit Dominus super prophe-*
tas, qui seducunt populum meum: qui
mordent dentibus suis, et prædicant
pacem: et si quis non dederit in ore
eorum quippiam, sanctificant super
eum prælium.

6 *Propterea nox vobis pro visione*
erit, et tenebræ vobis pro divinatione:
et occumbet sol super prophetas, et ob-
tenebrabitur super eos dies.

7 *Et confundentur qui vident visio-*
nes, et confundentur divini: et ope-
rient omnes vultus suos, quia non est
responsum Dei.

8 *Verumtamen ego repletus sum for-*
titudine spiritûs Domini, judicio, et
virtute: ut annuntiem Jacob scelus
suum, et Israel peccatum suum.

9 *Audite hoc, principes domûs Jacob,*
et judices domûs Israel: qui abomina-
mini judicium, et omnia recta per-
vertitis.

10 *Qui ædificatis Sion in sanguini-*
bus, et Jerusalem in iniquitate.

11 *Principes ejus in muneribus judi-*
cabant, et sacerdotes ejus in mercede
docebant: et prophetæ ejus in pecunia
divinabant: et super Dominum requie-
scebant, dicentes: Numquid non Do-
minus in medio nostrûm? non venient
super nos mala.

receis el bien y amais el mal: desollais
al pueblo, y le quitais la carne de encima de sus huesos [1].

3 *Los caudillos* se comen la carne del
pueblo mio, y le quitan la piel, y le
machacan los huesos, y le hacen pedazos, como la carne que se mete en la
caldera ó en la olla.

4 Algun dia clamarán al Señor, y él
no los escuchará, y les ocultará entonces su rostro; por cuanto ellos han obrado perversamente, segun sus antojos.

5 Esto dice el Señor contra los *falsos*
profetas que seducen á mi pueblo; los
cuales *le* despedazan con sus dientes, y
predican paz: y al que no les pone alguna cosa en su boca [2], le mueven
guerra á pretexto de santidad [3].

6 Por esto en lugar de vision, tendréis *oscura* noche, y tinieblas en vez
de revelaciones: se pondrá el sol para
estos profetas, y el dia se oscurecerá
para ellos [4].

7 Y quedarán avergonzados estos que
tienen visiones, y serán confundidos estos adivinos, y todos ellos se cubrirán
el rostro *avergonzados*; pues sus oráculos no son de Dios.

8 Mas yo he sido llenado del espíritu
fuerte del Señor, de justicia, y de constancia; para decir *y reprender* á Jacob
sus maldades, y á Israel su pecado.

9 Escuchad estas cosas, oh Príncipes
de la casa de Jacob, y vosotros oh Jueces de la casa de Israel; vosotros que
abominais de la justicia, y trastornais
toda equidad.

10 Vosotros que edificais *ó adornais* á
Sion con sangre *de los pobres*, y á Jerusalem á fuerza de injusticias.

11 Sus Príncipes *ó Jueces* se dejan co-
hechar en los juicios; y sus sacerdotes
predican [5] por interés, y por el dinero
adivinan sus profetas; y *no obstante se*
apoyan en el Señor, diciendo: Pues qué,
¿acaso no está el Señor en medio de nosotros? *No temais*, ningun mal nos vendrá

---

1 *No solo esquilais, sino que desollais al*
pueblo. Ezech. XXXIV. v. 2.

2 Ó no les hace algun regalo.

3 Puede traducirse: *Tienen por una cosa*
santa el moverle guerra.

4 *Jerem.* XV. v. 9.—*Amos* VIII. v. 9.

5 Por su paga, ó por su utilidad. *Ezech.*
XXII. v. 27.—*Sophon.* III. v. 3.

12 *Propter hoc, causa vestri, Sion quasi ager arabitur, et Jerusalem quasi acervus lapidum erit, et mons templi in excelsa silvarum.*

12 Por tanto, arada como un campo se verá Sion por culpa vuestra; y Jerusalem será reducida á un monton de piedras, y el monte *santo* del Templo vendrá á ser como un elevado bosque [1].

CAPÍTULO IV.

Anuncia Michéas el restablecimiento de Sion, y la conversion de las naciones. Felicidad de Sion libertada del cautiverio, y total exterminio de sus enemigos.

1 *Et erit: In novissimo dierum erit mons domus Domini præparatus in vertice montium, et sublimis super colles: et fluent ad eum populi.*

1 Pero sucederá que en los últimos tiempos [2] el Monte ó *reino* de la Casa del Señor será fundado sobre la cima de los *demas* montes, y se levantará sobre los *altos* collados, y correrán allá *en* gran número los pueblos [3].

2 *Et properabunt gentes multæ, et dicent: Venite, ascendamus ad montem Domini, et ad domum Dei Jacob: et docebit nos de viis suis, et ibimus in semitis ejus: quia de Sion egredietur lex, et verbum Domini de Jerusalem.*

2 Y allá irán á toda priesa muchas naciones, diciendo: Venid, y vamos al Monte del Señor y á la Casa del Dios de Jacob, y él nos enseñará sus caminos, y nosotros seguirémos sus veredas: puesto que la Ley saldrá de Sion, y de Jerusalem *tendrá origen* la palabra del Señor.

3 *Et judicabit inter populos multos, et corripiet gentes fortes usque in longinquum: et concident gladios suos in vomeres, et hastas suas in ligones: non sumet gens adversus gentem gladium: et non discent ultra belligerare.*

3 Y juzgará *el Señor* muchos pueblos, y corregirá ó *castigará* naciones poderosas, hasta las mas remotas; las cuáles convertirán sus espadas en rejas de arados y sus lanzas en azadones [4]: una nacion no empuñará la espada contra otra, ni estudiarán ya mas el arte de guerrear.

4 *Et sedebit vir subtus vitem suam, et subtus ficum suam, et non erit qui deterreat: quia os Domini exercituum locutum est.*

4 Y descansará cada uno debajo de su parra y debajo de su higuera, sin tener temor de nadie: pues lo ha prometido por su boca el Señor de los ejércitos [5].

5 *Quia omnes populi ambulabunt unusquisque in nomine Dei sui: nos autem ambulabimus in nomine Domini Dei nostri in æternum et ultra.*

5 Porque todos los pueblos andarán cada uno en el nombre de su dios: mas nosotros andarémos en el nombre del Señor Dios nuestro por todos los siglos de los siglos.

---

1 *Jer. XXVI. v.* 6 *y* 18.
2 Por los últimos tiempos suelen entenderse en los libros del Antiguo Testamento los tiempos del Mesias, ó de la Ley *nueva*, que fueron los últimos de la Synagoga; así como en el Nuevo Testamento suelen significarse los últimos tiempos del mundo.
3 *Is. II. v.* 2.

4 Puede traducirse: *Romperán sus espadas para hacer de ellas rejas de arado, y sus lanzas para azadones. Is. II. v.* 4.—*Joel III. vers.* 10.
5 *III. Reg. IV. v.* 25.—*I. Mach. XIV. vers.* 12.—*Jer. XXX. v.* 10.—*Zach. III. vers.* 10.

6 *In die illa, dicit Dominus, congregabo claudicantem: et eam, quam ejeceram, colligam; et quam afflixeram:*

7 *et ponam claudicantem in reliquias: et eam, quæ laboraverat, in gentem robustam: et regnabit Dominus super eos in monte Sion, ex hoc nunc et usque in æternum.*

8 *Et tu turris gregis nebulosa filiæ Sion, usque ad te veniet: et veniet potestas prima, regnum filiæ Jerusalem.*

9 *Nunc quare mœrore contraheris? numquid rex non est tibi, aut consiliarius tuus periit, quia comprehendit te dolor sicut parturientem?*

10 *Dole, et satage, filia Sion quasi parturiens: quia nunc egredieris de civitate, et habitabis in regione, et venies usque ad Babylonem: ibi liberaberis, ibi redimet te Dominus de manu inimicorum tuorum.*

11 *Et nunc congregatæ sunt super te gentes multæ, quæ dicunt: Lapidetur, et aspiciat in Sion oculus noster.*

12 *Ipsi autem non cognoverunt cogitationes Domini, et non intellexerunt consilium ejus: quia congregavit eos quasi fœnum areæ.*

13 *Surge, et tritura, filia Sion: quia cornu tuum ponam ferreum, et ungulas tuas ponam æreas: et comminues populos multos, et interficies Domino rapinas eorum, et fortitudinem eorum Domino universæ terræ.*

6 En aquel dia yo reuniré conmigo, dice el Señor, aquella *nacion* que cojeaba *en mi servicio*, y volveré á recoger aquella que yo habia ya desechado y abatido;

7 y salvaré los restos de la que cojeaba [1], y formaré un pueblo robusto de aquella *misma nacion* que habia sido afligida [2]; y sobre *todos* ellos reinará el Señor en el Monte de Sion [3] desde ahora para siempre jamás.

8 Y tú, oh hija de Sion, torre nebulosa del rebaño [4], hasta tí vendrá *el Señor*: y tú tendrás el supremo imperio, el reino *gloriosísimo*, oh hija de Jerusalem.

9 Ahora pues ¿por qué te abandonas á la tristeza? ¿Acaso estás tú sin Rey, ó te ha faltado tu consejero [5], para que estés acongojada de dolor como una muger que está de parto?

10 *Pero* duélete y aflígete, oh hija de Sion, como la muger que está de parto, puesto que ahora saldrás de la ciudad y habitarás en *otro* pais, y pasarás hasta Babylonia: mas allí serás puesta en libertad, allí te rescatará el Señor de la mano de tus enemigos.

11 Pero al presente se han reunido contra tí muchas gentes, las cuales dicen: Muera apedreada; y vean nuestros ojos la ruina de Sion.

12 Empero estas gentes no conocen los designios del Señor, ni entienden sus consejos: porque el *Señor* las ha reunido *para ser desmenuzadas* como la paja en la era.

13 Levántate pues, oh hija de Sion, y trilla á *tus enemigos*: porque yo te daré á tí astas ó *fortaleza de* hierro, y uñas de bronce: y desmenuzarás muchos pueblos, y ofrecerás al Señor todo cuanto han robado, y todas sus riquezas al Señor de toda la tierra.

---

1 *Sophon. III. v.* 19.
2 *Dan. VII. v.* 14.
3 *Luc. I. v.* 32.

4 *IV. Reg. XVII. v.* 9.—*XVIII. v.* 8.
5 *Is. IX. v.* 6.

CAPÍTULO V.

Vaticina Michéas la ruina de Jerusalem, pero consuela á sus moradores con la promesa del nacimiento del Mesías en Bethlehem; y de que los restos de los judíos serán glorificados, y destruida la idolatría.

1 *Nunc vastaberis, filia latronis: obsidionem posuerunt super nos, in virga percutient maxillam judicis Israel:*

2 *ET TU, BETHLEHEM Ephrata, parvulus es in millibus Juda; ex te mihi egredietur qui sit dominator in Israel, et egressus ejus ab initio, á diebus æternitatis.*

3 *Propter hoc dabit eos usque ad tempus, in quo parturiens pariet: et reliquiæ fratrum ejus convertentur ad filios Israel.*

4 *Et stabit, et pascet in fortitudine Domini, in sublimitate nominis Domini Dei sui: et convertentur, quia nunc magnificabitur usque ad terminos terræ.*

5 *Et erit iste pax: cùm venerit Assyrius in terram nostram, et quando calcaverit in domibus nostris: et suscitabimus super eum septem pastores, et octo primates homines.*

6 *Et pascent terram Assur in gladio, et terram Nemrod in lanceis ejus: et liberabit ab Assur cùm venerit in terram nostram, et cùm calcaverit in finibus nostris.*

7 *Et erunt reliquiæ Jacob in medio populorum multorum, quasi ros à Domino, et quasi stillæ super herbam,*

1 Tú ahora serás destruida, oh ciudad de ladrones[1]. Los enemigos nos sitiarán; herirán con vara la mejilla del Juez ó *Rey* de Israel[2].

2 Y tú, oh Bethlehem *llamada Ephrata*[3], tú eres *una ciudad* pequeña respecto de las principales de Judá: *pero de tí me vendrá* el que ha de ser dominador de Israel, el cual fué engendrado desde el principio, desde los dias de la eternidad[4].

3 Por esto el Señor los dejará hasta aquel tiempo en que parirá la *vírgen* que ha de parir *al Dominador; y entonces* las reliquias de sus hermanos se reunirán con los hijos de Israel.

4 Y él permanecerá firme, y apacentará la grey con la fortaleza del Señor en el nombre altísimo del Señor Dios suyo[5]: y se convertirán *á él;* porque ahora será él glorificado hasta los últimos términos del mundo.

5 Y él será *nuestra paz*[6]: y cuando viniere el assyrio á nuestra tierra, y asolare nuestras casas, nosotros enviarémos contra él siete pastores, y ocho príncipes[7].

6 Y gobernarán la tierra de Assur con la espada, y la tierra de Nemrod con sus lanzas: y él nos librará del assyrio cuando éste habrá venido á nuestra tierra y devastado nuestros términos.

7 Y los restos *del pueblo* de Jacob estarán entre la muchedumbre de las naciones como el rocío enviado del Señor,

---

1 Jerusalem, ciudad de injusticias.

2 Ultrajarán á Sedecias. *Jer. LII. v.* 9.

3 *Bethlehem* y *Ephrata* es una misma cosa con dos nombres: para distinguir á esta Bethlehem de Judá, de la otra de la tribu de Zabulon, de la que se habla en *Josué XIX. vers.* 15.—*Gen. XXXV. v.* 19. Michéas es el único Profeta que predijo el lugar donde nacería el *Mesías.* Y por esta profecia lo sabian los Escribas, á quienes preguntó Herodes. *Matth.*

II. v. 6.—*Joann. VII. v.* 42.

4 Nacerá en Bethlehem, como hombre; pero ya existia *ab eterno* como hijo de Dios, consustancial al eterno Padre que le engendró.

5 *Act. IV. v.* 12.

6 *Nuestra paz,* dice S. Pablo, explicando este texto, *Eph. II. vers.* 14.—*Rom. XV. v.* 33.—*Colos. III. v.* 15.—*Is. IX. v.* 6.

7 Esto es, *muchos.* Véase Siete. *Eccles. XI. vers.* 2.

quæ non expectat virum, et non præstolatur filios hominum.

8 *Et erunt reliquiæ Jacob in gentibus, in medio populorum multorum, quasi leo in jumentis silvarum, et quasi catulus leonis in gregibus pecorum: qui cùm transierit et conculcaverit, et ceperit, non est qui eruat.*

9 *Exaltabitur manus tua super hostes tuos, et omnes inimici tui interibunt.*

10 *Et erit in die illa, dicit Dominus: Auferam equos tuos de medio tui, et dispergam quadrigas tuas.*

11 *Et perdam civitates terræ tuæ, et destruam omnes munitiones tuas, et auferam maleficia de manu tua, et divinationes non erunt in te.*

12 *Et perire faciam sculptilia tua, et statuas tuas de medio tui; et non adorabis ultrà opera manuum tuarum.*

13 *Et evellam lucos tuos de medio tui: et conteram civitates tuas.*

14 *Et faciam in furore et in indignatione ultionem in omnibus gentibus, quæ non audierunt.*

y como la lluvia sobre la yerba, la cual no aguarda *que la cultiven* los hombres, ni espera nada de los hijos de los hombres [1].

8 Y los residuos de Jacob serán entre las naciones, en medio de muchos pueblos, como el leon entre las bestias de las selvas, y como el jóven leon entre los hatos de las ovejas; el cual pasa por el hato, le pisotea, y hace su presa, sin que haya quien se le quite [2].

9 La mano tuya, *oh Dominador de Israel*, prevalecerá sobre tus contrarios, y perecerán todos tus enemigos.

10 En aquel dia yo quitaré, dice el Señor, de en medio de tí tus caballos, y destruiré tus carros de guerra.

11 Y arruinaré las ciudades de tu tierra, y destruiré todas tus fortalezas, y quitaré de tus manos las hechicerías, y no tendrás mas adivinos.

12 Y haré perecer tus simulacros y tus ídolos de en medio de tí, y no adorarás mas las obras de tus manos.

13 Y arrancaré de en medio de tí tus bosquetes *profanos* [3], y reduciré á polvo tus ciudades.

14 Y con furor é indignacion ejerceré mi venganza en todas las gentes que no han escuchado *mi voz* [4].

CAPÍTULO VI.

El Señor echa en cara á su pueblo la ingratitud, y le muestra el único camino para aplacar su indignacion, que es la penitencia. Intima á los impíos y obstinados su última ruina.

1 *Audite quæ Dominus loquitur: Surge, contende judicio adversùm montes, et audiant colles vocem tuam.*

2 *Audiant montes judicium Domini, et fortia fundamenta terræ; quia judicium Domini cum populo suo, et cum Israel dijudicabitur.*

3 *Popule meus, quid feci tibi, aut*

1 Escuchad lo que me dice el Señor. Ea pues, *oh Profeta*, ventila en juicio mi causa contra los montes, y oigan los collados tu voz [5].

2 Oigan la defensa del Señor los montes y los fuertes cimientos de la tierra: porque entra el Señor en juicio con su propio pueblo, y tiene pleito con Israel.

3 ¿Qué es lo que yo te he hecho, oh

---

1 *Levit. XVIII. v. 1.— III. Reg. XI. vers. 5.— Is. I. v. 11.— Jerem. VI. v. 29.— XIX. vers. 5.— Amós V. vers. 22.— Job XXXVIII. v. 26.— Ps. CIII. v. 13 y 14.*
2 *II. Cor. X. v. 4, 5 y 6.— I. Joann. V.*
vers. 4.
3 *Deut. XVI. v. 21.*
4 *II. Thes. I. v. 8.*
5 Esto es, oigan los Reyes y potentados. Oigan los judios que idolatran en los montes.

quid molestus fui tibi? Responde mihi.

4 *Quia eduxi te de terra AEgypti, et de domo servientium liberavi te: et misi ante faciem tuam Moysen, et Aaron, et Mariam?*

5 *Popule meus, memento quæso quid cogitaverit Balach rex Moab, et quid responderit ei Balaam filius Beor, de Setim usque ad Galgalam, ut cognosceres justitias Domini.*

6 *Quid dignum offeram Domino? curvabo genu Deo excelso? numquid offeram ei holocaustomata, et vitulos anniculos?*

7 *Numquid placari potest Dominus in millibus arietum, aut in multis millibus hircorum pinguium? numquid dabo primogenitum meum pro scelere meo, fructum ventris mei pro peccato anima meæ?*

8 *Indicabo tibi, ò homo, quid sit bonum, et quid Dominus requirat à te: Utique facere judicium, et diligere misericordiam, et solicitum ambulare cum Deo tuo.*

9 *Vox Domini ad civitatem clamat, et salus erit timentibus nomen tuum: Audite tribus, et quis approbabit illud?*

10 *Adhuc ignis in domo impii thesauri iniquitatis, et mensura minor iræ plena.*

11 *Numquid justificabo stateram impiam, et sacelli pondera dolosa?*

12 *In quibus divites ejus repleti sunt iniquitate, et habitantes in ea loquebantur mendacium, et lingua eorum fraudulenta in ore eorum.*

pueblo mio, ó en qué cosa te he agraviado? Respóndeme.

4 ¿ *Acaso* por qué te saqué de tierra de Egypto, y te libré de la casa de la esclavitud, y envié delante de tí á Moysés, á Aaron y á Maria?

5 Pueblo mio, haz memoria, te pido, del designio que formó [1] *contra tí* Balach Rey de Moab, y de la respuesta que le dió Balaam hijo de Beor; *y de lo que pasó* desde Setim hasta Gálgala, á fin de que conocieses la justicia ó *fidelidad* del Señor [2].

6 ¿Qué ofreceré *pues* al Señor [3] que sea digno de él, *á fin de aplacarle?* ¿Doblaré la rodilla ante el Dios excelso? ¿Le ofreceré holocaustos y becerros de un año?

7 Pero ¿y acaso puede el Señor aplacarse por medio de millares de carneros *que se le sacrifiquen,* ó con muchos millares de gordos machos de cabrío? ¿Le sacrificaré acaso por mi delito al hijo mio primogénito, ó á alguno de mis hijos por el pecado que he cometido [4]?

8 Oh hombre, *responde el Profeta,* yo te mostraré lo que conviene hacer, y lo que el Señor pide de tí: que es el que obres con justicia, y que ames la misericordia, y que andes solícito en el servicio de tu Dios.

9 Resuena la voz del Señor en la ciudad, y aquellos que temen, *oh Dios,* tu santo Nombre, se salvarán. Escuchad vosotras, oh tribus; pero ¿y quién será el que obedezca?

10 Aun están en casa del impío, como fuego *devorador,* los tesoros inicuamente adquiridos: y llena está de la ira *del Señor* la medida corta *de que usaba.*

11 ¿Por ventura deberé yo tener por justa [5] la balanza que es infiel, ó por cabales los pesos falsos del saquillo?

12 Por medio de *estas cosas* los ricos *de Jerusalem* se han llenado de riquezas injustas, y sus habitantes están estafando, teniendo en su boca una lengua engañadora.

---

1 Ó de lo que contra tí *maquinó.* Númer. XXII, XXIII, XXIV.

2 *S.* Gerónimo cree que *justicia* se toma aquí por *misericordia.* Véase *Justicia.* Num. XXV.

3 Responde el pueblo.

4 *IV. Reg. III.* v. 27. — *XXIII.* v. 10.

5 Ó *pasaré yo por justa.*

13 *Et ego ergo cœpi percutere te perditione super peccatis tuis.*

13 Por eso he empezado yo á castigarte, y á asolarte por causa de tus pecados.

14 *Tu comedes, et non saturaberis: et humiliatio tua in medio tui: et apprehendes, et non salvabis: et quos salvaveris, in gladium dabo.*

14 Comerás y no te saciarás; y en medio de tí estará *la causa de* tu calamidad. Tendrás fecundidad, mas no salvarás tus hijos [1]; y si los salvares, yo los haré perecer al filo de la espada.

15 *Tu seminabis, et non metes: tu calcabis olivam, et non ungéris oleo: et mustum, et non bibes vinum.*

15 Sembrarás y no segarás: prensarás la aceituna, y no te ungirás con el oleo; y *pisarás* la uva, y no beberás el vino [2].

16 *Et custodisti præcepta Amri, et omne opus domūs Achab, et ambulasti in voluntatibus eorum, ut darem te in perditionem, et habitantes in ea in sibilum: et opprobrium populi mei portabitis.*

16 Porque tú has observado lo que te enseñó *tu impío rey* Amri [3], y todos los usos de la casa de Achâb, y has seguido todos sus antojos: para que yo te abandonase, oh *Jerusalem,* á la perdicion, y al escarnio á tus moradores. Y vosotros, oh *poderosos,* llevaréis el *castigo del* oprobio *causado* al pueblo mio [4].

CAPÍTULO VII.

Corto número de justos en la casa de Jacob. No se debe confiar en el hombre, sino solamente en Dios Salvador, que se apiadará de Sion, y restablecerá á Jerusalem y á toda la casa de Jacob.

1 *Væ mihi, quia factus sum sicut qui colligit in autumno racemos vindemiæ: non est botrus ad comedendum, præcoquas ficus desideravit anima mea.*

1 ¡Ay de mí, que he llegado á ser como aquel que en otoño anda rebuscando lo que ha quedado de la vendimia: no hallo un racimo que comer: *en vano* mi alma ha deseado los higos tempranos [5].

2 *Periit sanctus de terra, et rectus in hominibus non est: omnes in sanguine insidiantur, vir fratrem suum ad mortem venatur.*

2 No hay ya un santo sobre la tierra; no se halla un justo entre los hombres: cada uno pone asechanzas á la vida del otro [6]: cada cual anda á caza de sus hermanos para quitarles la vida.

3 *Malum manuum suarum dicunt bonum: princeps postulat, et judex in reddendo est: et magnus locutus est desiderium animæ suæ, et conturbaverunt eam.*

3 Al mal que ellos hacen le dan el nombre de bien. El Príncipe demanda contra el pobre, y el Juez está *siempre dispuesto á satisfacerle.* El poderoso manifiesta con *descaro* lo que codicia su alma: tienen la tierra llena de desórden.

4 *Qui optimus in eis est, quasi paliurus: et qui rectus, quasi spina de sepe. Dies speculationis tuæ, visitatio*

4 El mejor de ellos es como cambron [7]: el mas justo es como espino de cercas. Llega el dia [8] de tus escudriñadores:

---

1. Segun el texto hebréo debe traducirse: *Engendrarás, y no parirás; y si parieres, á la espada entregaré tus hijos.*
2. *Deut. XXVIII. v.* 38.—*Agg. I. v.* 6.
3. *III. Reg. XVI. v.* 25 *y* 32.
4. Tambien puede traducirse: *sufriréis los*

mismos oprobios que el resto de mi pueblo.
5. Ó la pronta conversion de algunos.
6. *Ps. XIII, v.* 3.—*Is. LXVI, v.* 6.
7. El cual punza, y de nada sirve.
8. Anunciado por tus *Profetas* ó centinelas. Los Profetas son llamados centinelas c. *III. v.*

tua venit : nunc erit vastitas eorum.

5 Nolite credere amico: et nolite confidere in duce: ab ea, quæ dormit in sinu tuo, custodi claustra oris tui.

6 Quia filius contumeliam facit patri, et filia consurgit adversùs matrem suam, nurus adversùs socrum suam: et inimici hominis domestici ejus.

7 Ego autem ad Dominum aspiciam, expectabo Deum salvatorem meum: audiet me Deus meus.

8 Ne læteris inimica mea super me, quia cecidi: consurgam, cùm sedero in tenebris, Dominus lux mea est.

9 Iram Domini portabo, quoniam peccavi ei, donec causam meam judicet, et faciat judicium meum: educet me in lucem, videbo justitiam ejus.

10 Et aspiciet inimica mea, et operietur confusione, quæ dicit ad me: Ubi est Dominus Deus tuus? Oculi mei videbunt in eam: nunc erit in conculcationem ut lutum platearum.

11 Dies, ut ædificentur maceriæ tuæ: in die illa longè fiet lex.

12 In die illa, et usque ad te veniet de Assur, et usque ad civitates munitas, et à civitatibus munitis usque ad flumen, et ad mare de mari, et ad montem de monte.

13 Et terra erit in desolationem propter habitatores suos, et propter fructum cogitationum eorum.

14 Pasce populum tuum in virga tua, gregem hæreditatis tuæ, habitantes solos in saltu, in medio Carmeli: pascentur Basan et Galaad juxta dies antiquos.

y el día en que tú has de tomarles residencia: ahora van á ser ellos destruidos.

5 No confieis del amigo; ni os fieis del que gobierna. No descubras los secretos de tu corazon á la que duerme contigo.

6 Pues el hijo ultraja al padre, y se rebela contra su madre la hija, y contra su suegra la nuera: son enemigos del hombre los mismos de su casa ó familia [1].

7 Mas yo volveré mis ojos hácia el Señor, pondré mi esperanza en Dios, Salvador mio, y mi Dios me atenderá.

8 No tienes que holgarte por mi ruina, oh tú enemiga mia [2], que todavía yo volveré á levantarme; y cuando estuviere en las tinieblas del cautiverio, el Señor será mi luz y consolacion.

9 Yo sufriré el castigo del Señor, pues que pequé contra él, hasta tanto que él juzgue mi causa, y se declare en favor mio. Él me volverá á la luz del dia, y yo veré su justicia.

10 Y esto lo presenciará la enemiga mia: y quedará cubierta de confusion la que me dice: ¿En dónde está ahora el Señor Dios tuyo? Yo fijaré mis ojos sobre ella: hollada será ella ahora como el lodo de las calles.

11 El dia en que serán restauradas tus ruinas; en aquel dia será alejada de tí la tiranía [3].

12 En aquel dia vendrán á tí tus hijos desde la Assyria, y vendrán hasta las ciudades fuertes, y desde las ciudades fuertes hasta el rio Euphrates, y desde un mar hasta otro, y desde el uno hasta el otro monte.

13 Y aquella tierra de los cháldéos será asolada, á causa de sus moradores, y en pago de sus perversos pensamientos.

14 Apacienta, oh Dios mio, en medio del Carmelo [4] con tu cayado al pueblo tuyo, la grey de tu heredad, la cual habita sola en el bosque [5]: algun dia se apacentará ella en Basan y en Galaad, como en los tiempos antiguos [6].

17. de Ezech. Cap. XXXIII. v. 17. del mismo; y en Oseas cap. IX. v. 3.
1 Matth. X. v. 21 y 36. O sus mismos domésticos.
2 Oh tú, soberbia Babylonia.
3 La ley que te impuso el cruel vencedor.
4 Esto es, en medio de una fertilísima tierra. Véase Carmelo.
5 Rodeada de naciones idólatras.
6 De David y Salomon.

15 *Secundùm dies egressionis tuæ de terra Ægypti ostendam ei mirabilia.*

16 *Videbunt Gentes, et confundentur super omni fortitudine sua: ponent manum super os, aures eorum surdæ erunt.*

17 *Lingent pulverem sicut serpentes, velut reptilia terræ perturbabuntur in ædibus suis: Dominum Deum nostrum formidabunt, et timebunt te.*

18 *Quis Deus similis tui, qui aufers iniquitatem, et transis peccatum reliquiarum hæreditatis tuæ? non immittet ultrà furorem suum, quoniam volens misericordiam est.*

19 *Revertetur, et miserebitur nostri: deponet iniquitates nostras, et projiciet in profundum maris omnia peccata nostra.*

20 *Dabis veritatem Jacob, misericordiam Abraham: quæ jurasti patribus nostris à diebus antiquis.*

15 *Sí, dice el Señor:* Yo te haré ver prodigios, como cuando saliste de tierra de Egypto.

16 Lo verán las naciones, y quedarán confundidas con todo su poder: no osarán abrir la boca, y sus oidos quedarán sordos [1].

17 Lamerán el suelo [2] como las serpientes [3], y como insectos de la tierra se aturdirán y se meterán dentro de sus casas: temerán al Señor Dios nuestro, y tendrán miedo de tí, *oh Israel.*

18 ¿Quién es, oh Dios, semejante á tí que perdonas la maldad, y olvidas el pecado de las reliquias de *Israel* herencia tuya [4]? No dará ya el Señor libre curso á su indignacion, porque él es amante de la misericordia.

19 Se volverá hácia nosotros, y nos tendrá compasion. Sepultará *en el olvido* nuestras maldades, y arrojará á lo mas profundo del mar todos nuestros pecados.

20 Tú, *oh Dios mio,* te mostrarás veraz á Jacob, y misericordioso á Abraham; como lo juraste antiguamente á nuestros padres [5].

---

1 Por efecto de su espanto.
2 Cosidas con la tierra.
3 *Is. XLIX. v.* 23.

4 *Jer. X. v.* 6.—*Act. X. v.* 43.
5 Ó patriarcas.

FIN DE LA PROFECÍA DE MICHEAS.

ADVERTENCIA

SOBRE LA PROFECÍA DE NAHUM.

Nahum *fue natural de Elcesa, ó Elcesaì, pequeño pueblo de Galiléa. No se sabe cosa particular de su vida; y se cree que floreció en tiempo de Ezechías, despues de la ruina de las diez tribus por Salmanasar. Anuncia* Nahum *viva y patéticamente la segunda ruina de Ninive por Nabopolasar, general, y despues Rey de los babylonios, y de los assyrios, padre de Nabuchódonosor, auxiliado de Astiages, abuelo de Cyro (Véase Estrabon lib. XVI. y Josepho Antiq. lib. X. c. 3.). Como unos veinte y cinco años despues de la predicacion de Jonás, Ninive, habiendo vuelto á sus vicios, fue destruida enteramente, reinando en ella Sardandpalo; el cual por no caer en manos de los enemigos, se quemó á sí mismo con todo su palacio. Volvió á restablecerse en los reinados siguientes; y entonces fue cuando renovó* Nahum *las amenazas que Jonás la habia hecho muchos años ántes.*

LA PROFECIA DE NAHUM.

CAPÍTULO PRIMERO.

El profeta, despues de ensalzar el poder, la justicia y benignidad del Se-ñor, anuncia la ruina del imperio de los assyrios para consuelo del pueblo de Dios, tan oprimido por ellos.

1 Onus Ninive: *Liber visionis Na-hum Elcesæi.*

2 *Deus æmulator, et ulciscens Do-minus: ulciscens Dominus, et habens furorem: ulciscens Dominus in hostes suos, et irascens ipse inimicis suis.*

3 *Dominus patiens, et magnus forti-tudine, et mundans non faciet inno-centem. Dominus in tempestate et tur-*

1 Duro anuncio contra Nínive. Li-bro de la vision *ó revelacion* que tuvo Nahúm Eleséo.

2 El Señor es un Dios zeloso y ven-gador [1]. El Señor ejercerá su venganza, y se armará de furor: sí, ejercerá él Señor su venganza contra sus enemi-gos, y para ellos reserva su cólera.

3 El Señor es sufrido y de grande po-der: ni *porque sufra,* tendrá á *nadie* por limpio ó inocente. El Señor marcha

---

1 De las injurias hechas á su pueblo.

bine viæ ejus, et nebulæ pulvis pedum ejus.

4 Increpans mare, et exsiccans illud: et omnia flumina ad desertum deducens. Infirmatus est Basan, et Carmelus: et flos Libani elanguit.

5 Montes commoti sunt ab eo, et colles desolati sunt: et contremuit terra à facie ejus, et orbis, et omnes habitantes in eo.

6 Ante faciem indignationis ejus quis stabit? et quis resistet in ira furoris ejus? indignatio ejus effusa est ut ignis: et petræ dissolutæ sunt ab eo.

7 Bonus Dominus, et confortans in die tribulationis: et sciens sperantes in se.

8 Et in diluvio prætereunte, consummationem faciet loci ejus: et inimicos ejus persequentur tenebræ.

9 Quid cogitatis contra Dominum? consummationem ipse faciet: non consurget duplex tribulatio.

10 Quia sicut spinæ se invicem complectuntur, sic convivium eorum pariter potantium: consumentur quasi stipula ariditate plena.

11 Ex te exibit cogitans contra Dominum malitiam: mente pertractans prævaricationem.

12 Hæc dicit Dominus: Si perfecti fuerint, et ita plures; sic quoque attondentur, et pertransibit: afflixi te, et non affligam te ultra.

13 Et nunc conteram virgam ejus de dorso tuo, et vincula tua disrumpam.

entre tempestades y torbellinos, y debajo de sus pies se levantan nubes de polvo.

4 Él amenaza al mar y le deja seco; y á los rios los convierte, cuando quiere, en tierra enjuta: Hace volver estériles las fértiles montañas de Basan y del Carmelo, y que se marchiten las flores del Líbano [1].

5 Él hace estremecer los montes, y deja asolados los collados: ante él tiembla la tierra, y el orbe entero, y cuantos en él habitan.

6 ¿Quién podrá sostenerse cuando se deje ver su indignacion? ¿Ni quién será capaz de resistirle cuando esté airado y enfurecido? Derrámase cual fuego voraz su cólera, y hace derretir los peñascos.

7 Bueno es al mismo tiempo el Señor, y consolador es de sus hijos en tiempo de la tribulacion: y conoce y protege á los que ponen en él su esperanza.

8 Él destruirá como con una avenida impetuosa [2] la corte ó capital de aquella nacion; y las tinieblas de la calamidad perseguirán á los enemigos del Señor.

9 ¿Qué andais vosotros maquinando contra el Señor [3]? El Señor acabará con Nínive; no habrá otra tribulacion.

10 Porque estos assyrios, que se juntan á beber allá en sus comilonas, consumidos serán como haces de espinos bien atados entre sí, y como sequísimo heno.

11 De tí, oh Nínive, saldrá aquel que piensa mal ó impíamente contra el Señor, y que revuelve en su ánimo pérfidos designios.

12 Esto dice el Señor: Aunque sean ellos tan fuertes y en tan gran número, con todo eso serán cortados [4], y pasarán á ser nada. Yo te he afligido, oh pueblo mio; pero no te afligiré ya mas por medio de ellos.

13 Y ahora romperé la vara de su tiranía que descargaba sobre tus espaldas [5], y quebraré tus cadenas.

---

1 Is. XXXIII. v. 9.—Jer. IV. v. 26.
2 Con un grande ejército. Is. VIII. v. 7.—XVII. v. 12.—XXVIII. v. 19.—Jerem. XLIII. v. 12.—XLVI. v. 7.

3 Habla á los assyrios y á su Rey etc. Is. X. v. 18.—XXXII. v. 12.
4 Tan facilmente como se corta el cabello.
5 La vara de su tiranía; esto es, el yugo

14 Et præcipiet super te Dominus, non seminabitur ex nomine tuo amplius: de domo Dei tui interficiam sculptile, et conflatile, ponam sepulchrum tuum, quia inhonoratus es.

14 Y el Señor pronunciará contra ti, oh Ninive, esta sentencia: No quedará mas semilla de tu nombre: exterminaré de la casa de tu *falso* dios los simulacros y los ídolos de fundicion; la haré sepulcro tuyo [1], y tú quedarás deshonrada.

15 Ecce super montes pedes evangelizantis, et annuntiantis pacem: celebra, Juda, festivitates tuas, et redde vota tua: quia non adjiciet ultrà ut pertranseat in te Belial: universus interiit.

15 Mira ya sobre los montes los pies del que viene á anunciar la buena nueva, del que anuncia la paz [2]. Celebra, oh Judá, tus festividades, y cumple tus votos, que ya no volverá mas á hacer por tí correrías aquel Belial [3]: pereció del todo.

CAPÍTULO II.

Destruccion de Ninive y cautiverio de sus moradores, en castigo de los males que han hecho al pueblo de Dios.

1 Ascendit qui dispergat coram te, qui custodiat obsidionem: contemplare viam, conforta lumbos, robora virtutem valdè.

2 Quia reddidit Dominus superbiam Jacob, sicut superbiam Israel: quia vastatores dissipaverunt eos, et propagines eorum corruperunt.

3 Clypeus fortium ejus ignitus, viri exercitus in coccineis: igneæ habenæ currus in die præparationis ejus, et agitatores consopiti sunt.

4 In itineribus conturbati sunt: quadrigæ collisæ sunt in plateis: aspectus eorum quasi lampades, quasi fulgura discurrentia.

5 Recordabitur fortium suorum, ruent

1 Sale ya á campaña, oh *Ninive*, aquel que ante tus ojos devastará *tus* campos, y estrechará tu sitio: bien puedes observar sus movimientos, reforzar tus flancos, acrecentar tus fuerzas [4];

2 porque el Señor va á tomar venganza de *tu* insolencia contra Jacob [5], como igualmente de *tu* soberbia contra Israel, pues que *tus ejércitos* destructores devastaron y talaron sus campiñas.

3 Resplandecen como una llama los escudos de sus valientes, sus guerreros vienen vestidos de púrpura [6]; y centellean en el dia de la reseña *para la batalla* sus carros de guerra, y están *furiosos* como borrachos sus conductores.

4 Se agolpan en los caminos: los carros se chocan unos con otros en las calles: sus ojos son como centellas de fuego, como relámpagos que pasan de una á otra parte [7].

5 Se acordará de sus valientes [8]: mar-

que os tenia puesto. *IV. Reg. XVI. v.* 8.
1 *IV. Reg. XIX. v.* 37.
2 *Is. LII. v.* 7.
3 Por *Belial* se significan aqui los asyrios, ó su Rey. Véase *Belial.*
4 Todo será en vano.
5 La frase que usa la Vulgata: *reddidit Dominus superbiam Jacob,* se aclara con la version griega de los *Setenta*; la cual dá este sentido al original hebréo: *El Señor ha qui-*

tado el oprobio de Jacob.
6 *Ezech. XXIII. v.* 14.
7 Todo esto es una enérgica pintura del poderoso y brillante ejército de la opulenta Ninive: el color de púrpura ó encarnado era particularmente usado por los militares. Xenofonte *Cyrop. lib. III.* De los frenos de oro ó dorados habla Virgilio en su *Eneida VII.*
8 Y los enviará al combate.

in itineribus suis: velociter ascendent muros ejus, et præparabitur umbraculum.

6 Portæ fluviorum apertæ sunt, et templum ad solum dirutum.

7 Et miles captivus abductus est, et ancillæ ejus minabantur gementes ut columbæ, murmurantes in cordibus suis.

8 Et Ninive quasi piscina aquarum aquæ ejus: ipsi verò fugerunt: state, state, et non est qui revertatur.

9 Diripite argentum, diripite aurum: et non est finis divitiarum ex omnibus vasis desiderabilibus.

10 Dissipata est, et scissa, et dilacerata: et cor tabescens, et dissolutio geniculorum, et defectio in cunctis renibus: et facies omnium eorum sicut nigredo ollæ.

11 Ubi est habitaculum leonum, et pascua catulorum leonum, ad quam ivit leo ut ingrederetur illuc, catulus leonis, et non est qui exterreat?

12 Leo cepit sufficienter catulis suis, et necavit leænis suis: et implevit prædâ speluncas suas, et cubile suum rapinâ.

13 Ecce ego ad te, dicit Dominus exercituum, et succendam usque ad fumum quadrigas tuas, et leunculos tuos comedet gladius, et exterminabo de terra prædam tuam, et non audietur ultrâ vox nuntiorum tuorum.

charán de tropel por los caminos, escalarán con denuedo los muros, preparando antes medios para ponerse á cubierto de los sitiadores.

6 Se han abierto las puertas en los muros, por la avenida de los rios, y el templo ha sido arrasado:

7 han sido llevados cautivos sus soldados, y las mugeres conducidas á la esclavitud, gimiendo como palomas, y lamentándose en sus corazones.

8 Y Ninive inundada con las aguas[1] ha quedado hecha una laguna. Huyeron sus defensores, y por mas que les gritaban: Detenéos, detenéos, ninguno volvió á mirar atrás.

9 Robad, oh châldéos, la plata, robad el oro: es inmensa la riqueza de sus preciosas alhajas.

10 Devastada ha quedado ella, y desgarrada, y despedazada: los corazones desmayados, vacilantes las rodillas, quebrantados los lomos: y las caras de todos ellos denegridas como ollin[2].

11 ¿Dónde está la feroz Ninive, esa guarida de leones, ese bosque para pasto de cachorros de leones, á donde iban á reposar el leon y sus cachorros, sin que nadie los ahuyentase?

12 El leon Rey de Assyria, habiendo tomado lo bastante para sus cachorros, hizo una matanza para sus leonas, y llenó de caza sus cuevas, y de rapiñas su guarida.

13 Pues héme aquí contra tí, dice el Señor de los ejércitos. Yo reduciré á humo tus carros de guerra, y la espada devorará tus jóvenes ó vigorosos leones, y arrancaré de la tierra tus rapiñas, y no se oirá ya mas la voz blasfema de tus embajadores[3].

1 Del Tigris.
2 Véase Joel II. v. 6.—Is. XIII. v. 7.—Ezech. XXIV. v. 6.

3 IV. Reg. XVIII. vers. 16 y 19.—Is. XXXVI.

CAPÍTULO III.

Descripcion de la toma y ruina de Nínive: de nada le servirán sus muros, su tropa, ni el valor de sus capitanes.

1 *Væ civitas sanguinum, universa mendacii dilaceratione plena: non recedet à te rapina.*

2 *Vox flagelli, et vox impetus rotæ, et equi frementis, et quadrigæ ferventis, et equitis ascendentis:*

3 *et micantis gladii, et fulgurantis hastæ, et multitudinis interfectæ, et gravis ruinæ; nec est finis cadaverum, et corruent in corporibus suis.*

4 *Propter multitudinem fornicationum meretricis speciosæ, et gratæ, et habentis maleficia, quæ vendidit gentes in fornicationibus suis, et familias in maleficiis suis:*

5 *Ecce ego ad te, dicit Dominus exercituum, et revelabo pudenda tua in facie tua, et ostendam gentibus nuditatem tuam, et regnis ignominiam tuam.*

6 *Et projiciam super te abominationes, et contumeliis te afficiam, et ponam te in exemplum.*

7 *Et erit: omnis qui viderit te, resiliet à te, et dicet: Vastata est Nínive: quis commovebit super te caput? unde quæram consolatorem tibi?*

8 *Numquid melior es Alexandriá populorum, quæ habitat in fluminibus: aquæ in circuitu ejus: cujus divitiæ, mare: aquæ, muri ejus?*

1 ¡Ay de tí, ciudad sanguinaria, llena toda de fraudes y de extorsiones, y de contínuas rapiñas!

2 Óyese estruendo de látigos, estruendo de impetuosas ruedas, y de relinchos de caballos, y de carros ardientes, y de caballería que avanza,

3 y de relucientes espadas, y de relumbrantes lanzas, y de muchedumbre de heridos que mueren, y de grandísima derrota: son innumerables los cadáveres: los unos caen muertos encima de los otros.

4 Todo esto por causa de las muchas fornicaciones de la ramera [1] bella y agraciada [2], la cual posee el arte de hechizar, y ha hecho esclavos de sus fornicaciones á los pueblos, y de sus hechizos á las familias.

5 Aquí estoy yo contra tí, dice el Señor de los ejércitos, y descubriré tus infamias ante tu misma cara, y mostraré á las gentes la desnudez tuya, y á todos los reinos tu oprobio.

6 Y haré recaer sobre tí tus abominaciones, y te cubriré de afrentas, y te pondré de modo que sirvas de escarmiento [3].

7 Y entonces todos cuantos te vieren, retrocederán léjos de tí, horrorizados, diciendo: Nínive ha sido asolada. ¿Quién con un movimiento de cabeza mostrará compasion de tí [4]? ¿En dónde buscaré yo quien te consuele?

8 ¿Eres tú por ventura mejor que la populosa Alejandría [5], que tiene su asiento entre rios ó brazos del Nilo, y está rodeada de aguas; cuyos tesoros son el mar, y las aguas sus murallas?

---

1 Ó idólatra Nínive.
2 Nínive significa tambien hermosa.
3 Is. XLVI. v. 3. — Jer. XIII. v. 22. — Ezech. XVI. v. 37.
4 Job XVI. vers. 5. — Jer. XVIII. v. 16. Véase Cabeza.

5 En hebréo se lee אמון נא מן‎ Mi-No-Ammon, mejor que la numerosa No: y segun la paráfrasis cháldéa que la grande Alexandría. Véase Ezech. XXX. v. 14. — Is. X. v. 4. — Jer. XLVI. v. 25.

9 *Æthiopia fortitudo ejus, et Ægyptus, et non est finis: Aphrica et Libyes fuerunt in auxilio tuo.*

10 *Sed et ipsa in transmigrationem ducta est in captivitatem: parvuli ejus elisi sunt in capite omnium viarum, et super inclytos ejus miserunt sortem, et omnes optimates ejus confixi sunt in compedibus.*

11 *Et tu ergo inebriaberis, et eris despecta: et tu quæres auxilium ab inimico.*

12 *Omnes munitiones tuæ sicut ficus cum grossis suis: si concussæ fuerint, cadent in os comedentis.*

13 *Ecce populus tuus mulieres in medio tui: inimicis tuis adapertione pandentur portæ terræ tuæ, devorabit ignis vectes tuos.*

14 *Aquam propter obsidionem hauri tibi, extrue munitiones tuas. intra in lutum, et calca, subigens tene laterem.*

15 *Ibi comedet te ignis: peribis gladio, devorabit te ut bruchus: congregare ut bruchus: multiplicare ut locusta.*

16 *Plures fecisti negotiationes tuas quàm stellæ sint cœli: bruchus expansus est, et avolavit.*

17 *Custodes tui quasi locustæ: et parvuli tui quasi locustæ locustarum, quæ considunt in sepibus in die frigoris: sol ortus est, et avolaverunt, et non est cognitus locus earum ubi fuerint.*

9 Su inmensa fortaleza eran la Ethiopía y el Egypto, y tenia por auxiliares el Áphrica y la Libya.

10 Mas ella sin embargo ha sido llevada cautiva á pais extrangero: sus párvulos han sido estrellados en las esquinas de todas las calles; y se echaron suertes sobre sus nobles [1], y fueron metidos en cepos todos sus magnates.

11 Tú, pues, oh *Nínive*, beberás [2] hasta embriagarte; y serás abatida, y pedirás socorro á tu *mismo* enemigo.

12 Caerán todas tus fortalezas, como á una sacudida caen las brevas *maduras* en la boca del que va á comérselas.

13 Mira que el pueblo que contienes se ha vuelto *débil* como si fuese un pueblo de mugeres. Las puertas de tu pais se abrirán de par en par á tus enemigos; devorará el fuego los cerrojos ó *barras* que les pongas.

14 Abastécete de agua para cuando te halles sitiada: repara tus fortificaciones: entra en el barro, y pisale, y amasándole forma de él ladrillos [3].

15 Entonces mismo serás devorada por el fuego; perecerás al filo de la espada, la cual te devorará, como el pulgon ó *la yerba*, aunque reunas gente en tanto número como el pulgon y la langosta [4].

16 Tus negociantes eran en mayor número que las estrellas del cielo; mas *fueron como* el pulgon, *que* habiéndose engordado voló á otra parte.

17 Tus guardas ó *capitanes* se parecen á las langostas, y tus pequeños *habitantes ó soldados* [5] á las tiernas langostas [6]: las cuales hacen asiento en los vallados durante el frio *de la noche*; pero luego que el sol ha nacido, se levantan, y ya no queda rastro de ellas en el lugar en donde han parado.

---

1 Para repartirlos como esclavos.
2 Del cáliz de la ira del Señor.
3 Para reparar tus muros. Pero todo será en vano.
4 *Joel* I. v. 4.
5 En el hebréo, donde la Vulgata dice *parvuli*, se lee טפסריך *tafseraij*, tus príncipes ó sátrapas.
6 Es de observar que *locustæ locustarum* es un hebraismo. Los hebréos para significar

un animal nacido de poco tiempo, le añaden el nombre de la madre; pues los animales tiernos suelen ir siempre detras de ella. Así en la Escritura se lee: *agni ovium*; *hinnuli caprarum* etc. Pero otros traducen: *á las grandes langostas* etc. porque la repeticion de un nombre es regularmente en hebréo señal de aumento ó magnitud: así como lo es en castellano. Véase *Hebraismos.*

18 *Dormitaverunt pastores tui, rex Assur: sepelientur príncipes tui: latitavit populus tuus in montibus, et non est qui congreget.*

19 *Non est obscura contritio tua, pessima est plaga tua: omnes qui audierunt auditionem tuam, compresserunt manum super te: quia super quem non transiit malitia tua semper?*

18 Durmiéronse, oh Rey de Assur, tus pastores ó *capitanes:* enterrados serán tus Príncipes: escondióse tu gente por los montes, y no hay quien la reuna.

19 Notoria se ha hecho tu calamidad: tu llaga tiene muy mala cura: batieron las manos *en señal de alegría* todos cuantos han sabido lo que te ha acaecido: porque ¿á quién no dañó en todo tiempo tu malicia?

FIN DE LA PROFECÍA DE NAHUM.

ADVERTENCIA

SOBRE LA PROFECÍA DE HABACUC.

No consta el tiempo fijo en que vivió Habacuc, *aunque se cree comunmente que fue contemporáneo de Jeremías. En las traducciones griegas se le llama Amba-cum. En el v. 6. del c. I. se ve que profetizó antes del cautiverio de Babylonia. Por eso creen muchos que no es este* Habacuc *el que fue llevado de los cabellos por un ángel á Babylonia para alimentar á Daniel cuando estaba en el lago de los leones (Dan. c. XIV. v. 32.); y que hubo dos profetas de este nombre, así como hubo dos de los de* Michêas *y* Abdías. *Otros, con S. Gerónimo, creen que pudo ser el mismo, aunque de edad ya muy avanzada. Predijo la cautividad de su nacion, la ruina del imperio de los cháldéos, la libertad de los judíos por* Cyro, *y la del género humano por* Jesu-Christo. *El último capítulo es un cántico ú oracion dirigida á Dios, en un estilo muy sublime y sentencioso.*

S. Pablo acuerda á los judíos la prediccion que este profeta hizo de la ruina de su nacion en el cap. I. v. 5. (Act. XIII. v. 40), En la Epístola á los Hebréos (cap. X. v. 37) aplica á los fieles la promesa que el Profeta hizo á los judíos de su libertad en el cap. II. vers. 3. La Iglesia celebra la memoria de Habacuc *el dia 15 de enero.*

LA PROFECÍA DE HABACUC.

CAPÍTULO PRIMERO.

Se admira el profeta de que el impío prospere y prevalezca contra el justo. El Señor enviará contra su pueblo los cháldéos, los cuales atribuirán sus victorias, no á Dios, sino á sus ídolos.

1 *Onus, quod vidit Habacuc propheta.*

2 *Usquequò, Domine, clamabo, et non exaudies: vociferabor ad te vim patiens, et non salvabis?*

3 *Quare ostendisti mihi iniquitatem et laborem, videre prædam et injusti-*

Tom. IV.

1 Duro anuncio revelado á Habacuc profeta.

2 ¿Hasta cuándo, Señor, estaré clamando, sin que tú me atiendas? ¿Hasta cuándo daré voces á tí en la violencia que sufro, sin que tú me salves?

3 ¿Por qué me haces ver delante de mí no mas que iniquidad y trabajos,

Hh

Nam contra me? et factum est judicium, et contradictio potentior.

4 Propter hoc lacerata est lex, et non
pervenit usque ad finem judicium: quia
impius prævalet adversus justum, propterea egreditur judicium perversum.

5 Aspicite in gentibus, et videte: ad-
miramini, et obstupescite: quia opus
factum est in diebus vestris, quod nemo credet, cùm narrabitur.

6 Quia ecce ego suscitabo Chaldæos,
gentem amaram et velocem, ambulan-
tem super latitudinem terræ, ut possi-
deat tabernacula non sua.

7 Horribilis, et terribilis est: ex se-
metipsa judicium, et onus ejus egredietur.

8 Leviores pardis equi ejus, et velociores lupis vespertinis: et diffundentur
equites ejus, equites namque ejus de
longè venient, volabunt quasi aquila
festinans ad comedendum.

9 Omnes ad prædam venient, facies
eorum ventus urens: et congregabit
quasi arenam, captivitatem.

10 Et ipse de regibus triumphabit, et
tyranni ridiculi ejus erunt: ipse super
~~omnem munitionem~~ ridebit, et comportabit aggerem, et capiet eam.

11 Tunc mutabitur spiritus, et pertransibit, et corruet: hæc est fortitudo
ejus dei sui.

12 Numquid non tu à principio, Domine Deus meus, sancte meus, et non
moriemur? Domine, in judicium posuisti eum; et fortem, ut corriperes,
fundasti eum.

rapiñas é injusticias? Prevalecen por el
cohecho los pleitistas[1] y pendencieros.

4 Por eso la Ley se ve burlada, y no
se hace justicia: por cuanto el impío
puede mas que el justo, por eso salen
corrompidos los juicios[2].

5 Poned los ojos[3] en las naciones, y
observad lo que pasa[4]: admirados quedaréis y espantados; porque ha sucedido una cosa en vuestros dias que nadie
la querrá creer cuando será contada.

6 Pues he aquí que yo haré venir á
los chaldéos, nacion fiera y veloz, que
recorre toda la tierra para alzarse con
las posesiones agenas.

7 Ella es horrible y espantosa: por sí
misma sentenciará y castigará[5].

8 Sus caballos son mas ligeros que leo-
pardos[6], y corren mas que los lobos
por la noche. Extenderáse por todas
partes su caballería: de léjos vendrán
sus ginetes: volarán como águila que se
arroja sobre la presa[7].

9 Todos vendrán al botin: su presencia será como un viento abrasador[8], y
amontonarán cautivos como arena.

10 Y el Rey de Babylonia triunfará
de los demas Reyes, y se mofará de los
potentados: se reirá de todas las fortalezas, levantará baterías y las tomará.

11 En este estado se mudará ó tras-
tornará su espíritu, y se desvanecerá y
caerá[9]: tal es el poder de aquel su dios
en quien confiaba.

12 Mas qué ¿no existes tú desde el
principio, oh Señor Dios mio, mi Santo[10], y él que nos librarás de la muerte? Oh Señor, tú has destinado á este
Nabuchodonosor para ejercer tu venganza, y le has dado tan gran poderío para castigarnos por medio de él.

---

1 Aquí la voz hebréa ריב rib, judicium,
significa pleito injusto. En semejantes quejas
prorumpieron Moysés Ex. XXII. v. 32.
Job III. v. 3 y 11. — Elias III. Reg. XIX.
v. 4. — David Ps. XII. n. 1. etc.
2 Job XXI. vers. 7. — Jer. XII. ver. 1. —
Ps. LXXII. v. 3.
3 Aquí habla el Señor.
4 Act. XIII. v. 41. S. Pablo se valió del
versículo 5 segun le tradujeron los Setenta.

5 A su antojo.
6 Jerem. IV. v. 13.
7 Jerem. XLVIII. v. 40. — Thren. IV.
v. 9.
8 Jerem. IV. v. 11. — Ose. XIII. v. 1. —
Gen. XLI. v. 27.
9 Dan. IV. v. 27 y 29.
10 Ó santificador, en cuya proteccion espero.

13 Mundi sunt oculi tui, ne videas malum; et respicere ad iniquitatem non poteris. Quare respicis super iniqua agentes, et taces devorante impio justiorem se?

14 Et facies homines quasi pisces maris, et quasi reptile non habens principem.

15 Totum in hamo sublevavit, traxit illud in sagena sua, et congregavit in rete suum. Super hoc lætabitur et exultabit.

16 Propterea immolabit sagenæ suæ, et sacrificabit reti suo; quia in ipsis incrassata est pars ejus, et cibus ejus electus.

17 Propter hoc ergo expandit sagenam suam, et semper interficere gentes non parcet.

13 Limpios son siempre tus ojos: no puedes tú ver [1] el mal, ni podrias sufrir delante de tí la iniquidad. ¿Por qué pues te estás contemplando aquellos que obran mal, y callas cuando el impío está tragándose al que es mas justo que él?

14 Y tú dejas que á los hombres les suceda lo que á los peces del mar, y lo que á los insectos, los cuales no tienen Rey que los defienda.

15 Todo lo ha sacado fuera con el anzuelo, lo ha arrastrado con su red barredera, y recogido con sus redes. De todo esto se gozará y regocijará:

16 por tanto ofrecerá victimas á su barredera, y sacrificios á sus redes [2]; pues que por medio de estas se ha engrosado su porcion [3], y se ha provisto de exquisitos manjares.

17 Por esto tiene tendida su red barredera [4], y no cesa jamás de devastar á las naciones.

CAPÍTULO II.

El profeta declara como el Señor le respondió en su angustia, y le mandó escribir la vision, y esperar con paciencia el suceso. Predice la destruccion del imperio de los cháldéos; cuyos ídolos no podrán defenderla.

1 Super custodiam meam stabo, et figam gradum super munitionem; et contemplabor, ut videam quid dicatur mihi, et quid respondeam ad arguentem me.

2 Et respondit mihi Dominus, et dixit: Scribe visum, et explana eum super tabulas, ut percurrat qui legerit eum.

3 Quia adhuc visus procul, et apparebit in finem, et non mentietur. Si moram fecerit, expecta illum; quia veniens veniet, et non tardabit.

1 Yo estaré alerta entre tanto, haciendo mi centinela [5], y estaré firme sobre el muro: para ver lo que se me dirá [6], y qué deberé responder al que me reprenda.

2 Respondióme pues el Señor, y díjome: Escribe la vision, y nótala en las tablillas de escribir, para que se pueda leer corrientemente.

3 Porque la vision es de cosa todavía lejana; mas ella al fin se cumplirá, y no saldrá fallida. Si tardare, espérale [7]; que el que ha de venir [8] vendrá, y no tardará [9].

---

1 *Ver, conocer,* etc. significan muchas veces aprobar: idiotismo que se usa tambien en castellano: *No puedo ver tal cosa,* por decir *no lo apruebo.* Véase *Conocer.*

2 Esto es, á su mismo poder. Así en Virgilio se pone en boca de un impio: *Mi diestra es mi Dios. Dextra mihi Deus, et telum quod missile libro. Eneida X.*

3 Ó los dominios que le dejó su padre.

4 *Is. X. v.* 7 y 13.

5 Como profeta del pueblo del Señor.

6 *Is. XXI. v.* 8.

7 No desconfies.

8 Segun San Gerónimo y otros Expositores aqui se habla del *Mesías,* mas bien que de *Cyro.* Véase *Hebr. X. v.* 36.—*Matth. XI. v.* 3.—*Gen. XLIX. v.* 10.

9 Llegado que sea el tiempo.

4 *Ecce qui incredulus est, non erit recta anima ejus in semetipso: justus autem in fide sua vivet.*

5 *Et quomodò vinum potantem decipit; sic erit vir superbus, et non decorabitur; quia dilatavit quasi infernus animam suam: et ipse quasi mors, et non adimpletur; et congregabit ad se omnes gentes, et coacervabit ad se omnes populos.*

6 *Numquid non omnes isti super eum parabolam sument, et loquelam ænigmatam ejus; et dicetur: Væ ei, qui multiplicat non sua! usquequò et aggravat contra se densum lutum?*

7 *Numquid non repentè consurgent qui mordeant te: et suscitabuntur lacerantes te, et eris in rapinam eis?*

8 *Quia tu spoliasti gentes multas; spoliabunt te omnes qui reliqui fuerint de populis, propter sanguinem hominis, et iniquitatem terræ civitatis, et omnium habitantium in ea.*

9 *Væ qui congregat avaritiam malam domui suæ, ut sit in excelso nidus ejus, et liberari se putat de manu mali.*

10 *Cogitasti confusionem domui tuæ, concidisti populos multos, et peccavit anima tua.*

11 *Quia lapis de pariete clamabit: et lignum, quod inter juncturas ædificiorum est, respondebit.*

12 *Væ qui ædificat civitatem in sanguinibus, et præparat urbem in iniquitate.*

13 *Numquid non hæc sunt à Domino exercituum? Laborabunt enim populi*

---

4 Mira que el que es incrédulo [1] no tiene dentro de sí una alma justa. El justo pues en su fe vivirá [2].

5 Mas así como el vino engaña al que le bebe, así será del hombre soberbio, el cual quedará sin honor; del *soberbio*, que ensanchó su garganta como el infierno, y es insaciable como la muerte [3], y quisiera reunir bajo su dominio todas las naciones, y amontonar junto á sí todos los pueblos.

6 Qué ¿acaso no será él la fábula de todos estos, y el objeto de sus *satíricos proverbios* [4]? Y no se le dirá: ¡Ay de aquel que amontona lo que no es suyo! ¿Hasta cuándo recogerá él para daño suyo el denso lodo *de las riquezas?*

7 ¿Acaso no se levantarán de repente [5] los que te han de morder [6], y no saldrán los que han de despedazarte, y de quienes vas á ser presa?

8 Por cuanto tú has despojado á muchas gentes ó naciones, te despojarán á tí todos los que habrán quedado de ellas, en castigo de la sangre humana *que has derramado*, y de las injusticias cometidas contra la tierra, contra la ciudad, y contra todos sus habitantes.

9 ¡Ay de aquel que allega frutos de avaricia, funesta para su propia casa, con el fin de hacer mas alto su nido, y salvarse así de las garras del mal [7]!

10 No parece sino que has ido trazando la ruina de tu casa: has asolado muchos pueblos, y tu alma delinquió.

11 Porque las piedras alzarán el grito desde las paredes, y clamarán contra tí los maderos que mantienen la trabazon del edificio [8].

12 ¡Ay de aquel que edifica una ciudad á fuerza de derramar sangre, y asienta sus cimientos sobre la injusticia!

13 ¿Acaso no están *predichas* estas cosas por el Señor de los ejércitos? Por-

---

1 Ó desconfiado de la promesa de Dios.
2 Ó hallará vida. *Rom. I. v. 17. — Gal. III. v. 11.—Heb. X. v. 38.*
3 *Prov. XXX. v. 16.—Is. V. v. 14.*
4 ¿O de fúnebres sátiras? *Is. XIV. v. 4.*
5 Los medos y persas.
6 Como perros de caza.

7 Alude al *águila*, con la cual habia comparado á aquel rey. *Cap. I. v. 8.* Véase *Jerem. XLVIII. v. 40. — Ezech. XVII. v. 3. — Dan. IV. v. 27.*
8 Véase esta costumbre etc. *III. Reg. VI. vers. 36.*

in multo igne, et gentes in vacuum, et deficient.

14 *Quia replebitur terra, ut cognoscant gloriam Domini, quasi aquæ operientes mare.*

15 *Væ qui potum dat amico suo mittens fel suum, et inebrians ut aspiciat nuditatem ejus.*

16 *Repletus es ignominiâ pro gloriâ: bibe tu quoque, et consopire: circumdabit te calix dexteræ Domini, et vomitus ignominiæ super gloriam tuam.*

17 *Quia iniquitas Libani operiet te, et vastitas animalium deterrebit eos de sanguinibus hominum, et iniquitate terræ, et civitatis, et omnium habitantium in ea.*

18 *Quid prodest sculptile, quia sculpsit illud fictor suus, conflatile, et imaginem falsam? quia speravit in figmento fictor ejus, ut faceret simulachra muta.*

19 *Væ qui dicit ligno: Expergiscere; Surge, lapidi tacenti: numquid ipse docere poterit? Ecce iste coopertus est auro et argento: et omnis spiritus non est in visceribus ejus.*

20 *Dominus autem in templo sancto suo: sileat à facie ejus omnis terra.*

que en vano, *dice el Señor*, se afanarán los pueblos, y las gentes *allegarán bienes* para *pábulo* de un gran fuego, y desfallecerán [1].

14 Pues la tierra será inundada *de enemigos*, al modo que la mar está cubierta de aguas: á fin de que sea conocida la gloria del Señor.

15 ¡Ay de aquel que da de beber á su amigo [2], mezclando hiel *en el vaso*, y le embriaga para verle desnudo!

16 En vez de gloria quedarás cubierto de afrenta: beberás tambien tú, y quedarás avergonzado [3]: el cáliz de la diestra del Señor te embriagará, y vendrá un vómito de ignominia sobre tu gloria.

17 Puesto que las maldades cometidas por *ti* sobre el Líbano recaerán contra ti [4]; y el destrozo hecho por estas fieras los aterrará, para que no *derramen* la sangre de los hombres, y no *cometan* maldades contra la tierra, y contra la ciudad y todos sus habitantes.

18 ¿De qué sirve el *vano* simulacro que formó un artífice, y la falsa estatua ó imágen que fundió de bronce [5]? Con todo, el artífice pone su esperanza en la hechura suya, en la imágen muda que forjó.

19 ¡Ay de aquel que dice á un madero: Despiértate; y á una muda piedra: Levántate, *y socórreme* [6]! ¿Por ventura *la estatua* podrá instruirte *en lo que has de hacer?* Mira; cubierta está ella de oro y plata; pero dentro no hay espíritu ninguno.

20 Mas el Señor está en su templo santo *de la gloria* [7]. Calle la tierra toda ante su acatamiento [8].

---

1 *Jerem. LI. v.* 58.
2 *A su prójimo.* Véase *Amigo.*
3 El hebréo: *quedarás descubierto vergonzosamente.*
4 *Ezech. XVII. v.* 3.—*Zach. XI. v.* 1.
5 *Jerem. VIII. v.* 19.—*X. v.* 14.
6 Tal es la necedad de los idólatras.
7 *Ps. X. v.* 5.

8 Adoren los mortales la providencia de Dios siempre sábia y justa, aun cuando castiga á los buenos, y da bienes temporales á hombres perversos. Y teman mas la Divina Justicia cuando parece que no mira el perverso proceder de los impíos, y que se olvida de volver por los buenos.

CAPÍTULO III.

*Oracion de Habacuc, en la que recuerda las maravillas del Señor á fa-
vor de Israel: se aflige por la desolacion de este pueblo; pero se consuela
con la esperanza de que el Señor le socorrerá.*

Oratio Habacuc Prophetæ. Pro ignorantiis.

1 *Domine, audivi auditionem tuam,
et timui. Domine, opus tuum, in medio annorum vivifica illud.*

2 *In medio annorum notum facies:
cùm iratus fueris, misericordiæ recordaberis.*

3 *Deus ab Austro veniet, et sanctus
de monte Pharan: operuit cœlos gloria ejus: et laudis ejus plena est terra.*

4 *Splendor ejus ut lux erit: cornua
in manibus ejus: ibi abscondita est
fortitudo ejus.*

5 *Ante faciem ejus ibit mors; et egredietur diabolus ante pedes ejus.*

6 *Stetit, et mensus est terram. Aspe-
xit, et dissolvit gentes: et contriti sunt
montes sæculi. Incurvati sunt colles
mundi, ab itineribus æternitatis ejus.*

Oracion del profeta Habacuc: por las
ignorancias [1].

1 Oí, oh Señor, tu anuncio, y quedé
lleno de *un respetuoso temor* [2]. ¡Señor!
aquella *inefable* obra tuya [3], ejecútala
en medio de los años [4].

— 2 Sí, en medio de los años la harás
patente: te acordarás de la misericordia *tuya*, cuando te habrás irritado [5].

3 Vendrá Dios *de la parte* del Medio-
día, y *el* Santo de *hácia* el monte Pharan [6].—Su gloria cubrió los cielos, y la
tierra está llena de sus alabanzas.

4 Él resplandecerá como la luz: en
sus manos tendrá un poder *infinito:* —
allí está escondida su fortaleza.

5 Llevará delante de sí *como en trian-
fo* la muerte,

6 y el diablo delante de sus pies. Paróse, y midió la tierra. — Echó una mirada y acabó con las naciones, y quedaron reducidos á polvo los altísimos
montes [7]. — Encorváronse los collados
del mundo al pasar el Eterno [8].

---

1 O pecados del pueblo. Los *Setenta* tradujeron: *oracion en forma de cántico.* En
esta oracion se contiene, segun S. Gerónimo y otros muchos Expositores, una magnífica y clara profecia de Christo. En todos los
Profetas la salvacion que nos trajo Jesu-
Christo, libertándonos de la esclavitud del
demonio y del pecado, se simboliza con la
libertad que dió al pueblo de Israel cautivo
en Babylonia. La Iglesia se vale de muchos
lugares de esta oracion en el oficio del vier-
nes santo.

2 Los *Setenta* tradujeron: *Consideré tus
obras, y salí fuera de mí.* Y por estas obras
entienden la renovacion del mundo, y las
inefables misericordias de Dios. En el verso
2 donde la Vulgata traduce, segun el hebréo,
in medio annorum notum facies, tradujeron
los Setenta *in medio animalium*: traduccion
que dió motivo, ya desde el siglo V, á que
varios Padres de la Iglesia entendieran que
se habla de dos animales que habria en el

pesebre donde nació el Mesias, segun la vulgar opinion. Pero Teofilacto las entendió de
los dos *Chérubines*, que estaban al lado del
Arca, y formaban con ella el *propiciatorio* ó
trono de Dios.

3 Que me has revelado, cúmplela ó dala
á luz.

4 Esto es, al tiempo señalado.

5 Por los pecados de los hombres.

6 Alude el Profeta á lo que decia Moysés
Deut. XXXIII. v. 2. El monte *Sinai* donde se dió la Ley antigua, era figura de *Jerusalem* donde se habia de dar la Ley nueva: y lo era el monte *Pharan* donde fueron
elegidos los *Jueces*, á los cuales comunicó
Dios su espiritu para gobernar á Israel, símbolo de los Apóstoles cuando recibieron al
Espíritu Santo.

7 Es un hebraismo. Los *sabios* ó *poderosos
del mundo. Luc. III. v. 5.*

8 Así que se puso en camino, ó descendió
á la tierra.

7 Pro iniquitate vidi tentoria Æthiopiæ, turbabuntur pelles terræ Madian.

8 Numquid in fluminibus iratus es, Domine? aut in fluminibus furor tuus? vel in mari indignatio tua? Qui ascendes super equos tuos: et quadrigæ tuæ salvatio.

9 Suscitans suscitabis arcum tuum, juramenta tribubus quæ locutus es. Fluvios scindes terræ:

10 viderunt te, et doluerunt montes: gurges aquarum transiit. Dedit abyssus vocem suam: altitudo manus suas levavit.

11 Sol et luna steterunt in habitaculo suo, in luce sagittarum tuarum, ibunt in splendore fulgurantis hastæ tuæ.

12 In fremitu conculcabis terram: in furore obstupefacies gentes.

13 Egressus es in salutem populi tui, in salutem cum Christo tuo. Percussisti caput de domo impii: denudasti fundamentum ejus usque ad collum.

14 Maledixisti sceptris ejus, capiti bellatorum ejus, venientibus ut turbo ad dispergendum me. Exultatio eorum, sicut ejus qui devorat pauperem in abscondito.

15 Viam fecisti in mari equis tuis, in luto aquarum multarum.

16 Audivi, et conturbatus est venter meus: à voce contremuerunt labia mea. Ingrediatur putredo in ossibus meis, et subter me scateat. Ut requiescam in die tribulationis: ut ascendam ad populum accinctum nostrum.

17 Ficus enim non florebit: et non

7 Yo vi reunirse á favor de la iniquidad ó idolatría las tiendas de la Ethiopia; pero puestos fueron luego en derrota los pabellones de Madian.

8 ¿Acaso fué contra los rios tu enojo, oh Señor? ¿Fué contra los rios tu cólera, ó contra el mar tu indignacion?— Tú que montas sobre tus caballos, y llevas en tu carroza la salvacion:

9 tú tomarás con denuedo tu arco, conforme á los juramentos que hiciste á las tribus de Israel:—tú dividirás los rios de la tierra.

10 Viéronte los montes, y se estremecieron; retiráronse los hinchados rios. — Los abismos alzaron su voz, y levantó sus manos el profundo mar.

11 El sol y la luna se mantuvieron en sus puestos: marcharán ellos al resplandor de tus saetas, al resplandor de tu relumbrante lanza [1].

12 Tú, irritado, hollarás la tierra, y con tu furor dejarás atónitas las naciones.

13 Saliste para salvar á tu pueblo, para salvarle por medio de tu Christo.— Heriste la cabeza de la casa del impío[2]: descubriste sus cimientos de arriba abajo.

14 Echaste la maldicion sobre su cetro, sobre el caudillo de sus guerreros, los cuales venian como torbellino para destrozarme: — era ya su regocijo como el de aquel que, en un sitio retirado, devora al pobre pasagero.

15 Abriste camino en el mar á tu caballería por en medio del cieno de profundas aguas [3].

16 Oí tu voz y se conmovieron mis entrañas: á tal voz tuya temblaron mis labios. — Penetre mis huesos la podredumbre, y brote dentro de mí gusanos; — á fin de que yo consiga reposo en el dia de la tribulacion, y vaya á reunirme con el pueblo nuestro que está apercibido [4].

17 Porque la higuera no florecerá, ni

1 Jos. X. v. 12.—Judic. V. v. 20.—Sap. V. v. 21
2 Al Anti-Christo, caudillo de los impios. II. Thes. II. v. 8.
3 Apoc. XIX. v. 6.—Ps. XLVIII. v. 1. Aguas y cieno etc. significan las tribulaciones. Véase Agua.
4 Accinctus. Esto es, con el pueblo de los hijos de Dios, que peleó y venció á los vicios; y vencerá algun dia y juzgará el poder de los malos, que ahora triunfan en medio de sus maldades.

erit germen in vineis. Mentietur opus olivæ: et arva non afferent cibum. Abscindetur de ovili pecus: et non erit armentum in præsepibus.

18 Ego autem in Domino gaudebo: et exultabo in Deo Jesu meo.

19 Deus Dominus fortitudo mea, et ponet pedes meos quasi cervorum. Et super excelsa mea deducet me victor in psalmis canentem.

las viñas brotarán: — faltará el fruto de la oliva: los campos no darán alimento. — Arrebatadas serán del aprisco las ovejas, y quedarán sin ganados los pesebres.

18 Yo empero me regocijaré en el Señor [1], y saltaré de gozo en Dios Jesus mio.

19 El Señor Dios es mi fortaleza; y él me dará pies ligeros como de ciervo: — y el vencedor Jesus me conducirá á las alturas de mi morada, cantando yo himnos en su alabanza [2].

---

[1] Luc. XXI. v. 28.
[2] Joann. XVI. v. 33.—Tob. XIII. v. 22. Literalmente se habla de la vuelta de la cautividad de Babylonia; pero la libertad que dió Cyro á los judios era figura de la que nos trajo el Mesías; la cual se completará al colocarnos en la celestial Jerusalem.

FIN DE LA PROFECIA DE HABACUC.

ADVERTENCIA
SOBRE LA PROFECÍA DE SOPHONÍAS.

Sophonías *fue natural del campo de Sabarath, en la tribu de Simeon, y de una familia muy ilustre, segun los términos en que se expresa su ascendencia. Comenzó á profetizar en el reinado de Josías. Exhorta á los judios á la penitencia, predice la ruina de Nínive, y despues de fulminar terribles amenazas contra Jerusalem, concluye con la promesa de la libertad, de la promulgacion de una nueva Ley, de la vocacion de los gentiles, y de los progresos de la Iglesia de Jesu-Christo. Su estilo es muy vehemente, y muy semejante al de Jeremías. Tambien en este Profeta hallan algunos anunciada la segunda venida de Jesu-Christo en gloria y majestad. La Iglesia celebra la memoria de Sophonías á 3 de diciembre.*

LA PROFECIA DE SOPHONIAS.

CAPÍTULO PRIMERO.

Sophonías vaticina la próxima ruina de Jerusalem en castigo de sus idolatrías, y de otros enormes pecados.

1 *Verbum Domini, quod factum est ad Sophoniam filium Chusi, filii Godoliæ, filii Amariæ, filii Ezeciæ, in diebus Josiæ filii Amon regis Judæ.*

2 *Congregans congregabo omnia à facie terræ, dicit Dominus:*

3 *Congregans hominem et pecus, congregans volatilia cæli et pisces maris: et ruinæ impiorum erunt: et disperdam homines à facie terræ, dicit Dominus.*

4 *Et extendam manum meam super Judam, et super omnes habitantes Jerusalem: et disperdam de loco hoc reliquias Baal, et nomina ædituorum cum sacerdotibus:*

1 Palabra del Señor, revelada á Sophonías, hijo de Chúsi, hijo de Godolías, hijo de Amarías, hijo de Esecías, en tiempo de Josías, hijo de Amon Rey de Judá.

2 Yo quitaré de la tierra todo lo que hay en ella; *la talaré toda*, dice el Señor:

3 exterminaré de ella hombres y bestias: exterminaré las aves del cielo, y los peces del mar; y perecerán los impíos; y exterminaré de la tierra á los hombres, dice el Señor.

4 Y extenderé mi brazo contra Judá, y contra todos los habitantes de Jerusalem; y exterminaré de este lugar los restos *de la idolatría de Baal*, y los nombres ó *la memoria* de sus ministros y sacerdotes;

5 *et eos qui adorant super tecta militiam cœli, et adorant et jurant in Domino, et jurant in Melchom:*

6 *et qui avertuntur de post tergum Domini, et qui non quæsierunt Dominum, nec investigaverunt eum.*

7 *Silete à facie Domini Dei: quia juxta est dies Domini, quia præparavit Dominus hostiam, sanctificavit vocatos suos.*

8 *Et erit: in die hostiæ Domini, visitabo super principes, et super filios regis, et super omnes qui induti sunt veste peregrinâ:*

9 *et visitabo super omnem, qui arroganter ingreditur super limen in die illa: qui complent domum Domini Dei sui iniquitate et dolo.*

10 *Et erit in die illa, dicit Dominus, vox clamoris à porta piscium, et ululatus à Secunda, et contritio magna à collibus.*

11 *Ululate habitatores Pilæ: conticuit omnis populus Chanaan, disperierunt omnes involuti argento.*

12 *Et erit in tempore illo: scrutabor Jerusalem in lucernis: et visitabo super viros defixos in fæcibus suis: qui dicunt in cordibus suis: Non faciet benè Dominus, et non faciet malè.*

13 *Et erit fortitudo eorum in direptionem, et domus eorum in desertum, et ædificabunt domos, et non habitabunt: et plantabunt vineas, et non bibent vinum earum.*

5 y á aquellos que adoran sobre los terrados la milicia ó *astros* del cielo, y adoran ý juran por el Señor y por Melchôm [1],

6 y á los que han dejado de seguir al Señor, y á los que al Señor no buscan, ni procuran encontrarle.

7 Permaneced con un *respetuoso* silencio ante el Señor Dios: porque el dia *terrible* del Señor está cerca: preparada tiene el Señor la víctima *de su justicia*; y designados los convidados [2].

8 Y en aquel dia de la víctima del Señor, yo castigaré, *dice Dios*, los príncipes, y los hijos del Rey *de Jerusalem*, y á cuantos visten *y* viven como los extrángeros [3].

9 Y castigaré entonces á todos aquellos que entran llenos de orgullo *y* arrogancia por los umbrales *del Templo* [4], llenando de injusticias y de fraudes la Casa del Señor su Dios.

10 Habrá en aquel dia, dice el Señor, muchos clamores, desde la puerta de los Peces, y *muchos* aullidos desde la Segunda [5], y grande aflicción sobre los collados [6].

11 Aullad, oh moradores de Pila [7], ó del *mortero*: enmudecido está todo el pueblo de Chânaan [8], y han perecido todos aquellos que estaban nadando en la opulencia.

12 Y entonces será cuando yo iré con una antorcha en la mano registrando á Jerusalem, é iré buscando á los hombres sumidos en sus inmundicias, los cuales están diciendo en su corazon: El Señor no hace bien, ni hace mal *á nadie.*

13 Y serán saqueadas sus riquezas, y reducidas á un desierto sus casas, y construirán habitaciones *excelentes*, mas no las habitarán; plantarán viñas, mas no beberán su vino [9].

---

1 Véase *Moloch.* Querian muchos hebréos unir el culto de Dios con el de los idolos. *Lev. XVIII. v.* 21.—*I. Paral. XX. v.* 2.—*Jer. XLIX. v.* 1.—*Amós I. v.* 15.—*V. v.* 26.— *IV. Reg. XXIII. v.* 5.

2 Los que han de ejercer su venganza. *Is. XXXI. v.* 6.—*Jer. XLVI. v.* 10.—*Ezech. XXXIX. v.* 17.—*Apocal. XIX. v.* 17.

3 *Ezech. XXIII. v.* 12.

4 *Amós VI. v.* 1.

5 Llamábase *Segunda* una parte de la ciudad edificada por el rey Manassés en un valle. *II. Paral. XXXIII. v.* 14.

6 *Jer. XXXI. v.* 39.

7 *Pila* quiere decir *mortero:* y con esta metáfora denota que serán destruidos ó desmenuzados como en un mortero. *Jer. XXXI.*

8 El pueblo de Judá es llamado aqui con el odioso nombre de *Chânaan. Dan. XIII. v.* 56.—*Oss. XII. v.* 7. 9 *Amós V. v.* 11.

14 *Juxtà est dies Domini magnus, juxtà est et velox nimis: vox diei Domini amara, tribulabitur ibi fortis.*

14 Cerca está el dia grande del Señor: está cerca, y va llegando con suma velocidad: amargas voces serán las que se oigan en el dia del Señor: los poderosos se verán entonces en apreturas.

15 *Dies iræ dies illa, dies tribulationis et angustiæ, dies calamitatis et miseriæ, dies tenebrarum et caliginis, dies nebulæ et turbinis.*

15 Dia de ira aquel, dia de tribulacion y de congoja, dia de calamidad y de miseria, dia de tinieblas y de oscuridad, dia de nublados y de tempestades,

16 *Dies tubæ et clangoris super civitates munitas, et super angulos excelsos.*

16 dia del *terrible* sonido de la trompeta contra las ciudades fuertes, y contra las altas torres [1].

17 *Et tribulabo homines, et ambulabunt ut cæci, quia Domino peccaverunt: et effundetur sanguis eorum sicut humus, et corpora eorum sicut stercora.*

17 Yo atribularé á los hombres; los cuales andarán como ciegos [2], porque han pecado contra el Señor: y su sangre será esparcida como el polvo, y arrojados sus cadáveres como la basura.

18 *Sed et argentum eorum, et aurum eorum non poterit liberare eos in die iræ Domini: in igne zeli ejus devorabitur omnis terra, quia consummationem cum festinatione faciet cunctis habitantibus terram.*

18 Y ni la plata, ni el oro podrá librarlos en aquel dia de la ira del Señor [3]: cuyo ardiente zelo devorará toda la tierra: pues él á toda priesa exterminará á cuantos la habitan.

CAPÍTULO II.

El profeta exhorta al pueblo á que ore y haga penitencia antes que llegue el dia del Señor. Destruccion de los philistheos, moabitas, ammonitas, ethíopes y assyrios.

1 *Convenite, congregamini gens non amabilis:*

2 *priusquam pariat jussio quasi pulverem transeuntem diem, antequam veniat super vos ira furoris Domini, antequam veniat super vos dies indignationis Domini.*

3 *Quærite Dominum omnes mansueti terræ, qui judicium ejus estis operati: quærite justum, quærite mansuetum: si quomodo abscondamini in die furoris Domini.*

1 Venid todos, reuníos, oh pueblos no amables [4],

2 antes que el mandamiento *del Señor* produzca aquel dia como torbellino que esparce el polvo; antes que venga sobre vosotros la ira furibunda del Señor; primero que llegue el dia de su indignacion.

3 Buscad al Señor, todos vosotros, humildes de la tierra, vosotros que habeis guardado sus preceptos: id en busca de la justicia ó *santidad*, buscad la mansedumbre [5], por si podeis poneros á cubierto en el dia de la ira del Señor.

---

1 *Jer. XXX. v. 7.—Joel II. v. 11.—Amós V. v. 18.*

2 Sin atinar en nada, ó sin saber que hacerse.

3 *Ezech. VII. v. 19.*

4 Oh israelitas indignos de mi amor. Véase *Hebraismos.*

5 Segun S. Gerónimo puede traducirse: *Buscad al Justo, buscad al Manso,* esto es, á Dios.

4 *Quia Gaza destructa erit, et Ascalon in desertum, Azotum in meridie ejicient: et Accaron eradicabitur.*

5 *Væ qui habitatis funiculum maris, gens perditorum: verbum Domini super vos Chanaan terra Philisthinorum, et disperdam te, ita ut non sit inhabitator.*

6 *Et erit funiculus maris requies pastorum, et caulæ pecorum.*

7 *Et erit funiculus ejus, qui remanserit de domo Juda: ibi pascentur, in domibus Ascalonis ad vesperam requiescent: quia visitabit eos Dominus Deus eorum, et avertet captivitatem eorum.*

8 *Audivi opprobrium Moab, et blasphemias filiorum Ammon: quæ exprobraverunt populo meo, et magnificati sunt super terminos eorum.*

9 *Propterea vivo ego, dicit Dominus exercituum Deus Israel, quia Moab ut Sodoma erit, et filii Ammon quasi Gomorrha, siccitas spinarum, et acervi salis, et desertum usque in æternum: reliquiæ populi mei diripient eos, et residui gentis meæ possidebunt illos.*

10 *Hoc eis eveniet pro superbia sua: quia blasphemaverunt, et magnificati sunt super populum Domini exercituum.*

11 *Horribilis Dominus super eos, et attenuabit omnes deos terræ, et adorabunt eum viri de loco suo, omnes insulæ gentium.*

12 *Sed et vos AEthiopes interfecti gladio meo eritis.*

13 *Et extendet manum suam super Aquilonem, et perdet Assur: et ponet*

---

4 Porque destruida será Gaza, quedará yerma Ascalon, Azoto será asolada en medio del dia, y arrasada quedará Accaron.

5 ¡Ay de vosotros que habitais la cuerda ó costa del mar [1], pueblo de perdicion! [2] contra tí se dirige lo que dice el Señor, oh Chânaan, tierra de philisthéos: Yo te asolaré de tal modo, que no quede morador ninguno.

6 Y la costa del mar será morada de pastores, y aprisco de ganados;

7 y la dicha costa será de aquellos que quedaren de la casa de Judá [3]: allí tendrán sus pastos, y descansarán por la noche en las casas de Ascalon; porque el Señor su Dios [4] los visitará, y los hará volver del cautiverio.

8 Yo he oido los denuestos de Moab, y las blasfemias que han vomitado contra el pueblo mio los hijos de Ammon [5], los cuales se han engrandecido invadiendo sus términos [6].

9 Por lo cual juro Yo (dice el Señor Dios de los ejércitos, el Dios de Israel) que Moab será como Sodoma, y los hijos de Ammon como Gomorrha; lugar de espinos secos, y montones de sal [7], y un desierto sempiterno: saquearánlos las reliquias de mi pueblo, y se enseñorearán de ellos los restos de mi gente.

10 Esto les sucederá por causa de su soberbia; porque blasfemaron, y se engrieron contra el pueblo del Señor de los ejércitos.

11 Terrible se mostrará contra ellos el Señor, y aniquilará á todos los dioses ó ídolos de la tierra; y le adorarán *todos* los hombres, cada uno en su pais, y todas las islas de las gentes [8].

12 Vosotros empero, oh ethíopes, caeréis tambien bajo el filo de mi espada:

13 pues *el châldéo* extenderá su mano contra el Aquilon, y exterminará á los

---

1 Sobre la costa del Mediterráneo en donde estaba el territorio de los philisthéos. *I. Reg. XXX. v.* 14 *y* 16. Véase *Cuerda.*

2 En el hebréo se lee: *pueblo de Cerethim,* que en Ezechiel cap. XXV. v. 16. tradujo san Gerónimo *pueblo de matadores.* El nombre de *Chânaan* le da á los philisthéos por desprecio.

3 Asi se verificó cuando los machâbéos se apoderaron de la Palestina, y la destinaron pa-

ra pasto de ganados. *I. Mach. V. v.* 68.—*X v.* 84.—*II. Mach. II. v.* 32.—*Abdías v.* 19

4 Compadecido de ellos.

5 *Jer. XLVIII., XLIX.—Ezech. XXV.— Amós II.*

6 *Ezech. XXXV. v.* 12.—*Abdías v.* 12.

7 Ó campos estériles.

8 Ó naciones mas distantes.

speciosam in solitudinem, et in invium, et quasi desertum.

assyrios, y convertirá la hermosa ciudad de *Ninive* [1] en una soledad, y en un pais despoblado y yermo.

14 *Et accubabunt in medio ejus greges, omnes bestiæ gentium: et onocrotalus et ericius in liminibus ejus morabuntur: vox cantantis in fenestra, corvus in superliminari, quoniam attenuabo robur ejus.*

14 De suerte que sestearán en medio de ella los rebaños, y todos los ganados de las gentes *vecinas*; y se guarecerán dentro de sus casas el onocrótalo y el erizo: oiráse el canto *de las aves campesinas* en sus ventanas [2], y los cuervos *anidarán* sobre sus dinteles ó *arquitrabes* : pues yo acabaré con todo su poder.

15 *Hæc est civitas gloriosa habitans in confidentia: quæ dicebat in corde suo: Ego sum, et extra me non est alia ampliùs: quomodò facta est in desertum cubile bestiæ? omnis qui transit per eam, sibilabit, et movebit manum suam.*

15 Esta es aquella ciudad gloriosa que nada temia, y que decia en su corazon: Yo soy, y fuera de mí no hay otra ninguna. ¡Cómo ha venido á quedar hecha un desierto, y una guarida de fieras! Todo el que transitará por ella, la silbará, y *mofándose* batirá una mano contra otra.

CAPÍTULO III.

Amenazas contra Jerusalem y los que la gobiernan. Consuela al resto de los fieles con la promesa de la libertad, santificacion y demas bienes que traerá la nueva Ley.

1 *Væ provocatrix, et redempta civitas, columba.*

1 ¡Ay de tí, ciudad que provocas la ira! y eso que fuiste ya rescatada, oh paloma *estúpida* [3].

2 *Non audivit vocem, et non suscepit disciplinam: in Domino non est confisa, ad Deum suum non oppropinquavit.*

2 Ella no ha querido escuchar á quien la hablaba y la amonestaba: no puso su confianza en el Señor: no se acercó á su Dios.

3 *Príncipes ejus in medio ejus quasi leones rugientes: judices ejus lupi vespere, non relinquebant in mane.*

3 Sus Príncipes están en medio de ella como leones rugientes: como lobos nocturnos son sus Jueces: no dejan nada para el dia siguiente [4].

4 *Prophetæ ejus vesani, viri infideles: sacerdotes ejus polluerunt sanctum, injustè egerunt contra Legem.*

4 Sus Profetas son hombres furiosos [5], y sin fe: sus sacerdotes han profanado el Santuario, han hecho violencia á la Ley [6].

5 *Dominus justus in medio ejus non faciet iniquitatem: manè manè judi-*

5 El Señor, *que es justo*, y que está en medio de ella, no hará injusticia:

---

1 En el hebréo, en el chàldéo y en los Setenta, está expresado el nombre de *Ninive*, que el autor de la Vulgata tradujo con la voz *speciosam*, hermosa. Véase *Vulgata.* Véase sobre esta destruccion de Ninive *Is. X. ver.* 5.—*Nahum I., II.—Jonás III. v.* 4.—*Tob. XIV. v.* 6.

2 *Is. XXIV. v.* 11.

3 *Ose. VII. v.* 11.

4 *Ezech. XXII. v.* 27.—*Mich. III. v.* 11.

5 Puede traducirse *fanáticos* : pues agitados de un espíritu malo salian como fuera de sí, y eran los que esparcian profecias falsas.

6 Para que sirva á su codicia. *Matth. XV. v.* 2. y sig.—*XXIII. v.* 16.

cium suum dabit in lucem, et non abscondetur: nescivit autem iniquus confusionem.

6 Disperdidi gentes, et dissipati sunt anguli earum: desertas feci vias eorum, dum non est qui transeat: desolatæ sunt civitates eorum, non remanente viro, neque ullo habitatore.

7 Dixi: Attamen timebis me, suscipies disciplinam: et non peribit habitaculum ejus, propter omnia in quibus visitavi eam: verumtamen diluculo surgentes corruperunt omnes cogitationes suas.

8 Quapropter expecta me, dicit Dominus, in die resurrectionis meæ in futurum, quia judicium meum ut congregem gentes, et colligam regna: et effundam super eos indignationem meam, omnem iram furoris mei: in igne enim zeli mei devorabitur omnis terra.

9 Quia tunc reddam populis labium electum, ut invocent omnes in nomine Domini, et serviant ei humero uno.

10 Ultra flumina Æthiopiæ, inde supplices mei, filii dispersorum meorum deferent munus mihi.

11 In die illa non confunderis super cunctis adinventionibus tuis, quibus prævaricata es in me: quia tunc auferam de medio tui magniloquos superbiæ tuæ, et non adjicies exaltari ampliùs in monte sancto meo.

12 Et derelinquam in medio tui populum pauperem et egenum: et sperabit

sino que luego luego ejecutará su juicio, y no quedará éste escondido; pero el malvado no sabe lo que es vergüenza [1].

6 Yo he exterminado las naciones enemigas, y han quedado arrasadas sus fortalezas [2]: he dejado desiertas sus calles, y no pasa alma por ellas; sus ciudades han quedado desoladas, hasta no haber quedado hombre, ni habitante alguno.

7 Y dije: Por fin, oh Israel, me temerás, y recibirás mi amonestacion, á fin de que tu casa no sea arruinada por causa de todas las culpas, por las cuales te castigué. Empero tus hijos pusieron su conato en pervertir todos sus afectos.

8 Por tanto, espérame, dice el Señor en el dia venidero de mi resurreccion: porque mi voluntad es congregar las naciones y reunir los reinos [3]; y entonces derramaré sobre ellos mi indignacion, y toda la ira y furor mio; de modo que el fuego de mi zelo devorará toda la tierra.

9 Porque entonces purificaré los labios de las naciones, á fin de que todas ellas invoquen el Nombre del Señor, y le sirvan debajo de un mismo yugo [4].

10 Desde mas allá de los rios de Ethíopia, desde allí vendrán mis adoradores [5], los hijos del dispersado pueblo mio, á presentarme sus dones.

11 En aquel dia, oh Jerusalem, no serás confundida por todas las obras tuyas, con que prevaricaste contra mí; pues entonces yo quitaré de en medio de tí aquellos maestros que alimentan tu orgullo [6], y no te engreirás mas por tener mi santo Monte de Sion.

12 Y dejaré en medio de tí un pueblo pobre y humilde: el cual pondrá su es-

---

1 Tiene Jerusalem cara de muger abandonada. Jer. III. v. 3.

2 Ó sus Príncipes. En este sentido se usa la voz anguli Judic. XX. v. 2.

3 Bellisima y clara profecia de lo que habia de suceder despues de la venida del Mesias. Eusebio Demonstr. lib. II. cap. 17. S. Agustin De civ. Dei lib. XVIII. cap. 33., y los antiguos Rabinos, como dice S. Gerónimo; to-

dos han visto siempre en este pasage de Sophonías la Iglesia de Jesu-Christo.

4 Ó de un solo yugo, segun la traduccion de los Setenta, y las dos, syriaca y arábiga.

5 Ps. LXXXI. v. 9.—Is. XVIII. v. 1., 7.—Act. VIII. v. 27.

6 Habla á la Iglesia de los primeros judíos que se convirtieron en Jerusalem. Véase I. Cor. I. v. 26. y 27.

bunt in nomine Domini.

13 *Reliquiæ Israel non facient iniquitatem, nec loquentur mendacium, et non invenietur in ore eorum lingua dolosa: quoniam ipsi pascentur, et accubabunt, et non erit qui exterreat.*

14 *Lauda filia Sion: jubila Israel: lætare, et exulta in omni corde filia Jerusalem.*

15 *Abstulit Dominus judicium tuum, avertit inimicos tuos: rex Israel Dominus in medio tui, non timebis malum ultrà.*

16 *In die illa dicetur Jerusalem: Noli timere: Sion, non dissolvantur manus tuæ.*

17 *Dominus Deus tuus in medio tui fortis, ipse salvabit: gaudebit super te in lætitia, silebit in dilectione sua, exultabit super te in laude.*

18 *Nugas, qui à lege recesserant, congregabo, quia ex te erant: ut non ultra habeas super eis opprobrium.*

19 *Ecce ego interficiam omnes, qui afflixerunt te in tempore illo: et salvabo claudicantem: et eam, quæ ejecta fuerat, congregabo: et ponam eos in laudem et in nomen, in omni terra confusionis eorum:*

20 *in tempore illo, quo adducam vos, et in tempore, quo congregabo vos: dabo enim vos in nomen, et in laudem omnibus populis terræ, cùm convertero captivitatem vestram coram oculis vestris, dicit Dominus.*

peranza en el Nombre del Señor [1].

13 Los restos *del pueblo* de Israel no cometerán injusticia, ni hablarán mentira, ni tendrán en su boca una lengua falaz; pues tendrán pastos *excelentes*, y gozarán descanso, ni habrá nadie que les cause miedo.

14 Entona himnos, oh hija de Sion; canta alabanzas, oh Israel; alégrate y regocíjate de todo corazon, oh hija de Jerusalem.

15 El Señor ha borrado tu condenacion, ha ahuyentado á tus enemigos. El Señor, Rey de Israel, está en medio de tí; no tienes que temer jamás mal ninguno.

16 En aquel dia se dirá á Jerusalem: No temas; y á Sion: No hay que desmayar.

17 Está en medio de tí el Señor, el Dios tuyo, el Fuerte; él te salvará; en tí hallará él su gozo y su alegría: será constante en amarte, se regocijará, y celebrará tus alabanzas.

18 Yo reuniré aquellos hombres vanos que habian abandonado la Ley [2], puesto que eran de los tuyos: á fin de que no padezcas mas confusion á causa de ellos.

19 He aquí que yo quitaré la vida á todos cuantos en aquel tiempo te afligieron; y salvaré aquella *nacion* que claudicaba, y volveré á llamar á la que fué repudiada, y les daré gloria y nombradía en toda aquella tierra en que padecieron ignominia.

20 En aquel tiempo, cuando yo os habré traido, y os habré reunido, haré que adquirais nombradía, y seais alabados en todos los pueblos de la tierra; entonces que os veréis librados por mí de vuestro cautiverio, dice el Señor.

---

1 La primitiva Iglesia de Christo pudo llamarse con propiedad *pueblo de sábios* no segun la carne, sino segun Dios.

2 Profecía de la conversion de todo el pueblo judáico á la fe de Jesu-Christo.

FIN DE LA PROFECÍA DE SOPHONÍAS.

ADVERTENCIA

SOBRE LA PROFECÍA DE AGGÉO.

Nació Aggeo, *segun comunmente se cree, en Babylonia, durante la cautividad de los judíos, unos 500 años ántes de la venida de Jesu-Christo. Aggeo, Daniel, Zacharías y Malachías, fueron como los últimos Profetas del Antiguo Testamento; y por eso hablaron ya con mayor claridad, y parece que señalaban con el dedo al Mesías. Volvió á Judéa con Zorobabel, Príncipe de Judá, al cual, y al Sumo sacerdote Jesús, hijo de Josedec, y á todo el pueblo los exhortó á reedificar el Templo; prometiéndoles que Dios le haría mas célebre y glorioso que el primero, no con la abundancia de oro y plata, sino con la presencia del Mesías, del Deseado de todas las gentes, que predicaría en él el Evangelio de la paz (Cap. II. v. 8.). Esta admirable Profecía está en términos tan claros, que los Rabinos, autores del Talmud, la entendiéron siempre como nosotros, de la venida del Mesías. Comenzó á profetizar dos meses ántes que Zacharías, segun se ve en el cap. I. v. 1.*

LA PROFECIA DE AGGÉO.

CAPÍTULO PRIMERO.

Reprende el profeta el descuido de los judíos en reedificar el Templo del Señor. Zorobabel, caudillo del pueblo, y Jesus Sumo sacerdote, á una con el pueblo, dan principio á la fábrica del Templo.

1 *In anno secundo Darii regis, in mense sexto, in die una mensis, factum est verbum Domini in manu Aggæi prophetæ, ad Zorobabel filium Salathiel, ducem Juda, et ad Jesum, filium Josedec, sacerdotem magnum, dicens:*

2 *Hæc ait Dominus exercituum, di-*

1 En el año segundo del rey Darío [2], en el sexto mes, el dia primero del mes, el Señor habló por medio de Aggéo, profeta, á Zorobabel, hijo de Salathiel, príncipe ó gobernador de Judá [2], y á Jesus hijo de Josedec [3], Sumo sacerdote, diciendo:

2 Esto dice el Señor de los ejércitos:

---

1 Esto es, el año XVI. de haber vuelto los judios de la cautividad, y el XIV. de haberse interrumpido la reedificacion del Templo. I.

Esd. IV. v. 5.
2 *I. Esd. V. v.* 1.
3 *I. Paral. VI. v.* 15.

cens: Populus iste dicit: Nondum venit tempus domus Domini ædificandæ.

3 Et factum est verbum Domini in manu Aggæi prophetæ, dicens:

4 Numquid tempus vobis est ut habitetis in domibus laqueatis, et domus ista deserta?

5 Et nunc hæc dicit Dominus exercituum: Ponite corda vestra super vias vestras.

6 Seminastis multum et intulistis parum: comedistis, et non estis satiati: bibistis, et non estis inebriati: operuistis vos et non estis calefacti: et qui mercedes congregavit, misit eas in sacculum pertusum.

7 Hæc dicit Dominus exercituum: Ponite corda vestra super vias vestras:

8 Ascendite in montem, portate ligna, et ædificate domum: et acceptabilis mihi erit, et glorificabor, dicit Dominus.

9 Respexistis ad amplius, et ecce factum est minus: et intulistis in domum, et exufflavi illud: quam ob causam, dicit Dominus exercituum? quia domus mea deserta est, et vos festinastis unusquisque in domum suam.

10 Propter hoc super vos prohibiti sunt cæli ne darent rorem, et terræ prohibita est ne daret germen suum:

11 et vocavi siccitatem super terram, et super montes, et super triticum, et super vinum, et super oleum, et quæcumque profert humus, et super homines, et super jumenta, et super omnem laborem manuum.

12 Et audivit Zorobabel filius Salathiel, et Jesus filius Josedec sacerdos magnus, et omnes reliquiæ populi, vocem Domini Dei sui, et verba Aggæi prophetæ, sicut misit eum Dominus Deus eorum ad eos: et timuit populus à facie Domini.

13 Et dixit Aggæus nuntius Domini

Dice este pueblo: No es llegado aun el tiempo de reedificar la Casa del Señor.

3 Pero el Señor ha hablado á Aggéo profeta, diciendo:

4 ¿Con qué es tiempo de que vosotros habiteis en casas de hermosos artesonados, y esta Casa estará abandonada?

5 Ahora pues, esto dice el Señor de los ejércitos: Ponéos á considerar seriamente vuestros procederes:

6 habeis sembrado mucho, y recogido poco: habeis comido, y no os habeis saciado · habeis bebido, y no os habeis refocilado: os habeis cargado de ropa, y no os habeis calentado; y aquel que ganaba salarios los ha ido poniendo en saco roto [1].

7 Asi habla el Señor de los ejércitos: Ponéos á reflexionar atentamente sobre vuestros procederes.

8 Subid al monte [2], traed de allí maderos y reedificad mi Casa: y yo me complaceré en ella, y seré en ella glorificado, dice el Señor.

9 Vosotros esperábais lo mas, y os ha venido lo ménos: y aun eso poco lo metisteis dentro de vuestras casas, y yo con un soplo lo hice desaparecer. ¿Y por qué? dice el Señor de los ejércitos. Porque mi Casa está abandonada, y cada uno de vosotros se ha dado gran priesa á reparar la suya propia.

10 Por eso se prohibió á los cielos el daros el rocío ó la lluvia, y se prohibió á la tierra el dar su fruto.

11 Y envié la sequía sobre la tierra y sobre los montes en perjuicio de los granos, y del vino, y del aceite, y de todos los productos de la tierra, y de los hombres y de las bestias, y de toda labor de manos.

12 Y Zorobabel hijo de Salathiel, y Jesus hijo de Josedec, Sumo sacerdote, y todo el resto del pueblo oyeron la voz del Señor Dios suyo en las palabras del profeta Aggéo, que les envió el Señor su Dios: y temió el pueblo al Señor.

13 Y Aggéo, uno de los enviados del

---

1 Deut. XXVIII. v. 38.—Lev. XXVI. ver. 26.—Mich. VI. v. 15.

2 Al monte Líbano. I. Esd. III. v. 7.

de nuntiis Domini, populo dicens: Ego vobiscum sum, dicit Dominus.

14 Et suscitavit Dominus spiritum Zorobabel filii Salathiel, ducis Juda, et spiritum Jesu filii Josedec sacerdotis magni, et spiritum reliquorum de omni populo: et ingressi sunt, et faciebant opus in domo Domini exercituum Dei sui.

Señor, dijo al pueblo: El Señor ha dicho: Yo estoy con vosotros.

14 Y excitó el Señor el espíritu de Zorobabel, hijo de Salathiel, gobernador de Judá, y el espíritu de Jesus, hijo de Josedec, Sumo sacerdote, y el espíritu de todo el resto del pueblo: y emprendieron la fábrica del Templo del Señor de los ejércitos, su Dios,

CAPÍTULO II.

El Señor alienta á los judios que trabajaban en la fábrica del Templo, con la promesa de que el Mesías entraria en él, y le llenaria de gloria. Comenzada la fábrica los castigos de Dios se mudan en bendiciones.

1 In die vigesima et quarta mensis, in sexto mense, in anno secundo Darii regis.

2 In septimo mense, vigesima et prima mensis, factum est verbum Domini in manu Aggai prophetae, dicens:

3 Loquere ad Zorobabel filium Salathiel ducem Juda, et ad Jesum filium Josedec sacerdotem magnum, et ad reliquos populi, dicens:

4 Quis in vobis est derelictus, qui vidit domum istam in gloria sua prima? et quid vos videtis hanc nunc? nunquid non ita est, quasi non sit in oculis vestris?

5 Et nunc confortare Zorobabel, dicit Dominus: et confortare Jesu filii Josedec sacerdos magne, et confortare omnis populus terrae, dicit Dominus exercituum: et facite (quoniam ego vobiscum sum, dicit Dominus exercituum)

6 verbum quod pepigi vobiscum cùm egrederemini de terra AEgypti: et spiritus meus erit in medio vestrûm, nolite timere.

7 Quia haec dicit Dominus exercituum: Adhuc unum modicum est, et ego commovebo caelum, et terram, et mare, et aridam.

1 á veinte y cuatro dias del mes sexto, año segundo del rey Darío [1].

2 En el mes séptimo, á veinte y un dias del mes, habló el Señor al profeta Aggéo, diciéndole:

3 Habla á Zorobabel, hijo de Salathiel, gobernador de Judá, y á Jesus, hijo de Josedec, Sumo sacerdote, y al resto del pueblo, y díles:

4 ¿Quién ha quedado de todos vosotros que haya visto este Templo en su gloria primera [2]? ¿Y qué tal os parece él ahora? ¿Por ventura no es como nada ante vuestros ojos [3]?

5 Pues ahora, oh Zorobabel, ten buen ánimo, dice el Señor: buen ánimo tambien, oh Jesus, hijo de Josedec, Sumo sacerdote; y buen ánimo tú, pueblo todo del pais, dice el Señor de los ejércitos: y cumplid (pues yo estoy con vosotros, dice el Señor de los ejércitos)

6 el pacto que hice con vosotros cuando salíais de la tierra de Egypto; y mi espíritu estará en medio de vosotros: no temais.

7 Porque esto dice el Señor de los ejércitos: Aun falta un poco de tiempo [4], y yo pondré en movimiento el cielo y la tierra, y el mar y todo el universo.

---

1 En este dia comenzaron á preparar la obra. Este versículo primero va unido con el último del capítulo anterior.

2 I. Esd. III. v. 12.

3 ¡Cuál seria la magnificencia del primer Templo, cuando era tan grandioso aun este segundo! Marc. XIII. v. 1, Véase Templo.

4 Faltaba algo mas de quinientos años hasta

8 Et movebo omnes gentes: ET VENIET DESIDERATUS cunctis gentibus: et implebo domum istam gloriá, dicit Dominus exercituum.

9 Meum est argentum, et meum est aurum, dicit Dominus exercituum.

10 Magna erit gloria domus istius novissima plus quàm primae, dicit Dominus exercituum: et in loco isto dabo pacem, dicit Dominus exercituum.

11 In vigesima et quarta noni mensis, in anno secundo Darii regis, factum est verbum Domini ad Aggaeum prophetam, dicens:

12 Haec dicit Dominus exercituum: Interroga sacerdotes legem, dicens:

13 Si tulerit homo carnem sanctificatam in ora vestimenti sui, et tetigerit de summitate ejus panem, aut pulmentum, aut vinum, aut oleum, aut omnem cibum: numquid sanctificabitur? Respondentes autem sacerdotes, dixerunt: Non.

14 Et dixit Aggaeus: Si tetigerit pollutus in anima ex omnibus his, numquid contaminabitur? Et responderunt sacerdotes, et dixerunt: Contaminabitur.

15 Et respondit Aggaeus, et dixit: Sic populus iste, et sic gens ista ante faciem meam, dicit Dominus: et sic omne opus manuum eorum: et omnia quae obtulerunt ibi, contaminata erunt.

16 Et nunc ponite corda vestra à die

8 Y pondré en movimiento las gentes todas: porque VENDRÁ EL DESEADO de todas las gentes; y henchiré de gloria este Templo, dice el Señor de los ejércitos.

9 Por lo demas mia es la plata, dice el Señor de los ejércitos, y mio el oro.[1]

10 La gloria de este último Templo será grande, será mayor que la del primero, dice el Señor de los ejércitos: y en este lugar daré yo la paz ó felicidad, dice el mismo Señor de los ejércitos.[2]

— 11 Á veinte y cuatro dias del mes nono, en el año segundo del rey Dario el Señor habló al profeta Aggéo, y le dijo:

12 Esto dice el Señor de los ejércitos: Propon á los sacerdotes esta cuestion legal:

13 Si un hombre llevara carne santificada en una extremidad de su vestido[3], y tocare con la orla de él pan ó vianda, ó vino, ó acaite, ú otra cosa de comer, ¿quedará acaso santificada la tal cosa? Y respondieron los sacerdotes, y dijeron: No.

14 Y añadió Aggéo: Si alguno que está inmundo por razon de un muerto tocare alguna de todas estas cosas, ¿quedará por ventura inmunda la cosa que tocó? Y respondieron los sacerdotes diciendo: Inmunda quedará.[4]

15 Á lo que repuso Aggéo, y dijo: Asi es este pueblo, y asi es esta gente delante de mí, dice el Señor, y asi sucede con todas las obras de sus manos: pues todo cuanto han ofrecido en este lugar, todo es inmundo.

16 Y reflexionad ahora vosotros lo su-

---

el nacimiento de Jesu-Christo, y llámase un poco de tiempo con respecto á la eternidad de Dios. El Apóstol citando este lugar (Heb. XII. v. 16.) le dijo según la version griega de los Setenta, en la cual se lee: Aun otra vez, y yo pondré en movimiento etc.

1 Mio es cuanto podeis ofrecerme.

2 Véase Paz. Aqui por la paz se entiende el mismo Jesu-Christo, llamado Príncipe de la paz. Véase Is. cap. II. v. 4. y XI. v. 6.—Dan. IX. v. 24.—Ephes. II. v. 14. En estas palabras se ve claramente la venida del Mesias; pues Jesu-Christo honró con su presencia el segundo Templo, predicó en él, hizo milagros,

etc. Este segundo Templo ya no subsiste: luego no hay que esperar ya la venida del Mesias. En otro sentido por el segundo Templo se entiende de la Iglesia de Jesu-Christo, mucho mas gloriosa que la Synagoga. Véase I. Cor. III. Es de notar que Herodes hizo muchas obras en este segundo Templo el año XVII antes de nacer Jesu-Christo. Véase el Indice chronológico, año 3987 del mundo.

3 Lev. VI. v. 27.—VII. v. 19.—Num. XIX. v. 13.

4 ¿Acaso las carnes santificadas (decia Jeremias cap. XI. v. 15.) te quitarán de encima tus maldades?

hæc et supra, antequam poneretur lapis super lapidem in templo Domini.

17 *Cùm accederetis ad acervum viginti modiorum, et fierent decem: et intraretis ad torcular, ut exprimeretis quinquaginta lagenas, et fiebant viginti.*

18 *Percussi vos vento urente, et aurugine, et grandine omnia opera manuum vestrarum: et non fuit in vobis, qui reverteretur ad me, dicit Dominus.*

19 *Ponite corda vestra ex die ista, et in futurum, à die vigesima et quarta noni mensis à die, quâ fundamenta jacta sunt templi Domini, ponite super cor vestrum.*

20 *Numquid jam semen in germine est: et adhuc vinea, et ficus, et malogranatum, et lignum olivæ non floruit? ex die ista benedicam.*

21 *Et factum est verbum Domini secundò ad Aggæum in vigesima et quarta mensis, dicens:*

22 *Loquere ad Zorobabel ducem Juda, dicens: Ego movebo cœlum pariter et terram.*

23 *Et subvertam solium regnorum, et conteram fortitudinem regni gentium: et subvertam quadrigam, et ascensorem ejus: et descendent equi, et ascensores eorum: vir in gladio fratris sui.*

24 *In die illa, dicit Dominus exercituum, assumam te, Zorobabel fili Salathiel serve meus, dicit Dominus: et ponam te quasi signaculum, quia te elegi, dicit Dominus exercituum.*

cedido desde este dia atrás, antes que comenzáseis á construir el Templo del Señor:

17 cuando acercándoos á un monton de mieses, que parecia de veinte celemines, venia á quedar en diez; y yendo al lagar para sacar cincuenta cántaros, no sacábais mas de veinte.

18 Yo destruí con viento abrasador, y con añublo, y con pedrisco todas las labores de vuestras manos [1]; y no hubo entre vosotros quien se convirtiese á mí, dice el Señor.

19 Pero fijad vuestra atencion desde este dia en adelante, desde el dia veinte y cuatro del mes nono: desde el dia en que se echaron los cimientos del Templo del Señor, parad vuestra atencion.

20 ¿No veis como aun no han nacido las simientes, y que las viñas y las higueras, y los granados y los olivos no están aun en flor? Pues yo desde este dia les echaré mi bendicion.

21 Y habló el Señor segunda vez á Aggéo, á los veinte y cuatro dias del mes, y díjole:

22 Habla á Zorobabel, gobernador de Judá, y dile: Yo pondré en movimiento á un tiempo el cielo y la tierra,

23 y trastornaré el trono de los reinos, y destruiré el poder del reino de las gentes, y volcaré los carros de guerra, y los que van sobre ellos, y caerán muertos los caballos, y los que los montan, cada uno bajo el filo de la espada de su hermano.

24 En aquel tiempo, dice el Señor de los ejércitos, yo te ensalzaré, oh Zorobabel [2], hijo de Salathiel, siervo mio, dice el Señor, y te tendré como un anillo de sellar; pues á tí te he escogido, dice el Señor de los ejércitos.

---

1 *Amós IV. v. 9.*
2 *Eccli. XLIX. v. 13.* Fué Zorobabel uno

de los progenitores del Mesías segun la carne. *Matth. I. v. 12.*

FIN DE LA PROFECIA DE AGGEO.

ADVERTENCIA

SOBRE LA PROFECÍA DE ZACHARÍAS.

Zacharías fue hijo de Barachías, y nieto de Addo; y algunos creen que es el mismo de quien Jesu-Christo dijo que fue muerto entre el templo y el altar[1]; aunque S. Gerónimo es de opinion contraria. Envióle Dios casi al mismo tiempo que á Aggéo, para alentar á los judíos á proseguir y concluir la restauracion del Templo: por lo cual el argumento de ambos Profetas es el mismo, bien que el estilo de Zachárías es mas alto y misterioso. Lo que dice del Mesías es tan claro y terminante, que parece un Evangelista. Habla tambien de la conversion de los judíos al fin del mundo, y por último del Anti-Christo. Pero hay muchos otros lugares tan dificiles de entender, que S. Gerónimo, al comenzar su Comentario, dice que es el mas obscuro de los doce Profetas menores. Algunos opinan que ciertas expresiones grandiosas y magníficos emblemas de que usa aluden á la segunda venida de Jesu-Christo al mundo en gloria y majestad.

1 Matth. XXIII. v. 35.

LA PROFECIA DE ZACHARIAS.

CAPÍTULO PRIMERO.

Zachárías exhorta á los judíos á la penitencia, y á que no imiten á sus padres, que fueron castigados por haber despreciado los avisos de los profetas. Predice la restauracion de la Iglesia, y la destruccion de sus enemigos.

1 In mense octavo, in anno secundo Darii regis, factum est verbum Domini ad Zachariam filium Barachiæ, filii Addo, prophetam, dicens:

2 Iratus est Dominus super patres vestros iracundiá.

3 Et dices ad eos: Hæc dicit Dominus exercituum: Convertimini ad me,

1 En el mes octavo del año segundo del rey Darío[1], el Señor habló á Zachárías, profeta, hijo de Barachías, hijo de Addo, y le dijo:

2 El Señor estuvo altamente irritado contra vuestros padres.

3 Mas tú dirás á estos sus hijos: Esto dice el Señor de los ejércitos: Con-

1 Comenzó, pues, á profetizar unos dos meses despues de Aggéo. Agg. I. v. 1.

ait. Dominus exercituum: et convertar
ad vos, dicit Dominus exercituum.

4 Ne sitis sicut patres vestri, ad quos
clamabant prophetæ priores, dicentes:
Hæc dicit Dominus exercituum: Convertimini de viis vestris malis, et de
cogitationibus vestris pessimis: et non
audierunt, neque attenderunt ad me,
dicit Dominus.

5 Patres vestri ubi sunt? et prophetæ numquid in sempiternum vivent?

6 Verumtamen verba mea, et legitima mea, quæ mandavi servis meis
prophetis, numquid non comprehenderunt patres vestros? et conversi sunt,
et dixerunt: Sicut cogitavit Dominus
exercituum facere nobis secundùm vias
nostras, et secundùm adinventiones
nostras fecit nobis.

7 In die vigesima et quarta undecimi
mensis Sabath, in anno secundo Darii, factum est verbum Domini ad Zachariam filium Barachiæ, filii Addo,
prophetam, dicens:

8 Vidi per noctem, et ecce vir ascendens super equum rufum, et ipse stabat inter myrteta, quæ erant in profundo, et post eum equi rufi, varii, et
albi.

9 Et dixi: Quid sunt isti, Domine
mi? et dixit ad me Angelus, qui loquebatur in me: Ego ostendam tibi
quid sint hæc.

10 Et respondit vir, qui stabat inter
myrteta, et dixit: Isti sunt, quos misit Dominus ut perambulent terram.

11 Et responderunt Angelo Domini,

vertíos á mí, dice el Señor de los ejércitos; y yo me volveré á vosotros, dice
el Señor de los ejércitos [1].

4 No seais como vuestros padres, á
los cuales exhortaban los anteriores profetas, diciendo: Esto dice el Señor de
los ejércitos: Convertíos de vuestros
malos pasos y de vuestros malvados designios. Ellos empero no me escucharon, ni hicieron caso, dice el Señor.

5 ¿Y dónde están ya vuestros padres?
¿Y acaso los profetas vivirán para
siempre?

6 Pues las palabras mias y los decretos mios, intimados á mis siervos los
profetas, ¿por ventura no alcanzaron á
vuestros padres? Ellos se convirtieron
y dijeron: El Señor de los ejércitos ha
hecho con nosotros aquello mismo que
pensó hacer en vista de nuestras obras
y de nuestros procederes.

7 Á veinte y cuatro dias del mes undécimo llamado Sabath [2], el año segundo de Darío, el Señor habló de esta manera á Zachárias profeta, hijo de Barachías, hijo de Addo [3].

8 Tuve pues de noche esta vision: Ví
á un hombre [4] montado sobre un caballo
rojo, que estaba parado entre unos mirtos
que habia en una hondonada; y detrás
de él habia caballos rojos, manchados,
y blancos [5].

9 Y dije yo: ¿Qué son estos, señor
mio? Y el ángel que hablaba conmigo [6]
díjome: Yo te haré conocer lo que son
estas cosas.

10 En esto, aquel hombre que estaba
parado entre los mirtos, respondió y dijo: Estos son los ángeles que envió el
Señor á recorrer la tierra.

11 Y respondieron aquellos al ángel

---

1 Is. XXI. v. 12.—XXXI. v. 6.—Jerem.
III. v. 12.—Ezech. XVIII. v. 30.—XX.
v. 7.—Ose. XIV. v. 2.—Joel II. v. 12. Y
»como sin que Dios nos ayude con su gracia,
»no podemos convertirnos á él, clamemos á
»él todo el dia (dice San Gregorio), con el
»Profeta: No apartes de mí tu rostro. In
»Ps. VII. Pœnit.»

2 Los judíos, durante su cautiverio, tomaron de los cháldéos los nombres de los meses, y dejaron los nombres que ántes usaban.
Véase Mes.

3 Por medio de la siguiente vision.

4 Comunmente se cree que era el arcangel
S. Miguel, protector ó custodio de la Synagoga. Dan. X. v. 21. Así opina S. Gerónimo.

5 Sobre estos caballos se veian otros tantos
personages, que eran los ángeles protectores
de otras naciones; y los diversos colores de-
notaban, dice San Gerónimo, los diferentes
caractéres, etc.

6 Este ángel no era S. Miguel, sino el ángel custodio del Profeta, dice S. Gerónimo.
Teodoreto y otros creen que era S. Miguel.

qui stabat inter myrteta, et dixerunt: Perambulavimus terram, et ecce omnis terra habitatur, et quiescit.

12 Et respondit Angelus Domini, et dixit: Domine exercituum, usquequò tu non misereberis Jerusalem, et urbium Juda, quibus iratus es? Iste jam septuagesimus annus est.

13 Et respondit Dominus Angelo, qui loquebatur in me verba bona, verba consolatoria.

14 Et dixit ad me Angelus, qui loquebatur in me: Clama, dicens: Hæc dicit Dominus exercituum: Zelatus sum Jerusalem et Sion zelo magno.

15 Et irâ magnâ ego irascor super gentes opulentas: quia ego iratus sum parùm, ipsi verò adjuverunt in malum.

16 Proptereâ hæc dicit Dominus: Revertar ad Jerusalem in misericordiis: et domus mea ædificabitur in ea, ait Dominus exercituum: et perpendiculum extendetur super Jerusalem.

17 Adhuc clama, dicens: Hæc dicit Dominus exercituum: Adhuc affluent civitates meæ bonis: et consolabitur adhuc Dominus Sion, et eliget adhuc Jerusalem.

18 Et levavi oculos meos, et vidi: et ecce quatuor cornua.

19 Et dixi ad Angelum, qui loquebatur in me: Quid sunt hæc? Et dixit ad me: Hæc sunt cornua, quæ ventilaverunt Judam, et Israel, et Jerusalem.

20 Et ostendit mihi Dominus quatuor fabros.

21 Et dixi: Quid isti veniunt facere? Qui ait, dicens: Hæc sunt cornua, quæ

del Señor que estaba parado entre los mirtos, y dijeron: Hemos recorrido la tierra, y hemos visto que toda está poblada, y que goza de reposo.

12 Á lo que replicó el ángel del Señor [1], y dijo: Oh Señor de los ejércitos, ¿hasta cuándo no te apiadarás de Jerusalem y de las ciudades de Judá, contra las cuales estás enojado? Este es ya el año septuagésimo [2].

13 Y respondió el Señor al ángel que hablaba conmigo palabras buenas, palabras de consuelo.

14 Y díjome el ángel que hablaba conmigo: Clama, y dí: Esto dice el Señor de los ejércitos: Me hallo poseido de un grande zelo por amor de Jerusalem y de Sion;

15 y estoy altamente irritado contra aquellas naciones poderosas. Ya estaba yo un poco enojado; mas ellas han agravado el mal.

16 Por tanto, esto dice el Señor: Volveré mis ojos compasivos hácia Jerusalem, y en ella será edificado mi Templo, dice el Señor de los ejércitos, y la plomada será tendida sobre Jerusalem [3].

17 Clama todavía, y dí: Esto dice el Señor de los ejércitos: Mis ciudades aun han de rebosar en bienes, y aun consolará el Señor á Sion, y de nuevo escogerá á Jerusalem [4].

18 Y levanté mis ojos, y observé, y ví cuatro astas.

19 Y díjele al ángel que hablaba conmigo: ¿Qué significa esto? Y respondióme: Estas son las astas que han aventado á Judá, y á Israel, y á Jerusalem.

20 Y mostróme el Señor cuatro ángeles en forma de operarios [5].

21 Y dije: ¿Qué vienen á hacer estos? Y él me respondió, diciendo: A-

1 S. Miguel, protector de los judíos.
2 De la destruccion de Jerusalem y del Templo. Los setenta años de la cautividad se terminaron en el año primero de Cyro. Pero los setenta de que se habla aquí, cumplieron en el año segundo de Darío, hijo de Histaspes, habiendo comenzado en el sitio de Jerusalem.

3 Esto es, ella y su Templo serán reedificados de nuevo.
4 Para morada suya. Ó tambien: para esposa suya. Jerusalem habia sido como repudiada por Dios, á causa de sus idolatrías. Mich. IV. v. 6.
5 Con herramientas propias para destruir un edificio.

ventilaverunt Judam per singulos viros, et nemo eorum levavit caput suum: et venerunt isti deterrere ea, ut dejiciant cornua gentium, quæ levaverunt cornu super terram Juda ut dispergerent eam.

quellas son las astas que aventaron á los varones de Judá uno por uno, sin que pudiese levantar cabeza ninguno de ellos; y estos vinieron para aterrarlos, para abatir las astas ó el poder de las naciones, las cuales levantaron sus fuerzas contra el pais de Judá para exterminar sus habitantes.

CAPÍTULO II.

Gloria de Jerusalem, y muchedumbre de sus moradores. Dios será su muralla. Muchas naciones vendrán á Sion á servir al Señor, el cual las recibirá en su pueblo.

1 Et levavi oculos meos, et vidi: et ecce vir, et in manu ejus funiculus mensorum.

2 Et dixi: Quò tu vadis? Et dixit ad me: Ut metiar Jerusalem, et videam quanta sit latitudo ejus, et quanta longitudo ejus.

3 Et ecce Angelus, qui loquebatur in me, egrediebatur, et Angelus alius egrediebatur in occursum ejus.

4 Et dixit ad eum: Curre, loquere ad puerum istum, dicens: Absque muro habitabitur Jerusalem, præ multitudine hominum et jumentorum in medio ejus.

5 Et ego ero ei, ait Dominus, murus ignis in circuitu: et in gloria ero in medio ejus.

6 O, ò fugite de terra Aquilonis, dixit Dominus: quoniam in quatuor ventos cæli dispersi vos, dicit Dominus.

7 O Sion, fuge quæ habitas apud filiam Babylonis:

8 quia hæc dicit Dominus exercituum: Post gloriam misit me ad gentes, quæ spoliaverunt vos: qui enim tetigerit vos, tangit pupillam oculi mei:

9 quia ecce ego levo manum meam super eos, et erunt prædæ his qui ser-

1 Levanté mis ojos, y estaba observando; y he aquí un varon que tenia en su mano una cuerda como de medidor.

2 Y dije yo: ¿Á dónde vas? Voy á medir á Jerusalem, me respondió, para ver cuánta es su latitud, y cuánta su longitud.

3 Y he aqui que salió fuera el ángel que hablaba conmigo, y otro ángel le salió al encuentro;

4 y le dijo: Corre, habla á ese jóven, y díle: Sin muros será habitada Jerusalem, á causa de la muchedumbre de personas y de animales que contendrá en su recinto.

5 Pero yo seré para ella, dice el Señor, como una muralla de fuego, que la circundará, y yo seré glorificado en medio de ella [1].

6 ¡Ah! huid, huid ahora de la tierra del Norte, dice el Señor: puesto que [2] os dispersé yo por los cuatro vientos del cielo, dice el Señor.

7 Huye, oh Sion, tú que habitas en la ciudad de Babilonia.

8 Porque esto dice el Señor de los ejércitos; el cual, despues de restituida vuestra gloria, me enviará á las naciones que os despojaron (porque quien os tocare á vosotros, toca en las niñas de mis ojos):

9 He aquí que levanto yo mi mano contra ellas, y serán presa de aquellos

---

1 Todo esto manifiesta el amor y la continua proteccion que Dios dispensaba á su pueblo.

2 Solamente para castigaros.

viebant sibi: et cognoscetis quia Dominus exercituum misit me.

10 *Lauda, et lætare, filia Sion: quia ecce ego venio, et habitabo in medio tui, ait Dominus.*

11 *Et applicabuntur gentes multæ ad Dominum in die illa, et erunt mihi in populum, et habitabo in medio tui: et scies quia Dominus exercituum misit me ad te.*

12 *Et possidebit Dominus Judam partem suam in terra sanctificata: et eliget adhuc Jerusalem.*

13 *Sileat omnis caro à facie Domini: quia consurrexit de habitaculo sancto suo.*

que fueron esclavos suyos: y conoceréis que el Señor de los ejércitos es el que me ha enviado.

10 Canta himnos de alabanza, y alégrate, oh hija de Sion: porque mira, Yo vengo y moraré en medio de tí, dice el Señor [1].

11 Y en aquel dia se allegarán al Señor muchas naciones, y serán *tambien* pueblo mio, y Yo habitaré en medio de tí: y tú conocerás que el Señor de los ejércitos me ha enviado á tí.

12 Y poseerá á Judá como herencia suya en la tierra santa; y escogerá otra vez á Jerusalem [2].

13 Callen todos los mortales ante el acatamiento del Señor [3]: porque él se ha levantado, y ha salido *ya* de su santa morada.

CAPÍTULO III.

Zachárias con una vision que refiere al pueblo le da un nuevo anuncio de que recobrará la gracia del Señor, y juntamente una nueva promesa de la venida del Mesías para fundar la nueva Iglesia.

1 *Et ostendit mihi Dominus Jesum sacerdotem magnum stantem coram angelo Domini; et satan stabat à dextris ejus, ut adversaretur ei.*

2 *Et dixit Dominus ad satan: Increpet Dominus in te, satan: et increpet Dominus in te, qui elegit Jerusalem: numquid non iste torris est erutus de igne?*

3 *Et Jesus erat indutus vestibus sordidis: et stabat ante faciem angeli.*

4 *Qui respondit, et ait ad eos qui stabant coram se, dicens: Auferte vestimenta sordida ab eo. Et dixit ad*

1 hízome ver el Señor al Sumo sacerdote Jesus ó *Josué*, que estaba en pie ante el ángel del Señor, y estaba satan á su derecha para oponérsele.

2 Y dijo el Señor á satan: Incrépete ó confúndote el Señor [4], oh satan: incrépete, *repito*, el Señor, el cual ha escogido *para sí* á Jerusalem. ¿Por ventura no es éste un tizon sacado del fuego [5]?

3 Y Jesus estaba vestido de ropas sucias, y permanecia en pie delante del ángel:

4 el cual respondió y dijo á los que estaban en su presencia: Quitadle las ropas sucias. Y á él le dijo: He aquí

---

1 Muchos Padres ven en estas palabras y siguientes una profecía de Jesu-Christo, y una prueba de su Divinidad.

2 Para residencia suya. Véase la predileccion del Señor para con los judíos *Matth. XV. v.* 24. De entre ellos escogió sus Apóstoles, y de ellos formó al principio su Iglesia, ó la nueva Jerusalem.

3 Y adórenle con profundo respeto.

4 S. Gerónimo y otros Expositores opinan

que de estos dos que se llaman *Señores*, el uno es el Señor ó Dios Padre, y el otro el Señor ó Dios Hijo. Segun otros puede traducirse: *Y dijo el ángel del Señor, etc.*

5 Véase *Amós cap. IV. v.* 11. Parece que aquí se significa por este tizon á Jesus, Sumo sacerdote y cabeza de toda la nacion, librado por la misericordia del Señor de la ruina de la nacion judáica.

eum: Ecce abstuli à te iniquitatem tuam, et indui te mutatoriis.

5 Et dixit: Ponite cidarim mundam super caput ejus. Et posuerunt cidarim mundam super caput ejus, et induerunt eum vestibus: et angelus Domini stabat.

6 Et contestabatur angelus Domini Jesum, dicens:

7 Hæc dicit Dominus exercituum: Si in viis meis ambulaveris, et custodiam meam custodieris: tu quoque judicabis domum meam, et custodies atria mea, et dabo tibi ambulantes de his, qui nunc hic assistunt.

8 Audi, Jesu, sacerdos magne, tu et amici tui, qui habitant coram te, quia viri portendentes sunt: ecce enim ego ADDUCAM SERVUM MEUM ORIENTEM.

9 Quia ecce lapis, quem dedi coram Jesu: super lapidem unum septem oculi sunt: ecce ego cœlabo sculpturam ejus, ait Dominus exercituum: et auferam iniquitatem terræ illius in die una.

10 In die illa, dicit Dominus exercituum, vocabit vir amicum suum subter vitem, et subter ficum.

que te he quitado de encima tu maldad, y te he hecho vestir ropas de gala [1].

5 Y añadió: Ponedle en la cabeza una tiara limpia; y pusiéronle en la cabeza una tiara [2] limpia, y le mudaron de vestidos. Entretanto el ángel del Señor estaba en pie.

6 É hizo el ángel del Señor esta protesta á Jesus, diciéndole:

7 Esto dice el Señor de los ejércitos: Si anduvieres por mis caminos, y guardares mis preceptos, tú tambien serás Juez ó gobernador de mi casa, y custodio de mi templo; y te daré algunos de estos ángeles que ahora están aquí presentes [3], para que vayan contigo.

8 Escucha tú, oh Jesus Sumo sacerdote, tú y tus amigos que moran contigo, que son varones de portento [4]. Atiende pues lo que digo: Yo HARE VENIR A MI SIERVO EL ORIENTE [5].

9 Porque he aquí la piedra que yo puse delante de Jesus; piedra única, y la cual tiene siete ojos: he aquí que yo la labraré con el cincel, dice el Señor de los ejércitos [6]: y en un dia arrojaré yo de aquella tierra la iniquidad.

10 En aquel dia, dice el Señor de los ejércitos, convidará cada uno á su amigo á la sombra de su parra y de su higuera.

CAPÍTULO IV.

Muestra el Señor al profeta un candelero de oro, con dos olivas que destilan aceite para mantener la luz de las siete lámparas del candelero. Las dos olivas figuran al sacerdote Jesus y á Zorobabel.

1 Et reversus est angelus, qui loquebatur in me, et suscitavit me, qua-

1 Y volvió el ángel que hablaba conmigo, y me despertó, como á un hombre

---

1 *Vestes mutatoriæ* se llaman las que no se usan todos los dias, y sí solamente en dias de fiesta.

2 *Ex. XXVIII. v. 4 y 36.*

3 *Matth. XIX. v. 28.*

4 O mirados como un prodigio: tales son tus amigos Aggéo, Malachias, Zacharias, Esdras, Nehemías, Zorobabel, etc., etc.

5 צמח *Tzomaj* es un nombre substantivo y no participio, y significa *Oriente, pimpollo,* etc. Véase *Oriente.* Por eso en la paráfrasis cháldéa se lee משיחא *Mesias.* En Isaías c. XI.

v. 1. el Mesias es llamado *renuevo* ó *pimpollo.*

6 De esta *piedra,* símbolo de Jesu-Christo, habló *Isaías cap. XXVIII. v. 16.* Véase Ps. *CXVII. v. 22.* Los *siete ojos* son siete ángeles puestos por el Señor para velar en el gobierno de la Iglesia. Véase despues *capitulo IV. v. 10.—Apoc. V. v. 6.* En esta primera y única piedra Jesu-Christo, fundamento de la Iglesia, imprimió el Eterno Padre sus perfecciones: fué trabajada durante la pasion y muerte de Jesus.

al virum qui suscitatur de somno suo.

2 Et dixit ad me: Quid tu vides? Et dixi: Vidi, et ecce candelabrum aureum totum, et lampas ejus super caput ipsius, et septem lucernæ ejus super illud: et septem infusoria lucernis, quæ erant super caput ejus.

3 Et duæ olivæ super illud; una à dextris lampadis, et una à sinistris ejus.

4 Et respondi, et aio ad angelum, qui loquebatur in me, dicens: Quid sunt hæc, domine mi?

5 Et respondit angelus, qui loquebatur in me, et dixit ad me: Numquid nescis quid sunt hæc? Et dixi: Non, domine mi.

6 Et respondit, et ait ad me, dicens: Hoc est verbum Domini ad Zorobabel, dicens: Non in exercitu, nec in robore, sed in spiritu meo, dicit Dominus exercituum.

7 Quis tu mons magne coram Zorobabel? in planum: et educet lapidem primarium, et exæquabit gratiam gratiæ ejus.

8 Et factum est verbum Domini ad me, dicens:

9 Manus Zorobabel fundaverunt domum istam, et manus ejus perficient eam: et scietis quia Dominus exercituum misit me ad vos.

10 Quis enim despexit dies parvos? Et lætabuntur, et videbunt lapidem stanneum in manu Zorobabel. Septem isti oculi sunt Domini, qui discurrunt in universam terram.

11 Et respondi, et dixi ad eum: Quid sunt duæ olivæ istæ ad dexteram candelabri, et ad sinistram ejus?

á quien se le despierta de su sueño.

2 Y díjome: ¿Qué es lo que vés? Yo veo, respondí, aparecer un candelero todo de oro [1], que tiene encima una lámpara [2], y siete lamparillas ó luces, y siete canales ó tubos para dichas siete luces del candelero;

3 y sobre el tronco de éste dos olivas, una á la derecha de la lámpara, otra á su izquierda.

4 Y en seguida dije al ángel que hablaba conmigo: Oh señor mio, ¿qué viene á ser esto?

5 Á lo cual respondiendo el ángel que conmigo hablaba, me dijo: ¿Con qué no sabes tú lo que significan estas cosas? No, mi señor, dije yo.

6 Entonces respondióme él, y díjome: Esta es la palabra que el Señor dice á Zorobabel: No ha de ser por medio de un ejército, ni con la fuerza, sino por la virtud de mi espíritu, dice el Señor de los ejércitos.

7 ¿Qué eres tú, oh monte grande, delante de Zorobabel [3]? serás reducido á una llanura. Él pondrá la piedra principal [4], é igualará su gracia á la gracia ó gloria de aquel [5].

8 Y hablóme el Señor, y díjome:

9 Las manos de Zorobabel han puesto los cimientos de este Templo, y sus mismas manos le acabarán; y conoceréis que el Señor de los ejércitos me ha enviado á vosotros.

10 Porque ¿quién es el que hacia poco caso de los cortos progresos en los primeros dias [6]? Pues éste tal se alegrará, y verá la piedra de plomo ó la plomada en la mano de Zorobabel [7]. Estos (las siete luces) son los siete ojos del Señor, que recorren toda la tierra.

11 Y yo repuse, y dije: ¿Qué son estas dos olivas á la derecha é izquierda del candelero?

---

1 Joann. I. v. 9.—III. v. 19.—Act. XIII. v. 47.—Apoc. I, v. 12.—II. v. 2. 5.

2 En hebréo גבלה guloh, que significa una concha, ó vaso redondo, ó el depósito del aceite.

3 Monte grande, esto es, Samaria, y demas enemigos.

4 Y acabará el Templo.

5 El segundo Templo igualará y aun excederá al primero, no en la suntuosidad y riquezas, pero sí con la gloria de contener algun dia en su recinto al Mesias. Véase Templo.

6 Aquellos dias en que se adelantaba poco en la fábrica del Templo.

7 Para reedificar el santo Templo.

12 Et respondi secundó, et dixi ad eum: Quid sunt duæ spicæ olivarum, quæ sunt juxta duo rostra aurea, in quibus sunt suffusoria ex auro?

13 Et ait ad me, dicens: Numquid nescis quid sunt hæc? Et dixi: Non, domine mi.

14 Et dixit: Isti sunt duo filii olei, qui assistunt Dominatori universæ terræ.

12 Y de nuevo le pregunté, y dije: ¿Qué son las dos ramas de olivas que están junto á los dos picos de oro, donde hay los tubos de oro?

13 Y contestó diciéndome: Pues qué ¿no sabes lo que es esto? No, mi señor, dije.

14 Y respondió él: Estos son los dos ungidos [1], los cuales están ante el Dominador de todo el orbe [2].

CAPÍTULO V.

El profeta ve un libro que vuela, por el cual serán juzgados los malos: ve á una muger sentada sobre una vasija, sellada con una masa de plomo: ella es la impiedad; y ve á dos mugeres con alas que trasladan esta vasija al país de Sennaar.

1 Et conversus sum, et levavi oculos meos: et vidi, et ecce volumen volans.

2 Et dixit ad me: Quid tu vides? Et dixi: Ego video volumen volans: longitudo ejus viginti cubitorum, et latitudo ejus decem cubitorum.

3 Et dixit ad me: Hæc est maledictio, quæ egredietur super faciem omnis terræ: quia omnis fur, sicut ibi scriptum est, judicabitur: et omnis jurans ex hoc similiter judicabitur.

4 Educam illud, dicit Dominus exercituum: et veniet ad domum furis, et ad domum jurantis in nomine meo mendaciter: et commorabitur in medio domus ejus, et consumet eam, et ligna ejus, et lapides ejus.

5 Et egressus est angelus, qui loquebatur in me: et dixit ad me: Leva oculos tuos, et vide quid est hoc quod egreditur.

6 Et dixi: Quidnam est? et ait: Hæc est amphora egrediens. Et dixit: Hæc est oculus eorum in universa terra.

1 Y volvíme, y levanté los ojos, y vi un volúmen [3] que volaba [4].

2 Y díjome el *ángel:* ¿Qué es lo que ves? Yo veo, respondí, un volúmen que vuela, y es de *unos* veinte codos de largo y diez de ancho.

3 Á lo que repuso él: Esta es la maldicion que se derrama sobre toda la superficie de la tierra; porque todos los ladrones [5], segun lo que allí *en el volúmen* está escrito, serán condenados: y condenados serán igualmente por él todos los perjuros.

4 Yo le sacaré fuera [6], dice el Señor de los ejércitos; y caerá encima de la casa del ladron, y del que jura falsamente en mi Nombre, y se pondrá en medio de sus casas, y las consumirá juntamente con sus maderas y piedras.

5 Y salió fuera el ángel que hablaba conmigo, y díjome: Levanta tus ojos, y mira qué es eso que aparece.

6 Y dije yo: ¿Qué viene á ser eso? Es, respondió, una ámphora ó *medida* que te se pone delante; y añadió: Eso es á lo que atienden ellos en toda la tierra *de Israel* [7].

---

1 Jesus y Zorobabel.
2 Como ministros suyos.
3 Ó un largo pergamino. Véase *Libro. Ezechiel II. v.* 9. Los *Setenta* tradujeron Δρίπανον *hoz. Apoc. XIV. v.* 14.

4 Ó era movido del viento.
5 Ó que dañan al prójimo.
6 Á la vista de todos.
7 Á llenar la medida de sus maldades, y así la ámphora de la impiedad significa metafó-

7 *Et ecce talentum plumbi portabatur, et ecce mulier una sedens in medio amphoræ.*

8 *Et dixit: Hæc est impietas. Et projecit eam in medio amphoræ, et misit massam plumbeam in os ejus.*

9 *Et levavi oculos meos, et vidi: et ecce duæ mulieres egredientes, et spiritus in alis earum, et habebant alas quasi alas milvi: et levaverunt amphoram inter terram et cœlum.*

10 *Et dixi ad angelum, qui loquebatur in me: Quò istæ deferunt amphoram?*

11 *Et dixit ad me: Ut ædificetur ei domus in terra Sennaar, et stabiliatur, et ponatur ibi super basem suam.*

7 Y ví despues que traian un talento ó quintal de plomo [1], y ví á una muger sentada en medio de la ámphora.

8 Y dijo *el ángel:* Esta es la impiedad. Y la echó al fondo de la ámphora [2], y puso la porcion de plomo sobre la boca de aquella vasija.

9 Y levanté mis ojos, y miré, y he aqui que venian dos mugeres, cuyas alas movia el viento, las cuales eran como alas de milano, y alzaron la ámphora en el aire.

10 Y dije yo al ángel que hablaba conmigo: ¿Adónde llevan ellas la ámphora?

11 Á la tierra de Sennaar, me respondió, para que allí se le edifique una casa ó habitacion, y quede allí colocada, y sentada sobre su basa *la impiedad.*

CAPÍTULO VI.

Vision de cuatro carrozas que salen de entre dos montañas hácia diversas partes del mundo. Coronas sobre la cabeza del Sumo sacerdote Jesus, y del que se llama Oriente, el cual reedificará el Templo del Señor.

1 *Et conversus sum, et levavi oculos meos, et vidi: et ecce quatuor quadrigæ egredientes de medio duorum montium: et montes, montes ærei.*

2 *In quadriga prima equi rufi, et in quadriga secunda equi nigri.*

3 *Et in quadriga tertia equi albi, et in quadriga quarta equi varii, et fortes.*

4 *Et respondi, et dixi ad angelum, qui loquebatur in me: Quid sunt hæc, domine mi?*

5 *Et respondit angelus, et ait ad me: Isti sunt quatuor venti cœli, qui egrediuntur, ut stent coram Dominatore omnis terræ.*

1 Y de nuevo levanté mis ojos y observé; y he aquí cuatro carrozas que salian de entre dos montes: y estos montes eran montes de bronce [3].

2 En la primera carroza habia caballos rojos, y en la segunda caballos negros.

3 En la carroza tercera caballos blancos, y en la cuarta caballos manchados y vigorosos.

4 Y pregunté al ángel que hablaba conmigo: ¿Qué significan estas cosas, señor mio?

5 Á lo que respondiendo el ángel me dijo: Estos son los cuatro vientos del cielo [4], que salen para presentarse ante el Dominador de toda la tierra.

---

ricamente los judios impíos y pecadores en Babylonia ó pais de Sennaar. Esta voz *Sennaar* significa atardimiento, conmocion.

1 El peso del plomo es aquí símbolo de la gravedad de los pecados y de su castigo. S. Gerónimo.

2 Ó de aquella grande tinaja.

3 Las cuatro carrozas son símbolo de las cuatro monarquías, ó imperios de los cháldéos, persas, etc. Véase *Dan. II. v.* 37.— *Ps. XIX. v.* 8. — *Nah. III. v.* 2. — *Ezech. I.* — *Cant. I. v.* 8.

4 Aquí debe suplirse la partícula de comparacion ó semejanza *como,* ó *al modo que,* la cual suele omitirse en el idioma hebréo con mucha frecuencia. Estas carrozas son semejantes, etc.

6 In qua erant equi nigri, egrediebantur in terram Aquilonis: et albi egressi sunt post eos: et varii egressi sunt ad terram Austri.

7 Qui autem erant robustissimi, exierunt, et quærebant ire et discurrere per omnem terram. Et dixit: Ite, perambulate terram: et perambulaverunt terram.

8 Et vocavit me, et locutus est ad me, dicens: Ecce qui egrediuntur in terram Aquilonis, requiescere fecerunt spiritum meum in terra Aquilonis.

9 Et factum est verbum Domini ad me, dicens:

10 Sume à transmigratione, ab Holdai, et à Tobia, et ab Idaia, et venies tu in die illa, et intrabis domum Josiæ, filii Sophoniæ, qui venerunt de Babylone.

11 Et sumes aurum et argentum; et facies coronas, et pones in capite Jesu filii Josedec sacerdotis magni.

12 Et loqueris ad eum, dicens: Hæc ait Dominus exercituum, dicens: Ecce vir Oriens nomen ejus: et subter eum orietur, et ædificabit templum Domino.

13 Et ipse extruet templum Domino: et ipse portabit gloriam, et sedebit, et dominabitur super solio suo: et erit sacerdos super solio suo, et consilium pacis erit inter illos duos.

14 Et coronæ erunt Helem, et Tobiæ, et Idaiæ, et Hem filio Sophoniæ, memoriale in templo Domini.

15 Et qui procul sunt, venient, et ædificabunt in templo Domini, et scietis quia Dominus exercituum misit me ad vos. Erit autem hoc, si auditu audieritis vocem Domini Dei vestri.

6 La carroza que tenia los caballos negros se dirigia hácia la tierra del Septentrion, é iban en pos de ella los caballos blancos; y los caballos manchados salieron hácia la tierra del Mediodia.

7 Y estos, que eran los mas vigorosos, asi que salieron ambelaban recorrer toda la tierra. Y el *Angel* les dijo: Id recorred la tierra; y en efecto la anduvieron toda.

8 En seguida me llamó, y me habló de esta manera: Mira, aquellos que se dirigen hácia la dicha tierra, han hecho que reposase el espíritu mio sobre la tierra del Aquilon.

9 Y el *Angel del Señor* me habló diciendo:

10 Toma las ofrendas de aquellos que han venido del cautiverio, *á saber*, de Holdai, y de Tobias, y de Idaías, é irás tú en aquel dia, y entrarás en la casa de Josías, hijo de Sophonías que llegó *tambien* de Babylonia:

11 y tomarás el oro y la plata, y harás unas coronas, que pondrás sobre la cabeza del Sumo sacerdote Jesus, hijo de Josedec.

12 Al cual hablarás de esta manera: Esto es lo que dice el Señor de los ejércitos: He aquí el varon cuyo nombre es Oriente [1]: y él nacerá de sí mismo [2], y edificará un Templo al Señor.

13 Él construirá un Templo al Señor, y quedará revestido de gloria, y se sentará y reinará sobre su solio, y estará el sacerdote sobre su trono, y habrá paz y union entre ambos *tronos* [3].

14 Y serán las coronas como un monumento para Helem, y Tobías, é Idaías, y Hem [4] hijo de Sophonías, en el Templo del Señor.

15 Y los que están en lugares remotos vendrán, y trabajarán en la fábrica del Templo del Señor: y conoceréis que el Señor de los ejércitos me envió á vosotros. Mas esto será si vosotros escucháreis con docilidad la voz del Señor Dios vuestro.

---

1 En el texto chaldéo en vez de *Oriente* se lee *Mesías. Luc. I. v. 78.*

2 Ó por su virtud misma.

3 La partícula *illos* de la Vulgata se refiere á los *solios*; pues aunque *solium* en latin es neutro, en hebréo es masculino. Véase *Vulgata.*

4 No se sabe porque aquí *Holdai* se llama *Helem*, y *Josías, Hem.*

CAPÍTULO VII.

Los ayunos de los judíos durante la cautividad no fueron gratos al Señor, porque no dejaron su mala vida. Por sus maldades fueron hechos cautivos.

1 *Et factum est in anno quarto Darii regis, factum est verbum Domini ad Zachariam, in quarta mensis noni, qui est Casleu.*

2 *Et miserunt ad domum Dei, Sarasar, et Rogommelech, et viri qui erant cum eo, ad deprecandam faciem Domini:*

3 *ut dicerent sacerdotibus domús Domini exercituum, et prophetis, loquentes: Numquid flendum est mihi in quinto mense, vel sanctificare me debeo, sicut jam feci multis annis?*

4 *Et factum est verbum Domini exercituum ad me, dicens:*

5 *Loquere ad omnem populum terræ, et ad sacerdotes, dicens: Cùm jejunaretis, et plangeretis in quinto et septimo per hos septuaginta annos: numquid jejunium jejunastis mihi?*

6 *Et cùm comedistis, et bibistis, numquid non vobis comedistis, et vobismetipsis bibistis?*

7 *Numquid non sunt verba, quæ locutus est Dominus in manu prophetarum priorum, cùm adhuc Jerusalem habitaretur, et esset opulenta, ipsa et urbes in circuitu ejus, et ad Austrum, et in campestribus habitaretur?*

8 *Et factum est verbum Domini ad Zachariam, dicens:*

9 *Hæc ait Dominus exercituum, dicens: Judicium verum judicate, et misericordiam et miserationes facite, unusquisque cum fratre suo.*

1 El año cuatro del rey Darío habló el Señor á Zacharías el dia cuarto del mes nono, que es el de Casleu,

2 cuando Sarasar y Rogommelech y la gente que estaba con él enviaron á la Casa de Dios á hacer oracion en la presencia del Señor [1],

3 y á preguntar á los sacerdotes de la Casa del Señor de los ejércitos, y á los Profetas, diciendo: ¿Debo yo llorar en el quinto mes [2], ó debo purificarme [3], como ya lo hice en muchos años que duró el cautiverio?

4 Y el Señor de los ejércitos me habló y dijo:

5 Responde á todo el pueblo del pais, y á los sacerdotes, y díles: Cuando ayunábais y plañíais en el quinto y séptimo mes durante estos setenta años, ¿acaso ayunásteis por respeto mio [4]?

6 Y cuando comíais y bebíais, ¿acaso no lo hacíais mirando por vosotros mismos?

7 ¿No son estas cosas las que dijo el Señor, por medio de los anteriores profetas, cuando estaba aun poblada Jerusalem, y llena de riquezas, tanto ella como las ciudades vecinas, y poblada la parte del Mediodia y sus campiñas?

8 Y el Señor habló á Zacharías, diciéndole:

9 Esto es lo que manda el Señor de los ejércitos: Juzgad segun la verdad y la justicia, y haced cada uno de vosotros repetidas obras de misericordia [5] para con vuestros hermanos.

---

1 Otros segun el hebréo, en lugar de *enviaron* traducen *fueron enviados.*

2 Los judíos ayunaban en aquellos meses en que le había sucedido al pueblo de Israel alguna gran calamidad. Véase despues capítulo VIII. v. 19.—*Is.* LVIII. v. 5.—*IV. Reg.* XXV. v. 8, 25.—*Jer.* LII. v. 12.—XXXIX. v. 1.—XLI. v. 1.

3 *Ex.* XIX. v. 14.—*I. Reg.* XXI. v. 5. Aquí *purificarse* significa imitar la abstinencia de los nazareos. Véase *Nazareo.*

4 *Ose.* VIII. v. 13.—IX. v. 4.

5 Y ejercitad las *obras de misericordia* y de caridad, etc. *Deut.* VI. v. 2.—*Mich.* VI. v. 8.—*Matth.* XXIII. v. 23.

10 Et viduam, et pupillum, et advenam, et pauperem nolite calumniari: et malum vir fratri suo non cogitet in corde suo.

11 Et noluerunt attendere, et averterunt scapulam recedentem, et aures suas aggravaverunt ne audirent.

12 Et cor suum posuerunt ut adamantem, ne audirent legem, et verba quæ misit Dominus exercituum in spiritu suo per manum prophetarum priorum: et facta est indignatio magna à Domino exercituum.

13 Et factum est sicut locutus est, et non audierunt: sic clamabunt, et non exaudiam, dicit Dominus exercituum.

14 Et dispersi eos per omnia regna, quæ nesciunt: et terra desolata est ab eis, eò quòd non esset transiens et revertens: et posuerunt terram desiderabilem in desertum.

10 Y guardáos de agraviar á la viuda, ni al huérfano, ni al extrangero, ni al pobre[1]; y nadie piense mal en su corazon contra el prójimo.

11 Mas ellos no quisieron escuchar, y rebeldes volvieron la espalda, y se taparon sus oidos para no oir.

12 Y endurecieron su corazon como un diamante; para no hacer caso de la Ley, ni de las palabras que les habia dirigido el Señor por medio de su espíritu, puesto en boca de los anteriores profetas. De donde provino la grande indignacion del Señor de los ejércitos.

13 Y verificóse lo que él habia predicho, sin que quisiesen ellos dar oidos á sus palabras[2]. Así es que también ellos clamarán, dice el Señor de los ejércitos, y yo no los escucharé.

14 Y los dispersé por todos los reinos desconocidos de ellos, y quedó su pais asolado, sin haber persona alguna que transitase por él. De esta manera convirtieron en un páramo la que era tierra de delicias.

CAPÍTULO VIII.

El Señor colmará á Sion de bendiciones, y trocará en fiestas y alegría los ayunos precedentes. Las naciones extrangeras se unirán á Judá para adorar al verdadero Dios.

1 Et factum est verbum Domini exercituum, dicens:

2 Hæc dicit Dominus exercituum: Zelatus sum Sion zelo magno, et indignatione magnâ zelatus sum eam.

3 Hæc dicit Dominus exercituum: Reversus sum ad Sion, et habitabo in medio Jerusalem: et vocabitur Jerusalem Civitas veritatis, et mons Domini exercituum Mons sanctificatus.

4 Hæc dicit Dominus exercituum: Adhuc habitabunt senes et anus in plateis Jerusalem: et viri baculus in ma-

1 Y habló el Señor de los ejércitos y dijo:

2 Esto dice el Señor de los ejércitos. Yo he tenido grandes zelos de Sion, y mis zelos por causa de ella me irritaron sobremanera.

3 Mas esto dice el Señor de los ejércitos: Yo he vuelto ahora á Sion, y moraré en medio de Jerusalem: y Jerusalem será llamada Ciudad de la verdad, y el monte del Señor de los ejércitos Monte santo[3].

4 Esto dice el Señor de los ejércitos: Aun se verán ancianos y ancianas en las calles de Jerusalem, y muchas personas

---

1 Ex. XXII. v. 22.—Is. I. v. 23.—Jer. V. v. 28.

2 Ó tambien: Y sucedió como lo habia predicho; y no quisieron escuchar sus palabras.

3 Todo esto conviene á la Jerusalem espiritual (que es la Iglesia, columna de verdad. I. Tim. III. v. 15.—Matth. XVI. v. 18.

na ejus præ multitudine dierum.

5 Et plateæ civitatis complebuntur infantibus et puellis, ludentibus in plateis ejus.

6 Hæc dicit Dominus exercituum: Si videbitur difficile in oculis reliquiarum populi hujus in diebus illis, numquid in oculis meis difficile erit, dicit Dominus exercituum?

7 Hæc dicit Dominus exercituum: Ecce ego salvabo populum meum de terra Orientis, et de terra Occasus solis:

8 et adducam eos, et habitabunt in medio Jerusalem: et erunt mihi in populum, et ego ero eis in Deum, in veritate et in justitia.

9 Hæc dicit Dominus exercituum: Confortentur manus vestræ, qui auditis in his diebus sermones istos per os prophetarum, in die qua fundata est domus Domini exercituum, ut templum ædificaretur.

10 Siquidem ante dies illos merces hominum non erat; nec merces jumentorum erat, neque introeunti, neque exeunti erat pax præ tribulatione: et dimisi omnes homines, unumquemque contra proximum suum.

11 Nunc autem non juxta dies priores ego faciam reliquiis populi hujus, dicit Dominus exercituum:

12 sed semen pacis erit: vinea dabit fructum suum, et terra dabit germen suum, et cæli dabunt rorem suum: et possidere faciam reliquias populi hujus universa hæc.

13 Et erit: sicut eratis maledictio in gentibus, domus Juda, et domus Israel: sic salvabo vos, et eritis benedictio: nolite timere: confortentur manus vestræ.

14 Quia hæc dicit Dominus exercituum: Sicut cogitavi ut affligerem vos,

que por su edad avanzada irán con baston en la mano;

5 y llenas estarán las calles de la ciudad de niños y niñas, que irán á jugar en sus plazas.

6 Esto dice el Señor de los ejércitos: Si lo que anuncio para aquel tiempo parece difícil á los que han quedado de este pueblo, ¿acaso será difícil para mí, dice el Señor de los ejércitos?

7 Esto dice el Señor de los ejércitos: He aquí que yo sacaré salvo al pueblo mio de las regiones del Oriente y de las regiones del Occidente [2]:

8 Y la volveré á traer para que habite en medio de Jerusalem; y ellos serán mi pueblo, y yo seré su Dios en la verdad y en la justicia [2].

9 Esto dice el Señor de los ejércitos: Cobren pues vigor vuestros brazos, ó vosotros que en estos dias ois tales palabras de boca de los profetas; ahora que se han echado ya los cimientos de la Casa del Señor de los ejércitos, y va á levantarse la fábrica del Templo.

10 Porque antes de estos dias [3] los hombres trabajaban sin utilidad, y sin utilidad trabajaban las bestias [4]; ni los que entraban ni los que salian gozaban de paz, á causa de la tribulacion en que se hallaban; habiendo yo dejado que se hiciesen guerra unos á otros.

11 Mas ahora no haré yo, dice el Señor de los ejércitos, lo que antes con las reliquias de este pueblo;

12 sino que serán una estirpe de gente muy feliz [5]: la viña dará su fruto, y producirá la tierra su esquilmo, y los cielos enviarán su rocío, y haré que el resto de este pueblo goce de todos estos bienes.

13 Y sucederá que así como vosotros los de la casa de Judá y los de la casa de Israel érais un objeto ó fórmula de execracion entre las naciones; así yo os salvaré, y seréis objeto de bendicion: no temais; cobrad aliento.

14 Pues esto dice el Señor de los ejércitos: Al modo que yo determiné casti-

---

1 Matth. VIII. v. 11.
2 Fiel en mis promesas; y ellos justos y santos.

3 De comenzar el Templo.
4 Agg. I. v. 6, y 10.—II. v. 15.
5 Ó colmada de bendiciones. Véase Paz.

eum ad iracundiam provocassent patres vestri me, dicit Dominus,

15 et non sum misertus: sic conversus cogitavi in diebus istis ut benefaciam domui Juda, et Jerusalem: nolite timere.

16 Hæc sunt ergo verba, quæ facietis: Loquimini veritatem unusquisque cum proximo suo: veritatem, et judicium pacis judicate in portis vestris.

17 Et unusquisque malum contra amicum suum, ne cogitetis in cordibus vestris: et juramentum mendax ne diligatis: omnia enim hæc sunt, quæ odi, dicit Dominus.

18 Et factum est verbum Domini exercituum ad me, dicens:

19 Hæc dicit Dominus exercituum: Jejunium quarti, et jejunium quinti, et jejunium septimi, et jejunium decimi erit domui Juda in gaudium, et lætitiam, et in solemnitates præclaras: veritatem tantum, et pacem diligite.

20 Hæc dicit Dominus exercituum: Usquequo veniant populi, et habitent in civitatibus multis,

21 et vadant habitatores, unus ad alterum, dicentes: Eamus, et deprecemur faciem Domini, et quæramus Dominum exercituum: vadam etiam ego.

22 Et venient populi multi, et gentes robustæ, ad quærendum Dominum exercituum in Jerusalem, et deprecandam faciem Domini.

23 Hæc dicit Dominus exercituum: In diebus illis, in quibus apprehendent decem homines ex omnibus linguis gentium, et apprehendent fimbriam viri Judæi, dicentes: Ibimus vobiscum: audivimus enim quoniam Deus vobiscum est.

garos, dice el Señor, por haber vuestros padres provocado mi indignacion,

15 y no usé de misericordia con vosotros; así al contrario, he resuelto en estos dias favorecer á la casa de Judá, y á Jerusalem: no teneis que temer.

16 Esto es pues lo que habeis de hacer: Hable verdad con su prójimo cada uno de vosotros [1]. Pronunciad en vuestros tribunales sentencias de verdad, y juicios de paz.

17 Y ninguno maquine en su corazon injusticia contra su prójimo; y detestad el juramento falso; porque todas esas son cosas que yo aborrezco, dice el Señor.

18 Y hablóme el Señor de los ejércitos, diciéndome:

19 Esto dice el Señor de los ejércitos: El ayuno del mes cuarto, y el ayuno del mes quinto, y el ayuno del mes séptimo, y el ayuno del mes décimo, se convertirán para la casa de Judá en *dias de gozo y de alegría*, y en festividades solemnes; solo con que vosotros ameis la verdad y la paz.

20 Esto dice el Señor de los ejércitos: Vendrán aun los pueblos, y poblarán muchas ciudades;

21 y los moradores de una irán á decir á los de la otra [2]: Vamos á hacer oracion en la presencia del Señor, y busquemos al Señor de los ejércitos. *Vamos, responderán, irémos tambien nosotros.*

22 Y vendrán á Jerusalem muchos pueblos y naciones poderosas á buscar al Señor de los ejércitos, y á orar en su presencia.

23 Así dice el Señor de los ejércitos: Esto será cuando diez hombres [3] de cada lengua y de cada nacion cogerán á un judío, asiéndole de la franja [4] de su vestido, y le dirán: Irémos contigo porque hemos conocido que *verdaderamente* con vosotros está Dios [5].

---

1 Nuestra santa religion prohibe toda doblez, fraude, ó fingimiento. Véase *Ephes. IV. v. 25.*

2 Segun el texto hebréo, en la Vulgata debería leerse *unius ad alteram.*

3 *Diez*, esto es, *muchos.* Véase *Número, Num. XV. v. 38.*

5 Ó tambien: *Diez hombres de todas lenguas y naciones asirán y agarrarán el canto de la capa de un varon judío, diciendo,* etc.

CAPÍTULO IX.

Profecía contra la Syria y Phenicia. El Rey Christo vendrá á Sion monta-
do en una asna, y colmará á su pueblo de bendiciones y prosperidades.

1 *Onus verbi Domini in terra Ha-*
drach, et Damasci requiet ejus: quia
Domini est oculus hominis, et omnium
tribuum Israel.

2 *Emath quoque in terminis ejus, et*
Tyrus, et Sidon: assumpserunt quippe
sibi sapientiam valdè.

3 *Et œdificavit Tyrus munitionem*
suam, et coacervavit argentum quasi
humum, et aurum ut lutum platearum.

4 *Ecce Dominus possidebit eam, et*
percutiet in mari fortitudinem ejus, et
hæc igni devorabitur.

5 *Videbit Ascalon, et timebit; et Ga-*
za, et dolebit nimis; et Accaron, quo-
niam confusa est spes ejus: et peribit
rex de Gaza, et Ascalon non habita-
bitur.

6 *Et sedebit separator in Azoto, et*
disperdam superbiam Philisthinorum.

7 *Et auferam sanguinem ejus de ore*
ejus, et abominationes ejus de medio
dentium ejus, et relinquetur etiam ipse
Deo nostro, et erit quasi dux in Juda,
et Accaron quasi Jebusæus.

8 *Et circumdabo domum meam ex*
his qui militant mihi euntes et rever-
tentes; et non transibit super eos ultrà
exactor: quia nunc vidi in oculis meis.

9 *Exulta satis filia Sion, jubila filia*
Jerusalem: ECCE REX TUUS veniet tibi

1 Duro anuncio del Señor contra la tierra de Hadrach, y contra la *ciudad* de Damasco, en la cual aquella confía; porque el ojo ó *providencia* del Señor mira á *todos* los hombres y á todas las tribus de Israel [1].

2 También *la ciudad de* Emath está comprendida dentro de los términos de este *duro* anuncio, é igualmente Tyro y Sidon: porque presúmen mucho de su saber [2].

3 Tyro ha construido sus baluartes, y ha amontonado plata como si fuese tierra, y oro como si fuese lodo de las calles [3].

4 He aquí que el Señor se hará dueño de ella, y sumergirá en el mar su fortaleza, y será pábulo del fuego.

5 Ascalon al ver esto quedará espantada; y será grande el dolor de Gaza, y tambien el de Accaron, porque queda burlada su esperanza: y Gaza perderá su Rey, y Ascalon quedará despoblada.

6 Y Azoto será la residencia del extrangero ó *conquistador* [4], y yo abatiré la soberbia de los philistheos.

7 Y quitaré de su boca la sangre, y de entre sus dientes las abominaciones idolátricas [5]; y quedarán tambien ellos sujetos á nuestro Dios, y serán como los vecinos de una ciudad principal en Judá, y *el habitante de* Accaron será como el jebuséo [6].

8 Y para la defensa de mi Casa pondré aquellos que van y vienen militando en mi servicio, y no comparecerá más entre ellos el exactor; porque yo ahora los miro con *benignos* ojos.

9 Oh hija de Sion, regocíjate en gran manera [7], salta de júbilo, oh hija de

---

1 Tal es el sentido de este lugar de la Vulgata, segun se ve claramente en los Setenta, y en otras versiones antiguas.
2 Ezech. XXVIII. v. 3, 4, 12 y 17.
3 Sophon. I. v. 17.
4 De Alejandro. En hebréo: *del bastardo.*
5 De que se alimentan.

6 Ó el de Jerusalem.
7 El Profeta ve que se acerca el tiempo de la grande promesa hecha á Jerusalem, y convida á sus hermanos á que se alegren con la esperanza del *Mesías.* Is. XII. 1. Cumple en Matth. XXI. v. 5.

Kk 2

justus, et salvator: ipse pauper, et
ascendens super asinam, et super pul-
lum filium asinæ.

10 Et disperdam quadrigam ex E-
phraim, et equum de Jerusalem, et
dissipabitur arcus belli: et loquetur pacem gentibus, et potestas ejus à mari
usque ad mare, et à fluminibus usque
ad fines terræ.

11 Tu quoque in sanguine testamenti
tui emisisti vinctos tuos de lacu, in quo
non est aqua.

12 Convertimini ad munitionem vincti spei, hodie quoque annuntians du-
plicia reddam tibi.

13 Quoniam extendi mihi Judam
quasi arcum, implevi Ephraim: et
suscitabo filios tuos Sion super filios
tuos Græcia: et ponam te quasi gladium fortium.

14 Et Dominus Deus super eos videbitur; et exibit ut fulgur, jaculum ejus:
et Dominus Deus in tuba canet; et
vadet in turbine Austri.

15 Dominus exercituum proteget eos:
et devorabunt, et subjicient lapidibus
fundæ: et bibentes inebriabuntur quasi
à vino, et replebuntur ut phialæ, et
quasi cornua altaris.

16 Et salvabit eos Dominus Deus eorum in die illa, ut gregem populi sui:
quia lapides sancti elevabuntur super
terram ejus.

17 Quid enim bonum ejus est, et quid
pulchrum ejus, nisi frumentum electorum, et vinum germinans virgines?

Jerusalem: he aquí que á tí vendrá tu
Rey, el Justo, el Salvador: él vendrá pobre, y montado en una asna y su pollino.

10 Entonces destruiré los carros de
guerra de Ephraim y los caballos de
Jerusalem; y serán hechos pedazos los
arcos guerreros [1]; y aquel Rey anun-
ciará la paz á las gentes, y dominará
desde un mar á otro, y desde los rios
hasta los confines de la tierra.

11 Y tú mismo, oh Salvador, mediante la sangre de tu testamento has
hecho salir á los tuyos, que se hallaban
cautivos, del lago ó fosa en que no hay
agua [2].

12 Dirigid vuestros pasos hácia la
ciudad fuerte, oh vosotros cautivos que
teneis esperanza: pues te anuncio, oh
pueblo mio, que te daré doblados bienes.

13 Porque yo he hecho de Judá como un arco tendido para mi servicio, y
como un arco tendido es tambien para
mí Ephraim: y á tus hijos, oh Sion,
les daré yo valor sobre los hijos tuyos,
oh Grecia; y te haré irresistible como
la espada de los valientes [3].

14 Y aparecerá sobre ellos el Señor
Dios; el cual lanzará sus dardos como
rayos; y tocará el Señor Dios la trompeta y marchará entre torbellinos del
Mediodia.

15 El Señor de los ejércitos será su
protector; y consumirán y abatirán á
sus enemigos con las piedras de sus
hondas, y bebiendo su sangre se em-
briagarán como de vino, y se llenarán
de ella como se llenan las jarras, y
como se bañan los ángulos del altar [4].

16 Y el Señor Dios suyo los salvará
en aquel dia como grey selecta de su
pueblo; porque á manera de piedras
santas serán erigidos en la tierra de él.

17 Mas ¿cuál será el bien venido de
él, y lo hermoso que de él nos vendrá;
sino el trigo de los escogidos, y el vino que engendra vírgenes ó da la castidad [5]?

---

1 Véase Isaías cap. II. v. 4. — Mich. V.
vers. 10.

2 Del limbo, donde se hallaban detenidas
las almas de los Patriarcas, y demas justos.

3 II. Cor. X. v. 5.

4 Todas estas expresiones deben entenderse
metafóricamente, especialmente la de beber
la sangre, etc. Lev. XVII. v. 10 — IV. vers.
25. — XVI. v. 18.

5 Admirable profecía del misterio de la Eu-

CAPÍTULO X.

Solamente Dios es el dador de todo lo bueno: él consolará á su pueblo; y si éste vive religiosamente le restituirá á su pais, y humillará á sus enemigos.

1 Petite à Domino pluviam in tempore serotino, et Dominus faciet nives, et pluviam imbris dabit eis, singulis herbam in agro.

1 Pedid al Señor las lluvias tardías [1], y el Señor enviará *tambien* nieve, y os dará lluvias abundantes, y *abundante* yerba en el campo de cada uno de vosotros.

2 Quia simulachra locuta sunt inutile, et divini viderunt mendacium, et somniatores locuti sunt frustrà: vanè consolabantur: idcircò abducti sunt quasi grex: affligentur, quia non est eis pastor.

2 Porque *ya visteis* que los ídolos han dado respuestas inútiles, y que son visiones mentirosas las que tienen los adivinos, y que hablan sin fundamento los intérpretes de los sueños, dando vanos consuelos: por cuyo motivo fueron *vuestros crédulos padres* conducidos al cautiverio como un rebaño, y afligidos, pues estaban sin pastor.

3 Super pastores iratus est furor meus, et super hircos visitabo: quia visitavit Dominus exercituum gregem suum, domum Juda, et posuit eos quasi equum gloriæ suæ in bello.

3 Contra los pastores se ha encendido mi indignacion, y castigaré á los machos de cabrío [2]: porque el Señor de los ejércitos tendrá cuidado de su grey, es decir, de la casa de Judá, y la hará *briosa* como si fuese su caballo de regalo en la guerra.

4 Ex ipso angulus, ex ipso paxillus, ex ipso arcus prælii, ex ipso egredietur omnis exactor simul.

4 De Judá saldrá el ángulo [3], de él la estaca [4], de él el arco guerrero, de él saldrán asimismo todos los exactores.

5 Et erunt quasi fortes conculcantes lutum viarum in prælio: et bellabunt, quia Dominus cum eis: et confundentur ascensores equorum.

5 Y serán como campeones que hollarán en el combate *á los enemigos*, como es hollado el barro en las calles: y pelearán, teniendo á favor suyo al Señor; y quedarán confundidos los que van montados en *briosos caballos*.

6 Et confortabo domum Juda, et domum Joseph salvabo: et convertam eos, quia miserebor eorum; et erunt sicut fuerunt quando non projeceram eos; ego enim Dominus Deus eorum, et exaudiam eos.

6 Y yo haré fuerte la casa de Judá, y salvaré la casa de Joseph: y los haré volver *de sus errores*, pues que me apiadaré de ellos: y serán como eran antes que yo los desechase; puesto que yo soy el Señor Dios suyo, y los oiré benigno.

7 Et erunt quasi fortes Ephraim, et

7 Y serán como los valientes de E-

---

chàristìa. El cuerpo y sangre de nuestro Señor Jesu-Christo es el manantial de toda virtud, y el orígen de nuestra fuerza espiritual, el alimento que da vida á nuestra alma, y el principio de la castidad, ó de la incorrupcion é inmortalidad. *Es la medicina que da vida eterna*, decia S. Ignacio, *antídoto contra la*

TOM. IV.

muerte, la que dá vida por medio de Jesu-Christo, remedio que purga los vicios, y expele todo mal. S. Ignac. *Epist. ad Ephes.*
1 Ó de la primavera. *Deut. XI. v.* 14.
2 Ó perversos caudillos del pueblo.
3 Ó la piedra angular.
4 Que sostendrá firme el pabellon.

Kk 3

lætabitur cor eorum quasi à vino: et filii eorum videbunt, et lætabuntur, et exultabit cor eorum in Domino.

8 Sibilabo eis, et congregabo illos, quia redemi eos: et multiplicabo eos sicut antè fuerant multiplicati.

9 Et seminabo eos in populis, et de longè recordabuntur mei: et vivent cum filiis suis, et revertentur.

10 Et reducam eos de terra Ægypti, et de Assyriis congregabo eos, et ad terram Galaad et Libani adducam eos, et non invenietur eis locus:

11 et transibit in maris freto, et percutiet in mari fluctus, et confundentur omnia profunda fluminis, et humiliabitur superbia Assur, et sceptrum Ægypti recedet.

12 Confortabo eos in Domino, et in nomine ejus ambulabunt, dicit Dominus.

phraim [1], y estará alegre su corazon, como el de quien bebe vino, y al verlos sus hijos se regocijarán, y se alegrará en el Señor su corazon.

8 Yo los reuniré con un silbido, pues los he rescatado; y los multiplicaré del modo que antes se habian multiplicado.

9 Y los dispersaré entre las naciones; y aun en los mas distantes paises se acordarán de mí, y vivirán juntamente con sus hijos, y volverán.

10 Pues yo los traeré de la tierra de Egipto, y los recogeré de la Assyria, y los conduciré á la tierra de Galaad y del Líbano [2], y no se hallará *bastante* lugar para ellos:

11 y pasarán el estrecho del mar, y *el Señor* herirá las olas del mar, y todas las honduras del rio quedarán descubiertas, y será humillada la soberbia de Assur, y cesará la tiranía de Egipto.

12 Y los haré fuertes en el Señor, y en mi [3] nombre seguirán adelante, dice el Señor.

CAPÍTULO XI.

Ultima desolacion de Jerusalem, y ruina de su Templo. El Pastor de Israel hace pedazos las dos varas. Tres pastores infieles muertos en un mes. Grey confiada á un pastor insensato.

1 Aperi, Libane, portas tuas, et comedat ignis cedros tuas.

2 Ulula abies, quia cecidit cedrus, quoniam magnifici vastati sunt: ululate quercus Basan, quoniam succisus est saltus munitus.

3 Vox ululatus pastorum, quia vastata est magnificentia eorum: vox rugitus leonum, quoniam vastata est superbia Jordanis.

1 Abre, oh Líbano [4], tus puertas, y devore el fuego tus cedros.

2 Aulla, oh abeto, porque los cedros han caido, porque han sido derribados los *árboles mas* encumbrados: aullad, oh encinas de Basan, porque cortado ha sido el bosque fuerte.

3 Retumban los aullidos de los pastores ó *príncipes*, porque destruida ha sido su grandeza: resuenan los rugidos de los leones, porque ha sido disipada la hinchazon del Jordan.

1 *Deut. XXXIII. v. 17.—Ps. LXXVII. vers. 9.*

2 Es decir, á Judéa. Esto puede aludir á los cien mil y mas judios puestos en libertad por Toloméo Philadelpho, rey de Egipto, para que al Sumo sacerdote Eleazar le enviara un ejemplar de las Santas Escrituras, y persona que las tradujese en griego.

3 Véase *Hebraismos*. Se traduce, *en mí* pues es el Señor quien habla.

4 Por *Líbano* se entiende Jerusalem y su Templo. *Ezech. XVII. v. 3.—Jer. XXII. v. 23.* Llámase *Líbano* por estar en un sitio elevado, y haberse fabricado con gran cantidad de maderas de dicho monte.

4 *Hæc dixit Dominus Deus meus:*
Pasce pecora occisionis,

5 *quæ qui possederant, occidebant, et*
non dolebant, et vendebant ea, dicen-
tes: Benedictus Dominus, divites facti
sumus: et pastores eorum non parce-
bant eis.

6 *Et ego non parcam ultrà super ha-*
bitantes terram, dicit Dominus: ecce
ego tradam homines, unumquemque in
manu proximi sui, et in manu regis
sui, et concident terram, et non eruam
de manu eorum.

7 *Et pascam pecus occisionis propter*
hoc, ò pauperes gregis: et assumpsi
mihi duas virgas, unam vocavi Deco-
rem, et alteram vocavi Funiculum: et
pavi gregem.

8 *Et succidi tres pastores in mense*
uno, et contracta est anima mea in
eis: siquidem et anima eorum varia-
vit in me.

9 *Et dixi: Non pascam vos: quod*
moritur, moriatur: et quod succiditur,
succidatur: et reliqui devorent unus-
quisque carnem proximi sui.

10 *Et tuli virgam meam, quæ voca-*
batur Decus; et abscidi eam, ut irri-
tum facerem fœdus meum, quod per-
cussi cum omnibus populis.

11 *Et in irritum deductum est in die*
illa: et cognoverunt sic pauperes gregis,
qui custodiunt mihi, quia verbum Do-
mini est.

12 *Et dixi ad eos: Si bonum est in*
oculis vestris, afferte mercedem meam;
et si non, quiescite. Et appenderunt
mercedem meam triginta argenteos.

13 *Et dixit Dominus ad me: Proji-*
ce illud ad statuarium, decorum pre-

4 Esto dice el Señor mi Dios: Apacienta estas ovejas del matadero,

5 á las cuales sus dueños enviaban á
la muerte, sin compadecerse de ellas, y
las vendian diciendo: Bendito sea el Señor, nosotros nos hemos hecho ricos. Y
aquellos pastores suyos no tenian compasion de ellas [1].

6 Pues tampoco yo tendré ya mas
compasion de los moradores de esta tierra, dice el Señor: he aquí que yo abandonaré estos hombres cada uno en poder del vecino, y en poder de su Rey,
y su pais quedará asolado, y no los libraré de las manos de ellos [2].

7 Y por esto, oh pobres del rebaño,
yo apacentaré estas reses del matadero.
Á cuyo fin me labré dos cayados; al
uno de los cuales le llamé Hermosura,
y al otro le llamé Cuerda ó *Lazo*, y
apacenté la grey [3].

8 É hice morir á tres pastores en un
mes, y por causa de ellos se angustió mi
alma: porque tampoco el alma de ellos
me fué á mí constante.

9 Y dije: Yo no quiero ser mas vuestro pastor: lo que muriere, muérase; y
lo que mataren, mátenlo; y los demas
que se coman á bocados unos á otros [4].

10 Y tomé el cayado mio, llamado
Hermosura, y le rompí, en señal de
romper la alianza que habia hecho con
todos los pueblos.

11 Y quedó anulada en aquel dia; y
los pobres de mi grey, que me son fieles,
han reconocido asi que esta es palabra
del Señor.

12 Yo, empero, les dije á ellos: Si os
parece justo, dadme mi salario [5], y si
no, dejadlo estar. Y ellos me pesaron ó
contaron treinta siclos de plata por el
salario mio [6].

13 Y díjome el Señor: Entrégasele al
alfarero [7] ese lindo precio en que me

---

1 *Ezech.* XXXIV. *v.* 2.
2 Anuncia el Profeta la última ruina de Jerusalem.
3 El primer cayado es simbolo de la dulzura y paciencia con que Dios gobernó al pueblo judáico, hasta que éste desechó y dió la
muerte al *Mesías*: el otro cayado indica el
castigo que ahora sufre la nacion.
4 Asi el Ven. Granada.

5 Ya que no me quereis por pastor.
6 Dios abandona la nacion judáica, que era
como su grey, no por otro motivo sino porque ella no le quiere por pastor; y eso á pesar de que ofrecia su vida por sus ovejas. La
paga ó precio de su vida se reduce á treinta
monedas. *Matth.* XXVII. *v.* 9.
7 יוֹצֵר *Iotser* en hebréo significa *alfarero* y
estatuario que trabaja en greda, ó arcilla.

tium, quo appretiatus sum ab eis. Et tuli triginta argenteos, et projeci illos in domum Domini ad statuarium.

14 *Et præcidi virgam meam secundam, quæ appellabatur Funiculus, ut dissolverem germanitatem inter Judam et Israel.*

15 *Et dixit Dominus ad me: Adhuc sume tibi vasa pastoris stulti.*

16 *Quia ecce ego suscitabo pastorem in terra, qui derelicta non visitabit, dispersum non quæret, et contritum non sanabit, et id quod stat non enutriet, et carnes pinguium comedet, et ungulas eorum dissolvet.*

17 *O pastor, et idolum, derelinquens gregem: gladius super brachium ejus, et super oculum dextrum ejus: brachium ejus ariditate siccabitur, et oculus dexter ejus tenebrescens obscurabitur.*

apreciaron. Tomé pues los treinta siclos de plata, y los eché en la Casa del Señor; para que se diesen al alfarero.

14 Y quebré mi segundo cayado, llamado Cuerda ó *Lazo*, en señal de romper la hermandad entre Judá é Israel.

15 Díjome después el Señor: Toma aun los aperos de un pastor insensato y perverso.

16 Porque he aquí que yo levantaré en la tierra un pastor que no visitará las ovejas abandonadas, ni buscará las descarriadas, no sanará las enfermas, ni alimentará las que están sanas, sino que se comerá las carnes de las gordas, y les romperá hasta las pesuñas.

17 ¡Oh pastor, mas bien fantasma *de pastor*, que desamparas la grey! La espada de la *Divina* venganza le herirá en el brazo y en su ojo derecho; su brazo se secará y quedará árido, y cubierto de tinieblas su ojo derecho se oscurecerá.

CAPÍTULO XII.

Profecía contra Judá y Jerusalem. Al fin el Señor hará volver los judíos á su patria, y destruirá á sus enemigos. Efusion del espíritu de la Divina gracia sobre los moradores de Jerusalem: los cuales plañirán la muerte de aquel á quien crucificaron.

1 *Onus verbi Domini super Israel. Dicit Dominus extendens cœlum, et fundans terram, et fingens spiritum hominis in eo:*

2 *Ecce ego ponam Jerusalem superliminare crapulæ omnibus populis in circuitu: sed et Juda erit in obsidione contra Jerusalem.*

3 *Et erit: In die illa ponam Jerusalem lapidem oneris cunctis populis: omnes, qui levabunt eam, concisione lacerabuntur: et colligentur adversus eam omnia regna terræ.*

1 Daro anuncio del Señor contra Israel. Dice el Señor, el que extendió los cielos y puso los fundamentos de la tierra, y el que forma el espíritu que tiene dentro de sí el hombre:

2 He aquí que yo haré de Jerusalem un lugar de banquete ó *embriaguez* para todos los pueblos circunvecinos [1]: y aun el mismo Judá acudirá al sitio contra Jerusalem.

3 Y yo haré en aquel dia que sea Jerusalem como una piedra muy pesada [2] para todos los pueblos: todos cuantos [3] probaren el alzarla quedarán lisiados: contra ella se coligarán todas las naciones de la tierra.

---

1 *Parece que alude á la guerra de Antiochó Epiphanes,* y de su hijo contra Jerusalem. *I. Mach. I. v.* 55.—*II. Mach. V. v.* 6.

2 *Ó piedra de prueba.* Alude á aquellas piedras con que probaban los hombres sus fuerzas. *Eccli. VI. v.* 22.

3 Queriendo hacer alarde de sus fuerzas.

4 In die illa, dicit Dominus, percutiam omnem equum in stuporem, et ascensorem ejus in amentiam, et super domum Juda aperiam oculos meos, et omnem equum populorum percutiam cæcitate.

5 Et dicent duces Juda in corde suo: Confortentur mihi habitatores Jerusalem in Domino exercituum Deo eorum.

6 In die illa ponam duces Juda sicut caminum ignis in lignis, et sicut facem ignis in fœno: et devorabunt ad dexteram et ad sinistram omnes populos in circuitu: et habitabitur Jerusalem rursus in loco suo in Jerusalem.

7 Et salvabit Dominus tabernacula Juda, sicut in principio: ut non magnificè glorietur domus David, et gloria habitantium Jerusalem contra Judam.

8 In die illa proteget Dominus habitatores Jerusalem, et erit qui offenderit ex eis in die illa, quasi David; et domus David quasi Dei, sicut angelus Domini in conspectu eorum.

9 Et erit in die illa: quæram conterere omnes gentes, quæ veniunt contra Jerusalem.

10 Et effundam super domum David, et super habitatores Jerusalem, spiritum gratiæ et precum: et aspicient ad me, quem confixerunt: et plangent eum planctu quasi super unigenitum, et dolebunt super eum, ut doleri solet in morte primogeniti.

11 In die illa magnus erit planctus in Jerusalem, sicut planctus Adadremmon in campo Mageddon.

12 Et planget terra: familiæ et familiæ seorsum: familiæ domus David

4 En aquel dia, dice el Señor, dejaré como de piedra los caballos, y como exánimes los ginetes: y abriré mis benignos ojos sobre la casa de Judá [1], y cegaré los caballos de todas las naciones.

5 Y dirán los caudillos de Judá en su corazon: Pongan los moradores de Jerusalem su confianza en el Señor de los ejércitos su Dios.

6 En aquel dia haré que los caudillos de Judá sean como ascuas de fuego debajo de leña seca, y como llama encendida debajo del heno: á diestra y á siniestra abrasarán todos los pueblos circunvecinos, y Jerusalem será de nuevo habitada en el mismo sitio en que estuvo antes [2].

7 Y el Señor protegerá los demas pabellones ó ciudades de Judá, como al principio: para que no se glorie altamente la casa de David, ni se engrian los moradores de Jerusalem contra Judá.

8 Protegerá el Señor en aquel dia á los habitantes de Jerusalem, y los mas débiles de entre ellos serán en aquel tiempo otros tantos Davides; y la casa de David [3] será á la vista de ellos como Casa de Dios, como un ángel del Señor.

9 Y yo en aquel dia tiraré á abatir todas las gentes que vengan contra Jerusalem.

10 Y derramaré sobre la casa de David, y sobre los habitantes de Jerusalem, el espíritu de gracia y de oracion: y pondrán sus ojos en mí, á quien traspasaron, y plañirán al que han herido, como suele plañirse un hijo único; y harán duelo por él, como se suele hacer en la muerte de un primogénito [4].

11 El llanto será grande en Jerusalem en aquel dia; como el duelo de Adadremmon [5] en la llanura de Mageddon.

12 Y se pondrá de luto la tierra; separadas unas de otras las familias [6]: á

---

1 Zach. XIV. v. 14.-II. Mach. X. v. 30.
2 I. Mach. III y IV.
3 No parece que lo que aqui se dice pueda entenderse de la casa de los Machábéos, por tener entonces estos el mando: sino que denota el respeto y veneracion con que se miraba la familia de David, por saber todos

que de ella había de nacer el Mesías que esperaban con tanta ansia.
4 Luc. XXIII. vers. 48.—Joann. XIX. vers. 37.
5 II. Paral. XXXV. v. 22 y 25.
6 Num. XX. v. 29.

seorsum, et mulieres eorum seorsum:

13 familiæ domus Nathan seorsum, et mulieres eorum seorsum: familiæ domus Levi seorsum, et mulieres eorum seorsum: familiæ Semei seorsum, et mulieres eorum seorsum.

14 Omnes familiæ reliquæ, familiæ et familiæ seorsum, et mulieres eorum seorsum.

parte las familias de la casa de David, y á parte sus mugeres:

13 á parte las familias de la casa de Nathan [1], y á parte sus mugeres: á parte las familias de la casa de Leví, y á parte sus mugeres: á parte las familias de Semei, y á parte sus mugeres:

14 á parte cada una de las demas familias, y á parte las mugeres de ellas.

CAPÍTULO XIII.

Fuente que lava los pecados de la casa de David. Los ídolos serán destruidos, y castigados los falsos profetas. Herido el Pastor se dispersarán las ovejas: dos partes irán dispersas por toda la tierra, y la tercera será probada con el fuego.

1 In die illa erit fons patens domui David et habitantibus Jerusalem, in ablutionem peccatoris, et menstruatæ.

2 Et erit in die illa, dicit Dominus exercituum: Disperdam nomina idolorum de terra, et non memorabuntur ultrà: et pseudoprophetas, et spiritum immundum auferam de terra.

3 Et erit, cùm prophetaverit quispiam ultrà, dicent ei pater ejus et mater ejus, qui genuerunt eum: Non vives: quia mendacium locutus es in nomine Domini; et configent eum pater ejus et mater ejus, genitores ejus, cùm prophetaverit.

4 Et erit: In die illa confundentur prophetæ, unusquisque ex visione sua cùm prophetaverit: neo operientur pallio saccino, ut mentiantur.

5 Sed dicet: Non sum propheta, homo agricola ego sum: quoniam Adam exemplum meum ab adolescentia mea.

1 En aquel dia habrá una fuente [a] abierta para la casa de David, y para los habitantes de Jerusalem; á fin de lavar las manchas del pecador y de la muger inmunda [3].

2 Y en aquel dia, dice el Señor de los ejércitos, yo exterminaré de la tierra hasta los nombres de los ídolos, y no quedará mas memoria de ellos; y extirparé de ella los falsos profetas, y el espíritu inmundo [4].

3 Y si alguno de allí en adelante todavía profetizare, le dirán su padre y su madre, que le engendraron: Tú morirás; porque esparces mentiras en nombre del Señor. Y cuando él profetizare, le traspasarán ó herirán su mismo padre y madre que le engendraron [5].

4 Y quedarán confundidos en aquel dia los profetas, cada cual por su propia vision cuando profetizare [6], y no se cubrirán hipócritamente con el manto de penitencia para mentir;

5 sino que cada uno de ellos dirá: Yo no soy profeta; soy un labrador de la tierra: Adam ha sido mi modelo desde mi juventud.

---

1 La casa de *Nathan* era una rama de la familia de David; pero nunca se habia sentado en el trono. La casa de *Semei* lo era de la familia de Levi, mas nunca habia entrado en el sacerdocio.
2 *Ezech. XLVII. v.* 1.—*Joel III. v.* 18.

3 *Num. XIX.*
4 *Ezech. XXX. v.* 13.
5 *Deut. XIII. v.* 5.
6 Otros como Calmet traducen: *por haber así profetizado.*

6 *Et dicetur ei: Quid sunt plagæ istæ in medio manuum tuarum? Et dicet: His plagatus sum in domo eorum, qui diligebant me.*

7 *Framea suscitare super pastorem meum, et super virum cohærentem mihi, dicit Dominus exercituum: percute pastorem, et dispergentur oves; et convertam manum meam ad parvulos.*

8 *Et erunt in omni terra, dicit Dominus: partes duæ in ea dispergentur, et deficient; et tertia pars relinquetur in ea.*

9 *Et ducam tertiam partem per ignem, et uram eos sicut uritur argentum, et probabo eos sicut probatur aurum. Ipse vocabit nomen meum, et ego exaudiam eum. Dicam: Populus meus es; et ipse dicet: Dominus Deus meus.*

6 Y le dirán: ¿Pues qué llagas ó cicatrices son esas en medio de tus manos[1]? Y responderá: En la casa de aquellos que me amaban me hicieron estas llagas.

7 ¡Oh espada! desenváinate contra mi pastor y contra el varon unido conmigo, dice el Señor de los ejércitos: hiere al pastor, y serán dispersadas las ovejas: y extenderé mi mano sobre los párvulos[2].

8 Y sucederá que en toda la tierra, dice el Señor, dos partes de sus moradores serán dispersadas y perecerán, y la tercera parte quedará en ella.

9 Y á esta tercera parte la haré pasar por el fuego, y la purificaré como se purifica la plata, y la acrisolaré como es acrisolado el oro. Ellos invocarán mi Nombre, y yo los escucharé propicio. Yo diré: Pueblo mio eres tú; y él dirá: Tú eres mi Dios y Señor.

CAPÍTULO XIV.

Despues que Jerusalem habrá sufrido el cautiverio y otras tribulaciones, llegará el dia conocido por el Señor en que saldrán de Jerusalem aguas vivas: volverán los hijos de Israel á vivir con toda seguridad; el Señor castigará á sus enemigos; y las reliquias de éstos irán á adorar á Dios en Jerusalem.

1 *Ecce venient dies Domini, et dividentur spolia tua in medio tui.*

2 *Et congregabo omnes gentes ad Jerusalem in prælium, et capietur civitas, et vastabuntur domus, et mulieres violabuntur; et egredietur media pars civitatis in captivitatem, et reliquum populi non auferetur ex urbe.*

3 *Et egredietur Dominus, et præliabitur contra gentes illas, sicut præliatus est in die certaminis.*

4 *Et stabunt pedes ejus in die illa*

1 He aquí que vienen los dias del Señor, y se hará en medio de tí la reparticion de tus despojos.

2 Y yo reuniré todas las naciones para que vayan á pelear contra Jerusalem, y la ciudad será tomada, y derribadas las casas, y violadas las mugeres[3]; y la mitad de los ciudadanos será llevada al cautiverio, y el resto del pueblo permanecerá en la ciudad[4].

3 Y saldrá *despues* el Señor, y peleará contra aquellas naciones[5], como peleó en el dia de *aquella* batalla[6].

4 Pondrá él en aquel dia sus pies so-

---

1 Se ve que á los falsos profetas se les hacia una señal en el cuerpo para castigo suyo, y desengaño del pueblo. S. Gerónimo. Esto indica el versículo 3.

2 Matth. XXVI. v. 31 y 56. Esta exclamacion y repentina mudanza de asunto, demuestran claramente que se indica una grande profecía. La voz *framea* (poco usada en-

tre los latinos) propiamente significa *dardo;* pero *dardo* y *espada* son aqui símbolo de la muerte que darian á Jesus.

3 II. Mach. V. v. 14.
4 I. Mach. I. v. 55.
5 II. Mach. X. v. 29.
6 Contra Pharaon y todo el Egypto. Exod. XIV.

super montem Olivarum, qui est contra Jerusalem ad Orientem: et scindetur mons olivarum ex media parte sui ad Orientem, et ad Occidentem, prærupto grandi valdè; et separabitur medium montis ad Aquilonem, et medium ejus ad Meridiem.

5 Et fugietis ad vallem montium eorum, quoniam conjungetur vallis montium usque ad proximum: et fugietis sicut fugistis à facie terræmotus in diebus Oziæ regis Juda, et veniet Dominus Deus meus, omnesque sancti cum eo.

6 Et erit in die illa: Non erit lux, sed frigus et gelu.

7 Et erit dies una, quæ nota est Domino, non dies neque nox: et in tempore vesperi erit lux.

8 Et erit in die illa: Exibunt aquæ vivæ de Jerusalem: medium earum ad mare Orientale, et medium earum ad mare novissimum: in æstate et in hyeme erunt.

9 Et erit Dominus Rex super omnem terram: in die illa erit Dominus unus, et erit nomen ejus unum.

10 Et revertetur omnis terra usque ad desertum de colle Remmon ad Austrum Jerusalem: et exaltabitur, et habitabit in loco suo, à porta Benjamin usque ad locum portæ prioris, et usque ad portam angulorum: et à turre Hananeel usque ad torcularia regis.

11 Et habitabunt in ea, et anathema non erit amplius: sed sedebit Jerusalem secura.

12 Et hæc erit plaga, quâ percutiet Dominus omnes gentes, quæ pugnaverunt adversùs Jerusalem: tabescet caro uniuscujusque stantis super pedes suos, et oculi ejus contabescent in fo-

bre el monte de las Olivas, que está en frente de Jerusalem, al Oriente; y se dividirá el monte de las Olivas por medio hácia Levante y hácia Poniente con una enorme abertura; y la mitad del monte se apartará hácia el Norte, y la otra mitad hácia el Mediodia.

5 Y vosotros huiréis al valle de aquellos montes, pues el valle de aquellos montes estará contiguo al monte vecino y huiréis, al modo que huisteis por miedo del terremoto en los tiempos de Ozías Rey de Judá [1]. Y vendrá el Señor mi Dios; y con él todos los santos.

6 Y en aquel dia no habrá luz, sino únicamente frio y hielo.

7 Y vendrá un dia que solo es conocido del Señor, que no será ni dia ni noche; mas al fin de la tarde [2] aparecerá la luz.

8 Y en aquel dia brotarán aguas vivas en Jerusalem [3], la mitad de ellas hácia el mar oriental, y la otra mitad hácia el mar occidental: serán perennes en verano y en invierno.

9 Y el Señor será el Rey de toda la tierra: en aquel tiempo el Señor será el único; ni habrá mas Nombre venerado que el suyo.

10 Y la tierra de Judá volverá á ser habitada hasta el Desierto, desde el collado de Remmon hasta el Mediodia de Jerusalem; y será ensalzada, y será habitada en su sitio, desde la puerta de Benjamin hasta el lugar de la puerta primera, y hasta la puerta de los ángulos; y desde la torre de Hananeel hasta los lagares del Rey [4].

11 Y será habitada, ni será mas entregada al anathema [5]; sino que reposará Jerusalem tranquilamente.

12 La plaga con que el Señor herirá á todas las gentes que han peleado contra Jerusalem, será esta: Consumíránsele á cada uno sus carnes [6], estando en pie, y se le pudrirán los ojos en sus conca-

---

1 De este terremoto del tiempo de Ozías, habla Amós I. v. 1.

2 Ó al fin de este dia.

3 Joann. IV. v. 10, 13 y 14.

4 II. Esd. III. v. 1.

5 Lev. XXVI. vers. 23. — Num. XXI.

vers. 2 y 3.

6 Varias veces ha castigado mi Dios á los perseguidores de su Iglesia. Act. XII. vers. 23. Domiciano, Maximiano y otros tiranos murieron de un castigo semejante. Véase Eus. Cæsar. Vita Constant. lib. I. cap. 57 y 59.

ramúnibus suis, et lingua eorum contabescet in ore suo.

13 In die illa erit tumultus Domini magnus in eis: et apprehendet vir manum proximi sui, et conseretur manus ejus super manum proximi sui.

14 Sed et Judas pugnabit adversùs Jerusalem: et congregabuntur divitiæ omnium gentium in circuitu, aurum, et argentum, et vestes multæ satis.

15 Et sic erit ruina equi, et muli, et cameli, et asini, et omnium jumentorum, quæ fuerint in castris illis, sicut ruina hæc.

16 Et omnes qui reliqui fuerint de universis gentibus, quæ venerunt contra Jerusalem ascendent ab anno in annum, ut adorent Regem Dominum exercituum, et celebrent festivitatem tabernaculorum.

17 Et erit: qui non ascenderit de familiis terræ ad Jerusalem, ut adoret Regem, Dominum exercituum, non erit super eos imber.

18 Quòd et si familia Ægypti non ascenderit, et non venerit: nec super eos erit, sed erit ruina, quâ percutiet Dominus omnes gentes, quæ non ascenderint ad celebrandam festivitatem tabernaculorum.

19 Hoc erit peccatum Ægypti, et hoc peccatum omnium gentium, quæ non ascenderint ad celebrandam festivitatem tabernaculorum.

20 In die illa erit quod super frænum equi est, sanctum Domino: et erunt lebetes in domo Domini quasi phialæ coram altari.

21 Et erit omnis lebes in Jerusalem et in Juda sanctificatus Domino exercituum: et venient omnes immolantes, et sument ex eis, et coquent in eis: et non erit mercator ultrà in domo Domini exercituum in die illo.

vidades, y se le desharáʼ en la boca su lengua.

13 En aquel dia excitará el Señor gran alboroto entre ellos, y cada uno asirá de la mano al otro, y se agarrará de la mano de su hermano.

14 Y Judá misma combatirá contra Jerusalem: y serán recogidas las riquezas de todas las gentes circunvecinas, oro y plata, y ropas en grande abundancia.

15 Y los caballos, y mulos, y camellos, y asnos, y todas cuantas bestias se hallaren en aquel campamento, padecerán la misma ruina.

16 Y todos aquellos que quedaren de cuantas gentes vinieren contra Jerusalem, subirán todos los años á adorar al Rey, Señor de los ejércitos, y á celebrar la fiesta de los Tabernáculos.

17 Y cualquiera que sea de las familias de la tierra de Judá, y no fuere á Jerusalem á adorar al Rey, que es Señor de los ejércitos, no vendrá lluvia para él.

18 Que si alguna familia de Egypto no se moviere y no viniere, tampoco lloverá sobre ella; antes bien el Señor castigará con total ruina á todas las gentes que no fueren á celebrar la fiesta de los Tabernáculos.

19 Este será el gran pecado de Egypto, y este el pecado de todas las gentes, el no ir á celebrar la solemnidad de los Tabernáculos [1].

20 En aquel dia todo lo precioso que adorna el freno del caballo será consagrado al Señor, y las calderas de la Casa del Señor serán tantas como las copas del altar.

21 Y todas las calderas de Jerusalem y de Judá serán consagradas al Señor de los ejércitos; y todos aquellos que ofrecerán sacrificios vendrán, y las tomarán para cocer en ellas las carnes [2]; y no habrá ya mercader ó traficante ninguno en el Templo del Señor de los ejércitos en aquel tiempo [3].

---

1 El Hijo de Dios vino á habitar ó á fijar su mansion ó Tabernáculo entre nosotros, como dice el texto griego (Joann, I. v. 14.): y el grande pecado de los judios es el no haberle querido reconocer por Mesias, y haberle, al contrario, condenado á muerte. San Gerónimo.

2 Viva hipérbole para denotar la concurrencia de las naciones, que irán á adorar á Dios en Jerusalem.

3 No se ofrecerán ya animales, ni otras cosas de las que se vendian en el átrio del Templo. La víctima será Jesu-Christo, cordero inmaculado que quita los pecados del mundo.

ADVERTENCIA

SOBRE LA PROFECÍA DE MALACHÍAS.

Se cree que MALACHÍAS *es el último de los Profetas, y que es posterior á la cautividad de Babylonia. Profetizó cuando ya estaba el Templo restaurado, y los sacerdotes habían comenzado á ejercer otra vez sus funciones; y mientras que Esdras y Nehemías trabajaban en restablecer entre los judíos la perfecta observancia de la Ley de Dios. Lo que era hácia el año 428 ántes de Jesu-Christo, siendo Pontífice Joyadas II, en el reinado de Artajerjes Longímano.*

Breve es esta Profecía, pero fecunda, y llena de misterios; y es especialmente admirable lo que dice del Mesías en los capítulos I. v. 10. III. v. 1. IV. v. 2. y 4. Los antiguos Rabinos, y los mas hábiles entre los modernos, como Maimónides, Aben Ezra, David Kimki etc, reconócen que el Angel de la Alianza, de quien habla MALACHÍAS, *es el Mesías; y que los judíos creían que éste debia venir durante el segundo Templo, según habia ya predicho Aggéo[1]. Los Evangelistas con razon aplicaron á Jesu-Christo la profecía de* MALACHÍAS. *Por el profeta Elías, de cuya venida habla* MALACHÍAS, *como de quien habia de ser precursor del Mesías, parece que debe entenderse el Bautista, segun lo que se dice en los Evangelios[2].*

[1] Cap. II. v. 8.

[2] Luc. I. v. 17 y 78.—Joann. I. v. 21.— Matth. XI. v. 14.—XVII. v. 12.

LA PROFECÍA DE MALACHIAS.

CAPÍTULO PRIMERO.

El Señor reprehde á los hijos de Israel por su ingratitud: se lamenta de que los sacerdotes no le dan el culto que le deben: y anuncia que vendrá dia en que se le ofrecerá en todo lugar una oblacion pura, y será venerado su Nombre.

1. Onus verbi Domini ad Israel in manu Malachiæ.

2. Dilexi vos, dicit Dominus, et dixistis: In quo dilexisti nos? Nonne frater erat Esau Jacob, dicit Domi-

1 Duro anuncio del Señor contra Israel por medio de Malachías.

2 Yo os amé, dice el Señor, y vosotros habeis dicho: ¿En qué nos amaste? Pues qué, dice el Señor, ¿no era

mis, et dixus Jacob,

3 Esau autem odio habui? et posui montes ejus in solitudinem, et hæreditatem ejus in dracones deserti.

4 Quòd si dixerit Idumæa: Destructi sumus, sed revertentes ædificabimus quæ destructa sunt: Hæc dicit Dominus exercituum: Isti ædificabunt, et ego destruam: et vocabuntur termini impietatis, et populus cui iratus est Dominus usque in æternum.

5 Et oculi vestri videbunt: et vos dicetis: Magnificetur Dominus super terminum Israel.

6 Filius honorat patrem, et servus dominum suum: si ergo Pater ego sum, ubi est honor meus? Et si Dominus ego sum, ubi est timor meus? dicit Dominus exercituum ad vos, ò sacerdotes, qui despicitis nomen meum, et dixistis: In quo despeximus nomen tuum?

7 Offertis super altare meum panem pollutum, et dicitis: In quo polluimus te? In eo quod dicitis: Mensa Domini despecta est.

8 Si offeratis cæcum ad immolandum, nonne malum est? et si offeratis claudum, et languidum, nonne malum est? offer illud duci tuo, si placuerit ei, aut si susceperit faciem tuam, dicit Dominus exercituum.

Esaú hermano de Jacob, y yo amé mas á Jacob,

3 y aborrecí ó amé menos á Esaú [1], y reduje á soledad sus montañas, abandonando su heredad á los dragones del desierto?

4 Que si los iduméos dijeren: Destruidos hemos sido, pero volverémos á restaurar nuestras ruinas: he aquí lo que dice el Señor de los ejércitos: Ellos edificarán, y yo destruiré; y serán llamados pais impío, pueblo contra el cual está el Señor indignado para siempre.

5 Vosotros veréis esto con vuestros ojos, y diréis: Glorificado sea el Señor mas allá de los confines de Israel [2].

6 Honra á su padre el hijo, y el siervo honra á su señor: pues si yo soy vuestro Padre, ¿dónde está la honra que me corresponde? Y si yo soy vuestro Señor, ¿dónde está la reverencia que me es debida? dice el Señor de los ejércitos á vosotros, los sacerdotes que despreciais mi Nombre, y decís: ¿En qué hemos despreciado tu Nombre [3]?

7 Vosotros ofreceis sobre mi altar un pan [4] impuro; y despues decís: ¿En qué te hemos ultrajado? En eso que decís: La mesa del Señor está envilecida.

8 Si ofreciéreis una res ciega para ser inmolada, ¿no será esto una cosa mal hecha? Y si ofreciéreis una res coja y enferma, ¿no será esto una cosa mala? Preséntasela á tu caudillo, y verás si le será grata, y si te recibirá benignamente, dice el Señor de los ejércitos.

---

1 Ingrato el pueblo de Israel á tantos beneficios recibidos de Dios, ni aun se acuerda de que fue desde el principio preferido al pueblo de los hijos de Esaú. El Apóstol aplica estas palabras en sentido espiritual al grande misterio de la Predestinacion. Rom. IX. v. 12. Véase Predestinacion.

2 Tal es el sentido espreso de los Setenta, y de la version cháldéa.

3 El Ven. Granada traduce: ¿Si yo soy vuestro Padre, dónde está la honra que me debeis? ¿Y si yo soy vuestro Señor, qué es del temor que me teneis? ect.

4 Pan significa aqui todo lo que se ofrecia sobre el altar. Inmundas son las carnes que me ofreceis como en un convite (dice Dios)

con la flor de la harina, etc.: porque ya no observais mis leyes; ya teneis en poca estima mis sacrificios, y lo que dispuse sobre ellos. Todo este pasage le aplica S. Gerónimo á los prelados de la Iglesia, y á los sacerdotes y ministros, y á todos los fieles: Mancillamos, dice, el pan, esto es, el cuerpo de Christo, cuando nos acercamos indignamente al altar, y estando sucios bebemos aquella sangre limpia; y decimos: La mesa del Señor está envilecida. Es verdad que nadie se atreve á hablar asi, y á expresar con palabras tan impio pensamiento; mas las obras de los pecadores son un desprecio de la mesa del Señor; pues éste es vilipendiado y ultrajado, cuando lo son sus sacramentos.

9 Et nunc deprecamini vultum Dei ut misereatur vestri (de manu enim vestra factum est hoc) si quomodo suscipiat facies vestras, dicit Dominus exercituum.

10 Quis est in vobis, qui claudat ostia, et incendat altare meum gratuito? non est mihi voluntas in vobis, dicit Dominus exercituum: et munus non suscipiam de manu vestra.

11 Ab ortu enim solis usque ad occasum, magnum est nomen meum in gentibus: et in omni loco sacrificatur: et offertur nomini meo oblatio munda: quia magnum est nomen meum in gentibus, dicit Dominus exercituum.

12 Et vos polluistis illud in eo quod dicitis: Mensa Domini contaminata est: et quod superponitur, contemptibile est, cum igne qui illud devorat.

13 Et dixistis: Ecce de labore, et exufflastis illud, dicit Dominus exercituum, et intulistis de rapinis claudum, et languidum, et intulistis munus: numquid suscipiam illud de manu vestra, dicit Dominus?

14 Maledictus dolosus, qui habet in grege suo masculum, et votum faciens immolat debile Domino: quia rex magnus ego, dicit Dominus exercituum, et nomen meum horribile in gentibus.

9 Ahora pues orad en la presencia de Dios, para que se apiade de vosotros (porque tales han sido vuestros procederes): quizá él os acogerá benignamente, dice el Señor de los ejércitos.

10 ¿Quién hay entre vosotros que cierre de balde las puertas, y encienda el fuego sobre mi altar[1]? El afecto mio no es hácia vosotros, dice el Señor de los ejércitos; ni aceptaré de vuestra mano ofrenda ninguna.

11 Porque desde Levante á Poniente es grande mi Nombre entre las naciones, y en todo lugar se sacrifica y se ofrece al Nombre mio una ofrenda pura[2]; pues grande es mi Nombre entre las naciones[3], dice el Señor de los ejércitos.

12 Pero vosotros le habeis profanado, diciendo: La mesa del Señor está contaminada, y es cosa vil lo que se ofrece sobre ella, juntamente con el fuego que lo consume.

13 Y vosotros decís: He aquí el fruto de nuestro trabajo, y le envileceis, dice el Señor de los ejércitos, y ofreceis la res coja y enferma, y me presentais una ofrenda de lo que habeis robado. Pues qué ¿he de aceptarla yo de vuestra mano, dice el Señor?

14 Maldito será el hombre fraudulento, el cual tiene en su rebaño una res sin defecto[4], y habiendo hecho un voto, inmola al Señor una que es defectuosa; porque yo soy un Rey grande, dice el Señor de los ejércitos, y terrible es mi Nombre entre las naciones.

---

1 Todos recibís vuestro estipendio: pues os manteneis con las oblaciones, las victimas, las primicias, etc.

2 Estas palabras de Malachías demuestran bien que en la nueva Ley se ofrece un verdadero y propio sacrificio, sustituido por Dios á los sacrificios de la antigua Ley; y así sacrificio exterior, el cual (como en la antigua Ley) debe siempre ir acompañado del sacrificio interior del corazon. Nótese que la palabra hebréa, que la Vulgata traduce oblatio, significa la ofrenda de paz, la de harina, la de grano, y la de vino. Hebr. VII.

3 Ps. CXII. v. 3.

4 Aquí la voz masculum denota sin mancha, ó una res vigorosa. Levit. XXII. v. 19.

CAPÍTULO II.

Amenazas del Señor contra los malos sacerdotes. No le serán gratos los sacrificios del pueblo, porque ha tomado éste mugeres extrangeras, y porque murmura de la Divina Providencia.

1 *Et nunc ad vos mandatum hoc, ó sacerdotes.*

2 *Si nolueritis audire, et si nolueritis ponere super cor, ut detis gloriam nomini meo, ait Dominus exercituum: mittam in vos egestatem, et maledicam benedictionibus vestris, et maledicam illis: quoniam non posuistis super cor.*

3 *Ecce ego projiciam vobis brachium, et dispergam super vultum vestrum stercus solemnitatum vestrarum, et assumet vos secum.*

4 *Et scietis quia misi ad vos mandatum istud, ut esset pactum meum cum Levi, dicit Dominus exercituum.*

5 *Pactum meum fuit cum eo vitæ et pacis: et dedi ei timorem, et timuit me, et à facie nominis mei pavebat.*

6 *Lex veritatis fuit in ore ejus, et iniquitas non est inventa in labiis ejus, in pace et in æquitate ambulavit mecum, et multos avertit ab iniquitate.*

7 *Labia enim sacerdotis custodient scientiam, et legem requirent ex ore ejus: quia angelus Domini exercituum est.*

8 *Vos autem recessistis de via, et scandalizastis plurimos in lege: irritum fecistis pactum Levi, dicit Dominus exercituum.*

1 Y ahora á vosotros, oh sacerdotes, se dirige esta intimacion:

2 Si no quisiéreis escuchar, ni quisiéreis asentar en vuestro corazon el dar gloria á mi Nombre, dice el Señor de los ejércitos, yo enviaré sobre vosotros la miseria, y maldeciré vuestras bendiciones ó bienes, y echaré sobre ellas la maldicion; puesto que vosotros no habeis hecho caso de mí [1].

3 Mirad que yo os arrojaré á la cara la espaldilla de la víctima [2]; y os tiraré al rostro el estiercol [3] de vuestras solemnidades, y seréis hollados como él.

4 Y conoceréis que yo os hice aquella intimacion, para que permaneciese firme mi alianza con Leví, dice el Señor de los ejércitos.

5 Mi alianza con él fué alianza de vida y de paz; y yo le dí el santo temor mio, y él me temió, y temblaba de respeto al pronunciar el Nombre mio.

6 La ley de la verdad regia su boca [4], y no se halló mentira en sus labios anduvo conmigo en paz y en equidad, y retrajo á muchos del pecado.

7 Porque en los labios del sacerdote ha de estar el depósito de la ciencia, y de su boca se ha de aprender la Ley [5]: puesto que él es el ángel del Señor de los ejércitos [6].

8 Pero vosotros os habeis desviado del camino, y habeis escandalizado á muchísimos, haciéndoles violar la Ley; habeis hecho nula la alianza de Leví, dice el Señor de los ejércitos.

1 I. Reg. XXV. v. 27.—IV. Reg. V. v. 15.—I. Cor. X. v. 6. Segun S. Gerónimo, se habla tambien aqui de aquellos sacerdotes que adulan á los pecadores porque son ricos ó poderosos, y que disimulan sus vicios.
2 Deut. XVIII. v. 3.
3 Ó las victimas impuras de los sacrificios.
4 Es muy digno de leerse lo que sobre esta obligacion de los sacerdotes dice S. Ambrosio Ep. XXVII. lib. 11. ad Theodos. y De

fide III. c. 7.
5 La ciencia del sacerdote (dice S. Ambrosio, De Fide lib. III. c. 7.) es la de la Ley de Dios, ó la inteligencia de las SANTAS ESCRITURAS: estas son el LIBRO SACERDOTAL. Desgraciados tiempos aquellos en que el libro menos estudiado de los sacerdotes fuése este libro sacerdotal. Véase Eccli. XLV. v. 11.
6 II. Cor. V. v. 20.

TOM. IV.

9 *Propter quod et ego dedi vos contemptibiles, et humiles omnibus populis, sicut non servastis vias meas, et accepistis faciem in lege.*

10 *Numquid non pater unus omnium nostrum? numquid non Deus unus creavit nos? quare ergo despicit unusquisque nostrum fratrem suum, violans pactum patrum nostrorum?*

11 *Transgressus est Juda, et abominatio facta est in Israel, et in Jerusalem: quia contaminavit Judas sanctificationem Domini, quam dilexit, et habuit filiam dei alieni.*

12 *Disperdet Dominus virum qui fecerit hoc, magistrum et discipulum de tabernaculis Jacob, et offerentem munus Domino exercituum:*

13 *et hoc rursum fecistis: operiebatis lacrymis altare Domini, fletu, et mugitu, ita ut non respiciam ultrà ad sacrificium, nec accipiam placabile quid de manu vestra.*

14 *Et dixistis: Quam ob causam? quia Dominus testificatus est inter te, et uxorem pubertatis tuæ, quam tu despexisti: et hæc particeps tua, et uxor fœderis tui.*

15 *Nonne unus fecit, et residuum spiritus ejus est? Et quid unus quærit, nisi semen Dei? Custodite ergo spiritum vestrum, et uxorem adolescentiæ tuæ noli despicere.*

9 Por tanto, asi como vosotros no habeis seguido mis caminos, y tratándose de la ley habeis hecho acepcion de personas; tambien yo os he hecho despreciables y viles delante de todos los pueblos.

10 Pues qué, ¿no es uno mismo el padre de todos nosotros? ¿No es un mismo Dios el que nos ha criado? ¿Por qué, pues, desdeña cada uno de nosotros á su hermano, quebrantando la alianza de nuestros padres [1]?

11 Prevaricó Judá, reinó la abominacion en Israel y en Jerusalem: porque Judá contaminó la santidad del Señor ó su nacion santa, amada de él, y contrajo matrimonios con hijas de un dios extraño [2].

12 Por eso el Señor exterminará de los tabernáculos de Jacob al hombre que esto hiciere, al maestro y al discípulo *de esta abominacion*, y á aquel que ofrece dones al Señor de los ejércitos.

13 Y aun habeis hecho mas; habeis cubierto de lágrimas, de lamentos, y de gemidos el altar del Señor; por manera que yo no vuelvo ya mis ojos hácia ningun sacrificio, ni recibiré cosa alguna de vuestras manos, que pueda aplacarme.

14 Vosotros, empero, dijísteis: ¿Y por qué motivo [3]? Porque el Señor (*responde Dios*). fué testigo entre tí y la muger que tomaste en tu primera edad, á la cual despreciaste; siendo ella tu compañera y tu esposa, mediante el pacto hecho [4].

15 Pues qué, ¿no la hizo á ella aquel *Señor* que es uno? ¿Y no es ella una partícula de su espíritu [5]? Y aquel Uno ¿qué es lo que quiere, sino una prole ó *linage* de Dios? Guardad pues, *custodiad* vuestro espíritu [6], y no desprecieis la muger que tomásteis en vuestra juventud.

---

1 *Matth. XXIII. ver.* 9. — *Eph. IV. v.* 6. — *Job. XXXI. v.* 15.

2 Ó con idólatras. *I. Esd. IX. v.* 1. — *II. Esd. XIII. v.* 23.

3 ¿Nos trata el Señor de esta suerte?

4 Habla el Profeta con grande energia contra el abuso de repudiar las esposas tomadas en la flor de su edad; las cuales enviadas á su casa paterna, llenaban de lágrimas el Templo. En los mejores tiempos de la nacion he-

brea eran muy raros los repudios, especialmente entre la gente honrada. Véase *Divorcio. Gen. II. v.* 24. — *Prov. II. v.* 17. — *Matth. XIX. v.* 4.

5 En hebréo el pronombre *ejus* está en dativo; y asi podria traducirse no le ha dado *una particula de su espiritu?*

6 Guardáos de tal perversidad, ó de toda fea aficion á otras mugeres.

16 *Cum odio habueris, dimitte, dicit Dominus Deus Israel: operiet autem iniquitas vestimentum ejus, dicit Dominus exercituum: custodite spiritum vestrum, et nolite despicere.*

17 *Laborare fecistis Dominum in sermonibus vestris, et dixistis: In quo eum fecimus laborare? In eo quod dicitis: Omnia qui facit malum, bonus est in conspectu Domini, et tales ei placent: aut certè ubi est Deus judicii?*

16 Cuando tú la llegues á mirar con odio, déjala, dice el Señor Dios de Israel [1]: mas la iniquidad te cubrirá todo [2], como *te cubre* el vestido, dice el Señor de los ejércitos. Guardad, *oh maridos*, vuestro espíritu, y no querais desechar *vuestra muger.*

17 Enfadosos habeis sido vosotros al Señor con vuestros discursos [3], y con todo decís: ¿En qué le hemos causado enfado? En eso que andais diciendo: Cualquiera que obra mal, ese es bueno á los ojos del Señor, y ese le es acepto: y si no es asi, ¿en dónde se halla el Dios que ejerce la justicia [4]?

CAPÍTULO III.

El profeta anuncia la venida del Precursor de Jesu-Christo; y la venida de este mismo Señor, para juzgar y destruir los impíos, y purificar los fieles. Exhorta al pueblo á la penitencia, á pagar los diezmos y primicias al templo, y á que cese de blasfemar contra la Divina Providencia.

1 *Ecce ego mitto angelum meum, et praeparabit viam ante faciem meam. Et statim veniet ad templum suum Dominator, quem vos quaeritis; et angelus testamenti, quem vos vultis. Ecce venit, dicit Dominus exercituum:*

2 *et quis poterit cogitare diem adventus ejus, et quis stabit ad videndum eum? Ipse enim quasi ignis conflans, et quasi herba fullonum:*

3 *et sedebit conflans, et emundans argentum, et purgabit filios Levi, et colabit eos quasi aurum, et quasi argentum, et erunt Domino offerentes sacrificia in justitia.*

1 He aquí que yo [5] envio mi Ángel, el cual preparará el camino delante de mí. Y luego vendrá [6] á su Templo el Dominador á quien buscais vosotros, y el Ángel del Testamento [7] de vosotros tan deseado. Vedle ahí que viene, dice el Señor de los ejércitos [8].

2 ¿Y quién podrá pensar en *lo que sucederá* el dia de su venida? ¿Y quién podrá pararse á mirarle? Porque él será como un fuego que derrite, y como la yerba *jabonera* de los bataneros [9].

3 Y sentarse ha como para derretir y limpiar la plata; y *de este modo* purificará á los hijos de Leví, y los acrisolará como al oro y la plata [10], y *asi* ellos ofrecerán al Señor con *justicia ó santidad* los sacrificios.

---

1 No te propases contra ella: menos malo es que la repudies. *Matth. XIX. v.* 8.

2 *Te cubrirá.* El *ejus* de la Vulgata en el texto hebréo es terminacion masculina.

3 Provocando su enojo.

4 *Ps. LXXII.* El Profeta responde á eso en el siguiente capítulo.

5 Habla aquí el Verbo Eterno, Dios verdadero, el cual ha de venir á renovar el mundo.

6 Hay aquí mutacion de persona. El sentido es: *Y luego vendré á mi Templo yo* etc. Y dice *á mi Templo;* pues es *Dios verdadero,*

como el Padre.

7 *Is. LXIII. v.* 9. — *Hebr. VIII. v.* 6. — *IX. v.* 15. — *XII. v.* 24.

8 *Matth. XI. v.* 10. — *Marc. I. v.* 2. — *Luc. I. v.* 17. — *VII. v.* 27.

9 *Jer. II. v.* 22.

10 Habla de los sacerdotes de la nueva Ley, los cuales han de ofrecer á Dios, no toros ni carneros, etc., sino aquella victima Divina, que es la carne, y sangre del mismo Jesu-Christo.

4 *Et placebit Domino sacrificium Juda et Jerusalem, sicut dies sæculi, et sicut anni antiqui.*

5 *Et accedam ad vos in judicio, et ero testis velox maleficis, et adulteris, et perjuris, et qui calumniantur mercedem mercenarii, viduas, et pupillos, et opprimunt peregrinum, nec timuerunt me, dicit Dominus exercituum.*

6 *Ego enim Dominus, et non mutor: et vos filii Jacob non estis consumpti.*

7 *A diebus enim patrum vestrorum recessistis à legitimis meis, et non custodistis. Revertimini ad me, et revertar ad vos, dicit Dominus exercituum. Et dixistis: In quo revertemur?*

8 *Si affiget homo Deum, quia vos configitis me? Et dixistis: In quo configimus te? In decimis, et in primitiis.*

9 *Et in penuria vos maledicti estis, et me vos configitis gens tota.*

10 *Inferte omnem decimam in horreum, et sit cibus in domo mea, et probate me super hoc, dicit Dominus: si non aperuero vobis cataractas cœli, et effudero vobis benedictionem usque ad abundantiam,*

11 *et increpabo pro vobis devorantem, et non corrumpet fructum terræ vestræ: nec erit sterilis vinea in agro, dicit Dominus exercituum.*

12 *Et beatos vos dicent omnes gentes: eritis enim vos terra desiderabilis, dicit Dominus exercituum.*

13 *Invaluerunt super me verba vestra, dicit Dominus.*

14 *Et dixistis: Quid locuti sumus contra te? Dixistis: Vanus est, qui*

4 Y entonces será grato al Señor el sacrificio de Judá y de Jerusalem, como en los siglos primeros y tiempos antiguos.

5 Y me acercaré á vosotros para juzgaros: y yo seré pronto testigo contra los hechiceros, y adúlteros, y perjuros, y contra los que defraudan al jornalero su salario, y oprimen las viudas y pupilos, y los extrangeros, sin temor alguno de mí, dice el Señor de las ejércitos.

6 Porque yo soy el Señor, y soy inmutable: y por eso vosotros, oh hijos de Jacob, no habeis sido consumidos;

7 aunque desde los tiempos de vuestros padres os apartásteis de mis leyes, y no las observásteis. Volvéos ya á mí, y yo me volveré á vosotros, dice el Señor de los ejércitos [1]. Pero vosotros decís: ¿Qué es lo que harémos para convertirnos á tí?

8 ¿Debe un hombre ultrajar á su Dios? Mas vosotros me habeis ultrajado. Y decís: ¿Cómo te hemos ultrajado? En lo tocante á los diezmos y primicias.

9 Y por eso teneis la maldicion de la carestía; y vosotros, la nacion toda, me ultrajais.

10 Traed todo el diezmo al granero, para que tengan que comer los de mí casa ó Templo: y despues de esto veréis, dice el Señor, si yo no os abriré las cataratas del cielo, y si no derramaré sobre vosotros bendiciones con abundancia.

11 Por vosotros abuyentaré al gusano roedor, y no consumirá los frutos de vuestra tierra: ni habrá en las campiñas viña que sea estéril, dice el Señor de los ejércitos.

12 Y todas las naciones os llamarán bienaventurados: pues será el vuestro un pais envidiable, dice el Señor de los ejércitos.

13 Tomaron cuerpo vuestros blasfemos discursos contra mí, dice el Señor.

14 Y vosotros decís: ¿Qué es lo que hemos hablado contra ti? Habeis di-

---

1 *Zach. I. v. 3.*

servit Deo: et quod emolumentum quia custodivimus præcepta ejus, et quia ambulavimus tristes coram Domino exercituum?

15 Ergo nunc beatos dicimus arrogantes: siquidem ædificati sunt facientes impietatem; et tentaverunt Deum, et salvi facti sunt.

16 Tunc locuti sunt timentes Dominum, unusquisque cum proximo suo: et attendit Dominus, et audivit: et scriptus est liber monumenti coram eo timentibus Dominum, et cogitantibus nomen ejus.

17 Et erunt mihi, ait Dominus exercituum, in die qua ego facio, in peculium: et parcam eis, sicut parcit vir filio suo servienti sibi.

18 Et convertemini, et videbitis quid sit inter justum et impium; et inter servientem Deo, et non servientem ei.

cho: En vano se sirve á Dios [1]: ¿y qué provecho hemos sacado nosotros de haber guardado sus mandamientos, y haban seguido tristes ó penitentes la senda del Señor de los ejércitos?

15 Por eso ahora llamamos bienaventurados á los soberbios: pues que viviendo impiamente hacen fortuna; y provocan á Dios, y con todo quedan salvos.

16 Entonces aquellos que temen á Dios estuvieron hablando unos con otros [2]. Y Dios estavo atento, y escuchó: y fué escrito ante él un libro de memoria [3] á favor de los que temen al Señor, y tienen en el corazon su santo Nombre.

17 Y ellos, dice el Señor de los ejércitos, en aquel dia en que yo pondré en ejecucion mis designios, serán el pueblo mio; y yo los atenderé benigno, como atiende el hombre á un hijo suyo que le sirve.

18 Y vosotros mudaréis entonces de parecer, y conoceréis la diferencia que hay entre el justo y el impío, y entre el que sirve á Dios y el que no le sirve [4].

CAPÍTULO IV.

Dia del Señor: en el saldrá el Sol de justicia para los buenos, y serán castigados los malos. Venida de Elías, y conversion de los judíos.

1 Ecce enim dies veniet succensa quasi caminus: et erunt omnes superbi, et omnes facientes impietatem, stipula: et inflammabit eos dies veniens, dicit Dominus exercituum, quæ non derelinquet eis radicem et germen.

2 Et orietur vobis timentibus nomen meum Sol justitiæ, et sanitas in pennis ejus: et egrediemini, et salietis sicut vituli de armento.

1 Porque he aquí que llegará aquel dia semejante á un horno encendido, y todos los soberbios, y todos los impíos serán como estopa; y aquel dia que debe venir los abrasará, dice el Señor de los ejércitos, sin dejar de ellos raiz ni renuevo alguno.

2 Mas para vosotros los que temeis mi santo Nombre nacerá el Sol de justicia [5], debajo de cuyas alas ó rayos está la salvacion [6]; y vosotros saldréis fuera, saltando alegres como novillos de la manada:

---

1 Job XXI. v. 15.—Tob. II. v. 22.
2 Horrorizados de oir á los impíos tales blasfemias, se animan unos á otros á perseverar en la Ley de Dios.
3 Véase Dios.
4 La distancia entre el justo y el pecador se verá bien claramente en el último juicio. I.

Cor. III. v. 13.
5 Jesu-Christo, Sol de justicia, que será el consuelo y la alegría de los justos, ántes tan atribulados. Luc. I. v. 78.
6 Aquellos rayos vivificarán y harán resucitar resplandecientes y gloriosos los cuerpos de todos los justos.

3 Et calcabitis impíos, cùm fuerint cinis sub planta pedum vestrorum, in die qua ego facio, dicit Dominus exercituum.

4 Mementote legis Moysi servi mei, quam mandavi ei in Horeb ad omnem Israel, præcepta et judicia.

5 Ecce ego mittam vobis Eliam prophetam, antequam veniat dies Domini magnus, et horribilis.

6 Et convertet cor patrum ad filios, et cor filiorum ad patres eorum: ne fortè veniam, et percutiam terram anathemate.

3 Y hollaréis á los impíos, hechos ya ceniza, debajo las plantas de vuestros pies, en el dia en que yo obraré, dice el Señor de los ejércitos.

4 Acordáos de la Ley de Moysés mi siervo, que le intimé en Horeb para todo Israel, la cual contiene mis preceptos y mandamientos.

5 He aquí que yo os enviaré el profeta Elías [1], antes que venga el dia grande, y tremendo del Señor.

6 Y él reunirá el corazon de los padres con el de los hijos, y el de los hijos con el de sus padres; á fin de que yo en viniendo [2] no hiera la tierra con anathema.

---

1 En los Setenta se lee Elías Thesbita.

2 Viniendo á juzgar al mundo, no tenga que condenar á todos los hombres. Segun la tradicion de los Padres, Elías no solamente convertirá á los judíos (Rom. XI.); sino que tambien hará reflorecer en la Iglesia su antigua piedad y nativo esplendor.

FIN DE LA PROFECIA DE MALACHIAS.

ADVERTENCIA

SOBRE LOS LIBROS DE LOS MACHABEOS.

Dos son los libros de los Machabeos que veneramos como sagrados. Contienen uno y otro la historia de Judas, por sobrenombre Machábéo, y de sus hermanos, y las guerras que sostuvieron contra los Reyes de Syria en defensa de la religion y de la libertad de la patria. Segun la opinion mas probable el nombre Machábéo se formó de estas cuatro letras hebréas מ כ ב ‎ mem, caph, beth, y iod (M. C. B. I.) que Judas tomó como divisa de su escudo, é hizo poner en sus estandartes, por ser las iniciales de aquella sentencia מי כמכה באלם יהוה Mi camocá bahelim Jehovah, que se lee en el cap. XV. o. 11. del Exodo. ¿Quién es igual á tí entre los dioses, oh Jehovah? De aquí provino el darse este sobrenombre á Judas, á sus hermanos, y á todos sus soldados, que salian en defensa de la religion y de la patria. Judas y sus hermanos fueron tambien llamados Asamonéos, del nombre del padre ó abuelo de Mathathías, padre de ellos; nombre hebréo que significa opulento, ó grande, y fue el distintivo de esta familia, en la cual se conservó la primera autoridad por espacio de ciento y veinte y ocho años, hasta el reinado de Herodes el Grande. Eran los Machabeos de la tribu de Leví, aunque por línea materna descendian de la de Judá, como notó San Agustin.

El primer libro de los Machabeos fue escrito en hebréo, ó por mejor decir en syro-chaldaico, que era entonces la lengua vulgar de los judíos: pero aunque San Gerónimo dice que vió este texto original; ahora ya no queda mas que la version griega, de la cual se sirvieron Orígenes, Tertuliano y otros Padres. La version latina es mas antigua que San Gerónimo, el cual nada mudó en ella. Este libro primero contiene la historia de cuarenta años desde el principio del reinado de Antiochó Epiphanes hasta la muerte del Sumo sacerdote Simon, esto es, desde el año 137 hasta el de 177 del reino de los griegos. Pero es de advertir que todos los sucesos que se refieren en este libro primero, desde que Seleuco recobró á Babylonia y se hizo dueño de la Asia, hasta las atrocidades y sacrilegios cometidos contra el Templo por el impío Antiochó, y la huída de Mathathías con sus hijos al Desierto, son anteriores á los cuarenta años de la guerra que sostuvieron los Machábéos contra los Reyes de la Syria. Así que su cómputo se hace desde el año 146 del reinado de los griegos, ó de los Seleucidas, que es lo mismo; en cuyo tiempo murió Mathathías, y señaló por general ó caudillo á su hijo Judas. El último año de los cuarenta es el 186 de los griegos, en cuyo tiempo mandaba Juan, despues de la alevosa muerte que sufrieron su padre Simon y sus hermanos. Ora sea su autor Juan Hircano, hijo de Simon, que por espacio de treinta años fue Soberano Pontífice ó Sacrificador, ora le escribiese otro bajo la direccion del dicho, se ve que pudo ser testigo de todo lo que refiere; y al fin del libro cita, en apoyo de lo que cuenta, las memorias del pontificado de Juan Hircano.

El libro II de los Machabeos es un compendio de la historia de las persecuciones de Epiphanes y de Eupator, su hijo, contra los judíos: historia compudo en griego por un tal Jasón de Cyrene; en otros libros, que ya están perdidos. Este compendio de ellos, según se halla hoy, contiene la historia de unos quince años, desde el suceso de Heliodoro hasta la victoria de Judas contra Nicanor. Aunque el autor de este segundo libro cuente los mismos sucesos que el autor del primero, no aparece que se hayan visto ni copiado uno al otro. Este segundo libro se escribió en griego. En él leemos muchas cosas que no están en el primero; las cuales sirven de grande edificacion y recreo espiritual del alma. Y así no es el libro segundo un rigoroso compendio del primero. Es mas bien una relacion suelta de muchos y varios sucesos ocurridos desde que los judíos fueron llevados cautivos á Persia, hasta la exhortacion que hicieron los de Jerusalem á los de Egypto para que celebrasen la purificacion del Templo. En el cap. V, v. 27, se habla de la huida de Judas al Desierto; pero nada se dice de Mathathías ni de la ciudad de Modin, de que se habla en el libro I.

Como los autores de estos dos libros de los MACHABEOS son diferentes, y el uno de ellos escribió en syriaco, y el otro en griego; y como por otra parte los judíos comenzaban el año desde la luna de marzo, y otros, como los antiochenos, desde la de setiembre, de aquí tal vez provendrá que en la chrónologia se nota la diferencia de casi un año. Otras dificultades que alegan los protestantes para no admitir estos dos libros en el número de los Sagrados, pueden verse disueltas en Calmet y otros Expositores. Es verdad que varios Escritores antiguos, que formaron el catálogo de los Libros Sagrados que se veneraban como tales en su tiempo, no incluyeron en él, ni el concilio de Laodicéa en el suyo, estos libros de los MACHABEOS. Pero son muchos mas los que en dicho tiempo los respetaban ya como canónicos ó inspirados por Dios. Y es muy verosimil que San Pablo en la Epístola á los Hebréos hace alusion al martirio del anciano Eleázaro, y de los siete hermanos, que se refiere en los capítulos VI y VII del libro II de los MACHABEOS. El cánon 84 ú 85 de los Apostólicos, Tertuliano, San Cypriano, Lucífero de Caller, San Hilario de Poitiers, San Ambrosio, San Agustin, San Isidoro de Sevilla y muchos otros han citado siempre varios textos de estos libros como de la Sagrada Escritura. Aun Orígenes, que los excluyó del Cánon, los cita varias veces como escritura inspirada por Dios. Clemente Alejandrino, mas antiguo que todos los dichos Padres, cita el segundo libro de los MACHABEOS como sagrado (Strom. lib. V. cap. 14). Ya el tercer concilio de Cartago, y finalmente el de Trento, colocaron estos dos libros entre los Sagrados.

Llámanse libro III y IV de los MACHABEOS otros dos que son tenidos por apócrifos, y que nunca han sido puestos en el número de los Libros Sagrados, ni hablan siquiera de Judas Machábéo, ni de sus hermanos. El llamado tercero es una historia de la persecucion de Philopator, rey de Egypto, contra los judíos de su reino; y el cuarto es una amplificacion, escrita por el historiador Josepho, de la historia del santo anciano Eleázaro y de los siete hermanos, que se halla en el lib. II. cap. VII.

TABLA que servirá para conocer la serie chronológica de los hechos que se refieren en los dos libros de los MACHABEOS I y II.

LIBRO PRIMERO.   LIBRO SEGUNDO.

El cap. I. del lib. I. contiene ó corresponde á lo que se lee en los cap. III. IV. V. VI. y VII. del lib. II.

Cap. III. v. 1. al 9..... *lo que el* cap. VIII. v. 1. al 7.
Cap. IV. v. 1. al 17.... *lo que el* cap. VIII. v. 8. al 30.
Cap. VI. v. 1. al 16.... *lo que el* cap. IX v. 1. al 29.
Cap. IV. v. 28. al 61... *lo que el* cap. X. v. 1. al 9.
Cap. VI. v. 17........... *lo que el* cap. X. v. 10. al 38.
Cap. VI. v. 17........... *lo que el* cap. XI. v. 1. al 38.
Cap. VI. v. 17........... *lo que el* cap. XII. v. 1. al 46.
Cap. VI. v. 18. al fin... *lo que el* cap. XIII. v. 1. al 26.
Cap. VII. v. 1. al 16... *lo que el* cap. XIV. v. 1. al 12.
Cap. VII. v. 17. al 38. *lo que el* cap. XIV. desde el v. 13.
Cap. VII. v. 39........... *lo que el* cap. XV. v. 1. al 37.

LIBRO I. DE LOS MACHABEOS.

CAPÍTULO PRIMERO.

Victorias de Alejandro el Grande: su muerte y particion de sus estados. Le succede en la Grecia Antiochó Epiphanes, el cual invade á Jerusalem, y comete alli un sin número de acciones impias é injustas.

1 Et factum est postquam percussit Alexander Philippi Macedo, qui primus regnavit in Græcia, egressus de terra Cethim; Darium regem Persarum et Medorum:

2 constituit prælia multa, et obtinuit omnium munitiones, et interfecit reges terræ,

3 et pertransiit usque ad fines terræ: et accepit spolia multitudinis gentium: et siluit terra in conspectu ejus.

4 Et congregavit virtutem, et exercitum fortem nimis: et exaltatum est, et elevatum cor ejus:

5 et obtinuit regiones gentium, et tyrannos: et facti sunt illi in tributum.

6 Et post hæc decidit in lectum, et cognovit quia moreretur.

7 Et vocavit pueros suos nobiles, qui secum erant nutriti à juventute: et divisit illis regnum suum, cùm adhuc viveret.

8 Et regnavit Alexander annis duodecim, et mortuus est.

9 Et obtinuerunt pueri ejus regnum, unusquisque in loco suo:

10 et imposuerunt omnes sibi diade-

1 Sucedió que despues que Alejandro, hijo de Philippo *Rey de Macedonia*, y el primero que reinó en Grecia [1], salió del pais de Cethim ó *Macedonia*, y hubo vencido á Darío Rey de los persas y de los medos;

2 ganó muchas batallas, y se apoderó en todas partes de las ciudades fuertes, y mató á los Reyes de la tierra [2],

3 y penetró hasta los últimos términos del mundo [3], y se enriqueció con los despojos de muchas naciones: y enmudeció la tierra delante de él [4].

4 Y juntó un ejército poderoso y de extraordinario valor: y se engrió é hinchó de soberbia su corazon:

5 y se apoderó de las provincias, de las naciones y de sus Reyes: los cuales se le hicieron tributarios.

6 Despues de *todo* esto cayó enfermo, y conoció que iba á morirse.

7 Y llamó á los nobles ó *principales* de su corte que se habian criado con él desde la tierna edad; y antes de morir dividió entre ellos su reino.

8 Reinó Alejandro doce años, y murió.

9 En seguida aquellos se hicieron Reyes, cada uno en sus respectivas provincias:

10 y asi que él murió se coronaron

---

1 Aunque su padre Philippo, despues de la batalla de *Chéronén*, tuvo como sojuzgada la Grecia; solamente de Alejandro puede decirse con rigor que reinó en ella, destruidos los persas que dominaban una parte. Segun el texto griego puede traducirse: *el cual al* *principio reinó en Grecia.*

2 Que le resistieron.

3 Hasta el Ganges, y el mar de la India; en donde creian los antiguos que acababa la tierra.

4 Y quedó como atónita.

male post mortem ejus, et filii eorum post eos annis multis, et multiplicata sunt mala in terra.

11 Et exiit ex eis radix peccatrix, *Antiochus illustris, filius Antiochi regis, qui fuerat Romæ obses: et regnavit in anno centesimo trigesimo septimo regni Græcorum.*

12 *In diebus illis exierunt ex Israel filii iniqui, et suaserunt multis, dicentes: Eamus, et disponamus testamentum cum gentibus quæ circa nos sunt; quia ex quo recessimus ab eis, invenerunt nos multa mala.*

13 *Et bonus visus est sermo in oculis eorum.*

14 *Et destinaverunt aliqui de populo, et abierunt ad regem: et dedit illis potestatem ut facerent justitiam gentium.*

15 *Et ædificaverunt gymnasium in Jerosolymis secundum leges nationum:*

16 *et fecerunt sibi præputia, et recesserunt à testamento sancto, et juncti sunt nationibus, et venundati sunt ut facerent malum.*

17 *Et paratum est regnum in conspectu Antiochi, et cæpit regnare in terra Ægypti, ut regnaret super duo regna.*

18 *Et intravit in Ægyptum in multitudine gravi, in curribus, et elephantis, et equitibus, et copiosâ navium multitudine:*

19 *et constituit bellum adversùs Ptolemæum regem Ægypti, et veritus est Ptolemæus à facie ejus, et fugit, et ceciderunt vulnerati multi.*

todas, y despues de ellos sus hijos por espacio de muchos años; y se multiplicaron los males sobre la tierra.

11 Y de entre ellos[1] salió aquella raíz perversa, Antiocho Epiphánes[2], hijo del rey Antiocho, que despues de haber estado en rehenes en Roma, empezó á reinar el año ciento y treinta y siete del imperio de los griegos.

12 En aquel tiempo se dejaron ver unos inicuos israelitas, que persuadieron á otros muchos diciéndoles: Vamos, y hagamos alianza con las naciones circunvecinas: porque despues que nos separamos de ellas, no hemos experimentado sino desastres.

13 Parecióles bien este consejo.

14 Y algunos del pueblo se decidieron, y fueron á estar con el Rey, el cual les dió facultad de vivir segun las costumbres de los gentiles.

15 En seguida construyeron en Jerusalem un gymnasio, segun el estilo de las naciones[3]:

16 y abolieron el uso ó señal de la Circuncision, y abandonaron el Testamento ó *Alianza santa,* y se coligaron con las naciones, y se vendieron como esclavos á la maldad[4].

17 Y establecido Antiocho en su reino *de Syria,* concibió el designio de hacerse tambien Rey de Egipto, á fin de dominar en ambos reinos.

18 Así pues entró en Egipto con un poderoso ejército, con carros de guerra, y elefantes, y caballería, y un gran número de naves.

19 Y haciendo la guerra á Ptolomeo, rey de Egipto, temió éste su encuentro, y echó á huir, y fueron muchos los muertos y heridos.

---

1 Esto es, de entre los Seleucidas ó descendientes de Seleuco, uno de los capitanes de Alejandro, que reinó en la Syria, y doce años despues de la muerte de Alejandro, era Rey del Asia menor. De aquí tuvo origen el reino de los griegos, que por eso es llamado *Era de los Seleucidas.*

2 En la Vulgata se traduce al latin el nombre griego ἐπιφανὴς *Epiphanes* que quiere decir *Ilustre.* Véase Dan. XI. v. 21.

3 *Gymnasio* se llamaba el lugar destinado para los ejercicios ó juegos con que los griegos celebraban sus fiestas á los dioses. Estos ejercicios eran las corridas ó carreras, las luchas, el disco, el tirar al blanco, etc. El motivo de su primera institucion fue el robustecer los cuerpos de los jóvenes, y adiestrarlos en los ejercicios de la guerra; pero despues degeneraron en una especie de furor, y fueron origen de la corrupcion de las costumbres.

4 Frase usada en várias lugares de la Escritura para denotar que la libertad está en servir á Dios. Rom. VII. v. 14.

20 Et comprehendit civitates munitas in terra Ægypti et accepit spolia terra Ægypti.

21 Et convertit Antiochus, postquam percussit Ægyptum in centesimo et quadragesimo tertio anno: et ascendit ad Israel:

22 et ascendit Jerosolymam in multitudine gravi.

23 Et intravit in sanctificationem cum superbia, et accepit altare aureum, et candelabrum luminis, et universa vasa ejus, et mensam propositionis, et libatoria, et phialas, et mortariola aurea, et velum, et coronas, et ornamentum aureum quod in facie templi erat: et comminuit omnia.

24 Et accepit argentum, et aurum, et vasa concupiscibilia: et accepit thesauros occultos, quos invenit: et sublatis omnibus abiit in terram suam.

25 Et fecit cædem hominum, et locutus est in superbia magna.

26 Et factus est planctus magnus in Israel, et in omni loco eorum.

27 Et ingemuerunt principes, et seniores: virgines, et juvenes infirmati sunt: et speciositas mulierum immutata est.

28 Omnis maritus sumpsit lamentum: et quæ sedebant in thoro maritali lugebant.

29 Et commota est terra super habitantes in ea; et universa domus Jacob induit confusionem.

30 Et post duos annos dierum, misit rex principem tributorum in civitates Juda, et venit Jerusalem cum turba magna.

31 Et locutus est ad eos verba pacifica in dolo: et crediderunt ei.

32 Et irruit super civitatem repente, et percussit eam plaga magna, et per-

---

20 Entonces se apoderó Antiochô de las ciudades fuertes de Egypto, y saqueó todo el pais.

21 Y despues de haber asolado el Egypto, volvió Antiochô el año ciento cuarenta y tres, y se dirigió contra Israel.

22 Y habiendo llegado á Jerusalem con un poderoso ejército,

23 entró lleno de soberbia en el Santuario, y tomó el altar de oro, y el candelero con todas sus lámparas, y todos sus vasos, y la mesa de los panes de proposicion, y las palancanas [1], y las copas, y los incensarios de oro, y el velo, y las coronas, y los adornos de oro que habia en la fachada del Templo, y todo lo hizo pedazos.

24 Tomó asimismo la plata y el oro, y los vasos preciosos, y los tesoros que encontró escondidos: y despues de haberlo saqueado todo, se volvió á su tierra;

25 habiendo hecho grande mortandad en las personas, y mostrado en sus palabras mucha soberbia.

26 Fué grande el llanto que hubo en Israel y en todo el pais.

27 Gemian los príncipes y los ancianos: quedaban sin aliento las doncellas y los jóvenes: y desapareció la hermosura en las mugeres.

28 Entregáronse al llanto todos los esposos, y sentadas sobre el tálamo nupcial se deshacian en lágrimas las esposas [2].

29 Y estremecióse la tierra, como compadecida de sus habitantes; y toda la casa de Jacob quedó cubierta de oprobio.

30 Cumplidos que fueron dos años, envió el Rey por las ciudades de Judá al superintendente de Tributos, el cual llegó á Jerusalem con grande acompañamiento [*].

31 Y habló á la gente con una fingida dulzura, y le creyeron.

32 Pero de repente se arrojó sobre los ciudadanos, é hizo en ellos una gran

---

11 Ó vasos de las libaciones.

2 Y un numeroso ejército. Véase II. Mach.

V. 30. Este superintendente se llamaba Apolonio.

didit populum multum ex Israel.

33 *Et accepit spolia civitatis: et suc-cendit eam igni, et destruxit domos ejus, et muros ejus in circuitu:*

34 *et captivas duxerunt mulieres, et natos, et pecora possederunt.*

35 *Et ædificaverunt civitatem David muro magno et firmo, et turribus fir-mis, et facta est illis in arcem:*

36 *et posuerunt illic gentem peccatri-cem, viros iniquos, et convaluerunt in ea, et posuerunt arma, et escas, et congregaverunt spolia Jerusalem,*

37 *et reposuerunt illic: et facti sunt in laqueum magnum.*

38 *Et factum est hoc ad insidias sanctificationi, et in diabolum malum in Israel:*

39 *et effuderunt sanguinem innocen-tem per circuitum sanctificationis, et contaminaverunt sanctificationem.*

40 *Et fugerunt habitatores Jerusa-lem propter eos, et facta est habitatio exterorum, et facta est extera semini suo, et nati ejus reliquerunt eam.*

41 *Sanctificatio ejus desolata est si-cut solitudo, dies festi ejus conversi sunt in luctum, sabbata ejus in oppro-brium, honores ejus in nihilum.*

42 *Secundùm gloriam ejus multipli-cata est ignominia ejus, et sublimitas ejus conversa est in luctum.*

43 *Et scripsit rex Antiochus omni regno suo, ut esset omnis populus, unus: et relinqueret unusquisque le-gem suam.*

44 *Et consenserunt omnes gentes se-cundùm verbum regis Antiochi:*

45 *Et multi ex Israel consenserunt servituti ejus, et sacrificaverunt idolis, et coinquinaverunt sabbatum.*

carnicería, quitando la vida á muchí-sima gente del pueblo de Israel.

33 Y saqueó la ciudad, y entrególa á las llamas, y derribó sus casas y los muros que la cercaban.

34 Y lleváronse *los enemigos* cautivas las mugeres, y apoderáronse de sus hi-jos y de sus ganados.

35 Y fortificaron la *parte de Jerusa-lem llamada* ciudad de David, con una grande y firme muralla, y con fuertes torres, é hicieron de ella una fortaleza;

36 y guarneciéronla de gente malva-da de hombres perversos, los cuales se hicieron allí fuertes, y metieron en ella armas y vituallas, y tambien los despo-jos de Jerusalem,

37 teniéndolos allí como en custodia: y de esta suerte vinieron ellos á ser como un funesto lazo,

38 estando como en emboscada con-tra *los que iban* al lugar Santo, y sien-do como unos enemigos mortales de Israel;

39 pues derramaron la sangre inocen-te al rededor del Santuario, y profana-ron el lugar Santo.

40 Por causa de ellos huyeron los ha-bitantes de Jerusalem; viniendo ésta á quedar morada de extrangeros, y como extraña para sus naturales; los cuales la abandonaron.

41 Su Santuario quedó desolado como un yermo[1], convertidos en dias de llan-to sus dias festivos, en oprobio sus sá-bados, y reducidos á nada sus honores.

42 En fin la grandeza de su ignominia igualó á la de su *pasada* gloria, y su al-ta elevacion se convirtió ó deshizo en llantos.

43 En esto el rey Antiochô expidió cartas *órdenes* por todo su reino, para que todos sus pueblos formasen uno solo, renunciando cada uno á su ley particular[2].

44 Conformáronse todas las gentes con este decreto del rey Antiochô,

45 y muchos del pueblo de Israel se sometieron á esta servidumbre, y sacri-ficaron á los ídolos, y violaron el sá-bado.

---

46 *Et misit rex libros per manus nuntiorum in Jerusalem, et in omnes civitates Juda; ut sequerentur leges gentium terræ,*

47 *et prohiberent holocausta et sacrificia, et placationes fieri in templo Dei,*

48 *et prohiberent celebrari sabbatum, et dies solemnes:*

49 *et jussit coinquinari sancta, et sanctum populum Israel.*

50 *Et jussit ædificari aras, et templa, et idola, et immolari carnes suillas, et pecora communia,*

51 *et relinquere filios suos incircumcisos, et coinquinari animas eorum in omnibus immundis, et abominationibus, ita ut obliviscerentur Legem, et immutarent omnes justificationes Dei.*

52 *Et quicumque non fecissent secundùm verbum regis Antiochi, morerentur.*

53 *Secundùm omnia verba hæc scripsit omni regno suo: et præposuit principes populo, qui hæc fieri cogerent.*

54 *Et jusserunt civitatibus Juda sacrificare.*

55 *Et congregati sunt multi de populo ad eos qui dereliquerant legem Domini: et fecerunt mala super terram:*

56 *et effugaverunt populum Israel in abditis, et in absconditis fugitivorum locis.*

57 *Die quintadecima mensis Casleu, quinto et quadragesimo et centesimo anno, ædificavit rex Antiochus abominandum idolum desolationis super altare Dei, et per universas civitates Juda in circuitu ædificaverunt aras:*

58 *et ante januas domorum, et in plateis incendebant thura, et sacrificabant:*

59 *et libros legis Dei combusserunt igni, scindentes eos:*

46 Con efecto el Rey envió sus comisionados á Jerusalem, y por todas las ciudades de Judá, con cartas ó *edictos*; para que *todos* abrazasen las leyes de las naciones gentiles,

47 y se prohibiese ofrecer en el Templo de Dios holocaustos, sacrificios, y oblaciones por los pecados,

48 y se impidiese la celebracion del sábado y de las solemnidades.

49 Mandó ademas que se profanasen los santos lugares, y el pueblo santo de Israel:

50 dispuso que se erigiesen altares y templos é ídolos, y que se sacrificasen carnes de cerdo y *otros* animales inmundos:

51 que dejasen sin circuncidar á sus hijos, y que manchasen sus almas con toda suerte de viandas impuras y de abominaciones, á fin de que olvidasen la Ley de Dios, y traspasasen todos sus mandamientos;

52 y *ordenó* que todos los que no obedeciesen las órdenes del rey Antiochô perdiesen la vida.

53 Á este tenor escribió *Antiochô* á todo su reino: y nombró comisionados que obligasen al pueblo á hacer todo esto:

54 los cuales mandaron á las ciudades de Judá que sacrificasen *á los ídolos*.

55 Y muchos del pueblo se unieron con aquellos que habian abandonado la Ley del Señor, é hicieron mucho mal en el pais;

56 y obligaron al pueblo de Israel á huir á parages extraviados, y á guarecerse en sitios *muy* ocultos.

57 El dia quince del mes de Casleu, del año ciento cuarenta y cinco, colocó el rey Antiochô sobre el altar de Dios el abominable ídolo de la desolacion [1], y por todas partes se erigieron altares *á los ídolos* en todas las ciudades de Judá:

58 y quemaban inciensos y ofrecian sacrificios *hasta* delante de las puertas de las casas y en las plazas.

59 Y despedazando los libros de la Ley de Dios, los arrojaban al fuego;

---

1 *Dan. XI. v.* 31.—*II. Mach. VI. v.* 2.

60 *et apud quemcumque inveniebantur libri testamenti Domini, et quicumque observabat legem Domini, secundùm edictum regis trucidabant eum.*

61 *In virtute sua faciebant hæc populo Israel, qui inveniebatur in omni mense et mense in civitatibus.*

62 *Et quinta et vigesima die mensis sacrificabant super aram: quæ erat contra altare.*

63 *Et mulieres, quæ circumcidebant filios suos, trucidabantur secundùm jussum regis Antiochi,*

64 *et suspendebant pueros à cervicibus per universas domos eorum: et eos, qui circumciderant illos, trucidabant.*

65 *Et multi de populo Israel definierunt apud se, ut non manducarent immunda: et elegerunt magis mori, quàm cibis coinquinari immundis:*

66 *et noluerunt infringere legem Dei sanctam, et trucidati sunt:*

67 *et facta est ira magna super populum valdè.*

60 y á todo hombre en cuyo poder hallaban los libros del Testamento del Señor, y á todos cuantos observaban la Ley del Señor, los despedazaban *luego*, en cumplimiento del edicto del Rey.

61 Con esta violencia trataban cada mes al pueblo de Israel que habitaba en las ciudades.

62 Porque á los veinte y cinco dias del mes ofrecian ellos sacrificios sobre el altar [1], que estaba erigido en frente del altar *de Dios*.

63 Y las mugeres que circuncidaban á sus hijos eran despedazadas, conforme á lo mandado por el rey Antiochô,

64 y á los niños los ahorcaban y dejaban colgados por el cuello en todas las casas donde los hallaban, y despedazaban á los que los habian circuncidado.

65 En medio de esto muchos del pueblo de Israel resolvieron en su corazon no comer viandas impuras; y eligieron antes el morir, que contaminarse con manjares inmundos:

66 y no queriendo quebrantar la Ley santa de Dios, fueron despedazados.

67 Terrible fué sobremanera la ira *del Señor* que descargó sobre el pueblo *de Israel*.

CAPÍTULO II.

Mathathías resiste las órdenes de Antiochô, y se retira con los de su familia á los montes, despues de matar á un judío que estaba idolatrando. Muere Mathathías, y deja por caudillo de los judíos fieles á su hijo Judas.

1 *In diebus illis surrexit Mathathias filius Joannis, filii Simeonis, sacerdos ex filiis Joarib ab Jerusalem, et consedit in monte Modin:*

2 *et habebat filios quinque, Joannem, qui cognominabatur Gaddis:*

3 *et Simonem, qui cognominabatur Thasi:*

4 *et Judam, qui vocabatur Machabæus:*

5 *et Eleazarum, qui cognominabatur*

1 En aquellos dias [2] se levantó Mathathías hijo de Juan, hijo de Simeon, sacerdote de la familia de Joarib [3], y huyendo de Jerusalem se retiró al monte de Modin.

2 Tenia *Mathathías* cinco hijos: Juan, llamado por sobrenombre Gaddis;

3 y Simon por sobrenombre Thasi;

4 y Judas que era apellidado Machâbéo [4];

5 y Eleázaro, denominado Abaron; y

---

1 Erigido á Jupiter Olímpio, en frente del altar de los holocaustos.
2 Año del Mundo 3837: ántes de Jesu-

Christo 167.
3 I. *Paralip. XXIV. v.* 7.
4 Véase *Machâbéos.*

*Abaron: et Jonathan, qui cognomina-
batur Apphus.*

6 *Hi viderunt mala, quæ fiebant in
populo Juda, et in Jerusalem.*

7 *Et dixit Mathathias: Væ mihi, ut
quid natus sum videre contritionem populi mei, et contritionem civitatis sanctæ, et sedere illic, cùm datur in manibus inimicorum?*

8 *Sancta in manu extraneorum facta sunt: templum ejus sicut homo
ignobilis.*

9 *Vasa gloriæ ejus captiva abducta
sunt: trucidati sunt senes ejus in plateis, et juvenes ejus ceciderunt in gladio inimicorum.*

10 *Quæ gens non hæreditavit regnum
ejus, et non obtinuit spolia ejus?*

11 *Omnis compositio ejus ablata est.
Quæ erat libera, facta est ancilla.*

12 *Et ecce sancta nostra, et pulchritudo nostra, et claritas nostra desolata est, et coinquinaverunt ea gentes.*

13 *Quò ergo nobis adhuc vivere?*

14 *Et scidit vestimenta sua Mathathias, et filii ejus: et operuerunt se ciliciis, et planxerunt valdè.*

15 *Et venerunt illuc qui missi erant
à rege Antiocho, ut cogerent eos, qui
confugerant in civitatem Modin, immolare, et accendere thura, et à lege Dei
discedere.*

16 *Et multi de populo Israel consen-
tientes accesserunt ad eos: sed Mathathias, et filii ejus constanter steterunt.*

17 *Et respondentes qui missi erant
ab Antiocho, dixerunt Mathathiæ:
Princeps et clarissimus et magnus es
in hac civitate, et ornatus filiis et fratribus:*

18 *ergo accede prior, et fac jussum
regis, sicut fecerunt omnes gentes, et*

y Jonathás conocido con el sobrenombre
de Apphus.

6 Y al ver estos los estragos que se
hacian en el pueblo de Judá y en Jerusalem,

7 exclamó Mathathías: ¡Infeliz de mí!
¿Por qué he venido yo al mundo para
ver la ruina de mi patria, y la destruccion de la ciudad santa, y para estarme
sin hacer nada por ella al tiempo que
es entregada en poder de sus enemigos?

8 Hállanse las cosas santas en manos
de los extrangeros: y su Templo es como un hombre que está infamado:

9 sus vasos preciosos han sido saqueados y llevados fuera: despedazados por
las plazas sus ancianos, y muertos al
filo de la espada enemiga sus jóvenes.

10 ¿Qué nacion hay que no haya participado algo de este *infeliz* reino, ó tenido parte en sus despojos [1]?

11 Arrebatado le ha sido todo su esplendor; y la que antes era libre, es en
el dia esclava.

12 En fin todo cuanto teníamos de
santo, de ilustre y de glorioso, otro
tanto ha sido asolado y profanado por
las naciones.

13 ¿Para qué, pues, querémos ya la
vida?

14 Y rasgaron sus vestidos Mathathías
y sus hijos, y cubriéronse de cilicios,
y lloraban amargamente.

15 Á este tiempo llegaron allí los comisionados, que el rey Antiochô enviaba,
para obligar á los que se habian refugiado en la ciudad de Modin á que ofreciesen sacrificios y quemasen inciensos á los
ídolos, y abandonasen la Ley de Dios.

16 Con efecto, muchos del pueblo de
Israel consintieron en ello, y se les
unieron. Pero Mathathías y sus hijos
permanecieron firmes.

17 Y tomando la palabra los comisionados de Antiochô, dijeron á Mathathías: Tú eres el principal, el mas
grande y el mas esclarecido de esta ciudad, y glorioso con esa corona de hijos
y de hermanos.

18 Ven pues tú el primero, y haz lo
que el Rey manda, como lo han hecho

_____
1 ¿Ó que no se haya apropiado algo de él?

viri Juda, et qui remanserunt in Jerusalem: et eris tu, et filii tui, inter
amicos regis, et amplificatus auro et
argento, et muneribus multis.

19 Et respondit Mathathias, et dixit
magnâ voce: Et si omnes gentes regi
Antiocho obediunt, ut discedat unusquisque à servitute legis patrum suorum, et consentiat mandatis ejus;

20 ego, et filii mei, et fratres mei,
obediemus legi patrum nostrorum.

21 Propitius sit nobis Deus: non est
nobis utile relinquere legem et justitias
Dei:

22 non audiemus verba regis Antiochi, nec sacrificabimus transgredientes
legis nostræ mandata, ut eamus alte-
râ viâ.

23 Et ut cessavit loqui verba hæc,
accessit quidam Judæus in omnium
oculis sacrificare idolis super aram in
civitate Modin, secundùm jussum regis.

24 Et vidit Mathathias, et doluit, et
contremuerunt renes ejus, et accensus
est furor ejus secundùm judicium legis, et insiliens trucidavit eum super
aram:

25 sed et virum quem rex Antiochus
miserat, qui cogebat immolare, occidit in ipso tempore, et aram destruxit.

26 Et zelatus est legem, sicut fecit
Phinees Zamri filio Salomi.

27 Et exclamavit Mathathias voce
magnâ in civitate, dicens: Omnis, qui
zelum habet legis statuens testamentum, exeat post me.

28 Et fugit ipse, et filii ejus in montes, et reliquerunt quæcumque habebant in civitate.

ya todas las gentes, y los varones de
Judá, y los que han quedado en Jerusalem; y con esto tú y tus hijos seréis
del número de los amigos del Rey, el
cual os llenará de oro y plata, y de
grandes dones.

19 Respondió Mathathías, y dijo en
voz muy alta: Aunque todas las gentes
obedezcan al rey Antiochô, y todos
abandonen la observancia de la Ley de
sus padres, y se sometan á los manda-
tos del Rey,

20 yo, y mis hijos, y mis hermanos
obedecerémos siempre la Ley santa de
nuestros padres.

21 Quiera Dios concedernos esta gracia. No nos es provechoso [1] abandonar
la Ley y los preceptos de Dios.

22 No, nunca darémos oidos á las palabras del rey Antiochô, ni ofrecerémos
sacrificios á los ídolos, violando los
mandamientos de nuestra Ley por seguir otro camino ó religion.

23 Apenas habia acabado de pronunciar estas palabras, cuando á vista de
todos se presentó un cierto judío para
ofrecer sacrificio á los ídolos sobre el
altar que se habia erigido en la ciudad
de Modin, conforme á la órden del
Rey.

24 Vióle Mathathías, y se llenó de
dolor: conmoviéronsele las entrañas; é
inflamándose su furor ó zelo, conforme
al espíritu de la Ley [2], se arrojó sobre
él, y le despedazó sobre el mismo altar.

25 No contento con esto, mató al mismo tiempo al comisionado del rey Antiochô, que forzaba á la gente á sacrificar, y derribó el altar:

26 mostrando así su zelo por la Ley
é imitando lo que hizo Phinées con
Zamri [3], hijo de Salomí.

27 Y, hecho esto, fué gritando Mathathías á grandes voces por la ciudad,
diciendo: Todo el que tenga zelo por la
Ley, y quiera permanecer firme en la
alianza del Señor, sígame.

28 É inmediatamente huyó con sus
hijos á los montes, y abandonaron todo
cuanto tenian en la ciudad.

---

1 Es un hebraismo. Es lo mismo que si
dijera: Nos seria muy dañoso.

2 Deut. XIII. v. 6. — S. Cypr. De exhort.
ad mart. c. 5.   3 Num. XXV. v. 13.

29 *Tunc descenderunt multi quærentes judicium, et justitiam, in desertum.*

30 *Et sederunt ibi ipsi, et filii eorum, et mulieres eorum, et pecora eorum: quoniam inundaverunt super eos mala.*

31 *Et renuntiatum est viris regis, et exercitui, qui erat in Jerusalem civitate David, quoniam discessissent viri quidam, qui dissipaverunt mandatum regis, in loca occulta in deserto, et abiissent post illos multi.*

32 *Et statim perrexerunt ad eos, et constituerunt adversùs eos prælium in die sabbatorum.*

33 *Et dixerunt ad eos: Resistitis et nunc adhuc? exite, et facite secundùm verbum regis Antiochi, et vivetis.*

34 *Et dixerunt: Non exibimus, neque faciemus verbum regis, ut polluamus diem sabbatorum.*

35 *Et concitaverunt adversùs eos prælium.*

36 *Et non responderunt eis, nec lapidem miserunt in eos, nec oppilaverunt loca occulta,*

37 *dicentes: Moriamur omnes in simplicitate nostra, et testes erunt super nos cœlum et terra, quòd injustè perditis nos.*

38 *Et intulerunt illis bellum sabbatis: et mortui sunt ipsi, et uxores eorum, et filii eorum, et pecora eorum, usque ad mille animas hominum.*

39 *Et cognovit Mathathias et amici ejus, et luctum habuerunt super eos valdè.*

40 *Et dixit vir proximo suo: Si omnes fecerimus sicut fratres nostri fecerunt, et non pugnaverimus adversùs gentes pro animabus nostris, et justificationibus nostris: nunc citiùs disperdent nos à terra.*

41 *Et cogitaverunt in die illa, dicentes: Omnis homo quicumque venerit ad nos in bello die sabbatorum, pugnemus adversùs eum: et non moriemur omnes,*

29 Entonces muchos que amaban la Ley y la justicia, se fueron al Desierto;

30 y permanecieron allí con sus hijos, con sus mugeres y sus ganados: porque se veían inundados de males.

31 Dióse aviso á los oficiales del Rey, y á las tropas que había en Jerusalem [1], ciudad de David, de como ciertas gentes que habían hollado el mandato del Rey, se habían retirado á los lugares ocultos del Desierto, y que les habían seguido otros muchos.

32 Por lo que marcharon al punto contra ellos, y se prepararon para atacarlos en dia de sábado;

33 pero antes les dijeron: ¿Queréis todavía resistiros? Salid, y obedeced el mandato del rey Antiochô, y quedaréis salvos.

34 De ningun modo saldrémos, respondieron ellos, ni obedecerémos al Rey, ni violarémos el sábado.

35 Entonces las tropas *del Rey* se arrojaron sobre ellos;

36 pero tan lejos estuvieron *los judíos* de resistirles, que ni tan siquiera les tiraron una piedra, ni aun cerraron las bocas de las cavernas [2]:

37 sino que dijeron: Muramos todos en nuestra sencillez *ó inocencia*, y el cielo y la tierra nos serán testigos de que injustamente nos quitais la vida.

38 Con efecto los enemigos los acometieron en dia de sábado [3]; y perecieron tanto ellos como sus mugeres, hijos y ganados, llegando á mil personas las que perdieron la vida.

39 Sabido eso por Mathathías y sus amigos, hicieron por ellos un gran duelo,

40 y se dijeron unos á otros: Si todos nosotros hiciéremos como han hecho nuestros hermanos, y no peleáremos para defender nuestras vidas y nuestra Ley contra las naciones; en breve tiempo acabarán con nosotros.

41 Asi pues tomaron aquel dia esta resolucion: Si alguno, dijeron, nos acomete en dia de sábado, pelearémos contra él: y asi no morirémos todos,

---

1 En la fortaleza llamada *Ciudad de David.* Véase ántes *cap. I. v.* 35.

2 En que se hallaban escondidos.

3 Tal vez dirá mejor *en dias de sábado.*

sicut mortui sunt fratres nostri in occultis.

42 *Tunc congregata est ad eos synagoga Assidæorum fortis viribus ex Israel, omnis voluntarius in lege.*

43 *Et omnes, qui fugiebant à malis, additi sunt ad eos, et facti sunt illis ad firmamentum.*

44 *Et collegerunt exercitum, et percusserunt peccatores in ira sua, et viros iniquos in indignatione sua: et cæteri fugerunt ad nationes, ut evaderent.*

45 *Et circuivit Mathathias, et amici ejus, et destruxerunt aras:*

46 *et circumciderunt pueros incircumcisos quotquot invenerunt in finibus Israel, et in fortitudine.*

47 *Et persecuti sunt filios superbiæ, et prosperatum est opus in manibus eorum:*

48 *et obtinuerunt legem de manibus gentium, et de manibus regum: et non dederunt cornu peccatori.*

49 *Et appropinquaverunt dies Mathathiæ moriendi, et dixit filiis suis: Nunc confortata est superbia, et castigatio, et tempus eversionis, et ira indignationis.*

50 *Nunc ergo, ò filii, æmulatores estote legis, et date animas vestras pro testamento patrum vestrorum,*

51 *et mementote operum patrum, quæ fecerunt in generationibus suis, et accipietis gloriam magnam, et nomen æternum.*

52 *Abraham nonne in tentatione in-*

como han muerto en las cavernas nuestros hermanos [1].

42 Entonces vino á reunirse con ellos la congregacion de los Assidéos, que eran hombres de los mas valientes de Israel, y zelosos todos de la Ley [2];

43 y tambien se les unieron todos los que huian acosados de las calamidades, y sirviéronles de refuerzo.

44 Formaron de todos un ejército, y arrojáronse furiosamente sobre los prevaricadores de la Ley, y sobre los hombres malvados, sin tener de ellos piedad alguna; y los que quedaron con vida huyeron á ponerse en salvo entre las naciones.

45 Mathathías despues, con sus amigos, recorrió todo el pais, y destruyeron los altares:

46 y circuncidaron á cuantos niños hallaron incircuncisos, y obraron con gran denuedo [3].

47 Persiguieron á sus orgullosos enemigos, y salieron prósperamente en todas sus empresas.

48 Y vindicaron la Ley contra el poder de los gentiles, y el poder de los Reyes; y no dejaron al malvado que abusase de su poder.

49 Acercáronse entre tanto los dias de la muerte de Mathathías: el cual juntando á sus hijos, les habló de esta manera: Ahora domina la soberbia, y es el tiempo del castigo y de la ruina, y del furor é indignacion.

50 Por lo mismo ahora, oh hijos mios, sed zelosos de la Ley, y dad vuestras vidas en defensa del Testamento de vuestros padres:

51 acordáos de las obras que hicieron en sus tiempos vuestros antepasados, y os adquiriréis una gloria grande, y un nombre eterno.

52 Abraham por ventura ¿ no fué ha-

---

1 Véase S. Ambrosio *lib. I. de Offic. c.* 40. Luego que vieron que de la rigorosa observancia del sábado se aprovechaban los enemigos para destruir el reino y la religion, conocieron que era voluntad de Dios que peleasen.

2 La voz hebréa חָסִיד *assidéo*, significa *piadoso, santo, misericordioso.* Algunos creen que despues se llamaron *Esenos,* y fueron

tan celebrados por los historiadores *Philon,* y *Josepho hebréo.* Otros opinan que los *Cinéos* ó descendientes de Jethro, suegro de Moysés (*Num. X. v.* 29.) y los *Recabitas* tomaron el nombre de *Assidéos.*

3 Martini traduce: *diedero coraggiosamente.* En el griego no hay la partícula καὶ *et ántes de fortitudine.*

ventus est fidelis, et reputatum est ei ad justitiam?

53 Joseph in tempore angustiæ suæ custodivit mandatum, et factus est dominus Ægypti.

54 Phinees pater noster, zelando zelum Dei, accepit testamentum sacerdotii æterni.

55 Jesus, dum implevit verbum, factus est dux in Israel.

56 Caleb, dum testificatur in ecclesia, accepit hæreditatem.

57 David in sua misericordia consecutus est sedem regni in sæcula.

58 Elias dum zelat zelum Legis, receptus est in cœlum.

59 Ananias, et Azarias, et Misael credentes, liberati sunt de flamma.

60 Daniel in sua simplicitate liberatus est de ore leonum.

61 Et ita cogitate per generationem et generationem; quia omnes qui sperant in eum, non infirmantur.

62 Et à verbis viri peccatoris ne timueritis: quia gloria ejus stercus et vermis est:

63 hodie extollitur, et cras non invenietur: quia conversus est in terram suam, et cogitatio ejus periit.

64 Vos ergo filii confortamini, et viriliter agite in lege: quia in ipsa gloriosi eritis.

65 Et ecce Simon frater vester, scio quòd vir consilii est: ipsum audite semper, et ipse erit vobis pater.

66 Et Judas Machabæus fortis viribus à juventute sua, sit vobis princeps militiæ, et ipse aget bellum populi.

67 Et adducetis ad vos omnes facto-

llado fiel en la prueba que de él se hizo, y le fué imputado esto á justicia [1]?

53 Joseph en el tiempo de su afliccion observó los mandamientos *de Dios*, y vino á ser el señor de Egypto [2].

54 Phinées, nuestro padre, porque se abrasó en zelo por la honra de Dios, recibió la promesa de un sacerdocio eterno [3].

55 Josué por su obediencia llegó á ser caudillo de Israel [4].

56 Caleb por el testimonio que dió en la congregacion del pueblo, recibió una *rica* herencia [5].

57 David por su misericordia se adquirió para siempre el trono del reino de Israel [6].

58 Elías por su abrasado zelo por la Ley fué recibido en el cielo [7].

59 Ananías, Azarías y Misael fueron librados de las llamas por su *viva* fe [8],

60 Daniel por su sinceridad [9] fué librado de la boca de los leones [10].

61 Y á este modo id discurriendo de generacion en generacion: todos aquellos que ponen en Dios su esperanza, no descaecen.

62 Y no os amedrenten los fieros del hombre pecador; porque su gloria no es mas que basura y *pasto de gusanos.*

63 Hoy es ensalzado, y mañana desaparece: porque se convierte en el polvo de que fué formado, y se desvanecen *como humo* todos sus designios.

64 Sed pues constantes vosotros, oh hijos mios, y obrad vigorosamente en défensa de la Ley; pues ella será la que os llenará de gloria.

65 Ahí teneis á Simon, vuestro hermano: yo sé que es hombre de consejo: escuchadle siempre, y él hará para con vosotros las veces de padre.

66 Judas Machâbéo ha sido esforzado y valiente desde su juventud: sea *pues* él el General de vuestro ejército, y el que conduzca el pueblo á la guerra.

67 Reunid á vosotros todos aquellos

---

1 Gen. XXII. v. 2 y 16.
2 Gen. XLI. v. 40.
3 Num. XXV. v. 13.—Eccli. XLV. v. 28.
4 Josue I. v. 2.
5 Num. XIV. v. 6.—Jos. XIV. v. 14.
6 II. Reg. II. v. 4.
7 IV. Reg. II. v. 11.
8 Dan. III. v. 50.
9 Por su entereza, ó rectitud é inocencia.
10 Dan. VI. v. 22.

rīa legis: et vindicate vindictam popu- | que observan la Ley, y vengad á vues-
li vestri. | tro pueblo *de sus enemigos.*

68 *Retribuite retributionem gentibus,* | 68 Dad á las gentes su merecido, y
et intendite in præceptum legis. | sed solícitos en guardar los preceptos de
| la Ley.

69 *Et benedixit eos, et appositus est* | 69 En seguida les echó su bendicion,
ad patres suos. | y fué á reunirse con sus padres.

70 *Et defunctus est anno centesimo* | 70 Murió Mathathías el año ciento
et quadragesimo sexto: et sepultus est | cuarenta y seis [1], y sepultáronle sus
à filiis suis in sepulchris patrum suo- | hijos en Modin en el sepulcro de sus
rum in Modin, et planxerunt eum | padres, y todo Israel le lloró amarga-
omnis Israel planctu magno. | mente.

CAPÍTULO III.

Elogio de Judas Machábéo, y sus victorias: derrota y mata al general Apolonio. Vence despues á Seron. Irritado Antiochó, envia otro poderoso ejército al mando de Lysias. Judas y los suyos se preparan con obras de piedad para el combate.

1 *Et surrexit Judas, qui vocabatur Machabæus, filius ejus pro eo.*

1 Y succedióle *en el gobierno* su hijo Judas [2], que tenia el sobrenombre de Machábéo.

2 *Et adjuvabant eum omnes fratres ejus, et universi qui se conjunxerant patri ejus, et præliabantur prælium Israel cum lætitia.*

2 Ayudábanle todos sus hermanos, y todos cuantos se habian unido con su padre, y peleaban con alegría por la defensa de Israel.

3 *Et dilatavit gloriam populo suo, et induit se loricam sicut gigas, et succinxit se arma bellica sua in præliis, et protegebat castra gladio suo.*

3 Y dió Judas nuevo lustre á la gloria de su pueblo: revistióse cual gigante ó campeon la coraza, ciñóse sus armas para combatir, y protegia con su espada todo el campamento.

4 *Similis factus est leoni in operibus suis, et sicut catulus leonis rugiens in venatione.*

4 Parecia un leon en sus acciones, y se semejaba á un cachorro cuando ruge sobre la presa.

5 *Et persecutus est iniquos perscrutans eos: et qui conturbabant populum suum, eos succendit flammis.*

5 Persiguió á los malvados, buscándolos por todas partes: y abrasó en las llamas á los que turbaban el reposo de su pueblo.

6 *Et repulsi sunt inimici ejus præ timore ejus, et omnes operarii iniquitatis conturbati sunt: et directa est salus in manu ejus.*

6 El temor que infundia su nombre hizo desaparecer á sus enemigos: todos los malvados se llenaron de turbacion: y con su brazo obró la salud del pueblo.

7 *Et exacerbabat reges multos, et lætificabat Jacob in operibus suis, et in sæculum memoria ejus in benedictione.*

7 Daba mucho en que entender á varios Reyes: sus acciones eran la alegría de Jacob, y será eternamente bendita su memoria.

8 *Et perambulavit civitates Juda, et*

8 Y recorrió las ciudades de Judá,

---

1 Del imperio de los griegos.

2 *Josepho hebréo* dice que era el primogénito de Mathathias.

perdidit impios ex eis, et avertit iram ab Israel.

9 *Et nominatus est usque ad novissimum terræ, et congregavit pereuntes.*

10 *Et congregavit Apollonius gentes, et à Samaria virtutem multam et magnam ad bellandum contra Israel.*

11 *Et cognovit Judas, et exiit obviam illi: et percussit, et occidit illum: et ceciderunt vulnerati multi, et reliqui fugerunt.*

12 *Et accepit spolia eorum: et gladium Apollonii abstulit Judas, et erat pugnans in eo omnibus diebus.*

13 *Et audivit Seron princeps exercitus Syriæ, quòd congregavit Judas congregationem fidelium, et ecclesiam secum;*

14 *et ait: Faciam mihi nomen, et glorificabor in regno, et debellabo Judam, et eos qui cum ipso sunt, qui spernebant verbum regis.*

15 *Et præparavit se: et ascenderunt cum eo castra impiorum, fortes auxiliarii, ut facerent vindictam in filios Israel.*

16 *Et appropinquaverunt usque ad Bethoron: et exivit Judas obviam illi cum paucis.*

17 *Ut autem viderunt exercitum venientem sibi obviam, dixerunt Judæ: Quomodò poterimus pauci pugnare contra multitudinem tantam, et tam fortem, et nos fatigati sumus jejunio hodie?*

18 *Et ait Judas: Facile est concludi multos in manu paucorum: et non est differentia in conspectu Dei cœli liberare in multis, et in paucis:*

19 *quoniam non in multitudine exercitus victoria belli, sed de cœlo fortitudo est,*

exterminando de ellas á los impíos [1] y apartó el azote de sobre Israel.

9 Su nombradía llegó hasta el cabo del mundo, y reunió al rededor de sí á los que estaban á punto de perecer.

10 Apolonio, *al saber eso*, juntó las naciones, y sacó de Samaria [2] un grande y poderoso ejército para pelear contra Israel.

11 Informado de ello Judas, le salió al encuentro, y le derrotó, y quitó la vida; quedando en el campo de batalla un gran número de enemigos, y echando á huir los restantes.

12 Apoderóse en seguida de sus despojos, reservándose Judas para sí la espada de Apolonio; de la cual se servia siempre en los combates.

13 En esto llegó á noticia de Seron, general del ejército de la Syria, que Judas habia congregado una *gran* muchedumbre, y reunido consigo *toda* la gente fiel;

14 y dijo: Yo voy á ganarme gran reputacion y gloria en todo el reino, derrotando á Judas y á los que le siguen; los cuales no hacen caso de las órdenes del Rey.

15 Con esto se preparó *para acometer;* y uniósele un considerable refuerzo de tropas de impíos [3], para vengarse de los hijos de Israel.

16 Y avanzaron hasta Bethoron [4], y Judas le salió al encuentro con pocas tropas.

17 Así que estas vieron al ejército que venia contra ellas, dijeron á Judas: ¿Cómo podrémos nosotros pelear contra un ejército tan grande y valeroso; siendo, como somos, tan pocos, y estando debilitados por el ayuno [5] de hoy?

18 Y respondió Judas: Fácil cosa es que muchos sean presa de pocos; pues cuando el Dios del cielo quiere dar la victoria, lo mismo tiene para él que haya poca, ó que haya mucha gente:

19 porque el triunfo no depende en los combates de la multitud de las tropas, sino del cielo, que es de donde dimana *toda* fortaleza.

---

1 IV. Mach. VIII.
2 II. Mach. V. v. 24.
3 De judios apóstatas de su religion.

4 Distaba unas siete leguas de Jerusalem.
5 Véase despues *v.* 46 *y* 47.

20 *Ipsi veniunt ad nos in multitudine contumaci et superbiá, ut disperdant nos, et uxores nostras, et filios nostros, et ut spolient nos:*

21 *nos veró pugnabimus pro animabus nostris, et legibus nostris:*

22 *et ipse Dominus conteret eos ante faciem nostram: vos autem ne timueritis eos.*

23 *Ut cessavit autem loqui, insiluit in eos subitò: et contritus est Seron, et exercitus ejus in conspectu ipsius:*

! 24 *et persecutus est eum in descensu Bethoron usque in campum, et ceciderunt ex eis octingenti viri, reliqui autem fugerunt in terram Philisthiim.*

25 *Et cecidit timor Judæ, ac fratrum ejus, et formido super omnes gentes in circuitu eorum.*

26 *Et pervenit ad regem nomen ejus, et de prœliis Judæ narrabant omnes gentes.*

27 *Ut audivit autem rex Antiochus sermones istos, iratus est animo: et misit, et congregavit exercitum universi regni sui, castra fortia valdè:*

28 *et aperuit ærarium suum, et dedit stipendia exercitui in annum: et mandavit illis ut essent parati ad omnia.*

29 *Et vidit quòd defecit pecunia de thesauris suis, et tributa regionis modica propter dissensionem, et plagam, quam fecit in terra, ut tolleret legitima, quæ erant à primis diebus:*

30 *et timuit ne non haberet ut semel et bis, in sumptus et donaria, quæ dederat antè largd manu: et abundaverat super reges, qui ante eum fuerant.*

31 *Et consternatus erat animo valdè; et cogitavit ire in Persidem, et accipere tributa regionum, et congregare argentum multum.*

32 *Et reliquit Lysiam hominem no-*

20 Ellos vienen contra nosotros con una turba de gente insolente y orgullosa, con el fin de aniquilarnos á nosotros, y á nuestras mugeres, y á nuestros hijos, y despojarnos *de todo;*

21 mas nosotros vamos á combatir por nuestras vidas y por nuestra Ley:

22 el Señor mismo los hará pedazos en nuestra presencia; y asi no los temais.

23 Luego que acabó de pronunciar estas palabras, se arrojó de improviso sobre los enemigos, y derrotó á Seron con todo su ejército.

24 Y persiguióle desde la bajada de Bethoron hasta el llano, y habiendo quedado ochocientos hombres tendidos en el campo de batalla, huyeron los demas al pais de los philisthéos.

25 Con esto Judas y sus hermanos eran el terror de todas las naciones circunvecinas:

26 y su fama llegó hasta los oidos del Rey, y en todas partes se hablaba de las batallas de Judas.

27 Luego que el rey Antiochó recibió estas noticias, se embraveció sobremanera: y mandó que se reunieran las tropas de todo su reino, y se formase un poderosísimo ejército [1].

28 Y abrió su erario, y habiendo dado á las tropas la paga de un año, les mandó que estuviesen apercibidas para todo.

29 Mas observó *luego* que se iba acabando el dinero de sus tesoros, y que sacaba pocos tributos de aquel pais *de la Judéa,* por causa de las disensiones y de la miseria, que él mismo habia ocasionado queriendo abolir los fueros que allí regian desde tiempos antiguos:

30 y temió que no podria ya gastar ni dar, como antes hacia, con larguesa, y con una munificencia superior á la de todos los Reyes sus predecesores.

31 Hallándose pues en gran consternacion, resolvió pasar á Persia, con el fin de recoger los tributos de aquellos paises, y juntar gran cantidad de dinero.

32 Y dejó á Lysias, príncipe de la

---

1 O tambien: *y dispuso levantar tropas en todo su reino, de las cuales formó, etc:*

bilem de genere regali, super negotia regia, à flumine Euphrate usque ad flumen Ægypti:

33 et ut nutriret Antiochum filium suum, donec rediret:

34 et tradidit ei medium exercitum, et elephantos: et mandavit ei de omnibus quæ volebat, et de inhabitantibus Judæam et Jerusalem:

35 et ut mitteret ad eos exercitum ad conterendam et extirpandam virtutem Israel, et reliquias Jerusalem, et auferendam memoriam eorum de loco:

36 et ut constitueret habitatores filios alienigenas in omnibus finibus eorum, et sorte distribueret terram eorum.

37 Et rex assumpsit partem exercitus residui, et exivit ab Antiochia civitate regni sui, anno centesimo et quadragesimo septima, et transfretavit Euphraten flumen, et perambulabat superiores regiones.

38 Et elegit Lysias Ptolemæum filium Dorymini, et Nicanorem, et Gorgiam, viros potentes ex amicis regis.

39 Et misit cum eis quadraginta millia virorum, et septem millia equitum, ut venirent in terram Juda, et disperderent eam secundum verbum regis.

40 Et processerunt cum universa virtute sua, et venerunt, et applicuerunt Emmaum in terra campestri.

41 Et audierunt mercatores regionum nomen eorum: et acceperunt argentum et aurum multum valdè, et pueros: et venerunt in castra, ut acciperent filios Israel in servos; et additi sunt ad eos exercitus Syriæ, et terræ alienigenarum.

42 Et vidit Judas, et fratres ejus, quia multiplicata sunt mala, et exercitus applicabant ad fines eorum: et

sangre real, por Lugarteniente del reino desde el Euphrates hasta el rio de Egypto [1];

33 y para que tuviese cuidado de la educacion de su hijo Antiochô hasta que él volviese.

34 Dejóle la mitad del ejército y de los elefantes, y comunicóle órdenes sobre todo aquello que él queria que se hiciese: y tambien por lo respectivo á los habitantes de la Judéa y de Jerusalem.

35 mandándole que enviase contra ellos un ejército para destruir y exterminar el poder de Israel; y las reliquias que quedaban en Jerusalem, y borrar de aquel pais hasta la memoria de ellos;

36 y que estableciese en aquella region habitantes de otras naciones, distribuyéndoles por suerte todas sus tierras.

37 Tomó pues el Rey la otra mitad del ejército, y partiendo de Antiochia, capital de su reino, el año ciento cuarenta y siete, y pasado el rio Euphrates, recorrió las provincias superiores.

38 En esto eligió Lysias á Ptoleméo hijo de Dorymino, á Nicanor, y á Gorgias, que eran personas de gran valimiento entre los amigos del Rey [2];

39 y envió con ellos cuarenta mil hombres de á pie y siete mil de á caballo, para que pasasen á asolar la tierra de Judá, segun lo habia dejado dispuesto el Rey.

40 Avanzaron pues con todas sus tropas, y vinieron á acampar en la llanura de Emmaús.

41 Y oyendo la noticia de su llegada los mercaderes de aquellas regiones *circunvecinas*, tomaron consigo gran cantidad de oro y plata; y con muchos criados vinieron á los reales con el fin de comprar por esclavos á los hijos de Israel [3]: y uniéronse con ellos las tropas de la Syria y las de otras naciones.

42 Judas empero y sus hermanos, viendo que se aumentaban las calamidades, y que los ejércitos se iban acercando á

---

1 Esto es, el Nilo.   3 II. Mach. VIII. v. 11.
2 II. Mach. VIII. v. 8.

cognoverunt verba regia, quæ mandavit populo facere in interitum et consummationem.

43 Et dixerunt unusquisque ad proximum suum: Erigamus dejectionem
populi nostri, et pugnemus pro populo
nostro, et sanctis nostris.

44 Et congregatus est conventus ut
essent parati in prælium; et ut ora-
rent, et peterent misericordiam et miserationes.

45 Et Jerusalem non habitabatur, sed
erat sicut desertum: non erat qui ingrederetur et egrederetur de natis ejus:
et sanctum conculcabatur: et filii alienigenarum erant in arce, ibi erat habitatio gentium: et ablata est voluptas
à Jacob, et defecit ibi tibia et cithara.

46 Et congregati sunt, et venerunt in
Maspha contra Jerusalem: quia locus
orationis erat in Maspha antè in Israel.

47 Et jejunaverunt illâ die, et induerunt se ciliciis, et cinerem imposuerunt
capiti suo, et disciderunt vestimenta
sua:

48 et expanderunt libros legis, de
quibus scrutabantur gentes similitudinem simulachrorum suorum:

49 et attulerunt ornamenta sacerdo-
talia, et primitias, et decimas: et su-
scitaverunt Nazaræos, qui impleverant
dies:

50 et clamaverunt voce magnâ in cœlum, dicentes: Quid faciemus istis, et
quò eos ducemus?

51 Et sancta tua conculcata sunt, et
contaminata sunt, et sacerdotes tui facti sunt in luctum, et in humilitatem.

52 Et ecce nationes convenerunt adversum nos, ut nos disperdant: tu scis
quæ cogitant in nos.

53 Quomodò poterimus subsistere an-

sus confines, y habiendo sabido la órden que habia dado el Rey de exterminar y acabar con el pueblo de Israel,

43 dijéronse unos á otros: Reanime-
mos nuestro abatido pueblo, y peleémos
en defensa de nuestra patria, y de nuestra santa religion.

44 Reuniéronse pues en un cuerpo
para estar prontos á la batalla, y para
hacer oracion é implorar del Señor su
misericordia y gracia.

45 Hallábase á esta sazon Jerusalem
sin habitantes; de modo que parecia un
desierto: no se veian ya entrar ni salir los naturales de ella, era hollado el
Santuario, los extrangeros eran dueños
del alcázar, el cual servia de habitacion á los gentiles: desterrada estaba de
la casa de Jacob toda alegría, no se
oia ya en ella flauta ni cítara.

46 Habiéndose pues reunido, se fueron á Masphá, que está en frente de Jerusalem; por haber sido Masphá en otro
tiempo el lugar de la oracion para Israel [1].

47 Ayunaron aquel dia, y vistiéronse
de cilicio, y se echaron ceniza sobre la
cabeza, y rasgaron sus vestidos:

48 abrieron los libros de la Ley, en
donde los gentiles buscaban semejanzas
para sus vanos simulacros [2];

49 y trajeron los ornamentos sacerdotales, y las primicias y diezmos: é hicieron venir á los Nazaréos [3] que habian cumplido ya los dias de su voto;

50 y levantando su clamor hasta el
cielo, dijeron: ¡Señor! ¿qué harémos
de estos, y á dónde los conducirémos?

51 Tu Santuario está hollado y profanado, y cubiertos de lágrimas y de abatimiento tus sacerdotes;

52 y he aquí que las naciones se han
coligado contra nosotros para destruirnos: tú sabes bien sus designios contra
nosotros.

53 ¿Cómo pues podrémos sostenernos

---

1 Jud. XX. v. 1.—XXI. v. 5 y 8.—I. Reg.
VII. v. 5.—X. v. 17.

2 Puede traducirse: intentaban hallar alguna cosa que pudiese tener relacion con sus
ídolos. Con la descripcion de los chérubines

del Templo, de las apariciones de los ángeles, y de varios sueños misteriosos, querian
los gentiles dar mas crédito á sus errores y
fábulas.

3 Num. VI. v. 1.

te faciem eorum, nisi tu Deus adjuves nos?

54 Et tubis exclamaverunt voce magnâ.

55 Et post hæc constituit Judas duces populi, tribunos, et centuriones, et pentacontarchos, et decuriones.

56 Et dixit his, qui ædificabant domos, et sponsabant uxores, et plantabant vineas, et formidolosis, ut redirent unusquisque in domum suam secundùm legem.

57 Et moverunt castra, et collocaverunt ad Austrum Emmaum.

58 Et ait Judas: Accingimini, et estote filii potentes, et estote parati in mane, ut pugnetis adversùs nationes has quæ convenerunt adversùs nos, disperdere nos et sancta nostra.

59 Quoniam melius est nos mori in bello, quàm videre mala gentis nostræ, et sanctorum.

60 Sicut autem fuerit voluntas in cœlo, sic fiat.

delante de ellos, si tú, oh Dios, no nos ayudas?

54 En seguida hicieron resonar las trompetas con grande estruendo.

55 Nombró despues Judas los caudillos del ejército, los tribunos, los centuriones, y los cabos de cincuenta hombres, y los de diez.

56 Y á aquellos que estaban construyendo casa, ó acababan de casarse, ó de plantar viñas, como tambien á los que tenian poco valor, les dijo que se volviesen cada uno á su casa, conforme á lo prevenido por la Ley [1].

57 Levantaron luego los reales, y fueron á acamparse al mediodia de Emmaús.

58 Y Judas les habló de esta manera: Tomad las armas, y tened buen ánimo; y estad prevenidos para la mañana, á fin de pelear contra estas naciones, que se han unido contra nosotros para aniquilarnos, y echar por tierra nuestra santa religion:

59 porque mas nos vale morir en el combate, que ver el exterminio de nuestra nacion, y del Santuario.

60 Y venga lo que el cielo quiera.

CAPÍTULO IV.

Acomete Judas separadamente á Nicanor y á Gorgias, y los derrota; vence despues á Lysias: entra en Jerusalem, y celebra la Dedicacion del templo, despues de haberle purificado [2].

1 *Et assumpsit Gorgias quinque millia virorum, et mille equites electos: et moverunt castra nocte,*

2 *ut applicarent ad castra Judæorum, et percuterent eos subitò: et filii qui erant ex arce, erant illis duces.*

3 *Et audivit Judas, et surrexit ipse, et potentes, percutere virtutem exercituum regis, qui erant in Emmaum.*

4 *Adhuc enim dispersus erat exercitus à castris.*

1 Y tomó Gorgias consigo cinco mil hombres de á pie, y mil caballos escogidos; y de noche partieron,

2 para dar sobre el campamento de los judios, y atacarlos de improviso; sirviéndoles de guias los del pais [3] que estaban en el alcázar de Jerusalem.

3 Tuvo Judas aviso de este movimiento, y marchó con los mas valientes de los suyos para acometer al grueso del ejército del Rey, que estaba en Emmaús,

4 y se hallaba entonces desparramado, fuera de los atrincheramientos.

1 Deut. XX. v. 5.—Jud. VII. v. 3.
2 Año 3839 del Mundo; y 165 ántes de Jesu-Christo.
3 Despues cap. VI. v. 18.

5 *Et venit Gorgias in castra Judæ noctu, et neminem invenit, et quærebat eos in montibus; quoniam dixit: Fugiunt hi à nobis.*

6 *Et cùm dies factus esset, apparuit Judas in campo cum tribus millibus virorum tantùm, qui tegumenta et gladios non habebant.*

7 *Et viderunt castra gentium valida, et loricatos, et equitatus in circuitu eorum, et hi docti ad prælium.*

8 *Et ait Judas viris, qui secum erant: Ne timueritis multitudinem eorum, et impetum eorum ne formidetis.*

9 *Mementote qualiter salvi facti sunt patres nostri in mari rubro, cùm sequeretur eos Pharao cum exercitu multo.*

10 *Et nunc clamemus in cœlum; et miserebitur nostri Dominus, et memor erit testamenti patrum nostrorum, et conteret exercitum istum ante faciem nostram hodie.*

11 *Et scient omnes gentes, quia est qui redimat, et liberet Israel.*

12 *Et elevaverunt alienigenæ oculos suos, et viderunt eos venientes ex adverso.*

13 *Et exierunt de castris in prælium, et tubâ cecinerunt hi qui erant cum Juda.*

14 *Et congressi sunt, et contritæ sunt gentes, et fugerunt in campum.*

15 *Novissimi autem omnes ceciderunt in gladio, et persecuti sunt eos usque Gezeron, et usque in campos Idumææ, et Azoti, et Jamniæ: et ceciderunt ex illis usque ad tria millia virorum.*

5 Y Gorgias habiendo llegado aquella noche al campamento de Judas, no halló en él alma viviente; y se fué á buscarlos por los montes, diciendo: Estas gentes van huyendo de nosotros.

6 Mas asi que se hizo de dia, se dejó ver Judas en el llano, acompañado tan solamente de tres mil hombres, que se hallaban faltos *aun* de espadas y broqueles [1];

7 y reconocieron que el ejército de los géntiles era muy fuerte, y que estaba rodeado de coraceros y de caballería, toda gente aguerrida y diestra en el combate.

8 Entonces Judas habló á los suyos de esta manera: No os asuste su muchedumbre, ni temais su encuentro:

9 acordáos del modo con que fueron librados nuestros padres en el mar Rojo, cuando Pharaon iba en su alcance con un numeroso ejército;

10 y clamemos ahora al cielo, y el Señor se compadecerá de nosotros, y se acordará de la alianza hecha con nuestros padres, y destrozará hoy á nuestra vista *todo* ese ejército:

11 con lo cual reconocerán todas las gentes que hay un Salvador y libertador de Israel.

12 En esto levantaron sus ojos los extrangeros, y percibieron que los judios venian marchando contra ellos,

13 y salieron de los reales para acometerlos. Entonces los que seguian á Judas dieron la señal con las trompetas,

14 y habiéndose trabado combate, fueron desbaratadas las tropas de los gentiles; y echaron á huir por aquella campiña.

15 Mas todos los que se quedaron atrás, perecieron al filo de la espada. Y los vencedores fueron siguiéndoles el alcance hasta Gezeron [2], y hasta las campiñas de la Iduméa y de Azoto y de Jamnia; dejando tendidos en el suelo hasta tres mil muertos [3].

---

1 Esto es, mal armados. Josepho *Antiq.* lib. XII.

2 Gezeron parece la misma que Gazer. *Jos.* XVI. v. 3.—XXI. v. 21.

3 Esto es, tres mil en el combate y seis mil en la fuga: de manera que en el todo de la accion y sus resultas perecieron 9000 enemigos. II. *Mach.* VIII. v. 24.

16 *Et reversus est Judas, et exercitus ejus, sequens eum.*

17 *Dixitque ad populum: Non concupiscatis spolia; quia bellum contra nos est;*

18 *et Gorgias, et exercitus ejus prope nos in monte; sed state nunc contra inimicos nostros, et expugnate eos, et sumetis posteà spolia securi.*

19 *Et adhuc loquente Juda hæc, ecce apparuit pars quædam prospiciens de monte.*

20 *Et vidit Gorgias quòd in fugam conversi sunt sui, et succenderunt castra: fumus enim, qui videbatur, declarabat quod factum est.*

21 *Quibus illi conspectis timuerunt valdè, aspicientes simul et Judam, et exercitum in campo paratum ad prælium.*

22 *Et fugerunt omnes in campum alienigenarum.*

23 *Et Judas reversus est ad spolia castrorum, et acceperunt aurum multum, et argentum, et hyacinthum, et purpuram marinam, et opes magnas.*

24 *Et conversi, hymnum canebant, et benedicebant Deum in cœlum, quoniam bonus est, quoniam in sæculum misericordia ejus.*

25 *Et facta est salus magna in Israel in die illa.*

26 *Quicumque autem alienigenarum evaserunt, venerunt, et nuntiaverunt Lysiæ universa quæ acciderant.*

27 *Quibus ille auditis, consternatus animo deficiebat: quòd non qualia voluit, talia contigerunt in Israel, et qualia mandavit rex.*

28 *Et sequenti anno congregavit Lysias virorum electorum sexaginta millia, et equitum quinque millia, ut debellaret eos.*

29 *Et venerunt in Judæam, et ca-*

16 Volvióse despues Judas con el ejército que le seguia,

17 y dijo á sus tropas: No os dejeis llevar de la codicia del botin; porque aun tenemos enemigos que vencer;

18 y Gorgias se halla con su ejército cerca de nosotros *ahí* en el monte: ahora pues manteneós firmes contra nuestros enemigos, y vencedlos, y luego despues cogeréis los despojos con toda seguridad.

19 Con efecto, aun estaba hablando Judas cuando se descubrió parte de las tropas *de Gorgias*, que estaban acechando desde el monte.

20 Y reconoció *entonces* Gorgias que los suyos habian sido puestos en fuga, y que habian sido entregados al fuego sus reales; pues la humareda que se veia le daba á entender lo sucedido.

21 Cuando ellos vieron esto, y al mismo tiempo á Judas y su ejército en el llano preparados para la batalla, se intimidaron en gran manera,

22 y echaron todos á huir á las tierras de las naciones extrangeras.

23 Con esto Judas se volvió á coger los despojos del campo *enemigo*, donde juntaron mucho oro y plata, y *ropas preciosas* de color de jacinto, y púrpura marina, y grandes riquezas[1].

24 Y al volverse *despues*, entonaban himnos, y bendecian á voces á Dios, *diciendo:* Porque *el Señor* es bueno, y eterna es su misericordia[2].

25 Y con esta memorable victoria se salvó Israel en aquel dia.

26 Todos aquellos extrangeros que escaparon, fueron á llevar la nueva á Lysias de cuanto habia sucedido;

27 y asi que lo oyó, quedó consternado, y como fuera de sí, por no haber salido las cosas de Israel, segun él se habia prometido, y conforme el Rey habia mandado.

— 28 El año siguiente reunió Lysias sesenta mil hombres escogidos, y cinco mil de á caballo, con el fin de exterminar á los Judíos:

29 y entrando en Judéa sentaron los

---

1 Antes c. *III. v.* 41.—*II. Mach. VIII. vers.* 25.

2 *Ps. CXXXV. v.* 1. *y la nota.*

stra posuerunt in Bethoron, et occurrit illis Judas cum decem millibus viris.

30 Et viderunt exercitum fortem, et oravit, et dixit: Benedictus es, Salvator Israel, qui contrivisti impetum potentis in manu servi tui David, et tradidisti castra alienigenarum in manu Jonathæ filii Saul, et armigeri ejus.

31 Conclude exercitum istum in manu populi tui Israel, et confundantur in exercitu suo et equitibus.

32 Da illis formidinem, et tabefac audaciam virtutis eorum, et commoveantur contritione sua.

33 Dejice illos gladio diligentium te: et collaudent te omnes, qui noverunt nomen tuum, in hymnis.

34 Et commiserunt prælium: et ceciderunt de exercitu Lysiæ quinque millia virorum.

35 Videns autem Lysias fugam suorum, et Judæorum audaciam, et quòd parati sunt aut vivere, aut mori fortiter, abiit Antiochiam, et elegit milites, ut multiplicati rursus venirent in Judæam.

36 Dixit autem Judas, et fratres ejus: Ecce contriti sunt inimici nostri; ascendamus nunc mundare sancta, et renovare.

37 Et congregatus est omnis exercitus, et ascenderunt in montem Sion.

38 Et viderunt sanctificationem desertam, et altare profanatum, et portas exustas, et in atriis virgulta nata siaut in saltu vel in montibus, et pastophoria diruta.

39 Et sciderunt vestimenta sua, et planxerunt planctu magno, et imposuerunt cinerem super caput suum.

40 Et ceciderunt in faciem super terreales en Bethoron, y salióles Judas al encuentro con diez mil hombres.

30 Conocieron estos que era poderoso el ejército enemigo; y Judas oró, y dijo: Bendito seas, oh Salvador de Israel, tú que quebrantaste la fuerza de un gigante por medio de tu siervo David, y que entregaste el campamento de los extrangeros en poder de Jonathás hijo de Saul, y de su escudero[1]:

31 entrega hoy del mismo modo ese ejército en poder de Israel pueblo tuyo, y queden confundidas sus huestes y su caballería.

32 Infúndeles miedo, y aniquila su osadía y corage, y despedácense ellos mismos con sus propias fuerzas.

33 Derríbalos, en fin, tú con la espada de aquellos que te aman: para que todos los que conocen tu santo Nombre te canten himnos de alabanza.

34 Trabada luego la batalla, quedaron en ella muertos cinco mil hombres del ejército de Lysias.

35 Viendo éste la fuga de los suyos, y el ardimiento de los judíos, y que estos estaban resueltos á vivir con honor, ó á morir valerosamente, se fué á Antiochía, y levantó nuevas tropas escogidas para volver con mayores fuerzas á la Judéa.

36 Entonces Judas y sus hermanos dijeron: Ya que quedan destruidos nuestros enemigos, vamos ahora á purificar y restaurar el Templo.

37 Y reunido todo el ejército, subieron al monte de Sion;

38 donde vieron desierto el lugar Santo, y profanado el altar, y quemadas las puertas, y que en los patios habian nacido arbustos como en los bosques y montes, y que estaban arruinadas todas las habitaciones de los ministros del Santuario[2].

39 Y al ver esto rasgaron sus vestidos, y lloraron amargamente, y se echaron ceniza sobre la cabeza,

40 y postráronse rostro por tierra, é

---

1 I. Reg. XIV. v. 13.—XVII. v. 50.
2 Tal es la significacion de la voz παςοφόςια pasthophoria, que antiguamente denotaba las habitaciones de los ministros del templo de los idolos. Clem. Alex. Prædag. lib. III. c. 2. Constit. Apost. lib. XI. c. 57.—III. Reg. VI.—Isai. XXII. v. 15.

ram, et exclamaverunt tubis signorum, et clamaverunt in cælum.

41 Tunc ordinavit Judas viros, et pugnaverunt adversùs eos qui erant in arce, donec emundarent sancta.

42 Et elegit sacerdotes sine macula, voluntatem habentes in lege Dei.

43 Et mundaverunt sancta, et tulerunt lapides contaminationis in locum immundum.

44 Et cogitavit de altari holocausto-rum, quod profanatum erat, quid de eo faceret.

45 Et incidit illis consilium bonum ut destruerent illud; ne fortè illis esset in opprobrium, quia contaminaverunt illud gentes, et demoliti sunt illud.

46 Et reposuerunt lapides in monte domùs in loco apto, quoadusque veni-ret propheta, et responderet de eis.

47 Et acceperunt lapides integros se-cundùm legem; et ædificaverunt altare novum, secundùm illud quod fuit priùs.

48 Et ædificaverunt sancta, et quæ intra domum erant intrinsecùs, et ædem, et atria sanctificaverunt.

49 Et fecerunt vasa sancta nova, et intulerunt candelabrum et altare in-censorum, et mensam in templum.

50 Et incensum posuerunt super al-tare, et accenderunt lucernas, quæ su-per candelabrum erant, et lucebant in templo.

51 Et posuerunt super mensam pa-nes, et appenderunt vela, et consum-maverunt omnia opera quæ fecerant.

52 Et ante matutinum surrexerunt quinta et vigesima die mensis noni (hic est mensis Casleu) centesimi qua-dragesimi octavi anni.

hicieron resonar las trompetas [1] con que se daban las señales, y levantáron sus clamores hasta el cielo.

41 Entonces Judas dispuso que fueran algunas tropas á combatir á los que es-taban en el alcázar, mientras tanto que se iba purificando el Santuario;

42 y escogió sacerdotes [2] sin tacha, amantes de la Ley de Dios,

43 los cuales purificaron el Santuario, y llevaron á un sitio profano las piedras contaminadas [3].

44 Y estuvo pensando Judas qué de-bia hacerse del altar de los holocaus-tos, que habia sido profanado:

45 y tomaron el mejor partido, que fué el destruirle, á fin de que no fue-se para ellos motivo de oprobio, puesto que habia sido contaminado por los gen-tiles, y así le demolieron;

46 y depositaron las piedras en un lu-gar á propósito del monte en que esta-ba el Templo, hasta tanto que viniese un profeta, y decidiese qué era lo que de ellas debia hacerse.

47 Tomaron despues piedras intactas ó sin labrar, conforme dispone la Ley [4], y construyeron un altar nuevo seme-jante á aquel que habia habido antes:

48 y reedificaron el Santuario, y aque-llo que estaba de la parte de adentro de la casa ó Templo, y santificaron el Tem-plo y sus atrios.

49 É hicieron nuevos vasos sagrados, y colocaron en el Templo el candelero y el altar de los inciensos, y la mesa [5].

50 Y pusieron despues incienso sobre el altar, y encendieron las lámparas que estaban sobre el candelero, y alum-braban en el Templo.

51 Y pusieron los panes de proposicion sobre la mesa, colgaron los velos, y completaron todas las obras que habian comenzado.

52 Y, hecho esto, levantáronse antes de amanecer, el dia veinte y cinco del noveno mes, llamado Casleu, del año ciento cuarenta y ocho,

---

1 Num. X. v. 2.
2 Levit. XXI. v. 5 y 17.
3 Con los sacrificios de los ídolos. I. Mach. I. v. 57. — II. Paralip. XXIX. v. 15.—

IV. Reg. XXIII. v. 4.
4 Exod. XX. v. 25.
5 De los panes de proposicion.

53 *Et obtulerunt sacrificium secundùm legem super altare holocaustorum novum, quod fecerunt.*

54 *Secundùm tempus, et secundùm diem in qua contaminaverunt illud gentes, in ipsa renovatum est in canticis, et citharis, et cinyris, et in cymbalis.*

55 *Et cecidit omnis populus in faciem, et adoraverunt, et benedixerunt in cœlum eum, qui prosperavit eis.*

56 *Et fecerunt dedicationem altaris diebus octo, et obtulerunt holocausta cum lætitia, et sacrificium salutaris et laudis.*

57 *Et ornaverunt faciem templi coronis aureis et scutulis: et dedicaverunt portas, et pastophoria, et imposuerunt eis januas.*

58 *Et facta est lætitia in populo magna valdè, et aversum est opprobrium Gentium.*

59 *Et statuit Judas, et fratres ejus, et universa ecclesia Israel, ut agatur dies dedicationis altaris in temporibus suis, ab anno in annum, per dies octo, à quinta et vigesima die mensis Casleu, cum lætitia et gaudio.*

60 *Et ædificaverunt in tempore illo montem Sion, et per circuitum muros altos, et turres firmas, ne quando venirent gentes, et conculcarent eum sicut anteà fecerunt.*

61 *Et collocavit illic exercitum, ut servarent eum, et munivit eum ad custodiendam Bethsuram, ut haberet populus munitionem contra faciem Idumææ.*

53 y ofrecieron el sacrificio, segun la Ley, sobre el nuevo altar de los holocaustos que habian construido.

54 Con lo cual se verificó que en el mismo tiempo ó *mes*, y en el mismo dia [1] que este altar habia sido profanado por los gentiles, fué renovado ó *erigido de nuevo* al son de cánticos, y de cítaras, y de liras, y de címbalos.

55 Y todo el pueblo se postró, hasta juntar su rostro con la tierra, y adoraron á Dios, y levantando su voz hasta el cielo, bendijeron al *Señor* que les habia concedido aquella felicidad.

56 Y celebraron la dedicacion del altar por espacio de ocho dias, y ofrecieron holocaustos con regocijo, y sacrificios de accion de gracias y alabanza.

57 Adornaron tambien la fachada del Templo con coronas de oro y con escudetes *de lo mismo*, y renovaron las puertas *del Templo*, y las habitaciones de los ministros *á él unidas*, y les pusieron puertas.

58 Y fué extraordinaria la alegría del pueblo; y sacudieron de sí el óprobio de las naciones.

59 Entonces estableció Judas y sus hermanos, y toda la Iglesia de Israel, que en lo succesivo se celebrase cada año con grande gozo y regocijo este dia de la dedicacion del Altar [2] por espacio de ocho dias segvidos, empezando el dia veinte y cinco del mes de Casleu.

60 Y fortificaron entonces mismo el monte Sion, y le circuyeron de altas murallas y de fuertes torres, para que no viniesen los gentiles á profanarle, como lo habian hecho antes.

61 Y puso allí Judas una guarnicion para que le custodiase, y le fortificó *tambien* para seguridad de Bethsura [3], á fin de que el pueblo tuviese esta fortaleza en la frontera de Iduméa.

---

1 Antes c. I. v. 57 y 62.
2 Joann. X. v. 22.
3 Fortaleza que estaba cercana á Jerusalem.

Otros traducen: *y fortificó á Bethsura. Cap. VI. v. 7 y 26.*

CAPÍTULO V.

Victorias de Judas Machábéo sobre varias naciones comarcanas: su her mano Simon pasa á la Galiléa. Joseph y Azarías, que pelearon contra las órdenes de Judas, quedan vencidos. Otras expediciones de Judas contra la Iduméa, Samaria y Azoto.

1 *Et factum est, ut audierunt gentes in circuitu, quia ædificatum est altare et sanctuarium sicut priùs, iratæ sunt valdè:*

2 *et cogitabant tollere genus Jacob, qui erant inter eos, et cœperunt occidere de populo, et persequi.*

3 *Et debellabat Judas filios Esau in Idumæa, et eos qui erant in Acrabathane, quia circumsedebant Israelitas, et percussit eos plagâ magnâ.*

4 *Et recordatus est malitiam filiorum Bean, qui erant populo in laqueum, et in scandalum, insidiantes ei in via.*

5 *Et conclusi sunt ab eo in turribus, et applicuit ad eos, et anathematizavit eos, et incendit turres eorum igni, cum omnibus qui in eis erant.*

6 *Et transivit ad filios Ammon, et invenit manum fortem, et populum copiosum, et Timotheum ducem ipsorum.*

7 *Et commisit cum eis prælia multa, et contriti sunt in conspectu eorum, et percussit eos.*

8 *Et cepit Gazer civitatem, et filias ejus, et reversus est in Judæam.*

9 *Et congregatæ sunt gentes quæ sunt in Galaad, adversùs Israelitas qui erant in finibus eorum, ut tollerent eos: et fugerunt in Datheman munitionem:*

1 Asi que las naciones circunvecinas[1] oyeron que el altar y el Santuario habian sido reedificados como antes, se irritaron sobremanera:

2 y resolvieron exterminar á los de la estirpe de Jacob que vivian entre ellos, y *en efecto* comenzaron á matar y perseguir á aquel pueblo.

3 Entre tanto batia Judas á los hijos de Esaú en la Iduméa[2], y á los que estaban en Acrabatane, porque tenian como sitiados á los israelitas, é hizo en ellos un gran destrozo.

4 Tambien se acordó de *castigar* la malicia de los hijos de Bean[3], los cuales eran para el pueblo un lazo y tropiezo, armándole emboscadas en el camino:

5 y obligólos á encerrarse en unas torres, donde los tuvo cercados; y habiéndolos anatematizado[4], pegó fuego á las torres y quemólas con cuantos habia dentro.

6 De allí pasó á *la tierra de* los hijos de Ammon, donde encontró un fuerte y numeroso ejército con Timothéo su caudillo:

7 tuvo diferentes choques con ellos, y los derrotó, é hizo en ellos gran carnicería:

7 y tomó la ciudad de Gazer[5] con los lugares dependientes de ella, y volvióse á Judéa.

9 Pero los gentiles que habitaban en Galaad se reunieron para exterminar á los israelitas que vivian en su pais: mas éstos se refugiaron en la fortaleza de Datheman;

---

1 Los idúmeos, los samaritanos, los ammonitas, los moabitas, los philisthéos, los phenicios, etc.

2 *II. Mach. X. v.* 14.

3 Cerca del mar Muerto hay la villa de Beon que tal vez es esta. *Num. XXXII. v. 3.*

4 Ó destinado á un entero exterminio. Véase *Anathema. Jos. VI. v.* 17.

5 En el griego se lee Ιαξήρ *Iazer*, ciudad de que se habla *Num. XXI. v.* 32.—*Jos. XIII. vers.* 25.

10 et miserunt litteras ad Judam et fratres ejus, dicentes: Congregatæ sunt adversum nos gentes per circuitum, ut nos auferant.

11 Et parant venire, et occupare munitionem, in quam confugimus: et Timotheus est dux exercitus.

12 Nunc ergo veni, et eripe nos de manibus eorum, quia cecidit multitudo de nobis.

13 Et omnes fratres nostri, qui erant in locis Tubin, interfecti sunt: et captivas duxerunt uxores eorum, et natos, et spolia, et peremerunt illic ferè mille viros.

14 Et adhuc epistolæ legebantur, et ecce alii nuntii venerunt de Galilæa conscissis tunicis, nuntiantes secundùm verba hæc:

15 dicentes convenisse adversùm se à Ptolemaida, et Tyro, et Sidone: et repleta est omnis Galilæa alienigenis, ut nos consumant.

16 Ut audivit autem Judas et populus sermones istos, convenit ecclesia magna cogitare quid facerent fratribus suis, qui in tribulatione erant, et expugnabantur ab eis.

17 Dixitque Judas Simoni fratri suo: Elige tibi viros, et vade, et libera fratres tuos in Galilæa: ego autem et frater meus Jonathas ibimus in Galaaditim.

18 Et reliquit Josephum filium Zachariæ et Azariam, duces populi, cum residuo exercitu in Judæa ad custodiam.

19 Et præcepit illis, dicens: Præestote populo huic: et nolite bellum committere adversùm gentes, donec revertamur.

20 Et partiti sunt Simoni viri tria

10 y desde allí escribiéron cartas á Judas y á sus hermanos, en las cuales decian : Se han congregado las naciones circunvecinas para perdernos;

11 y se preparan para venir á tomar la fortaleza donde nos hemos refugiado, siendo Timothéo [1] el caudillo de su ejército.

12 Ven pues luego, y líbranos de sus manos, porque han perecido ya muchos de los nuestros;

13 y todos nuestros hermanos, que habitaban en los lugares próximos á Tubin [2], han sido muertos, habiéndose llevado cautivas á sus mugeres é hijos, y saqueádolo todo, y dado muerte allí mismo á cerca de mil hombres.

14 Aun no habian acabado de leer estas cartas, cuando he aquí que llegáron otros mensageros que venian de Galiléa, rasgados sus vestidos, trayendo otras nuevas semejantes;

15 pues decian haberse coligado contra ellos los de Ptolemaida, y los de Tyro y de Sidon, y que toda la Galiléa [4] estaba llena de extrangeros [4], con el fin, decian, de acabar con nosotros.

16 Luego que Judas y su gente oyéron tales noticias, tuviéron un gran consejo para deliberar qué era lo que harian á favor de aquellos hermanos suyos que se hallaban en la angustia, y eran estrechados por aquella gente.

17 Dijo pues Judas á su hermano Simon: Escoge un cuerpo de tropas, y ve á librar á tus hermanos que están en Galiléa, y yo y mi hermano Jonathás irémos á Galaad.

18 Y dejó á Joseph hijo de Zacharías, y á Azarías por caudillos del pueblo, para guardar la Judéa con el resto del ejército;

19 y díjoles esta órden: Cuidad de esta gente, les dijo; y no salgais á pelear contra los gentiles, hasta que volvamos nosotros.

20 Diéronse pues á Simon tres mil

---

1 Parece que es otro del que se halló en el cap. 6. y el cual habia ya muerto. II. Mach. X. v. 37.

2 Jud. XI. v. 5.

3 II. Mach. VI. v. 8.

4 Llamada por eso en el sexto griego Galiléa de las extrangeras ó gentiles. Pero es la otra parte del pais de Galiléa vivian solos los judios, y tal vez entonces se habia llenado tambien de gentiles.

millia, ut iret in Galilæam: Judas autem solo millia in Galaaditim.

21 Et abiit Simon in Galilæam, et commisit prælia multa cum gentibus: et contritæ sunt gentes à facie ejus, et persecutus est eos usque ad portam

22 Ptolemaidis: et ceciderunt de gentibus ferè tria millia virorum, et accepit spolia eorum.

23 Et assumpsit eos qui erant in Galilæa, et in Arbatis, cum uxoribus et natis, et omnibus quæ erant illis, et adduxit in Judæam cum lætitia magna.

24 Et Judas Machabæus et Jonathas frater ejus transierunt Jordanem, et abierunt viam trium dierum per desertum.

25 Et occurrerunt eis Nabuthæi, et susceperunt eos pacificè, et narraverunt eis omnia quæ acciderant fratribus eorum in Galaaditide,

26 et quia multi ex eis comprehensi sunt in Barasa, et Bosor, et in Alimis, et in Casphor, et Mageth, et Carnaim: hæ omnes civitates munitæ et magnæ.

27 Sed et in ceteris civitatibus Galaaditidis tenentur comprehensi, et in crastinum constituerunt admovere exercitum civitatibus his, et comprehendere, et tollere eos in una die.

28 Et convertit Judas, et exercitus ejus, viam in desertum Bosor repentè, et occupavit civitatem: et occidit omnem masculum in ore gladii, et accepit omnia spolia eorum, et succendit eam igni.

29 Et surrexerunt inde nocte, et ibant usque ad munitionem,

30 Et factum est diluculo, cum elevassent oculos suos, ecce populus multus, cujus non erat numerus, portantes scalas et machinas, ut comprehenderent munitionem, et expugnarent eos.

31 Et vidit Judas quia cœpit bellum, et clamor belli ascendit ad cælum sicut

1 Vers. 45.

hombres para ir á la Galiléa, y Judas tomó ocho mil para pasar á Galaad.

21 Partió Simon para la Galiléa; y tuvo muchos encuentros con aquellas naciones, las que derrotó y fué persiguiendo hasta las puertas de Ptolemaida:

22 dejando muertos cerca de tres mil gentiles, y apoderándose del botin.

23 Tomó despues consigo á los judíos que habia en la Galiléa y en Arbates, como tambien á sus mugeres é hijos, y todo cuanto tenian, y condújolos á la Judéa con grande regocijo[1].

24 Entre tanto Judas Machábéo con su hermano Jonathás pasaron el Jordan, y caminaron tres dias por el Desierto.

25 Y saliéronles al encuentro los Nabuthéos[2], los cuales los recibieron pacíficamente, y les contaron lo que habia acaecido á sus hermanos en Galaad;

26 y como muchos de ellos se habian encerrado en Barasa, en Bosor, en Alimas, en Casphor, en Mageth, y Carnaim (todas ellas ciudades fuertes y grandes);

27 y como quedaban tambien cercados los que habitaban en otras ciudades de Galaad, y les añadieron que los enemigos tenian determinado arrimar al dia siguiente su ejército á aquellas ciudades, y cogerlos, y acabar con ellos en un solo dia.

28 Con esto partió Judas inmediatamente con su ejército por el camino del desierto de Bosor, y apoderóse de la ciudad, y pasó á cuchillo todos los varones, y despues de saqueada la entregó á las llamas.

29 Por la noche salieron de allí, y se dirigieron á la fortaleza de Datheman;

30 y al rayar el dia, alzando los ojos vieron una tropa innumerable de gentes, que traian consigo escalas y máquinas para tomar la plaza, y destruir ó hacer prisioneros á los que estaban dentro.

31 Luego que Judas vió que se habia comenzado el ataque, y que el clamor de

2 Cap. IX. v. 35. Descendian de Nabajot, hijo de Ismael. Gen. XXV. v. 13.

tuba, et clamor magnus de civitate:

32 *et dixit exercitui suo: Pugnate hodie pro fratribus vestris.*

33 *Et venit tribus ordinibus post eos, et exclamaverunt tubis, et clamaverunt in oratione.*

34 *Et cognoverunt castra Timothei quia Machabæus est, et refugerunt à facie ejus: et percusserunt eos plagâ magnâ; et ceciderunt ex eis in die illa ferè octo millia virorum.*

35 *Et divertit Judas in Maspha, et expugnavit, et cepit eam: et occidit omnem masculum ejus, et sumpsit spolia ejus, et succendit eam igni.*

36 *Inde perrexit, et cepit Casbon, et Mageth, et Bosor, et reliquas civitates Galaaditidis.*

37 *Post hæc autem verba congregavit Timotheus exercitum alium, et castra posuit contra Raphon trans torrentem.*

38 *Et misit Judas speculari exercitum: et renuntiaverunt ei, dicentes: Quia convenerunt ad eum omnes gentes, quæ in circuitu nostro sunt, exercitus multus nimis:*

39 *et Arabas conduxerunt in auxilium sibi, et castra posuerunt trans torrentem, parati ad te venire in prælium. Et abiit Judas obviam illis.*

40 *Et ait Timotheus principibus exercitus sui: Cùm appropinquaverit Judas, et exercitus ejus ad torrentem aquæ: si transierit ad nos prior, non poterimus sustinere eum: quia potens poterit adversum nos.*

41 *Si verò timuerit transire, et posuerit castra extra flumen, transfretemus ad eos, et poterimus adversùs illum.*

42 *Ut autem appropinquavit Judas ad torrentem aquæ, statuit scribas populi secus torrentem, et mandavit eis,*

los combatientes subía hasta el cielo, como si fuera el sonido de una trompeta, y que se oía una grande gritería en la ciudad.

32 dijo á sus tropas: Pelead en este día en defensa de vuestros hermanos.

33 Y en seguida marcharon en tres columnas por las espaldas de los enemigos; tocaron las trompetas, y clamaron orando en alta voz.

34 Y conocieron las tropas de Timothéo que era el Machábéo el que venia, y huyeron á su encuentro; sufriendo un gran destrozo, y habiendo perecido en aquel dia al pie de ocho mil hombres.

35 De allí torció Judas el camino hácia Masphá, y la batió y se apoderó de ella: pasó á cuchillo todos los varones; y despues de haberla saqueado, la incendió.

36 Partiendo mas adelante tomó á Casbon, á Mageth, á Bosor y á las demas ciudades de Galaad.

37 Despues de estos sucesos juntó Timothéo otro ejército; y se acampó frente á Raphon, á la otra parte del arroyo.

38 Judas envió luego á reconocer el enemigo, y los emisarios le dijeron: Todas las naciones que nos rodean se han reunido á Timothéo, es un ejército sumamente grande:

39 han tomado tambien en su auxilio á los árabes, y están acampados á la otra parte del arroyo, preparándose para venir á darte la batalla. Y enterado Judas de todo marchó contra ellos.

40 Y dijo Timothéo á los cápitanes de su ejército: Si cuando Judas con sus tropas llegare al arroyo, pasa él primero hácia nosotros, no le podrémos resistir, y nos vencerá infaliblemente[1].

41 Pero si él temiere pasar, y pusiere su campo en el otro lado del arroyo, pasémosle nosotros, y lograrémos victoria.

42 En esto llegó Judas cerca del arroyo; y poniendo á los escribanos ó comisarios[2] del ejército á lo largo de la ori-

---

1 Ó tambien: *porque tendrá ventaja sobre nosotros.*

2 Serian como los que ahora tienen á su cargo la policia del ejército, ó una especie de gendarmes.

dicens: Neminem hominum reliqueritis: sed veniant omnes in prælium.

43 *Et transfretavit ad illos prior, et omnis populus post eum, et contritæ sunt omnes gentes à facie eorum, et projecerunt arma sua, et fugerunt ad fanum, quod erat in Carnaim.*

44 *Et occupavit ipsam civitatem, et fanum succendit igni, cum omnibus qui erant in ipso: et oppressa est Carnaim, et non potuit sustinere contra faciem Judæ.*

45 *Et congregavit Judas universos Israelitas, qui erant in Galaaditide, à minimo usque ad maximum, et uxores eorum, et natos, et exercitum magnum valdè, ut venirent in terram Judæ.*

46 *Et venerunt usque Ephron, et hæc civitas magna in ingressu posita, munita valdè, et non erat declinare ab ea dexterâ vel sinistrâ, sed per mediam iter erat.*

47 *Et incluserunt se qui erant in civitate, et obstruxerunt portas lapidibus: et misit ad eos Judas verbis pacificis,*

48 *dicens: Transeamus per terram vestram, ut eamus in terram nostram: et nemo vobis nocebit: tantùm pedibus transibimus. Et nolebant eis aperire.*

49 *Et præcepit Judas prædicare in castris, ut applicarent unusquisque in quo erat loco.*

50 *Et applicuerunt se viri virtutis: et oppugnavit civitatem illam tota die, et tota nocte, et tradita est civitas in manu ejus:*

51 *et peremerunt omnem masculum in ore gladii, et eradicavit eam, et accepit spolia ejus, et transivit per totam civitatem super interfectos.*

52 *Et transgressi sunt Jordanem in campo magno, contra faciem Bethsan.*

lla del agua, les dió esta órden: No dejeis que se quede aquí nadie: sino que todos han de venir al combate.

43 Dicho esto pasó él el primero hácia los enemigos, y en pos de él toda la tropa, y así que llegaron, derrotaron á todos aquellos gentiles, los cuales arrojaron las armas, y huyeron al templo que habia en Carnaim.

44 Judas tomó la ciudad, pegó fuego al templo y le abrasó con cuantos habia dentro; y Carnaim fué asolada, sin que pudiese resistir á Judas.

45 Entonces reunió Judas todos los israelitas que se hallaban en el pais de Galaad, desde el mas chico hasta el mas grande, con sus mugeres é hijos, formando de todos ellos un ejército numerosísimo *de gente* para que viniesen á la tierra de Judá.

46 Y llegaron á Ephron, ciudad grande situada en la embocadura del pais, y muy fuerte; y no era posible dejarla á un lado, echando á la derecha ó á la izquierda, sino que era preciso atravesar por medio de ella [1].

47 Mas sus habitantes se encerraron, y tapiaron las puertas á cal y canto. Envióles Judas un mensagero de paz,

48 diciéndoles: *Tened à bien que pasemos por vuestro pais, para ir á nuestras casas, y nadie os hará daño: no harémos mas que pasar. Sin embargo ellos no quisieron abrir.

49 Entonces Judas hizo pregonar por todo el ejército, que cada uno la asaltase por el lado en que se hallaba.

50 Con efecto, atacáronla los hombres mas valientes, y dióse el asalto, que duró todo aquel dia y aquella noche, cayendo al fin en sus manos la ciudad.

51 Y pasaron á cuchillo á todos los varones, y arrasaron la ciudad hasta los cimientos, despues de haberla saqueado, y atravesaron *luego* por toda ella, caminando por encima de los cadáveres.

52 En seguida pasaron el Jordan en la gran llanura que hay en frente de Bethsan:

---

1 Pues el camino pasaba por en medio.

53 Et erat Judas congregans extremos, et exhortabatur populum per totam viam, donec venirent in terram Juda.

54 Et ascenderunt in montem Sion cum lætitia et gaudio, et obtulerunt holocausta, quod nemo ex eis cecidisset, donec reverterentur in pace.

55 Et in diebus, quibus erat Judas et Jonathas in terra Galaad, et Simon frater ejus in Galilæa contra faciem Ptolemaidis,

56 audivit Josephus Zachariæ filius, et Azarias princeps virtutis, res benè gestas, et prælia quæ facta sunt,

57 et dixit: Faciamus et ipsi nobis nomen, et eamus pugnare adversus gentes, quæ in circuitu nostro sunt.

58 Et præcepit his qui erant in exercitu suo; et abierunt Jamniam.

59 Et exivit Gorgias de civitate, et viri ejus obviam illis in pugnam.

60 Et fugati sunt Josephus et Azarias usque in fines Judææ: et occiderunt illo die de populo Israel ad duo millia viri, et facta est fuga magna in populo:

61 quia non audierunt Judam, et fratres ejus, existimantes fortiter se facturos.

62 Ipsi autem non erant de semine virorum illorum, per quos salus facta est in Israel.

63 Et viri Juda magnificati sunt valdè in conspectu omnis Israel, et gentium omnium ubi audiebatur nomen eorum.

64 Et convenerunt ad eos fausta acclamantes.

65 Et exivit Judas, et fratres ejus, et expugnabant filios Esau in terra quæ ad Austrum est, et percussit Chebron et filias ejus: et muros ejus et turres succendit igni in circuitu.

53 é iba Judas en la retaguardia reuniendo á los rezagados, y alentando al pueblo por todo el camino, hasta que llegaron á tierra de Judá.

54 Y subieron al monte de Sion con alegría y regocijo, y ofrecieron allí holocaustos en accion de gracias por el feliz regreso, sin que hubiese perecido ninguno de ellos.

55 Pero mientras Judas y Jonathás estaban en el pais de Galaad, y Simon su hermano en la Galiléa delante de Ptolemaida,

56 Joseph hijo de Zacharías, y Azarías comandante de las tropas, tuvieron noticia de estos felices sucesos, y de las batallas que se habian dado.

57 Y Joseph dijo á Azarías: Hagamos tambien nosotros célebre nuestro nombre, y vamos á pelear contra las naciones circunvecinas.

58 Y dando la órden á las tropas de su ejército, marcharon contra Jamnia.

59 Pero Gorgias salió con su gente fuera de la ciudad, para venir al encuentro de ellos y presentarles la batalla:

60 y fueron batidos Joseph y Azarías, los cuales echaron á huir hasta las fronteras de Judéa; pereciendo en aquel dia hasta dos mil hombres del pueblo de Israel: habiendo sufrido el pueblo esta gran derrota,

61 por no haber obedecido las órdenes de Judas y de sus hermanos, imaginándose que harian maravillas.

62 Mas ellos no eran de la estirpe de aquellos varones, por medio de los cuales habia sido salvado Israel.

63 Por el contrario, las tropas de Judas se adquirieron gran reputacion, tanto en todo Israel, como entre las naciones todas, á donde llegaba el eco de su fama.

64 Y la gente les salia al encuentro con aclamaciones de júbilo.

65 Marchó despues Judas con sus hermanos al pais de Mediodia á reducir á los hijos de Esaú, y se apoderó á la fuerza de Chêbron, y de sus aldeas, quemando sus muros y las torres que tenia al rededor.

66 *Et movit castra ut iret in terram alienigenarum, et perambulabat Samariam.*

67 *In die illa ceciderunt sacerdotes in bello, dum volunt fortiter facere, dum sine consilio exeunt in prælium.*

68 *Et declinavit Judas in Azotum in terram alienigenarum, et diruit aras eorum, et sculptilia deorum ipsorum succendit igni: et cepit spolia civitatum, et reversus est in terram Juda.*

66 De allí partió y se dirigió al país de las naciones extrangeras, y recorrió la Samaria.

67 En aquel tiempo murieron peleando unos sacerdotes por querer hacer proezas, y haber entrado imprudentemente en el combate.

68 Judas torció despues hácia Azoto, país de los extrangeros, y derribó sus altares, quemó los simulacros de sus dioses, saqueó las ciudades, y con sus despojos volvióse á tierra de Judá.

CAPÍTULO VI.

Muere Antiochô, y confiesa que sus desastres eran efecto de la impiedad con que habia tratado á los judíos. Su hijo Eupator, que le succede, va con un poderoso ejército contra Judas, y no puede vencerle. Teniendo cercada á Jerusalem, levanta el sitio, llamado por Lysias: jura la paz, pero quebranta luego el juramento.

1 *Et rex Antiochus perambulabat superiores regiones, et audivit esse civitatem Elymaidem in Perside nobilissimam, et copiosam in argento et auro,*

2 *templumque in ea locuples valdè: et illic velamina aurea, et loricæ, et scuta, quæ reliquit Alexander Philippi rex Macedo, qui regnavit primus in Græcia.*

3 *Et venit, et quærebat capere civitatem, et deprædari eam: et non potuit, quoniam innotuit sermo his qui erant in civitate:*

4 *et insurrexerunt in prælium, et fugit inde, et abiit cum tristitia magna, et reversus est in Babyloniam.*

5 *Et venit qui nuntiaret ei in Perside, quia fugata sunt castra, quæ erant in terra Juda:*

6 *et quia abiit Lysias cum virtute forti in primis, et fugatus est à facie Judæorum, et invaluerunt armis, et viribus, et spoliis multis, quæ ceperunt de castris, quæ exciderunt:*

7 *et quia diruerunt abominationem,*

1 Yendo el rey Antiochô recorriendo las provincias superiores [1], oyó que habia en Persia una ciudad llamada Elymaida [2], muy célebre y abundante de plata y oro,

2 con un templo riquísimo, donde habia velos con mucho oro, y corazas, y escudos que habia dejado allí Alejandro, hijo de Philippo Rey de Macedonia, el que reinó primero en *toda* la Grecia.

3 Y fué allá con el fin de apoderarse de la ciudad, y saquearla; pero no pudo salir con su intento, porque llegando á entender su designio los habitantes,

4 salieron á pelear contra él, y tuvo que huir, y se retiró con gran pesar, volviéndose á Babylonia.

5 Y estando en Persia, llególe la noticia de que habia sido destrozado el ejército que se hallaba en el país de Judá,

6 y que habiendo pasado allá Lysias con grandes fuerzas, fué derrotado por los judíos, los cuales se hacian mas poderosos con las armas [3], municiones y despojos tomados al ejército destruido;

7 y de como habian igualmente ellos

---

1 Ó del otro lado del Euphrates.
2 II. Mach. IX. v. 2.

3 Ó mas poderosos en armas y fuerzas con los despojos, etc.

quam ædificaverat super altare, quod erat in Jerusalem, et sanctificationem, sicut priùs, circumdederunt muris excelsis, sed et Bethsuram civitatem suam.

8 Et factum est ut audivit rex sermones istos, expavit, et commotus est valdè: et decidit in lectum, et incidit in languorem præ tristitia, quia non factum est ei sicut cogitabat.

9 Et erat illio per dies multos: quia renovata est in eo tristitia magna, et arbitratus est se mori.

10 Et vocavit omnes amicos suos, et dixit illis: Recessit somnus ab oculis meis, et concidi, et corrui corde præ solicitudine:

11 et dixi in corde meo: In quantam tribulationem deveni, et in quos fluctus tristitiæ, in qua nunc sum; qui jucundus eram, et dilectus in potestate mea!

12 Nunc verò reminiscor malorum, quæ feci in Jerusalem, unde et abstuli omnia spolia aurea et argentea, quæ erant in ea, et misi auferre habitantes Judæam sine causa.

13 Cognovi ergo, quia propterea invenerunt me mala ista: et ecce pereo tristitia magna in terra aliena.

14 Et vocavit Philippum unum de amicis suis, et præposuit eum super universum regnum suum:

15 et dedit ei diadema, et stolam suam, et annulum, ut adduceret Antiochum filium suum, et nutriret eum, et regnaret.

16 Et mortuus est illic Antiochus rex, anno centesimo quadragesimo nono.

17 Et cognovit Lysias, quoniam mortuus est rex, et constituit regnare Antiochum filium ejus, quem nutrivit adolescentem: et vocavit nomen ejus Eupator.

---

derrocado la abominacion, ó ídolo erigido por él sobre el altar de Jerusalem, y cercado asimismo el Santuario con altos muros, segun estaba antes, y tambien en Bethsura, su ciudad.

8 Oido que hubo el Rey tales noticias, quedó pasmado y lleno de turbacion, y púsose en cama, y enfermó de melancolía [1], viendo que no le habian salido las cosas como él se habia imaginado.

9 Permaneció así en aquel lugar por muchos dias; porque iba aumentándose su tristeza, de suerte que consintió en que se moria.

10 Con esto llamó á todos sus amigos, y les dijo: El sueño ha huido de mis ojos; mi corazon se ve abatido y oprimido de pesares,

11 y digo allá dentro de mí: ¡Á qué extrema afliccion me veo reducido, y en qué abismo de tristeza me hallo, yo que estaba antes tan contento y querido, gozando de mi regia dignidad!

12 Mas ahora se me presentan á la memoria los males que causé en Jerusalem, de donde me traje todos los despojos de oro y plata que allí cogí, y el que sin motivo alguno envié á exterminar los moradores de la Judéa.

13 Yo reconozco ahora que por eso han llovido sobre mí tales desastres: y ved aquí que muero de profunda melancolía en tierra extraña.

14 Llamó despues á Philippo, uno de sus confidentes, y le nombró Regente de todo su reino;

15 y entrególe la diadema, el manto Real y el anillo, á fin de que fuese á encargarse de su hijo Antiochô, y le educase para ocupar el trono.

16 Y murió allí el rey Antiochô, el año ciento cuarenta y nueve.

17 Al saber Lysias la muerte del Rey, proclamó á Antiochô, su hijo, á quien él habia criado desde niño; y le puso el nombre de Eupator [2].

---

1 Ó tristeza. II. Mach. IX. Antiochô marchó luego furioso para acabar con todos los judios; pero el Señor le castigó, y tuvo que detenerse en Tabis, ciudad de Persia, y ponerse en cama, etc.

2 II. Mach. X. v. 10. Eupator voz griega compuesta de Eu bueno y pater padre: como si dijera: hijo de un buen padre. Fue sobre-nombre de muchos otros Reyes.

18 *Et hi qui erant in arce, conclu-serant Israel in circuitu sanctorum: et quærebant eis mala semper, et firma-mentum gentium.*

19 *Et cogitavit Judas disperdere eos: et convocavit universum populum, ut obsiderent eos.*

20 *Et convenerunt simul, et obsede-runt eos anno centesimo quinquagesi-mo, et fecerunt balistas et machinas.*

21 *Et exierunt quidam ex eis qui obsidebantur, et adjunxerunt se illis aliqui impii ex Israel,*

22 *et abierunt ad regem, et dixerunt: Quousque non facis judicium, et vin-dicas fratres nostros?*

23 *Nos decrevimus servire patri tuo, et ambulare in præceptis ejus, et obse-qui edictis ejus:*

24 *et filii populi nostri propter hos alienabant se à nobis, et quicumque inveniebantur ex nobis, interficieban-tur, et hæreditates nostræ diripiebantur.*

25 *Et non ad nos tantùm extende-runt manum, sed et in omnes fines nostros.*

26 *Et ecce applicuerunt hodie ad ar-vem Jerusalem occupare eam, et mu-nitionem Bethsuram munierunt:*

27 *et nisi præveneris eos velociùs, majora quàm hæc facient, et non po-teris obtinere eos.*

28 *Et iratus est rex, ut hæc audivit: et convocavit omnes amicos suos, et principes exercitus sui, et eos qui su-per equites erant.*

29 *Sed et de regnis aliis, et de in-sulis maritimis venerunt ad eum exer-citus conductitii.*

30 *Et erat numerus exercitûs ejus, centum millia peditum, et viginti mil-lia equitum, et elephanti triginta duo, docti ad prælium.*

31 *Et venerunt per Idumæam, et ap-plicuerunt ad Bethsuram, et pugnave-*

— 18 Entre tanto los que ocupaban el alcázar de *Jerusalem* tenian encerrado á Israel en los alrededores del Santua-rio; y procuraban siempre causarle da-ño, y acrecentar el partido de los gen-tiles.

19 Resolvió pues Judas destruirlos, y convocó á todo el pueblo para ir á si-tiarlos.

20 Reunida la gente comenzaron el sitio el año ciento y cincuenta, y cons-truyeron ballestas *para arrojar piedras,* y otras máquinas de guerra [1].

21 Y salieron fuera algunos de los si-tiados, á los que se agregaron varios otros de los impíos del pueblo de Israel.

22 Y se fueron al Rey, y le dijeron: ¿Cuándo, finalmente, harás tú justi-cia, y vengarás á nuestros hermanos?

23 Nosotros nos resolvimos á servir á tu padre, y obedecerle, y observar sus leyes:

24 y por esta causa nos tomaron aver-sion los de nuestro mismo pueblo, han dado muerte á todo el que han encon-trado de nosotros, y han robado nues-tros bienes;

25 y no tan solo han ejercido su vio-lencia contra nosotros, sino tambien por todo nuestro pais.

26 Y he aquí que ahora han puesto sitio al alcázar de *Jerusalem* para apo-derarse de él, y han fortificado á Beth-sura.

27 Y si tú no obras con mas activi-dad que ellos, harán aun cosas mayores que estas, y no podrás tenerlos á raya.

28 Irritóse el Rey al oir esto, é hizo llamar á todos sus amigos, y á los prin-cipales oficiales de su ejército, y á los comandantes de la caballería.

29 Llegáronle tambien tropas asala-riadas de otros reinos, y de las islas ó *paises de ultramar.*

30 de suerte que juntó un ejército de cien mil infantes con veinte mil hom-bres de caballería, y treinta y dos ele-fantes adiestrados para el combate [2].

31 Y entrando estas tropas por la Idu-méa, vinieron á poner sitio á Bethsura,

---

1 *Vers.* 51.   2 *II. Mach. XIII. v.* 2.

runt dies multos, et fecerunt machinas; et exierunt, et succenderunt eas igni, et pugnaverunt viriliter.

32 Et recessit Judas ab arce, et movit castra ad Bethzacharam contra castra regis.

33 Et surrexit rex ante lucem, et concitavit exercitus in impetum contra viam Bethzacharam: et comparaverunt se exercitus in prælium, et tubis cecinerunt:

34 et elephantis ostenderunt sanguinem uvæ et mori, ad acuendos eos in prælium:

35 et diviserunt bestias per legiones: et astiterunt singulis elephantis mille viri in loricis concatenatis, et galeæ æreæ in capitibus eorum: et quingenti equites ordinati unicuique bestiæ electi erant.

36 Hi ante tempus ubicumque erat bestia, ibi erant: et quòcumque ibat, ibant, et non discedebant ab ea.

37 Sed et turres ligneæ super eos firmæ protegentes super singulas bestias: et super eas machinæ: et super singulas viri virtutis triginta duo, qui pugnabant desuper, et Indus magister bestiæ.

38 Et residuum equitatum hinc et indè statuit in duas partes, tubis exercitum commovere, et perurgere constipatos in legionibus ejus.

39 Et ut refulsit sol in clypeos aureos, et æreos, resplenduerunt montes ab eis, et resplenduerunt sicut lampades ignis.

40 Et distincta est pars exercitus regis per montes excelsos, et alia per loca humilia: et ibant cautè et ordinatè.

41 Et commovebantur omnes inhabi-

y la combatieron por espacio de muchos dias, é hicieron varias máquinas de guerra; pero habiendo hecho una salida los sitiados, las quemaron, y pelearon valerosamente.

32 Á este tiempo levantó Judas el sitio del alcázar de Jerusalem, y dirigió sus tropas hácia Bethzachâra, frente del campamento del Rey.

33 Levantóse el Rey antes de amanecer, é hizo marchar apresuradamente su ejército por el camino de Bethzachâra. Prepaáronse para el combate ambos ejércitos, y dieron la señal con las trompetas:

34 mostraron á los elefantes vino tinto y zumo de moras, á fin de incitarlos [1] á la batalla;

35 y distribuyeron estos animales por las legiones, poniendo al rededor de cada elefante mil hombres armados de cotas de malla y morriones de bronce, y ademas quinientos hombres escogidos de caballería cerca de cada elefante.

36 Hallábanse estas tropas anticipadamente en donde quiera que habia de estar el elefante, é iban donde él iba, sin apartarse de él nunca.

37 Sobre cada una de estas bestias habia una fuerte torre de madera, que les servia de defensa, y sobre la torre máquinas de guerra; yendo en cada torre treinta y dos hombres esforzados, los cuales peleaban desde ella, y ademas un indio que gobernaba la bestia.

38 Y el resto de la caballería, dividido en dos trozos, le colocó en los flancos del ejército para excitarle con el sonido de las trompetas, y tener asi encerradas las filas de sus legiones.

39 Asi que salió el sol é hirió con sus rayos los broqueles de oro y de bronce, reflejaron estos la luz en los montes, resplandeciendo como antorchas encendidas.

40 Y la una parte del ejército del Rey caminaba por lo alto de los montes, y la otra por los lugares bajos, é iban avanzando con precaucion y en buen órden.

41 Y todos los moradores del pais es-

---

1 Con la vista de este color.

tantes terram à voce multitudinis, et incessu turbæ, et collisione armorum: erat enim exercitus magnus valdè, et fortis.

42 Et appropiavit Judas, et exercitus ejus in prælium: et ceciderunt de exercitu regis sexcenti viri.

43 Et vidit Eleazar filius Saura unam de bestiis loricatam loricis regis: et erat eminens super ceteras bestias, et visum est ei quòd in ea esset rex:

44 et dedit se ut liberaret populum suum, et acquireret sibi nomen æternum.

45 Et cucurrit ad eam audacter in medio legionis, interficiens à dextris et à sinistris, et cadebant ab eo huc atque illuc.

46 Et ivit sub pedes elephantis, et supposuit se ei, et occidit eum: et cecidit in terram super ipsum, et mortuus est illic.

47 Et videntes virtutem regis, et impetum exercitus ejus, diverterunt se ab eis.

48 Castra autem regis ascenderunt contra eos in Jerusalem: et applicuerunt castra regis ad Judæam et montem Sion.

49 Et fecit pacem cum his qui erant in Bethsura: et exierunt de civitate, quia non erant eis ibi alimenta conclusis, quia sabbata erant terræ.

50 Et comprehendit rex Bethsuram; et constituit illic custodiam servare eam.

51 Et convertit castra ad locum sanctificationis dies multos: et statuit illic balistas, et machinas, et ignis jacula, et tormenta ad lapides jactandos, et spicula, et scorpios ad mittendas sa-

taban asombrados á las voces de aquella muchedumbre, y al movimiento de tanta gente, y al estruendo de sus armas: pues era grandísimo y muy poderoso aquel ejército.

42 Y adelantóse Judas con sus tropas para dar la batalla, y murieron del ejército del Rey seiscientos hombres [1].

43 Y Eleazar, hijo de Saura, observó un elefante que iba enjaezado con una regia cota de malla, y que era mas alto que todos los demas; y juzgó que iria encima de él el Rey.

44 É hizo el sacrificio de sí mismo por libertar á su pueblo, y grangearse un nombre eterno [2].

45 Corrió pues animosamente hácia el elefante por en medio de la legion, matando á diestro y siniestro, y atropellando á cuantos se le ponian delante;

46 y fué á meterse debajo del vientre del elefante, y le mató: pero cayendo la bestia encima de él, le dejó muerto.

47 Mas los judíos viendo las fuerzas é impetuosidad del ejército del Rey, hicieron una retirada.

48 Entonces las tropas del Rey fueron contra ellos por el camino de Jerusalem, y llegando á la Judéa acamparon junto al monte de Sion.

49 El Rey hizo un tratado con los que estaban en Bethsura; los cuales salieron de la ciudad, porque estando sitiados dentro de ella, no tenian víveres de repuesto, por ser aquel año sabático [3], ó de descanso, para los campos.

50 De esta suerte el Rey se apoderó de Bethsura, dejando en ella una guarnicion para su custodia.

51 Asentó despues sus reales cerca del Lugar santo, donde permaneció muchos dias, preparando allí ballestas, y otros ingenios para lanzar fuegos [4], y máquinas para arrojar piedras y dardos, é ima-

---

1 Judas atacó dos veces al ejército del Rey. En la primera mató 4000 hombres. II. Mach. XIII. v. 15. El Rey por la mañana renovó la pelea (v. 33), y entonces perdió los 600 hombres que refiere este verso 42. Véase Josepho lib. XII. c. 14.

2 Celebra S. Ambrosio (Offic. I. c. 4.) esta

acción heróica de Eleazar; el cual creyó dar la victoria á su pueblo dando la muerte al Rey ó caudillo enemigo.

3 Levit. XXV. v. 4. Véase Sábado.

4 Ó materias combustibles. Véase Tito Livio lib. XXI, en la descripcion del sitio de Sagunto.

gillas, et fundibula.

52 *Fecerunt autem et ipsi machinas adversùs machinas eorum, et pugnaverunt dies multos.*

53 *Esca autem non erant in civitate, eò quòd septimus annus esset: et qui remanserant in Judæa de gentibus, consumpserant reliquias eorum, quæ repositæ fuerant.*

54 *Et remanserunt in sanctis viri pauci, quoniam obtinuerat eos fames: et dispersi sunt unusquisque in locum suum.*

55 *Et audivit Lysias quòd Philippus, quem constituerat rex Antiochus, cùm adhuc viveret, ut nutriret Antiochum filium suum, et regnaret,*

56 *reversus esset à Perside, et Media, et exercitus qui abierat cum ipso, et quia quærebat suscipere regni negotia:*

57 *festinavit ire, et dicere ad regem, et duces exercitus: Deficimus quotidie, et esca nobis modica est, et locus, quem obsidemus, est munitus, et incumbit nobis ordinare de regno.*

58 *Nunc itaque demus dextras hominibus istis, et faciamus cum illis pacem, et cum omni gente eorum:*

59 *et constituamus illis ut ambulent in legitimis suis sicut priùs; propter legitima enim ipsorum, quæ despeximus, irati sunt, et fecerunt omnia hæc.*

60 *Et placuit sermo in conspectu regis et principum: et misit ad eos pacem facere, et receperunt illam.*

61 *Et juravit illis rex, et principes: et exierunt de munitione.*

62 *Et intravit rex montem Sion, et vidit munitionem loci: et rupit citiùs juramentum, quod juravit: et mandavit destruere murum in gyro.*

trumentos para tirar saetas, y ademas de eso hondas.

52 Los sitiados hicieron tambien máquinas contra las de los enemigos, y defendiéronse por muchos dias.

53 Faltaban empero víveres en la ciudad, por ser el año séptimo ó *sabático*, y porque los gentiles que habian quedado en Judéa habian consumido todos los repuestos.

54 Con eso quedó poca gente para *la defensa de* los Lugares santos; porque los soldados se hallaron acosados de la hambre, y se desparramaron, yéndose cada cual á su lugar.

55 En esto llegó á entender Lysias que Philippo (á quien el Rey Antiochô, estando aun en vida, habia encargado la educacion de su hijo Antiochô para que ocupase el trono)

56 habia vuelto de Persia y de la Media con el ejército que habia ido con él, y que buscaba medios para apoderarse del gobierno del reino.

57 Por *tanto* fué inmediatamente, y dijo al Rey y á los generales del ejército: Nos vamos consumiendo de dia en dia: tenemos pocos víveres: la plaza que tenemos sitiada está bien pertrechada; y lo que nos urge es arreglar los negocios del reino.

58 Ahora pues compongámonos con estas gentes[1], y hagamos la paz con ellas, y con toda su nacion;

59 y dejémosles que vivan como antes segun sus leyes: pues por amor de sus leyes, que hemos despreciado nosotros, se han encendido en cólera, y hecho todas estas cosas.

60 Pareció bien al Rey y á sus príncipes esta proposicion; y envió á hacer la paz con los judíos, los cuales la aceptaron.

61 Confirmáronla con juramento el Rey y los príncipes; y salieron de la fortaleza los que la defendian.

62 Y entró el Rey en el monte de Sion, y observó las fortificaciones que en él habia; pero violó luego el juramento hecho, mandando derribar el muro que habia al rededor.

---

1 Tambien entre nosotros se usa la frase *Déme Vmd. la mano*, para asegurar la promesa de la amistad.

63 *Et discessit festinanter, et reversus est Antiochiam, et invenit Philippum dominantem civitati: et pugnavit adversus eum, et occupavit civitatem.*

63 Partió despues de allí á toda priesa, y se volvió á Antiochía, donde halló que Philippo se habia hecho dueño de la ciudad: mas habiendo peleado contra él, la recobró.

CAPÍTULO VII.

Demetrio, hijo de Seleuco, llega á Syria; hace quitar la vida á Antiochô Eupator y á Lysias, y recobra el reino de sus padres. Envia á Bacchides por comandante de la Judéa, con órden de dar la posesion del Sumo sacerdocio á Alcimo. Opónesele Judas Machábéo, y le obliga á volverse á Antiochia. Nicanor, enviado contra Judas, es vencido por éste y muerto. Institúyese una fiesta en memoria de esta victoria.

1 *Anno centesimo quinquagesimo primo, exiit Demetrius Seleuci filius ab urbe Roma, et ascendit cum paucis viris in civitatem maritimam, et regnavit illic.*

1 El año ciento cincuenta y uno, Demetrio, hijo de Seleuco, salió de la ciudad de Roma, y llegó con poca comitiva á una ciudad maritima, y allí comenzó á reinar [1].

2 *Et factum est, ut ingressus est domum regni patrum suorum, comprehendit exercitus Antiochum et Lysiam, ut adducerent eos ad eum.*

2 Y apenas entró en el reino de sus padres, cuando el ejército se apoderó de Antiochô y de Lysias, para presentárselos á él.

3 *Et res ei innotuit, et ait: Nolite mihi ostendere faciem eorum.*

3 Mas asi que lo supo, dijo: Haced que no vea yo su cara.

4 *Et occidit eos exercitus. Et sedit Demetrius super sedem regni sui.*

4 Con esto la misma tropa les quitó la vida, y Demetrio quedó sentado en el trono de su reino.

5 *Et venerunt ad eum viri iniqui et impii ex Israel: et Alcimus dux eorum, qui volebat fieri sacerdos.*

5 Y vinieron á presentársele algunas hombres malvados é impíos de Israel, cuyo caudillo era Alcimo, el cual pretendia ser *Sumo* sacerdote.

6 *Et accusaverunt populum apud regem, dicentes: Perdidit Judas, et fratres ejus, omnes amicos tuos, et nos dispersit de terra nostra.*

6 Acusaron éstos á su nacion delante del Rey, diciendo: Judas y sus hermanos han hecho perecer á todos tus amigos, y á nosotros nos han arrojado de nuestra tierra.

7 *Nunc ergo mitte virum, cui credis, ut eat, et videat exterminium omne, quod fecit nobis, et regionibus regis: et puniat omnes amicos ejus, et adjutores eorum.*

7 Envia pues una persona de tu confianza, para que vaya y vea todos los estragos que aquel nos ha causado ó nosotros, y á las provincias del Rey, y castigue á todos sus amigos, y partidarios.

8 *Et elegit rex ex amicis suis Bacchidem, qui dominabatur trans flumen magnum in regno, et fidelem regi: et misit eum,*

8 En efecto el Rey eligió de entre sus amigos á Bacchides, que tenia el gobierno de la otra parte del rio, magnate del reino, y de la confianza del Rey; y le envió

9 *ut videret exterminium, quod fecit*

9 á reconocer las vejaciones que ha-

1 II. Mach. XIV. v. 1.

Judas: sed et Alcimum impium constituit in sacerdotium, et mandavit ei facere ultionem in filios Israel.

10 Et surrexerunt, et venerunt cum exercitu magno in terram Juda: et miserunt nuntios, et locuti sunt ad Judam, et ad fratres ejus, verbis pacificis in dolo.

11 Et non intenderunt sermonibus eorum: viderunt enim quia venerunt cum exercitu magno.

12 Et convenerunt ad Alcimum et Bacchidem congregatio scribarum requirere quæ justa sunt:

13 et primi Assidæi, qui erant in filiis Israel, et exquirebant ab eis pacem.

14 Dixerunt enim: Homo sacerdos de semine Aaron venit, non decipiet nos.

15 Et locutus est cum eis verba pacifica: et juravit illis, dicens: Non inferemus vobis malum, neque amicis vestris.

16 Et crediderunt ei: et comprehendit ex eis sexaginta viros, et occidit eos in una die, secundùm verbum quod scriptum est:

17 Carnes sanctorum tuorum, et sanguinem ipsorum effuderunt in circuitu Jerusalem, et non erat qui sepeliret.

18 Et incubuit timor et tremor in omnem populum, quia dixerunt: Non est veritas et judicium in eis: transgressi sunt enim constitutum, et jusjurandum quod juraverunt.

19 Et movit Bacchides castra ab Jerusalem, et applicuit in Bethzecha: et misit, et comprehendit multos ex eis qui à se effugerant, et quosdam de populo mactavit, et in puteum magnum projecit.

20 Et commisit regionem Alcimo, et

bia hecho Judas, confiriendo ademas el Sumo pontificado al impío Alcimo, al cual dió órden de castigar á los hijos de Israel.

10 Pusiéronse pues en camino, y entraron con un grande ejército en el pais de Judá: y enviaron mensageros á Judas y á sus hermanos para engañarlos con buenas palabras.

11 Pero éstos no quisieron fiarse de ellos, viendo que habian venido con un poderoso ejército.

12 Sin embargo el colegio de los escribas pasó á estar con Alcimo y con Bacchides para hacerles algunas proposiciones justas ó razonables:

13 á la frente de estos hijos de Israel iban los assidéos [1], los cuales les pedian la paz.

14 Porque decian: Un sacerdote de la estirpe de Aaron es el que viene á nosotros: no es de creer que nos engañe.

15 Alcimo pues les habló palabras de paz, y les juró, diciendo: No os harémos daño alguno ni á vosotros ni á vuestros amigos.

16 Dieron ellos crédito á su palabra; pero él hizo prender á sesenta de los mismos, y en un dia les hizo quitar la vida; conforme á lo que está escrito en los Salmos [2]:

17 Al rededor de Jerusalem arrojaron los cuerpos de tus santos [3], y su sangre; ni hubo quien les diese sepultura.

18 Con esto se apoderó de todo el pueblo un grande temor y espanto, y decianse unos á otros: No se encuentra verdad ni justicia en estas gentes; pues han quebrantado el tratado y el juramento que hicieron.

19 Y levantó Bacchides sus reales de Jerusalem, y fué á acamparse junto á Bethzechá, desde donde envió á prender á muchos que habian abandonado su partido; haciendo degollar á varios del pueblo, y que los arrojáran en un profundo pozo.

20 Encargó despues el gobierno del

---

1 Véase antes cap. II. v. 42.
2 Ps. LXXVIII. v. 2.—II. Mach. XIV. vers. 6.

3 La palabra hebréa correspondiente á santos es הסידים asidim, que significa piadosos ó santos.

reliquit cum eo auxilium in adjutorium ipsi. Et abiit Bacchides ad regem:

21 et satis agebat Alcimus pro principatu sacerdotii sui.

22 Et convenerunt ad eum omnes qui perturbabant populum suum, et obtinuerunt terram Juda, et fecerunt plagam magnam in Israel.

23 Et vidit Judas omnia mala quæ fecit Alcimus, et qui cum eo erant filiis Israel, multò plus quàm gentes.

24 Et exiit in omnes fines Judææ in circuitu, et fecit vindictam in viros desertores, et cessaverunt ultrà exire in regionem.

25 Vidit autem Alcimus quòd prævaluit Judas, et qui cum eo erant: et cognovit quia non potest sustinere eos, et regressus est ad regem, et accusavit eos multis criminibus.

26 Et misit rex Nicanorem, unum ex principibus suis nobilioribus: qui erat inimicitias exercens contra Israel: et mandavit ei evertere populum.

27 Et venit Nicanor in Jerusalem cum exercitu magno, et misit ad Judam et ad fratres ejus verbis pacificis cum dolo,

28 dicens: Non sit pugna inter me et vos: veniam cum viris paucis, ut videam facies vestras cum pace.

29 Et venit ad Judam, et salutaverunt se invicem pacificè: et hostes parati erant rapere Judam.

30 Et innotuit sermo Judæ, quoniam cum dolo venerat ad eum: et conterritus est ab eo, et ampliùs noluit videre faciem ejus.

31 Et cognovit Nicanor quoniam denudatum est consilium ejus: et exivit obviam Judæ in pugnam juxta Capharsalama.

32 Et ceciderunt de Nicanoris exercitu ferè quinque millia viri, et fugerunt in civitatem David.

pais á Alcimo, dejándole un cuerpo de tropas que les sostuviera: y volvióse Bacchides á donde estaba el Rey.

21 Hacia Alcimo todos sus esfuerzos para asegurarse en su Pontificado;

22 y habiéndose unido á él todos los revoltosos del pueblo, se hicieron dueños de toda la tierra de Judá, y causaron grandes estragos en Israel.

23 Viendo pues Judas las extorsiones que Alcimo y los suyos habian hecho á los hijos de Israel, y que eran mucho peores que las causadas por los gentiles,

24 salió á recorrer todo el territorio de la Judéa, y castigó á estos desertores *de la causa de la patria*; de suerte que no volvieron á hacer mas excursiones por el pais.

— 25 Mas cuando Alcimo vió que Judas y sus gentes ya prevalecian, y que él no podia resistirles, se volvió á ver al Rey [1], y los acusó de muchos delitos.

26 Entonces el Rey envió á Nicanor, uno de sus mas ilustres magnates, y enemigo declarado de Israel, con la órden de acabar con este pueblo.

27 Pasó pues Nicanor á Jerusalem con un grande ejército [2], y envió *luego* sus emisarios á Judas y á sus hermanos para engañarlos con palabras de paz,

28 diciéndoles: No haya guerra entre mí y vosotros: yo pasaré con poca comitiva á veros y tratar de paz.

29 Con efecto fué Nicanor á ver á Judas; y se saludaron mutuamente como amigos: pero los enemigos estaban prontos para apoderarse de Judas.

30 Y llegando Judas á entender que habian venido con mala intencion, temió y no quiso volverle á ver mas.

31 Conoció entonces Nicanor que estaba descubierta su trama; y salió á pelear contra Judas junto á Capharsalama,

32 donde quedaron muertos como unos cinco mil hombres del ejército de Nicanor. *Judas* empero *y los suyos* se retiraron á la ciudad ó *fortaleza* de David [3].

---

1 Y le ofreció dones. *II. Mach. XIV. v. 4.*
2 *II. Mach. XIV. v. 13.*

3 Por ser tan inferior su ejército.

33 Et post has verba ascendit Nicanor in montem Sion: et exierunt de sacerdotibus populi salutare eum in pace, et demostrare ei holocautomata, quæ offerebantur pro rege.

34 Et irridens sprevit eos, et polluit: et locutus est superbè,

35 et juravit cum ira, dicens: Nisi traditus fuerit Judas, et exercitus ejus in manus meas, continuò cùm regressus fuero in pace, succendam domum istam. Et exiit cum ira magna.

36 Et intraverunt sacerdotes, et steterunt ante faciem altaris et templi; et flentes dixerunt:

37 Tu, Domine, elegisti domum istam ad invocandum nomen tuum in ea, ut esset domus orationis et obsecrationis populo tuo:

38 Fac vindictam in homine isto, et exercitu ejus, et cadant in gladio: memento blasphemias eorum, et ne dederis eis ut permaneant.

39 Et exiit Nicanor ab Jerusalem, et castra applicuit ad Bethoron, et occurrit illi exercitus Syriæ.

40 Et Judas applicuit in Adarsa cum tribus millibus viris: et oravit Judas, et dixit:

41 Qui missi erant à rege Sennacherib, Domine, quia blasphemaverunt te, exiit angelus, et percussit ex eis centum octoginta quinque millia:

42 sic contere exercitum istum in conspectu nostro hodie: et sciant cæteri quia malè locutus est super sancta tua: et judica illum secundùm malitiam illius.

43 Et commiserunt exercitus prælium tertiadecimæ die mensis Adar: et contrita sunt castra Nicanoris, et cecidit ipse primus in prælio.

44 Ut autem vidit exercitus ejus quia cecidisset Nicanor, projecerunt arma sua, et fugerunt:

33 Despues de esto subió Nicanor al monte de Sion, y así que llegó, salieron á saludarle pacificamente algunos sacerdotes del pueblo, y hacerle ver los holocaustos que se ofrecian por el Rey [1].

34 Mas él los recibió con desprecio y mofa, los trató como á personas profanas; y les habló con arrogancia,

35 y lleno de cólera les juró diciendo: Si no entregais en mis manos á Judas y á su ejército, inmediatamente que yo vuelva victorioso, abrasaré esta casa ó templo. Y marchóse sumamente enfurecido.

36 Entonces los sacerdotes entraron en el templo á presentarse ante el altar, y llorando dijeron:

37 Señor, tú elegiste esta casa á fin de que en ella fuese invocado tu santo Nombre, y fuese un lugar de oracion y de plegarias para tu pueblo:

38 has que resplandezca tu venganza sobre este hombre y su ejército, y perezcan al filo de la espada: ten presentes sus blasfemias, y no permitas que subsistan sobre la tierra.

39 Habiendo pues partido Nicanor de Jerusalem, fué á acamparse cerca de Bethoron, y allí se le juntó el ejército de la Syria.

40 Judas empero acampó junto á Adarsa con tres mil hombres, é hizo oracion á Dios en estos términos:

41 Señor, cuando los enviados del rey Sennacherib blasfemaron contra tí, vino un ángel que les mató ciento ochenta y cinco mil hombres.

42 Extermina hoy del mismo modo á nuestra vista ese ejército: y sepan todos los demas que Nicanor ha hablado indignamente contra tu Santuario, y júzgale conforme á su maldad.

43 Dióse pues la batalla el dia trece del mes de Adar, y quedó derrotado el ejército de Nicanor, siendo él el primero que murió en el combate.

44 Viendo los soldados de Nicanor que éste habia muerto, arrojaron las armas, y echaron á huir.

---

1 Por el Rey á quien permitia Dios que estuviesen sujetos. Tambien los christianos oraban á Dios desde el principio por la felicidad de los Emperadores gentiles, aun de sus perseguidores, como Neron, etc.

45 et persecuti sunt eos viam unius diei, ab Adazer usquequo veniatur in Gazara, et tubis cecinerunt post eos cum significationibus:

46 et exierunt de omnibus castellis Judææ in circuitu, et ventilabant eos cornibus, et convertebantur iterum ad eos, et ceciderunt omnes gladio, et non est relictus ex eis nec unus.

47 Et acceperunt spolia eorum in prædam: et caput Nicanoris amputaverunt, et dexteram ejus quam extenderat superbè, et attulerunt et suspenderunt contra Jerusalem.

48 Et lætatus est populus valdè, et egerunt diem illam in lætitia magna.

49 Et constituit agi omnibus annis diem istam, tertiadecima die mensis Adar.

50 Et siluit terra Juda dies paucos.

45 Siguiéronles los judíos el alcance toda una jornada desde Adazer hasta Gazara, y al ir tras de ellos tocaban las trompetas para avisar á todos la huida del enemigo.

46 Con esto salian gentes de todos los pueblos de la Judéa situados en las cercanías, y cargando sobre ellos con denuedo, los hacian retroceder hácia los vencedores; de suerte que fueron todos pasados á cuchillo, sin que escapara ni siquiera uno.

47 Apoderáronse en seguida de sus despojos, y cortaron la cabeza á Nicanor, y su mano derecha, la cual habia levantado él insolentemente contra el Templo [1], y las llevaron y colgaron á la vista de Jerusalem [2].

48 Alegróse sobremanera el pueblo con la victoria, y pasaron aquel dia en grande regocijo.

49 Y ordenó Judas que se celebrase todos los años esta fiesta á trece del mes de Adar.

50 Y la tierra de Judá quedó en reposo algun poco de tiempo.

CAPÍTULO VIII.

Judas, oida la fama de los romanos, les envia embajadores, y hace con ellos alianza para librar á los judios del yugo de los griegos.

1 Et audivit Judas nomen Romanorum, quia sunt potentes viribus, et acquiescunt ad omnia quæ postulantur ab eis: et quicumque accesserunt ad eos statuerunt cum eis amicitias, et quia sunt potentes viribus.

2 Et audierunt prælia eorum, et virtutes bonas, quas fecerunt in Galatia, quia obtinuerunt eos, et duxerunt sub tributum:

3 et quanta fecerunt in regione Hispaniæ, et quòd in potestatem redegerunt metalla argenti et auri, quæ illic sunt, et possederunt omnem locum consilio suo, et patientia [3]:

1 Y oyó Judas la reputacion de los romanos, y que eran poderosos, y se prestaban á todo cuanto se les pedia, y que habian hecho amistad con todos los que se habian querido unir á ellos, y que era muy grande su poder.

2 Habia tambien oido hablar de sus guerras, y de las proezas que hicieron en la Galacia, de la cual se habian enseñoreado y héchola tributaria suya;

3 y de las cosas grandes obradas en España, y como se habian hecho dueños de las minas de plata y de oro que hay allí, conquistando todo aquel pais á esfuerzos de su prudencia y constancia [3]:

---

1 *II. Mach.* ultimo 33 y 35.

2 *II. Mach.* XV. v. 33.

3 La voz griega μακροθυμία *macrothymía* significa *grande ánimo*. Ningun pais costó tan-

to á los romanos el conquistarle como nuestra España, pues les costó una guerra de 230 años. De sus riquísimas minas hablan Plinio, Estrabon, y otros escritores antiguos.

4 *locaque quæ longè erant valde ab eis, et reges qui supervenerant eis ab extremis terræ, contriverunt, et percusserunt eos plagâ magnâ: ceteri autem dant eis tributum omnibus annis.*

5 *Et Philippum et Persen Cetheorum regem, et ceteros qui adversum eos arma tulerant, contriverunt in bello, et obtinuerunt eos:*

6 *et Antiochum magnum regem Asiæ, qui eis pugnam intulerat habens centum viginti elephantos, et equitatum, et currus, et exercitum magnum valdè, contritum ab eis.*

7 *Et quia ceperunt eum vivum, et statuerunt ei ut daret ipse, et qui regnarent post ipsum, tributum magnum, et daret obsides, et constitutum,*

8 *et regionem Indorum, et Medos, et Lydos, de optimis regionibus eorum: et acceptas eas ab eis, dederunt Eumeni regi.*

9 *Et quia qui erant apud Helladam, voluerunt ire, et tollere eos: et innotuit sermo his,*

10 *et miserunt ad eos ducem unum, et pugnaverunt contra illos, et ceciderunt ex eis multi, et captivas duxerunt uxores eorum, et filios, et diripuerunt eos, et terram eorum possederunt, et destruxerunt muros eorum, et in servitutem illos redegerunt usque in hunc diem:*

11 *et residua regna, et insulas, quæ aliquando restiterant illis, exterminaverunt, et in potestatem redegerunt.*

12 *Cum amicis autem suis, et qui in ipsis requiem habebant, conservaverunt amicitiam, et obtinuerunt regna, quæ erant proxima, et quæ erant longè:*

4 que asimismo habian sojuzgado regiones sumamente remotas, y destruido Reyes, que en las extremidades del mundo se habian movido contra ellos, habiéndolos abatido enteramente, y que todos los demas les pagaban tributo cada año:

5 como tambien habian vencido en batalla, y sujetado á Philippo y á Perséo, Rey de los cethéos ó *macedonios*, y á los demas que habian tomado las armas contra ellos:

6 que Antiochô el grande, Rey de Asia, el cual les habia acometido con un ejército sumamente poderoso, en donde iban ciento y veinte elefântes, muchísima caballería y carros de guerra, fué asimismo enteramente derrotado:

7 como ademas le cogieron vivo, y la obligaron tanto á él como á sus succesores á pagarles un grande tributo, y á que diese rehenes, y lo demas que se habia pactado [1]:

8 *á saber*, el pais de los indios [2], el de los medos, y el de los lydios, sus provincias mas excelentes, y como despues de haberlas recibido de ellos, las dieron al rey Eumenes.

9 *Supo tambien Judas* cómo habian querido los griegos ir contra los romanos para destruirlos;

10 y que al saberlo estos enviaron en contra uno de sus generales, y dándoles batalla les mataron mucha gente, y se llevaron cautivas á las mugeres con sus hijos, saquearon todo el pais, y se hicieron dueños de él: derribaron los muros de sus ciudades, y redujeron aquellas gentes á la servidumbre, como lo están hasta el dia de hoy:

11 y como habian asolado y sometido á su imperio los otros reinos é islas que habian tomado las armas contra ellos;

12 pero que con sus amigos, y con los que se entregaban con confianza en sus manos, guardaban *buena* amistad: y que se habian enseñoreado de los rei-

---

1 Aqui debe observarse que á veces en la Escritura se cuentan algunas cosas no afirmándolas el historiador sagrado, sino refiriéndolas solamente como dichas por otro; que tal vez las dice como oidas á otros.

2 Se cree que por esta *India* se entiende la *Jonia*.

quia quicumque audiebant nomen eorum, timebant eos.

13 Quibus verò vellent auxilium esse
ut regnarent, regnabant; quos autem
vellent, regno deturbabant: et exaltati
sunt valdè.

14 Et in omnibus istis nemo portabat
diadema; nec induebatur purpurâ, ut
magnificaretur in ea.

15 Et quia curiam fecerunt sibi, et
quotidie consulebant trecentos viginti,
consilium agentes semper de multitudine, ut quæ digna sunt, gerant:

16 et committunt uni homini magis-
tratum suum per singulos annos do-
minari universæ terræ suæ, et omnes
obediunt uni, et non est invidia, neque zelus inter eos.

17 Et elegit Judas Eupolemum, filium Joannis, filii Jacob, et Jasonem,
filium Eleazari, et misit eos Romam
constituere cum illis amicitiam, et societatem:

18 et ut auferrent ab eis jugum Græcorum, quia viderunt quòd in servitutem premerent regnum Israel.

19 Et abierunt Romam viam multam valdè, et introierunt curiam, et
dixerunt:

20 Judas Machabæus, et fratres ejus,
et populus Judæorum miserunt nos ad
vos statuere vobiscum societatem et pacem, et conscribere nos socios et amicos vestros.

21 Et placuit sermo in conspectu
eorum.

22 Et hoc rescriptum est, quod re-
scripserunt in tabulis æreis, et miserunt in Jerusalem, ut esset apud eos
ibi memoriale pacis et societatis.

nos, ya fuesen vecinos, ya lejanos, porque cuantos oian su nombre, los temian:

13 que aquellos á quienes ellos querian dar auxilio para que reinasen, rei-
naban en efecto; y al contrario, quita-
ban el reino á quienes querian: y que
de esta suerte se habian elevado á un
sumo poder:

14 que sin embargo de todo esto, ninguno de entre ellos ceñia su cabeza con
corona, ni vestia púrpura para ensal-
zarse sobre los demas;

15 y que habian formado un Senado
compuesto de trescientas y veinte personas [1], y que cada dia se trataban en
este consejo los negocios públicos, á fin
de que se hiciese lo conveniente:

16 y finalmente que se confiaba cada
año la magistratura ó supremo gobierno á un solo hombre [2], para que go-
bernase todo el Estado, y que así todos obedecian á uno solo, sin que hubiese entre ellos envidia ni zelos.

17 Judas pues, en vista de todo esto,
eligió á Eupolemo, hijo de Juan, que
lo era de Jacob, y á Jason, hijo de E-
leázaro, y los envió á Roma para establecer amistad y alianza con ellos,

18 á fin de que los libertasen del yugo
de los griegos; pues estaban viendo como tenian éstos reducido á esclavitud
el reino de Israel.

19 En efecto, despues de un viaje muy
largo, llegaron aquellos á Roma, y habiéndose presentado al Senado, dijeron:

20 Judas Machâbéo y sus hermanos y
el pueblo judáico nos envian para establecer alianza y paz con vosotros, á fin
de que nos conteis en el número de
vuestros aliados y amigos.

21 Parecióles bien á los romanos esta
proposicion.

22 Y he aquí el rescripto que hicieron
grabar en láminas de bronce, y enviaron á Jerusalem para que le tuviesen
allí los judíos como un monumento de
esta paz y alianza.

---

1 Esto es, trescientos Senadores, y ademas los
dos Cónsules, diez Tribunos, dos Pretores,
dos Cuestores, y cuatro Ediles, los cuales
tenian asiento separado en el Senado; y componian el número de trescientas veinte per-

sonas. Con el tiempo llegaron á ser mil.
2 De los dos Cónsules solo uno ejercia la
soberanía ó el mando, alternando cada año
con el otro. Tito Livio lib. VIII. cap. 22.
Plut. in Numa.

23 *Bene sit Romanis, et genti Judæorum, in mari et in terra in æternum: gladiusque et hostis procul sit ab eis.*

24 *Quòd si institerit bellum Romanis priùs, aut omnibus sociis eorum in omni dominatione eorum:*

25 *auxilium feret gens Judæorum, prout tempus dictaverit, corde pleno:*

26 *et præliantibus non dabunt, neque subministrabunt triticum, arma, pecuniam, naves, sicut placuit Romanis: et custodient mandata eorum, nihil ab eis accipientes.*

27 *Similiter autem et si genti Judæorum priùs acciderit bellum, adjuvabunt Romani ex animo, prout eis tempus permiserit:*

28 *et adjuvantibus non dabitur triticum, arma, pecunia, naves, sicut placuit Romanis: et custodient mandata eorum absque dolo.*

29 *Secundùm hæc verba constituerunt Romani populo Judæorum.*

30 *Quòd si post hæc verba hi aut illi addere aut demere ad hæc aliquid voluerint, facient ex proposito suo: et quæcumque addiderint, vel dempserint, rata erunt.*

31 *Sed et de malis quæ Demetrius rex fecit in eos, scripsimus ei, dicentes: Quare gravasti jugum tuum super amicos nostros, et socios Judæos?*

32 *Si ergo iterum adierint nos, adversum te faciemus illis judicium: et pugnabimus tecum mari terráque.*

23 Dichosos sean por mar y tierra eternamente los romanos y la nacion de los judíos, y aléjense *siempre* de ellos la guerra y el enemigo.

24 Pero si sobreviniere alguna guerra á los romanos, ó á alguno de sus aliados en cualquiera parte de sus dominios,

25 los auxiliará la nacion de los judíos de todo corazon, segun se lo permitieren las circunstancias,

26 sin que los romanos tengan que dar y suministrar á las tropas que envie, ni viveres, ni armas, ni dinero, ni naves, porque asi ha parecido á los romanos: y las tropas les obedecerán sin recibir de ellos la paga.

27 De la misma manera si primero sobreviniese alguna guerra á los judíos, los auxiliarán de corazon los romanos, segun la ocasion se lo permitiere;

28 sin que los judíos tengan que abastecer á las tropas auxiliares, ni de víveres, ni de armas, ni de dinero, ni de naves, porque asi ha parecido á los romanos; y las tropas aquellas les obedecerán sinceramente.

29 Este es el pacto que hacen los romanos con los judíos.

30 Mas si en lo venidero los unos ó los otros quisieren añadir ó quitar alguna cosa de lo que va expresado, lo harán de comun consentimiento, y todo cuanto *asi* añadieren ó quitaren permanecerá firme *y estable.*

31 Por lo que mira á las injurias que el rey Demetrio ha hecho á los judíos, nosotros le hemos escrito, diciéndole: ¿Por qué has oprimido con yugo tan pesado á los judíos, amigos que son y aliados nuestros?

32 Como vengan pues ellos de nuevo á quejarse á nosotros, les harémos justicia contra tí, y te harémos guerra por mar y tierra.

CAPÍTULO IX.

Vuelven Bacchídes y Alcimo á Judéa: háceles frente Judas, el cual muere en el combate, y le succede su hermano Jonathás. Acomete éste á los hijos de Jambri, y mata mil hombres del ejército de Bacchídes. Muerte de Alcimo. Bacchídes al fin tiene que hacer la paz con Jonathás.

1 *Interea ut audivit Demetrius, quia cecidit Nicanor et exercitus ejus in prælio, apposuit Bacchidem et Alcimum rursum mittere in Judæam, et dextrum cornu cum illis.*

2 *Et abierunt viam, quæ ducit in Galgala, et castra posuerunt in Masaloth, quæ est in Arbellis: et occupaverunt eam, et peremerunt animas hominum multas.*

3 *In mense primo anni centesimi et quinquagesimi secundi, applicuerunt exercitum ad Jerusalem:*

4 *et surrexerunt, et abierunt in Beream viginti millia virorum, et duo millia equitum.*

5 *Et Judas posuerat castra in Laïsa, et tria millia viri electi cum eo:*

6 *ei viderunt multitudinem exercitus quia multi sunt, et timuerunt valdè: et multi subtraxerunt se de castris, et non remanserunt ex eis nisi octingenti viri.*

7 *Et vidit Judas quòd defluxit exercitus suus, et bellum perurgebat eum, et confractus est corde: quia non habebat tempus congregandi eos, et dissolutus est.*

8 *Et dixit his qui residui erant: Surgamus, et eamus ad adversarios nostros, si poterimus pugnare adversùs eos.*

9 *Et avertebant eum, dicentes: Non poterimus, sed liberemus animas nostras modò et revertamur ad fratres nostros, et tunc pugnabimus adversùs eos: nos autem pauci sumus.*

10 *Et ait Judas: Absit istam rem facere ut fugiamus ab eis: et si appropiavit tempus nostrum, moriamur in*

1 Entre tanto, así que Demetrio supo que Nicanor con todas sus tropas habian perecido en el combate, envió de nuevo á Bacchídes y á Alcimo á la Judéa, y con ellos el ala derecha ó *lo mejor* de su ejército.

2 Dirigiéronse por el camino que va á Gálgala, y acamparon en Masaloth que está en Arbellas: la cual tomaron, y mataron *allí* mucha gente.

3 En el primer mes del año ciento cincuenta y dos se acercaron con el ejército á Jerusalem;

4 de donde salieron y se fueron á Beréa en número de veinte mil hombres y dos mil caballos.

5 Habia Judas sentado su campo en Laisa, y tenia consigo tres mil hombres escogidos:

6 mas cuando vieron la gran muchedumbre de tropas *enemigas*, se llenaron de grande temor, y desertaron muchos del campamento: de suerte que no quedaron mas que ochocientos hombres.

7 Viendo Judas reducido á tan corto número su ejército, y que el enemigo le estrechaba de cerca, perdió el ánimo; pues no tenia tiempo para ir á reunir las tropas, y desmayó.

8 Con todo, dijo á los que le habian quedado: Ea, vamos contra nuestros enemigos, y veamos si podemos batirlos.

9 Mas ellos procuraban disuadirle de eso, diciendo: De ningun modo podemos: pongámonos mas bien en salvo, yéndonos á incorporar con nuestros hermanos, y despues volverémos á pelear con ellos: ahora somos nosotros *muy* pocos.

10 Líbrenos Dios, respondió Judas, de huir de delante de ellos: si ha llegado nuestra hora, muramos valerosamente

virtute propter fratres nostros, et non inferamus crimen gloriæ nostræ.

11 Et movit exercitus de castris, et steterunt illis obviam: et divisi sunt equites in duas partes, et fundibularii et sagittarii præibant exercitum, et primi certaminis omnes potentes.

12 Bacchides autem erat in dextro cornu, et proximavit legio ex duabus partibus, et clamabant tubis:

13 exclamaverunt autem et hi qui erant ex parte Judæ, etiam ipsi, et commota est terra à voce exercituum: et commissum est prælium à mane usque ad vesperam.

14 Et vidit Judas, quòd firmior est pars exercitûs Bacchidis in dextris, et convenerunt cum ipso omnes constantes corde:

15 et contrita est dextera pars ab eis, et persecutus est eos usque ad montem Azoti.

16 Et qui in sinistro cornu erant, viderunt quòd contritum est dextrum cornu, et secuti sunt post Judam, et eos qui cum ipso erant, à tergo:

17 et ingravatum est prælium, et ceciderunt vulnerati multi ex his et ex illis.

18 Et Judas cecidit, et ceteri fugerunt.

19 Et Jonathas et Simon tulerunt Judam fratrem suum, et sepelierunt eum in sepulchro patrum suorum in civitate Modin.

20 Et fleverunt eum omnis populus Israel planctu magno, et lugebant dies multos,

21 et dixerunt: Quomodò cecidit potens, qui salvum faciebat populum Israel!

22 Et cetera verba bellorum Judæ, et virtutum quas fecit, et magnitudinis ejus, non sunt descripta: multa enim erant valdè.

em defensa de nuestros hermanos, y no echemos un borron á nuestra gloria [1].

— 11 Á este tiempo salió de sus reales el ejército enemigo, y vino á su encuentro: la caballería iba dividida en dos cuerpos; los honderos y los flecheros ocupaban el frente del ejército, cuya vanguardia componian los soldados mas valientes.

12 Bacchides estaba en el ala derecha, y los batallones avanzaron en forma de media luna, tocando al mismo tiempo las trompetas.

13 Los soldados de Judas alzaron tambien ellos el grito, de suerte que la tierra se estremeció con el estruendo de los ejércitos, y duró el combate desde la mañana hasta caida la tarde.

14 Habiendo conocido Judas que el ala derecha del ejército de Bacchides era la mas fuerte, tomó consigo los mas valientes de su tropa,

15 y derrotándola, persiguió á los que la componian hasta el monte de Azoto.

16 Mas los que estaban en la ala izquierda, al ver desbaratada la derecha, fuéron por la espalda en seguimiento de Judas y de su gente;

17 y encendiéndose con mas vigor la pelea, perdieron muchos la vida de una y otra parte:

18 pero habiendo caido muerto Judas, huyó el resto de su gente.

19 Recogieron despues Jonathás y Simon el cuerpo de su hermano Judas, y le enterraron en el sepulcro de sus padres en la ciudad de Modin.

20 Y todo el pueblo de Israel manifestó un gran sentimiento, y le lloró por espacio de muchos dias.

21 ¡Cómo es, decian, que ha perecido el campeon que salvaba [2] al pueblo de Israel!

22 Las otras guerras empero de Judas, y las grandes hazañas que hizo, y la magnanimidad de su corazon no se han descrito, por ser excesivamente grande su número.

---

1 Véase lo que dice S. Ambrosio alabando esta heróica fortaleza de Judas (Offic. Lib. I. cap. 41.) La Iglesia nos propone este elogio de Judas en la tercera Dominica de octubre.

2 Scio: El campeon que defendia.

23 Et factum est post obitum Judæ emerserunt iniqui in omnibus finibus Israel, et exorti sunt omnes qui operabantur iniquitatem.

24 In diebus illis facta est fames magna valdè, et tradidit se Bacchidi omnis regio eorum cum ipsis.

25 Et elegit Bacchides viros impios, et constituit eos dominos regionis:

26 et exquirebant, et perscrutabantur amicos Judæ, et adducebant eos ad Bacchidem, et vindicabat in illos, et illudebat.

27 Et facta est tribulatio magna in Israel, qualis non fuit ex die, qud non est visus propheta in Israel.

28 Et congregati sunt omnes amici Judæ, et dixerunt Jonathæ:

29 Ex quo frater tuus Judas defunctus est, vir similis ei non est, qui exeat contra inimicos nostros, Bacchidem, et eos qui inimici sunt gentis nostræ.

30 Nunc itaque te hodie elegimus esse pro eo nobis in principem et ducem, ad bellandum bellum nostrum.

31 Et suscepit Jonathas tempore illo principatum, et surrexit loco Judæ fratris sui.

32 Et cognovit Bacchides, et quærebat eum occidere.

33 Et cognovit Jonathas, et Simon frater ejus, et omnes qui cum eo erant: et fugerunt in desertum Thecuæ, et consederunt ad aquam lacis Asphar.

34 Et cognovit Bacchides, et die sabbatorum venit ipse, et omnis exercitus ejus, trans Jordanem.

35 Et Jonathas misit fratrem suum ducem populi, et rogavit Nabuthæos amicos suos, ut commodarent illis apparatum suum, qui erat copiosus.

36 Et exierunt filii Jambri ex Madaba, et comprehenderunt Joannem, et

---

23 Y sucedió que muerto Judas, se manifestaron en Israel por todas partes los hombres perversos, y se dejaron ver todos los que obraban la maldad.

24 Por este tiempo sobrevino una grandísima hambre, y todo el pais con sus habitantes se sujetó á Bacchides;

25 el cual escogió hombres perversos, y púsolos por comandantes del pais.

26 Y andaban éstos buscando, y en pesquisa de los amigos de Judas, y los llevaban á Bacchides, quien se vengaba de ellos, y les hacia mil oprobios.

27 Fué pues grande la tribulacion de Israel, y tal que no se habia experimentado semejante desde el tiempo en que dejó de verse profeta en Israel.

28 En esto se juntaron todos los amigos de Judas, y dijeron á Jonathás:

29 Despues que murió tu hermano Judas, no hay ninguno como él que salga contra nuestros enemigos que son Bacchides, y los enemigos de nuestra nacion.

30 Por tanto te elegimos hoy en su lugar, para que seas nuestro Príncipe, y el caudillo en nuestras guerras.

31 Y aceptó entonces Jonathás el mando, y ocupó el lugar de su hermano Judas.

32 Sabedor de esto Bacchides, buscaba medios para quitarle la vida;

33 pero habiéndolo llegado á entender Jonathás, y Simon su hermano, con todos los que le acompañaban, se huyeron al desierto de Thecua [1], é hicieron alto junto al lago de Asphar [2].

34 Súpolo Bacchides, y marchó él mismo con todo su ejército, en dia de sábado, al otro lado del Jordan.

35 Entonces Jonathás envió á su hermano, caudillo del pueblo, á rogar á los Nabuthéos, sus amigos, que les prestasen su tren de guerra [3], que era grande.

36 Pero saliendo de Madaba los hijos de Jambri, cogieron á Juan y cuanto

---

1 Thecua estaba en la tribu de Judá cerca de Bethlehem.

2 O Asphaltite llamado tambien mar de Sodoma.

3 Que recibieran sus equipages. Asi se lee

en el texto griego, y en muchos codices manuscritos de la Vulgata, y aun en la edicion de Sixto V. En vez de commodarent, deberia entonces leerse commendarent.

omnia quæ habebat, et abierunt habentes ea.

37 *Post hæc verba, renuntiatum est Jonathæ et Simoni fratri ejus, quia filii Jambri faciunt nuptias magnas, et ducunt sponsam ex Madaba, filiam unius de magnis principibus Chanaan, cum ambitione magna.*

38 *Et recordati sunt sanguinis Joannis fratris sui: et ascenderunt, et absconderunt se sub tegumento montis.*

39 *Et elevaverunt oculos suos, et viderunt: et ecce tumultus, et apparatus multus: et sponsus processit, et amici ejus, et fratres ejus obviam illis cum tympanis, et musicis, et armis multis.*

40 *Et surrexerunt ad eos ex insidiis, et occiderunt eos, et ceciderunt vulnerati multi, et residui fugerunt in montes: et acceperunt omnia spolia eorum:*

41 *et conversæ sunt nuptiæ in luctum, et vox musicorum ipsorum in lamentum.*

42 *Et vindicaverunt vindictam sanguinis fratris sui: et reversi sunt ad ripam Jordanis.*

43 *Et audivit Bacchides, et venit die sabbatorum usque ad oram Jordanis in virtute magna.*

44 *Et dixit ad suos Jonathas: Surgamus, et pugnemus contra inimicos nostros: non est enim hodie sicut heri et nudiustertius.*

45 *Ecce enim bellum ex adverso, aqua vero Jordanis hinc et inde, et ripæ, et paludes, et saltus: et non est locus divertendi.*

46 *Nunc ergo clamate in cœlum, ut liberemini de manu inimicorum vestrorum. Et commissum est bellum.*

47 *Et extendit Jonathas manum*

conducia, y se fueron con todo.

37 De allí á poco dieron noticia á Jonathás y á su hermano Simon, de que los hijos de Jambrí celebraban unas grandes bodas, y que llevaban desde Madaba con mucha pompa la novia, la cual era hija de uno de los grandes príncipes de Chánaan [1].

38 Acordáronse entonces de la sangre derramada de Juan su hermano, y fueron, y se escondieron en las espesuras de un monte.

39 En este estado, levantando sus ojos, vieron á cierta distancia una multitud de gentes, y un magnífico aparato; pues había salido el novio con sus amigos y parientes á recibir á la novia, al son de tambores é instrumentos músicos, con mucha gente armada.

40 Entonces saliendo *súbitamente* de su emboscada, se echaron sobre ellos, y mataron é hirieron á muchos, huyendo los demas á los montes; con lo cual se apoderaron de todos sus despojos:

41 de suerte que las bodas se convirtieron en duelo, y sus conciertos de música en lamentos.

42 Y vengaron de este modo la sangre de su hermano, y volviéronse hácia la ribera del Jordan.

43 Luego que lo supo Bacchides, vino con un poderoso ejército en un dia de sábado á la orilla del Jordan.

44 Entonces Jonathás dijo á los suyos: Ea, vamos á pelear contra nuestros enemigos; pues no nos hallamos nosotros en la situacion de ayer y demas dias anteriores [2].

45 Vosotros veis que tenemos de frente á los enemigos; á la espalda, hácia derecha é izquierda, las aguas del Jordan, con sus riberas, y pantanos, y bosques, sin que nos quede medio para escapar.

46 Ahora pues clamad al cielo, para que seais librados de vuestros enemigos [3]. Y trabóse luego el combate:

47 en el cual levantó Jonathás su bra-

1 Esto es, de un príncipe árabe ó gentil.
2 En que podíamos evitar el combate.
3 II. Paralip. XX. v. 3.

suam percutere Bacchidem, et divertit ab eo retrò:

48 et dessiliit Jonathas, et qui cum eo erant, in Jordanem, et transnataverunt ad eos Jordanem.

49 Et ceciderunt de parte Bacchidis die illa mille viri. Et reversi sunt in Jerusalem.

50 Et ædificaverunt civitates munitas in Judæa, munitionem, quæ erat in Jericho, et in Ammaum, et in Bethoron, et in Bethel, et Thamnata, et Phara, et Thopo muris excelsis, et portis, et seris.

51 Et posuit custodiam in eis, ut inimicitias exercerent in Israel:

52 et munivit civitatem Bethsuram, et Gazaram, et arcem, et posuit in eis auxilia, et apparatum escarum:

53 et accepit filios principum regionis obsides, et posuit eos in arce in Jerusalem in custodiam.

54 Et anno centesimo quinquagesimo tertio, mense secundo, præcepit Alcimus destrui muros domus sanctæ interioris, et destrui opera prophetarum: et cæpit destruere.

55 In tempore illo percussus est Alcimus: et impedita sunt opera illius, et occlusum est os ejus, et dissolutus est paralysi, nec ultrà potuit loqui verbum, et mandare de domo sua.

56 Et mortuus est Alcimus in tempore illo cum tormento magno.

57 Et vidit Bacchides quoniam mortuus est Alcimus: et reversus est ad regem, et siluit terra annis duobus.

58 Et cogitaverunt omnes iniqui dicentes: Ecce Jonathas, et qui cum eo sunt, in silentio habitant confidenter: nunc ergo adducamus Bacchidem, et

no para matar á Bacchides; pero evitó éste el golpe, retirando su cuerpo hácia atrás.

48 En fin Jonathás y los suyos se arrojaron al Jordan, y le pasaron á nado, á la vista de sus enemigos.

49 Y habiendo perecido en aquel dia mil hombres del ejército de Bacchides, se volvió éste con sus tropas á Jerusalem.

50 Y en seguida reedificaron las plazas fuertes de Judéa, y fortificaron con altos muros, con puertas y barras de hierro las ciudadelas de Jerichó [1], de Ammaum, de Bethoron, de Bethel, de Thamnata, de Phara, y de Thopo.

51 En ellas puso Bacchides guarniciones, para que hicieran correrías contra Israel.

52 Fortificó tambien la ciudad de Bethsura, y la de Gazara y el alcázar de Jerusalem, poniendo en todas partes guarnicion y víveres.

53 Tomó despues en rehenes los hijos de las primeras familias del pais, y los tuvo custodiados en el alcázar de Jerusalem.

54 En el segundo mes del año ciento cincuenta y tres mandó Alcimo derribar las murallas de la parte interior del Templo [2], y que se destruyesen las obras de los profetas Aggéo y Zachárias. Comenzó con efecto la demolicion;

55 pero hirióle el Señor entonces, y no pudo acabar lo que habia comenzado: perdió el habla, quedó baldado de perlesía, sin poder pronunciar una palabra mas, ni dar disposicion alguna en los asuntos de su casa:

56 y murió Alcimo de allí á poco, atormentado de grandes dolores.

57 Viendo Bacchides que habia muerto Alcimo, se volvió á donde estaba el Rey, y quedó el pais en reposo por dos años.

58 Pero al cabo los malvados todos formaron el siguiente designio: Jonathás, dijeron, y los que con él están, viven en sosiego y descuidados; ahora

---

1 Martini: Construyeron plazas fuertes en Judéa, la ciudadela de Jerichó, etc.

2 Cap. IV. v. 6o. Tal vez seria la pared que dividia el átrio de los levitas del átrio del pueblo.

comprehendet eos omnes uná nocte.

59 *Et abierunt, et consilium ei dederunt.*

60 *Et surrexit ut veniret cum exercitu multo: et misit occultè epistolas sociis suis, qui erant in Judæa, ut comprehenderent Jonathan, et eos qui cum eo erant: sed non potuerunt, quia innotuit eis consilium eorum.*

61 *Et apprehendit de viris regionis, qui principes erant malitiæ, quinquaginta viros, et occidit eos:*

62 *Et secessit Jonathas, et Simon, et qui cum eo erant, in Bethbessen, quæ est in deserto, et extruxit diruta ejus, et firmaverunt eam.*

63 *Et cognovit Bacchides, et congregavit universam multitudinem suam: et his, qui de Judæa erant, denuntiavit.*

64 *Et venit, et castra posuit desuper Bethbessen: et oppugnavit eam dies multos, et fecit machinas.*

65 *Et reliquit Jonathas Simonem fratrem suum in civitate, et exiit in regionem, et venit cum numero,*

66 *et percussit Odaren, et fratres ejus, et filios Phaseron in tabernaculis ipsorum: et cœpit cædere, et crescere in virtutibus:*

67 *Simon verò, et qui cum ipso erant, exierunt de civitate, et succenderunt machinas,*

68 *et pugnaverunt contra Bacchidem, et contritus est ab eis: et afflixerunt eum valdè, quoniam consilium ejus et congressus ejus erat inanis.*

69 *Et iratus contra viros iniquos qui ei consilium dederant ut veniret in regionem ipsorum, multos ex eis occidit: ipse autem cogitavit cum reliquis abire in regionem suam.*

70 *Et cognovit Jonathas, et misit ad eum legatos componere pacem cum ipso,*

es tiempo de hacer venir á Bacchides, y de que los sorprenda á todos en una noche.

59 Fueron pues á verse con él, y le propusieron este designio.

60 Bacchides se puso luego en camino con un poderoso ejército, y envió secretamente sus cartas á los que seguian su partido en la Judéa, á fin de que pusiesen presos á Jonathás y á los que le acompañaban: mas no pudieron hacer nada, porque éstos fueron advertidos de su designio.

61 Entonces *Jonathás* prendió á cincuenta personas del país, que eran los principales gefes de aquella conspiracion, y les quitó la vida.

62 En seguida se retiró con *su hermano* Simon y los de su partido á Bethbessen, que está en el Desierto: repararon sus ruinas, y la pusieron en estado de defensa.

63 Tuvo noticia de esto Bacchides, y juntando todas sus tropas, y avisando á los *partidarios* que tenia en la Judéa,

64 vino á acamparse sobre Bethbessen, á la cual tuvo sitiada por mucho tiempo, haciendo construir máquinas de guerra:

65 Pero Jonathás, dejando en la ciudad á su hermano Simon, fué á recorrer el país, y volviendo con un buen cuerpo de tropa,

66 derrotó á Odaren, y á sus hermanos; y á los hijos de Phaseron en sus propias tiendas, y comenzó á hacer destrozo en los enemigos, y á dar grandes muestras de su valor.

67 Simon empero y sus tropas salieron de la ciudad, y quemaron las máquinas de guerra;

68 atacaron á Bacchides y le derrotaron, causándole grandísimo pesar por ver frustrados sus designios y tentativas;

69 y así lleno de cólera contra aquellos hombres perversos que le habian aconsejado venir á su país, hizo matar á muchos de ellos, y resolvió volverse á su tierra con el resto de sus tropas.

70 Sabedor de esto Jonathás, le envió embajadores para ajustar la paz con él,

et reddere ei captivitatem.

71 _Et libenter accepit, et fecit secundùm verba ejus, et juravit se nihil facturum ei mali omnibus diebus vitæ ejus._

72 _Et reddidit ei captivitatem, quam priùs erat prædatus de terra Juda: et conversus abiit in terram suam, et non apposuit ampliùs venire in fines ejus._

73 _Et cessavit gladius ex Israel: et habitavit Jonathas in Machmas, et cœpit Jonathas ibi judicare populum, et exterminavit impios ex Israel._

y cangear los prisioneros.

71 Recibiólos Bacchides gustosamente, y consintiendo en lo que proponia Jonathás, juró que en todos los dias de su vida no volveria á hacerle mal ninguno.

72 Entrególe asimismo los prisioneros que habia hecho antes en el pais de Judá: despues de lo cual partió para su tierra, y no quiso volver mas á la Judéa.

73 Con esto cesó la guerra en Israel; y Jonathás fijó su residencia en Machmas [1], donde comenzó á gobernar la nacion, y exterminó de Israel á los impíos.

CAPÍTULO X.

Alejandro, hijo de Antiochô Epiphanes, se levanta contra Demetrio: ambos solicitan la amistad de Jonathás, el cual se declara á favor de Alejandro, y éste le colma de honras. Vence Jonathás á Apolonio, general de Demetrio, incendia á Azoto y el templo de Dagon, y es nuevamente honrado de Alejandro, que le da la ciudad de Accaron, y la condecoracion de la hebilla ó broche de oro.

1 _Et anno centesimo sexagesimo ascendit Alexander Antiochi filius, qui cognominatus est Nobilis: et occupavit Ptolemaidam: et receperunt eum, et regnavit illic._

2 _Et audivit Demetrius rex, et congregavit exercitum copiosum valdè, et exivit obviam illi in prælium._

3 _Et misit Demetrius epistolam ad Jonathan verbis pacificis, ut magnificaret eum._

4 _Dixit enim: Anticipemus facere pacem cum eo, priusquam faciat cum Alexandro adversùm nos._

5 _Recordabitur enim omnium malorum, quæ fecimus in eum, et in fratrem ejus, et in gentem ejus._

6 _Et dedit ei potestatem congregandi exercitum, et fabricare arma, et esse ipsum socium ejus: et obsides, qui erant in arce, jussit tradi ei._

1 El año ciento y sesenta [2] Alejandro, hijo de Antiochô el Ilustre, subió á ocupar á Ptolemaida, y fué bien recibido, y empezó allí á reinar.

2 Asi que lo supo el rey Demetrio levantó un poderoso ejército, y marchó á pelear contra él.

3 Envió tambien una carta á Jonathás llena de expresiones afectuosas, y de grandes elogios de su persona.

4 Porque dijo él _á los suyos:_ Anticipémonos á hacer con él la paz, antes que la haga con Alejandro en daño nuestro;

5 pues él se acordará _sin duda_ de los males que le hemos hecho tanto á él como á su hermano y á su nacion.

6 Dióle pues facultad para levantar un ejército y fabricar armas: declaróle su aliado; y mandó que se le entregasen los que estaban en rehenes en el alcázar _de Jerusalem._

1 Todavia los enemigos conservaban en Jerusalem el alcázar ó ciudadela.

2 Del imperio de los griegos, ó de la era de los _Seleucidas:_ el 3851 del Mundo y 153 _antes_ de Jesu-Christo.

7 Et venit Jonathas in Jerusalem, et legit epistolas in auditu omnis populi, et eorum qui in arce erant.

8 Et timuerunt timore magno, quoniam audierunt quòd dedit ei rex potestatem congregandi exercitum.

9 Et traditi sunt Jonathæ obsides, et reddidit eos parentibus suis:

10 et habitavit Jonathas in Jerusalem, et cœpit ædificare et innovare civitatem.

11 Et dixit facientibus opera, ut extruerent muros, et montem Sion in circuitu lapidibus quadratis ad munitionem: et ita fecerunt.

12 Et fugerunt alienigenæ qui erant in munitionibus, quas Bacchides ædificaverat:

13 et reliquit unusquisque locum suum, et abiit in terram suam.

14 Tantùm in Bethsura remanserunt aliqui ex his qui reliquerant legem et præcepta Dei; erat enim hæc eis ad refugium.

15 Et audivit Alexander rex promissa, quæ promisit Demetrius Jonathæ: et narraverunt ei prælia, et virtutes quas ipse fecit, et fratres ejus, et labores quos laboraverunt.

16 Et ait: Numquid inveniemus aliquem virum talem? et nunc faciemus eum, amicum, et socium nostrum.

17 Et scripsit epistolam, et misit ei secundùm hæc verba, dicens:

18 Rex Alexander fratri Jonathæ salutem:

19 Audivimus de te, quòd vir potens sis viribus, et aptus es ut sis amicus noster:

20 et nunc constituimus te hodie summum sacerdotem gentis tuæ, et ut amicus voceris regis, (et misit ei purpuram, et coronam auream) et quæ nostra sunt sentias nobiscum, et con-

7 Entonces Jonathás pasó á Jerusalem, y leyó las cartas de Demetrio delante de todo el pueblo, y de los que estaban en el alcázar:

8 é intimidáronse éstos en gran manera al oir que el Rey le daba facultad de levantar un ejército.

9 Entregáronse luego á Jonathás los rehenes, el cual los volvió á sus padres.

10 Fijó Jonathás su residencia en Jerusalem, y comenzó á reedificar y restaurar la ciudad:

11 y mandó á los arquitectos que levantasen una muralla de piedras cuadradas al rededor del monte de Sion, para que quedase bien fortificado; y así lo hicieron.

12 Entonces los extrangeros que estaban en las fortalezas construidas por Bacchides, se huyeron;

13 y abandonando sus puestos se fué cada cual á su país.

14 Solo en Bethsura quedaron algunos de aquellos que habian abandonado la Ley y los preceptos de Dios; porque esta fortaleza era su refugio.

15 Entre tanto llegaron á oidos de Alejandro las promesas que Demetrio habia hecho á Jonathás, y le contaron las batallas y acciones gloriosas de Jonathás y de sus hermanos, y los trabajos que habian padecido.

16 Y dijo: ¿Podrá haber acaso otro varon como éste? Pensemos pues en hacerle nuestro amigo y aliado.

17 Con esta mira le escribió, enviándole una carta concebida en los términos siguientes:

18 El Rey Alejandro, á su hermano[1] Jonathás, Salud:

19 Hemos sabido que eres un hombre de valor, y digno de ser nuestro amigo.

20 Por lo tanto te constituimos hoy Sumo sacerdote de tu nacion, y querémos ademas que tengas el título de Amigo del Rey, y que tus intereses estén unidos á los nuestros, y que conserves

1 Es antigua costumbre la de llamarse hermanos los Reyes unos á otros. III. Reg. IX. v. 13.—XXV. v. 33. Y á veces tambien los gobernadores de las provincias. II. Mach. X. vers. 21.

serves amicitias ad nos.

21 *Et induit se Jonathas stola sanctá septimo mense, anno centesimo sexagesimo, in die solemni scenopegiæ: et congregavit exercitum, et fecit arma copiosa.*

22 *Et audivit Demetrius verba ista, et contristatus est nimis, et ait:*

23 *Quid hoc fecimus, quòd præoccupavit nos Alexander apprehendere amiciliam Judæorum ad munimen sui?*

24 *scribam et ego illis verba deprecatoria, et dignitates, et dona: ut sint mecum in adjutorium.*

25 *Et scripsit eis in hæc verba: REX DEMETRIUS genti Judæorum salutem:*

26 *Quoniam servastis ad nos pactum, et mansistis in amicitia nostra, et non accessistis ad inimicos nostros, audivimus, et gavisi sumus.*

27 *Et nunc perseverate adhuc conservare ad nos fidem, et retribuemus vobis bona pro his quæ fecistis nobiscum:*

28 *et remittemus vobis præstationes multas, et dabimus vobis donationes.*

29 *Et nunc absolvo vos et omnes Judæos à tributis, et pretia salis indulgeo, et coronas remitto, et tertias seminis:*

30 *et dimidiam partem fructús ligni, quod est portionis meæ, relinquo vobis ex hodierno die, et deinceps, ne accipiatur à terra Juda, et à tribus civitatibus, quæ additæ sunt illi ex Samaria et Galilæa, ex hodierna die et in totum tempus:*

31 *et Jerusalem sit sancta, et libera*

amistad con nosotros. Y envióle la vestidura de púrpura y la corona de oro.

21 En efecto en el séptimo mes[1] del año ciento y sesenta Jonatbás[2] se vistió la estola santa[3], en el dia solemne de los Tabernáculos: y levantó un ejército, é hizo fabricar gran multitud de armas.

22 Asi que supo Demetrio estas cosas se contristó sobremanera, y dijo:

23 ¿Cómo hemos dado lugar á que Alejandro se nos haya adelantado en conciliarse la amistad de los judíos para fortalecer su partido?

24 Voy yo tambien á escribirles cortesmente, ofreciéndoles dignidades y dádivas, para empeñarlos á unirse conmigo en mi auxilio.

25 Y les escribió en estos términos: EL REY DEMETRIO á la nacion de los judíos, Salud:

26 Hemos sabido con mucho placer que habeis mantenido la alianza que teniais hecha con nosotros: y que sois constantes en nuestra amistad, sin haberos coligado con nuestros enemigos.

27 Perseverad pues como hasta aquí, guardándonos la misma fidelidad, y os recompensarémos ámpliamente lo que habeis hecho por nosotros:

28 os perdonarémos ademas muchos impuestos, y os harémos muchas gracias.

29 Y desde ahora á vosotros y á todos los judíos os eximo de tributos, y os condono los impuestos sobre la sal, las coronas[4], la tercera parte de la simiente:

30 y la mitad de los frutos de los árboles, que me corresponde, os la cedo á vosotros desde hoy en adelante; por lo cual no se exigirá mas de la tierra de Judá, ni tampoco de las tres ciudades de Samaria y de Galiléa que se le han agregado: y asi será desde hoy para siempre.

31 Quiero tambien que Jerusalem sea

---

1 *Lev. XXIII. v.* 24. Véase *Mes.*
2 Libre ya de los enemigos.
3 Esto es, la túnica ó vestidura de Sumo sacerdote. No recibió Jonathás de Alejandro el Sumo sacerdocio; pues le tenia ya antes, y solo el poder despues ejercerle sin riesgo. La vestidura santa fue la que se vistió; pero

no la que le envió Alejandro, cuyos presentes pudo recibir sin faltar á Demetrio, á quien nada habia prometido.

4 Despues *cap. XI. v.* 35. Tributo que se pagaba en coronas de oro, llamado por eso oro *coronario. Josepho lib. XII. c.* 3. *Antiq.*

eum finibus suis: et decimæ et tributa ipsius sint.

32 Remitto etiam potestatem arcis, quæ est in Jerusalem: et do eam summo sacerdoti ut constituat in ea viros quoscumque ipse elegerit, qui custodiant eam.

33 Et omnem animam Judæorum, quæ captiva est à terra Juda in omni regno meo, relinquo liberam gratis, ut omnes à tributis solvantur, etiam pecorum suorum.

34 Et omnes dies solemnes, et sabbata, et neomeniæ, et dies decreti, et tres dies ante diem solemnem, et tres dies post diem solemnem, sint omnes immunitatis et remissionis omnibus Judæis, qui sunt in regno meo:

35 et nemo habebit potestatem agere aliquid, et movere negotia adversùs aliquem illorum, in omni causa.

36 Et ascribantur ex Judæis in exercitu regis ad triginta millia virorum: et dabuntur illis copiæ ut oportet omnibus exercitibus regis, et ex eis ordinabuntur qui sint in munitionibus regis magni:

37 et ex his constituentur super negotia regni, quæ aguntur ex fide, et principes sint ex eis, et ambulent in legibus suis, sicut præcepit rex in terra Juda.

38 Et tres civitates, quæ additæ sunt Judææ ex regione Samariæ, cum Judæa reputentur: ut sint sub uno, et non obediant alii potestati, nisi summi sacerdotis:

39 Ptolemaida, et confines ejus, quas dedi donum sanctis, qui sunt in Jerusalem, ad necessarios sumptus sanctorum.

40 Et ego do singulis annis quindecim millia siclorum argenti de rationibus regis, quæ me contingunt:

41 et omne quod reliquum fuerit, quod non reddiderant qui super nego-

ssuta ó privilegiada, y que quede libre con todo su territorio, y que los diezmos y tributos sean para ella.

32 Os entrego tambien el alcázar de Jerusalem, y se le doy al Sumo sacerdote para que ponga en él la gente que él mismo escogiere para su defensa.

33 Concedo ademas gratuitamente la libertad á todos los judíos que se trajeron cautivos de la tierra de Judá, en cualquier parte de mi reino que se hallen, eximiéndolos de pagar pechos por sí, y tambien por sus ganados.

34 Y todos los dias solemnes, y los sábados, y las neomenias y los dias establecidos, y los tres dias antes y despues de la fiesta solemne sean dias de inmunidad y de libertad para todos los judíos que hay en mi reino;

35 de modo que en estos dias nadie podrá proceder contra ellos, ni llamarlos á juicio por ningun motivo.

36 Tambien ordeno que sean admitidos en el ejército del Rey hasta treinta mil judíos, los cuales serán mantenidos del mismo modo que todas las tropas Reales, y se echará mano de ellos para ponerlos de guarnicion en las fortalezas del gran Rey.

37 Igualmente se escogerán de estos algunas personas, á las cuales se encarguen los negocios del reino que exigen gran confianza: sus gefes serán elegidos de entre ellos mismos, y vivirán conforme á sus leyes, segun el Rey ha ordenado para el país de Judá.

38 Repútense asimismo en un todo, como la misma Judéa, las tres ciudades de la provincia de Samaria incorporadas á la Judéa, de suerte que no dependan mas que de un gefe, ni reconozcan otra potestad que la del Sumo sacerdote.

39 Hago donacion de Ptolemaida con su territorio al templo de Jerusalem para los gastos necesarios del Santuario;

40 y le consigno todos los años quince mil siclos de plata de los derechos Reales que me pertenecen.

41 Y todo aquello que ha quedado atrasado, y han dejado de pagar mis ad-

tia erant annis prioribus, ex hoc dabunt in opera domús.

42 *Et super hæc quinque millia siclorum argenti, quæ accipiebant de sanctorum ratione per singulos annos: et hæc ad sacerdotes pertineant, qui ministerio funguntur.*

43 *Et quicumque confugerint in templum, quod est Jerosolymis, et in omnibus finibus ejus, obnoxii regi in omni negotio dimittantur, et universa quæ sunt eis in regno meo, libera habeant.*

44 *Et ad ædificanda vel restauranda opera sanctorum, sumptus dabuntur de ratione regis:*

45 *et ad extruendos muros Jerusalem, et communiendos in circuitu sumptus dabuntur de ratione regis, et ad construendos muros in Judæa.*

46 *Ut audivit autem Jonathas et populus sermones istos, non crediderunt eis, nec receperunt eos: quia recordati sunt malitiæ magnæ, quam fecerat in Israel, et tribulaverat eos valdè.*

47 *Et complacuit eis in Alexandrum, quia ipse fuerat eis princeps sermonum pacis, et ipsi auxilium ferebant omnibus diebus.*

48 *Et congregavit rex Alexander exercitum magnum, et admovit castra contra Demetrium.*

49 *Et commiserunt prælium duo reges, et fugit exercitus Demetrii, et insecutus est eum Alexander, et incubuit super eos.*

50 *Et invaluit prælium nimis, donec occidit sol: et cecidit Demetrius in die illa:*

51 *Et misit Alexander ad Ptolemæum regem Ægypti legatos secundùm hæc verba, dicens:*

52 *QUONIAM regressus sum in regnum meum, et sedi in sede patrum meo-*

ministradores en los años precedentes, se entregará desde ahora para la reparacion del templo *del Señor:*

42 y por lo que hace á los cinco mil siclos de plata que aquellos recaudaban cada año por cuenta de las rentas del Santuario, tambien pertenecerán estos á los sacerdotes que están ejerciendo las funciones de su ministerio.

43 Asimismo todos aquellos que siendo responsables al Rey, por cualquier motivo que sea, se refugiaren al templo de Jerusalem, ó á cualquier parte de su recinto, quedarán inmunes, y gozarán libremente de todos los bienes que posean en mi reino.

44 Y *finalmente*, el gasto de lo que se edifique ó repare en el Santuario correrá de cuenta del Rey:

45 como tambien lo que se gaste para restaurar los muros de Jerusalem, y fortificarlos por todo el rededor, y para las murallas que deben levantarse en la Judéa.

46 Habiendo pues oido Jonathás y el pueblo estas proposiciones *de Demetrio*, no las creyeron sinceras, ni las quisieron aceptar; porque se acordaban de los grandes males que habia hecho en Israel, y cuán duramente los habia oprimido.

47 Y asi se inclinaron mas bien á complacer á Alejandro, pues habia sido el primero que les habia hablado de paz, y con efecto le auxiliaron constantemente.

48 En esto juntó el rey Alejandro un grande ejército, y marchó con sus tropas contra Demetrio.

49 Y diéronse la batalla ambos Reyes; y habiendo sido puestas en fuga las tropas de Demetrio, las fué siguiendo Alejandro, y cargó *furiosamente* sobre ellas.

50 Fué muy recio el combate, *el cual* duró hasta ponerse el sol; y murió en él Demetrio.

51 Despues de esto Alejandro envió sus embajadores á Ptoleméo, rey de Egypto, para que le dijesen en su nombre:

52 PUESTO QUE he vuelto á mi reino, y me hallo sentado en el trono de mis

rum, et obtinui principatum, et contrivi Demetrium, et possedi regionem nostram,

53 et commisi pugnam cum eo, et contritus est ipse, et castra ejus, à nobis, et sedimus in sede regni ejus:

54 et nunc statuamus ad invicem amicitiam: et da mihi filiam tuam uxorem, et ego ero gener tuus, et dabo tibi dona, et ipsi, digna te.

55 Et respondit rex Ptolemæus, dicens: Felix dies, in qua reversus es ad terram patrum tuorum, et sedisti in sede regni eorum.

56 Et nunc faciam tibi quod scripsisti, sed occurre mihi Ptolemaidam, ut videamus invicem nos, et spondeam tibi sicut dixisti.

57 Et exivit Ptolemæus de Ægypto, ipse, et Cleopatra filia ejus, et venit Ptolemaidam, anno centesimo sexagesimo secundo.

58 Et occurrit ei Alexander rex, et dedit ei Cleopatram filiam suam: et fecit nuptias ejus Ptolemaidæ, sicut reges, in magna gloria.

59 Et scripsit rex Alexander Jonathæ, ut veniret obviam sibi.

60 Et abiit cum gloria Ptolemaidam, et occurrit ibi duobus regibus, et dedit illis argentum multum, et aurum, et dona: et invenit gratiam in conspectu eorum.

61 Et convenerunt adversùs eum viri pestilentes ex Israel, viri iniqui interpellantes adversùs eum: et non intendit ad eos rex.

62 Et jussit spoliari Jonatham vestibus suis, et induit eum purpurd: et ita fecerunt. Et collocavit eum rex sedere secum.

63 Dixitque principibus suis: Exite cum eo in medium civitatis, et prædicate, ut nemo adversùs eum interpellet de ullo negotio, nec quisquam ei molestus sit de ulla ratione.

64 Et factum est, ut viderunt qui

padres, y he recobrado mis estados, y entrado en posesion de mis dominios con la derrota de Demetrio,

53 á quien deshice en batalla campal, por cuyo motivo ocupo el trono del reino que él poseía;

54 establezcamos ahora entre nosotros una mútua amistad: y para ello concédeme por esposa á tu hija, con lo cual seré yo tu yerno, y te presentaré tanto á tí como á ella regalos dignos de tu persona.

55 Á lo que el rey Ptoleméo respondió, diciendo: ¡Bendito sea el dia en que has vuelto á entrar en la tierra de tus padres, y te has sentado en el trono de su reino!

56 Yo estoy pronto á concederte lo que me has escrito: mas ven hasta Ptolemaida, para que nos veamos allí ambos, y te entregue yo mi hija por esposa, conforme me pides.

57 Partió pues Ptoleméo de Egypto con su hija Cleopatra, y vino á Ptolemaida el año ciento sesenta y dos.

58 y fué Alejandro á encontrarle allí; y Ptoleméo le dió su hija Cleopatra por esposa, celebrándose sus bodas en dicha ciudad de Ptolemaida con una magnificencia verdaderamente Real.

59 El rey Alejandro escribió tambien á Jonathás que viniese á verle;

60 y en efecto habiendo pasado á Ptolemaida con grande pompa, visitó á los dos Reyes, les presentó mucha plata y oro, y otros regalos, y ellos le recibieron con mucho agrado.

61 Entonces algunos hombres corrompidos y malvados de Israel se conjuraron para presentar una acusacion contra él: mas el Rey no quiso darles oídos.

62 Antes bien mandó que á Jonathás le quitasen sus vestidos, y le revistiesen de púrpura. Y así se ejecutó. Despues de lo cual el Rey le mandó sentar á su lado.

63 Luego dijo á sus magnates: Id con él por medio de la ciudad, y haced publicar que nadie por ningun título ose formar acusacion contra él, ni le moleste, sea por el asunto que fuere.

64 Asi que los acusadores vieron la

interpellabant gloriam ejus, quæ prædicabatur, et opertum eum purpurâ, fugerunt omnes:

65 et magnificavit eum rex, et scripsit eum inter primos amicos, et posuit eum ducem, et participem principatûs.

66 Et reversus est Jonathas in Jerusalem cum pace et lætitia.

67 In anno centesimo sexagesimo quinto, venit Demetrius filius Demetrii à Creta in terram patrum suorum.

68 Et audivit Alexander rex, et contristatus est valdè, et reversus est Antiochiam.

69 Et constituit Demetrius rex Apollonium ducem, qui præerat Cælesyriæ, et congregavit exercitum magnum, et accessit ad Jamniam: et misit ad Jonathan summum sacerdotem:

70 dicens: Tu solus resistis nobis: ego autem factus sum in derisum, et in opprobrium, propterea quia tu potestatem adversùm nos exerces in montibus.

71 Nunc ergo si confidis in virtutibus tuis, descende ad nos in campum, et comparemus illic invicem: quia mecum est virtus bellorum.

72 Interroga, et disce quis sum ego, et ceteri, qui auxilio sunt mihi, qui et dicunt quia non potest stare pes vester ante faciem nostram, quia bis in fugam conversi sunt patres tui in terra sua:

73 et nunc quomodò poteris sustinere equitatum et exercitum tantum in campo, ubi non est lapis, neque saxum, neque locus fugiendi?

74 Ut audivit autem Jonathas sermones Apollonii, motus est animo: et elegit decem millia virorum, et exiit ab Jerusalem, et occurrit ei Simon frater ejus in adjutorium:

75 et applicuerunt castra in Joppen, et exclusit eum à civitate (quia custo-

honra que se hacía á Jonathás, y lo que se había pregonado, y como iba revestido de púrpura, echaron á huir todos.

65 Elevóle el Rey á grandes honores, y le contó entre sus principales amigos: hízole general, y le dió parte en el gobierno.

66 Despues de lo cual se volvió Jonathás á Jerusalem en paz, y lleno de gozo.

67 El año ciento sesenta y cinco, Demetrio *el jóven*, hijo de Demetrio, vino desde Creta á la tierra de sus padres;

68 y habiéndolo sabido el rey Alexandro, tuvo de ello gran pena, y se volvió á Antiochía.

69 El rey Demetrio hizo general de sus tropas á Apolonio, que era gobernador de la Celesyria, el cual juntó un grande ejército, y se acercó á Jamnia, y envió á decir á Jonathás Sumo sacerdote,

70 estas palabras: Tú eres el único que nos haces resistencia; y yo he llegado á ser un objeto de escarnio y oprobio, á causa de que tú te haces fuerte en los montes, *y triunfas* contra nosotros.

71 Ahora bien, si tú tienes confianza en tus tropas, desciende á la llanura, y medirémos allí nuestras fuerzas: pues el valor militar en mí reside.

72 Infórmate sino, y sabrás quien soy yo, y quienes son los que vienen en mi ayuda: los cuales dicen *confiadamente* que vosotros no podréis sosteneros en nuestra presencia; porque *ya* dos veces fueron tus mayores puestos en fuga en su propio pais.

73 ¿Cómo pues ahora podrás tú resistir el ímpetu de la caballería y de un ejército tan poderoso en una llanura, donde no hay piedras, ni peñas, ni arbitrio para huir?

74 Así que Jonathás oyó estas palabras de Apolonio, se alteró su ánimo: y escogiendo diez mil hombres, partió de Jerusalem, saliendo á incorporarse con él su hermano Simon para ayudarle.

75 Fueron á acamparse junto á la ciudad de Joppe; la cual le cerró las puer-

*dia Apollonii Joppe erat) et oppugna-
vit eam.*

76 *Et exterriti qui erant in civitate,
aperuerunt ei, et obtinuit Jonathas
Joppen.*

77 *Et audivit Apollonius, et admovit tria millia equitum, et exercitum
multum.*

78 *Et abiit Azotum tanquam iter faciens, et statim exiit in campum, eò
quòd haberet multitudinem equitum, et
confideret in eis. Et insecutus est eum
Jonathas in Azotum, et commiserunt
prælium.*

79 *Et reliquit Apollonius in castris
mille equites post eos occultè.*

80 *Et cognovit Jonathas quoniam insidiæ sunt post se, et circuierunt castra ejus, et jecerunt jacula in populum à mane usque ad vesperam.*

81 *Populus autem stabat, sicut præceperat Jonathas: et laboraverunt equi
eorum.*

82 *Et ejecit Simon exercitum suum,
et commisit contra legionem: equites
enim fatigati erant; et contriti sunt ab
eo, et fugerunt.*

83 *Et qui dispersi sunt per campum,
fugerunt in Azotum, et intraverunt in
Bethdagon idolum suum, ut ibi se liberarent.*

84 *Et succendit Jonathas Azotum,
et civitates, quæ erant in circuitu ejus,
et accepit spolia eorum, et templum
Dagon: et omnes qui fugerunt in illud,
succendit igni.*

85 *Et fuerunt qui ceciderunt gladio,
cum his qui succensi sunt, ferè octo
millia virorum.*

86 *Et movit inde Jonathas castra, et
applicuit ea Ascalonem: et exierunt de
civitate obviam illi in magna gloria.*

87 *Et reversus est Jonathas in Jerusalem cum suis, habentibus spolia
multa.*

88 *Et factum est, ut audivit Ale-*
Tom. IV.   Pp

tas (porque Joppe tenia guarnicion de
Apolonio), y asi hubo de ponerla sitio.

76 Pero atemorizados los que estaban
dentro, le abrieron las puertas, y Jonathás se apoderó de ella.

77 Habiéndolo sabido Apolonio, se
acercó con tres mil caballos y un ejército numeroso;

78 y marchando como para ir á Azoto, bajó sin perder tiempo á la llanura;
pues tenia mucha caballería, en la cual
llevaba puesta su confianza. Jonathás
se dirigió tambien hácia Azoto, y allí
se dió la batalla.

79 Habia dejado Apolonio en el campo, á las espaldas de los enemigos, mil
caballos en emboscada,

80 Y supo Jonathás esta emboscada
que los enemigos habian dejado á sus
espaldas: los cuales le cercaron en su
campo, y estuvieron arrojando dardos
sobre sus gentes desde la mañana hasta
la tarde.

81 Empero los de Jonathás se mantuvieron inmobles, conforme él habia ordenado: y entre tanto se fatigó mucho
la caballería enemiga.

82 Entonces Simon hizo avanzar su
gente, y acometió á la infantería (la
cual se vió sola, pues la caballería estaba ya cansada); y la derrotó y puso
en fuga.

83 Los que se dispersaron por el campo, se refugiaron en Azoto, y se metieron en la casa ó templo de su ídolo
Dagon para salvarse allí.

84 Pero Jonathás puso fuego á Azoto,
y á las ciudades circunvecinas, despues
de haberlas saqueado; y abrasó el templo de Dagon con cuantos en él se habian refugiado:

85 y entre pasados á cuchillo y quemados, perecieron cerca de ocho mil
hombres.

86 Levantó luego Jonathás el campo,
y se aproximó á Ascalon; cuyos ciudadanos salieron á recibirle con grandes
agasajos:

87 y regresó despues á Jerusalem con
sus tropas cargadas de ricos despojos.

88 Asi que el rey Alejandro supo te-

xander rex sermones istos, addidit adhuc glorificare Jonathan.

dos estos sucesos, concedió nuevamente mayores honores á Jonathás,

89 *Et misit ei fibulam auream, sicut consuetudo est dari cognatis regum. Et dedit ei Accaron, et omnes fines ejus in possessionem.*

89 y le envió la hebilla ó broche de oro [1], que se acostumbraba dar á los parientes del Rey; y dióle el dominio de Accaron y de su territorio.

CAPÍTULO XI.

Usurpa Ptoleméo el reino de Alejandro, y mueren ambos. Sube al trono Demetrio Nicanor, y los judíos le sostienen contra Antiochó; pero él falta á la alianza hecha con Jonathás, con el cual la hace despues Antiochó, luego que vence á Demetrio, y ocupa el trono. Victorias de Jonathás contra las naciones extrangeras.

1 *Et rex Ægypti congregavit exercitum, sicut arena quæ est circa oram maris, et naves multas; et quærebat obtinere regnum Alexandri dolo, et addere illud regno suo.*

1 Despues de esto el rey de Egypto juntó un ejército innumerable como las arenas de la orilla del mar, y gran número de naves; y trataba con perfidia de apoderarse del reino de Alejandro, y unirle á su corona.

2 *Et exiit in Syriam verbis pacificis, et aperiebant ei civitates, et occurrebant ei: quia mandaverat Alexander rex exire ei obviam, eò quòd socer suus esset.*

2 Entró pues en la Syria aparentando amistad, y las ciudades le abrian las puertas, y salíanle á recibir sus moradores; pues asi lo habia mandado Alejandro, por cuanto era su suegro.

3 *Cùm autem introiret civitatem Ptolemaus, ponebat custodias militum in singulis civitatibus.*

3 Mas Ptoleméo asi que entraba en una ciudad, ponia en ella guarnicion militar.

4 *Et ut appropiavit Azoto, ostenderunt ei templum Dagon succensum igni, et Azotum, et cetera ejus demolita, et corpora projecta, et eorum qui cæsi erant in bello, tumulos quos fecerant secus viam.*

4 Cuando llegó á Azoto, le mostraron el templo de Dagon que habia sido abrasado, y las ruinas de esta ciudad y de sus arrabales, muchos cadáveres tendidos en tierra, y los túmulos que habian hecho á lo largo del camino de los muertos en la batalla.

5 *Et narraverunt regi, quia hæc fecit Jonathas, ut invidiam facerent ei: et tacuit rex.*

5 Y dijeron al Rey que todo aquello lo habia hecho Jonathás: con lo cual intentaban hacerle odiosa su persona; mas el Rey no se dió por entendido.

6 *Et occurrit Jonathas regi in Joppen cum gloria; et invicem se salutaverunt, et dormierunt illic.*

6 Y salió Jonathás á recibir al Rey con toda pompa en Joppe, y saludáronse mútuamente, y pasaron allí la noche.

7 *Et abiit Jonathas cum rege usque ad fluvium, qui vocatur Eleutherus, et reversus est in Jerusalem.*

7 Fué Jonathás acompañando al Rey hasta un rio llamado Eleutero, desde donde regresó á Jerusalem.

8 *Rex autem Ptolemæus obtinuit dominium civitatum, usque Seleuciam maritimam, et cogitabat in Alexandrum consilia mala.*

8 Pero el rey Ptoleméo se apoderó de todas las ciudades que hay hasta Seleucia, situada en la costa del mar, y maquinaba traiciones contra Alejandro.

---

1 Era una señal de particular honor que se llevaba sobre el hombro. Véase *Calmet.*

9 *Et misit legatos ad Demetrium, dicens: VENI, componamus inter nos pactum, et dabo tibi filiam meam, quam habet Alexander, et regnabis in regno patris tui.*

10 *Pœnitet enim me quòd dederim illi filiam meam: quæsivit enim me occidere.*

11 *Et vituperavit eum, propterea quòd concupierat regnum ejus.*

12 *Et abstulit filiam suam, et dedit eam Demetrio, et alienavit se ab Alexandro, et manifestatæ sunt inimicitiæ ejus.*

13 *Et intravit Ptolemæus Antiochiam, et imposuit duo diademata capiti suo, Ægypti, et Asiæ.*

14 *Alexander autem rex erat in Cilicia illis temporibus: quia rebellabant qui erant in locis illis.*

15 *Et audivit Alexander, et venit ad eum in bellum, et produxit Ptolemæus rex exercitum, et occurrit ei in manu valida, et fugavit eum.*

16 *Et fugit Alexander in Arabiam, ut ibi protegeretur: rex autem Ptolemæus exaltatus est.*

17 *Et abstulit Zabdiel Arabs caput Alexandri: et misit Ptolemæo.*

18 *Et rex Ptolemæus mortuus est in die tertia: et qui erant in munitionibus, perierunt ab his, qui erant intra castra.*

19 *Et regnavit Demetrius anno centesimo sexagesimo septimo.*

20 *In diebus illis congregavit Jonathas eos qui erant in Judæa, ut expugnarent arcem, quæ est in Jerusalem: et fecerunt contra eam machinas multas.*

21 *Et abierunt quidam qui oderant gentem suam viri iniqui ad regem Demetrium, et renuntiaverunt ei quòd Jonathas obsideret arcem.*

22 *Et ut audivit, iratus est: et statim venit ad Ptolemaidam, et scripsit Jonathæ ne obsideret arcem, sed occurreret sibi ad colloquium festinatò.*

23 *Ut audivit autem Jonathas, jus-*

9 Y despachó embajadores á Demetrio para que le dijeran: VEN, harémos alianza entre los dos, y yo te daré mi hija desposada con Alejandro, y tú recobrarás así el reino de tu padre:

10 pues estoy arrepentido de haberle dado mi hija; porque ha conspirado contra mi vida.

11 Asi le infamaba; porque codiciaba alzarse con su reino.

12 Al fin habiéndole quitado la hija, se la dió á Demetrio, y entonces se extrañó de Alejandro, é hizo patente su malvada intencion.

13 Entró despues Ptoleméo en Antiochía, y ciñó su cabeza con dos diademas, la de Egipto y la de Asia.

14 Hallábase á esta sazon el rey Alejandro en Cilicia, por habérsele rebelado la gente de aquellas provincias.

15 Pero asi que supo lo ocurrido con el rey Ptoleméo, marchó contra él. Ordenó tambien éste sus tropas, y salió á su encuentro con grandes fuerzas y le derrotó.

16 Huyó Alejandro á Arabia para ponerse allí á cubierto; y se aumentó asi el poder de Ptoleméo.

17 Y Zabdiel príncipe de la Arabia cortó la cabeza á Alejandro, y se la envió á Ptoleméo.

18 De allí á tres dias murió tambien el rey Ptoleméo: y las tropas que estaban en las fortalezas perdieron la vida á manos de las que estaban en el campamento.

19 Y entró Demetrio en posesion del reino el año ciento sesenta y siete.

20 Por aquellos dias reunió Jonathás las milicias de la Judéa para apoderarse del alcázar de Jerusalem; á cuyo fin levantaron contra él muchas máquinas de guerra.

21 Mas algunos hombres malvados, enemigos de su propia nacion, fueron al rey Demetrio, y le dieron parte de que Jonathás tenia sitiado el alcázar.

22 Irritado al oir esto, pasó al instante á Ptolemaida, y escribió á Jonathás que levantase el sitio del alcázar, y viniese al punto á verse con él.

23 Recibido que hubo Jonathás esta

ait obsidere: et elegit de senioribus Israel, et de sacerdotibus, et dedit se periculo.

carta, mandó que se continuase el sitio: y escogiendo algunos de los ancianos ó senadores de Israel, y de los sacerdotes, *fué con ellos* y se expuso al peligro.

· 24 *Et accepit aurum, et argentum, et vestem, et alia xenia multa, et abiit ad regem Ptolemaidam, et invenit gratiam in conspectu ejus.*

24 Llevó consigo *mucho* oro y plata, ropas y varios otros regalos, y partió á presentarse al Rey en Ptolemaida, y se ganó su amistad.

25 *Et interpellabant adversùs eum quidam iniqui ex gente sua.*

25 Sin embargo algunos hombres perversos de su nacion formaron *nuevamente* acusaciones contra Jonathás:

26 *Et fecit ei rex, sicut fecerant ei qui ante eum fuerant: et exaltavit eum in conspectu omnium amicorum suorum,*

26 mas el Rey le trató como le habian tratado sus predecesores; y le honró en presencia de todos sus amigos ó cortesanos,

27 *et statuit ei principatum sacerdotii, et quæcumque alia habuit priùs pretiosa, et fecit eum principem amicorum.*

27 y confirmóle en el Sumo sacerdocio, y en todos los demas honores que de antemano tenia, y tratóle como al primero de sus amigos.

28 *Et postulavit Jonathas à rege, ut immunem faceret Judæam: et tres Toparchias, et Samariam, et confines ejus: et promisit ei talenta trecenta.*

28 Entonces Jonathás suplicó al Rey que concediese franquicia de tributos á la Judéa, á las tres Toparchías [1], y á Samaria con todo su territorio; prometiendo darle, *como en homenage,* trescientos talentos.

29 *Et consensit rex: et scripsit Jonathæ epistolas de his omnibus, hunc modum continentes:*

29 Otorgó el Rey la peticion, é hizo expedir el diploma para Jonathás, en estos términos:

30 *REX Demetrius fratri Jonathæ salutem, et genti Judæorum.*

30 EL REY Demetrio á su hermano Jonathás, y á la nacion judáica, Salud:

31 *Exemplum epistolæ, quam scripsimus Lastheni parenti nostro de vobis, misimus ad vos ut sciretis:*

31 Os enviamos para conocimiento vuestro copia de la carta que acerca de vosotros hemos escrito á Lasthenes nuestro padre. *Dice asi:*

32 *REX Demetrius Lastheni parenti salutem.*

32 EL REY Demetrio á Lasthenes, su padre [2], Salud:

33 *Genti Judæorum amicis nostris, et conservantibus quæ justa sunt apud nos, decrevimus benefacere, propter benignitatem ipsorum, quam erga nos habent.*

33 Hemos resuelto hacer mercedes á la nacion de los judíos, los cuales son nuestros amigos, y se portan fielmente con nosotros, á causa de la buena voluntad que nos tienen:

34 *Statuimus ergo illis omnes fines Judææ, et tres civitates, Lydan et Ramathan, quæ additæ sunt Judææ ex Samaria, et omnes confines earum se-*

34 Decretamos pues que toda la Judéa, y las tres ciudades [3] *Apherema,* Lyda, y Ramatha, de la provincia de Samaria, agregadas á la Judéa [4], y to-

1 Toparchia es palabra griega que significa cabeza de partido. Tales eran las tres ciudades de que se ha hablado en el *cap. X. v.* 30, cuyos nombres se expresan *cap. V. v.* 36.

2 Quizá le llama *padre* por haberle ayudado mucho á conseguir el trono. *Josepho lib. XIII. c.* 18. En el texto griego se lee ántes

mi pariente, τῷ συγγενεῖ εμεν τὸ syngueneî emon; y despues padre, τῷ πατρὶ τὸ patri.

3 En el griego está ἀρέκρεμα *Apherema,* que falta en la Vulgata.

4 En el *cap. X. v.* 30 se lee *Galilea* y aquí Samaria, voz que comprendia aquella otra.

questrari omnibus sacrificantibus in Jerosolymis, pro his quæ ab eis prius accipiebat rex per singulos annos, et pro fructibus terræ et pomorum.

35 Et alia quæ ad nos pertinebant decimarum et tributorum, ex hoc tempore remittimus eis: et areas salinarum, et coronas quæ nobis deferebantur,

36 omnia ipsis concedimus: et nihil horum irritum erit ex hoc, et in omne tempus.

37 Nunc ergo curate facere horum exemplum, et detur Jonathæ, et ponatur in monte sancto in loco celebri.

38 Et videns Demetrius rex quod siluit terra in conspectu suo, et nihil ei resistit, dimisit totum exercitum suum, unumquemque in locum suum, excepto peregrino exercitu, quem contraxit ab insulis gentium: et inimici erant ei omnes exercitus patrum ejus.

39 Tryphon autem erat quidam partium Alexandri prius: et vidit quoniam omnis exercitus murmurabat contra Demetrium, et ivit ad Emalchuel Arabem, qui nutriebat Antiochum filium Alexandri:

40 et assidebat ei, ut traderet eum ipsi, ut regnaret loco patris sui: et enuntiavit ei quanta fecit Demetrius, et inimicitias exercituum ejus adversus illum. Et mansit ibi diebus multis.

41 Et misit Jonathas ad Demetrium regem, ut ejiceret eos qui in arce erant in Jerusalem, et qui in præsidiis erant: quia impugnabant Israel.

42 Et misit Demetrius ad Jonatham, dicens: Non hæc tantum faciam tibi, et genti tuæ, sed gloriâ illustrabo te, et gentem tuam, cùm fuerit oportunum.

---

dos sus territorios queden destinados para todos los sacerdotes de Jerusalem, en cambio de lo que el Rey percibia antes de ellos todos los años por los frutos de la tierra y de los árboles.

35 Asimismo les perdonamos desde ahora lo demas que nos pertenecia de diezmos y tributos, y los productos de las lagunas de la sal [1], y las coronas de oro que se nos ofrecian.

36 Todo lo referido se lo concedemos, y todo irrevocablemente, desde ahora en adelante para siempre.

37 Ahora pues cuidad de que se saque una copia de este decreto, y entregádsela á Jonathás, para que se coloque en el Monte santo de Sion en un parage público.

38 Viendo despues el rey Demetrio que toda la tierra estaba tranquila, y le respetaba, sin que le quedase competidor ninguno, licenció todo su ejército, enviando á cada cual á su casa, salvo las tropas extrangeras que habia asalariado de las islas de las naciones: con lo cual se atrajo el odio de todas las tropas que habian servido á sus padres [2].

39 Habia entonces un cierto Tryphon, que habia sido antes del partido de Alejandro; y viendo que todo el ejército murmuraba de Demetrio, fué á verse con Emalchúel [3] árabe; el cual educaba á Antiocho, hijo de Alejandro:

40 y le hizo muchas y grandes instancias para que se le entregase, á fin de hacer que ocupase el trono de su padre: contóle todo lo que Demetrio habia hecho, y como le aborrecia todo el ejército, y detúvose allí muchos dias.

41 Entre tanto Jonathás envió á pedir al rey Demetrio que mandase quitar la guarnicion que aun habia en el alcázar de Jerusalem y en las otras fortalezas; porque causaban daño á Israel.

42 Y Demetrio respondió á Jonathás: No solo haré por tí y por tu nacion lo que me pides, sino que tambien te elevaré á mayor gloria á tí y á tu pueblo, luego que el tiempo me lo permita:

---

1 Cap. X. v. 29.
2 Las cuales quedaban sin paga.

3 Calmet traduce: el rey de los árabes.

43 *Nunc ergo rectè feceris, si miseris in auxilium mihi viros: quia discessit omnis exercitus meus.*

44 *Et misit ei Jonathas tria millia virorum fortium Antiochiam: et venerunt ad regem, et delectatus est rex in adventu eorum.*

45 *Et convenerunt qui erant de civitate, centum viginti millia virorum, et volebant interficere regem.*

46 *Et fugit rex in aulam: et occupaverunt qui erant de civitate, itinera civitatis, et coeperunt pugnare.*

47 *Et vocavit rex Judaeos in auxilium, et convenerunt omnes simul ad eum, et dispersi sunt omnes per civitatem:*

48 *et occiderunt in illa die centum millia hominum, et succenderunt civitatem, et coeperunt spolia multa in die illa, et liberaverunt regem.*

49 *Et viderunt qui erant de civitate, quòd obtinuissent Judaei civitatem sicut volebant: et infirmati sunt mente sua, et clamaverunt ad regem cum precibus, dicentes:*

50 *Da nobis dextras, et cessent Judaei oppugnare nos et civitatem.*

51 *Et projecerunt arma sua, et fecerunt pacem, et glorificati sunt Judaei in conspectu regis, et in conspectu omnium qui erant in regno ejus, et nominati sunt in regno: et regressi sunt in Jerusalem, habentes spolia multa.*

52 *Et sedit Demetrius rex in sede regni sui: et siluit terra in conspectu ejus.*

53 *Et mentitus est omnia quaecumque dixit, et abalienavit se à Jonatha, et non retribuit ei secundùm beneficia quae sibi tribuerat, et vexabat eum valdè.*

54 *Post haec autem reversus est Tryphon, et Antiochus cum eo puer adolescens, et regnavit, et imposuit sibi diadema.*

55 *Et congregati sunt ad eum omnes*

43 mas ahora me harás el favor de enviar tropas á mi socorro; porque todo mi ejército me ha abandonado.

44 Entonces Jonathás le envió á Antiochía tres mil hombres de los mas valientes, por cuya llegada recibió el Rey grande contento.

45 Pero los moradores de la ciudad, en número de ciento y veinte mil hombres, se conjuraron, y querian matar al Rey.

46 Encerróse éste en su palacio, y apoderándose los de la ciudad de las calles ó avenidas, comenzaron á combatirle.

47 Entonces el Rey hizo venir en su socorro á los judíos, los cuales se reunieron todos junto á él: y acometiendo por varias partes á la ciudad,

48 mataron en aquel dia cien mil hombres, y despues de saqueada le pegaron fuego: y libertaron asi al Rey.

49 Al ver los sediciosos de la ciudad que los judíos se habian hecho dueños absolutos de ella, se aturdieron, y á gritos pidieron al Rey misericordia, haciéndole esta súplica:

50 Concédenos la paz, y cesen los judíos de maltratarnos á nosotros y á la ciudad.

51 Y rindieron las armas, é hicieron la paz. Con esto los judíos adquirieron grande gloria para con el Rey y todo su reino; y habiéndose hecho en él muy célebres, se volvieron á Jerusalem cargados de ricos despojos.

52 Quedó con esto Demetrio asegurado en el trono de su reino; y sosegado todo el pais, era respetado de todos.

53 Mas sin embargo faltó á todo lo que habia prometido: se extrañó de Jonathás, y bien lejos de manifestarse reconocido á los servicios recibidos, le hacia todo el mal que podia [1].

54 Despues de estas cosas, volvió Tryphon trayendo consigo á Antiochô, que era aun niño; el cual fué reconocido por Rey, y ciñóse la diadema [2].

55 Y acudieron á presentársele todas

---

1 Antes v. 34 y 42.

2 Este es el Antiochô que despues tomó el título de *Dios Epiphanes*, ó *Dios presente*, ó *manifiesto*.

exercitus, quos disperserat Demetrius, et pugnaverunt contra eum, et fugit, et terga vertit.

56 *Et accepit Tryphon bestias, et obtinuit Antiochiam.*

57 *Et scripsit Antiochus adolescens Jonathæ, dicens: Constituo tibi sacerdotium, et constituo te super quatuor civitates, ut sis de amicis regis.*

58 *Et misit illi vasa aurea in ministerium, et dedit ei potestatem bibendi in auro, et esse in purpura, et habere fibulam auream.*

59 *Et Simonem fratrem ejus constituit ducem à terminis Tyri usque ad fines Ægypti.*

60 *Et exiit Jonathas, et perambulabat trans flumen civitates: et congregatus est ad eum omnis exercitus Syriæ in auxilium, et venit Ascalonem, et occurrerunt ei honorificè de civitate.*

61 *Et abiit inde Gazam, et concluserunt se qui erant Gazæ: et obsedit eam, et succendit quæ erant in circuitu civitatis, et prædatus est ea.*

62 *Et rogaverunt Gazenses Jonathan, et dedit illis dexteram: et accepit filios eorum obsides, et misit illos in Jerusalem: et perambulavit regionem usque Damascum.*

63 *Et audivit Jonathas quòd prævaricati sunt principes Demetrii in Cades, quæ est in Galilæa, cum exercitu multo, volentes eum removere à negotio regni.*

64 *Et occurrit illis: fratrem autem suum Simonem reliquit intra provinciam.*

65 *Et applicuit Simon ad Bethsuram, et expugnabat eam diebus multis, et conclusit eos.*

66 *Et postulaverunt ab eo dextras*

las tropas que Demetrio habia licenciado; y pelearon contra Demetrio, el cual volvió las espaldas, y se puso en fuga.

56 Apoderóse en seguida Tryphon de los elefantes, y se hizo dueño de Antiochia.

57 Y el jovencito Antiochô escribió á Jonathás en estos términos: Te confirmo en el *Sumo* sacerdocio, y en el dominio de las cuatro ciudades [1], y quiero que seas uno de los amigos del Rey.

58 Envióle tambien varias alhajas de oro para su servicio, y concedióle facultad de poder beber en copa de oro, vestirse de púrpura, y de llevar la hebilla ó *broche* de oro.

59 Al mismo tiempo nombró á su hermano Simon por Gobernador *de todo el pais* desde los confines de Tyro hasta las fronteras de Egypto.

60 Salió luego Jonathás, y recorrió las ciudades de la otra parte del *rio Jordan*: y todo el ejército de la Syria acudió á su auxilio; con lo que se encaminó hácia Ascalon, cuyos moradores salieron á recibirle con grandes festejos.

61 Desde allí pasó á Gaza, y sus habitantes le cerraron las puertas: por lo que le puso sitio, y quemó todos los alrededores de la ciudad, despues de haberlo todo saqueado.

62 Entonces los de Gaza pidieron capitulacion á Jonathás, el cual se la concedió; y tomando en rehenes á sus hijos, los envió á Jerusalem, y recorrió en seguida todo el pais hasta Damasco.

63 Á esta sazon supo Jonathás que los generales de Demetrio habian ido con un poderoso ejército á *la ciudad de* Cades, situada en la Galiléa, para sublevarla; con el fin de impedirle que *se* mezclase en adelante en los negocios del reino de Antiochô.

64 Y marchó contra ellos; dejando en la provincia á su hermano Simon.

65 Entre tanto éste aproximándose á Bethsura, la tuvo sitiada muchos dias, teniendo encerrados á sus habitantes:

66 los cuales pidieron al fin la paz, y

---

1 Las tres ciudades referidas en el *v.* 34, y la de Ptolemaida *cap.* X. *v.* 39.

accipere, et dedit illis: et ejecit eos inde, et cepit civitatem, et posuit in ea præsidium.

67 Et Jonathas et castra ejus applicuerunt ad aquam Genesar, et ante lucem vigilaverunt in campo Asor.

68 Et ecce castra alienigenarum occurrebant in campo, et tendebant ei insidias in montibus; ipse autem occurrit ex adverso.

69 Insidiæ vero exurrexerunt de locis suis, et commiserunt prælium.

70 Et fugerunt qui erant ex parte Jonathæ omnes, et nemo relictus est ex eis, nisi Mathathias filius Absalomi, et Judas filius Calphi, princeps militiæ exercitus.

71 Et scidit Jonathas vestimenta sua, et posuit terram in capite suo, et oravit.

72 Et reversus est Jonathas ad eos in prælium, et convertit eos in fugam, et pugnaverunt.

73 Et viderunt qui fugiebant partis illius, et reversi sunt ad eum, et insequebantur cum eo omnes usque Cades ad castra sua, et pervenerunt usque illuc.

74 Et ceciderunt de alienigenis in die illa tria millia virorum: et reversus est Jonathas in Jerusalem.

se la concedió; y habiéndoles hecho desocupar la plaza, tomó posesion de ella y la guarneció.

67 Jonathás empero se acercó con su ejército al lago de Genesar [1], y antes de amanecer llegaron á la llanura de Asor [2].

68 Y he aquí que se encontró delante del campamento de los extrangeros; quienes le habian puesto una emboscada en el monte. Jonathás fué á embestirlos de frente;

69 pero entonces los que estaban emboscados salieron de sus puestos, y cargaron sobre él.

70 Con esto los de Jonathás echaron todos á huir, sin que quedase uno siquiera de los capitanes, excepto Mathathías hijo de Absalomi, y Judas hijo de Calphi, comandante de su ejército [3].

71 Entonces Jonathás rasgó sus vestidos, se echó polvo sobre su cabeza, é hizo oracion.

72 En seguida volvió Jonathás sobre los enemigos, y peleó contra ellos y los puso en fuga.

73 Viendo esto las tropas que le habian abandonado, volvieron á unirse con él, y todos juntos persiguieron á los enemigos hasta Cades, donde tenian éstos sus reales, al pie de los cuales llegaron.

74 Murieron en aquel dia tres mil hombres del ejército de los extrangeros; y Jonathás se volvió á Jerusalem.

CAPÍTULO XII.

Jonathás renueva la alianza con los romanos y con los lacedemonios. Vence á los generales de Demetrio que le acometieron; y derrotados los árabes, manda construir plazas de armas en la Judéa y un muro en frente del alcázar de Jerusalem. Pero Tryphon, fingiéndosele amigo, le prende en Ptolemaida, y hace matar á todos los que le acompañaban.

1 Et vidit Jonathas quia tempus eum juvat, et elegit viros, et misit eos Romam, statuere et renovare cum eis amicitiam.

1 Viendo Jonathás que el tiempo ó circunstancias le eran favorables, eligió diputados y los envió á Roma, para confirmar y renovar la amistad con los romanos:

---

1 Ó Genesareth.
2 Jos. XI. v. 1 y 10.

3 Con poquísimos soldados. *Josepho* dice que fueron como unos cincuenta.

à et ad Spartiatas, et ad alia loca misit epistolas secundùm eamdem formam.

3 Et abierunt Romam, et intraverunt curiam, et dixerunt: Jonathas summus sacerdos, et gens Judæorum miserunt nos, ut renovaremus amicitiam et societatem secundùm pristinum.

4 Et dederunt illis epistolas ad ipsos per loca, ut deducerent eos in terram Juda cum pace.

5 Et hoc est exemplum epistolarum, quas scripsit Jonathas Spartiatis:

6 JONATHAS summus sacerdos, et seniores gentis, et sacerdotes, et reliquus populus Judæorum, Spartiatis fratribus salutem.

7 Jam pridem missæ erant epistolæ ad Oniam summum sacerdotem ab Ario, qui regnabat apud vos, quoniam estis fratres nostri, sicut rescriptum continet, quod subjectum est.

8 Et suscepit Onias virum, qui missus fuerat, cum honore: et accepit epistolas, in quibus significabatur de societate et amicitia.

9 Nos, cùm nullo horum indigeremus, habentes solatio sanctos libros, qui sunt in manibus nostris;

10 maluimus mittere ad vos renovare fraternitatem, et amicitiam, ne fortè alieni efficiamur à vobis: multa enim tempora transierunt, ex quo misistis ad nos.

11 Nos ergo in omni tempore sine intermissione in diebus solemnibus, et ceteris quibus oportet, memores sumus vestri in sacrificiis quæ offerimus, et in observationibus, sicut fas est, et decet meminisse fratrum.

2 é igualmente envió á los lacedemonios y á otros pueblos cartas en todo semejantes.

3 Partieron pues aquellos para Roma, y habiéndose presentado al Senado, dijeron: Jonathás, Sumo sacerdote, y la nacion de los judíos, nos han enviado á renovar la amistad y alianza, segun se hizo en tiempos pasados.

4 Y los romanos les dieron despues cartas para los gobernadores de las plazas, á fin de que viajasen con seguridad hasta la Judéa.

5 El tenor de la carta que Jonathás escribió á los lacedemonios, es el siguiente:

6 JONATHAS, Sumo sacerdote, y los ancianos de la nacion, y los sacerdotes, y todo el pueblo de los judíos, á los lacedemonios sus hermanos, Salud.

7 Ya hace tiempo que Ario [1], vuestro Rey, escribió una carta á Onias, Sumo sacerdote, en la cual se leia que vosotros sois nuestros hermanos, como se ve por la copia que mas abajo se pone [2].

8 Y Onías recibió con grande honor al enviado del Rey, y tambien sus cartas, en las cuales se hablaba de hacer amistad y alianza.

9 Y aunque nosotros no teníamos necesidad de nada de eso, teniendo como tenemos en nuestras manos para consuelo nuestro los Libros santos [3];

10 con todo hemos querido enviar á renovar con vosotros esta amistad y union fraternal: no sea que os parezca que nos hemos extrañado de vosotros; porque ha trascurrido ya mucho tiempo desde que nos enviásteis aquella embajada.

11 Nosotros empero en todo este intermedio jamás hemos dejado de hacer conmemoracion de vosotros en los sacrificios que ofrecemos á Dios en los dias solemnes, y en los demas que corresponde, y en todas nuestras oraciones [4], pues es justo y debido acordarse de los hermanos.

---

1 En el texto griego se lee Dario.
2 Vers. 20.—II. Mach. III. vers. 1.—Eccli. L. v. 1.
3 Ó las santas Escrituras.

4 Martini traduce tambien orazioni: porque en el texto griego se lee ἐν ταῖς προσευχαῖς proseujais, oraciones, rogativas, etc.

12 *Lætamur itaque de gloria vestra.*

13 *Nos autem circumdederunt multæ tribulationes, et multa prælia, et impugnaverunt nos reges, qui sunt in circuitu nostro.*

14 *Noluimus ergo vobis molesti esse, neque ceteris sociis et amicis nostris, in his præliis.*

15 *Habuimus enim de cælo auxilium, et liberati sumus nos, et humiliati sunt inimici nostri.*

16 *Elegimus itaque Numenium Antiochi filium, et Antipatrem Jasonis filium, et misimus ad Romanos renovare cum eis amicitiam et societatem pristinam.*

17 *Mandavimus itaque eis ut veniant etiam ad vos, et salutent vos: et reddant vobis epistolas nostras de innovatione fraternitatis nostræ.*

18 *Et nunc benefacietis respondentes nobis ad hæc.*

19 *Et hoc est rescriptum epistolarum, quod miserat Oniæ.*

20 *Arius, rex Spartiatarum, Oniæ sacerdoti magno salutem.*

21 *Inventum est in scriptura de Spartiatis et Judæis, quoniam sunt fratres, et quòd sunt de genere Abraham.*

22 *Et nunc ex quo hæc cognovimus, benefacitis scribentes nobis de pace vestra.*

23 *Sed et nos rescripsimus vobis: Pecora nostra, et possessiones nostræ, vestræ sunt, et vestræ nostræ; mandavimus itaque hæc nuntiari vobis.*

24 *Et audivit Jonathas, quoniam regressi sunt principes Demetrii cum exercitu multo suprà quàm priùs, pugnare adversùs eum.*

25 *Et exiit ab Jerusalem, et occurrit eis in Amathite regione: non enim dederat eis spatium ut ingrederentur regionem ejus.*

12 Nos regocijamos pues de la gloria que disfrutais.

13 Mas por lo que hace á nosotros, hemos sufrido grandes aflicciones y muchas guerras, habiéndonos acometido varias veces los Reyes circunvecinos.

14 Sin embargo en estas guerras no hemos querido cansaros ni á vosotros ni á ninguno de los demas aliados y amigos;

15 pues hemos recibido el socorro del cielo, con el cual hemos sido librados nosotros, y humillados nuestros enemigos.

16 Por tanto, habiendo *ahora* elegido á Numenio, hijo de Antiochô, y á Antípatro, hijo de Jason, para enviarlos á los romanos, á fin de renovar con ellos la antigua amistad y alianza:

17 les hemos dado tambien la órden de pasar á veros y á saludaros de nuestra parte, y llevaros esta nuestra carta, cuyo objeto es el renovar nuestra union fraternal.

18 Y asi nos haréis un favor respondiéndonos sobre su contenido [1].

19 Este es el traslado de la carta que *Ario* escribió á Onías:

20 Ario, Rey de los lacedemonios, á Onías, Sumo sacerdote, Salud.

21 *Aquí* se ha encontrado en cierta escritura que los lacedemonios y los judíos son hermanos, y que son todos del linage de Abraham.

22 Por tanto, ahora que hemos descubierto esta noticia, nos haréis el gusto de escribirnos si gozais de paz.

23 Pues nosotros desde luego os respondemos: Nuestros ganados y nuestros bienes vuestros son, y nuestros los vuestros; y esto [2] es lo que les encargamos que os digan.

24 Entre tanto supo Jonathás que los generales de Demetrio habian vuelto contra él con un ejército mucho mayor que antes.

25 Con esto partió de Jerusalem, y fué á salirles al encuentro en el pais de Amath ó *Emath,* para no darles tiempo de entrar en su tierra *de Judéa;*

---

1 Véase la respuesta en el *cap. XIV. v.* 20.
2 Es esto una fórmula de que usaban los antiguos pueblos para expresar la perfecta amistad.

26 Et misit speculatores in castra eorum: et reversi renuntiaverunt quòd constituunt supervenire illis nocte.

27 Cùm occidisset autem sol, præcepit Jonathas suis vigilare, et esse in armis paratos ad pugnam totá nocte, et posuit custodes per circuitum castrorum.

28 Et audierunt adversarii quòd paratus est Jonathas cum suis in bello: et timuerunt, et formidaverunt in corde suo: et accenderunt focos in castris suis.

29 Jonathas autem, et qui cum eo erant, non cognoverunt usque mane: videbant autem luminaria ardentia:

30 et secutus est eos Jonathas, et non comprehendit eos: transierant enim flumen Eleutherum.

31 Et divertit Jonathas ad Arabas, qui vocantur Zabadæi, et percussit eos, et accepit spolia eorum.

32 Et junxit, et venit Damascum, et perambulabat omnem regionem illam.

33 Simon autem exiit, et venit usque ad Ascalonem, et ad proxima præsidia: et declinavit in Joppen, et occupavit eam,

34 (audivit enim quòd vellent præsidium tradere partibus Demetrii) et posuit ibi custodes ut custodirent eam.

35 Et reversus est Jonathas, et convocavit seniores populi, et cogitavit cum eis ædificare præsidia in Judæa,

36 et ædificare muros in Jerusalem, et exaltare altitudinem magnam inter medium arcis et civitatis, ut separaret eam à civitate, ut esset ipsa singulariter, et neque emant, neque vendant.

37 Et convenerunt, ut ædificarent civitatem; et cecidit murus, qui erat super torrentem ab ortu solis, et repara-

26 y enviando espías á reconocer su campo, volvieron estos con la noticia de que los enemigos habian resuelto sorprenderle aquella noche.

27 Con esto Jonathás, puesto que fué el sol, mandó á su gente que estuviese alerta toda la noche, y sobre las armas, prontos para la batalla, y puso centinelas al rededor del campamento.

28 Pero cuando los enemigos supieron que Jonathás estaba preparado con sus tropas para la batalla, temieron y huyeron despavoridos, dejando encendidos fuegos, ú hogueras, en su campamento [1].

29 Mas Jonathás y su tropa por lo mismo que veian los fuegos encendidos, no lo conocieron hasta la mañana.

30 Bien que fué despues en su seguimiento; pero no los pudo alcanzar, pues habian pasado ya el rio Eleuthero.

31 Entonces convirtió sus armas contra los árabes llamados zabadéos [2], á quiénes derrotó y tomó sus despojos;

32 y reunida su gente fué á Damasco, y anduvo haciendo varias correrías por todo aquel pais.

33 Entre tanto Simon marchó y llegó hasta la ciudad de Ascalon y las fortalezas vecinas; y dirigiéndose á Joppe se apoderó de ella [3],

34 (pues habia sabido que los de aquella ciudad querian entregar la plaza á los partidarios de Demetrio), y la puso guarnicion para que la custodiese:

35 Habiendo vuelto Jonathás de su expedicion, convocó á los ancianos del pueblo; y de acuerdo con ellos resolvió construir fortalezas en la Judéa,

36 reedificar los muros de Jerusalem, y levantar una muralla de grande altura entre el alcázar y la ciudad para separar aquel de esta, de modo que el alcázar quedase aislado, y los de dentro no pudiesen comprar ni vender ninguna cosa.

37 Reunióse pues la gente para reedificar la ciudad, y hallándose caida la muralla que estaba sobre el torrente

---

1 Para disimular su retirada.
2 Josepho dice nabatéos. Véase ántes cap.

V. v. 25.—IX. v. 35.
3 Ó la volvió á ocupar. Véase cap. X. v. 76

vit eum, qui vocatur Caphetetha:

38 *Et Simon ædificavit Adiada in Sephela, et munivit eam, et imposuit portas et seras.*

39 *Et cùm cogitasset Tryphon regnare Asia, et assumere diadema, et extendere manum in Antiochum regem:*

40 *timens ne fortè non permitteret eum Jonathas, sed pugnaret adversùs eum, quærebat comprehendere eum, et occidere. Et exurgens abiit in Bethsan.*

41 *Et exivit Jonathas obviam illi cum quadraginta millibus virorum electorum in prælium, et venit Bethsan.*

42 *Et vidit Tryphon quia venit Jonathas cum exercitu multo ut extenderet in eum manus, timuit;*

43 *et excepit eum cum honore, et commendavit eum omnibus amicis suis, et dedit ei munera: et præcepit exercitibus suis ut obedirent ei, sicut sibi.*

44 *Et dixit Jonathæ: Ut quid vexasti universum populum, cum bellum nobis non sit?*

45 *Et nunc remitte eos in domos suas: elige autem tibi viros paucos, qui tecum sint, et veni mecum Ptolemaidam, et tradam eam tibi, et reliqua præsidia, et exercitum, et universos præpositos negotii, et conversus abibo: proptereà enim veni.*

46 *Et credidit ei, et fecit sicut dixit: et dimisit exercitum, et abierunt in terram Juda.*

47 *Retinuit autem secum tria millia virorum; ex quibus remisit in Galilæam duo millia, mille autem venerunt cum eo.*

48 *Ut autem intravit Ptolemaidam Jonathas, clauserunt portas civitatis Ptolemenses, et comprehenderunt eum; et omnes qui cum eo intraverant, gladio interfecerunt.*

49 *Et misit Tryphon exercitum et equites in Galilæam, et in campum magnum, ut perderent omnes socios Jonathæ.*

Cedron hácia el Oriente, la levantó Jonathás, la cual se llama Caphetetha.

38 Simon tambien construyó á Adiada en Sephela, y la fortificó, y aseguró con puertas y barras de hierro.

39 Por este tiempo proyectó Tryphon hacerse rey de Asia, y ceñirse la corona, y quitar la vida al rey Antiocho.

40 Mas temiendo que Jonathás le seria contrario y le declararia la guerra, andaba buscando medios para apoderarse de él y quitarle la vida. Fuése pues con este intento á Bethsan.

41 Pero Jonathás le salió al encuentro con cuarenta mil hombres de tropa escogida, avanzando tambien hasta dicha ciudad.

42 Mas cuando Tryphon vió que Jonathás habia ido contra él con tan poderoso ejército, entró en miedo:

43 y asi le recibió con agasajo, y le recomendó á todos sus amigos; hizole varios regalos, y mandó á todo su ejército que le obedeciese como á su propia persona.

44 Dijo luego á Jonathás: ¿Por qué has cansado á toda esa tu gente, no habiendo guerra entre nosotros?

45 Ahora bien, despáchalos á sus casas, y escoge solamente algunos pocos de entre ellos que te acompañen, y vente conmigo á Ptolemaida, y yo te haré dueño de ella, y de las demas fortalezas, y del ejército, y de todos los encargados del gobierno; ejecutado lo cual me volveré, pues para eso he venido acá.

46 Dióle crédito Jonathás, y haciendo lo que le dijo, licenció sus tropas, que se volvieron á la tierra de Judá,

47 reteniendo consigo tres mil hombres: de los cuales envió aun dos mil á la Galiléa, y mil le acompañaron.

48 Mas apenas Jonathás hubo entrado en Ptolemaida, cerraron sus habitantes la puertas de la ciudad, y le prendieron; y pasaron á cuchillo á todos los que le habian acompañado.

49 Y Tryphon envió su infantería y caballería á la Galiléa y á su gran llanura [1] para acabar con todos los soldados que habian acompañado á Jonathás.

1 En el espacioso valle de *Jezrael.*

50 At illi cùm cognovissent quia comprehensus est Jonathas, et periit, et omnes qui cum eo erant, hortati sunt semetipsos, et exierunt parati in prælium.

51 Et videntes hi, qui insecuti fuerant, quia pro anima res est illis, reversi sunt:

52 illi autem venerunt omnes cum pace in terram Juda. Et planxerunt Jonathan, et eos qui cum ipso fuerant, valdè: et luxit Israel luctu magno.

53 Et quæsierunt omnes gentes, quæ erant in circuitu eorum, conterere eos; dixerunt enim:

54 Non habent principem, et adjuvantem: nunc ergo expugnemus illos, et tollamus de hominibus memoriam eorum.

50 Empero éstos, oyendo decir que habian preso á Jonathás, y que habia sido muerto con cuantos le acompañaban, se animaron los unos á los otros, y se presentaron con denuedo para pelear.

51 Mas viendo los que les iban persiguiendo, que estaban resueltos á vender muy caras sus vidas, se volvieron.

52 De esta suerte siguieron su camino, regresando todos felizmente á Judéa, donde hicieron gran duelo por Jonathás, y por los que le habian acompañado: y lloróle todo Israel amargamente.

53 Entonces todas las naciones circunvecinas intentaron nuevamente abatirlos. Porque dijeron:

54 No tienen caudillo, ni quien los socorra; ahora es tiempo de echarnos sobre ellos, y de borrar su memoria de entre los hombres.

CAPÍTULO XIII.

Succede Simon á Jonathás en el gobierno del pueblo. Envia á Tryphon el dinero y los hijos de Jonathás, que pidió por el rescate de éste. Pero Tryphon recibe el dinero y mata á Jonathás y á sus hijos. Simon fabrica un suntuoso sepulcro á sus padres y hermanos en Modin. Tryphon mata á Antiochó, y se apodera de su trono. Simon, alcanzando de Demetrio alianza y exencion de tributos, toma á Gaza, y se apodera del alcázar ó ciudadela de Jerusalem.

1 Et audivit Simon quòd congregavit Tryphon exercitum copiosum, ut veniret in terram Juda, et attereret eam.

2 Videns quia in tremore populus est, et in timore, ascendit Jerusalem, et congregavit populum:

3 et adhortans dixit: Vos scitis quanta ego, et fratres mei, et domus patris mei, fecimus pro legibus et pro sanctis prælia, et angustias quales vidimus:

4 horum gratiá perierunt fratres mei omnes propter Israel, et relictus sum ego solus.

5 Et nunc non mihi contingat parcere animæ meæ in omni tempore tribu-

1 Tuvo Simon aviso de que habia juntado Tryphon un grande ejército para venir á asolar la tierra de Judá.

2 Y observando que la gente estaba intimidada y temblando, subió á Jerusalem y convocó al pueblo;

3 y para animarlos á todos, les habló de esta manera: Ya sabeis cuanto hemos trabajado asi yo como mis hermanos, y la casa de mi padre por defender nuestra Ley y por el Santuario, y en qué angustias nos hemos visto:

4 por amor de estas cosas han perdido la vida todos mis hermanos, para salvar á Israel, siendo yo el único de ellos que he quedado.

5 Mas no permita Dios que tenga ningun miramiento á mi vida, miéntras

lationis: non enim melior sum fratribus meis.

6 *Vindicabo itaque gentem meam, et sancta, natos quoque nostros, et uxores: quia congregatæ sunt universæ gentes conterere nos inimicitiæ gratid.*

7 *Et accensus est spiritus populi simul ut audivit sermones istos:*

8 *et respenderunt voce magnd, dicentes: Tu es dux noster loco Judæ et Jonathæ, fratris tui.*

9 *Pugna prælium nostrum: et omnia, quæcumque dixeris nobis, faciemus.*

10 *Et congregans omnes viros bellatores, acceleravit consummare universos muros Jerusalem, et munivit eam in gyro.*

11 *Et misit Jonathan, filium Absalomi, et cum eo exercitum novum, in Joppen; et ejectis his, qui erant in eo, remansit illic ipse.*

12 *Et movit Tryphon à Ptolemaida cum exercitu multo, ut veniret in terram Juda, et Jonathas cum eo in custodia.*

13 *Simon autem applicuit in Addus contra faciem campi.*

14 *Et ut cognovit Tryphon quia surrexit Simon loco fratris sui Jonathæ: et quia commissurus esset cum eo prælium, misit ad eum legatos,*

15 *dicens: Pro argento, quod debebat frater tuus Jonathas in ratione regis propter negotia quæ habuit, detinuimus eum.*

16 *Et nunc mitte argenti talenta centum, et duos filios ejus obsides, ut non dimissus fugiat à nobis, et remittemus eum.*

17 *Et cognovit Simon quia cum dolo loqueretur secum, jussit tamen dari argentum, et pueros: ne inimicitiam magnam sumeret ad populum Israel, dicentem:*

18 *Quia non misit ei argentum, et*

estémos en la aflicción; pues no soy yo de mas valer que mis hermanos.

6 Defenderé pues á mi nacion y al Santuario, y á nuestros hijos, y á nuestras esposas; porque todas las naciones *gentiles*, por el odio que nos tienen, se han coligado para destruirnos.

7 Inflamóse el espíritu del pueblo así que oyó estas palabras,

8 y todos en alta voz respondieron: Tú eres nuestro caudillo en lugar de Judas y Jonathás tus hermanos:

9 dirige nuestra guerra, que nosotros harémos todo cuanto nos mandares.

10 Con esto Simon hizo juntar todos los hombres de guerra, y se dió priesa á reedificar las murallas de Jerusalem [1], y fortalecióla por todos lados.

11 Y envió á Jonathás hijo de Absalomi con un nuevo ejército contra Joppe, y habiendo éste arrojado á los de dentro de la ciudad, se quedó en ella con sus tropas.

12 Entre tanto Trypbon partió de Ptolemaida con un numeroso ejército para entrar en tierra de Judá, trayendo consigo prisionero á Jonathás.

13 Simon se acampó cerca de Addús, en frente de la llanura.

14 Pero Tryphon, así que supo que Simon habia entrado en lugar de su hermano Jonathás, y que se disponia para salir á darle batalla, le envió mensageros

15 para que le dijesen de su parte: Hemos detenido hasta ahora á tu hermano Jonathás, porque debia dinero al Rey con motivo de los negocios que estuvieron á su cuidado:

16 ahora pues envíame cien talentos de plata, y por rehenes á sus dos hijos, para seguridad de que luego que esté libre no se vuelva contra nosotros, y le dejarémos ir.

17 Bien conoció Simon que le hablaba con dobles; pero con todo mandó que se le entregase el dinero y los niños, por no atraer sobre sí el odio del pueblo de Israel; el cual hubiera dicho:

18 Por no haberse enviado el dinero

---

1 Jonathás las habia empezado. Véase ántes cap. *XII. v.* 36.

pueros, propterea periit.

19 *Et misit pueros, et centum talenta; et mentitus est, et non dimisit Jonathan.*

20 *Et post hæc venit Tryphon intra regionem, ut contereret eam, et gyraverunt per viam quæ ducit Ador: et Simon, et castra ejus ambulabant in omnem locum quocumque ibant.*

21 *Qui autem in arce erant, miserunt ad Tryphonem legatos, ut festinaret venire per desertum, et mitteret illis alimonias.*

22 *Et paravit Tryphon omnem equitatum, ut veniret illá nocte: erat autem nix multa valdè: et non venit in Galaaditim.*

23 *Et cùm appropinquasset Bascaman, occidit Jonathan et filios ejus illic.*

24 *Et convertit Tryphon, et abiit in terram suam.*

25 *Et misit Simon, et accepit ossa Jonathæ, fratris sui, et sepelivit ea in Modin civitate patrum ejus.*

26 *Et planxerunt eum omnis Israel planctu magno, et luxerunt eum dies multos.*

27 *Et ædificavit Simon super sepulchrum patris sui, et fratrum suorum ædificium altum visu, lapide polito retrò et antè:*

28 *et statuit septem pyramidas, unam contra unam patri et matri, et quatuor fratribus:*

29 *et his circumposuit columnas magnas; et super columnas arma, ad memoriam æternam; et juxta arma naves sculptas, quæ viderentur ab omnibus navigantibus mare.*

30 *Hoc est sepulchrum quod fecit in Modin, usque in hunc diem.*

31 *Tryphon autem cùm iter faceret*

y los niños, por eso ha perecido Jonathás.

19 Así pues envió los niños y los cien talentos; pero Tryphon faltó á la palabra y no puso en libertad á Jonathás.

20 Y entró despues Tryphon en el pais *de Judá* para devastarle, y dió la vuelta por el camino que va á Ador: Simon empero con sus tropas les seguia siempre los pasos á do quiera que fuesen.

21 Á este tiempo los que estaban en el alcázar *de Jerusalem* enviaron á decir á Tryphon que se apresurase á venir por el camino del desierto, y les enviase víveres:

22 en vista de lo cual dispuso Tryphon toda su caballería para partir aquella misma noche *á socorrerlos*; mas por haber gran copia de nieve, no se verificó su ida al territorio de Galaad [1].

23 Y al llegar cerca de Bascaman, hizo matar allí á Jonathás y á sus hijos.

24 Luego volvió Tryphon atrás, y regresó á su pais.

25 Entonces Simon envió á buscar los huesos de su hermano Jonathás, y los sepultó en Modin, patria de sus padres:

26 y todo Israel hizo gran duelo en su muerte, y le lloró por espacio de muchos dias,

27 Mandó despues Simon levantar sobre los sepulcros de su padre y hermanos un elevado monumento, que se descubria desde léjos, de piedras labradas por uno y otro lado,

28 y allí levantó siete pirámides una en frente de otra, á su padre y á su madre, y á sus cuatro hermanos.

29 Al rededor de ellas colocó grandes columnas, y sobre las columnas armas para eterna memoria, y junto á las armas unos navíos de escultura, los cuales se viesen de cuantos navegasen por aquel mar.

30 Tal es el sepulcro que levantó Simon en Modin, el cual subsiste hasta el dia de hoy [2].

31 Pero Tryphon yendo de camino,

1 No se verificó su ida á Jerusalem, aunque llegó al territorio de Galaad, como expresa el texto griego.

2 Se veia aun en tiempo de S. Gerónimo, y de Eusebio.

cum Antiocho rege adolescente, dolo occidit eum.

32 *Et regnavit loco ejus, et imposuit sibi diadema Asiæ, et fecit plagam magnam in terra.*

33 *Et ædificavit Simon præsidia Judææ, muniens ea turribus excelsis, et muris magnis, et portis, et sera: et posuit alimenta in munitionibus.*

34 *Et elegit Simon viros, et misit ad Demetrium regem, ut faceret remissionem regioni: quia actus omnes Tryphonis per direptionem fuerant gesti.*

35 *Et Demetrius rex ad verba ista respondit ei, et scripsit epistolam talem:*

36 *Rex Demetrius Simoni summo sacerdoti, et amico regum, et senioribus, et genti Judæorum, salutem.*

37 *Coronam auream, et bahem, quam misistis, suscepimus; et parati sumus facere vobiscum pacem magnam, et scribere præpositis regis remittere vobis quæ indulsimus.*

38 *Quæcumque enim constituimus, vobis constant. Munitiones, quas ædificastis, vobis sint.*

39 *Remittimus quoque ignorantias, et peccata usque in hodiernum diem, et coronam quam debebatis; et si quid aliud erat tributarium in Jerusalem, jam non sit tributarium.*

40 *Et si qui ex vobis apti sunt conscribi inter nostros, conscribantur, et sit inter nos pax.*

41 *Anno centesimo septuagesimo ablatum est jugum gentium ab Israel.*

con el jovencito rey Antiocho, hizo quitar á éste la vida á traicion;

32 y reinó en su lugar, ciñendo su cabeza con la diadema de Asia: é hizo grandes extorsiones en todo el pais.

33 Entre tanto Simon reparó las plazas de armas de la Judéa, reforzándolas con altas torres, elevados muros, puertas y cérrojos, y surtiéndolas de víveres.

34 Envió tambien Simon comisionados al rey Demetrio para suplicarle que concediera la exencion *de tributos* al pais; porque todo cuanto habia hecho Tryphon, no habia sido mas que un puro latrocinio.

35 Contestó el rey Demetrio á esta solicitud, y le escribió la siguiente carta:

36 El rey Demetrio á Simon, Sumo sacerdote y amigo de los Reyes, y á los ancianos y al pueblo de los Judíos, Salud [1]:

37 Hemos recibido la corona de oro y el ramo ó *palma* [2] que nos habeis enviado; y estamos dispuestos á hacer con vosotros una paz sólida, y á escribir á nuestros Intendentes que os perdonen los tributos de que os hemos hecho gracia:

38 en la inteligencia de que debe permanecer firme todo cuanto hemos dispuesto á favor vuestro. Las plazas que habeis fortificado quedarán por vosotros:

39 os perdonamos tambien todas las faltas y yerros que hayais podido cometer hasta el dia de hoy, como igualmente la corona *de oro* de que érais deudores, y querémos que si se pagaba algun otro pecho en Jerusalem, no se pague ya mas en adelante.

40 Finalmente si se hallan entre vosotros algunos que sean á propósito para ser alistados entre los nuestros, alístense, y reine la paz entre nosotros.

41 Con esto, en el año ciento y sesenta [3] quedó libre Israel del yugo de los gentiles;

---

1 *II. Mach.* XIV. v. 4.

2 La voz *bahem*, que los *Setenta* tradujeron Βαιμν *baihem*, es de obscura significacion: pero es probable que era una *palma*, ó *ramo*; en griego Βαιον *το baion*, y Βαις, ἡ *bais*, *ramo de palma. Joann.* XII. se usa de esta misma voz.

3 Del imperio de los griegos, esto es, el 3861 del Mundo, 143 ántes de Jesu-Christo.

42 Et cœpit populus Israel scribere in tabulis et gestis publicis, anno primo sub Simone summo sacerdote, magno duce, et principe Judæorum.

43 In diebus illis applicuit Simon ad Gazam, et circumdedit eam castris, et fecit machinas, et applicuit ad civitatem, et percussit turrem unam, et comprehendit eam.

44 Et eruperant qui erant intra machinam in civitatem: et factus est motus magnus in civitate.

45 Et ascenderunt qui erant in civitate, cum uxoribus et filiis supra murum, scissis tunicis suis: et clamaverunt voce magna, postulantes à Simone dexteras sibi dari:

46 et dixerunt: Non nobis reddas secundùm malitias nostras, sed secundùm misericordias tuas.

47 Et flexus Simon, non debellavit eos: ejecit tamen eos de civitate, et mundavit ædes in quibus fuerant simulacra, et tunc intravit in eam cum hymnis benedicens Dominum.

48 Et ejecit ab ea omni immunditiâ, collocavit in ea viros qui legem facerent: et munivit eam, et fecit sibi habitationem.

49 Qui autem erant in arce Jerusalem, prohibebantur egredi et ingredi regionem, et emere, ac vendere: et esurierunt valdè, et multi ex eis fame perierunt.

50 Et clamaverunt ad Simonem ut dexteras acciperent: et dedit illis: et ejecit eos inde, et mundavit arcem à contaminationibus:

51 et intraverunt in eam tertia et vigesima die secundi mensis, anno centesimo septuagesimo primo, cum laude, et ramis palmarum, et cinyris, et cymbalis, et nablis, et hymnis, et canticis, quia contritus est inimicus magnus ex Israel.

42 y entonces comenzó el pueblo de Israel á datar sus monumentos y registros públicos desde el año primero de Simon, Sumo sacerdote, gran caudillo y príncipe de los judíos.

43 Por aquellos dias pasó Simon á poner sitio á Gaza; y cercándola con su ejército, levantó máquinas de guerra, las arrimó á sus muros, y batió una torre, y se apoderó de ella.

44 Y los soldados que estaban en una de estas máquinas entraron de golpe en la ciudad, excitando con esto un grande alboroto en ella.

45 Entonces los ciudadanos subieron á la muralla con sus mugeres é hijos, rasgados sus vestidos, y á gritos clamaban á Simon, pidiendo que les concediese la paz,

46 y diciéndole: No nos trates como merece nuestra maldad, sino según tu grande clemencia.

47 En efecto movido Simon á compasion, no los trató con el rigor de la guerra; pero los echó de la ciudad, y purificó los edificios en que habia habido idolos, y luego entró en ella, entonando himnos en alabanza del Señor.

48 Arrojadas despues de la ciudad todas las inmundicias idolátricas, la hizo habitar por gente que observase la Ley del Señor, y la fortificó, é hizo en ella para sí una casa.

49 Á esta sazon los que ocupaban el alcázar de Jerusalem no pudiendo entrar ni salir por el pais [1], ni comprar, ni vender, se vieron reducidos á una grande escasez, de suerte que perecian muchos de hambre.

50 Entonces clamaron á Simon pidiéndole capitulacion, y se la otorgó; y los arrojó de allí, y purificó el alcázar de las inmundicias gentílicas.

51 Entraron pues los judíos dentro el dia veinte y tres del segundo mes, del año ciento setenta y uno, llevando ramos de palma, y cantando alabanzas á Dios, al son de harpas, de címbalos, y de liras, y entonando himnos y cánticos, por haber exterminado de Israel un grande enemigo.

---

1 Antes cap. XII. ỷ. 36.

52 Et constituit ut omnibus annis agerentur dies hi cum lætitia.

53 Et munivit montem templi, qui erat secùs arcem, et habitavit ibi ipse, et qui cum eo erant.

54 Et vidit Simon Joannem filium suum, quòd fortis prælii vir esset: et posuit eum ducem virtutum universarum: et habitavit in Gazaris.

52 Y Simon ordenó que todos los años se solemnizasen aquellos dias con regocijos.

53 Asimismo fortificó el monte del Templo, que está junto al alcázar[1], y habitó allí con sus gentes.

54 Finalmente viendo Simon que su hijo Juan era un guerrero muy valiente, le hizo general de todas las tropas; el cual tenia fija en Gazara[2] su residencia.

CAPÍTULO XIV.

Vencido Demetrio, y hecho prisionero por Arsáces, Simon y su pueblo gozan de una grande paz: recibe cartas de renovacion de la alianza con los lacedemonios y romanos. Los judios le confirman solemnemente en la soberana autoridad.

1 Anno centesimo septuagesimo secundo congregavit rex Demetrius exercitum suum, et abiit in Mediam ad contrahenda sibi auxilia, ut expugnaret Tryphonem.

2 Et audivit Arsaces rex Persidis et Mediæ, quia intravit Demetrius confines suos, et misit unum de principibus suis ut comprehenderet eum vivum, et adduceret eum ad se.

3 Et abiit, et percussit castra Demetrii, et comprehendit eum, et duxit eum ad Arsacem, et posuit eum in custodiam.

4 Et siluit omnis terra Juda omnibus diebus Simonis, et quæsivit bona genti suæ: et placuit illis potestas ejus, et gloria ejus, omnibus diebus.

5 Et cum omni gloria sua accepit Joppen in portum, et fecit introitum in insulis maris.

6 Et dilatavit fines gentis suæ, et obtinuit regionem.

7 Et congregavit captivitatem multam, et dominatus est Gazaræ, et Bethsuræ, et arci, et abstulit immunditias

1 En el año ciento setenta y dos juntó el rey Demetrio su ejército, y pasó á la Media para recoger allí socorros, á fin de hacer la guerra á Tryphon.

2 Mas luego que Arsaces[3], rey de la Persia y de la Media, tuvo noticia de que Demetrio habia invadido sus estados, envió á uno de sus generales para que le prendiese y se le trajese vivo.

3 Marchó pues este general, y derrotando el ejército de Demetrio, cogió á éste y le condujo á Arsaces, quien le hizo poner en una prision.

4 Todo el pais de Judá estuvo en reposo durante los dias de Simon: no cuidaba éste de otra cosa que de hacer bien á su pueblo; el cual miró siempre con placer su gobierno y la gloria de que gozaba.

5 Á mas de otros muchos hechos gloriosos, habiendo tomado á Joppe, hizo de ella un puerto que sirviese de escala para los paises maritimos[4].

6 Extendió los límites de su nacion, y se hizo dueño del pais.

7 Reunió tambien un gran número de cautivos, tomó á Gazara, á Bethsura, y al alcázar de Jerusalem, y quitó de

---

1 Cap. IX. v. 54.—XII. v. 2.
2 Despues cap. XIV. v. 34.

3 Llamado tambien Mithridates.
4 Véase *Islas.* Véase ántes c. XIII. v. 11.

dídas en ea, et non erat qui resiste-
ret ei.

8 Et unusquisque colebat terram suam
cum pace : et terra Juda dabat fructus
suos, et ligna camporum fructum suum.

9 Seniores in plateis sedebant omnes,
et de bonis terræ tractabant, et juvenes
induebant se gloriam et stolas belli.

10 Et civitatibus tribuebat alimonias,
et constituebat eas ut essent vasa mu-
nitionis, quoadusque nominatum est
nomen gloriæ ejus usque ad extremum
terræ.

11 Fecit pacem super terram, et lætatus est Israel lætitiâ magnâ.

12 Et sedit unusquisque sub vite sua,
et sub ficulnea sua, et non erat qui
eos terreret.

13 Defecit impugnans eos super terram: reges contriti sunt in diebus illis.

14 Et confirmavit omnes humiles populi sui, et legem exquisivit, et abstulit omnem iniquum et malum :

15 sancta glorificavit, et multiplicavit vasa sanctorum.

16 Et auditam est Romæ quia defunctus esset Jonathas, et usque in
Spartiatas: et contristati sunt valdè.

17 Ut audierunt autem quòd Simon
frater ejus factus esset summus sacerdos loco ejus, et ipse obtineret omnem
regionem, et civitates in ea;

18 scripserunt ad eum in tabulis æ-
reis, ut renovarent amicitias et societatem, quam fecerant cum Juda, et
cum Jonatha fratribus ejus.

19 Et lectæ sunt in conspectu ecclesiæ
in Jerusalem. Et hoc exemplum epistolarum, quas Spartiatæ miserunt:

20 SPARTIANORUM principes, et civita-

alli las inmundicias idolátricas, y no
habia nadie que le contrarestase.

8 Cada uno cultivaba entonces pacíficamente su tierra ; y el pais de Judá daba sus cosechas abundantes , y frutos
copiosos los árboles de los campos.

9 Sentados todos los ancianos en las
plazas ó consejos trataban de lo que era
útil y ventajoso al pais, y engalanábase
la juventud con ricos vestidos, y ropas cogidas en la pasada guerra [1].

10 Distribuia Simon víveres por las
ciudades, y las ponia en estado de que
fuesen otras tantas fortalezas, de manera que la fama de su glorioso nombre se
extendió hasta el cabo del mundo.

11 Estableció la paz en toda la extension de su pais, con lo cual se vió Israel colmado de gozo.

12 De suerte que podia cada uno es-
tarse sentado á la sombra de su parra,
y de su higuera [2], sin que nadie le in-
fundiese el menor temor.

13 Desaparecieron de la tierra sus
enemigos; y los Reyes vecinos en aquellos dias estaban abatidos.

14 Fué Simon el protector de los pobres de su pueblo, grande celador de la
observancia de la Ley, y el que exterminó á todos los inicuos y malvados:

15 él restauró la gloria del Santuario,
y aumentó el número de los vasos sagrados.

16 Habiéndose sabido en Roma y hasta en Lacedemonia la muerte de Jonathás, tuvieron de ella un gran sentimiento:

17 mas luego que entendieron que su
hermano Simon habia sido elegido Sumo sacerdote en su lugar, y que gobernaba el pais y todas sus ciudades;

18 le escribieron en láminas de bronce, para renovar la amistad y alianza
que habian hecho con Judas y con Jonathás sus hermanos.

19 Estas cartas fueron leidas en Jerusalem delante de todo el pueblo. El
contenido de la que enviaron los lacedemonios es como sigue:

20 Los PRÍNCIPES y ciudades de los la-

---

1 Otros traducen: y ropas ó adornos militares.

2 III. Reg. IV. v. 25.—Mich. IV. v. 4.

tes, Simoni Sacerdoti magno, et senioribus, et sacerdotibus, et reliquo populo Judæorum, fratribus, salutem.

21 Legati, qui missi sunt ad populum nostrum, nuntiaverunt nobis de vestra gloria, et honore, ac lætitia: et gavisi sumus in introitu eorum.

22 Et scripsimus quæ ab eis erant dicta in conciliis populi, sic: Numenius Antiochi, et Antipater Jasonis filius, legati Judæorum, venerunt ad nos, renovantes nobiscum amicitiam pristinam.

23 Et placuit populo excipere viros gloriosè, et ponere exemplum sermonum eorum in segregatis populi libris, ut sit ad memoriam populo Spartiatarum. Exemplum autem horum scripsimus Simoni magno sacerdoti.

24 Post hæc autem misit Simon Numenium Romam, habentem clypeum aureum magnum, pondo mnarum mille, ad statuendam cum eis societatem. Cùm autem audisset populus Romanus

25 sermones istos, dixerunt: Quam gratiarum actionem reddemus Simoni, et filiis ejus?

26 Restituit enim ipse fratres suos, et expugnavit inimicos Israel ab eis: et statuerunt ei libertatem, et descripserunt in tabulis æreis, et posuerunt in titulis in monte Sion.

27 Et hoc est exemplum scripturæ: Octava decima die mensis Elul, anno centesimo septuagesimo secundo, anno tertio sub Simone sacerdote magno in Asaramel,

28 in conventu magno sacerdotum, et populi, et principum gentis, et seniorum regionis, nota facta sunt hæc:

cedemonios, á Simon Sumo sacerdote, á los ancianos ó senadores, á los sacerdotes, y á todo el pueblo de los judíos, sus hermanos, Salud:

21 Los embajadores que enviásteis á nuestro pueblo nos han informado de la gloria y felicidad y contentamiento que gozais, y nos hemos alegrado mucho con su llegada;

22 y hemos hecho escribir *en los registros públicos* lo que ellos nos han dicho *de parte vuestra* en la asamblea del pueblo, en esta forma: Numenio hijo de Antiocho, y Antipatro hijo de Jason, embajadores de los judios, han venido á nosotros para renovar nuestra antigua amistad:

23 y pareció bien al pueblo recibir estos embajadores honoríficamente, y depositar copia de sus palabras en los registros públicos, para que en lo sucesivo sirva de recuerdo al pueblo de los lacedemonios. Y de esta acta hemos remitido un traslado al Sumo sacerdote Simon.

24 Despues de esto Simon envió á Roma á Numenio con un grande escudo de oro, que pesaba mil minas con el fin de renovar con ellos la alianza. Y luego que lo supo el pueblo romano [1],

25 dijo: ¿De qué manera manifestarémos nosotros nuestro reconocimiento á Simon y á sus hijos?

26 Porque él ha vengado á sus hermanos, y ha exterminado de Israel á los enemigos. En vista de esto le concedieron la libertad [2] ó *inmunidad*, cuyo decreto fué grabado en láminas de bronce, y colocado entre los monumentos del monte de Sion.

27 Y he aquí lo que en ella se escribió: Á los DIEZ Y OCHO dias del mes de Elul, el año ciento setenta y dos, el tercero del Sumo pontificado de Simon, fué hecha la siguiente declaracion en Asaramel,

28 en la grande asamblea de los sacerdotes y del pueblo, y de los príncipes de la nacion, y de los ancianos del

---

1 La palabra romano no está ni en el texto griego, ni en el syriaco. Algunos creen que se habla del pueblo judaico.

2 Plena soberanía ó entera independencia.

Quoniam frequenter facta sunt prælia in regione nostra:

29 Simon autem Mathathiæ filius ex filiis Jarib, et fratres ejus dederunt se periculo, et restiterunt adversariis gentis suæ, ut starent sancta ipsorum, et lex: et glorià magnà glorificaverunt gentem suam.

30 Et congregavit Jonathas gentem suam, et factus est illi sacerdos magnus, et appositus est ad populum suum.

31 Et voluerunt inimici eorum calcare et atterere regionem ipsorum, et extendere manus in sancta eorum.

32 Tunc restitit Simon, et pugnavit pro gente sua, et erogavit pecunias multas, et armavit viros virtutis gentis suæ, et dedit illis stipendia:

33 et munivit civitates Judææ, et Bethsuram, quæ erat in finibus Judææ; ubi erant arma hostium antea: et posuit illic præsidium viros Judæos.

34 Et Joppen munivit, quæ erat ad mare; et Gazaram, quæ est in finibus Azoti, in qua hostes antea habitabant, et collocavit illic Judæos: et quæcumque apta erant ad correptionem eorum, posuit in eis.

35 Et vidit populus actum Simonis, et gloriam quam cogitabat facere genti suæ, et posuerunt eum ducem suum, et principem sacerdotum, eò quòd ipse fecerat hæc omnia, et justitiam, et fidem quam conservavit genti suæ, et exquisivit omni modo exaltare populum suum.

36 Et in diebus ejus prosperatum est in manibus ejus, ut tollerentur gentes de regione ipsorum, et qui in civitate David erant in Jerusalem, in arce, de qua procedebant, et contaminabant omnia quæ in circuitu sanctorum sunt, et inferebant plagam magnam castitati:

37 et collocavit in ea viros Judæos ad tutamentum regionis, et civitatis; et

pais: Que habiendo habido en nuestra tierra continuas guerras;

29 Simon, hijo de Mathathías, de la estirpe de Jarib, y asimismo sus hermanos se expusieron á los peligros, é hicieron frente á los enemigos de su nación en defensa de su Santuario y de la Ley; acrecentando mucho la gloria de su pueblo.

30 Jonathás levantó á los de su nacion; fué su Sumo sacerdote, y se halla ya reunido á los difuntos de su pueblo.

31 Quisieron luego los enemigos atropellar á los judíos, asolar su pais, y profanar su Santuario.

32 Resistióles entonces Simon, y combatió en defensa de su pueblo, y expendió mucho dinero, armando á los hombres mas valientes de su nacion, y suministrándoles la paga.

33 Fortificó tambien las ciudades de la Judéa, y á Bethsura, situada en sus fronteras, la cual antes era plaza de armas de los enemigos, y puso allí una guarnicion de judíos.

34 Asimismo fortificó á Joppe en la costa del mar, y á Gazara, situada en los confines de Azoto, ocupada antes por los enemigos: en las cuales puso guarnicion de soldados judíos, proveyéndolas de todo lo necesario para su defensa.

35 Viendo el pueblo las cosas que habia ejecutado Simon, y cuanto hacia para acrecentar la gloria de su nacion, le declaró caudillo suyo y Príncipe de los sacerdotes, por haber hecho todo lo referido, y por su justificacion, y por la fidelidad que guardó para con su pueblo, y por haber procurado por todos los medios el ensalzar á su nacion.

36 En tiempo de su gobierno todo prosperó en sus manos: de manera que las naciones extrangeras fuéron arrojadas del pais, y echados tambien los que estaban en Jerusalém en la ciudad de David, en el alcázar, desde el cual hacian sus salidas, profanando todos los contornos del Santuario, y haciendo grandes ultrages á la santidad del mismo.

37 Y para seguridad del pais y de la ciudad puso allí soldados judíos, é hizo

exaltauit muros Jerusalem.

38 El rex Demetrius statuit illi summum sacerdotium.

39 Secundùm hæc fecit eum amicum suum, et glorificavit eum gloriâ magnâ.

40 Audivit enim quòd appellati sunt Judæi à Romanis amici, et socii, et fratres, et quòd susceperunt legatos Simonis gloriosè:

41 et quia Judæi, et sacerdotes eorum consenserunt eum esse ducem suum, et summum sacerdotem in æternum, donec surgat propheta fidelis:

42 et ut sit super eos dux, et ut cura esset illi pro sanctis: et ut constitueret præpositos super opera eorum, et super regionem, et super arma, et super præsidia:

43 et cura sit illi de sanctis; et ut audiatur ab omnibus, et scribantur in nomine ejus omnes conscriptiones in regione: et ut operiatur purpurâ, et auro:

44 et ne liceat ulli ex populo, et de sacerdotibus, irritum facere aliquid horum, et contradicere his, quæ ab eo dicuntur, aut convocare conventum in regione sine ipso: et vestiri purpurâ, et uti fibulâ aureâ.

45 Qui autem fecerit extra hæc, aut irritum fecerit aliquid horum, reus erit.

46 Et complacuit omni populo statuere Simonem, et facere secundùm verba ista.

47 Et suscepit Simon, et placuit ei ut summo sacerdotio fungeretur, et esset dux et princeps gentis Judæorum, et sacerdotum, et præesset omnibus.

48 Et scripturam istam dixerunt ponere in tabulis æreis, et ponere eas in peribolo sanctorum, in loco celebri:

---

levantar los muros de Jerusalem.

38 El rey Demetrio le confirmó en el Sumo sacerdocio;

39 é hízole en seguida su amigo, y ensalzóle con grandes honores.

40 Pues oyó que los judíos habian sido declarados amigos, y aliados, y hermanos de los romanos; y que éstos habian recibido con grande honor á los embajadores de Simon:

41 que asimismo los judíos y sus sacerdotes le habian creado, de comun consentimiento, su caudillo y Sumo sacerdote para siempre, hasta la venida del Profeta fiel ó escogido [1];

42 y tambien habian querido que fuese su capitan, y que cuidase de las cosas santas, y estableciese inspectores sobre las obras públicas y sobre el pais, y sobre las cosas de la guerra, y sobre las fortalezas:

43 que tuviese á su cargo el Santuario, y que fuese de todos obedecido, y que todos los instrumentos públicos del pais se autorizasen con su nombre, y que vistiese púrpura y oro.

44 Y por último, que no fuese permitido á nadie, ora del pueblo, ora de los sacerdotes, violar ninguna de estas órdenes, ni contradecir á lo que él mandase, ni convocar en la provincia sin su autoridad á ninguna junta, ni vestir púrpura, ni llevar la hebilla ó broche de oro;

45 y que todo aquel que no cumpliese estas órdenes, ó violase alguna, fuese reputado como reo.

46 Y plugo á todo el pueblo el dar tal potestad á Simon, y que se ejecutase todo lo dicho.

47 Y Simon aceptó con gratitud [2] el grado del Sumo sacerdocio; y el ser caudillo y príncipe del pueblo de los judíos y de los sacerdotes, y el tener la suprema autoridad.

48 Y acordaron que esta acta se escribiese en láminas de bronce, las cuales fuesen colocadas en el pórtico, ó galería del Templo, en un lugar distinguido [3];

---

1 Esto es, del Mesías, cuya venida habian anunciado como cercana Ezechiel, Aggéo, Malachias y Daniel.

2 Martini: con gradimento. En el griego εὐδόκησεν eudókēsen.

3 Y visto de todos.

49 *exemplum autem eorum ponere in ærario, ut habeat Simon, et filii ejus.*

49 archivándose además una copia de todo en el tesoro *del Templo*, á disposicion de Simon y de sus hijos.

CAPÍTULO XV.

Antiochô hijo de Demetrio escribe á Simon cartas amistosas. Los romanos escriben á todas las naciones recomendando á los judios sus confederados. Desazónase Antiochô con Simon, y envia contra él al general Cendebéo con un poderoso ejército.

1 *Et misit rex Antiochus filius Demetrii epistolas ab insulis maris Simoni sacerdoti, et principi gentis Judæorum, et universæ genti:*

1 Desde las islas del mar escribió el rey Antiochô [1], hijo de Demetrio *el viejo*, una carta á Simon, Sumo sacerdote y príncipe del pueblo de los judíos, y á toda la nacion;

2 *et erant continentes hunc modum: Rex Antiochus Simoni sacerdoti magno, et genti Judæorum, salutem.*

2 cuyo tenor es el que sigue: EL REY Antiochô á Simon, Sumo sacerdote [2], y á la nacion de los judíos, Salud.

3 *Quoniam quidem pestilentes obtinuerunt regnum patrum nostrorum, volo autem vendicare regnum, et restituere illud sicut erat anteà: et electam feci multitudinem exercitûs, et feci naves bellicas.*

3 Habiéndose hecho dueños del reino de nuestros padres algunos hombres malvados, tengo resuelto libertarle y restablecerle en el estado que antes tenia, para cuyo fin he levantado un ejército numeroso y escogido, y he hecho construir naves de guerra.

4 *Volo autem procedere per regionem, ut ulciscar in eos, qui corruperunt regionem nostram, et qui desolaverunt civitates multas in regno meo.*

4 Quiero pues entrar en esas regiones, para castigar á los que han destruido mis provincias y asolado muchas ciudades de mi reino.

5 *Nunc ergo statuo tibi omnes oblationes, quas remiserunt tibi ante me omnes reges, et quæcumque alia dona remiserunt tibi:*

5 Empero á tí desde ahora te confirmo todas las exenciones de tributos que te concedieron todos los Reyes que me han precedido, y todas las demas donaciones que te hicieron.

6 *et permitto tibi facere percussuram proprii numismatis in regione tua:*

6 Te doy permiso para que puedas acuñar moneda propia en tu pais:

7 *Jerusalem autem sanctam esse, et liberam: et omnia arma quæ fabricata sunt, et præsidia quæ construxisti, quæ tenes, maneant tibi.*

7 quiero que Jerusalem sea ciudad santa y libre, y que todas las armas que has fabricado, como tambien las plazas fuertes que has construido, y están en tu poder, queden para tí.

8 *Et omne debitum regis, et quæ futura sunt regi, ex hoc et in totum tempus remittuntur tibi.*

8 Te perdono desde ahora todas las deudas y regalías debidas al Rey y á la Real hacienda, tanto por lo pasado como por lo venidero.

9 *Cùm autem obtinuerimus regnum nostrum, glorificabimus te, et gentem tuam, et templum gloriâ magnâ, ita*

9 Y luego que entremos en la posesion de *todo* nuestro reino, te colmarémos de tanta gloria á tí y á tu pueblo,

1 *Cap. XIV. v. 3.*
2 En el griego se añade *Etnarchâ*, gefe de

nacion ó príncipe independiente, pero de autoridad inferior á los Reyes.

ut manifestetur gloria vestra in universa terra.

10 *Anno centesimo septuagesimo quarto exiit Antiochus in terram patrum suorum, et convenerunt ad eum omnes exercitus, ita ut pauci relicti essent cum Tryphone.*

11 *Et insecutus est eum Antiochus rex, et venit Doram fugiens per maritimam.*

12 *Sciebat enim quòd congregata sunt mala in eum, et reliquit eum exercitus.*

13 *Et applicuit Antiochus super Doram cum centum viginti millibus virorum bellicorum, et octo millibus equitum:*

14 *et circuivit civitatem, et naves à mari accesserunt: et vexabant civitatem à terra et mari, et neminem sinebant ingredi vel egredi.*

15 *Venit autem Numenius, et qui cum eo fuerant, ab urbe Roma, habentes epistolas regibus et regionibus scriptas, in quibus continebantur hæc:*

16 *Lucius consul Romanorum, Ptolemæo regi salutem.*

17 *Legati Judæorum venerunt ad nos amici nostri renovantes pristinam amicitiam et societatem, missi à Simone principe sacerdotum, et populo Judæorum.*

18 *Attulerunt autem et clypeum aureum mnarum mille.*

19 *Placuit itaque nobis scribere regibus, et regionibus, ut non inferant illis mala, neque impugnent eos, et civitates eorum, et regiones eorum: et ut non ferant auxilium pugnantibus adversus eos.*

20 *Visum autem est nobis accipere ab eis clypeum.*

21 *Si qui ergo pestilentes refugerunt de regione ipsorum ad vos, tradite eos Simoni principi sacerdotum, ut vindicet in eos secundum legem suam.*

22 *Hæc eadem scripta sunt Demetrio regi, et Attalo, et Ariarathi, et Arsaci,*

---

y al Templo, que resplandecerá por todo el orbe.

10 En efecto el año ciento setenta y cuatro entró Antiochô en el país de sus padres, y al punto acudieron á presentársele todas las tropas, de suerte que quedaron poquísimos con Tryphon.

11 Persiguióle luego el rey Antiochô; pero huyendo Tryphon por la costa del mar, llegó á Dora:

12 pues veia los desastres que sobre él iban á llover, habiéndole abandonado el ejército.

13 Entonces Antiochô fué contra Dora con ciento y veinte mil hombres aguerridos, y ocho mil caballos:

14 y puso sitio á la ciudad, haciendo que los navíos la bloqueasen por la parte del mar; con lo que estrechaba la ciudad por mar y por tierra, sin permitir que nadie entrase ni saliese.

15 Á esta sazon llegaron de la ciudad de Roma Numenio y sus compañeros, con cartas escritas á los Reyes y á las naciones, del tenor siguiente:

16 Lucio, Cónsul de los romanos, al rey Ptoleméo, Salud.

17 Han venido á nosotros embajadores de los judíos nuestros amigos, enviados por Simon, Príncipe de los sacerdotes, y por el pueblo judáico, con el fin de renovar la antigua amistad y alianza;

18 y nos han traido al mismo tiempo un escudo de oro de mil minas.

19 Á consecuencia de esto hemos tenido á bien escribir á los Reyes y á los pueblos que no les causen ningun daño, ni les muevan guerra á ellos, ni á sus ciudades y territorios, ni auxilien tampoco á los que se la hagan.

20 Y nos ha parecido que debíamos aceptar el escudo que nos han traido.

21 Por tanto, si hay algunos hombres malvados que, fugitivos de su propio pais, se hayan refugiado entre vosotros, entregádselos á Simon, Príncipe de los sacerdotes, para que los castigue segun su Ley.

22 Esto mismo escribieron al rey Demetrio, y á Attalo, y á Ariarathes, y á Arsaces;

23 *et in omnes regiones: et Lampsaco, et Spartiatis, et in Delum, et in Myndum, et in Sicyonem, et in Cariam, et in Samum, et in Pamphyliam, et in Lyciam, et in Alicarnassum, et in Coo, et in Siden, et in Aradon, et in Rhodum, et in Phaselidem, et in Gortynam, et Gnidum, et Cyprum, et Cyrenen.*

24 *Exemplum autem eorum scripserunt Simoni principi sacerdotum, et populo Judæorum.*

25 *Antiochus autem rex applicuit castra in Doram secundò, admovens et semper manus, et machinas faciens: et conclusit Tryphonem, ne procederet.*

26 *Et misit ad eum Simon duo millia virorum electorum in auxilium, et argentum, et aurum, et vasa copiosa:*

27 *et noluit ea accipere, sed rupit omnia, quæ pactus est cum eo anteà, et alienavit se ab eo.*

28 *Et misit ad eum Athenobium unum de amicis suis, ut tractaret cum ipso, dicens: Vos tenetis Joppen, et Gazaram, et arcem quæ est in Jerusalem, civitates regni mei:*

29 *fines earum desolastis, et fecistis plagam magnam in terra, et dominati estis per loca multa in regno meo.*

30 *Nunc ergo tradite civitates, quas occupastis, et tributa locorum, in quibus dominati estis extra fines Judææ.*

31 *Sin autem, date pro illis quingenta talenta argenti, et exterminii, quod exterminastis, et tributorum civitatum alia talenta quingenta: sin autem, veniemus, et expugnabimus vos.*

32 *Et venit Athenobius amicus regis in Jerusalem, et vidit gloriam Simonis, et claritatem in auro et argento, et apparatum copiosum: et obstu-*

23 como tambien á todos los pueblos aliados suyos, á saber, á los de Lampsaco, y á los de Lacedemonia, y á los de Delos, y de Myndos, y de Sicyon, y á los de la Caria, y de Samos, y de la Pamphylia, á los de Lycia, y de Alicarnasso, de Cóo, y de Siden, y de Aradon, y de Rhodas, y de Phaselides, y de Gortyna, y de Gnido, y de Chypre, y de Cyrene.

24 Y de estas cartas enviaron los romanos una copia á Simon, Príncipe de los sacerdotes, y al pueblo de los judíos.

25 Á este tiempo el rey Antiochô paso por segunda vez [1] sitió á Dora, combatiéndola sin cesar, y levantando máquinas de guerra, contra ella; y encerró dentro á Tryphon, de tal suerte que no podia escapar.

26 Simon envió para auxiliarle dos mil hombres escogidos, y plata, y oro, y muchas alhajas:

27 mas Antiochô no quiso aceptar nada; antes bien rompió todos los tratados hechos con él anteriormente, y se le mostró contrario.

28 Y envió á Athenobio, uno de sus amigos, para tratar con Simon, y decirle de su parte: Vosotros estais apoderados de Joppe y de Gazara, y del alcázar de Jerusalem, que son ciudades pertenecientes á mi reino:

29 habeis asolado sus términos, y causado grandes daños al país, y os habeis alzado con el dominio de muchos lugares de mi reino.

30 Así que, ó entregadme las ciudades que ocupásteis, y los tributos exigidos en los lugares de que os hicísteis dueños fuera de los límites de la Judéa:

31 ó sino pagad quinientos talentos de plata por aquellas ciudades, y otros quinientos por los estragos que habeis hecho, y por los tributos sacados de él; pues de lo contrario irémos y os harémos guerra.

32 Llegó pues Athenobio, amigo del Rey, á Jerusalem, y viendo la magnificencia de Simon, y el oro y plata que brillaba por todas partes, y el grande

---

[1] Segun el griego puede traducirse: *Al otro dia de haber llegado los embajadores,* etc.

puit: et retulit ei verba regis.

33 *Et respondit ei Simon, et dixit el : Neque alienam terram sumpsimus, neque aliena detinemus; sed hæreditatem patrum nostrorum, quæ injustè ab inimicis nostris aliquo tempore possessa est.*

34 *Nos verò tempus habentes, vindicamus hæreditatem patrum nostrorum.*

35 *Nam de Joppe et Gazara quæ expostulas, ipsi faciebant in populo plagam magnam, et in regione nostra! horum damus talenta centum. Et non respondit ei Athenobius verbum.*

36 *Reversus autem cum ira ad regem, renuntiavit ei verba ista, et gloriam Simonis, et universa quæ vidit, et iratus est rex irâ magnâ.*

37 *Tryphon autem fugit navi in Orthosiada:*

38 *Et constituit rex Cendebæum ducem marítimum, et exercitum peditum et equitum dedit illi.*

39 *Et mandavit illi movere castra contra faciem Judææ : et mandavit ei ædificare Gedorem, et obstruere portas civitatis, et debellare populum. Rex autem persequebatur Tryphonem.*

40 *Et pervenit Cendebæus Jamniam, et cæpit irritare plebem, et conculcare Judæam, et captivare populum, et interficere, et ædificare Gedorem.*

41 *Et collocavit illic equites, et exercitum : ut egressi perambularent viam Judææ; sicut constituit et rex.*

---

aparato de su casa, se sorprendió sobremanera. Díjole luego las palabras que el Rey le habia mandado.

33 Y Simon respondió en estos términos: Nosotros ni hemos usurpado el territorio ageno, ni retenemos nada que no sea nuestro: solo sí hemos tomado lo que es herencia de nuestros padres: y que nuestros enemigos poseyeron injustamente por algun tiempo:

34 y habiéndonos aprovechado de la ocasion, nos hemos vuelto á poner en posesion de la herencia de nuestros padres.

35 Por lo que mira á las quejas que nos das tocante á Joppe y Gazara, sepas que los de estas ciudades causaban grandes daños al pueblo y á todo nuestro pais : mas con todo, estamos prontos á dar por ellas cien talentos. Á lo que Athenobio no respondió palabra:

36 pero volviéndose irritado á su Rey, le dió parte de esta respuesta, y de la magnificencia de Simon, y de todo cuanto habia visto; é indignóse el Rey sobremanera.

37 En este intermedio Tryphon se escapó en una nave á Orthosiada.

38 Y el Rey dió el gobierno de la costa marítima á Cendebéo; y entregándole un ejército compuesto de infantería y caballería,

39 mandóle marchar contra la Judéa, ordenándole que reedificase á Gedor, y reforzase las puertas de la ciudad, y que domase el pueblo *de los judíos.* Entre tanto el Rey perseguia á Tryphon.

40 Con efecto Cendebéo llegó á Jamnia, y comenzó á vejar al pueblo, á talar la Judéa, á prender y matar gente, y á fortificar á Gedor,

41 en la cual puso caballería é infantería para que hiciese desde allí correrías por la Judéa, segun se lo mandó el Rey.

CAPÍTULO XVI.

Guerra de Cendebéo contra los judíos: destrúyenle los hijos de Simon: éste es muerto á traicion, junto con dos de sus hijos, por su yerno Ptoleméo. Pero los emisarios despachados para matar al otro hijo Juan, fueron muertos por éste; el cual succede á su padre en el Sumo sacerdocio.

1 *Et ascendit Joannes de Gazaris, et nuntiavit Simoni patri suo quæ fecit Cendebæus in populo ipsorum.*

2 *Et vocavit Simon duos filios seniores Judam et Joannem, et ait illis: Ego, et fratres mei, et domus patris mei, expugnavimus hostes Israel ab adolescentia usque in hunc diem: et prosperatum est in manibus nostris liberare Israel aliquoties.*

3 *Nunc autem senui, sed estote loco meo, et fratres mei, et egressi pugnate pro gente nostra: auxilium verò de cœlo vobiscum sit.*

4 *Et elegit de regione viginti millia virorum belligeratorum, et equites; et profecti sunt ad Cendebæum, et dormierunt in Modin.*

5 *Et surrexerunt manè, et abierunt in campum: et ecce exercitus copiosus in obviam illis peditum, et equitum, et fluvius torrens erat inter medium ipsorum.*

6 *Et admovit castra contra faciem eorum ipse, et populus ejus, et vidit populum trepidantem ad transfretandum torrentem, et transfretavit primus: et viderunt eum viri, et transierunt post eum.*

7 *Et divisit populum, et equites in medio peditum: erat autem equitatus adversariorum copiosus nimis.*

8 *Et exclamaverunt sacris tubis, et in fugam conversus est Cendebæus, et castra ejus: et ceciderunt ex eis mul-*

1 Habiendo Juan subido de Gázara [1], y enterado á su padre Simon de los daños que causaba Cendebéo en el pueblo:

2 llamó Simon á sus dos hijos mayores, Judás y Juan, y les dijo: Yo y mis hermanos, y la casa de mi padre hemos vencido á los enemigos de Israel desde nuestra juventud hasta este dia, y hemos tenido la dicha de libertar muchas veces al pueblo.

3 Mas ahora yo ya soy viejo; y así entrad vosotros en mi lugar y en el de mis hermanos [2], y salid á pelear por nuestra nacion; y el auxilio del cielo sea con vosotros.

4 En seguida escogió de *todo* el pais veinte mil hombres aguerridos de tropa de infantería y caballería, los cuales marcharon contra Cendebéo, y durmieron en Modin [3]:

5 de donde partieron al rayar el dia, y avanzando por la llanura, descubrieron un numeroso ejército de infantería y de caballería, que venia contra ellos, mediando un impetuoso torrente entre ambos ejércitos.

6 Entonces Juan hizo avanzar sus tropas para acometer; mas viendo que éstas temian pasar el torrente, pasó él el primero, y á su ejemplo le pasaron todos en seguida.

7 Hecho esto dividió en dos trozos su infantería, colocando en medio de ella la caballería, por ser muy numerosa la de los enemigos.

8 É hicieron resonar las trompetas sagradas [4], y echó á huir Cendebéo con todas sus tropas: muchas de estas pere-

ti vulnerati: residui autem in munitionem fugerunt.

9 *Tunc vulneratus est Judas frater Joannis: Joannes autem insecutus est eos, donec venit Cedronem, quam ædificavit:*

10 *et fugerunt usque ad turres, quæ erant in agris Azoti, et succendit eas igni. Et ceciderunt ex illis duo millia virórum, et reversus est in Judæam in pace.*

11 *Et Ptolemæus filius Abobi constitutus erat dux in campo Jericho, et habebat argentum et aurum multum.*

12 *Erat enim gener summi sacerdotis.*

13 *Et exaltatum est cor ejus, et colebat obtinere regionem, et cogitabat dolum adversùs Simonem, et filios ejus, ut tolleret eos.*

14 *Simon autem, perambulans civitates, quæ erant in regione Judææ, et solicitudinem gerens earum, descendit in Jericho ipse, et Mathathias filius ejus, et Judas, anno centesimo septuagesimo septimo, mense undecimo: hic est mensis Sabath.*

15 *Et suscepit eos filius Abobi in munitiunculam, quæ vocatur Doch, cum dolo, quam ædificavit, et fecit eis convivium magnum, et abscondit illic viros.*

16 *Et cùm inebriatus esset Simon, et filii ejus, surrexit Ptolemæus, cum suis, et sumpserunt arma sua, et intraverunt in convivium, et occiderunt eum, et duos filios ejus, et quosdam pueros ejus.*

17 *Et fecit deceptionem magnam in Israel, et reddidit mala pro bonis.*

18 *Et scripsit hæc Ptolemæus, et misit regi, ut mitteret ei exercitum in auxilium, et traderet ei regionem, et*

cieron al filo de la espada, y las que escaparon con vida se refugiaron en la fortaleza *de Gedor* [1].

9 En esta accion quedó herido Judas, hermano de Juan; pero Juan los fué persiguiendo hasta Cedron ó *Gedor*, reedificada *por Cendebéo.*

10 Muchos llegaron hasta los castillos que habia en las llanuras de Azote; pero Juan les puso fuego, dejando muertos allí dos mil hombres, y regresó felizmente á la Judéa.

11 Á este tiempo Ptoleméo, hijo de Abobo, se encontraba de Gobernador del llano de Jerichô, y tenia mucho oro y plata;

12 pues era yerno del Sumo sacerdote [2].

13 Hinchósele de soberbia el corazon, y queria hacerse dueño del pais; á cuyo fin maquinaba cómo quitar la vida por medio de alguna traicion á Simon y á sus hijos.

14 Hallábase éste á la sazon recorriendo las ciudades de la Judéa, tomando providencias para su mayor bien, y bajó á Jerichô con sus hijos Mathathías y Judas en el undécimo mes, llamado Sabath, del año ciento setenta y siete.

15 Salióles á recibir el hijo de Abobo con mal designio, en un pequeño castillo llamado Doch, que habia él construido: donde les dió un gran convite, poniendo gente en asechanza.

16 Y cuando Simon y sus hijos se hubieron regocijado [3], levantóse Ptoleméo con los suyos, y tomando sus armas entraron en la sala del banquete, y asesinaron á Simon, y á sus dos hijos, y á algunos de sus criados:

17 cometiendo una gran traicion en Israel, y volviendo *asi* mal por bien á su bienhechor.

18 En seguida Ptoleméo escribió todo esto al Rey, rogándole que le enviase tropas en su socorro, prometiéndole en-

---

1 Antes cap. XV. v. 40. — II. Reg. XV. v. 23.—Jos. XV. v. 58. En el texto griego del cap. XV. v. 40. Gedor es llamado *Cedron*. Cedron es nombre de un arroyo, de un valle y de un pueblo ó ciudad.

2 De Simon, el cual le habia nombrado gobernador.

3 Ó cuando estaban mas contentos y satisfechos. Véase *Embriagar.*

stotales eorum, et tributa.

19 *Et misit alios in Gazaram tollere Joannem: et tribunis misit epistolas, ut venirent ad se, et daret eis argentum, et aurum, et dona.*

20 *Et alios misit occupare Jerusalem, et montem templi.*

21 *Et præcurrens quidam, nuntiavit Joanni in Gazara, quia periit pater ejus, et fratres ejus, et quia misit te quoque interfici.*

22 *Ut audivit autem, vehementer expavit: et comprehendit viros qui venerant perdere eum, et occidit eos: cognovit enim quia quærebant eum perdere.*

23 *Et cetera sermonum Joannis, et bellorum ejus, et bonarum virtutum, quibus fortiter gessit, et ædificii murorum, quos extruxit, et rerum gestarum ejus:*

24 *ecce hæc scripta sunt in libro dierum sacerdotii ejus, ex quo factus est princeps sacerdotum post patrem suum.*

tregar en su poder el país con todas sus ciudades y los tributos.

19 Despachó asimismo otros *emisarios* á Gazara para que matasen á Juan; y escribió á los oficiales del ejército para que se viniesen á él, que les daría plata y oro, y *muchos* dones.

20 Envió otros para que se apoderasen de Jerusalem y del monte *santo* donde estaba el Templo.

21 Pero se adelantó corriendo un hombre, el cual llegó á Gazara y contó á Juan cómo habian perecido su padre y hermanos, y cómo Ptoleméo habia enviado gentes para quitarle á él tambien la vida.

22 Al oir tales cosas turbóse en gran manera Juan: pero luego se apoderó de los que venian para matarle; haciéndoles quitar la vida, puesto que supo que maquinaban contra la suya.

23 El resto empero de las acciones de Juan, y sus guerras, y las gloriosas empresas que llevó á cabo con singular valor, y la reedificacion de los muros *de Jerusalem* hecha por él, y lo demas que ejecutó;

24 todo se halla descrito en el *diario* de su Pontificado desde el tiempo que fué hecho Príncipe de los sacerdotes, despues de su padre Simon.

FIN DEL LIBRO PRIMERO DE LOS MACHABEOS.

LIBRO II. DE LOS MACHABEOS.

CAPÍTULO PRIMERO.

Carta de los judíos de Jerusalem á los judíos que vivian en Egypto, participándoles la muerte de Antíochó, y exhortándolos á celebrar la fiesta de la Scenopegia, y la del hallazgo del fuego sagrado, con cuyo motivo se refiere la historia y oracion de Nehemías [1].

1 *Fratribus, qui sunt per Ægyptium, Judæis, salutem dicunt fratres, qui sunt in Jerosolymis, Judæi, et qui in regione Judææ, et pacem bonam.*

2 *Benefaciat vobis Deus, et meminerit testamenti sui, quod locutus est ad Abraham, et Isaac, et Jacob, servorum suorum fidelium :*

3 *et det vobis cor omnibus ut colatis eum, et faciatis ejus voluntatem corde magno, et animo volenti.*

4 *Adaperiat cor vestrum in lege sua, et in præceptis suis, et faciat pacem.*

5 *Exaudiat orationes vestras, et reconcilietur vobis, nec vos deserat in tempore malo.*

6 *Et nunc hìc sumus orantes pro vobis.*

7 *Regnante Demetrio anno centesimo sexagesimo nono, nos Judæi scripsimus vobis in tribulatione, et impetu, qui supervenit nobis in istis annis, ex quo recessit Jason à sancta terra, et à regno.*

8 *Portam succenderunt, et effuderunt sanguinem innocentem: et oravimus ad Dominum, et exauditi sumus, et obtulimus sacrificium, et similaginem, et*

1 A LOS HERMANOS judíos que moran en Egypto: los judíos sus hermanos de Jerusalem y de la Judéa, Salud, y completa felicidad.

2 Concédaos Dios sus bienes, y acuérdese *siempre* de la alianza hecha con Abraham, con Isaac y con Jacob, fieles siervos suyos;

3 y os dé á todos un *mismo* corazon para adorarle y cumplir su voluntad con grande espíritu, y con un ánimo fervoroso:

4 abra vuestro corazon, para que entendais su Ley, y *observeis* sus preceptos, y concédaos la paz:

5 oiga benigno vuestras oraciones, y apláquese con vosotros, y no os desampare en la tribulacion:

6 pues aquí no cesamos de rogar por vosotros.

7 Reinando Demetrio en el año ciento sesenta y nueve os escribimos [2] nosotros los judíos en medio de la afliccion y quebranto [3] que nos sobrevino en aquellos años, despues que Jason [4] se retiró de la tierra santa y del reino:

8 os *dijimos* que fueron quemadas las puertas *del Templo,* y derramada la sangre inocente; pero *que* habiendo dirigido nuestras súplicas al Señor fui-

---

1 Año 3860 del Mundo, y 144 ántes de Jesu-Christo.
2 *I. Machab. XI.*
3 Martini traduce : *intorno alla tribolazione,*

e alle violenze.
4 Apostatando. Despues *cap. IV. v. 7 — I. Machab. cap. I. v. 12.*

ascendimus lucernas, et proposuimus panes.

9 Et nunc frequentate dies scenopegiæ mensis Casleu.

10 Anno centesimo octogesimo octavo, populus, qui est Jerosolymis, et in Judæa, Senatusque et Judas, Aristobolo magistro Ptolemæi regis, qui est de genere christorum sacerdotum, et his qui in Ægypto sunt, Judæis, salutem et sanitatem.

11 De magnis periculis à Deo liberati, magnificè gratias agimus ipsi, utpote qui adversùs talem regem dimicavimus.

12 Ipse enim ebullire fecit de Perside eos, qui pugnaverunt contra nos, et sanctam civitatem.

13 Nam cùm in Perside esset dux ipse, et cum ipso immensus exercitus, cecidit in templo Naneæ, consilio deceptus sacerdotum Naneæ.

14 Etenim cùm ea habitaturus venit ad locum Antiochus, et amici ejus; et ut acciperet pecunias multas dotis nomine;

15 cùmque proposuissent eas sacerdotes Naneæ, et ipse cum paucis ingressus esset intra ambitum fani, clauserunt templum,

16 cùm intrasset Antiochus: apertoque occulto aditu templi, mittentes lapides percusserunt ducem, et eos qui

mos atendidos, y ofrecimos el sacrificio acostumbrado, y las oblaciones de flor de harina, y encendimos las lámparas, y pusimos en su presencia los panes de proposicion [1].

9 Asi pues, celebrad tambien vosotros la fiesta de los Tabernáculos del mes de Casleu [2].

10 En el año ciento ochenta y ocho el pueblo de Jerusalem y de la Judéa, y el Senado, y Judas; á Aristobulo, preceptor del rey Ptoleméo, del linage de los sacerdotes ungidos, y á los judíos que habitan en Egypto, Salud y prosperidad.

11 Por habernos librado Dios de grandes peligros, le tributamos solemnes acciones de gracias, habiendo tenido que pelear contra tal Rey [3]:

12 que es el que hizo salir de la Persia [4] aquella muchedumbre de gentes, que combatieron contra nosotros y contra la ciudad santa;

13 y aquel mismo caudillo que, hallándose en Persia al frente de un ejército innumerable, pereció en el templo de Naneá [5], engañado por el consejo fraudulento de los sacerdotes de dicha diosa.

14 Pues habiendo ido el mismo Antiochô con sus amigos á aquel lugar ó Templo, como para desposarse con ella, y recibir grande suma de dinero á título de dote [6],

15 y habiéndoselo presentado los sacerdotes de Naneá; asi que hubo él entrado, con algunas pocas personas, en la parte interior del Templo, cerraron las puertas

16 despues que estaba ya Antiochô dentro, y abriendo entonces una puerta secreta del Templo [7], mataron á pe-

---

1 I. Mach. IV. v. 56.

2 Llaman fiesta de los Tabernáculos esta fiesta de la renovacion ó purificacion del Templo, hecha por Judas Machábéo, que se celebraba á 25 de Casleu casi con las mismas ceremonias que la gran fiesta de los Tabernáculos que se hacia en el mes de Tizri. Despues cap X. v. 6. y I. Mach. cap. IV. vers. 52.

3 Como es Antiochô; unos creen que se habla aqui de Antiochô Epiphanes; otros de Antiochô Sidetes hijo de Demetrio Soter.

4 Esto es que hizo salir de Syria por órde-

nes enviadas de Persia. En el texto griego no se lee Persia.

5 Véase el cap. IX. donde se refiere la muerte de Antiochô Epiphanes el impio.

6 Séneca (Suasor. I.) refiere que los atenienses habiendo ofrecido por esposa á Antonio su célebre diosa Minerva, la aceptó y mandó á los atenienses que le pagasen mil talentos de oro á título de dote.

7 Segun el texto griego puede traducirse: y abriendo una puerta secreta que habia en el techo del templo, arrojando desde alli piedras mataron, etc.

eum eo erant, et diviserunt membratim, et capitibus amputatis foras projecerunt.

dradas al caudillo y á los compañeros, y los hicieron pedazos, y cortándoles las cabezas, los arrojaron fuera del Templo.

17 Per omnia benedictus Deus, qui tradidit impios.

17 Sea Dios bendito por todo, pues él fué el que destruyó de esta suerte los impíos.

18 Facturi igitur quinta et vigesima die mensis Casleu purificationem templi, necessarium duximus significare vobis: ut et vos quoque agatis diem scenopegiæ, et diem ignis qui datus est quando Nehemias ædificato templo et altari obtulit sacrificia.

18 Debiendo pues nosotros celebrar la purificacion del Templo el dia veinte y cinco del mes de Casleu, hemos juzgado necesario hacéroslo saber; á fin de que celebreis tambien vosotros el dia de los Tabernáculos, y la solemnidad del descubrimiento del fuego sagrado[1] que se nos concedió cuando Nehemías, restaurado que hubo el Templo y el altar, ofreció allí sacrificios.

19 Nam cùm in Persidem ducerentur patres nostri, sacerdotes, qui tunc cultores Dei erant, acceptum ignem de altari occultè, absconderunt in valle, ubi erat puteus altus et siccus, et in eo contutati sunt eum, ita ut omnibus ignotus esset locus.

19 Porque cuando nuestros padres fueron llevados cautivos á Persia[2], los sacerdotes que á la sazon eran temerosos de Dios, cogiendo secretamente el fuego que habia sobre el altar, le escondieron en un valle donde habia un pozo profundo y seco, y le dejaron allí guardado, sin que nadie supiese dicho lugar.

20 Cùm autem præterissent anni multi, et placuit Deo ut mitteretur Nehemias à rege Persidis, nepotes sacerdotum illorum, qui absconderant, misit ad requirendum ignem; et sicut narraverunt nobis, non invenerunt ignem, sed aquam crassam.

20 Mas pasados muchos años, cuando Dios fué servido que el rey de Persia enviase á Nehemías á la Judéa, los nietos de aquellos sacerdotes que le habian escondido, fueron enviados á buscar dicho fuego; pero segun ellos nos contaron, no hallaron fuego, sino solamente una agua crasa.

21 Et jussit eos haurire, et afferre sibi: et sacrificia, quæ imposita erant, jussit sacerdos Nehemias aspergi ipsâ aquâ, et ligna, et quæ erant superposita.

21 Entonces el sacerdote Nehemías[3] les mandó que sacasen de aquella agua, y se la trajesen: ordenó asimismo que hiciesen con ella aspersiones sobre los sacrificios preparados, esto es, sobre la leña y sobre lo puesto encima de ella.

22 Utque hoc factum est, et tempus affuit, quo sol refulsit, qui priùs erat in nubilo, accensus est ignis magnus, ita ut omnes mirarentur.

22 Luego que esto se hizo, y que empezó á descubrirse el sol, escondido antes detrás de una nube, encendióse un grande fuego, que llenó á todos de admiracion.

23 Orationem autem faciebant omnes sacerdotes, dum consummaretur sacrificium, Jonathâ inchoante, ceteris autem respondentibus.

23 Y todos los sacerdotes hacian oracion á Dios, mientras se consumaba el sacrificio, entonando Jonathás, y respondiendo los otros.

---

1 Lev. VI. v. 12.

2 Persia llamaban entonces los hebréos á todo el pais de la otra parte del rio Euphrates. Aun ahora se muestra este pozo en el valle de Japhat al pie del monte de los Olivos.

3 En el griego: Nehemias mandó á los sacerdotes, etc.

24 *Et Nehemiæ erat oratio hunc habens modum: Domine Deus omnium creator, terribilis et fortis, justus et misericors, qui solus es bonus rex,*

25 *solus præstans, solus justus, et omnipotens, et æternus, qui liberas Israel de omni malo, qui fecisti patres electos, et sanctificasti eos:*

26 *accipe sacrificium pro universo populo tuo Israel, et custodi partem tuam, et sanctifica.*

27 *Congrega dispersionem nostram, libera eos qui serviunt gentibus, et contemptos et abominatos respice: ut sciant gentes quia tu es Deus noster.*

28 *Afflige opprimentes nos, et contumeliam facientes in superbia.*

29 *Constitue populum tuum in loco sancto tuo, sicut dixit Moyses.*

30 *Sacerdotes autem psallebant hymnos, usquequò consumptum esset sacrificium.*

31 *Cùm autem consumptum esset sacrificium, ex residua aqua Nehemias jussit lapides majores perfundi.*

32 *Quod ut factum est, ex eis flamma accensa est: sed ex lumine, quod refulsit ab altari, consumpta est.*

33 *Ut verò manifestata est res, renuntiatum est regi Persarum, quòd in loco, in quo ignem absconderant hi qui translati fuerant sacerdotes, aqua apparuit, de qua Nehemias, et qui cum eo erant, purificaverunt sacrificia.*

34 *Considerans autem rex, et rem diligenter examinans, fecit ei templum, ut probaret quod factum erat.*

35 *Et cùm probasset, sacerdotibus donavit multa bona, et alia atque alia*

24 Y la oracion de Nehemías fué en los siguientes términos: Oh Señor Dios, Criador de todas las cosas, terrible y fuerte, justo y misericordioso, tú que eres el solo Rey bueno,

25 el solo excelente, el solo justo, omnipotente, y eterno, tú que libras á Israel de todo mal, tú que escogiste á nuestros padres y los santificaste:

26 recibe este sacrificio por todo tu pueblo de Israel, y guarda *los que son* tu herencia, y santifícalos.

27 Vuelve á reunir todos nuestros hermanos que se hallan dispersos, libra á aquellos que son esclavos de las naciones, y echa una mirada favorable sobre los que han llegado á ser un objeto de desprecio é ignominia; para que así conozcan las naciones que tú eres nuestro Dios.

28 Humilla á los que, llenos de soberbia, nos oprimen y ultrajan.

29 Establece *otra vez* á tu pueblo en tu santo lugar *de Jerusalem,* segun lo predijo Moysés [1].

30 Los sacerdotes entre tanto cantaban himnos, hasta que fué consumido el sacrificio.

31 Acabado el cual, Nehemías mandó que el agua que habia quedado se derramase sobre las piedras mayores *de la base del altar;*

32 y no bien se hubo efectuado, cuando se levantó de ellas una gran llama, la cual fué absorvida por la lumbre ó *luz* que resplandeció sobre el altar.

33 Luego que se divulgó este suceso, contaron al rey de Persia como en el mismo lugar en que los sacerdotes, al ser trasladados al cautiverio, habian escondido el fuego *sagrado,* se habia encontrado una agua, con la cual Nehemías y los que con él estaban, habian purificado *y consumido* los sacrificios.

34 Considerando pues el Rey este suceso, y examinada atentamente la verdad del hecho, mandó construir allí un templo [2] en prueba de lo acaecido:

35 y habiéndose asegurado de este prodigio, dió muchos bienes á los sacerdo-

---

1 Deut. XXX v. 3 y 5.

2 Esto es, una *capilla* ú *oratorio.*

Tom. IV.

Rr

munera, et accipiens manu sua tribue-
bat eis.

36 *Appellavit autem Nehemias hunc*
locum Nephthar, quod interpretatur
Purificatio. Vocatur autem apud plu-
res Nephi.

tes, y les hizo muchos y diferentes regalos, que les distribuyó por su propia
mano.

36 Y Nehemías dió á este sitio el nombre de Nephthar, que significa Purificacion: pero hay muchos que le llaman
Nephi.

CAPÍTULO II.

Continuacion de la carta de los judíos de Jerusalem á los de Egypto.
Se compendian en este libro los hechos de Judas Machábéo y de sus her-
manos. Prefacio del compilador de Jason, autor de esta historia.

1 *Invenitur autem in descriptionibus*
Jeremiæ prophetæ, quòd jussit eos ig-
nem accipere qui transmigrabant: ut
significatum est, et ut mandavit trans-
migratis.

1 Léese en los escritos del profeta Jeremías [1], cómo mandó él á los que eran
conducidos al cautiverio *de Babylonia*
que tomasen el fuego *sagrado* [2] del modo que queda referido, y como prescribió varias cosas á aquellos que eran llevados cautivos.

2 *Et dedit illis legem ne obliviscerén-*
tur præcepta Domini, et ut non exer-
rarent mentibus videntes simulachra
aurea et argentea, et ornamenta eo-
rum.

3 *Et alia hujusmodi dicens, hortaba-*
tur ne legem amoverent à corde suo.

2 Dióles asimismo la Ley, para que no
se olvidasen de los mandamientos del
Señor, y no se pervirtiesen sus corazones con la vista de los ídolos de oro y
plata y de toda su pompa:

3 y añadiéndoles otros varios avisos,
los exhortó á que *jamás* apartasen de
su corazon la Ley *de Dios.*

4 *Erat autem in ipsa scriptura, quo-*
modo tabernaculum et arcam jussit
propheta divino responso ad se facto
comitari secum, usquequò exiit in mon-
tem, in quo Moyses ascendit, et vidit
Dei hæreditatem.

4 Tambien se leia en aquella escritura que este Profeta, por una órden expresa que recibió de Dios, mandó llevar consigo el Tabernáculo y el Arca,
hasta que llegó á aquel monte [3], al cual
subió Moysés, y desde donde vió la herencia de Dios:

5 *Et veniens ibi Jeremias invenit lo-*
cum speluncæ: et tabernaculum, et ar-
cam, et altare incensi intulit illuc, et
ostium obstruxit.

6 *Et accesserunt quidam simul, qui*
sequebantur, ut notarent sibi locum;
et non potuerunt invenire.

5 y que habiendo llegado allí Jeremías, halló una cueva, donde metió el
Tabernáculo, y el Arca, y el Altar del
incienso, tapando la entrada [4]:

6 que algunos de aquellos que le seguian se acercaron para dejar notado
este lugar; pero que no pudieron ha-
llarle:

7 *Ut autem cognovit Jeremias, cul-*

7 lo que sabido por Jeremías, los re-

---

1 Parece que estos escritos se perdieron.
Calmet.
2 Para esconderle.
3 El monte *Nebo. Deut. XXXII. v.* 49.—
XXXIV. v. 1.
4 Aunque no nos consta que la Arca del

Testamento etc., que escondió Jeremias antes de la cautividad, se encontrase despues
y repusiese en el segundo Templo, no deja
de tener su probabilidad la opinion afirma-
tiva.

pans illos, dixit: Quòd ignotus erit locus, donec congreget Deus congregationem populi, et propitius fiat:

8 et tunc Dominus ostendet hæc, et apparebit majestas Domini, et nubes erit, sicut et Moysi manifestabatur, et sicut cùm Salomon petit ut locus sanctificaretur magno Deo, manifestabat hæc.

9 Magnificè etenim sapientiam tractabat: et ut sapientiam habens, obtulit sacrificium dedicationis et consummationis templi.

10 Sicut et Moyses orabat ad Dominum, et descendit ignis de cœlo, et consumpsit holocaustum, sic et Salomon oravit, et descendit ignis de cœlo, et consumpsit holocaustum.

11 Et dixit Moyses, eò quòd non sit comestum quod erat pro peccato, consumptum est.

12 Similiter et Salomon octo diebus celebravit dedicationem.

13 Inferebantur autem in descriptionibus et commentariis Nehemiæ hæc eadem: et ut construens bibliothecam congregavit de regionibus libros, et Prophetarum, et David, et epistolas Regum, et de donariis.

14 Similiter autem et Judas ea, quæ deciderant per bellum, quod nobis acciderat, congregavit omnia, et sunt apud nos.

prendió, y les dijo: Este lugar permanecerá ignorado hasta tanto que Dios congregue otra vez todo el pueblo, y use con él de misericordia [1]:

8 y entonces el Señor manifestará estas cosas, y aparecerá de nuevo la magestad del Señor, y se verá la nube que veia Moysés, y cual se dejó ver cuando Salomon pidió que fuese santificado el Templo [2].

9 Porque este Rey dió grandes muestras de su sabiduría; y estando lleno de ella, ofreció el sacrificio de la dedicacion y santificacion [3] del Templo.

10 Y asi como Moysés hizo oracion al Señor, y bajó fuego del cielo, y consumió el holocausto; asi tambien oró Salomon [4], y bajó fuego del cielo, y consumió el holocausto.

11 Entonces dijo Moysés: Por no haber sido comida la hostia ofrecida por el pecado [5], ha sido consumida por el fuego.

12 Celebró igualmente Salomon por espacio de ocho dias la dedicacion del Templo.

13 Estas mismas noticias se encontraban tambien anotadas en los escritos y comentarios de Nehemías [6], donde se lee que él formó una biblioteca, habiendo recogido de todas partes los libros de los Profetas, los de David, y las Cartas ó concesiones de los Reyes, y las memorias de sus donativos al Templo [7].

14 Á este modo recogió tambien Judas todo cuanto se habia perdido durante la guerra que sufrimos [8]; todo lo cual se conserva en nuestro poder.

---

1 Ó reuna el pueblo dispersado, y se le muestre propicio. Segun muchos santos Padres y la tradicion de los judios, parece que este hallazgo se verificará al fin del mundo, cuando se ha de convertir todo Israel. Véase S. Ambrosio Offic. lib. III. c. 17. En vano esperan aun los judios el descubrimiento del Arca material, y otro Templo en que sea colocada. Nosotros sabemos que el Hijo de Dios murió para reunir los hijos de Dios que estaban dispersos, esto es, los escogidos de todas las naciones del mundo; y el apostol S. Juan nos enseña (Apoc. XI.) que el Arca del Testamento era figura de Jesu-Christo, la cual él vió en el cielo rodeada de

gloria y magestad: y tal parece el verdadero sentido de este lugar.
2 III. Reg. VIII./v. 2.—II. Paralip. V vers. 14.
3 Ó conclusion. Martini traduce: santificazione. III. Reg. VIII. v. 27.
4 Levit. IX. ver. 24.—II. Paralip. VII. vers. 1.
5 Levit. VI. v. 26.—X. v. 16.
6 Escritos que se han perdido.
7 Antes cap. I. v. 35.
8 En la persecucion del tiempo de Antiocho Epiphanes, cuando los enemigos del pueblo de Dios quemaban los Libros Sagrados. I. Mach. I. v. 59.

15 Si ergo desideratis hæc, mittite qui perferant vobis.

16 Acturi itaque purificationem scripsimus vobis: Benè ergo facietis, si egeritis hos dies.

17 Deus autem, qui liberavit populum suum, et reddidit hæreditatem omnibus, et regnum, et sacerdotium, et sanctificationem,

18 sicut promisit in lege, speramus quòd citò nostri miserebitur, et congregabit de sub cœlo in locum sanctum.

19 Eripuit enim nos de magnis periculis, et locum purgavit.

20 De Juda verò Machabæo, et fratribus ejus, et de templi magni purificatione, et de aræ dedicatione;

21 sed et de præliis, quæ pertinent ad Antiochum Nobilem, et filium ejus Eupatorem;

22 et de illuminationibus quæ de cœlo factæ sunt ad eos, qui pro Judæis fortiter fecerunt, ita ut universam regionem, cùm pauci essent, vindicarent, et barbaram multitudinem fugarent,

23 et famosissimum in toto orbe templum recuperarent, et civitatem liberarent, et leges, quæ abolitæ erant, restituerentur, Domino cum omni tranquillitate propitio facto illis:

24 itemque ab Jasone Cyrenæo quinque libris comprehensa, tentavimus nos uno volumine breviare.

25 Considerantes enim multitudinem librorum, et difficultatem volentibus aggredi narrationes historiarum propter multitudinem rerum,

15 Si vosotros pues deseais tener estos escritos, enviad personas que puedan llevároslos.

16 Y estando ahora para celebrar la fiesta de la purificacion del Templo [1], os hemos dado aviso de ello; y asi haréis bien si celebráreis como nosotros, la fiesta de estos dias.

17 Entre tanto esperamos que Dios que ha libertado á su pueblo, que ha vuelto á todos su herencia, que ha restablecido el Reino y el Sacerdocio y el Santuario,

18 conforme lo habia prometido en la Ley [2], se apiadará bien presto de nosotros, y nos reunirá de todas las partes del mundo en el Lugar santo;

19 puesto que nos ha sacado de grandes peligros, y ha purificado el Templo. — 20 Por lo que mira á los hechos de Judas Machábéo y de sus hermanos, y á la purificacion del grande Templo, y á la dedicacion del Altar;

21 asi como lo que toca á las guerras que hubo en tiempo de Antiochô el Ilustre, y en el de su hijo Eupator,

22 y á las señales que aparecieron en el aire [3] á favor de los que combatian valerosamente por la nacion judáica, de tal suerte que, siendo en corto número, defendieron todo el pais, y pusieron en fuga la muchedumbre de bárbaros,

23 recobrando el Templo mas célebre que hay en el mundo, y librando la ciudad de la esclavitud, y restableciendo la observancia de las leyes, las cuales se hallaban abolidas, habiéndoles favorecido el Señor con toda suerte de prosperidades:

24 estas cosas que escribió en cinco libros Jason de Cyrene, hemos procurado nosotros compendiarlas en un solo volúmen.

25 Pues considerando la multitud de libros, y la dificultad que acarrea la multiplicidad de noticias á los que desean internarse [4] en las narraciones históricas:

---

1 Cap. I. v. 9 y 18.
2 Antes I. v. 29.—Deut. XXX. v. 3 y 5.

3 Las vistosas apariciones que tuvieron del cielo los que etc.
4 Ó aplicarse.

26 *curavimus volentibus quidem lege-*
re , ut esset animi oblectatio : studiosis
verò , ut facilius possint memoriæ com-
mendare : omnibus autem legentibus
utilitas conferatur.

27 *Et nobis quidem ipsis , qui hoc*
opus breviandi causâ suscepimus , non
facilem laborem , immò verò negotium
plenum vigiliarum et sudoris assum-
psimus.

28 *Sicut hi qui præparant convivium,*
et quærunt aliorum voluntati parere
propter multorum gratiam , libenter la-
borem sustinemus.

29 *Veritatem quidem de singulis au-*
ctoribus concedentes , ipsi autem secun-
dùm datam formam brevitati stu-
dentes.

30 *Sicut enim novæ domûs architec-*
to de universâ structurâ curandum est:
ei verò qui pingere curat , quæ apta
sunt ad ornatum, exquirenda sunt : ita
æstimandum est et in nobis.

31 *Etenim intellectum colligere , et*
ordinare sermonem, et curiosius partes
singulas quasque disquirere , historiæ
congruit auctori :

32 *brevitatem verò dictionis sectari,*
et executiones rerum vitare , brevianti
concedendum est.

33 *Hinc ergo narrationem incipiemus:*

26 hemos procurado *escribir ésta* de
un modo que agrade á los que quieran
leerla [1] ; y que los aplicados puedan mas
fácilmente retenerla en su memoria, y
sea generalmente útil á todos los que
la leyeren.

27 Y á la verdad, habiéndonos empe-
ñado en hacer este compendio , no hemos emprendido una obra de poca dificultad, sino un trabajo que pide grande aplicacion, y mucha fatiga y diligencia.

28 *Sin embargo* emprendemos de buena gana esta tarea por la utilidad que
de ella resultará á muchos; á semejanza de aquellos que teniendo á su cargo
el preparar un convite, se dedican del
todo á satisfacer el gusto de los convidados.

29 La verdad de los hechos que se
refieren va sobre la fe de los autores
que los escribieron ; pues por lo que hace á nosotros, trabajarémos solamente
en compendiarlos conforme al designio
que nos hemos propuesto [2].

30 Y á la manera que un arquitecto
que emprende edificar una casa nueva,
debe cuidar de toda la fábrica; y aquel
que la pinta *solamente* ha de buscar las
cosas que son á propósito para su ornato: del mismo modo se debe juzgar de
nosotros.

31 En efecto, al autor de una historia
atañe el recoger los materiales, y ordenar la narracion, inquiriendo cuida-
dosamente las circunstancias particulares de lo que cuenta :

32 mas al que compendia se le debe
permitir que use un estilo conciso, y
que evite el extenderse en largos discursos.

33 Basta ya de exordio, y empecemos

---

1 *Ó que los que gusten leer, puedan con-
tentar su deseo.*
2 Se alucinan algunos hereges que infieren
de este lugar que este libro no es *canónico*
ni *inspirado de Dios.* El autor de este compendio suponiendo la verdad de Jason Cyre-
néo, ó de su historia (pues de lo contrario
no tomaria tanto trabajo y fatiga en compen-
diarla), dice con razon que á él solo le toca
compendiarle. Y así se ve en el texto griego
que dice así: *Dejando al historiador* (Jason)

la exacta *diligencia de representar cada cosa
por menor, nosotros solamente atendemos á
contenernos en los términos de un breve su-
mario.* Téngase siempre presente que el Espíritu Santo se acomoda al genio, carácter y
estilo de aquel escritor que le sirve de instrumento; cuidando solo de que no se aparte de la verdad en lo que el Divino Espíritu
quiere enseñar á los hombres. Véase *Escritura, Vulgata, etc.*

de præfatione tantùm dixisse sufficiat: stultum etenim est ante historiam effluere, in ipsa autem historia succingi.

nuestra narracion: porque no seria cordura prolongar el discurso preliminar á la historia, y abreviar despues el cuerpo de ella.

CAPÍTULO III.

Felicidad de los judíos en el pontificado de Onías III. Simon, prefecto del Templo, da noticia á Apolonio de los tesoros que habia en él: viene por ellos Heliodoro; el cual es castigado milagrosamente por Dios, y cuenta despues al Rey y publica los prodigios sucedidos.

1 *Igitur cùm sancta civitas habitaretur in omni pace, leges etiam adhuc optimè custodirentur, propter Oniæ pontificis pietatem, et animos odio habentes mala,*

2 *fiebat, ut et ipsi reges, et principes locum summo honore dignum ducerent, et templum maximis muneribus illustrarent:*

3 *ita ut Seleucus Asiæ rex de redditibus suis præstaret omnes sumptus ad ministerium sacrificiorum pertinentes.*

4 *Simon autem de tribu Benjamin præpositus templi constitutus, contendebat, obsistente sibi principe sacerdotum, iniquum aliquid in civitate moliri.*

5 *Sed cùm vincere Oniam non posset, venit ad Appollonium Tharsææ filium, qui eo tempore erat dux Cœlesyriæ, et Phœnicis;*

6 *et nuntiavit ei, pecuniis innumerabilibus plenum esse ærarium Jerosolymis, et communes copias immensas esse, quæ non pertinent ad rationem sacrificiorum: esse autem possibile sub potestate regis cadere universa.*

7 *Cùmque retulisset ad regem Appollonius de pecuniis quæ delatæ erant, ille accitum Heliodorum, qui erat super negotia ejus, misit eum mandatis, ut prædictam pecuniam transportaret.*

8 *Statimque Heliodorus iter est ag-*

1 En el tiempo pues que la ciudad santa gozaba de una plena paz, y que las leyes se observaban muy exactamente por la piedad del pontífice Onías[1], y el odio que *todos* tenian á la maldad;

2 nacia de esto que aun los mismos Reyes y los Príncipes honraban sumamente aquel lugar *sagrado*, y enriquecian el Templo con grandes dones:

3 por manera que Seleuco, rey de Asia, costeaba de sus rentas todos los gastos que se hacian en los sacrificios.

4 En medio de esto, Simon, de la tribu de Benjamin, y creado Prefecto del Templo[2], maquinaba con ansia hacer algun mal en esta ciudad; pero se le oponia el Sumo sacerdote.

5 Viendo pues que no podia vencer á Onías, pasó á verse con Apolonio, hijo de Tharséas, que en aquella sazon era Gobernador de la Celesyria y de la Phenicia,

6 y le contó que el erario de Jerusalem estaba lleno de inmensas sumas de dinero, y de riquezas del comun, las cuales no servian para los gastos de los sacrificios; y que se podria hallar medio para que todo entrase en poder del Rey.

7 Habiendo pues Apolonio dado cuenta al Rey de lo que á él se le habia dicho, concerniente á estas riquezas, llamó el Rey á Heliodoro, su ministro de hacienda, y envióle con órden de trasportar todo el dinero referido.

8 Heliodoro púsose luego en camino

1 Es Onías III.—I. Mach. XII. v. 7.
2 El empleo de *Prefecto* del Templo no era sino para la policia exterior, cuidado de los caudales, reparacion de la fábrica, etc. Pero muchas veces se daba esta prefectura á alguno de los levitas. IV. Reg. XXII.—I. Paral. XXVI. v. 29. etc.

gressus, specie quidem quasi per Cœ-
lesyriam et Phœnicen civitates esset
peragraturus, re verá autem regis pró-
positum perfecturus.

9 Sed, cùm venisset Jerosolymam, et
benignè à summo sacerdote in civitate
esset exceptus, narravit de dato indicio pecuniarum: et, cujus rei gratiâ
adesset, aperuit: interrogabat autem,
si verè hœc ita essent.

·10 Tunc summus sacerdos ostendit
deposita esse hœc, et victualia vidua-
rum et pupillorum:

11 quœdam verò esse Hircani-Tobiœ
viri valdè eminentis, in his quœ detu-
lerat impius Simon: universa autem
argenti talenta esse quadringenta, et
auri ducenta:

12 decipi verò eos qui credidissent loco
et templo, quod per universum mundum honoratur, pro sui veneratione et
sanctitate omninò impossibile esse.

13 At illi pro his quœ habebat in
mandatis à rege, dicebat omni genere
regi ea esse deferenda.

14 Constitutâ autem die intrabat de
his Heliodorus ordinaturus. Non modica verò per universam civitatem erat
trepidatio.

15 Sacerdotes autem ante altare cum
stolis sacerdotalibus jactaverunt se, et
invocabant de cœlo eum, qui de depo-
sitis legem posuit, ut his, qui deposue-
rant ea, salva custodiret.

16 Jam verò qui videbat summi sacerdotis vultum, mente vulnerabatur:
facies enim et color immutatus, declarabat internum animi dolorem:

·17 circumfusa enim erat mœstitia
quœdam viro, et horror corporis, per

---

con el pretexto de ir á recorrer las ciudades de Celesyria y Phenicia, mas en
la realidad para poner en ejecucion el
designio del Rey.

9 Y habiendo llegado á Jerusalem, y
sido bien recibido en la ciudad por el
Sumo sacerdote, le declaró á éste la de-
nuncia que le habia sido hecha de aquellas riquezas: y le manifestó que éste
era el motivo de su viage; preguntándo-
le en seguida si verdaderamente era la
cosa como se le habia dicho.

10 Entonces el Sumo sacerdote le representó que aquellos eran unos depósitos y alimentos de viudas y de huérfanos [1]:

11 y que entre lo que habia denunciado el impío Simon habia una parte
que era de Hircano Tobías, varon muy
eminente, y que el todo eran cuatrocientos talentos de plata, y doscientos
de oro:

12 que por otra parte de ningun modo se podia defraudar á aquellos que habian depositado sus caudales en un lugar y Templo honrado y venerado como
sagrado por todo el universo.

·13 Mas Heliodoro insistiendo en las
órdenes que llevaba del Rey, repuso
que de todos modos se habia de llevar
al Rey aquel tesoro.

14 Con efecto en el dia señalado entró Heliodoro en el Templo para ejecutar su designio; con lo cual se llenó de
consternacion toda la ciudad.

15 Pero los sacerdotes, revestidos con
las vestiduras sacerdotales, se postraron
por tierra ante el altar, é invocaban al
Señor que está en el cielo, y que puso
la ley acerca de los depósitos, suplicán-
dole que los conservase salvos para los
depositadores.

16 Mas ninguno podia mirar el rostro del Sumo sacerdote sin que su corazon quedase traspasado de afliccion;
porque su semblante y color demudado
manifestaban el interno dolor de su
ánimo.

17 Una cierta tristeza esparcida por
todo su rostro, y un temblor que se

---

1 Deut. XIV. v. 23.—Levit. VI. v. 2.

quem manifestus aspicientibus dolor cordis ejus efficiebatur.

18 *Alii etiam gregatim de domibus confluebant, publicâ supplicatione obsecrantes pro eò quòd in contemptum locus esset venturus.*

19 *Accinctæque mulieres ciliciis pectus, per plateas confluebant: sed et virgines, quæ conclusæ erant, procurrebant ad Oniam, aliæ autem ad muros, quædam verò per fenestras aspiciebant:*

20 *universæ autem protendentes manus in cœlum, deprecabantur.*

21 *Erat enim misera commistæ multitudinis, et magni sacerdotis in agone constituti expectatio.*

22 *Et hi quidem invocabant omnipotentem Deum, ut credita sibi, his qui crediderant, cum omni integritate conservarentur.*

23 *Heliodorus autem, quod decreverat, perficiebat eodem loco ipse cum satellitibus circa ærarium præsens.*

24 *Sed spiritus omnipotentis Dei magnam fecit suæ ostensionis evidentiam, ita ut omnes, qui ausi fuerant parere ei, ruentes Dei virtute, in dissolutionem et formidinem converterentur.*

25 *Apparuit enim illis quidam equus terribilem habens sessorem, optimis operimentis adornatus: isque cum impetu Heliodoro priores calces elisit; qui autem ei sedebat, videbatur arma habere aurea.*

26 *Alii etiam apparuerunt duo juvenes virtute decori, optimi gloriâ, speciosique amictu: qui circumsteterunt eum, et ex utraque parte flagellabant, sine intermissione multis plagis verberantes.*

27 *Subitò autem Heliodorus concidit*

---

habia apoderado de todo su cuerpo, mostraban bien á los que le miraban, la pena de su corazon.

18 Salian al mismo tiempo muchos á tropel de sus casas, pidiendo á *Dios* con públicas rogativas que no permitiese que aquel Lugar *santo* quedase expuesto al desprecio.

19 Las mugeres, ceñidas hasta el pecho de cilicios, andaban en tropas por las calles; y hasta las doncellas mismas, que antes estaban encerradas en sus casas, corrian unas á donde estaba Onías, otras hácia las murallas, y algunas otras estaban mirando desde las ventanas;

20 pero todas levantando al cielo sus manos, dirigian allí [1] sus plegarias.

21 Á la verdad era un espectáculo digno de compasion el ver aquella confusa turba de gente, y al Sumo sacerdote puesto en tan grande conflicto.

22 Mientras éstos por su parte invocaban al Dios Todopoderoso para que conservase intacto el depósito de aquellos que se lo habian confiado,

23 Heliodoro no pensaba en otra cosa que en ejecutar su designio; y para ello se habia presentado ya él mismo con sus guardias á la puerta del erario.

24 Pero el Espíritu del Dios Todopoderoso se hizo allí manifiesto con señales bien patentes, en tal conformidad, que derribados en tierra por una virtud Divina cuantos habian osado obedecer á Heliodoro, quedaron como yertos y despavoridos.

25 Porque se les apareció montado en un caballo un personage de fulminante aspecto, y magníficamente vestido, cuyas armas parecian de oro, el cual acometiendo con ímpetu á Heliodoro le pateó con los piés delanteros del caballo.

26 Apareciéronse tambien otros dos gallardos y robustos jóvenes llenos de magestad, y ricamente vestidos, los cuales poniéndose uno á cada lado de Heliodoro, empezaron á azotarle cada uno por su parte, descargando sobre él contínuos golpes.

27 Con esto Heliodoro cayó luego por

---

1 Scio: á Dios.

in terram, cumque multa caligine cir-
cumfusum rapuerunt, atque in sella
gestatoria positum ejecerunt.

28 Et is, qui cum multis cursoribus
et satellitibus prædictum ingressus est
ærarium, portabatur nullo sibi auxilium ferente, manifestá Dei cognitá
virtute:

29 et ille quidem per divinam virtutem jacebat mutus, atque omni spe et
salute privatus.

30 Hi autem Dominum benedicebant,
qui magnificabat locum suum: et templum, quod paulò antè timore ac tumultu erat plenum, apparente omnipotente Domino, gaudio et lætitiá im-
pletum est.

31 Tunc verò ex amicis Heliodori
quidam rogabant confestim Oniam, ut
invocaret Altissimum, ut vitam dona-
ret ei, qui in supremo spiritu erat constitutus.

32 Considerans autem summus sacerdos, ne fortè rex suspicaretur malitiam aliquam ex Judæis circa Heliodorum consummatam, obtulit pro salute viri hostiam salutarem.

33 Cumque summus sacerdos exora-
ret, iidem juvenes eisdem vestibus amicti, astantes Heliodoro, dixerunt: O-
niæ sacerdoti gratias age: nam propter
eum Dominus tibi vitam donavit.

34 Tu autem à Deo flagellatus, nun-
tia omnibus magnalia Dei, et potestatem. Et his dictis, non comparuerunt.

35 Heliodorus autem, hostiá Deo
oblatá, et votis magnis promissis ei,
qui vivere illi concessit, et Oniæ gratias agens, recepto exercitu, repedabat
ad regem.

36 Testabatur autem omnibus ea quæ
sub oculis suis viderat, opera magni
Dei.

37 Cùm autem rex interrogasset Heliodorum, quis esset aptus adhuc semel
Jerosolymam mitti, ait:

tierra envuelto en oscuridad y tinieblas;
y habiéndole cogido y puesto en una silla de manos, le sacaron de allí.

28 De esta suerte aquel que había entrado en el erario con tanto aparato de
guardias y ministros, era llevado sin
que nadie pudiese valerle; habiéndose
manifestado visiblemente la virtud ó
justicia de Dios:

29 por un efecto de la cual, Heliodoro yacia sin habla, y sin ninguna esperanza de vida.

30 Por el contrario, los otros bendecian al Señor, porque había ensalzado
con esto la gloria de su santo Lugar, y
el Templo que poco antes estaba lleno
de confusion y temor, se llenó de alegría y regocijo luego que hizo ver el
Señor su omnipotencia.

31 Entonces algunos amigos de Heliodoro rogaron con mucha eficacia á
Onías que invocase al Altísimo, á fin
de que concediese la vida á Heliodoro,
reducido ya á los últimos alientos.

32 Y el Sumo sacerdote, considerando
que quizá el Rey podria sospechar que
los judíos habian urdido alguna trama
contra Heliodoro, ofreció una víctima
de salud por su curacion:

33 y al tiempo que el Sumo sacerdote estaba haciendo la súplica, aquellos
mismos jóvenes, con las mismas vestiduras, poniéndose junto á Heliodoro,
le dijeron: Dále las gracias al sacerdote Onías, pues por amor de él te con-
cede el Señor la vida.

34 Y habiendo tú sido castigado por
Dios de esta suerte, anuncia á todo el
mundo sus maravillas y su poder: dicho esto, desaparecieron.

— 35 En efecto Heliodoro, habiendo
ofrecido un sacrificio á Dios, y hecho
grandes votos á aquel Señor que le habia concedido la vida, y dadas las gracias á Onías, recogiendo su gente se
volvió para el Rey.

36 Y atestiguaba á todo el mundo las
obras maravillosas del gran Dios, que
habia visto él con sus propios ojos.

37 Y como el Rey preguntase á Heliodoro quién seria bueno para ir de
nuevo á Jerusalem, le contestó:

38 Si quem habes hostem, aut regni tui insidiatorem, mitte illuc, et flagellatum eum recipies, si tamen evaserit; eò quòd in loco sit verè Dei quædam virtus.

39 Nam ipse, qui habet in cælis habitationem, visitator et adjutor est loci illius, et venientes ad malefaciendum percutit, ac perdit.

40 Igitur de Heliodoro, et ærarii custodia, ita res se habet.

38 Si tú tienes algun enemigo, ó que atente contra tu reino, envíale allá, y le verás volver desgarrado á azotes, si es que escapare con vida; porque no se puede dudar que reside en aquel lugar una cierta virtud Divina.

39 Pues aquel mismo que tiene su morada en los cielos, está presente y protege aquel lugar, y castiga y hace perecer á los que van á hacer allí algun mal [1].

40 Esto es en suma lo que pasó á Heliodoro, y el modo con que se conservó el tesoro del Templo.

CAPÍTULO IV.

Calumnias de Simon contra Onias: Jason, hermano de éste, ambiciona el pontificado: ofrece al Rey una gran suma de dinero; y hecho Pontífice destruye el culto de Dios. Menelao suplanta despues á su hermano Jason. Muere violentamente Onias, y es castigado su asesino. Menelao, acusado al Rey, logra á fuerza de dádivas ser absuelto.

1 Simon autem prædictus pecuniarum et patriæ delator, malè loquebatur de Onia, tamquam ipse Heliodorum instigasset ad hæc, et ipse fuisset incentor malorum:

2 provisoremque civitatis, ac defensorem gentis suæ, et æmulatorem legis Dei, audebat insidiatorem regni dicere.

3 Sed, cùm inimicitiæ in tantum procederent, ut etiam per quosdam Simonis necessarios homicidia fierent:

4 considerans Onias periculum contentionis, et Apollonium insanire, utpote ducem Cælesyriæ et Phænicis, ad augendam malitiam Simonis, ad regem se contulit,

5 non ut civium accusator, sed communem utilitatem apud semetipsum universæ multitudinis considerans.

6 Videbat enim sine regali providen-

1 Mas el mencionado Simon, que en daño de la patria habia denunciado aquel tesoro, hablaba mal de Onías, como si éste hubiese instigado á Heliodoro á hacer tales cosas, y sido el autor de aquellos males:

2 y al protector de la ciudad, al defensor de su nacion, al zelador de la Ley de Dios, tenia el atrevimiento de llamarle traidor del reino.

3 Mas como estas enemistades pasasen á tal extremo, que se cometian hasta asesinatos por algunos amigos de Simon;

4 considerando Onías los peligros de la discordia, y que Apolonio, Gobernador de la Celesyria y de la Phenicia atizaba con su furor ó imprudencia la malignidad de Simon, se fué á presentar al Rey,

5 no para acusar á sus conciudadanos, sino únicamente con el fin de atender al pro comunal de todo su pueblo, que es lo que él se proponia;

6 pues estaba viendo que era imposi-

---

1 Así hizo el Señor patente su poder en defensa del Templo, no obstante que habia ya predicho por Daniel que le abandonaria á la profanacion de Antiochô: prediccion hecha trescientos años ántes. Dan. VII, VIII y IX.

tia impossibile esse, pacem rebus dari, nec Simonem posse cessare à stultitia sua.

7 Sed post Seleuci vitæ excessum, cum suscepisset regnum Antiochus, qui Nobilis appellabatur, ambiebat Jason frater Oniæ summum sacerdotium:

8 adito rege, promittens ei argenti talenta trecenta sexaginta, et ex redditibus aliis talenta octoginta:

9 super hæc promittebat et alia centum quinquaginta, si potestati ejus concederetur gymnasium et ephebiam sibi constituere, et eos, qui in Jerosolymis erant, Antiochenos scribere.

10 Quod cum rex annuisset, et obtinuisset principatum, statim ad gentilem ritum contribules suos transferre cœpit.

11 Et amotis his quæ humanitatis causâ Judæis à regibus fuerant constituta, per Joannem patrem Eupolemi, qui apud Romanos de amicitia et societate functus est legatione legitima, civium jura destituens, prava instituta sanciebat.

12 Etenim ausus est sub ipsa arce gymnasium constituere, et optimos quosque epheborum in lupanaribus ponere.

13 Erat autem hoc non initium, sed incrementum quoddam, et profectus gentilis et alienigenæ conversationis, propter impii et non sacerdotis Jasonis nefarium, et inauditum scelus:

14 ita ut sacerdotes jam non circa altaris officia dediti essent, sed contempto templo, et sacrificiis neglectis festinarent participes fieri palestræ, et

lla el pacificar los ánimos, ni el contener la locura de Simon, sin una providencia del Rey.

7 Mas despues de la muerte de Seleuco, habiéndole succedido en el reino su hermano Antiochô, llamado el Ilustre, Jason, hermano de Onías, aspiraba con ansia al Pontificado.

8 Pasó á dicho fin á presentarse al Rey, y le prometió trescientos y sesenta talentos de plata, y otros ochenta talentos por otros títulos;

9 con mas otros ciento y cincuenta que ofrecia dar, si se le concedia facultad de establecer un gymnasio [1], y una ephebia para los jóvenes, y el que los moradores de Jerusalem gozasen del derecho de que gozaban los ciudadanos de Antiochîa.

10 Habiéndole pues otorgado el Rey lo que pedia, y obtenido el Principado, comenzó al instante á hacer tomar á sus paisanos los usos y costumbres de los gentiles.

11 Y desterrando la manera de vivir segun la Ley, que los Reyes por un efecto de su bondad á favor de los judíos habian aprobado, mediante los buenos oficios de Juan, padre de Eupolemo, (el que fué enviado de Embajador á los romanos para renovar la amistad y alianza) establecia Jason leyes perversas, trastornando los derechos legítimos de los ciudadanos.

12 Pues tuvo el atrevimiento de establecer bajo del alcázar mismo de Jerusalem [2] un gymnasio, y de exponer en lugares infames la flor de la juventud [3];

13 siendo esto no un principio, sino un progreso y consumacion de la vida pagana y extrangera, introducida con detestable é inaudita maldad por el no sacerdote, sino intruso é impío Jason.

14 Llegó la cosa á tal estado, que los sacerdotes no se aplicaban ya al ministerio del altar, sino que despreciado el Templo, y olvidando los sacrificios,

---

1 Para ejercicio de hombres hechos. I. Mach. I. v. 15.

2 Esto es, junto al Templo.

3 Los ejercicios gymnásticos se hacian desnudo el cuerpo; tomando este nombre de la voz griega gymnos, desnudo. Y porque en los gymnasios se corrompian las costumbres, les da el nombre de lupanares.

præbitionis ejus injusta, et in exerci-
tiis disci.

15 *Et patrios quidem honores nihil*
habentes, Græcas glorias optimas ar-
bitrabantur:

16 *quarum gratiâ periculosa eos con-*
tentio habebat, et eorum instituta æ-
mulabantur, ac per omnia his consi-
miles esse cupiebant, quos hostes et pe-
remptores habuerant.

17 *In leges enim divinas impiè agere*
impunè non cedit: sed hoc tempus se-
quens declarabit.

18 *Cùm autem quinquennalis agon*
Tyri celebraretur, et rex præsens esset;

19 *misit Jason facinorosus ab Jero-*
solymis viros peccatores, portantes ar-
genti didrachmas trecentas in sacrifi-
cium Herculis: quas postulaverunt hi
qui asportaverant, ne in sacrificiis ero-
garentur, quia non oporteret, sed in
alios sumptus eas deputari.

20 *Sed hæ oblatæ sunt quidem ab eo,*
qui miserat, in sacrificium Herculis:
propter præsentes autem datæ sunt in
fabricam navium triremium.

21 *Misso autem in Ægyptum Apol-*
lonio Mnesthei filio, propter primates
Ptolemæi Philometoris regis, cum co-
gnovisset Antiochus alienum se à ne-
gotiis regni effectum, propriis utilita-
tibus consulens, profectus inde venit
Joppen, et inde Jerosolymam.

22 *Et magnificè ab Jasone et civitate*
susceptus, cum facularum luminibus
et laudibus ingressus est: et inde in
Phænicen exercitum convertit.

corrian, como los demas, á la palestra,
y á los premios indignos[1], y á ejerci-
tarse en el *juego del disco.*

15 Reputando en nada los honores
pátrios, apreciaban mas las glorias que
venian de la Grecia:

16 por cuya adquisicion se excitaba
entre ellos una peligrosa emulacion; de
suerte que hacian alarde de imitar los
usos de los griegos, y de parecer semejantes á aquellos mismos que poco antes
habian sido sus mortales enemigos.

17 Pero el obrar impiamente contra
las Leyes de Dios no queda sin castigo;
como se verá en los tiempos siguientes.

18 Como se celebraban pues en Tyro
los juegos *Olympicos* de cada cinco años[2],
y el Rey estuviese presente,

19 envió el malvado Jason desde Jerusalem unos hombres perversos á llevar trescientas didragmas[3] de plata para el sacrificio de Hércules[4]; pero los
mismos que las llevaron pidieron que
no se expendiesen en los sacrificios, por
no ser conveniente tal aplicacion, sino
que se empleasen en otros objetos:

20 y asi, aunque el donador de estas
dragmas las habia ofrecido para el sacrificio de Hércules, las emplearon, á
instancias de los conductores, en la
construccion de galeras.

21 Mas Antiocho habiendo enviado á
Egypto á Apolonio, hijo de Mnesthéo á
tratar con los Grandes de la corte del
rey Ptoléméo Philometor[5], luego que
vió que le excluia del manejo de los negocios del aquel reino, atendiendo solo
á sus propios intereses, partió de allí,
y se vino á Joppe: desde donde pasó á
Jerusalem,

22 y recibido con toda pompa por Jason y por *toda* la ciudad, hizo su entrada en ella en medio de luminarias y
aclamaciones públicas; y desde allí volvió á Phenicia con su ejército.

---

1 *Præbitionis injustæ* que se lee en la Vulgata, indica la distribucion de los premios de
vestidos, coronas, etc. que llama despues en
el v. 15. *glorias de los griegos, premios in-*
dignos ó malvados como dice el griego, pues
estos juegos se celebraban en honor de los
ídolos.

2 Es increible la pasion ó furor de los griegos por los juegos *olympicos,* instituidos en
honor de Jupiter Olympo.

3 Véase *Monedas.*

4 Dios tutelar de los Tyrios.

5 *I. Mach. I. v.* 17.

23 *Et post triennii tempus misit Jason Menelaum, supradicti Simonis fratrem, portantem pecunias regi, et de negotiis necessariis responsa perlaturum.*

24 *At ille commendatus regi, cùm magnificasset faciem potestatis ejus, in semetipsum retorsit summum sacerdotium, superponens Jasoni talenta argenti trecenta.*

25 *Acceptisque à rege mandatis, venit, nihil quidem habens dignum sacerdotio; animus verò crudelis tyranni, et feræ belluæ iram gerens.*

26 *Et Jason quidem, qui proprium fratrem captivaverat, ipse deceptus profugus in Ammanitem expulsus est regionem.*

27 *Menelaus autem principatum quidem obtinuit: de pecuniis verò regi promissis, nihil agebat, cum exactionem faceret Sostratus, qui arci erat præpositus;*

28 *(nam ad hunc exactio vectigalium pertinebat) quam ob causam utrique ad regem sunt evocati.*

29 *Et Menelaus amotus est à sacerdotio, succedente Lysimacho fratre suo: Sostratus autem prælatus est Cypriis.*

30 *Et cùm hæc agerentur, contigit, Tharsenses et Mallotas seditionem movere, eò quòd Antiochidi regis concubinæ dono essent dati.*

31 *Festinanter itaque rex venit sedare illos, relicto suffecto uno ex comitibus suis Andronico.*

32 *Ratus autem Menelaus accepisse se tempus opportunum, aurea quædam vasa è templo furatus donavit Andronico, et alia vendiderat Tyri, et per vicinas civitates.*

---

23 Tres años despues envió Jason á Menelao [1], hermano del mencionado Simon, á llevar dinero al Rey, y á recibir órdenes de éste sobre negocios de importancia.

24 Mas habiéndose grangeado Menelao la voluntad del Rey, porque supo lisonjearle ensalzando la grandeza de su poder, se alzó con el Sumo sacerdocio, dando trescientos talentos de plata mas de lo que daba Jason.

25 Y recibidas las órdenes del Rey, se volvió. Y en verdad que nada se veia en su persona digno del sacerdocio; pues tenia el corazon de un cruel tirano, y la rabia de una bestia feroz.

26 De esta suerte Jason, que habia vendido á su propio hermano [2] Onías, engañado ahora él mismo, se huyó como desterrado al pais de los ammonitas.

27 Menelao empero asi que obtuvo el Principado, no se cuidó de enviar al Rey el dinero que le habia prometido; no obstante que Sóstrato, comandante del alcázar, le estrechaba al pago,

28 pues estaba al cargo de éste la cobranza de los tributos. Por cuya causa fueron citados ambos á comparecer ante el Rey:

29 y Menelao fué depuesto del Pontificado, succediéndole su hermano Lysimachó; y á Sóstrato le dieron el gobierno de Chypre.

30 Mientras que sucedian estas cosas, los de Tharso y de Malo [3] excitaron una sedicion, porque habian sido donados á Antiochíde, concubina del Rey [4].

31 Con este motivo pasó el Rey allá apresuradamente á fin de apaciguarlos, dejando por su Lugarteniente á Andrónico, uno de sus amigos [5].

32 Menelao entonces, creyendo que la ocasion era oportuna, hurtando del Templo algunos vasos de oro, dió una parte de ellos á Andrónico, y vendió la otra en Tyro, y en las ciudades comarcanas.

---

1 El verdadero nombre de este apóstata era *Onías*, y tomaria el de *Menelao*, para parecer griego y no judio.

2 *Vers.* 7.

3 Son dos ciudades de la Cilicia.

4 Véase *Concubina*. Entre los Reyes del Asia era costumbre señalar á sus mugeres varias ciudades para que contribuyeran á sus gastos: una ciudad para las joyas del cuello, otra para el velo, etc. Véase Ciceron contra *Verres* 5. Las ciudades de la Grecia no querian estar sujetas á las mugeres del Rey.

5 Ó principales de su corte.

33 *Quod cùm certissimè cognovisset Onias, arguebat eum, ipse in loco tuto se continens Antiochiæ secùs Daphnem.*

34 *Unde Menelaus accedens ad Andronicum, rogabat ut Oniam interficeret. Qui cùm venisset ad Oniam, et datis dextris cum jurejurando (quamvis esset ei suspectus) suasisset de asylo procedere, statim eum peremit, non veritus justitiam.*

35 *Ob quam causam non solùm Judæi, sed aliæ quoque nationes indignabantur, et molestè ferebant de nece tanti viri injusta.*

36 *Sed regressum regem de Ciliciæ locis, adierunt Judæi apud Antiochiam, simul et Græci, conquerentes de iniqua nece Oniæ.*

37 *Contristatus itaque animo Antiochus propter Oniam, et flexus ad misericordiam lachrymas fudit, recordatus defuncti sobrietatem, et modestiam.*

38 *Accensisque animis, Andronicum purpurá exutum, per totam civitatem jubet circumduci: et in eodem loco, in quo in Oniam impietatem commiserat, sacrilegum vitá privari, Domino illi condignam retribuente pœnam.*

39 *Multis autem sacrilegiis in templo à Lysimacho commissis Menelai consilio, et diuulgatá famá, congregata est multitudo adversùm Lysimachum, multo jam auro exportato.*

40 *Turbis autem insurgentibus, et animis irá repletis, Lysimachus armatis ferè tribus millibus iniquis manibus uti cœpit, duce quodam tyranno, ætate pariter et dementiá provecto.*

41 *Sed, ut intellexerunt conatum Lysimachi, alii lapides, alii fustes validos arripuere, quidam verò cinerem*

33 Lo que sabido con certeza por Onías, le reprendia por esta accion desde un sitio de Antiochía cercano *al templo* do Daphne, donde se hallaba refugiado.

34 Por esta causa pasó Menelao á ver á Andrónico, y le rogó que hiciese matar á Onías. Andrónico fué á visitar á Onías; y habiéndole alargado su mano derecha, y jurádole *que no le haria daño*, le persuadió (á pesar de que *Onías* no se fiaba enteramense de él) á que saliese del asilo: mas al punto que salió le quitó la vida, sin tener ningun miramiento á la justicia.

35 Con cuyo motivo, no solamente los judíos, sino tambien las demas naciones se irritaron, y llevaron muy á mal la injusta muerte de un tan grande varon.

36 Y asi habiendo el Rey vuelto de Cilicia, se le presentaron en Antiochía los judíos y los mismos griegos á querellarse de la inicua muerte de Onías.

37 Y Antiochô, afligido en su corazon, y enternecido por la muerte de Onías, prorumpió en llanto, acordándose de la sobriedad y modestia del difunto;

38 y encendiéndose en cólera, mandó que Andrónico, despojado de la púrpura, fuese paseado por toda la ciudad; y que en el mismo lugar en que éste sacrílego habia cometido tal impiedad contra Onías, allí mismo se le quitase la vida. Asi le dió el Señor el merecido castigo.

39 Por lo que hace á Lysimachô, habiendo cometido muchos sacrilegios en el Templo, á instigacion de Menelao, y esparcidose la fama del mucho oro que de allí habia sacado, se sublevó el pueblo contra él.

40 Y amotinándose las gentes, y encendidos en cólera los ánimos, Lysimachô, armando como unos tres mil hombres, capitaneados por un cierto Tirano ó *Aurano*, tan consumado en malicia, como avanzado en edad, empezó á cometer violencias.

41 Mas luego que fueron conocidos los intentos ó *disposiciones* de Lysímachô, unos se armaron de piedras, otros de

in Lysimachum jecere.

42 *Et multi quidem vulnerati, quidam autem et prostrati, omnes verò in fugam conversi sunt: ipsum etiam sacrilegum secùs ærarium interfecerunt.*

43 *De his ergo cœpit judicium adversùs Menelaum agitari.*

44 *Et cùm venisset rex Tyrum, ad ipsum negotium detulerunt missi tres viri à senioribus.*

45 *Et cùm superaretur Menelaus, promisit Ptolemæo multas pecunias dare ad suadendum regi.*

46 *Itaque Ptolemæus in quodam atrio positum quasi refrigerandi gratiâ regem adiit, et deduxit à sententia:*

47 *et Menelaum quidem universæ malitiæ reum criminibus absolvit: miseros autem, qui, etiamsi apud Scythas causam dixissent, innocentes judicarentur, hos morte damnavit.*

48 *Citò ergo injustam pœnam dederunt, qui pro civitate, et populo, et sacris vasis causam prosecuti sunt.*

49 *Quam ob rem Tyrii quoque indignati; erga sepulturam eorum liberalissimi extiterunt.*

50 *Menelaus autem, propter eorum, qui in potentia erant, avaritiam, permanebat in potestate, crescens in malitia ad insidias civium.*

gruesos garrotes, y otros arrojaban sobre él ceniza [1].

42 De cuyas resultas muchos quedaron heridos, algunos fueron muertos, y todos los restantes fueron puestos en fuga, perdiendo tambien la vida, junto al erario, el mismo sacrílego *Lysímachó.*

43 De todos estos desórdenes comenzóse á acusar á Menelao;

44 y habiendo llegado el Rey á Tyro, pasaron á darle quejas sobre estos sucesos tres diputados enviados por los ancianos [2].

45 Pero Menelao, conociendo que iba á ser vencido, prometió á Ptoleméo una grande suma de dinero, con tal que inclinase al Rey en su favor.

46 En efecto Ptoleméo entró á ver al Rey, que estaba tomando el fresco en una galería, y le hiso mudar de parecer:

47 de tal suerte, que Menelao, reo de toda maldad, fué *plenamente* absuelto de sus delitos; y á aquellos infelices, que en un tribunal, aunque fuese de *bárbaros* scythas, hubieran sido declarados inocentes, los condenó á muerte.

48 Fueron pues castigados inmediatamente, contra toda justicia, aquellos que habian sostenido la causa ó *intereses* del pueblo y de la ciudad, y la veneracion de los vasos sagrados.

49 Pero los mismos vecinos de Tyro, indignados de semejante accion, se mostraron sumamente generosos en la honrosa sepultura que les dieron.

50 Entre tanto Menelao conservaba la autoridad, por medio de la avaricia de aquellos que tenian el poder *del Rey,* y crecia en malicia para daño de sus conciudadanos.

CAPÍTULO V.

Prodigios que se ven en Jerusalem. Jason, apoderándose de la ciudad, hace en ella un grande estrago, y muere. Violencias de Antiochó contra Jerusalem. Judas Machâbéo con los suyos se retira á un lugar desierto.

1 *Eodem tempore Antiochus, secun-*

1 Hallábase Antiochó por este mis-

---

1 Ó rescoldo.

2 De parte del pueblo de los judios.

dam profectionem paravit in Ægyptum.

2 Contigit autem per universam Jerolymorum civitatem videri diebus quadraginta per aëra equites discurrentes, auratas stolas habentes, et hastis, quasi cohortes armatos,

3 et cursus equorum per ordines digestos, et congressiones fieri cominùs, et scutorum motus, et galeatorum multitudinem gladiis districtis, et telorum jactus, et aureorum armorum splendorem, omnisque generis loricarum.

4 Quapropter omnes rogabant in bonum monstra converti.

5 Sed cùm falsus rumor exisset, tamquam vitâ excessisset Antiochus, assumptis Jason non minùs mille viris, repentè aggressus est civitatem: et civibus ad murum convolantibus, ad ultimum apprehensâ civitate, Menelaus fugit in arcem:

6 Jason verò non parcebat in cæde civibus suis, nec cogitabat prosperitatem adversùm cognatos malum esse maximum, arbitrans hostium et non civium se trophæa capturum.

7 Et principatum quidem non obtinuit; finem verò insidiarum suarum confusionem accepit, et profugus iterum abiit in Ammaniten.

8 Ad ultimum, in exitium sui conclusus ab Areta Arabum tyranno, fugiens de civitate in civitatem, omnibus odiosus, ut refuga legum et execrabilis, ut patriæ et civium hostis, in Ægyptum extrusus est:

9 et qui multos de patria sua expule-

mo tiempo haciendo los preparativos para la segunda expedicion contra Egypto [1].

2 Y sucedió entonces que por espacio de cuarenta dias se vieron en toda la ciudad de Jerusalem correr de parte á parte por el aire hombres á caballo, vestidos de telas de oro, y armados de lanzas, como si fuesen escuadrones de caballería:

3 viéronse caballos, ordenados en filas, que corriendo se atacaban unos á otros, y movimientos de broqueles, y una multitud de gentes armadas con morriones y espadas desnudas, y tiros de dardos, y el resplandor de armas doradas y de todo género de corazas.

4 Por tanto rogaban todos á Dios que tales prodigios tornasen en bien del pueblo.

5 Mas habiéndose esparcido el falso rumor de que Antiocho habia muerto, tomando Jason consigo mil hombres, acometió de improviso á la ciudad, y aunque los ciudadanos acudieron al instante á las murallas, al fin se apoderó de ella, y Menelao se huyó al alcázar.

6 Pero Jason, como si creyese ganar un triunfo sobre sus enemigos y no sobre sus conciudadanos, hizo una horrible carnicería en la ciudad; no parando la consideracion en que es un gravísimo mal ser feliz en la guerra que se hace á los de su propia sangre.

7 Esto no obstante, no pudo conseguir ponerse en posesion del Principado; antes bien todo el fruto que sacó de sus traiciones fué la própia ignominia; y viéndose precisado nuevamente á huir, se retiró al pais de los ammonitas.

8 Finalmente fué puesto en prision por Aretas, Rey de los árabes, que queria acabar con él; y habiéndose podido escapar, andaba de ciudad en ciudad, aborrecido de todo el mundo: y como prevaricador de las leyes, y como un hombre execrable, y enemigo de la patria y de los ciudadanos, fué arrojado á Egypto.

9 Y de esta suerte aquel que habia ar-

1 Dan. XI. v. 23.

rat, peregrè periit, Lacedæmonas profectus, quasi pro cognatione ibi refugium habiturus:

10 et qui insepultos multos abjecerat, ipse et illamentatus, et insepultus abjicitur, sepulturá neque peregriná usus, neque patrio sepulchro participans.

11 His itaque gestis, suspicatus est rex societatem deserturos Judæos: et ob hoc profectus ex Ægypto efferatis animis, civitatem quidem armis cepit.

12 Jussit autem militibus interficere, nec parcere occursantibus, et per domos ascendentes trucidare.

13 Fiebant ergo cædes juvenum ac seniorum, et mulierum, et natorum exterminia, virginumque et parvulorum neces.

14 Erant autem toto triduo octoginta millia interfecti, quadraginta millia vincti, non minùs autem venundati.

15 Sed nec ista sufficiunt: ausus est etiam intrare templum universá terrá sanctius, Menelao ductore, qui legum et patriæ fuit proditor:

16 et scelestis manibus sumens sancta vasa, quæ ab aliis regibus et civitatibus erant posita ad ornatum loci, et gloriam, contrectabat indignè, et contaminabat.

17 Ita alienatus mente Antiochus, non considerabat, quòd propter peccata habitantium civitatem, modicum Deus

rojado á muchos fuera de su patria, murió desterrado de ella, habiéndose ido á Lacedemonia, creyendo que allí encontraria algun refugio á título de parentesco;

10 y el que habia mandado arrojar los cadáveres de muchas personas sin darles sepultura, fué arrojado insepulto, y sin ser llorado de nadie, no habiendo podido hallar sepulcro ni en su tierra propia, ni en la extraña.

11 Pasadas asi estas cosas, entró el Rey en sospecha [1] de que los judíos iban á abandonar la alianza que tenian con él; y asi partiendo de Egypto lleno de furor, se apoderó de la ciudad á mano armada,

12 y mandó á los soldados que matasen indistintamente á cuantos encontrasen, sin perdonar á nadie, y que entrando tambien por las casas, pasasen á cuchillo toda la gente:

13 de manera que se hizo una carnicería general de jóvenes y de ancianos, y de mugeres con sus hijos, y de doncellas y de niños;

14 tanto que en el espacio de aquellos tres dias fueron ochenta mil los muertos, cuarenta mil los cautivos, y otros tantos los vendidos por esclavos [2].

15 Mas ni aun con esto quedó satisfecho Antiochô; sino que ademas cometió el arrojo de entrar en el Templo, lugar el mas santo de toda la tierra, conducido por Menelao, traidor á la patria y á las leyes;

16 y tomando con sus sacrílegas manos los vasos sagrados, que otros Reyes y ciudades habian puesto allí para ornamento y gloria de aquel lugar sagrado, los manoseaba de una manera indigna, y los profanaba.

17 Asi Antiochô, perdida toda la luz de su entendimiento, no veia que si Dios mostraba por un poco de tiempo

---

1 Antes v. 5.— I. Machab. XII.
2 Calmet y varios Expositores creen que la pérdida total de los judios fué de ochenta mil; cuarenta mil muertos y otros tantos cautivos. Pero segun el texto griego de los Setenta, la pérdida total de personas que sufrió Jerusalem en aquellos tres dias de horrible carnicería fue de doscientas mil. Pues dice á la

letra: en aquellos tres dias fueron muertos ocho miliadas, (esto es, ocho veces diez mil) de personas; cuatro (se entiende miliadas) llevadas cautivas, y fueron los vendidos no menos que los pasados á cuchillo.; de donde resulta la suma total de veinte miliadas, ó veinte veces diez mil. Véase Vulgata.

fuerat iratus: propter quòd et accidit circa locum despectio:

18 *alioquin nisi contigisset eos multis peccatis esse involutos, sicut Heliodorus, qui missus est à Seleuco rege ad expoliandum ærarium, etiam hic statim adveniens flagellatus, et repulsus utique fuisset ab audacia.*

19 *Verùm non propter locum, gentem: sed propter gentem, locum Deus elegit.*

20 *Ideòque et ipse locus particeps factus est populi malorum: posteà autem fiet socius bonorum: et qui derelictus in ira Dei omnipotentis est, iterum in magni Domini reconciliatione cum summa gloria exaltabitur.*

21 *Igitur Antiochus mille et octingentis ablatis de templo talentis, velociter Antiochiam regressus est, existimans se præ superbia terram ad navigandum, pelagus verò ad iter agendum deducturum propter mentis elationem.*

22 *Reliquit autem et præpositos ad affligendam gentem: Jerosolymis quidem Philippum genere Phrygem, moribus crudeliorem eo ipso, à qua constitutus est:*

23 *in Garizim autem Andronicum et Menelaum, qui graviùs quàm ceteri imminebant civibus.*

24 *Cùmque appositus esset contra Judæos, misit odiosum principem Apollonium cum exercitu, viginti et duobus millibus, præcipiens ei omnes perfectæ ætatis interficere, mulieres ac juvenes vendere.*

25 *Qui cùm venisset Jerosolymam, pacem simulans, quievit usque ad diem*

su indignacion contra los habitantes de la ciudad, era por causa de los pecados de ellos; y que por lo mismo habia experimentado semejante profanacion aquel lugar *santo:*

18 porque de otra suerte, si no hubieran estado envueltos en muchos delitos, este Príncipe, como le sucedió á Heliodoro [1] enviado del rey Seleuco para saquear el tesoro *del Templo,* hubiera sido azotado luego que llegó, y precisado á desistir de su temeraria empresa.

19 Pero Dios no escogió el pueblo por amor del lugar ó *Templo,* sino á éste por amor del pueblo [2].

20 Por cuyo motivo este lugar mismo ha participado de los males que han acaecido al pueblo, asi como tendrá tambien parte en los bienes que aquel reciba; y el que ahora se ve abandonado por efecto de la indignacion del Dios Todopoderoso, será nuevamente ensalzado á la mayor gloria, aplacado que esté aquel grande Señor.

21 Habiendo pues Antiochô sacado del Templo mil y ochocientos talentos, se volvió apresuradamente á Antiochîa, dominado en tal manera de la soberbia y presuncion de ánimo, que se imaginaba poder llegar á navegar sobre la tierra, y á caminar sobre el mar á pie enjuto.

22 Pero *á su partida* dejó allí Gobernadores para que vejasen la nacion: á saber, en Jerusalem á Philippo, originario de Phrygia, aun mas cruel que su amo;

23 y en Garizim á Andrónico y á Menelao, mas encarnizados aun que los otros contra los ciudadanos.

24 Y siguiendo *Antiochô* muy enconado contra los judíos, *les* envió por comandante al detestable Apolonio con un ejército de veinte y dos mil hombres, con órden de degollar á todos los adultos, y de vender las mugeres y niños.

25 Llegado pues este general á Jerusalem aparentando paz, se estuvo quie-

---

1 Antes *cap. III. v.* 25 *y* 27.　　2 *Jerem. VII. v.* 4.

sanctum sabbati: et tunc ferialis Judæis, arma capere suis præcepit.

to hasta el santo dia del sábado; mas en este dia en que los Judíos observaban el descanso [1], mandó á sus tropas que tomasen las armas,

26 Omnesque qui ad spectaculum processerant, trucidavit: et civitatem cum armatis discurrens, ingentem multitudinem peremit.

26 y mató á todos los que se habian reunido para ver aquel espectáculo [2]; y discurriendo despues por toda la ciudad con sus soldados, quitó la vida á una gran multitud de gentes.

27 Judas autem Machabæus, qui decimus fuerat, secesserat in desertum locum, ibique inter feras vitam in montibus cum suis agebat: et fœni cibo vescentes, demorabantur, ne participes essent coinquinationis.

27 Empero Judas Machâbéo, que era uno de los diez [3] que se habian retirado á un lugar desierto, pasaba la vida con los suyos en los montes, entre las fieras, alimentándose de yerbas, á fin de no tener parte en las profanaciones [4].

CAPÍTULO VI.

El Gobernador enviado á la Judéa prohibe la observancia de la Ley de Dios. Es profanado el Templo, y forzados los judíos á sacrificar á los ídolos. Castigo de dos mugeres que habian circuncidado á sus hijos, y de otros que celebraban el sábado. Designio del Señor en permitir estos males. Martirio del anciano Eleázaro.

1 Sed non post multum temporis misit rex senem quemdam Antiochenum, qui compelleret Judæos, ut se transferrent à patriis, et Dei legibus:

2 contaminare etiam quod in Jerosolymis erat templum, et cognominare Jovis Olympii, et in Garizim, prout erant hi, qui locum inhabitabant, Jovis hospitalis.

3 Pessima autem et universis gravis erat malorum incursio:

4 nam templum luxuriâ et comessationibus gentium erat plenum, et scortantium cum meretricibus, sacratisque ædibus mulieres se ultrò ingerebant, intrò ferentes ea, quæ non licebat.

5 Altare etiam plenum erat illicitis, quæ legibus prohibebantur.

1 De allí á poco tiempo envió el Rey un Senador de Antiochîa, para que compeliese á los judíos á abandonar las Leyes de su Dios [5] y de sus padres,

2 y para profanar el Templo de Jerusalem, y consagrarle á Júpiter Olympico, como tambien el de Garizim *en Samaria* á Júpiter Extrangero ú Hospedador, por ser extrangeros los habitantes de aquel lugar [6].

3 Asi que vióse caer entonces de un golpe sobre todo el pueblo un diluvio terrible de males;

4 porque el Templo estaba lleno de lascivias y de glotonerías propias de los gentiles, y de hombres disolutos mezclados con rameras, y de mugeres que entraban con descaro en los lugares sagrados, llevando allí cosas que no era lícito llevar.

5 El mismo altar se veia lleno de cosas ilícitas y prohibidas por las leyes.

---

1 Prescrito por la Ley.

2 Ó revista del ejército, y para celebrar la fiesta.

3 Mathathias, y sus seis hijos, con otras personas.

4 Ó manjares inmundos.

5 *I. Machab. I. v.* 57.—*Dan. XI. v.* 31.

6 Los samaritanos en aquella ocasion alegaron que no eran judíos, sino gentiles oriundos de Sidónia. Josepho *Antiq. lib. XII. c.* 7.

6 *Neque autem sabbata custodieban-*
tur, neque dies solemnes patrii serva-
bantur, nec simpliciter Judæum se esse
quisquam confitebatur.

7 *Ducebantur autem cum amara ne-*
cessitate in die natalis regis ad sacri-
ficia: et, cùm Liberi sacra celebraren-
tur, cogebantur hederá coronati Libero
circuire.

8 *Decretum autem exiit in proximas*
gentilium civitates, suggerentibus Pto-
lemæis, ut pari modo et ipsi adversùs
Judæos agerent ut sacrificarent:

9 *eos autem, qui nollent transire ad*
instituta gentium, interficerent: erat
ergo videre miseriam.

10 *Duæ enim mulieres delatæ sunt*
natos suos circumcidisse: quas infanti-
bus ad ubera suspensis, cùm publicè
per civitatem circumduxissent, per mu-
ros præcipitaverunt.

11 *Alii verò, ad proximas coëuntes*
speluncas, et latenter sabbati diem ce-
lebrantes, cùm indicati essent Philip-
po, flammis succensi sunt, eò quòd ve-
rebantur, propter religionem et obser-
vantiam, manu sibimet auxilium ferre.

12 *Obsecro autem eos, qui hunc li-*
brum lecturi sunt, ne abhorrescant pro-
pter adversos casus, sed reputent, ea
quæ acciderunt, non ad interitum, sed
ad correptionem esse generis nostri.

13 *Etenim multo tempore non sinere*
peccatoribus ex sententia agere, sed
statim ultiones adhibere, magni bene-
ficii est indicium.

14 *Non enim, sicut in aliis nationi-*
bus, Dominus patienter expectat, ut
eas, cùm judicii dies advenerit, in ple-
nitudine peccatorum puniat:

6 No se guardaban ya los sábados, ni
se celebraban las fiestas solemnes del
pais, y nadie se atrevia á confesar sen-
cillamente que era judío.

7 El dia del cumpleaños del Rey los
hacian ir á dura y viva fuerza á los sacrificios *profanos:* y cuando se celebraba la fiesta de Baco, los precisaban á ir
por las calles coronados de yedra en honor de dicho ídolo.

8 Á sugestion de los de Ptolemaida [1]
se publicó en las ciudades de los gentiles, vecinas *á Judéa*, un edicto por el
cual se les daba facultad para obligar en
aquellos lugares á los judios á que sacrificasen;

9 y para quitar la vida á todos aquellos que no quisiesen acomodarse á las
costumbres de los gentiles. Asi pues, no
se veia otra cosa mas que miserias.

10 En prueba de ello, habiendo sido
acusadas dos mugeres de haber circuncidado á sus hijos, las pasearon pública-
camente por la ciudad, con los hijos
colgados á sus pechos, y despues las pre-
cipitaron desde lo alto de la muralla.

11 Asimismo algunos otros que se jun-
taban en las cuevas vecinas para celebrar allí secretamente el dia del sábado, habiendo sido denunciados á Philippo [2], fueron quemados vivos: porque
tuvieron escrúpulo de defenderse por
respeto á la religion y á la santidad *de*
aquel dia.

12 (Ruego ahora á los que lean este
libro, que no se escandalicen á vista de
tan desgraciados sucesos; sino que consideren que estas cosas acaecieron, no
para exterminar, sino para corregir á
nuestra nacion.

13 Porque señal es de gran misericordia hácia los pecadores el no dejarlos vivir largo tiempo á su antojo, sino
aplicarles prontamente el azote *para*
que se enmienden.

14 En efecto, el Señor no se porta con
nosotros como con las demas naciones,
á las cuales sufre *ahora* con paciencia
para castigarlas en el dia del juicio, colmada que sea la medida de sus pecados:

---

1 Véase *I. Machab. V. v.* 15. Otros traducen de los Ptolemeos.

2 Antes *c. V. v.* 22.—*I. Mach. II. v.* 31.

14 Ita et in nobis statuit, ut peccatis nostris in finem devolutis, ita demum in nos vindicet.

16 Propter quod numquam quidem à nobis misericordiam suam amovet: corripiens verò in adversis, populum suum non derelinquit.

17 Sed hæc nobis ad commonitionem legentium dicta sint paucis. Jam autem veniendum est ad narrationem.

18 Igitur Eleazarus unus de primoribus scribarum, vir ætate provectus, et vultu decorus, aperto ore hians compellebatur carnem porcinam manducare.

19 At ille gloriosissimam mortem magis quàm odibilem vitam complectens, voluntariè præibat ad supplicium.

20 Intuens autem, quemadmodum oporteret accedere, patienter sustinens, destinavit non admittere illicita propter vitæ amorem.

21 Hi autem qui astabant, iniquâ miseratione commoti, propter antiquam viri amicitiam, tollentes eum secretò rogabant afferri carnes, quibus vesci ei licebat, ut simularetur manducasse, sicut rex imperaverat, de sacrificii carnibus:

22 ut, hoc facto, à morte liberaretur: et propter veterem viri amicitiam, hanc in eo faciebant humanitatem.

23 At ille cogitare cœpit ætatis ac senectutis suæ eminentiam dignam, et ingenitæ nobilitatis canitiem, atque à puero optimæ conversationis actus: et secundum sanctæ et à Deo conditæ legis constituta, respondit citò, dicens, præmitti se velle in infernum.

14 no así con nosotros, sino que nos castiga sin esperar á que lleguen á su colmo nuestros pecados.

16 Y así nunca retira de nosotros su misericordia, y cuando aflige á su pueblo con adversidades, no le desampara.

17 Pero baste esto poco que hemos dicho, para que estén advertidos los lectores; y volvamos ya á tomar el hilo de la historia).

18 Eleázaro pues, uno de los primeros doctores de la Ley, varon de edad provecta, y de venerable presencia, fué estrechado á comer carne de cerdo, y se le queria obligar á ello abriéndole por fuerza la boca.

19 Mas él prefiriendo una muerte llena de gloria á una vida aborrecible, caminaba voluntariamente por su pie al suplicio [1].

20 Y considerando como debia portarse en este lance, sufriendo con paciencia, resolvió no hacer por amor á la vida ninguna cosa contra la Ley.

21 Pero algunos de los que se hallaban presentes, movidos de una cruel compasion, y en atencion á la antigua amistad que con él tenian, tomándole á parte, le rogaban que les permitiese traer carnes de las que le era lícito comer, para poder asi aparentar que habia cumplido la órden del Rey, de comer carnes sacrificadas á los idolos:

22 á fin de que de esta manera se libertase de la muerte. De esta especie de humanidad usaban con él por un efecto de la antigua amistad que le profesaban.

23 Pero Eleázaro, dominado de otros sentimientos dignos de su edad y de sus venerables canas, como asimismo de su antigua nativa nobleza, y de la buena conducta que habia observado desde niño, respondió súbitamente, conforme á los preceptos de la Ley santa establecida por Dios, y dijo: Que mas bien queria morir [2].

---

1 Segun el texto griego, al timpano: suplicio que consistia en dar de palos al reo en las plantas de los pies, hasta que muriese. Véase Hebr. XI. v. 35. Los santos Padres llaman á Eleázaro: Padre de los mártires, y Protomártir del Antiguo Testamento. San

Greg. Naz. Orat. in Machab. S. Cyprian. de sing. Cleric. S. Ambrosio, etc.

2 Antes que consentir en lo que se le proponia. Aqui infierno significa el seno de Abrahim. Véase Infierno. Es doctrina indudable, fundada en las Sagradas Escrituras, y expre-

24 *Non enim ætati nostræ dignum est*, inquit, *fingere: ut multi adolescentium, arbitrantes Eleazarum nonaginta annorum transisse ad vitam alienigenarum:*

25 *et ipsi propter meam simulationem, et propter modicum corruptibilis vitæ tempus decipiantur; et per hoc maculam, atque execrationem meæ senectuti conquiram.*

26 *Nam, etsi in præsenti tempore suppliciis hominum eripiar, sed manum Omnipotentis, nec vivus, nec defunctus effugiam.*

27 *Quamobrem fortiter vitâ excedendo, senectute quidem dignus apparebo:*

28 *adolescentibus autem exemplum forte relinquam, si prompto animo, ac fortiter pro gravissimis ac sanctissimis legibus honestâ morte perfungar. His dictis, confestim ad supplicium trahebatur.*

29 *Hi autem, qui eum ducebant, et paulò antè fuerant mitiores, in iram conversi sunt propter sermones ab eo dictos, quos illi per arrogantiam prolatos arbitrabantur.*

30 *Sed cùm plagis perimeretur, ingemuit, et dixit: Domine, qui habes sanctam scientiam, manifestè tu scis, quia cùm à morte possem liberari, duros corporis sustineo dolores: secundùm animam verò propter timorem tuam libenter hæc patior.*

31 *Et iste quidem hoc modo vitâ decessit, non solùm juvenibus, sed et universæ genti memoriam mortis suæ ad exemplum virtutis et fortitudinis derelinquens.*

24 Porque 'no es decoroso á nuestra edad, les añadió, usar de esta ficcion: la cual seria causa que muchos jóvenes, creyendo que Eleázaro en la edad de noventa años se habia pasado á la vida ó *religion* de los gentiles,

25 cayesen en error á causa de esta ficcion mia, por conservar yo un pequeño resto de esta vida corruptible: ademas de que echaria sobre mi ancianidad la infamia y execracion.

26 Fuera de esto, aun cuando pudiese librarme al presente de los suplicios de los hombres, no podria yo, ni vivo ni muerto, escapar de las manos del Todopoderoso.

27 Por lo cual muriendo valerosamente, me mostraré digno de la ancianidad á que he llegado;

28 y dejaré á los jóvenes un ejemplo de fortaleza si sufriere con ánimo pronto y constante una muerte honrosa en defensa de una Ley la mas santa y venerable. Luego que acabó de decir esto, fué conducido al suplicio.

29 Y aquellos que le llevaban, y que poco antes se le habian mostrado muy humanos, pasaron á un extremo de furor por las palabras que habia dicho; las cuales creian efecto de arrogancia.

30 Estando ya para morir á fuerza de los golpes que descargaban sobre él, arrojó un suspiro, y dijo: Señor, tú que tienes la ciencia santa, tú sabes bien que habiendo yo podido librarme de la muerte, sufro en mi cuerpo atroces dolores; pero mi alma los padece de buena gana por tu *santo* temor.

31 De esta manera pues murió Eleázaro, dejando no solamente á los jóvenes, sino tambien á toda su nacion en la memoria de su muerte un dechado de virtud y de fortaleza.

---

22 en los catecismos que usan todas las Iglesias católicas, que ántes de la resurreccion de Jesu-Christo quedaban las almas de los justos esperando la venida del Mesías en un lugar llamado por algunos *infierno superior*, por otros *limbo*, y por otros en fin, *seno de Abraham*. Allí aguardaban en reposo que Jesu-Christo entrara por medio de su sangre

en el Santuario del cielo, y les abriera las puertas que habia cerrado el pecado. Véase S. Gregorio Magno, *sobre Job lib. XII. c. 11. y XIII. c. 44.* S. Agust. *Salm. LXXXV. num.* 18. S. Gerónimo *Epist. XXXV. al. III.* á Eliodoro, *y Epist. XXII. al. XXV.* á santa Paula.

CAPÍTULO VII.

Martirio de los siete hermanos Machábeos, y de su admirable madre.

1 *Contigit autem et septem fratres unà cum matre sua apprehensos, compelli à rege edere contra fas carnes porcinas, flagris et taureis cruciatos.*

2 *Unus autem ex illis, qui erat primus, sic ait: Quid quæris, et quid vis discere à nobis? parati sumus mori, magis quàm patrias Dei leges prævaricari.*

3 *Iratus itaque rex, jussit sartagines et ollas æneas succendi: quibus statim succensis*

4 *jussit ei qui prior fuerat locutus, amputari linguam: et, cute capitis abstractâ, summas quoque manus et pedes ei præscindi, cæteris ejus fratribus et matre inspicientibus.*

5 *Et cùm jam per omnia inutilis factus esset, jussit ignem admoveri, et adhuc spirantem torreri in sartagine: in quâ cùm diù cruciaretur, cæteri unà cum matre invicem se hortabantur mori fortiter,*

6 *dicentes: Dominus Deus aspiciet veritatem, et consolabitur in nobis, quemadmodum in protestatione cantici declaravit Moyses: Et in servis suis consolabitur.*

7 *Mortuo itaque illo primo, hoc modo sequentem deducebant ad illudendum: et, cute capitis ejus cum capillis abstractâ, interrogabant si manducaret priùs, quàm toto corpore per membra singula puniretur.*

1 A mas de lo referido aconteció que fueron presos siete hermanos [2] juntamente con su madre, y quiso el Rey, á fuerza de azotes y tormentos con nervios de toro obligarlos á comer carne de cerdo, contra lo prohibido por la Ley.

2 Mas el uno de ellos, que era el primogénito, dijo: ¿Qué es lo que tú pretendes, ó quieres saber de nosotros? Aparejados estamos á morir antes que quebrantar las leyes patrias que Dios nos ha dado.

3 Encendióse el Rey en cólera, y mandó que se pusiesen sobre el fuego sartenes y calderas de bronce: así que estuvieron hechas ascuas,

4 ordenó que se cortase la lengua al que habia hablado el primero, que se le arrancase la piel de la cabeza, y que se le cortasen las extremidades de las manos y pies, todo á presencia de sus hermanos y de su madre.

5 Y estando ya así del todo inutilizado, mandó traer fuego, y que le tostasen en la sartén hasta que espirase. Mientras que sufria en ella este largo tormento, los demas hermanos con la madre se alentaban mútuamente á morir con valor,

6 diciendo: El Señor Dios verá la verdad [3], y se apiadará [4] de nosotros, como lo declaró Moysés cuando protestó en su cántico, diciendo [5]: Será misericordioso con sus siervos.

7 Muerto que fué de este modo el primero, conducian al segundo para atormentarle con escarnio; y habiéndole arrancado la piel de la cabeza con todos los cabellos, le preguntaban si comeria [6] antes que ser atormentado en cada miembro de su cuerpo.

---

1 Año 3837 del Mundo; y 167 ántes de Jesu-Christo.

2 Estos siete hermanos son llamados los *santos Machábeos*, tal vez porque su martirio fue durante la persecución, en la cual Judas *Machábeo* y sus hermanos combatieron tan

gloriosamente por la causa de Dios. Véase S. Agustin *Serm. I. Machab.*

3 O justicia de nuestra causa.

4 Otros traducen: *nos consolará*.

5 *Deut. XXXII. v.* 36.

6 De la carne que se le presentaba.

8 *At ille respondens patriá voce, dixit: Non faciam. Propter quod et iste, sequenti loco, primi tormenta suscepit:*

9 *et in ultimo spiritu constitutus, sic ait: Tu quidem scelestissime in præsenti vita nos perdis: sed Rex mundi defunctos nos pro suis legibus in æternæ vitæ resurrectione suscitabit.*

10 *Post hunc tertius illuditur, et linguam postulatus, citò protulit, et manus constanter extendit:*

11 *et cum fiducia ait: E cœlo ista possideo, sed propter Dei leges nunc hæc ipsa despicio, quoniam ab ipso me ea recepturum spero:*

12 *ita ut rex, et qui cum ipso erant, mirarentur adolescentis animum, quòd tamquam nihilum duceret cruciatus.*

13 *Et hoc ita defuncto, quartum vexabant similiter torquentes.*

14 *Et cùm jam esset ad mortem, sic ait: Potius est ab hominibus morti datos spem spectare à Deo, iterum ab ipso resuscitandos: tibi enim resurrectio ad vitam non erit.*

15 *Et cùm admovissent quintum, vexabant eum. At ille respiciens in eum, dixit:*

16 *Potestatem inter homines habens, cùm sis corruptibilis, facis quod vis: noli autem putare genus nostrum à Deo esse derelictum.*

17 *Tu autem patienter sustine, et videbis magnam potestatem ipsius, qualiter te et semen tuum torquebit.*

18 *Post hunc ducebant sextum, et is,*

---

8 Pero él respondiendo en la lengua de su patria [1], dijo: No haré tal. Asi pues sufrió tambien éste los mismos tormentos que el primero;

9 y cuando estaba ya para espirar, dijo: Tú, oh perversísimo *Príncipe*, nos quitas la vida presente; pero el Rey del Universo nos resucitará algun dia para la vida eterna [2], por haber muerto en defensa de sus Leyes.

10 Despues de éste, vino al tormento el tercero; el cual asi que le pidieron la lengua, la sacó al instante, y extendió sus manos con valor,

11 diciendo con grande confianza: Del cielo he recibido estos miembros del cuerpo: mas ahora los desprecio por amor de las Leyes de Dios; y espero que los he de volver á recibir de su misma mano.

12 Dijo esto de modo que asi el Rey, como su comitiva, quedaron maravillados del espíritu de este jóven, que ningun caso hacia de los tormentos.

13 Muerto tambien éste, atormentaron de la misma manera al cuarto:

14 el cual, estando ya para morir, habló del modo siguiente: Es gran ventaja para nosotros perder la vida á manos de los hombres; por la firme esperanza que tenemos en Dios de que nos la volverá, haciéndonos resucitar: pero tu resurreccion, oh *Antiochó*, no será para la vida [3].

15 Habiendo cogido al quinto, le martirizaban igualmente; pero él, clavando sus ojos en el Rey, le dijo:

16 Teniendo, como tienes, poder entre los hombres, aunque eres mortal como ellos, haces tú lo que quieres: mas no imagines por eso que Dios ha desamparado á nuestra nacion:

17 aguarda tan solamente un poco, y verás la grandeza de su poder, y como te atormentará á tí y á tu linage.

18 Despues de éste, fué conducido al

---

1 Que era la hebréa, con mezcla de la syriaca.

2 Nótese la viva fe de la resurreccion que manifestaron estos santos mártires. Es propio de los hombres viciosos y carnales no querer creer que haya otra vida en que el alma re-

ciba premio ó castigo. Tales eran los sadducéos y tales son los impios de todos los siglos. Véase *Sadduceos.*

3 Sino para una muerte eterna. Véase *Dan. XII. v. 2.—Apoc. XX. v. 12.*

mori incipiens, sic ait: Noli frustra errare: nos enim propter nosmetipsos hæc patimur, peccantes in Deum nostrum, et digna admiratione facta sunt in nobis:

19 *tu autem ne existimes tibi impunè futurum, quòd contra Deum pugnare tentaveris.*

20 *Supra modum autem mater mirabilis, et bonorum memoriâ digna, quæ pereuntes septem filios, sub unius diei tempore conspiciens, bono animo ferebat propter spem, quam in Deum habebat:*

21 *singulos illorum hortabatur voce patriâ fortiter, repleta sapientiâ: et, femineæ cogitationi masculinum animum inserens,*

22 *dixit ad eos: Nescio qualiter in utere meo apparuistis: neque ego spiritum et animam donavi vobis et vitam, et singulorum membra non ego ipsa compegi:*

23 *sed enim mundi Creator, qui formavit hominis nativitatem, quique omnium invenit originem, et spiritum vobis iterum cum misericordia reddet et vitam, sicut nunc vosmetipsos despicitis propter leges ejus.*

24 *Antiochus autem, contemni se arbitratus, simul et exprobrantis voce despectâ, cùm adhuc adolescentior superesset, non solùm verbis hortabatur, sed et cum juramento affirmabat, se divitem et beatum facturum, et translatum à patriis legibus amicum habiturum, et res necessarias ei præbiturum.*

25 *Sed ad hæc cùm adolescens nequaquam inclinaretur, vocavit rex matrem, et suadebat ei ut adolescenti fieret in salutem.*

26 *Cùm autem multis eam verbis esset hortatus, promisit suasuram se filio suo.*

27 *Itaque inclinata ad illum, irri-*

---

suplicio el sexto; y estando ya para espirar, dijo: No quieras engañarte vanamente; pues, si nosotros padecemos estos tormentos, es porque los hemos merecido, habiendo pecado contra nuestro Dios; y por esto experimentamos cosas tan terribles:

19 mas no pienses tú quedar impune despues de haber osado combatir contra Dios.

20 Entre tanto la madre, sobremanera admirable, y digna de *vivir eternamente* en la memoria de los buenos, viendo perecer en un solo dia á sus siete hijos, lo sobrellevaba con ánimo constante por la esperanza que tenia en Dios.

21 Llena de sabiduría, exhortaba con valor, en su lengua nativa, á cada uno de ellos en particular; y juntando un ánimo varonil á la ternura de muger,

22 les decia: Yo no sé cómo fuisteis formados en mi seno; porque ni yo os dí el alma, el espíritu y la vida, ni fui tampoco la que coordiné los miembros de cada uno de vosotros;

23 sino el Criador del Universo, que es el que formó al hombre en su origen, y el que dió principio á todas las cosas; y él mismo os volverá por su misericordia el espíritu y la vida, puesto que ahora por amor de sus Leyes no haceis aprecio de vosotros mismos.

24 Antiochô pues considerándose humillado, y creyendo que aquellas voces de los *mártires* eran un insulto á él, como quedase todavía el mas pequeño de todos, comenzó no solo á persuadirle con palabras, sino á asegurarle tambien con juramento, que le haria rico y feliz si abandonaba las leyes de sus padres, y que le tendria por uno de sus amigos, y le daria cuanto necesitase.

25 Pero como ninguna mella hiciesen en el jóven semejantes promesas, llamó el Rey á la madre, y le aconsejaba que mirase por la vida y por la felicidad de su hijo.

26 Y despues de haberla exhortado con muchas razones, ella le prometió que en efecto persuadiría á su hijo lo que le convenia.

27 Á cuyo fin, habiéndose inclinado

dens crudelem tyrannum, ait patria voce: Fili mi, miserere mei, quæ te in utero novem mensibus portavi, et lac triennio dedi, et alui, et in ætatem istam perduxi.

28 Peto, nate, ut aspicias ad cælum et terram, et ad omnia quæ in eis sunt: et intelligas, quia ex nihilo fecit illa Deus, et hominum genus:

29 Ita fiet, ut non timeas carnificem istum; sed dignus fratribus tuis effectus particeps, suscipe mortem, ut in illa miseratione cum fratribus tuis te recipiam.

30 Cùm hæc illa adhuc diceret, ait adolescens: Quem sustinetis? non obedio præcepto regis, sed præcepto legis, quæ data est nobis per Moysen.

31 Tu verò, qui inventor omnis malitiæ factus es in Hebræos, non effugies manum Dei.

32 Nos enim pro peccatis nostris hæc patimur.

33 Et si nobis propter increpationem et correptionem Dominus Deus noster modicum iratus est; sed iterum reconciliabitur servis suis.

34 Tu autem, ò sceleste, et omnium hominum flagitiosissime, noli frustrà extolli vanis spebus in servos ejus inflammatus.

35 Nondum enim omnipotentis Dei, et omnia inspicientis, judicium effugisti.

36 Nam fratres mei, modico nunc dolore sustentato, sub testamento æternæ vitæ effecti sunt: tu verò judicio Dei justas superbiæ tuæ pœnas exolves.

37 Ego autem, sicut et fratres mei, animam et corpus meum trado pro patriis legibus, invocans Deum maturiùs

á él para hablarle, burlando los deseos del cruel tirano, le dijo en lengua patria: Hijo mio, ten piedad de mí, que te llevé nueve meses en mis entrañas, que te alimenté por espacio de tres años con la leche de mis pechos, y te he criado y conducido hasta la edad en que te hallas.

28 Ruégote, hijo mio, que mires al cielo y á la tierra, y á todas las cosas que en ellos se contienen; y que entiendas bien que Dios las ha criado todas de la nada, como igualmente al linage humano.

29 De este modo no temerás á este verdugo; antes bien haciéndote digno de participar de la suerte de tus hermanos, abrazarás gustoso la muerte, para que así en el tiempo de la misericordia te recobre yo en el cielo, junto con tus hermanos.

30 Aun no habia acabado de hablar esto, cuando el jóven dijo: ¿Qué es lo que esperais? Yo no obedezco al mandato del Rey, sino al precepto de la Ley que nos fué dada por Moysés.

31 Mas tú que eres el autor de todos los males de los hebréos, tan entendido que no evitarás el castigo de Dios.

32 Porque nosotros padecemos esto por nuestros pecados;

33 y si el Señor nuestro Dios se ha irritado por un breve tiempo contra nosotros, á fin de corregirnos y enmendarnos, él empero volverá á reconciliarse otra vez con sus siervos.

34 Pero tu, oh malvado y el mas abominable de todos los hombres, no te lisonjees inútilmente con vanas esperanzas, inflamado en cólera contra los siervos de Dios;

35 pues aun no has escapado del juicio del Dios Todopoderoso, que lo está viendo todo.

36 Mis hermanos por haber padecido ahora un dolor pasagero, se hallan ya gozando de la alianza de la vida eterna: mas tú por justo juicio de Dios sufrirás los castigos debidos á tu soberbia.

37 Por lo que á mí toca, hago como mis hermanos el sacrificio de mi cuerpo y de mi vida en defensa de las leyes de

gelti nostræ propitium fieri, teque cum tormentis et verberibus confiteri quòd ipse est Deus solus.

38 In me verò et in fratribus meis desinet omnipotentis ira, quæ super omne genus nostrum justè superducta est.

39 Tunc rex accensus irâ, in hunc super omnes crudeliùs desævit, indignè ferens se derisum.

40 Et hic itaque mundus obiit, per omnia in Domino confidens.

41 Novissimè autem post filios et mater consumpta est.

42 Igitur de sacrificiis, et de nimiis crudelitatibus satis dictum est.

mis padres, rogando á Dios que cuanto antes se muestre propicio á nuestra nacion, y que te obligue á tí á fuerza de tormentos y de castigos á confesar que él es el solo Dios.

38 Mas la ira del Todopoderoso, que justamente descarga sobre nuestra nacion, tendrá fin en la muerte mia y de mis hermanos [1].

39 Entonces el Rey, ardiendo en cólera, descargó su furor sobre éste con mas crueldad que sobre todos los otros, sintiendo á par de muerte verse burlado.

40 Murió pues tambien este jóven, sin contaminarse, y con una entera confianza en el Señor.

41 Finalmente despues de los hijos fué tambien muerta la madre.

42 Pero bastante se ha hablado ya de los sacrificios profanos, y de las horribles crueldades de Antiochó.

CAPÍTULO VIII.

Victorias de Judas Machábéo contra Nicanor, Bacchídes y Timothéo: Nicanor, huyendo solo á la Syria, declara que los judíos tienen á Dios por protector.

1 Judas verò Machabæus, et qui cum illo erant, introíbant latenter in castella: et convocantes cognatos et amicos, et eos, qui permanserunt in Judaismo, assumentes, eduxerunt ad se sex millia virorum.

2 Et invocabant Dominium, ut respiceret in populum, qui ab omnibus calcabatur: et misereretur templo, quod contaminabatur ab impiis:

3 misereretur etiam exterminio civitatis, quæ esset illicò complananda, et vocem sanguinis ad se clamantis audiret:

4 memoraretur quoque iniquissimas mortes parvulorum innocentium, et blasphemias nomini suo illatas, et indignaretur super his.

1 Entre tanto Judas Machábéo y los que le seguian entraban secretamente en las poblaciones, y convocando á sus parientes y amigos, y tomando consigo á los que habian permanecido firmes en la religion judáica, juntaron hasta seis mil hombres.

2 Al mismo tiempo invocaban al Señor para que mirase propicio á su pueblo, hollado de todos; y que tuviese compasion de su Templo, el cual se veia profanado por los impíos:

3 que se apiadase igualmente de la ruina de la ciudad, que iba á ser destruida y luego despues arrasada, y escuchase la voz de la sangre derramada, que le estaba pidiendo venganza.

4 Que tuviese tambien presente las inicuas muertes de los inocentes niños; y las blasfemias proferidas contra su santo Nombre, y tomase de ello justísima venganza.

[1] En el *cap. VIII.* se ve que en efecto comenzó luego el Señor á mirar á su pueblo con ojos de misericordia.

5 *At Machabæus, congregatâ multitudine, intolerabilis gentibus efficiebatur: ira enim Domini in misericordiam conversa est.*

6 *Et superveniens castellis et civitatibus improvisus, succendebat eas: et opportuna loca occupans, non paucas hostium strages dabat:*

7 *maximè autem noctibus ad hujuscemodi excursus ferebatur, et fama virtutis ejus ubique diffundebatur.*

8 *Videns autem Philippus paulatim virum ad profectum venire, ac frequentiùs res ei cedere prosperè, ad Ptolemæum ducem Cælesyriæ et Phœnicis scripsit, ut auxilium ferret regis negotiis.*

9 *At ille velociter misit Nicanorem Patrocli de primoribus amicum, datis ei de permistis gentibus armatis, non minùs viginti millibus, ut universum Judæorum genus deleret, adjuncto ei et Gorgiâ viro militari, et in bellicis rebus experientissimo.*

10 *Constituit autem Nicanor, ut regi tributum, quod Romanis erat dandum, duo millia talentorum, de captivitate Judæorum suppleret:*

11 *statimque ad maritimas civitates misit, convocans ad coëmptionem Judaicorum mancipiorum, promittens se nonaginta mancipia talento distracturum, non respiciens ad vindictam, quæ eum ab Omnipotente esset consecutura.*

12 *Judas autem ubi comperit, indicavit his qui secum erant Judæis, Nicanoris adventum.*

13 *Ex quibus quidam formidantes, et non credentes Dei justitiæ, in fugam vertebantur:*

14 *alii verò, si quid eis supererat vendebant, simulque Dominum depre-*

5 El Machábéo pues, habiendo juntado mucha gente, se hacia formidable á los gentiles; porque la indignacion del Señor *contra su pueblo* se habia ya convertido en misericordia.

6 Arrojábase repentinamente sobre los lugares y ciudades, y los incendiaba; y ocupando los sitios mas ventajosos, hacia no pequeño estrago en los enemigos:

7 ejecutando estas correrías principalmente por la noche: y la fama de su valor se esparcia por todas partes.

8 Viendo pues Philippo [1] que este caudillo iba poco á poco *engrosándose* y haciendo progresos, y que las mas veces le salian bien sus empresas, escribió á Ptoleméo, gobernador de la Celesyria y de la Phenicia, á fin de que le enviara socorros para sostener el partido del Rey.

9 En efecto, Ptoleméo le envió al punto á Nicanor, amigo suyo, *hijo de Patroclo,* y uno de los principales magnates, dándole hasta veinte mil hombres armados, de diversas naciones, para que exterminase todo el linage de los judíos; y junto con él envió tambien á Gorgias [2], que era gran soldado, y hombre de larga experiencia en las cosas de la guerra.

10 Nicanor formó el designio de pagar el tributo de los dos mil talentos que el Rey debia dar á los romanos, sacándolos de la venta de los cautivos que haria de los judíos.

11 Con esta idea envió inmediatamente á las ciudades marítimas á convidar á la compra de judíos esclavos, prometiendo dar noventa de ellos por un talento; sin reflexionar el castigo que el Todopoderoso habia de ejecutar en él.

12 Luego que Judas supo la venida de Nicanor, la participó á los judíos que tenia consigo;

13 algunos de los cuales, por falta de confianza en la justicia Divina, llenos de miedo, echaron á huir:

14 pero otros vendian cuanto les habia quedado, y á una rogaban al Señor

1 Cap. V. v. 22.

2 Con igual número de tropas. *I. Machab. III. v.* 38 *y* 41.—*Ibid. c. IV.*

eabantur, ut eriperet eos ab impio Nicanore, qui eos, prius quàm cominùs veniret, vendiderat;

15 et si non propter eos, propter testamentum tamen quod erat ad patres eorum, et propter invocationem sancti et magnifici nominis ejus super ipsos.

16 Convocatis autem Machabæus septem millibus, qui cum ipso erant, rogabat ne hostibus reconciliarentur, neque metuerent iniquè venientium adversùm se hostium multitudinem, sed fortiter contenderent,

17 ante oculos habentes contumeliam, quæ loco sancto ab his injustè esset illata, itemque et ludibrio habitæ civitatis injuriam, adhuc etiam veterum instituta convulsa.

18 Nam illi quidem armis confidunt, ait, simul et audaciâ: nos autem in omnipotente Domino, qui potest et venientes adversùm nos, et universum mundum uno nutu delere, confidimus.

19 Admonuit autem eos et de auxiliis Dei, quæ facta sunt erga parentes: et quòd sub Sennacherib centum octoginta quinque millia perierunt:

20 et de prælio, quod eis adversùs Galatas fuit in Babylonia, ut omnes, ubi ad rem ventum est, Macedonibus sociis hæsitantibus, ipsi sex millia soli peremerunt centum viginti millia, propter auxilium illis datum de cælo, et beneficia pro his plurima consecuti sunt.

21 His verbis constantes effecti sunt, et pro legibus et patriâ mori parati.

22 Constituit itaque fratres suos duces utrique ordini, Simonem et Joss-

que los librase del impío Nicanor, que aun antes de haberse acercado á ellos los tenia ya vendidos;

15 y que se dignase hacerlo, ya que no por amor de ellos, siquiera por la alianza que habia hecho con sus padres, y por el honor que tenian de llamarse con el nombre santo y glorioso de Pueblo de Dios.

16 Habiendo pues convocado el Machâbéo los seis ó siete mil [1] hombres que le seguian, les conjuró que no entrasen en composicion con los enemigos, y que no temiesen aquella muchedumbre que venia á atacarlos injustamente, sino que peleasen con esfuerzo:

17 teniendo siempre presente el ultraje que aquellos indignos habian cometido contra el Lugar santo, y las injurias ó insultos hechos á la ciudad, y ademas la abolicion de las santas instituciones de sus mayores.

18 Estas gentes, añadió, confian solo en sus armas y en su audacia: mas nosotros tenemos puesta nuestra confianza en el Señor Todopoderoso, que con una mirada puede trastornar no solo á los que vienen contra nosotros, sino tambien al mundo entero.

19 Trájoles asimismo á la memoria los socorros que habia dado Dios en otras ocasiones á sus padres, y los ciento y ochenta y cinco mil que perecieron del ejército de Sennachêrib [2]:

20 como tambien la batalla que ellos habian dado á los gálatas en Babylonia, en la cual, no habiendo osado entrar en la accion sus aliados los macedonios, ellos, que solo eran seis mil, mataron ciento y veinte mil, mediante el auxilio que les dió el cielo; y consiguieron en recompensa grandes bienes.

21 Este razonamiento del Machâbéo los llenó de valor, de suerte que se hallaron dispuestos á morir por las Leyes y por la patria.

22 En seguida dió el mando de una porcion de tropas á sus hermanos Si-

---

1 En el texto griego se lee seis mil, y este número es mas conforme á lo que se dice en el vers. 1 de este capitulo.

2 IV. Reg. XIX. v. 35.—Tob. I. v. 21.—Eccli. XLVIII. v. 24.—Is. XXXVII. v. 36.—I. Machab. VII. v. 41.

phum, et Jonathan, subjectis unicuique millenis et quingentenis.

23 *Ad hoc etiam ab Esdra lecto illis sancto libro, et dato signo adjutorii Dei, in prima acie ipse dux commisit cum Nicanore.*

24 *Et facto sibi adjutore Omnipotente, interfecerunt super novem millia hominum: majorem autem partem exercitús Nicanoris vulneribus debilem factam fugere compulerunt.*

25 *Pecuniis verò eorum, qui ad emptionem ipsorum venerant, sublatis, ipsos usquequaque persecuti sunt,*

26 *sed reversi sunt horâ conclusi: nam erat ante sabbatum: quam ob causam non perseveraverunt insequentes.*

27 *Arma autem ipsorum et spolia congregantes, sabbatum agebant: benedicentes Dominum, qui liberavit eos in isto die, misericordiæ initium stillans in eos.*

28 *Post sabbatum verò debilibus, et orphanis, et viduis diviserunt spolia: et residua ipsi cum suis habuere.*

29 *His itaque gestis, et communiter ab omnibus factâ obsecratione, misericordem Dominum postulabant, ut in finem servis suis reconciliaretur.*

30 *Et ex his, qui cum Timotheo, et Bacchide erant contra se contendentes, super viginti millia interfecerunt, et munitiones excelsas obtinuerunt: et plures prædas diviserunt, æquam portionem debilibus, pupillis et viduis, sed et senioribus facientes.*

mon, Joseph, y Jonathás, poniendo á las órdenes de cada uno mil y quinientos hombres [1].

23 Ademas de eso leyóles Esdras [2] el Libro Santo; y habiéndoles dado *Judas* por señal ó reseña SOCORRO DE DIOS, se puso él mismo á la cabeza del ejército, y marchó contra Nicanor.

24 En efecto, declarándose el Todopoderoso á favor de ellos, mataron mas de nueve mil hombres, y pusieron en fuga al ejército de Nicanor, que habia quedado muy disminuido por razon de los muchos heridos.

25 Con esto cogieron el dinero de aquellos que habian acudido para comprarlos *como esclavos*; y fueron persiguiendo largo trecho al enemigo.

26 Pero estrechados del tiempo volvieron atrás, pues era la vispera del sábado; lo cual les impidió que continuaran persiguiéndole.

27 Recogidas pues las armas y despojos de los enemigos, celebraron el sábado, bendiciendo al Señor, que los habia librado en aquel dia, derramando sobre ellos como las primeras gotas del rocío de su misericordia.

28 Pasada *la festividad* de el sábado, dieron parte de los despojos á los enfermos, á los huérfanos y á las viudas, quedándose con el resto para sí y para sus familias.

29 Ejecutadas estas cosas, hicieron todos juntos oracion, rogando al Señor misericordioso que se *dignara* aplacarse ya para siempre con sus siervos.

30 *Mas adelante*, habiendo sido acometidos del ejército de Timothéo y de Bacchides, mataron de él á mas de veinte mil hombres, y se apoderaron de varias plazas fuertes, y recogieron un botin muy grande: del cual dieron igual porcion á los enfermos, á los huérfanos y á las viudas, y tambien á los viejos.

---

1 En el texto griego se dice que habiendo dividido el ejército en cuatro trozos, dió el mando de ellos á sus hermanos, un trozo á cada uno, á Simeon, á Joseph, á Jonathás, y cada cual tenia á sus órdenes mil y quinientos hombres, y tambien á Eleazar. Judas iria al frente de todo el ejército.

2 En el griego se lee *Eleazaro*. Tal vez se leyó á los soldados el *cap. XXVIII. v. 7. y sig.* del *Deuteronomio*, donde está la exhortacion que debe hacer el sacerdote al ejército, ántes de dár la batalla, ó quizá todo el *cap. XX.*

31 *Et cùm arma eorum diligenter collegissent, omnia composuerunt in locis opportunis, residua verò spolia Jerosolymam detulerunt:*

32 *et Philarchen, qui cum Timotheo erat, interfecerunt, virum scelestum, qui in multis Judæos afflixerat.*

33 *Et cùm epinicia agerent Jerosolymais, eum, qui sacras januas incenderat, id est, Callisthenem, cum in quoddam domicilium refugisset, incenderunt, dignâ ei mercede pro impietatibus suis redditâ.*

34 *Facinorosissimus autem Nicanor, qui mille negotiantes ad Judæorum venditionem adduxerat,*

35 *humiliatus auxilio Domini, ab his quos nullos existimaverat, depositâ veste gloriæ per Mediterranea fugiens, solus venit Antiochiam, summam infelicitatem de interitu sui exercitûs consecutus.*

36 *Et qui promiserat Romanis se tributum restituere de captivitate Jerosolymorum, prædicabat nunc protectorem Deum habere Judæos, et ob ipsum invulnerabiles esse, eò quòd sequerentur leges ab ipso constitutas.*

31 Recogidas luego con diligencia todas las armas de los enemigos, las depositaron en lugares convenientes, llevando á Jerusalem los otros despojos:

32 Asimismo quitaron la vida á Philarchô, hombre perverso, uno de los que acompañaban á Timothéo, y que habia causado muchos males á los judíos.

33 Y cuando estaban en Jerusalem dando gracias á Dios por esta victoria, al saber que aquel Calisthenes, que habia incendiado las puertas sagradas, se habia refugiado en cierta casa, le abrasaron en ella, dándole asi el justo pago de sus impiedades.

34 Entre tanto el perversísimo Nicanor, aquel que habia hecho venir á mil negociantes para venderles los judíos por esclavos,

35 humillado con la ayuda del Señor por aquellos mismos á quienes él habia reputado por nada, dejando su brillante vestido de Generalísimo, y huyendo por el mar Mediterráneo, llegó solo á Antiochía, y reducido al colmo de la infelicidad por la pérdida de su ejército;

36 y aquel mismo que antes habia prometido pagar el tributo á los romanos con el producto de los cautivos de Jerusalem, iba publicando ahora que los judíos tenian por protector á Dios, y que eran invulnerables, porque seguian las Leyes que el mismo Señor les habia dado.

CAPÍTULO IX.

Antiochô Epiphanes, echado de Persépolis al tiempo que estaba meditando el total exterminio de los judíos, es castigado por Dios con dolores acerbísimos, que le obligan á confesar sus delitos. Muere miserablemente, despues de haber encomendado por cartas á los judíos que fuesen fieles á su hijo.

1 *Eodem tempore Antiochus inhonestè revertebatur de Perside.*

2 *Intraverat enim in eam, quæ dicitur Persepolis, et tentavit expoliare templum, et civitatem opprimere: sed multitudine ad arma concurrente, in*

1 A este tiempo volvia Antiochô ignominiosamente de la Persia;

2 pues habiendo entrado en la ciudad de Persépolis, llamada Elymaida [1], é intentado saquear el Templo y oprimir la ciudad, corrió todo el pueblo á to-

1 *I. Mach. VI. v. 1.* Tal vez *Persépolis* es el nombre del territorio ó provincia.

fugam versi sunt: et ita contigit ut An-tiochus post fugam turpiter rediret.

3. *Et cùm venisset circa Ecbatanam, recognovit quæ erga Nicanorem et Timotheum gesta sunt.*

4. *Elatus autem in ira, arbitrabatur se injuriam illorum, qui se fugaverant, posse in Judæos retorquere: ideòque jussit agitari currum suum, sine intermissione agens iter, cælesti cum judicio perurgente, eò quòd ita superbè locutus est se venturum Jerosolymam, et congeriem sepulchri Judæorum eam facturum.*

5. *Sed qui universa conspicit Dominus Deus Israel, percussit eum insanabili et invisibili plagâ. Ut enim finivit hunc ipsum sermonem, apprehendit eum dolor dirus viscerum, et amara internorum tormenta:*

6. *et quidem satis justè, quippe qui multis et novis cruciatibus aliorum torserat viscera, licèt ille nullo modo à sua malitia cessaret.*

7. *Super hoc autem superbiâ repletus, ignem spirans animo in Judæos, et præcipiens accelerari negotium, contigit illum impetu euntem de curru cadere, et gravi corporis collisione membra vexari.*

8. *Isque qui sibi videbatur etiam fluctibus maris imperare, supra humanum modum superbiâ repletus, et montium altitudines in statera appendere, nunc humiliatus ad terram in gestatorio portabatur, manifestam Dei virtutem in semetipso contestans:*

9. *ita ut de corpore impii vermes scaturirent, ac viventis in doloribus carnes ejus effluerent, odore etiam illius, et fœtore exercitus gravaretur.*

10. *Et qui paulò ante sidera cæli contingere se arbitrabatur, eum nemo po-*

mar las armas, y le puso en fuga con todas sus tropas, por lo cual volvió atras vergonzosamente.

3 Y llegado que hubo cerca de Ecbatana, recibió la noticia de lo que habia sucedido á Nicanor y á Timothéo:

4 con lo que montando en cólera, pensó desfogarla en los judíos, y vengarse asi del ultraje que le habian hecho los que le obligaron á huir. Por tanto mandó que anduviese mas apriesa su carroza, caminando sin pararse, impelido para ello del juicio ó *venganza* del cielo, por la insolencia con que habia dicho: Que él iria á Jerusalem, y que la convertiria en un cementerio de cadáveres hacinados de judíos.

5 Mas el Señor Dios de Israel, que ve todas las cosas, le hirió con una llaga interior é incurable: pues apenas habia acabado de pronunciar dichas palabras, le acometió un acerbo dolor de entrañas, y un terrible cólico:

6 y á la verdad que bien lo merecia, puesto que él habia desgarrado las entrañas de otros con muchas y nuevas maneras de tormentos. Mas no por eso desistia de sus malvados designios.

7 De esta suerte, lleno de soberbia, respirando su corazon llamas contra los judíos, y mandando *siempre* acelerar el viage, sucedió que, corriendo furiosamente, cayó de la carroza, y con el grande golpe que recibió, se le quebrantaron *gravemente* los miembros del cuerpo.

8 Y aquel que lleno de soberbia queria levantarse sobre la esfera de hombre, y se lisonjeaba de poder mandar aun á las olas del mar, y de pesar en una balanza los montes mas elevados, humillado ahora hasta el suelo, era conducido en una silla de manos, presentando en su misma persona un manifiesto testimonio del poder de Dios:

9 pues hervia de gusanos el cuerpo de este impío, y aun viviendo se le caian á pedazos las carnes en medio de los dolores, y ni sus tropas podian sufrir el mal olor y fetidez que de sí despedia.

10 Asi el que poco antes se imaginaba que podria coger con la mano las es-

terat propter intolerantiam fœtoris portare.

11 *Hinc igitur cœpit ex gravi superbia deductus ad agnitionem sui venire, divinâ admonitus plagâ, per momenta singula doloribus suis augmenta capientibus.*

12 *Et cùm nec ipse jam fœtorem suum ferre posset, ita ait: Justum est subditum esse Deo, et mortalem non paria Deo sentire.*

13 *Orabat autem hic scelestus Dominum, à quo non esset misericordiam consecuturus.*

14 *Et civitatem, ad quam festinans veniebat ut eam ad solum deduceret, ac sepulchrum congestorum faceret, nunc optat liberam reddere.*

15 *Et Judæos, quos nec sepulturâ quidem se dignos habiturum, sed avibus ac feris diripiendos traditurum, et cum parvulis exterminaturum dixerat, æquales nunc Atheniensibus facturum pollicetur:*

16 *templum etiam sanctum, quod priùs expoliaverat, optimis donis ornaturum, et sancta vasa multiplicaturum, et pertinentes ad sacrificia sumptus de redditibus suis præstaturum:*

17 *super hæc, et Judæum se futurum, et omnem locum terræ perambulaturum, et prædicaturum Dei potestatem.*

18 *Sed non cessantibus doloribus (supervenerat enim in eum justum Dei judicium) desperans scripsit ad Judæos in modum deprecationis epistolam hæc continentem:*

19 *OPTIMIS civibus Judæis plurimam salutem, et benè valere, et esse felices, rex et princeps Antiochus.*

20 *Si benè valetis, et filii vestri, et*

trellas del cielo, se habia hecho insoportable á todos, por lo intolerable del hedor que despedia.

11 Derribado pues de este modo de su extremada soberbia, comenzó á entrar en conocimiento de sí mismo, estimulado del azote de Dios, pues crecian por momentos sus dolores.

12 Y como ni él mismo pudiese ya sufrir su fetor, dijo así: Justo es que el hombre se sujete á Dios, y que un mortal no pretenda apostárselas á Dios.

13 Mas este malvado rogaba al Señor, del cual no habia de alcanzar misericordia [1];

14 y siendo así que antes se apresuraba á ir á la ciudad *de Jerusalem* para arrasarla, y hacer de ella un cementerio de cadáveres amontonados, ahora deseaba hacerla libre;

15 prometiendo asimismo igualar con los atenienses [2] á estos mismos judíos, á quienes poco antes habia juzgado indignos de sepultura, y les habia dicho que los arrojaria á las aves de rapiña y á las fieras, para que los despedazasen, y que acabaria hasta con los niños mas pequeños;

16 ofrecia tambien adornar con preciosos dones aquel Templo santo que antes habia despojado, y aumentar el número de los vasos sagrados, y costear de sus rentas los gastos necesarios para los sacrificios;

17 y ademas de esto, hacerse él judío, é ir por todo el mundo ensalzando el poder de Dios.

18 Mas como no cesasen sus dolores (porque al fin habia caido sobre él la justa venganza de Dios), perdida toda esperanza, escribió á los judíos una carta, en forma de súplica, del tenor siguiente:

19 A LOS JUDIOS, excelentes ciudadanos, *desea* mucha salud y bienestar, y toda prosperidad el Rey y Príncipe Antiochô.

20 Si gozais de salud, tanto vosotros

---

1 Pues que era falso su arrepentimiento, no duraba sino como el de Pharaon, esto es, mientras tenia sobre sí el azote. *Prov. I. v.* 26.—*Hebr. XII. v.* 17.

2 Esto es, dejarlos vivir segun sus leyes y costumbres; y concederles varios privilegios.

ex sententia vobis cuncta sunt, maximas agimus gratias.

21 *Et ego in infirmitate constitutus, vestri autem memor benignè, reversus de Persidis locis, et infirmitate gravi apprehensus, necessarium duxi pro communi utilitate curam habere:*

22 *non desperans memetipsum, sed spem multam habens effugiendi infirmitatem.*

23 *Respiciens autem quòd et pater meus, quibus temporibus in locis superioribus ducebat exercitum, ostendit qui post se susciperet principatum:*

24 *ut si quid contrarium accideret, aut difficile nuntiaretur, scientes hi qui in regionibus erant, cui esset rerum summa derelicta, non turbarentur.*

25 *Ad hæc, considerans de proximo potentes quosque et vicinos temporibus insidiantes, et eventum expectantes, designavi filium meum Antiochum regem, quem sæpè recurrens in superiora regna multis vestrûm commendabam, et scripsi ad eum quæ subjecta sunt.*

26 *Oro itaque vos et peto, memores beneficiorum publicè et privatim, ut unusquisque conservet fidem ad me et ad filium meum.*

27 *Confido enim, eum modestè et humanè acturum, et sequentem propositum meum, et communem vobis fore.*

28 *Igitur homicida et blasphemus pessimè percussus, et ut ipse alios tractaverat, peregrè in montibus miserabili obitu vitâ functus est.*

29 *Transferebat autem corpus Philippus collactaneus ejus, qui metuens filium Antiochi, ad Ptolemæum Philometorem in Ægyptum abiit.*

como vuestros hijos, y si os sucede todo segun lo deseais, nosotros damos por ello á *Dios* muchas gracias.

21 Hallándome yo al presente enfermo, y acordándome benignamente de vosotros, he juzgado necesario, en esta grave enfermedad que me ha acometido á mi regreso de Persia, atender al bien comun, dando algunas disposiciones:

22 no porque desespere de mi salud, antes confio mucho que saldré de esta enfermedad.

23 Mas considerando que tambien mi padre al tiempo que iba con su ejército por las provincias altas, declaró quién debia reinar despues de su muerte,

24 con el fin de que si sobreviniese alguna desgracia, ó corriese alguna mala noticia, no se turbasen los habitantes de las provincias, sabiendo ya quién era el succesor en el mando;

25 y considerando ademas que cada uno de los confinantes y poderosos vecinos está acechando ocasion favorable, y aguardando coyuntura *para sus planes*, he designado por Rey á mi hijo Antiocô, el mismo á quien yo muchas veces, al pasar á las provincias altas de mis reinos, recomendé á muchos de vosotros, y al cual he escrito lo que mas abajo veréis.

26 Por tanto os ruego y pido que acordándoos de los beneficios que habeis recibido de mí en comun y en particular, me guardeis todos fidelidad á mí y á mi hijo;

27 pues confio que él se portará con moderacion y dulzura, y que siguiendo mis intenciones será vuestro favorecedor.

— 28 En fin, herido mortalmente *de Dios* este homicida y blasfemo, *tratado* del mismo modo que él habia tratado á otros, acabó su vida en los montes, léjos de su patria, con una muerte infeliz [1].

29 Philippo, su hermano de leche, hizo trasladar su cuerpo, y temiéndose del hijo de Antiocô, se fué para Egypto á Ptoleméo Philometor.

---

[1] *I. Mach. VI. vers. 1 y 14.—II. Mach. I. vers. 13.*

CAPÍTULO X.

Purificacion del Templo hecha por Judas Machábéo. Lysias regenta el reino de Antiochó Eupator: el cual hace tomar veneno á Ptoleméo, y da el mando de la Judéa á Gorgias. Victorias de los judíos contra éste y contra Timothéo.

1 Machabæus autem, et qui cum eo erant, Domino se protegente, templum quidem, et civitatem recepit:

2 aras autem, quas alienigenæ per plateas extruxerant, itemque delubra demolitus est.

3 Et purgato templo aliud altare fecerunt: et de ignitis lapidibus igne concepto sacrificia obtulerunt post biennium, et incensum, et lucernas, et panes propositionis posuerunt.

4 Quibus gestis, rogabant Dominum prostrati in terram, ne amplius talibus malis inciderent: sed et, si quando peccassent, ut ab ipso mitius corriperentur, et non barbaris ac blasphemis hominibus traderentur.

5 Qua die autem templum ab alienigenis pollutum fuerat, contigit eddem die purificationem fieri, vigesima quinta mensis qui fuit Casleu.

6 Et cum lætitia diebus octo egerunt in modum tabernaculorum, recordantes quòd ante modicum temporis, diem solemnem tabernaculorum in montibus et in speluncis more bestiarum egerant.

7 Propter quod thyrsos, et ramos virides, et palmas præferebant ei, qui prosperavit mundari locum suum.

8 Et decreverunt communi præcepto et decreto, universæ genti Judæorum, omnibus annis agere dies istos.

1 Entre tanto el Machábéo y los que le seguian, protegidos del Señor, recobraron el Templo y la ciudad,

2 y demolieron los altares que los gentiles habian erigido en las plazas, y asimismo los templos de los ídolos.

3 Y habiendo purificado el Templo, construyeron un altar nuevo, y sacando fuego por medio de unos pedernales, ofrecieron sacrificios, á los dos años despues que entró á mandar Judas, y pusieron el *altar del* incienso, las lámparas ó *candelero*, y los panes de proposicion.

4 Ejecutado esto, postrados por tierra, rogaban al Señor que nunca mas los dejase caer en semejantes desgracias; y, caso que llegasen á pecar, los castigase con mas benignidad, y no los entregase en poder de hombres bárbaros y blasfemos *de su santo Nombre.*

5 Y *es digno de notar que* el Templo fué purificado en aquel mismo dia en que habia sido profanado por los extrangeros, es decir, el dia veinte y cinco del mes de Casleu.

6 En efecto, celebraron esta fiesta con regocijo por espacio de ocho dias, á manera de la de los Tabernáculos, acordándose que poco tiempo antes habian pasado esta solemnidad de los Tabernáculos en los montes y cuevas á manera de fieras.

7 Por cuyo motivo llevaban *en las manos* tallos [1] y ramos verdes y palmas en honor de aquel *Señor* que les habia concedido la dicha de purificar su *santo* Templo.

8 Y de comun consejo y acuerdo decretaron que toda la nacion judáica celebrase esta fiesta todos los años en aquellos *mismos* dias.

---

1 Ó báculos adornados de hojas de yedra y de vid.

9 Et Antiochi quidem, qui appellatus est Nobilis, vitæ excessus ita se habuit.

10 Nunc autem de Eupatore Antiochi impii filio, quæ gesta sunt narrabimus, breviantes mala, quæ in bellis gesta sunt.

11 Hic enim suscepto regno, constituit super negotia regni Lysiam quemdam Phœnicis et Syriæ militiæ principem.

12 Nam Ptolemæus, qui dicebatur Macer, justi tenax erga Judæos esse constituit, et præcipuè propter iniquitatem quæ facta erat in eos, et pacificè agere cum eis.

13 Sed ob hoc accusatus ab amicis apud Eupatorem, cùm frequenter proditor audiret, eò quòd Cyprum creditam sibi à Philometore deseruisset, et ad Antiochum Nobilem translatus etiam ab eo recessisset, veneno vitam finivit.

14 Gorgias autem, cùm esset dux locorum, assumptis advenis frequenter Judæos debellabat.

15 Judæi verò, qui tenebant opportunas munitiones, fugatos ab Jerosolymis suscipiebant, et bellare tentabant.

16 Hi verò qui erant cum Machabæo, per orationes Dominum rogantes ut esset sibi adjutor, impetum fecerunt in munitiones Idumæorum:

17 multáque vi insistentes, loca obtinuerunt, occurrentes interemerunt, et omnes simul non minùs viginti millibus trucidaverunt.

18 Quidam autem, cùm confugissent in duas turres valdè munitas, omnem apparatum ad repugnandum habentes,

9 Por lo que toca á la muerte de Antiochô, llamado Epiphanes, fué del modo que hemos dicho.

10 Mas ahora referirémos los hechos de Eupator, hijo del impío Antiochô, recopilando los males que ocasionaron sus guerras.

11 Habiendo pues entrado éste á reinar, nombró para la direccion de los negocios del reino á un tal Lysias, gobernador militar de la Phenicia y de la Syria [1].

12 Porque Ptoleméo, llamado Macer ó Macron [2], habia resuelto observar inviolablemente la justicia respecto de los judíos, y portarse pacíficamente con ellos, sobre todo á vista de las injusticias que se les habia hecho sufrir.

13 Pero acusado por esto mismo ante Eupator, por los amigos [3], que á cada paso le trataban de traidor por haber abandonado á Chypre, cuyo gobierno le habia confiado el rey Philometor, y porque despues de haberse pasado al partido de Antiochô Epiphanes ó el Ilustre habia desertado tambien de él [4], acabó su vida con el veneno.

14 Á este tiempo Gorgias, que tenia el gobierno de aquellas tierras de la Palestina, asalariando tropas extrangeras, molestaba frecuentemente á los judíos.

15 Y los judíos [5] que ocupaban plazas fuertes en lugares ventajosos, acogian en ellas á los que huian de Jerusalem, y buscaban ocasiones de hacer guerra contra Judas.

16 Pero aquellos que seguian al Machábéo, hecha oracion al Señor para implorar su auxilio, asaltaron con valor las fortalezas de los iduméos;

17 y despues de un crudo y porfiado combate, se apoderaron de ellas, mataron á cuantos se les pusieron delante, no siendo los pasados á cuchillo menos de veinte mil personas.

18 Mas como algunos se hubiesen refugiado en dos castillos sumamente fuertes, y abastecidos de todo lo necesario para defenderse,

---

1 1. Mach. III. v. 32.
2 Cap. IV. v. 45. En griego Μάκρων significa el largo, ó alto de talla.
3 Ó favoritos de este Príncipe.

4 Decian esto, porque trataba bien á los judios.
5 Apóstatas que seguian á Antiochô. Ó tambien segun el texto griego: los iduméos.

19 Machabæus ad eorum expugnationem, relicto Simone, et Josepho, itemque Zachæo, eisque qui cum ipsis erant satis multis, ipse ad eas, quæ amplius perurgebant, pugnas conversus est.

20 Hi verò qui cum Simone erant, cupiditate ducti, à quibusdam, qui in turribus erant, suasi sunt pecunia: et septuaginta millibus didrachmis acceptis, dimiserunt quosdam effugere.

21 Cùm autem Machabæo nuntiatum esset quod factum est, principibus populi congregatis, accusavit, quòd pecunia fratres vendidissent, adversariis eorum dimissis.

22 Hos igitur proditores factos interfecit, et confestim duas turres occupavit.

23 Armis autem ac manibus omnia prosperè agendo, in duabus munitionibus plus quàm viginti millia peremit.

24 At Timotheus, qui priùs à Judæis fuerat superatus, convocato exercitu peregrinæ multitudinis, et congregato equitatu Asiano, advenit quasi armis Judæam capturus.

25 Machabæus autem et qui cum ipso erant, appropinquante illo, deprecabantur Dominum, caput terrâ aspergentes, lumbosque ciliciis præcincti,

26 ad altaris crepidinem provoluti, ut sibi propitius, inimicis autem eorum esset inimicus, et adversariis adversaretur, sicut lex dicit.

27 Et ita post orationem, sumptis armis, longiùs de civitate procedentes, et proximi hostibus effecti, resederunt.

28 Primo autem solis ortu utrique commiserunt: isti quidem victoriæ et prosperitatis sponsorem cum virtute Dominum habentes: illi autem ducem belli

19 dejó el Machâbéo para expugnarlos á Simon y á Joseph, y tambien á Zachêo[1], con bastantes tropas que tenian bajo su mando, y él marchó con las suyas á donde las necesidades mas urgentes de la guerra le llamaban.

20 Pero las tropas de Simon, llevadas de la avaricia, se dejaron sobornar con dinero por algunos de los que estaban en los castillos; y habiendo recibido hasta setenta mil didracmas, dejaron escapar á varios de ellos.

21 Asi que fué informado de esto el Machâbéo, congregados los príncipes ó cabezas del pueblo, acusó á aquellos de haber vendido por dinero á sus hermanos, dejando escapar á sus enemigos.

22 Por lo cual hizo quitar la vida á dichos traidores: y al instante se apoderó de los dos castillos.

23 Y saliendo todo tan felizmente como correspondia al valor de sus armas, mató en las dos fortalezas mas de veinte mil hombres.

24 Timothéo empero[2], que antes habia sido vencido por los judíos, habiendo levantado de nuevo un ejército de tropas extrangeras, y reunido la caballería de Asia, vino á la Judéa como para apoderarse de ella á fuerza de armas.

25 Mas al mismo tiempo que se iba acercando Timothéo, el Machâbéo y su gente oraban al Señor, cubiertas de polvo ó ceniza sus cabezas, ceñidos con el cilicio sus lomos,

26 y postrados al pie del altar, á fin de que les fuese propicio, y se mostrase enemigo de sus enemigos, y contrário de sus contrarios, como dice la Ley[3].

27 Y de este modo, acabada la oracion, habiendo tomado las armas, y saliendo á una distancia considerable de la ciudad de Jerusalem, cercanos ya á los enemigos, hicieron alto.

28 Apenas empezó á salir el sol, principió la batalla entre los dos ejércitos; teniendo los unos, ademas de su valor, al Señor mismo por garante de la vic-

1 Cap. VIII. v. 22.

2 I. Mach. V. v. 6 y 7.

3 Exod. XXIII. v. 22.—Deut. VII. v. 15.

Tom. IV.   Tt 3

animum habebant.

29 *Sed, cùm vehemens pugna esset, apparuerunt adversariis de cælo viri quinque in equis, frænis aureis decori, ducatum Judæis præstantes:*

30 *ex quibus duo Machabæum medium habentes, armis suis circumseptum incolumem conservabant: in adversarios autem tela et fulmina jaciebant, ex quo et cæcitate confusi, et repleti perturbatione cadebant.*

31 *Interfecti sunt autem viginti millia quingenti, et equites sexcenti.*

32 *Timotheus verò confugit in Gazaram præsidium munitum, cui præerat Chæreas.*

33 *Machabæus autem, et qui cum eo erant, lætantes obsederunt præsidium diebus quatuor.*

34 *At hi qui intùs erant, loci firmitate confisi, supra modum maledicebant, et sermones nefandos jaciebant.*

35 *Sed cùm dies quinta illucesceret, viginti juvenes ex his qui cum Machabæo erant, accensi animis propter blasphemiam, viriliter accesserunt ad murum; et feroci animo incedentes ascendebant:*

36 *sed et alii similiter ascendentes, turres portasque succendere aggressi sunt, atque ipsos maledicos vivos concremare:*

37 *per continuum autem biduum præsidio vastato, Timotheum occultantem se, in quodam repertum loco perémerunt: et fratrem illius Chæream et Apollophanem occiderunt.*

38 *Quibus gestis, in hymnis et confessionibus benedicebant Dominum, qui magna fecit in Israel, et victoriam dedit illis.*

toria y del éxito feliz de sus armas, cuando los otros solamente contaban con su esfuerzo [1] en el combate.

29 Mas mientras se estaba en lo mas recio de la batalla, vieron los enemigos aparecer del cielo cinco varones montados en caballos [2] adornados con frenos de oro, que servian de capitanes á los judíos:

30 dos de dichos varones, tomando en medio al Machábéo, le cubrian con sus armas, guardándole de recibir daño; pero lanzaban dardos y rayos contra los enemigos, quienes envueltos en escuridad y confusion, y llenos de espanto, iban cayendo por tierra;

31 habiendo sido muertos veinte mil y quinientos de á pie, y seiscientos de caballería.

32 Timothéo empero se refugió en Gazara, plaza fuerte, cuyo gobernador era Chéreas.

33 Mas llenos de gozo el Machábéo y sus tropas, tuvieron sitiada la plaza cuatro dias:

34 entre tanto los sitiados, confiados en la fortaleza de la plaza, insultaban á los judíos de mil maneras, y vomitaban expresiones abominables.

35 Pero así que amaneció el quinto dia del sitio, veinte jóvenes de los que estaban con el Machábéo, irritados con tales blasfemias, se acercaron valerosamente al muro, y con ánimo denodado subieron sobre él;

36 y haciendo lo mismo otros, empezaron á pegar fuego á las torres y á las puertas, y quemaron vivos á aquellos blasfemos.

37 Dos dias contínuos estuvieron devastando la fortaleza; y habiendo encontrado á Timothéo, que se habia escondido en cierto lugar, le mataron, así como tambien á Chéreas su hermano, y á Apolophanes.

38 Ejecutadas estas cosas, bendijeron con himnos y cánticos al Señor, que habia hecho tan grandes cosas en Israel, y les habia concedido la victoria.

---

1 El griego: *su ira.*

2 Ricamente enjaezados.

CAPÍTULO XL

Derrota Judas Machábéo, con la asistencia de un ángel de Dios, al ejército numerosísimo de Lysias: por lo que hace éste la paz con los judíos. Cartas de Lysias, de Antiochó y de los romanos dirigidas á los judios, y la de Antiochó á Lysias á favor de los mismos.

1 Sed parvo post tempore, Lysias procurator regis, et propinquus, ac negotiorum præpositus, graviter ferens de his quæ acciderant,

2 congregatis octoginta millibus, et equitatu universo, veniebat adversus Judæos, existimans se civitatem quidem captam gentibus habitaculum facturum,

3 templum verò in pecuniæ quæstum, sicut cetera delubra gentium, habiturum, et per singulos annos venale sacerdotium:

4 nusquam recogitans Dei potestatem, sed mente effrenatus, in multitudine peditum, et in millibus equitum, et in octoginta elephantis confidebat.

5 Ingressus autem Judæam, et appropians Bethsuræ, quæ erat in angusto loco, ab Jerosolyma intervallo quinque stadiorum, illud præsidium expugnabat.

6 Ut autem Machabæus, et qui cum eo erant, cognoverunt expugnari præsidia, cum fletu et lacrymis rogabant Dominum, et omnis turba simul, ut bonum angelum mitteret ad salutem Israel.

7 Et ipse primus Machabæus, sumptis armis, ceteros adhortatus est simul secum periculum subire, et ferre auxilium fratribus suis.

8 Cùmque pariter prompto animo procederent, Jerosolymis apparuit præcedens eos eques in veste candida, armis aureis hastam vibrans.

9 Tunc omnes simul benedixerunt misericordem Dominum, et convaluerunt animis: non solùm homines, sed et

1 Pero poco tiempo despues Lysias, ayo del Rey, y su pariente, que tenia el manejo de los negocios *del reino*, sintiendo mucho pesar por lo que habia acaecido,

2 juntó ochenta mil hombres de á pie, y toda la caballería, y se dirigió contra los judíos con el designio de tomar la ciudad *de Jerusalem*, y de darla á los gentiles para que la poblasen,

3 y de sacar del Templo grandes sumas de dinero, como *hacia* de los otros templos de los paganos, y vender anualmente el Sumo sacerdocio:

4 sin reflexionar en el poder de Dios, sino confiando neciamente en su numerosa infantería, en los miles de caballos, y en ochenta elefantes.

5 Y habiendo entrado en Judéa, y acercádose á Bethsura, situada en una garganta á cinco estadios de Jerusalem, atacó esta plaza.

6 Pero luego que el Machábéo y su gente supieron que los enemigos habian comenzado á sitiar las fortalezas, rogaban al Señor con lágrimas y suspiros, á una con todo el pueblo, que enviase un ángel bueno para que salvase á Israel.

7 Y el mismo Machábéo, tomando las armas el primero de todos, exhortó á los demas á exponerse como él á los peligros, á fin de socorrer á sus hermanos.

8 Mientras pues que iban marchando todos con ánimo denodado, se les apareció, al salir de Jerusalem, un personage á caballo, que iba vestido de blanco, con armas de oro, y blandiendo la lanza.

9 Entonces todos á una bendijeron al Señor misericordioso, y cobraron nuevo aliento, hallándose dispuestos á pe-

bestias ferocissimas, et muros ferreos parati penetrare.

10 Ibant igitur prompti, de cœlo habentes adjutorem, et miserantem super eos Dominum.

11 Leonum autem more impetu irruentes in hostes, prostraverunt ex eis undecim millia peditum, et equitum mille sexcentos:

12 universos autem in fugam verterunt, plures autem ex eis vulnerati nudi evaserunt. Sed et ipse Lysias turpiter fugiens evasit.

13 Et quia non insensatus erat, secum ipse reputans, factam erga se diminutionem, et intelligens invictos esse hebræos, omnipotentis Dei auxilio innitentes, misit ad eos,

14 promisitque se consensurum omnibus quæ justa sunt, et regem compulsurum amicum fieri.

15 Annuit autem Machabæus precibus Lysiæ, in omnibus utilitati consulens: et quæcumque Machabæus scripsit Lysiæ de Judæis, ea rex concessit.

16 Nam erant scriptæ Judæis epistolæ à Lysia quidem hunc modum continentes: Lysias populo Judæorum salutem.

17 Joannes et Abesalom, qui missi fuerant à vobis, tradentes scripta, postulabant ut ea quæ per illos significabantur, implerem.

18 Quæcumque igitur regi potuerunt perferri, exposui; et quæ res permittebat, concessit.

19 Si igitur in negotiis fidem conservaveritis, et deinceps bonorum vobis causa esse tentabo.

20 De ceteris autem per singula verbo mandavi, et istis, et his qui à me

lear, no solo contra los hombres, sino hasta contra las bestias mas feroces, y á penetrar muros de hierro.

10 Caminaban con esto llenos de ardimiento, teniendo en su ayuda al Señor, que desde el cielo hacia resplandecer sobre ellos su misericordia.

11 Así que, arrojándose impetuosamente como leones sobre el enemigo, mataron once mil de á pie, y mil y seiscientos de á caballo;

12 y pusieron en fuga á todos los demas, la mayor parte de los cuales escaparon heridos y despojados de sus armas, salvándose el mismo Lysias por medio de una vergonzosa fuga.

13 Y como no le faltaba talento, meditando para consigo la pérdida que habia tenido, y conociendo que los hebréos eran invencibles cuando se apoyaban en el socorro del Dios Todopoderoso, les envió comisionados;

14 y les prometió condescender en todo aquello que fuese justo, y que persuadiria al Rey á que hiciese alianza y amistad con ellos.

15 Asintió el Machábéo á la demanda de Lysias, atendiendo en todo á la utilidad pública; y con efecto concedió el Rey todo lo que habia pedido Judas á favor de los judíos en la carta que escribió á Lysias.

16 La carta que Lysias escribió á los judíos era del tenor siguiente: — LYSIAS al pueblo de los judios, Salud.

17 Juan y Abesalom, vuestros enviados, al entregarme vuestro escrito me pidieron que hiciese lo que ellos proponian.

18 Por tanto expuse al Rey todo lo que podia representársele [1], y ha otorgado cuanto le ha permitido el estado de los negocios.

19 Y si vosotros guardais fidelidad en lo tratado, yo tambien procuraré en lo sucesivo proporcionaros el bien que pudiere.

20 Por lo que hace á los demas asuntos he encargado á vuestros diputados,

---

1 Segun el texto griego lo que convenia.

meissi sunt, colloqui vobiscum.

21 Bene valete. Anno centesimo quadragesimo octavo, mensis Dioscori die vigesima et quarta.

22 Regis autem epistola ista continebat: Rex Antiochus Lysiæ fratri salutem.

23 Patre nostro inter deos translato, nos volentes eos, qui sunt in regno nostro, sine tumultu agere, et rebus suis adhibere diligentiam,

24 audivimus Judæos non consensisse patri meo, ut transferrentur ad ritum Græcorum, sed tenere velle suum institutum, ac propterea postulare à nobis concedi sibi legitima sua.

25 Volentes igitur hanc quoque gentem quietam esse, statuentes judicavimus, templum restitui illis, ut agerent secundùm suorum majorum consuetudinem.

26 Benè igitur feceris, si miseris ad eos, et dexteram dederis: ut cognità nostrâ voluntate, bono animo sint, et utilitatibus propriis deserviant.

27 Ad Judæos verò regis epistola talis erat: Rex Antiochus senatui Judæorum, et ceteris Judæis salutem.

28 Si valetis, sic estis ut volumus: sed et ipsi benè valemus.

29 Adiit nos Menelaus, dicens velle vos descendere ad vestros, qui sunt apud nos.

30 His igitur, qui commeant usque ad diem trigesimum mensis Xanthici, damus dextras securitatis,

y á los que yo envío, que á boca traten de cada uno de ellos con vosotros.

21 Pasadlo bien. A veinte y cuatro del mes de Dioscoro [1] del año ciento y cuarenta y ocho.

22 La carta del Rey decia así: = El REY Antiochô á Lysias su hermano, Salud.

23 Despues que el Rey, nuestro padre, fué trasladado entre los dioses [2], Nos, deseando que nuestros súbditos vivan en paz, y puedan atender á sus negocios;

24 y habiendo sabido que los judíos no pudieron condescender á los deseos que tenia mi padre de que abrazasen los ritos de los griegos, sino que han querido conservar sus costumbres, y por esta razon nos piden que les concedamos vivir segun sus leyes:

25 por tanto, queriendo Nos que esta nacion goce tambien de paz, como las otras, hemos ordenado y decretado que se les restituya el libre uso del Templo, á fin de que vivan segun las costumbres de sus mayores.

26 En esta conformidad harás bien en enviarles comisionados para hacer con ellos la paz, á fin de que enterados de nuestra voluntad cobren buen ánimo, y se apliquen á sus intereses particulares.

27 La carta del Rey á los judíos era del tenor siguiente: El REY Antiochô, al Senado de los judíos, y á todos los demas judíos, Salud.

28 Si estais buenos, esto es lo que os deseamos: por lo que hace á Nos, lo pasamos bien.

29 Menelao ha venido á Nos para hacernos presente que deseais venir á tratar con los de vuestra nacion que están acá con nosotros.

30 Por tanto damos salvoconducto á aquellos que vengan hasta el dia treinta del mes de Xánthico [3]:

---

1 No se tiene noticia de este nombre de mes; ni se ve que le usasen los griegos. Διόσκορος Dióscoros en griego es lo mismo que Geminis en latin; y tal vez es el mes en que el sol está en el signo de Geminis.

2 La ἀπόθωσις apotheosis (palabra griega que significa estar con Dios) ó el creer que

alguno ha sido colocado entre los dioses, comenzó en Oriente, de donde pasó á los griegos, y despues á los romanos. Rómulo fué, luego despues de su muerte, considerado por el pueblo entre los dioses.

3 Corresponde parte á abril, y parte á mayo.

31 *ut Judæi utantur cibis et legibus suis, sicut et prius: et nemo eorum ullo modo molestiam patiatur de his quæ per ignorantiam gesta sunt.*

32 *Misimus autem et Menelaum, qui vos alloquatur.*

33 *Valete. Anno centesimo quadragesimo octavo, Xanthici mensis quintadecima die.*

34 *Miserunt autem etiam Romani epistolam, ita se habentem: Quintus Memmius et Titus Manilius, legati Romanorum, populo Judæorum salutem.*

35 *De his, quæ Lysias cognatus regis concessit. vobis, et nos concessimus.*

36 *De quibus autem ad regem judicavit referendum, confestim aliquem mittite, diligentius inter vos conferentes, ut decernamus, sicut congruit vobis: nos enim Antiochiam accedimus.*

37 *Ideoque festinate rescribere, ut nos quoque sciamus cujus estis voluntatis.*

38 *Benè valete. Anno centesimo quadragesimo octavo, quintadecima die mensis Xanthici.*

31 y permitimos á los judíos que usen de sus viandas *como quieran,* y vivan segun sus leyes como antes; sin que ninguno pueda ser molestado por razon de las cosas *ó faltas* hechas por ignorancia.

32 Y finalmente os hemos enviado á Menelao para que lo trate con vosotros.

33 Pasadlo bien. A quince del mes de Xánthico del año ciento y cuarenta y ocho.

34 Asimismo los romanos enviaron tambien una carta en estos términos: Quinto Memmio, y Tito Manilio, legados de los romanos, al pueblo de los judíos; Salud.

35 Las cosas que os ha concedido Lysias, pariente del Rey, os las concedemos igualmente nosotros;

36 y por lo que hace á las otras, sobre las cuales juzgó Lysias deber consultar al Rey, enviad cuanto antes alguno, despues que hayais conferenciado entre vosotros, á fin de que resolvamos lo que os sea mas ventajoso; pues estamos para marchar hácia Antiochia.

37 Daos pues priesa á responder, para que sepamos de este modo lo que deseais.

38 Pasadlo bien. A quince del mes de Xánthico, del año ciento y cuarenta y ocho.

CAPÍTULO XII.

Victorias que con la proteccion de Dios alcanzan Judas y sus capitanes. Habiendo muerto algunos judíos que habian tomado despojos de cosas ofrecidas á los ídolos, Judas hace ofrecer sacrificios por sus pecados.

1 *His factis pactionibus, Lysias pergebat ad Regem, Judæi autem agriculturæ operam dabant.*

2 *Sed hi qui resederant, Timotheus, et Appollonius Gennæi filius, sed et Hieronymus, et Demophon, super hos et Nicanor Cypriarches, non sinebant eos in silentio agere et quiete.*

3 *Joppitæ verò tale quoddam flagitium perpetrarunt: rogaverunt Judæos, eum quibus habitabant, ascendere sca-*

1 Concluidos estos tratados, se volvió Lysias para el Rey, y los judíos se dedicaron á cultivar sus tierras.

2 Pero los oficiales *del Rey,* que residian en el pais, á saber, Timothéo, y Apolonio hijo de Gennéo, y tambien Gerónimo y Demophonte, y ademas de estos, Nicanor, gobernador de Chypre, no los dejaban vivir en paz ni sosiego.

3 Los habitantes empero de Joppe cometieron el siguiente atentado: Convidaron á los judíos que habitaban en

phas, quas paraverant, cum uxoribus
et filiis, quasi nullis inimicitiis inter
eos subjacentibus.

4 Secundùm commune itaque decretum civitatis, et ipsis acquiescentibus,
paciaque causâ nihil suspectum habentibus; cùm in altum processissent, sub-
merserunt non minùs ducentos.

5 Quam crudelitatem Judas in suæ
gentis homines factam ut cognovit, præcepit viris, qui erant cum ipso: et invocato justo judice Deo,
6 venit adversùs interfectores fratrum,
et portum quidem noctu succendit, sca-
phas exussit, eos autem qui ab igne
refugerant, gladio peremit.

7 Et cùm hæc ita egisset, discessit
quasi iterùm reversurus, et universos
Joppitas eradicaturus.

8 Sed cùm cognovisset et eos qui erant
Jamniæ, velle pari modo facere habitantibus secum Judæis,

9 Jamnitis quoque noctu supervenit, et
portum cum navibus succendit: ita ut
lumen ignis appareret Jerosolymis à
stadiis ducentis quadraginta.

10 Inde cùm jam abiissent novem
stadiis, et iter facerent ad Timotheum,
commiserunt cum eo Arabes, quinque
millia viri, et equites quingenti.

11 Cùmque pugna valida fieret, et
auxilio Dei prosperè cessisset, residui
Arabes victi, petebant à Juda dextram
sibi dari, promittentes se pascua da-
turos, et in ceteris profuturos.

12 Judas autem, arbitratus verò in
multis eos utiles, promisit pacem: dex-
trisque acceptis, discessere ad tabernacula sua.

13 Aggressus est autem et civitatem

aquella ciudad á entrar con sus mugeres é hijos en unos barcos que habian
prevenido, como que no existia ninguna
enemistad entre unos y otros.

4 Y habiendo condescendido en ello,
sin tener la menor sospecha, pues vivian en paz, y la ciudad tenia hecho
un público acuerdo á favor de ellos;
así que se hallaron en alta mar fueron
arrojados al agua unos doscientos de
ellos.

5 Luego que Judas tuvo noticia de esta crueldad contra los de su nacion,
mandó tomar las armas á su gente, y
despues de invocar á Dios, justo juez,
6 marchó contra aquellos asesinos de
sus hermanos, y de noche pegó fuego al
puerto, quemó sus barcos, é hizo pasar
á cuchillo á todos los que se habian
escapado de las llamas.

7 Hecho esto, partió de allí con ánimo de volver de nuevo para exterminar enteramente todos los vecinos de
Joppe.

8 Pero habiendo entendido que tambien los de Jamnia meditaban hacer
otra tanto con los judíos que moraban
entre ellos,

9 los sorprendió igualmente de noche,
y quemó el puerto con sus naves; de
suerte que el resplandor de las llamas
se veia desde Jerusalem, que dista de
allí doscientos y cuarenta estadios.

10 Y cuando, partida que hubo de
Jamnia, habia ya andado nueve estadios, avanzando contra Timothéo, le
atacaron los árabes [1] en número de cinco mil infantes y de quinientos caballos;

11 y trabándose un crudo combate,
que con la proteccion de Dios le salió
felizmente, el resto del ejército de los
árabes, vencido, pidió la paz á Judas,
prometiendo cederle varios pastos, y
asistirle en todo lo demas.

12 Y Judas, creyendo que verdaderamente podian serle útiles en muchas
cosas, les concedió la paz; y hecho el
tratado se volvieron los árabes á sus
tiendas.

13 Despues de esto atacó á una ciu-

[1] Unos descendientes de Ismael, cuyo oficio era guerrear y robar. Gen. XIV. v. 12.

quamdam firmam; pontibus, murisque circumseptam, quæ à turbis habitabatur gentium promiscuorum, cui nomen Casphin.

14 *Hi verò qui intùs erant, confidentes in stabilitate murorum, et apparatu alimoniarum, remissiùs agebant, maledictis lacessentes Judam, et blasphemantes, ac loquentes quæ fas non est.*

15 *Machabæus autem, invocato magno mundi Principe, qui sine arietibus et machinis temporibus Jesu præcipitavit Jericho, irruit ferociter muris:*

16 *et captâ civitate per Domini voluntatem, innumerabiles cædes fecit, ita ut adjacens stagnum stadiorum duorum latitudinis, sanguine interfectorum fluere videretur.*

17 *Inde discesserunt stadia septingenta quinquaginta, et venerunt in Characa ad eos, qui dicuntur Tubianæi, Judæos:*

18 *et Timotheum quidem in illis locis non comprehenderunt, nulloque negotio perfecto regressus est, relicto in quadam loco firmissimo præsidio.*

19 *Dositheus autem et Sosipater, qui erant duces cum Machabæo, peremerunt à Timotheo relictos in præsidio, decem millia viros.*

20 *At Machabæus, ordinatis circum se sex millibus, et constitutis per cohortes, adversùs Timotheum processit, habentem secum centum viginti millia peditum, equitumque duo millia quingentos.*

21 *Cognito autem Judæ adventu, Timotheus præmisit mulieres, et filios, et reliquum apparatum, in præsidium, quod Carnion dicitur; erat enim inexpugnabile, et accessu difficile propter locorum angustias.*

dad fuerte, llamada Casphin, ó Casbon, rodeada de muros y de puentes levadizos, en la cual habitaba una turba de diferentes naciones.

14 Pero confiados los de dentro en la firmeza de sus muros, y en que tenian provision de víveres, se defendian con flojedad, y provocaban á Judas con dichos picantes, blasfemias, y expresiones detestables.

15 Mas el Machâbéo, habiendo invocado al gran Rey del universo, que en tiempo de Josué derribó de un golpe, sin arietes ni máquinas de guerra, *los muros de* Jerichô; subió con gran denuedo sobre la muralla;

16 y tomada por voluntad del Señor la ciudad, hizo en ella una horrorosa carnicería: de tal suerte que un estanque vecino, de dos estadios de anchura, apareció teñido de sangre de los muertos [1].

17 Partieron de allí, y despues de andados setecientos y cincuenta estadios, llegaron á Châraca, donde habitaban los judíos llamados Tubianéos [3].

18 Mas tampoco pudieron venir allí á las manos con Timothéo [4], quien se habia vuelto sin poder hacer nada, dejando en cierto lugar una guarnicion muy fuerte.

19 Pero Dosithéo y Sosipatro, que mandaban las tropas en compañía del Machâbéo, pasaron á cuchillo á diez mil hombres que Timothéo habia dejado en aquella plaza.

20 Entre tanto el Machâbéo, tomando consigo seis mil hombres, y distribuyéndolos en batallones, marchó contra Timothéo, que traia ciento y veinte mil hombres de á pie, y dos mil y quinientos de á caballo.

21 Luego que éste supo la llegada de Judas, envió delante las mugeres, los niños, y el resto del bagage á una fortaleza llamada Carnion, que era inexpugnable, y de difícil entrada, á causa de los desfiladeros que era necesario pasar.

---

1 *I. Mach. V. v.* 26. Casfor, Casfon, Casfin y Casbon, segun opinion de muchos son varios nombres de la ciudad de Hesebon en el país de Moab. *Jos. XII. v.* 5.

2 Es una hipérbole.
3 Del nombre de aquel país.
4 *I. Mach. V. v.* 8.

22 Cùmque cohors Judæ prima apparuisset, timor hostibus incussus est, ex præsentia Dei, qui universa conspicit, et in fugam versi sunt alius ab alio: ita ut magis à suis dejicerentur, et gladiorum suorum ictibus debilitarentur.

23 Judas autem vehementer instabat, puniens profanos, et prostravit ex eis triginta millia virorum.

24 Ipse verò Timotheus incidit in partes Dosithei et Sosipatris: et multis precibus postulabat ut vivus dimitteretur, eò quòd multorum ex Judæis parentes haberet, ac fratres, quos morte ejus decipi eveniret.

25 Et cùm fidem dedisset restituturum se eos secundùm constitutum, illæsum eum dimiserunt propter fratrum salutem.

26 Judas autem egressus est ad Carnion, interfectis viginti quinque millibus.

27 Post horum fugam, et necem, movit exercitum ad Ephron civitatem munitam, in qua multitudo diversarum gentium habitabat: et robusti juvenes pro muris consistentes fortiter repugnabant: in hac autem machinæ multæ, et telorum erat apparatus.

28 Sed, cùm Omnipotentem invocassent, qui potestate suâ vires hostium confringit, ceperunt civitatem: et ex eis qui intùs erant, viginti quinque millia prostraverunt.

29 Inde ad civitatem Scytharum abierunt, quæ ab Jerosolymis sexcentis stadiis aberat.

30 Contestantibus autem his qui apud Scythopolitas erant, Judæis, quòd benignè ab eis haberentur, etiam temporibus infelicitatis quòd modestè secum egerint;

22 Mas al dejarse ver el primer batallon de Judas, se apoderó el terror de los enemigos, á causa de la presencia de Dios, que todo lo vé, y se pusieron en fuga uno tras de otro: de manera que el mayor daño le recibian de su propia gente, y quedaban heridos por sus propias espadas.

23 Judas empero los cargaba de recio, castigando á aquellos profanos; habiendo dejado tendidos á treinta mil de ellos.

24 El mismo Timothéo cayó en poder de los batallones de Dosithéo y Sosipatro, á los cuales pidió con grande instancia que le salvasen la vida, porque tenia prisioneros muchos padres y hermanos de los judíos; los cuales, muerto él, quedarian sin esperanza de salvar la suya.

25 Y habiéndoles dado palabra de restituirles los prisioneros, segun lo estipulado, le dejaron ir sin hacerle mal, con la mira de salvar asi á sus hermanos.

26 Hecho esto, volvió Judas contra Carnion, en donde pasó á cuchillo veinte y cinco mil hombres.

27 Despues de la derrota y mortandad de los enemigos, dirigió Judas su ejército contra Ephron, ciudad fuerte, habitada por una multitud de gentes de diversas naciones: cuyas murallas estaban coronadas de robustos jóvenes que las defendian con valor, y ademas habia dentro de ella muchas máquinas de guerra, y acopio de dardos [1].

28 Pero los judíos, invocando el auxilio del Todopoderoso, que con su poder quebranta las fuerzas de los enemigos, tomaron la ciudad, y dejaron tendidos por el suelo á veinte y cinco mil hombres de los que en ella habia.

29 Desde allí fueron á la ciudad de los scythas [2], distante seiscientos estadios de Jerusalem;

30 pero asegurando los judíos que habitaban allí entre los scythopolitanos, que estas gentes los trataban bien, y que aun en el tiempo de sus desgracias se habian portado con ellos con toda humanidad,

---

1 De armas arrojadizas. 2 Llamada Bethsan. I. Mach. V. v. 52.

31 *gratias agentes eis, et exhortati etiam de cetero erga genus suum benignos esse, venerunt Jerosolymam die solemni septimanarum instante.*

32 *Et post Pentecosten abierunt contra Gorgiam præpositum Idumææ.*

33 *Exivit autem cum peditibus tribus millibus, et equitibus quadringentis.*

34 *Quibus congressis, contigit paucos ruere Judæorum.*

35 *Dositheus verò quidam de Bacenoris eques, vir fortis, Gorgiam tenebat: et cùm vellet illum capere vivum, eques quidam de Thracibus irruit in eum: humerumque ejus amputavit, atque ita Gorgias effugit in Maresa.*

36 *At illis, qui cum Esdrin erant, diutius pugnantibus et fatigatis, invocavit Judas Dominum adjutorem et ducem belli fieri:*

37 *incipiens voce patriâ, et cum hymnis clamorem extollens, fugam Gorgiæ militibus incussit.*

38 *Judas autem collecto exercitu venit in civitatem Odollam: et, cùm septima dies superveniret, secundùm consuetudinem purificati, in eodem loco sabbatum egerunt.*

39 *Et sequenti die venit cum suis Judas, ut corpora prostratorum tolleret, et cum parentibus poneret in sepulchris paternis.*

40 *Invenerunt autem sub tunicis interfectorum de donariis idolorum, quæ apud Jamniam fuerunt, à quibus lex prohibet Judæos: omnibus ergo manifestum factum est, ob hanc causam eos corruisse.*

41 *Omnes itaque benedixerunt justum judicium Domini, qui occulta fecerat manifesta.*

42 *Atque ita ad preces conversi roga-*

31 les dió Judas las gracias; y habiéndolos exhortado á que en lo venidero mostrasen igual benevolencia á los de su nacion, se volvió con los suyos á Jerusalem, por estar muy cercano el dia solemne de Pentecostés [1]:

32 y pasada esta festividad, marcharon contra Gorgias, gobernador de la Idumés.

33 Salió pues Judas con tres mil infantes y cuatrocientos caballos;

34 y habiéndose trabado el combate, quedaron tendidos algunos pocos judíos en el campo de batalla.

35 Mas un cierto Dositheo, soldado de caballería de los de Bacenor, hombre valiente, asió á Gorgias, y queria cogerle vivo, pero se arrojó sobre él un soldado de á caballo de los de Thracia, y le cortó un hombro, lo cual dió lugar á que Gorgias se huyese á Maresa.

36 Fatigados ya los soldados que mandaba Esdrin con tan larga pelea, invocó Judas al Señor para que protegiese y dirigiese el combate:

37 y habiendo comenzado á cantar en alta voz himnos en su lengua nativa [2], puso en fuga á los soldados de Gorgias.

38 Reuniendo despues Judas su ejército, pasó á la ciudad de Odollam, y llegado el dia séptimo, se purificaron segun el rito [3], y celebraron allí el sábado.

39 Al dia siguiente fué Judas con su gente para traer los cadáveres de los que habian muerto *en el combate*, y enterrarlos con sus parientes en las sepulturas de sus familias.

40 Y encontraron debajo de la ropa de los que habian sido muertos algunas ofrendas de las consagradas á los ídolos que habia en Jamnia, cosas prohibidas por la Ley á los judíos [4]; con lo cual conocieron todos evidentemente que esto habia sido la causa de su muerte.

41 Por tanto bendijeron á una los justos juicios del Señor, que habia manifestado el *mal* que se quiso encubrir;

42 y en seguida poniéndose en oracion

---

1 Véase *Fiestas.*
2 Ó *syro-hebréa.*
3 *Num. XIX. v.* 2, 12 y 17.—*XXXI.*

vers. 19.
4 *Exod. XXXIV. vers.* 13.—*Deut. VII. vers.* 25.

perunt, ut id quod factum erat delictum oblivioni traderetur. At verò fortissimus Judas hortabatur populum conservare se sine peccato, sub oculis videntes quæ facta sunt pro peccatis eorum qui prostrati sunt.

43 *Et facta collatione, duodecim millia drachmas argenti misit Jerosolymam offerri pro peccatis mortuorum sacrificium, benè et religiosè de resurrectione cogitans:*

44 *(nisi enim eos qui ceciderant, resurrecturos speraret, superfluum videretur et vanum orare pro mortuis)*

45 *et quia considerabat quòd hi, qui cum pietate dormitionem acceperant, optimam haberent repositam gratiam.*

46 *Sancta ergo et salubris est cogitatio pro defunctis exorare, ut à peccatis solvantur.*

rogaron á Dios que echase en olvido el delito que se habia cometido. Al mismo tiempo el esforzadísimo Judas exhortaba al pueblo á que se conservase sin pecado, viendo delante de sus mismos ojos lo sucedido por causa de las culpas de los que habian sido muertos.

43 Y habiendo recogido en una colecta que mandó hacer, doce mil dracmas de plata [1]; las envió á Jerusalem, á fin de que se ofreciese un sacrificio por los pecados de estos difuntos [2], teniendo, como tenia, buenos y religiosos sentimientos acerca de la resurreccion,

44 (pues si no esperara que los que habian muerto habian de resucitar, habria tenido por cosa supérflua é inútil el rogar por los difuntos);

45 y porque consideraba que á los que habian muerto despues de una vida piadosa, les estaba reservada una grande misericordia,

46 Es pues un pensamiento santo y saludable el rogar por los difuntos, á fin de que sean libres *de las penas de* sus pecados [3].

CAPÍTULO XIII.

Menelao, judío apóstata, muere por órden de Antiochô. Marcha éste con un poderoso ejército contra los judíos: y vencido una y otra vez, con pérdida de muchos millares de hombres, y habiéndosele rebelado Philippo, pide por gracia la paz á los judíos, que se la otorgan, y ofrece despues sacrificio en el Templo, y nombra á Judas por Principe de Ptolemaida.

1 *Anno centesimo quadragesimo nono, cognovit Judas Antiochum Eupa-*

1 El año ciento y cuarenta y nueve supo Judas que Antiochô Eupator ve-

---

1 Véase *Dracma.*

2 Todos los códices latinos, y tambien los griegos y syriacos estan uniformes en este importante passage, en el cual se ve claramente la doctrina que enseña la Iglesia Católica en órden al purgatorio y los sufragios por los difuntos. Esta costumbre que Grocio confiesa haber reinado en la Synagoga aun en tiempo de la cautividad de Babylonia, la observamos en la Iglesia desde los primeros tiempos: como testifican las liturgias antiguas y modernas, asi latinas como griegas. Hoy mismo se observa en la Iglesia Griega la práctica de orar y ofrecer sacrificios por los difuntos. Como en el tiempo en que se escribieron estos li-

bros de los *Machábéos,* comenzaba á crecer la secta de los *sadducéos,* los cuales negaban la resurreccion; por eso se habla varias veces de la resurreccion y de la vida venidera.

3 Aquellos soldados habian muerto peleando en defensa de la fe, ó del culto de Dios, y de la vida y libertad de sus hermanos los israelitas; y era de esperar que el Señor hubiese tenido misericordia de ellos, y que habiendo castigado con la muerte temporal el pecado de apoderarse de las cosas consagradas á los ídolos, les hubiese dado un verdadero dolor de la culpa cometida, y dispuesto que fuesen ayudados con las oraciones y sufragios de los vivos.

torem venire cum multitudine adversús Judæam ,

2 *et cum eo Lysiam procuratorem et præpositum negotiorum, secum habentem peditum centum decem millia, et equitum quinque millia, et elephantos viginti duos, currus cum falcibus trecentos.*

3 *Commiscuit autem se illis et Menelaus: et cum multa fallacia deprecabatur Antiochum, non pro patriæ salute, sed sperans se constitui in principatum.*

4 *Sed Rex regum suscitavit animos Antiochi in peccatorem: et suggerente Lysiá hunc esse causam omnium malorum, jussit (ut eis est consuetudo) apprehensum in eodem loco necari.*

5 *Erat autem in eodem loco turris quinquaginta cubitorum, aggestum undique habens cineris: hæc prospectum habebat in præceps.*

6 *Inde in cinerem dejici jussit sacrilegum, omnibus eum propellentibus ad interitum.*

7 *Et tali lege prævaricatorem legis contigit mori, nec terræ dari Menelaum.*

8 *Et quidem satis justè: nam quia multa erga aram Dei delicta commisit, cujus ignis et cinis erat sanctus; ipse in cineris morte damnatus est.*

9 *Sed Rex mente effrenatus veniebat, nequiorem se patre suo Judæis ostensurus.*

10 *Quibus Judas cognitis, præcepit populo ut die ac nocte Dominum invocarent, quò, sicut semper, et nunc adjuvaret eos:*

nia con un grande ejército contra la Judéa,

2 acompañado de Lysias, tutor y regente del reino, y que traia consigo ciento y diez mil hombres de á pie, y cinco mil de á caballo, y veinte y dos elefantes y trescientos carros armados de hoces [1].

3 Agregóse tambien á ellos Menelao; y con grande y falso artificio procuraba aplacar á Antiochô, no porque amase el bien de la patria, sino esperando ser puesto en posesion del Principado [2].

4 Mas el Rey de los Reyes movió el corazon de Antiochô contra aquel malvado; y habiendo dicho Lysias que él era la causa de todos los males, mandó prenderle, y que le quitasen la vida en aquel mismo lugar, segun el uso de ellos.

5 Habia pues en aquel sitio una torre de cincuenta codos de alto, rodeada por todas partes de un gran monton de cenizas: desde allí no se veia mas que un precipicio.

6 Y mandó que desde la torre fuese arrojado en la ceniza aquel sacrílego [3], llevándole todos á empellones á la muerte.

7 De este modo pues debió morir Menelao, prevaricador de la Ley, sin que á su cuerpo se le diese sepultura.

8 Y á la verdad con mucha justicia; porque habiendo él cometido tantos delitos contra el altar de Dios, cuyo fuego y ceniza son cosas santas, *justamente* fué condenado á morir *sofocado* por la ceniza.

9 El Rey empero continuaba furibundo su marcha, con ánimo de mostrarse con los judíos mas cruel que su padre.

10 Teniendo pues Judas noticia de ello, mandó al pueblo que invocase al Señor dia y noche, á fin de que les asistiese en aquella ocasion, como lo habia hecho siempre;

1 La diferencia que se observa en el numero de tropa y elefantes que leemos *I. Mach. VI. v.* 30, puede provenir de que variaria casi cada dia, atendida la calidad de aquel ejército compuesto de muchísimas naciones, y tropas auxiliares que llegaban de varios paises, unas un dia, y otras otro: ó tambien de que alguna parte del ejército estaria á veces separada, ó como formando distinto cuerpo. Véase *Chrónologia.*

2 Ó Sumo sacerdocio, que habia ántes comprado á Antiochô Epiphanes.

3 Este género de suplicio parece que se inventó en tiempo del rey *Dario,* hijo de Istaspe; y le describe *Valerio Máximo.*

11 *quippe qui lege, et patriâ, sanctoque templo privari vererentur: ac populum, qui nuper paululum respirasset, ne sineret blasphemis rursus nationibus subdi.*

12 *Omnibus itaque simul id facientibus, et petentibus à Domino misericordiam, cum fletu et jejuniis, per triduum continuum prostratis, hortatus est eos Judas ut se præpararent.*

13 *Ipse verò cum senioribus cogitavit, priùs quàm rex admoveret exercitum ad Judæam, et obtineret civitatem, exire: et Domini judicio committere exitum rei.*

14 *Dans itaque potestatem omnium Deo mundi creatori, et exhortatus suos ut fortiter dimicarent, et usque ad mortem pro legibus, templo, civitate, patriâ, et civibus starent, circa Modin exercitum constituit.*

15 *Et dato signo suis Dei victoriæ, juvenibus fortissimis electis, nocte aggressus aulam regiam, in castris interfecit viros quatuor millia, et maximum elephantorum cum his qui superpositis fuerant:*

16 *summoque metu, ac perturbatione hostium castra replentes, rebus prosperè gestis, abierunt.*

17 *Hoc autem factum est die illucescente, adjuvante eum Domini protectione.*

18 *Sed Rex, accepto gustu audaciæ Judæorum, arte difficultatem locorum tentabat:*

19 *et Bethsuræ quæ erat Judæorum præsidium munitum, castra admovebat: sed fugabatur, impingebat, minorabatur.*

20 *His autem, qui intùs erant, Judas necessaria mittebat.*

11 pues temian el verse privados de su Ley, de su patria y de su santo Templo: y para que no permitiese que su pueblo *escogido*, que poco antes habia empezado á respirar algun tanto, se viese nuevamente subyugado por las naciones que blasfeman *su santo Nombre.*

12 En efecto haciendo todos á una lo mandado por Judas, implorando la misericordia del Señor con lágrimas y ayunos, postrados en tierra por espacio de tres dias contínuos, los exhortó Judas á que estuviesen apercibidos.

13 Él luego, con el consejo de los ancianos, resolvió salir á campaña antes que el rey *Antíochó* entrase con su ejército en la Judéa y se apoderase de la ciudad, y encomendar al Señor el éxito de la empresa.

14 Entregándose pues enteramente á las disposiciones de Dios, criador del universo, y habiendo exhortado á sus tropas á pelear varonilmente y hasta perder la vida en defensa de sus Leyes, de su Templo y de su ciudad, de su patria, y de sus conciudadanos, hizo acampar el ejército en las cercanías de Modin.

15 Dió despues á los suyos por señal LA VICTORIA DE DIOS; y tomando consigo los jóvenes mas valientes de sus tropas, asaltó de noche el cuartel del Rey, y mató en su acampamento cuatro mil hombres, y al mayor de los elefantes, con toda la gente que llevaba encima.

16 Y llenando con esto de un grande terror y confusion el campo de los enemigos, concluida tan felizmente la empresa, se retiraron.

17 Ejecutóse todo esto al rayar el dia, asistiendo el Señor al Machâbéo con su proteccion.

18 Mas el Rey, visto este ensayo de la audacia de los judíos, intentó apoderarse con arte de los lugares mas fortificados:

19 y acercóse con su ejército á Bethsura, una de las plazas de los judíos mas bien fortificadas; pero era rechazado, hallaba mil tropiezos, y perdia gente.

20 Entre tanto Judas enviaba á los sitiados cuanto necesitaban.

21 *Enuntiavit autem mysteria hostibus Rhodocus quidam de Judaico exercitu, qui requisitus, comprehensus est, et conclusus.*

22 *Iterum rex sermonem habuit ad eos qui erant in Bethsuria: dextram dedit: accepit, abiit.*

23 *Commisit cum Juda: superatus est. Ut autem cognovit rebellasse Philippum Antiochia, qui relictus erat super negotia, mente consternatus, Judæos deprecans, subditusque eis, jurat de omnibus quibus justum visum est: et reconciliatus obtulit sacrificium, honoravit templum, et munera posuit:*

24 *Machabæum amplexatus est, et fecit eum à Ptolemaide usque ad Gerrenos ducem et principem.*

25 *Ut autem venit Ptolemaidam, graviter ferebant Ptolemenses amicitiæ conventionem, indignantes ne forte fædus irrumperent.*

26 *Tunc ascendit Lysias tribunal, et exposuit rationem, et populum sedavit, regressusque est Antiochiam: et hoc modo regis profectio et reditus processit.*

22 En esto un tal Rhodoco hacia de espía de los enemigos en el ejército de los judíos; pero siendo reconocido, fué preso y puesto en un encierro.

22 Entonces el Rey parlamentó nuevamente con los habitantes de Bethsura, les concedió la paz, aprobó la capitulacion de los sitiados, y se marchó.

23 Pero ántes habia peleado con Judas, y quedado vencido [1]. Á esta sazon, teniendo aviso de que en Antiochia se le habia rebelado Philippo, el cual habia quedado con el gobierno de los negocios [2], consternado en gran manera su ánimo, suplicando y humillándose á los judíos, juró guardarles todo lo que pareció justo; y despues de esta reconciliacion ofreció un sacrificio, tributó honor al Templo, é hízole varios donativos:

24 y abrazó al Machábéo, declarándole Gobernador y Príncipe de *todo el país* desde Ptolemaida hasta los Gerretos ó *Gerasenos.*

25 Luego que Antiochô llegó á Ptolemaida, dieron á conocer sus habitantes el grave disgusto que les habia causado aquel tratado y amistad hecha con los judíos [3], temiendo que indignados no rompiesen la alianza.

26 Pero subiendo Lysias á la tribuna, expuso las razones que habian mediado para esta alianza, apaciguó al pueblo, y volvióse despues á Antiochia. Tal fué la expedicion del Rey, y el fin que tuvo.

CAPÍTULO XIV.

Demetrio, rey de la Syria, envia por sugestion de Alcimo un grande ejército contra la Judéa. Nicanor, su general, hace la paz con el Machábéo: rómpese despues por órden del Rey, que quiere prender á Judas. Retirase este caudillo; y sucede la extraordinaria muerte del respetable y valeroso anciano Razias.

1 *Sed post triennii tempus, cognovit Judas, et qui cum eo erant, Demetrium Seleuci, cum multitudine valida,*

1 Pero de alli á tres años [4] Judas y su gente entendieron que Demetrio, hijo de Seleuco, habiendo llegado con

---

1 *I. Mach. VI. v.* 42.
2 *Ibid. v.* 14 *y* 63.
3 Á cuyo gobierno quedaban sujetos.

4 Tres años despues de la purificacion ó dedicacion del Templo. *I. Mach. IV. v.* 52.—VII. *v.* 1.

*el navibus, per portum Tripolis ascen-
disse ad loca opportuna,*

2 *et tenuisse regiones adversus Antiochum, et ducem ejus Lysiam.*

3 *Alcimus autem quidam, qui summus sacerdos fuerat, sed voluntarie
coinquinatus est temporibus commistio-
nis, considerans nullo modo sibi esse
salutem, neque accessum ad altare,*

4 *venit ad regem Demetrium, centesimo quinquagesimo anno, offerens ei
coronam auream, et palmam, super
hæc et thallos, qui templi esse videbantur. Et ipsa quidem die siluit.*

5 *Tempus autem opportunum demen-
tiæ suæ nactus, convocatus à Demetrio
ad consilium, et interrogatus quibus
rebus et consiliis Judæi niterentur,*

6 *respondit: Ipsi qui dicuntur Assidæi Judæorum, quibus præest Judas
Machabæus, bella nutriunt, et seditio-
nes movent, nec patiuntur regnum esse
se quietum.*

7 *Nam et ego defraudatus parentum
gloriâ (dico autem summo sacerdotio)
huc veni:*

8 *primo quidem utilitatibus regis fidem servans, secundo autem etiam civibus consulens: nam illorum pravitate universum genus nostrum non mi-
nimè vexatur.*

9 *Sed ob his singula, ô rex, cognitis, et regioni, et generi, secundum humanitatem tuam pervulgatam omnibus,
prospice.*

10 *Nam, quamdiu superest Judas,
impossibile est pacem esse negotiis.*

11 *Talibus autem ab hoc dictis, et
cæteri amici, hostiliter se habentes ad-*

muchas naves y un numeroso ejército
al puerto de Trípoli, se habia apoderado de los puestos mas ventajosos,

2 y ocupado varios territorios, á des-
pecho de Antiochô y de su general
Lysias.

3 Entre tanto un cierto Alcimo, que
habia sido Sumo sacerdote, y que voluntariamente se habia contaminado en
los tiempos de la mezcla *de los ritos ju-
dáicos y gentiles:* considerando que no
habia ningun remedio para él, y que
jamás podria acercarse al altar,

4 pasó á ver al rey Demetrio en el
año de ciento y cincuenta, presentán-
dole una corona de oro y una palma *de
lo mismo,* y ademas unos ramos que
parecian ser del Templo; y por entonces no le dijo nada.

5 Pero habiendo logrado una buena
coyuntura para ejecutar su loco designio, por haberle llamado Demetrio á
su consejo, y preguntádole cuál era el
sistema y máximas con que se regian
los judíos;

6 respondió *en esta forma:* Aquellos
judíos que se llaman Assidéos[a], cuyo
caudillo es Judas Machâbéo, son los que
fomentan la guerra, y mueven las se-
diciones, y no dejan estar en quietud
el reino.

7 Y yo mismo, despojado de la dignidad hereditaria en mi familia, quiero
decir, del Sumo sacerdocio, me vi-
ne acá

8 primeramente por ser fiel á la causa
del Rey, y lo segundo para mirar por
el bien de mis conciudadanos; pues toda nuestra nacion padece grandes vexa-
ciones por causa de la perversidad de
aquellos hombres.

9 Así que, te suplico, ô Rey, que
informándote por menor de todas estas
cosas, mires por nuestra tierra y nacion, conforme á tu bondad á todos
notoria.

10 Porque en tanto que viva Judas,
es imposible que haya allí paz.

11 Habiéndose él explicado de esta
suerte, todos sus amigos inflamaron

---

1 Como de olivo, tambien de oro.

[a] I. Mach. II. v. 42.—VII. v. 13 y 17.

versus Judam, inflammaverunt De-
metrium.

12 Qui statim Nicanorem præpositum
elephantorum ducem misit in Judæam:

13 datis mandatis, ut ipsum quidem
Judam caperet; eos verò, qui cum illo
erant, dispergeret, et constitueret Al-
cimum maximi templi summum sacer-
dotem.

14 Tunc gentes, quæ de Judæa fuge-
rant Judam, gregatim se Nicanori mi-
scebant; miserias et clades Judæorum,
prosperitates rerum suarum existi-
mantes.

15 Audito itaque Judæi Nicanoris ad-
ventu, et conventu nationum, consper-
si terrâ rogabant eum, qui populum
suum constituit, ut in æternum custo-
diret, quique suam portionem signis
evidentibus protegit.

16 Imperante autem duce, statim in-
de moverunt, conveneruntque ad castel-
lum Dessau.

17 Simon verò frater Judæ commise-
rat cum Nicanore: sed conterritus est
repentino adventu adversariorum.

18 Nicanor tamen, audiens virtutem
comitum Judæ, et animi magnitudi-
nem, quam pro patriæ certaminibus
habebant, sanguine judicium facere
metuebat.

19 Quam ob rem præmisit Posido-
nium, et Theodotium, et Matthiam, ut
darent dextras atque acciperent.

20 Et cùm diu de his consilium age-
retur, et ipse dux ad multitudinem re-
tulisset, omnium una fuit sententia
amicitiis annuere.

21 Itaque diem constituerunt, quâ
secretò inter se agerent: et singulis sel-
læ prolatæ sunt, et positæ.

22 Præcepit autem Judas armatos
esse locis opportunis, ne forte ab hosti-
bus repentè mali aliquid oriretur: et

tambien á Demetrio contra Judas, del
cual eran enemigos declarados.

12 Asi es que al punto envió el Rey
á la Judéa por general á Nicanor, comandante de los elefantes,

13 con órden de que cogiese vivo á
Judas, dispersase sus tropas, y pusiese
á Alcimo en posesion del Sumo sacerdocio del gran Templo.

14 Entonces los gentiles que habian
huido de la Judéa por temor de Judas,
vinieron á bandadas á juntarse con Nicanor, mirando como prosperidad propia
las miserias y calamidades de los judíos.

15 Luego que estos supieron la llegada de Nicanor, y la reunion de los gentiles con él; esparciendo polvo sobre sus
cabezas, dirigieron sus plegarias á aquel
Señor que se habia formado un pueblo
suyo para conservarle eternamente, y
que con evidentes milagros habia pro-
tegido á esta su herencia.

16 É inmediatamente por órden del
Comandante, partieron de allí, y fue-
ron á acamparse junto al castillo de
Dessau.

17 Habia ya Simon, hermano de Judas, venido á las manos con Nicanor;
pero se llenó de sobresalto con la repentina llegada de *otros* enemigos.

18 Sin embargo, enterado Nicanor
del denuedo de las tropas de Judas, y de
la grandeza de ánimo con que combatian por su patria, temió fiar su suerte á la decision de una batalla.

19 Y asi envió delante á Posidonio, á
Theodocio, y á Matatías para presentar
y admitir proposiciones de paz.

20 Y habiendo durado largo tiempo
las conferencias sobre el asunto, y dando el mismo General parte de ellas al
pueblo, todos unánimemente fueron de
parecer que se aceptase la paz.

21 En virtud de lo cual *los dos Ge-*
nerales emplazaron un dia para confe-
renciar entre sí secretamente; á cuyo
fin se llevó y puso una silla para cada
uno de ellos.

22 Esto no obstante, mandó Judas
apostar algunos soldados en lugares
oportunos, no fuera que los enemigos

congruum colloquium fecerunt.

intentasen de repente hacer alguna tropelía. Pero la conferencia se celebró como debia.

23 *Morabatur autem Nicanor Jerosolymis, nihilque iniquè agebat, gregesque turbarum, quæ congregata fuerant, dimisit.*

23 Por eso Nicanor fijó despues su residencia en Jerusalem, sin hacer ninguna vejacion á nadie, y despidió aquella multitud de tropas que se le habian juntado.

24 *Habebat autem Judam semper charum ex animo, et erat viro inclinatus.*

24 Amaba constantemente á Judas con un amor sincero, mostrando una particular inclinacion á su persona.

25 *Rogavitque eum ducere uxorem, filiosque procreare. Nuptias fecit: quietè egit, communiterque vivebant.*

25 Rogóle que se casase, y pensase en tener hijos. Con efecto se casó, vivia tranquilo, y los dos se trataban familiarmente.

26 *Alcimus autem, videns charitatem illorum ad invicem, et conventiones, venit ad Demetrium, et dicebat, Nicanorem rebus alienis assentire, Judamque regni insidiatorem successorem sibi destinasse.*

26 Mas viendo Alcimo la amistad y buena armonía que reinaba entre ellos, fué á ver á Demetrio, y le dijo que Nicanor favorecia los intereses agenos ó de los enemigos, y que tenia destinado por succesor suyo á Judas, que aspiraba al trono.

27 *Itaque rex exasperatus, et pessimis hujus criminationibus irritatus, scripsit Nicanori, dicens, graviter quidem se ferre de amicitiæ conventione, jubere tamen Machabæum citiùs vinctum mittere Antiochiam.*

27 Exasperado é irritado el Rey sobremanera con las atroces calumnias de este *malvado*, escribió á Nicanor diciéndole, que llevaba muy á mal la amistad que habia contraido con el Machabéo, y que le mandaba que luego al punto se lo enviase atado á Antiochía.

28 *Quibus cognitis, Nicanor consternabatur, et graviter ferebat, si ea, quæ convenerant, irrita faceret, nihil læsus à viro.*

28 Enterado de esto Nicanor, quedó lleno de consternacion, y sentia sobremanera tener que violar los tratados hechos con aquel varon, sin haber recibido de él ofensa alguna.

29 *Sed, quia regi resistere non poterat, opportunitatem observabat, qua præceptum perficeret.*

29 Mas no pudiendo desobedecer al Rey, andaba buscando oportunidad para poner en ejecucion la órden recibida.

30 *At Machabæus, videns secum austeriùs agere Nicanorem, et consuetum occursum ferociùs exhibentem, intelligens non ex bono esse austeritatem istam, paucis suorum congregatis, occultavit se à Nicanore.*

30 Entre tanto el Machabéo, observando que Nicanor le trataba con aspereza, y que en las visitas acostumbradas se le mostraba con cierto aire duro é imponente, consideró que aquella aspereza no podia nacer de nada bueno, y reuniendo algunos pocos de los suyos, se ocultó de Nicanor.

31 *Quod cùm ille cognovit fortiter se à viro præventum, venit ad maximum et sanctissimum templum: et sacerdotibus, solitas hostias offerentibus, jussit sibi tradi virum.*

31 Luego que éste reconoció que Judas habia tenido la destreza de prevenirle, fué al augusto y santísimo Templo, hallándose los sacerdotes ofreciendo los sacrificios acostumbrados, y les mandó que le entregasen el Machabéo.

32 *Quibus cum juramento dicentibus*

32 Mas como ellos le asegurasen con

nescire se ubi esset qui quærebatur, extendens manum ad templum,

33 *juravit, dicens: Nisi Judam mihi vinctum tradideritis, istud Dei fanum in planitiem deducam, et altare effodiam, et templum hoc Libero patri consecrabo.*

34 *Et his dictis, abiit. Sacerdotes autem protendentes manus in cœlum, invocabant eum, qui semper propugnator esset gentis ipsorum, hæc dicentes:*

35 *Tu, Domine universorum, qui nullius indiges, voluisti templum habitationis tuæ fieri in nobis.*

36 *Et nunc Sancte sanctorum omnium Domine, conserva in æternum impollutam domum istam, quæ nuper mundata est.*

37 *Razias autem quidam de senioribus ab Jerosolymis delatus est Nicanori, vir amator civitatis, et benè audiens: qui pro affectu pater Judæorum appellabatur.*

38 *Hic multis temporibus continentiæ propositum tenuit in Judaïsmo, corpusque et animam tradere contentus pro perseverantia.*

39 *Volens autem Nicanor manifestare odium, quod habebat in Judæos, misit milites quingentos, ut eum comprehenderent.*

40 *Putabat enim, si illum decepisset, se cladem Judæis maximum illaturum.*

41 *Turbis autem irruere in domum ejus, et januam disrumpere, atque ignem admovere cupientibus, cùm jam comprehenderetur, gladio se petiit:*

42 *eligens nobiliter mori potiùs, quàm subditus fieri peccatoribus, et contra natales suos indignis injuriis agi.*

---

juramento que no sabian donde estaba el que él buscaba, Nicanor levantó la mano contra el Templo,

33 y juró diciendo: Si no me entregais atado á Judas, arrasaré este Templo de Dios, derribaré este altar, y consagraré aquí un templo al . *dios y padre* Baco;

34 y dicho esto, se marchó. Los sacerdotes entonces, levantando sus manos al cielo, invocaban á aquel *Señor* que habia sido siempre el defensor de su nacion, y oraban de este modo:

35 Señor de todo el universo, tú que de nada necesitas, quisiste tener entre nosotros un Templo para tu morada.

36 Conserva pues, oh Santo de los santos *y* Señor de todas las cosas, conserva ahora y para siempre libre de profanacion esta Casa; que hace poco tiempo ha sido purificada.

— 37 En este tiempo fué acusado á Nicanor uno de los *ancianos de Jerusalem*, llamado Razías, varon amante de la patria, y de *gran* reputacion, al cual se daba el nombre de padre de los judíos por el afecto con que los miraba á *todos.*

38 Éste pues, ya de muchos tiempos antes, llevaba *constantemente* una vida muy exacta en el judaismo, pronto á dar su *misma* vida antes que faltar á su observancia.

39 Mas queriendo Nicanor manifestar el odio que tenia á los judíos, envió quinientos soldados para que le prendiesen:

40 pues juzgaba que si lograba seducir á este hombre, haria un daño gravísimo á los judíos.

41 Pero al tiempo que los soldados hacian sus esfuerzos para entrar en la casa, rompiendo la puerta, y poniéndole fuego, asi que estaban ya para prenderle, se hirió con su espada;

42 prefiriendo morir noblemente á verse esclavo de los idólatras, y á sufrir ultrajes indignos de su nacimiento [1].

---

1 Se disputa mucho si pecó ó no *Razías* en esta resolucion. Atengámonos á lo que dice S. Agustin (*lib. II. contra duas epist. Gaud. cap.* 23). "De cualquier modo que se entien-

»dan las alabanzas dadas á la vida de *Razías*; »la muerte suya no fue alabada por la Divina »Sabiduría: porque dicha muerte no se unió »con la paciencia que deben tener los hijos

43 Sed, cùm per festinationem non certo ictu plagam dedisset, et turbæ intra ostia irrumperent, recurrens audacter ad murum, præcipitavit semetipsum viriliter in turbas:

44 quibus velociter locum dantibus casui ejus, venit per mediam cervicem.

45 Et cùm adhuc spiraret, accensus animo, surrexit: et cùm sanguis ejus magno fluxu deflueret, et gravissimis vulneribus esset saucius, cursu turbam pertransiit:

46 et stans supra quamdam petram præruptam, et jam exsanguis effectus, complexus intestina sua, utrisque manibus projecit super turbas, invocans dominatorem vitæ ac spiritûs, ut hæc illi iterùm redderet: atque ita vitâ defunctus est.

43 Mas como por la precipitación con que se hirió no fuese mortal la herida, y entrasen ya de tropel los soldados en la casa, corrió animosamente al muro, y se precipitó denodadamente encima de las gentes;

44 las cuales retirándose al momento para que no les cayese encima, vino á dar de cabeza contra el suelo:

45 pero como aun respirase, hizo un nuevo esfuerzo, y volvióse á poner en pie; y aunque la sangre le salia á borbollones por sus heridas mortales, pasó corriendo por medio de la gente,

46 y subiéndose sobre una roca escarpada, desangrado ya como estaba, agarró con ambas manos sus propias entrañas, y las arrojó sobre las gentes, invocando al Señor y dueño del alma y de la vida, á fin de que se las volviese á dar algun dia; y de esta manera acabó de vivir.

CAPÍTULO XV.

Victoria de Judas contra Nicanor: la cabeza y manos de este general son colgadas en frente del Templo; y su lengua dividida en pedazos, es arrojada á las aves. Accion de gracias por esta victoria; y fiesta instituida en memoria suya.

1 Nicanor autem, ut comperit Judam esse in locis Samariæ, cogitavit cum omni impetu die sabbati committere bellum.

2 Judæis verò, qui illum per necessitatem sequebantur, dicentibus: Ne ita ferociter et barbarè feceris, sed honorem tribue diei sanctificationis, et honora eum, qui universa conspicit:

3 ille infelix interrogavit, si est potens in cœlo, qui imperavit agi diem sabbatorum.

1 Luego que Nicanor tuvo noticia que Judas estaba en tierra de Samaria, resolvió acometerle con todas sus fuerzas en un dia de sábado [1],

2 Y como los judíos que por necesidad le seguian, le dijesen: No quieras hacer una accion tan feroz y bárbara como esa; mas honra la santidad de este dia, y respeta á aquel Señor que ve todas las cosas:

3 preguntóles aquel infeliz si habia en el cielo algun Dios poderoso que hubiese mandado celebrar el sábado.

»de Dios.» Estas palabras de S. Agustin son enteramente conformes á las máximas del Evangelio. Siguió á san Agustin santo Tomás. Y si algunos objetan la accion de Sanson, ó de algunas virgenes christianas que por conservar la virginidad se arrojaron á las llamas, dirémos que en tales lances debe suponerse una inspiracion clara del Espíritu de Dios; y no

vemos indicio de esta en el hecho de Razías, como le vieron muchos santos Padres en la muerte que se ocasionó Sanson. La verdadera piedad consiste en sufrir por Dios con suma paciencia los ultrajes que nos hacen los enemigos.

1 I. Mach. VII. v. 39.

4 *Et respondentibus illis: Est Dominus vivus ipse in cœlo potens, qui jussit agi septimam diem.*

5 *At ille ait: Et ego potens sum super terram, qui impero sumi arma, et negotia regis impleri. Tamen non obtinuit ut consilium perficeret.*

6 *Et Nicanor quidem cum summa superbia erectus, cogitaverat commune trophæum statuere de Juda.*

7 *Machabæus autem semper confidebat cum omni spe auxilium sibi à Deo affuturum.*

8 *Et hortabatur suos ne formidarent ad adventum nationum, sed in mente haberent adjutoria sibi facta de cœlo, et nunc sperarent ab Omnipotente sibi affuturam victoriam.*

9 *Et allocutus eos de lege et prophetis, admonens etiam certamina quæ fecerant priùs, promptiores constituit eos.*

10 *Et ita animis eorum erectis simul ostendebat Gentium fallaciam, et juramentorum prævaricationem.*

11 *Singulos autem illorum armavit, non clypei et hastæ munitione, sed sermonibus optimis, et exhortationibus, exposito digno fide somnio, per quod universos lætificavit.*

12 *Erat autem hujuscemodi visus: Oniam qui fuerat summus sacerdos, virum bonum et benignum, verecundum visu, modestum moribus, et eloquio decorum, et qui à puero in virtutibus exercitatus sit, manus protendentem, orare pro omni populo Judæorum:*

4 Y contestándole ellos: Sí, el Señor Dios vivo y poderoso que hay en el cielo, es el que mandó guardar el dia séptimo.

5 Pues yo, les replicó él, soy poderoso sobre la tierra, y mando que se tomen las armas, y que se ejecuten las órdenes del Rey. Mas á pesar de eso, no pudo Nicanor efectuar sus designios:

6 siendo asi que habia ideado ya, en el delirio de su soberbia, erigir un troféo *en memoria de la derrota* de Judas y de su gente.

7 En medio de esto, el Machábéo esperaba siempre con firme confianza que Dios le asistiria con su socorro;

8 y al mismo tiempo exhortaba á los suyos á que no temiesen el encuentro de las naciones, sino que antes bien trajesen á la memoria la asistencia que otras veces habian recibido del cielo, y que al presente esperasen *tambien* que el Todopoderoso les concederia la victoria.

9 Y dándoles igualmente instrucciones sacadas de la Ley y de los Profetas, y acordándoles los combates que antes habian ellos sostenido, les infundió nuevo aliento.

10 Inflamados de esta manera sus ánimos, les ponia igualmente á la vista la perfidia de las naciones, y la violacion de los juramentos.

11 Y armó á cada uno de ellos, no tanto con darle escudo y lanza, como con admirables discursos y exhortaciones, y con la narracion de una vision *muy* fidedigna que habia tenido en sueños, la cual llenó á todos de alegría.

12 Esta fué la vision que tuvo: Se le representó que estaba viendo á Onías, Sumo sacerdote, que habia sido hombre lleno de bondad y de dulzura, de aspecto venerando, modesto en sus costumbres, y de gracia en sus discursos, y que desde niño se habia ejercitado en la virtud; el cual, levantadas las manos, oraba por todo el pueblo judáico [1]:

---

1 'Aqui se ve la fe de la Synagoga en órden á la intercesion de los Santos á favor de los vivos. ¡Cuánto mas eficaz será ahora su intercesion á favor de sus hermanos que están en el mundo, cuando ellos, despues de la resurreccion de Jesu-Christo, se hallan ya en la presencia de Dios allá en la gloria!

CPSIA information can be obtained
at www.ICGtesting.com
Printed in the USA
BVHW08s1611200618
519522BV00008B/155/P